65000吨多晶硅生产基地
多晶硅

启动，2011年达到8GW产能
硅片

）、海外（合计110MW）等
建成多座光伏电站
光伏电站

有限公司（3800.HK）旗下光伏企业

江苏协鑫硅材料科技发展有限公司　　协鑫光伏美国研发中心
常州协鑫光伏科技发展有限公司　　　扬州协鑫光伏科技有限公司
苏州协鑫光伏科技发展有限公司　　　徐州协鑫光伏电力有限公司

# 上海电气集团上海电机厂有限公司
## Shanghai Electric Machinery Co.,Ltd. (SEC)

联系电话：总机（8621）64638221　　传真（8621）64632422

客服电话：400 880 3505　邮箱：marketing-semc@shanghai-electric.com

地址：上海市闵行区江川路555号　邮编：200240

上海电气集团上海电机厂有限公司（以下简称"公司"）是一家具有现代化生产规模的综合性电机及驱动成套制造商，成立于1949年12月1日。公司主要产品有大中型交、直流电动机、风力发电机、汽轮发电机等，广泛用于火电、核电、风电、石化、小汽发、冶金、水利、市政、矿山、水泥等各行各业。

公司秉承"和用户创造共赢，和员工创造幸福"的价值理念，聚焦国家战略，重点发展"特大、特重、特专"的电机产品，开发制造了一系列应用于国家新能源装备领域的高端产品。研制成功了西气东输项目20兆瓦级超高速防爆变频调速同步电动机、国产领先的核电站1E级应急柴油发电机、国内大型功率17兆瓦正压型防爆异步电动机、国产领先的输油管线2兆瓦2极自润滑防爆电机、陕西延长LNG项目7.3兆瓦正压型防爆电动机、阳江核电常规岛启动给水泵电机等。

公司将一如既往地与国内外客户竭诚合作，共创共赢，为用户提供优质产品和诚信服务。

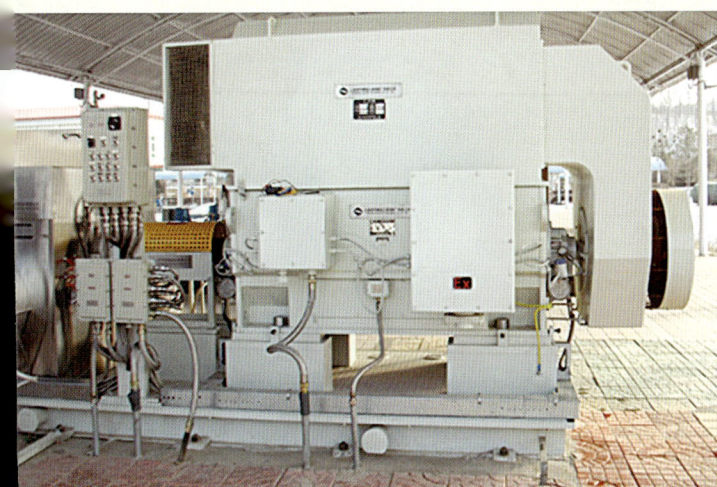

③

④

①国产领先的20兆瓦级超高速防爆变频调速同步电动机

②自主研制国产领先的核电站1E级6.3兆瓦应急柴油发电机

③国产领先的输油管线2兆瓦2极自润滑防爆电机

④自主研制的3.6兆瓦海上风力发电机

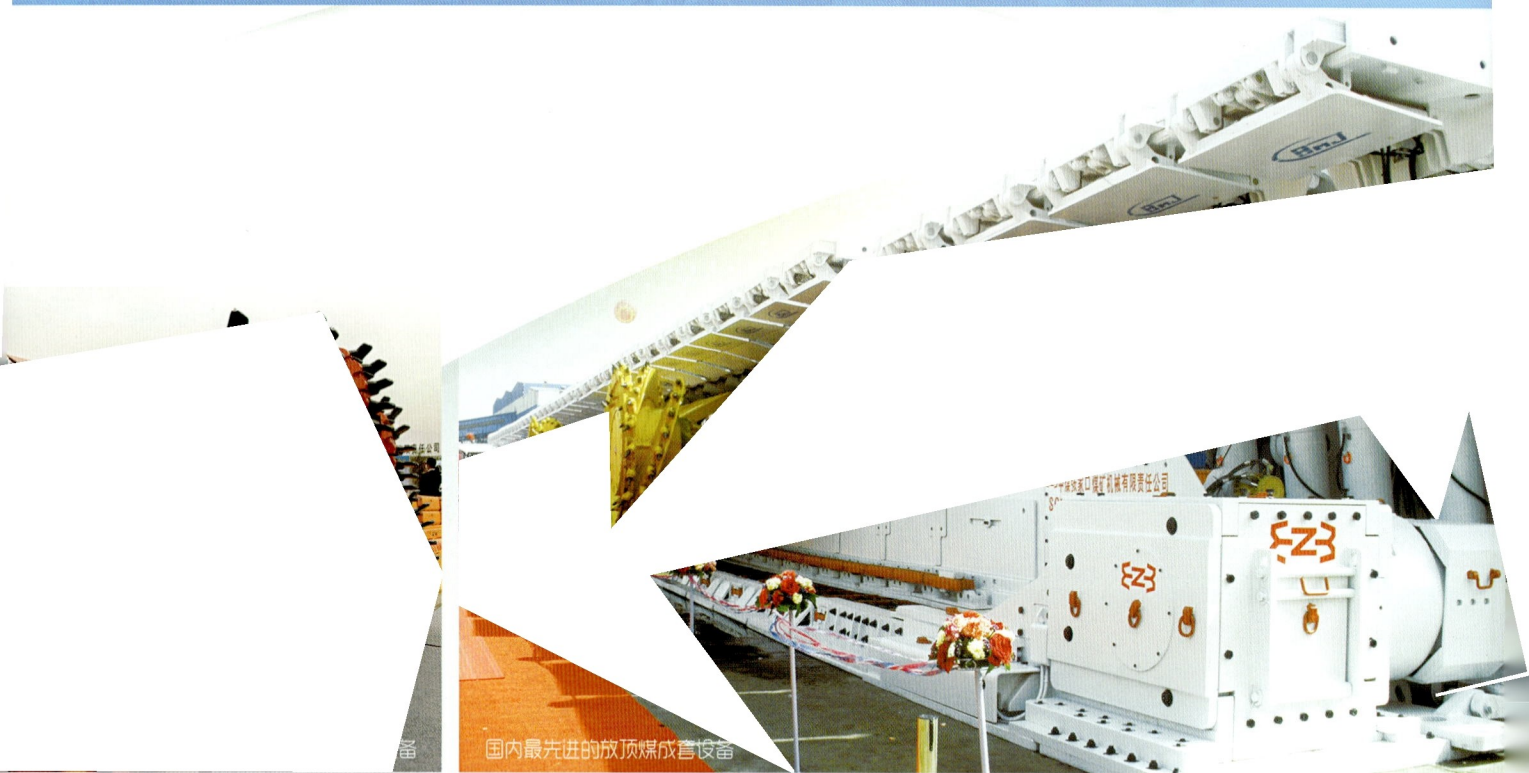

中国煤矿机械装备有限责任公司

CME 中国煤矿机械装备有限责任公司

中煤北京

MG1000-2550-WD型交流电牵引采煤机　　矿用电机

薄煤层滚筒采煤机成套设备　　智能化刮板输送机

300千瓦遥控硬岩掘进机　　高端大采高放顶煤液压支架

核心理念　讲诚信　谋效益　重人本　求和谐

E-mail: cmeoffice@263.net　　http://www.chinacoal-cme.com

# 沈阳鼓风机集团

## 诚信为本　品牌致胜

沈阳鼓风机集团股份有限公司（以下简称"沈鼓集团"）是国家装备制造业的重点支柱企业。主要从事研发、设计、制造、经营科技含量高、质量精良的大型压缩机组、大型水泵、大型往复压缩机等产品，服务于石油、化工、冶金、空分等众多领域。

沈鼓集团是辽沈地区最早开展企业文化建设的工业企业，经过30多年的企业文化建设历程，逐步培育出了具有鲜明自身特色的企业文化。特别是进入21世纪以来，沈鼓集团以发展的眼光和战略性思维导入CI系统，以文化与管理相融合，全面实施文化管理战略。

沈鼓集团的企业文化体系包含战略识别系统、理念识别系统、视觉识别系统、行为识别系统。

战略识别系统包含企业总体战略目标、企业经营宗旨及八大子战略目标。全面描绘出企业的美好远景，成为引领员工前进的灯塔。2011年，沈鼓集团实现工业总产值110亿元，这正是战略识别体系具体运用和升华的结果。

理念识别系统是沈鼓集团企业文化的核心和精髓。理念识别系统包含以企业精神和企业价值观为核心的14大理念，凝结着企业的价值体系，成为鼓舞员工拼搏的号角，为企业实现做强、做大的目标奠定了牢固的思想基础。

视觉识别系统以企业标识为核心，包含企业标识、企业标准字和企业标准色，通过科学运用象征沈鼓特色的图形

# 股份有限公司

P25下 装配中的往复压缩机

为国家百万千瓦核电项目研制的核二级
安全壳喷淋泵

年产60万吨PTA装置能量回收工艺
空气压缩机组

P25下 为长岭石化设计制造的
4M125往复式压缩机组

和色彩，达到企业识别的目的，塑造出企业的鲜明形象，成为振奋员工精神的旗帜。

行为识别系统以制度文化为核心，包含各类工作标准、规章制度、员工职业道德规范、员工行为规范等，涵盖了企业管理的主要范畴，成为指导员工言行的坐标。这些内容既有较强的针对性，又体现了以人为本的特点，在企业管理中起到较大的作用。

近年来，沈鼓集团不断加强和完善企业文化建设，并将文化的触角延伸，形成了独具特色的子文化。廉洁文化、劳模文化、核文化等子文化在沈鼓开花结果。

在先进文化力的推动下，近年来，企业的核心竞争力得到显著增强，生产经营屡创佳绩，科技攻关捷报频传。企业工业总产值在复杂经济形势下仍连年大幅攀升，2011年突破110亿大关，一批具有里程碑意义的国产装备相继面世，实现了重大装备国产化的多项突破。先后荣获"中国工业大奖表彰奖"、"中国工业经济先锋全国示范单位"等荣誉称号。在打造世界级产品、世界级企业的新一轮发展中，沈鼓人以企业文化强大的"软实力"向着打造具有世界级规模的中国大型通用装备制造基地激情迈进！

地址：辽宁省沈阳市经济技术开发区开发大路16号甲　邮编：110869　电话：024-25800483　传真：024-25800188

公司办公楼

实验室

车间

核安全级产品生产线

北京广利核系统工程有限公司（以下简称"广利核公司"）是中广核工程有限公司与北京和利时系统工程有限公司共同出资成立（中广核工程有限公司控股）的从事核电数字化仪控系统设计、制造和工程服务的专业化企业，公司面向核电站提供端到端、全生命周期的数字化仪控系统（DCS）解决方案。

自1993年进入核电领域以来，广利核公司已经在超过120个核电数字化仪控系统项目中取得成功。公司自主生产的数字化仪控系统平台在国内各代堆型、各种技术路线的核电机组中得到广泛应用，业绩涵盖国内所有在役和大部分新建核电站。

2010年10月，广利核公司发布我国首个具有完全自主知识产权的核安全级核电站控制保护系统平台研制原理样机FirmSys，实现核电站数字化仪控系统全范围国产化的突破，广利核公司也成为全球少数几家拥有该项技术和业绩的企业之一。

自主创新 成就客户

国家能源核电站数字化
仪控系统研发中心

国家能源局

中华人民共和国民用核安全设备
**设计许可证**

中华人民共和国民用核安全设备
**制造许可证**

## 自主仪控系统平台：

**FirmSys**

核电站安全级数字化控制系统平台（FirmSys®）

**FitRel**

基于FPGA技术的数字化仪控系统平台（FitRel™）

**SpeedyHold**

核电站专用仪控系统平台（SpeedyHold®）

**EmInfoSys** 核事故应急辅助决策系统

核事故应急辅助决策系统平台（EmInfoSys™）

## 主要工程应用：

核电站全厂数字化控制系统（DCS）
核反应堆保护系统（RPS）
堆芯冷却监视系统（CCMS）
基于FPGA的多样性驱动系统（DAS）
数据集中处理系统（KIT）
安全监督盘系统（KPS）
LOCA监测系统（LSS）
核电站全范围模拟机虚拟DCS系统（FSS）
试验数据采集系统（KDO）
试验仪表系统（KME）
安全壳泄漏率在线监测系统（EPP）
核岛三废处理控制系统（KSN）
PX泵站就地控制系统（PX）
瞬态记录分析系统（TRA）
核电站专用测试系统（T1、T2试验台）

石油钻铤

NTE260电动轮矿用车

高压锅炉厚壁无缝钢管

内蒙古北方重工业集团有限公司（以下简称"公司"）始建于1954年，是国家"一五"期间156个重点项目之一，国家唯一的大中口径火炮动员中心和火炮毛坯供应基地，是国家常规兵器重点保军企业。公司占地面积320平方千米，截至2011年底，公司职工总量1.4万人，资产总额142亿元，拥有各类设备9300余台（套）。公司具有特种钢冶炼、铸造、锻造、热处理、机械加工、电液制造、总装调试和靶场试验等能力，技术力量雄厚、科研手段完备、综合加工能力强，拥有国家级企业技术中心、科研试验基地以及国防科技工业1511二级计量站、兵器工业华北金属材料检测与失效分析中心、国家94号实验室，被评为"国家高新技术企业"；通过了国家一级保密资格认证和总装备部装备承制单位资格认证；取得了ISO9001国际质量体系认证、ISO14001国际环境体系认证和OHSAS18000国际职业健康安全管理体系认证。

多年来，在中国兵器工业集团公司的正确领导下，公司始终秉承"铸强国利剑，造富民坚犁"的企业宗旨，坚持服务于国家国防安全、服务于国家经济发展两大使命，坚持走"管理精细化、运作资本化、经营专业化、发展规模化"之路，认真执行"目标责任、运营执行、考核评价"三大体系，持续推进结构调整和软实力建设，形成了军用武器装备、特种钢及延伸产品、矿用车及工程机械三大核心业务，煤炭机械、专用汽车、石油机具三大支撑产品，为国家国防建设和国民经济建设做出了重要贡献。

"十二五"期间，公司将以科学发展观为指导，牢牢把握装备制造业快速发展的有利时机，充分依托360工程、TEREX矿用车品牌优势和上市公司资本运作平台，做强做大军民结合产业，实现"十二五"末200亿元以上的经营规模，建设有抱负、负责任、受尊重的新北重，打造兵器一流武器装备和国家特种材料、重型装备重要产业基地。

矿用洒水车

车载式混凝土泵车

自卸车

拉臂钩垃圾车

博士后科研工作站
POSTDOCTORAL PROGRAMME

全国用户满意企业

中国驰名商标

企业技术中心

# 国家开发银行
## China Development Bank

国家开发银行大楼

国家开发银行（以下简称"国开行"）成立于1994年，是中国中长期投融资领域主力银行，长期致力于融资支持基础设施、基础产业和支柱产业（简称"两基一支"）的建设和发展。

国家开发银行在支持经济社会发展的过程中，积极探索有中国特色的中长期银行办行路子，已形成"两基一支"、民生业务和国际合作"一体两翼"的业务发展格局，成为中国金融体系中不可或缺的中长期投融资主力银行。

### ——基础设施融资的主力银行

国开行是我国"两基一支"建设的主力银行，支持了三峡工程、南水北调、西气东输、国家石油储备、京九铁路、京沪高铁、首钢搬迁、北京奥运场馆、上海世博会基础设施等一大批国家重大项目建设。

1998年以来，国开行将业务领域拓展到城市基础设施，不断从大城市向中小城市、县域延伸，助力中国城市化发展。

### ——民生业务创新的推动者

国开行致力于提供普惠制的金融服务，探索以批发的方法解决千家万户的融资难题。在新农村建设、小企业、低收入家庭住房、节能环保、医疗以及微贷款、助学贷款、应急贷款等领域，越来越多的百姓感受到国开行的关爱。2012年，国开行发放的保障性住房建设贷款和助学贷款均位居同业第一。

### ——中国最大的对外投融资合作银行

国开行探索以市场化手段开展国际合作业务，成功运作了中俄石油、中巴石油、中委联合融资基金等一批重大项目，支持中石油、中石化、五矿、华为、中兴等拓展海外市场，为实现我国与合作国多方共赢发挥了重要作用。

国开行倡导设立上海合作组织银联体，牵头组建中国—东盟银联体，推动加强金砖国家银行合作机制，为中国与世界搭建起重要的金融交流纽带和桥梁。

国家开发银行支持的达茂旗风电项目

国家开发银行支持的新疆庆华集团煤制天然气项目

国家开发银行支持的江苏熔盛海洋工程制造基地建设项目

　　截至2012年底，国开行外汇贷款余额近2500亿美元，继续保持对外投融资合作的主力银行地位。

**——保持一流经营业绩**

　　作为以发债为筹资主渠道的债券银行，国开行是仅次于中国财政部的第二大发债体。

　　截至2012年底，国开行资产规模突破7万亿元，不良贷款率连续31个季度低于1%。

　　穆迪、标准普尔和惠誉等专业评级机构对国开行评级与中国主权评级相同。

**——最具社会责任的银行**

　　国开行是中国第一家加入联合国"全球契约"计划的国有银行，将社会责任的基本原理和要素融入全行发展战略、经营策略、业务流程和企业文化当中。国开行在 融资支持国家最急需发展领域的同时，积极参与扶贫救济、赈灾救助和公益性捐赠，履行企业的社会责任。

　　2006～2012年，国开行连续7年获得人民网颁发的"人民社会责任奖"；2008～2009年，蝉联《金融时报》和中国社会科学院金融所评选的年度"最具社会责任银行"。

地址：北京市西城区太平桥大街16号
http://www.cdb.com.cn

国家开发银行支持的中集集团综合报信项目

忠诚国家利益　崇尚专业和谐

# 中国能源报
## CHINA ENERGY NEWS

## ■《中国能源报》简介

　　《中国能源报》（国内统一刊号CN11-0068，邮发代号1-6）由中共中央机关报人民日报社主管主办，承担国家能源委员会和国家能源局机关报职能。《中国能源报》服务于国家能源战略，是国家能源政策与宏观管理的信息发布平台，为能源产业的生产者和经营者提供能源产业发展的最新动态，为能源产业的领导者提供最具价值的产经资讯，是中国首张针对能源全产业链并为其服务的综合性能源产业经济报。

　　《中国能源报》的读者包括：国家能源委员会、国家能源局、发改委、国资委、商务部、科技部、水利部、农业部以及地方能源管理部门的党政领导；能源企业（石油、天然气、煤炭、电力、核能、新能源、能源装备等）企业家及高层管理者；能源行业相关部门及行业协会；能源领域的投资者、研究者、咨询者和服务者以及各类重要的能源用户。

## ■ 品牌活动

>>> "中国能源集团500强"公益评选
>>> "全球新能源企业500强"公益评选
>>> "中国能源年度人物"评选
>>> 中国能源经济论坛
>>> "爱阅工程"——中国贫困家庭儿童图书捐赠公益行动
>>> 中国国际能源交流项目
>>> 寻找中国最美矿山大型公益活动

## 中国能源经济研究院

中国能源经济研究院（CIEE）：（China Institute of Energy Economics）是以中共中央机关报人民日报旗下传媒中国能源报为依托，在国家能源局支持下建立的专业能源经济研究平台，致力于打造服务于国家能源战略决策、统筹协调、行业管理和企业发展的能源智库。自2010年成立以来已先后承担并完成国家能源局、美国能源基金会课题10余项，也是中国能源集团500强、全球新能源企业500强的专业研究机构。

## 能源网

中国能源报官方网站是国内能源行业最权威的专业新闻网站。能源网依托中国能源报强大的报道力量，全力开创跨媒体的联动传播模式，实现报网联动的立体服务，致力于为能源高端客户、政府机关、能源企事业单位、科研院所、行业协会提供最新、最快、最全面的国内及国际能源信息。

## 中国能源手机报

中国能源手机报由中国能源报社与国家能源局政策法规司联合主办，中国能源报编采中心团队精心编辑、专业制作。信息全面、及时、权威。定位于"能源高管的信息秘书"。

## 中国核电手机报　　中国水电手机报
## 中国节能资讯　　非常规油气新闻
## 中国煤炭手机报

## 中国能源报移动客户端
## 中国能源报官方微博 http://weibo.cn/chinaenergynews
## 中国能源报官方微信 微信号：cnenergy

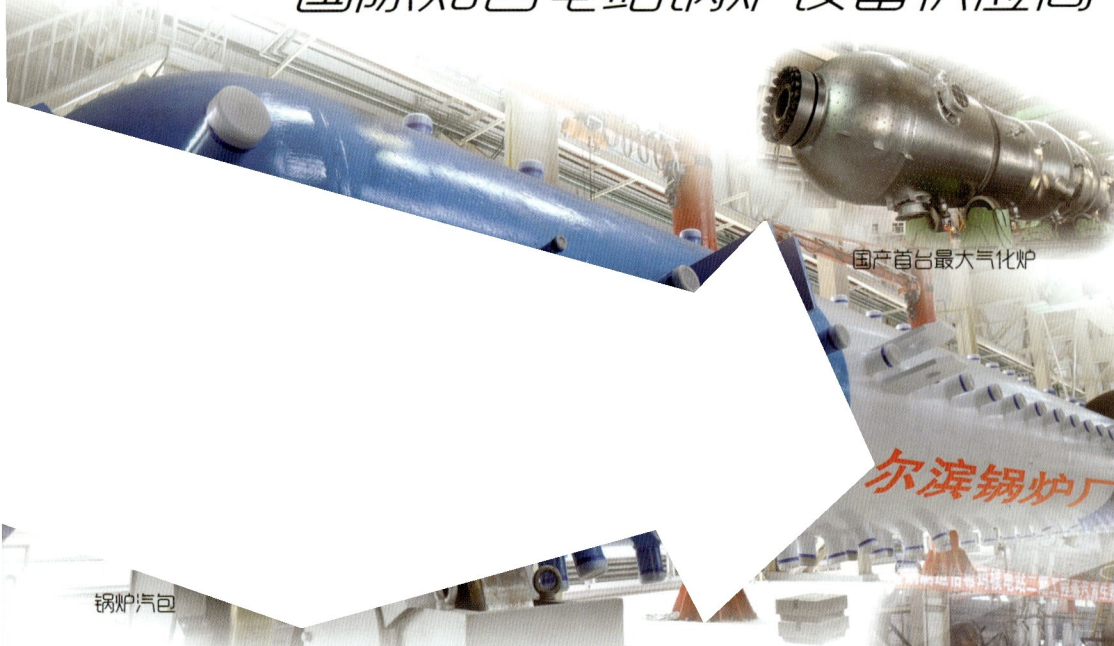

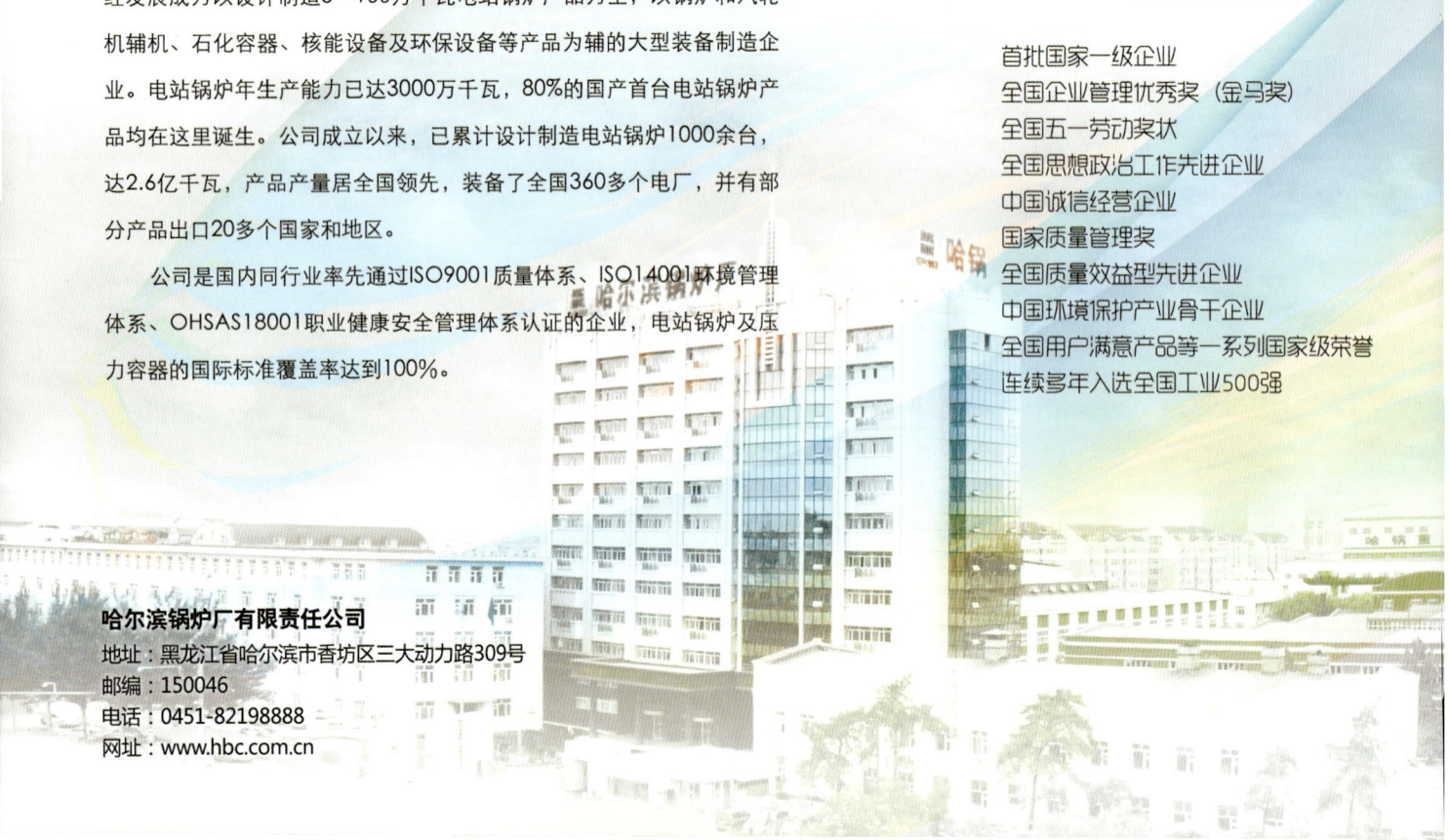

# 哈尔滨汽轮机厂有限责任公司
## HARBIN TURBINE COMPANY LIMITED

哈电集团

**为世界提供动力**
**为人类带来光明**

世界首台AP1000三代核电三门1号汽轮机组发运

三代核电汽轮机组发运

国产化650MW核电汽轮机

两缸66万千瓦超超临界汽轮机

100万千瓦超超临界汽轮机

燃压样机

哈电集团哈尔滨汽轮机厂有限责任公司是我国"一五"期间重点建设项目，是以设计制造大型火电汽轮机、核电汽轮机、工业汽轮机、燃气轮机和船用主动力装置为主的国有大型发电设备制造骨干企业。

公司占地面积54万平方米；在岗员工5600余人，其中专业技术人员近2000人；主要生产设备1700余台，其中精、大、稀设备300余台，整体装备水平处于国内领先地位。

秉承"承载民族工业希望，彰显中国动力风采"的光荣使命，历经半个多世纪的拼搏，公司现已形成以1000兆瓦超（超）临界、空冷、核电等系列机组为代表，包括50兆瓦至1000兆瓦等级的各种型号电站汽轮机及10兆瓦以下等级工业汽轮机、轴流风机、9FA级重型燃气轮机和30兆瓦级燃气轮机的批量制造能力。其产品遍布全国，占国产火电装机容量的1/3以上，同时出口到世界20多个国家和地区。

瞄准"中国最好，世界一流"目标，以一流的技术、一流的质量、一流的服务为用户提供一流的产品为己任，公司正致力于"打造世界装备制造业的动力航母"！

国家质量奖金质奖章
国家科技进步一等奖
全国环境保护先进企业
全国先进基层党组织
全国五一劳动奖状
全国模范职工之家

全国企业文化建设50强单位
全国"安康杯"竞赛优胜企业
全国青年创新创效活动先进单位
中央企业法制宣传教育先进单位
黑龙江省文明单位标兵

**哈尔滨汽轮机厂有限责任公司**
地址：哈尔滨市香坊区三大动力路345号
邮编：150046
电话：0451-82952888
网址：www.htc.com.cn

哈尔滨汽轮机厂有限责任公司
HARBIN TURBINE COMPANY LIMITED

# 哈尔滨电机厂有限责任公司
## HARBIN ELECTRIC MACHINERY COMPANY LIMITED

用文化凝聚力量 让产品光耀世界

哈电集团哈尔滨电机厂有限责任公司(原哈尔滨电机厂,以下简称"公司")始建于1951年6月,1994年10月进行了股份制改造,是我国生产大、中型发电设备的重点骨干企业。其主要产品有水轮机、水轮发电机、汽轮发电机、风力发电机、电站控制设备、大型水泵、滑动轴承等。

公司占地面积72万平方米,建筑面积33万平方米。现有各类设备3800余台,员工总数8500人。此外还拥有葫芦岛水电大件加工基地、秦皇岛核电加工基地、镇江风电开发基地和昆明中小水电开发基地。

公司水轮发电机组的制造能力为年产10000兆瓦,最大单机容量达到800兆瓦;汽轮发电机的制造能力为年产30000兆瓦,最大单机容量达到1000兆瓦。公司同时具备制造单机容量1000兆瓦水轮发电机组和1200兆瓦级核能汽轮发电机的能力。

公司制造的大型水电机组,约占国内生产的大型水电机组总装机容量的1/2;汽轮发电机组约占国内生产的大型火电机组总装机容量的1/3。产品遍布全国各地,并出口到美国、加拿大、日本、印度、巴西、俄罗斯等51个国家。

公司董事长、总经理:邱希亮

整齐的工作区

600兆巨汽轮发电机定子下线

公司水电分厂重型工段

印度的拉三轴流转浆式水轮机转轮

哈尔滨电机厂有限责任公司先后荣获"中国工业行业排头兵企业"发电机及发电机组制造业第一名,中华全国总工会的最高荣誉——"全国五一劳动奖状"等多项荣誉。公司成功地创出了技术引进、消化吸收、再创新的"三峡模式",自主开发的三峡右岸全空冷巨型水轮发电机组关键技术达到了国际领先水平,被誉为"开创了大型水轮发电机组空冷技术的新时代"。"巨型全空冷水轮发电机组关键技术突破及工程应用"、"三峡全空冷巨型水轮发电机组研制"等项目先后获得国家科技进步二等奖,"三峡巨型全空冷水轮发电机组关键技术研究及设备研制"获得中国机械工业联合会科技进步特等奖和黑龙江省科技进步特等奖。

哈尔滨电机厂有限责任公司
地址:哈尔滨市香坊区三大动力路99号
邮编:150040
电话:0451-82872000
传真:0451-82101791
网址:www.hec-china.com

# 哈尔滨电气国际工程有限责任公司
## HARBIN ELECTRIC INTERNATIONAL COMPANY LIMITED

哈电集团
HARBIN ELECTRIC CORPORATION

## 真诚赢得信赖 梦想点亮世界

公司董事长、总经理：郭宇

哈尔滨电气国际工程有限责任公司成立于1983年，主要经营火电站、水电站、联合循环电站工程的总承包和设备成套业务，并可承建与电力相关的大型输变电设施和公用设施，为电厂提供完善专业的售后服务。

公司拥有电站建设、施工、服务一体化的雄厚实力和优秀的专业化团队，项目管理采用国际先进的工程管理软件和PMS项目管理系统，是国内率先通过ISO9001国际质量保证体系认证的专业电站工程公司，并相继通过了OHSAS18001-2007职业健康安全体系和GB/T24001-2004 idt ISO14001-2004环境管理体系认证。

30多年来，公司以先进的技术、精细化的管理、完善的服务，在巴基斯坦、菲律宾、越南、苏丹、印度等20多个国家和地区承建大型电站交钥匙工程或提供电站成套设备，总装机近30000兆瓦，已成长为中国大型发电设备出口和电站工程总承包的骨干企业、世界重要的国际承包商之一。多年来，公司一直荣膺全球225家国际承包商榜单，并在2011、2012年连续两年进入百强。

面对新的机遇和挑战，公司将坚持科学发展、管理创新、服务创新并举，锻就硬功，踏实前行，书写公司华彩的新篇章。公司期待与海内外各界同仁携手并进，协同发展，互利共赢，开创更加美好的未来！

2000～2012年 连续荣膺"ENR全球最大225家国际承包商"榜单，目前排名97位
2008～2012年 连续获得黑龙江省进出口十强企业
2010～2012年 黑龙江省对外经济合作先进企业
2011年 黑龙江省国资委系统企业职工职业道德建设先进单位
2011年 黑龙江省委、省政府授予"黑龙江省劳动关系和谐企业标兵"
2010年 黑龙江省国资委授予"劳动模范集体"
2010年 中华全国总工会授予"全国模范职工之家"
2010年 技术先进型服务企业
2009年 黑龙江省总工会授予"省模范职工之家"
2009年 越南能源协会授予"越南电力发展杰出贡献奖"
2006年、2008年 黑龙江省A级纳税信用等级企业
2008年 中华全国总工会授予"工人先锋号"
2008年 黑龙江省国资委系统企业先进党委
2007年 中华全国总工会授予"全国五一劳动奖状"
2007年 黑龙江省"先进工会"称号
2006年 第五届黑龙江省职工职业道德建设"十佳"单位
2006年 黑龙江省厂务公开民主管理工作先进单位
1991年 国家重大技术装备成果奖
1990年 机械电子工业百家出口先进企业

**哈尔滨电气国际工程有限责任公司**
地址：哈尔滨市香坊区三大动力路39号 邮编：150040
电话：0451-82136688 传真：0451-82135566
网址：www.china-hei.com

越南西山2×54MW水电站

锦普电厂全景图

印尼百通电站

苏丹吉利2×206B联合循环电站

巴基斯坦滨佳胜项目

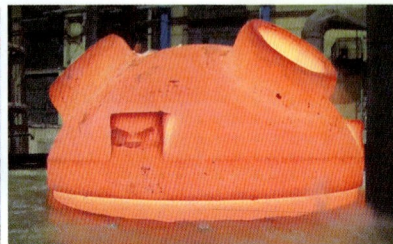

广电电气

**超大功率高压变频调速及软启动装置**

西气东输天然气管道**国产化20MW级**

电驱压缩机组**成功投运**

### 适配电机功率
0.5MW-60MW（调速）
1.5MW-100MW（软启动）

### 特点
（1）单元串联多电平电压源型结构
（2）直接高压输出，无需升压变压器
（3）无速度传感器矢量控制技术
（4）适用于异步电机和同步电机（可配套有刷或无刷励磁）
（5）同步并网切换功能，可以方便地实现电机平滑启动，无扰并网

### 部分成功案例
（1）西气东输二线高陵站、彭阳站（20MW电机调速）
（2）西气东输三线乌苏站、瓜州站（20MW电机调速）
（3）西气东输冀宁管道南段邳州站（7.1MW电机调速）
（4）内蒙古新圣LNG项目（8MW+8.7MW电机调速）
（5）内蒙古新圣二期LNG项目（15MW+16MW电机调速）
（6）陕西汉中钢铁项目（27MW+32MW电机软启动）

**SGEG**
上海广电电气(集团)股份有限公司
Shanghai Guangdian Electric Group Co., Ltd.

客户服务热线：**400-920-0082**
传真：86-21-37531165　邮箱：vfd@csge.com
地址：上海市奉贤区环城东路123弄1号(201401)

**www.sgeg.cn**

# 开创智能/绿色/高效的电力世界
## CREATE A INTELLIGENT / GREEN / HIGH-EFFICIENCY ELECTRICAL WORLD

从电网到新能源、工业废气发电；

从冶金、石化到煤炭、矿山；

从电气化铁路、港口船舶到航空航天；

从中国的"西电东送"、"西气东输"到国际的"人造太阳"……

在每一个工业领域和重大工程中，

荣信，正为善加利用电能，努力创造更多价值。

从亚洲、非洲，到欧洲、南美洲；

从荒漠戈壁到雪域高原、蔚蓝海岸；

从国际都会到大中型城市、偏远乡村；

在电力延伸到的每一个地方，

荣信与您共创美好未来！

## 典型业绩 ///////////////////////////

南方电网STATCOM
35kV / ±200MVA，基于IEGT技术，
设计容量320MVA，全球领先

国家电网SVC
直挂电压等级66kV，国际领先

神华集团锦界电厂
次同步谐振动态稳定装置，
容量320MVar，国际领先

南方电网 SVC
单机容量210Mvar，国内领先

中石油西气东输管线
25MVA特大功率变频系统，填补
国内空白

第五代变频系统
同等容量下体积比传统变频器缩小60%

中海油
轻型直流输电装置技术，国内领先

国际热核聚变工程ITER
国际电压等级最高、容量最大的SVC
（69kV / 750Mvar）

# 荣信股份
## RONGXIN POWER ELECTRONIC

科 技 赢 得 未 来

---

**荣信电力电子股份有限公司**
Rongxin Power Electronic Co., Ltd

地址：辽宁·鞍山市高新区科技路108号　邮编：114051
电话：+86 412 7213888　　传真：+86 412 7213777
E-mail: sales@rxpe.net

为您减少采购决策的风险和复杂性
欲了解更多资讯,请访问 www.rxpe.com

# 上海鼓风机厂有限公司

HTTP：// WWW.SBW-CN.COM

上海鼓风机厂有限公司（以下简称"公司"）是国家大型骨干企业、上海市高新技术企业，专业生产各类工业风机。公司于1947年成立，至今已积累了60余年风机设计和制造经验，是国内制造工业风机的三大基地之一，在风机行业享有较高的品牌效应。

公司占地面积10.9万平方米，建筑面积7.6万平方米。经过连续的技术改造，企业资产达到8亿元。公司先后从德国 TLT 公司引进了动叶可调轴流风机、工业离心风机、子午加速轴流式风机技术，从丹麦诺文科公司引进了船用风机技术，从日本日立公司引进离心压缩机技术，从而全面更新和提高了企业的技术等级和产品质量。近年来，通过引进技术二次开发以及自主发展的科技创新活动，不断开发出一些具有自主知识产权的新产品。

公司先后获得国家重大技术装备特等奖、国家重大技术攻关奖、国家质量金奖、国家科技进步奖及中国具有市场竞争力品牌、上海市名牌产品和中国机械500强等荣誉。

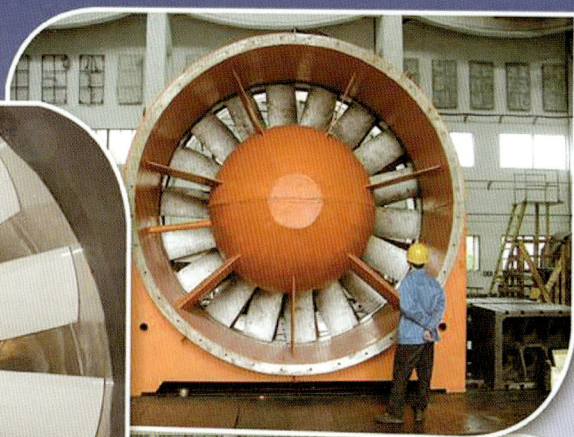

地址：上海市共和新路3000号　　Add：No.3000 Gonghexin Road，shanghai，China　　邮编：200072

电话：021-56650577　　传真：021-56651514　　E-mail：market@sbw-cn.com

# SUFA
## CNNC 中核科技

**中核科技倾力打造中国阀门民族品牌**

全焊接球阀

百万吨乙烯项目用18寸Y型截止阀

全球墨铸铁DN3600
双偏心软密封蝶阀

核一级比例喷雾阀

主蒸汽隔离阀（MSIV）

公司大楼

中核苏阀科技实业股份有限公司（以下简称"中核科技"）成立于1997年，是一家集工业阀门研发、设计、制造及销售为一体的科技型制造企业，也是中国阀门行业和中国核工业集团所属的首家上市企业。

中核科技产品广泛应用于国内外石油、石化、天然气、核电、电力、冶金、造船、城市建设等十几个行业及国家有关科研部门，所使用的"H"及"SUFA"商标是阀门行业的知名品牌，在国际阀门市场具有良好的声誉和一定的影响力。

地址：江苏省苏州市高新区珠江路501号　邮编：215129
电话：0512-67533655（总机）　传真：0512-67532587

# 能源装备专版

## 版面定位：

　　立足于能源装备产业，关注于产业发展的要点、热点和发展趋势，为能源装备产业创新发展开辟舆论高地。对能源装备业在全球产业链和价值链的大背景下，对中国及世界装备制造业动向进行深度分析、报道、点评，力求为读者提供新资讯、新视野、新价值。

## 版面内容涉及：

- ■政策发布　■时事资讯　■产业观察　■人物访谈
- ■企业发展动态　■自主创新动态
- ■装备产品信息发布　■产业聚焦

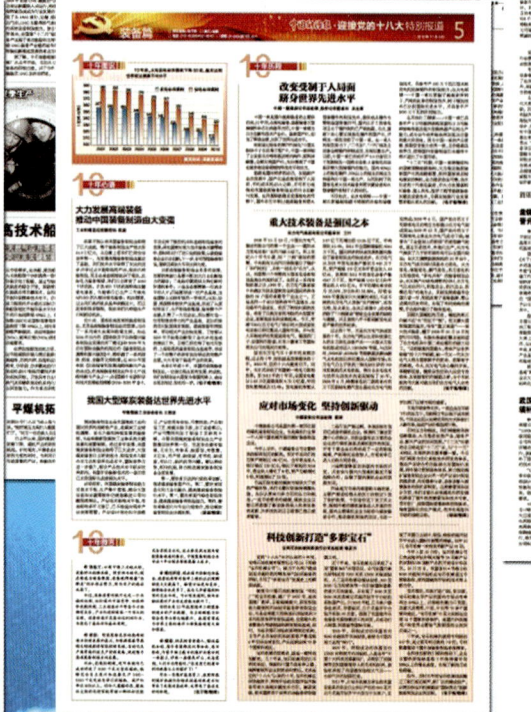

# 江蘇賽德電氣有限公司
## JIANGSU SAIDE ELECTRIC CO., LTD

江苏赛德电气有限公司（以下简称"公司"）是一家专业从事电线电缆、特别是低压特种电缆生产的民营企业。公司坚持高端发展战略，在强手如林的电缆业界脱颖而出，"赛德"品牌是江苏省著名商标，公司是省名牌产品企业，成为三峡工程、北京奥运会、上海世博会供电系统等全国重大项目的重要供货商。公司业绩持续稳定增长，2006年获得高邮市"十佳纳税企业"称号，2011年进入扬州市百强企业行列，2012年实现销售收入3亿元，被表彰为高邮市诚信纳税先进单位，荣获2010～2011年度扬州市"A级纳税信用等级"企业称号。

公司始终坚持创新发展方向，加大科技投入，研制开发市场价值大、前景好的新特产品，形成了企业自己的自主知识产权和核心竞争力。目前，公司已拥有1件发明专利、12件实用新型专利，核电站用1E级K3类电缆获得2008年高邮市科技进步三等奖，轨道交通车辆用电缆获得2010年高邮市科技进步三等奖，具有公司自主知识产权的耐辐射抗开裂核电站用电缆，获得2011年扬州市科技进步二等奖。为实现转型升级、跨越发展，2010年，公司在郭集镇工业园区新征地120亩，总投资3亿元，高起点定位、高标准建设新厂区。在保持传统优势的基础上，重点研发核级电缆、太阳能光伏电缆、风能移动电缆等新能源电缆，一期工程已于2012年建成投产，预计3年内可实现产值、销售10亿元以上。

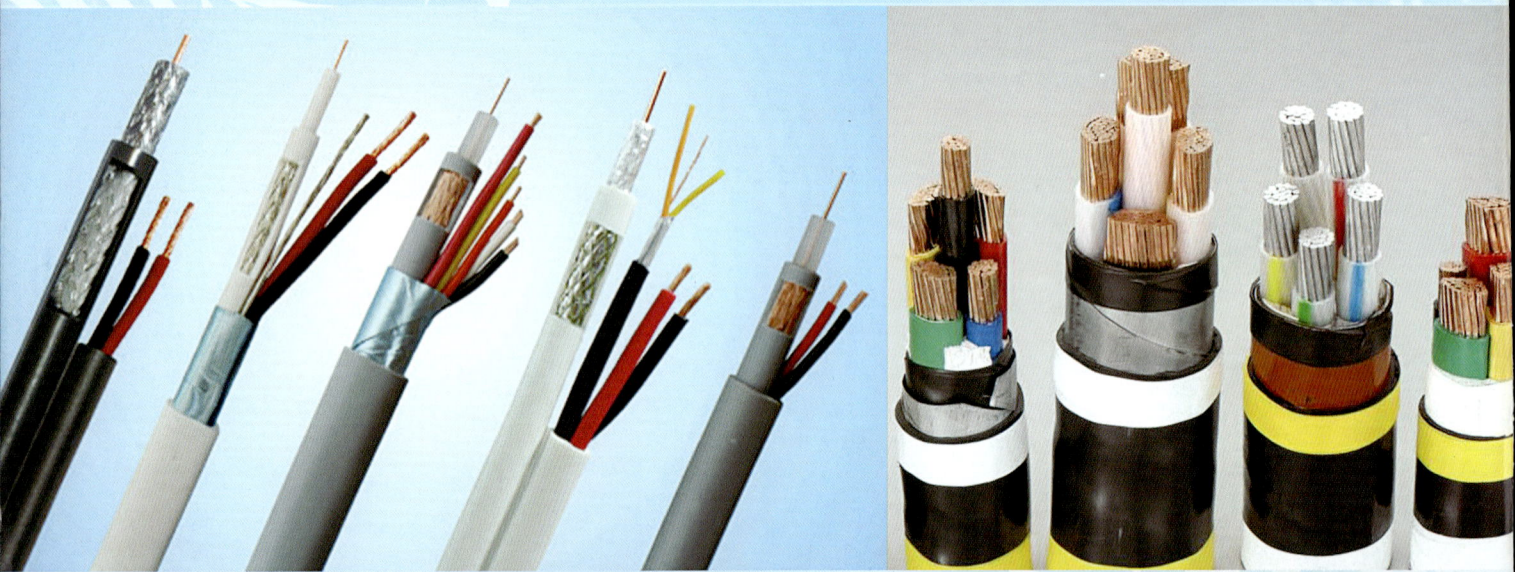

江蘇賽德電氣有限公司
JIANGSU SAIDE ELECTRIC CO.,LTD.

地址：江苏扬州郭集工业园　　　　　　邮编：225654
电话：0514-84231888　0514-84244398　传真：0514-84243222
邮箱：jssddq2008@163.com　　　网址：www.sd-electric.com

沈阳远大压缩机股份有限公司（以下简称"公司"）专业从事往复活塞式压缩机的研发制造，是国家高新技术企业、辽宁省企业技术中心、辽宁省往复压缩机工程技术研究中心。

公司长期服务于石油、化工、天然气行业，其产品性能可靠。现拥有M、D、Z、P、L、V、W型7个系列800多种型号常规和撬装产品及K和D两个系列60余种型号的迷宫压缩机产品。压缩机气体力为20KN～1500KN，介质温度为300℃～－163℃。

公司多次承接国内重大装备国产化项目用大型往复压缩机的研制，如LNG接收站关键设备国产化项目用4K—300MG低温迷宫压缩机、中石化重大装备国产化项目用6M80重整氢增压压缩机等。

公司是中国石油化工股份有限公司战略供应商，是中石油和中海油合格供应商，是美国Airproducts和PRAXAIR、德国Lurgi等工程公司的亚太地区供应商，是德国Linde工程公司、法国Airliquide（法液空）工程公司的中国市场供应商，产品出口墨西哥、哈萨克斯坦、泰国、越南、马来西亚、巴基斯坦等国家。

## 远大压缩机
### COMPRESSOR

# 提供一流产品
# 更提供一流服务

任希文
董事长、总经理

装配车间

2K—140MG低温乙烯迷宫压缩机

技术中心

LNG接收站
关键设备国产化项目

4K—300MG低温BOG迷宫压缩机

**沈阳远大压缩机股份有限公司**
地址：沈阳经济技术开发区沧海路1号
邮编：110027
总机：024-25366050
传真：024-25170729
http://www.ydysj.com
E-mail:sy@ydysj.com

出口国外4M45型最大撬装原料氢压缩机

# 株洲南方阀门股份有限公司
## ZHUZHOU SOUTHERN VALVE CO.,LTD.

株洲南方阀门股份有限公司（以下简称"公司"）成立于1996年5月，2003年12月完成股份制改造，是国家级重点高新技术企业。公司主要生产水力控制阀系列、活塞式调流阀、大口径蝶阀、偏心半球阀、软密封闸阀系列、倒流防止器、高中压阀门系列、鸭嘴式橡胶止回阀、排气阀等15大系列2700多种规格，产品广泛应用于火电核电、市政供水、污水处理、石油化工、钢铁冶炼、水利电力等领域。

公司技术力量雄厚，检测设施齐全，建有湖南省机械行业阀门产品质量监督检测站、湖南省新型阀门技术中心和 省级企业技术中心，拥有25项国家专利，产品获省、部、市级科技进步奖8项，在行业核心期刊发表论文38篇，主编9项行业标准，参编和入编国家和行业标准28项，是阀门行业主编、产品入编国家和行业标准最多的企业。公司已成功开发制造出DN5300的大口径蝶阀和压力最高（PN100）的水力控制阀，是我国水锤最主要问题解决成套方案供应商以及流体系统泵阀成套设备提供商。公司主持并承担了国家重点新产品3项，国家火炬计划2项，国家创新基金重点项目1项，省火炬计划4项。同时承担国家相关部门关于超（超)临界火电机组关键阀门国产化的设计和研制工作，其中 5 个依托项目（合川电厂，焦作电厂，句容电厂，三门峡电厂，南通电厂），我公司承担了前 3 个电厂项目的主蒸汽管道疏水阀（DN50-DN250,610℃, 29.67MPa，气/电动)，给水泵气轮机排汽蝶阀（DN2800，金属双向硬密封、零泄漏）产品设计和研发工作，并于2011年12月25日通过国家相关部门样机鉴定专家组关于 公司超（超）临界火电机组关键阀门国产化样机（电动真空蝶阀/疏水阀)的鉴定。鉴定结果为：技术水平国内领先，达到国外同等水平。

公司"双密封重锤式液控蝶阀"、"新型防泥沙多功能水泵控制阀"、"导流型活塞式控制阀"产品已于 2012 年5月通过国家相关部门的专家组鉴定。鉴定结论：三种产品总体性能指标均达到了国际领先水平，同意通过鉴定。

株洲南方阀门股份有限公司

地址：湖南株洲（国家）高新区工业五区　　邮编：412007

电话：0731-22887711  22887755　　传真：0731-22887722

E-mail:nfvalve@vip.sina.com　　http://www.nfvalve.com

引进ALSTOM技术的330兆瓦汽轮发电机组

北京北重汽轮电机有限责任公司（以下简称"北重公司"，前身北京重型电机厂创建于1958年），是以生产经营火力发电机组(包括电站汽轮机、汽轮发电机及其辅机)为主导的电力装备制造企业。

北重公司注册资本7.6亿元，现有员工2200余人，其中工程技术人员300余人；公司拥有以数控设备为主的加工设备800多台(套)，装备水平精良，试验检测设施完备；占地面积26万平方米，其中建筑面积18万平方米。

北重公司面向国内外发电设备细分市场，形成了以亚临界、超临界300~360兆瓦湿冷、空冷、单双抽供热火电机组和超超临界660兆瓦机组等大机组，以及余热利用、生物质发电、热电联产、垃圾发电、工业汽轮机等领域小机组为主导的产品系列，具有年产5000兆瓦火电机组的生产能力。

北重公司拥有专业的售后服务平台，能够为客户提供660兆瓦及以下汽轮发电机组改造、技术咨询以及电厂节能降耗全面解决方案，具备电站设备成套、工程总包业务能力。产品遍及全国各大电力集团、地方电厂和民营企业，并出口到阿尔巴尼亚、泰国、印度、印尼和越南等世界各国。

# 北京北重汽轮电机有限责任公司

成为在细分市场中具有竞争优势的发电设备制造和服务的供应商　**企业愿景**

清洁高效、制造精良　**企业使命**

秉承"客户至上、质量第一、服务永恒"的经营理念，以"精细、规范、改进、创新"为基础，在创造客户满意业绩的过程中，实现"股东利益最大化和组织与员工共同成长"的核心价值追求，更好地回报社会！　**共同价值观**

电话：010-51792661　传真：010-68634425　地址：北京市石景山区吴家村路57号　邮编：100040
网址：www.bzd.com.cn　邮箱：commercial@bzd.com

# 中国能源装备年鉴（2012）

《中国能源装备年鉴》编委会　编

**主 办 单 位**

国家能源局能源节约和科技装备司

国家发展和改革委员会能源研究所

中国能源报社

**协 办 单 位**

中国煤矿机械装备有限责任公司

经济管理出版社

发展能源装备

提高科技含量

降低资源消耗

减少环境污染

改善经济效益

保障安全使用

贺中国能源装备年鉴创刊

蒋培荚

二〇一三年七月

# 序

能源是人类社会生存和发展的重要物质基础，关乎国家安全和战略利益。目前，我国已经是世界能源生产和消费第一大国，煤炭、石油、天然气、电力、新能源和可再生能源等供应能力均大幅提升，取得了举世瞩目的成就。

能源装备制造业是技术密集、关联度高的战略性新兴产业，是现代工业体系的重要组成部分，能源装备水平和自主制造能力是综合国力的重要体现。经过多年努力，我国能源装备产业从小到大，从弱到强。目前，我国能源装备规模已居世界前列，发电总装机和水电、风电等清洁能源发电装机容量均居世界第一；能源装备制造产业体系完整、门类齐全，工艺技术突飞猛进，国产化程度不断提高，一些装备已达到世界先进水平，部分已达到了世界领先水平，一批大型装备制造企业还走出国门进入了国际市场。能源装备产业的迅速发展，是支撑我国大幅提升能源供应水平和利用效率、不断优化能源结构、提高能源普遍服务水平的重要基础。

在未来一段时期内，我国能源消费总量还将持续增长，保障能源安全、建设生态文明、应对气候变化等问题都将更加突出，对清洁高效能源装备的需求将越来越大。同时，世界正处于新一轮能源变革的进程之中，能源科技创新和结构调整步伐加快，能源装备制造业已经成为主要国家争相抢占的能源竞争制高点。在这种背景下，能源装备制造业的重要性将更加突出，也面临着巨大的市场空间和宝贵的工程实践机会。

　　《中国能源装备年鉴》认真记载了我国能源装备事业的发展历程，为读者提供了了解我国和世界能源装备产业的窗口和平台。前事不忘，后事之师，这本书的出版将对推动我国能源装备制造业迈上新的台阶起到重要的作用。

　　我刚到国家能源局工作，国宝同志盛邀我为《中国能源装备年鉴》作序，我再三请辞。但国宝同志是能源领域的老领导、老专家，为能源装备事业的发展殚精竭虑、呕心沥血，我于情于义都不容辞，只有勉力命笔。

吴新雄

2013 年 7 月

# 序

能源是人类社会生存和发展的重要物质基础，关乎国家安全和战略利益。目前，我国已经是世界能源生产和消费第一大国，煤炭、石油、天然气、电力、新能源和可再生能源等供应能力均大幅提升，取得了举世瞩目的成就。

能源装备制造业是技术密集、关联度高的战略性新兴产业，是现代工业体系的重要组成部分，能源装备水平和自主制造能力是综合国力的重要体现。经过多年努力，我国能源装备产业从小到大，从弱到强。目前，我国能源装备规模已居世界前列，发电总装机和水电、风电等清洁能源发电装机容量均居世界第一；能源装备制造产业体系完整、门类齐全，工艺技术突飞猛进，国产化程度不断提高，一些装备已达到世界先进水平，部分已达到了世界领先水平，一批大型装备制造企业还走出国门进入了国际市场。能源装备产业的迅速发展，是支撑我国大幅提升能源供应水平和利用效率、不断优化能源结构、提高能源普遍服务水平的重要基础。

在未来一段时期内，我国能源消费总量还将持续增长，保障能源安全、建设生态文明、应对气候变化等问题都将更加突出，对清洁高效能源装备的需求将越来越大。同时，世界正处于新一轮能源变革的进程之中，能源科技创新和结构调整步伐加快，能源装备制造业已经成为主要国家争相抢占的能源竞争制高点。在这种背景下，能源装备制造业的重要性将更加突出，也面临着巨大的市场空间和宝贵的工程实践机会。

　　《中国能源装备年鉴》认真记载了我国能源装备事业的发展历程，为读者提供了了解我国和世界能源装备产业的窗口和平台。前事不忘，后事之师，这本书的出版将对推动我国能源装备制造业迈上新的台阶起到重要的作用。

　　我刚到国家能源局工作，国宝同志盛邀我为《中国能源装备年鉴》作序，我再三请辞。但国宝同志是能源领域的老领导、老专家，为能源装备事业的发展殚精竭虑、呕心沥血，我于情于义都不容辞，只有勉力命笔。

吴新雄

2013 年 7 月

# 《中国能源装备年鉴》编纂委员会

## 主　任

张国宝　国家能源委员会专家咨询委员会主任

　　　　中国产业海外发展和规划协会会长

　　　　国家发展和改革委员会原副主任、国家能源局原局长

## 常务副主任

黄　鹂　国家能源局能源节约和科技装备司副司长

韩文科　国家发展和改革委员会能源研究所所长

李庆文　中国能源报社社长

## 副主任

**行业组织（按姓氏笔画排序）**

王广德　中国煤炭工业协会副会长

王天锡　中国城市燃气协会理事长

许亚雄　中国煤炭机械工业协会高级顾问、原理事长

张华祝　中国核能行业协会理事长

张　勇　中国煤炭机械工业协会理事长

李菊根　中国水力发电工程学会常务副理事长

林　钢　中国石油和石油化工设备工业协会常务副理事长

郑拴虎　北京节能环保中心党委副书记、副主任

姚金龙　中国电器工业协会副会长

赵志明　中国石油和石油化工设备工业协会首席顾问、原常务副理事长

隋永滨　中国机械工业联合会特别顾问、原总工程师

黄平涛　中国造船工程学会理事长

韩作樑　中国电池工业协会理事长

**政府部门（按姓氏笔画排序）**

马　坚　宁夏回族自治区能源局局长

马晓佳　云南省发展和改革委员会党组成员、副主任、能源局局长

王　平　重庆市发展和改革委员会党组副书记、副主任

王亮方　湖南省发展和改革委员会党组成员、副主任、能源局局长

王景雄　青海省发展和改革委员会党组成员、副主任

刘绪聪　山东省经济和信息化委员会总经济师

朱　立　新疆维吾尔自治区经济和信息化委员会党组成员、副主任

张应伟　贵州省发展和改革委员会党组副书记、副主任、能源局局长

张彦玉　黑龙江省发展和改革委员会副巡视员

张祖林　广东省能源局局长

李玉琦　江苏省能源局原局长

单宝风　河北省发展和改革委员会党组成员、副主任、能源局局长

周　亚　上海市发展和改革委员会党组成员、副主任

孟　开　甘肃省能源局局长

罗亦非　吉林省发展和改革委员会副主任、能源局局长

郑沐春　江西省发展和改革委员会党组成员、能源局局长

俞开洋　福建省发展和改革委员会党组成员、副主任

胡建阳　辽宁省发展和改革委员会党组副书记、副主任

郭一平　天津市发展和改革委员会党组成员、副主任

董宏彬　湖北省能源办副主任

甄建桥　湖北省发展和改革委员会党组成员、副主任、能源局局长

雷开平　四川省发展和改革委员会党组成员、副主任、能源局局长

**企业单位（按姓氏笔画排序）**

干海燕　国家开发银行评审二局局长

王寿君　中国核工业建设集团有限公司党组书记、总经理

孙青松　中国华电工程（集团）有限公司党组书记、董事长

李跃平　中国电力建设集团有限公司副总经理

苏永强　沈阳鼓风机集团股份有限公司董事长、党委书记

宫晶堃　哈尔滨电气集团公司董事长、党委书记

徐文兵　中科华核电技术研究院有限公司总经理

黄泽俊　中国石油天然气股份有限公司西气东输管道分公司总经理

程永权　中国长江三峡集团公司总工程师

濮　津　中煤能源股份公司副总裁、中煤装备公司执行董事兼总经理

## 常务编委

**行业组织（按姓氏笔画排序）**

马鸿琳　中国核能行业协会副理事长兼秘书长

关树强　中国煤炭机械工业协会副理事长兼秘书长

刘春林　中国电力企业联合会电力装备分会秘书长

刘家新　中国电池工业协会秘书长

吴义航　中国水力发电工程学会常务副秘书长

张绍强　中国煤炭加工利用协会副理事长

张雨豹　中国通用机械工业协会执行副会长兼秘书长

杨双全　中国石油和石油化工设备工业协会秘书长

周彦伦　中国电器工业协会副秘书长

罗文德　中国纺织工业设计院原院长、总工程师

**政府部门（按姓氏笔画排序）**

于小明　青海省发展和改革委员会能源局局长

于宏伟　黑龙江省发展和改革委员会能源二处处长

王嘉惠　天津市发展和改革委员会能源处处长

刘维友　河北省能源局能源节约和装备处处长

齐志新　国家能源局能源节约和科技装备司

何　睿　辽宁省发展和改革委员会工业处处长

张丽虹　上海市发展和改革委员会能源处处长

张建民　国家发展和改革委员会能源研究所中国能源杂志社总编辑

张春红　云南省能源局副局长

李英峰　山东省经济和信息化委员会装备产业处处长

李晓滨　吉林省能源局科技装备处处长

杨大明　安标国家矿用产品安全标志中心主任

杨以民　国家煤矿安全监察局科技装备司装备处处长

单旭峰　宁夏回族自治区能源局副局长

郑建林　吉林省能源局副局长

金　毅　浙江省能源局总工程师

宫晓川　重庆市发展和改革委员会工业处处长

徐泽伦　湖北省发展和改革委员会能源二处处长

徐　勤　云南省机械行业协会科技教育处处长

梁武湖　四川省能源局副局长

黄书林　福建省发展和改革委员会能源发展处处长

韩树强　贵州省能源局能源节约和科技装备处处长

穆　西　陕西省发展和改革委员会能源节约和新能源处处长

魏以军　广东省能源局综合电力处处长

## 企业单位（按姓氏笔画排序）

刘占胜　中煤集团中国煤矿机械装备公司副总经理

张宗列　中核苏阀科技实业股份有限公司总经理

李永国　克里特集团有限公司董事长

李玉龙　中国寰球工程公司专利与技术开发部主任

李仲光　上海耐莱斯·詹姆斯伯雷阀门有限公司总经理

陈明函　上海电气集团上海电机厂有限公司总经理

宗　新　苏州德兰能源科技有限公司总经理

竺　伟　上海广电电气（集团）股份有限公司副总裁

胡德霖　苏州电器科学研究院有限公司董事长

陶　刚　华锐风电科技（集团）股份有限公司副总裁

舒　桦　保利协鑫能源控股有限公司执行董事、执行总裁（光伏）

蔡精毅　上海鼓风机厂有限公司总经理

戴顺民　江苏赛德电气有限公司董事长

# 委　员

## 行业组织（按姓氏笔画排序）

于清教　中国电池网总裁、中国电池工业协会原理事长助理、新闻发言人、宣传部长

王继龙　北京节能环保中心研究室副主任

王　琨　中国电器工业协会行业发展与咨询部主任

祁和生　中国农机工业协会风能设备分会秘书长

吴式瑜　中国煤炭加工利用协会洗选加工部处长

宋银立　中国通用机械工业协会副秘书长兼阀门协会秘书长

汪兆富　中国核能行业协会网刊工作部主任

苏　鑫　中国煤炭机械工业协会专家委员会副主任

徐建平　中国通用机械工业协会气体分离设备分会秘书长

秦海岩　中国可再生能源学会风能专业委员会秘书长

黄　萍　中国煤炭机械工业协会副秘书长

## 政府部门（按姓氏笔画排序）

朱宏勇　广东省能源局综合电力处副调研员

张　勇　新疆维吾尔自治区经济和信息化委员会科技与装备处副处长

李艳舫　吉林省能源局科技装备处副处长

苏昆烈　甘肃省发展和改革委员会煤炭石油处副处长

陈天奇　甘肃酒泉工业园区管理委员会主任

周晓渊　江西省能源局新能源和能源节约处副处长

胡晓平　河北省能源局能源节约和装备处副调研员

唐代胜　四川省能源局综合处副处长

袁友芳　江苏省能源行业协会副秘书长

薛东峰　河南省发展和改革委员会工业发展处副处长

魏忠林　云南省能源局能源协调和科技装备处副处长

## 企业单位（按姓氏笔画排序）

刘延辉　大连融科储能技术发展有限公司董事长

朱曙荣　扬州电力设备修造厂党委书记、副厂长

江国进　北京广利核系统工程有限公司总经理

黄　靖　株洲南方阀门股份有限公司董事长

彭景亮　中国葛洲坝集团机械船舶有限公司董事长、总经理

谢小平　黄河上游水电开发有限公司总经理

# 编辑工作人员

**主　编**

解树江

**副主编**

杨存生　杨世伟

**编辑部主任**

牟思南

**责任编辑**

邬新民　胡　清　陈　力

**编　务**

聂　飞　张燕斌　黄　娅

**特邀编辑（按姓氏笔画排序）**

王国宁　青海省发展和改革委员会能源局

王昀怡　宁夏回族自治区能源局

王　波　云南省能源局能源协调和科技装备处

邓　伟　中国电器工业协会

关　镝　辽宁省发展和改革委员会工业处

刘小波　湖南省能源局

刘天瑞　中国能源经济研究院

刘　扬　内蒙古自治区经济和信息化委员会装备工业处

刘　松　江西省能源局新能源和能源节约处

刘觅颖　北京节能环保中心研究室

刘奎建　天津市发展和改革委员会能源处

吕青源　中国农业机械工业协会风能设备分会

张子瑞　中国能源报社

张屹峰　中国煤炭机械工业协会

张国峰　黑龙江省发展和改革委员会能源二处

张杰群　中国环境保护产业协会脱硫脱硝委员会

张直东　福建省发展和改革委员会能源发展处

杨　军　四川省能源局综合处

杨　怡　重庆市发展和改革委员会工业处

肖光武　湖北省发展和改革委员会能源二处

陈克全　山东省经济和信息化委员会装备产业处

周　涛　北京节能环保中心行业促进一部

季　妍　中国可再生能源学会风能专业委员会

赵均元　云南省机械行业协会科技教育处

赵温跃　贵州省能源局能源节约和科技装备处

党普查　广东省能源局综合电力处

贾小芹　中国电力企业联合会电力装备分会

郭廷波　陕西省发展和改革委员会能源节约和新能源处

程子曌　中国煤炭加工利用协会

谢今明　上海市发展和改革委员会能源处

谢秉鑫　中国可再生能源学会风能专业委员会

魏　培　河南省发展和改革委员会工业发展处

# 编辑说明

一、《中国能源装备年鉴》（以下简称《年鉴》）由国家能源局能源节约和科技装备司、国家发展和改革委员会能源研究所、中国能源报社联合主办，是我国能源装备领域首部综合类史料性文献。

二、首部《年鉴》的编纂是一项庞大的系统工程，极具艰巨性和开拓性。在编撰过程中，得到了有关领导、行业组织、地方政府及主管单位和相关企业的大力指导支持和帮助。国务院原副总理曾培炎同志高度重视年鉴编纂工作，并亲笔题词祝贺《年鉴》创刊；国家能源局局长吴新雄同志对年鉴殷切寄语并拨冗写序。张国宝主任对年鉴进行了总体设计，并明确了工作原则、目标和任务；黄鹂副司长和韩文科所长负责《年鉴》专业内容的把握和具体指导；李庆文社长负责编辑工作的总体统筹协调和系统安排。

三、《年鉴》2012采用分类编辑法，分7个篇章：总论、行业篇、地方篇、成就篇、企业篇、数据篇和附录，全面系统地记载了我国石油石化天然气、煤炭、电力、新能源、节能减排领域及各地区的2010年、2011年发展情况和主要成就。另外，成就篇、企业篇和附录部分内容也有2012年和2013年有关信息。

四、因能源装备产业涉及行业面广、专业跨度大，各领域装备制造均有各自相对独立的产业链，无论在研制水平还是行业信息统计方面都存在诸多差异，这给《年鉴》体例统一带来诸多挑战。在编辑中，我们始终坚持以产品及其相应经济指标为主线，同时兼顾各行业不同的发展水平和国产化进程，尊重各行业的产业特殊性，力求"和而不同"。在信息统计方面各地区普遍较弱、甚至是空白。以本次《年鉴》编辑工作为契机，编辑部在相关单位的大力支持下，积极组织、精心搜集，初步形成了较为全面的信息资料数据库。由于能源装备制造领域没有独立的统计体系，在数据篇编辑中存在较大难度，隋永滨总工程师给予了编辑部极具建设性的指导意见，从机械工业统计数据中，挑选出五大类产品（电工电器、石化通用、重型矿山、仪器仪表、基础零部件）的数据并分别注明大致比例供读者参考使用。

五、参与有关章节编写的单位有：中国机械工业联合会、中国煤炭工业协会、中国电力企业联合会、中国石油和化学工业联合会、中国石油和石油化工设备工业协会、中国煤炭机械工业协会、中国煤炭加工利用协会、国家矿用产品安全标志中心、中国电器工业协会、中国水力发电工程学会、中国核能行业协会、中国电池工业协会、中国通用机械工业协会、中国纺织工业设计院、中国风能协会、中国农机工业协会风能设备分会、中国环保产业协会脱硫脱销委员会；上海、山东、山西、广东、云南、内蒙古、天津、四川、宁夏、甘肃、辽宁、吉林、安徽、江西、江苏、河北、河南、陕西、青海、贵州、重庆、浙江、湖北、湖南、黑龙江、新疆、福建等省（区、市）发改委（能源局）、经信委、北京节能环保中心及行业有关企业。

六、真诚感谢各位领导、专家的指导及参与编写的单位和作者。因水平有限，我们在资料收集、材料筛选、文字加工、体例统一等方面难免有疏漏和不足之处，敬请批评指正。

《中国能源装备年鉴》编辑部

2013 年 7 月

# 目 录

## 总 论

## 行业篇

# 地方篇

# 成就篇

## 中国能源装备优秀人物

终身成就奖、杰出贡献奖、优秀管理者、科技创新典范人物

# 企业篇

# 数据篇

# 附　录

总 论

# 我国重大能源装备自主化成就、经验及未来展望

2008年政府机构改革中，根据重大装备自主化工作的历史经验，为充分发挥依托工程的体制优势，国务院、中编办赋予国家能源局能源装备管理职能，明确国家能源局承担"组织推进能源重大设备研发，指导能源科技进步、成套设备的引进消化创新，组织协调相关重大示范工程和推广应用新产品、新技术、新设备"职责，并设立能源节约和科技装备司。五年来，我们紧密依托能源工程建设，着力转变思路、转变职能、转变作风，发挥产、学、研、用协作体制优势，在推进重大装备自主化方面，做了大量工作，取得了突出成绩，有力支撑了能源行业科学发展，在能源行业和社会上赢得了较好的反响。

## 一、我国能源装备自主化工作取得的成就

### 1. 能源装备国产化取得重大突破

五年来，我们集中力量，抓住核电、燃气轮机、超（超）临界火电阀门、特高压输变电、天然气长输管道、大型LNG等重点领域的关键设备，依托重大能源工程建设，推动能源装备国产化取得一系列重大突破。

核电装备。依托国内核电工程建设，核电技术装备自主化水平稳步提高。二代改进型核电大型铸锻件、压力容器、蒸汽发生器、控制棒驱动机构、大部分核级泵阀等核岛主设备实现国产化，汽轮机、发电机和汽水分离再热器等常规岛设备可批量生产，在建和近期投运的二代改进型核电项目，设备国产化率最高可达到80%。三代核电关键设备国产化顺利推进，成套设计、制造能力正在逐步形成，为自主发展三代核电奠定了良好基础。核电前沿技术攻关取得显著进展，形成了具有自主知识产权的高温气冷堆技术，示范工程建设顺利推进，预期设备国产化率将达到70%以上；自主研究、自主设计、自主建造的实验快堆顺利投入运行。

燃气轮机。在国家的统筹协调下，通过与GE、三菱和西门子等公司的合作，引进消化吸收先进技术，建设完善科研平台，初步具备了关键部件、关键系统、整机试验测试能力，燃气轮机自主研发体系基本形成。东方电气、哈电集团和上海电气均能自主制造具有国际先进水平重型燃气轮机，形成了批量生产能力，除高温热部件和控制系统外，关键部件基本实现国产化，国产化率达到80%以上。

超（超）临界火电阀门。百万千瓦超（超）临界火电，每套机组有500多台高端阀门，90%依赖进口。近三年来，我们依托10个超（超）临界火电项目，根据阀门研制难度分三类逐步推进国产化，第一类已基本实现国产化，第二类共计86台样机全部研制完成并通过鉴定，部分样机达到国际同等水平或先进水平，目前超（超）临界火电机组阀门国产化率可提高到约70%。第三类阀门国产化正在组织推进，研制完成后，国产化率可进一步提高到85%以上。

特高压设备。近年来，我国自主研发、设计、建设了世界上电压等级最高、输送距离最长、输送

容量最大的特高压交直流输电工程，推动我国电网进入大规模跨省区送电新阶段。依托特高压工程建设，我国输变电设备制造业研发能力和技术水平显著提升，形成了特高压设备批量生产能力，加工工艺和试验条件步入世界先进行列。依托晋东南—南阳—荆门、淮南—上海等 1 000kV 特高压交流工程，掌握了特高压交流输变电核心技术，特高压变压器、电抗器、开关等主设备的设计、制造和试验能力达到世界领先水平，形成了完整的技术标准和试验规范，设备国产化率达到 90%。依托锦屏—苏南等 ±800kV 特高压直流工程，自主化水平迈上新台阶，除部分高端换流变和直流场设备由国外分包制造外，换流阀、低端换流变、平波电抗器和控制保护等主设备全部实现国产化，国内企业特高压直流工程系统研究、成套设计、工程设计和关键设备制造能力已达到世界先进水平。

天然气长输管道关键设备。大型压缩机组是天然气长输管道的"心脏"，代表着压缩机行业的最高技术水平，长期以来，大型压缩机组市场被少数公司垄断，进口价格昂贵，维护、维修成本很高。2008 年，我们依托西气东输二线、三线工程，开始组织推进压缩机组等天然气长输管道关键设备国产化。经过四年的努力，取得了重大突破：一是 20MW 级高速直连变频大型电驱压缩机组（包括压缩机、电机和大容量变频器三个关键设备）研制成功并顺利投入运行，创造了电机转速、变频器容量等多项国内第一，整机性能达到国际先进水平，树立了我国重大装备制造业一座新的里程碑，实现了我国石油管道行业多年的梦想。目前，在西气东输三线工程，国产电驱压缩机组已经初步实现了批量应用。二是大口径（42 吋和 48 吋两种）全焊接球阀研制成功并开始批量应用，在最近的天然气管道大型球阀招标过程中，中标的基本是国产产品。三是燃驱压缩机组国产化研制有序推进，取得阶段性进展。其中，进口燃气轮机本体、由国内负责系统总成的产品已经研制成功；燃气轮机设计、制造全部由国内企业完成的产品已经完成了总装装配，正在组织开展台架试验。

大型 LNG 设备。近年来，我国天然气产业快速发展，实现大型 LNG 装备国产化的要求日益迫切。2008 年以来，我们依托中石油山东泰安 60 万 t/a LNG 等项目，加快组织推进大型 LNG 技术装备自主化，取得了一系列成果，实现了跨越式发展：一是大型 LNG 项目工艺包实现国产化；二是冷剂压缩机、冷箱、集散控制系统（DCS）、挥发气（BOG）压缩机、低温泵阀等关键设备陆续研发成功，通过出厂评审，泰安项目建设顺利推进，预计 2013 年即可投运；三是通过该项目的锻炼，国内企业已经具备了规模更大、国际主流的 LNG 项目技术装备自主化的能力。同时，大型 LNG 接收站技术装备国产化也取得阶段性进展。

通过推进以上重点领域的重大成套装备自主化，以点带面，促进我国能源装备自主化水平全面提高，迈上新台阶。

清洁高效电力领域。大容量、高参数机组普遍应用，达到国际先进水平，百万千瓦超超临界火电机组批量生产，投运机组数量世界第一；自主开发了世界单机容量最大 60 万 kW 循环流化床锅炉，部分性能指标超过国外水平；30 万 kW、60 万 kW 空冷火电机组实现国产化，百万千瓦空冷火电机组已完成研发。全部国产化的三峡右岸 70 万 kW 水电机组顺利运行，大型水电机组设计制造能力达到世界先进水平。

新能源领域。掌握了兆瓦级风电机组的设计、制造技术，形成了较为完善的风电设备制造产业链，主要部件基本实现国产化，涌现出一批跻身世界前十名的行业龙头企业；大型风电机组从 2006 年以前主要依赖国外，到目前国产机组市场占有率超过 90%。光伏电池制造产业规模迅速扩大，产量约占世界总产量的 60%，在全球光伏市场中占据重要地位。

输变电领域。形成了一批以重点骨干企业为主体的输变电设备制造基地，变压器年生产能力超过 20 亿 kVA，年产量达到 15 亿 kVA；在技术标准领域，"话语权"不断提高，许多产品标准已被 IEC 采纳为国际标准，打破了长期以来能源装备技术标准由国外发达国家高度垄断的局面。

煤炭综采领域。我国已具备设计、建设、装备及管理千万吨级煤矿和大中型矿区的能力，国有重点煤矿采煤机械化程度达到80%以上。煤炭勘探、采掘、洗选等成套装备基本实现立足国内制造，产品结构不断优化，薄煤层及难采煤层综采成套技术装备开发与生产能力显著提升，高端采煤成套装备的产品可靠性、供货能力及核心部件的国产化率不断提高。煤炭安全防护技术装备具备产业化能力，突破了煤炭安全高效自动化开采瓶颈技术。

油气勘探开发及炼化领域。已经形成了比较完整的技术装备体系，产品种类齐全，拥有较高的技术水平和制造能力，国内87%的大中型钻机、90%的修井机实现自主制造，部分钻井设备批量出口到美国、俄罗斯、中东等世界各地。炼油装置主要生产工艺和设备已国产化，按投资计算千万吨级大型炼油工程的设备国产化率超过90%。

## 2. 能源安全和清洁高效发展保障能力显著增强

重大技术装备自主化水平的不断提高，对能源行业产生了重大而深远的影响，有力地增强了我国能源安全和低碳、清洁、高效发展的技术装备保障能力。

### （1）降低了能源工程建设成本，提升了能源产业竞争力

重大装备市场通常被少数国外企业垄断，进口价格昂贵，备品备件和维修服务要价更高。大量事实表明，一旦打破垄断，实现装备国产化，其价格就会大幅度下降，从而有效降低了工程建设成本。

在核电工程中，装备占总投资的50%左右，在同等条件下，进口设备的价格，特别是大型铸锻件、高端核级泵阀和数字化仪控系统等关键设备，一般是国产设备的2~3倍，甚至更高；通过推进核电装备国产化，我国核电建设成本显著下降，按可比价格计算，单位千瓦造价下降到了初期进口机组的一半左右，使核电项目效益显著增强。随着风电设备国产化率的不断提高，短短几年间，单位千瓦风电机组的价格从近万元下降到不足4 000元，大幅度降低了风电成本，提高了风电竞争力。

我国建设西气东输一线工程时，起初国内不能制造40吋600磅全锻焊球阀，国外报价竟然高达50多万美元；国内研发成功后，国产的价格至多60万元人民币，国外报价也大幅度下降。而X70和X80钢材的全部国产化，改写了国外大型钢铁企业垄断国内油气管线的状况，使西气东输工程的采购成本比原计划大幅度下降，提高了项目的经济效益。

### （2）推动了能源结构优化和清洁高效发展

科技是第一生产力，装备是科技的载体，装备国产化是最大的科技进步。近年来，以2010年国家科技进步特等奖"大庆油田高含水后期4 000万t以上持续稳产高效勘探开发技术"和2012年国家科技进步特等奖"特高压交直流输电关键技术、成套设备及工程应用"为代表的一大批能源重大技术装备取得突破和应用，有力推动了我国能源结构的调整优化和能源行业的科学发展。

第一，先进技术装备的自主化和应用，促进了传统化石能源的清洁高效开发和利用。油气田二次开发、超低渗透油田开发、低渗致密气田开发等技术创新和装备应用提高了我国油气田勘探开发效率和采收率；以"海洋石油981"3 000m深水半潜式钻井平台为代表的海洋工程装备自主化水平的提高，使我国油气资源开发从陆地走向海洋，从浅水走向深水。薄煤层及难采煤层综采成套技术装备和煤矿安全技术装备的推广应用，提高了煤矿采收率和安全生产水平；超（超）临界火电机组、大型循环流化床锅炉、先进燃气发电机组、整体煤气化联合循环发电机组等清洁高效发电技术自主化取得突破和应用，能源转化效率不断提高，排放水平显著下降。

第二，新能源技术装备的快速发展，促进了我国新能源产业跨越式发展。我国已经成为世界上继欧洲、日本之后的为数不多的能够成套提供百万千瓦核电设备的国家，形成了核电机组批量生产能力，发展核电的主动权牢牢把握在自己手中，世界在建核电项目半数都在我国。2006年以前，我国大

型风电机组主要依赖进口，风电规模也很小；随着我国风电设备国产化的快速推进，我国风电规模连续多年翻番增长，2009 年至今，每年新增装机容量都超过 1 000 万 kW，其中，2010 年接近 1 900 万 kW，成为世界第一风电大国。太阳能开发利用技术快速提高，光伏电池产量世界第一，将推动我国太阳能发电进入规模化阶段。以万吨非粮纤维素乙醇为代表的生物质能利用技术取得突破，正在开展工业示范。我国已经成为世界公认的新能源大国，在全球新能源产业竞争中发挥着重要作用。

第三，非常规油气技术装备的自主化，促进了非常规油气资源的开发利用。通过科技攻关和示范工程建设，我国基本掌握了煤层气钻完井、储层改造、排采和低压集输等技术装备，促进了我国煤层气的规模化、产业化开发，2012 年，我国煤层气产量 125 亿 m³。页岩气、页岩油勘探开发关键技术装备自主化进展顺利，大型压裂机组及复合桥塞等井下工具以及连续油管作业设备已初步实现国产化，页岩气勘探开发取得初步进展，钻井 80 多口，其中 30 多口获得工业气流。大型煤炭深加工技术装备取得突破，促进了煤炭深加工产业的发展，世界首套百万吨级煤炭直接液化项目实现商业化运行；年产 16 万 t 煤炭间接液化工业示范项目取得成功，具备进一步放大条件，主要技术指标达到国际先进水平；年产 40 亿 m³ 煤制气示范项目顺利推进。

（3）保障了国家能源安全

历史表明，核心技术是买不进来的，也是市场换不来的。特别是随着我国的快速发展和崛起，一些国家对我国的技术封锁进一步加强，加快技术装备自主化、保障能源安全和经济安全的要求更加迫切。

近年来，一批重大成套技术装备实现自主化，使我国能源安全保障能力显著提高。大型水电机组、特高压交直流输电、核电机组等成套技术装备的国产化，保障了三峡水电、西电东送、百万千瓦级核电站等国家重大能源工程的建设和运行，进而保障了国家能源安全。天然气长输管道关键设备的国产化，特别是全部采用国产压缩机组的西二线高

陵增压站的顺利投运，解决了困扰我国天然气行业多年的"心脏病"问题，标志着我国的油气管网大动脉从此不再受制于人。LNG 是实现天然气远洋运输的唯一手段，LNG 船被誉为世界造船业"皇冠上的明珠"，技术难度很大，通过国家组织专项科技攻关，我国成功建造了 14.7 万 m³ 薄膜型 LNG 运输船，实现了"国货国运"，保障了天然气远洋运输安全；同时，我国大型 LNG 成套技术装备国产化已经取得突破，打破了国外对我国的技术封锁。

# 二、五年来的主要工作、经验和体会

## 1. 主要工作

五年来，我们工作的总体思路是：紧密依托重大能源工程，组织推进重大装备国产化研制，着力突破"首台套"问题；加强重大问题研究，抓住重点领域和关键环节，集中资金支持自主创新能力建设，构建"四位一体"能源科技创新体系；不断完善产业政策，创新体制机制，转变职能和作风，全面加强能源装备行业管理，促进能源装备产业转型升级。

（1）协调落实依托工程

落实依托工程，是推进重大能源装备自主化的主要手段和首要任务。近几年，围绕清洁高效发电、输电、石油天然气等重点领域，协调落实了一大批重大能源工程为装备国产化依托工程：

在清洁高效发电领域，三门和海阳 AP1000 核电工程，红沿河、福清等二代加核电工程，以及江苏南通电厂、华能长兴电厂等一批超（超）临界发电工程；在特高压领域，晋东南—南阳—荆门、皖电东送淮南—上海等 1 000kV 特高压交流输电工程，以及哈密南—郑州等 ±800kV 特高压直流输电工程；在石油天然气领域，西气东输二线、西气东输三线等天然气长输管道工程，中国石油泰安 60 万 t/a LNG 和唐山 LNG 接收站等大型 LNG 工程，锦州—郑州成品油管道、长庆—呼和浩特原油管道、仪征—长岭原油管道等输油管道工程，以及神

华宁煤年产400万t煤制油、中石油中委揭阳2 000万t炼油等大型煤炭深加工和炼油工程。

经过近年来的探索和实践，依托我局"一手抓能源项目，一手抓能源装备"的体制优势，已经形成了较为成熟的工作思路和模式：首先，选择技术水平高、装备需求量大的重点领域，在办理重大能源工程前期论证和核准过程中，通过项目会签机制，明确为装备自主化依托工程；其次，组织项目单位、行业协会和骨干装备制造企业，制定装备国产化专项实施方案，明确装备国产化的目标、实施周期和承担单位等；再次，组织行业协会和有关装备制造企业按照国产化方案的要求推进研制工作，组织技术方案论证，协调推进研制进展和出厂鉴定，组织开展工业运行试验和应用；最后，成功突破"首台套"问题、初步实现国产化的装备，组织行业协会和有关装备制造企业进一步完善改进，形成产品系列，并协调落实后续依托工程，发挥市场机制作用，进一步推广应用。

**（2）加强重大问题研究和顶层设计**

自国家能源局成立以来，紧密围绕能源安全、高效、清洁、低碳发展对技术装备的要求，着力加强能源装备自主化重大问题研究，做好顶层设计，引导能源装备行业健康发展。

我们倾全局和全行业之力，组织各专业司及能源领域200多名专家，历时两年半编写了《国家能源科技"十二五"规划》，提出了建立重大技术研究、重大技术装备、重大示范工程及技术创新平台"四位一体"国家能源科技创新体系的指导思想，在能源勘探与开采、加工与转化、发电与输配电、新能源等4个重点领域确定了19个能源应用技术和工程示范重大专项，规划了37项重大技术研究、24项重大技术装备、34项重大示范工程和36个技术创新平台；同时部署了未来10年有望取得突破的重大前沿技术装备，如700℃超超临界机组、高温气冷堆核电示范工程、大规模储能装置等。该规划是我国历史上第一部能源科技规划，明确了我国能源重大装备发展的技术路线图，2011年12月5日一经发布，就在全行业引起强烈响应。

此外，我们根据能源行业发展形势和要求，加强对燃气轮机等重大技术装备发展情况的调研，组织编写了《核电技术装备发展规划》、《燃气轮机产业发展规划》、《页岩气技术装备研发及工程示范规划》等多个能源装备专项规划，发布了一系列能源装备重点领域及产品指导目录、能源装备国产化专项实施方案，提出能源装备自主化的方向、思路、任务和政策措施，有力指导了能源装备及能源行业的科学发展。

**（3）支持能源自主创新能力建设和能源装备技术改造**

按照国家发展改革委的统筹安排，中央预算内投资设立"重点产业振兴和技术改造（能源装备）"专项，支持能源装备企业技术改造；设立"能源自主创新（含核电）"专项，支持能源自主创新能力建设以及核电装备自主化。

五年来，通过一大批项目的实施，极大地促进了能源装备技术水平的提升，初步建成能源科技创新体系。首先，充分发挥中央投资引导作用，中央投资与其拉动的企业投资的比例达1∶9，把能源装备技术改造和创新能力建设资金引导到能源行业亟需、技术水平较高、市场前景良好的方向上来；其次，突出重点领域，支持行业龙头企业发展，围绕先进核电、特高压输变电、燃气轮机等方向，重点支持东方电气、哈电集团、一重、西电集团等国有骨干企业和沈阳、西安等装备制造业基地，产业组织和产业布局不断优化；再次，提升能源装备行业自主创新和持续发展能力，抓住能源科技革命的机遇，建设了72个能源技术装备研发（实验）平台，完善了能源科技创新体系，为进一步实施创新驱动战略、实现转型升级奠定了基础；最后，攻克了一批核心技术，研制了一批重大装备，核电、特高压、天然气长输管道等能源装备国产化取得重大突破，我国能源装备行业的技术水平和产业竞争力显著增强，站到了新的历史起点上，初步具备与国际知名企业同台竞技的能力。

五年来，我们严格遵守有关规定，加强中央预算内投资项目管理，总结了一套好的经验和做法：

首先，加强指导，2009年，我们编制了《中央预算内投资能源装备的重点领域（2009~2011）》；2011年末，进一步编制了《中央预算内投资能源装备技术改造和能源自主创新领域及重点方向》，列出了12个领域的45个能源装备技术改造重点方向和30个能源自主创新能力建设重点方向。其次，规范申报，各地方（含中央企业）组织项目上报及初步筛选，形成了较为规范的工作流程和进度安排。再次，公平评审，初审重点审查材料是否完整、合规，以及是否符合有关产业政策；专家评审重点审查项目的必要性和合理性。最后，加强管理，按照国家发改委的统一部署和要求，及时上报项目进展情况，开展监督检查，督促整改完善；建立了责任机制，严格执行项目验收程序。

（4）加强能源装备行业管理和服务

五年来，我们着力转变思路、转变职能、转变作风，从体制机制和产业政策层面，抓住重点，创造性开展工作，推动能源装备行业健康发展：

第一，完善能源装备产业政策，引导行业健康发展。针对风电设备等低水平重复建设和产能过剩倾向和苗头，我们自2009年起，及时向行业发出预警信号，参与起草了《关于抑制部分行业产能过剩和重复建设引导产业健康发展的若干意见》（国发〔2009〕38号），并及时出台配套文件《关于推进风电产业健康有序发展的若干意见》（发改能源〔2010〕3019号）。为促进光伏发电、燃气轮机、能源材料、储能等产业发展，我们正在组织研究产业政策和技术发展路线图，引导行业科学发展。

第二，贯彻落实重大技术装备进口税收优惠政策，推动重大技术装备国产化。会同财政部等部门，编制重大技术装备及关键零部件清单，落实装备制造企业和核电业主重大技术装备税收优惠政策；根据国内技术装备自主化进展情况，及时总结政策执行情况，修订进口免税产品清单，切实以税收政策促进重大技术装备自主化。

第三，组建能源技术装备创新联盟，开展前沿技术研究。为了抢占燃煤发电技术制高点，组建了700℃超超临界燃煤发电技术联盟理事会和技术委员会，建立了工作机制，制订了研究计划和重点研究项目，编制了关键部件试验验证平台初步设计方案，深入开展锅炉联箱、水冷壁、过热器等部件高温材料研制。组织联盟各参与单位参加IEA先进700℃超超临界燃煤发电技术国际会议，与欧洲、美国、日本等国家和地区开展技术交流。

第四，开展能源科技示范，推广应用先进技术装备。为了提高风电消纳能力和电网运行技术水平，推动风电行业科学发展，针对风电并网难的突出问题，组织在蒙西电网开展提高风电消纳能力和电网运行技术水平试点，从建设研发实验平台、加强关键技术的研究、完善行业标准及推广应用等方面开展工作，着力以科技创新提高风电消纳能力。组织国内外企业以技术研讨会为平台，促进能源行业技术交流，推广应用先进技术装备。

**2. 经验和体会**

在推进能源装备自主化的丰富实践中，积累了一些好的经验和体会，值得认真总结并发扬光大。

（1）必须依托工程，解决应用推广问题

重大装备用于重大工程，研制周期长、前期投入大，只有落实了依托工程，装备制造企业才能根据重大工程的特殊需要投入研发资金，启动研制工作。同时，重大装备自主化还要解决应用、推广的巨大障碍，尤其是"首台套"突破的难题。过去有不少重大装备研制完成了，却难以应用、推广，只能"束之高阁"，原因就是没有依托工程，陷入"无业绩—无投标资格—无业绩"的死胡同；落实了依托工程，这个问题就迎刃而解了。

统一行使重大工程管理和推进重大装备自主化职责，依托工程推进重大技术装备自主化，这是我国推进重大装备自主化过程中，积累的最主要的一条经验。过去三十多年来，我国装备制造业的管理体制和机构几经变迁，在组织推进重大装备自主化的实践中，凡是重大工程管理和重大装备紧密结合的时期，都取得了突破和成功，反之，重大工程管理和重大装备分离的时期，往往事倍功半，效果不容乐观。

（2）必须形成举国体制，建立强有力的协调机制

重大技术装备的研制、应用和推广是一项系统工程，通常需要跨部门、跨行业、跨地区组织才能奏效，且时间跨度大，从启动研制到批量推广，耗时少则数年，多则十多年。因此，推进重大装备自主化必须形成举国体制，建立强有力的协调机制，从国家战略高度统筹协调整体利益和局部利益、长远利益和当前利益的关系，调动产、学、研、用各方面的积极性，形成共同推进重大装备自主化的合力。

这既是历史经验，也是历史教训。改革开放之初，为了加快重大装备自主化步伐，保障国民经济建设需要，1983年国家设立了高层次的"重大技术装备领导小组办公室"（以下简称"重大办"），在重大办的有力领导下，用户和制造部门密切协作，1983~1993年的10年间，开展了1 100多个科研攻关课题，累计研制50多套重大技术装备，确保70多个国家重点工程和技改项目建设，成效十分显著。其后，在国务院机构改革进程中，重大办撤销，由于缺乏强有力的领导和协调，我国重大技术装备自主化工作一度陷入举步维艰、徘徊不前的局面，装备制造行业不断呼吁要恢复建立领导协调机制。

进入21世纪以来，重大技术装备自主化的要求更加迫切，国务院印发了《关于加快振兴装备制造业的若干意见》（国发〔2006〕8号），明确提出要加强对振兴装备制造业的组织领导，2006年5月，国家发展改革委振兴东北办工业组加挂"重大技术装备协调办公室"的牌子，两年多的时间里，围绕百万千瓦级核电、百万吨级乙烯、数控机床等领域，重大办协调落实依托工程，组织推进重大装备研制，做了大量的工作，取得了突出的成效，困扰我国石化行业多年的"乙烯三机"全部实现国产化，核电装备国产化率大幅度提高。

2008年国家能源局被赋予推进重大能源装备自主化职能以来，我们充分发挥国家能源局负责能源工程的优势，建立了重大能源装备自主化的领导协调机制，在煤炭、电力、油气、新能源等各个领域，紧密依托工程，制定装备国产化实施方案并组织落实，取得了一系列重大突破，能源重大装备自主化迈上了一个新台阶。

（3）必须选准重点领域，坚定推进重大装备国产化的信心、决心和耐心

重大技术装备自主化是一项长期的、历史性的工作，在不同的发展阶段，要根据国民经济发展的主线和重点任务，集中资源和力量，统筹选择若干领域作为推进重大技术装备自主化的重点，以点带面，促进装备制造行业整体水平的提升。重点领域的选择，要坚持三个原则：一是选择那些国民经济建设和国家重大工程亟需，对保障经济安全和能源安全意义重大的产品；二是选择那些技术含量高、成套性强、能够大量替代进口、对推动装备制造业转型升级意义重大的标志性产品；三是选择那些市场需求开始启动、未来市场需求大的产品，确保国产装备能抓住重大市场机遇。20世纪我们组织研制的"九大设备"、"十二项重大成套装备"和近年组织的核电设备、特高压输变电设备、天然气长输管道关键设备、大型LNG技术装备等，都是根据这个原则选定的，都取得了很好的效果。

同时，在推进重大技术装备自主化工作中，要坚定推进重大装备国产化的信心、决心和耐心。我国装备制造业经过近年来的快速发展，成为世界第一装备制造大国，技术水平显著提升，已与十年前、二十年前不可同日而语，已经到了开拓高端市场、与世界一流企业一争高下的时期。我们要看到这个基本事实，坚定信心，充满勇气，并把对这种信心和勇气传递到产学研用各个方面，贯穿始终；在确定国产化目标的时候，既要实事求是、科学论证、不打无把握之仗，又要敢于"啃硬骨头"，下定决心，提出较高的设备国产化目标，只有这样，重大装备国产化才是高水平的国产化，国产化工作才有生命力；推进重大技术装备自主化是一项艰辛而繁复的工作，不会一帆风顺，无论遇到什么困难，都要对国产装备充满耐心，只有百折不挠，坚持到底，才能收获最终的喜悦。

（4）必须依托我国市场需求，充分发挥市场机制作用

我国是一个大国，巨大的市场需求给装备制造业指明了发展方向，提供了广阔的发展空间。同时，巨大的国内市场需求也是我们的战略资源，不能轻易拱手让人。对当前经济建设亟需、一定阶段内国产化不能满足需要的产品和领域，要坚持开放式自主创新，依托市场需求，通过引进技术、推动国产化来提升国内水平。在这方面，比较典型的是燃气轮机的国产化。自2001年以来，国家发改委、国家能源局集中国内燃气发电市场资源，先后组织三次重型燃机"打捆招标"，组织哈电集团、东方电气、上海电气和南京汽轮机厂分别与GE、三菱及西门子公司合作和引进制造技术，进行本地化制造；在"打捆招标"过程中循序渐进，扎实引进消化吸收技术，第一批项目以外方为主，第二批项目以中方为主，第三批项目采取中方独立投标、外方分包并提供性能保证方式参与投标，实现了以"外方为主"向以"中方为主"转变，在较短的时间内实现了自主制造，F级和E级燃气轮机国产化率分别达77%和85%。

此外，我们强调依托工程和加强协调的作用，并不意味着不重视市场机制的作用。恰恰相反，依托工程和加强协调，主要解决重大装备"首台套"研发和应用等少数市场失灵领域的问题；其余该由市场竞争解决的问题，要坚决发挥市场机制的基础作用。在特高压技术装备国产化工作中，特高压变压器、电抗器和开关等特高压交流主设备，以及换流阀、控制保护系统、换流变压器和平波电抗器等特高压直流主设备，均组织三家以上制造企业承担国产化研制任务，在坚持国产化的大原则下，保护行业而不是保护企业，充分发挥企业之间的竞争作用，充分发挥项目业主的自主性，实践证明，市场机制调动了产学研用各方面的积极性，取得了事半功倍的效果。

## 三、未来发展展望

### 1. 正确认识我国重大装备国产化的成绩和问题

近五年来，我国装备制造业快速发展，产值先后超过德国、日本、美国，成为世界第一装备制造大国。同时，技术水平明显提高，一些重大技术装备达到世界先进水平；国际竞争力不断提升，重大装备出口规模持续扩大，装备制造业实现了由"逆差"到"顺差"的历史性转折；产业组织和产业布局不断优化，产品结构得到改善，高技术产品、高附加值产品的比重不断提高。

我国装备制造业已经站在了新的历史起点上，但是，应该清醒地认识到，和世界装备制造强国相比，我国还有不小的差距，大而不强的矛盾依然十分突出，主要体现在以下几个方面：

第一，重大技术装备自主化有待进一步突破。还有不少重大装备尚未实现国产化，亟待推进；一些重大装备虽然突破了"首台套"问题，但由于工艺等原因，批量优质生产还有困难；很多已经批量国产化的重大装备，关键零部件、关键材料仍然依赖进口。

第二，自主创新能力有待进一步完善。由于历史的原因，基础和共性关键技术研究滞后，科技积累不足；再加上企业规模较小，科技资源分散，研发投入有限，科研条件还有不足；科研和产业化结合不够紧密，科技创新的体制机制和环境有待进一步完善。

第三，企业核心竞争力特别是参与国际竞争的能力有待进一步提高。总体上装备制造业产业组织不够合理，行业集中度不高；企业"同质化"现象严重，龙头企业在技术、产品和品牌等方面和国际知名的一流企业还有很大差距。

### 2. 总体思路

在进一步深入推进重大技术装备自主化工作中，要加快转变思路，着力完善体制机制、完善产业政策，加大推广先进能源技术装备的工作力度，

从着眼于部分领域向着眼于全行业转变，从着眼于"首台套"突破向着眼于推广应用转变，从着眼于装备国产化向着眼于关键技术自主化和零部件国产化转变。

第一，要健全工作机制，加强组织协调。推进重大技术装备自主化是一项综合性工作，涉及煤炭、电力、油气、新能源等各个方面，要做好这项工作，必须依托能源行业，形成"全行业抓科技"的局面。要发挥科技重大专项的引领作用，做好"大型先进压水堆及高温气冷堆核电站"和"大型油气田及煤层气开发"专项组织实施工作。要贯彻落实《国家能源科技重大示范工程管理办法》（国能科技〔2012〕130号），继续组织落实一批示范工程，深入推进重大能源技术装备自主化及推广应用。

第二，完善创新体系，提升创新能力。要根据服务能源企业和能源行业科学发展的要求，认真梳理总结能源科技创新体系建设的成效和不足，集中力量进一步建设完善重大技术研究、重大技术装备、重大示范工程和技术创新平台"四位一体"的能源科技创新体系。要加强对国家能源研发中心（实验室）的管理，组织开展重大能源科技攻关和战略咨询工作；要按照"总量控制，有进有出"原则，开展评估总结，引入竞争机制，充分发挥"国家队"作用，提升我国能源行业和装备制造业的自主创新能力和持续发展能力。

第三，要加强行业管理，促进转型升级。要推动政府管理体制改革，减少政府干预，防止地方保护主义和关联交易，维护市场秩序，发挥市场机制的基础作用；要加强和完善宏观调控，引导生产要素流向和投资行为，防止新兴行业一哄而上和产能重复建设；要完善产业政策，综合运用技术、环保、节能等手段，加强市场监管，提高行业管理水平；要重点支持骨干企业发展，培育一批"顶天立地"的大型企业集团和坚持"专、精、特、新"发展道路的"小巨人"企业，不断优化产业组织；要塑造有利于创新的环境，促进企业走"差异化"发展模式，逐步摆脱不重视创新、抄袭模仿、产能过剩、低价竞争、效益低下、无力转型的局面。

## 3. 主要任务

要推动我国装备制造业完成由大到强的历史性跨越，必须充分发挥依托工程体制优势，进一步深入推进重大装备自主化，这项任务依然十分艰巨：

要依托大型煤炭开发工程，发展薄煤层及难采煤层综采成套技术装备，加快高端采煤、掘进、洗选等成套装备开发与生产能力建设，提高成套供货能力和产品可靠性，提升核心零部件的国产化率，突破安全高效自动化开采瓶颈技术，提高煤矿采收率和安全生产水平。

要依托大型核电工程，进一步推进核主泵、集散控制系统（DCS）、核燃料元件等核心技术装备的自主化，提高核电设备成套供货水平，确保核电安全。同时，加快三代核电技术的消化吸收再创新，保障三代核电建设；加快快堆、高温气冷堆等核电技术的研发、实验和示范，抢占下一代核电技术发展制高点。

要依托大型水电和清洁高效火电工程，加快300m以上水头、30万kW及以上的大型抽水蓄能机组的研发，培养成套供货能力；加快推进超超临界火电锻件及主管道等设备的国产化，加快突破燃气轮机设计、材料、试验、制造自主化瓶颈，稳步推进700℃超超临界发电、整体煤气化联循环（IGCC）、碳捕获与封存（CCS）等前沿技术的研发和示范，促进化石能源的清洁高效利用。

要依托特高压输电和智能电网工程，要进一步推进特高压直流输电高端变压器、换流变压器等重大装备自主化；加强工艺研发和质量保障体系建设，实现批量优质生产；加快关键零部件和特殊原材料的研发和国产化。同时，着眼未来，加快储能和智能电网设备研发和示范，建设更安全、更高效、更绿色的现代电网。

要依托大型油气田开发和页岩气、页岩油、煤层气等非常规油气开发工程，组织核心技术攻关，实现物探装备、大位移水平井钻井旋转导向工具及地质导向系统、随钻测井装备、大型压裂装备及井下作业工具、微地震裂缝监测仪器等关键设备的国产化，推动非常规油气资源的低成本、规模化开发。要依托海上油气田开发工程，提升海洋工程装备的基础设计能力，进一步提高半潜式钻井平台、生产平台、浮式生产储油卸油装置等主流产品的自主设计、建造能力，逐步实现推进设备、系泊系统、动力定位系统、钻井系统等关键配套设备国产化，促进海上油气资源开发。

要依托大型输油、输气管道工程，实现大型输油泵、燃驱压缩机组等关键设备国产化，加快推进国产大型电驱压缩机组的系列化和批量推广；依托大型LNG及LNG接收站工程，实现大型LNG工艺设计自主化，实现集散控制系统、大型压缩机组、冷箱、低温泵、阀的国产化。

要依托大型炼油和大型煤炭深加工工程，促进工艺技术和装备的融合，实现千万吨级炼油综合自动控制系统及专用仪表系统国产化，提高双相钢等特殊材料、新型反应器等专用设备以及大型换热器、大型压缩机、大型空气分离成套设备、工艺流程泵和特殊工况阀门等关键设备的自主化水平。

2008年爆发的国际金融危机对世界的影响至今仍在不断演绎和深化，美国、欧盟、日本等世界主要经济体，纷纷作出了重振制造业、回归实体经济的选择，在全球范围内掀起了以科技创新为手段、以低碳经济为导向的新一轮发展浪潮。世界经济政治格局的深刻变化对我国既是重大挑战，又是重大机遇。我国的经济规模已经跃居世界第二，转变经济发展方式的要求十分迫切；同时，我国已经成为世界第一装备制造大国，成为全球为数不多的具备完整产业体系的国家之一，进一步推进重大装备自主化、加快产业转型升级的条件已经成熟。中共十八大报告提出，要实施创新驱动发展战略，推进经济结构战略性调整。只要我们充分发挥依托工程体制优势，进一步深入推进重大装备自主化，一定能为我国绘就2020年全面建成小康社会的宏伟蓝图和推动能源行业科学发展作出新的更大的贡献。

（国家能源局能源节约和科技装备司）

行业篇

石油石化、天然气

# 石油和石油化工装备总况

## 一、经济运行概况

### 1. 石油和石油化工装备行业经济运行趋好

2011 年，我国原油产量 2.04 亿 t，同比增长 0.3%；进口原油 2.54 亿 t，同比增长 6%；进口成品油 4 060 万 t，同比增长 10.1%；石油对外依存度同比上升 1.7 个百分点，达到 56.5%；天然气产量 1 025.3 亿 m³；进口量达 310 亿 m³，同比增长 82.3%。截至 2011 年底我国炼油能力达 5.40 亿 t/a，同比增长 5.2%，居世界第二位，仅次于美国，占世界总炼油能力的 12.2%。

近年来，我国石油和石油化工装备制造行业迅猛发展。2010 年，按石油钻采专用设备制造、炼油和化工生产专用设备制造、金属压力容器制造 3 个分行业而组成的石油和石油化工装备制造行业来分析，有规模以上企业 2 023 家，同比增长 7.09%；实现工业总产值 2 489.96 亿元，同比增长 19.01%；工业销售产值 2 392.62 亿元，同比增长 18.63%；出口交货值 168.87 亿元，同比增长 10.01%；总资产 2 005.60 亿元，同比增长 17.23%；利润总金额 119.00 亿元，同比增长 17.38%。

2010 年与 2005 年规模以上企业相比，企业净增 1 114 家，增长 122.55%；工业总产值净增 1 970.56 亿元，增长 379.39%；工业销售产值净增 1 896.22 亿元，增长 381.99%；出口交货值净增 117.07 亿元，增长 226.00%；总资产净增 1 486.93 亿元，增长 286.68%；利润总金额 88.69 亿元，增长 292.61%。2005~2011 年我国石油和石油化工装备制造行业经济运行情况见表 1。

表 1  2005~2011 年我国石油和石油化工装备制造行业经济运行情况

| 项 目 | 2005 年 | 2006 年 | 2007 年 | 2008 年 | 2009 年 | 2010 年 | 2011 年 |
|---|---|---|---|---|---|---|---|
| 企业数量（家） | 909 | 1 019 | 1 201 | 1 421 | 1 889 | 2 023 | 1 487 |
| 同比增长（%） | 23.29 | 12.10 | 17.86 | 18.32 | 32.93 | 7.09 | −26.50 |
| 工业总产值（亿元） | 519.40 | 739.64 | 1 095.70 | 1 703.13 | 2 092.25 | 2 489.96 | 3 225.63 |
| 同比增长（%） | 39.00 | 42.40 | 48.14 | 55.44 | 22.85 | 19.01 | 29.55 |
| 工业销售产值（亿元） | 496.40 | 723.33 | 1 058.70 | 1 634.64 | 2 016.80 | 2 392.62 | 3 108.36 |
| 同比增长（%） | 38.46 | 45.72 | 46.36 | 54.40 | 23.38 | 18.63 | 29.91 |
| 出口交货值（亿元） | 51.80 | 100.89 | 137.80 | 208.09 | 153.50 | 168.87 | 222.77 |
| 同比增长（%） | 82.77 | 94.77 | 36.58 | 51.01 | −26.23 | 10.01 | 31.92 |
| 利润总金额（亿元） | 30.31 | 54.46 | 71.57 | 109.23 | 101.38 | 119.00 | 195.37 |
| 同比增长（%） | 65.55 | 79.68 | 31.42 | 52.62 | −7.19 | 17.38 | 64.18 |
| 总资产（亿元） | 518.67 | 674.16 | 1 053.62 | 1 539.60 | 1 710.81 | 2 005.60 | 2 514.79 |
| 同比增长（%） | 23.29 | 29.98 | 56.29 | 46.12 | 11.12 | 17.23 | 25.39 |

注：2011 年统计范围为规模以上企业由 2010 年以前的年主营业务收入 500 万元以上调整为年主营业务收入 2 000 万元以上。
资料来源：中国石油和石油化工设备工业协会。

2011年是我国实施"十二五"规划的开局之年，我国石油和石油化工装备制造行业在大力推进转变发展方式、调整产品结构的进程中，及时把握油气勘探开发投资增长的机遇和挑战，全行业经济运行实现了快速增长。根据国家统计局发布的数据统计，截至2011年底，我国石油和石油化工装备制造全行业规模以上企业有1 487家（2011年统计范围为规模以上企业由2010年以前的年主营业务收入500万元以上调整为年主营业务收入2 000万元以上），同比下降26.50%。

2011年，我国石油和石油化工装备制造行业完成工业总产值3 225.63亿元，同比增长29.55%；完成工业销售产值3 108.35亿元，同比增长29.91%；完成出口交货值222.77亿元，同比增长31.92%；实现利润总金额195.37亿元，同比增长64.18%；总资产2 514.79亿元，同比增长25.39%。全行业基本恢复到2008年金融危机之前的发展水平，实现了"十二五"规划的良好开局。2005~2011年我国石油和石油化工装备制造行业生产企业数量变化见图1。2005~2011年我国石油和石油化工装备制造行业工业总产值见图2。2005~2011年我国石油和石油化工装备制造行业工业销售产值见图3。2005~2011年我国石油和石油化工装备制造行业出口交货值见图4。2005~2011年我国石油和石油化工装备制造行业利润总金额见图5。

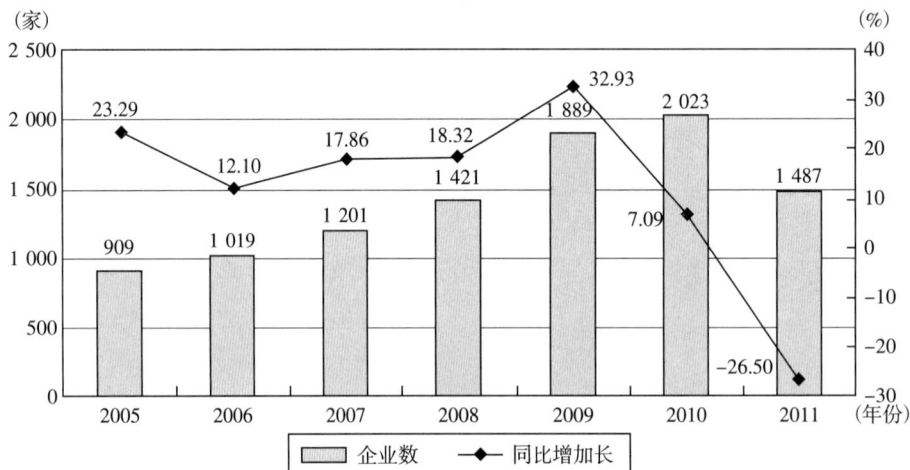

图1 2005~2011年我国石油和石油化工装备制造行业生产企业数量变化

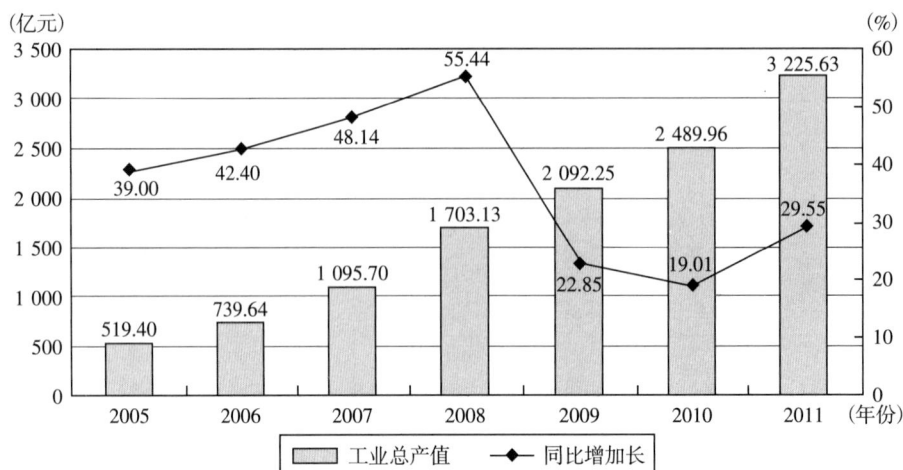

图2 2005~2011年我国石油和石油化工装备制造行业工业总产值

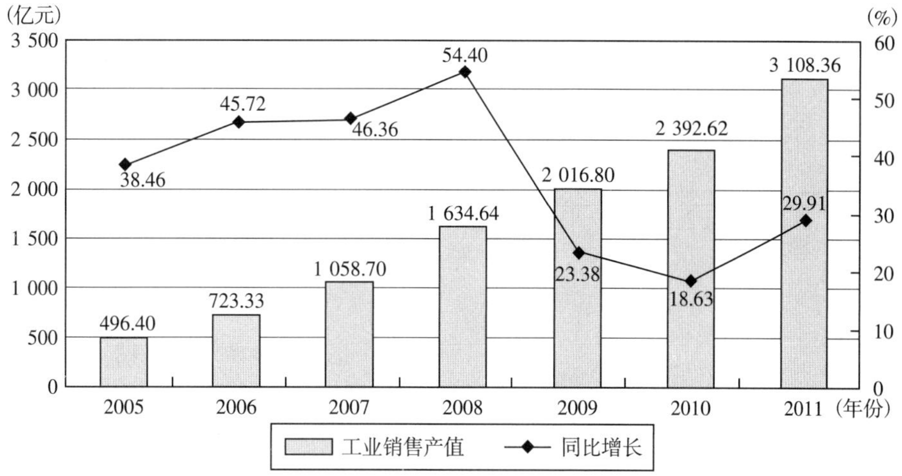

**图3　2005~2011年我国石油和石油化工装备制造行业工业销售产值**

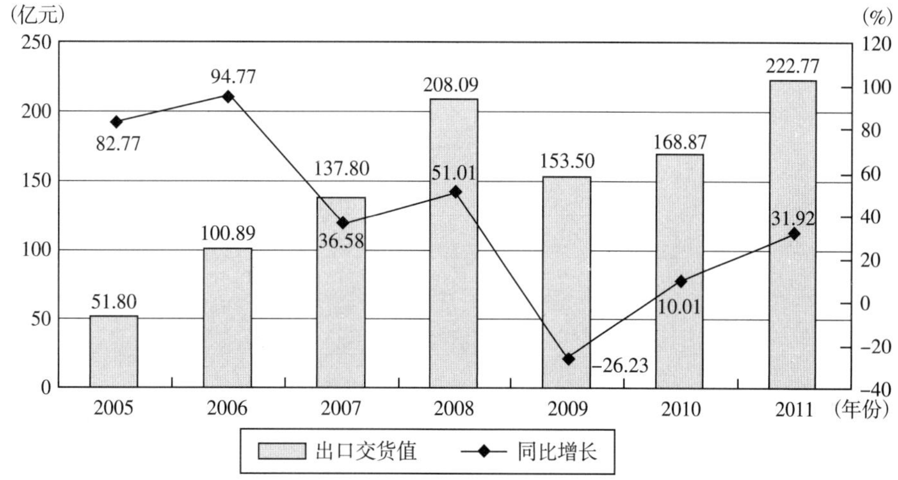

**图4　2005~2011年我国石油和石油化工装备制造行业出口交货值**

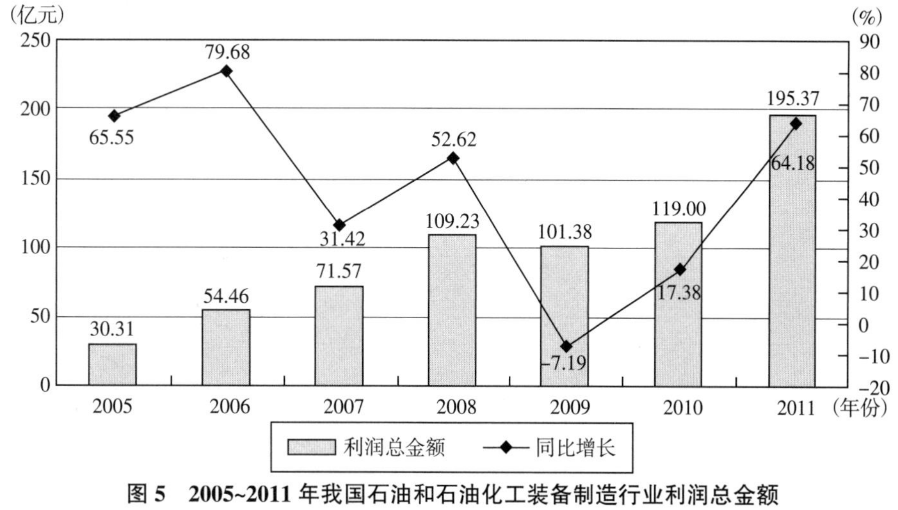

**图5　2005~2011年我国石油和石油化工装备制造行业利润总金额**

## 2. 2011年行业整体经济运行大幅度增长

2011年，我国石油和石油化工装备制造行业几项主要经济运行指标同比增长幅度均在25%以上，

均大于2010年同比增长幅度没超过20%的增长幅度，表明2011年整体经济运行情况好于2010年，为实施我国"十二五"规划打下坚实的基础。2010

年、2011 年我国石油和石油化工装备制造行业主要经济指标对比见表 2。

**表 2  2010 年、2011 年我国石油和石油化工装备制造行业主要经济指标对比**

| 项　目 | 2010 年 | | 2011 年 | |
|---|---|---|---|---|
| | 金额（亿元） | 同比增长（%） | 金额（亿元） | 同比增长（%） |
| 工业总产值 | 2 489.96 | 19.01 | 3 225.62 | 29.55 |
| 工业销售产值 | 2 392.62 | 18.63 | 3 108.36 | 29.91 |
| 出口交货值 | 168.87 | 10.01 | 222.77 | 31.92 |
| 利润总金额 | 119.00 | 17.38 | 195.37 | 64.18 |
| 资产总额 | 2 005.60 | 17.23 | 2514.79 | 25.39 |

资料来源：中国石油和石油化工设备工业协会。

2011 年，我国石油和石油化工装备制造行业工业总产值、工业销售产值和出口交货值 1~12 月经济运行情况基本保持稳步增长的态势。2011 年 1~12 月我国石油和石油化工装备制造行业经济运行情况见表 3。2011 年 1~12 月我国石油和石油化工装备制造行业工业总产值趋势见图 6。2011 年 1~12 月我国石油和石油化工装备制造行业工业销售产值趋势见图 7。2011 年 1~12 月我国石油和石油化工装备制造行业出口交货值趋势见图 8。

**表 3  2011 年 1~12 月我国石油和石油化工装备制造行业经济运行情况**

| 月　份 | 工业总产值 | | | 工业销售产值 | | | 出口交货值 | | |
|---|---|---|---|---|---|---|---|---|---|
| | 金额（亿元） | 环比（%） | 同比（%） | 金额（亿元） | 环比（%） | 同比（%） | 金额（亿元） | 环比（%） | 同比（%） |
| 1 | 192.12 | – | 36.60 | 181.95 | – | 39.31 | 11.62 | – | 13.81 |
| 2 | 170.34 | −11.34 | 35.26 | 163.67 | −10.05 | 33.53 | 9.31 | −19.88 | 27.13 |
| 3 | 252.49 | 48.23 | 31.35 | 237.27 | 44.97 | 30.63 | 14.42 | 54.89 | −21.67 |
| 4 | 230.11 | −8.86 | 28.48 | 220.73 | −6.97 | 28.31 | 18.38 | 27.46 | 38.41 |
| 5 | 280.50 | 21.90 | 21.84 | 259.97 | 17.78 | 17.78 | 15.76 | −14.25 | −14.25 |
| 6 | 325.71 | 16.12 | 47.37 | 311.19 | 19.70 | 50.43 | 27.11 | 72.02 | 29.06 |
| 7 | 242.72 | −25.48 | 21.97 | 232.72 | −25.22 | 34.17 | 15.24 | −43.78 | 27.13 |
| 8 | 263.07 | 8.38 | 26.81 | 249.67 | 7.28 | 25.54 | 16.99 | 11.48 | 24.74 |
| 9 | 308.11 | 17.12 | 41.87 | 294.92 | 18.12 | 42.85 | 19.76 | 16.30 | 42.21 |
| 10 | 290.12 | −5.84 | 41.47 | 278.85 | −5.45 | 36.47 | 18.53 | −6.22 | 23.30 |
| 11 | 300.23 | 3.48 | 31.96 | 304.70 | 9.27 | 34.50 | 23.94 | 29.20 | 47.28 |
| 12 | 352.93 | 17.55 | 34.25 | 370.02 | 21.44 | 33.73 | 25.49 | 6.47 | 8.55 |

资料来源：中国石油和石油化工设备工业协会。

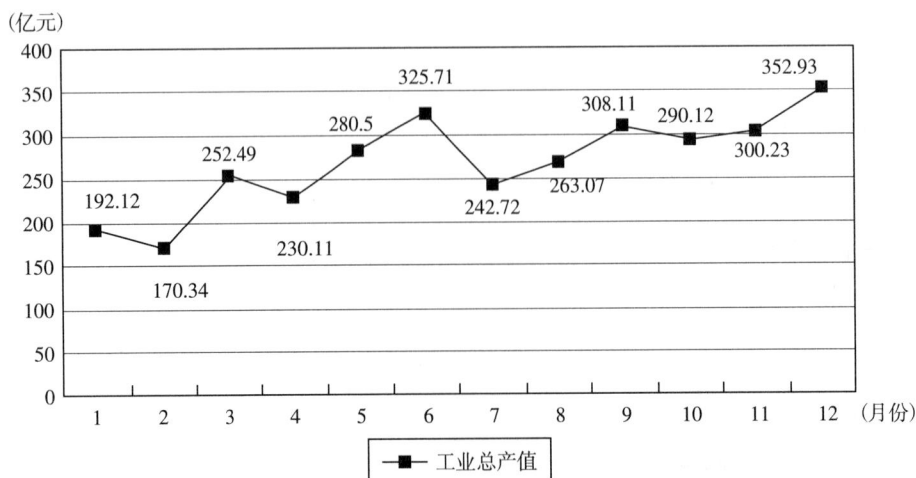

**图 6  2011 年 1~12 月我国石油和石油化工装备制造行业工业总产值趋势**

（亿元）

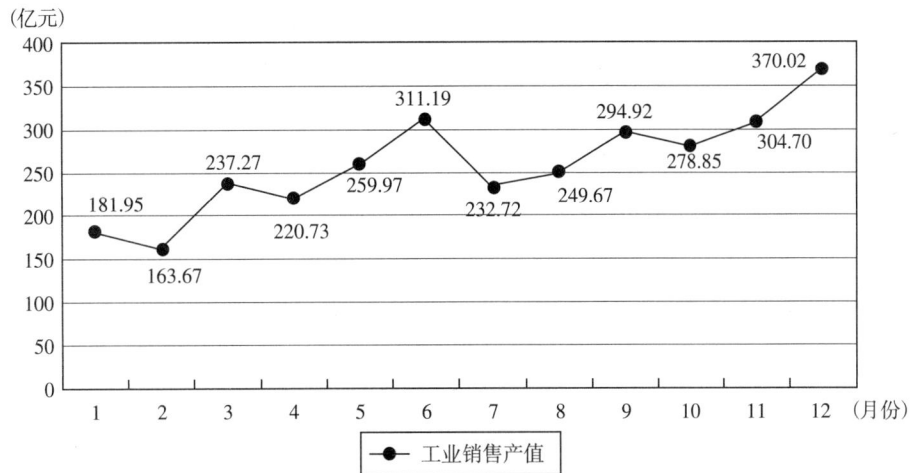

图7 2011年1~12月我国石油和石油化工装备制造行业工业销售产值趋势

（亿元）

图8 2011年1~12月我国石油和石油化工装备制造行业出口交货值趋势

## 二、分行业经济运行及占全行业情况

### 1. 2010年概况

2010年，我国石油和石油化工装备制造行业克服国内外经济低迷的不利影响，保持稳中有升态势，石油钻采装备制造行业继续保持行业领先地位。2010年我国石油和石油化工装备制造分行业工业总产值、工业销售产值、出口交货值、利润总金额及占全行业情况见表4。

表4 2010年我国石油和石油化工装备制造分行业工业总产值、工业销售产值、出口交货值、利润总金额及占全行业情况

| 行业 | 工业总产值 | | 工业销售产值 | | 出口交货值 | | 利润总金额 | |
|---|---|---|---|---|---|---|---|---|
| | 金额（亿元） | 占全行业（%） | 金额（亿元） | 占全行业（%） | 金额（亿元） | 占全行业（%） | 金额（亿元） | 占全行业（%） |
| 石油钻采装备 | 1 359.54 | 54.60 | 1 293.18 | 54.05 | 121.97 | 72.23 | 65.44 | 54.99 |
| 炼油化工装备 | 562.99 | 22.61 | 544.54 | 22.76 | 21.88 | 12.95 | 29.03 | 24.40 |
| 金属压力容器 | 567.42 | 22.79 | 554.90 | 23.19 | 25.02 | 14.82 | 24.53 | 20.61 |
| 全行业 | 2 489.95 | 100.00 | 2 392.62 | 100.00 | 168.87 | 100.00 | 119.00 | 100.00 |

资料来源：中国石油和石油化工设备工业协会。

（1）工业总产值

2010 年，我国石油钻采装备行业、炼油化工装备行业、金属压力容器行业分别完成工业总产值 1 359.54 亿元、562.99 亿元、567.42 亿元，分别占我国石油和石油化工装备制造行业工业总产值的 54.60%、22.61%、22.79%。2010 年我国石油和石油化工装备制造分行业工业总产值占全行业比例见图 9。

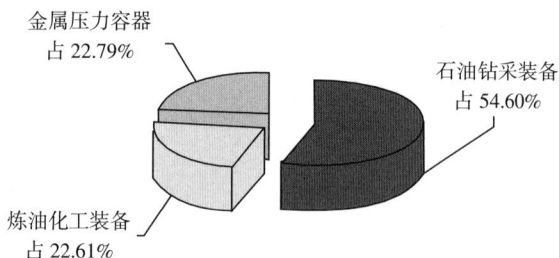

图 9　2010 年我国石油和石油化工装备制造分行业工业总产值占全行业比例

（2）工业销售产值

2010 年，我国石油钻采装备行业、炼油化工装备行业、金属压力容器行业分别完成工业销售产值 1 293.18 亿元、544.54 亿元、554.90 亿元，分别占我国石油和石油化工装备制造行业工业销售产值的 54.05%、22.76%、23.19%。2010 年我国石油和石油化工装备制造分行业工业销售产值占全行业比例见图 10。

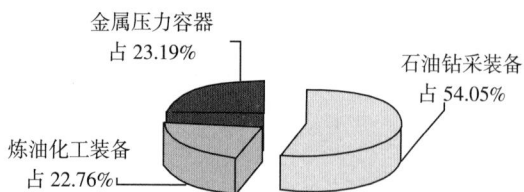

图 10　2010 年我国石油和石油化工装备制造分行业工业销售产值占全行业比例

（3）出口交货值

2010 年，我国石油钻采装备行业、炼油化工装备行业、金属压力容器行业分别完成出口交货值 121.97 亿元、21.88 亿元、25.02 亿元，分别占我国石油和石油化工装备制造行业出口交货值的 72.23%、12.95%、14.82%；合计出口交货值 168.87 亿元。2010 年我国石油和石油化工装备制造分行业出口交货值占全行业比例见图 11。

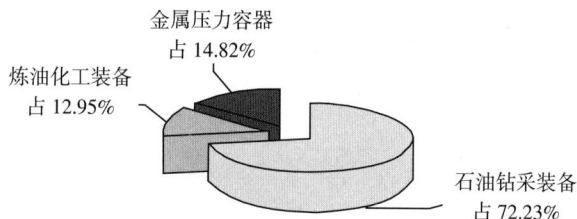

图 11　2010 年我国石油和石油化工装备制造分行业出口交货值占全行业比例

（4）利润总金额

2010 年，我国石油钻采装备行业、炼油化工装备行业、金属压力容器行业利润总金额分别达 65.44 亿元、29.03 亿元、24.53 亿元，分别占我国石油和石油化工装备制造行业利润总金额的 54.99%、24.40%、20.61%。2010 年我国石油和石油化工装备制造分行业利润总金额占全行业比例见图 12。

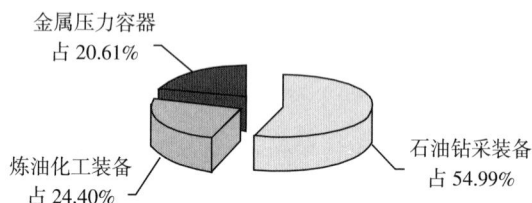

图 12　2010 年我国石油和石油化工装备制造分行业利润总金额占全行业比例

## 2. 2011 年概况

2011 年，我国石油和石油化工装备制造行业经济运行保持较快增长态势，石油钻采装备制造行业继续占据行业领先地位。2011 年我国石油和石油化工装备制造分行业工业总产值、工业销售产值、出口交货值占全行业情况见表 5。2011 年我国石油和石油化工装备制造分行业资产总金额、利润总金额占全行业情况见表 6。

表5　2011年我国石油和石油化工装备制造分行业工业总产值、工业销售产值、出口交货值占全行业情况

| 行　业 | 工业总产值 | | 工业销售产值 | | 出口交货值 | |
|---|---|---|---|---|---|---|
| | 金额（亿元） | 占全行业（%） | 金额（亿元） | 占全行业（%） | 金额（亿元） | 占全行业（%） |
| 石油钻采装备 | 1 833.89 | 56.85 | 1 770.12 | 56.95 | 171.93 | 77.18 |
| 炼油化工装备 | 675.27 | 20.94 | 639.78 | 20.58 | 19.78 | 8.88 |
| 金属压力容器 | 716.47 | 22.21 | 698.46 | 22.47 | 31.06 | 13.94 |
| 全行业 | 3 225.63 | 100.00 | 3 108.36 | 100.00 | 222.77 | 100.00 |

资料来源：中国石油和石油化工设备工业协会。

表6　2011年我国石油和石油化工装备制造分行业资产总金额、利润总金额占全行业情况

| 行　业 | 资产总金额 | | 利润总金额 | |
|---|---|---|---|---|
| | 金额（亿元） | 占全行业（%） | 金额（亿元） | 占全行业（%） |
| 石油钻采装备 | 1 373.51 | 54.62 | 111.69 | 57.17 |
| 炼油化工装备 | 626.39 | 24.91 | 42.90 | 21.96 |
| 金属压力容器 | 514.89 | 20.47 | 40.78 | 20.87 |
| 全行业 | 2 514.79 | 100.00 | 195.37 | 100.00 |

资料来源：中国石油和石油化工设备工业协会。

（1）工业总产值

2011年，我国石油钻采装备行业、炼油化工装备行业、金属压力容器行业分别完成工业总产值1 833.89亿元、675.27亿元、716.47亿元，分别占我国石油和石油化工装备制造行业工业总产值的56.85%、20.94%、22.21%。2011年我国石油和石油化工装备制造分行业工业总产值占全行业比例见图13。

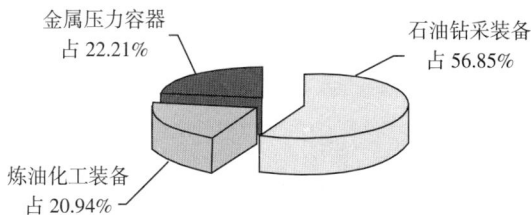

图13　2011年我国石油和石油化工装备制造分行业工业总产值占全行业比例

（2）工业销售产值

2011年，我国石油钻采装备行业、炼油化工装备行业、金属压力容器行业分别完成工业销售产值1 770.12亿元、639.78亿元、698.46亿元，分别占我国石油和石油化工装备制造行业工业销售产值的56.95%、20.58%、22.47%。2011年我国石油和石油化工装备制造分行业工业销售产值占全行业比例见图14。

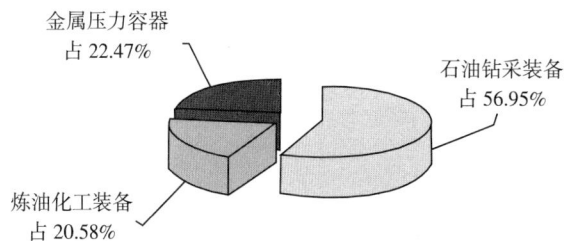

图14　2011年我国石油和石油化工装备制造分行业工业销售产值占全行业比例

（3）出口交货值

2011年，我国石油钻采装备行业、炼油化工装备行业、金属压力容器行业分别完成出口交货值171.93亿元、19.78亿元、31.06亿元，分别占我国石油和石油化工装备制造行业出口交货值的77.18%、8.88%、13.94%；合计出口交货值222.77亿元。2011年我国石油和石油化工装备制造分行业出口交货值占全行业比例见图15。

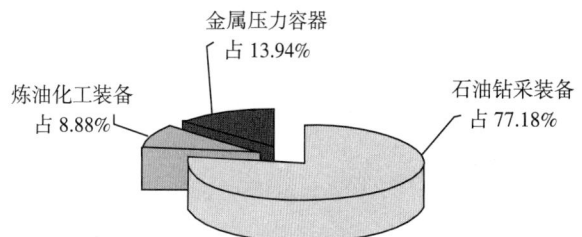

图15　2011年我国石油和石油化工装备制造分行业出口交货值占全行业比例

（4）资产总金额

2011 年，我国石油钻采装备行业、炼油化工装备行业、金属压力容器行业资产总金额分别达 1 373.51 亿元、626.39 亿元、514.89 亿元，分别占我国石油和石油化工装备制造行业资产总金额的 54.62%、24.91%、20.47%。2011 年我国石油和石油化工装备制造分行业资产总金额占全行业比例见图 16。

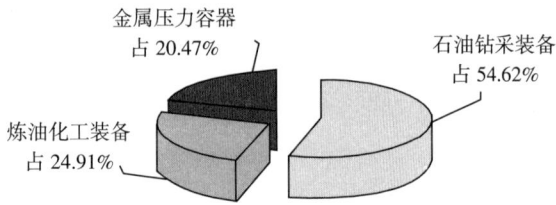

图 16　2011 年我国石油和石油化工装备制造分行业资产总金额占全行业比例

（5）利润总金额

2011 年，我国石油钻采装备行业、炼油化工装备行业、金属压力容器行业利润总金额分别达 111.69 亿元、42.90 亿元、40.78 亿元，分别占我国石油和石油化工装备制造行业利润总金额的 57.17%、21.96%、20.87%。2011 年我国石油和石油化工装备制造分行业利润总金额占全行业比例见图 17。

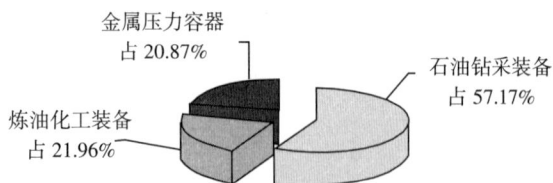

图 17　2011 年我国石油和石油化工装备制造分行业利润总金额占全行业比例

# 三、进出口概况

据海关统计数据，2010 年，我国石油和石油化工装备制造行业主要产品进出口金额达 221.97 亿美元；2011 年我国石油和石油化工装备制造行业进出口金额为 261.81 亿美元，同比增长 17.95%。

## 1. 2010 年进出口情况

受国际经济低迷的影响，2010 年我国石油和石

油化工装备制造行业主要产品进出口趋缓。据海关统计数据，2010 年，我国石油和石油化工装备制造行业主要产品进出口金额达 221.97 亿美元，同比下降 2.21%；其中进口金额 59.61 亿美元，同比下降 7.8%；出口金额 162.36 亿美元，同比下降 0.3%。进出口顺差 102.75 亿美元，同比增加 3 亿美元（中国石油和石油化工设备工业协会对 60 种主要产品统计分析）。

（1）进口金额在 2 亿美元以上的单项产品

2010 年我国石油和石油化工装备进口金额在 2 亿美元以上的单项产品见表 7。

表 7　2010 年我国石油和石油化工装备进口金额在 2 亿美元以上的单项产品

| 序号 | 商品名称 | 金额（万美元） |
|---|---|---|
| 1 | 未列名利用温度变化处理材料的机器、装置 | 78 326.79 |
| 2 | 热交换装置 | 75 842.96 |
| 3 | 液体泵零件 | 64 351.10 |
| 4 | 未列名液体泵 | 37 416.71 |
| 5 | 未列名干燥器 | 31 405.35 |
| 6 | 其他回转式排液泵 | 28 402.51 |
| 7 | 其他挤出机 | 27 892.72 |
| 8 | 减压阀 | 27 225.42 |
| 9 | 石油和天然气钻机的零件 | 25 909.63 |
| 10 | 其他未列名离心机，包括离心干燥机 | 25 392.30 |

资料来源：中国石油和石油化工设备工业协会。

（2）出口金额在 3 亿美元以上的单项产品

2010 年我国石油和石油化工装备出口金额在 3 亿美元以上的单项产品见表 8。

表 8　2010 年我国石油和石油化工装备出口金额在 3 亿美元以上的单项产品

| 序号 | 商品名称 | 金额（万美元） |
|---|---|---|
| 1 | 载重量超过 15 万 t，不超过 30 万 t 的原油船 | 293 417.44 |
| 2 | 载重量不超过 10 万 t 的成品油船 | 186 505.49 |
| 3 | 石油或天然气钻机的零件 | 116 494.03 |
| 4 | 浮动或潜水式钻探或生产平台 | 92 116.58 |
| 5 | 液体泵零件 | 81 074.01 |
| 6 | 载重量超过 10 万 t，不超过 30 万 t 的成品油船 | 60 460.95 |
| 7 | 未列名钢铁制管子附件 | 50 771.75 |
| 8 | 可锻性铸铁及铸钢管子附件 | 47 024.98 |
| 9 | 载重量不超过 15 万 t 的原油船 | 45 719.52 |

续表

| 序号 | 商品名称 | 金额（万美元） |
|---|---|---|
| 10 | 其他钢铁制法兰 | 45 056.97 |
| 11 | 其他回转式排液泵 | 42 548.58 |
| 12 | 装压缩气体或液化气体的非零售包装钢铁 | 39 381.10 |
| 13 | 载重量超过 30 万 t 的原油船 | 34 220.25 |
| 14 | 未列名利用温度变化处理材料的机器、装置 | 33 333.69 |
| 15 | 无可锻性铸铁管子附件 | 32 800.67 |
| 16 | 未列名液体泵 | 32 745.51 |

资料来源：中国石油和石油化工设备工业协会。

### 2. 2011 年进出口情况

据海关统计数据，2011 年我国石油和石油化工装备制造行业进出口金额与 2010 年相比有较大幅度的增长。中国石油和石油化工设备工业协会对 55 种石油和石油化工装备产品进出口数据分析，2011 年我国石油和石油化工装备制造行业进出口金额为 261.81 亿美元，同比增长 17.95%。其中，进口金额为 65.59 亿美元，同比增长 10.03%；出口金额为 196.22 亿美元，同比增长 20.85%，出口增长幅度明显高于进口增幅；进出口贸易顺差继续加大，达到 130.63 亿美元。

（1）进口金额在 1 亿美元以上单项产品

2011 年，我国石油和石油化工装备制造业进口金额在 1 亿元以上单项产品共有 14 项，其中炼油化工装备占 10 项，石油钻采装备 2 项。2011 年我国石油和石油化工装备进口金额 1 亿美元以上的单项产品见表 9。

表 9　2011 年我国石油和石油化工装备进口金额在 1 亿美元以上的单项产品

| 序号 | 商品代码 | 商品名称 | 金额（万美元） |
|---|---|---|---|
| 1 | 73072900 | 不锈钢制其他管子附件 | 15 795.86 |
| 2 | 73079900 | 未列名钢铁制管子附件 | 26 584.52 |
| 3 | 84135020 | 电动往复式排液泵 | 17 954.59 |
| 4 | 84135090 | 未列名往复式排液泵 | 16 183.59 |
| 5 | 84136090 | 其他回转式排液泵 | 25 769.74 |
| 6 | 84138100 | 未列名液体泵 | 36 651.04 |
| 7 | 84139100 | 液体泵零件 | 77 854.95 |
| 8 | 84193990 | 未列名干燥器 | 32 524.11 |
| 9 | 84195000 | 热交换装置 | 90 182.88 |
| 10 | 84198990 | 未列名利用温度变化处理材料的机器、装置 | 78 654.18 |
| 11 | 84211990 | 其他未列名离心机，包括离心干燥机 | 33 164.27 |
| 12 | 84772090 | 其他挤出机 | 40 675.61 |
| 13 | 84314310 | 石油或天然气钻机的零件 | 25 334.50 |
| 14 | 84811000 | 减压阀 | 34 412.41 |

资料来源：中国石油和石油化工设备工业协会。

（2）出口金额在 3 亿美元以上的单项产品

2011 年，我国石油和石油化工装备制造业出口金额在 3 亿美元以上的单项产品有 20 项，比 2010 年增加了 4 项，所增加的单项产品集中在管子附件。在 20 项 3 亿美元以上的单项产品中石油钻采装备和炼油化工装备各有 5 项，石油天然气船 4 项。2011 年我国石油和石油化工装备制造业出口金额在 3 亿美元以上的单项产品见表 10。

## 四、未来发展的思考

### 1. 向大型化和高端化发展

为满足油气开发复杂化和多元化、石化装置大型化的发展要求，未来装备将向大型化和高端化发展。需要在大幅提升机加工能力和检测水平的基础上，通过持续不断的技术攻关，研制出一批具有世界先进水平的、能够满足日益复杂的油气勘探开发和大型炼油化工、煤化工、化肥等石油化学工业生

表 10　2011 年我国石油和石油化工装备制造行业出口金额在 3 亿美元以上的单项产品

| 序号 | 商品代码 | 商品名称 | 金额（万美元） |
|---|---|---|---|
| 1 | 73071100 | 无可锻性铸铁管子附件 | 40 118.81 |
| 2 | 73071900 | 可锻性铸铁及铸钢管子附件 | 52 427.16 |
| 3 | 73072100 | 不锈钢制法兰 | 44 730.77 |
| 4 | 73079100 | 其他钢铁制法兰 | 67 242.34 |
| 5 | 73079900 | 未列名钢铁制管子附件 | 76 641.99 |
| 6 | 73110090 | 装压缩气体或液化气体的非零售包装钢铁 | 48 762.88 |
| 7 | 84136090 | 其他回转式排液泵 | 50 507.34 |
| 8 | 84138100 | 未列名液体泵 | 41 389.04 |
| 9 | 84139100 | 液体泵零件 | 118 371.85 |
| 10 | 84195000 | 热交换装置 | 32 932.20 |
| 11 | 84198990 | 未列名利用温度变化处理材料的机器、装置 | 40 413.78 |
| 12 | 84304111 | 自推进石油及天然气钻机，钻探深度≥6 000m | 30 498.79 |
| 13 | 84304119 | 未列名自推进的石油及天然气钻机 | 40 004.63 |
| 14 | 84314310 | 石油或天然气钻机的零件 | 141 646.99 |
| 15 | 87059090 | 未列名特殊用途的机动车辆 | 35 974.33 |
| 16 | 89012011 | 载重量<10 万 t 的成品油船 | 165 409.27 |
| 17 | 89012021 | 载重量<15 万 t 的成品油船 | 59 176.35 |
| 18 | 89012022 | 载重量>15 万 t，不超过<30 万 t 的成品油船 | 278 088.83 |
| 19 | 89012023 | 载重量>30 万 t 的成品油船 | 76 543.59 |
| 20 | 89052000 | 浮动或潜水式钻探或生产平台 | 178 638.45 |

资料来源：中国石油和石油化工设备工业协会。

产需要的，具有耐高温、耐高压、耐低温、耐腐蚀的高端设备。

## 2. 节能环保要求提高

我国石油化学工业的节能减排任务十分艰巨，对能够带来节能降耗效果的装备提出了更高的要求，需要不断开发新型节能的石油和石油化工设备，如节能钻机和压裂设备，节能抽油机，高效率的反应器、工业炉、换热器和压缩机，油气田环保设备，符合环保排放标准的设备，有效防止有害气体和液体泄漏的设备等。还要加快催化再生烟气脱硫、加热炉烟气、工艺排气及电站排气中 $SO_2$ 和氮氧化物处理技术创新和应用。

## 3. 装备技术需要不断创新

由于油气勘探开发不断向沙漠和海洋等极端环境延伸，石化生产工艺技术 3~5 年就会发生新的变化，因此需要不断开发易移运、撬块化、适应极端环境要求的新型石油装备和石化装备，需要不断开发新型高效、节能降耗、可靠性高、维修方便的设备。通过技术创新和产业结构调整、产品升级与信息化相结合，打造一批石油石化高端装备产品，全面提升我国石油石化装备制造的国际竞争力。

## 4. 进一步提高装备质量和可靠性

油气开发难度的日益提高，石化装置的安全、稳定、长周期运行，都对设备的质量、可靠性和使用寿命提出了更高的要求。需要装备制造企业在设计、研发、制造和服务等过程中，不断改进材料性能、提高加工精度、研究新的制造工艺和检测技术，以提高设备的可靠性。

## 5. 海洋油气和非常规油气开发装备成为行业新的增长点

海洋油气开发将是我国未来能源发展的重点，海洋油气装备制造作为国家战略性新兴产业之一，是一个高技术、高投入、高利润、高风险的行业，是行业发展的一个新增长点。通过组织产、学、研、用各方力量，建立海洋油气重大技术装备自主化的领导机构和研制机制，在海洋油气装备的总体研发设计、核心装备研制、配套设备自主化方面实现重大关键技术和装备的突破，共同解决一些共性、关键性的产业瓶颈技术，制定国家海洋油气装备产业发展规划，鼓励国内优势企业更多地参与国内外海洋油气资源的开发。

### 6. 大力推进重大技术装备的自主化

以政府牵头，行业协会参与，组织全社会的力量，借鉴以往成功的重大技术装备国产化研制经验，通过对海洋油气开发装备、非常规油气开发装备、大型石化装备、大型 LNG 系统等重大技术装备的核心技术和关键设备进行自主化研制，可以大幅度地提高我国的自主创新能力，培育一支科研队伍，解决一批共性和专业技术难题，成就一批强势企业。

### 7. 加快行业资源重组和产品升级

国家要鼓励、扶植和引导相关优势企业联合重组，通过强强联合，实现持续发展，集中技术、资本和人才资源，加快创新步伐，提高产业集中度，尽快完成产品升级，培育国家级、世界级企业。

### 8. 加强两化融合，完成向制造服务型企业的升级

要通过多种方式，鼓励和促进不同类型的企业利用多种资源，提高劳动者素质、管理水平、自主创新能力和产品质量与可靠性，进而提升企业的整体实力和水平；充分应用信息工程技术和现代化管理手段，通过信息化和工业化的融合，提升技术创新和管理创新的能力，实现企业价值的最大化。

### 9. 要重视和发挥行业协会的作用

要加强重视和发挥行业协会的作用，要鼓励和支持行业协会牵头开展行业自律，协助政府制定产业政策引导行业快速、有序、可持续发展。

（中国石油和石油化工设备工业协会）

# 勘探开发
## 陆地油气

## 一、陆地油气装备发展综述

多年来，通过引进和消化吸收国外先进设计、制造技术和自主创新，我国石油和石油化工装备制造能力和水平有了很大提高，有部分大型设备和关键产品跻身世界前列，形成了比较完整的、以中低端产品为主的石油和石油化工装备制造体系。

陆地油气装备已形成以宝鸡、广汉、东营、兰州、江汉、南阳、天津、盘锦为主的油气钻井装备制造基地，以各大油田所在地（13个省市的27座城市）为主的采油采气设备制造基地，以上海、江苏、河北、四川为主的石油工具和井口设备制造基地，以江汉、成都、宜春、天津为主的石油钻头制造基地，以宝鸡、沧州、番禺、东营、江汉为主的石油管线制造基地，以徐水、上海、西安、北京为主的物探、录测井设备制造基地，以济南、永济、东营为主的动力设备制造基地。形成了山东东营、辽宁盘锦、江苏建湖、黑龙江大庆、四川广汉、陕西宝鸡、河北沧州、湖北江汉、山东寿光、河南濮阳等各具特色的10多个地方石油装备产业集群。

### 1. 钻井完井装备

钻井装备主要包括钻机、修井机、钻机部件、动力单元、固控系统、井控系统、钢丝绳和钻具。完井装备主要包括固井设备、压裂酸化设备和射孔设备。

我国石油钻机生产厂商有20多家，其中大型石油钻机生产企业有10家，如宝鸡石油机械有限

责任公司（以下简称宝石机械）、四川宏华石油设备有限公司（以下简称四川宏华）、兰州兰石国民油井石油工程有限公司（以下简称兰石石油）、南阳二机石油装备（集团）有限公司（以下简称南阳二机）、江汉石油管理局第四机械厂（以下简称江汉四机）、山东科瑞石油装备有限公司（以下简称山东科瑞）、胜利油田高原石油装备有限公司（以下简称胜利高原）等。

钻机生产能力超过1 000台/a，其中规格为1 000~12 000m的石油钻机产能超过800台/a。宝石机械12 000m石油钻机见图1。

**图1 宝石机械12 000m石油钻机**

我国石油钻井泥浆泵生产能力4 000台/a，主要生产企业为宝石机械、兰石石油、河北华北石油荣盛机械制造有限公司（以下简称华北荣盛）、四川宏华、南阳二机等。泥浆泵见图2。

图2　泥浆泵

我国顶驱装置年产能150台，主要生产企业有北京石油机械厂、宝石机械、四川宏华、辽宁天意实业股份有限公司等。顶驱装置见图3。

图3　顶驱装置

钻头生产企业主要有江汉石油钻头股份有限公司（以下简称江钻股份）、江西飞龙钻头制造有限公司（已被上海神开收购）、中国石油渤海石油装备有限公司（以下简称渤海石装）、天津立林机械集团有限公司（以下简称天津立林）等20家，产能超过10万只。

螺杆钻具主要生产企业有德州联合石油机械有限公司、天津立林机械集团公司、北京石油机械厂、中国石油集团渤海石油装备有限公司（以下简称渤海石装）等10多家，产能超过3万套，其中前4家的产能超过18 000套。

井控系统（主要是防喷器和采油树等）有生产企业1 000多家，主要有华北荣盛、上海神开石油

化工装备股份有限公司（以下简称上海神开）、江苏金石机械集团（以下简称金石集团）等及江苏建湖县石油装备产业集群。

固井设备主要生产企业有江汉四机、烟台杰瑞集团、四机赛瓦石油钻采设备有限公司、兰州通用机械制造有限公司（以下简称兰州通用）、中原特种车辆有限公司等，产能超过300台套。

射孔器材主要生产企业有大庆射孔弹厂、四川石油射孔器材有限责任公司、营口市双龙射孔器材有限公司等10多家企业，年产能射孔弹600万发、射孔枪20万m，复合射孔器材主要企业有西安通源石油科技股份有限公司等。我国年射孔米数约40万m。

压裂酸化设备主要生产厂家有江汉四机、烟台杰瑞、四川宏华、兰州通用等，年产能近40台套。

近年来，我国石油钻机和泥浆泵产品除满足国内需求外，40%以上产品出口到北美、中亚、中东、东南亚等20多个国家和地区。

在"十一五"时期，由宝石机械生产的石油钻机和泥浆泵产量连续多年居全球首位；全数字交流变频电驱动钻机实现了1 000~12 000m全天候、全地貌、全井深无缝覆盖，并成功从陆地迈向海洋高端领域；特别是首台12 000m钻机已完成，包括我国第一口海相超深科探井——"川科一井"在内的多口超深井钻探任务，创造了我国科学钻探及我国陆上石油钻探的多项新纪录，是世界技术最先进的特深井陆地石油钻机。

由宝石机械、兰石石油、华北荣盛、四川宏华、南阳二机、江汉四机、山东科瑞、胜利高原等研制的高移动拖挂钻机实现了1 000~7 000m系列化，达到国际一流水平；低温钻机可满足-45℃低温钻井作业要求，已出口到俄罗斯等高寒国家；连续管钻机、煤层气钻机的研制成功，打破了完全依赖进口的被动局面，整体技术达到国际先进水平，对节能减排和安全生产具有重大促进作用；捷联式自动垂直钻井系统的研制成功，打破了国外垄断，突破了高陡构造防斜打快技术瓶颈，为加快西部复杂深层油气资源勘探开发进程提供了一种有效的技

术手段。

江汉四机、烟台杰瑞集团等在消化吸收国际先进技术的基础上，研制成功了大型压裂车组和固井水泥车等设备，填补了国内空白。中国石化江汉石油管理局第四机械研制的 2500 型大型压裂车组完成了我国第一口进入压裂施工阶段的页岩气井的大型压裂作业；烟台杰瑞集团研制的双机双泵固井撬（车）采用国际先进的双变量混浆控制系统、电液比例伺服控制变量等技术和闭式液压驱动系统、防爆系统等，达到了世界先进水平。

我国制造的 500~2 200 马力 F 系列钻井泵的大功率、轻型化技术达到国际领先水平；我国的顶驱装置制造技术达到了国际先进水平，已出口 40 多个国家和地区；江钻股份引进世界先进水平的加工中心、柔性生产线以及热处理新技术，其牙轮钻头和金刚石钻头的制造技术达到世界领先水平，国际市场占有率达到 10%，产品远销 31 个国家和地区。

动力设备主要生产厂家有中国石油济柴动力总厂（以下简称济柴动力）和胜利油田胜利动力机械集团等。济柴动力年产中大功率内燃机（组）5 000 台以上，涵盖 30~2 400kW 的陆用机、船用机、气体机三大系列产品，推出了 190 系列双燃料发动机、重柴油发动机、1 000kW 以上气体发动机等国内领先产品，自主研制成功了 2000 型、3000 型柴油/天然气双燃料发动机，包括耦合器机组、变矩器机组和发电机组等；单机功率 3 500kW 的 CFC 系列分体式压缩机研制成功，一举打破国内同类产品多年依赖进口的被动局面。陆地柴油机见图 4。

我国生产的防喷器、采油树等井控设备，在产品的数量、质量和压力等级等方面均有较大的提高。华北荣盛的陆地防喷器生产能力 2 000 台（套）/a 以上，位居全球前列，形成了钻井防喷器和修井、作业防喷器两大系列产品，成功研制了国内压力等级最高的 F28-140 防喷器；上海神开生产的环形和闸板防喷器具有优良的性价比，防喷器远程控制系统的综合技术接近国际先进水平；金石集团年产井口采油树设备 8 000 套，自主研发了具有国际先进技术的 HH 级井口和海底井口。压裂车见图 5。防喷器见图 6。采油树见图 7。

图 5 压裂车

图 4 陆地柴油机

图 6 防喷器

图 7 采油树

此外，73mm 连续管钻机、高移性钻机、井口管柱自动化处理系统，高可靠性钻机动力系统等重大装备软件达到了国际先进水平。复合连续管钻机见图 8。

图 8　复合连续管钻机

## 2. 采油采气装备（三抽设备）

采油采气装备主要包括抽油机、抽油杆、抽油泵、潜油电泵、螺杆泵、稠油热采设备等。

我国三抽设备（抽油机、抽油杆、抽油泵）持证企业近 200 家，其中抽油机生产企业近 100 家，主要集中在各油田的周边地区，主要有渤海石装、大庆油田装备制造集团（以下简称大庆装备）、长庆油田机械制造总厂、新疆第三机床厂等 11 家，生产能力 2 万台/a。抽油杆主要生产企业有山东九环石油机械有限公司、内蒙古一机集团大地工程机械有限公司、淄博弘扬石油设备有限公司、渤海石装等，生产能力 8 000 万~9 000 万 m/a。抽油泵主要生产企业有中船重工中南装备（388 厂）、中国石油集团渤海石油装备制造有限责任公司、大庆油田装备制造集团等，生产能力 11 万台/a。电潜泵有大庆装备（力神泵业）、天津电机总厂、胜利无杆抽油泵有限公司、渤海石装（中成）等 10 多家主要生产企业，生产能力超过 6 000 套/a。

渤海石装、大庆装备、新疆第三机床厂等生产的游梁式节能型抽油机得到了广泛的使用，其质量和可靠性得到了稳步提升，并大批量出口国外。渤海石油装备为满足国内外深井、大负荷、高产井的开发需求而研制的特大型抽油机，填补了国内相关技术空白。大庆石油装备研制成功了国内首台全平衡抽油机，从设计结构上完全打破了传统抽油机的举升平衡模式，有效降低了抽油机能耗。随着油田大力推广长冲程、低冲次采油工艺，立式抽油机（如直线电机抽油机、链条式抽油机、电机换向塔架式抽油机、永磁电机塔架式抽油机等）应运而生并得到了快速发展。液压反馈式抽稠油泵、长柱塞防砂泵、高效旋流泵等抽油泵达到了国际先进水平。游梁式抽油机见图 9。立式抽油机见图 10。连续抽油杆见图 11。抽油泵见图 12。

图 9　游梁式抽油机

图 10　立式抽油机

图 11　连续抽油杆

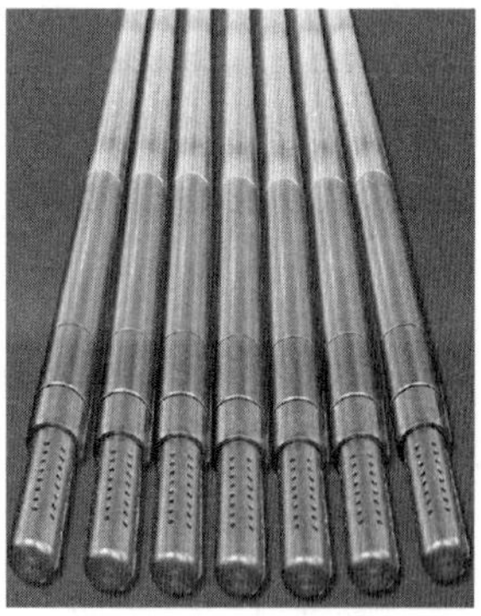

图 12　抽油泵

### 3. 物探装备和录井测井装备

物探装备主要包括可控震源、地震钻机、特种车辆、工程地震仪、检波器和辅助设备等。由于技术壁垒显著，目前被少数油田服务巨头所垄断，前5大服务商的市场份额已稳定在80%左右。我国地震仪器、可控震源、物探钻机、检波器、特种运载设备、辅助仪器设备6个系列产品的研发能力和部分产品的制造能力已初具规模。中国石油集团东方地球物理勘探有限责任公司（以下简称东方物探）先后开发了技术先进的地震采集工程软件KLSeis、ES109全数字万道地震数据采集系统、地震数据处理解释一体化软件GeoEast；研制了28吨位可控震源、轻便山地钻机、沙漠深井螺旋钻机等先进装备。

录井装备主要包括综合录井仪、计算机及网络、色谱设备、传感器和数据传输设备等，主要生产企业有上海神开、东方物探、中国石油集团测井有限公司（以下简称中油测井）等；测井装备主要

包括测井车、随钻测量仪（MWD）、随钻测井仪（LWD）、电缆测井、成像测井系统等，主要生产企业有中油测井、北京吉艾科技有限公司、中国石油集团长城钻探工程有限公司、中海油田服务股份有限公司、中石油勘探开发研究院（以下简称中石油勘探院）等。

中石油勘探院开发出了具有国际先进水平的新一代测井软件CIFLog1.0，实现了国内众多先进数据处理和解释评价方法的优势集成和创新发展，研制成功了CGDS-1近钻头地质导向钻井系统，掌握了国外用近20年时间才趋成熟并高度垄断的重大关键技术，使我国成为国际上掌握地质导向钻井技术的第3个国家；上海神开研制的综合录井仪、钻井参数仪等产品填补了国内空白。

## 二、石油钻采制造业经济运行概况

### 1. 近年经济运行稳步增长

2005年我国石油钻采装备制造行业工业总产值、工业销售产值、出口交货值、总利润分别为218.12亿元、199.38亿元、32.05亿元、18.22亿元；2011年分别达到1 833.89亿元、1 770.12亿元、171.93亿元、111.69亿元，2011年比2005年分别增长740.77%、787.81%、436.44%、513.01%。2005~2011年我国石油钻采专用设备制造行业经济运行情况见表1。

表1　2005~2011年我国石油钻采专用设备制造行业经济运行情况

| 项　目 | 2005 年 | 2006 年 | 2007 年 | 2008 年 | 2009 年 | 2010 年 | 2011 年 |
|---|---|---|---|---|---|---|---|
| 企业数量（家） | 318 | 376 | 476 | 588 | 809 | 856 | 683 |
| 同比增长（%） | – | 18.24 | 26.60 | 23.53 | 37.59 | 5.81 | −20.21 |
| 工业总产值（亿元） | 218.12 | 358.73 | 576.42 | 968.54 | 1 167.43 | 1 359.54 | 1 833.89 |
| 同比增长（%） | – | 64.46 | 60.68 | 68.03 | 20.54 | 16.46 | 34.89 |
| 工业销售产值（亿元） | 199.38 | 352.41 | 554.37 | 931.78 | 1 112.42 | 1 293.18 | 1 770.12 |
| 同比增长（%） | 46.74 | 76.75 | 57.31 | 68.08 | 19.39 | 16.25 | 36.88 |
| 出口交货值（亿元） | 32.05 | 70.93 | 97.27 | 156.19 | 111.97 | 121.97 | 171.93 |
| 同比增长（%） | 120.88 | 121.31 | 37.14 | 60.57 | −28.31 | 8.93 | 40.96 |
| 总利润（亿元） | 18.22 | 36.83 | 47.77 | 67.97 | 57.46 | 65.44 | 111.69 |
| 同比增长（%） | 70.57 | 102.14 | 29.70 | 42.29 | −15.46 | 13.89 | 70.68 |
| 总资产（亿元） | 222.12 | 337.05 | 470.79 | 815.96 | 954.69 | 1 082.17 | 1 373.51 |
| 同比增长（%） | – | 51.74 | 39.68 | 73.32 | 17.00 | 13.55 | 26.92 |

资料来源：中国石油和石油化工设备工业协会。

## 2. 2010 年、2011 年行业经济运行情况

2010 年，我国石油钻采装备制造行业共有规模以上企业 856 家，同比增长 5.81%，占石油和石油化工装备制造行业规模以上企业 2 023 家的 42.31%；完成工业总产值 1 359.54 亿元，同比增长 16.46%，占石油和石油化工装备制造行业工业总产值的 54.60%；完成工业销售产值 1 293.18 亿元，同比增长 16.25%，占石油和石油化工装备制造行业工业销售产值的 54.05%；完成出口交货值 121.97 亿元，同比增长 8.93%，占石油和石油化工装备制造行业出口交货总值的 72.23%；实现利润金额 65.44 亿元，同比增长 13.89%，占石油和石油化工装备制造行业利润总金额的 54.99%。

虽然 2010 年我国石油钻采装备制造行业企业数量占石油和石油化工装备制造行业企业数不到 50%，但工业总产值、工业销售产值、出口交货值、利润金额均占石油和石油化工装备制造行业的工业总产值、工业销售产值、出口交货值、利润金额的 50% 以上，而且出口交货值更高达 72.23%，是我国石油和石油化工装备制造行业中重要的行业。2010 年我国石油钻采装备制造行业经济运行情况见表 2。2010 年我国石油钻采装备制造行业与全行业经济运行对比情况见图 13。

表 2 2010 年我国石油钻采装备制造行业经济运行情况

| 项 目 | 本行业 | 全行业 | 本行业占全行业(%) |
|---|---|---|---|
| 企业数量（家） | 856 | 2 023 | 42.31 |
| 工业总产值（亿元） | 1 359.54 | 2 489.96 | 54.60 |
| 工业销售产值（亿元） | 1 293.18 | 2 392.62 | 54.05 |
| 出口交货值（亿元） | 121.97 | 168.87 | 72.23 |
| 总资产（亿元） | 1 082.17 | 2 005.60 | 53.96 |
| 总利润（亿元） | 65.44 | 119.00 | 54.99 |

资料来源：中国石油和石油化工设备工业协会。

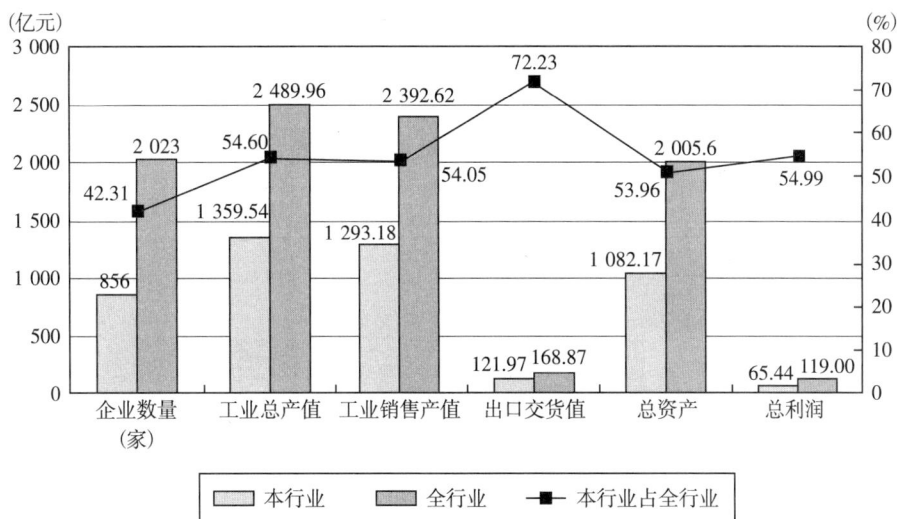

图 13 2010 年我国石油钻采装备制造行业与全行业经济运行对比情况

2011 年，我国石油钻采装备制造行业共有规模以上企业 683 家，同比下降 20.21%，占石油和石油化工装备制造行业规模以上企业的 45.93%；完成工业总产值 1 833.89 亿元，同比增长 34.89%，占石油和石油化工装备制造行业工业总产值的 56.85%；完成工业销售产值 1 770.12 亿元，同比增长 36.88%，占石油和石油化工装备制造行业工业销售产值的 56.95%；完成出口交货值 171.93 亿元，同比增长 40.96%，占石油和石油化工装备制造行业出口交货总值的 77.18%；实现利润金额 111.69 亿元，同比增长 70.68%，占石油和石油化工装备制造行业利润总金额的 57.17%。2011 年我国石油钻采装备制造行业经济运行情况见表 3。2011 年我国石油钻采装备制造行业与全行业经济运行对比情况见图 14。

表3　2011 年我国石油钻采装备制造行业经济运行情况

| 项　　目 | 本行业 | 全行业 | 本行业占全行业（%） |
|---|---|---|---|
| 企业数量（家） | 683 | 1 487 | 45.93 |
| 工业总产值（亿元） | 1 833.89 | 3 225.63 | 56.85 |
| 工业销售产值（亿元） | 1 770.12 | 3 108.36 | 56.95 |
| 出口交货值（亿元） | 171.93 | 222.77 | 77.18 |
| 总资产（亿元） | 1 373.51 | 2 514.79 | 54.62 |
| 总利润（亿元） | 111.69 | 195.37 | 57.17 |

资料来源：中国石油和石油化工设备工业协会。

### 3. 进出口情况

#### （1）2010 年概况

2010 年我国石油钻采装备行业主要产品进出口金额 46.46 亿美元；进口金额达 9.14 亿美元，同比减少 31%；出口金额约 37.32 亿美元，同比增长 12%。2010 年我国石油钻采装备行业主要产品进出口情况见表4。

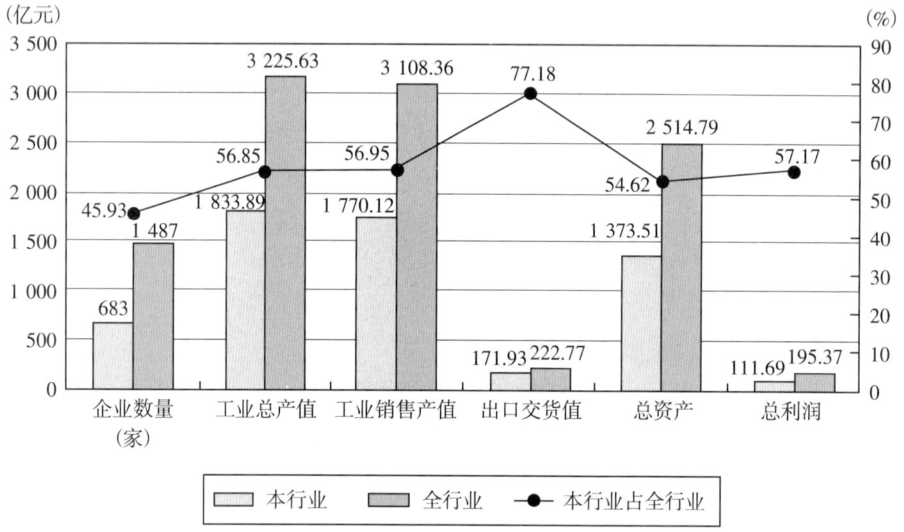

图 14　2011 年我国石油钻采装备制造行业与全行业经济运行对比情况

表4　2010 年我国石油钻采装备行业主要产品进出口情况

| 商品代码 | 商品名称 | 单　位 | 进　　口 数量 | 进　　口 金额（万美元） | 出　　口 数　量 | 出　　口 金额（万美元） |
|---|---|---|---|---|---|---|
| 84304111 | 自推进石油及天然气钻机，钻探深度≥6 000m | 台 | 1 | 9 654.59 | 26 | 19 302.17 |
| 84304119 | 未列名自推进的石油及天然气钻机 | 台 | 4 | 2 469.79 | 388 | 23 924.54 |
| 84304122 | 履带式自推进的钻机，钻探深度<6 000m | 台 | 95 | 4 734.22 | 69 | 1 129.77 |
| 84304129 | 其他自推进的钻机，钻探深度<6 000m | 台 | 157 | 4 079.34 | 1 037 | 9 472.97 |
| 84305010 | 其他自推进采油机械 | 台 | 16 | 129.63 | 6 509 | 19 166.48 |
| 84314310 | 石油或天然气钻机的零件 | kg | 5 411 306 | 25 909.63 | 182 869 485 | 116 494.03 |
| 84314320 | 其他钻探机械的零件 | kg | 2 300 947 | 3 845.60 | 39 930 936 | 22 571.80 |
| 84743100 | 混凝土或砂浆混合机器 | 台 | 338 | 990.51 | 535 230 | 17 541.18 |
| 84811000 | 减压阀 | 套/kg | 23 545 243 | 27 225.42 | 34 156 239 | 13 882.79 |
| 87052000 | 机动钻探车 | 辆 | 7 | 1 274.21 | 113 | 1 317.45 |
| 87059080 | 石油测井车、压裂车、混沙车 | 辆 | 19 | 2 662.18 | 56 | 2 944.28 |
| 87059090 | 未列名特殊用途的机动车辆 | 辆 | 135 | 5 504.40 | 3 650 | 24 172.77 |
| 89052000 | 浮动或潜水式钻探或生产平台 | 座 | 3 | 2 905.45 | 31 | 92 116.58 |

资料来源：中国石油和石油化工设备工业协会。

#### （2）2011 年概况

2011 年，我国石油钻采装备制造行业进出口金额为 63.1 亿美元，同比增长 35.82%；其中进口金额 8.55 亿美元，同比下降 6.46%；出口金额为 54.55 亿美元，同比增长 46.1%；贸易顺差继续加大，达到 46 亿美元，同比增长 63.24%。2011 年我国石油钻采装备主要产品进出口情况见表5。

表5　2011年我国石油钻采装备主要产品进出口情况

| 商品代码 | 商品名称 | 单位 | 进口 | | 出口 | |
|---|---|---|---|---|---|---|
| | | | 数量 | 金额（万美元） | 数量 | 金额（万美元） |
| 84304111 | 自推进石油及天然气钻机，钻探深度≥6 000m | 台 | 1 | 25.31 | 37 | 30 498.79 |
| 84304119 | 未列名自推进的石油及天然气钻机 | 台 | 13 | 2 244.49 | 296 | 40 004.63 |
| 84304121 | 钻探深度在6 000m及以上自推进的其他钻探机 | 台 | 1 | 3.73 | 12 | 5 920.69 |
| 84304122 | 履带式自推进的钻机，钻探深度<6 000m | 台 | 92 | 5 381.50 | 201 | 3 774.31 |
| 84304129 | 其他自推进的钻机，钻探深度<6 000m | 台 | 223 | 5 610.75 | 1 109 | 11 254.83 |
| 84305010 | 其他自推进采油机械 | 台 | 13 | 19.39 | 13 396 | 24 128.85 |
| 84314310 | 石油或天然气钻机的零件 | t | 6 551.53 | 25 334.50 | 227 099.94 | 141 646.99 |
| 84314320 | 其他钻探机械的零件 | t | 1 635.13 | 2 831.46 | 50 091.78 | 26 776.02 |
| 84743100 | 混凝土或砂浆混合机器 | 台 | 502 | 1 713.93 | 670 585 | 23 194.27 |
| 84811000 | 减压阀 | 万个 | 3 042.42 | 34 412.41 | 3 854.76 | 16 791.24 |
| 87052000 | 机动钻探车 | 台 | 13 | 2 112.75 | 66 | 892.38 |
| 87059080 | 石油测井车、压裂车、混沙车 | 台 | 19 | 1 265.07 | 63 | 2 238.38 |
| 87059090 | 未列名特殊用途的机动车辆 | 辆 | 83 | 4 625.08 | 4 763 | 35 974.33 |
| 87163110 | 油罐挂车及半挂车 | 台 | – | – | 1 393 | 3 792.37 |
| 89052000 | 浮动或潜水式钻探或生产平台 | 台 | – | – | 47 | 178 638.45 |

资料来源：中国石油和石油化工设备工业协会。

# 三、主要石油钻采装备制造企业情况

## 1. 石油钻采装备制造企业

2010年、2011年我国石油钻采装备制造企业

资产总金额、出口总金额、销售总金额基本呈稳步增长态势。2010年我国主要石油钻采装备制造企业经济运行情况见表6。2011年我国主要石油钻采备制造企业经济运行情况见表7。

表6　2010年我国主要石油钻采装备制造企业经济运行情况

| 序号 | 企业名称 | 资产总金额（万元） | 销售总金额（万元） | 出口总金额（万美元） | 从业人数（人） |
|---|---|---|---|---|---|
| 1 | 海洋石油工程股份有限公司 | 1 792 069.53 | 713 770.71 | 41 130.63 | 9 871 |
| 2 | 胜利油田高原石油装备有限责任公司 | 299 480.00 | 601 000.00 | 1 861.00 | 2 260 |
| 3 | 宝鸡石油机械有限责任公司 | 831 488.00 | 461 680.00 | 19 141.00 | 9 660 |
| 4 | 江汉石油管理局第四机械厂 | 235 846.00 | 240 342.00 | 8 545.00 | 2 693 |
| 5 | 四川宏华石油设备有限公司 | 393 062.00 | 181 312.00 | 16 375.00 | 2 059 |
| 6 | 南阳二机石油装备（集团）有限公司 | 114 073.00 | 109 228.00 | 4 316.00 | 2 117 |
| 7 | 烟台杰瑞石油服务集团股份有限公司 | 239 638.13 | 94 397.60 | 3 030.90 | 1 018 |
| 8 | 海城市石油机械制造有限公司 | 93 934.00 | 67 922.33 | 132.10 | 646 |
| 9 | 北京石油机械厂 | 117 900.00 | 64 100.00 | 22 000.00 | 684 |
| 10 | 中船重工中南装备有限责任公司 | 147 941.00 | 56 923.00 | 846.00 | 1 519 |
| 11 | 中原特种车辆有限公司 | 35 600.00 | 39 240.00 | 459.00 | 833 |
| 12 | 山东三田临朐石油机械有限公司 | 12 114.60 | 31 022.80 | 365.70 | 712 |
| 13 | 兰州通用机器制造有限公司 | 37 021.00 | 30 797.00 | 915.00 | 1 290 |
| 14 | 中原总机石油设备有限公司 | 27 877.00 | 25 282.00 | 840.00 | 947 |
| 15 | 濮阳市信宇石油机械化工有限公司 | 19 945.00 | 19 015.00 | – | 760 |
| 16 | 通化石油化工机械制造有限公司 | 15 523.00 | 19 000.00 | 313.00 | 576 |

续表

| 序号 | 企业名称 | 资产总金额（万元） | 销售总金额（万元） | 出口总金额（万美元） | 从业人数（人） |
|---|---|---|---|---|---|
| 17 | 内蒙古一机大地集团石油机械有限责任公司 | 13 156.00 | 14 669.00 | 615.00 | 331 |
| 18 | 山东大王金泰石油装备有限公司 | 16 181.00 | 6 219.00 | 772.66 | 208 |

注：按 2010 年销售总金额大的居前。
资料来源：中国石油和石油化工设备工业协会。

### 表 7　2011 年我国主要石油钻采装备制造企业经济运行情况

| 序号 | 企业名称 | 资产总金额（万元） | 销售总金额（万元） | 出口总金额（万美元） | 从业人数（人） |
|---|---|---|---|---|---|
| 1 | 海洋石油工程股份有限公司 | 1 878 589.92 | 738 451.67 | – | 9 339 |
| 2 | 胜利油田高原石油装备有限责任公司 | 294 600.00 | 705 600.00 | 2 275.00 | 2 450 |
| 3 | 宝鸡石油机械有限责任公司 | 821 487.00 | 513 618.00 | 16 486.00 | 8 263 |
| 4 | 四川宏华石油设备有限公司 | 442 338.00 | 297 200.00 | 33 000.00 | 2 616 |
| 5 | 江汉石油管理局第四机械厂 | 257 129.00 | 261 901.00 | 10 570.00 | 2 769 |
| 6 | 烟台杰瑞石油服务集团股份有限公司 | 304 489.63 | 146 004.48 | 46 739.10 | 2 213 |
| 7 | 南阳二机石油装备（集团）有限公司 | 172 447.00 | 97 323.00 | 4 835.00 | 2 148 |
| 8 | 海城市石油机械制造有限公司 | 141 996.00 | 89 322.00 | 1 268.00 | 548 |
| 9 | 北京石油机械厂 | 125 800.00 | 68 000.00 | 28 600.00 | 692 |
| 10 | 中船重工中南装备有限责任公司 | 155 880.00 | 62 657.00 | 1 780.00 | 39 140 |
| 11 | 兰州通用机器制造有限公司 | 56 441.00 | 60 874.00 | 1 003.00 | 1 442 |
| 12 | 中原总机石油设备有限公司 | 38 835.00 | 38 707.00 | 1 849.00 | 1 008 |
| 13 | 山东三田临朐石油机械有限公司 | 12 639.80 | 34 625.30 | 463.00 | 706 |
| 14 | 中原特种车辆有限公司 | 37 123.00 | 34 147.00 | 1 000.00 | 801 |
| 15 | 山东大王金泰石油装备有限公司 | 18 165.00 | 34 112.00 | 4 768.00 | 330 |
| 16 | 濮阳市信宇石油机械化工有限公司 | 23 934.00 | 24 719.00 | – | 810 |
| 17 | 通化石油化工机械制造有限公司 | 16 314.00 | 20 000.00 | 400.00 | 540 |
| 18 | 内蒙古一机大地集团石油机械有限责任公司 | 14 069.00 | 16 961.00 | 1 290.00 | 341 |

注：按 2011 年销售总金额大的居前。
资料来源：中国石油和石油化工设备工业协会。

2010 年，海洋石油工程股份有限公司（以下简称海油工程）资产总金额、销售总金额、出口总金额分别为 1 792 069.53 万元、713 770.71 万元、41 130.63 万美元，居我国石油钻采装备制造企业销售总金额的首位；2011 年，海油工程资产总金额、销售总金额分别为 1 878 589.92 万元、738 451.67 万元；资产总金额、销售总金额同比分别增长 4.83%、3.46%；2011 年海油工程销售总金额继续居我国石油钻采装备制造企业销售总金额的首位。2010 年，销售总金额上 10 亿元的企业有 6 家，2011 年依然保持在 6 家的规模，近两年销售总金额排名前 3 位的企业仍是海油工程、胜利高原、宝石机械，2010 年销售总金额在 6 家超 10 亿元企业中占比分别为 30.93%、26.05%、20.01%，2011

年销售总金额占比分别为 27.73%、26.50%、19.29%；四川宏华 2011 年较 2010 年排名上升 1 位，2011 年销售总金额在 6 家超 10 亿元企业中占比 11.16%，排在第 4 位；江汉四机 2011 年销售总金额较 2010 年净增 21 559 万元，以 9.84% 的占比排在第 5 位；烟台杰瑞 2010 年销售总金额未超过 10 亿元，排第 7 位，2011 年凭借 146 004.48 万元的销售额跻身第 6 位，占比 5.48%。

2010 年，我国主要石油钻采装备制造行业销售总金额排名前 18 位企业全年销售总金额共 2 775 920.44 万元，其中 6 家超 10 亿元企业全年销售总金额共 2 307 332.71 万元，6 家超 10 亿元企业在 18 家企业销售总金额中占比 83.12%；2011 年，18 家企业全年销售总金额共 3 244 222.45 万元，同比增长 16.87%，6 家超 10 亿元企业全年销售总金额共 2 662 775.15 万元，同比增长 15.40%，6 家超 10 亿元企业在 18 家企业销售总金额中占比 82.08%，较 2010 年下降 1.04 个百分点。2010 年我国主要石油钻采装备制造行业销售总金额超 10 亿元企业占比情况见图 15。2011 年我国主要石油钻采装备制造行业销售总金额超 10 亿元企业占比情况见图 16。

**图 15　2010 年我国主要石油钻采装备制造行业销售总金额超 10 亿元企业占比情况**

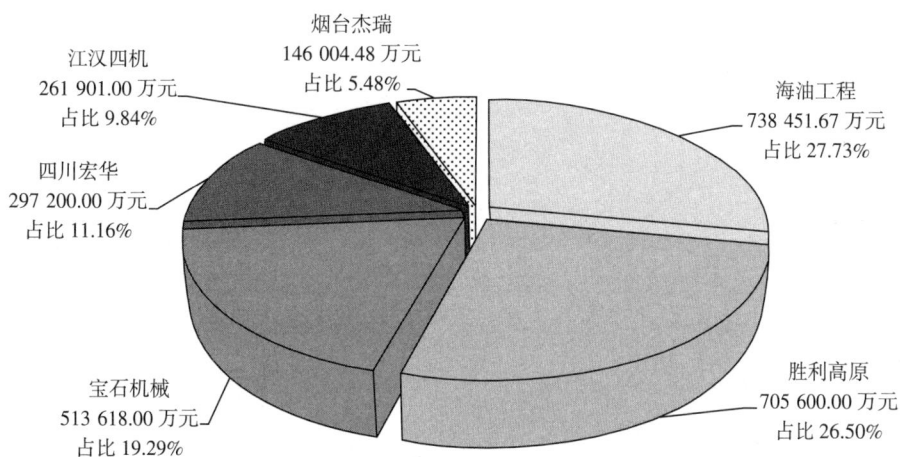

**图 16　2011 年我国主要石油钻采装备制造行业销售总金额超 10 亿元企业占比情况**

### 2. 井口设备、专用工具

2010 年、2011 年我国主要井口设备、专用工具制造企业资产总金额、出口总金额、销售总金额基本呈平稳增长态势。2010 年我国主要井口设备、专用工具制造企业经济运行情况见表 8。2011 年我国主要井口设备、专用工具制造企业经济运行情况见表 9。

2010 年，江苏金石机械集团（以下简称金石集团）资产总金额、销售总金额、出口总金额分别为 148 605.00 万元、129 075.00 万元、5 171.00 万美元，居我国主要井口设备、专用工具制造企业销售总金额的首位；2011 年，江汉石油钻头股份有限公司（以下简称江钻股份）资产总金额、销售总金额、出口总金额分别为 189 891.00 万元、137 339.00 万元、5 419.00 万美元，销售总金额超过金石集团的 129 880.00 万元，跃升首位，资产总金额、销售总金额、出口总金额增长率分别为 14.66%、23.47%、50.11%。近两年销售总金额上 10 亿元的企业是金石集团、江钻股份，2010 年、2011 年金石集团和江钻股份销售总金额共计 240 308.00 万元、267 219.00 万元。2010 年、2011 年我国主要井口设备、专用工具制造行业销售总金额上 5 亿元的企业均保持在 6 家的规模，2011 年，江钻股份、金石集团在 6 家销售总金额超 5 亿元的企业中分别

表8　2010年我国主要井口设备、专用工具制造企业经济运行情况

| 序号 | 企业名称 | 资产总金额（万元） | 销售总金额（万元） | 出口总金额（万美元） | 从业人数（人） |
|---|---|---|---|---|---|
| 1 | 江苏金石机械集团 | 148 605.00 | 129 075.00 | 5 171.00 | 1 485 |
| 2 | 江汉石油钻头股份有限公司 | 165 619.00 | 111 233.00 | 3 610.00 | 1 659 |
| 3 | 天合石油集团汇丰石油装备股份有限公司 | 80 031.00 | 63 488.00 | 4 875.00 | 950 |
| 4 | 天津立林机械集团有限公司 | 102 930.00 | 59 472.00 | 1 461.00 | 1 932 |
| 5 | 河北华北石油荣盛机械制造有限公司 | 91 766.23 | 54 750.40 | 432.46 | 1 343 |
| 6 | 江苏如通石油机械股份有限公司 | 36 096.00 | 50 333.00 | 3 536.00 | 825 |
| 7 | 贵州高峰石油机械股份有限公司 | 43 073.00 | 46 847.00 | 2 128.00 | 866 |
| 8 | 上海神开石油化工装备股份有限公司 | 127 902.00 | 44 299.00 | 898.00 | 699 |
| 9 | 泰兴石油机械有限公司 | 29 870.00 | 24 680.00 | 1 135.00 | 329 |
| 10 | 德州联合石油机械有限公司 | 36 276.00 | 23 416.00 | 316.00 | 598 |
| 11 | 盐城特达钻采设备有限公司 | 16 500.00 | 22 500.00 | 1 194.00 | 390 |
| 12 | 江苏如石机械有限公司 | 21 236.00 | 22 418.00 | 345.00 | 520 |
| 13 | 江苏新象股份有限公司 | 12 633.00 | 18 636.00 | 162.00 | 512 |
| 14 | 吉艾科技（北京）股份公司 | 25 449.12 | 10 552.60 | － | 56 |
| 15 | 河北省景县景渤石油机械有限公司 | 34 411.00 | 10 430.00 | 20.00 | 208 |

注：按2010年销售总金额大的居前。

资料来源：中国石油和石油化工设备工业协会。

表9　2011年我国主要井口设备、专用工具制造企业经济运行情况

| 序号 | 企业名称 | 资产总金额（万元） | 销售总金额（万元） | 出口总金额（万美元） | 从业人数（人） |
|---|---|---|---|---|---|
| 1 | 江汉石油钻头股份有限公司 | 189 891.00 | 137 339.00 | 5 419.00 | 3 392 |
| 2 | 江苏金石机械集团 | 149 500.00 | 129 880.00 | 5 520.00 | 1 498 |
| 3 | 河北华北石油荣盛机械制造有限公司 | 129 970.05 | 84 823.02 | 1 468.17 | 1 345 |
| 4 | 天津立林机械集团有限公司 | 112 571.00 | 75 557.00 | 2 297.00 | 1 907 |
| 5 | 上海神开石油化工装备股份有限公司 | 149 122.00 | 61 016.00 | 2 074.00 | 1 306 |
| 6 | 江苏如通石油机械股份有限公司 | 44 538.00 | 58 260.00 | 3 865.00 | 670 |
| 7 | 贵州高峰石油机械股份有限公司 | 47 108.00 | 49 657.00 | 2 130.00 | 822 |
| 8 | 天合石油集团汇丰石油装备股份有限公司 | 106 757.00 | 41 563.00 | 2 498.00 | 1 038 |
| 9 | 盐城特达钻采设备有限公司 | 26 464.00 | 34 865.00 | 2 486.00 | 420 |
| 10 | 泰兴石油机械有限公司 | 38 831.00 | 34 058.00 | 1 418.70 | 329 |
| 11 | 德州联合石油机械有限公司 | 50 042.00 | 27 157.00 | 472.00 | 790 |
| 12 | 江苏如石机械有限公司 | 24 650.00 | 23 058.00 | 386.00 | 530 |
| 13 | 江苏新象股份有限公司 | 13 278.00 | 18 965.00 | 237.00 | 530 |
| 14 | 吉艾科技（北京）股份公司 | 32 676.11 | 17 415.59 | － | 123 |
| 15 | 河北省景县景渤石油机械有限公司 | 38 659.00 | 13 552.00 | 27.00 | 286 |

注：按2011年销售总金额大的居前。

资料来源：中国石油和石油化工设备工业协会。

以25.11%、23.75%的占比占据前两位；河北华北石油荣盛机械制造有限公司（以下简称华北荣盛）以84 823.02万元的销售总金额排名第3位，在6家超5亿元的企业中占比15.51%，较2010年排名上升了2位；天津立林机械集团有限公司（以下简称天津立林）、江苏如通石油机械股份有限公司（以下简称如通机械）近两年销售总金额分别保持在第4、第6的位置，2011年销售总金额在6家企业中占比分别为13.82%、10.65%；上海神开石油化工装备股份有限公司（以下简称上海神开）从2010年的第8位上升至2011年的第5位，2011年占比11.16%。

2010年，我国主要井口设备、专用工具制造行业销售总金额排名前15位企业全年销售总金额共

692 130.00 万元，其中 6 家超 5 亿元企业全年销售总金额共 468 351.40 万元，6 家超 5 亿元企业在 15 家企业销售总金额中占比 67.67%；2011 年，15 家企业全年销售总金额共 807 165.61 万元，同比增长 16.62%，6 家超 5 亿元企业全年销售总金额共 546 875.02 万元，同比增长 16.77%，6 家超 5 亿元企业在 15 家企业销售总金额中占比 67.75%，较 2010 年上升 0.08 个百分点。江钻股份、金石集团

这两家超 10 亿元的企业，2010 年在 6 家超 5 亿元的企业和排名前 15 位的企业中销售总金额占比分别为 51.31%、34.72%，2011 年在 6 家超 5 亿元的企业和排名前 15 位的企业中占比分别为 48.86%、33.11%。2010 年我国主要井口设备、专用工具制造行业销售总金额超 5 亿元企业占比情况见图 17。2011 年我国主要井口设备、专用工具制造行业销售总金额超 5 亿元企业占比情况见图 18。

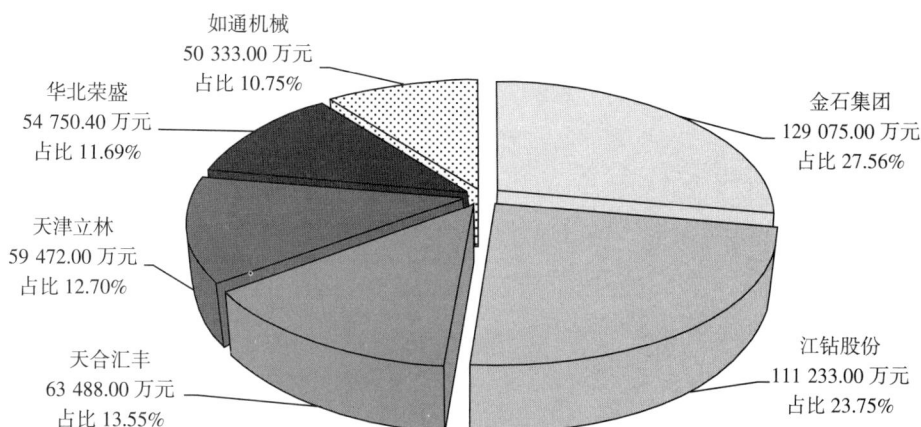

**图 17　2010 年我国主要井口设备、专用工具制造行业销售总金额超 5 亿元企业占比情况**

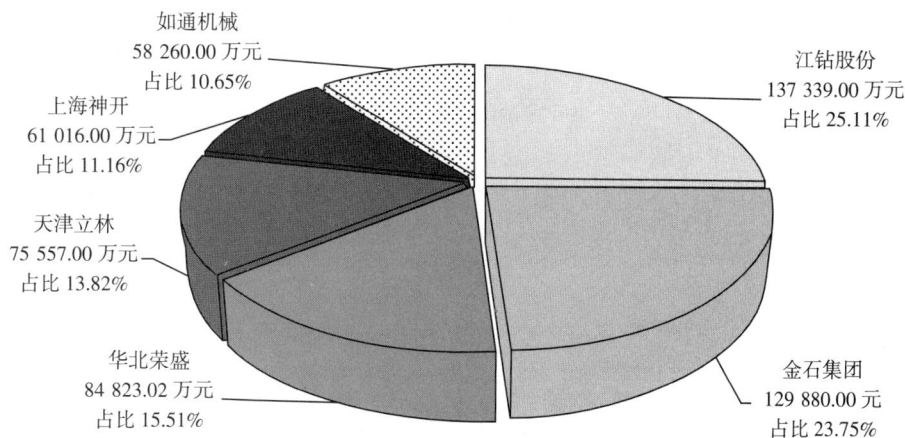

**图 18　2011 年我国主要井口设备、专用工具制造行业销售总金额超 5 亿元企业占比情况**

（中国石油和石油化工设备工业协会）

# 勘探开发
# 海洋油气

海洋工程油气装备制造业是国家战略性新兴产业的重要组成部分，具有先导性、成长性、带动性的鲜明特征，以及技术门槛高、资金密集度高、国际化程度高的基本特点，是高端制造业的典型代表。经过多年的努力，我国形成了以中船工业、中船重工、中国远洋、中国海油及地方船舶系统主导的环渤海、长三角、珠三角等17个以上海洋工程装备制造基地，以兰州、宝鸡、广汉、江汉、南阳等中西部地区和北京、上海、天津等东部沿海地区的海洋油气钻采装备制造基地。

我国部分海洋油气工程设备，如浅水钻采平台、海底管线、浮式生产储存卸货装置（以下简称FPSO）等，从设计、制造到海上安装一条龙服务已可独立完成；"全海式"、"半海半陆式"、单腿平台、多腿平台、无人作业平台、海底基盘及水下井口、早期试生产系统、单点系泊浮式生产系统等可自行建造，并形成了自身特色。我国生产的FPSO的数量与研制技术和水平已走向世界前列；工作水深不超过150m的导管架平台及其他固定平台，可自行设计与建造。近年来，海洋工程装备实现了跨越式发展，除总包和设计能力较弱外，制造能力和水平与世界先进水平差距不大；但海洋油气钻采装备和海工配套设备仍是我国的弱项，深海水下装备几乎是空白，与世界先进水平相比有着巨大的差距。

## 一、海洋油气开发装备分类

海洋油气开发装备大致分为海洋工程装备和海洋油气钻采装备。海洋工程装备分类见图1。海洋油气钻采装备分类见图2。

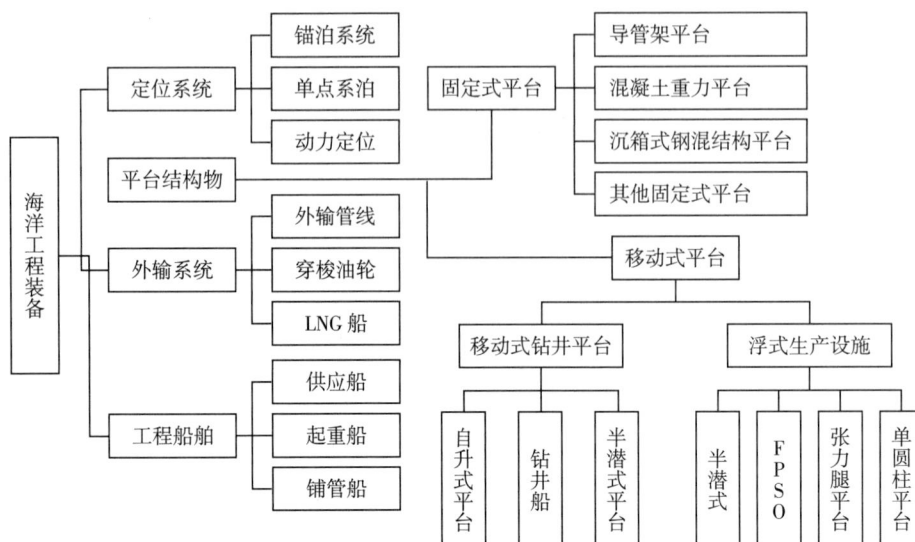

**图1　海洋工程装备分类**

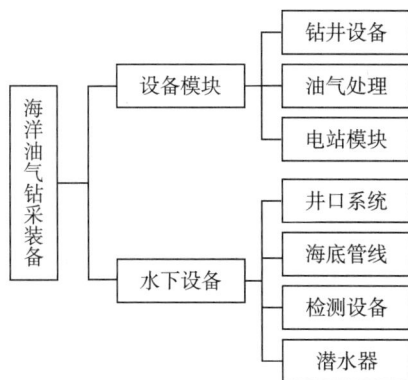

**图2　海洋油气钻采装备分类**

## 二、海洋工程装备

"十一五"期间，我国海洋工程装备制造能力迅猛发展，形成了环渤海、长三角、珠三角等海洋工程装备制造基地，拥有海洋工程装备制造企业20余家。我国海洋工程装备制造基地分布示意图见图3。

**图3　我国海洋油气工程装备制造基地分布示意图**

我国自行建造了30万t世界级FPSO"海洋石油117"，世界先进、亚洲第一的"海洋石油941/942"120m自升式钻井平台，亚洲最先进的八缆地球物理勘探船"海洋石油719"，单吊起重能力居世界第一的7 500t起重浮吊船"蓝鲸"号，自主研制的1 200t浅水铺管船"海洋石油202"，亚洲最大、世界第二的3万t导管架下水驳船"海洋石油229"；自升式钻井平台实现了批量生产，多项海洋工程作业船和辅助船实现批量建造，并占据了50%以上的国际市场份额；具有国际先进水平的14.7万 m³ LNG运输船、CJ46型356英尺自升式钻井平台已研制成功；特别是世界最先进第六代3 000m超深水半潜式钻井平台"海洋石油981"、同时具备3 000m级深水铺管能力和4 000t级重型起重能力的"海洋石油201"深水铺管起重船的研制成功，总体技术水平和综合作业能力在国际同类工程船舶中处于领先地位，标志着我国已跻身世界3 000m深水油气开发先进行列。"海洋石油981"3 000m半潜式钻井平台见图4。"海洋石油201"3 000m深水铺管起重船见图5。FPSO见图6。固定式导管架平台见图7。"十一五"期间我国主要海洋油气工程装备建设情况见表1。

图 4 "海洋石油 981" 3 000m 半潜式钻井平台

图 5 "海洋石油 201" 3 000m 深水铺管起重船

图 6 FPSO

图 7 固定式导管架平台

**表 1 "十一五"期间我国主要海洋油气工程装备制造情况**

| 交付年份 | 装备名称 | 建造单位 | 产品水平 | 订购单位 |
|---|---|---|---|---|
| 2007 | 中油海 3 号 | 山海关船厂 | 全球最大坐底式钻井平台 | 中石油 |
| 2007 | 海洋石油 117 | 外高桥造船 | 世界先进、国内最大的 30 万 t FPSO | 中海油 |
| 2008 | 海洋石油 941/942 | 大连船舶重工 | 亚洲最先进 400 英尺自升式钻井平台 | 中海油 |
| 2008 | LNG 运输船 | 沪东中华造船 | 147 000m³ 的 LNG 运输船 2 艘 | 广东 LNG |
| 2008 | 蓝鲸号起重船 | 振华港机 | 世界最大单臂起重船 | 中海油 |
| 2008 | 中油海 262/282 | 中船黄埔造船 | 6500/8000hp 三用工作船 | 中石油 |
| 2008 | 导管架下水驳船 | 青岛北船重工 | 30 000t、亚洲最大、世界第三 | 中海油 |
| 2009 | 塞旺钻井号 | 南南中远船务 | 世界首座圆筒形超深水钻探储油平台 | 巴西石油 |
| 2009 | 半潜式钻井平台 | 大船重工 | 第六代、水深 3 048m，钻井深 12 000m | 美国 Noble |
| 2009 | 斯达帝德·桑托斯 MV20 | 大连中远船务 | 全球日处理燃气能力最强的 FPSO | 巴西石油 |
| 2010 | 海洋石油 981 深水半潜式钻井平台 | 外高桥造船 | 世界先进水平，第六代，作业水深 3 000m，钻井深度 12 000m，填补国内空白 | 中海油 |
| 2010 | 瑞美蒂号多功能自升式平台 | 南通中远船务 | 世界首座，填补国内空白 | 美国 Remedial Offshore |
| 2010 | Frigstad D90 超深水半潜式钻井平台 | 中集来福士 | 第六代、作业水深 3 600m，钻井深度 15 240m | 意大利 Saipen |
| 2004~2010 | CJ46、DSI300、JU2000 等自升式平台 | 大船重工 | 国内或世界首座，300、350、400 英尺 | |
| 2010 | 海洋石油 981 深水半潜式钻井平台 | 外高桥造船 | 世界先进水平，第六代，作业水深 3 000m，钻井深度 12 000m，填补国内空白 | 中海油 |
| 2004~2010 | 23 万 t、30 万 t 浮式生产储油轮（FPSO） | 上海外高桥、大船重工、南通中远川崎等 | 世界水平 | 美国等 |

资料来源：中国石油和石油化工设备工业协会。

## 三、海洋油气钻采装备

我国企业能够为用户成套提供 1 000~9 000m 系列钻机模块及泥浆泵等配件、2 000~6 500m 修井机、平台采油树、最高等级 349mm×69MPa 防喷器等海洋油气钻采装备。国内压裂设备已逐步成熟，压裂泵、混砂和仪表控制系统等核心技术已接近国际水平，并逐步出口国外；固井设备中的自动混浆系统和固井泵等核心部件已达到国际水平，占据了国内 90% 以上的市场份额，并已大量出口；固定式平台钻机和海洋修井机已经完全摆脱了进口的局面，全面实现国产化；船舶锚链世界领先，占世界市场份额近 50%。但我国海洋油气钻采装备的整体水平依然很低，落后国际先进水平约 20 年。

宝石机械先后为中石油 CPOE3 坐底式和 CPOE5、CPOE9 自升式海洋钻井平台提供了 7 000m 钻井系统，为 CPOE63 自升式平台提供了 5 500m 修井设备，至此已累计为我国三大石油公司提供了包括惠州、春晓、PEMEX、LIFTBOAT 等 30 余套海洋钻修井机模块，产品涉及各类固定式、坐底式、自升式钻井平台（船）；并已研制出水下隔水管、辅管绞车等高科技国内空白产品。

四川宏华可提供 9 000m 钻井包（包括井架、顶驱、电传系统、绞车、泥浆固控、泥浆高压系统等多种设备），可生产 135~225t 海洋修井机以及转盘和井架。已在江苏启东建成了海工基地，可年产自升式钻井平台 10 座、半浅式钻井平台 3 座以及若干钻机与生活模块，年产量约 20 万 t，正在研制 3 000m 第六代半潜式平台和 122m 自升式钻井平台。

江汉四机研制的 5 000m 海洋钻机（最大钩载 315t）整机性能达到国际先进水平，可为国内用户提供 4 000m 和 5 000m 海洋钻机、60~180t 海洋修井机、固井机组（最大压力 70MPa）、防砂压裂机撬块（105MPa），以及提供海洋橇装循环设备，各种节流、压井管汇、固井管汇等。

南阳二机研制开发出第一台国产化海洋修井设备以后，结束了海洋钻修井装备完全依赖进口或利用钻井平台进行修井作业的历史，陆续开发出填补国内空白的 600~3 150kN 海洋钻修井装备系列产品，技术经济性能达到国际先进水平，并进入国际市场。

兰石石油具备生产国内领先的 7 000m 钻井模块（工程设计、设备采办、建造及技术服务）、5 000m 交流变频钻机。甘肃蓝科石化高新装备股份有限公司消化吸收引进技术而开发的油气水分离装置设备，已为我国海上石油的几十个油田、近百座海上石油钻采平台、生产平台和 FPSO 提供了近 1 000 台（套）油气水处理工艺设备。大连金州重型机器有限公司也研制成功了大型海上钻井平台油气处理成套关键设备，北京宝石 MH 海洋石油公司为 3 000m 深水工程勘察船提供了 5 000m 钻机。胜利高原为中石化提供了浅水海洋钻机、修井机以及平台液压采油设备。烟台杰瑞掌握了直燃式和热回收式液氮设备制造的关键性技术，成功地研发生产了国内第一台液氮设备和液氮泵车，摆脱了依赖进口的局面。山东科瑞已生产了自升式海洋钻井平台，还可提供最大钩载 900~2 250kN 海洋钻修井模块以及海洋撬装固井泵、起重机及甲板装备。

宝钢、武钢、鞍钢研制的海洋平台结构用钢和石油专用钻杆、油管、套管、板材与型钢；渤海石装、番禺珠江钢管有限公司、宝鸡钢管、沙市钢管等生产的符合 API 5L 的 X70、X80 级 ERW、LSAW、螺旋焊接钢管及大尺寸无缝管、焊缝管、高强度钢等已在国内海洋工程广泛使用，并部分出口国外。

海底电缆、潜油电泵、分离器、大型加热器、钢丝绳、海上吊机、锚链、大型装备的整合、阀门、控制柜、变频器、各种高压设备、管件等产品的技术含量得到快速提升，陆续被海洋石油用户所采用。电潜泵自主化率已达 80%，小部分采油树产品实现了自主化。深水隔水管系统、水下井口系统、水下防喷器等关键装备已经列入国家 "863 计划" 且有的已出成品。

## 四、装备向深水化、大型化、高端化、国产化发展

未来海洋工程（油气）装备的发展趋势是深水化、大型化、设计更优化、采用高强度钢及配套更先进。其中，天然气勘探、钻采装备将成为发展重点。

在浅海油气开采装备制造方面，由我国自行设计与建造导管架平台及其他固定平台，工作水深未超过150m。我国正在加快南中国海油气资源的勘探开发，但这一海域水深在500~2 000m，因此，迫切需要发展深海油气勘探和开发技术。

我国将加快培育和发展相关重点装备及其关键系统和设备。重点发展市场需求量较大的半潜式钻井平台、钻井船、自升式钻修井/作业平台、半潜式生产平台、浮式生产储卸油装置、起重铺管船、大型起重船/浮吊、深海锚泊系统、水下采油树、泄漏油应急处理装置、海水淡化和综合利用装备等，逐步实现自主设计建造，形成品牌，使之成为我国海洋工程装备制造业的主导产品。

（中国石油和石油化工设备工业协会）

# 石油化工
## 炼油和化工

## 一、炼油和化工装备发展综述

在石化专用设备（反应器、换热设备、工业炉、塔器、储运设备、专用机械等）和石化通用机械（压缩机、泵、阀）方面，形成了兰州兰石集团有限公司（以下简称兰石重装）、中国第一重型机械集团公司（以下简称一重）、中国第二重型机械集团公司（以下简称二重）、上海锅炉厂有限公司（以下简称上锅）、哈尔滨锅炉厂有限责任公司（以下简称哈锅）、大连金州重型机器有限公司（以下简称金重）、中国石化集团南京化学工业有限公司化工机械厂（以下简称南化机）、中航黎明锦西化工机械（集团）有限责任公司（以下简称锦西化机）、张家港化工机械股份有限公司（以下简称张化机）、甘肃蓝科石化高新装备股份有限公司（以下简称蓝科高新）、茂名重力石化机械制造有限公司（以下简称茂名重力）、沈阳鼓风机集团股份有限公司（以下简称沈鼓）、陕西鼓风机（集团）股份有限公司（以下简称陕鼓）、杭州杭氧股份有限公司（以下简称杭氧）、杭州汽轮机股份有限公司（以下简称杭汽）、开封空分集团有限公司、哈尔滨空调股份有限公司（以下简称哈空调）、大连大橡机械制造有限责任公司（以下简称大橡塑）等为代表的一大批骨干企业和众多石化装备制造企业。

近年来，我国石化装备向大型化发展，300t以上的重型设备在石化专用设备中的比重由过去的10%增加到现在的30%，不少单台设备质量超过

1 000t。例如，千万吨级炼厂常减压蒸馏装置常压塔重量均过1 000t，加氢裂化装置的加氢反应器重1 500t，煤制油装置加氢反应器重2 040t，芳烃装置的二甲苯塔重1 264t；百万吨级乙烯裂解装置的乙烯精馏塔直径10.65m，高53m；丙烯精馏塔直径9m，高10.7m，重量都在1 000t以上；乙二醇装置中的环氧乙烷反应器直径7.77m，重量1 150t；乙烯冷箱单元尺寸7m×1.3m×1.3m；裂解气压缩机总功率60 000kW。设备的大型化不是简单的放大，在设计计算、材料选用、设备制造、设备检测和运输安装等方面都出现了新的难题，过去已经国产化的装备需要重新进行国产化攻关研制。

"十一五"期间，我国石化装备国产化率按投资计算，炼油装备已在90%以上，百万吨级乙烯及下游装置的国产化率在70%以上，在以煤为原料的大型合成氨、尿素装置的国产化率在85%以上。大型石化装置重大技术装备的国产化取得了重大突破。

### 1. 反应器

反应器是石化生产装置的心脏。石化生产常用的反应器有催化裂化装置的提升管反应器、催化重整装置的四合一反应器、加氢精制和加氢裂化装置的固定床反应器、聚丙烯装置的环管反应器、聚乙烯装置的气相反应器、环氧乙烷/乙二醇装置的列管式环氧乙烷反应器、丙烯腈装置的流化床反应器等。目前，我国研制的石化装置中的主要反应器已立足国内。

### （1）加氢反应器

加氢反应器应用于炼油厂加氢精制和加氢裂

化、乙烯裂解装置汽油加氢、PTA装置对苯二甲酸加氢精制、煤制油装置的加氢反应。加氢精制反应器采用Cr-Mo钢板卷焊制成，常用材料为2.25Cr-1Mo，内径3~4m，壁厚80~150mm，内壁堆焊2层309L和347不锈钢，反应压力4~8MPa，操作温度380~410℃，重量300~500t；加氢裂化反应器属于厚壁高压反应器，内径4~5m，壁厚200~300mm，重量500~1 500t，一般采用2.25Cr-1Mo-0.25V钢，操作压力为18~20MPa，操作温度450~480℃。

经过技术攻关，一重、二重、兰石重装、上锅、哈锅等已基本掌握了加氢设备的制造技术，在齐鲁石化140万t/a加氢裂化装置中，研制成功了首台千吨级加氢反应器，直径8m，切线长度27m、重量937t，标志着我国已跻身国际上少数可以制造大型反应器的国家行列。我国高压加氢反应器设计制造技术已与国外同步。千吨级加氢反应器见图1。

图1　千吨级加氢反应器

（2）聚丙烯反应器

聚丙烯反应器从带搅拌的釜式反应器发展到环管反应器，再发展到目前的管式反应器和塔式反应器相组合的多循环反应器。北京石化工程公司与茂名重力合作，先后开发了7万t/a、20万t/a、30万t/a规模的环管反应器。其中，30万t/a聚丙烯环管反应器反应管Φ609mm，夹套管Φ690mm，高度39m，反应管/夹套设计压力5.5MPa/0.9MPa，反应管/夹套设计温度-45~150℃/90℃；北京石化工程公司与宁波天翼合作开发的30万t/a聚乙烯气相反应器，尺寸Φ5 160/Φ8 060×25 000mm，设计压力

2.8MPa，设计温度-19.4℃/170℃；45万t/a聚丙烯装置的复合式环管反应器已经成功应用天津乙烯项目中。

（3）环氧乙烷反应器

环氧乙烷/乙二醇装置的列管式环氧乙烷反应器，南化机已成功为扬子石化30万t/a环氧乙烷/乙二醇装置设计制造了1台环氧乙烷反应器，实现了历史性突破。

此外，兰石重装采用美国UOP专利技术的四合一连续重整反应器和采用法国IFP专利技术的分置式连续重整反应器，已制造和安装34台。其中，为大连石化研制的220万t/a连续重整反应器加工能力为亚洲第一、世界第二，是国内该反应器中直径最大、重量最重、总体高度最高、板料最厚的产品。兰石重装的四合一连续重整反应器国内市场占有率达到100%，制造安装水平达到世界先进水平。

北京燕化机械厂开发的20万t/a高压聚乙烯超高压管式反应器，设计压力345MPa，设计温度315℃，已经投入运行；南京宝色股份公司为蓬威石化百万吨级PTA项目研制了氧化反应器，其性能领先国际同类产品，价格是同类进口产品的一半；南化机开发的10万t/a聚酯装置反应器和PTA氧化反应器、山东齐鲁石化机械制造有限公司开发的20万t/a苯乙烯装置苯乙烯脱氢反应器、北京燕华工程建设有限公司开发的4.5万t丁基橡胶聚合釜等都填补了国内空白，结束了进口的历史。

**2. 裂解炉**

由中石化工程建设等单位研制的首台单台2万t乙烯工业炉CBL-Ⅰ、4万t的CBL-Ⅱ和CBL-Ⅲ、6万t的CBL-Ⅳ型炉，在我国第一轮乙烯改扩建中得到普遍应用，改变了完全依靠进口的局面；随后，中石化与ABB鲁姆斯公司合作开发的10万t的SL型裂解炉，在我国第二轮乙烯改扩建中得到普遍应用。2007年，茂名重力为新疆独山子百万吨乙烯工程研制成功了15万t/a乙烯裂解炉，达到国际先进水平。8台裂解炉单台重量450t，并建成了从焊接、组装、热处理到试压乙烯裂解炉30台（套）/a的生产线，占国内八成以上市场份额。15

万 t/a 乙烯裂解炉见图 2。

图 2  15 万 t/a 乙烯裂解炉

### 3. 气体压缩机

石化生产中各种气体压缩机是耗能最高的设备，主要包括离心压缩机、往复压缩机和螺杆压缩机。离心压缩机常用汽轮机驱动，百万吨乙烯装置裂解气压缩机功率已经达到 60 000kW；往复压缩机和螺杆压缩机常用电动机驱动，驱动电机功率最大已经达到 6 000 kW。当前压缩机在向大型化、系列化、运行高效化、低噪声化方向发展。据估算，1 台大型压缩机组机械效率提高 1%，1 年可节能 200 万元。

（1）乙烯三机

"乙烯三机"即裂解气压缩机、丙烯压缩机、乙烯压缩机，是乙烯装置的心脏设备。目前具有设计和制造能力的仅有西门子、三菱、通用电气等少数几家国外大公司。

1999 年，大庆 48 万 t/a 乙烯改扩建投产，揭开了沈鼓为我国乙烯"三机"国产化的序幕。2006年，沈鼓为茂名 64 万 t/a 乙烯研制的裂解气压缩机组，是我国自主开发的功率最大的同类压缩机，比引进的装备节约资金 30% 以上。"十一五"期间，沈鼓又为天津石化、镇海炼化和抚顺石化分别研制成功了裂解气压缩机（入口流量达到 341 000Nm³/h，总功率达到 6 万 kW）、丙烯制冷压缩机（入口流量 287 000 Nm³/h，总功率 3 万 kW）和乙烯压缩机

（入口流量 21 400Nm³/h，总功率 7 000kW），采用了先进的高效三元流叶轮技术，使压缩机效率达到 86% 以上，机组主要技术指标达到国际同类机组的先进水平。裂解气压缩机见图 3。

图 3  裂解气压缩机

（2）其他压缩机

沈鼓研制的 4M125 大型往复压缩机，进口流量 50 000Nm³/h，活塞力 125t，轴功率 4 885kW，已成功应用到茂名石化 240 万 t/a 加氢裂化装置。这种大型压缩机进口价 5 000 万~6 000 万元，国内制价相当于国外制价的 50%。天华化工机械及自动化研究设计院有限公司（以下简称天华化机）和无锡压缩机厂合作研制的 4 列迷宫密封压缩机，在大型 4列迷宫密封压缩机结构技术、迷宫密封和活塞材料研究上有创新，压缩机排气量 3 580 Nm³/h，综合活塞力 75kN，电机功率 800kW，价格只有国外价格的 50%。陕鼓研制的大型 PTA 装置的工艺空气压缩机组是压缩机、透平膨胀机、汽轮机所组成，其中又分为单轴压缩机和多轴压缩机组。该 PTA 装置由 2 台空气压缩机（设计流量 176 000 Nm³/h，轴功率 22 400kW）组成，采用静叶可调轴流压缩机 + 离心压缩机、中间进气双分流冷凝式汽轮机和尾气膨胀机的单轴布置的设计方案。此后，陕鼓为重庆涪陵 90 万 t/a PTA 项目研制成功了第一套国产的工艺空气压缩机组。中船重工 711 研究所研制的 10万 t/a 丁二烯螺杆压缩机等都有新的突破。

## 4. 换热设备

石化生产中的换热设备很多，换热效率高低对企业能耗影响很大。新型高效换热设备成为未来发展的趋势。

### （1）乙烯冷箱（板翅式换热器）

杭氧是国内最大乙烯冷箱国产化基地。在引进美国 S-W 公司技术和关键加工设备——大型真空钎焊炉基础上，具备制造 80 万~100 万 t/a 大型乙烯冷箱条件，其设计水平、制造能力基本达到国际先进水平。

杭氧制造的冷箱广泛应用于我国第二轮乙烯改扩建中。燕山石化 66 万 t/a 乙烯改扩率先实现了冷箱的国产化，后在扬子石化、上海石化、天津石化、广州石化、齐鲁石化等乙烯改扩建项目中应用。杭州制氧机集团有限公司为茂名石化制造的乙烯冷箱，最高压力 3.96MPa，是世界最大一套采用三元制冷流程生产乙烯冷箱；为福建炼化新建 80 万 t/a 乙烯装置冷箱，最高压力 5.4MPa，外形尺寸 6 250mm × 4 000mm × 3 000mm，总质量约 280t，满足 14 股流体同时换热。为天津石化、镇海石化百万吨乙烯工程开发的大型乙烯冷箱，在大流量、多组分、有相变的情况下，进出冷箱换热总物流达 30 股流，单元体最多换热流道数达 20 股流，最高设计压力 6MPa，最大单元尺寸 7 000mm × 1 300mm × 1 300mm。乙烯冷箱见图 4。

图 4　乙烯冷箱

### （2）其他大型高效换热设备

蓝科高新研制的大型板壳式换热器，主要尺寸 3 500mm × 19 300mm，换热面积 9 000m²，板片规格 10 000mm × 2 000mm × 1.2mm，热端/冷端设计温度 555℃ /288℃。板程/壳程设计压力 0.95 MPa/0.6MPa，设计压差 0.57MPa，已应用到炼油厂大型连续重整和 PX 装置中。山东汉特研制的大型螺旋板换热器，换热面积 336m²，螺旋板宽度 2 000mm，螺旋体直径 2 200mm，设计流量 460m³/h，介质/冷却水设计压力 1.3 MPa/0.7MPa，已经应用到 45 万 t/a PTA 装置中。

天华化机开发的乙烯裂解炉线型急冷锅炉（急冷换热器），外管、内管（进/出）操作温度为 328.4℃、838~889℃/406℃，外管、内管操作压力 12.5 MPa、80 MPa /96MPa。在天津石化和镇海石化乙烯项目建设中，天华化机开发的线型急冷锅炉应用已达 50%。北京石化工程公司开发的隔膜密封式高压换热器、无锡化工装备公司开发的内表面烧结型高通量换热器、一重开发的乙二醇装置大型换热器等都已经应用到大型石化装置中。

## 5. 石化流程泵

沈鼓开发的连体热机热泵机组，将高效离心压缩机和离心膨胀机组合，利用生产中的低压蒸汽驱动膨胀机，利用膨胀机驱动压缩机完成压缩过程，从而可节约能源。天华化机和沈阳太平洋泵业开发的能量吸收透平，流量 60m³/h，进出口压力 9MPa/2MPa，功率 266kW，回收效率 80%，已经应用到加氢裂化装置中。

## 6. 石化专用机械

大型石化专用机械包括干燥设备、分离设备、包装设备、造粒设备、输送设备等。在大型挤压造粒机组研制方面，大橡塑为燕山石化改造项目成功研制了 20 万 t 同向双螺杆聚丙烯挤压造粒机组，螺杆直径 315mm，螺杆中心距≥261mm，螺杆转速≥224r/min/185r/min，电机功率 7 100kW，迈出了我国大型挤压造粒机组国产化的重大一步。在其他大型石化专用机械研制方面，天华化机、南化机、锦西化机自主研发了我国首台大型 PTA 干燥机，已在重庆蓬威石化 90 万 t/a PTA 装置中得到应用，出厂制造精度达到国际先进水平，标志着我国大型 PTA

装置干燥机长期依赖进口的历史宣告终结；哈尔滨博实自动化设备有限责任公司开发的 1 800~2 000 袋/h 包装码垛机组、天华化机开发的 45 万 t/a 聚丙烯 D502 干燥器等大型石化专用设备也在大型石化生产中得到应用。

### 7. 公用工程和单元设备

浙江中控集团开发的 DCS（集散控制系统）系统，成功应用于 500 万 t/a 常减压装置、190 万 t/a 加氢精制装置、120 万 t/a 延迟焦化装置及 6 万 t/a 硫磺回收装置等，在武汉石化改造项目中投入运行，实现了国内石化生产 DCS 系统研制的重大突破。中国通用机械研究院有限公司（以下简称合肥通用院）通过材料攻关，研制了国产化 10 万 m³ 和 15 万 m³ 大型原油储罐，为我国油气商业储备库建设创造了条件；自主开发了使用 -50℃ 低温钢制造压力容器的成套应用技术，成功研制了我国首台 2 000 m³ 低温乙烯球罐，打破了我国大型低温乙烯球罐依赖进口的局面，填补了国内空白，已向独山子石化、九江石化、天津石化以及辽宁华锦化工提供了 60 多台乙烯球罐。哈尔滨博实自动化设备有限责任公司开发的合成橡胶后处理成套工艺设备，包括挤压脱水机、合料破碎机、干燥箱、电子定量

秤、压块机、检测机等生产线，价格是进口价格的 1/3；佛山水泵厂开发的苯乙烯装置真空系统，包括乙苯塔真空系统、浓缩塔真空系统、MBA 塔真空系统等，设备包括液环真空泵、塔器、换热器、液位变送器、温度变送器、压力变送器、数字信号控制流量计、调节阀等；天华化机开发的 14 万 t/a 聚丙烯装置催化剂储存与计量预处理系统，是集设备、管道、阀门、仪表及控制为一体的成套设备，包括催化剂分散罐、预接触罐、搅拌器、计量泵等。

## 二、炼油和化工装备制造业经济运行概况

### 1. 近年经济运行情况

2005 年我国炼油和化工专用装备制造行业工业总产值、工业销售产值、出口交货值、总利润分别为 139.70 亿元、134.23 亿元、2.26 亿元、5.89 亿元；2011 年分别达到 675.27 亿元、639.78 亿元、19.78 亿元、42.90 亿元；2011 年比 2005 年分别增长 383.37%、376.63%、775.22%、628.35%。2005~2011 年我国炼油和化工生产专用设备制造行业经济运行情况见表 1。

表 1　2005~2011 年我国炼油和化工生产专用设备制造行业经济运行情况

| 项　目 | 2005 年 | 2006 年 | 2007 年 | 2008 年 | 2009 年 | 2010 年 | 2011 年 |
|---|---|---|---|---|---|---|---|
| 企业数量（家） | 272 | 307 | 350 | 409 | 507 | 579 | 384 |
| 同比增长（%） | – | 12.87 | 14.01 | 16.86 | 23.96 | 14.20 | -33.68 |
| 工业总产值（亿元） | 139.70 | 193.48 | 273.23 | 382.45 | 452.85 | 562.99 | 675.27 |
| 同比增长（%） | – | 38.50 | 41.22 | 39.97 | 18.41 | 24.32 | 19.94 |
| 工业销售产值（亿元） | 134.23 | 179.40 | 265.82 | 363.13 | 437.40 | 544.54 | 639.78 |
| 同比增长（%） | – | 33.65 | 48.17 | 36.61 | 20.45 | 24.49 | 17.49 |
| 出口交货值（亿元） | 2.26 | 9.55 | 11.85 | 17.06 | 20.22 | 21.88 | 19.78 |
| 同比增长（%） | 32.94 | 322.57 | 24.08 | 43.97 | 18.52 | 8.21 | -9.60 |
| 总资产（亿元） | 154.58 | 157.38 | 227.95 | 314.29 | 409.27 | 508.98 | 626.39 |
| 同比增长（%） | – | 1.81 | 44.84 | 37.88 | 30.22 | 24.36 | 23.07 |
| 总利润（亿元） | 5.89 | 10.61 | 15.61 | 22.05 | 25.82 | 29.03 | 42.90 |
| 同比增长（%） | 58.54 | 80.14 | 47.13 | 41.26 | 17.10 | 12.43 | 47.78 |

资料来源：中国石油和石油化工设备工业协会。

## 2. 2010 年、2011 年经济运行概况

2010 年，我国炼油和化工专用装备制造行业共有规模以上企业 579 家，完成工业总产值 562.99 亿元，同比增长 24.32%；完成工业销售产值 544.54 亿元，同比增长 24.49%；完成出口交货值 21.88 亿元，同比增长 8.21%；利润达到 29.03 亿元，同比增长 12.43%。2010 年我国炼油和化工专用装备制造行业经济运行情况见表 2。2010 年我国炼油和化工专用装备制造行业与全行业经济运行对比情况见图 5。

表 2　2010 年我国炼油和化工专用装备制造行业经济运行情况

| 项　　目 | 本行业 | 全行业 | 本行业占全行业（%） |
|---|---|---|---|
| 企业数量（家） | 579 | 2 023 | 28.62 |
| 工业总产值（亿元） | 562.99 | 2 489.96 | 22.61 |
| 工业销售产值（亿元） | 544.54 | 2 392.62 | 22.76 |
| 出口交货值（亿元） | 21.88 | 168.87 | 12.96 |
| 总资产（亿元） | 508.98 | 2 005.60 | 25.38 |
| 总利润（亿元） | 29.03 | 119.00 | 24.39 |

资料来源：中国石油和石油化工设备工业协会。

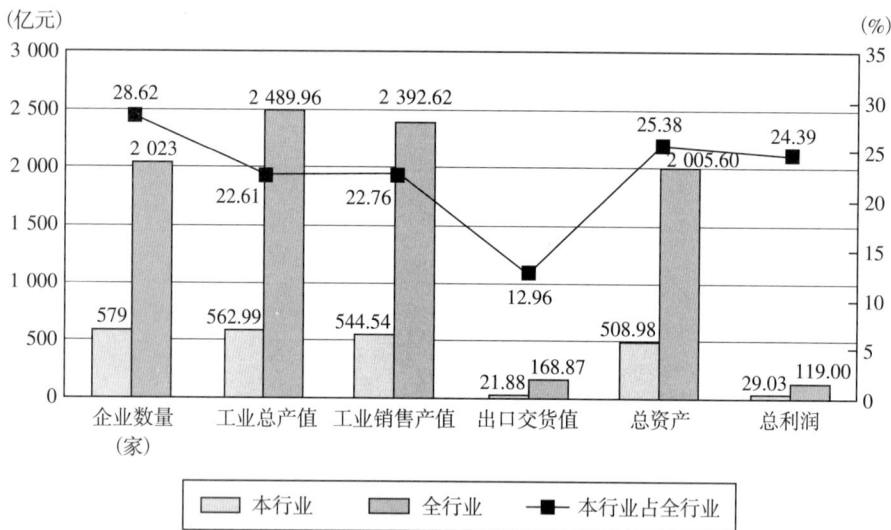

图 5　2010 年我国炼油和化工专用装备制造行业与全行业经济运行对比情况

2011 年，我国炼油和化工专用装备制造行业共有规模以上企业 384 家，同比下降 33.68%；完成工业总产值 675.27 亿元，同比增长 19.94%；完成工业销售产值 639.78 亿元，同比增长 17.49%；完成出口交货值 19.78 亿元，同比下降 9.60%；利润 42.90 亿元，同比增长 47.78%。2011 年我国炼油和化工专用装备制造行业经济运行情况见表 3。2011 年我国炼油和化工专用装备制造行业与全行业经济运行对比情况见图 6。

### 3. 进出口情况

（1）2010 年情况

2010 年我国炼油和化工装备行业主要产品进出口金额 70.50 亿美元；进口金额约 40.70 亿美元，

表 3　2011 年我国炼油和化工专用装备制造行业经济运行情况

| 项　　目 | 本行业 | 全行业 | 本行业占全行业（%） |
|---|---|---|---|
| 企业数量（家） | 384 | 1 487 | 25.82 |
| 工业总产值（亿元） | 675.27 | 3 225.63 | 20.93 |
| 工业销售产值（亿元） | 639.78 | 3 108.36 | 20.58 |
| 出口交货值（亿元） | 19.78 | 222.77 | 8.88 |
| 总资产（亿元） | 626.39 | 2 514.79 | 24.91 |
| 总利润（亿元） | 42.90 | 195.37 | 21.96 |

资料来源：中国石油和石油化工设备工业协会。

同比增长 0.2%；出口金额约 29.80 亿元，同比增长 13.69%。2010 年我国炼油和化工装备行业主要产品进出口情况见表 4。

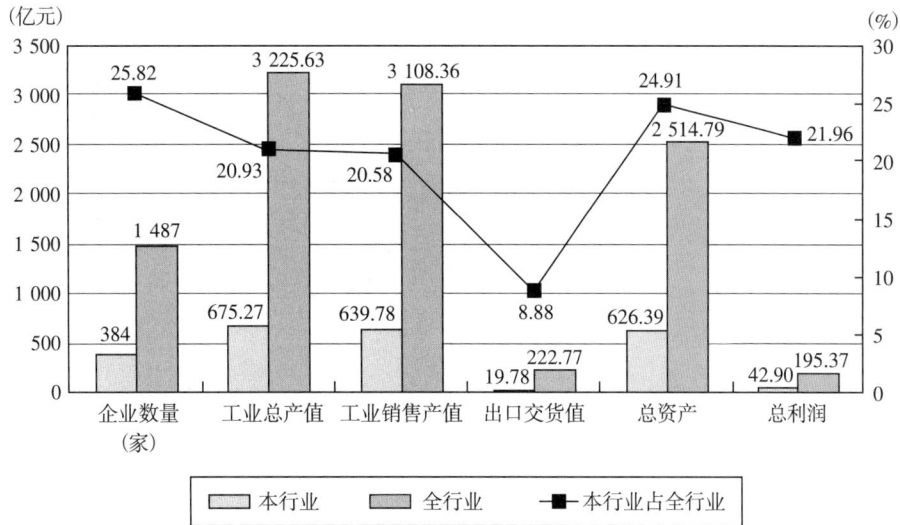

图6 2011年我国炼油和化工专用装备制造行业与全行业经济运行对比情况

表4 2010年我国炼油和化工装备行业主要产品进出口情况

| 商品代码 | 商品名称 | 单 位 | 进 口 | | 出 口 | |
|---|---|---|---|---|---|---|
| | | | 数 量 | 金额（万美元） | 数 量 | 金额（万美元） |
| 84135020 | 电动往复式排液泵 | 台 | 4 840 119 | 14 702.97 | 6 957 803 | 7 790.10 |
| 84135090 | 未列名往复式排液泵 | 台 | 406 315 | 2 849.56 | 1 836 491 | 8 988.04 |
| 84136090 | 其他回转式排液泵 | 台 | 2 543 959 | 28 402.51 | 24 863 717 | 42 548.58 |
| 84137010 | 转速在1万 r/min 及以上的离心泵 | 台 | 127 323 | 5 807.23 | 1 184 269 | 3 066.13 |
| 84138100 | 未列名液体泵 | 台 | 11 329 198 | 37 416.71 | 32 009 639 | 32 745.51 |
| 84138200 | 液体提升机 | 台 | 17 009 | 484.66 | 610 098 | 441.89 |
| 84139100 | 液体泵零件 | kg | 28 318 185 | 64 351.10 | – | 81 074.01 |
| 84139200 | 液体提升机零件 | kg | 50 251 | 234.64 | 2 709 426 | 1 415.93 |
| 84148020 | 二氧化碳压缩机 | 台 | 157 | 1 712.04 | 82 092 | 1 799.25 |
| 84193990 | 未列名干燥器 | 台 | 50 369 | 31 405.35 | 1 075 746 | 15 475.46 |
| 84194010 | 提净塔 | 台 | 8 | 391.67 | 285 | 1 972.42 |
| 84194020 | 精馏塔 | 台 | 29 | 2 546.32 | 93 | 2 819.84 |
| 84194090 | 其他蒸馏或精馏设备 | 台 | 1 841 | 5 007.27 | 20 626 | 4 956.83 |
| 84195000 | 热交换装置 | 台 | 1 124 426 | 75 842.96 | 321 787 | 29 095.60 |
| 84198910 | 加氢反应器 | 台 | 52 | 2 264.54 | 349 | 687.91 |
| 84198990 | 未列名利用温度变化处理材料的机器、装置等 | 台 | 89 545 | 78 326.79 | 2 129 973 | 33 333.69 |
| 84211990 | 其他未列名离心机，包括离心干燥机 | 台 | 25 757 | 25 392.30 | 105 808 | 7 355.32 |
| 84213923 | 工业用旋风式除尘器 | 个 | 4 229 | 1 574.69 | 8 370 | 1 566.52 |
| 84233010 | 定量包装秤 | 台 | 2 206 | 428.46 | 2 781 | 1 529.58 |
| 84772090 | 其他挤出机 | 台 | 863 | 27 892.72 | 4 650 | 19 395.97 |

资料来源：中国石油和石油化工设备工业协会。

（2）2011年情况

2011年，我国炼油和化工装备制造行业进出口金额为85.59亿美元，同比增长21.40%。其中进口金额为47.20亿美元，同比增长15.97%；出口金额为38.39亿美元，同比增长28.83%；贸易逆差为8.81亿美元，比2010年减少2.09亿美元，同比降低19.17%。2011年我国炼油和化工设备主要产品进出口情况见表5。

表 5　2011 年我国炼油和化工设备主要产品进出口情况

| 商品代码 | 商品名称 | 单　位 | 进　口 | | 出　口 | |
|---|---|---|---|---|---|---|
| | | | 数　量 | 金额（万美元） | 数　量 | 金额（万美元） |
| 84051000 | 煤气发生器；乙炔发生器等水解气体发生器 | t | – | – | 4 802.91 | 1 940.26 |
| 84059000 | 煤气发生器及乙炔发生器等的零件 | t | – | – | 6 358.08 | 1 199.49 |
| 84135020 | 电动往复式排液泵 | 台 | 5 854 978 | 17 954.59 | 9 365 705 | 9 564.02 |
| 84135090 | 未列名往复式排液泵 | 台 | 752 980 | 16 183.59 | 1 515 392 | 14 458.23 |
| 84136090 | 其他回转式排液泵 | 台 | 1 862 582 | 25 769.74 | 25 702 465 | 50 507.34 |
| 84137010 | 转速在 1 万 r/min 及以上的离心泵 | 台 | 204 344 | 5 432.21 | 3 379 071 | 3 199.58 |
| 84138100 | 未列名液体泵 | 台 | 8 737 327 | 36 651.04 | 31 345 334 | 41 389.04 |
| 84138200 | 液体提升机 | 台 | 17 727 | 535.94 | 63 832 | 443.93 |
| 84139100 | 液体泵零件 | t | 34 141.80 | 77 854.95 | 227 801.87 | 118 371.85 |
| 84139200 | 液体提升机零件 | t | 68.32 | 218.55 | 2 201.17 | 2 242.37 |
| 84148020 | 二氧化碳压缩机 | 台 | 42 941 | 742.87 | 263 151 | 4 003.83 |
| 84193990 | 未列名干燥器 | 台 | 47 942 | 32 524.11 | 11 959 644 | 22 078.28 |
| 84194010 | 提净塔 | 台 | 6 | 120.57 | 452 | 440.88 |
| 84194020 | 精馏塔 | 台 | 26 | 2 096.77 | 178 | 1 239.83 |
| 84194090 | 其他蒸馏或精馏设备 | 台 | 1 852 | 7 707.73 | 24 880 | 6 262.52 |
| 84195000 | 热交换装置 | 台 | 576 020 | 90 182.88 | 404 381 | 32 932.20 |
| 84198910 | 加氢反应器 | 台 | 61 | 3 158.41 | 450 | 359.73 |
| 84198990 | 未列名利用温度变化处理材料的机器、装置 | 台 | 129 488 | 78 654.18 | 2 399 408 | 40 413.78 |
| 84211990 | 其他未列名离心机，包括离心干燥机 | 台 | 47 731 | 33 164.27 | 151 109 | 7 968.05 |
| 84213923 | 工业用旋风式除尘器 | 台 | 4 086 | 1 737.29 | 7 603 | 706.31 |
| 84233010 | 定量包装秤 | 台 | 463 | 645.76 | 3 732 | 2 327.22 |
| 84772090 | 其他挤出机 | 台 | 3 091 | 40 675.61 | 6 052 | 21 796.65 |

资料来源：中国石油和石油化工设备工业协会。

# 三、主要装备制造企业情况

2010 年、2011 年我国石油化工设备制造行业经济运行基本保持稳中有升态势。2010 年我国主要石油化工设备制造企业经济运行情况见表 6。2011 年我国主要石油化工设备制造企业经济运行情况见表 7。

表 6　2010 年我国主要石油化工设备制造企业经济运行情况

| 序　号 | 企业名称 | 资产总金额（万元） | 销售总金额（万元） | 出口总金额（万美元） | 从业人数（人） |
|---|---|---|---|---|---|
| 1 | 北京天海工业有限公司 | 78 580.80 | 200 018.00 | 12 142.50 | 1 259 |
| 2 | 哈尔滨空调股份有限公司 | 38 334.07 | 136 919.00 | 320.00 | 1 200 |
| 3 | 大连金州重型机器有限公司 | 158 341.00 | 102 855.00 | 548.00 | 906 |
| 4 | 兰州兰石重型装备股份有限公司 | 152 586.00 | 94 089.00 | 400.00 | 1 245 |
| 5 | 新兴能源装备有限公司 | 85 035.92 | 72 041.43 | – | 1 050 |
| 6 | 洛阳双瑞特种装备有限公司 | 93 934.00 | 67 922.33 | 132.10 | 646 |
| 7 | 甘肃蓝科石化高新装备股份有限公司 | 143 311.00 | 64 528.00 | 343.26 | 484 |
| 8 | 中核苏阀科技实业股份有限公司 | 143 428.00 | 59 415.00 | 942.00 | 900 |
| 9 | 南京晨光东螺波纹管有限公司 | 32 703.00 | 51 096.00 | 980.00 | 360 |
| 10 | 四川大川压缩机有限责任公司 | 30 070.00 | 49 276.00 | 85.00 | 769 |
| 11 | 浙江佳力科技股份有限公司 | 81 527.00 | 36 485.00 | 1 081.00 | 892 |
| 12 | 天胜阀门集团有限公司 | 25 748.00 | 30 083.00 | 1 658.00 | 620 |

续表

| 序　号 | 企业名称 | 资产总金额（万元） | 销售总金额（万元） | 出口总金额（万美元） | 从业人数（人） |
|---|---|---|---|---|---|
| 13 | 瓦房店冶金轴承集团有限公司 | 30 400.00 | 20 177.00 | 853.00 | 930 |
| 14 | 安瑞科（蚌埠）压缩机有限公司 | 24 758.94 | 17 005.30 | 32.63 | 652 |
| 15 | 辽宁恒星泵业有限公司 | 9 698.00 | 15 600.00 | – | 263 |

注：按 2010 年销售总金额大的居前。

资料来源：中国石油和石油化工设备工业协会。

### 表7　2011 年我国主要石油化工设备制造企业经济运行情况

| 序号 | 企业名称 | 资产总金额（万元） | 销售总金额（万元） | 出口总金额（万美元） | 从业人数（人） |
|---|---|---|---|---|---|
| 1 | 北京天海工业有限公司 | 159 583.50 | 228 538.60 | 16 834.10 | 2 866 |
| 2 | 大连金州重型机器有限公司 | 142 596.00 | 120 730.00 | 133.00 | 904 |
| 3 | 兰州兰石重型装备股份有限公司 | 206 066.00 | 115 775.00 | – | 1 758 |
| 4 | 哈尔滨空调股份有限公司 | 38 334.07 | 84 174.00 | 160.00 | 1 200 |
| 5 | 甘肃蓝科石化高新装备股份有限公司 | 236 175.00 | 74 665.00 | 1 310.00 | 526 |
| 6 | 中核苏阀科技实业股份有限公司 | 155 857.00 | 72 791.00 | 881.00 | 956 |
| 7 | 四川大川压缩机有限责任公司 | 288 179.00 | 50 256.00 | – | 768 |
| 8 | 浙江佳力科技股份有限公司 | 94 308.00 | 42 560.00 | 985.00 | 813 |
| 9 | 天胜阀门集团有限公司 | 28 095.00 | 38 702.00 | 2 169.00 | 650 |
| 10 | 安瑞科（蚌埠）压缩机有限公司 | 43 923.22 | 24 017.83 | 2 003.00 | 650 |
| 11 | 瓦房店冶金轴承集团有限公司 | 38 877.00 | 20 165.00 | 853.00 | 930 |
| 12 | 辽宁恒星泵业有限公司 | 12 494.00 | 19 728.00 | – | 268 |

注：按 2011 年销售总金额大的居前。

资料来源：中国石油和石油化工设备工业协会。

2010 年，北京天海工业有限公司（以下简称北京天海）资产总金额、销售总金额、出口总金额分别为 78 580.80 万元、200 018.00 万元、12 142.50 万美元，居我国石油化工设备制造企业销售总金额的首位；2011 年，其资产总金额、销售总金额、出口总金额分别为 159 583.50 万元、228 538.60 万元、16 834.10 万美元；其资产总金额、销售总金额、出口总金额同比分别增长 103.08%、14.26%、38.64%；2011 年，其销售总金额继续居我国石油化工设备制造企业销售总金额的首位。2010 年，销售总金额上 10 亿元的企业有 3 家，哈空调、金重分别以 136 919.00 万元、102 855.00 万元的年销售总金额尾随北京天海排在石油化工设备制造企业第 2 位和第 3 位。2011 年，销售总金额上 10 亿元的企业依然保持在 3 家的规模，金重较上年度销售总金额净增 17 875.00 万元，增长率为 17.38%，排在石油化工设备制造企业第 2 位；兰石重装销售总金额突破 10 亿元大关，较 2010 年度净增 21 686 万元，增长率23.05%，跻身石油化工设备制造企业前

三甲。2010 年，我国石油化工设备制造行业销售总金额超 5 亿元的企业有 9 家，兰石重装、新兴能源装备有限公司、洛阳双瑞特种装备有限公司、蓝科高新、中核苏阀科技实业股份有限公司（以下简称中核苏阀）、南京晨光东螺波纹管有限公司分别以在 9 家销售金额超 5 亿元的企业中 11.08%、8.49%、8.00%、7.60%、7.00%、6.02%的占比居石油化工设备纳入统计的 15 家制造企业第 4 位~第 9 位。2011 年，我国石油化工设备制造行业销售总金额过 5 亿元的企业缩减至 7 家，哈空调、蓝科高新、中核苏阀、四川大川压缩机有限责任公司分别以在 7 家销售总金额过 5 亿元的企业中11.27%、10.00%、9.75%、6.73%的占比居石油化工设备纳入统计的 12 家制造企业第 4 位~第 7 位。

2010 年，我国石油化工设备制造行业销售总金额排名前 15 位企业全年销售总金额共 1 017 510.06 万元，其中 9 家超 5 亿元企业全年销售总金额共 848 883.76 万元，3 家超 10 亿元企业全年销售总金额共 439 792.00 万元，9 家超 5 亿元企业在 15 家

企业销售总金额中占比 83.43%，3 家超 10 亿元企业在 15 家企业销售总金额中占比 43.22%，3 家超 10 亿元企业在 9 家超 5 亿元企业销售总金额中占比 51.81%；2011 年，我国石油化工设备制造行业销售总金额排名前 12 家企业全年销售总金额共 892 102.40 万元，7 家超 5 亿元企业全年销售总金额共 746 929.60 万元，3 家超 10 亿元企业全年销售总金额共 465 043.60 万元，7 家超 5 亿元企业在

12 家企业销售总金额中占比 83.73%，3 家超 10 亿元企业在 12 家企业销售总金额中占比 52.13%，3 家超 10 亿元企业在 7 家超 5 亿元企业销售总金额中占比 62.26%。2010 年我国主要石油化工设备制造行业销售总金额超 5 亿元企业占比情况见图 7。2011 年我国主要石油化工设备制造行业销售总金额超 5 亿元企业占比情况见图 8。

**图 7　2010 年我国主要石油化工设备制造行业销售总金额超 5 亿元企业占比情况**

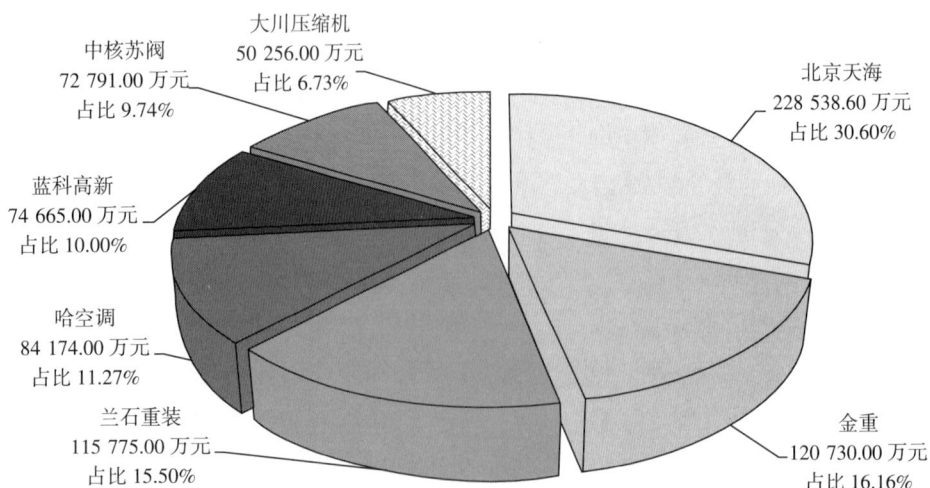

**图 8　2011 年我国主要石油化工设备制造行业销售总金额超 5 亿元企业占比情况**

（中国石油和石油化工设备工业协会）

# 石油化工
## 压力容器

## 一、ASME 持证厂商发展综述

美国机械工程师学会（以下简称 ASME）的 ASME 锅炉及压力容器规范广泛应用于世界 120 多个国家和地区。自从兰州兰石重型装备股份有限公司于 1984 年在国内首家通过 ASME 锅炉及压力容器认证，取得我国第一张 ASME "U" 证书以来，特别是 2001 年 11 月我国加入世界贸易组织（以下简称 WTO）以来，我国 ASME 持证厂商数量迅猛增加，"十一五" 期间更是飞速发展，是增长最快的时期。ASME 持证厂商数量从 2005 年的 156 家增长到 2011 年的 580 家，增长率达到 271.79%；持证厂商的证书数量从 237 张增长到 878 张，增长率

达到 270.46%，持证厂商数量和证书数量均位居世界第二位，成为除美国本土以外 ASME 持证企业和证书数量最多的国家。2003~2011 年我国 ASME 持证厂商发展情况见表 1、图 1。

**表 1　2003~2011 年我国 ASME 持证厂商发展情况**

| 年　份 | 持证厂商数量（家） | 增长率（%） | 证书数量（份） | 增长率（%） |
|---|---|---|---|---|
| 2003 | 115 | 7.80 | 180 | 9.50 |
| 2004 | 127 | 10.43 | 191 | 6.11 |
| 2005 | 156 | 22.83 | 237 | 24.08 |
| 2006 | 195 | 25.00 | 298 | 25.74 |
| 2007 | 260 | 33.33 | 399 | 33.89 |
| 2008 | 344 | 32.31 | 512 | 28.32 |
| 2009 | 426 | 23.84 | 634 | 23.83 |
| 2010 | 502 | 17.84 | 736 | 16.09 |
| 2011 | 580 | 15.54 | 878 | 19.29 |

资料来源：中国石油和石油化工设备工业协会。

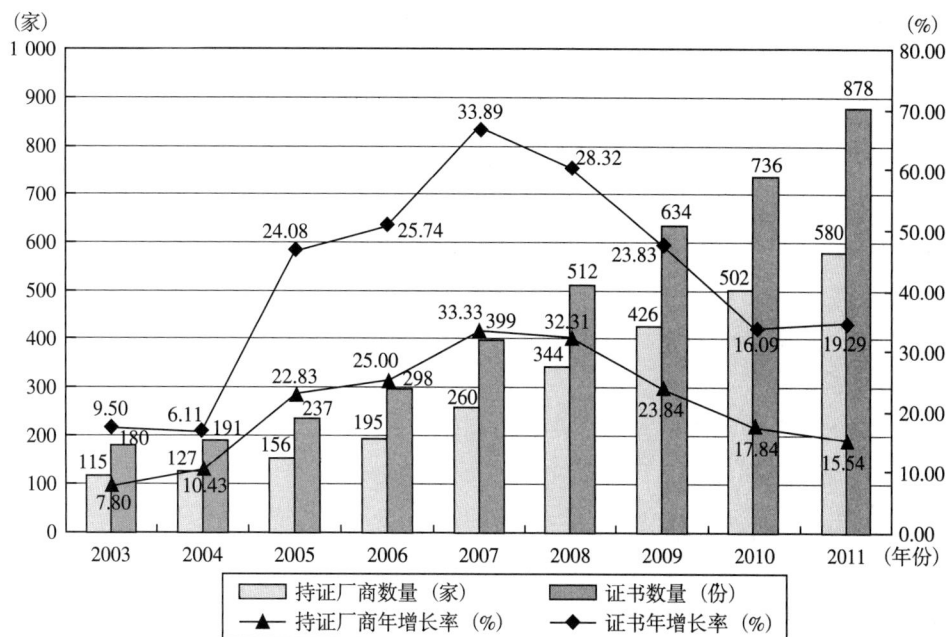

**图 1　2003~2011 年我国 ASME 持证厂商发展情况**

尽管 ASME 规范与我国的容规标准不尽相同，但为了参与国际化竞争，目前我国主要锅炉及压力容器制造企业均已获得 ASME 认证。因此从某种意义上说，对我国的 ASME 持证情况的分析，实际上是对我国锅炉及压力容器制造企业的整体实力的分析和评价。2009~2011 年我国 ASME 持证厂商地区分布情况见表 2。

**表 2　2009~2011 年我国 ASME 持证厂商地区分布情况**

| 省区市 | 2009 年 | | | | 2010 年 | | | | 2011 年 | | | |
|---|---|---|---|---|---|---|---|---|---|---|---|---|
| | 新增数量（家） | 减少数量（家） | 持证数量（家） | 增长率（%） | 新增数量（家） | 减少数量（家） | 持证数量（家） | 增长率（%） | 新增数量（家） | 减少数量（家） | 持证数量（家） | 增长率（%） |
| 东部沿海地区 | 82 | 10 | 365 | 24.6 | 69 | 9 | 426 | 16.7 | 89 | 23 | 492 | 15.5 |
| 江苏 | 36 | 3 | 147 | 28.9 | 34 | 5 | 176 | 19.7 | 32 | 7 | 201 | 14.2 |
| 上海 | 5 | 2 | 47 | 6.8 | 7 | 1 | 53 | 12.8 | 6 | 5 | 54 | 1.9 |
| 辽宁 | 6 | 1 | 28 | 21.7 | 5 | 0 | 33 | 17.9 | 19 | 1 | 51 | 54.5 |
| 浙江 | 8 | 0 | 34 | 30.8 | 5 | 0 | 39 | 14.7 | 10 | 2 | 47 | 20.5 |
| 山东 | 12 | 0 | 32 | 60.0 | 3 | 0 | 35 | 9.4 | 7 | 4 | 38 | 8.6 |
| 广东 | 4 | 0 | 19 | 26.7 | 3 | 0 | 22 | 15.8 | 5 | 0 | 27 | 22.7 |
| 天津 | 4 | 1 | 12 | 33.3 | 4 | 0 | 16 | 33.3 | 1 | 0 | 17 | 6.3 |
| 河北 | 1 | 1 | 15 | 0 | 4 | 3 | 16 | 6.7 | 3 | 3 | 16 | 0 |
| 北京 | 3 | 1 | 14 | 16.7 | 2 | 0 | 16 | 14.3 | 0 | 0 | 16 | 0 |
| 黑龙江 | 2 | 1 | 9 | 12.5 | 2 | 0 | 11 | 22.2 | 5 | 0 | 16 | 45.5 |
| 吉林 | 0 | 0 | 4 | 0 | 0 | 0 | 4 | 0 | 1 | 1 | 4 | 0 |
| 福建 | 1 | 0 | 3 | 50.0 | 0 | 0 | 3 | 0 | 0 | 0 | 3 | 0 |
| 广西 | 0 | 0 | 1 | 0 | 0 | 0 | 2 | 100.0 | 0 | 0 | 2 | 0 |
| 中部地区 | 7 | 1 | 34 | 21.4 | 11 | 0 | 45 | 32.4 | 8 | 0 | 53 | 17.8 |
| 湖北 | 2 | 0 | 13 | 18.2 | 4 | 0 | 17 | 30.8 | 4 | 0 | 21 | 23.5 |
| 河南 | 3 | 1 | 10 | 25.0 | 1 | 0 | 11 | 10.0 | 0 | 0 | 11 | 0 |
| 安徽 | 2 | 0 | 5 | 66.7 | 3 | 0 | 8 | 60.0 | 1 | 0 | 9 | 12.5 |
| 湖南 | 0 | 0 | 3 | 0 | 1 | 0 | 4 | 33.3 | 2 | 0 | 6 | 50.0 |
| 山西 | 0 | 0 | 1 | 0 | 2 | 0 | 3 | 200.0 | 1 | 0 | 4 | 33.3 |
| 江西 | 0 | 0 | 2 | 0 | 0 | 0 | 2 | 0 | 0 | 0 | 2 | 0 |
| 西部地区 | 4 | 0 | 27 | 17.4 | 6 | 2 | 31 | 14.8 | 4 | 0 | 35 | 12.9 |
| 四川 | 2 | 0 | 16 | 14.3 | 3 | 0 | 19 | 18.8 | 2 | 0 | 21 | 10.5 |
| 甘肃 | 1 | 0 | 4 | 33.3 | 2 | 1 | 5 | 25.0 | 0 | 0 | 5 | 0 |
| 重庆 | 0 | 0 | 2 | 0 | 1 | 0 | 3 | 50.0 | 1 | 0 | 4 | 33.3 |
| 陕西 | 0 | 0 | 4 | 0 | 0 | 1 | 3 | −25.0 | 0 | 0 | 3 | 0 |
| 云南 | 1 | 0 | 1 | 0 | 0 | 0 | 1 | 0 | 0 | 0 | 1 | 0 |
| 内蒙古 | 0 | 0 | 0 | 0 | 0 | 0 | 0 | 0 | 1 | 0 | 1 | – |
| 合计 | 93 | 11 | 426 | 23.8 | 86 | 11 | 502 | 17.8 | 101 | 23 | 580 | 15.5 |

注：按 2011 年持证数量多的居前。

资料来源：中国石油和石油化工设备工业协会。

2010 年，我国 ASME 持证厂商呈现如下特点：一是 ASME 持证厂商分布在 24 个省区市，其中绝大部分集中分布在我国东部沿海地区（共 426 家，占总数的 84.86%），中部地区（共 45 家，占总数的 8.96%）、西部地区（共 31 家，占总数的 6.18%）分布相对较少，国有、民营与外资（含合资、独资）持证厂商的比例分别为 33%、41% 和 26%，且民营企业的增长速度最快，与我国目前压力容器制造厂商的分布和发展基本一致。二是长江三角洲地区苏、沪、浙的厂商数量最多，发展最为迅猛。尤以江苏省为甚，其 176 家 ASME 持证厂商数量占全国总数量的 35%，比第 2 位~第 5 位之和还要多 16

家，但航母级企业偏少，大而不强。三是全国压力容器的大型骨干企业均已取得 ASME 证书，其中东电、上电、哈电"三大动力"及一重、二重等除取得"S"、"U"、"U2"证书外，还取得了核部件证书，其设计制造能力、产品质量和技术水平迈上了一个新台阶。压力容器制造企业间的制造能力、技术水平和行业位置等方面的差距正在日益扩大，并向东部区域聚集。四是为方便运输、提高国内外竞争能力，内陆许多大型压力容器骨干企业，如兰石、一重、二重、东锅等均已在沿海地区设点布局，建设了重装基地，并取得了 ASME 证书。五是 17 家（18 个场地）ASME 核部件持证厂商持有 42 份核部件证书。其中除 2 家合资/独资企业外，只有一家民营企业（仅是核材料质量体系认证），其余全是国有企业，因此在我国高端的核领域几乎是国有企业一统天下。六是所持的 18 种证书中以"U"、"S"和"U2"为多，分别占总证书数量的59.5%、17.9%和7.6%，其增速也最快，说明了压力容器（"U"、"U2"）和锅炉（"S"）企业的 ASME 取证占主流。

截至 2011 年底，我国 ASME 持证厂商 580 家，与 2010 年的 502 家相比净增加 78 家，增长率为15.5%，相比 2010 年增幅回落 2.3 个百分点。其中，ASME 核部件持证厂商 28 家，新增 11 家；核电材料制造持证商 3 家，新增 2 家；其余新增的 65 家为常规持证厂家。

580 家 ASME 持证厂商分布于国内 25 个省区市，除港澳台以外，全国有 80%的省区市拥有 ASME 认证企业，企业绝大部分集中在我国东部沿海地区和中部地区。与 2010 年相比，持证厂家所在的省份数量增加 1 个（内蒙古）。

尽管我国 ASME 持证厂商数量从 2007 年的最高年增长率33.3%到 2011 年的 15.5%，增速逐年放缓，但我国 ASME 取证热情依然高涨，尤其以东部沿海地区为甚。如 2011 年辽宁、黑龙江、广东和浙江的年增长率分别达到54.5%、45.5%、22.7%和20.5%。江苏依然一枝独秀，持证厂商 201 家，数量超过位列全球第 6 位的德国（194 家），比第 2位~第 5 位的上海（54 家）、辽宁（51 家）、浙江

（47 家）、山东（38 家）之和还多 11 家，但增速有所放缓；由于民营企业较多，国有企业较少，因此有实力的骨干企业较少，取得核部件认证的企业只有 3 家。

受我国大力发展核能的政策影响，全国锅炉及压力容器的大型骨干企业，如东方电气集团、上海电气集团和哈尔滨电气集团以及一重、二重和上重等除取得 ASME 常规证书外，还取得了核部件证书，特别是"三大动力"：哈电集团，除有 3 家企业取得 6 张"S"、"U"、"U2"常规证书外，还有 4家企业在 6 个地点取得了 18 张"N"、"NPT"、"NA"、"NS"和"NV"核部件证书；东电集团，有 3 家企业在 4 个地点取得 10 张常规证书，2 家企业取得了 6 张"N"、"NPT"、"NS"核部件证书；上电集团，有 3 家企业取得了 6 张常规证书，2 家企业取得了 3 张"N"、"NPT"核部件证书。"三大动力"的核部件持证厂商共有 12 家，核证书 21 份，分别占全国的 35.7%和40.9%，这反映出"三大动力"在我国锅炉及压力容器制造，特别是核部件制造方面的能力和技术水平。

我国 580 家 ASME 持证厂商所持有的证书种类有 21 种，与 2010 年相比增加了"NV"和"U3"证书；证书总数 878 份，净增 142 份，年增长19.3%；其中核部件证书 66 份，净增 25 份，年增长 60.98%，核材料证书 3 份，净增 2 份，年增长200%，核类证书得到了超常规发展，这与我国"十二五"大力发展核电的政策有很大的关系。21种证书中以"U"、"S"和"U2"证书最多，分别占总数的 57.3%、18.1%和7.7%，且"U"、"U2"证书比重稍有降低；核材料证书和核部件证书增长速度最快，"MO"增长了 200%，"NPT"、"NA"和"N"的增幅都超过 60%，"U"和"NS"增速最慢，均不到 15%。"S"和"U2"的增速刚过 20%，但高于整体增速。

2011 年，ASME 持证厂商中，国有及国有控股企业 171 家，占总数的 29.5%，年增长 2.4%；民营企业 272 家，占总数的 46.9%，年增长 32%；中外合资和外商独资企业 137 家，占总数的 23.6%，增

幅6.2%。一年来，国有及国有控股企业的比重下降了3.8个百分点，接近三成，年增长率下降了7.5个百分点，仅为2.4%；民营企业的比重上升了近6个百分点，接近47%，年增长率上升了9.4个百分点，为32%，发展最为迅猛；中外合资和外商独资企业的比重下降了1.9个百分点，为23.6%，增速下降15.5个百分点，为6.2%。整体来说，内资企业（包括国有、民营企业）依然是我国ASME取证的主力军，占到了取证总数量的76.38%。

与以往分类略有不同，按惯例将我国ASME持证厂商所在地按东部沿海地区（包括北京、福建、广东、广西、河北、黑龙江、河南、吉林、江苏、辽宁、山东、上海、天津、浙江14个省份）、中部地区（包括安徽、河南、湖北、湖南、江西、山西6个省份）和西部地区（包括重庆、甘肃、贵州、内蒙古、宁夏、青海、陕西、四川、新疆、云南、西藏11个省份）分类。东部沿海地区ASME持证厂商总数为492家，增幅15.5%，与全国15.5%的平均增幅接近；其中新增89家，取消或暂停资格23家，净增66家；持有国内21类证书中的20类，证书总数738份，增幅19.22%，其中核证书59份，占我国全部核证书总数的89.39%，比常规证书的比重（83.62%）高出5.77个百分点。从持证

厂家数量、拥有的证书数量、增长情况以及企业的制造能力和水平来看，领先位置十分突出，基本代表了我国锅炉及压力容器的制造能力和水平。中部地区ASME持证厂商总数为53家，增幅17.8%，高于全国15.5%的平均增幅2.3个百分点；其中新增8家，取消或暂停资格0家，净增8家。西部地区ASME持证厂商总数为35家，增幅12.9%，低于全国15.5%的平均增幅2.6个百分点；其中新增4家，取消或暂停资格0家，净增4家。

# 二、金属压力容器制造业经济运行概况

## 1. 近年经济运行情况

2005年，我国金属压力容器制造行业工业总产值、工业销售产值、出口交货值、总利润分别为161.58亿元、154.70亿元、17.49亿元、6.93亿元；2011年分别达到716.47亿元、698.46亿元、31.06亿元、40.78亿元，2011年比2005年分别增长343.42%、351.49%、77.59%、488.46%。2005~2011年我国金属压力容器制造行业经济运行情况见表3。

表3  2005~2011年我国金属压力容器制造行业经济运行情况

| 项　目 | 2005年 | 2006年 | 2007年 | 2008年 | 2009年 | 2010年 | 2011年 |
|---|---|---|---|---|---|---|---|
| 企业数量（家） | 319 | 336 | 375 | 424 | 573 | 588 | 420 |
| 同比增长（%） | - | 5.33 | 11.61 | 13.07 | 35.14 | 2.62 | -28.57 |
| 工业总产值（亿元） | 161.58 | 187.43 | 246.08 | 352.09 | 471.98 | 567.42 | 716.47 |
| 同比增长（%） | - | 16.00 | 31.29 | 43.08 | 34.05 | 20.22 | 26.27 |
| 工业销售产值（亿元） | 154.70 | 180.53 | 238.51 | 339.73 | 466.98 | 554.90 | 698.46 |
| 同比增长（%） | - | 16.70 | 32.12 | 42.44 | 37.46 | 18.83 | 25.87 |
| 出口交货值（亿元） | 17.49 | 20.41 | 28.69 | 34.83 | 21.31 | 25.02 | 31.06 |
| 同比增长（%） | - | 16.70 | 40.57 | 21.40 | -38.82 | 17.41 | 24.14 |
| 总资产（亿元） | 130.46 | 142.16 | 187.69 | 262.69 | 346.84 | 513.91 | 514.89 |
| 同比增长（%） | - | 8.97 | 32.03 | 39.96 | 32.03 | 48.17 | 5.31 |
| 总利润（亿元） | 6.93 | 7.02 | 8.19 | 13.70 | 18.09 | 24.83 | 40.78 |
| 同比增长（亿元） | - | 1.30 | 16.67 | 67.28 | 32.04 | 37.26 | 64.24 |

资料来源：中国石油和石油化工设备工业协会。

## 2. 2010年、2011年经济运行稳步趋好

2010年，我国金属压力容器制造行业共有规模

以上企业588家，同比增长2.62%；完成工业总产值567.42亿元，同比增长20.22%；完成工业销售

产值 554.90 亿元，同比增长 18.83%；完成出口交货值 25.02 亿元，同比增长 17.41%；利润达到 24.83 亿元，同比增长 37.26%。2010 年我国金属压力容器制造行业经济运行情况见表 4。2010 年我国金属压力容器制造行业与全行业经济运行对比见图 2。

表 4　2010 年我国金属压力容器制造行业经济运行情况

| 项　目 | 本行业 | 全行业 | 本行业占全行业（%） |
| --- | --- | --- | --- |
| 企业数量（家） | 588 | 2 023 | 29.07 |
| 工业总产值（亿元） | 567.42 | 2 489.96 | 22.79 |
| 工业销售产值（亿元） | 554.90 | 2 392.62 | 23.19 |
| 出口交货值（亿元） | 25.02 | 168.87 | 14.82 |
| 总资产（亿元） | 513.91 | 2 005.60 | 25.62 |
| 总利润（亿元） | 24.53 | 119.00 | 20.61 |

资料来源：中国石油和石油化工设备工业协会。

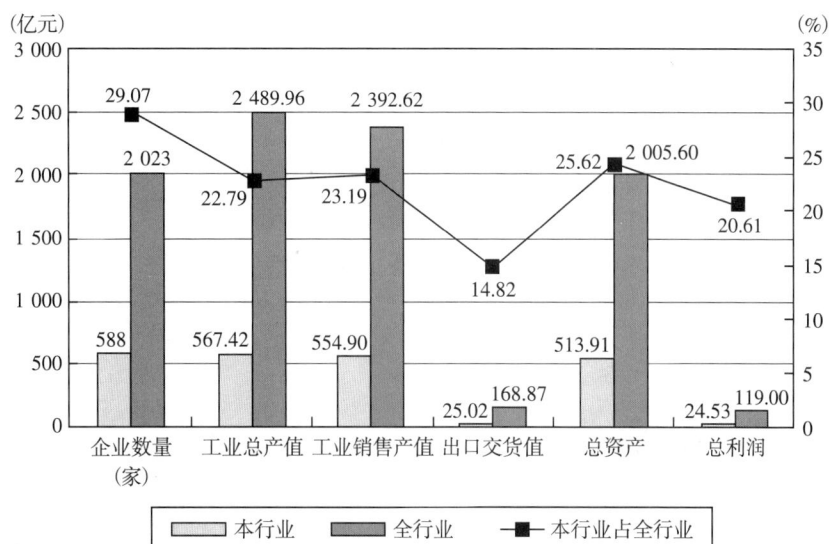

图 2　2010 年我国金属压力容器制造行业与全行业经济运行对比

2011 年，我国金属压力容器制造行业共有规模以上企业 420 家，同比下降 28.57%；完成工业总产值 716.47 亿元，同比增长 26.27%；完成工业销售产值 698.46 亿元，同比增长 25.87%；完成出口交货值 31.06 亿元，同比增长 24.14%；利润达到 40.78 亿元，同比增长 64.24%。2011 年我国金属压力容器制造行业经济运行情况见表 5。2011 年我国金属压力容器制造行业与全行业经济运行对比见图 3。

表 5　2011 年我国金属压力容器制造行业经济运行情况

| 项　目 | 本行业 | 全行业 | 本行业占全行业（%） |
| --- | --- | --- | --- |
| 企业数量（家） | 420 | 1 487 | 28.24 |
| 工业总产值（亿元） | 716.47 | 3 225.63 | 22.21 |
| 工业销售产值（亿元） | 698.46 | 3 108.36 | 22.47 |
| 出口交货值（亿元） | 31.06 | 222.77 | 13.94 |
| 总资产（亿元） | 514.89 | 2 514.79 | 20.47 |
| 总利润（亿元） | 40.78 | 195.37 | 20.87 |

资料来源：中国石油和石油化工设备工业协会。

### 3. 进出口情况

（1）2010 年情况

2010 年我国石油和石油化工金属压力容器行业主要产品进出口金额为 5.44 亿美元；进口金额约 1 亿美元，同比减少 47.37%；出口金额约 4.44 亿美元，同比增长 39.18%。2010 年我国金属压力容器行业主要产品进出口情况见表 6。

（2）2011 年情况

2011 年，我国金属压力容器制造行业进出口总金额为 6.47 亿美元，同比增长 18.93%；其中进口金额为 1.21 亿美元，同比增长 21%；出口金额为 5.26 亿美元，同比增长 18.47%；贸易顺差为 4.05 亿美元，同比增长 17.73%。2011 年我国金属压力容器主要产品进出口情况见表 7。

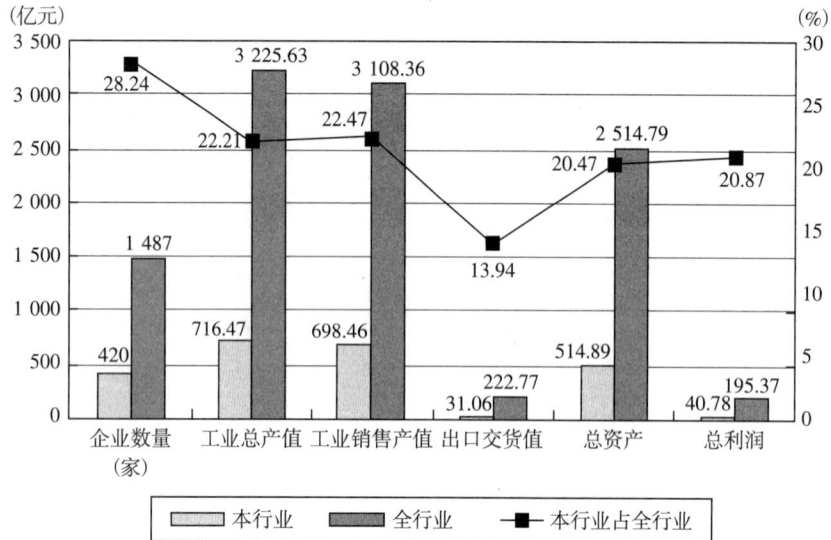

**图 3　2011 年我国金属压力容器制造行业与全行业经济运行对比**

**表 6　2010 年我国金属压力容器行业主要产品进出口情况**

| 商品代码 | 商品名称 | 单位 | 进　口 | | 出　口 | |
| --- | --- | --- | --- | --- | --- | --- |
| | | | 数量 | 金额（万美元） | 数量 | 金额（万美元） |
| 73110010 | 装压缩气体或液化气体的零售包装钢铁容器 | kg | 4 779 522 | 724.62 | 2 264 602 | 668.97 |
| 73110090 | 装压缩气体或液化气体的非零售包装钢铁容器 | kg | 24 102 817 | 6 169.27 | 183 699 384 | 39 381.10 |
| 84051000 | 煤气发生器，乙炔发生器等水解气体发生器 | kg | 1 288 139 | 2 742.04 | 5 864 139 | 2 447.45 |
| 84059000 | 煤气发生器及乙炔发生器等的零件 | kg | 62 724 | 456.35 | 7 836 662 | 1 873.17 |

资料来源：中国石油和石油化工设备工业协会。

**表 7　2011 年我国金属压力容器主要产品进出口情况**

| 商品代码 | 商品名称 | 单位 | 进　口 | | 出　口 | |
| --- | --- | --- | --- | --- | --- | --- |
| | | | 数量 | 金额（万美元） | 数量 | 金额（万美元） |
| 73071100 | 无可锻性铸铁管子附件 | t | 2 043.23 | 2 171.41 | 218 449.78 | 40 118.81 |
| 73071900 | 可锻性铸铁及铸钢管子附件 | t | 1 915.80 | 3 585.73 | 245 770.31 | 52 427.16 |
| 73072100 | 不锈钢制法兰 | t | 2 322.44 | 4 773.25 | 65 976.77 | 44 730.77 |
| 73072200 | 不锈钢制螺纹肘管、弯管及管套 | t | 853.28 | 3 703.11 | 18 951.00 | 17 612.28 |
| 73072300 | 不锈钢制对焊件 | t | 883.12 | 2 742.81 | 11 928.72 | 13 011.63 |
| 73072900 | 不锈钢制其他管子附件 | t | 2 541.48 | 15 795.86 | 17 411.61 | 18 511.02 |
| 73079100 | 其他钢铁制法兰 | t | 12 764.17 | 8 247.12 | 410 951.29 | 67 242.34 |
| 73079200 | 其他钢铁制螺纹肘管、弯管及管套 | t | 6 451.51 | 8 959.63 | 73 910.10 | 24 070.69 |
| 73079300 | 其他钢铁制对焊件 | t | 3 306.33 | 3 989.45 | 131 997.30 | 20 872.62 |
| 73079900 | 未列名钢铁制管子附件 | t | 14 286.28 | 26 584.52 | 243 720.22 | 76 641.99 |
| 73110010 | 装压缩气体或液化气体的零售包装钢铁容器 | t | 5 868.18 | 933.51 | 2 276.23 | 725.78 |
| 73110090 | 装压缩气体或液化气体的非零售包装钢铁 | t | 22 549.92 | 8 193.35 | 215 070.34 | 48 762.88 |
| 84051000 | 煤气发生器；乙炔发生器等水解气体发生器 | t | 1 632.51 | 2 024.29 | 4 802.91 | 1 940.26 |
| 84059000 | 煤气发生器及乙炔发生器等的零件 | t | 183.93 | 947.88 | 6 358.08 | 1 199.49 |

资料来源：中国石油和石油化工设备工业协会。

（中国石油和石油化工设备工业协会）

# 石油化工
## 煤化工

## 一、概况

我国"富煤、缺油、少气"的资源特征决定了我国必须走能源多元化的道路，其中煤化工是产业发展的主攻方向之一。煤化工是以煤为原料，经过化学加工使煤转化为气体、液体、固体燃料以及化学品的过程。从煤的加工过程看，煤化工主要包括干馏（含炼焦和低温干馏）、气化、液化和合成化学品等；从技术开发先后顺序看，煤化工包括传统煤化工和新型煤化工，传统煤化工主要包括合成氨、甲醇、焦化、电石等子行业，新型煤化工则是以生产石油替代产品为主的产业，主要包括煤制乙二醇、煤制油、煤制烯烃、煤制天然气、煤制二甲醚等产品。

煤化工是典型的投资驱动型产业，一般认为煤化工投资份额安排如下：50%为设备购置费、40%为建筑安装工程费、10%为工程设计、技术等费用。煤化工项目投资份额见图1。

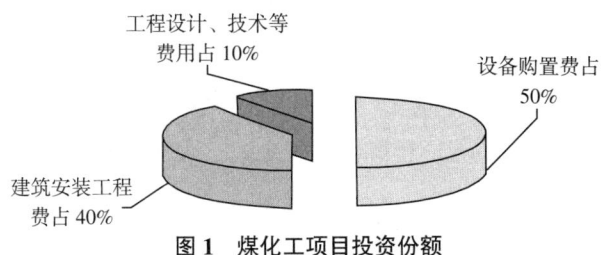

图1　煤化工项目投资份额

"十二五"期间，我国煤化工行业计划总投资金额超过2万亿元，如果这些规划投资到位50%，

则"十二五"期间煤化工装备需求将超过5 000亿元。煤化工装备种类繁多，通常可分为动、静两大类装备。其中，反应器、气化炉、变换炉、换热器、储运容器等压力容器和管道、阀门等属于静装备，泵、风机、压缩机、空分装备等属于动装备。在煤化工装备投资中，一般压力容器占45%，换热器占20%，机泵占15%，管道系统占5%，空分设备占5%，其他装备占10%。煤化工各装备购置费份额见图2。

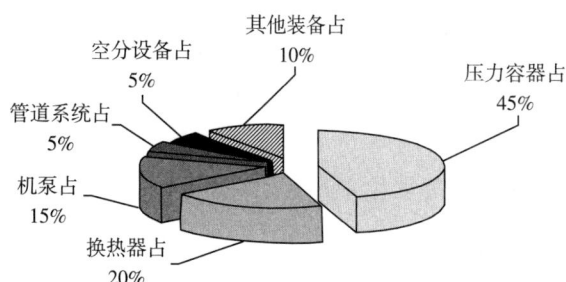

图2　煤化工各装备购置费份额

在煤化工装备中，气化炉是煤化工最为关键的装备之一，结构复杂，制造难度大及工期长，工艺和质量要求高，大部分煤化工项目都需经历煤炭经气化炉转换为合成气这一环节；在煤气化的同时，需要使用大量的高纯度氧气，因此空分设备也是煤化工的关键装备之一；还有各种反应器和压缩机装备，如加氢反应器、甲醇合成塔、变换炉、氨合成塔、煤制油反应器、煤制烯烃反应器、合成气压缩机、空分压缩机等。

### 1. 煤化工核心装备

煤化工的核心技术是煤气化技术装备。长期以来，我国建设大型合成氨、尿素、煤制甲醇装置时，煤气化炉等核心设备都依赖进口。近年来，我国在煤气化技术方面加大了研制攻关力度，先后自主开发成功四喷嘴水煤浆加压气化炉、多原料浆气化炉、航天粉煤加压气化炉、五环粉煤加压气化炉、清华非熔渣—熔渣两段加压气化炉、灰熔聚气化炉等，使我国煤气化技术装备达到世界领先水平，标志着我国现代煤化工产业已基本具备了独立自主的技术装备支撑体系。

由兖矿集团和华东理工大学共同研究开发的"多喷嘴对置式水煤浆气化技术"实现了大规模应用的新跨越，标志着我国自主水煤浆气化装置走向大型化。单炉日处理 2 000t 煤的多喷嘴对置式水煤浆气化装置已在兖矿鲁南化肥厂建设项目中成功运行，为我国发展煤制烯烃、煤制天然气等新型煤化工产业提供了强大的技术支撑。

金重研制了世界最大的壳牌干粉煤气化炉、高压飞灰过滤器、新型鲁奇煤气化炉、世界最大的镍基材料气气换热器等，产品综合水平达国际先进行列。

兰石重装完成了首套神华集团直接液化整套实验装置和间接液化高压分离器的制造；为神华集团宁煤烯烃项目制造完成原料分离罐、锁斗、渣收集槽和缓冲罐等煤化工产品 70 多台；完成甘肃华亭中熙煤化工气化炉的试制工作，成为煤化工核心装备制造领域的主要供应商；2010 年与西安交通大学合作，顺利完成了新产品煤焦油超临界溶剂加氢质化技术产业化开发项目，获合作方好评。

华东理工大学、杭州林达化工、南京国昌化工等单位在甲醇大型合成塔设计方面做了大量的创新工作；我国自主开发的大型低压合成甲醇技术工艺和装备日臻完善，已经走向成熟；泽楷实业集团选定杭州林达拥有自主知识产权的大型卧式水冷甲醇合成反应器、均温高效节能甲醇合成技术以及煤制原料气甲醇合成工艺包，应用于内蒙古赤峰 100 万 t/a 煤化工项目，标志着国产化超大型甲醇合成技术装备已具备装备我国化学工业的信心与实力。

一重全力推进加氢反应器等重型压力容器的研制攻关，2006 年为神华煤制油工程研制出重达 2 040t 加氢反应器，并成功在鄂尔多斯完成吊装。这台反应器的成功制造，标志着我国加氢反应器的材料开发、设备设计、制造工艺技术已经位于世界前列，为我国发展高端煤化工产业注入了强大动力。

2009 年 7 月，华能集团主导推进的我国首座自主开发、设计、制造并建设的 IGCC 示范工程项目——华能天津"绿色煤电"IGCC 示范电站，在天津临港工业区开工建设。上海电气是该电站 IGCC 机组主要设备的供应商。2010 年，我国具有自主知识产权的首台 2 000t/d 干煤粉加压气化炉在上海电气上海锅炉厂制造完成，这是华能天津 IGCC 示范电站项目的关键设备。

## 2. 主要装备生产企业

在我国大型非标压力容器生产企业中，除了张家港化工机械股份有限公司、苏州海陆重工股份有限公司 2 家上市公司为民营企业外，其他企业几乎全为国有企业，如中国第一重型机械集团公司、太原重工股份有限公司、大连金州重型机器有限公司、中航黎明锦西化工机械（集团）有限责任公司、南京化学工业有限公司化工机械厂、西安核设备有限公司、云南大为化工装备制造有限公司、哈尔滨锅炉厂有限责任公司等。空分设备主要生产企业有杭州制氧机集团有限公司、四川空分设备（集团）有限责任公司和开封空分集团有限公司等。煤化工领域压缩机的生产企业主要有西安陕鼓动力股份有限公司和沈阳鼓风机集团股份有限公司等。我国主要煤化工装备制造企业及主要产品见表 1。

## 3. 技术开发取得成果

"十一五"期间，我国在煤化工装备领域加大了研制攻关力度。气化炉方面自主开发成功四喷嘴水煤浆加压气化炉、多原料浆气化炉、航天粉煤加压气化炉、五环粉煤加压气化炉、水煤浆水冷壁清华炉等多种技术，日处理煤量最高可达 2 000t，使我国煤气化技术装备达到世界领先水平；在甲醇合成塔方面，杭州林达化工技术工程有限公司、华东理工大学、南京国昌化工科技有限公司分别拥有专利技术，单塔能力可达 30 万 t/a，并在向 60 万 t/a

表 1 我国主要煤化工装备制造企业及主要产品

| 生产企业 | 主要产品 | 备注 |
|---|---|---|
| 非标压力容器 | | |
| 张家港化工机械股份有限公司 | 航天气化炉、变换炉、MTP（甲醇制丙烯）反应器、甲醇合成塔、换热器、分离容器 | 上市公司 |
| 苏州海陆重工股份有限公司 | MTP 反应器、C3 分离塔、甲醇合成塔、KBR 气化炉 | 上市公司 |
| 中国第一重型机械集团公司 | 气化炉、煤液化反应器 | 上市公司 |
| 太原重工股份有限公司 | 气化炉、变换炉 | 上市公司 |
| 大连金州重型机器有限公司 | 甲醇合成塔、氨合成塔、Lurgi 气化炉、水煤浆气化炉、Shell 气化炉、变换炉 | 国有企业 |
| 南京化学工业有限公司化工机械厂 | 气化炉、甲醇合成塔、氨合成塔 | 国有企业 |
| 中航黎明锦西化工机械（集团）有限责任公司 | F-T 合成反应器、甲醇合成塔、氨合成塔、焦炭塔 | 国有企业 |
| 云南大为化工装备制造有限公司 | Shell 气化炉、甲醇合成塔 | 国有企业 |
| 西安核设备有限公司 | 甲醇合成塔、低温甲醇洗、吸收塔 | 国有企业 |
| 哈尔滨锅炉厂有限责任公司 | 甲醇合成塔、Lurgi 气化炉、Texaco 气化炉、氨合成塔 | 国有企业 |
| 空分 | | |
| 杭州制氧机集团有限公司 | 空分装备 | 国有企业 |
| 开封空分集团有限公司 | 空分装备 | 国有企业 |
| 四川空分设备（集团）有限责任公司 | 空分装备 | 国有企业 |
| 压缩机 | | |
| 西安陕鼓动力股份有限公司 | 空分压缩机、合成气压缩机 | 国有企业 |
| 沈阳鼓风机集团股份有限公司 | 空分压缩机、合成气压缩机 | 国有企业 |

资料来源：中国机械工业联合会。

迈进；氨合成塔有多家拥有技术专利，单塔能力可达 36 万 t/a；在新型煤化工方面，由大连化物所和中国石化集团洛阳石油化工工程公司开发的 DMTO 反应器装置能力可达 60 万 t/a；由中科合成油技术有限公司开发的 F-T 浆态床反应器装置能力可达 18 万 t/a，为神华宁煤煤化工项目开发百万吨级的反应器；由福建物构所和通辽金煤化工有限公司开发的合成气制乙二醇装置产能达到 20 万 t/a。我国主要煤化工装备技术专利商见表 2。

表 2 我国主要煤化工装备技术专利商

| 主要装备技术 | 技术专利商 |
|---|---|
| 四喷嘴水煤浆加压气化炉 | 华东理工大学、兖矿集团 |
| 多原料浆气化炉 | 西北化工研究院 |
| 航天粉煤加压气化炉 | 航天长征化学工程股份有限公司 |
| 五环粉煤加压气化炉 | 五环工程有限公司、河南煤业化工集团公司 |
| 水煤浆水冷壁清华炉 | 清华大学、北京盈德清大科技有限责任公司、山西阳煤丰喜肥业（集团）有限责任公司 |
| 单喷嘴冷壁式气流床粉煤加压气化炉 | 华东理工大学、中石化宁波技术研究院、中海石油化学股份有限公司 |
| 灰熔聚流化床气化技术 | 山西煤化所 |
| 两段式干煤粉加压气化技术 | 西安热工研究院有限公司 |
| 赛鼎固定床碎煤加压气化炉 | 赛鼎工程有限公司 |
| 甲醇合成塔 | 杭州林达化工技术工程有限公司、华东理工大学、南京国昌化工科技有限公司 |
| 氨合成塔 | 南京国昌化工科技有限公司、河北阳煤正元化工集团、南京化学工业有限公司化工机械厂 |
| DMTO 反应器 | 大连化物所、中国石化集团洛阳石油化工工程公司 |
| F-T 浆态床反应器 | 中科合成油技术有限公司 |
| 合成气制乙二醇 | 福建物构所、通辽金煤化工有限公司 |

# 二、煤化工装备应用及发展趋势

## 1. 气化炉

我国煤气化技术的研究与开发始于 20 世纪 50 年代末；20 世纪 70 年代因石油天然气供应紧张使得煤气化工艺研究和开发得到快速发展；进入 21 世纪，国产煤气化炉逐渐应用于工业实践。除了国产技术外，我国还大量引入了国外先进技术，1984 年引进 Lurgi 固定床气化技术，1987 年引进 Texaco 水煤浆气化炉，2001 年引进 Shell 气化炉，2005 年引进西门子 GSP 气化炉。

根据煤气化过程采用的炉型，市场上主要有以

间歇固定床气化炉（以下简称 UGI）、Lurgi、碎煤熔渣气化炉（以下简称 BGL）为代表的固定床；以高温温克勒炉（以下简称 HTW）、灰团聚气化炉（以下简称 KRW）、美国 SES 技术（以下简称 U-Gas）、恩德气化炉为代表的流化床；以 Texaco、Shell、GSP、四喷嘴水煤浆加压气化炉、多原料浆气化炉、航天粉煤加压气化炉为代表的气流床。其中，固定床气化炉多用在中小型化肥企业，规模偏小，占我国 80% 的市场；流化床气化炉工业装置相对较少，仅占 20% 的市场份额。气流床由于工艺先进，代表了未来大型化的发展趋势。3 种煤气化炉型的特点见图 3。我国主要煤气化炉型及市场份额见表 3。

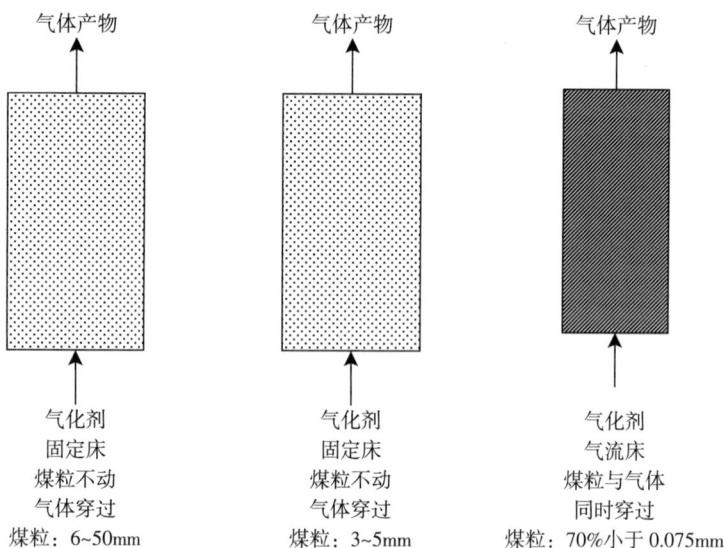

图 3　3 种煤气化炉型的特点

表 3　截至 2012 年底采用国产技术的煤气化炉情况

| 气化炉 | 代表专利技术 | 最大规模（t/d） | 市场份额（%） |
|---|---|---|---|
| 固定床 | Lurgi、UGI | 500 | 80 |
| 流化床 | HTW、KRW、U-Gas、恩德 | 840 | 20 |
| 气流床 | Texaco、Shell、GSP、多喷嘴、多原料浆炉、航天炉 | 4 000 | — |

我国已经投产和签订合同的气流床气化炉的合成气装置中，采用国外技术位居前 3 位的分别是 Texaco、Shell 和 GSP；采用国内技术位居前 3 位的分别为多元料浆气化炉、四喷嘴水煤浆炉和航天

炉。采用国产技术的煤气化炉情况见表 4。采用国外技术的煤气化炉情况见表 5。

表 4　采用国产技术的煤气化炉情况

| 气化炉 | 台数（总签约数） | 已投产单炉规模（t/d） |
|---|---|---|
| 多元料浆炉 | >130 | 100~1 860 |
| 四喷嘴水煤浆加压气化炉 | 88 | 2 000 |
| 航天炉 | 59 | 750 |
| 清华炉 | 17 | 600 |
| 五环炉 | 2 | 1 300 |

表5　我国采用国外技术的煤气化炉情况

| 气化炉 | 台数（总签约数） | 已投产单炉规模（t/d） |
|---|---|---|
| Texaco | 79 | 600~1 600 |
| Shell | 19 | 900~4 000 |
| GSP | 13 | 1 000~2 000 |

2011 年我国煤炭产量突破 35 亿 t，其中直接燃烧的比例约为 78%，炼焦约 17%，剩余 5% 用于煤气化。预计到 2020 年内，新增气化用煤 2.2 亿~3.6 亿 t，以 2 000t/a 的大型气化炉计算，每台炉每年处理煤 60 万 t，则 2020 年前国内共需大型气化炉 1 500 套，若再加上"二开一备"的一般做法，则大型气化炉的需求量总计达 2 250 套。

## 2. 气体分离设备

空分设备是冶金、石油化工、煤化工等行业广泛使用的关键设备，为生产流程提供氧气、氮气和氩气。其工作原理是先将空气压缩、冷却，并使空气液化，利用氧、氮、氩组分沸点的不同，在精馏塔的塔板上使气、液接触，进行质、热交换，最终分离获得符合纯度要求的氧、氮、氩产品。其中，特大型空分设备是指制氧量在 4 万 m³/h 以上的空分设备。

根据中国通用机械工业协会气体分离设备分会对 15 家主要会员企业的统计，截至 2011 年底，16 家企业资产总计 2 640 509.7 万元，其中，流动资产 1 518 584.5 万元；从业人员 15 420 人；完成工业总产值 1 629 657 万元，同比增长 57.2%，其中新产品产值 641 213.3 万元，同比增长 47.7%；完成工业增加值 357 120 万元，同比增长 36.6%；完成工业销售产值 1 591 646 万元，同比增长 54.5%；实现主营业务收入 1 657 259 万元，同比增长 42.0%。

2011 年，全行业共计生产空分装备 593 套，同比增长 70.9%，制氧总容量达到 319 万 m³/h。其中，生产大中型（1 000m³/h 及以上）空分装备 179 套，制氧容量 308 万 m³/h；生产小型空分装备 73 套，制氧容量 1.9 万 m³/h；生产制氮装备 80 套，制氮容量 18 万 m³/h。2011 年我国主要气体分离装备生产企业的经济指标见表 6。

表6　2011 年我国主要气体分离装备生产企业的经济指标

| 序号 | 生产企业 | 工业总产值 | | 工业增加值（万元） | 从业人员（人） |
|---|---|---|---|---|---|
| | | 金额（万元） | 同比增长（%） | | |
| 1 | 杭州制氧机集团有限公司 | 642 927 | 46.7 | 140 130 | 4 621 |
| 2 | 四川空分设备（集团）有限责任公司 | 269 790 | 32.5 | 84 228 | 3 378 |
| 3 | 开封空分集团有限公司 | 143 451 | 34.8 | 19 837 | 2 587 |
| 4 | 液化空气（杭州）有限公司 | 118 440 | – | – | 756 |
| 5 | 河南开元空分集团有限公司 | 103 854 | 45.4 | 31 141 | 503 |
| 6 | 林德工程（杭州）有限公司 | 76 167 | 45.4 | 26 645 | 260 |
| 7 | 开封黄河空分集团有限公司 | 68 524 | 19.6 | 12 060 | 450 |
| 8 | 杭州福斯达实业集团有限公司 | 62 269 | | 11 185 | 290 |
| 9 | 开封东京空分集团有限公司 | 55 016 | – | 14 172 | 538 |
| 10 | 北大先锋科技有限公司 | 26 200 | – | 8 398 | 238 |
| 11 | 苏州制氧机有限责任公司 | 22 947 | | 4 329 | 364 |
| 12 | 上海瑞气气体设备有限公司 | 15 247 | – | | 229 |
| 13 | 邯郸制氧机厂 | 11 130 | 37.3 | 1 135 | 613 |
| 14 | 上海启元空分技术发展股份有限公司 | 8 009 | – | 2 756 | 160 |
| 15 | 哈尔滨制氧机有限公司 | 5 687 | – | 1 103 | 182 |

注：按照 2011 年企业工业总产值大的居前。

当前空分装备主要用户为冶金、石化、煤化工、液化天然气（LNG）等领域，其中冶金、石化类传统用户用量占市场份额最大，且较为稳定，但煤化工等产业用户群用量增长较明显，占市场份额正逐步提升。同时，煤化工对大型、特大型空分装备的需求日渐提高。

2011 年，全行业 1.5 万 m³/h 及以上空分装备在产的与订货的国产化大型、特大型空分装备套数明显增加；全年共生产制造 1.5 万 m³/h 及以上的空分装备 88 套；4 万 m³/h 及以上空分装备 22 套，占大中型空分装备（1 000m³/h 及以上）总套数的 12%，制氧容量占总制氧容量的 35%。其中，杭州制氧机集团有限公司在国内率先完成了 6 万 m³/h 空分装备的国产化，正在研发并制造国内首套最大的 8 万 m³/h 空分装备，以及出口国外的最大 12 万 m³/h 空分装备。

### 3. 其他装备

与空分装备配套的压缩机，陕西鼓风机（集团）有限公司为河南龙宇煤化工公司研发制造的 6 万 m³/h 压缩机组，并实现了国产化，近期又加快研发制造 8 万 m³/h 空分装备用等温离心压缩机，并启动 10 万 m³/h 产品样机试制工作以及 12 万 m³/h 的研发工作。另外，沈阳鼓风机集团股份有限公司已完工用于湖北化肥分公司项目的 4.8 万 m³/h 空分压缩机，以及用于河南中原大化公司项目的 5.2 万 m³/h 空分压缩机，实现了国产化。

近年来，我国在合成气压缩机生产制造方面已有了较大的发展，陕西鼓风机（集团）有限公司已能生产 30 万 t/a 的合成气压缩机，沈阳鼓风机集团股份有限公司已能生产 60 万 t/a 的合成气压缩机。

在水煤浆高、低压隔膜泵方面，中国有色集团沈阳冶金机械有限公司拥有自主技术，于 2007 年生产的产品成功用于中石化南化公司的合成氨装置。

在神华集团煤直接液化装备中，中国第一重型机械集团公司承制了 2 台 2.25Cr-1Mo-0.25V 钢制反应器，该反应器内径 4 800mm，壁厚 334mm，全长 57.8m，内容积 688m³，单重 2 050t。另外，神华集团研发的多种关键装备实现了国产化，如耐磨泵、阀、管件、烧嘴等，其中制约煤液化长周期运行的减压阀（减压阀作为热高分液位调节阀，介质为气液固三相流，前后压差高达 15MPa，是煤直接液化工艺中使用条件最为苛刻的阀门）也得到突破，连续运行超 2 000h。

我国已投产的煤间接液化项目有内蒙古伊泰集团 16 万 t/a、山西潞安集团 16 万 t/a 和神华集团 18 万 t/a，其费托反应器均为浆态床，反应器的直径分别为 5.3m、5.8m 和 5.8m。均由中航黎明锦西化工机械集团公司承制。在建的 400 万 t/a 神华宁煤间接液化装置中，反应器直径将扩大到 10m 左右。

已投入使用的大唐多伦和神华宁煤 MTP 反应器分别由苏州海陆重工股份有限公司和张家港化工机械股份有限公司承制。神华宁煤第 2 套在建 MTP 装置的反应器由宁波工程公司承制，每台设备的直径达 11.7m，净高 33m，分别由壁厚为 16mm、22mm、24mm、26mm、28mm、32mm 等多种规格的不锈钢板材组成，每台设备重 680t。

神华包头和中原石化的 MTO 反应器均由中石化第十建设有限公司承接，其中，中原石化 MTO 反应器是采用主体材质为 347H 不锈钢，金属总重 323t，高 45.5m，最大直径 8.2m。

通辽金煤化工有限公司的全球首套 20 万 t/a 煤制乙二醇核心装置管式主反应器由南京斯迈柯特种金属装备股份有限公司承制，之后陆续为永金化工投资管理有限公司旗下的多家煤制乙二醇装置提供反应器。

太原重型机械集团煤化工分公司为内蒙古大唐国际克什克腾旗煤制天然气有限公司制造了甲烷化反应器。

在自动控制装备方面，浙江中控技术股份有限公司开发的 WebField 系列 DCS 产品技术不断进入煤化工前沿领域，涉足的煤化工领域有合成氨、甲醇、醋酸等。

## 三、大型化、国产化进程须加快

### 1. 煤化工装置大型化步伐要加快

在我国已投产的煤化工装置中，甲醇合成塔单套最大能力为 180 万 t/a、氨合成塔单套最大能力为 50 万 t/a，已呈现大型化发展的趋势，同时，与之配套的空分、压缩机等装备也必须实现大型化、流程多样化和机组集成化。随着规模经济的不断提升，落后产能将会逐渐被淘汰，装备大型化是未来的发展方向。

## 2. 装备国产化任重道远

重大装备的国产化都要历经四个阶段：第一阶段是成套进口；第二阶段是材料全部进口，国内成套制造；第三阶段是材料部分进口，国内成套制造；第四阶段是全部采用国产材料和国内成套制造，只有到第四个阶段才是真正的国产化。在我国煤化工装备中，气化炉、变换炉、低温甲醇洗、大型空分设备、压缩机、煤制油反应器、烯烃反应器等装备，以及配套的锁斗阀、煤浆阀、渣水阀等特殊阀门先后实现了国产化，但部分材料仍需要进口，因此，我国煤化工装备的国产化进程还需要加快。

（中国石油和化学工业联合会　孙小涛、中国石油和石油化工设备工业协会提供部分材料）

# 储　运
## 油气集输（管道）

## 一、油气集输（管道）装备发展综述

油气集输装备主要包括油气输送管（螺旋埋弧焊接钢管、直缝埋弧焊钢管、高频直缝电阻焊管等）、油井管（油管、套管、钻杆等）以及油气集输专用设备和油气增压计量设备。

2010 年，我国钢管产量 5 755 万 t。其中，无缝钢管产量 2 528 万 t，出口 380.64 万 t；焊管产量 3 237 万 t，出口 241.52 万 t。我国钢管产量、消费量和出口量均为世界第一。

目前，国内大型油气输送管生产企业有 70 多家，生产能力近 1 000 万 t/a，其中螺旋埋弧焊钢管产能 400 万 t/a，年产量约 200 万 t；LSAW（直缝埋弧焊）钢管产能 335 万 t/a，年产量约 100 万 t。油气输送管生产厂家主要有宝鸡石油钢管有限责任公司（以下简称宝鸡钢管）、中国石油渤海石油装备制造有限公司（以下简称渤海石装）、中石化江汉石油管理局沙市钢管厂（以下简称沙市钢管）、山东胜利石油钢管有限责任公司（以下简称胜利钢管）、番禺珠江钢管有限公司等。油井管主要生产企业有渤海石装、胜利油田高原石油装备有限责任公司（以下简称胜利高原）、胜利油田孚瑞特石油装备有限责任公司（以下简称孚瑞特）以及天津无缝钢管厂、攀钢集团成都钢铁有限责任公司等。

我国钢管实物质量达到国际先进水平，已能基本满足国内需求并有出口；可生产管径 2 200mm 以下、壁厚 6~20mm、符合 API 要求、材质为 X70~X100 的钢管，并有钢管内涂层、钢管外防腐等成熟技术和装备。

渤海石装、宝鸡钢管、沙市钢管、胜利钢管、番禺珠江钢管有限公司、江汉石油管理局沙市钢管厂等均可生产 X70、X80 级 ERW（高频电阻直缝焊管）或 LSAW 管、螺旋焊接钢管，已被"西气东输"一、二线工程所采用，X100 钢级螺旋埋弧焊接钢管也研制成功。渤海石装研制的 1 219×32mm 感应加热弯管是目前世界上钢级最高、壁厚最厚的感应加热弯管，是唯一为"西气东输"二线工程提供全系列产品的供货厂家，在 X90、X100 和 X120 高强度管线钢管开发，深海管线用钢管、低温环境用钢管、高应变钢管等产品研制方面取得了突破性进展，还承担了苏丹输油管线钢管订货；胜利油田淄博制管有限公司在"西气东输"一期工程中，提供了 X70 钢管约 2.5 万 t；辽阳钢管厂先后参与 10 多条国家重点管道建设；宝鸡钢管现拥有 13 条螺旋埋弧焊钢管生产线，产品在中石油市场占有率达 45% 以上，在国内中、高端螺旋埋弧焊管市场占有率达 20% 以上；成功中标了印度"东气西送"管道 1 300km 的 60 多万 t，创造了国际上一次性中标钢管制造合同和中国石油装备制造企业产品出口的两项最高纪录；并已成功生产出连续油管，摆脱了全部依赖进口的局面。

我国油井管生产厂有三种类型。第一类企业是具有从炼钢、制管到管加工全部功能的企业，如天钢、宝钢、西姆莱斯、衡钢、攀成钢、包钢、鞍钢、山东墨龙等，产能约 500 万 t/a，占全国总产能的 50%；第二类企业是拥有制管（无缝钢管或 ERW 焊管）和管加工的企业，如宝鸡钢管、渤海石装、孚瑞特、胜利高原等，产能为 126 万 t/a，占全国总产能的 14%；第三类企业是仅进行油井管螺纹加工的企业，产能为 317 万 t/a，占总产能的 35.2%。

2002~2007 年，我国油井管的自给率一直徘徊在 85% 左右，2010 年自给率达到了 97%，覆盖了 API 标准的所有钢级和规格。

我国境内的主要钻杆制造企业有 27 家，产能 50 多万 t/a。其中，格兰特钻杆有限公司是美国格兰特（Grant）的全资分公司，产能 5 万 t/a，渤海能克钻杆有限公司是中日合资企业，产能 4 万 t/a，宝钢产能 4.5 万 t/a。宝钢、渤海能克、海隆、格兰特等除生产 API 标准所有钢级和规格的钻杆外，还开发了非 API 钻杆。钻铤制造企业主要有山西凤雷机械制造有限责任公司和中原特钢股份有限公司。

中石油管道局研制的大口径管道焊接施工装备整体技术性能达到国外同类产品的先进水平；研制的 1.016m 和 1.219m 高清晰度管道漏磁检测器已在"西气东输"管道生产系统、西部管道和陕京线运行中得到工业性应用，提高了管道缺陷与损伤检测能力。中油管道机械制造公司为"西气东输"二线设计生产了 56 台旋风分离器，设计压力 12.6MPa，直径 1.2m，单台处理量 730Nkm³/h，创国内同行业之最；大口径高压快开盲板（直径 1.5m、压力 11MPa）的研制成功，标志着国内高压管道设备国产化取得重大突破，填补了国内空白。成都成高阀门有限公司、上海耐莱斯·詹姆斯伯雷阀门有限公司和浙江五洲阀门有限公司研制成功的高压大口径全焊接球阀，改写了长输管道上使用的 0.914m 以上高压大口径球阀依赖进口的历史；沈阳鼓风机集团股份有限公司通过与 GE 公司合作制造，在"西气东输"一线定远压气站中成功提供了 1 台 PCL803 型备选压缩机，填补了长输管线大型压缩机国产空白，并为中石油承诺"西气东输"二线工程所有增压站至少提供一组国产增压机组奠定了基础；宁波鲍斯能源装备股份有限公司研制的煤层气螺杆压缩机走在国内的前列。螺旋焊接钢管生产线见图 1。天然气压缩机见图 2。锻钢球阀见图 3。油井管见图 4。

图 1 螺旋焊接钢管生产线

图 2 天然气压缩机

图 3 锻钢球阀

图 4 油井管

# 二、主要管道／材料制造企业情况

2010 年、2011 年，我国管道/材料制造行业经济运行基本保持平稳增长态势。2010 年我国主要管道/材料制造企业经济运行情况见表 1。2011 年我国主要管道/材料制造企业经济运行情况见表 2。

**表 1　2010 年我国主要管道/材料制造企业经济运行情况**

| 序号 | 企业名称 | 资产总金额（万元） | 销售总金额（万元） | 出口总金额（万美元） | 从业人数（人） |
|---|---|---|---|---|---|
| 1 | 中国石油渤海石油装备制造有限公司 | 965 561.00 | 1 073 716.00 | 13 635.12 | 1 114 |
| 2 | 攀钢集团成都钢钒有限公司 | 1 303 016.00 | 984 744.00 | 11 557.00 | 14 782 |
| 3 | 江汉石油管理局沙市钢管厂 | 124 701.00 | 160 520.00 | 10.00 | 999 |
| 4 | 胜利油田孚瑞特石油装备有限公司 | 139 336.40 | 86 046.90 | 2 029.90 | 1 821 |
| 5 | 扬州市管件厂有限公司 | 17 599.00 | 50 617.00 | 160.00 | 308 |
| 6 | 中油管道机械制造有限责任公司 | 45 560.18 | 31 556.00 | — | 472 |
| 7 | 秦皇岛北方管业有限公司 | 26 755.00 | 26 385.00 | 16.37 | 384 |
| 8 | 盐城市特达专用管件有限公司 | 11 068.00 | 12 468.30 | — | 216 |

注：按 2010 年销售总金额大的居前。
资料来源：中国石油和石油化工设备工业协会。

**表 2　2011 年我国主要管道/材料制造企业经济运行情况**

| 序号 | 企业名称 | 资产总金额（万元） | 销售总金额（万元） | 出口总金额（万美元） | 从业人数（人） |
|---|---|---|---|---|---|
| 1 | 中国石油渤海石油装备制造有限公司 | 1 161 544.00 | 1 183 382.93 | 25 236.85 | 11 235 |
| 2 | 江汉石油管理局沙市钢管厂 | 139 163.00 | 187 496.00 | — | 998 |
| 3 | 胜利油田孚瑞特石油装备有限公司 | 152 870.90 | 106 294.80 | 6 973.00 | 1 782 |
| 4 | 扬州市管件厂有限公司 | 56 441.00 | 58 605.00 | 160.00 | 350 |
| 5 | 中油管道机械制造有限责任公司 | 59 019.97 | 39 586.84 | — | 470 |
| 6 | 盐城市特达专用管件有限公司 | 21 246.00 | 27 763.90 | — | 312 |

注：按 2011 年销售总金额大的居前。
资料来源：中国石油和石油化工设备工业协会。

2010 年，渤海石装资产总金额、销售总金额、出口总金额分别为 965 561.00 万元、1 073 716.00 万元、13 635.12 万美元，销售总金额突破百亿元大关，居我国石油管道/材料制造企业销售总金额的首位；2011 年，其资产总金额、销售总金额、出口总金额分别为 1 161 544.00 万元、1 183 382.93 万元、25 236.85 万美元；其资产总金额、销售总金额、出口总金额同比分别增长 20.30%、10.21%、85.09%；2011 年销售总金额继续居我国石油管道/材料制造企业销售总金额的首位。2010 年，销售总金额上 10 亿元的企业有 3 家，攀钢集团成都钢钒有限公司、沙市钢管分别以 984 744.00 万元、160 520.00 万元的年销售总金额尾随中国石油渤海石油装备制造有限公司排在石油管道/材料制造企业第 2 位和第 3 位。2011 年，销售总金额上 10 亿

元的企业依然保持在 3 家的规模，江汉石油管理局沙市钢管厂较 2010 年度销售总金额净增 26 976.00 万元，增长率为 16.81%，排在石油管道/材料制造企业第 2 位；孚瑞特销售总金额突破 10 亿元大关，较 2010 年度净增 20 247.90 万元，增长率为 23.53%，跻身石油管道/材料制造企业前三甲。2010 年，我国石油管道/材料制造行业销售总金额超 5 亿元的企业有 5 家，孚瑞特、扬州市管件厂有限公司分别以 3.65%、2.15% 的占比居第 4 位和第 5 位。2011 年，我国石油管道/材料制造行业销售总金额过 5 亿元的企业缩减至 4 家，扬州市管件厂有限公司以 3.82% 的占比居第 4 位。

2010 年，我国石油管道/材料制造行业销售总金额排名前 8 位企业全年销售总金额共 2 426 053.20 万元，其中 5 家超 5 亿元企业全年销售总金额共

2 355 643.90 万元，3 家超 10 亿元企业全年销售总金额共 2 218 980.00 万元，5 家超 5 亿元企业在 8 家企业销售总金额中占比 97.10%，3 家超 10 亿元企业在 8 家企业销售总金额中占比 91.46%，3 家超 10 亿元企业在 5 家超 5 亿元企业销售总金额中占比 94.20%；2011 年，6 家纳入统计的企业全年销售总金额共 1 603 129.47 万元，4 家超 5 亿元企业全年销售总金额共 1 535 778.73 万元，3 家超 10 亿元企

业全年销售总金额共 1 477 173.73 万元，4 家超 5 亿元企业在 6 家企业销售总金额中占比 95.80%，3 家超 10 亿元企业在 6 家企业销售总金额中占比 92.14%，3 家超 10 亿元企业在 4 家超 5 亿元企业销售总金额中占比 96.18%。2010 年我国主要石油管道/材料制造行业销售总金额超 5 亿元企业占比情况见图 5。2011 年我国主要石油管道/材料制造行业销售总金额超 5 亿元企业占比情况见图 6。

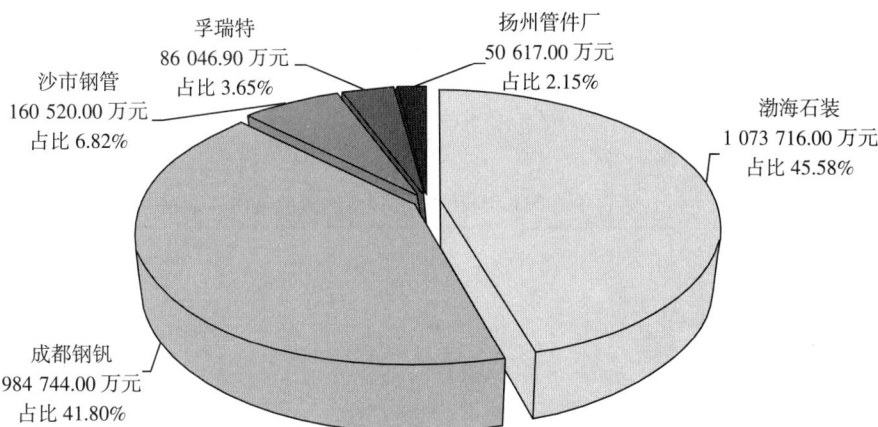

图 5　2010 年我国主要石油管道/材料制造行业销售总金额超 5 亿元企业占比情况

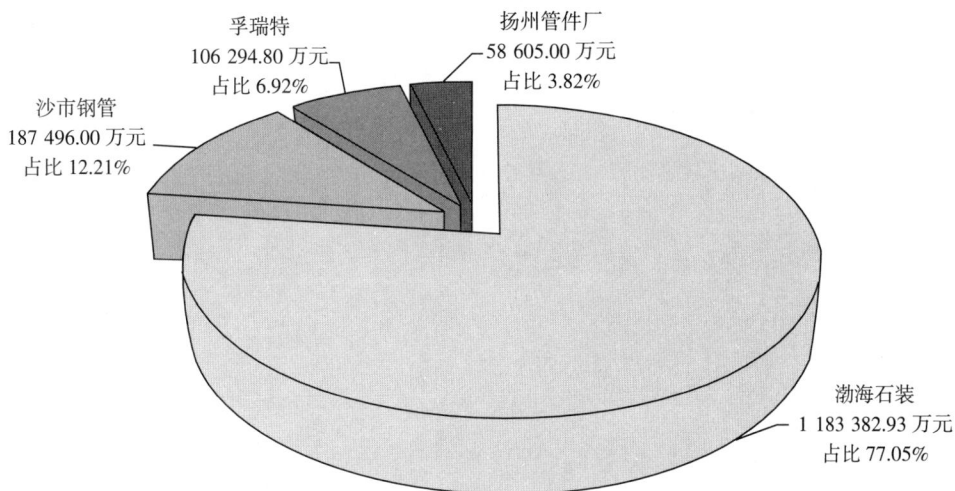

图 6　2011 年我国主要石油管道/材料制造行业销售总金额超 5 亿元企业占比情况

# 三、石油和天然气船进出口情况

2010 年，我国共进口石油和天然气船 49 只，

进口金额约 1.17 亿美元；共出口石油天然气船 227 只，出口金额约 64.43 亿美元，同比下降 17.42%。2010 年我国石油和天然气船进出口情况见表 3。

表3  2010年我国石油和天然气船进出口情况

| 商品代码 | 商品名称 | 单位 | 进口 | | 出口 | |
|---|---|---|---|---|---|---|
| | | | 数量 | 金额（万美元） | 数量 | 金额（万美元） |
| 89012011 | 载重量不超过10万t的成品油船 | 艘 | 46 | 7 059.32 | 156 | 186 505.49 |
| 89012012 | 载重量≥10万t≤30万t的成品油船 | 艘 | – | – | 10 | 60 460.95 |
| 89012021 | 载重量不超过15万t的原油船 | 艘 | – | – | 17 | 45 719.52 |
| 89012022 | 载重量≥15万t≤30万t的原油船 | 艘 | – | – | 34 | 293 417.44 |
| 89012023 | 载重量超过30万t的原油船 | 艘 | – | – | 3 | 34 220.25 |
| 89012031 | 容积在2万m³以下的液化石油气船 | 艘 | 3 | 4 688.30 | 7 | 24 015.66 |

资料来源：中国石油和石油化工设备工业协会。

2011年，我国石油和天然气船进出口总金额为61.38亿美元，同比下降6.43%。其中进口金额0.57亿美元，同比下降51.28%；出口金额60.81亿美元，同比下降5.62%；贸易顺差为60.24亿美元。2011年我国石油和天然气船进出口情况见表4。

表4  2011年我国石油和天然气船进出口情况

| 商品代码 | 商品名称 | 单位 | 进口 | | 出口 | |
|---|---|---|---|---|---|---|
| | | | 数量 | 金额（万美元） | 数量 | 金额（万美元） |
| 89012011 | 载重量<10万t的成品油船 | 艘 | 50 | 245.77 | 142 | 165 409.27 |
| 89012012 | 载重量>10万t，<30万t的成品油船 | 艘 | – | – | 2 | 12 226.30 |
| 89012021 | 载重量<15万t的成品油船 | 艘 | 1 | 3 440.00 | 14 | 59 176.35 |
| 89012022 | 载重量>15万t，<30万t的成品油船 | 艘 | – | – | 28 | 278 088.83 |
| 89012023 | 载重量>30万t的成品油船 | 艘 | – | – | 7 | 76 543.59 |
| 89012031 | 容积在2万m³以下的液化石油气船 | 艘 | 2 | 1 993.96 | 9 | 16 648.91 |

资料来源：中国石油和石油化工设备工业协会。

（中国石油和石油化工设备工业协会）

# 储 运
## LNG

天然气贸易主要是通过国际管道和液化天然气（以下简称 LNG）两种方式。在俄罗斯与欧洲之间已经有较大规模的跨国天然气管网，管路输送占主要地位。而亚太地区，特别是东南亚，主要是依靠海上运输进口 LNG。天然气在标准大气压下冷却至-162℃时由气态转变为 LNG，同时较大程度地降低了硫化物等杂质成分的含量，几乎不含有任何腐蚀性物质。作为清洁燃料，LNG 在燃烧时不会再产生 $SO_x$ 物质，$CO_2$ 的排放量只有煤的 50%，$NO_x$ 的排放量也仅为煤的 20%。由于 LNG 具有环保、便于长距离运输等优点，是世界各国竞相追捧的环保能源资源。LNG 经济性和环保性的优势已经凸显，并受到越来越多的关注。近年来，LNG 的生产和贸易日渐活跃，成为世界油气工业的热点。在能源需求不断增长的我国，对 LNG 的需求也在逐年增加。

我国把开发和利用天然气资源作为优先发展的产业，并将发展 LNG、调整我国能源结构、降低能源消耗强度、减少 $CO_2$ 排放等内容列入我国能源"十二五"发展目标。我国天然气消费对外依存度较高，2010 年我国进口 LNG 935.6 万 t，同比增长 69.13%；2011 年我国进口 LNG 1 221.5 万 t，同比增长 30.56%。

LNG 产业链包括天然气预处理、液化、储存、运输、接收站、再气化等，每个环节对 LNG 装备都有大量的需求。

## 一、概况

### 1. 规模稳步增长

2000 年我国第一座 LNG 调峰站在上海建成，2001 年第一座商业运营的 LNG 工厂在河南建成。

截至 2011 年底，我国大陆地区已有 37 座天然气液化工厂建成投产，天然气液化工厂总处理能力超过 1 230 万 m³/d。我国建成投产的液化工厂在数量和生产能力等方面均呈快速增长态势，2011 年投产的天然气液化工厂项目单套规模在 30 万 m³/d 及以上的工厂数量快速增长达 9 座，其中 100 万 m³/d 及以上规模的工厂数量分别为 2 座。2000~2010 年、2011 年我国建成投产的 LNG 项目情况见表 1。

**表 1  2000~2010 年、2011 年我国建成投产的 LNG 项目情况**

| 年 份 | 总液化能力（m³/d） | 投产项目数量（座） | ≥30 万 m³/d< 100 万 m³/d 项目数量（座） | ≥100 万 m³/d 及以上项目数量（座） |
|---|---|---|---|---|
| 2000~2010 年 | 760 | 25 | 6 | 3 |
| 2011 年 | 470 | 12 | 9 | 2 |
| 合 计 | 1 230 | 37 | 15 | 5 |

从区域分布来看，我国 LNG 产能主要分布在西北地区和华北地区，占总产能的 41.46% 和 34.63%。2011 年我国各地区 LNG 产能情况见表 2。2011 年我国各地区 LNG 产能占总产能情况见图 1。

表2  2011年我国各地区LNG产能情况

| 地　区 | 产能（万 m³/d） | 占总产能（%） |
| --- | --- | --- |
| 西北 | 510 | 41.46 |
| 华北 | 426 | 34.63 |
| 华南 | 135 | 10.98 |
| 西南 | 107 | 8.70 |
| 华东 | 40 | 3.25 |
| 东北 | 12 | 0.98 |
| 合计 | 1 230 | 100.00 |

注：按产能大居前。

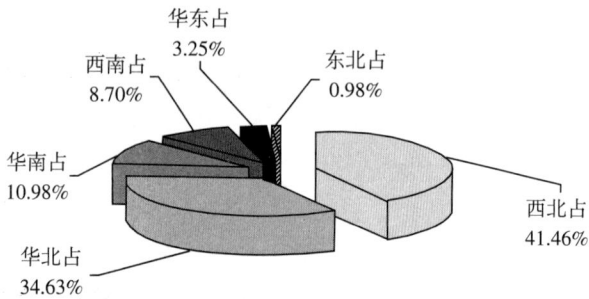

图1  2011年我国各地区LNG产能占总产能情况

## 2. 装备研发见效

虽然我国LNG行业起步较晚，总体尚处于初期阶段，但随着近年来我国天然气业务的长足发展，在工艺技术、材料应用及设备制造等领域都得到了很好的发展契机，尤其是2011年以来，在国家能源LNG技术研发中心的推动下，我国LNG技术取得了巨大突破。如中国寰球工程公司、中国石油工程设计有限公司、杭州福斯达公司等一大批国内企业均已开发出了自主的LNG工艺和建造技术或具备了工程设计和总承包能力。我国已建成的单套规模最大的液化项目为215万 m³/d 的陕西安塞天然气液化工厂，2012年8月正式投产出液。该项目由中国寰球工程公司采用自主技术总承包建设完成。我国许多项目均采用国内企业采用自主工艺技术和国产化关键设备建造。

## 3. 建设进程加快

近年，我国已投产、在建和规划建设的LNG项目共有24个。规划到2013年底投产的LNG接收站有中石油唐山、中海油珠海、中石化青岛等5座，届时LNG接收能力将超过3 700万 t/a。到2015年我国LNG年进口量将达到5 000万 t 的规模。我国已投产、在建和规划建设的LNG项目见

表3。

表3  我国已投产、在建和规划建设的LNG项目

| 投资方 | 状态 | 地点 | 完成时间 |
| --- | --- | --- | --- |
| 中国海洋石油总公司 | 已投产 | 深圳 | 2006年 |
| 中国海洋石油总公司 | 已投产 | 莆田 | 2008年 |
| 中国海洋石油总公司 | 已投产 | 洋山港 | 2009年 |
| 中国海洋石油总公司 | 已投产 | 宁波 | 2012年 |
| 中国海洋石油总公司 | 在建 | 珠海 | 2013年 |
| 中国海洋石油总公司 | 在建 | 揭阳 | 2013年 |
| 中国海洋石油总公司 | 在建 | 杨浦 | 2014年 |
| 中国海洋石油总公司 | 规划 | 温州 | 2013年 |
| 中国海洋石油总公司 | 规划 | 湛江 | 2015年 |
| 中国海洋石油总公司 | 规划 | 天津港 | － |
| 中国海洋石油总公司 | 规划 | 滨海 | － |
| 中国石油化工集团公司 | 在建 | 青岛 | 2013年 |
| 中国石油化工集团公司 | 在建 | 北海市 | 2015年 |
| 中国石油化工集团公司 | 规划 | 连云港 | － |
| 中国石油天然气集团公司 | 投产 | 南通 | 2011年 |
| 中国石油天然气集团公司 | 投产 | 大连 | 2011年 |
| 中国石油天然气集团公司 | 在建 | 曹妃甸 | 2013年 |
| 中国石油天然气集团公司 | 规划 | 深圳 | 2014年 |
| 中国石油天然气集团公司 | 规划 | 钦州 | 2015年 |
| 中国石油天然气集团公司 | 规划 | 待定 | 2016年 |
| 中国石油天然气集团公司 | 规划 | 台州 | 2017年 |
| 中国石油天然气集团公司 | 规划 | 威海 | 2017年 |
| 中国石油天然气集团公司 | 规划 | 揭阳 | 2020年 |
| 东莞九丰能源公司 | 已投产 | 东莞 | 2012年 |

# 二、主要LNG装备及制造企业

由于我国LNG起步较晚，LNG低温设备和装置的研制和国外先进水平还有一定差距。随着我国LNG行业及装备制造业的逐步发展，虽然部分LNG装置关键设备已经实现国产化，但大中型LNG装置关键设备国产化工作还需进一步深化。

在国家能源LNG技术研发中心及相关设备制造厂的推动和合作下，正积极开发天然气液化装置的关键设备，主要包括致冷剂压缩机及其驱动机、低温冷箱、蒸发气（BOG）压缩机，LNG潜液泵、低温阀门及控制系统等。

## 1. 致冷剂压缩机

致冷剂压缩机是天然气液化装置中的核心设备，为致冷剂的循环提供动力，工艺流程中常用的

压缩机类型有往复压缩机、离心压缩机、螺杆压缩机。最近 10 年在投入运行的 LNG 装置中，所使用的主要是 GE/NP、Elliott 和 MAN Turbo 3 家公司的压缩机，其中用得最多的是 GE/NP 品牌的压缩机，且近年来应用量所占的份额越来越多，约为 54%。Elliott 是为 LNG 装置提供压缩机时间跨度最长的压缩机公司，约占市场份额的 20%。目前，国内离心压缩机在大流量、高技术和特殊产品等方面还不能满足需要，在技术水平、质量、成套性等方面与国外先进水平还有差距。我国 LNG 装置中各公司生产的压缩机所占份额见图 2。

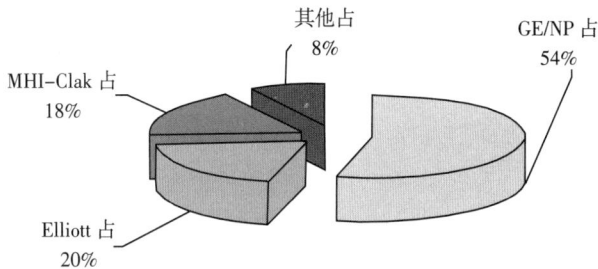

**图 2　我国 LNG 装置中各公司生产的压缩机所占份额**

我国压缩机主要生产厂家有沈阳鼓风机集团股份有限公司和陕西鼓风机（集团）有限公司。沈阳鼓风机集团股份有限公司于 1976 年从国外引进大型离心压缩机设计制造检验设备和技术，目前已具备大型叶轮的加工制造能力，该公司研制的 100万 t/a 乙烯装置、45 万 t/a 乙烯装置"三机"等已投入正常运行，为 LNG 装置开发致冷剂压缩机奠定了坚实的基础，在中小型 LNG 装置中，该公司的产品已经得到应用。陕西鼓风机（集团）有限公司始建于 1968 年（原沈阳鼓风机厂轴流压缩机部迁于陕西临潼），也是国内透平鼓风机、压缩机的大型骨干制造企业。

## 2. 致冷剂压缩机驱动机

离心式致冷剂压缩机的驱动机常用燃气透平、蒸汽透平和电机。大型天然气液化装置用大功率离心压缩机的最佳驱动方案为燃气透平驱动压缩机，美国 GE、美国卡麦隆、德国西门子、日本三菱等多家外国公司具备制造燃气透平驱动压缩机的生产能力。大功率燃气透平驱动压缩机由于设计与制造非常复杂以及工业拖动应用少等因素，我国在大功率工业拖动燃气透平方面的成熟度不足，与国外存在巨大差距。

蒸汽透平驱动压缩机作为离心压缩机的驱动机在国内较为成熟，相关国内厂家也具备一定的生产能力和研发基础，如杭州汽轮机有限公司、青岛捷能汽轮机集团股份有限公司（原青岛汽轮机厂）等，但还需对大功率电机需求进行有针对性的技术开发研究工作。针对采用电机驱动方案，我国大型电机厂，如哈电集团、上电集团、佳木斯市三江空气压缩机有限责任公司、南阳二机石油装备（集团）有限公司等企业在大功率电机生产和研发方面与国外 ABB、SIEMENZ 等厂商有较大差距，国外最大电机功率已达 8 万 kW，而我国电机厂投入工业运行的大型电机大多在 2 万 kW 左右。与电机配套的调速变频器主要规格和电机相当，我国主要生产企业有鞍山荣信和上广电，在大功率变频器方面和电机一样存在瓶颈。

## 3. BOG 压缩机

LNG 装置的 BOG 压缩机有常温型和低温型，常温型和一般工艺往复压缩机无太大区别，技术上没有难度。低温型压缩机因操作温度非常低（-162℃左右），对压缩机的结构设计及选材提出了许多特殊的要求。

目前，世界上用于低温工况的 BOG 压缩机主要有两种结构型式：一是卧式往复无油润滑压缩机，二是立式迷宫压缩机。由于我国对低温活塞压缩机的研究还处于起步阶段，低温无油密封材料（如活塞环、填料等）及隔冷结构等没有实践经验，探索需要较长的时间。在立式迷宫压缩机方面，目前世界上仅有瑞士苏尔寿贝尔哈德公司具有这种压缩机的设计制造能力，我国迷宫压缩机研究始于 20世纪 80 年代末，沈阳远大压缩机制造有限公司已经积累了一些生产经验。

## 4. 冷箱

天然气液化装置中使用的冷箱有缠绕管式和板翅式两种结构型式，其中，板翅式换热器有时也被称为钎焊式铝制换热器。目前用于大型 LNG 装置的缠绕管式换热器的制造，基本被国外 APCI 和 Linde 两家公司垄断，国内外有多家制造商能设计生产制造板翅式换热器。

由于制造水平和工程应用的限制，我国的 LNG 换热器主要以板翅式为主。国外板翅式冷箱生产企业主要有美国的 Chart 公司、法国的 Cryostar（原 Norton 公司）及日本的住友和神钢等厂家。我国生产冷箱的企业主要有杭氧低温液化设备有限公司、四川空分设备（集团）有限责任公司、杭州中泰深冷技术股份有限公司等。

### 5. LNG 潜液泵

LNG 潜液泵是在 LNG 运输车辆上的 LNG 罐内安装的潜液式离心泵，LNG 潜液泵运行温度极低（-160℃），电机潜入在 LNG 中，工作环境温度在 -160℃左右。LNG 潜液泵的设计温度为-196℃，目前国内的工业用电机最低温度在-40℃。国外 LNG 潜液泵技术起步较早，比较有代表性的有美国 EIC、美国 J.C.CHARTER、日本 NIKISO、法国 CROYSTAR 等，已有多个产品投入实际工程应用。国内相关技术起步较晚，北京航天发射技术研究所已有部分小型化技术用于国内市场。大连深蓝集团近期也投入研究，以期在大型 LNG 潜液泵方面取得突破。

### 6. 低温阀门

国外生产低温阀门的主要厂家有西班牙 POYAM VALVES、美国 VELAN 等，基本满足工业应用。我国低温阀门的制造起步较晚，在国家能源 LNG 技术研发中心的支持下，国内大连大高阀门有限公司、苏州钮威阀门股份有限公司等取得了较大进展，在小口径阀门方面已基本满足使用要求，在温度变化特性领域加大对热固耦合分析、低温下密封力的研究、超低温下开关扭矩的研究、材料的选择及研究、低温材料焊接的研究以及低温阀门关键技术方面都取得了进展。

### 7. DCS

集散控制系统（DCS）满足 LNG 工厂生产过程的控制、监视、报警、报表打印及生产管理的要求，包括完整的系统硬件、系统软件、应用软件、串行通信接口及相应软件系统文件及工程文件交付、出厂检验和性能试验、系统现场安装、接线、调试、通电系统组态及应用软件装配、调试、校验等。

国外主要的 DCS 供货厂商主要有 HONEYYWELL、YOKOGAWA 等，我国主要有和利时集团、浙江中控技术股份有限公司等企业。和国外厂商相比，国内厂家在模块的成熟度、系统架构、可靠性与稳定性以及现场经验等方面有一定差距，这些差距通过工业化依托工程正逐步缩小，例如，浙江中控技术股份有限公司的 DCS 系统在安塞 LNG 项目中应用非常成功，并在国家能源 LNG 技术研发中心的协调和支持下应用到泰安 LNG 项目中。通过经验积累，LNG 装置的 DCS 国产化工作得到顺利研制和推广。

## 三、LNG 储备和运输装备发展概况

我国 LNG 储备和运输装备主要有 LNG 储罐、LNG 运输车、LNG 船等，主要制造商有张家港富瑞特种装备股份有限公司、中集安瑞科控股有限公司、张家港中集圣达因低温装备有限公司、四川空分设备（集团）有限责任公司、青岛瑞丰气体有限公司、查特深冷工程系统（常州）有限公司、北京天海工业有限公司、哈尔滨深冷气体液化设备有限公司和张家港圣汇气体化工装备有限公司等。我国主要 LNG 储备和运输装备制造企业见表4。

### 1. LNG 船

LNG 船分为中小型 LNG 船和大型 LNG 船。中小型 LNG 船适合于内河、近海的小规模运输，大型 LNG 船适合于远距离大规模的远海运输。

我国中小型 LNG 船的生产商主要有张家港圣汇气体化工装备有限公司，该公司于 2009 年制造出全国首艘 1 万 m³ 的 Mini LNG 运输船，该船由挪威斯考根海运集团和挪威 SINTEF 能源研究机构设计，浙江台州斯考根五洲船业有限公司建造船体，张家港圣汇气体化工装备有限公司安装致冷系统和液化气储罐。另外，沪东中华造船集团有限公司正

表4 我国主要LNG储备和运输装备制造企业

| 序号 | 生产企业 | 主要产品 |
|---|---|---|
| 1 | 张家港富瑞特种装备股份有限公司 | LNG车用瓶及供气系统、LNG汽车加气站、LNG船用供气系统、LNG储罐、LNG运输车、中小型LNG液化装置等 |
| 2 | 中集安瑞科控股有限公司 | 小型LNG工厂、撬装式LNG液化装置、LNG加气站、LNG储罐、液化气体半挂车等 |
| 3 | 张家港中集圣达因低温装备有限公司 | LNG低温液体运输车、LNG低温液体带泵运输车、LNG低温液体罐式集装箱、LNG大型储罐、LNG大型球形储罐、LNG气化站、船用LNG供气系统改装、LNG调峰站、LNG汽车加气站、LNG车用瓶等 |
| 4 | 四川空分设备（集团）有限责任公司 | LNG低温储槽、LNG冷箱、LNG用压缩机、低温阀门、车用LNG气瓶、LNG加注站、低温液体泵等 |
| 5 | 查特深冷工程系统（常州）有限公司 | LNG低温储罐、小型加液车、LNG运输车、LNG小型瓶组、LNG车用燃料箱、LNG加气站等 |
| 6 | 青岛瑞丰气体有限公司 | LNG车用瓶、LNG加气站、LNG汽化站、LNG真空运输管道等 |
| 7 | 北京天海工业有限公司 | LNG气瓶、LNG槽车、LNG加气站、低温储罐等 |
| 8 | 哈尔滨深冷气体液化设备有限公司 | 混合制冷剂液化流程（MRC）、低压液体储罐、车用LNG气瓶等 |
| 9 | 张家港圣汇气体化工装备有限公司 | LNG汽化站、LNG加气站、LNG气瓶、LNG车用气瓶和系统、小型LNG运输船、LNG槽车等 |

在研发 1 万~5 万 $m^3$、5 万~8 万 $m^3$ 的中小型 LNG 船；中海油能源发展股份有限公司委托上海船舶研究设计院设计 3 万 $m^3$ 的小型 LNG 船，由江南造船有限责任公司进行制造。

我国大型 LNG 船的生产商主要是沪东中华造船集团有限公司，近期该公司已经制造 6 艘 14.7 万 $m^3$ 薄膜型 LNG 船，其中 3 艘服务于中海油深圳大鹏 LNG 接收站、2 艘服务于中海油福建莆田 LNG 接收站、1 艘服务于中海油莆田 LNG 接收站，航线分别为澳大利亚—深圳、印度尼西亚—福建莆田、马来西亚—上海洋山。另外，该公司还研发了 17.2 万 $m^3$ 的 LNG 船和 22 万 $m^3$ 的 LNG 船，其中 17.2 万 $m^3$ 规模的 LNG 船已与埃克森美孚/商船三井签订了出口订单。另外，大连船舶重工集团设计研究所有限公司也在研发 17 万 $m^3$ LNG 船。我国 LNG 船主要生产企业见表5。

表5 我国LNG船主要生产企业

| 序 号 | 生产企业 | 主要产品 |
|---|---|---|
| 1 | 张家港圣汇气体化工装备有限公司 | 1 万 $m^3$ LNG 船、1.2 万 $m^3$ LNG 船 |
| 2 | 沪东中华造船集团有限公司 | 14.7 万 $m^3$ LNG 船 |
| 3 | 上海船舶研究设计院 | 3 万 $m^3$ LNG 船（研发中） |
| 4 | 大连船舶重工集团设计研究所有限公司 | 17 万 $m^3$ LNG 船（研发中） |

## 2. LNG 运输车

我国小型 LNG 工厂大都建于内陆地区，LNG 主要靠陆路运输，运输设备为 LNG 罐式集装箱和运输槽车。截至 2010 年底，国内 LNG 槽车及罐式集装箱在市场上保有量约 1 800 辆（含 1 300 多辆槽车与 500 多辆罐式集装箱）。目前全国 LNG 运输车生产企业 20 家左右，主要生产企业有张家港中集圣达因低温装备有限公司、中集安瑞科控股有限公司、江西制氧机有限公司和航天晨光股份有限公司等。我国 LNG 运输车主要生产企业见表6。

## 3. LNG 低温储罐

按照不同的分类标准，LNG 低温储罐可分为不同的类型。按罐的围护结构，可分为单容罐、双容罐、全容罐和薄膜罐；按放置方式，可分为地上罐和地下罐；按容量，可分为小型储罐（5~50$m^3$，常用于民用燃气气化站，LNG 加注站）、中型储罐（50~100$m^3$，常用于 LNG 卫星站、工业燃气站）、大型储罐（100$m^3$~1 万 $m^3$，常用于小型 LNG 装

**表6　我国LNG运输车主要生产企业**

| 序　号 | 生产企业 |
|---|---|
| 1 | 张家港中集圣达因低温装备有限公司 |
| 2 | 中集安瑞科控股有限公司 |
| 3 | 江西制氧机有限公司 |
| 4 | 航天晨光股份有限公司 |
| 5 | 四川空分设备（集团）有限责任公司 |
| 6 | 中汽商用汽车有限公司 |
| 7 | 查特深冷工程系统（常州）有限公司 |
| 8 | 广东建成机械设备有限公司 |
| 9 | 河北盐山汇达车辆有限公司 |
| 10 | 兰州真空设备有限责任公司 |
| 11 | 张家港韩中深冷科技有限公司 |
| 12 | 张家港圣汇气体化工装备有限公司 |
| 13 | 新兴能源装备股份有限公司 |
| 14 | 上海杨园压力容器有限公司 |
| 15 | 苏州华福低温容器有限公司 |
| 16 | 淄博压力容器厂 |
| 17 | 荆门宏图特种飞行器制造有限公司 |

置）、大型储槽（1万~4万 $m^3$，常用于调峰型液化装置）和特大型储槽（4万~20万 $m^3$，常用于LNG接收站），但此界限并非是绝对的。

目前，我国储存LNG主要有三种方式，分别为集群罐储存、低温常压罐储存和低温子母站储存。低温常压罐储存方式一般应用在大型的LNG储存项目中；子母罐指将3台或者3台以上的子罐并联组成内罐，并列组装在1座大型外罐（母罐）之中，以满足低温液体储存站大容积储液量的要求。

我国5 000 $m^3$ 以下的低温储罐生产企业主要有广西广汇低温设备有限公司、张家港圣汇气体化工装备有限公司、张家港韩中深冷科技有限公司、哈尔滨深冷气体液化设备有限公司和宁波明欣化工机械有限责任公司等；具备5 000~2万 $m^3$ 储罐制造能力的生产企业有张家港中集圣达因低温装备有限公司、中国空分设备有限公司、四川空分设备（集团）有限责任公司和杭氧低温液化设备有限公司等；在3万 $m^3$ 以上的大型储罐现场工程项目市场上，主要是中国寰球工程公司、TGE Gas Engineering GmbH、中国成达工程有限公司等工程公司。2011年我国LNG储罐主要生产企业见表7。

**表7　2011年我国LNG储罐主要生产企业**

| 序号 | 生产企业 | 储罐容积 |
|---|---|---|
| 1 | 广西广汇低温设备有限公司 | 3.5~150 $m^3$ |
| 2 | 张家港圣汇气体化工装备有限公司 | 30~150 $m^3$ |
| 3 | 张家港韩中深冷科技有限公司 | 2~350 $m^3$ |
| 4 | 哈尔滨深冷气体液化设备有限公司 | — |
| 5 | 宁波明欣化工机械有限责任公司 | 200~2万 $m^3$ |
| 6 | 张家港中集圣达因低温装备有限公司 | 200~5万 $m^3$ |
| 7 | 中国空分设备有限公司 | 5 000 $m^3$、1万 $m^3$、2万 $m^3$ |
| 8 | 四川空分设备（集团）有限责任公司 | 3 850 $m^3$、1万 $m^3$ |
| 9 | 杭氧低温液化设备有限公司 | — |

LNG储罐内罐用低温材料选用是其设计与建造的技术关键之一。现在低温LNG储罐内罐材料最常用的是9%Ni钢和不锈钢，前者因其强度高、低温韧性好，广泛应用于大型低温LNG储罐，后者主要用于5 000 $m^3$ 以下的中、小型低温LNG储罐。

2005~2007年，太原钢铁集团公司承担科技部863项目"LNG储罐用超低温9Ni钢开发及应用技术"研究工作，成功研制出国产9Ni钢06Ni9，并应用于中石油江苏LNG接收站和中石油大连LNG接收站的16万 $m^3$ 储罐。

## 4. 其他LNG装备

### （1）LNG加气站装备

LNG加气站是提供LNG的重要配套设施，从LNG加气站的类型来看，目前LNG加气站类型主要有固定式、撬装式、移动加液车3种。近年来，我国LNG加气站数量快速增长，截至2010年底，我国共有101座LNG加气站，主要分布在我国沿海地区和西北地区，其中新疆占比较大。新疆广汇实业股份有限公司在新疆占据较大比例，该公司和中国市政工程华北设计研究总院第四设计院、中海油气电集团等相关单位共同编制完成《液化天然气（LNG）汽车加气站技术规范》。

我国LNG加气站装备制造企业主要有张家港圣汇气体化工装备有限公司、张家港中集圣达因低温装备有限公司、张家港富瑞特种装备股份有限公司、中集安瑞科控股有限公司、上海伊丰新能源科技有限公司及成都华气厚普机电设备股份有限公司等。

（2）LNG 车用瓶

随着 LNG 产业发展，LNG 车用瓶市场竞争加剧，市场参与者增加。在目前 LNG 车用瓶市场中，张家港富瑞特种装备股份有限公司、张家港中集圣达因低温装备有限公司和查特深冷工程系统（常州）有限公司生产的产品占据市场份额的前三位，约占全国 80%的市场份额，其他制造商包括青岛瑞丰气体有限公司、北京天海工业有限公司、四川空分设备（集团）有限责任公司、西安德森新能源装备有限公司等，市场份额较小。

（3）其他 LNG 相关设备

国内已建了不少的小型 LNG 工厂，对于小规模装置来说，从工艺包到有关设备选择的集成技术已经可以完全实现国产化。但大型 LNG 工厂装备国产化率仍然偏低，冷箱、离心式压缩机、大型膨胀机、大型低温泵和大型低温 LNG 储罐等关键设备还需要依赖进口。当前全球主要的天然气液化专利技术均掌握在 ConocoPhilips、Shell、AP、Linde、BV 等国际公司手中。而国外公司在 LNG 关键装备市场，如板翅式或饶管式冷箱、驱动机、燃气透平、压缩机等领域长期处于垄断（如压缩机方面，美国 GE/NP 公司主导了压缩机市场，目前占到全球市场的 54%；Elliott 和 MHIClark 2 家则分别占到 20%、18%）。

近期，中石油山东泰安 60 万 t/a 的 LNG 装备国产化项目启动，四川空分设备（集团）有限公司、沈阳鼓风机（集团）有限公司、上海电气集团上海电机厂有限公司、沈阳远大压缩机股份有限公司、中控科技集团有限公司、苏州纽威阀门股份有限公司、大连大高阀门有限公司和大连深蓝泵业有限公司等开展对冷箱、致冷剂压缩机组、电动机、低温阀和低温泵等关键设备攻关。

（中国寰球工程公司、中国石油和化学工业联合会　孙小涛）

煤 炭

# 一、我国煤炭装备发展历程

1974 年，我国煤炭行业从国外引进了 43 套综采技术装备，拉开了煤炭装备行业引进的序幕。改革开放以来，在党和政府的支持下，煤炭装备制造业迎来新的快速发展时期，为推进采掘技术装备国产化作出了令人瞩目的业绩。

## 1. 探索阶段（1965~1977 年）

1965 年，我国克服了前些年因自然灾害带来的不利因素，工业全面恢复。在周恩来总理的亲切关怀下，1973 年经国务院批准，我国从德国、英国、波兰引进了 43 套综采技术装备及相关配套设备分配在 14 个矿务局使用，为发展我国综采技术装备制造业和培养人才奠定了基础。

## 2. 扩大引进与消化阶段（1978~1985 年）

1978 年，国家决定从德国、英国、日本、法国引进 100 套综采、综掘技术装备，分配给 20 个矿务局的 50 个矿井使用。这次引进更加注重装备的先进性、适用性和可靠性，引进的装备基本上属于 20 世纪 70 年代中期开发的产品。首创了综采年产百万吨的技术水平，为综合机械化采煤在国内广泛运用奠定了基础。

## 3. 吸收消化与自主研发阶段（1986~1998 年）

通过立项咨询、论证评审等机制，将采煤机、掘进机及其配套设备和元部件、煤矿辅助运输设备等 7 种装备列入"七五"国家引进技术、消化吸收重大项目计划（即国家"十二条龙"计划），由 9 个制造厂和近 50 个配套厂、科研院所和高等院校承担，为煤矿提供了 300 余台（套）替代进口的技术装备，国产综采装备占有率超过 90%。

"七五"期间，煤机产品出口金额有所增加，但年出口金额均未超 200 万元。1987 年，国产液压支架首次批量出口美国。1991 年，首次向土耳其出口 41 台刮板输送机。1992 年，实现出口金额 1 159 万美元。1994 年，出口金额突破 1 亿美元，提前 6 年完成了到本世纪末出口规划的目标。

## 4. 企业自主引进与联合研发阶段（1998 年至今）

自 1998 年以后，我国加快了煤炭装备研发的进程。从 2004 年开始，神华集团有限责任公司先后与中国航天科技集团公司、郑州煤矿机械集团股份有限公司等单位合作对采掘关键装备的国产化进行研发和攻关，拥有自主知识产权和掌握核心技术的各类采高液压支架完全打破了该类产品的国际垄断，率先实现了"百人千万吨综采技术装备国产化"的目标。中煤张家口煤矿机械有限责任公司、太原矿山机器集团有限公司专为神华神东煤炭集团有限责任公司研制的刮板输送机、采煤机替代了同类设备的进口，使我国煤矿高产、高效、集约化开采技术和设备的研究开发取得重要突破。我国研制成功的厚煤层、中厚煤层和较薄煤层高效开采大功率机电一体化综采成套技术装备，其产品性能、技术水平已经达到 20 世纪 90 年代中、末期世界水平，有的已达到世界领先水平。

## 二、煤炭采掘装备行业经济运行及企业情况

近年来，我国煤炭采掘装备行业快速发展，经济运行趋好。2011 年，我国主要采掘装备行业总产值达 1 132.25 亿元，比 2010 年增长 29.26%；销售收入达 1 148.89 亿元，比 2010 年增长 28.91%；利润达 81.22 亿元，比 2010 年增长 18.59%。2010 年、2011 年我国主要煤炭采掘装备行业经济指标见表 1。2010 年、2011 年我国主要煤炭采掘装备产量见表 2。2010 年我国煤炭机械工业 50 强企业见表 3。2011 年我国煤炭机械工业 50 强企业见表 4。2010 年我国煤炭机械工业企业信用评估情况见表 5。2011 年我国煤炭机械工业企业信用评估情况见表 6。

**表 1　2010 年、2011 年我国主要煤炭采掘装备行业经济指标**

| 项　　目 | 2010 年 | 2011 年 | 2011/2010 增长（%） |
|---|---|---|---|
| 生产采掘装备总耗钢材量（万 t） | 310.93 | 411.74 | 32.42 |
| 总产值（亿元） | 875.97 | 1 132.25 | 29.26 |
| 销售收入（亿元） | 891.21 | 1 148.89 | 28.91 |
| 利润（亿元） | 68.49 | 81.22 | 18.59 |

资料来源：中国煤炭机械工业协会。

**表 2　2010 年、2011 年我国主要煤炭采掘装备产量**

| 装备名称 | 产　　量 | | |
|---|---|---|---|
| | 2010 年 | 2011 年 | 2011/2010 增长（%） |
| 采煤机（台（套）/万 t） | 772/3.1229 | 1 003/4.2672 | 29.92 |
| 掘进机（台（套）/万 t） | 1 905/10.1621 | 2 328/11.6987 | 22.20 |
| 刮板机（台（套）/万 t） | 4 733/36.0051 | 5 016/39.5057 | 5.98 |
| 皮带机（台（套）/万 t） | 3 512/26.6368 | 4 922/35.7122 | 40.15 |
| 液压支架（架） | 74 907/153.1704 | 90 799/192.2422 | 21.22 |

资料来源：中国煤炭机械工业协会。

**表 3　2010 年我国煤炭机械工业 50 强企业**

| 排序 | 企业名称 | 煤机产品销售收入（万元） |
|---|---|---|
| 1 | 郑州煤矿机械集团股份有限公司 | 664 568.6 |
| 2 | 三一重型装备有限公司 | 268 346.1 |
| 3 | 中煤张家口煤矿机械有限责任公司 | 258 836.0 |
| 4 | 中平能化集团机械制造有限公司 | 200 359.7 |
| 5 | 中煤北京煤矿机械有限责任公司 | 200 230.7 |
| 6 | 平顶山煤矿机械有限责任公司 | 192 090.5 |
| 7 | 宁夏天地奔牛实业集团有限公司 | 183 211.5 |
| 8 | 郑州四维机电设备制造有限公司 | 154 063.9 |
| 9 | 山西平阳重工机械有限责任公司 | 149 645.0 |
| 10 | 山东天晟煤矿装备有限公司 | 144 998.7 |
| 11 | 石家庄煤矿机械有限责任公司 | 143 682.0 |
| 12 | 兖矿集团有限公司机电设备制造厂 | 138 002.4 |
| 13 | 山东矿机集团有限公司 | 127 482.2 |
| 14 | 晋煤集团金鼎公司煤机制造中心 | 126 630.9 |
| 15 | 中信重型机械公司 | 115 424.2 |
| 16 | 煤科总院山西煤机装备有限公司 | 113 301.0 |
| 17 | 佳木斯煤矿机械有限公司 | 108 640.3 |
| 18 | 重庆大江信达车辆股份有限公司 | 102 772.0 |
| 19 | 山西煤矿机械制造有限责任公司 | 100 416.8 |
| 20 | 太原矿山机器集团有限公司 | 97 886.0 |
| 21 | 沈阳北方交通重工集团有限公司 | 88 715.1 |
| 22 | 林州重机集团股份有限公司 | 81 473.5 |
| 23 | 唐山开滦铁拓重机公司 | 76 208.0 |
| 24 | 上海创力矿山设备有限公司 | 74 214.0 |
| 25 | 河北天择重型机械有限公司 | 63 083.5 |
| 26 | 西安煤矿机械有限公司 | 62 713.5 |
| 27 | 抚顺煤矿电机制造有限公司 | 62 383.2 |
| 28 | 徐州华东机械厂 | 61 013.1 |
| 29 | 宁夏西北骏马电机制造股份公司 | 57 976.6 |
| 30 | 鸡西煤矿机械有限公司 | 53 866.5 |
| 31 | 山东新煤机械有限公司 | 53 768.6 |
| 32 | 大同煤矿集团有限公司中央机厂 | 52 562.4 |
| 33 | 山东莱芜煤矿机械有限公司 | 52 145.6 |
| 34 | 山东泰安煤矿机械有限公司 | 51 297.0 |
| 35 | 兖矿集团大陆机械有限公司 | 50 421.0 |
| 36 | 东莞市隆泰实业有限公司 | 50 255.3 |
| 37 | 淮南郑煤机舜立机械有限责任公司 | 44 125.3 |
| 38 | 河南万合机械有限公司 | 43 227.2 |
| 39 | 安徽攀登机械股份有限公司 | 42 627.0 |
| 40 | 汾西矿业设备修造厂 | 40 840.9 |
| 41 | 浙江衢州煤矿机械总厂有限公司 | 40 344.2 |
| 42 | 山西忻州通用机械有限责任公司 | 40 327.3 |
| 43 | 焦作神华重型机械制造有限公司 | 38 392.4 |
| 44 | 霍州煤电集团公司机电修配分公司 | 34 173.6 |
| 45 | 凯盛重工有限公司 | 33 008.0 |
| 46 | 贵州水城煤电公司机械制造分公司 | 32 111.0 |
| 47 | 山东先河悦新机电股份有限公司 | 31 269.4 |
| 48 | 鹤壁市豫兴煤机有限公司 | 28 847.8 |
| 49 | 内蒙古北方重工工程机械公司 | 28 075.6 |
| 50 | 太重煤机煤矿装备成套有限公司 | 27 983.7 |

注：按煤机产品销售收入多的居前。

资料来源：中国煤炭机械工业协会。

**表 4　2011 年我国煤炭机械工业 50 强企业**

| 排序 | 企业名称 | 煤机产品销售收入（万元） |
|---|---|---|
| 1 | 中国煤矿机械装备有限责任公司 | 1 069 480.9 |
| 2 | 郑州煤矿机械集团股份有限公司 | 734 809.1 |
| 3 | 太原重型机械集团煤机有限公司 | 421 660.2 |
| 4 | 三一重型装备有限公司 | 378 018.3 |
| 5 | 中煤张家口煤矿机械有限责任公司 | 313 235.0 |
| 6 | 山东能源机械集团有限公司 | 288 530.0 |
| 7 | 晋城金鼎煤矿业有限责任公司 | 263 255.4 |
| 8 | 中煤北京煤矿机械有限责任公司 | 234 699.4 |
| 9 | IMM 国际煤矿机械有限公司（园区） | 221 711.2 |
| 10 | 平顶山煤矿机械有限责任公司 | 215 365.1 |
| 11 | 宁夏天地奔牛实业集团有限公司 | 206 141.6 |
| 12 | 西安重工装备制造集团有限公司 | 202 627.4 |
| 13 | 中国平煤神马集团机械制造公司 | 201 700.0 |
| 14 | 石家庄煤矿机械有限责任公司 | 182 296.1 |
| 15 | 兖矿集团有限公司机电设备制造厂 | 171 461.2 |
| 16 | 山东天晟煤矿装备有限公司 | 168 333.1 |
| 17 | 山东矿机集团有限公司 | 166 144.7 |
| 18 | 沈阳北方交通重工集团有限公司 | 163 369.0 |
| 19 | 郑州四维机电设备制造有限公司 | 162 727.5 |
| 20 | 太原矿山机器集团有限公司（园区） | 162 626.4 |
| 21 | 中信重工机械股份有限公司 | 145 459.1 |
| 22 | 山东煤机装备集团有限公司 | 137 307.3 |
| 23 | 澳大利亚威利朗沃国际集团有限公司 | 128 948.8 |
| 24 | 山西煤矿机械制造有限责任公司 | 125 073.7 |
| 25 | 佳木斯煤矿机械有限公司 | 125 020.5 |
| 26 | 山西平阳重工机械有限责任公司 | 120204.0 |
| 27 | 中煤机械集团有限公司 | 118 462.5 |
| 28 | 重庆大江信达车辆股份有限公司 | 115 730.3 |
| 29 | 安徽省矿业机电装备有限责任公司 | 110 931.5 |
| 30 | 山东鲁南装备制造有限公司 | 110 146.3 |
| 31 | 林州重机集团股份有限公司 | 107 115.1 |
| 32 | 上海创力集团股份有限公司 | 101 625.0 |
| 33 | 唐山开滦铁拓重机公司 | 89 837.4 |
| 34 | 宁夏天地西北煤机有限公司 | 88 300.6 |
| 35 | 抚顺煤矿电机制造有限公司 | 71 717.8 |
| 36 | 山东新煤机械装备股份有限公司 | 68 271.1 |
| 37 | 西安煤矿机械有限公司 | 67 923.3 |
| 38 | 宁夏西北骏马电机制造股份有限公司 | 65 716.9 |
| 39 | 徐州华东机械厂 | 62 988.3 |
| 40 | 山东莱芜煤矿机械有限公司 | 62 840.9 |
| 41 | 山东泰安煤矿机械有限公司 | 61 088.0 |
| 42 | 淮南郑机舜立机械公司 | 59 240.0 |
| 43 | 鸡西煤矿机械有限公司 | 57 311.9 |
| 44 | 山西汾西矿业（集团）设备修造厂 | 56 542.1 |
| 45 | 兖矿集团大陆机械有限公司 | 56 249.0 |
| 46 | 安徽攀登机械股份有限公司 | 55 121.4 |

续表

| 排序 | 企业名称 | 煤机产品销售收入（万元） |
|---|---|---|
| 47 | 凯盛重工有限公司 | 54 176.2 |
| 48 | 河北天择重型机械有限公司 | 53 865.1 |
| 49 | 大同煤矿集团有限责任公司中央机厂 | 51 402.3 |
| 50 | 东莞市隆泰实业有限公司 | 50 698.0 |

注：按煤机产品销售收入多的居前。
资料来源：中国煤炭机械工业协会。

**表 5　2010 年我国煤炭机械工业企业信用评估情况**

| 序号 | 企业名称 | 信用等级 |
|---|---|---|
| 1 | 中煤张家口煤矿机械有限责任公司 | AAA |
| 2 | 中煤北京煤矿机械有限责任公司 | AAA |
| 3 | 宁夏天地奔牛实业集团有限公司 | AAA |
| 4 | 无锡煤矿机械厂有限公司 | AAA |
| 5 | 西安煤矿机械有限公司 | AAA |
| 6 | 抚顺煤矿电机制造有限责任公司 | AAA |
| 7 | 山东矿机集团股份有限公司 | AAA |
| 8 | 太原矿山机器集团有限公司 | AAA |
| 9 | 山西平阳重工机械有限责任公司 | AA |
| 10 | 扬州高扬机电制造有限公司 | AA |

注：由中国煤炭工业协会和中国煤炭机械工业协会评定。

**表 6　2011 年我国煤炭机械工业企业信用评估情况**

| 序号 | 企业名称 | 信用等级 |
|---|---|---|
| 1 | 上海创力集团股份有限公司 | AAA |
| 2 | 石家庄煤矿机械有限责任公司 | AAA |
| 3 | 吉林省蛟河煤机制造有限公司 | AAA |
| 4 | 佳木斯煤矿机械有限公司 | AAA |
| 5 | 中煤机械集团有限公司 | AAA |
| 6 | 山东能源机械集团有限公司 | AAA |
| 7 | 兖矿集团有限公司机电设备制造厂 | AAA |
| 8 | 平顶山煤矿机械有限责任公司 | AAA |
| 9 | 湖南煤矿安全装备有限公司 | AAA |
| 10 | 西北骏马电机制造股份有限公司 | AAA |
| 11 | 河北天择重型机械有限公司 | AA |
| 12 | 辽源煤矿机械制造有限责任公司 | AA |
| 13 | 安徽凯盛重工有限公司 | AA |
| 14 | 山东先河悦新机电股份有限公司 | AA |

注：由中国煤炭工业协会和中国煤炭机械工业协会评定。

# 三、煤炭采掘装备快速发展及成就

## 1. 主要成就

近几年，党和国家领导人十分重视煤炭机械制造企业的发展，2007 年 5 月 1 日，胡锦涛总书记视察郑州煤矿机械集团股份有限公司并指示："要创世界名牌"；2009 年，温家宝总理视察三一重型装备有限公司；2012 年 7 月 10 日，温家宝总理视察西安煤矿机械有限公司。

（1）综采综掘成套装备制造体系基本形成

我国自主成功研制了厚煤层综采配套装备，包括大功率电牵引采煤机、重型刮板输送机、大采高强力掩护式液压支架，以及长距离、大运力顺槽可伸缩带式输送机，液压支架电液控制系统和中、高压大容量供电系统等。

（2）整机装备和核心元部件研制取得重大进展

太原矿山机器厂、西安煤矿机械有限公司、天地科技股份有限公司上海分公司等单位已先后开发出功率达到 1 800~2 550kW 的大型采高电牵引采煤机，在装备重型化上已经达到国际先进水平。

我国掘进机已开发出轻、中、重型煤巷、岩巷等多个系列产品，佳木斯煤矿机械有限公司生产的掘进机最大功率已达 418kW，其性能已接近国外先进水平，基本替代进口。

中煤张家口煤矿机械有限责任公司、宁夏天地奔牛实业集团有限公司、山西煤矿机械制造有限责任公司生产的 2×1 000 kW 刮板输送机成为安全高效工作面主力机型，山西煤矿机械制造有限责任公司生产的 2×1 200kW 刮板输送机成为年产千万吨煤炭的配套设备。宁夏西北奔牛机械有限公司生产的 3×1 500 kW 刮板输送机成功应用到生产能力达 1 200 万 t/a 的工作面。

高端液压支架制造技术显著进步，郑州煤矿机械集团股份有限公司为中国神华能源股份有限公司神东煤炭分公司补连塔煤矿生产的支护高度 7m 的高端液压支架，已达到国际领先水平，真正实现了安全高效矿井液压支架整机国产化。平顶山煤矿机械有限责任公司生产的 7.2m 高端液压支架，实现压架 8 万多次，超过德国标准 1 倍。液压支架电液控制技术取得突破，郑州煤矿机械集团股份有限公司、北京天地玛珂电液控制系统有限公司成功开发具有自主知识产权的 SAC 液压支架电液控制系统，并开始推广应用。

宁夏西北骏马电机制造股份有限公司自主研发的防爆电机功率达到 1 500kW。

沈阳北方交通重工集团有限公司生产的 ZDY3500L 近千米钻机，将为落实"先抽后采、监测监控、以风定产"防治瓦斯的 12 字方针提供良好装备。井下救援装备也在不断探索开发。

（3）煤机成套和关键设备国产化率大幅度提高

目前我国煤炭行业高端综采成套装备国产化率达到 60%以上，普通综采装备已实现全部国产化。

一次采全高（4.5~6m）600 万 t/a 的设备，在特厚煤层大采高综采放顶煤实现了月产 118 万 t、年产 1 015 万 t；1 000 万 t/a 的设备，在山西西山晋兴能源有限公司斜沟煤矿实现煤炭最高日产 3.6 万 t，最高月产 87.6 万 t；1 200 万 t/a 的设备，在陕西红柳林矿实现平均煤炭日产 3.75 万 t，平均煤炭月产达 109.9 万 t；1.0m 薄煤层实现年产 100 万 t 煤炭的好成绩。

由天地科技山西煤机装备有限公司、三一重型装备有限公司研发的适合短壁开采的高效连续采煤成套装备，能开采不规则块段、残采区、"三下"压煤、地质构造复杂的煤层，填补了国内此领域的空白，部分产品性能优于国外同类产品。

天地科技股份有限公司唐山分公司重介质选煤工艺已经得到了较大范围的推广应用，已具备入洗 300 万~500 万 t/a 成套装备供应能力，使我国重介质选煤技术处于国际先进水平。

西安煤矿机械有限公司生产的 925kW、710kW 薄煤层采煤机，实现煤岩同采；三一重型装备有限公司于 2010 年 5 月研制出 BH38/2×400 型刨煤机，适用于 0.8~2.0m、倾角小于 25°的煤层，于 2010 年 11 月在铁法煤业（集团）有限责任公司晓明矿成功进行工业性试验，为实现薄煤层高效、安全、自动化开采、提高煤炭资源利用率、延长矿井开采年限提供了 1 套基于国产化的解决方案，填补了国内此领域的空白。

（4）科技进步的推动作用日益显著

我国已形成门类齐全、具有一定技术水平的产业体系，开发出一批具有自主知识产权的装备，加速了重大技术装备国产化的进程，部分产品技术水平跃居世界前列，科技进步的作用日益突出。

中国煤矿机械装备有限责任公司创建了行业内第一个国家认定企业技术中心，被国家授予"国家能源煤矿采掘机械装备研发（实验）中心"，设计研发能力和制造检测手段不断向世界先进水平迈进。

中煤张家口煤矿机械有限责任公司"张垣及图"；太重采煤机被认定为中国驰名商标。煤机装备制造业正逐步实现由中国制造向中国创造的转变。

（5）"走出去"战略有所突破

虽然我国煤机出口绝对数量和价值在全国装备总量中仍然只占有较小的比重，但这一比例正在稳步扩大。中国煤矿机械装备有限责任公司刮板输送机、液压支架、掘进机、皮带运输系统、液压掘进钻车等成套及单机装备，先后出口俄罗斯、澳大利亚、土耳其、孟加拉国、越南、菲律宾、印度尼西亚、新西兰和北非等国家和地区。郑州煤矿机械集团股份有限公司生产的高端支架出口俄罗斯 5 套。三一重型装备有限公司、郑州四维机电设备制造有限公司的产品也先后出口俄罗斯、印度、澳大利亚、美国和英国等地。

中国煤矿机械装备有限责任公司于 2007 年成功并购英国帕森斯公司，开启了国内煤机企业海外扩张先河，使我国具备了生产高强度、大规格矿用链条的能力，"中国帕森斯"链条成功出口澳大利亚等国际高端市场。2010 年，太重煤机成功收购专门生产千米钻机的澳大利亚威利朗沃国际集团公司。

（6）企业重组和基地建设取得明显成效

经过几年的整合、重组，已形成中国煤矿机械装备有限责任公司、郑州煤矿机械集团股份有限公司、天地科技股份有限公司、太原重型机械集团煤机有限公司、三一重型装备有限公司、IMM 国际煤矿机械有限公司（集团）、中煤机械集团有限公司、陕西西安重工装备制造集团有限公司、山东矿机集团股份有限公司和沈阳北方交通重工集团有限公司等多家大型煤矿装备制造企业，煤矿装备制造企业经济实力、科研实力、人才队伍、管理水平等有大幅度提升。

中国煤矿机械装备有限责任公司着眼于全球煤机制造业发展潮流，先后组织实施了对世界百年老店英国帕森斯矿用链条公司、抚顺煤矿电机制造有限责任公司、石家庄煤矿机械有限责任公司、西安煤矿机械有限公司的并购重组，形成了以刮板运输机、液压支架、采煤机、掘进机、电机电控等成套综采综掘煤矿装备为主导的产品体系，在国内率先实现了"三机一架"成套研发制造能力，2011 年排名全国煤机行业 50 强首位。

郑州煤矿机械集团股份有限公司采用联合、兼并、重组，加强企业管理、技术创新，由一个资不抵债、濒临破产的企业发展成为国内煤机行业领军企业，营业收入由 2000 年的 1 亿元跃升至 2012 年的 100 亿元，12 年间增长 100 倍；连续 12 年保持了高速增长，液压支架总产量居世界第一位，市场占有率连续多年保持在 30%以上，高端产品市场占有率达 80%以上，居国内第一位；跻身中国机械工业 500 强、全国煤炭工业百强。

三一重型装备有限公司于 2004 年开始组建，连年产值翻番，目前已形成集生产采煤机、掘进机、液压支架、刮板输送机、辅助运输机为一体的制造集团，2011 年产值达到 35.7 亿元。

2009 年 11 月 7 日，西安重工装备制造集团有限公司以西安煤矿机械有限公司和陕西建设机械集团股份有限公司为核心单位，采取均股、控股和全资等多种形式整合重组了所属的 9 家机械制造企业，成立了以煤机装备制造为主、工程路面机械为一体的大型装备制造企业——西安重工装备制造集团有限公司。基本形成了以采煤机、掘进机、液压支架、刮板输送机、胶带输送机等煤矿成套装备和路面摊铺机、铣刨机、钢结构等工程机械设计、制造的企业集团，成为西部最大的以煤炭成套装备为主的大型综合装备制造企业集团，亦是整合煤业集团下属的机械制造企业的成功范例。

正在建设之中的张家口煤机装备产业园，以打造"世界第一竞争力煤机企业"为目标，集中了国家国债本土化项目、国家节能减排项目、国家能源研发（实验）中心项目，将形成全球最大的矿用圆环链研发制造基地、亚洲最大的智能化生产单元，以及国内机械行业最先进的铸钢、锻造生产线，是中国煤矿机械装备有限责任公司提升核心竞争力、加快转型发展的关键项目。其行业领先的锻造、铸造、液力生产单元目前已陆续投产运营，同时还试点导入了上海汽车工业（集团）总公司"经营者"管理模式，与IBM合作开展了"智慧工厂"信息化建设项目，转型升级步伐不断加快。各省均加快整合本省煤矿装备制造资源，组建装备制造集团，形成了煤机产业集聚态势。

### （7）信息化提升企业管理水平

各企业推行6S精细化管理，促进企业管理升级、经济效益提高。通过ERP系统的实施，企业计划下达、采购流程、销售模式、资金审批、生产组织、成本核算、责任考核都发生了不同的变化，企业管理水平有了很大提高。

### （8）登陆资本市场，上市企业不断增加

为了扩大融资渠道、促进企业管理、加快技术改造、扩大企业产能、实现企业持续健康发展，2009年以来，一些企业陆续登陆资本市场，成功在境内外上市。2009年11月25日，三一重型装备有限公司股票正式在中国香港联合证券交易所主板挂牌上市，这是我国第一家上市的煤炭机械制造企业。2010年2月10日，国际煤机公司在中国香港成功上市。2010年8月3日，郑州煤矿机械集团股份有限公司在上海A股成功上市，募集资金28亿元。2012年，郑州煤矿机械集团股份有限公司顺利实现H股上市，正式迈入国际资本市场。2010年12月17日，山东矿机集团股份有限公司在深圳证券交易所上市，成为我国第一家在国内中小企业板上市的煤炭机械制造企业。郑州四维机电设备制造有限公司于2010年7月26日在中国香港借壳上市，林州重机集团股份有限公司、石家庄中煤装备制造股份有限公司也先后在国内上市。

### 2. 自主创新主要成果

600万t/a的综采设备实现煤炭最高月产118万t，年产1 015万t，完全实现了国产化要求。

1 000万t/a的综采设备实现煤炭最高日产3.6万t、最高月产87.6万t，达到千万吨的各项技术指标要求，其中采煤机功率2 500kW（太原矿山机器集团有限公司生产），刮板运输机2×1 200kW（山西煤矿机械制造有限责任公司生产），液压支架支护高度6.4m（山西平阳重工机械有限责任公司生产），已于2011年8月4日通过专家鉴定并批量生产。

1 200万t/a的综采设备在陕西红柳林矿实现平均日产煤炭3.75万t，最高日产4.35万t煤炭，平均月产煤炭达109.9万t，其中刮板运输机3×1 500kW（宁夏西北奔牛实业集团有限公司生产），液压支架支护高度7.2m（平顶山煤矿机械有限责任公司生产）。

支护高度7m的液压支架（郑州煤矿机械集团股份有限公司生产）可以实现采煤1 400万t的要求。ZY18000/63/70D型液压支架工作阻力达到21 000kN，连续刷新多项国内、世界支架纪录，实现了研发技术的多项突破，并累计生产6套近1 000架7m液压支架。中心矩1.75m，工作阻力15 000kN的液压支架，经过优化设计，可以达到工作阻力18 800kN的同样的支护强度1.66MPa。

截至2010年底，全国原有重点煤矿采煤机械化程度已达到65%以上，全国综掘机械化程度达到36.85%。

截至2011年底，我国在使用中的采煤机最大功率达到2 760kW（上海创力集团股份有限公司生产）；掘进机功率达到350 kW（佳木斯煤矿机械有限公司生产）；刮板运输机功率达到3×1 500 kW（宁夏西北奔牛实业集团有限公司生产）；液压支架支护高度7.2m（平顶山煤矿机械有限责任公司生产）。

（中国煤炭机械工业协会）

# 煤炭洗选

我国煤炭资源丰富，保有资源量 10 202 亿 t。根据第三次煤炭资源预测与评价，我国煤炭资源总量为 5.57 万亿 t，居世界第一位；可采储量为 2 040 亿 t，居世界第二位。近年，煤炭在我国一次性能源生产和消费结构中仍占 60% 左右，预计到 2050 年，这一比例变化不大。

我国是煤炭生产和消费大国，近年来每年生产和消费的煤炭都在 30 亿 t 以上。我国积极推行洁净煤技术，大力发展煤炭洗选加工，鼓励煤炭清洁利用。选煤可以排去煤中大部分灰分、40%~50% 的硫分，提高煤炭质量，节约煤炭 10%~15%，减少燃煤 $SO_2$、$CO_2$ 和煤尘的排放，保护环境，减少酸雨和 $SO_2$ 造成的经济损失。选煤是洁净煤技术的源头，通过洗选、加工，如制成型煤、水煤浆以及把煤转化成高效清洁的油、气能源等各种洁净煤技术手段。

## 一、概况

### 1. 选煤工艺

选煤按其分选的介质不同，可分为干法选煤和湿法选煤。

#### （1）干法选煤

干法选煤要求原煤的水分低、入料的粒级窄，目前采用复合式干法选煤，以空气—煤粉为介质，用压缩空气和激振力使物料松散，在带床条的床面上实现煤和矸石按密度分选。

#### （2）湿法选煤

湿法选煤比干法选煤的分选效率高，但需要用水，洗选产品需要脱水，生产过程产生的煤泥水需要处理，工艺流程较为复杂，采用设备较多，选煤厂的建设投资较大，生产费用相对较高，但应用广泛。

### 2. 我国选煤装备发展历程

新中国成立前，我国选煤设备主要来自英国、德国和日本等国。

新中国成立后，在第一个五年计划期间，由苏联帮助建设了黑龙江双鸭山（选煤能力为 150 万 t/a，下同）、兴安台（150 万 t/a）、安徽望峰岗（100 万 t/a）、河北马头（150 万 t/a）等选煤厂，成套设备由苏联供应；由波兰帮助建设了株洲（180 万 t/a）、太原（200 万 t/a）选煤厂，成套设备由波兰供应。为了建立我国自主的选煤机械制造工业，由苏联引进了河南洛阳矿山机器厂，从此开始生产国产的选煤关键设备。我国自行设计采用国产选煤设备的河北邯郸选煤厂于 1961 年建成投产。20 世纪 60~70 年代我国自行生产了一批选煤设备，也从波兰进口了 10 套选煤成套设备，先后建成了河北吕家坨（240 万 t/a）、宁夏大武口（200 万 t/a）、山西介休（200 万 t/a）、四川巴关河（180 万 t/a）、贵州汪家寨（120 万 t/a）等选煤厂。改革开放以来，我国从德国引进了河北范各庄（400 万 t/a）选煤厂成套设备，从美国引进山西安太堡（1 500 万 t/a）、山东兴隆庄（300 万 t/a）选煤厂成套设备，从欧美各国引进关键选煤单机（部分带制造技术）建成了山西安家岭（1 500 万 t/a）、西曲（400 万 t/a）等选煤厂。20 世纪 90 年代由澳大利亚引进了几个装配式选煤厂。进入 21 世纪，我国又从南非引进了 2 套选煤的成套设备，这些成套选煤厂设备及进口选煤关键设备大大促进了我国选煤设备的制造能力和技术的提高。

## 二、选煤装备行业稳步发展

近年来，国内外选煤设备朝着大型化方向发展，我国选煤厂主要使用的装备有：重介质旋流器、浮选机、跳汰机、动筛跳汰机、水力旋流器、干选机、浮选机、浮选柱（床）等。各国选煤厂在用的选煤装备见表 1。

**表 1　各国选煤厂在用的选煤装备**

| 国　别 | 主要选煤装备 |
| --- | --- |
| 中国 | 重介质旋流器、浮选机、跳汰机、动筛跳汰机、水力旋流器、干选机、浮选机、浮选柱（床）等 |
| 美国 | 重介质分选槽、重介质旋流器、螺旋分选机、跳汰机、浮选机、水力旋流器、摇床、浮选柱等 |
| 土耳其 | Baum 跳汰机和 FeldspaiAcco 跳汰机、重介质滚筒分选机、重介质旋流器、重介质斜轮分选机、螺旋分选机、浮选机、水力旋流器、摇床等 |
| 南非 | Wemco 滚筒分选机和重介质旋流器、Norwalt 分选槽、Dyna 螺旋分选机、水力旋流器、ROM 动筛跳汰机和传统的跳汰机、摇床、浮选柱等 |
| 英国 | 干式细粒煤筛分机、BARREL 分选机组、WEMCO 滚筒分选机、重介质旋流器、螺旋分选机、浮选柱等 |
| 澳大利亚 | 大直径（1m、1.15m、1.3m）重介质旋流器、150mm 重介质旋流器、螺旋分选机、摇床分选机、JAMESON 浮选槽、跳汰机等 |
| 波兰 | DISA 重介质分选机、跳汰机、重介质斜轮分选机、BARREL 分选机、WEMCO 滚筒分选机、浮选机和浮选柱等 |

### 1. 选煤规模扩大

近年来，我国选煤能力不断增强，原煤入选量、原煤入选比例大幅度提高。我国选煤厂近年选煤能力见表 2。我国选煤厂近年选煤能力趋势见图 1。

**表 2　我国选煤厂近年选煤能力**

| 年份 | 设计入选能力（亿 t/a） | 实际入选量（亿 t/a） | 原煤入选比重（%） |
| --- | --- | --- | --- |
| 1980 | 1.11 | 1.17 | 18.95 |
| 2005 | 8.15 | 8.37 | 31.90 |
| 2010 | 17.58 | 16.50 | 50.93 |
| 2011 | 19.50 | 18.50 | 52.56 |

资料来源：中国煤炭加工利用协会。

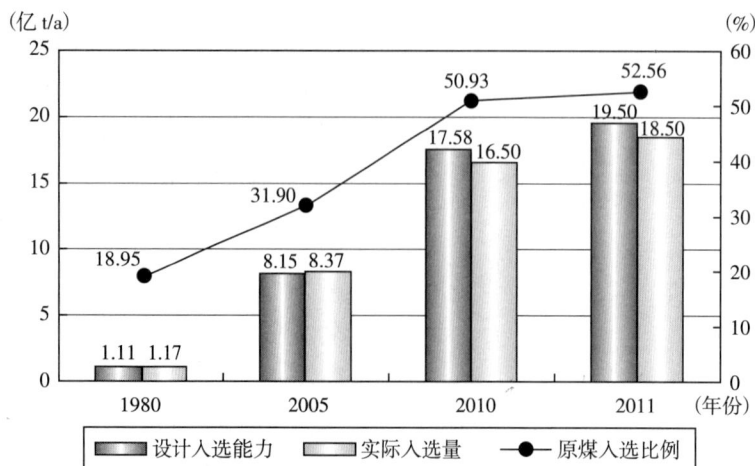

**图 1　我国选煤厂近年选煤能力趋势**

截至 2011 年底，我国选煤厂选煤装置在 3 000t/a 以上的有 2 000 座，选煤能力和实际入选量都居世界第一位。建设了 41 个入选能力超过 10 万 t/a 的超大型选煤厂，最大炼焦煤选煤厂入选能力 30

万 t/a，最大动力煤选煤厂入选能力 34 万 t/a。

## 2. 选煤技术和装备大大提高

"十一五"期间，我国新建了一大批采用先进技术和装备的现代选煤厂，淘汰了一批技术和装备落后、工艺不配套、产品质量差、污染环境重、资源浪费大的小型简易选煤厂，用先进技术和设备改造了一批大、中型选煤厂；自主研发和创新了选煤技术，如重介质三产品选煤技术和工艺、浮选机和浮选柱、离心脱水机、隔膜压滤机、干法选煤装置和自动控制系统等。我国主要选煤厂所用选煤工艺占比见表 3。我国主要选煤厂所用选煤工艺占比见图 2。

**表 3　我国主要选煤厂所用选煤工艺产能及占总量比例**

| 技术工艺 | 重介质 | 跳汰 | 浮选 | 干选 | 其他 |
|---|---|---|---|---|---|
| 占比（%） | 60.63 | 11.38 | 25.10 | 2.49 | 0.40 |

资料来源：中国煤炭加工利用协会。

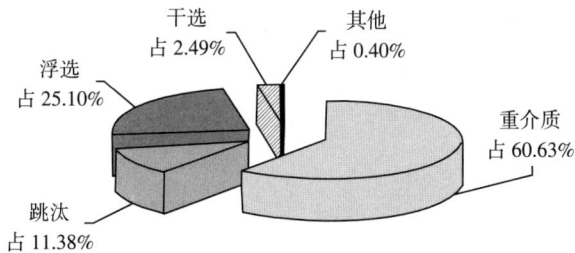

**图 2　我国主要选煤厂所用选煤工艺占比**

## 3. 选煤厂设计和建设水平进入世界先进行列

近年来，我国选煤厂建设采用 CAD 设计和先进施工方法，大大缩短了设计和建设周期，建设一个 10 万 t/a 的选煤厂平均耗时约 1 年。

## 4. 动力煤洗选加强

近几年，我国动力煤选煤厂生产能力已超过炼焦煤选煤厂。以前动力煤选煤厂一般只选块煤，现在许多选煤厂已经入选各种介质煤。

## 5. 原煤入选率低，商品煤灰分偏高

我国原煤入选率，2010 年只有 50.93%，近 50% 原煤未经洗选就使用了，在主要产煤国家中是比较低的，商品煤灰分全国平均 23%~25%，特别是供电厂用煤，全国为 25%~27%，而美国为 10% 以下，日本约 13%，英国为 16% 以下。世界主要产煤国原煤入选比例见表 4。世界主要产煤国原煤入选比例见图 3。

**表 4　世界主要产煤国原煤入选比例**

| 国　　家 | 入选率（%） |
|---|---|
| 英国 | 100.00 |
| 德国 | 95.00 |
| 澳大利亚 | 75.00 |
| 俄罗斯 | 62.10 |
| 南非 | 60.00 |
| 美国 | 56.00 |
| 中国 | 50.93 |
| 波兰 | 50.00 |

资料来源：中国煤炭加工利用协会。

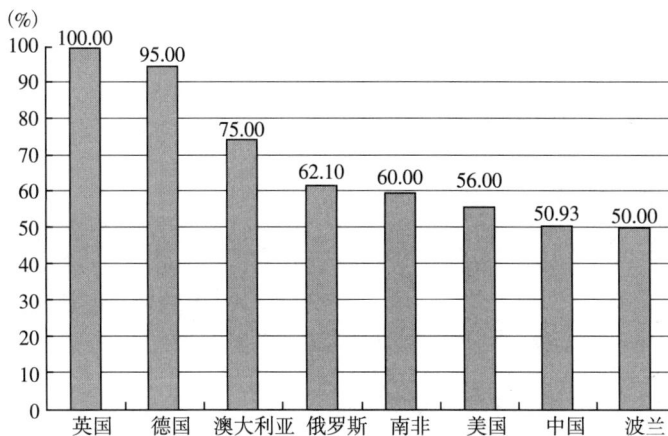

**图 3　世界主要产煤国原煤入选比例**

## 6. 选煤装备质量有待提高

我国选煤设备质量的可靠性和国外相比还有差距，因此许多大型设备仍依赖进口，如筛子、重介质旋流器、离心脱水机、磁选机、自动控制设备。我国选煤厂年工作时间只有 5 280h，国外多数达到 6 000~6 500h。

# 三、选煤装备

## 1. 主要选煤装备

### （1）破碎设备

破碎设备主要有选择性破碎机、齿辊破碎机、强力分级破碎机、锤式破碎机、鄂式破碎机、反击式破碎机等。我国选煤厂最常用的破碎设备是齿辊破碎机和强力破碎机。

### （2）筛分设备

筛分设备主要有固定筛、辊轴筛、滚筒筛、摇动筛、振动筛（包括圆振动筛、直线振动筛、等厚筛、高频振动筛）、共振筛、强力抛射筛、弧形筛、弛张筛。

### （3）分选设备

分选设备主要有跳汰机、重介分选机（包括旋流器）、浮选机、磁选机、干法分选机、螺旋分选机、干扰床分选机。

### （4）脱水设备

脱水设备主要有离心脱水机、过滤机（包括真空过滤机、加压过滤机）、压滤机（包括带式过滤机、箱式压滤机、隔膜压滤机等）、干燥机、浓缩机、水力旋流器、干燥设备、自动加药系统。

### （5）运输设备

运输设备主要有带式输送机、刮板输送机、斗式提升机、螺旋输送机、给料机、装车站。

### （6）其他设备

其他设备主要有采样机、除铁器、水泵、砂泵。

## 2. 选煤装备的特点

由于原煤性质不同，用户对煤炭质量要求不同，选煤厂采用的工艺流程不同，选用的选煤装备便不同。选煤装备类型多，品种多，产品的批量少。

选煤厂的规模不同，从入选原煤 30 万 t/a 到 2 000 多万 t/a，装备大小、规格差别很大，比如筛子的面积从 3~40m²，各种规格都有。

工作环境恶劣。设备大部分在有水、煤尘、煤泥、磁铁矿粉等环境工作，设备分选、输送的物料是岩石、煤、磁铁矿粉，设备磨损、腐蚀严重。

选煤工艺是连续生产过程，一个环节连一个环节，一台设备连一台设备，一台设备出现故障，就会影响全厂生产，对设备质量要求高，要求设备工作寿命长。

选煤设备，如筛子、离心脱水机等长期处于高频率振动状态（每分钟振动频率多达 1 500 次），因此对平衡、抗疲劳有极高的要求。

## 3. 主要选煤装备制造企业

主要选煤设备、生产企业及国外有关企业情况见表 5。

**表 5  主要选煤设备、生产企业及国外有关企业情况**

| 产品类型 | 中　　国 | 国　　外 |
| --- | --- | --- |
| 破碎设备 | 天地科技股份有限公司唐山分公司、山东莱芜煤矿机械有限公司、郑州冶金煤矿物资总公司 | 英国 MMD 矿山机械有限公司、澳大利亚 ABON |
| 筛分设备 | 鞍山重型矿山机器股份有限公司、山东煤机装备集团有限公司 | 澳大利亚申克工业技术有限公司、澳大利亚约翰芬雷工程有限公司、澳大利亚卢德维琪矿产加工设备公司、美国康威德振动筛公司、澳大利亚奥瑞凯公司 |
| 分选设备 | 天地科技股份有限公司唐山分公司、唐山国华科技有限公司、抚顺隆基电磁科技有限公司、唐山市神州机械有限公司、沈阳科迪通达矿山机械有限公司、威海市海王旋流器有限公司 | 美国丹尼斯克、美国克莱博斯（KREBS）工程公司、美国艺利制造公司、澳大利亚 CMI 有限公司、南非 Multech |

续表

| 产品类型 | 中　国 | 国　外 |
| --- | --- | --- |
| 脱水设备 | 山东博润工业技术股份有限公司、衡水海江压滤机集团有限公司、山东景津环保设备有限公司、淮北中芬矿山机器有限责任公司、山东煤机装备集团有限公司、淮北矿山机器制造有限公司、北京中水长固液分离技术有限公司、唐山市协力胶带运输设备有限公司、湖南舜天通风设备有限公司、唐山天和科技开发有限公司、江苏宜兴环保设备公司 | 荷兰天马有限公司、美国DMI有限公司、澳大利亚申克公司、澳大利亚奥瑞凯公司 |
| 运输设备（快速装车） | 山东博润工业技术股份有限公司、天地科技股份有限公司唐山分公司、山东煤机装备集团有限公司 | 美国KSS公司、澳大利亚申克公司 |
| 其他（水泵、砂浆泵） | 沈阳水泵制造厂、武汉水泵厂有限公司、石家庄水泵厂、石家庄工业泵厂有限公司 | 美国丹佛、澳大利亚丹佛、澳大利亚瓦曼公司 |

资料来源：中国煤炭加工利用协会。

## 四、未来发展目标

"十二五"期间，为加快推进煤炭洗选加工工业的发展，将切实以中国特色社会主义理论为指导，深入贯彻落实科学发展观，以科学发展为主题，以加快发展方式转变为主线，以提升煤炭工业发展的科学化水平为主攻方向，坚持依靠科学技术进步和自主创新，建设优质、高效大型现代化选煤厂，大力发展煤炭洗选业，优化产品结构，发展循环经济，促进节能减排，推动煤炭经济发展方式的转变，实现煤炭工业的节约发展、清洁发展、安全发展和可持续发展。

到2015年，实现以下目标：全国选煤厂入选能力达到26.5亿t/a以上，原煤入选总量超过25.5亿t，入选比例达到65%以上；力争600万t/a炼焦煤选煤厂、1 000万t/a动力煤选煤厂的关键大型装备全部实现国产化；2011~2015年选煤能力要增加9亿t/a，也就是每年增加1.8亿t/a的选煤能力，原煤入选量将由16.5亿t达到25.5亿t，未来选煤行业将有很大的发展。

（中国煤炭加工利用协会、
王占华先生亦为本文编写提供参考材料）

# 煤矿安全

煤矿安全装备是煤矿安全生产的基本保障，是灾害事故预测预警、监测监控的基本工具，在遏制煤矿灾害事故、促进安全生产工作中发挥着十分重要的作用。

## 一、安全监控系统

安全监控系统是由主机、传输接口、分站、各类传感器、电源、执行器及相关软件等组成的有机整体，对井下甲烷浓度、风速、风压、一氧化碳浓度、温度等环境参数进行监测，对机电设备工作状态等进行监控，从而有效降低或避免灾害事故的发生。

### 1. 发展历程

国外煤矿安全监控技术自20世纪60年代开始发展，其发展过程可分为四个阶段：第一阶段，采用空分制来传输信息；第二阶段，采用（信道）频分制来传输信息；第三阶段，以时分制为基础的煤矿监控系统；第四阶段，以分布式微处理机为基础，以开放性、集成性和网络化为特征的煤矿监控。

我国煤矿监控技术及系统发展较晚。20世纪80年代初，原煤炭工业部先后从波兰、美国、德国、英国和加拿大等引进了一批安全监测监控系统，如 CMC-1、DAN6400、TF200、MINOS 和 Senturion-200 等，用于阳泉、淮南、潞安等煤矿，有效地促进了国内安全监控技术与装备的起步与发展。20世纪80年代中期以后，在引进、消化、吸收的同时，结合我国煤矿的实际情况，先后研发了

KJ1、KJ2、KJ4 等第一批煤矿安全监测监控系统，并通过了原煤炭工业部组织的鉴定。该时期的系统多采用分布式结构、时分制频带或基带传输方式。

20世纪90年代以后，我国先后研发出一批具有国际先进水平的监控系统，如 KJ95、KJ90、KJ101、KJF2000 等，采用计算机操作，具有智能化水平高、响应速度快、瓦斯风电闭锁、区域联网等显著特点。部分监控系统开始采用光纤传输。

2006年，国家发布了《煤矿安全监控系统通用技术要求》（AQ6201-2006），对安全监控系统功能、技术指标等技术要求进行全面规范，有力地规范和促进了安全监控系统的发展，并实现了设计、制造的全面国产化。同年，国家安委会办公室发布了《关于加强煤矿安全监控系统装备联网和维护使用工作的指导意见》（安委办〔2006〕21号），规定所有煤矿必须装备安全监控系统。2007年，国家发布实施了《煤矿安全监控系统及检测仪器使用管理规范》（AQ1029）。

2010年，《国务院关于进一步加强企业安全生产工作的通知》（国发〔2010〕23号）规定，必须进一步完善监测监控等煤矿井下安全避险"六大系统"。国家安全生产监督管理总局先后发布一系列文件，规定安全监控系统在为煤矿安全生产服务的同时，必须在矿井突发紧急情况下为矿工安全避险提供支撑和保障。

### 2. 生产情况

在我国，安全监控系统的研制和生产制造得到高度重视，生产单位从最初的三四家发展到2005

年的 60 余家。2006 年后，经过标准宣贯、整改和优胜劣汰，生产单位有所减少，目前主要是进行系统的升级改造和零配件的生产。到 2011 年底，我国有安全监控系统生产单位 50 余家，主要生产单位有：天地（常州）自动化股份有限公司、中国煤炭科工集团重庆研究院、镇江中煤电子有限公司、

北京瑞赛长城航空测控技术有限公司、北京阳光金力科技发展有限公司、煤炭科学研究总院沈阳研究院等。总体产品质量和技术水平达到国际先进水平，部分性能处于国际领先水平。2011 年我国安全监控系统生产及销售情况见表 1。2011 年我国主要安全监控系统生产单位经济运行情况见表 2。

**表 1   2011 年我国安全监控系统生产及销售情况**

| 年度 | 生产量（套） | 总产值（亿元） | 销售值（亿元） | 出口交货值（万元） | 企业数量（个） | 从业人员年平均数（人） |
|---|---|---|---|---|---|---|
| 2011 | 1 100 | 9.0 | 8.0 | 200 | 53 | 5 300 |

注：从业人员平均数不包括安全监控系统配件生产企业从业人数。
资料来源：国家矿用产品安全标志中心。

**表 2   2011 年我国主要安全监控系统生产单位经济运行情况**

| 单位名称 | 资产总金额（亿元） | 总产值（亿元） | 销售额（亿元） | 从业人数（人） |
|---|---|---|---|---|
| 中国煤炭科工集团重庆研究院 | 4.5 | 2.1 | 2.0 | 800 |
| 天地（常州）自动化股份有限公司 | 2.5 | 2.0 | 1.8 | 660 |
| 镇江中煤电子有限公司 | 1.3 | 0.6 | 0.5 | 130 |
| 北京阳光金力科技发展有限公司 | 1.3 | 1.2 | 1.0 | 90 |

资料来源：国家矿用产品安全标志中心。

### 3. 应用情况

《煤矿安全监控系统通用技术要求》（AQ6201-2006）、《煤矿安全监控系统及检测仪器使用管理规范》（AQ1029-2007）的发布，有力地规范了安全监控系统的设计、生产、选型、安装、使用和维护管理，保证了安全监控系统的正常运行。2010 年，煤矿井下安全避险"六大系统"建设完善工作进一步促进了安全监控系统的安装和使用维护管理。近年，我国所有煤矿均配备了安全监控系统，运行状况良好。2011 年我国安全监控系统安装、更新情况见表 3。

**表 3   2011 年我国安全监控系统安装、更新情况**

| 年度 | 安装、更新套数（套） | 开工率（%） |
|---|---|---|
| 2011 | 1 105 | 98 |

资料来源：国家矿用产品安全标志中心。

### 4. 科研情况

国家高度重视安全监控系统及相关技术发展。

"十一五"期间，在国家科技支撑计划中先后设立了"煤矿瓦斯、火灾与顶板重大灾害防治关键技术研究"、"煤矿安全生产监控及预警关键技术研究"、"安全生产检查检验与物证分析关键技术和装备研究"等重大专项，其中设立的"安全生产综合监控技术实现升级换代研究"、"煤矿重大灾害综合监测预警关键技术"、"煤矿重大火灾预警及综合监控系统示范工程"等课题，国家资金投入超千万元。生产单位也与煤矿联合进行相关技术的研究开发，投入资金 9 000 多万元。主要针对监控系统存在的可靠性较差、抗干扰能力低、传感器稳定性不高、预警性能不够等问题，着力研究高可靠性、高稳定传感技术、安全检测仪表无线接入技术、本质安全配接技术、煤岩动力灾害监测子系统、监控系统网络可靠性及抗干扰技术、数据可靠性判识、煤矿安全监控系统在线检测方法等。目前，瓦斯传感技术由原采用催化燃烧、热导原理发展到采用红外、激光、光纤技术，稳定性由 7 天提高到 15 天，甚至 6 个月以上，响应时间由 30s 缩短到 20s、12s；系统的无主运行网络结构可靠性及抗干扰技术均有了一定提高。

未来安全监控系统技术发展方向包括以下几个内容：传感技术，实现高精度传感，并提高传感的稳定性和抗干扰能力；组网及传输技术，进一步提高传输的可靠性及响应速度；功能多样化，由单一的安全监测监控功能向综合监控发展；在监测监控

的同时，提高超前报警、预测预警能力；异地断电控制，提高甲烷等参量超限异地断电响应速度；强化联网功能。

# 二、人员管理系统

人员管理系统由主机、传输接口、分站（读卡器）、标识卡等组成，实现对井下人员或移动目标的数量、位置、时间、移动方向等的监测和管理。

## 1. 发展历程

我国煤矿人员管理系统的研制始于20世纪90年代末，其发展历程可分为三个阶段：第一阶段，2000~2006年，以RFID射频技术为代表，采用433MHz、900MHz无线通信频率，单向通信方式，典型产品有KJ69、KJ125等；第二阶段，2007~2010年，以Zigbee无线通信技术为代表，采用2.4GHz无线通信频率，支持双向通信方式，2007年国家发布实施了《煤矿井下作业人员管理系统通用技术条件》（AQ6210-2007）和《煤矿井下作业人员管理系统使用与管理规范》（AQ1048-2007）等标准，规范了人员管理系统的设计、制造、安装、使用与维护管理；第三阶段，2010年以后，采用Wi-Fi、Zigbee等通信技术，支持3G通信，能够较好地实现精确定位，并实现与预警、语音通信等的融合。《国务院关于进一步加强企业安全生产工作的通知》（国发〔2010〕23号）要求所有矿井必须装备人员管理系统，有力地促进了人员管理系统的生产制造和安装使用，截至2011年底，全国煤矿已基本配备人员管理系统。

## 2. 生产情况

我国煤矿人员管理系统的研制生产于2000年起步，2004年，第一套人员管理系统KJ69取得矿用产品安全标志。其后，生产单位逐步增多，产量逐年增加，至2007年初，人员管理系统生产单位增加至近20家，煤矿安装量超过1 000套。尤其是2010年以后，人员管理系统生产企业快速增加，到2011年底约有120家生产企业，主要生产企业有天地（常州）自动化股份有限公司、中国煤炭科

工集团重庆研究院、镇江中煤电子有限公司、江苏三恒科技股份有限公司、重庆梅安森科技股份有限公司等，产量也大幅度增加。目前，我国人员管理系统总体产品质量和技术水平基本满足煤矿的实际需要，部分性能达到国际先进水平。2011年我国人员管理系统主要生产企业经济运行情况见表4。2011年我国人员管理系统生产及销售情况见表5。

**表4　2011年我国人员管理系统主要生产企业经济运行情况**

| 单位名称 | 资产总金额（亿元） | 总产值（亿元） | 销售金额（亿元） | 从业人数（人） |
|---|---|---|---|---|
| 天地（常州）自动化股份有限公司 | 2.5 | 1.3 | 1.1 | 400 |
| 中国煤炭科工集团重庆研究院 | 4.5 | 1.0 | 0.9 | 400 |
| 镇江中煤电子有限公司 | 1.3 | 0.4 | 0.3 | 130 |

资料来源：国家矿用产品安全标志中心。

**表5　2011年我国人员管理系统生产及销售情况**

| 年度 | 产量（套） | 总产值（亿元） | 销售值（亿元） | 企业数量（个） | 从业人员年平均数（人） |
|---|---|---|---|---|---|
| 2011 | 6 852 | 10.3 | 9.6 | 110 | 3 600 |

资料来源：国家矿用产品安全标志中心。

## 3. 应用情况

人员管理系统在研究开发初期，由于产品技术不够成熟，故障率较高，漏卡现象比较普遍，影响了人员管理系统的使用和推广。随着人员管理系统技术的不断发展，尤其是先进通信技术的应用，系统的运行越来越稳定，正常率有了明显提高。2011年我国人员管理系统应用情况见表6。

**表6　2011年我国人员管理系统应用情况**

| 年度 | 使用情况 | 开工率（%） |
|---|---|---|
| 2011 | 列入考核 | 84 |

资料来源：国家矿用产品安全标志中心。

## 4. 科研情况

国家、地方有关部门及煤矿企业和生产制造企业高度重视煤矿人员管理系统相关技术的研发。"十一五"期间，国家科技支撑计划"矿井重大灾害应急救援关键技术研究"重大专项中，专门设立了"人员遇险区域定位和救灾通信关键技术装备"等

课题；国家科研院所技术开发研究专项资金项目也设立了"煤矿井下动目标监测技术开发"等课题，国家投入资金近千万元。生产制造企业也积极与煤矿联合进行相关技术的研究，投入资金2 000多万元。这些研究的主要内容包括复杂巷道中精确定位技术、矿井应急避灾引导信号系统、高可靠、低功耗、低成本的矿用本安编码发射卡、本安型现场总线接口装置、便携式高灵敏探测器等及实现精确定位与预警、语音通信等的有机融合。

随着矿山信息化建设的不断深入、现代通信技术的发展，人员管理系统的主要发展方向有：超高精度定位技术与装备，定位精度达到1m以内；融合无线定位与人体生物特征识别技术的装备与系统；井下动目标一体化定位、通信、监测技术与装备；基于3D-GIS支撑平台的多功能井下动目标监控；高可靠性和抗电磁干扰技术等。

# 三、通信联络系统

通信联络系统对煤矿安全生产、安全避险、抢险救灾具有重要作用。随着计算机技术、网络技术、信息交换技术、无线通信技术的发展，矿用通信联络装备在产品类型、传输方式、通信距离、话音质量等方面取得重大进展，目前已形成调度通信系统、无线通信系统、广播通信系统等。

## 1. 发展历史

我国煤矿通信联络技术的发展始于20世纪70年代，大体上经历了三个阶段：第一阶段，以有线模拟通信技术为基础，具备局部扩音和打点等基本功能的有线通讯系统；第二阶段，以有线数字程控调度技术、局部无线通信技术、现场总线技术等为基础的无线通讯系统；第三阶段，基于高速宽带综合骨干网络传输平台，有线调度通信与无线接入有机融合的井下全覆盖、功能齐备的通信联络系统。2010年，《国务院关于进一步加强煤矿安全生产工作的通知》（国发〔2010〕23号）促进了井下通信联络系统的完善和发展。截至2011年底，所有煤矿已基本配备、完善了井下通信联络系统。

调度通信系统最早应用于煤矿井下，是井下最基本、最有效的通信手段。井下最早广泛使用隔爆型磁石电话机，《煤矿安全规程》、《煤矿通信、检测、控制用电工电子产品通用技术要求》（MT 209-1990）、《煤矿本质安全型共电、自动电话机技术条件》（MT289-1992）、《煤矿生产调度通信系统通用技术条件》（MT401-1995）、《煤矿生产调度自动交换电话总机通用技术条件》（MT405-1995）等发布实施后，本质安全型电话机成为主流，逐步淘汰了隔爆型磁石电话机。2008年发布的《禁止井工煤矿使用的设备及工艺目录（第二批）》，已禁止隔爆型磁石电话机在井下使用。调度通信方式从模拟通信发展为数字通信，强插、强拆、群呼、组呼等成为有线调度通信系统的基本功能。随着网络技术的发展，IP电话也逐步开始在煤矿井下使用，并实现与调度电话的互联互通。

最早的无线通信系统为局部通信系统，主要类型有漏泄通信、无线对讲、PHD透地通信、载波通信等。第二代无线通信系统以PHS技术为基础，使用防爆"小灵通"，由于公共通信领域限制"小灵通"的使用，矿用"小灵通"也在缩小使用范围。《多基站矿井移动通信系统通用技术条件》（MT/T 1115-2011）和《矿井救灾通信系统通用技术条件》（MT/T 1129-2011）发布实施后，促进了井下无线通信系统的发展，目前主要采用CDMA、Wi-Fi等技术，具备通话、呼叫、强插、强拆、广播、来电显示等功能，最大通信距离超过300m。

广播通信系统是全矿井或局部区域的扩音通话系统，具备半双工通话功能，在紧急情况下可发出声光语音报警信息，其发展经历了全模拟扩音、模拟扩音网络传输和全数字扩音三个阶段。局部区域广播通信系统在井下采掘工作面、胶带输送机、提升机等的通信控制中已有30多年的使用历史，全矿井广播系统则是近三四年才开始发展和应用，并得到迅速推广。

## 2. 生产情况

随着煤炭工业的发展和安全生产工作的不断深入，煤矿企业对通信联络系统的需求不断增加，促进了通信联络系统相关产品的研发和生产制造，生产单位从 20 世纪 80 年代初的不足 20 家，发展到目前的 80 余家，主要分布在江苏省、山东省、重庆市、北京市、湖北省、山西省、浙江省和辽宁省等地。产品质量和技术水平总体达到国际先进水平，部分性能处于国际领先水平。2011 年，我国主要通信联络系统相关产品生产情况见表 7。

**表 7　2011 年我国主要通信联络系统相关产品生产情况**

| 年　度 | 产量（万台） | 总产值（亿元） |
|---|---|---|
| 2011 | 50 | 12 |

资料来源：国家矿用产品安全标志中心。

目前，我国有煤矿通信联络系统生产企业 80 余家，其中调度通信系统 10 多家、广播通信系统 40 余家、无线通信系统 60 余家，主要生产企业包括天地（常州）自动化股份有限公司、中国煤炭科工集团重庆研究院、西安大唐电信科技股份有限公司、江苏三恒科技股份有限公司等。2011 年我国矿用通信联络系统主要生产企业经济运行情况见表 8。

**表 8　2011 年我国矿用通信联络系统主要生产企业经济运行情况**

| 单位名称 | 注册资金（亿元） | 年产值（亿元） | 销售额（亿元） | 从业人数（人） |
|---|---|---|---|---|
| 天地（常州）自动化股份有限公司 | 1.0 | 2.5 | 1.5 | 700 |
| 中国煤炭科工集团重庆研究院 | 1.1 | 2.0 | 1.2 | 600 |
| 西安大唐电信科技股份有限公司 | 0.49 | 2.0 | 0.79 | 530 |
| 江苏三恒科技股份有限公司 | 0.75 | 1.0 | 0.5 | 580 |

资料来源：国家矿用产品安全标志中心。

### 3. 应用情况

有线调度通信系统是目前煤矿井下通信的主要手段，具有较高的运行稳定性；由于配备不间断电源，可确保在停电状态下的正常使用；井下电话采用远程本安供电方式，可在矿井突发紧急情况下提供可靠的通信保障。

CDMA、Wi-Fi 是目前井下无线通信系统的主流。由于采用了软交换技术，不仅具备移动、固定语音通话功能，还能传输数据和图像，可为构建现代化综合数据平台提供支持。目前使用范围越来越广，稳定性越来越高，无线通信距离超过 300m。

漏泄通信系统必须铺设专用同轴漏泄电缆，每隔 300m 左右需加装中继器，影响了可靠性和信道利用率，主要使用在运输大巷和辅助提升等场所，目前生产单位不到 10 家。

载波通信系统主要用于采掘工作面和主要运输巷道。

### 4. 科研情况

国家对煤矿通信联络系统的发展高度重视。"十一五"期间，共投入专项资金近千万元，对无线救灾通信技术、矿用 TD-SCDMA 系统关键技术等进行国家科技攻关，研制出了无线传输和无线中继技术的矿井无线救灾通信系统技术与装备，实现井下指挥基地与救援现场之间的灾区图像、语音、环境参数三位一体实时并行传输；建立了移动式矿井重大灾害应急救援指挥系统；并对矿井应急救援无线透地双向通信技术与装备、井下可视化无线救灾通信技术与装备和矿用 TD-SCDMA 系统技术及装备展开进一步研究。与此同时，生产单位也与煤炭企业联合，进行了大量的研究工作。

通信联络系统今后的发展重点：矿用防爆 IP 电话网络，进一步提高网络带宽、可靠性以及各种性能指标；自组网无线通信系统，以 Mesh 网络结构为框架，采用 Zigbee、Bluetooth 和 Wi-Fi 等核心技术；采掘工作面移动通信系统，基于 Wi-Fi 和无线工业以太网等先进技术；功能多样化，具备环境监测、语音图像传输等功能，并适用于井下突发紧急情况下的救灾通信；与其他监控系统合理融合。

## 四、安全仪器仪表

煤矿安全仪器仪表是保障煤矿安全生产的重要工具。我国煤矿使用的安全仪器仪表种类繁多，主要有检测类仪器仪表，如便携仪、传感器等；个体防护类仪器，如自救器、呼吸器等。检测类仪器仪表主要用于检测、监测井下的有毒有害气体、环境状况和设备设施的工作状态；个体防护设备主要为矿工提供生命安全保障。

## 1. 发展历程

我国煤矿对有害气体的检测始于19世纪50年代。之前使用小动物判别等土办法，后来发展了气体检测管。20世纪50年代中叶，出现了基于光学原理的光干涉式瓦斯测定器；20世纪60年代末，研发了数显式便携仪和传感器，对$CH_4$、$O_2$、$CO_2$、$CO$、$H_2S$等气体及环境温度进行检测或监测。2005年以后，国家先后发布实施了《煤矿用低浓度载体催化式甲烷传感器》（AQ 6203-2006）、《煤矿安全监控系统及检测仪器使用管理规范》（AQ1029-2007）等一系列标准，有效促进了安全仪器仪表的发展和使用。

我国煤矿井下配备的自救器主要有过滤式自救器、隔绝式化学氧自救器、隔绝式压缩氧自救器三种。我国化学氧气自救器自1960年开始研制，1967年成功研制出AZG-40型，随之先后研发出15min、30min、60min等多种规格。压缩氧自救器自1984年开始研制，重庆、抚顺煤矿安全仪器厂先后研制成功AXY-45型和AXY-30型，其后开发出60min、90min等规格自救器。2011年，我国淘汰了过滤式自救器以及30min以下的自救器。

呼吸器有负压氧气呼吸器和正压氧气呼吸器两种类型。1953年，抚顺煤矿安全仪器厂以苏联PKK-1、PKK-2型呼吸器为基础，研制成功了我国第一代AHG-2、AHG-4型负压氧气呼吸器。1994年，开始对正压氧气呼吸器进行研究；2003年，中国煤炭科工集团重庆研究院与美国布马林公司合作生产了HY-4和Biopak240正压氧气呼吸器。

## 2. 生产情况

煤矿安全仪器仪表种类繁多，生产销售情况各不相同，环境参数、通风、矿压等方面的检测监测仪器仪表销量较大。2011年我国主要安全仪器仪表生产情况见表9。

**表9　2011年我国主要安全仪器仪表生产情况**

| 年　度 | 产品名称 | 产量（万台） | 总产值（亿元） |
|---|---|---|---|
| 2011 | 传感器、便携仪 | 60 | 12.0 |
| | 自救器、呼吸器 | 5 | 0.2 |

资料来源：国家矿用产品安全标志中心。

我国生产煤矿安全仪器仪表的企业较多，到2011年底，产品已取得安全标志的生产单位超过700家，主要生产企业有中国煤炭科工集团重庆研究院、天地（常州）自动化股份有限公司、江苏三恒科技股份有限公司、煤炭科学研究总院沈阳研究院等。2011年我国安全仪器仪表主要生产企业经济运行情况见表10。

**表10　2011年我国安全仪器仪表主要生产企业经济运行情况**

| 生产单位 | 注册资金（亿元） | 总产量（万台） | 销售金额（亿元） | 从业人数（人） |
|---|---|---|---|---|
| 中国煤炭科工集团重庆研究院 | 1.1 | 12.0 | 2.6 | 980 |
| 天地（常州）自动化股份有限公司 | 1.0 | 13.0 | 2.4 | 790 |
| 江苏三恒科技股份有限公司 | 0.75 | 10.0 | 1.9 | 580 |
| 煤炭科学研究总院沈阳研究院 | 1.2 | 2.5 | 0.9 | 520 |

资料来源：国家矿用产品安全标志中心。

## 3. 应用情况

随着科技进步及相关产品标准的升级换代，安全仪器仪表的稳定性、可靠性、测量精度、抗干扰能力等方面逐步提升，为井下安全使用创造了条件。基于催化燃烧和电化学原理的气体检测仪器仪表的稳定性由最初的7天提高到15天，个别达到21天；基于光学原理的检测仪器仪表的稳定性超过2个月，个别达到6个月。但基于催化燃烧原理的安全仪器仪表容易受到环境影响，零点漂移、误报警等现象时有发生，使用寿命也较短，功耗较大，也影响相关产品的井下使用。

截至2011年底，我国煤矿井下主要使用防护时间不低于30min的隔绝式化学氧自救器和隔绝式压缩氧自救器已实现了井下全员覆盖，煤矿使用总量在600万台左右。

2002年之前，负压氧气呼吸器占使用总量的60%以上，其后正压氧气呼吸器已逐步替代负压氧气呼吸器，近年来已成为矿山救护队使用的主流设备，并受到好评。

### 4. 科研进展

国家对安全仪器仪表的发展非常重视。"十一五"期间，在"煤矿瓦斯、火灾与顶板重大灾害防治关键技术研究"等5项国家科技支撑计划重大项目中设立12个课题，对安全仪器仪表进行研究，总经费超过1 500万元。生产企业也与煤矿联合进行相关技术的研究开发，投入资金5 000多万元。研究的重点包括安全参数测定技术、高可靠性传感器测定技术、自诊断技术、安全检测仪表无线接入技术等。研制了红外甲烷传感器，实现了误差≤真值的±10%、响应时间≤12s、工作稳定性≥12个月、寿命≥5年；红外二氧化碳传感器，解决了设计、温度补偿、防尘防水结构等难题；激光甲烷传感器，测量精度±0.05%、响应时间<12s、工作稳定性≥6~12个月、寿命≥5年；激光一氧化碳传感器，检测范围（0~2 000）ppm、测量误差≤真值的±5%、稳定性≥12个月、响应时间<30s、寿命≥5年；粉尘浓度传感器，测量范围0~500mg/m³或0~1 000mg/m³、测量误差≤15%、传输距离≥1 500m；井下物探设备的探测精度、灵敏度等也有显著提高。

未来安全仪器仪表的发展方向将主要集中在以下方面：半导体激光吸收光谱技术用于气体检测；仪器仪表的微型化、智能化、高集成化及低功耗和多功能，对外部信息具有检测、数据处理、逻辑判断、自诊断和自适应能力，并实现远距离、高速度、高精度传输。

## 五、通风机

通风机是煤矿井下通风不可或缺的安全设备，为矿工提供足量的新鲜空气，排出有毒有害的气体和粉尘，创造安全舒适的作业环境。通风机使用量大面广，主要类型包括主通风机、局部通风机以及辅助风机。

### 1. 发展历程

国外通风机的发展具有悠久的历史。苏联主要使用离心式和轴流式风机，离心式风机直径达4.7m，效率达86%；轴流式风机直径达4.0m，效率

达80%。美国矿用风机以轴流式为主，叶轮最大直径4.27m，最大功率7 600 kW，最高转速3 600r/min。德国GAF系列轴流式风机叶轮最大直径达6.3 m，效率在83%~88%。局部通风机主要有德国的dGAL、dIE、G系列、波兰的WLE-A、WLE-B系列等。

我国主通风机发展经历了四个阶段：20世纪50年代初至70年代末，主要仿制苏联产品，效率较低；20世纪80年代至90年代初，我国研制出低风压大风量的节能风机；20世纪90年代初至90年代末，研制出BK、BDK系列煤矿防爆抽出式轴流主通风机，最大直径达4.0m；进入21世纪后，控制技术、变频技术、监测监控技术、通信技术、新材料等的应用，使风机行业逐步迈入智能化阶段。

我国局部通风机研发始于20世纪70年代，起初主要仿制苏联产品，如JBT系列局部通风机；20世纪80年代初，研制出BKT6型子午加速局扇，提高了工作效率；20世纪90年代，局部通风机有了长足的发展，并得到广泛推广使用；进入21世纪以后，逐渐研发出多级、多速轴流局部通风机，用于长距离通风。2008年，《禁止井工煤矿使用的设备及工艺目录（第二批）》规定，自2009年3月起禁止使用JBT局部通风机。

### 2. 生产情况

由于通风设备的重要作用，历来得到多方的高度重视，特别是近年来，随着我国经济的快速增长，带动了对煤炭和非金属需求的快速增长，通风机行业迅速得到发展。"十一五"时期，国内煤矿基本完成了主通风机基础配置，由于主通风机设计使用年限在15年以上，未来5年主通风机的市场需求平稳。局部通风机设计使用年限不低于5年，一般实际使用3年左右，局部通风机市场将依然比较活跃。2011年我国主要通风机产值情况见表11。

**表11　2011年我国通风机产值情况**

| 矿井类别 | 产值（亿元） | |
| --- | --- | --- |
| | 主通风机 | 局部通风机 |
| 煤矿 | 16.11 | 14.41 |
| 金属、非金属矿 | 1.06 | 1.41 |

资料来源：国家矿用产品安全标志中心。

矿用通风机行业市场竞争激烈，生产企业规模参差不齐，少数单位年销售金额上亿元，而大部分单位在 1 000 万~2 000 万元。截至 2011 年底，我国有通风机生产单位近 130 家，其中，主通风机生产单位约 60 家，局部通风机生产单位 120 多家，主要分布在山西省、湖南省、山东省、河南省和重庆市等省市，主要生产单位有平安电气股份有限公司、山西省运城市安瑞节能风机有限公司、山西渝煤科安运风机有限公司、南阳防爆集团股份有限公司、淄博风机厂有限公司等。2011 年我国通风机主要生产企业经济运行情况见表 12。

### 3. 应用情况

截至 2011 年底，我国煤矿使用的主通风机约 28 000 台。其中，电机外置式单级轴流通风机占

表 12　2011 年我国通风机主要生产企业经济运行情况

| 生产单位 | 注册资金（万元） | 年产值（亿元） | 销售额（亿元） | 从业人数（人） |
|---|---|---|---|---|
| 平安电气股份有限公司 | 5 000 | 10.0 | 3.83 | 550 |
| 山西省运城市安瑞节能风机有限公司 | 5 128 | 15.0 | 2.70 | 466 |
| 山西渝煤科安运风机有限公司 | 10 000 | 10.0 | 2.15 | 480 |
| 南阳防爆集团股份有限公司 | 3 187 | 5.0 | 0.77 | 210 |
| 淄博风机厂有限公司 | 1 200 | 3.5 | 0.55 | 480 |

资料来源：国家矿用产品安全标志中心。

8%，电机外置式双级轴流通风机占 10%，电机外置离心通风机占 2%，电机内置式对旋轴流通风机占 65%，电机内置式单级轴流通风机占 15%。2011 年我国煤矿使用的各规格主通风机所占比例见图 1。

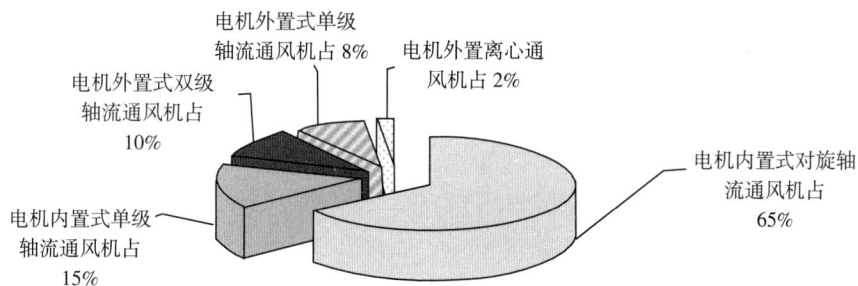

图 1　2011 年我国煤矿使用的各规格主通风机所占比例

由于主通风机的重要作用，我国有关矿井对其管理十分重视，运行状况普遍良好，实际运行效率大部分在 0.45~0.65，高于 0.7 的不足 10%。其中，对旋式主通风机实际运行效率多为 0.5~0.65。

截至 2011 年底，我国煤矿使用的局部通风机约 25 万台，其中对旋式通风机占 70% 以上。老式 JBT 系列局部通风机实际运行效率为 0.3~0.5，噪声在 110dB 以上，已禁止在煤矿井下使用。对旋式局部通风机实际运行效率可达 0.8 以上，由于矿井对局部通风机管理非常严格，目前运行情况良好。

### 4. 科研情况

随着煤矿安全生产工作的逐步深入，对通风机安全要求逐步提高，先后进行了大量科技研究。"十五"期间，国家科技支撑计划对"瓦斯抽采矿井的风流监测和智能控制关键技术"、"智能通风机控制技术"等项目进行了支持，国家投入资金约

400 万元。"十一五"期间，国家科技支撑计划又对"煤矿在用主通风机在线监测系统"、"煤矿在用主通风机综合性能测试仪"等课题给予支持，投入资金约 500 万元。与此同时，相关单位也与煤炭企业联合进行相关研究，取得了一批成果。主要研究领域包括以下几方面：通风基础研究，为通风机正确选型提供依据，力求通风机效率的极大化；通风机系列化、成套性研究；通风系统配套性的研究，如配套用塑料叶轮、变频电机、柔性抗压风筒等；瓦斯抽采矿井的风流监测和智能控制关键技术；智能通风机控制技术。

近年来，我国通风机在气动设计和性能方面处于国际先进水平，但在加工工艺、生产设备等方面与国际先进水平相比还存在一定差距，今后的研究重点将主要集中在以下方面：通风机最新的设计方法、新材料和新工艺，通风机负载特性，通风机智

能控制与变频技术，智能局部通风成套装备。

## 六、紧急避险装备

紧急避险装备是在矿井突发紧急情况下，为遇险矿工安全避险提供支持和保障，并为应急救援创造条件，赢得时间。紧急避险装备主要包括矿用可移动式救生舱、自救器、压风自救装置等。

### 1. 发展历史

国内外紧急避险系统是随着对安全生产认识的不断深入和对灾害事故发生原因的深刻剖析而逐步建设和发展的。对灾害事故发生时遇险人员紧急避险的实际需求分析，促进了煤矿井下紧急避险设施的建立，并逐步成为各国的法律规定。

加拿大自 1928 年就出现了初期井下避险设施，利用压缩空气通过面罩提供氧气。后又开发了有害气体处理系统，处理空气中的 $CO$ 和 $CO_2$。20 世纪 80 年代后，井下避险设施在金属矿山得到广泛应用。南非自 20 世纪 70 年代就出现井下避险设施，1986 年法律强制井工矿山必须设立紧急避险设施。澳大利亚金矿自 2000 年一直使用紧急避险设施，至今已是法律对井工矿山的基本要求。2006 年 1 月 2 日，美国国会通过了《2006 年矿工法》，规定煤矿必须在井下设置气密性避险设施。2008 年 12 月，美国矿山安全监察局发布了救生舱标准，规定 2009 年 12 月前所有美国煤矿井下必须配备紧急避险设施。矿用可移动式救生舱在美国、德国、加拿大、澳大利亚等国家经过十几年的发展，目前已有较为成熟的产品。

我国煤矿井下紧急避险系统的建设与发展可追溯到 20 世纪 60 年代，最初起源于煤与瓦斯事故突出的矿井。2006 年，我国将救生舱相关技术研究纳入"十一五"国家科技支撑计划；2010 年 7 月 19 日，《国务院关于进一步加强企业安全生产工作的通知》要求煤矿井下必须建设完善安全避险"六大系统"。2011 年 1 月 25 日出台了《煤矿井下紧急避险系统建设管理暂行规定》（安监总煤装〔2011〕15

号），对紧急避险系统设计、建设、维护、管理、培训与应急演练等做了具体规定。

2009 年，北京科技大学等单位成功研制 KJYF-96/8 型矿用可移动式救生舱；2010 年，国内出现软体可移动式救生舱；2011 年，部分生产单位研制液态二氧化碳制冷救生舱，实现可移动式救生舱的无电源化；同时部分企业开始研制蓄冰制冷+压缩空气驱动气动马达实现空气循环与温湿度调节的可移动式救生舱。随着救生舱技术的发展，相关配套系统的关键技术研究也取得了一定成效，如大容量电源装置、长时间工作便携式环境监测仪表、救生舱性能检测检验技术等。

### 2. 生产情况

矿用可移动式救生舱从 2006 年"十一五"国家科技支撑项目立项开始研制，截至 2011 年底，已有 9 家生产单位的共 80 台矿用可移动式救生舱取得了矿用产品安全标志。2011 年我国矿用可移动式救生舱生产情况见表 13。

**表 13　2011 年矿用可移动式救生舱生产情况**

| 年　度 | 产量（台） | 总产值（亿元） |
|---|---|---|
| 2011 | 80 | 1.2 |

资料来源：国家矿用产品安全标志中心。

我国矿用可移动式救生舱从发展之初就得到了多方的高度重视，其研发与生产制造企业也不断扩大，从 2006 年仅几家，在此后短短的几年时间里已达到了上百家。主要企业有电光防爆科技（上海）有限公司、中国煤炭科工集团重庆研究院、辽宁卓异装备制造有限公司、深圳市中兴昆腾有限公司、黑龙江龙煤卓异救援装备科技有限公司、中煤机械集团有限公司、江苏拉艾夫矿山设备有限公司、煤炭科学研究总院沈阳研究院、山东矿安避险装备有限公司等。产品质量和技术水平总体达到国际先进水平，部分性能处于国际领先水平。2011 年我国矿用可移动式救生舱主要生产企业经济运行情况见表 14。

表14　2011年我国矿用可移动式救生舱主要生产企业
经济运行情况

| 单位名称 | 注册资金（亿元） | 年产值（亿元） | 销售额（亿元） | 从业人数（人） |
|---|---|---|---|---|
| 电光防爆科技（上海）有限公司 | 0.40 | 0.8 | – | 260 |
| 辽宁卓异装备制造有限公司 | 0.50 | 10.0 | 0.20 | 200 |
| 深圳市中兴昆腾有限公司 | 1.10 | 7.0 | – | 350 |
| 黑龙江龙煤卓异救援装备科技有限公司 | 0.12 | 4.0 | 0.10 | 70 |
| 中煤机械集团有限公司 | 0.50 | 0.8 | 0.10 | 700 |
| 煤炭科学研究总院沈阳研究院 | 1.20 | 8.0 | 0.75 | 700 |

资料来源：国家矿用产品安全标志中心。

### 3. 应用情况

我国矿用可移动式救生舱经过这几年的发展，设备的各项性能得到了完善，目前有6人、8人、10人、12人和16人等规格救生舱1 200多台在煤矿试运行，部分进行了真人演练。其供氧系统、环境检（监）测系统、温湿度调节系统、有毒有害气体去除系统、指示系统、动力保障系统等主要工作系统运行基本稳定，指标基本正常。

### 4. 科研情况

2006年，我国将救生舱相关技术研究纳入"十一五"国家科技支撑计划"矿井重大灾害应急救援关键技术研究"，对救生舱的关键技术进行专项研究。经过近几年的研究，在环境检（监）测系统、温湿度调节系统、有毒有害气体去除系统、指示系统、动力保障系统等方面都取得了进展。同时成功研制了第一台8人96h救生舱。该舱采用分段组装式结构，在没有外界动力条件下可提供8人4d的生存环境；具有$CO_2$、CO等有毒有害气体吸收清除技术，保障了救生舱安全的生存环境；配有救生舱专用蓄冷空调，解决了制冷除湿问题。

"煤矿井下紧急避险与快速处置技术及装备"课题已列入"十二五"国家科技支撑计划。未来我国将对矿用可移动式救生舱等紧急避险系统等相关问题开展进一步研究，并将避难硐室配置技术及配套装备研发、救生舱配置技术及配套装备研发作为研究重点。

（国家矿用产品安全标志中心　杨大明　沙凤华　王秋敏　张　勇　吴兆宏　常　琳）

# 电 力

# 发 电
## 火电及其他发电

## 一、电力装备发展概况

### 1. 初创时期（20世纪50年代~60年代初）

1951年，我国筹建哈尔滨电机厂，迈出了新中国水力发电设备制造的第一步。1953年，先后成立了上海汽轮机厂、上海电机厂和上海锅炉厂。1955年，由苏联援建了哈尔滨锅炉厂、哈尔滨汽轮机厂及哈尔滨电机厂。1958年，组建了四川德阳水力发电设备厂（现东方电机厂）。从此初步形成了哈尔滨、上海、四川三大发电设备制造基地。

在此时期，我国引进了苏联中、高、超高压火电机组和中、小容量水电机组设计和制造技术，主导产品为火电25MW、50MW、100MW机组，水电为100MW等级以下机组。全国发电设备年生产能力达到了2 000MW左右。在引进技术的同时，我国也培养了一大批发电设备产品和工艺设计技术人员，为我国电力工业初步奠定了具有一定规模、相对比较完整的发电设备制造业基础。

### 2. 自力更生时期（20世纪60年代~70年代末）

在"自力更生，奋发图强"方针指引下，我国发电设备产业进入了自主创新、独立发展的阶段。在充分消化吸收引进技术的基础上，大胆创新，自主设计和制造了一批具有当时世界先进水平的发电机组。如水电机组主要有云峰高水头100MW混流式水轮发电机组、刘家峡300MW双内冷混流式水轮发电机组、葛洲坝125MW和175MW轴流转桨式水轮发电机组；火电机组主要有国内自主研发的410t锅炉、50MW及以下的空冷机组、50MW双水内冷和新型氢冷汽轮发电机。此后，我国又自主研制开发了全氢冷、水—氢—氢和水—水—空汽轮发电机，随后200MW超高压机组、200MW超高压冷凝式汽轮机、300MW双水冷内冷机组也相继问世。

这些机组的研制成功并顺利并网发电，标志着我国发电设备制造业进入了新的发展阶段，走上了自主开发设计、独立生产制造的发展道路，我国发电设备制造业进入了快速发展时期。

### 3. 引进、消化、优化与提高阶段（20世纪80年代~90年代末）

20世纪80年代初，国家组织引进了美国300MW、600MW亚临界火电机组技术。我国发电设备三大集团（哈尔滨电气集团、上海电气集团、东方电气集团）为生产600MW亚临界火电机组进行了技术改造，同时对引进的火电机组技术进行了消化吸收，并对引进机组的部分结构加以改进，全部实现了国产化，形成了600MW亚临界火电机组的批量生产能力。此后，又引进了100MW级循环流化床锅炉技术（CFB）、700MW大型混流式水电机组技术等。在自主研发及与世界跨国公司广泛合作交流的基础上，合作制造了三峡左岸700MW大型混流式水电机组、沁北600MW超临界火电机组、大同600MW全空冷机组等一系列具有国际先进水平的电机产品。

经过近20年的发展，我国发电设备制造业进一步缩小了与世界先进水平的差距，在产品设计和制造水平、技术研发和生产能力等方面有了大幅度提高。

### 4. 快速发展阶段（进入 21 世纪以来）

进入 21 世纪后，随着我国国民经济快速持续增长，对电力的旺盛需求不断增加，发电设备制造业进入快速发展期。国内制造企业与世界著名发电设备制造商进行了广泛的合作，使产品不断走向成熟，技术逐步得到提高。以长江三峡水电站为代表的国产 700MW 水电机组顺利投运，标志着我国水电机组制造水平已迈入世界先进行列，结束了水电机组依赖进口的历史。三峡工程（包括地下电站）32 台水电机组中，由我国自主设计、制造的机组有 14 台，机组最高效率达 95%，高于进口机组 2 个百分点，同时也将具有自主知识产权的全空冷却和蒸发冷却技术创造性地应用到了水电机组上，标志着我国大型水电机组新型冷却技术的创新已走在世界的前列；在机组的稳定性方面，明显优于进口机组。目前，我国有关企业正在开发研制 1 000MW 混流式高水头大型水电机组。

截至 2011 年底，我国大型火电机组的年生产能力达到 5 500 万 kW 左右。三大集团（哈尔滨电气集团、上海电气集团、东方电气集团）均具备了 600MW、1 000MW 超临界与超超临界机组的批量生产能力。

21 世纪以来，我国发电设备制造业已融合了世界上各种先进的发电设备技术，覆盖水电、火电、核电和可再生能源发电等各种规格、不同品种发电机组的研发和生产能力。

## 二、火电及其他发电行业生产情况

2011 年，我国发电设备产量 13 998.67 万 kW，同比增长 14.14%；水轮发电机组 2 598.63 万 kW，同比增长 35.64%；汽轮发电机 9 388.15 万 kW，同比增长 10.81%；风力发电机组 1 471.89 万 kW，同比减少 10.60%；电站锅炉 538 832.00 蒸 t，同比增长 34.73%；电站汽轮机 10 426.10 万 kW，同比增长 3.70%；电站水轮机 600.07 万 kW，同比增长 12.99%；燃气轮机 134.43 万 kW，同比增长 795.01%。2010 年、2011 年我国发电设备产量情况见表 1 和图 1。

**表 1　2010 年、2011 年我国发电设备产量情况**

| 项　目 | 2010 年 | 2011 年 | 2011/2010 增长（%） |
|---|---|---|---|
| 发电设备产量（万 kW） | 12 264.21 | 13 998.67 | 14.14 |
| 电站汽轮机（万 kW） | 10 054.49 | 10 426.10 | 3.70 |
| 汽轮发电机（万 kW） | 8 472.07 | 9 388.15 | 10.81 |
| 水轮发电机组（万 kW） | 1 915.76 | 2 598.63 | 35.64 |
| 风力发电机组（万 kW） | 1 646.38 | 1 471.89 | -10.60 |
| 电站锅炉（蒸 t） | 399 949.00 | 538 832.00 | 34.73 |
| 电站水轮机（万 kW） | 531.09 | 600.07 | 12.99 |
| 燃气轮机（万 kW） | 15.02 | 134.43 | 795.01 |

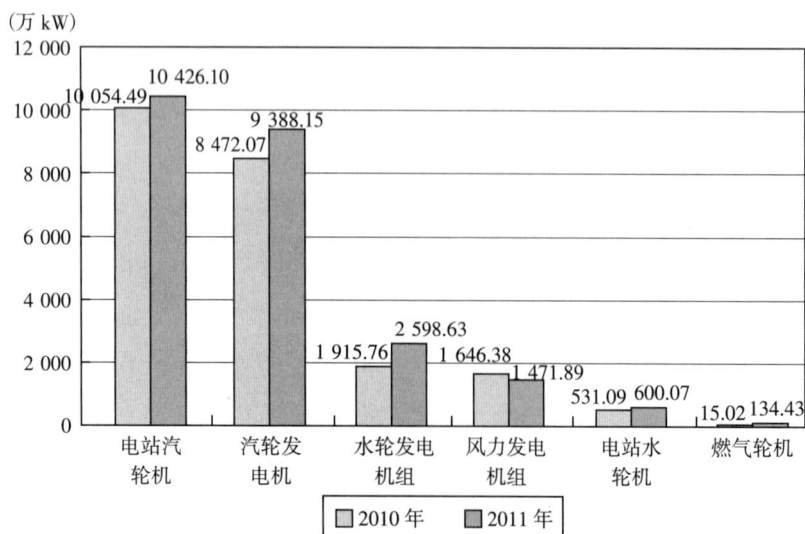

图 1　2010 年、2011 年我国发电设备产量情况

2011 年，我国发电设备制造行业共有生产企业 1 476 家，工业总资产 5 783.38 亿元，同比增长 17.24%；工业总产值 5 393.80 亿元，同比增长 17.42%；工业销售值 5 128.77 亿元，同比增长 14.70%；出口交货值 516.13 亿元，同比增长 35.29%；主营业务收入 5 009.37 亿元，同比增长 19.02%；税金总额 153.86 亿元，同比增长 8.13%；利润总额 346.70 亿元，同比增长 5.23%。2010 年、2011 年我国发电设备经济运行情况见表 2。

表 2 2010 年、2011 年我国发电设备经济运行情况

单位：亿元

| 项 目 | 年 份 | 锅炉及辅助设备制造 | 汽轮机及辅机制造 | 水轮机及辅机制造 | 发电机及发电机组制造 | 合 计 |
|---|---|---|---|---|---|---|
| 工业总资产 | 2010 | 1 319.86 | 1 082.95 | 44.42 | 2 485.54 | 4 932.77 |
| | 2011 | 1 452.59 | 1 122.95 | 49.53 | 3 158.31 | 5 783.38 |
| 工业总产值 | 2010 | 1 235.96 | 596.18 | 49.39 | 2 711.98 | 4 593.51 |
| | 2011 | 1 477.38 | 624.01 | 66.07 | 3 226.34 | 5 393.80 |
| 工业销售值 | 2010 | 1 224.33 | 584.42 | 48.38 | 2 614.51 | 4 471.64 |
| | 2011 | 1 461.40 | 618.37 | 64.24 | 2 984.76 | 5 128.77 |
| 出口交货值 | 2010 | 80.13 | 74.67 | 1.79 | 224.92 | 381.51 |
| | 2011 | 115.57 | 105.31 | 2.58 | 292.67 | 516.13 |
| 主营业务收入 | 2010 | 1 189.32 | 544.71 | 48.11 | 2 426.55 | 4 208.69 |
| | 2011 | 1 447.28 | 597.16 | 64.24 | 2 900.69 | 5 009.37 |
| 税金总额 | 2010 | 54.31 | 15.18 | 1.41 | 71.39 | 142.29 |
| | 2011 | 64.40 | 19.47 | 1.58 | 68.41 | 153.86 |
| 利润总额 | 2010 | 81.35 | 40.31 | 2.80 | 205.00 | 329.46 |
| | 2011 | 113.94 | 43.08 | 5.31 | 184.37 | 346.70 |
| 产成品 | 2010 | 47.17 | 20.09 | 0.93 | 112.86 | 181.05 |
| | 2011 | 54.91 | 25.42 | 1.12 | 142.82 | 224.27 |
| 2011 年企业数（个） | | 656 | 82 | 34 | 704 | 1 476 |

资料来源：中国电器工业协会。

2010 年，我国发电机及发电机组制造工业总资产达 2 485.54 亿元。

2011 年，我国发电机及发电机组制造工业总资产达 3 158.31 亿元，同比增长 27.07%；工业总资产占我国发电设备制造工业总资产的 54.61%，是发电设备的主要生产制造行业。2010 年、2011 年我国发电设备分行业工业总资产及占总量情况见表 3。2010 年、2011 年我国发电设备分行业工业总资产见图 2。2011 年我国发电设备分行业工业总资产占总量比例见图 3。

2010 年，我国发电机及发电机组制造工业总产值达 2 711.98 亿元。

2011 年，我国发电机及发电机组制造工业总产值达 3 226.34 亿元，同比增长 18.97%；工业总产值占我国发电设备制造工业总产值的 59.82%，是

表 3 2010 年、2011 年我国发电设备分行业工业总资产及占总量情况

单位：亿元

| 项 目 | 2010 年 | 2011 年 | 2011/2010 增长（%） | 2011 年分行业占总量（%） |
|---|---|---|---|---|
| 发电机及发电机组制造 | 2 485.54 | 3 158.31 | 27.07 | 54.61 |
| 锅炉及辅助设备制造 | 1 319.86 | 1 452.59 | 10.06 | 25.12 |
| 汽轮机及辅机制造 | 1 082.95 | 1 122.95 | 3.69 | 19.41 |
| 水轮机及辅机制造 | 44.42 | 49.53 | 11.50 | 0.86 |
| 合计 | 4 932.77 | 5 783.38 | 17.24 | 100.00 |

注：按 2011 年资产总计量大的居前。
资料来源：中国电器工业协会。

我国发电设备的主要生产制造行业。2010 年、2011 年我国发电设备分行业工业总产值及占总量情况见表 4。2010 年、2011 年我国发电设备分行业工业总产值见图 4。2011 年我国发电设备分行业工业总产

值占总量比例见图 5。

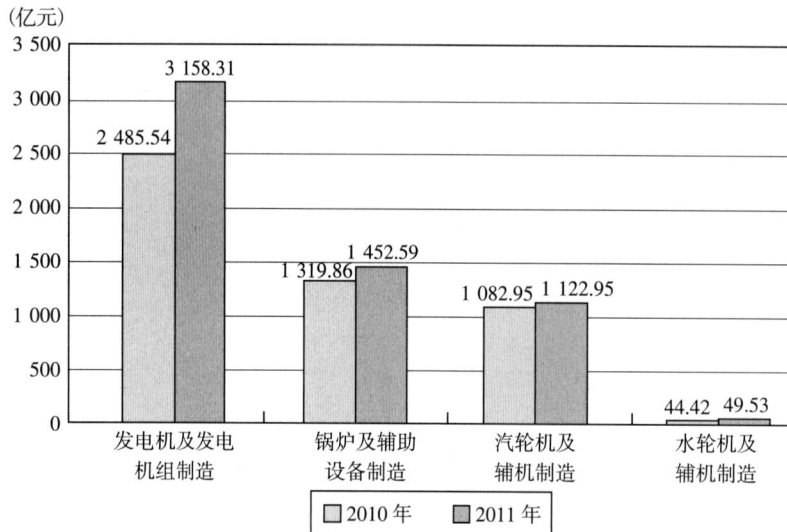

**图 2　2010 年、2011 年我国发电设备分行业工业总资产**

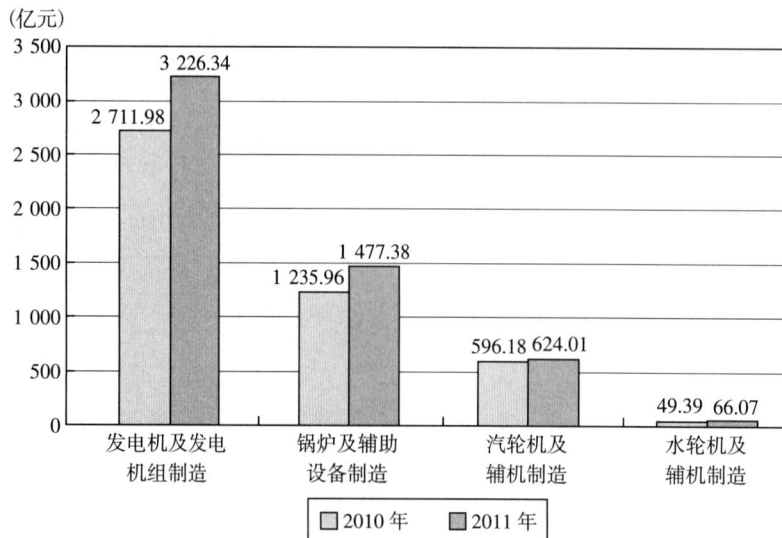

**图 3　2011 年我国发电设备分行业工业总资产占总量比例**

**表 4　2010 年、2011 年我国发电设备分行业工业总产值及占总量情况**

单位：亿元

| 项　　目 | 2010 年 | 2011 年 | 2011/2010 增长（%） | 2011 年分行业占总量（%） |
|---|---|---|---|---|
| 发电机及发电机组制造 | 2 711.98 | 3 226.34 | 18.97 | 59.82 |
| 锅炉及辅助设备制造 | 1 235.96 | 1 477.38 | 19.53 | 27.39 |
| 汽轮机及辅机制造 | 596.18 | 624.01 | 4.67 | 11.57 |
| 水轮机及辅机制造 | 49.39 | 66.07 | 33.77 | 1.22 |
| 合　　计 | 4 593.51 | 5 393.80 | 17.42 | 100.00 |

注：按 2011 年工业总产值量大的居前。
资料来源：中国电器工业协会。

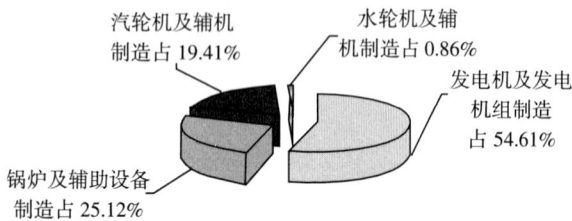

**图 4　2010 年、2011 年我国发电设备分行业工业总产值**

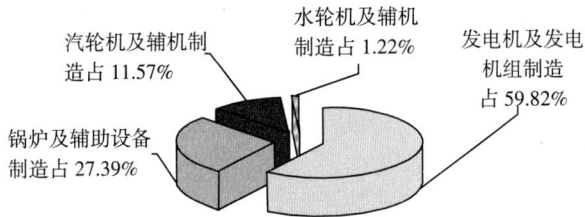

**图5 2011年我国发电设备分行业工业总产值占总量比例**

2010年，我国发电机及发电机组制造工业销售值达2 614.51亿元。

2011年，我国发电机及发电机组制造行业工业销售值达2 984.76亿元，同比增长14.16%；工业销售值占我国发电设备制造工业销售值的58.20%，占我国发电设备工业销售值近六成的份额。2010年、2011年我国发电设备分行业工业销售值及占总量情况见表5。2010年、2011年我国发电设备分行业工业销售值见图6。2011年我国发电设备分行业工业销售值占总量比例见图7。

**表5 2010年、2011年我国发电设备分行业工业销售值及占总量情况**

单位：亿元

| 项 目 | 2010年 | 2011年 | 2011/2010增长（%） | 2011年分行业占总量（%） |
|---|---|---|---|---|
| 发电机及发电机组制造 | 2 614.51 | 2 984.76 | 14.16 | 58.20 |
| 锅炉及辅助设备制造 | 1 224.33 | 1 461.40 | 19.36 | 28.49 |
| 汽轮机及辅机制造 | 584.42 | 618.37 | 5.81 | 12.06 |
| 水轮机及辅机制造 | 48.38 | 64.24 | 32.78 | 1.25 |
| 合 计 | 4 471.64 | 5 128.77 | 14.70 | 100.00 |

注：按2011年工业销售值量大的居前。

资料来源：中国电器工业协会。

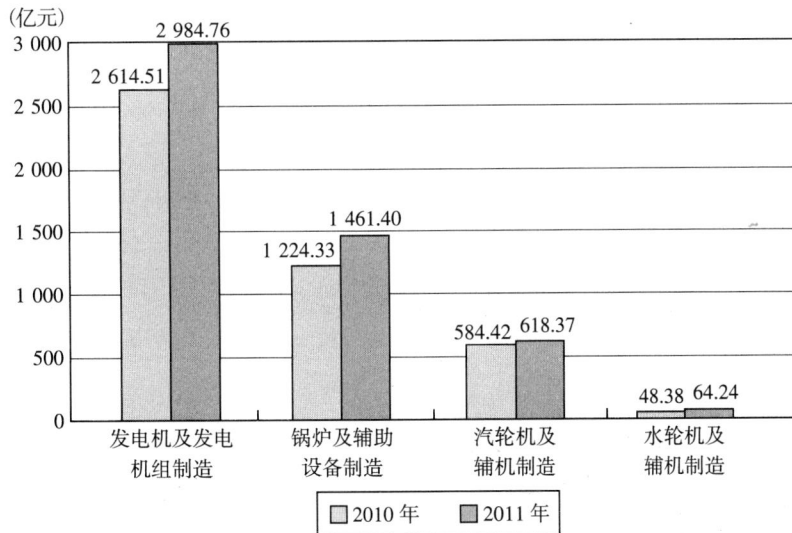

**图6 2010年、2011年我国发电设备分行业工业销售值**

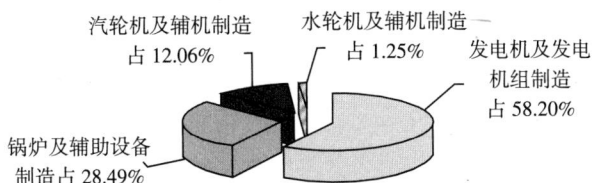

**图7 2011年我国发电设备分行业工业销售值占总量比例**

2010年，我国发电机及发电机组制造行业出口交货值达224.92亿元人民币。

2011年，我国发电机及发电机组制造行业出口交货值达292.67亿元人民币，同比增长30.12%。虽然近年来我国大部分出口市场低迷，但由于我国生产的发电机及发电机组产品技术水平先进、质量好、价格与国外同类产品相比具有竞争力，所以产品出口保持稳定的增长。

2011年，我国发电机及发电机组制造行业出口交货值占我国发电设备制造出口交货值的56.71%，占我国发电设备出口交货值近六成的份额。2010年、2011年我国发电设备分行业出口交货值及占总量情况见表6。2010年、2011年我国发电设备分行业出口交货值见图8。2011年我国发电设备分行业出口交货值占总量比例见图9。

### 表6 2010年、2011年我国发电设备分行业出口交货值及占总量情况

单位：亿元

| 项　目 | 2010年 | 2011年 | 2011/2010增长（%） | 2011年分行业占总量（%） |
|---|---|---|---|---|
| 发电机及发电机组制造 | 224.92 | 292.67 | 30.12 | 56.71 |
| 锅炉及辅助设备制造 | 80.13 | 115.57 | 44.23 | 22.39 |
| 汽轮机及辅机制造 | 74.67 | 105.31 | 41.03 | 20.40 |
| 水轮机及辅机制造 | 1.79 | 2.58 | 44.13 | 0.50 |
| 合　计 | 381.51 | 516.13 | 35.29 | 100.00 |

注：按2011年出口交货值量大的居前。

资料来源：中国电器工业协会。

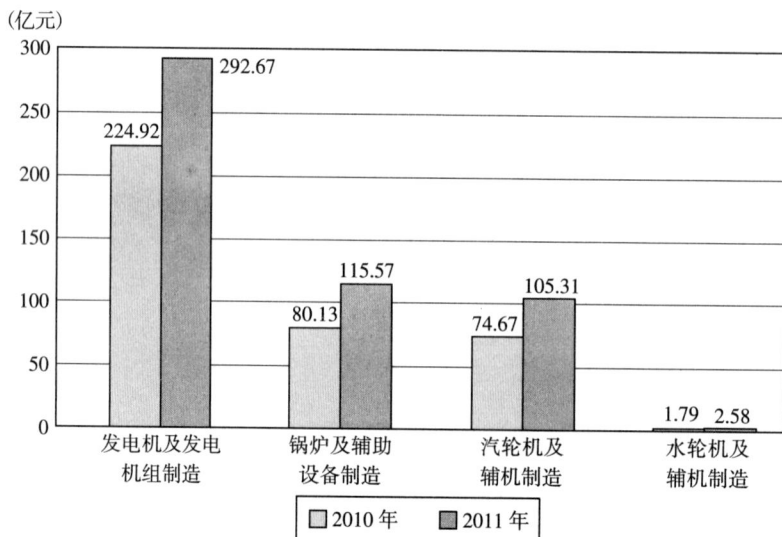

图8 2010年、2011年我国发电设备分行业出口交货值

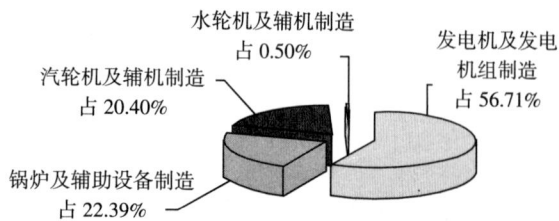

图9 2011年我国发电设备分行业出口交货值占总量比例

2010年，我国发电机及发电机组制造行业主营业务收入达2 426.55亿元。

2011年，我国发电机及发电机组制造行业主营业务收入达2 900.69亿元，同比增长19.54%；主营业务收入占我国发电设备制造行业主营业务收入的57.91%，是我国发电设备重要的主营业务收入行业。2010年、2011年我国发电设备分行业主营业务收入及占总量情况见表7。2010年、2011年我国发电设备分行业主营业务收入见图10。2011年我国发电设备分行业主营业务收入占总量比例见图11。

2010年，我国发电机及发电机组制造行业利润总额达205.00亿元。

2011年，我国发电机及发电机组制造行业利润总额达184.37亿元，同比下降10.06%；利润总额占我国发电设备制造行业利润总额的53.18%。

2011年我国发电机及发电机组制造行业利润总额同比下降，主要因我国电力行业调整产业结构，

表 7　2010 年、2011 年我国发电设备分行业主营业务收入及占总量情况

单位：亿元

| 项　　目 | 2010 年 | 2011 年 | 2011/2010 增长（%） | 2011 年分行业占总量（%） |
|---|---|---|---|---|
| 发电机及发电机组制造 | 2 426.55 | 2 900.69 | 19.54 | 57.91 |
| 锅炉及辅助设备制造 | 1 189.32 | 1 447.28 | 21.69 | 28.89 |
| 汽轮机及辅机制造 | 544.71 | 597.16 | 9.63 | 11.92 |
| 水轮机及辅机制造 | 48.11 | 64.24 | 33.53 | 1.28 |
| 合　计 | 4 208.69 | 5 009.37 | 19.02 | 100.00 |

注：按 2011 年主营业务收入量大的居前。

资料来源：中国电器工业协会。

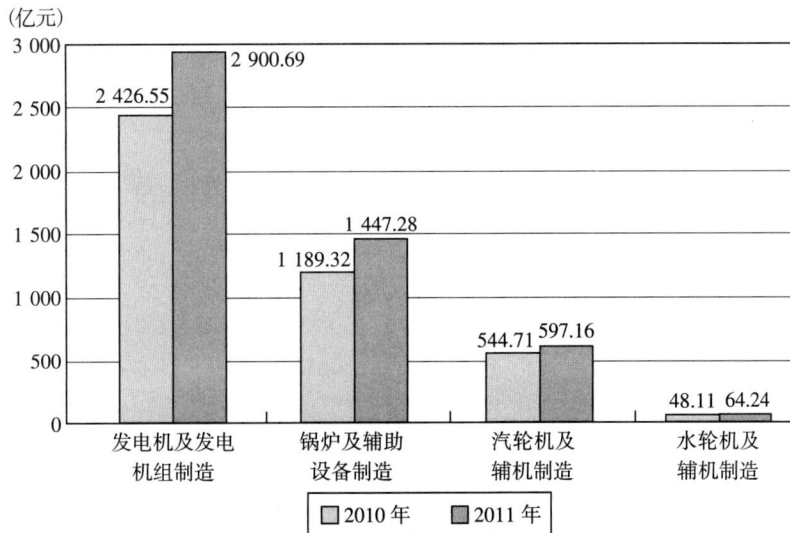

图 10　2010 年、2011 年我国发电设备分行业主营业务收入

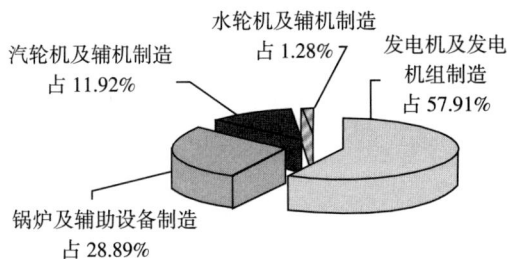

图 11　2011 年我国发电设备分行业主营业务收入占总量比例

新上马的项目比上年减少，以及原材料价格快速上涨，影响了行业盈利。加快调整产业结构，加大科研投入，开发技术先进、节能效果好的产品，满足日益快速增长的市场需求。

2010 年、2011 年我国发电设备分行业利润总额及占总量情况见表 8。2010 年、2011 年我国发电设备分行业利润总额见图 12。2011 年我国发电设备分行业利润总额占总量比例见图 13。

表 8　2010 年、2011 年我国发电设备分行业利润总额及占总量情况

单位：亿元

| 项　　目 | 2010 年 | 2011 年 | 2011/2010 增长（%） | 2011 年分行业占总量（%） |
|---|---|---|---|---|
| 发电机及发电机组制造 | 205.00 | 184.37 | −10.06 | 53.18 |
| 锅炉及辅助设备制造 | 81.35 | 113.94 | 40.06 | 32.86 |
| 汽轮机及辅机制造 | 40.31 | 43.08 | 6.87 | 12.43 |
| 水轮机及辅机制造 | 2.80 | 5.31 | 89.64 | 1.53 |
| 合　计 | 329.46 | 346.70 | 5.23 | 100.00 |

注：按 2011 年利润总额量大的居前。

资料来源：中国电器工业协会。

图 12　2010 年、2011 年我国发电设备分行业利润总额

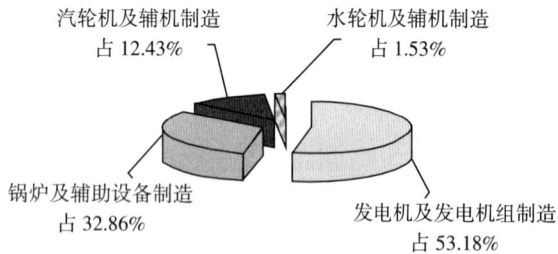

图 13　2011 年我国发电设备分行业利润总额占总量比例

2011 年，我国发电设备生产企业经过产业结构的调整以及企业整合，产业集中度进一步提升，竞争实力进一步加强，发电设备生产企业为 1 476 家，其中发电机及发电机组制造企业 704 家，生产企业数占全部企业数的 47.70%。2011 年我国发电设备分行业企业数及占总量情况见表 9。2011 年我国发电设备分行业企业数量见图 14。2011 年我国发电设备分行业企业数占总量比例见图 15。

表 9　2011 年我国发电设备分行业企业数及占总量情况

| 项　目 | 数量（家） | 占总量（%） |
|---|---|---|
| 发电机及发电机组制造 | 704 | 47.70 |
| 锅炉及辅助设备制造 | 656 | 44.44 |
| 汽轮机及辅机制造 | 82 | 5.56 |
| 水轮机及辅机制造 | 34 | 2.30 |
| 合　计 | 1 476 | 100.00 |

注：按 2011 年企业数多的居前。
资料来源：中国电器工业协会。

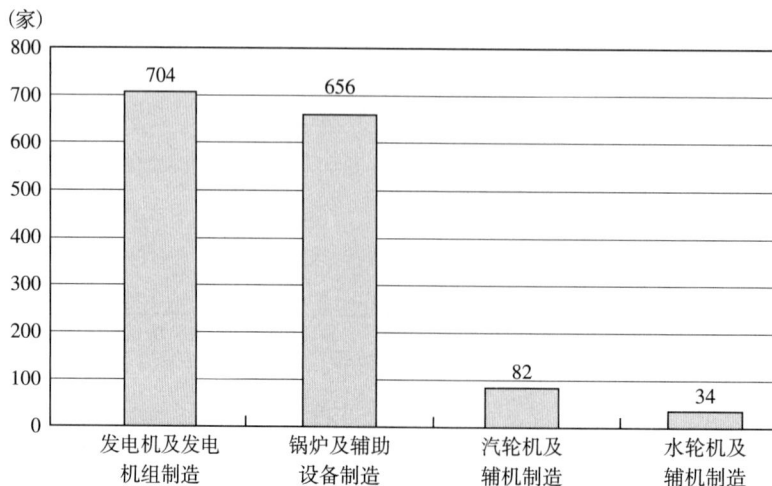

图 14　2011 年我国发电设备分行业企业数量

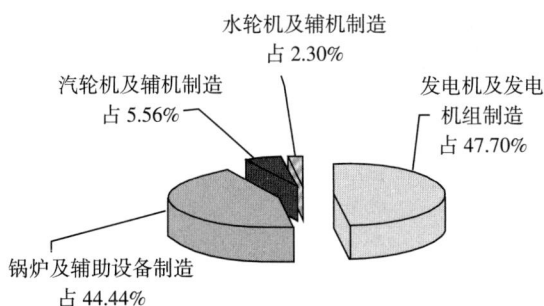

图15　2011年我国发电设备分行业企业数占总量比例

## 三、三大电力装备企业

哈尔滨电气集团、上海电气集团、东方电气集团是以大型发电设备、电站工程总承包、电站服务及自动控制设备为主业的国内最大的发电设备制造商，在世界享有盛名，被誉为中国的"三大动力"。"三大动力"均具有同时生产百万千瓦级火电机组、百万千瓦级水电机组、百万千瓦级核电机组的实力，年生产能力均超过3 000万kW。2004年以来，我国"三大动力"雄居世界发电设备产量前三位。

"三大动力"主业资产已先后以A股、H股在上海、香港证券交易所整体上市。"三大动力"还分别与国际知名电站设备制造商开展了技术经济合作，建立了合资企业。"三大动力"产品出口到世界几十个国家和地区，承建了大批国外电站工程项目。2009年电站设备国际市场订货量占当年总订货量的1/3以上。

哈尔滨电气集团、上海电气集团、东方电气集团均建有国家级企业技术中心、火电设备国家研究中心、水电设备国家重点实验室，拥有世界先进的大型发电机推力轴承试验台、转子高速动平衡和超速试验装置、长叶片试验台、高水头水力试验台、高压绝缘试验室等，拥有我国发电设备制造业一流的综合技术开发能力。"三大动力"还具有世界一流的加工能力和厂房设施，在国际上具有一定的竞争力。

## 四、电力装备科研获奖情况

2010年度中国机械工业科学技术奖——中国电工科研领域获奖项目见表10。2011年度中国机械工业科学技术奖——中国电工科研领域获奖项目见表11。

表10　2010年度中国机械工业科学技术奖——中国电工科研领域获奖项目

| 序号 | 项目名称 | 项目单位 | 奖励等级 |
| --- | --- | --- | --- |
| 1 | 智能电器创新设计及测试技术的研究 | 上海电器科学研究所（集团）有限公司、上海电科电器科技有限公司、浙江正泰电器股份有限公司 | 一 |
| 2 | 大功率超临界空冷式汽轮机组关键技术研究及其装备产业化 | 东方汽轮机有限公司，上海发电设备、成套设计研究院，上海电气电站设备有限公司，哈尔滨空调股份有限公司，上海上发院发电成套设备工程有限公司 | 一 |
| 3 | 新型高阻尼结构末级叶片研制与应用 | 哈尔滨汽轮机厂有限责任公司 | 一 |
| 4 | 贯流式水轮机试验装置及转轮性能研究 | 哈尔滨电机厂有限责任公司 | 二 |
| 5 | 350MW超临界煤粉锅炉 | 哈尔滨锅炉厂有限责任公司、西安交通大学 | 二 |
| 6 | 出口电气产品有毒有害物质分布及企业示范 | 中国电器工业协会、机械工业北京电工技术经济研究所、上海电器科学研究所（集团）有限公司、河北电机股份有限公司、常熟开关制造有限公司 | 二 |
| 7 | 空内冷330MW汽轮发电机新产品创新研制 | 山东济南发电设备厂 | 二 |
| 8 | 低NOX双调旋流燃烧器开发 | 东方锅炉（集团）股份有限公司 | 二 |
| 9 | FA级燃气—蒸汽联合循环机组汽轮机自主化研制 | 哈尔滨汽轮机厂有限责任公司 | 二 |
| 10 | 汽轮发电机用高效轴流风扇设计研究及应用 | 哈尔滨电机厂有限责任公司 | 三 |
| 11 | 自主开发600MW等级亚临界"W"火焰锅炉研制 | 东方锅炉（集团）股份有限公司 | 三 |

资料来源：中国电器工业协会。

表11 2011年度中国机械工业科学技术奖——中国电工科研领域获奖项目

| 序号 | 项目名称 | 项目单位 | 奖励等级 |
|---|---|---|---|
| 1 | 先进高效大型供热汽轮机组关键技术研究及应用 | 东方电气集团东方汽轮机有限公司 | 一 |
| 2 | 3.6MW 大型风力发电机组 | 上海电气风电设备有限公司 | 二 |
| 3 | 磁共振复杂静磁结构设计与制备工艺及系统集成技术 | 中国科学院电工研究所、宁波健信机械有限公司、武汉工程大学、电子科技大学、浙江大学 | 二 |
| 4 | 采用先进流通技术（AIBT）的优化型亚临界 300MW 汽轮机开发 | 上海电气电站设备有限公司 | 二 |
| 5 | 多变频单元集中控制在电机系统节能中的应用 | 上海电器科学研究所（集团）有限公司、上海电机系统节能工程技术研究中心有限公司、山西防爆电机（集团）有限公司、上海电科电机科技有限公司、上海格立特电力电子有限公司 | 二 |
| 6 | 响水涧水泵水轮机设计开发 | 哈尔滨电机厂有限责任公司 | 二 |
| 7 | 磁通可控式电机与控制系统关键技术研究及产品开发 | 江苏大学、东南大学、常州市武起常乐电机有限公司 | 二 |
| 8 | 60Hz-300MW 等级汽轮机研制 | 哈尔滨汽轮机厂有限责任公司 | 二 |
| 9 | 中速磨 600MW 超临界 Ⅱ 型褐煤锅炉研制及产业化 | 哈尔滨锅炉厂有限责任公司 | 二 |
| 10 | 钕铁硼永磁与电磁混合励磁稳压发电装置 | 山东理工大学 | 三 |

资料来源：中国电器工业协会。

（中国电器工业协会）

# 发　电

## 水　电

姿见图 1。

## 一、发展概况

水电是我国第二大常规能源资源。开发利用丰富的水力资源对提高清洁能源利用比重、改善能源结构、保证国家能源安全、满足电力需求增长和减少温室气体排放、保护环境等方面具有重要意义。

1949 年，全国水电总装机容量仅 16.3 万 kW，且机组设备全是国外制造。1951 年，哈尔滨电机厂（现为哈尔滨电机厂有限责任公司，以下简称哈尔滨电机）成立，并自主成功开发制造了新中国第一台水轮发电机组。1958 年，东方电机厂（现为东方电气集团东方电机有限公司，以下简称东方电机）成立，至此，奠定了我国水电装备制造的基础。1960 年 4 月，我国自行设计、自制设备、自主建设的第一座大型水力发电工程——新安江水电站建成发电。1981 年 7 月，长江上第一座大型水电站也是世界上最大的低水头大流量水电工程——葛洲坝水利枢纽工程建成发电，总装机容量 271.5 万 kW，电站安装的 2 台 17 万 kW 和 19 台 12.5 万 kW 机组全部由哈尔滨电机和东方电机两大电机厂制造，荣获国家科技进步特等奖和国家级质量金牌奖。1978年改革开放以后，刘家峡、龙羊峡、岩滩等一批单机容量 30 万 kW 以上的大型水轮发电机组相继投产发电；通过引进、消化国外先进技术，单机容量 70 万 kW 的三峡、龙滩机组顺利投产。2011 年，我国水电总装机容量达到 23 298 万 kW，其中水轮发电机组绝大多数由国内厂家制造。三峡水电站雄

**图 1　三峡水电站雄姿**

我国中小型水电设备生产也取得了举世瞩目的成绩。20 世纪 50 年代，我国开始发展小水电。到 1960 年底，全国 500kW 以下小水电装机容量发展到了 25 万 kW。20 世纪 60 年代，小水电发展速度逐渐加快，平均每年新增 3 000kW 以下小水电装机约 5 万 kW，全国形成了十几家小型水轮发电机专业生产厂家，生产能力达到 10 万 kW/a。1969 年底，全国有 60 多个水轮机及配套设备的专业生产厂家，生产能力 100 万 kW/a，水轮机完成了产品系列化，形成了从 250kW 到 1.2 万 kW 的系列产品。到 1979 年底，全国 1.2 万 kW 以下小水电装机达到 633 万 kW。改革开放以来，国务院分别在

1983 年、1990 年、1996 年批复水利部组织建设"七五"第一批 100 个、"八五"第二批 200 个、"九五"第三批 300 个农村水电初级电气化县建设。水电装备制造企业以此为契机，不仅使生产规模和能力大幅提高，而且产品质量也发生了质的变化。全国小水电设备制造厂家达 100 多家，产品除满足国内需求外，还出口到世界 50 多个国家。到 2011 年底，全国建成 5 万 kW 以下小水电站 45 000 多座，总装机容量 6 000 多万 kW。

近年来，我国水电装备中的水轮发电机组制造水平总体居世界前列。到 2010 年底，已经投运的额定功率 70 万 kW 及以上水轮发电机组达到了 41 台，包括三峡左岸、右岸电站 26 台和龙滩水电站 9 台和拉西瓦水电站 6 台；在 2015 年前，预计还有 39 台额定功率为 70 万 kW 及以上的水轮发电机组将投产发电，其中额定功率最大的为向家坝水电站的 8 台 80 万 kW 水轮发电机组和溪洛渡水电站的 18 台 77 万 kW 水轮发电机组。以上电站机组全部投产后，我国将有 80 台 70 万 kW 及以上的水轮发电机组投入运行。我国水电机组制造与世界先进水平比较见表 1。

**表 1　我国水电机组制造与世界先进水平比较**

| 机　型 | 机组容量（MW） | | 最高水头（m） | | 最大转轮直径（m） | |
|---|---|---|---|---|---|---|
| | 世界水平 | 中国 | 世界水平 | 中国 | 世界水平 | 中国 |
| 混流式 | 800（中国向家坝） | 800（向家坝） | 774（奥地利 Hausling） | 553.6（硗碛） | 10.416（中国三峡） | 10.416（三峡） |
| 轴流转桨式 | 200（中国水口） | 200（水口） | 88（意大利 Nembia） | 78（石门） | 11.6（中国葛洲坝） | 11.6（葛洲坝） |
| 灯泡贯流式[①] | 63.8（日本只见） | 57（桥巩） | 31.5（美国 Lawence） | 27.3（洪江） | 7.7（美国 Racine 和法国 Rance） | 7.5（长洲） |
| 冲击式 | 420（瑞士 Bieudron） | 140（金窝） | 1883（瑞士 Bieudron） | 1026.4（天湖） | 5.5（奥地利基利茨） | 2.95（大发） |

注：①由我国东方电机有限公司自主设计制造的巴西杰瑞电站（共 22 台）单机容量 75MW、转轮直径 7.9m 的灯泡贯流式机组计划于 2013 年投入运行。

资料来源：中国水力发电工程学会。

从表 1 可知，我国的混流式、轴流转桨式和灯泡贯流式水电机组的制造水平已经达到世界先进水平，但应用水平方面尚有差距，冲击式水电机组较世界先进水平有较大差距。为了满足未来我国水电工程的建设需要，特别是西藏水电开发的需要，新型超高水头和超大容量的高性能水电机组研制将成为我国水电设备科研及制造业的主攻方向。重点是全面掌握 1 000MW 级混流式水电机组、400MW 级高水头抽水蓄能机组、100MW 级大型灯泡贯流式水电机组、200MW 级大型冲击式水电机组等的核心关键技术，实现高性能大容量水电机组及相应配套的自主设计、制造与安装。

我国幅员辽阔，蕴藏着丰富的水力资源。根据 2003 年全国水力资源复查成果，水力资源理论蕴藏量年发电量为 6.08 万亿 kW·h，技术可开发装机容量 5.41 亿 kW，年发电量 2.47 万亿 kW·h，开发和利用我国丰富的水力资源、加快水电开发步伐是满足我国能源增长需要和实现可持续发展的重要措施。

截至 2010 年，我国水电装机容量达 21 606 万 kW。到 2011 年，我国水电装机容量 23 298 万 kW，同比增长 7.83%，装机容量居世界第一位，装机容量占我国发电总装机容量的 21.93%。

按技术可开发量统计，2011 年我国水电开发率仅为 42.5%，与发达国家相比，我国水电开发利用程度还处于较低水平。因此，未来我国水电装备行业还有较大的发展潜力。2010 年、2011 年我国分行业发电累计装机容量见表 2。2010 年、2011 年我国分行业发电累计装机容量见图 2。2011 年我国分行业发电累计装机容量占总发电装机容量比例见图 3。

表2　2010年、2011年我国分行业发电累计装机容量

单位：万kW

| 项　　目 | 2010年 | 2011年 | 2011/2010增长（%） | 2011年分行业占总装机容量（%） |
|---|---|---|---|---|
| 水电 | 21 606 | 23 298 | 7.83 | 21.93 |
| 火电 | 70 967 | 76 834 | 8.27 | 72.31 |
| 风电 | 2 958 | 4 623 | 56.29 | 4.35 |
| 核电 | 1 082 | 1 257 | 16.17 | 1.18 |
| 其他 | 28 | 241 | 760.71 | 0.23 |
| 合计 | 96 641 | 106 253 | 9.95 | 100.00 |

资料来源：国家统计局。

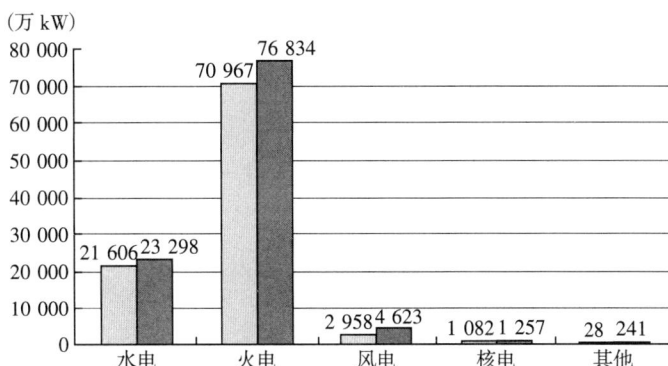

图2　2010年、2011年我国分行业发电累计装机容量

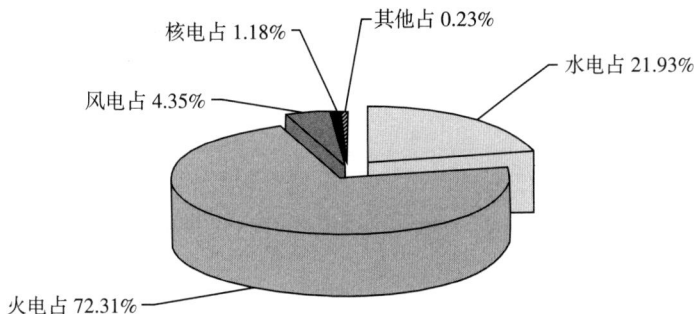

图3　2011年我国分行业发电累计装机容量占总发电装机容量比例

从总体上看，我国水电装备大型水电机组和其他关键设备制造已基本上实现国产化，并且在技术上已跻身世界先进行列。在制造能力上，不但能够满足国内水电建设市场的需要，而且由于产品质量可靠、性价比高，出口国际市场的数量逐年增加，已逐步迈进国际水电机组设备供货大国行列。

## 二、水电装备制造主要企业

我国大中型水电机组有各类所有制形式的生产制造企业共十余家。其中，哈尔滨电机厂有限责任公司（简称"哈电"）和东方电机股份有限公司

（简称"东电"）规模最大，是我国研制大型水力发电设备的基地，哈电和东电建厂历史久远，综合能力强，设计和科研水平高，为我国大多数大中型水电工程提供了高质量的能源动力装备，属全国大型发电设备制造的重点骨干企业；中外合资企业中的上海福伊特水电设备有限公司（简称"上海福伊特"）、东芝水电设备（杭州）有限公司（简称"东芝水电"）和天津阿尔斯通水电设备有限公司（简称"天津ALSTOM"）规模也比较大，设计制造技术水平高，在我国水电装备市场上有着很强的竞争力；其他企业如浙江富春江水电设备股份有限公司（简称"浙富"）、天津市天发重型水电设备制造有

限公司（简称"天重"）、福建南电股份有限公司（简称"南电"）、重庆水轮机厂有限责任公司（简称"重水"）等，各具特色，在我国水电装备市场（特别是中小型水电装备市场）上，也具有一定的竞争力，是我国众多中小型水电工程优质、可靠发电机组设备的主要来源。至 2011 年底，上述水电装备制造企业从业人数已超过 2 万人，年销售金额约 180 亿元，生产能力超过 4 000 万 kW/a。2011 年我国主要水电装备制造企业情况见表 3。

表 3　2011 年我国主要水电装备制造企业情况

单位：万元

| 企业名称 | 资产总金额 | 销售金额 | 从业人数（人） | 生产能力（MW/a） |
|---|---|---|---|---|
| 哈尔滨电机厂有限责任公司 | 1 222 169 | 566 000 | 5 637 | 10 000 |
| 东方电机股份有限公司 | 1 403 561 | 671 606 | 7 770 | 10 000 |
| 上海福伊特水电设备有限公司 | 160 960 | 113 561 | 600 | 5 000 |
| 东芝水电设备（杭州）有限公司 | 134 948 | 75 442 | 1 100 | 4 000 |
| 浙江富春江水电设备股份有限公司 | 250 102 | 92 519 | 1 003 | 4 300 |
| 天津市天发重型水电设备制造有限公司 | 93 457 | 50 000 | 882 | >1 000 |
| 福建南电股份有限公司 | 92 564 | 37 224 | 920 | 1 292 |

资料来源：中国水力发电工程学会。

据不完全统计，我国主要水电装备制造企业 2010 年总产值和产量分别约为 120 亿元和 2 000 万 kW；2011 年的总产值和产量分别为 130 亿元和 2 450 万 kW。2010 年、2011 年我国部分水电装备制造企业生产情况见表 4。

表 4　2010 年、2011 年我国部分水电装备制造企业生产情况

| 企业名称 | 总产值（万元） | | 总产量（MW） | |
|---|---|---|---|---|
| | 2010 年 | 2011 年 | 2010 年 | 2011 年 |
| 哈尔滨电机厂有限责任公司 | 412 876.0 | 433 891.0 | 3 600.0 | 6 470.0 |
| 东方电机股份有限公司 | 250 892.0 | 267 318.0 | 5 440.5 | 5 464.5 |
| 上海福伊特水电设备有限公司 | 100 204.0 | 127 935.0 | 3 500.0 | 4 000.0 |
| 东芝水电设备（杭州）有限公司 | 81 860.6 | 70 320.4 | 1 299.0 | 1 000.0 |
| 浙江富春江水电设备股份有限公司 | 92 000.0 | 101 289.0 | 928.0 | 1 082.0 |
| 天津市天发重型水电设备制造有限公司 | 40 857.0 | 41 172.0 | 510.8 | 1 003.1 |
| 福建南电股份有限公司 | 50 088.0 | 55 005.0 | 1 089.0 | 1 456.0 |
| 合　计 | 1 028 777.6 | 1 096 930.4 | 16 367.3 | 20 475.6 |

资料来源：中国水力发电工程学会。

我国水电装备制造企业产品质量较好，近年来未发生重大质量事故和用户投诉。

## 三、装备科技进步情况

我国水电装备科技进步选择了一条引进先进设备和引进核心技术并举的发展方针，依托国家重大工程，引进、消化、吸收、再创新。经过多年的努力，实现了跨越式发展，已具备了自主研制大型水电装备的能力，核心技术的开发和关键部件的制造达到了国外同等水平。具体是：已生产的混流式机组最大单机容量达 800MW，转轮直径超过 10m；轴流转桨式机组，最大单机容量为 200MW，最大转轮直径 11.3m；灯泡贯流式机组，最大单机容量 75MW，最大转轮直径 7.9m；可逆式抽水蓄能机组，最大单机容量为 300MW，最大转轮直径 5.2m。由此可见，我国水电装备各种机型制造水平已位于国际先进行列。首台国产三峡右岸电站 70 万 kW 水轮机转轮见图 4。

图4　首台国产三峡右岸电站70万kW水轮机转轮

目前，国外水电装备最大额定功率水电机组为70万kW，分别安装在美国的大古力Ⅲ水电站和巴西与乌拉圭交界的伊泰普水电站，共计23台。随着我国水电建设的飞速发展，水电机组单机容量逐步增大，国内已有水电工程设计、建设及运行经验的容量最大的水电机组功率在70万kW，正在建设中的向家坝水电站额定功率80万kW，其单台机组额定功率居世界第一位，均已达到了世界先进水平。世界上已建和在建特大型水电机组情况见表5。

表5　世界上已建和在建特大型水电机组情况

| 电站名称 | 所在国家 | 额定功率（万kW） | 机组数（台） | 首台投运时间（年） |
|---|---|---|---|---|
| 大古力Ⅲ | 美国 | 70 | 3 | 1975 |
| 伊泰普 | 巴西-乌拉圭 | 70 | 20 | 1984 |
| 三峡 | 中国 | 70 | 32 | 2003 |
| 龙滩 | 中国 | 70 | 9 | 2007 |
| 拉西瓦 | 中国 | 70 | 6 | 2008 |
| 小湾 | 中国 | 70 | 6 | 2009 |
| 向家坝 | 中国 | 80（可调功率） | 8 | 2012 |
| 溪洛渡 | 中国 | 77 | 18 | 2013（规划） |

资料来源：中国水力发电工程学会。

从表5可知，目前世界上已应用或将要应用的70万kW及以上容量水电机组的8座特大型电站中有6座在我国。这6座水电工程设计全部由国内水电设计单位承担，在水电机组制造方面，通过三峡电站左岸水轮发电机组技术转让，我国大型水电装备制造企业已基本完成了由引进技术、合作开发到自行设计的过程，取得了独立制造70万kW级水电机组的工程业绩，表明我国大型水电机组的开发和制造能力达到了与当今世界先进水平同步的位置；并且国内骨干水电设备制造企业已走上自主创新之路，具备了自主开发研制更大单机容量机组的技术基础，这是中国水电装备技术已位于世界先进行列的重要标志之一。

由于我国水力资源中装机容量30万kW及以上的大型水电站技术可开发装机容量和年发电量分别占全国总量的71.76%和72.43%。其中特大型水电站装机容量大，相应单机容量也大，对机组的性能要求也高，在我国水电装备科技进步中具有十分重要的地位。世界上70万kW及以上的特大型水轮发电机大部分在我国，在今后的几十年时间里，特大型水轮发电机的市场也在我国。到2025年，我国投入运行的70万kW及以上额定容量的水电机组将达到100台以上。未来大型水电机组单机容量将从70万kW向着80万~100万kW发展，提高和发展我国水电设备制造行业特大型水电机组设计和制造水平具有现实意义和紧迫的时间要求。

在特大型水轮发电机设计和制造以及现场组装方面，特别是单机100万kW级水轮发电机研制方面还将面临新的挑战。因此，研究解决高性能、大容量水电机组的各项关键技术问题，将对我国水力资源的科学和合理开发起到重要的促进作用。

我国水电装备研发平台在行业技术攻关和行业技术发展中有着重要的作用。1959年，国家机械工业部依托哈尔滨电机厂成立了哈尔滨大电机研究所，形成了我国机械工业方面唯一的水轮机、大电机行业的行业归口研究所。此后，作为水电装备研发归口单位，以哈尔滨大电机研究所为主，带动国内水轮机、发电机制造企业及相关的大专院校，承担并开展了很多国家重点攻关课题研究，其中的130多项成果获国家及省、部（行业）级科技进步奖。这些研究成果大部分直接用于国家重点工程项目，如葛洲坝、岩滩、水口、龙滩、三峡、构皮滩、小湾、拉西瓦、溪洛渡、向家坝等大型水电工程。同时，依托这些科研成果和工程实践制定了多项国家和行业标准，在我国水电装备技术进步方面起到了非常积极的作用。

我国水电装备的制造水平取得了较快的发展，目前在建最大单机容量达到80万kW。根据我国水电的开发规划，到2020年，我国将开工建设装机容量100万kW及以上的常规电站50座。随着西藏水电的开发，除常见水头段的特大型水电站外，还将有4座运行水头超过400m的千万千瓦级水电站投入建设。届时，超高水头、超大容量水电机组将在我国水电工程中获得应用。这些在建和尚未开工的特大型水电站都坐落在崇山峻岭之中，电站运行水头高，枢纽布置条件也受到较大的制约。采用特大型水电机组将会为电站枢纽布置带来有利的条件，但是特大型机组的采用，也受到运输条件的限制。鉴于现有水电机组设计、制造的技术水平以及应用材料的限制与制造超高水头、超大容量机组的要求尚有一定差距，为了适应我国远期水电建设发展的需要，需要适时开展有针对性的基础研究工作以及新型水轮发电机组的创新性研究工作。

超高水头、超大容量水电机组研发以1 000MW级机组为标志。由于1 000MW级水电机组的工程技术难度大，有许多关键技术超过了现有的技术水平，而如何攻克这些关键技术目前在国内外都没有成熟的经验可以借鉴。为达到工程应用的目标，我国只能依靠自己的技术力量开展研究，通过科学技术创新，开发应用新技术、新结构、新材料，自主设计制造1 000MW级水电机组。需要攻克的关键技术主要包括：混流式水轮机水力设计技术、稳定运行技术等；水轮发电机的电磁技术、通风冷却技术、推力轴承技术、绝缘技术等。这些关键技术的研究构成了一系列具有前瞻性的应用技术研究开发课题。

为做好1 000MW水电机组工程应用的前期论证工作，在我国政府有关部门的支持下，国内哈电、东电与相关工程建设、设计等单位相互配合，对单机容量1 000MW水电机组方案进行了长期论证研究，选择了白鹤滩、乌东德两个水电站为研究论证依托，开展了工程应用1 000MW级水电机组总体技术研究、机组主要技术参数选择及结构设计分析论证，并开展了大量模型、材料及工艺试验。2006年，国家科技部计划司依托哈尔滨电机厂有限责任公司和哈尔滨大电机研究所设立了国家水力发电设备工程技术研究中心。2008年，国家科技部基础司依托哈尔滨电机厂有限责任公司在哈尔滨大电机研究所设立了水力发电设备国家重点实验室，这两个国家级的水电设备研发平台承担了我国巨型水电机组的很多重点研究任务。

这些技术难题的解决依赖于我国科技自主创新能力的提高，促进了我国水电建设关键技术的提升，只有建立健全能源科技自主创新体系，完善科技自主创新的体制机制，切实提高科技自主创新能力，才能更好地为我国水电装备提供强有力的科技支撑。

未来，随着水电装备技术向更深、更细、更广的方向发展，单靠一厂、一企、一个基地的力量将无法完成行业技术的研发任务。因此，我国除需要进一步加强已有国家级的水电研发平台和基地的建设外，还需加强国家级的研发平台和各企业研发平台之间的联合建设，以已有的硬件设施为基础，建设更广泛的水电设备研发平台，特别是建立网络研发平台。通过网络研发平台，构建分布式的协同网络设计和研发环境，建成能实现科技研发成果共创共享的知识云和信息云，从而打破空间、时间和能力的限制，利用各研发平台之所长开展重点技术、关键技术研究和产品创新设计研究，提高研发效率，加速技术成果产出和专利申请、标准制定步伐，形成技术壁垒，增强我国企业在国内外市场上同国外企业进行竞争的能力。

## 四、水电装备中的抽水蓄能机组

抽水蓄能电站是我国电力系统的一个重要组成部分，在电力系统中承担调峰、填谷、调频、调相和事故备用等多种功能。自抽水蓄能机组诞生至今已经有100多年的历史，其动力设备也由当时的四机（由发电机、电动机、水轮机和水泵四个主要部件组成）发展到至今的两机（由发电电动机和水泵水轮机两个主要部件组成）和多级水泵水轮机（由发电电动机和多级水泵水轮机两个主要部件组成）时代。抽水蓄能机组不同于常规水电机组的最大区别是存在运行工况转换、水力特性复杂、设计难度大，而且主机和辅机的技术关联度高、成套性强。

我国水电装备中的抽水蓄能机组开发方面起步较晚，2000年以前国内在自主设计、制造和运行大型抽水蓄能机组方面的经验和技术都很少。国内已投产的大型抽水蓄能电站如广蓄、十三陵、天荒坪、桐柏、琅琊山、泰安、宜兴、张河湾、宝泉、西龙池、惠州、白莲河等，其主机及其配套设备基本上都是采用国际招标采购方式由国外厂家制造供货。21世纪初，随着我国电网容量逐步增大，峰谷差加大，调峰能力越来越不能满足现实需要；再加上大量的新能源发电入网，电网结构压力增大，安全运行面临挑战。因此，加快发展抽水蓄能电站是大势所趋，而突破抽水蓄能机组制造技术是关键所在。

为了使我国水电装备骨干制造企业掌握抽水蓄能机组的设计、制造技术，推进抽水蓄能机组设备的国产化，用自主开发的抽水蓄能设备装备我国电力市场，国家推出了"抽水蓄能打捆招标"、以市场换技术的发展战略。经历了国外优秀企业向中国企业进行抽水蓄能机组技术转让，我国企业分包制造任务；国外企业参与国内企业的抽水蓄能机组开发、设计、制造、安装和调试；国内企业自主进行抽水蓄能机组开发、设计、制造，安装和调试三个阶段。2003年国家发改委决定宝泉、惠州及白莲河3个抽水蓄能电站项目的主机设备进行打捆统一招标，在正常的设备采购范围及技术服务范围之外，增加技术转让的招标内容，要求中标的国外厂商向我国哈电、东电两大设备制造厂转让抽水蓄能机组的设计、制造技术，3个项目共16台300MW机组捆绑在一起进行统一招标。2003~2004年，经过技术引进评标、设备采购评标两阶段，最后确定ALSTOM为中标人，2004年8月合同生效。惠州、白莲河、宝泉三个项目除部件分包外，由哈电、东电各负责制造的一套整机，其中惠州和白莲河电站于2010年投产，宝泉电站机组于2011年投产。为了支持哈电、东电全面掌握、吸收和应用已经引进的技术，巩固技术引进成果，实现抽水蓄能电站机组设备国产化目标，国家发展和改革委员会又明确了后续六个抽水蓄能电站项目（蒲石河、桓仁、深圳、呼和浩特、仙游、黑麋峰）作为抽水蓄能电站机组设备国产化后续工作的扶持和依托项目。

2011年底，由哈电自主设计、制造的我国首台国产化大型抽水蓄能机组（250MW）——安徽响水涧抽水蓄能机组正式发电；2012年12月，由东电自主研制的300MW福建仙游机组正式投产，填补了我国高水头、国产化抽水蓄能机组的空白。

截至2011年底，我国已建成抽水蓄能电站总装机容量为2 000万kW左右。根据我国的能源规划，到2020年，我国抽水蓄能机组总容量将达到7 000万kW，其中要兴建一批采用超高水头（600m以上）、大容量（单机300MW以上）抽水蓄能机组的蓄能电站，水电装备中的抽水蓄能机组发展潜力巨大。在生产能力上，我国有哈电、东电两大发电装备制造企业，加上中外合资企业中的上海福依特、东芝水电和天津ALSTOM等，完全能够满足国内抽水蓄能电站建设的需要。

尽管我国目前在抽水蓄能机组开发、制造方面已经取得了可喜的成绩，但在超高水头、大容量和变速机组研究方面与世界先进水平还有一定的差距，有待加大科研投入。在大型抽水蓄能机组水泵水轮机水力设计、机组稳定性和可靠性、发电电动机电磁方案与结构设计、蓄能机组变频起动及工况转换技术等方面，需要进一步加强研究，从而实现更多关键技术的突破和取得更大的发展成绩。

（中国水力发电工程学会）

# 发　电
# 核　电

## 一、概况

2005 年 12 月以来，我国核准了 10 个核电项目共 34 台机组，核准规模达 3 702 万 kW。2010 年，我国核电总装机容量达 1 082 万 kW，有 12 座核电机组并网发电，发电量达 747 亿 KW·h；核电在建机组 26 台，在建规模 2 924 万 kW，占世界核电在建规模的 40% 以上，在建规模居世界第一位。

截至 2011 年底，我国运营核电机组数为 15 台，装机容量为 1 257 万 kW；在建核电机组数为 26 台，装机容量为 2 924 万 kW，占世界在建核电机组数（63 台）的 41.27%。三代核电自主化依托项目、世界首批 4 台 AP1000 机组已于 2009 年开工；与法国合作建设的 2 台 EPR 三代核电机组于 2010 年开工。三代核电机组引进、消化、吸收、再创新的工作顺利实施。2010 年、2011 年我国核能基本情况见表 1。

**表 1　2010 年、2011 年我国核能基本情况**

| 项　目 | 2010 年 | 2011 年 | 2011/2010 增长（%） |
|---|---|---|---|
| 总装机容量（万 kW） | 1 082 | 1 257 | 16.17 |
| 运营核电机组数（台） | 12 | 15 | 25.00 |
| 发电量（亿 kW·h） | 747 | 872 | 16.73 |
| 在建核电机组数（台） | 26 | 26 | 0 |
| 装机容量（万 kW） | 2 924 | 2 924 | 0 |

## 二、核能装备制造主要企业

近年来，我国核能装备制造企业以日本福岛核事故为鉴，积极提升企业管理水平，以稳定产品质量为最终目的，通过突破技术"瓶颈"、完善质保体系，使设备制造满足了工程需求，为我国核电产业的发展作出了重要的贡献。

### 1. 中国东方电气集团有限公司

中国东方电气集团有限公司（简称"东方电气"）是我国国有著名的大型电机等设备生产企业，公司下属东方汽轮机、东方电机、东方锅炉等专业生产企业。

东方电气集团东方汽轮机有限公司（简称东方汽轮机），具备年产 5~6 台（套）百万千瓦级核电汽轮机的生产能力，2009 年完成产值 167.47 亿元，2010 年完成产值 200 亿元。近年正在制造辽宁红沿河核电站 5、6 号机组控制棒驱动机构（CRDM）。

东方电气集团东方电机有限公司（简称东方电机），具备年产 6 台（套）百万千瓦级核电汽轮发电机的生产能力，制造的设备将应用到辽宁红沿河核电站、福建宁德核电站、浙江方家山核电站、福建福清核电站、广东台山核电站相关项目中。

东方电气集团东方锅炉股份有限公司（简称东方锅炉），具备年产 4~6 套 CPR1000 安注箱、4~6 套反应堆压力容器（RPV）外围设备不锈钢类产品、6~8 套核电常规岛蒸汽联箱的生产能力。在建核电设备有辽宁红沿河核电站、福建宁德核电站、广东阳江核电站等有关工程的 10 余套百万千瓦级核电机组的关键设备（稳压器、硼注射器、安注箱、重型支撑等），以及浙江三门核电站、山东海阳核电站的 AP1000 稳压器、蒸汽发生器重型支撑等设备。

东方电气（广州）重型机器有限公司（简称东方重机），具备年产 4 套百万千瓦级核岛主设备的生产能力。在建设备有辽宁红沿河核电站、福建宁德核电站、浙江方家山核电站、福建福清核电站、广东台山核电站等有关项目的关键设备。

东方阿海珐核泵有限责任公司（简称东方阿海珐），具备年产 15 台核电主泵以及 20 套轴密封的生产能力，且已获得岭澳核电站二期 4 号机组、辽宁红沿河核电站、福建宁德核电站、广东阳江核电站等 60 台主泵的供货合同，同时还向辽宁红沿河核电站、福建宁德核电站、广东阳江核电站等有关项目提供仪控、运行备件等部件。

东方电气（武汉）核设备有限公司（简称东方武核），具备年产百万千瓦级核电站用堆内构件 4~6 台（套）、压力容器 800t、再生式热交换器、非再生式热交换器和非能动余热排出冷凝器等设备 1.5 台（套）的生产能力。其承制的广西防城港核电站一期工程 2 台机组用堆内构件于 2011 年 3 月开工制造。

2011 年 4 月，东方电气研制的百万千瓦级核电汽轮机低压焊接转子通过了中国机械工业联合会组织的鉴定。2011 年 5 月，东方电气 CAP1400 和 ACP1000 两种型号的核电汽轮发电机组总体设计方案通过了中国机械工业联合会组织的专家评审。东方电气参与了 CAP1400"常规岛关键设备自主设计和制造技术"课题立项工作，2011 年 7 月课题可行性报告通过国家能源局确认。"半速 1 828mm 末级长叶片的设计开发研究"完成了申报发明专利两项，并开始生产末级动叶片，试验和验证的准备工作进展顺利。

东方电气与国核上海核工程研究设计院于 2011 年 11 月 11 日在成都签订了 CAP1400 蒸汽发生器研制课题联合协议，相关研究工作已经开始。

按照国家能源局要求，东方电气与中国原子能科学研究院积极洽谈钠冷快堆核岛设备和常规岛设备研制的战略合作事宜。

**2. 上海电气集团股份有限公司**

上海电气集团股份有限公司（简称"上海电气"）的核电产业涵盖核岛的压力容器、蒸汽发生器、稳压器、堆内构件、控制棒驱动机构、主泵、核二、三级容器和装卸料机、常规岛的汽轮机、汽轮发电机等关键设备，以及大型铸锻件、仪控仪表和主要辅机等设备的制造和供货。国内核岛装备市场占有率达 45%，国内常规岛装备市场占有率为 33%。

上海电气承担了海南昌江核电站、辽宁红沿河核电站、福建宁德核电站、广东阳江核电站、浙江方家山核电站、福建福清核电站等二代加核电项目、浙江三门核电站、山东海阳核电站 AP1000 三代核电机组、广东台山核电站 EPR 三代项目和高温气冷示范堆等工程的装备制造任务。核电产品覆盖了国内所有核电站。

临港基地是上海电气新建的特大、特重、超限的装备制造基地，增加了上海电气的核电关键设备的制造能力，具有年产 10 套堆内构件和控制棒驱动机构，6 套压力容器和蒸汽发生器，12 台核电主泵，50 台套核二、三级泵，6 套常规岛半速汽轮发电机机组的生产能力。

为满足包括三代技术在内的百万千瓦级核电主设备向超大、超重、高技术发展的大型铸锻件的需求，上海电气完成了核级大型铸锻件生产能力的改造，并以 3 个"世界之最"——1.65 万 t 自由锻造油压机、250t/630t·m 锻造操作机和 450t 电渣重熔炉为标志，有能力提供最大铸锻件钢锭 600t、最大铸件 450t、最大锻件 350t，实现年产百万千瓦级核岛容器类重型设备（压力容器、蒸发器、稳压器和主管道）的配套锻件 6 套、反应堆堆内构件锻件 25 套的目标。

上海电气涉核企业严格实施核电质量保证体系，以确保所有生产环节均符合相关的质量保证监管要求，通过持续改进质量管理体系的有效性，以实现集团核电产业发展的目标。

### 3. 哈尔滨电气集团公司

哈尔滨电气股份有限公司（简称"哈电股份公司"）与中核集团中国核电工程有限公司签订了江苏田湾核电站3、4号机组TG项目供货合同，哈电股份公司被确定为该项目常规岛主设备供货商。这是福岛核事故后国内核电第一大单合同，为田湾核电站设备制造拉开帷幕。

哈电集团承制国内首台AP1000蒸汽发生器任务，应用于浙江三门核电站2号机组中。制造的世界首台AP1000机组汽水分离再热器MSR-B应用到浙江三门核电站1号机组。

湖北咸宁核电站蒸发器项目是第一个由哈电股份公司进行项目执行的核岛设备项目，也是第一台国内自主设计的AP1000蒸发器设备。现该项目所需大锻件均已完成投料，焊接材料也全部签订采购合同。

### 4. 中国第一重型机械集团公司

中国第一重型机械集团公司（简称"中国一重"）加快AP1000反应堆压力容器制造技术研发进程，解决了产品装配过程中的关键工艺难题，科研成果正陆续转化应用到产品实际制造过程中。

中国一重与中国原子能科学研究院积极合作，开展"反应堆压力容器制造技术联合研发"国际合作项目的子课题。通过合作，实现大功率快堆关键主设备堆容器及旋转屏蔽塞的国产化，填补国内技术空白，改变长期依赖国外相关技术的局面。

针对核电装备生产中的镍基合金焊接裂纹问题，中国一重系统地研究了焊接裂纹开裂的机理，并配合生产实用焊接工艺，开发了配套的高质量焊接材料。

### 5. 中国第二重型机械集团公司

中国第二重型机械集团公司（简称"中国二重"）加大科研创新力度，2011年共获得专利权42项，其中发明专利11项。

中国二重掌握了AP1000主管道全套制造技术，参与的国家核电技术公司科研项目CAP1400冷却剂主管道、蒸汽发生器锥体重大科技专项课题取得突破性进展。通过不断自主创新，掌握了CPR1000

一次侧封头、大型常规岛半速发电机转子、拼焊汽轮机转子、RPV整体顶盖等高端产品的制造技术。中国二重成功突破第三代核电大型锻件研制、AP1000蒸汽发生器大型筒体锻件研制等难题。完成了CPR1000核岛RPV、SG及PRZ全套锻件的制造，具有CPR1000主泵铸造泵壳、锻造泵壳及其配套锻件的制造能力。

### 6. 其他核能装备制造企业

沈阳鼓风机集团公司，生产核二级电动辅助给水泵、安全喷淋泵、上充泵、余热排出泵；山东核电设备制造有限公司，是由国家核电技术公司控股组建的国内首家AP1000核电钢制安全壳、结构模块、机械模块、一体化顶盖组件等设备的专业制造企业；上海自动化仪表有限公司，主要有序列堆型仪控系统的研发和制造；中成进出口股份有限公司，主要生产模块式高温气冷堆和核供热堆用阀门、核电站用关键阀门、高温高压加氢装置阀门、金属密封球阀、调节控制阀等产品研发和制造；苏州海陆重工股份有限公司，主要生产核电吊篮桶体及其他核电相关设备的研发和制造；第一机床厂有限公司，主要生产核电站反应堆堆内系列构件、控制棒驱动机构，并制造了300MW~1 000MW核电站反应堆堆内构件和控制棒驱动机构；哈尔滨空调股份有限公司，也生产核电站电站空冷设备等。核反应堆压力容器一体化顶盖示意图见图1。AP1000核电站钢制安全壳见图2。核电站R类机械模块见图3。

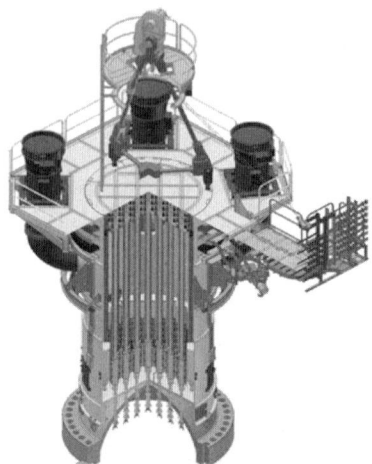

**图1 核反应堆压力容器一体化顶盖示意图**

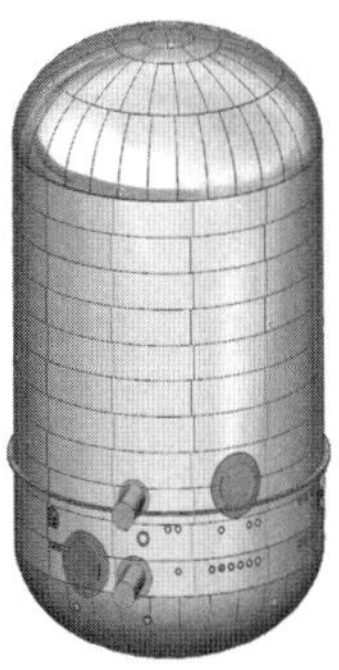

**图 2　AP1000 核电站钢制安全壳**

（该安全壳是 AP1000 核电站冷却系统中最重要的设备之一，直径约 40m，高 66m，总重量约 4 000t，可在反应堆冷却剂失水事故中包容堆芯的辐射）

**图 3　R 类机械模块**

（该机械模块是核电站系统的功能段，单堆总数为 59 个，其中 8 个为核级模块。机械模块的组成单元包括：泵、罐、过滤器等设备，以及连接这些设备的管道、仪表、阀门和支架等）

## 三、加快装备科研，创新攻关见效

近年来，我国核电设备制造产业稳步发展，通过消化吸收引进技术、自主创新和大规模技术改造，建成了具有国际先进水平的核电装备制造基地，掌握了核岛和常规岛关键设备设计、制造核心技术，产品质量稳定性逐步提高，大批产品交付用户。自主研制的国内首根核电焊接转子通过国家鉴定。目前，二代改进型核岛容器类、堆内构件不锈钢类和高温气冷堆压力容器的大锻件已全部研发成功并实现批量交货。二代改进型压水堆核电站设备国产化率达 80% 以上，已经具备每年生产 10~12 套核电关键设备的能力。

同时，通过消化吸收 AP1000 三代核电关键设备制造技术、合作生产和开展科技攻关，三代核电

设备制造国产化取得重要进展。浙江三门核电站 1 号机组反应堆主冷却剂管道首批交货，1 号机组冷凝器制造完成并按时运至现场。世界首台 AP1000 机组气水分离再热器 MSR-B 制造完成并安装就位。第一台自主设计的 AP1000 设备——湖北咸宁核电站蒸发器，前期准备工作进展顺利。世界首件 AP1000 核电稳压器下封头锻件生产成功，基本掌握了蒸发器和堆内构件关键部件的制造技术。广东台山核电站一期工程 EPR 1 750MW 核电机组国产化制造进入交货阶段。国家重大科技专项 CAP1400 常规岛汽轮机、发电机等已进入施工设计阶段。

国内核电设备制造已实现百万千瓦级压力容器、蒸汽发生器、稳压器、堆内构件、控制棒驱动机构及汽轮发电机组的成套供货。三代核电设备主管道、压力容器和蒸汽发生器大型锻件、爆破阀、钢制安全壳（CV）等相关制造技术已全部掌握，反应堆压力容器、蒸汽发生器、堆内构件、控制棒驱动机构、环吊等重点设备国产化工作进展顺利，三代核电设备国产化供应体系初步形成，核电设备标准体系逐步完善，设备鉴定体系建设加快推进。

### 1. 首台百万千瓦级蒸汽发生器研制成功

我国首台自主设计和制造的第二代百万千瓦级蒸汽发生器，在上海电气临港核电产业制造基地制造成功。该台蒸汽发生器总长度达 21.7m，竖起时高度相当于 6 层楼房，总重量达 345t，其内部装有 "U" 形管等上万个各类精细零件，是核电站最为关键的设备之一，对核电站安全至关重要。2010 年下半年，上海临港核电制造基地同时制造 9 大核电项目的 13 个核电机组 37 台核电产品，并形成批量生产核电核岛主设备的初步规模。

### 2. 百万千瓦级核反应堆压力容器实现国产化

由中国第一重型机械集团公司承制的我国首台完全自主开发的红沿河核电站 1 号机组核反应堆压力容器，于 2010 年 12 月 18 日完工并发往辽宁红沿河。经检测，设备的各项技术指标全部满足要求，标志着我国百万千瓦时级核岛主设备的制造完

全实现国产化，具备了为我国核电建设标准化、批量化、规模化发展提供成套装备的能力。

核反应堆压力容器是安置核反应堆并承受其巨大运行压力的密闭容器，具有制造技术标准高、难度大和周期长等特点，且是不可更换设备，必须保证在核电站寿命期内绝对安全可靠。目前，中国一重在核反应堆压力容器以及核岛成套铸锻件为主的核能设备研制方面已处于国际领先水平。

### 3. 首台国产 AP1000 核电蒸汽发生器开工制造

代表目前世界最高核电技术水平的第三代核电核心产品——我国首台国产 AP1000 核电蒸汽发生器三门 2 号蒸发器，2011 年 4 月在哈电集团秦皇岛重装公司开工制造，这标志着世界最先进的压水堆核电关键设备实现"中国制造"。此次开工的核电蒸汽发生器采用日本西屋公司开发的第三代先进压水堆 AP1000 核电技术，为目前世界最高水平的核电技术产品。与全球普遍采用的第二代压水堆核电技术产品相比，哈电集团开工制造的 AP1000 核电蒸汽发生器使用"非能动"安全系统，具有更高的安全性能。哈电集团核电有关专家就此介绍，日本福岛发生核电事故，是因核电站柴油机失灵不能注水冷却设施，造成堆芯熔化。而此次生产的第三代产品如遇此类问题，整个堆芯仅靠自重而不需使用任何能源就能自动进行冷却，因此不会出现类似日本福岛核电站的事故。同时，此次投产的第三代核电产品还使核电站寿命由此前的 40 年提高到 60 年。作为典型高端机械制造产品，AP1000 核电蒸汽发生器是目前我国生产的机械制造产品中，技术难度最大、最复杂的产品。其在国内投用后，将使此前我国很多核电站不足 50% 的国产化率大幅度提高，从原材料到零部件基本实现"中国制造"。

### 4. 完成高温气冷堆关键技术研究，建示范核电站

2011 年 7 月 13 日，国家科技部全文发布《国家"十二五"科学和技术发展规划》提出，突破先进压水堆和高温气冷堆技术，完善标准体系，搭建技术平台，提升核电产业国际竞争力。依托装机容量为 100 万 kW 的先进非能动核电技术（AP1000）核电站建设项目，全面掌握 AP1000 核电关键设计技术和关键设备材料制造技术，自主完成内陆厂址标准设计。完成我国的装机容量为 140 万 kW 的先进非能动核电技术（CAP1400）标准体系设计并建设示范电站，2015 年底具备倒送电和主控室部分投运条件。完成高温气冷堆关键技术研究，2013 年前后示范电站建成并试运行。加强压水堆及高温气冷堆安全技术支撑和核电站乏燃料后处理科研攻关，保障核电安全。

### 5. "动力堆乏燃料后处理"的技术提高对铀的利用率

2011 年 1 月，我国有关部门宣布，在核能领域的一项技术突破，极大地提高了对铀资源的利用效率。借助这项技术，我国已经探明的铀资源足够用上 3 000 年，而目前已探明的铀资源使用年限只有 50~70 年。这项叫做"动力堆乏燃料后处理"的技术，可以对核动力堆中燃烧后的铀、钚等"乏燃料"进行回收和循环利用。所谓"乏燃料"，简单来说，就是指已在反应堆内烧过的核燃料。传统的热反应堆对天然铀的利用率不到 1%，使用率非常低。天然铀中，仅有 0.714% 的铀同位素铀-235，能够在传统热反应堆中发生裂变反应释放能量，而占天然铀绝大部分的铀同素铀-238 却无法发生裂变反应。不过，铀-238 在吸收中子后，经过几次核衰变后，可以变成另一种可裂变的核材料钚-239。只不过在传统热反应堆中，产生的钚-239 的数量不足以抵偿消耗的铀-235。因此，传统热反应堆运行一段时间后便会因为无法维持额定功率而更换核燃料，更换掉的"乏燃料"中含有大量的铀-238和钚-239。事实上，国际上往往是把燃料循环利用和创新型反应堆联系在一起的。2000 年，国际原子能机构发起了一个旨在开发下一代先进核能系统的"创新型反应堆和燃料循环国际计划"（INPRO），目前有超过 20 个成员国，我国也是其成员国之一。该计划在目前阶段主要开展基于快堆及其闭式燃料循环的联合评价研究，主要是评价快堆及基于快堆的燃料循环对核能可持续发展的作用和能力，并拟

在下一阶段开展以快堆技术为主的合作研发。所谓快堆，简单来说，即主要钚-239为核燃料，并利用钚-239裂变时放出来的快中子，将反应区的铀-238变成钚-239，从而实现核燃料闭路循环使用的一种核电技术线路。国际核能先驱提倡用这种能够"增殖"的快堆加上乏燃料的后处理，在理论上能够使铀资源的利用效率提高到60%~70%。从不到1%到60%，这就是我国探明铀资源使用年限一下子变得能够用3 000年的原因。

## 四、发展方向

### 1. 加快特种材料技术攻关

加快对关键大型铸锻件、锆合金、"U"形管、镍基合金热挤压管、不锈钢驱动轴管、钩爪材料、堆内构件或不锈钢大型锻件和板材、汽轮机低末级叶片、冷凝器钛管和钛板材料、316不锈钢主管道直管和弯管、核级焊材的开发研制。

### 2. 加大核岛主装备及辅助装置等的研发

继续加大对反应堆压力容器、蒸汽发生器、稳压器和主泵接管安全端异种金属镍基合金、自动氩弧焊、焊材、焊接设备及辅助装置等的研发和制造；加大对反应堆冷却剂泵（主泵）、核燃料装卸系统设备、核级电气设备、核级应急柴油发电机组、核级配电设备、核级电缆、核级或关键非核级电气设备、大型半速汽轮发电机组的转子锻件和大型叶片、常规岛主要辅助设备、发电机组出口断路器、核电数字化仪表电气和控制系统、核二级泵、核三级泵、阀门、高温气冷堆关键设备研发和制造。

### 3. 加快国产化进程

加大投入，加快研发进程，将生产、科研紧密结合，联合生产单位、使用单位、科研院所、大学等机构组成攻关队伍，加快科研成果转化，不断提高国产化率。

### 4. 积极培养专业人才

积极培养核能科研、设计、管理、制造人才，树立高度的核安全意识，建立满足现代核能岗位的各类专业人才队伍。

（中国核能行业协会
上海化工协会亦为本文编写提供部分材料）

# 输配电

# 输变电

## 一、发展概况

自 20 世纪 80 年代开始，通过技术引进、消化、吸收、再创新，我国输变电设备制造业逐步缩小了与国际先进水平的差距。尤其是 1998 年以后，依托三峡水电送出工程、西北 750kV 交流输变电示范工程及特高压交、直流输变电试验示范工程，我国已全面掌握 500kV 交、直流和 750kV 交流输变电关键成套设备的设计制造技术。进入 21 世纪以后，又开展了 ±800kV 特高压直流和 1 000kV 特高压交流输变电成套设备的研制及工程建设，抢占了世界输变电技术、设备制造和试验的制高点。

## 二、行业生产情况

2011 年，我国变压器产量达 142 977.12 万 kVA，同比增长 6.20%，其中，大型电力变压器产量 23 171.77 万 kVA，同比增长 12.73%；互感器 2 256.96 万台，同比增长 28.92%；高压开关板 118.00 万面，同比增长 37.21%；11 万 V 以上高压开关设备 24.85 万台，同比增长 50.33%；低压开关板 4 515.60 万面，同比增长 94.06%。2010 年、2011 年我国输变电设备生产情况见表 1。

**表 1  2010 年、2011 年我国输变电设备生产情况**

| 项　　目 | 2010 年 | 2011 年 | 2011/2010 增长（%） |
|---|---|---|---|
| 变压器（万 kVA） | 134 630.12 | 142 977.12 | 6.20 |
| 其中：大型电力变压器（万 kVA） | 20 555.22 | 23 171.77 | 12.73 |
| 互感器（万台） | 1 750.69 | 2 256.96 | 28.92 |
| 高压开关板（万面） | 86.00 | 118.00 | 37.21 |
| 11 万 V 以上高压开关设备（万台） | 16.53 | 24.85 | 50.33 |
| 低压开关板（万面） | 2 326.91 | 4 515.60 | 94.06 |

资料来源：中国电器工业协会。

2011 年，我国输变电设备制造行业共有生产企业 9 145 家，工业总资产 14 837.77 亿元，同比增长 20.60%；工业总产值 22 129.72 亿元，同比增长 26.11%；工业销售值 21 588.27 亿元，同比增长 26.15%；出口交货值 1 929.58 亿元人民币，同比增长 12.98%；主营业务收入 21 132.53 亿元，同比增长 24.99%；税金总额 558.62 亿元，同比增长 22.81%；利润总额 1 243.68 亿元，同比增长 17.58%。2010 年、2011 年我国输变电设备经济运行情况见表 2。

表2 2010年、2011年我国输变电设备经济运行情况

单位：亿元

| 项目 | | 变压器、整流器和电感器制造 | 电容器及其配套设备制造 | 配电开关控制设备制造 | 电力电子元器件制造 | 其他输配电及控制设备制造 | 电线电缆制造 | 合计 |
|---|---|---|---|---|---|---|---|---|
| 工业总资产 | 2010年 | 2 469.78 | 212.55 | 2 880.33 | 787.33 | 1 043.14 | 4 910.05 | 12 303.18 |
| | 2011年 | 2 931.56 | 236.69 | 3 330.49 | 923.26 | 1 269.99 | 6 145.78 | 14 837.77 |
| 工业总产值 | 2010年 | 2 867.63 | 269.42 | 3 483.43 | 1 140.89 | 1 119.87 | 8 666.21 | 17 547.45 |
| | 2011年 | 3 382.62 | 363.22 | 4 228.28 | 1 452.50 | 1 600.48 | 11 102.62 | 22 129.72 |
| 工业销售值 | 2010年 | 2 796.24 | 262.62 | 3 382.11 | 1 121.16 | 1 098.28 | 8 452.38 | 17 112.79 |
| | 2011年 | 3 314.32 | 351.52 | 4 100.28 | 1 421.44 | 1 566.63 | 10 834.08 | 21 588.27 |
| 出口交货值 | 2010年 | 350.93 | 35.81 | 179.76 | 359.80 | 84.76 | 696.86 | 1 707.92 |
| | 2011年 | 388.81 | 38.43 | 191.78 | 367.31 | 108.28 | 834.97 | 1 929.58 |
| 主营业务收入 | 2010年 | 2 761.07 | 249.46 | 3 335.51 | 1 118.38 | 1 097.13 | 8 346.14 | 16 907.69 |
| | 2011年 | 3 223.77 | 327.32 | 4 000.22 | 1 396.78 | 1 519.47 | 10 664.97 | 21 132.53 |
| 税金总额 | 2010年 | 86.85 | 7.84 | 125.01 | 23.08 | 42.87 | 169.22 | 454.87 |
| | 2011年 | 98.43 | 9.59 | 148.10 | 31.21 | 51.55 | 219.74 | 558.62 |
| 利润总额 | 2010年 | 194.74 | 24.50 | 274.98 | 66.67 | 102.33 | 394.54 | 1 057.76 |
| | 2011年 | 184.54 | 21.19 | 307.23 | 80.68 | 122.24 | 527.80 | 1 243.68 |
| 产成品 | 2010年 | 155.77 | 10.61 | 161.20 | 42.02 | 37.71 | 327.36 | 734.67 |
| | 2011年 | 178.64 | 13.77 | 174.16 | 50.39 | 42.76 | 374.04 | 833.76 |
| 2011年企业数（个） | | 1 571 | 249 | 2 192 | 931 | 705 | 3 497 | 9 145 |

资料来源：中国电器工业协会。

2010年，我国电线电缆制造工业总资产达4 910.05亿元。

2011年，我国电线电缆制造工业总资产达6 145.78亿元，同比增长25.17%；工业总资产占我国输变电设备制造工业总资产的41.42%，是输变电设备的主要生产制造行业。2010年、2011年我国输变电设备分行业工业总资产及占总量情况见表3。2010年、2011年我国输变电设备分行业工业总资产见图1。2011年我国输变电设备分行业工业总资产占总量比例见图2。

表3 2010年、2011年我国输变电设备分行业工业总资产及占总量情况

单位：亿元

| 项目 | 2010年 | 2011年 | 2011/2010增长（%） | 2011年分行业占总量（%） |
|---|---|---|---|---|
| 电线电缆制造 | 4 910.05 | 6 145.78 | 25.17 | 41.42 |
| 配电开关控制设备制造 | 2 880.33 | 3 330.49 | 15.63 | 22.44 |
| 变压器、整流器和电感器制造 | 2 469.78 | 2 931.56 | 18.70 | 19.76 |
| 其他输配电及控制设备制造 | 1 043.14 | 1 269.99 | 21.75 | 8.56 |
| 电力电子元器件制造 | 787.33 | 923.26 | 17.26 | 6.22 |
| 电容器及其配套设备制造 | 212.55 | 236.69 | 11.36 | 1.60 |
| 合计 | 12 303.18 | 14 837.77 | 20.60 | 100.00 |

注：按2011年资产总计量大的居前。

资料来源：中国电器工业协会。

2010年，我国电线电缆制造工业总产值达8 666.21亿元。

2011年，我国电线电缆制造工业总产值达11 102.62亿元，同比增长28.11%；工业总产值占我国输变电设备制造工业总产值的50.17%，是我国输变电设备的主要生产制造行业。2010年、2011年我国输变电设备分行业工业总产值及占总量情况见表4。2010年、2011年我国输变电设备分行业工业总产值见图3。2011年我国输变电设备分行业工业总产值占总量比例见图4。

（亿元）

图1　2010年、2011年我国输变电设备分行业工业总资产

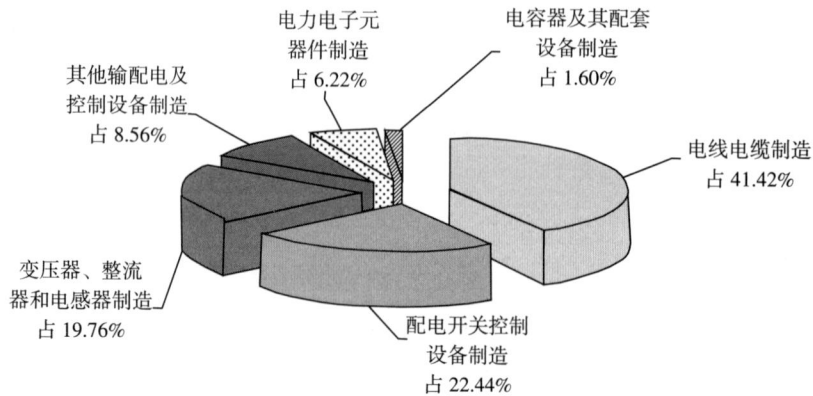

图2　2011年我国输变电设备分行业工业总资产占总量比例

表4　2010年、2011年我国输变电设备分行业工业总产值及占总量情况

单位：亿元

| 项　　目 | 2010年 | 2011年 | 2011/2010增长（%） | 2011年分行业占总量（%） |
|---|---|---|---|---|
| 电线电缆制造 | 8 666.21 | 11 102.62 | 28.11 | 50.17 |
| 配电开关控制设备制造 | 3 483.43 | 4 228.28 | 21.38 | 19.11 |
| 变压器、整流器和电感器制造 | 2 867.63 | 3 382.62 | 17.96 | 15.29 |
| 其他输配电及控制设备制造 | 1 119.87 | 1 600.48 | 42.92 | 7.23 |
| 电力电子元器件制造 | 1 140.89 | 1 452.50 | 27.31 | 6.56 |
| 电容器及其配套设备制造 | 269.42 | 363.22 | 34.82 | 1.64 |
| 合计 | 17 547.45 | 22 129.72 | 26.11 | 100.00 |

注：按2011年工业总产值量大的居前。
资料来源：中国电器工业协会。

2010年，我国电线电缆制造工业销售值达8 452.38亿元。

2011年，我国电线电缆制造行业工业销售值达10 834.08亿元，同比增长28.18%；工业销售值占我国输变电设备制造工业销售值的50.19%，占我国输变电设备工业销售值一半的份额。2010年、2011年我国输变电设备分行业工业销售值及占总量情况见表5。2010年、2011年我国输变电设备分行业工业销售值见图5。2011年我国输变电设备分行业工业销售值占总量比例见图6。

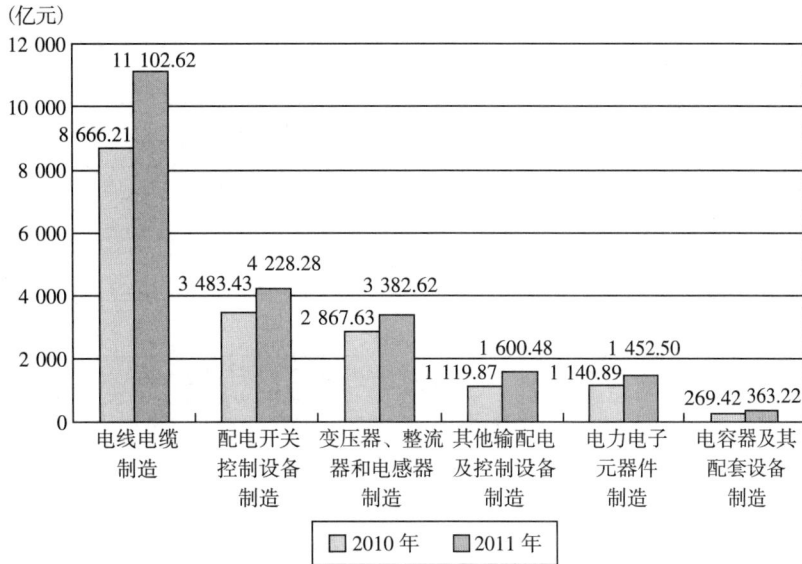

**图 3　2010 年、2011 年我国输变电设备分行业工业总产值**

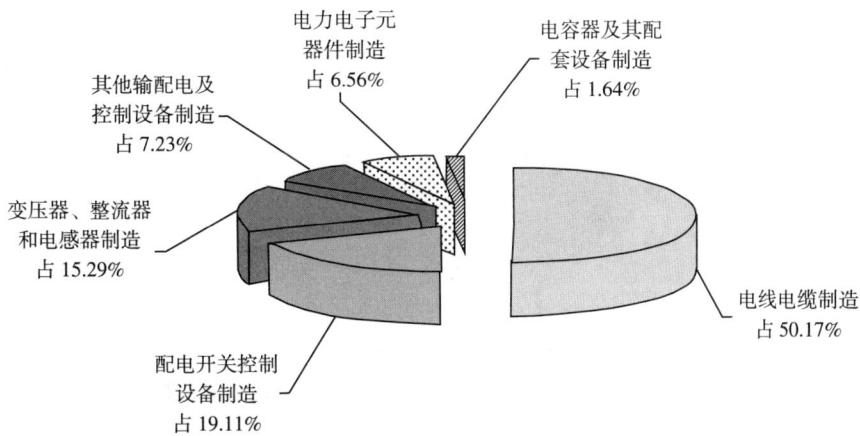

**图 4　2011 年我国输变电设备分行业工业总产值占总量比例**

**表 5　2010 年、2011 年我国输变电设备分行业工业销售值及占总量情况**

单位：亿元

| 项　　目 | 2010 年 | 2011 年 | 2011/2010 增长（%） | 2011 年分行业占总量（%） |
|---|---|---|---|---|
| 电线电缆制造 | 8 452.38 | 10 834.08 | 28.18 | 50.19 |
| 配电开关控制设备制造 | 3 382.11 | 4 100.28 | 21.23 | 18.99 |
| 变压器、整流器和电感器制造 | 2 796.24 | 3 314.32 | 18.53 | 15.35 |
| 其他输配电及控制设备制造 | 1 098.28 | 1 566.63 | 42.64 | 7.26 |
| 电力电子元器件制造 | 1 121.16 | 1 421.44 | 26.78 | 6.58 |
| 电容器及其配套设备制造 | 262.62 | 351.52 | 33.85 | 1.63 |
| 合计 | 17 112.79 | 21 588.27 | 26.15 | 100.00 |

注：按 2011 年工业销售值量大的居前。

资料来源：中国电器工业协会。

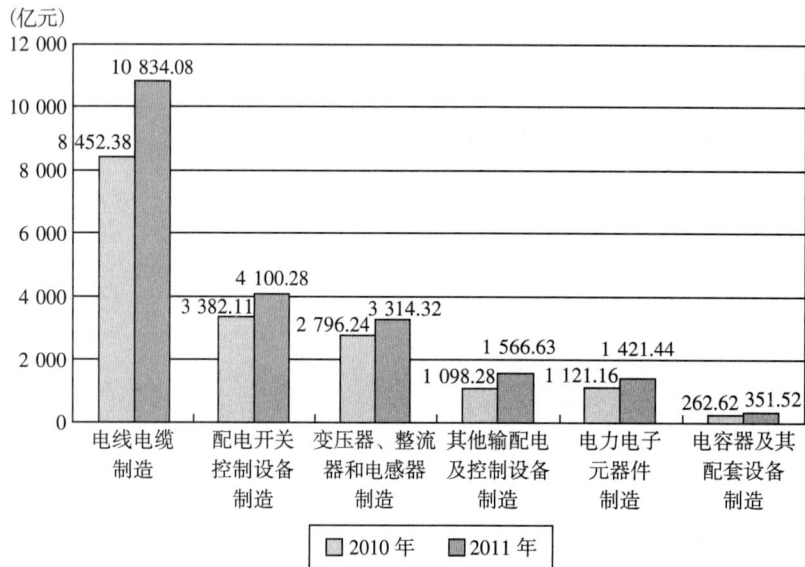

图 5　2010 年、2011 年我国输变电设备分行业工业销售值

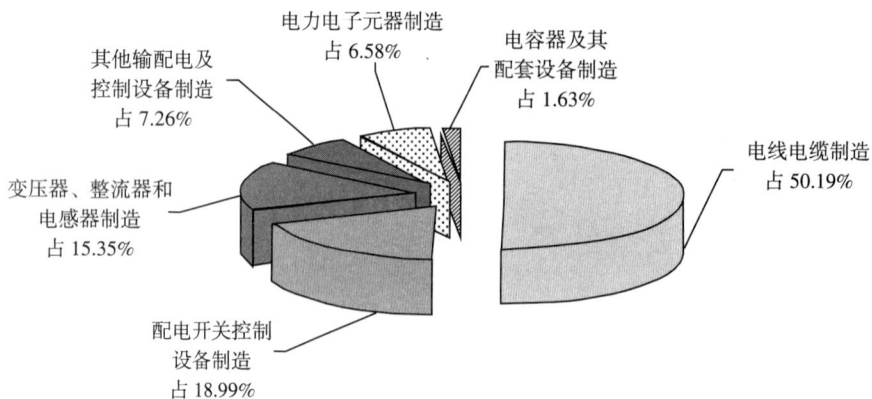

图 6　2011 年我国输变电设备分行业工业销售值占总量比例

2010 年，我国电线电缆制造行业出口交货值达 696.86 亿元人民币。

2011 年，我国电线电缆制造行业出口交货值达 834.97 亿元人民币，同比增长 19.82%；出口交货值占我国输变电设备制造出口交货值的 43.27%。

2010 年、2011 年我国输变电设备分行业出口交货值及占总量情况见表 6。2010 年、2011 年我国输变电设备分行业出口交货值见图 7。2011 年我国输变电设备分行业出口交货值占总量比例见图 8。

表 6　2010 年、2011 年我国输变电设备分行业出口交货值及占总量情况

单位：亿元

| 项　　目 | 2010 年 | 2011 年 | 2011/2010 增长（%） | 2011 年分行业占总量（%） |
|---|---|---|---|---|
| 电线电缆制造 | 696.86 | 834.97 | 19.82 | 43.27 |
| 变压器、整流器和电感器制造 | 350.93 | 388.81 | 10.79 | 20.15 |
| 电力电子元器件制造 | 359.80 | 367.31 | 2.09 | 19.04 |
| 配电开关控制设备制造 | 179.76 | 191.78 | 6.69 | 9.94 |
| 其他输配电及控制设备制造 | 84.76 | 108.28 | 27.75 | 5.61 |
| 电容器及其配套设备制造 | 35.81 | 38.43 | 7.32 | 1.99 |
| 合计 | 1 707.92 | 1 929.58 | 12.98 | 100.00 |

注：按 2011 年出口交货值量大的居前。

资料来源：中国电器工业协会。

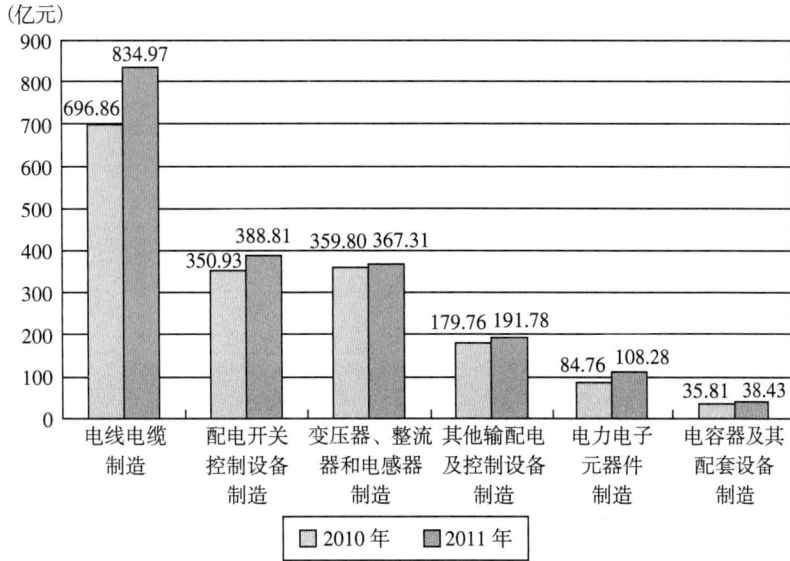

图7 2010年、2011年我国输变电设备分行业出口交货值

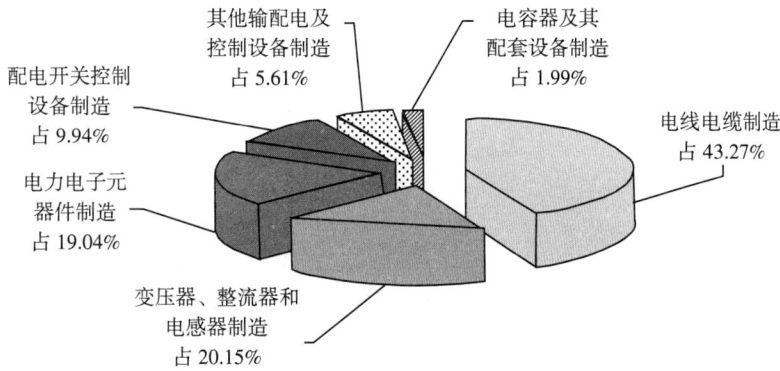

图8 2011年我国输变电设备分行业出口交货值占总量比例

2010年,我国电线电缆制造行业主营业务收入达8 346.14亿元。

2011年,我国电线电缆制造行业主营业务收入达10 664.97亿元,同比增长27.78%;主营业务收入占我国输变电设备制造行业主营业务收入的50.47%,

是我国输变电设备重要的主营业务收入行业。2010年、2011年我国输变电设备分行业主营业务收入及占总量情况见表7。2010年、2011年我国输变电设备分行业主营业务收入见图9。2011年我国输变电设备分行业主营业务收入占总量比例见图10。

表7 2010年、2011年我国输变电设备分行业主营业务收入及占总量情况

单位:亿元

| 项 目 | 2010年 | 2011年 | 2011/2010增长(%) | 2011年分行业占总量(%) |
|---|---|---|---|---|
| 电线电缆制造 | 8 346.14 | 10 664.97 | 27.78 | 50.47 |
| 配电开关控制设备制造 | 3 335.51 | 4 000.22 | 19.93 | 18.93 |
| 变压器、整流器和电感器制造 | 2 761.07 | 3 223.77 | 16.76 | 15.25 |
| 其他输配电及控制设备制造 | 1 097.13 | 1 519.47 | 38.50 | 7.19 |
| 电力电子元器件制造 | 1 118.38 | 1 396.78 | 24.89 | 6.61 |
| 电容器及其配套设备制造 | 249.46 | 327.32 | 31.21 | 1.55 |
| 合计 | 16 907.69 | 21 132.53 | 24.99 | 100.00 |

注:按2011年主营业务收入量大的居前。

资料来源:中国电器工业协会。

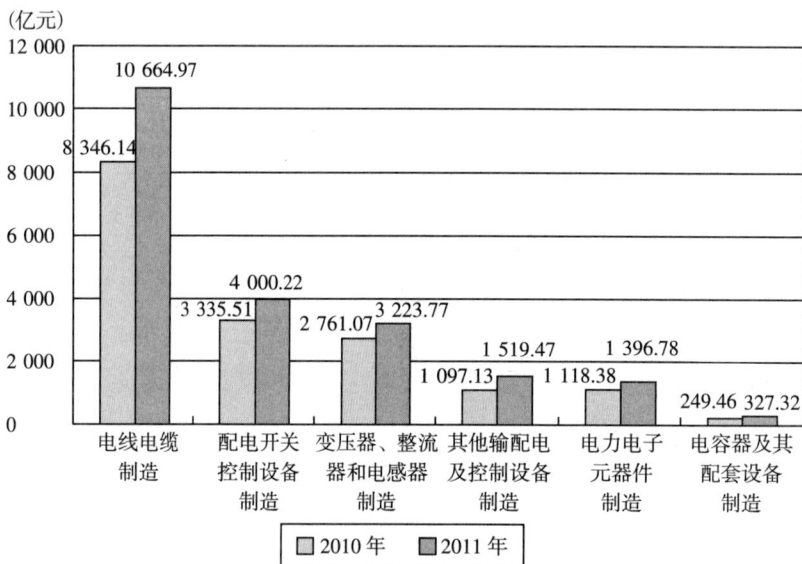

图 9 2010 年、2011 年我国输变电设备分行业主营业务收入

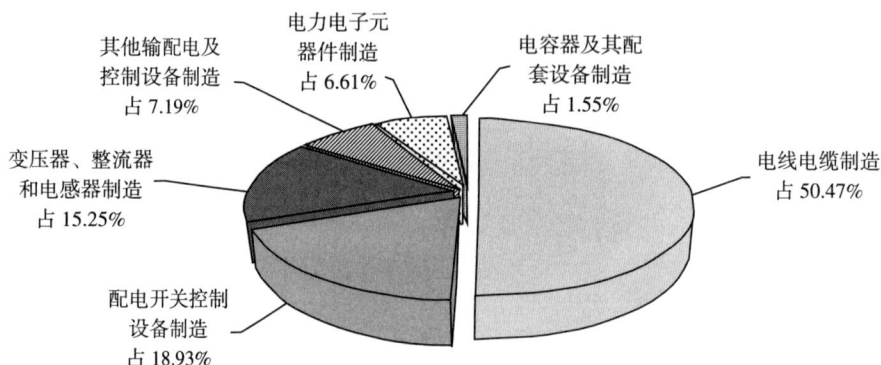

图 10 2011 年我国输变电设备分行业主营业务收入占总量比例

2010 年，我国电线电缆制造行业利润总额达 394.54 亿元。

2011 年，我国电线电缆制造行业利润总额达 527.80 亿元，同比增长 33.78%；利润总额占我国输变电设备制造行业利润总额的 42.44%。2010 年、

2011 年我国输变电设备分行业利润总额及占总量情况见表 8。2010 年、2011 年我国输变电设备分行业利润总额见图 11。2011 年我国输变电设备分行业利润总额占总量比例见图 12。

表 8 2010 年、2011 年我国输变电设备分行业利润总额及占总量情况

单位：亿元

| 项 目 | 2010 年 | 2011 年 | 2011/2010 增长（%） | 2011 年分行业占总量（%） |
|---|---|---|---|---|
| 电线电缆制造 | 394.54 | 527.80 | 33.78 | 42.44 |
| 配电开关控制设备制造 | 274.98 | 307.23 | 11.73 | 24.70 |
| 变压器、整流器和电感器制造 | 194.74 | 184.54 | −5.24 | 14.84 |
| 其他输配电及控制设备制造 | 102.33 | 122.24 | 19.46 | 9.83 |
| 电力电子元器件制造 | 66.67 | 80.68 | 21.01 | 6.49 |
| 电容器及其配套设备制造 | 24.50 | 21.19 | −13.51 | 1.70 |
| 合计 | 1 057.76 | 1 243.68 | 17.58 | 100.00 |

注：按 2011 年利润总额量大的居前。
资料来源：中国电器工业协会。

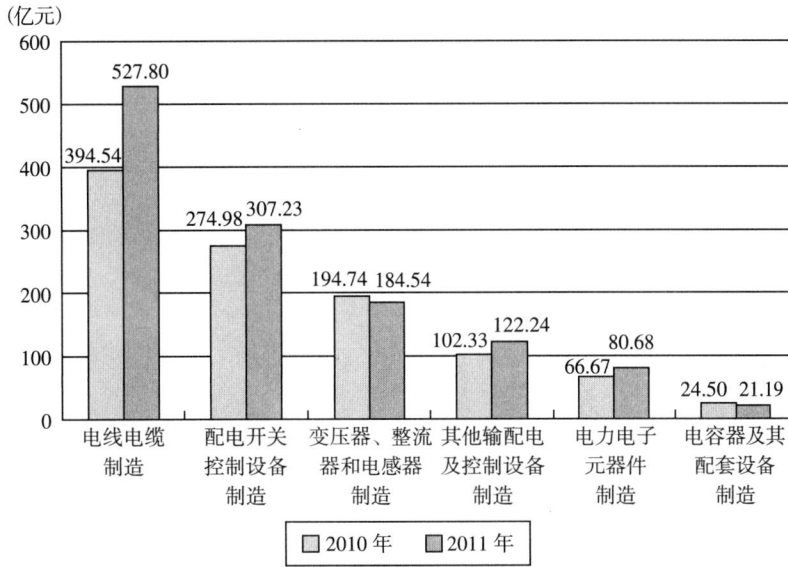

**图 11　2010 年、2011 年我国输变电设备分行业利润总额**

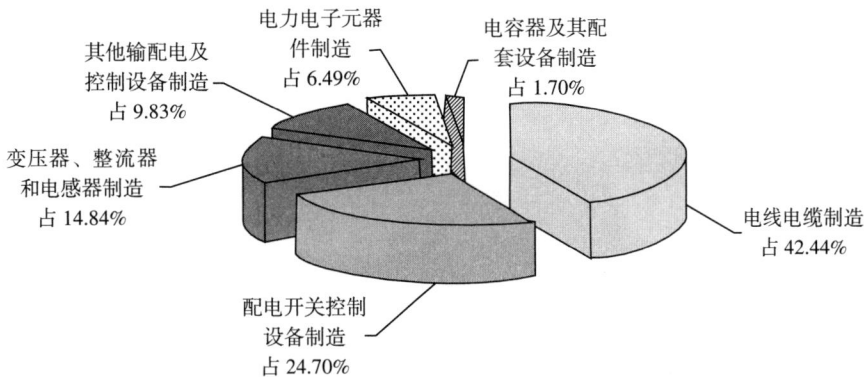

**图 12　2011 年我国输变电设备分行业利润总额占总量比例**

2011 年，我国输变电设备共有生产企业 9 145 家，其中电线电缆制造企业 3 497 家，占全部企业数的 38.24%。2011 年我国输变电设备分行业企业数及占总量情况见表 9。2011 年我国输变电设备分行业企业数量见图 13。2011 年我国输变电设备分行业企业数占总量比例见图 14。

**表 9　2011 年我国输变电设备分行业企业数及占总量情况**

| 项　目 | 数量（家） | 占总量（%） |
|---|---|---|
| 电线电缆制造 | 3 497 | 38.24 |
| 配电开关控制设备制造 | 2 192 | 23.97 |
| 变压器、整流器和电感器制造 | 1 571 | 17.18 |
| 电力电子元器件制造 | 931 | 10.18 |
| 其他输配电及控制设备制造 | 705 | 7.71 |
| 电容器及其配套设备制造 | 249 | 2.72 |
| 合计 | 9 145 | 100.00 |

注：按企业数多的居前。
资料来源：中国电器工业协会。

# 三、主要输变电装备应用情况

## 1. 变压器

中国南方电网有限责任公司 500kV 及以上变压器以进口、合资产品为主，主流国产产品其次；约 79% 的变压器运行年限在 10 年以内，没有运行年限超过 20 年的变压器。全网 220kV 变压器以合资、主流国产产品为主，非主流国产产品其次，进口产品比例较小；约 79% 的变压器运行年限在 10 年以内，约 19% 在 10~20 年，极少数超过 20 年。全网 110kV 变压器以非主流国产产品为主，合资、主流国产产品其次，进口产品比例最低；约 77% 的变压器运行年限在 10 年以内，约 21% 在 10~20 年，超过 20 年的约 2%（注：变压器主流国产产品是指特

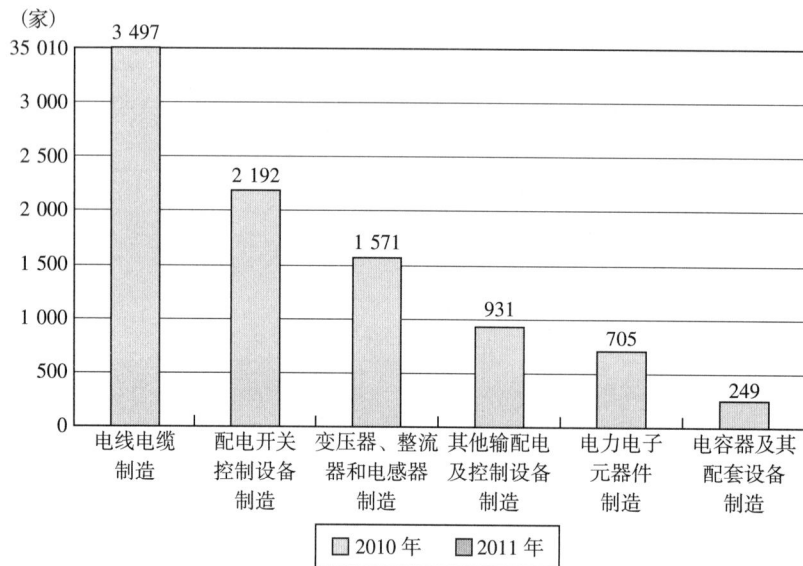

图 13　2011 年我国输变电设备分行业企业数量

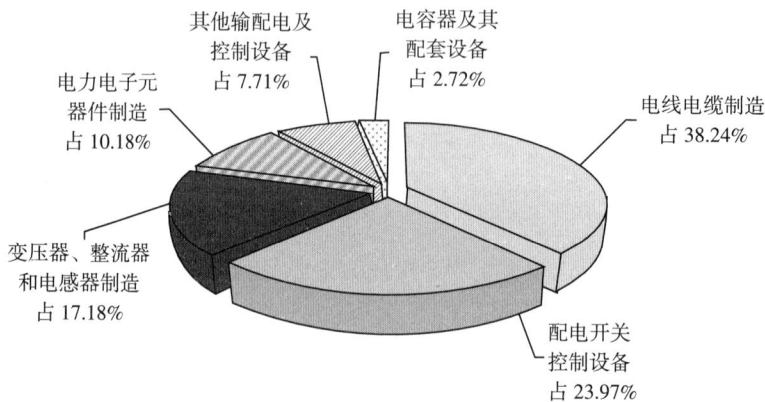

图 14　2011 年我国输变电设备分行业企业数占总量比例

变电工沈阳变压器集团有限公司、西安西电变压器有限责任公司、保定天威保变电气股份有限公司和特变电工衡阳变压器有限公司生产的产品。）中国南方电网有限责任公司电网主网变压器数量见表 10。

表 10　中国南方电网有限责任公司电网主网变压器数量

单位：台

| 电压等级 | 2010 年 | 2011 年 | 2011/2010 增长（%） |
|---|---|---|---|
| 500kV | 573 | 660 | 15.18 |
| 220kV | 1 195 | 1 319 | 10.38 |
| 110kV | – | 5 145 | – |

资料来源：中国电力企业联合会。

## 2. 断路器

中国南方电网有限责任公司 500kV 断路器以进口、合资产品为主，仅超高压有少量非主流国产产品；约 92.55% 的断路器运行年限在 10 年以内；操作机构以弹簧、液压机构为主，分别占比为 59% 和 27%。全网 220kV 断路器以合资产品为主，主流国产和进口产品也占据一定比例；约 86% 的断路器运行年限在 10 年以内，仅有 1% 的运行年限超过 20 年；操作机构以弹簧、液压机构为主，分别占比为 58% 和 20%。全网 110kV 断路器以合资产品为主，主流国产产品其次，进口和非主流国产也占据一定比例；约 85% 的断路器运行年限在 10 年以内，仅有 1% 的运行年限超过 20 年；操作机构以弹簧机构为主，所占比例为 87%（注：断路器主流国产厂家为河南平高电气股份公司、西安西电高压开关有限公司、西安西开高压电气股份有限公司、沈阳高压开关有限责任公司）。中国南方电网有限责任公司电网主网断路器数量见表11。

**表11　中国南方电网有限责任公司电网主网断路器数量**

单位：台

| 电压等级 | 2010年 | 2011年 | 2011/2010 增长（%） |
|---|---|---|---|
| 500kV | 1 162 | 1 450 | 24.78 |
| 220kV | 4 488 | 6 708 | 49.47 |
| 110kV | — | 19 738 | — |

资料来源：中国电力企业联合会。

### 3. 输电线路

中国南方电网有限责任公司800kV线路运行年限小于10年，导线类型全部采用钢芯铝绞线；99%的500kV线路运行年限小于20年，导线类型以钢芯铝绞线为主，占比95%；93%的220kV线路运行年限小于20年，导线类型以钢芯铝绞线为主，占95.56%；89%的110kV线路运行年限小于20年，导线类型以钢芯铝绞线为主，占89.16%。中国南方电网有限责任公司电网主网输电线路长度情况见表12。

**表12　中国南方电网有限责任公司电网主网输电线路长度**

单位：km

| 电压等级 | 2010年 | 2011年 | 2011/2010 增长（%） |
|---|---|---|---|
| ±800kV | 1 375 | 1 375 | 0 |
| 500kV | — | 29 552 | — |
| 220kV | — | 124 463 | — |
| 110kV | — | 114 544 | — |

资料来源：中国电力企业联合会。

## 四、重点企业

中国西电集团公司、特变电工股份有限公司、保定天威集团有限公司是我国输变电设备制造行业的三大龙头企业，是国内规模最大、成套能力最强、试验检测条件最先进的高压、超高压、特高压交直流输变电设备制造企业。三大输变电集团的变压器生产能力均在1亿kVA/a以上，并具有1 000kV电力变压器、±800kV直流换流变压器、800kV电抗器、1 000kV全封闭组合电器（GIS）、500kV互感器、1 000kV避雷器、800kV绝缘子，以及各类高压断路器、高压隔离开关、电力电容器、高压电瓷、电力整流器等产品的研发制造能力，高端输变电产品技术已达世界先进水平。

三大输变电集团建有国家级企业技术中心、特高压变电技术和新能源新材料国家工程实验室、高压电器和绝缘子避雷器质量监督检验中心，以及电力电容器质量监督检验中心等，还拥有世界领先水平的全封闭、超净化特高压生产车间和屏蔽试验场地等，均具有我国输变电设备制造业一流的综合技术开发实力和生产制造能力。

三大输变电集团都是上市公司，并与国际知名输变电设备制造商开展了技术经济合作，建立了合资合作企业。三大集团都已成功走向世界，产品出口到几十个国家和地区，并进入欧、美、日等经济发达国家和地区市场，享有一定的知名度和具有较强的竞争优势。

## 五、科研成果获奖情况

2010年度中国机械工业科学技术奖——中国电工科研领域获奖项目见表13。2011年度中国机械工业科学技术奖——中国电工科研领域获奖项目见表14。

**表13　2010年度中国机械工业科学技术奖——中国电工科研领域获奖项目**

| 序号 | 项目名称 | 项目单位 | 奖励等级 |
|---|---|---|---|
| 1 | 广域电网故障电压行波定位技术及成套设备 | 长沙理工大学、湖南大学、华中科技大学、湖南湘能电气自动化有限公司、湖南省电力公司 | 一 |
| 2 | 直流输电工程换流站交、直流场成套设备关键技术研究与产品开发 | 中国西电电气股份有限公司、西安高压电器研究院有限责任公司、西安西电高压开关有限责任公司、西安西电电力电容器有限责任公司、西安西电避雷器有限责任公司、西安西电变压器有限责任公司、西安西电开关电气有限公司 | 一 |
| 3 | 智能低压电力载波传感器网络技术 | 中国石油大学（华东）、深圳超越星科技有限公司 | 二 |
| 4 | CW3系列智能型万能式断路器 | 常熟开关制造有限公司 | 二 |
| 5 | 300-500A/600-2500V快（软）恢复二极管 | 北京京仪椿树整流器有限责任公司 | 二 |

续表

| 序号 | 项目名称 | 项目单位 | 奖励等级 |
|---|---|---|---|
| 6 | 500kV 抽能电抗器研制及应用 | 西安西电变压器有限责任公司 | 二 |
| 7 | 低压配电网的电能质量改善与节能措施的研究与应用 | 上海交通大学、上海久隆电力科技有限公司 | 二 |
| 8 | ZF9A-300（L）/T4000-40 气体绝缘金属封闭开关设备 | 西安西电开关有限责任公司 | 二 |
| 9 | ZHW-550（L）/YQ4000-63 复合电器 | 西安西电开关电气有限公司 | 二 |
| 10 | NC8 系列交流接触器 | 浙江正泰电器股份有限公司 | 二 |
| 11 | 抗水树中压电力电缆 | 江苏上上电缆集团有限公司 | 二 |
| 12 | 超高压断路器动态电弧等离子体对开断特性影响机理研究及应用 | 沈阳工业大学 | 二 |
| 13 | 550kV 高压开关板设备合成关合试验回路开发 | 西安高压电器研究院有限责任公司 | 二 |
| 14 | 特高压及电子式（光电）互感器试验系统的建立及试验方法的研究 | 西安高压电器研究院有限责任公司 | 二 |
| 15 | 数字式大功率柔性整流电源设备 | 广州电器科学研究院、广州擎天实业有限公司 | 二 |
| 16 | JYS1 手摇可移式操作抽屉单元 | 常州新苑星电器有限公司 | 三 |
| 17 | 德-宝直流联网工程用交流滤波电容器 AAM6.5-447.3-1W | 西安西电电力电容器有限责任公司 | 三 |
| 18 | 基于现场可编程门阵列（FPGA）的高精度电源数字控制装置 | 天水电气传动研究所有限责任公司、中国科学院高能物理研究所 | 三 |
| 19 | 126/252kVGIS 标准化设计及工程应用 | 西安西电开关电气有限公司 | 三 |
| 20 | CB252-III（卧式布置）252kV 气体绝缘金属封闭开关设备用断路器 | 西安西电开关电气有限公司 | 三 |
| 21 | 90kW 低噪音汽车电站 | 兰州电源车辆研究所有限公司 | 三 |
| 22 | 极地户外用耐低温软电缆 | 无锡江南电缆有限公司 | 三 |
| 23 | 额定电压 1.8/3kV 辅照交联聚烯烃绝缘屏蔽型无卤低烟阻燃轨道车辆用电缆 | 宝胜科技创新股份有限公司 | 三 |
| 24 | 智能化低压配电系统研制开发 | 昆明电器科学研究所 | 三 |
| 25 | ZW58-24/T1250-20 型户外高压交流真空断路器 | 日升集团有限公司 | 三 |
| 26 | NM6-125、160、250、400、630、800、1250、1600、塑料外壳式断路器关键技术研发与产业化 | 浙江正泰电器股份有限公司 | 三 |
| 27 | 单只线棒 VPI 绝缘系统 | 东方电气集团东方电机有限公司 | 三 |
| 28 | 新型 12kV 真空环网配电开关设备 | 西安高压电器研究院有限责任公司 | 三 |
| 29 | 低电容、低衰减、高速率、皮泡皮发泡绝缘 PROFIBUS 现场总线数据传输电缆 | 宝胜科技创新股份有限公司 | 三 |
| 30 | 风力发电用耐扭耐寒阻燃软电缆 | 远东电缆有限公司 | 三 |
| 31 | 中压系统大容量智能配电装置的研制 | 四川电器集团有限公司 | 三 |
| 32 | OSFPS-750000/500 超高压大容量现场组装式变压器的研制 | 特变电工衡阳变压器有限公司 | 三 |

资料来源：中国电器工业协会。

### 表14 2011年度中国机械工业科学技术奖——中国电工科研领域获奖项目

| 序号 | 项目名称 | 项目单位 | 奖励等级 |
|---|---|---|---|
| 1 | 10kV 超导变电站关键技术研发及工程示范 | 中国科学院电工研究所、白银有色长通电线电缆有限责任公司、特变电工股份有限公司、湖南省电力公司科学研究院、中国科学院化学技术研究所、深圳市沃尔核材股份有限公司、河北新宝丰电线电缆有限公司、甘肃省电力公司白银供电公司、湖南省电力公司娄底电业局、华北电力科学研究院有限责任公司 | 一 |
| 2 | 超高压直流换流变压器瞬态电磁场特性的仿真研究 | 保定天威集团有限公司、河北工业大学 | 二 |
| 3 | 家用及类似场所用带选择性保护的主断路器（VB60） | 上海电器科学研究所（集团）有限公司、法泰电器（江苏）股份有限公司、上海电器陶瓷厂股份有限公司 | 二 |

续表

| 序号 | 项目名称 | 项目单位 | 奖励等级 |
|---|---|---|---|
| 4 | 智能电网和风力发电系统中节能母线槽的开发及应用 | 天津电气传动设计研究所、天津天传电控配电有限公司、苏州华铜复合材料有限公司、北京华北长城母线槽有限公司、北京电器有限公司、江苏波瑞电气有限公司、江苏泰宇电气有限公司 | 二 |
| 5 | 高压直流输电换流阀控制技术的研究和推广应用 | 许继集团有限公司 | 二 |
| 6 | 大容量电力变压器电磁与短路强度分析系统及其工程应用 | 沈阳工业大学、沈阳变压器研究院股份有限公司、特变电工沈阳变压器集团有限公司、机械工业北京电工技术经济研究所 | 一 |
| 7 | 小体积、轻量化的中压真空断路器 | 常熟开关制造有限公司（原常熟开关厂） | 二 |
| 8 | "0+3"三层共挤橡胶电缆连续硫化生产线 | 南京艺工电工设备有限公司 | 二 |
| 9 | 多制式模块化绿色UPS电源 | 广东志成冠军集团有限公司、华中科技大学 | 二 |
| 10 | 中压大容量系列交流金属封闭开关设备 | 天水长城开关厂有限公司 | 二 |
| 11 | JF-9955环氧酸酐VIP树脂 | 苏州巨峰电气绝缘系统股份有限公司 | 二 |
| 12 | 126-550kV GIS三维全形态工程设计及应用 | 西安西电开关电气有限公司 | 二 |
| 13 | 极端条件下系留缆系统的解决方案及其典型应用 | 上海电缆研究所 | 二 |
| 14 | 核反应堆用高性电缆及电工材料 | 上海电缆研究所、上海特缆电工科技有限公司 | 二 |
| 15 | 15kV/80kA真空发电机断路器研制 | 西安高压电器研究院有限责任公司 | 三 |
| 16 | 钢芯高导电率（63%IACS）铝绞线 | 远东电缆有限公司 | 三 |
| 17 | TWPD-2623便携式局部放电巡检仪 | 保定天威集团有限公司、保定天威新域科技发展有限公司 | 三 |
| 18 | ZF15-363（L）（G）/Y4000-50型气体绝缘金属封闭开关设备 | 新东北电气集团高压开关有限公司 | 三 |

资料来源：中国电器工业协会。

（中国电器工业协会、中国电力企业联合会电力装备分会）

# 输配电

# 智能电网

近年来，世界各国发展智能电网的目的趋向基本一致：保障国家能源安全，积极应对环保压力，促进可再生能源发展，提高资源利用效率，增加劳动就业，完善用户的增值服务。

## 一、国外智能电网发展概论

美国智能电网发展重点在配电和用电侧，推动可再生能源发展，注重商业模式的创新和用户服务的提升。同时注重的四个方面分别是：高温超导电网、电力储能技术、可再生能源与分布式系统集成（RDSI）和实现传输可靠性及安全控制系统。分布式发电比重上升要求用户侧支持双向馈电，电力市场要求用户侧支持双向通信，分布式发电和即插即用发电设备要求配网全面监控协调。规划 2020~2030 年，将实现超导为主的骨干网。电力信息化方面，美国电科院致力于开发智能电网架构，支持电网及其设备间的通信与信息交换。

欧洲各国强调对环境的保护和可再生能源发展，尤其是鼓励风能、太阳能和生物质能等可再生能源发展，欧盟和相关国家的政策比美国更加鼓励支持、提倡低碳发电、可再生能源电力和高效的能源利用方式，减小碳化物的排放，保护环境。欧盟在智能电网方面关注的重点是电网资产管理、电网运行、需求侧管理、电源"即插即用"和更加友好灵活的接入方式以及与用户的互动。

日本大力发展核电、天然气、新能源、节能增效等。重点发展领域是新能源发电等分布式电源领域，并确保电力系统的稳定性与可靠性。此外，日本除了注重大规模的输电网智能化外，更加注重家庭与社区的高效率用电问题。

## 二、我国智能电网现状

我国智能电网将以特高压电网为主干，通过建设坚强智能电网，提高电网大范围优化配置资源能力，实现电力远距离、大规模输送，满足经济快速发展对电力的需求。

2010 年 4 月 19 日，国家电网公司发布《国家电网公司绿色发展白皮书》。《白皮书》数据显示，预计国家电网公司在 2020 年将基本建成坚强智能电网，全力提升消纳清洁能源能力，助力电力系统提升能源利用效率，积极推动电力装备业和全社会节能，10 年可推动实现二氧化碳累计减排 105 亿 t，对实现我国 2020 年单位 GDP 碳排放强度下降 40%~45%目标的贡献度超过 20%。能源行业"十二五"规划已将发展智能电网作为重要内容纳入其中。根据规划，到 2020 年，全国范围内坚强智能电网将基本建成。届时，我国清洁能源装机容量将达到 6 亿 kW，占全国总装机容量的 35%左右，发电量将占总发电量的 27%左右。

### 1. 发展概况

我国智能电网的研究和实践部分项目已基本完成试点试验工作，并取得了优异的成绩，大量科研成果被广泛应用到实际工程中，已进入推广实施阶段，部分智能电网技术和装备已处于国际领先水平，为我国智能电网建设作出了有益的尝试，提供了有力支撑。

晋东南—南阳—荆门1 000kV特高压交流试验示范工程已安全运行3年多，是目前世界运行电压最高、技术水平最先进的交流电网工程，为后续特高压工程的推进、建设以特高压电网为骨干网架的智能电网打下基础，国家电网公司和南方电网公司的±800kV直流工程也获得了巨大的成功。

我国已在电网调度智能化、输变电智能化、配电网智能化、新能源接入方面进行了探索。我国第一组实用化高温超导限流器挂网运行，光伏太阳能电站、生物质能发电、风力发电、汽车充电站等有了较大进展。

## 2. 智能电网装备产业发展现状

国内已有装备总体上基本满足电网建设和发展的常规需求，部分设备技术已达到或处于国际领先水平（如特高压设备、调度自动化系统、数字化变电站等），为智能电网建设奠定了较好的基础。各种产品能做到电流、电压等电网基本参量的数字化测量和测得数据的网络化传输，可以对设备基本功能状态进行智能化监控或量测。但在部分领域与先进国家相比仍存在很大差距，亟需加大研制力度、加快研制进度，主要表现在：一是部分设备尚不能完全满足信息化、自动化、互动化要求；二是部分关键装备技术规范及标准不统一，互换性差，技术性能亟待提升；三是部分智能电网关键装备的核心技术尚未完全掌握，关键装备仍然缺乏，不能完全满足智能电网建设的技术需求。

在许多电子技术、计算机技术等方面与先进国家相比差距不大，当今世界广泛应用的技术领域，如调度自动化系统、综合保护系统等产品，智能化程度相对较高；而根据《高压设备智能化技术导则》，对技术要求高、工作环境条件恶劣、工作状况复杂多变的高压设备，首先需要实现智能化的应该是高压变压器、断路器/高压组合电器装备等产品。

我国高压装备制造骨干企业都积极进行了各自专业领域产品（如变压器、断路器类/高压组合电器装备）的智能化工作，但由于没有统一的强制执行的标准或要求，同一种产品达到的智能化水平不一致，不同种类的产品达到或满足电网智能化要求的程度也各不相同。

## 3. 智能电网技术及创新工作

国家电网公司发布了《智能电网关键设备（系统）研制规划》和《智能电网技术标准体系规划》，对智能电网发展具有重要的规范效用和积极的推动作用。

国家发改委、国家能源局在能源行业"十二五"科技装备规划的重大科研项目设计、重大技术装备研发、重点示范工程选择、重要行业标准修订、重点骨干研发中心建设方面都把智能电网作为重要内容全面推进。2010年，国家能源局成立了智能电网标准体系推进工作组，标志着国家层面的、全方位的标准体系工作的确立。

世界上运行电压水平最高、装备最复杂的1 000kV、±800kV特高压输电线路均已成功运行，其特高压变压器类、开关设备类产品主要为我国企业自主研发，创新生产。

国家电网公司及南方电网公司各自成立了智能电网技术研究机构，进行了大量的、多方面的智能电网技术研究和试点试验工作及参与标准制订的工作。"国家智能电气质量监督检验中心"正在积极筹建，将加强和完善我国对装备行业领域的质量监管能力，促进智能电网技术的验证及确认，助力智能电网安全稳定运行。

# 三、我国智能电网装备主要制造企业

智能电网通常分为发电、输电、变电、配电、调度、用电6个环节和信息通信平台。装备有变压器、断路器、隔离开关、电容器、电抗器、避雷器、母线、导线、电缆、互感器、电能表、通信设备、远方终端、控制屏、显示器、信号灯、报警器、视频监控系统、继电保护装置等。国电南瑞科技股份有限公司、许继电气股份有限公司、荣信电力电子股份有限公司等是我国主要的智能电网装备研发和制造企业。我国主要智能电网装备制造企业及主营业务见表1。

表1 我国主要智能电网装备制造企业及主营业务

| 企业名称 | 主营业务 |
| --- | --- |
| 特变电工股份有限公司 | 变压器、电抗器、互感器、电线电缆、新能源技术、太阳能光伏离网和并网及风光互补系统的研发和制造 |
| 中国西电电气股份有限公司 | 输配电和控制设备及相关电器机械和器材、电子机械一体化产品、电子通信设备等的研究、设计、制造，国内外电网、电站成套工程的总承包和分包 |
| 国电南瑞科技股份有限公司 | 发电、输电、变电、配电、供电控制系统和设备研发和制造 |
| 许继电气股份有限公司 | 智能变配电系统、智能化特种节能设备、智能电表、电网及发电系统变压器设备、电网调度自动化设备、配电网自动化、变电站自动化、电站自动化、电网安全稳定控制设备、电力管理信息系统、继电保护及自动控制、继电器、电子式电度表、中压开关及开关柜、电力通信设备（不含无线）、变压器、互感器、箱式变电站及其他机电产品、成套设备的研发和制造 |
| 国电南京自动化股份有限公司 | 继电保护、控制、电力自动化、监测、管理信息、调度自动化、节能减排、储能工程、新能源及新技术的利用与开发等系统、水电等装备的研发和制造 |
| 贵州长征电气股份有限公司 | 高、中、低压电器元件及成套设备、风力发电设备的设计和制造 |
| 深圳长城开发科技股份有限公司 | 节能型自动化机电产品和智能自动化控制系统 |
| 北京四方继保自动化股份有限公司 | 输配电及控制设备、电力电子装置、电工机械专用设备、电子工业专用设备、站场通信设备、发电机组互感器、发电机及发电机组、电缆、电缆附件、绝缘制品、互感器、电站热工仪表研发和制造 |
| 武汉中元华电科技股份有限公司 | 计算机软、硬件、自动化、电力、电子设备与器件设备的开发和研制 |
| 江苏通光电子线缆股份有限公司 | 电子线缆、光纤光缆的研发和制造 |
| 天津百利特精电气股份有限公司 | 输配电及控制设备、超导限流器、智能电网电气设备、高低压电器成套设备、传动控制装置、照明配电箱、高低压电器元件、电器设备元件、变压器、互感器等的制造及技术开发 |
| 积成电子股份有限公司 | 发电、输电、变电、用电、调度控制系统及设备，继电保护系统，电工仪器仪表，电子器件及通信设备，新能源利用与开发系统，视频监控及安全技术防范系统的设计和制造 |
| 北京金自天正智能控制股份有限公司 | 智能控制软硬件及配套设备、电气传动装置及配套设备、电子元器件、控制系统配套仪表、系统集成工程等的研发和制造 |
| 珠海万力达电气股份有限公司 | 继电保护装置、自动装置、变电站综合自动化系统、配电网自动化系统、水电自动化系统、数字化变电站系统、智能开关柜系统、电力电子节能产品等的研发和制造，电网系统计算机信息集成及软件开发 |
| 江苏金智科技股份有限公司 | 电力自动化、继电保护设备、发电、输变电、配电电子仪器、电子及电气设备、光电设备、机电设备等的研发和制造 |
| 东北电气发展股份有限公司 | 生产制造输变电设备及附件 |
| 河南通达电缆股份有限公司 | 电线、电缆的研发和生产 |
| 武汉中元华电科技股份有限公司 | 计算机软件、硬件，自动化、电力、电子设备与器件的研发和制造 |
| 兰州长城电工股份有限公司 | 发电、配电、用电及控制成套装置系列产品及电器元件的研制、开发 |
| 思源电气股份有限公司 | 电力自动化保护设备、电气设备、电力监测设备、光电设备、仪器、仪表、软件的研发和制造、电力自动化和电力监测领域的"四技"服务 |
| 上海华东电脑股份有限公司 | 电子设备和仪器仪表的研发和制造、系统集成、软件开发及嵌入式软件服务、电子工程设计与施工、安全防范工程设计、施工，防雷工程设计 |
| 保定天威保变电气股份有限公司 | 变压器、互感器、电抗器等输变电设备及辅助设备、零售部件、输变电专用设备的研发和制造 |
| 江苏东源电器集团股份有限公司 | 高、低压开关及成套设备，数字化电器设备，配网智能化设备及元器件，风电电器及风电设备，节能环保电器及设备，变压器及变电站装备的研发和制造 |
| 泰豪科技股份有限公司 | 电力信息及自动化产品、电子产品及通信设备、输变电配套设备、发电机及发电机组、电动机及配套设备、环保及节能产品的研发和制造 |
| 荣信电力电子股份有限公司 | 高压动态无功补偿装置（SVC）、电力滤波装置、高压变频调速装置及其他电力电子装置的设计和制造 |
| 东方电子股份有限公司 | 电力自动化及工业自动化控制系统、电子产品及通信设备、电气机械及器材、仪器仪表、变压器、互感器、电抗器、高低压开关柜元器件、箱式变电站、特种变压器等输变电设备及辅助设备、零部件的研发和制造 |
| 上海海得控制系统股份有限公司 | 电子电气及信息领域的系统集成和自动化相关产品的研发和制造 |
| 深圳市科陆电子科技股份有限公司 | 电力测量仪器仪表、电子式电能表、用电管理系统及设备、配电网自动化、变电站自动化、自动化工程安装、智能变电站监控设备、继电保护装置、互感器、高压计量表、数字化电能表、中高压开关及智能化设备、高中低压变频器、电力设备在线监测设备及系统、无功补偿器、各种电源、逆变电源、电能计量箱（屏）的研发和制造 |

续表

| 企业名称 | 主营业务 |
|---|---|
| 河南平高电气股份有限公司 | 高压开关设备、控制设备及其配件的研发和制造 |
| 北京福星晓程电子科技股份有限公司 | 输配电及控制设备、电力集成电路、电子设备用机电元件、继电器、继电保护及自动化装置、电力电子装置等的研发和制造，电力系统应用软件服务 |

资料来源：2010 年、2011 年上市公司年报。

2011 年，特变电工股份有限公司总资产达 336.62 亿元，同比增长 42.54%；利润总额达 13.88 亿元，同比减少 24.89%。国电南瑞科技股份有限公司总资产达 60.25 亿元，同比增长 49.62%；利润总额达 9.79 亿元，同比增长 82.31%。许继电气股份有限公司总资产达 70.72 亿元，同比增长 22.88%；利润总额达 3.64 亿元，同比增长25.09%。荣信电力电子股份有限公司总资产达 34.51 亿元，同比增长18.63%；利润总额达3.39亿元，同比增长5.94%。2010 年、2011 年我国主要智能电网装备制造企业资产与利润情况见表2。

**表2　2010 年、2011 年我国主要智能电网装备制造企业资产与利润情况**

单位：亿元

| 企业名称 | 总资产 | | | 利润总额 | | |
|---|---|---|---|---|---|---|
| | 2010 年 | 2011 年 | 2011/2010 年增长（%） | 2010 年 | 2011 年 | 2011/2010 年增长（%） |
| 特变电工股份有限公司 | 236.16 | 336.62 | 42.54 | 18.48 | 13.88 | −24.89 |
| 国电南瑞科技股份有限公司 | 40.27 | 60.25 | 49.62 | 5.37 | 9.79 | 82.31 |
| 许继电气股份有限公司 | 57.55 | 70.72 | 22.88 | 2.91 | 3.64 | 25.09 |
| 荣信电力电子股份有限公司 | 29.09 | 34.51 | 18.63 | 3.20 | 3.39 | 5.94 |
| 国电南京自动化股份有限公司 | 52.26 | 72.85 | 0.39 | 1.66 | 3.00 | 80.72 |
| 深圳长城开发科技股份有限公司 | 66.67 | 103.37 | 55.05 | 4.00 | 2.63 | −34.25 |
| 北京四方继保自动化股份有限公司 | 35.86 | 35.17 | 25.96 | 1.71 | 2.53 | 47.95 |
| 思源电气股份有限公司 | 41.06 | 37.92 | 7.65 | 7.19 | 1.93 | 73.16 |
| 保定天威保变电气股份有限公司 | 162.60 | 172.37 | 6.01 | 7.22 | 1.45 | −79.92 |
| 北京福星晓程电子科技股份有限公司 | 11.60 | 12.08 | 4.14 | 0.70 | 0.96 | 37.14 |
| 贵州长征电气股份有限公司 | 13.67 | 22.14 | 61.96 | 0.89 | 0.87 | −2.25 |
| 北京金自天正智能控制股份有限公司 | 21.30 | 21.06 | −1.13 | 0.60 | 0.85 | 41.67 |
| 积成电子股份有限公司 | 9.52 | 11.57 | 21.53 | 0.63 | 0.82 | 30.16 |
| 泰豪科技股份有限公司 | 48.53 | 48.65 | 0.25 | 0.91 | 0.79 | −13.19 |
| 深圳市科陆电子科技股份有限公司 | 21.19 | 25.93 | 0.22 | 1.59 | 0.74 | −0.55 |
| 天津百利特精电气股份有限公司 | 9.29 | 12.55 | 35.09 | 0.45 | 0.72 | 60.00 |
| 河南通达电缆股份有限公司 | 5.72 | 10.23 | 78.85 | 0.64 | 0.63 | −1.56 |
| 江苏东源电器集团股份有限公司 | 8.41 | 9.33 | 10.94 | 0.43 | 0.55 | 27.91 |
| 江苏通光电子线缆股份有限公司 | 5.50 | 10.75 | 95.45 | 0.56 | 0.50 | −10.71 |
| 兰州长城电工股份有限公司 | 28.59 | 28.87 | 0.98 | 0.43 | 0.50 | 16.28 |
| 东方电子股份有限公司 | 18.66 | 19.48 | 4.39 | 0.40 | 0.49 | 22.50 |
| 武汉中元华电科技股份有限公司 | 6.93 | 7.72 | 11.40 | 0.51 | 0.47 | −7.84 |
| 上海华东电脑股份有限公司 | 8.17 | 9.56 | 17.01 | 0.36 | 0.47 | 30.56 |
| 江苏金智科技股份有限公司 | 9.65 | 10.22 | 5.91 | 0.54 | 0.46 | −14.81 |
| 上海海得控制系统股份有限公司 | 10.83 | 11.49 | 6.09 | 0.47 | 0.37 | −21.28 |
| 珠海万力达电气股份有限公司 | 3.98 | 4.17 | 4.77 | 0.29 | 0.30 | 3.45 |
| 河南平高电气股份有限公司 | 46.87 | 49.71 | 6.06 | 0.06 | 0.31 | 416.67 |
| 东北电气发展股份有限公司 | 8.44 | 5.57 | 34.00 | 0.05 | −0.28 | −660.00 |
| 中国西电电气股份有限公司 | 265.98 | 292.08 | 9.81 | 7.94 | −4.95 | −162.34 |

注：按 2011 年利润大的居前，如相同，再按 2010 年利润大的居前。

资料来源：2010 年、2011 年上市公司年报。

## 四、我国智能化改造试点情况

我国电站智能化改造的工作已取得了阶段性进展，可为以后的智能化改造工程提供参考。

### 1. 国家电网公司

国家电网公司在 26 个省市开展了 21 类共 228 项智能电网试点项目的建设。智能化试点改造必须达到的基本要求为：智能变电站进行标准化建模，就是要求智能变电站系统模型要按满足 DL／T860（IEC61850）标准要求来建立，全站使用统一的、标准化的配置工具实现对全站装备和数据建模，并且进行相应的通信配置；站控层建立信息一体化平台以及站内通信网络要标准化，就是要求信息平台要符合智能变电站技术导则规范，站内网络要满足 DL／T860（IEC61850）标准要求；一次装备实现智能化（包含智能组件形式），要求每一个智能化改造变电站至少有三种以上设备实现智能化，主要装备有变压器、开关断路器装备、避雷器等。

#### （1）站控层装备

站控层实现了信息一体化平台，实行对实时监控系统、故障录波系统、站域控制、电能计量系统、在线监测系统、视频安防系统、通信系统、对时系统等子系统的各种数据进行统一接入、统一储存、统一处理等综合管理。实现信息来源更为广泛、信息数据可双向流动及统一的数据信息及网络共享。

#### （2）间隔层装备

间隔层（以后新设备将取消间隔层）装备均采用国内各主流厂家生产的 IED（智能电子装置），在 66kV~750kV 各个电压等级均有应用，宿主主装备覆盖开关断路器设备、变压器、互感器、避雷器等产品，根据检测、监控对象，有电流、电压、产品绝缘状态、产品运行状态、绝缘介质物理状态、辅助装备工作状态等各种 IED，实现对宿主装备信息作一定的处理、上传，同时将来自高一级的信息向下级传达执行。

#### （3）过程层装备

过程层装备涉及开关断路器装备、变压器、避雷器、互感器等产品，这些产品各具不同的智能电子装置，并且智能组件实现全部信息标准化，可实现智能化监控或测量，内容包括：开关设备控制器、监测功能组、六氟化硫气体状态监测、局部放电监测、机构状态监测、选相合闸控制器、测量及控制装置、合并单元、信息建模、专家诊断系统等。

#### （4）通信

通信协议：

遵循 DL／T 860（IEC61850）标准，实现了间隔层与过程层网络通信和站控层网络通信。间隔层所有 IED 都接入过程层网络，同时需要有与站控层设备进行信息交互要求的 IED，接入站控层网络，两个网络端口采用独立的数据控制器；数据模型按照 DL／T860（IEC61850）原则进行建模。

网络通信满足以下技术要求：

网络通信采用 GOOSE 方式（面向通用对象的变电站事件），规范了智能电子装置（IED）之间的通信行为和相关的系统要求，实现了变电站自动化系统的兼容性、扩展性、可持续性；GOOSE 信息处理时延应满足站内各种情况下最大不超过 4ms；GOOSE 用于传输模拟量时，应支持死区配置；装置光通信接口输出最低功率应为-22.5dbm，裕度应在 10dbm 以上；输入最低功率应为-30dbm，裕度应为 10dbm；智能组件对外通信接口至少应支持 100Mbit/s；智能组件对外通信接口应采用光纤接口；快速以太网接口支持 100Mbit/s 或 1 000Mbit/s，可选择（SC/ST/LC）类型端口模块；集成的扩展功能，如合并单元等，其通信要求应符合相关标准。

### 2. 南方电网公司

广东茂名文冲口站按照 DL／T860（IEC61850）标准体系对站内各保护、测控、故障录波以及站内计量设备进行智能化改造，建设了一套符合该标准的自动化监控系统。同时，分层构建的一次设备和网络化二次设备实现了变电站内的信息共享，其数据采集、传输、处理和输出过程完全智能化。在变电站过程层网络中，将 SMV 与 GOOSE 网合二为一，双网配置，实现了以下目标：基于 GOOSE 网的三层在线式一体化五防闭锁监控系统；全站 IEC61850-9-2 标准网络化采样传输，实现了基于双网冗余数据快速识别算法的 SMV 双网在线切换技术；双保护测控一体化装置智能切换技术；基于 GOOSE 网的不完全母线保护及基于 IEC61850-9-2 标准的 10kV 远程网络式保护装置。

## 3. 示范工程

我国首个智能电网综合示范工程于 2011 年 9 月 19 日在中新天津生态城成功投运。这个覆盖区域达 31km²、涵盖 6 大环节 12 个子项目的示范工程是国际上覆盖区域最广、功能最齐全的智能电网系统。智能系统的投运不仅使风电、光伏发电等可再生能源利用比率达到 20% 以上，而且电网能实现和有线电视、IP 电话和互联网的相互融合，其遥控、遥测、信息反馈的智能化可涵盖居民生活、公共设施以及工业生产。中新天津生态城智能电网工程涉及发电、输电、变电、配电、用电、调度 6 大环节。项目实施中，天津市电力公司与国内外 20 余个科研单位进行合作，完成了配用电融合等 4 个原创系统和 8 个技术支持系统开发，制定了微网调度运行等 39 项管理规范和技术标准。据介绍，智能变电站与传统变电站相比，和畅路 110kV 智能变电站减少占地面积 10.9%，降低建筑面积 11.2%，减少二次电缆使用量 41.4%。中新生态城是我国和新加坡两国政府应对全球气候变化、节约资源能源、建设和谐社会的重大合作项目，于 2008 年 9 月奠基开工，预计 10~15 年全部建成。中新生态城借鉴新加坡等先进国家和地区的成功经验，确定了 22 项控制性指标和 4 项引导性指标，其中绿色建筑达 100%，绿色出行比例不小于 30%，可再生能源使用率不小于 20%。

（中国电器工业协会）

# 输配电
## 储　能

## 一、概况

　　储能是指利用化学或物理的方法将产生的能量存储起来并在需要时释放的一系列技术和措施。储能技术主要有物理储能（如抽水蓄能、压缩空气储能、飞轮储能等）、化学储能（如铅酸电池、锂离子电池、钠硫电池、液流电池、镍镉电池等）和电磁储能（如超级电容器、超导电磁储能等）三大类。各种储能形式见图1。

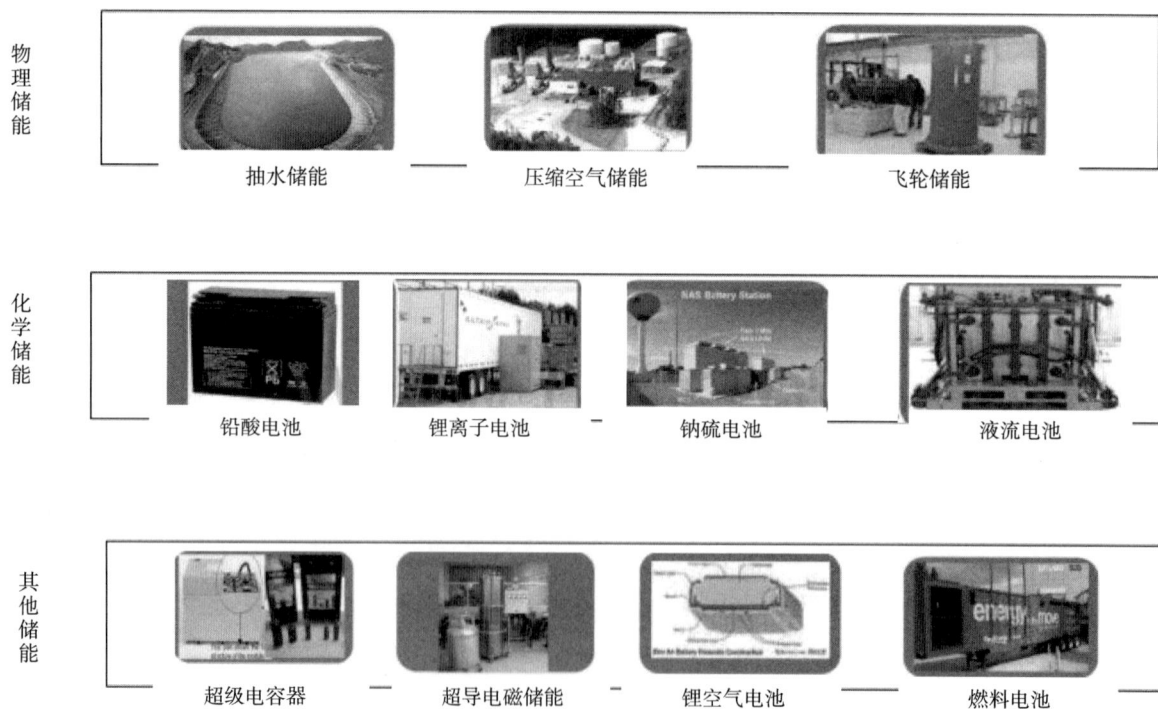

| 物理储能 | 抽水储能 | 压缩空气储能 | 飞轮储能 |
| 化学储能 | 铅酸电池 | 锂离子电池 | 钠硫电池 | 液流电池 |
| 其他储能 | 超级电容器 | 超导电磁储能 | 锂空气电池 | 燃料电池 |

**图 1　各种储能形式**

　　目前技术进步最快的是化学储能，其中钠硫、液流及锂离子电池技术在安全性、能量转换效率和经济性等方面取得了重大突破，产业化应用的条件日趋成熟。钠硫电池的充电效率已达 80%，能量密度是铅酸蓄电池的 3 倍，循环寿命更长。日本在此项技术上处于国际领先位置，2004 年日本在本国 HITACHI 自动化工厂安装了当时世界上最大的钠硫电池系统，容量是 9.6MW/57.6MW·h。全钒液流电池的基础材料是钒，该电池具有能量效率高、蓄电容量大、能够 100% 深度放电、寿命长等优点，已进入商业化阶段。锂离子电池的基础材料是锂，已开始在电动自行车、电动汽车等领域应用。近年来，由于磷酸亚铁锂、纳米磷酸铁锂等新材料的开发与应用，大大改善了锂离子电池的安全性能和循环寿命，大容量锂电池储能电站正在逐渐兴起。

从我国国内储能电池产业的发展趋势看，我国的储能电池市场规模还集中在通信基站和数据中心应用领域，新能源储能利用还处于示范阶段。如考虑未来通信基站、数据中心以及新能源储能市场的发展趋势，预计到 2015 年，我国储能电池产业规模将从 2012 年的 60 亿元增加到 85 亿元。

移动通信网络的发展是通信基站储能电池发展的基础。到 2011 年，3G 网络覆盖全国所有地级以上城市及大部分县城、乡镇、主要高速公路和风景区等，3G 建设总投资 4 000 亿元，3G 基站超过 40 万个，3G 用户达到 1.5 亿户。手机发送信号和光纤入户需要基站支持，而基站的运营需要储能电池提供稳定的电源。预计未来五年，通信储能领域大约有 1 200 亿元的产业规模，每年通信储能市场的资金规模将达到 50 亿~60 亿元。

家庭式储能和数据中心储能都是近年来兴起的储能电池领域。家庭式储能电池市场在日本、欧洲已经得到蓬勃的发展。以日本为例，由地震引发的能源危机刺激日本政府针对储能系统提出补贴计划，2 万美元以上的锂电池储能系统只要通过 SII 认证，即可获得 30%~50% 的补助。而大型的云计算中心包括以软件运营服务模式（SaaS）、虚拟化等模式存在的云计算相关应用服务发展、云数据中心、灾备中心等超大型机房建设也为储能电池市场带来新的增长点。

风电、光伏产业的迅猛发展推动了大容量储能产业的发展。高性能、大容量储能系统的主要作用有：调节可再生能源发电系统供电的连续性和稳定性，电网的"削峰填谷"，用电大户的"谷电"蓄电，重要部门和重要设施的应急电源及备用电源，"非并网"风电直接利用中的调节电源。风力与太阳能发电均属间歇性能源发电，并网需要使用储能系统"缓冲"，然后重新转变为交流电再输到电网。此外，分布式新能源应用也需要储能系统进行能量的储存来实现高效利用。按照市场普遍预期，2020 年我国电力装机容量将达到 1 500GW，风电占比 10%（150GW），光伏发电占比接近 3.5%（50GW）。配套储能装置的功率按照风电与光伏装机容量的 15% 计算（国家电网规划要求配置比例达到风电装机容量的 20% 以上），需要配备 1.2 亿 kW·h 的储能电池，以 500 美元/kW·h 电池设备的售价计算（初期电池设备售价将在 1 200 美元/kW·h 以上），10 年内我国风电、光伏储能市场需求在 600 亿美元左右。2011 年我国有关部门出台的若干支持储能产业发展的政策措施见表 1。

## 二、电化学储能概况

### 1. 电化学储能的优势

电化学储能技术是电网应用储能技术解决新能源接入的首选方案。化学储能与其他储能方式的比较见图 2。

**表 1    2011 年我国有关部门出台的若干支持储能产业发展的政策措施**

| 政策文件 | 发布机构 | 发布时间 | 要  点 |
|---|---|---|---|
| 《国家"十二五"规划纲要》 | 国务院 | 2011 年 3 月 | 首次提到"储能"，要求在"十二五"期间指导新能源、智能电网、储能行业的发展建设以及规划新能源重点建设项目，对推动储能行业的快速发展有积极意义 |
| 《产业结构调整指导目录》 | 国家发改委 | 2011 年 3 月 | 大力鼓励与储能相关的产业：包括大容量电能储能技术开发与应用、城轨列车再生制动吸收装置、新能源汽车关键零部件和电动车充电设备 |
| 《分布式发电管理办法（征求意见稿)》 | 国家能源局 | 2011 年 3 月 | 推进分布式发电发展，加快新能源开发利用，提高能源效率，减少化石能源消费，促进节能减排和非化石能源发展目标的完成。强调了储能技术在分布式发电中重要的应用 |
| 《国家"十二五"科学和技术发展规划》 | 科技部 | 2011 年 7 月 | "十二五"期间，我国将大力推进新能源、智能电网、电动汽车等产业的发展，并完成相关风场示范建设、智能电网示范园区和集成综合示范园区的建设以及电动汽车的规模化示范的推广 |

续表

| 政策文件 | 发布机构 | 发布时间 | 要　点 |
|---|---|---|---|
| 《当前优先发展的高技术产业化重点领域指南（2011 年度）》 | 国家发改委、科技部、工信部、商务部、知识产权局 | 2011 年 10 月 | 指出新能源和储能相关的高技术产业化重点领域应包括动力电池及储能电池、风能和太阳能。同时大规模储能系统作为电网输送及安全保障技术被提出 |
| 《国家能源科技"十二五"规划（2011~2015 年）》 | 国家能源局 | 2011 年 12 月 | 我国第一部能源科技规划；其中划分的 4 个技术领域中与储能相关的包括"新能源技术"和"发电和输配电技术"，同时明确了 10MW 级大规模超临界空气储能装置、MW 级飞轮储能系统及飞轮阵列、MW 级超级电容器储能装置、MW 级超导储能系统、MW 级钠硫电池储能系统、MW 级液流储能电池系统的研究方向 |
| 《外商投资产业指导目录（2011 年修订）》 | 国家发改委、商务部 | 2011 年 12 月 | 鼓励外商投资的项目包括新能源汽车关键零部件制造、高技术绿色电池制造、新能源发电成套设备或关键设备制造以及新能源电站建设、经营等 |

| 项目 | 抽水蓄能 | 压缩空气 | 飞轮和超导储能 | 开放式的循环气体涡轮、柴油及火电站 | 电化学储能 |
|---|---|---|---|---|---|
| 解决方案 | | | | | |
| 特点 | 技术成熟，建设周期长，地理局限大，扩展性不灵活 | 受地理条件约束，建设周期长，效率低，扩展性不灵活 | 储能时间短（大约为数十秒级别） | 中等程度的资金投入，对环境影响大，平均效率低 | 建设周期短，运营成本低，对环境无影响，初始资金投入大 |
| 是否适用电网大规模储能应用 | 适用，但受地理局限 | 目前不是可行的解决方案 | 不是可行的解决方案 | 适用，但不符合清洁能源发展方向 | 适用，首选方案 |

**图 2　化学储能与其他储能方式的比较**

注：深色部分为适用比重。

## 2. 我国储能电池行业的主要运行情况

截至 2011 年底，我国电池生产企业有近 4 000 家，从业人数 600 万人以上；2011 年规模以上企业完成工业总产值 5 645.35 亿元，同比增长 37.49%；完成工业销售产值 4 911.71 亿元，同比增长 37.97%；完成出口交货值 1 689.79 亿元，同比增长 23.74%；产销率达到 97.24%。2011 年全国电池行业规模以上企业数量见表 2。2011 年我国电池行业规模以上企业经济效益情况见表 3。2011 年全国规模以上企业电池产量情况见表 4。2011 年全国电池及电池零件行业出口情况见表 5。2011 年全国电池及电池零件行业进口情况见表 6。

**表 2　2011 年全国电池行业规模以上企业数量**

| 项　　目 | 企业数（个） | 占比（%） |
|---|---|---|
| 全国总计 | 1 326 | 100.00 |
| **按经济类型分** | | |
| 内资企业 | 974 | 73.45 |
| 港、澳、台商投资企业 | 186 | 14.03 |
| 外商投资企业 | 166 | 12.52 |
| **按企业规模分** | | |
| 大型企业 | 43 | 3.24 |
| 中型企业 | 328 | 24.74 |
| 小型企业 | 955 | 72.02 |
| **按地区分** | | |
| 东南沿海地区 | 887 | 66.89 |
| 广东省 | 299 | 22.55 |
| 浙江省 | 212 | 15.99 |
| 江苏省 | 174 | 13.12 |
| 山东省 | 96 | 7.24 |
| 其他东南沿海省区市 | 106 | 7.99 |
| 全国其他地区 | 439 | 33.11 |

注：按国家统计局规模以上企业规定统计（下同）。

资料来源：中国电池工业协会。

**表3　2011年我国电池行业规模以上企业经济效益情况**

| 项　目 | 主营业务收入（亿元） | 同比增长（%） | 利润总额（亿元） | 同比增长（%） | 产值利润率（%） |
|---|---|---|---|---|---|
| 总计 | 5 361.93 | 33.20 | 317.78 | 11.48 | 5.84 |
| 按经济类型分 | | | | | |
| 内资企业 | 2 494.53 | 43.45 | 125.27 | 21.84 | 4.87 |
| 港、澳、台商投资企业 | 1 206.66 | 39.95 | 90.61 | 17.52 | 7.40 |
| 外商投资企业 | 1 660.75 | 16.61 | 101.90 | -3.08 | 6.21 |
| 按企业规模分 | | | | | |
| 大型企业 | 1 953.77 | 28.92 | 152.07 | -3.35 | 7.82 |
| 中型企业 | 1 982.12 | 21.26 | 97.57 | 16.82 | 5.00 |
| 小型企业 | 1 426.03 | 62.95 | 68.15 | 54.22 | 4.42 |

资料来源：中国电池工业协会。

**表4　2011年全国规模以上企业电池产量情况**

| 产品名称 | 全年累计 | 同比增长（%） |
|---|---|---|
| 铅酸蓄电池（万 kVA） | 14 229.73 | 3.31 |
| 锂离子电池（亿只） | 29.55 | 18.14 |
| 碱性蓄电池［万只（自然只）］ | 101 726.70 | -15.08 |
| 原电池及原电池组（折 R20 标准只）（亿只） | 342.64 | 3.26 |
| 太阳能电池（万 kW） | 1 298.39 | 68.39 |

资料来源：中国电池工业协会。

**表5　2011年全国电池及电池零件行业出口情况**

| 项　目 | 出口金额（亿美元） | 同比增长（%） |
|---|---|---|
| 全国总计 | 92.44 | 10.87 |
| 按贸易方式分 | | |
| 一般贸易 | 45.78 | 16.46 |
| 进料加工贸易 | 33.00 | 1.27 |
| 其他贸易 | 13.66 | — |
| 按产品结构分 | | |
| 蓄电池 | 71.36 | 10.02 |
| 原电池及原电池组 | 19.38 | 15.92 |
| 电池零件 | 1.71 | -5.58 |
| 按出口国别和地区分 | | |
| 中国香港 | 24.91 | 5.98 |
| 美国 | 10.45 | 3.55 |
| 日本 | 5.18 | 28.74 |
| 印度 | 4.57 | 11.42 |
| 韩国 | 4.12 | -11.03 |
| 巴西 | 2.98 | 12.84 |
| 中国台湾 | 2.66 | 46.20 |
| 德国 | 2.53 | 10.10 |
| 其他国家和地区 | 35.04 | — |
| 按国内主要省区市分 | | |
| 广东省 | 39.31 | 8.45 |
| 江苏省 | 19.93 | 6.33 |

续表

| 项　目 | 出口金额（亿美元） | 同比增长（%） |
|---|---|---|
| 浙江省 | 8.14 | 12.37 |
| 天津市 | 6.27 | 8.07 |
| 上海市 | 5.75 | 19.25 |
| 其他省区市 | 13.04 | — |

资料来源：中国电池工业协会。

**表6　2011年全国电池及电池零件行业进口情况**

| 项　目 | 进口额（亿美元） | 同比增减（%） |
|---|---|---|
| 全国总计 | 60.35 | -2.63 |
| 按贸易方式分 | | |
| 进料加工贸易 | 38.84 | 4.41 |
| 来料加工装配贸易 | 9.63 | -9.95 |
| 保税区仓储转口货物 | 7.09 | -20.30 |
| 其他贸易 | 4.79 | — |
| 按产品结构分 | | |
| 蓄电池 | 50.51 | -2.91 |
| 原电池及原电池组 | 4.56 | -0.58 |
| 电池零件 | 5.27 | -1.75 |
| 按国内主要省区市分 | | |
| 江苏省 | 22.99 | -12.78 |
| 广东省 | 21.31 | 7.84 |
| 上海市 | 6.95 | -14.61 |
| 其他省区市 | 9.10 | — |

资料来源：中国电池工业协会。

## 3. 部分储能电池主要指标对比

对于电网储能应用，尤其是风力发电储能应用来说，全钒液流电池和钠硫电池是两种主要的、已被市场认可的商用技术。目前锂电池储能也开始在市场上占有一席之地，发力进军储能市场，并已得到认可。部分储能电池主要指标对比见表7。

表7　部分储能电池主要指标对比

| 产品 | 主要公司 | 充放电次数 | 价格（美元/kW·h） | 对环境的影响 | 是否适应风能应用 |
|---|---|---|---|---|---|
| 锂离子电池 | A123BYD | 2 000 | ~1 000 | 中等（需要回收） | 仅适用于电网调频率，储能时间有限 |
| 钠硫电池 | NGK | 3 500 | ~675 | 高 | 因特殊的充放电控制，需要增加2~3倍冗余电量 |
| 全钒液流电池 | Prudent Energy | >100 000 | 500~750 | 中、低等（不需要回收） | 最适合电池容量和持续时间表现最佳，并能就充电实现实时控制 |

（1）锂离子电池

锂离子电池是最具发展前景的储能电池。锂电池的比能量高，环境友好，和铅酸电池相比，锂电池的比能量（75W·h~200W·h/kg）和效率（接近100%）都比较高，是综合性能较为优异的电池。锂电池可细分为小型锂电、动力电池、储能电池。锂电池产业在我国已经具备完善的产业链，上游的钴镍、碳酸锂材料；中游的正极材料、负极材料、隔膜材料和电解液材料均已产业化；下游的电芯和电池管理系统企业也出现一些龙头产业，在这种产业基础上，锂电池在储能领域具备先发优势，最为看好。

国家风光储输项目是2009年4月由国家科技部、财政部、能源局、国家电网公司决定启动的大型新能源项目，项目估算总投资在200亿元以上。建设风电100MW、光伏40MW、电池储能16MW一体化工程。16MW电池储能包括锂离子电池储能系统14MW（其中包括6MW/36MW·h，4MW/16MW·h，3MW/9MW·h以及1MW/2MW·h三种不同规格的锂离子电池系统）和VRB储能系统2MW/8MW·h。在磷酸铁锂电池设备招标中，参与投标的是比亚迪股份有限公司、万向电动汽车有限公司、天津力神电池股份有限公司和ATL-东莞新能源电子科技有限公司；液流电池方面，则是北京普能世纪科技有限公司、大连融科储能技术发展有限公司和国电南瑞科技股份有限公司。磷酸铁锂电池设备竞标情况见表8。

（2）钠硫电池

钠硫电池在国外已是发展相对成熟的储能电池，其寿命已达到10~15年。NAS电池的技术基本是日本NGK一家独有，目前NGK在全球的储能订单已经达到600MW以上。我国国内主要是上海电气、东方电气等一些大型集团在研究开发，但是产业化的难度相对较高。

表8　磷酸铁锂电池设备竞标情况

| 中标单位 | 规　格 | 类　型 | 中标金额（万元） |
|---|---|---|---|
| 比亚迪股份有限公司 | 6MW×6h | 磷酸铁锂电池 | 14 839.73 |
| ATL-东莞新能源电子科技有限公司 | 4MW×4h | 磷酸铁锂电池 | 8 456.00 |
| 中航锂电（洛阳）有限公司 | 3MW×3h | 磷酸铁锂电池 | 6 090.99 |
| 万向电动汽车有限公司 | 1MW×2h | 磷酸铁锂电池 | 1 443.576 |

钠硫电池的优点：①比能量高，钠硫电池比容量是铅酸电池的3~4倍；②可大电流、高功率放电，瞬时间可放出其3倍的固有能量；③充放电效率高，充放电电流效率几乎达到100%；④寿命长，2 500次循环，使用寿命长达15年；⑤环境友好，全密封，无污染释放，无振动，无噪声。钠硫电池的缺点：①安全问题，如果陶瓷电介质一旦破损形成短路会产生高达2 000℃的高温，相当危险，过度充电时也很危险；②保温与耗能问题，钠硫电池工作时需要加热及保温，因此需要附加供热设备来维持温度等。

（3）全钒液流电池

全钒液流电池储能系统已在美国、日本和澳大利亚等多个国家得到应用验证，钒电池技术基本成熟，进入大规模产业化阶段。国内钒液流电池正在逐步进入商用化阶段。北京普能世纪科技有限公司在2009年收购加拿大VRB公司后，一举成为全球最大的液流电池生产企业，此外大连融科储能技术发展有限公司、清华大学都完成了液流电池以及关键材料的产业化，这些产业化工作为液流电池在国内的大规模使用奠定了良好的基础。

**4. UPS电源**

2007~2011年，我国UPS市场销售受发展中国家电信、金融、制造等相关产业的拉动迅速发展，

2011 年我国 UPS 市场销售金额为 37.28 亿元人民币，同比增长 7.2%。2011 年上半年，我国经济持续复苏，工业生产和投资保持快速增长态势，拉动了 UPS 市场销售比 2010 年同期有大幅度提高；下半年，随着国内外经济形势不确定因素增多，UPS 市场销售受到一定程度的影响，同比增长率有所下降。2007~2011 年我国市场 UPS 销售情况见表 9。2010 年、2011 年我国 UPS 电源市场格局情况见表 10。

**表 9　2007~2011 年我国市场 UPS 销售情况**

| 年　份 | 销售金额（亿元） | 同比增长（%） |
|---|---|---|
| 2007 | 28.20 | 8.0 |
| 2008 | 30.40 | 7.8 |
| 2009 | 31.56 | 3.8 |
| 2010 | 34.77 | 10.2 |
| 2011 | 37.28 | 7.2 |

**表 10　2010 年、2011 年我国 UPS 电源市场格局情况**

| 生产企业 | 2010 年 | | 2011 年 | | 销售金额同比增长（%） |
|---|---|---|---|---|---|
| | 销售金额（亿元） | 市场份额（%） | 销售金额（亿元） | 市场份额（%） | |
| 美国·伊顿（Eaton） | 8.71 | 25.05 | 9.25 | 24.81 | 6.20 |
| 法国·APC-MGE | 6.88 | 19.79 | 7.08 | 18.99 | 2.91 |
| 美国·艾默生（Emerson） | 6.80 | 19.56 | 7.05 | 18.91 | 3.68 |
| 中国·科华恒盛（Kelong） | 3.90 | 11.22 | 4.62 | 12.39 | 18.46 |
| 中国·科士达（Kstar） | 3.02 | 8.69 | 3.47 | 9.31 | 14.90 |
| 中国台湾·台达集团（Delta） | 1.74 | 5.00 | 1.79 | 4.80 | 2.87 |
| 中国·易事特（East） | 1.28 | 3.67 | 1.42 | 3.81 | 10.94 |
| 法国·溯高美（Socomec） | 1.22 | 3.51 | 1.27 | 3.41 | 4.10 |
| 其他 | 1.22 | 3.51 | 1.33 | 3.57 | 9.02 |
| 总　计 | 34.77 | 100.0 | 37.28 | 100.0 | 7.22 |

从表 10 可知，国际三大品牌占据我国 UPS 市场的 60% 份额以上，国产品牌稳定增长。国际品牌：伊顿（Eaton）表现稳定，艾默生（Emerson）受电信业务的影响增长率不高，施耐德旗下的 APC 受渠道改革、组织架构变动等影响增长率较低；国产品牌：科华恒盛（Kelong）、科士达（Kstar）进入市场后，随着管理越来越规范和科学，业绩增长均不错。

未来 3 年是我国"十二五"关键时期，战略性新兴产业的发展、4G 的发展将会为市场带来新的增长点。以我国为代表的新兴市场仍有望保持经济稳定增长，但不可避免会受到全球欧债危机的影响，经济增长速度会有所下降。预计未来 3 年 UPS 市场的年均增长率在 7% 左右。

未来我国 UPS 市场发展将具有以下特征：

①大功率机将占据市场主导地位。容量大于（包括）20kVA 的 UPS 产品未来的容量会持续增加，中小功率 UPS 产品集中应用于中小型企业以及

政府、大型企业的中低端需求上，大功率 UPS 产品主要运用在电信、工业、金融、政府等行业的大型数据中心和高端市场。

②云数据中心将成为新的需求增长点。政策支持：云计算应用升为创新生产方式的新的高度，北京、上海、深圳、杭州、无锡五个城市先行开展云计算服务创新发展试点示范工作；企业参与：云数据中心、灾备中心等超大型机房建设将成为 UPS 市场的新需求点。

③整体营销将成为主流竞争手段。UPS 销售模式将从"以单一产品销售"为主转变为"以全套电源供应与管理解决方案推广"为主，系统集成商在 UPS 市场销售渠道中的重要性将越来越突出。未来 UPS 将不再只是单一的不间断供电设备，而会朝着集不间断电源、机柜、电源管理、散热、电力电缆和数据布线为一体的全套电源供应与管理解决方案方向迈进。

④UPS 储能电池多元化探索。主要的 UPS 企业

都在探索锂电池替代的可能性（环保以及集成系统对电池寿命的要求），目前主要是成本还较高。

# 三、锂电池储能领域应用概况

锂电池储能系统可以作为多种电力能源与稳定的电力需求之间的缓冲器，可以弥补像风能、太阳能等不确定因素导致的发电不稳定带来的不足。风力发电系统由于风速的变化而导致输出功率振荡，而储能系统可以通过快速的响应速度、几乎相等的充放电周期等特性为风机输出提供稳定性以及无功补偿。与此同时，储能系统可以调节电压并在离网发电系统中控制系统频率。

从经济的意义上来讲，不确定功率输出带来的直接后果就是顾客支付意愿的下降或者由此导致的资本信用降低。为风力发电机配置储能系统、将可克服风力发电的不稳定性并向电网提供稳定的电力输出，这将可提升风力发电的电价水平。

## 1. 铁锂电池的系统及应用

### （1）控制系统

铁锂电池能量存储系统由可编程逻辑控制器（PLC）和人机界面（HMI）进行控制。PLC系统的关键功能之一是控制储能系统的充电时间和速率。例如，PLC可以接收用电价格的真实时间数据，并且根据允许的最大用电需求、充电状态以及用电高峰/非高峰时的价格对比，决定怎样快速地给电池系统重新充电；这个决策是动态的而且能够根据具体情况优化；通过标准化的通信输入、控制信号和电力供应，它与系统其余部分集成在一起；可以通过拨号或互联网进行访问；有多重防卫层以限制对它的不同功能的访问，并且为远程监控提供定制的报告和报警功能。

### （2）电力转换系统（PCS）

电力转换系统的功能是对电池进行充电和放电，并且为本地电网提供改善的供电质量、电压支持和频率控制。它有一个能进行复杂而快速地动作、多象限、动态的控制器（DSP），带有专用控制算法，能够在设备的整个范围内转换输出，即循环地从全功率吸收到全功率输出。对无功功率以及有功功率与无功功率的任意需求组合，以保证正常工作。

### （3）铁锂电池电堆

电堆是由若干单电池组成。铁锂电池能源存储系统能够经济地存储并按照需求提供大规模电力，主要模式是固定方式。它是一种长寿命、少维护、高效率的技术，支持电力与储能容量的无级扩展。储能系统对于可再生能源供应商、电网企业和终端用户尤为有效。铁锂电池储能系统能够应用于电力供应价值链的各个环节，可将诸如风能、太阳能等间歇性可再生能源电力转化为稳定的电力输出，偏远地区电力供应的最优化解决方式是电网固定投资的递延以及削峰填谷的应用。储能系统也能作为变电站及通信基站的备用电源而扩大市场应用范围。铁锂电池储能系统对环境友好，在所有的储能技术中对生态影响程度最低，同时不以铅或镉等元素为主要反应物。

## 2. 锂电池的储能实践

锂电池储能应用十分广泛，并且得到了业内的共识，在多个领域进行了有效地运用。大型太阳能/风能电力储能系统见图3。电网调峰电源示意图见图4。电力专用不间断电源系统见图5。一体化电源系统见图6。光伏离网并网储能电站系统示意图见图7。

图3　大型太阳能/风能电力储能系统

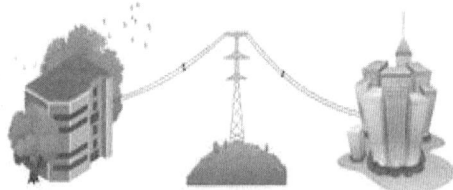

图4　电网调峰电源示意图

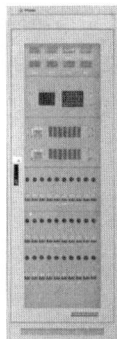

图5　电力专用不间断电源系统

图6　一体化电源系统

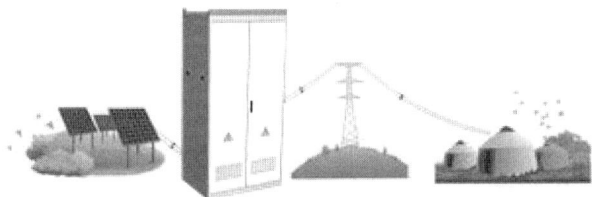

图7　光伏离网并网储能电站系统示意图

# 四、发展电化学储能产业的建议

## 1. 重视政策制定，打造储能产业商业化模式

目前我国针对储能产业的政策仍主要集中在指导层面和示范项目，没有或少有针对整个产业的"一揽子"解决方案，更没有达到类似美国、日本将储能当做一个独立产业加以看待并出台专门扶持政策的程度，尤其是缺乏为储能付费的机制，储能产业的商业化模式尚未成形。

储能电站的商业化运作，首先需要确立经济运行的模式，包括确立峰谷电价差收益与单位循环寿命造价两者之间的差值关系衡量经济性模式和确立单位循环寿命造价的计算方法。而目前的关键还在于峰谷差的结算渠道的建立，只有打破电网采购价格和销售价格的垄断，储能才会产生真正的市场需求。

## 2. 抓住产业布局，规划储能电池产业发展路径

政府应该从前瞻性、战略性的高度规划储能产业发展思路。结合当地基本情况，制定储能产业发展规划，通过切实分析并实施产业规划，不断延伸现有储能产业链，不断提高重点产业链环节的竞争力，用完整的产业链构架起具有强大创新活力和市场竞争力的储能电池产业经济体。

储能电池的发展和终端市场的新能源应用、通信基站建设等密切相关，所以各地政府在发展储能电池产业之前可充分考虑下游的市场优势。同时储能电池也是一种技术不断革新的产业，储能电池的产业发展要做好前瞻性的产业布局，谨防形成产业低端重复建设，出现产能相对过剩的局面。

## 3. 借助资本力量，建立储能电池产业投融资平台

可以充分借助外部资源，通过多种融资平台和融资渠道引入资金、技术，快速做大做强储能电池产业。以资本运作为手段，以储能电池产业为载体，打造全新的储能电池产业投融资平台，并以龙头企业为试点，建设完善的储能电池产业集聚区，协调相关配套产业良性发展。

储能电池产业门类众多，尤其是储能应用、试点过程中所遭遇的关键材料、制造工艺和能量转化效率等技术难题都需要"一揽子"的产业解决方案，只有通过投融资平台的搭建，才能募集更多的资金支持储能电池产业的发展。

（中国电池工业协会、中国电池网）

新能源

# 风 电

## 一、风电发展整体概况

1986 年，山东荣成建成了我国第一个风电场，安装了 3 台 55kW 风力发电机组。自此之后，全国各地陆续建设了一批风电场。进入 21 世纪之后，我国风电装机容量持续高增长。2001 年，我国风电新增装机容量 42MW，累计装机容量 381MW，到 2005 年，新增装机容量 507MW，累计装机容量 1 250MW。自 2005 年《可再生能源法》颁布实施以来，在政策扶持和市场拉动的作用下，我国风电产业发展迅速，2005~2010 年，5 年时间内风电新增装机容量实现翻番增长。2007 年，我国风电新增装机容量 3 311MW，同比增长 157.07%，累计装机容量 5 848MW，同比增长 130.51%，处于快速发展时期。

据彭博新能源财经（Bloomberg New Energy Finance，BNEF）统计，2011 年，我国可再生能源投资为 458 亿美元，其中风电投资高达 290 亿美元，占比高达 63.3%。目前，我国风电行业的年产值已超过千亿元，直接和间接创造了 30 多万个就业岗位，社会效益显著。

作为"十二五"开局之年，2011 年，我国实现风电新增装机 17 631MW，累计装机容量 62 364MW，并网容量 45 050MW，当年发电量达到 731.74 亿 kW·h，占全国发电量的比重比上年提高了 0.38 个百分点，达到 1.55%。2001~2011 年我国风电装机容量情况见表 1。2001~2011 年我国风电装机容量发展趋势见图 1。2002~2011 年我国风电新增/累计装机容量同比增长趋势见图 2。

在经历连续数年的高速增长后，近两年我国风电行业发展增速明显放缓。2011 年，风电新增装机容量年均增长率开始出现负增长，同比下降 6.85%。

在地区分布方面，2011 年，华北地区继续保持了领先水平，风电装机总量达 26 854MW，其中内蒙古自治区新增和累计风电装机容量都保持了全国第一的位置，新增装机容量 3 635.9MW，累计装机容量 17 504.4MW；河北省新增装机 2 276MW，累计装机超过 7 070MW，超过甘肃省成为风电装机容量第二大省，山西省风电装机也出现了较快增长，当年新增装机容量 933.6MW。由于受到风电并网问题的制约，东北、西北地区风电装机虽然也有所增长，但整个三北地区的风电装机增长速度相对前几年有所放缓。

表 1　2001~2011 年我国风电装机容量情况

| 年 份 | 新增装机容量（MW） | 同比增长（%） | 累计装机容量（MW） | 同比增长（%） |
|---|---|---|---|---|
| 2001 | 42 | – | 381 | – |
| 2002 | 66 | 57.14 | 448 | 17.59 |
| 2003 | 98 | 48.48 | 546 | 21.88 |
| 2004 | 197 | 101.02 | 743 | 36.08 |
| 2005 | 507 | 157.36 | 1 250 | 68.24 |
| 2006 | 1 288 | 154.04 | 2 537 | 102.96 |
| 2007 | 3 311 | 157.07 | 5 848 | 130.51 |
| 2008 | 6 154 | 85.87 | 12 002 | 105.23 |
| 2009 | 13 803 | 124.29 | 25 805 | 115.01 |
| 2010 | 18 928 | 37.13 | 44 733 | 73.35 |
| 2011 | 17 631 | -6.85 | 62 364 | 39.41 |

资料来源：中国风能协会。

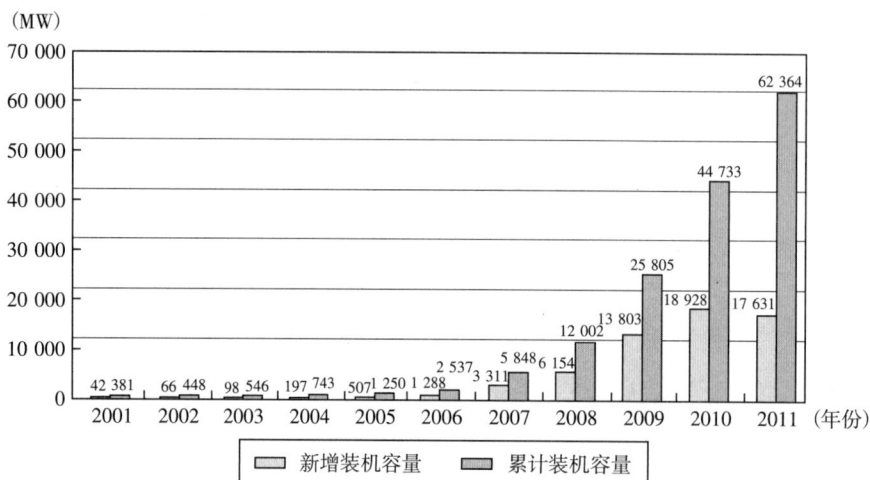

图1　2001~2011年我国风电装机容量发展趋势

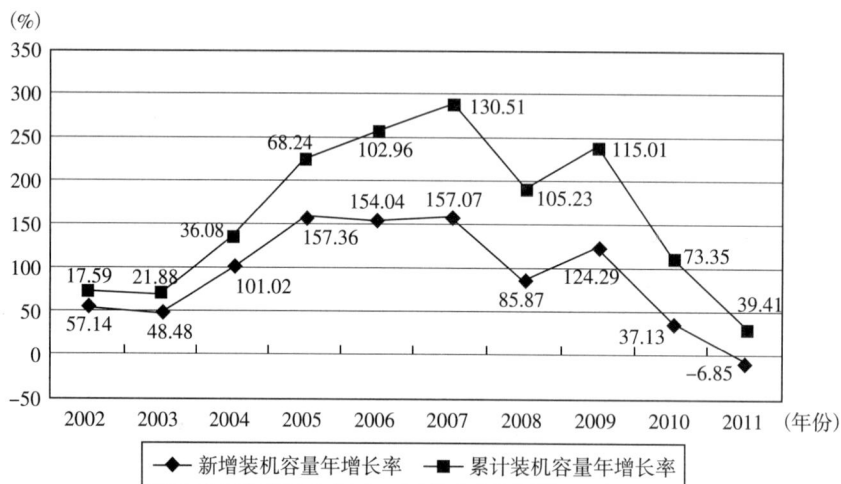

图2　2002~2011年我国风电新增/累计装机容量同比增长趋势

华东、中南、西南等低风速地区风电开发节奏逐渐加快，平均增长率超过50%，尤其是云贵地区的风电装机容量上升明显，使得整个西南地区累计风电装机年增长达到129%；华东地区中，山东省新增装机1 924.5MW，累计装机容量达到4 562.3MW，超过吉林省成为全国第五大风电装机省份；中南地区也开始实现由少数一两个风电示范项目向风电商业化开发应用的转变。2010~2011年我国各区域风电装机容量情况见表2、图3。2010~2011年我国各省区市风电装机容量情况见表3。

表2　2010~2011年我国各区域风电装机容量情况

| 区　域 | 2010年累计装机容量<br>（MW） | 2011年新增装机容量<br>（MW） | 2011年累计装机容量<br>（MW） | 2011年累计装机同比增长<br>（%） |
|---|---|---|---|---|
| 华北地区 | 19 865.0 | 6 989.0 | 26 854.0 | 35.18 |
| 东北地区 | 9 377.9 | 2 880.8 | 12 258.7 | 30.72 |
| 西北地区 | 7 667.8 | 3 498.2 | 11 166.0 | 45.62 |
| 华东地区 | 5 866.9 | 2 804.4 | 8 671.3 | 47.80 |
| 中南地区 | 1 433.6 | 711.3 | 2 144.9 | 49.62 |
| 西南地区 | 521.8 | 747.4 | 1 269.2 | 143.23 |
| 港台地区 | 519.45 | 45.1 | 564.55 | 8.68 |

资料来源：中国风能协会。

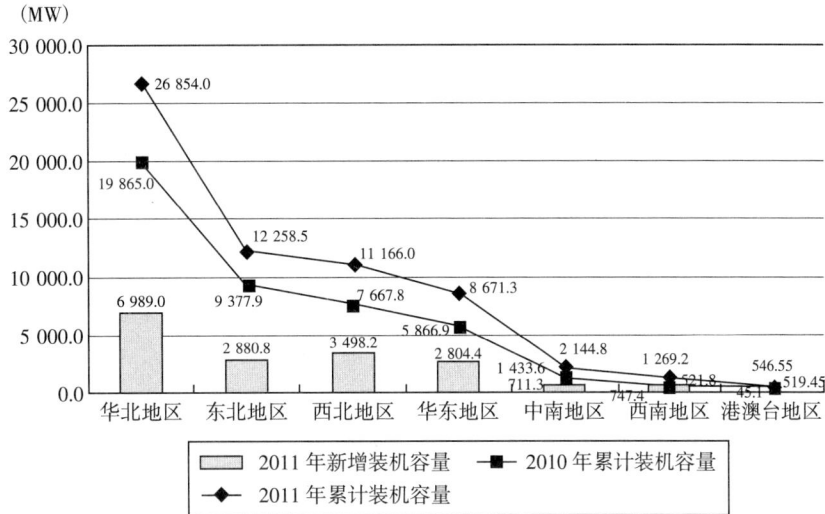

图 3  2010~2011 年我国各区域风电装机容量情况

表 3  2010~2011 年我国各省区市风电装机容量情况

| 序 号 | 省、区、市 | 2010 年累计装机容量<br>（MW） | 2011 年新增装机容量<br>（MW） | 2011 年累计装机容量<br>（MW） |
|---|---|---|---|---|
| 1 | 内蒙古 | 13 868.5 | 3 635.9 | 17 504.4 |
| 2 | 河北 | 4 794.0 | 2 276.0 | 7 070.0 |
| 3 | 甘肃 | 4 944.0 | 465.2 | 5 409.2 |
| 4 | 辽宁 | 4 066.9 | 1 182.5 | 5 249.3 |
| 5 | 山东 | 2 637.8 | 1 924.5 | 4 562.3 |
| 6 | 吉林 | 2 940.9 | 622.5 | 3 563.4 |
| 7 | 黑龙江 | 2 370.1 | 1 075.8 | 3 445.8 |
| 8 | 宁夏 | 1 172.2 | 1 703.5 | 2 875.7 |
| 9 | 新疆 | 1 363.6 | 952.5 | 2 316.1 |
| 10 | 江苏 | 1 595.3 | 372.3 | 1 967.6 |
| 11 | 山西 | 947.5 | 933.6 | 1 881.1 |
| 12 | 广东 | 888.8 | 413.6 | 1 302.4 |
| 13 | 福建 | 833.7 | 192.0 | 1 025.7 |
| 14 | 云南 | 430.5 | 501.8 | 932.3 |
| 15 | 陕西 | 177.0 | 320.5 | 497.5 |
| 16 | 浙江 | 298.2 | 69.0 | 367.2 |
| 17 | 上海 | 269.4 | 48.6 | 318.0 |
| 18 | 河南 | 121.0 | 179.0 | 300.0 |
| 19 | 安徽 | 148.5 | 148.5 | 297.0 |
| 20 | 海南 | 256.7 | – | 256.7 |
| 21 | 天津 | 102.5 | 141.0 | 243.5 |
| 22 | 贵州 | 42.0 | 153.1 | 195.1 |
| 23 | 湖南 | 97.3 | 88.0 | 185.3 |
| 24 | 北京 | 152.5 | 2.5 | 155.0 |
| 25 | 江西 | 84.0 | 49.5 | 133.5 |
| 26 | 湖北 | 69.8 | 30.7 | 100.4 |
| 27 | 广西 | 2.5 | 76.5 | 79.0 |
| 28 | 青海 | 11.0 | 56.5 | 67.5 |
| 29 | 重庆 | 46.8 | – | 46.8 |
| 30 | 四川 | 0 | 16.0 | 16.0 |

续表

| 序 号 | 省、区、市 | 2010年累计装机容量<br>（MW） | 2011年新增装机容量<br>（MW） | 2011年累计装机容量<br>（MW） |
|---|---|---|---|---|
| 31 | 香港 | 0.8 | − | 0.8 |
| 32 | 台湾 | 518.65 | 45.1 | 563.75 |

资料来源：中国风能协会。

## 二、海上风电发展概况

我国海上风电开发有序推进，国内制造企业也研发出了适用于潮间带和近海的海上风电机组。目前已经有10余家风电设备制造商在江苏、山东地区安装了潮间带风电机组，进行样机试验。与此同时，龙源等风电场开发商亦在江苏沿海地区开展了潮间带示范项目工作，分别安装了国内和国际品牌的风电机组进行试验。

2011年，我国海上风电新增装机容量109.6MW，其中潮间带装机容量达到99.3MW；海上风电累计装机容量262.6MW，其中近海风电装机114.2MW，潮间带风电装机达到148.4MW。近两年，由于近海风电规划不够完善，政府各部门之间的协调不够充分，潮间带风电的开发速度要稍快于近海风电。

截至2011年底，为海上风电开发提供整机的制造商中，华锐风电、金风科技、西门子（Siemens）所占市场份额最大。机型主要以2MW以上的风电机组为主，其中华锐的5MW风电机组已作为样机在上海东海大桥海上二期工程中吊装成功。2007~2011年我国海上风电装机容量情况见表4、图4。

表4 2007~2011年我国海上风电装机容量情况

| 年份 | 新增装机容量<br>（MW） | 同比增长<br>（%） | 累计装机容量<br>（MW） | 同比增长<br>（%） |
|---|---|---|---|---|
| 2007 | 1.50 | − | 1.50 | − |
| 2008 | 0 | 0 | 1.50 | 0 |
| 2009 | 16.00 | 100.00 | 17.50 | 1 066.67 |
| 2010 | 135.50 | 746.88 | 153.00 | 774.29 |
| 2011 | 109.60 | −19.11 | 262.60 | 71.63 |

资料来源：中国风能协会。

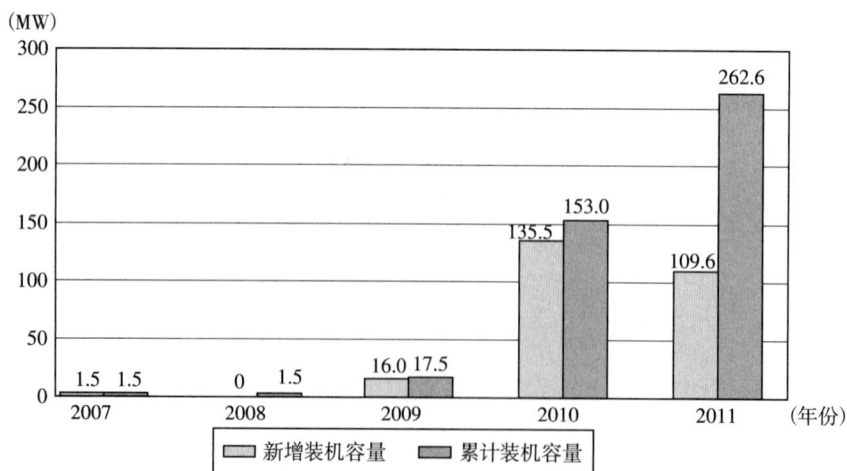

图4 2007~2011年我国海上风电装机容量情况

位于江苏的龙源如东15万kW海上（潮间带）示范风电场和位于上海的申能上海东海大桥（海上）二期工程样机2011年共新增装机40台、容量109.58MW，其中，龙源如东风电场新增装机38台，新增容量100.98MW，申能上海东海大桥二期工程新增装机2台，新增容量8.6MW。新增设备由西门子（Siemens）、华锐、上海电气供应，新增40台机组中，华锐为18台，占总量的45%，上海电气为1台，占总量的2.5%，西门子为21台，占总量的52.5%；新增109.58MW容量中，华锐为

56MW，占总量的 51.10%，上海电气为 3.6MW，占总量的 3.29%，西门子为 49.98MW，占总量的 45.61%。2011 年我国风电机组制造商海上风电新增装机情况见表 5、图 5。

表 5   2011 年我国风电机组制造商海上风电新增装机情况

| 序号 | 制造商 | 装机数量（台） | 装机数量占比（%） | 新增装机容量（MW） | 装机容量占比（%） |
|---|---|---|---|---|---|
| 1 | 华锐 | 18.00 | 45.00 | 56.00 | 51.10 |
| 2 | 西门子 | 21.00 | 52.50 | 49.98 | 45.61 |
| 3 | 上海电气 | 1.00 | 2.50 | 3.60 | 3.29 |
| 合 计 | | 40.00 | 100.00 | 109.58 | 100.00 |

注：按新增装机容量大的排前。

资料来源：中国风能协会。

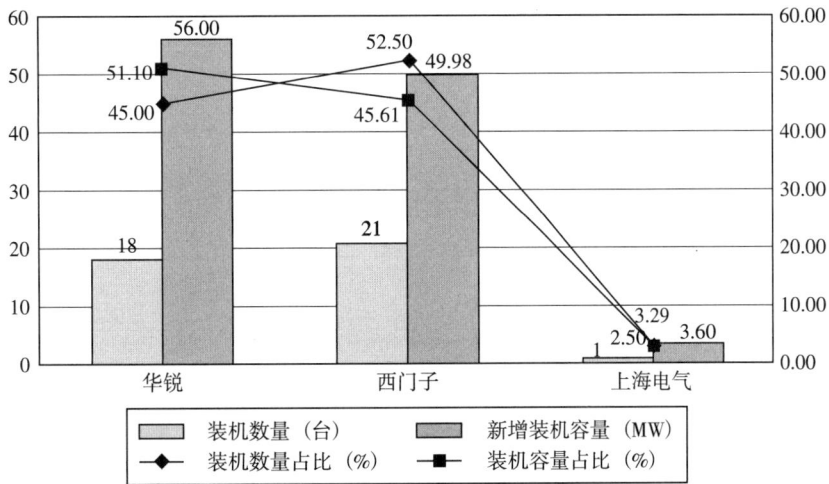

图 5   2011 年我国风电机组制造商海上风电新增装机情况

# 三、我国风电发展特点

## 1. 兆瓦级和多兆瓦级风电机组研发和应用取得进展

2011 年，我国新安装风电机组平均功率达到 1.5454MW，比 2010 年新装机组平均功率 1.4668MW 增长了 5.36%，过去 5 年的年均增长速度为 11%。截至 2011 年底，我国累计安装风电机组平均功率为 1.3589MW。

2011 年，新安装风电机组中，百千瓦级（单机功率<1 000kW）的风电机组所占的比例降低到 2.4%左右；1.5MW 风电机组依然是安装最多的机型，占所有新安装机组的 74.1%；2MW 风电机组安装比例由 2010 年的 11.4%提高到 14.7%；2.5MW 及以上多兆瓦风电机组安装比例达到了 3.5%，其中 2.5MW 风电机组安装 47 台，3MW 风电机组安装 163 台，3.6MW、5MW 和 6MW 风电机组各 1 台。

2011 年我国不同功率机型新增装机容量情况见表 6。2011 年我国不同功率机型新增装机容量占比情况见图 6。

表 6   2011 年我国不同功率机型新增装机容量情况

| 单机功率（kW） | 新增装机容量（MW） | 装机容量占比（%） |
|---|---|---|
| 750 | 69.0 | 0.39 |
| 800 | 1.6 | 0.01 |
| 850 | 297.5 | 1.69 |
| 900 | 49.5 | 0.28 |
| 1 000 | 219.0 | 1.24 |
| 1 250 | 232.5 | 1.32 |
| 1 500 | 13 063.5 | 74.1 |
| 1 600 | 200.0 | 1.14 |
| 1 650 | 194.7 | 1.1 |
| 2 000 | 2 588.0 | 14.68 |
| 2 100 | 46.2 | 0.26 |
| 2 300 | 48.3 | 0.27 |
| 2 500 | 117.5 | 0.67 |
| 3 000 | 489.0 | 2.77 |
| 3 600 | 3.6 | 0.02 |
| 5 000 | 5.0 | 0.03 |
| 6 000 | 6.0 | 0.03 |
| 总 计 | 17 630.9 | 100.00 |

资料来源：中国风能协会。

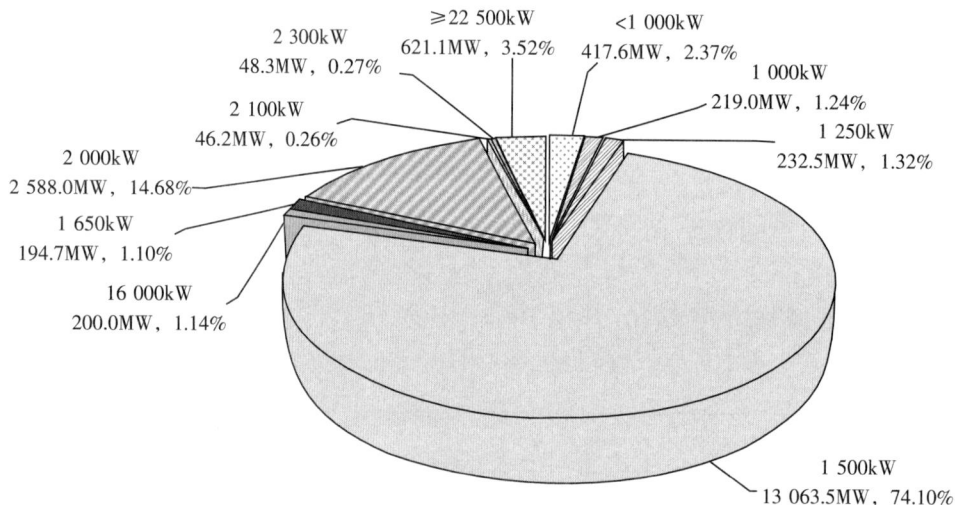

图6 2011年我国不同功率机型新增装机容量占比情况

随着兆瓦级风电机组技术的逐步掌握和消化吸收，国内大多数制造企业开始将研发工作重点投向多兆瓦级陆上和海上风电机组，加大了对大功率风电机组的开发。2011年，国内风电机组制造商在2.5MW、3MW级别的陆上及海上风电机组研制上取得了显著成绩，共有6类机型下线；5MW及以上大型海上专用风电机组研发取得进展，华锐的5MW和6MW样机均已安装并进入调试阶段，联合动力6MW机组也在2011年底下线。

与国外成熟且完善的大功率风电机组生产线相比，我国大功率风电机组的制造能力尚处在成长期。因起步较晚，为赶上国际步伐，国内绝大多数大功率风电机组的在研厂商都绕开了对4MW、4.5MW产品的研发投入，直接进入5MW和6MW机型的研制当中。但由于近期国内海上风电开发步伐趋缓，国内5MW及以上的风电机组仍未进入批量生产阶段。尽管如此，目前我国风电机组制造商也陆续开始10MW及以上机型的研发工作。华锐已开始10MW超大型海上风电机组的研制及示范项目，该项目被列入2012年国家能源自主创新（能源装备）专项；金风也开始10MW的风电机组研发项目。

随着风电机组大型化趋势的发展，风电关键零部件的大型化发展也势在必行。到目前为止，风电零部件市场上，叶片、齿轮箱、发电机等关键零部件，我国已基本具备了批量生产能力。齿轮箱轴

承、变流器等零部件多依靠进口，国内技术"瓶颈"虽尚未彻底解决，但已有国产产品面世，开始小批量生产。我国多兆瓦级风电机组研制进展情况见表7。

表7 我国多兆瓦级风电机组的研制进展情况

| 序号 | 企业简称 | 机组型号 | 单机功率（MW） | 研制进展 |
|---|---|---|---|---|
| 1 | 华锐风电 | SL3000 | 3 | 批量装机 |
| | | SL5000 | 5 | 样机 |
| | | SL6000 | 6 | 样机 |
| 2 | 金风科技 | GW3000 | 3 | 样机 |
| | | GW6000 | 6 | 在研 |
| 3 | 东汽 | DF3000 | 3 | 样机 |
| | | DF5500 | 5.5 | 样机 |
| 4 | 联合动力 | UP100 | 3 | 样机 |
| | | UP100-DD | 3 | 样机 |
| | | UP135 | 6 | 样机 |
| 5 | 明阳风电 | SCD3.0 | 3 | 小批量装机 |
| | | SCD6.0 | 6 | 在研 |
| 6 | 上海电气 | SE3600 | 3.6 | 样机 |
| | | SE6000 | 6 | 在研 |
| 7 | 湘电风能 | XE115-5000 | 5 | 样机 |
| 8 | 重庆海装 | H5000 | 5 | 样机 |
| 9 | 三一电气 | | 6 | 在研 |
| 10 | 沈阳华创 | CCWE3000 | 3 | 样机 |
| | | CCWE3600 | 3.6 | 样机 |
| 11 | 南车风电 | WT2500 | 2.5 | 样机 |
| | | WT5000 | 5 | 在研 |
| 12 | 浙江运达 | WD2500 | 2.5 | 样机 |
| | | WD5000 | 5 | 在研 |
| 13 | 浙江华仪 | HY3000 | 3 | 样机 |
| | | HY5000 | 5 | 在研 |
| 14 | 远景能源 | E6000 | 6 | 在研 |

资料来源：中国风能协会。

## 2. 特殊环境条件下的风电设备技术和应用取得突破

我国风电机组制造企业在已有的风电技术成果基础上，加大了特殊环境条件下的风电设备研发力度，尤其是在高海拔地区、低风速地区、沿海潮间带和近海地区适用的风电机组设备研发。

（1）低风速地区风电设备研发和应用

针对我国大多数地区处于低风速区的实际情况，国内企业通过技术创新，研发出针对性的风电机组产品及解决方案，最为明显的特征为风轮叶片更长、塔架更高，捕获的风能资源更多。

以 1.5MW 风电机组为例，2011 年新签订单中，半数以上均为风轮直径为 83m 及以上的风电机组，而当年新安装的 1.5MW 风电机组中，风轮直径

83m 以上的安装比例接近 20%。国内生产 1.5MW 机组的 30 余家企业之中，已有 10 多家具备了风轮直径为 83m 以上机型的供应能力。2007~2011 年 1.5MW 风电机组不同风轮直径市场份额（按装机容量）情况见表 8、图 7。

**表 8　2007~2011 年 1.5MW 风电机组不同风轮直径市场份额（按装机容量）情况**

单位：%

| 年　份 | 83m 及以上 | 82m | 71~81m | 70m 及以下 |
|---|---|---|---|---|
| 2007 | – | 1 | 64 | 35 |
| 2008 | – | 3 | 77 | 20 |
| 2009 | – | 36 | 54 | 10 |
| 2010 | 2 | 63 | 32 | 3 |
| 2011 | 19 | 57 | 19 | 5 |

资料来源：中国风能协会。

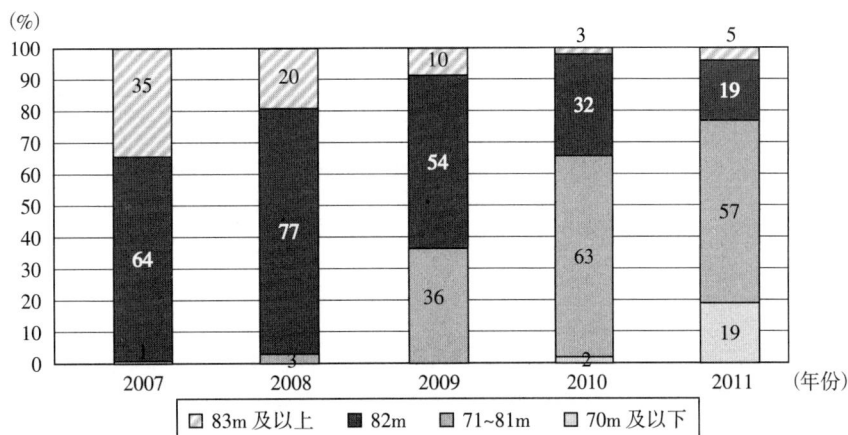

图 7　2007~2011 年 1.5MW 风电机组不同风轮直径市场份额（按装机容量）情况

以 2MW 风电机组为例，2011 年，风轮直径增大的趋势愈发明显，尤其是 93m 及以上的机型，已占据 2MW 风电机组新增市场的近一半。2MW 风电机组主要以 93m、96m、102m 和 105m 的机型为主。2007~2011 年 2MW 风电机组不同风轮直径市场份额（按装机容量）情况见表 9、图 8。

**表 9　2007~2011 年 2MW 风电机组不同风轮直径市场份额（按装机容量）情况**

单位：%

| 年份 | 93 m 及以上 | 83~91m | 82m 及以下 |
|---|---|---|---|
| 2007 | – | – | 100 |
| 2008 | – | 6 | 94 |
| 2009 | 11 | 6 | 83 |
| 2010 | 40 | 28 | 32 |
| 2011 | 49 | 31 | 20 |

资料来源：中国风能协会。

2011 年，我国Ⅳ类风资源区风电新增装机容量已经占到全国新增装机总量的 45%，比 2010 年提高了 10 个百分点。Ⅲ类风资源区中，宁夏等地风电开发建设进度较快，使该类风资源区新开发风电容量占全国的比例从 2010 年的 10% 提高到 18%。由此，处于低风速地区的Ⅲ、Ⅳ类风资源区新增装机容量已经超过当年全国新增装机的 60%。Ⅰ、Ⅱ类风资源区则由于并网和限电问题，风电新增装机与往年相比出现下滑。2007~2011 年我国四类风能资源区新增装机容量占比情况见表 10、图 9。

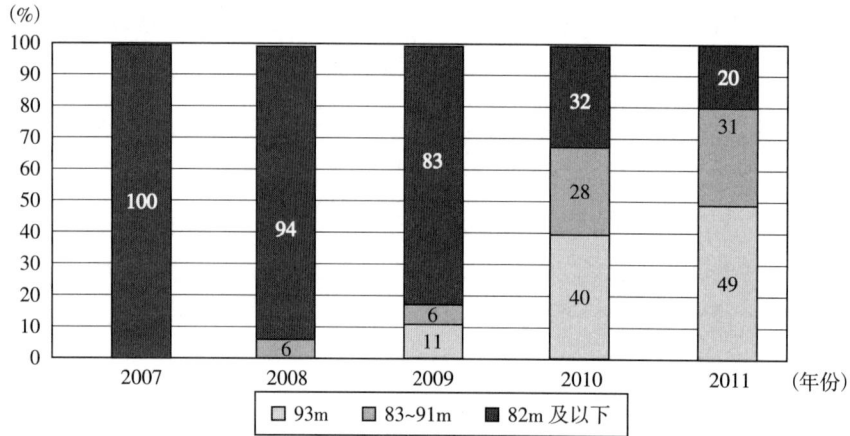

图 8　2007~2011 年 2MW 风电机组不同风轮直径市场份额（按装机容量）情况

表 10　2007~2011 年我国四类风能资源区新增装机容量占比情况

单位：%

| 年　份 | I 类资源区 | II 类资源区 | III 类资源区 | IV 类资源区 |
|---|---|---|---|---|
| 2007 | 26 | 19 | 20 | 35 |
| 2008 | 25 | 24 | 11 | 40 |
| 2009 | 27 | 30 | 12 | 31 |
| 2010 | 10 | 45 | 10 | 35 |
| 2011 | 12 | 25 | 18 | 45 |

注：I 类资源区指内蒙古自治区除赤峰市、通辽市、兴安盟、呼伦贝尔市以外的其他地区，新疆维吾尔自治区乌鲁木齐市、伊犁哈萨克族自治州、昌吉回族自治州、克拉玛依市、石河子市；II 类资源区指河北省张家口市、承德市，内蒙古自治区赤峰市、通辽市、兴安盟、呼伦贝尔市，甘肃省张掖市、嘉峪关市、酒泉市；III 类资源区指吉林省白城市、松原市，黑龙江省鸡西市、双鸭山市、七台河市、绥化市、伊春市、大兴安岭地区，甘肃省除张掖市、嘉峪关市、酒泉市以外其他地区，新疆维吾尔自治区除乌鲁木齐市、伊犁哈萨克族自治州、昌吉回族自治州、克拉玛依市、石河子市以外其他地区，宁夏回族自治区；IV 类资源区指除 I 类、II 类、III 类资源区以外的其他地区。

资料来源：中国风能协会。

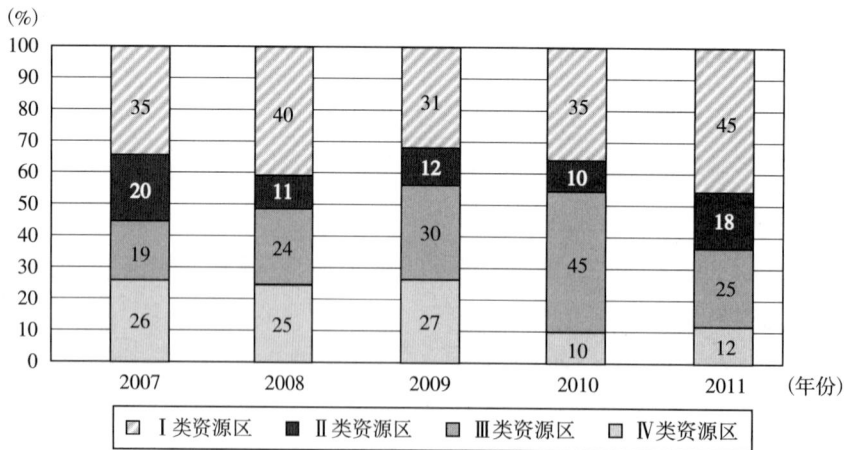

图 9　2007~2011 年我国四类风能资源区新增装机容量占比情况

（2）高海拔地区风电设备研发和应用

针对青海、云南、贵州和甘肃局部地区的风资源和环境特点，国内已有许多制造企业开展了高海拔地区的风电机组设备研制，并已取得实质性成果。华锐、金风、联合动力、明阳、湘电、南车等数十家企业已经研制出针对高海拔地区的专用风电机组，并已经在进行小批量的实际运行。

2010 年以来，我国高海拔地区的风电开发日益受到重视，云南、贵州出现了大批风电项目规划。2009~2010 年实现了从无到有的突破，在发电收益较好的情况下，2010~2011 年在新开工项目数量和新安装风电机组容量上都实现了翻番，2011 年，云南、贵州、青海等地新开发风电项目共计 22 个，容量 711.35MW，相当于全国 2011 年新增风电装机的 4%。在国家能源局下发的第一批和第二批"十二五风电拟核准规划"项目清单中，高海拔地区风电项目的数量和比例也有所提升。2008~2011 年我国高海拔地区风电新增及累计装机容量情况见表 11、图 10。2009~2011 年我国高海拔地区风电新开工项目情况见图 11。

表 11　2008~2011 年我国高海拔地区风电新增及累计装机容量情况

| 年份 | 新增装机容量 (MW) | 同比增长 (%) | 累计装机容量 (MW) | 同比增长 (%) |
|---|---|---|---|---|
| 2008 | 78.75 | – | 78.75 | – |
| 2009 | 42.00 | -46.67 | 120.75 | 53.33 |
| 2010 | 362.75 | 763.69 | 483.50 | 300.41 |
| 2011 | 711.35 | 96.10 | 1 194.85 | 147.13 |

资料来源：中国风能协会。

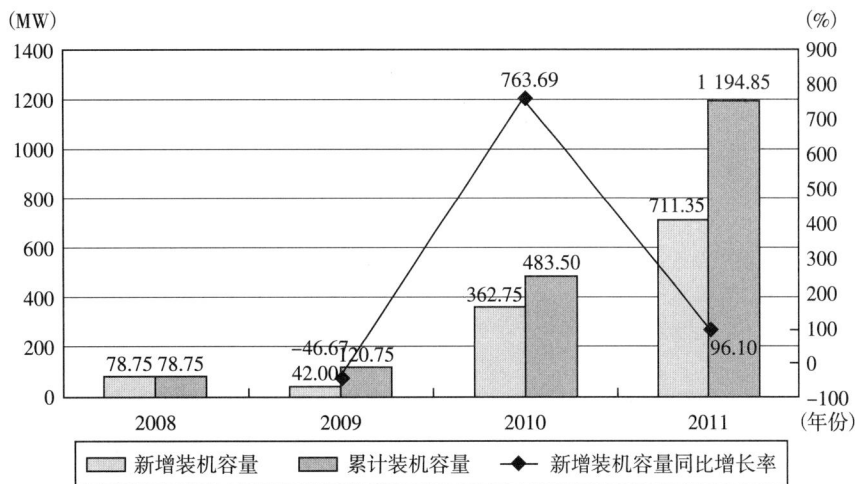

图 10　2008~2011 年我国高海拔地区风电装机容量及增长率

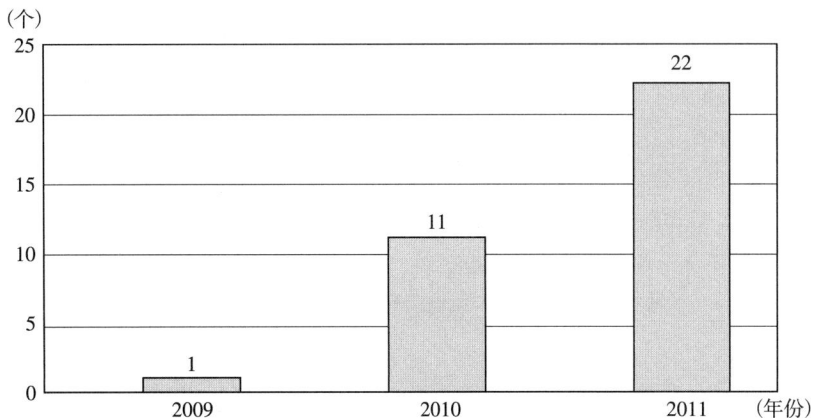

图 11　2009~2011 年我国高海拔地区风电新开工项目情况

（3）分散式风电示范项目取得突破

2011 年底，华能新能源定边狼尔沟风电分散式示范风电场完成并网调试工作。狼尔沟风电场总装机容量 9MW，安装 6 台 1.5MW 的风电机组，年利用小时数可达 1 882h，执行每度 0.61 元的风电上网电价。风电场采用两回 10kV 线路送出，6 台风机以分散式方式接入榆林西部电网 110kV 砖井变

10kV 定边线路和 110kV 张梁变 10kV 明珠线路并网发电，两条送出线路以工业及居民用电负荷为主，负荷较为稳定，满足风电场上网电量在配电网线路上消纳的要求。6 台风电机组可以实现在两条外送线路上任意数量的组合，运行过程中可根据配网线路的实际负荷情况来决定风机的出力分配，为当地配电网起到一定支撑作用。

## 四、企业发展情况

### 1. 风电机组制造企业

2011 年，新增风电装机中，排名前五位的分别为金风、华锐、联合动力、明阳和东汽，装机容量分别为 3 600.0MW、2 939.0MW、2 847.0MW、1 177.5MW 和 945.0MW。年生产、新增装机超过 500MW 的企业达到 9 家，市场排名前 15 名的企业新增装机均超过了 300MW，比 2010 年增加了 3 家，而"十一五"之初仅有 1 家企业年装机超过 300MW。2011 年新增风电装机前 15 名风电机组制造企业情况见表 12、图 12。

表 12　2011 年新增风电装机前 15 名风电机组制造企业

| 序号 | 企业简称 | 新增装机容量（MW） | 市场份额（%） |
|---|---|---|---|
| 1 | 金风 | 3 600.0 | 20.4 |
| 2 | 华锐 | 2 939.0 | 16.7 |
| 3 | 联合动力 | 2 847.0 | 16.1 |
| 4 | 明阳 | 1 177.5 | 6.7 |
| 5 | 东汽 | 945.0 | 5.4 |
| 6 | 湘电风能 | 712.5 | 4.0 |
| 7 | 上海电气 | 708.1 | 4.0 |
| 8 | Vestas | 661.9 | 3.8 |
| 9 | 华创 | 625.5 | 3.5 |
| 10 | 南车风电 | 451.2 | 2.6 |
| 11 | GE | 408.5 | 2.3 |
| 12 | 重庆海装 | 396.0 | 2.2 |
| 13 | 运达 | 375.0 | 2.1 |
| 14 | Gamesa | 361.6 | 2.1 |
| 15 | 远景能源 | 348.0 | 2.0 |
| 16 | 其他 | 1 074.1 | 6.1 |
| | 总　计 | 17 630.9 | 100.0 |

资料来源：中国风能协会。

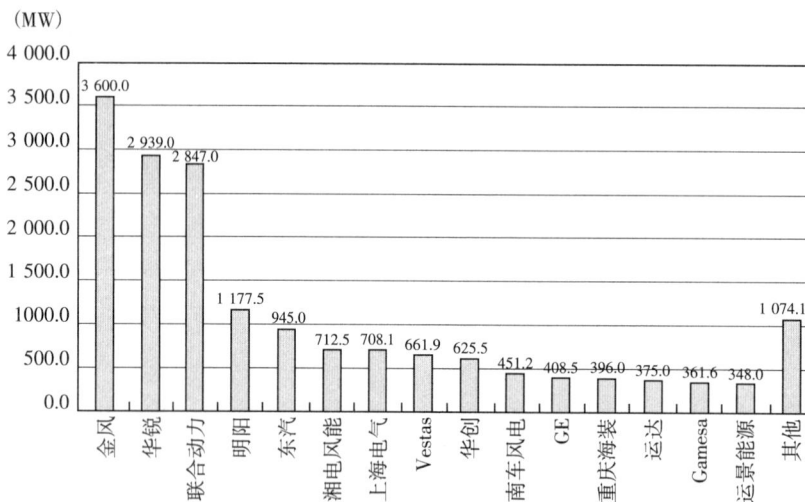

图 12　2011 年新增风电装机前 15 名风电机组制造企业

累计风电装机中，排名前五位的分别为华锐、金风、东汽、联合动力和 Vestas，其中排名前三的华锐、金风和东汽已占据国内风电累计装机市场份额的 50%以上。外资风电企业的市场份额逐渐下降，排名前十的企业中只有 Vestas、Gamesa 和 GE 三家企业。2011 年累计风电装机前 15 名风电机组制造企业情况见表 13、图 13。

与 2010 年市场份额相比，进入市场较早的风电机组制造商，不论新增装机市场份额还是累计装机市场份额，都有不同程度的下降。新增装机市

表 13　2011 年累计风电装机前 15 名风电机组制造企业

| 序　号 | 企业简称 | 累计装机容量（MW） | 市场份额（%） |
|---|---|---|---|
| 1 | 华锐 | 12 977.0 | 20.8 |
| 2 | 金风 | 12 678.9 | 20.3 |
| 3 | 东汽 | 6 898.0 | 11.1 |
| 4 | 联合动力 | 5 282.0 | 8.5 |
| 5 | Vestas | 3 565.5 | 5.7 |
| 6 | 明阳 | 3 123.0 | 5.0 |
| 7 | Gamesa | 2 785.9 | 4.5 |
| 8 | 湘电风能 | 1 801.5 | 2.9 |
| 9 | 上海电气 | 1 781.5 | 2.9 |
| 10 | GE | 1 575.5 | 2.5 |

续表

| 序　号 | 企业简称 | 累计装机容量（MW） | 市场份额（%） |
|---|---|---|---|
| 11 | 华创 | 1 308.0 | 2.1 |
| 12 | 运达 | 1 098.0 | 1.8 |
| 13 | 南车风电 | 916.5 | 1.5 |
| 14 | Suzlon | 901.3 | 1.4 |
| 15 | 重庆海装 | 875.3 | 1.4 |
| 16 | 其他 | 4 796.5 | 7.6 |
| | 总　计 | 62 364.2 | 100.0 |

资料来源：中国风能协会。

中，华锐、东汽、Vestas 等企业的新增装机容量较 2010 年均有不同程度的减少，使市场份额出现不同的幅度下滑，而联合动力、湘电风能以及明阳等企业的新增装机市场份额均出现了增长。累计装机市场中，华锐、东汽和部分外资企业市场份额有所下降，而进入市场时间相对较短的联合动力、明阳、湘电风能、上海电气等企业由于 2011 年装机容量

的增多，使得整个累计装机市场份额发生增长。2011 年新增风电装机前 15 名风电机组制造企业市场份额占比情况见图 14。2011 年累计风电装机前 15 名风电机组制造企业市场份额占比情况见图 15。

风电机组设备生产基地方面，截至 2011 年底，我国 25 个省市拥有大小风电机组生产基地 121 个，当年筹建风电机组生产基地 5 个，可实现批量生产的风电机组生产基地 56 个，小规模试生产基地 16 个，在建生产基地 44 个，其中内蒙古、江苏、山东和辽宁拥有生产基地数量最多，均超过了 10 个风电机组生产基地。从分布上看，生产基地主要集中分布在风资源较丰富区，其中内蒙古是我国最主要的风电开发区域，吸引了较多的风电机组企业设立生产基地；江苏和山东未来海上风电规模规划宏大，着眼于海上风电的企业在江苏和山东设立了海上风电机组生产基地。

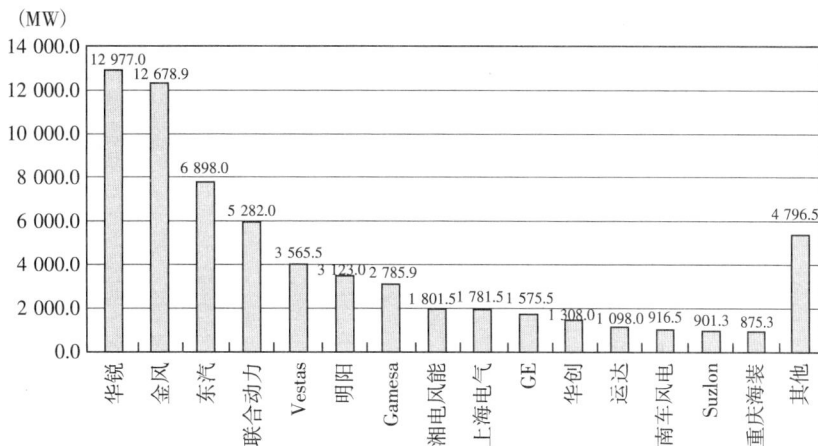

图 13　2011 年累计风电装机前 15 名风电机组制造企业

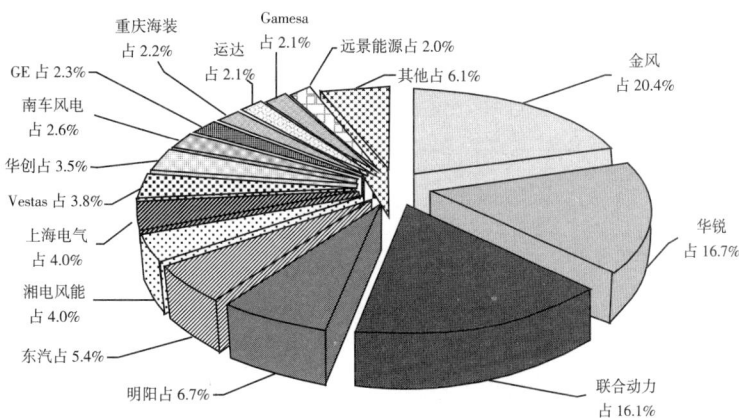

图 14　2011 年新增风电装机前 15 名风电机组制造企业市场份额占比情况

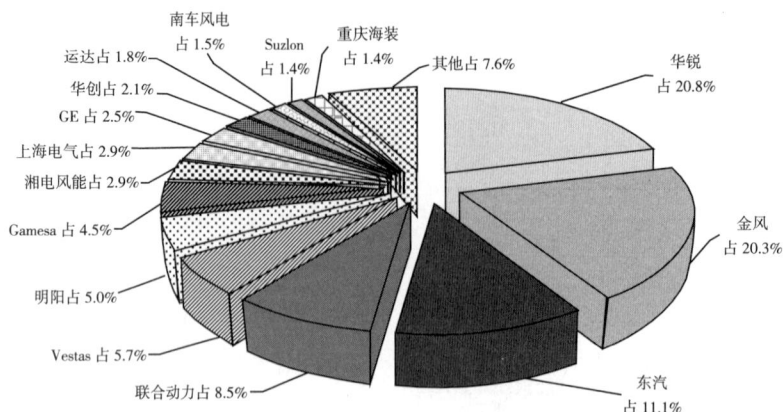

**图 15　2011 年累计风电装机前 15 名风电机组制造企业市场份额占比情况**

### 2. 风电场开发企业

2011 年，我国有新风电项目动工的风电场开发企业近 70 家，从控股企业的企业性质分类来看，大型央企 18 家，占企业总数的 25%；地方国有企业 18 家，占比为 25%；民营和外资企业 36 家，占比为 50%。大型央企和地方国有企业依然是 2011 年国内风电开发的主要力量。

2011 年，国电集团继续保持其领先位置，风电新增和累计装机容量分别达到 3 761.5MW 和 12 762.3MW，成为国内第一家、全球第二家累计风电装机容量超过 10GW 的风电开发企业。其下属的上市企业龙源电力累计装机容量接近 9 000MW，根据丹麦著名风电咨询机构 BTM 的统计排名，成为累计风电装机全球排名第二位的风电开发企业。大唐集团和华能集团分别排名第二和第三，累计风电装机容量也达到 8 000MW 左右，其下属的风电上市企业大唐新能源和华能新能源也进入了 BTM 统计的全球风电累计装机排名前 10 之中。其他进入我国新增和累计风电装机容量排名前 10 的开发企业还有华电集团、国华、中电投、华润集团、中广核、京能、新天绿色能源等。2011 年我国新增风电装机容量排名前 10 位风电开发商情况见表 14、图 16。2011 年我国新增风电装机容量排名前 10 位风电开发商市场占比情况见图 17。2011 年我国累计风电装机容量排名前 10 位风电开发商情况见表 15、图 18。2011 年我国累计风电装机容量排名前 10 位风电开发商市场占比情况见图 19。

**表 14　2011 年我国新增风电装机容量排名前 10 位风电开发商情况**

| 序 号 | 开发商 | 装机容量（MW） | 市场份额（%） |
|---|---|---|---|
| 1 | 国电集团 | 3 761.5 | 21.3 |
| 2 | 大唐集团 | 2 235.1 | 12.7 |
| 3 | 华能集团 | 2 189.0 | 12.5 |
| 4 | 华电集团 | 1 104.0 | 6.3 |
| 5 | 国华 | 1 094.5 | 6.2 |
| 6 | 中电投 | 866.3 | 4.9 |
| 7 | 华润集团 | 796.1 | 4.5 |
| 8 | 中广核 | 527.0 | 3.0 |
| 9 | 京能 | 372.0 | 2.1 |
| 10 | 新天绿色能源 | 343.6 | 1.9 |
| 11 | 其他 | 4 341.8 | 24.6 |
| 总 计 | | 17 630.9 | 100.0 |

注：国电集团统计为国电（不包括龙源电力）和龙源电力的数据之和；华能集团统计为华能新能源和北方龙源的数据之和；华电集团统计为华电国际、华电新能源和华富的数据之和；华润集团统计为华润电力和华润新能源的数据之和。

资料来源：中国风能协会。

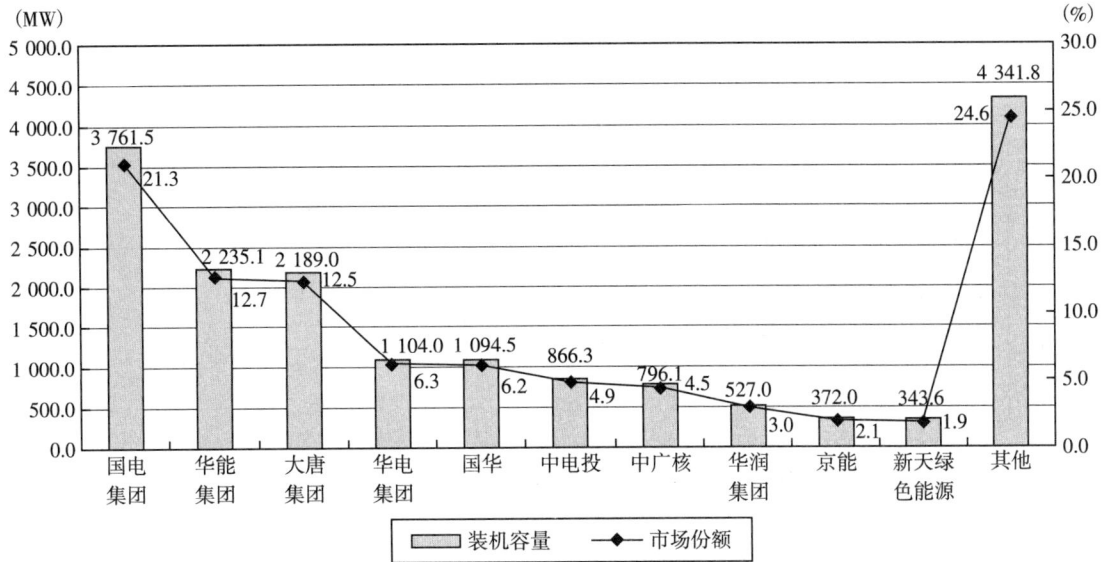

图 16 2011 年我国新增风电装机容量排名前 10 位风电开发商情况

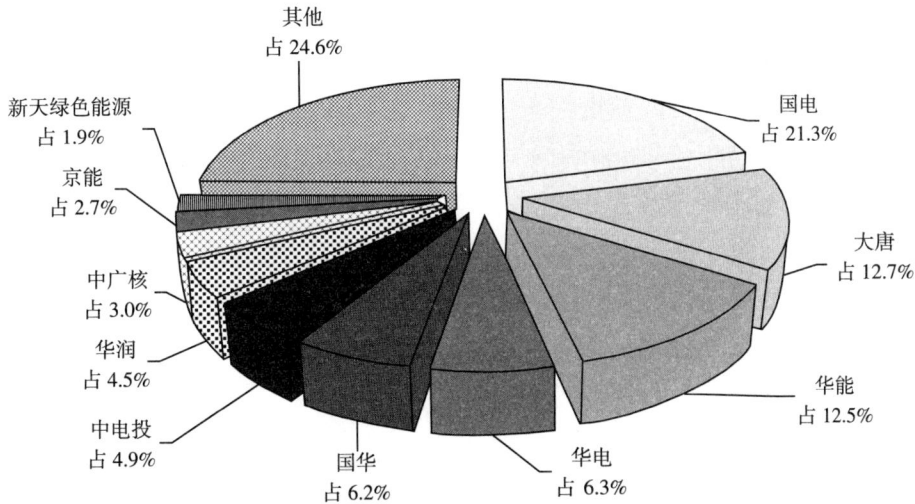

图 17 2011 年我国新增风电装机容量排名前 10 位风电开发商市场占比情况

表 15 2011 年我国累计风电装机容量排名前 10 位风电
开发商情况

| 序　号 | 开发商 | 装机容量（MW） | 市场份额（%） |
|---|---|---|---|
| 1 | 国电集团 | 12 762.3 | 20.5 |
| 2 | 华能集团 | 8 538.0 | 13.7 |
| 3 | 大唐集团 | 8 010.1 | 12.8 |
| 4 | 华电集团 | 3 829.9 | 6.2 |
| 5 | 国华 | 3 440.1 | 5.5 |
| 6 | 中电投 | 2 944.9 | 4.7 |
| 7 | 中广核 | 2 891.5 | 4.6 |
| 8 | 华润集团 | 1 773.4 | 2.8 |
| 9 | 京能 | 1 686.3 | 2.7 |
| 10 | 新天绿色能源 | 1 278.6 | 2.1 |
| 11 | 其他 | 15 209.1 | 24.4 |
| | 总　计 | 62 364.2 | 100.0 |

资料来源：中国风能协会。

## 五、海外市场拓展

### 1. 我国风电机组出口情况

在市场的推动下，我国风电设备企业不断加大研发投入，打造全产业链，提升设备制造能力，当前国产风电机组已占国内累计装机容量的 80% 以上。在满足国内市场需求的同时，我国风电设备企业也积极为全球提供产品。我国制造的整机、叶片、齿轮箱等已经出口到美洲、非洲、欧洲以及东南亚一些国家和地区。

我国风电整机制造企业向海外市场扩张的尝试

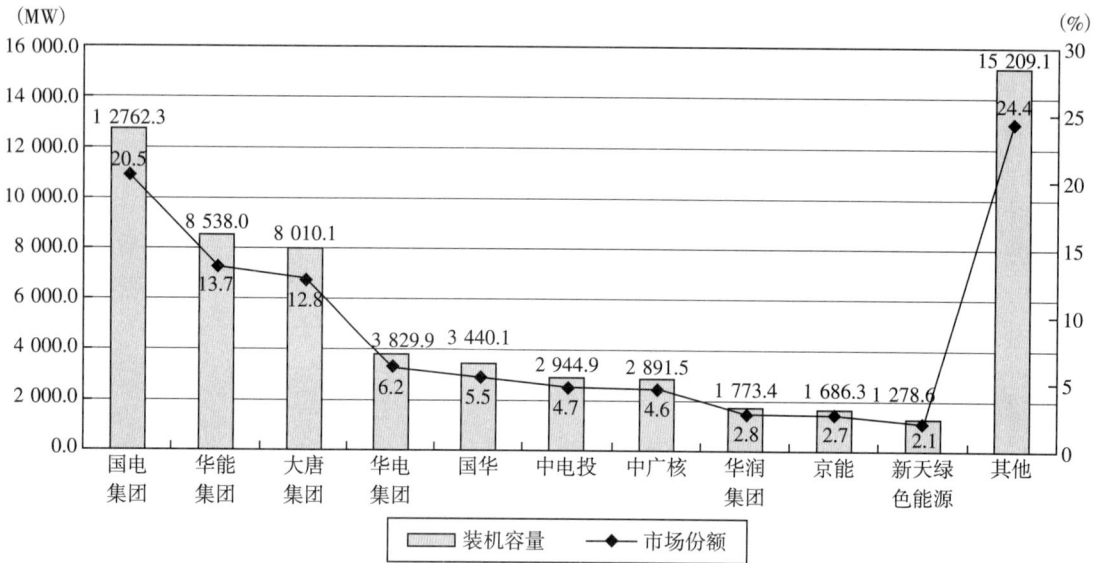

图18　2011年我国累计风电装机容量排名前10位风电开发商情况

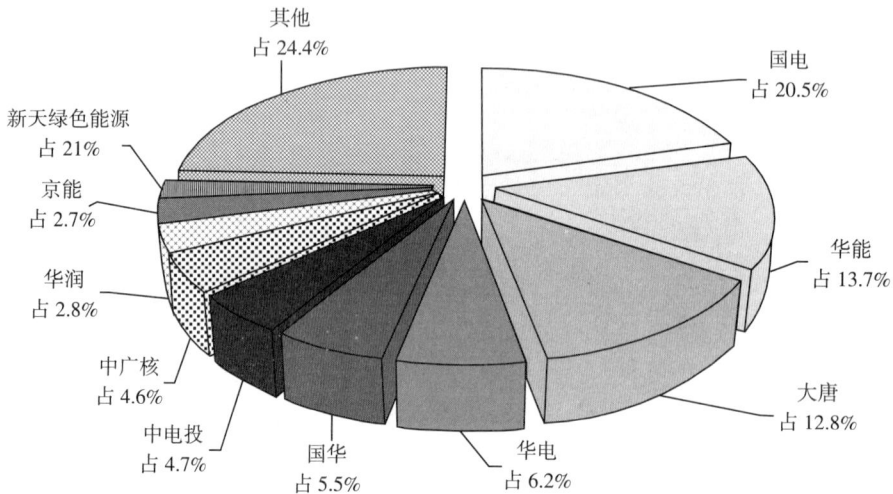

图19　2011年我国累计风电装机容量排名前10位风电开发商市场占比情况

始于2007年。2008~2010年，国产风电机组出口共计46台，分别销往美国、英国、印度、泰国、智利、白俄罗斯、哈萨克斯坦、埃塞俄比亚、厄瓜多尔、瑞典等国家和地区。其中，惠腾、华锐和金风出口风电机组数量排名前三，这3年的出口数量分别达到10台、10台和9台。

2011年，国内风电机组出口数量剧增，数量达到141台，容量达到213.06MW，其中，金风出口数量最多，达到124台，以单机容量为1.5MW的机型为主。2008~2011年我国风电机组出口情况见表16。

表16　2008~2011年我国风电机组出口情况

| 年　份 | 新增容量（MW） | 同比增长（%） | 累计容量（MW） | 同比增长（%） | 数量（台） |
|---|---|---|---|---|---|
| 2008 | 14.50 | — | 16.84 | — | 13 |
| 2009 | 28.75 | 98.28 | 45.59 | 170.72 | 20 |
| 2010 | 11.05 | −61.57 | 56.64 | 24.24 | 13 |
| 2011 | 213.06 | 1 828.14 | 269.70 | 376.17 | 136 |

资料来源：中国风能协会。

　　近两年，我国风电机组制造商加快了海外市场的拓展步伐，风电机组出口国家逐年增多，其中美国是最主要的风电机组出口国。2011 年，我国向美国出口风电机组 97 台，占总量的 71.32%，容量已达到 152.5MW，占出口总量的 71.58%。风电机组制造商中，以金风出口数量最多，出口台数达 113 台，占总量的 83.09%，容量达到 172.5MW，占出口总量的 80.96%。2011 年我国风电机组制造商出口情况见表 17、图 20。

表 17　2011 年我国风电机组制造商出口情况

| 序　号 | 制造商 | 出口国家 | 发运台数（台） | 占总量比（%） | 发运容量（MW） | 占总量比（%） |
|---|---|---|---|---|---|---|
| 1 | 金风 | 美国 | 79 | 83.09 | 121.50 | 80.96 |
| | | 埃塞俄比亚 | 34 | | 51.00 | |
| 2 | 华锐 | 瑞典 | 2 | 4.41 | 6.00 | 5.63 |
| | | 美国 | 4 | | 6.00 | |
| 3 | 三一电气 | 美国 | 6 | 4.41 | 12.00 | 5.63 |
| 4 | 联合动力 | 美国 | 6 | 4.41 | 9.00 | 4.23 |
| 5 | 重庆海装 | 美国 | 2 | 1.47 | 4.00 | 1.88 |
| 6 | 湘电风能 | 保加利亚 | 1 | 0.74 | 2.00 | 0.94 |
| 7 | 华仪 | 哈萨克斯坦 | 2 | 1.47 | 1.56 | 0.73 |
| 总　计 | | | 136 | 100.00 | 213.06 | 100.00 |

资料来源：中国风能协会。

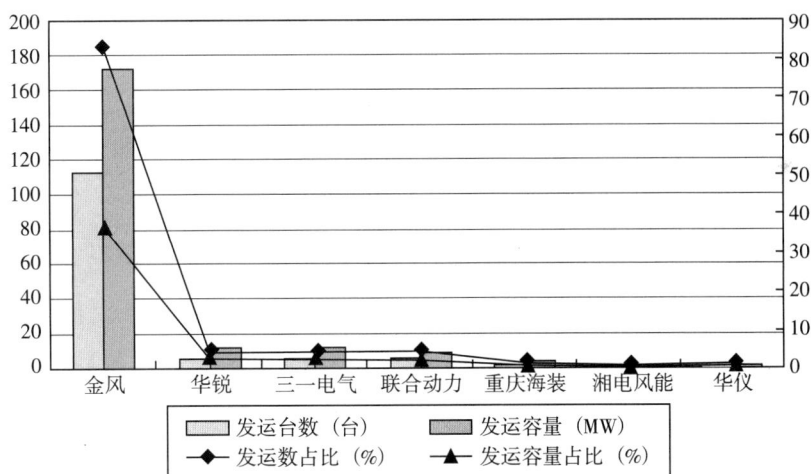

图 20　2011 年我国风电机组制造商出口情况

## 2. 海外市场拓展方式多元化

　　2010 年以来，我国风电企业参与国外市场的趋势愈发明显。一些企业瞄准了更为广阔的海外市场，通过合作、收购、投资等各种方式，增加市场份额，积累销售经验。

### （1）向海外市场销售风电设备

　　由于对当地销售市场环境不熟悉，国内风电企业通过与国外企业代理或合作，并签署销售合同来实现风电设备的出口。部分企业还通过参与国外风电场的风电机组招投标来实现产品的出口。截至

2011 年，我国已有多家整机制造商成功实现风电机组出口。在风电整机制造企业积极开拓国外市场的同时，国内风电零部件企业也通过向国外销售产品来实现企业的国际化之路。据不完全统计，国内的叶片制造商如中复连众、中航惠腾、艾郎风电等，发电机制造商如南车电机，齿轮箱制造商如南高齿，已分别向阿根廷、日本、西班牙、韩国、美国、印度等国出口了产品。

### （2）收购国外企业开拓风电市场

　　为更好地融入当地市场，除向国外市场销售风

电设备外，部分国内风电企业还通过收购当地的企业来拓展国外市场。如国内叶片制造商中复连众，收购了德国 NOI 公司在当地成立 SINOI 公司。风电整机制造商如金风科技，为打入欧洲市场并掌握欧洲先进的整机制造商技术，于 2008 年收购了德国的 VENSYS 公司；2010 年，湘电风能收购了荷兰达尔文公司，并成功在荷兰安装了 5MW 样机。

（3）投资、建厂渗透海外市场

为进一步拓展海外市场，国内部分风电制造企业巨头开始通过在海外建设生产基地或通过投资海外风电场实现风机销售的方式来扩大市场占有率。国内的风电企业选择在当地设立子公司或生产基地，一方面可以降低风电设备产品从国内往国外运输的费用，另一方面也为当地就业提供了机会，能够进一步融入地方市场。如金风科技在德国建立生产基地和研发中心之后，又在澳大利亚、美国等地设立子公司；华锐风电在美国、加拿大、西班牙、澳大利亚、巴西等多个国家建立了子公司。通过在海外投资风电场来实现风电机组的出口，是国内风电设备制造企业拓展海外市场的另一举措。如金风科技在美国 Shady Oaks 风电场投资了一个总额近 2 亿美元、规模超过 100MW 的风电场项目，并获得了当地 20 年的电力供应协议。

# 六、中小型风电产业

我国的中小型风电产业起步于 20 世纪 70 年代，在八九十年代有了较快的发展。起初主要是作为扶贫项目用来解决偏远无电地区农牧民的供电和提水问题，后来逐步扩展到海岛、湖区和哨所的推广和应用。从 80 年代初到现在，我国通过"光明工程"和"送电到乡"等项目的实施，在电网不能通达的偏远地区大约有 150 万农牧渔民利用中小型风电机组实现了家庭用电。中小型风电产业也得到了较快的发展，为我国无电地区的电力建设、边境稳定的维护、社会主义新农村的建设和和谐社会的发展作出了巨大贡献。

近年来，我国中小型风电产业已经从解决农村无电地区用电为主向城市街道照明和移动通信独立电源等工业应用方向发展，在农业、工业和服务业三大领域得到了快速装备。中小型风电机组产量也从 2002 年的 2.98 万台，产值 7 000 万元发展到 2011 年的产量达 18.75 万台，总产值达 16.6 亿多元，总销售量达到 17.0 万台，机组销售容量 136MW。与此同时，分布式并网发电系统作为中小型风电产业的另一个非常有前景的发展领域，在世界的其他一些国家由于有法律或政策上的直接支持，已经得到广泛应用。我国中小型分布式风力发电系统主要用于出口，欧洲和北美洲是我国中小风电产品的主要市场，出口量达 1.6 万台、出口额 2 490 万美元。在国内，由于少有针对中小型风电产业的政策支持，中小型风电系统在分布式并网领域极少应用。目前，产品的主要应用市场为离网型风电系统。

## 1. 产业发展情况

根据中国农业机械工业协会风能设备分会 2011 年对行业内 34 家主要生产制造企业上报的最终统计资料表明，中小型风电行业全年生产总量达到了 18.26 万台，同比增长 25.57%；总销售量达到 16.55 万台，同比增长 22.93%；总产值 16.6 亿元，同比增长 34.83%；销售额为 15 亿元，同比增长 37.22%；生产机组容量 137MW，同比增长 5.34%；销售机组容量 127.4MW，同比增长 6.01%。

34 家企业的注册资金达到 7.55 亿多元，固定资产原值 7.66 亿元，净值达 5.1 亿元；职工总数 3 278 人，其中技术人员 907 人，占总人数的 27.67%；工程师以上技术人员 459 人，占技术人员的 50.61%。

自 2009 年以来，我国中小型风电设备稳步发展，在产量方面，2010 年、2011 年增长率分别保持在 28.39%、25.57% 左右；在产值方面，2010 年、2011 年增长率分别保持在 25.33%、34.83% 左右；在生产容量方面，2010 年增速明显，达到 26.20%，到 2011 年，增速有所回落，增长率为 5.34% 左右。2009~2011 年我国中小型发电机组产量、产值、生产容量情况见表 18、图 21。

表 18  2009~2011 年我国中小型发电机组产量、产值、生产容量情况

| 年　份 | 产量（台） | 同比增长（%） | 产值（万元） | 同比增长（%） | 容量（kW） | 同比增长（%） |
|---|---|---|---|---|---|---|
| 2009 | 113 259 | － | 98 236.32 | － | 103 055.50 | － |
| 2010 | 145 418 | 28.39 | 123 118.00 | 25.33 | 130 060.60 | 26.20 |
| 2011 | 182 600 | 25.57 | 166 000.00 | 34.83 | 137 000.00 | 5.34 |

资料来源：中国农业机械工业协会风能设备分会。

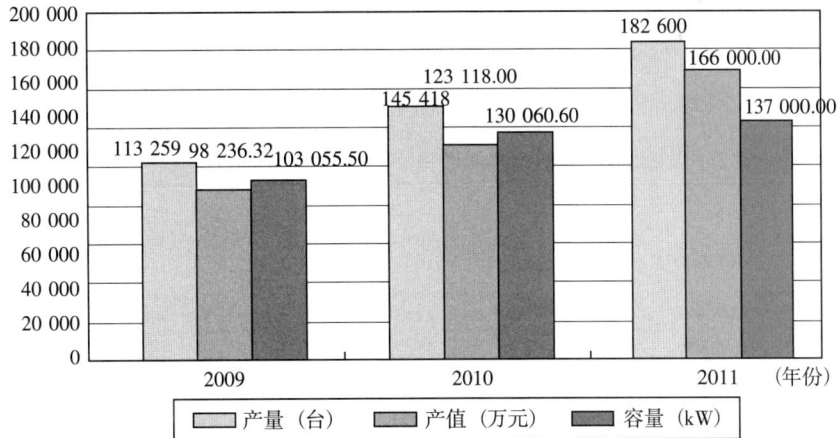

图 21  2009~2011 年我国中小型发电机组产量、产值、生产容量情况

近两年，我国中小型风电设备销售额均超过 10 亿元，2010 年、2011 年增长率分别为 38.04%、37.22%；在利税方面保持高速增长，2010 年达到 90.23%，2011 年为 66.20%；2010 年发电机组销售容量、销售量增长率分别为 41.86%、34.20%，2011 年分别回落到 6.01%、22.93%。2009~2011 年我国中小型发电机组销量、销售额、销售容量、利税情况见表 19、图 22。

表 19  2009~2011 年我国中小型发电机组销量、销售额、销售容量、利税情况

| 年　份 | 销售量（台） | 同比增长（%） | 销售额（万元） | 同比增长（%） | 销售容量（kW） | 同比增长（%） | 利税（万元） | 同比增长（%） |
|---|---|---|---|---|---|---|---|---|
| 2009 | 100 318 | － | 79 195 | － | 84 714 | － | 7 496 | － |
| 2010 | 134 626 | 34.20 | 109 317 | 38.04 | 120 178 | 41.86 | 14 260 | 90.23 |
| 2011 | 165 500 | 22.93 | 150 000 | 37.22 | 127 400 | 6.01 | 23 700 | 66.20 |

资料来源：中国农业机械工业协会风能设备分会。

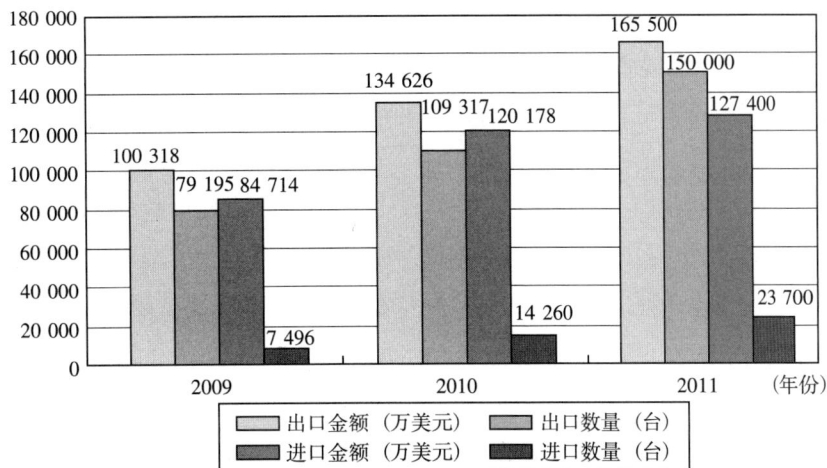

图 22  2009~2011 年我国中小型风电机组销量、销售额、销售容量、利税情况

## 2. 产品进出口情况

根据海关总署提供进的出口数据，2011年中小型风电产品出口到全球106个国家和地区，1.6万台左右，出口额达到2 491.8万美元，每台价格为1 500美元左右。出口量前10的国家和地区占整个出口额的71.5%，仅美国一个国家就占整个出口额的26.4%。进口量有较大减少，进口额为100万美元，产品来源分别为日本、韩国、德国、瑞典、加拿大、美国、我国台湾等国家和地区。

我国中小型风电机组进口数量逐年较少，呈现负增长态势，2010年同比减少11.60%，2011年同比减少46.88%；出口数量2010年同比减少7.69%，2011年同比增长48.15%。我国中小型风电机组出口额大于进口额，2010年、2011年出口额分别占进出口总额的70.52%、96.14%。2009~2011年我国中小型发电机组进出口情况见表20、图23。

**表20  2009~2011年我国中小型发电机组进出口情况**

| 年 份 | 进 口 | | | | 出 口 | | | |
|---|---|---|---|---|---|---|---|---|
| | 金额（万美元） | 同比增长（%） | 数量（台） | 同比增长（%） | 金额（万美元） | 同比增长（%） | 数量（台） | 同比增长（%） |
| 2009 | 216 | - | 181 | - | 1 582.7 | - | 11 700 | - |
| 2010 | 792 | 266.67 | 160 | -11.60 | 1 894.3 | 19.69 | 10 800 | -7.69 |
| 2011 | 100 | -87.37 | 85 | -46.88 | 2 491.8 | 31.54 | 16 000 | 48.15 |

资料来源：中国农业机械工业协会风能设备分会。

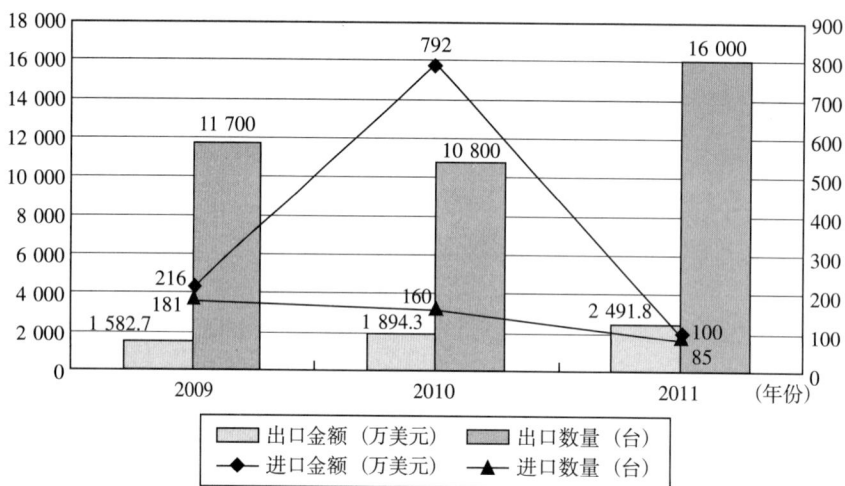

**图23  2009~2011年我国中小型发电机组进出口情况**

## 3. 企业发展情况

根据不完全统计，近年来中小型风电企业数量增长过快，各地借国家新能源发展政策指导，纷纷举资参与中小型风电开发、生产，特别是沿海地区，已呈现出无形扩张之势。2009年以前，我国共有中小型风电机组生产企业102家，2011年，我国中小型风电机组生产企业猛增到170多家，企业主要集中在山东、江苏、上海、浙江、广东和内蒙古，还有部分分散在东北、北京、河北、安徽、湖北、湖南等地。在100多家企业中，真正有产品出产的企业大约80家；有一定规模的企业只有30家左右。有一部分企业在几年之内都没能生产出产

品，甚至有企业已从本行业退出。从一哄而上到一哄而散，中小型风电行业形成一场"虚热"，与大型风电和光伏产业的企业冒进一样，企业的盲目介入对产业的发展极为不利，产品质量参差不齐，产品水平差别很大。

生产量较大的企业包括：上海致远绿色能源有限公司、扬州神州风力发电机有限公司、安徽蜂鸟电机有限公司、广州红鹰能源科技有限公司、湖南中科恒源能源科技股份有限公司、山东宁津华亚工业有限公司、浙江华鹰风电设备有限公司、青岛安华新源风电设备有限公司、宁波风神风电科技有限公司、包头天隆永磁电机制造有限责任公司、扬州

神州风力发电机有限公司、浙江海力特风力发电机有限公司、宁波爱尔韵升风力发电机有限公司、北京希翼新兴能源科技有限公司、宁夏风霸机电有限公司、深圳泰玛风光能源科技有限公司、新高能源科技（昆山）有限公司、上海法诺格能源设备有限公司、内蒙呼市博洋可再生能源公司等。生产控制器、逆变器的企业有合肥为民电源有限公司、北京恒电电源设备有限公司、济南明德电源设备有限公司和创联科技（无锡）有限公司等。

主要科研单位：中国科学院电工研究所、内蒙古工业大学能源动力工程学院、沈阳工业大学风能所、汕头大学能源研究所、华北电力大学可再生能源学院、西北工业大学、江苏南通紫琅职业技术学院、水利部牧区水利科学研究所、总后西安建工所等。

### 4. 机型发展与产品服务、质量情况

2011 年，生产的中小型风电机组共有 19 个品种，单机容量分别为：100W、150W、200W、300W、400W、500W、600W、800W、1kW、2kW、3kW、4kW、5kW、10kW、20kW、25kW、30kW、50kW、100kW。其中，单机容量 100W、150W 机组产销量在逐年减少，300W 产销量最大，销量达到 71 279 台，占总销量的 43.0%；600W 销售量 31 032 台，占总销售量的 18.8%；10~100kW 机型销售量 1 710 台，机组容量达到 17.8MW，销售量占总销量的 1.0%。产品类型基本包括三大类：风光互补路灯及风光互补公路或森林监控设备、风力提水（包括风力机直接提水或风力发电提水）设备、离网型风力发电系统或风光储柴互补发电系统和中小型分布式并网型风力发电系统。我国市场对大容量机组需求在不断上升，从市场供应角度分析，我国中小型风电设备的技术服务已经从单台机组服务进入规模组装服务；分布式并网示范项目开始在国内应用，风光互补路灯批量在增加；应用最广的产品是离网型风力发电系统。服务方式从单一机组供应上升到整体解决方案的转变。我国生产的中小型风电设备中不缺乏优质产品，也不缺乏劣质产品。好的产品其年发电量在平均风速 5m/s 情况

下达到 1.9kW·h/W，并可承受 45m/s 以上的风速；而产品质量差的产品甚至有不发电的机组，在大风情况下其叶片或机头可轻易被摧毁。

### 5. 中小型风电设备的技术构成情况

目前，我国中小型风电设备的技术来源主要有四种。①我国经过三四十年技术积累，自行研发的具有自主知识产权的产品，在国内产业中占主流地位，其技术水平可与世界先进国家的产品相媲美，代表企业有广州红鹰能源科技有限公司、上海致远绿色能源有限公司、浙江华鹰风电设备有限公司、中科恒源科技有限公司、青岛安华新元风能股份有限公司、浙江刚玉新能源有限公司、安徽蜂鸟电机有限公司、宁夏风霸机电有限公司、上海麟风风能科技有限公司等几十家企业；②来源于美国技术，主要是通过独资或合资方式引入的产品和技术，代表企业有北京远东博力风能设备有限公司、北京希翼新兴能源科技有限公司、宁波爱尔韵升风力发电机有限公司等；③通过合资或独资引入技术或直接引进的欧洲技术，代表企业有呼和浩特博洋可再生能源有限责任公司的丹麦技术、湖南湘电中小风电机组制造有限公司、恒天重工股份有限公司，以及浙江瑞华机械有限公司等企业引进的德国技术、德州雏龙泉风力发电机制造有限公司引进的西班牙技术等；④来源于日本技术，代表企业有上海理芙特风电设备有限公司、唐山市拓又达科技有限公司等。另外来自我国台湾省方面研发的技术产品，如新高能源科技（昆山）股份有限公司等。

### 6. 应用范围不断扩大

目前风力发电系统应用范围主要包括：边远无电地区农牧民：照明、电视、洗衣机、做饭和取暖等生活用电供电系统；建设领域：别墅独立供电系统、公共建筑房屋用户及住宅供电系统；市政交通领域：路灯供电系统、道路监控供电系统、航标灯供电系统、交通/铁路信号灯供电系统、交通警示/标志灯供电系统、加油站供电系统、收费站供电系统；商业领域：商场、超市名称、商品品牌宣传供电系统、户外广告牌照明供电系统、公交候车亭供电系统；通信领域：中国移动/联通/电信通信基站

供电系统、微波中继站供电系统、光缆维护站供电系统等；气象环保领域：水文观测设备供电系统等；农林水利领域：太阳能杀虫灯、森林防火监控供电系统、湿地保护监测站供电系统、防洪堤道路及景观照明供电系统、提水灌溉供电系统、烟叶蘑菇烘烤供电系统；石化领域：油气管网安全监控系统的电源供电、石油天燃气输送管道、石油钻井平台应急备有电源；海洋领域：渔船生活用电供电系统、船用通信供电系统、小型海水淡化设备供电系统、近海养殖供电系统；国防领域：边防监控供电系统、雷达导航站供电系统、边防哨所供电系统。

（中国风能协会、中国农业机械
工业协会风能设备分会）

# 太阳能

## 一、概况

### 1. 国内光伏产业发展有了坚实的基础

（1）形成了规模化的产业能力

我国的光伏产业在 2004 年之后飞速发展，2007 年我国已成为世界最大的太阳能电池及组件生产国，2010 年我国太阳能电池产量达到 13.5GW，太阳能电池组件产量上升到 10GW，占世界产量的 45%，连续四年的太阳能电池组件产量居世界第一。我国光伏发电市场也在起步，2010 年共计安装光伏发电组件 500MW，累计达到 900MW，居世界前 10。我国的薄膜电池产能规模约占世界总量的 40%，但是产量还很小，其原因是国内碲化镉电池和铜铟镓硒电池还未实现产业化，硅基薄膜电池产业化技术尚未成熟、成本高、竞争力差，形成的产能没有发挥。近年我国太阳能电池及组件产量和安装量见表 1。近年我国太阳能电池及组件产量和安装量发展趋势见图 1。

**表 1　近年我国太阳能电池及组件产量和安装量**

| 年　份 | 电池（MW） | 组件（MW） | 安装量（MW） |
|---|---|---|---|
| 1994 | 4 | 1.2 | 5.08 |
| 1996 | 4 | 1.87 | 8.8 |
| 1998 | 4 | 2.3 | 13.2 |
| 2000 | 10 | 3.3 | 19 |
| 2002 | 25 | 20.3 | 40 |
| 2003 | 50 | 10.3 | 50 |
| 2004 | 112 | 60 | 65 |
| 2005 | 400 | 200 | 70 |
| 2006 | 1 100 | 500 | 100 |
| 2007 | 1 700 | 1 100 | 150 |
| 2008 | 2 500 | 2 000 | 200 |
| 2009 | 4 500 | 4 150 | 415 |
| 2010 | 13 500 | 10 000 | 900 |

资料来源：李俊峰，2011 年 4 月 12 日在两岸应对气候变化研讨会上的发言。

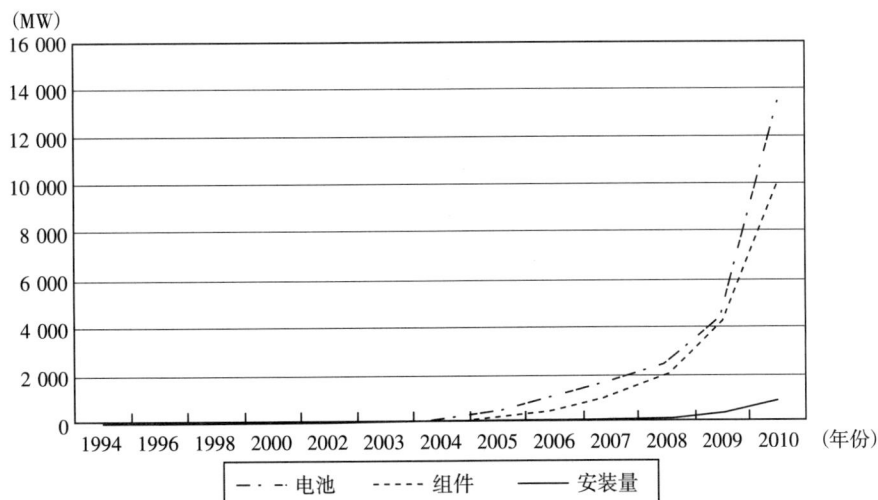

**图 1　近年我国太阳能电池及组件产量和安装量发展趋势**

（2）形成了比较完整的产业链

在市场需求的拉动下，我国光伏产业链规模已经形成。无论是装备制造还是基础的辅料制造，国产化进程都在加速。在光伏产业链中，有实际产值的多晶硅生产企业总数有 20~30 家，硅片生产企业60 多家，电池生产企业60 多家，组件生产企业330 多家。截至 2010 年底，国内已经有海外上市的光伏产品制造企业 16 家，国内上市的光伏产品制造企业 16 家，行业年产值超过 3 000 亿元，出口额超过 220 亿美元，就业人数 30 万人。我国主要光伏企业及产业链情况见表 2。

表2 我国主要光伏企业及产业链情况

| 企业名称 | 晶硅 | 硅锭 | 硅片 | 光伏电池 | 光伏组件 | 光伏系统 |
|---|---|---|---|---|---|---|
| 英利 | | | | | | |
| 尚德 | | | | | | |
| 天合 | | | | | | |
| 赛维 LDK | | | | | | |
| 韩华 | | | | | | |
| 晶科 | | | | | | |
| 阿特斯 | | | | | | |
| 大全 | | | | | | |
| 保利协鑫 | | | | | | |
| 昱辉 | | | | | | |
| 中电光伏 | | | | | | |
| 晶澳 | | | | | | |

■ 主要销售品　　■ 次要销售品　　■ 生产线

光伏设备制造业逐渐形成规模，为产业发展提供了强大的支撑。在晶硅太阳能电池生产线的十几种主要设备中，6 种以上国产设备已在国内生产线中占据主导。其中单晶炉、扩散炉、等离子刻蚀机、清洗植绒设备、组件层压机、太阳模拟仪等已达到或接近国际先进水平，性价比优势十分明显。多晶硅铸锭炉、多线切割机等设备制造技术取得重大进步，打破国外产品的垄断，有些设备开始出口，如扩散炉、层压机等。

（3）技术水平不断提升

我国已掌握了光伏产业链各个环节中的关键技术，并在不断地创新和发展，如电池技术、多晶硅制造技术等，多晶硅电池的平均出厂效率提高到

16%，我国的企业已经在产品质量和成本上成为世界领先。尚德的冥王星技术将单晶硅太阳电池的有效面积转换效率提高到 18.8%，多晶硅 17.2%。英利、天合、阿特斯、晶澳、韩华、南京中电等国际化公司也都握有各自的专有技术，电池的转换效率均达到世界一流水平，光伏电池的高纯硅材料的用量从世界平均水平的 9g/W 下降到 6g/W，大大降低了制造成本，使得我国光伏组件在世界上具有很强的价格竞争力。世界主要光伏电池生产企业成本比较见表 3。

表3 世界主要光伏电池生产企业成本比较

| 排名 | 生产企业 | 组件成本（$/Wp） | 折人民币（元/Wp） |
|---|---|---|---|
| 1 | First Solar（美国）碲化镉薄膜电池 | 0.730 | 4.89 |
| 2 | 保定英利 | 1.080 | 7.24 |
| 3 | 常州天合 | 1.080 | 7.24 |
| 4 | 无锡尚德 | 1.200 | 8.04 |
| 5 | Sharp（日本）晶体硅 | 1.250 | 8.38 |
| 6 | Sharp（日本）非晶硅 | 1.300 | 8.71 |
| 7 | 浙江正泰 | 1.300 | 8.71 |
| 8 | SunPower（美国） | 1.320 | 8.84 |
| 9 | 苏州阿特斯 | 1.350 | 9.05 |
| 10 | 江西 LDK | 1.350 | 9.05 |
| 11 | 江苏林洋 | 1.400 | 9.38 |
| 12 | 江西晶科 | 1.400 | 9.38 |
| 13 | 三菱（日本）非晶硅 | 1.420 | 9.51 |
| 14 | Kyocera（日本） | 1.500 | 10.05 |

资料来源：李俊峰，2011 年 4 月 12 日在柏林 Photon 多晶硅会议上的书面发言。

（4）国内市场初具规模

2010 年，我国光伏市场的新增装机容量为500MWp，与 2009 年新增 160MWp 相比，增长了 3倍多，累计安装约为 900MWp。2009 年，我国开始实施太阳能光电建筑应用示范项目和金太阳示范工程，明确为光伏发电系统提供补助，我国光伏市场正式启动。近年来，实施特许权招标项目、金太阳示范工程等项目，光伏系统向大型化发展。光伏系统单位千瓦投资和度电成本下降明显。由于国家政策支持力度的加大，光伏与建筑结合的应用以及荒

漠电站的试点建设使光伏并网发电所占比例开始加大。我国太阳能光伏安装量及其分布情况见表4、图2。

## 2. 2011年我国光伏产业发展情况

（1）产业规模不断扩大，投资不断增长

2011年，我国光伏产业发展呈现快速发展势头。全年太阳能电池出口额达到226.7亿美元，同比增长12.3%，全年太阳能电池组件产量达到21GW，占据全球总产量的60%，连续五年位居全球首位。上游的多晶硅全年进口额达38亿美元，进口量达6.46万t，同比增长36%。国内多晶硅产能也逐步释放，产量达8.4万t，位居全球首位。

表4 我国太阳能光伏安装量及其分布情况

| 年 份 | 离网（MW） | 上网（MW） | 年安装量（MW） | 累计安装量（MW） |
|---|---|---|---|---|
| 2004 | 8.8 | 1.2 | 10.0 | 62.1 |
| 2005 | 7.4 | 1.5 | 8.9 | 71.0 |
| 2006 | 9.0 | 1.0 | 10.0 | 81.0 |
| 2007 | 17.8 | 2.2 | 20.0 | 101.0 |
| 2008 | 19.0 | 21.0 | 40.0 | 141.0 |
| 2009 | 50.0 | 160.0 | 210.0 | 351.0 |
| 2010 | 84.0 | 475.0 | 559.0 | 910.0 |

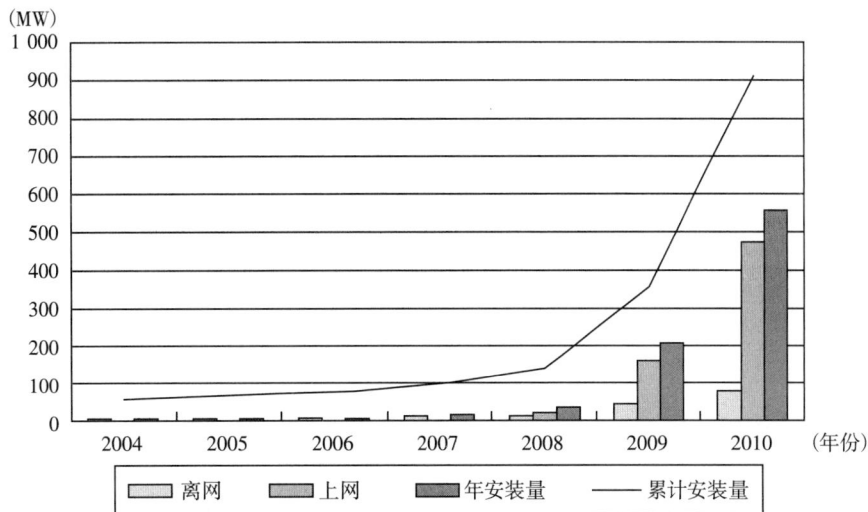

图2 我国太阳能光伏安装量及其分布情况

2011年，我国主要光伏企业纷纷扩产，据中国光伏产业联盟（CPIA）不完全统计，全国156家电池组件企业的产能达到36GW/a，增长率达到80%。多家电池企业产能突破GW量级。其中河北晶澳、无锡尚德、常州天合、保定英利的电池片产能已分别达到3GW/a、2.4GW/a、1.9GW/a和1.7GW/a。另外，从西部到东部、从内陆省份到沿海地区，我国数十个城市都在打造光伏产业园，很多地方都提出了打造千亿级光伏产业园的目标。另据CPIA初步统计，各地方"十二五"规划中提出打造千亿元光伏产业的就有20多个，产值可达2万亿元，产业发展存在过热趋势。

（2）技术水平不断提升，成本不断下降

主要体现为核心技术环节不断突破，生产工艺持续优化，规模化生产稳定性逐步提高。目前，我国已掌握全套晶硅电池关键工艺技术，单晶硅和多晶硅电池产业化转化效率已分别达到17.5%和16.6%。部分先进企业，如尚德所研制的"Pluto"（冥王星）单晶硅电池效率已达到20.3%，英利公司的"熊猫"电池、常州天合的"Honey"电池、晶澳的"赛秀"电池、阿特斯的"ELPS"电池等效率已达到19%以上，量产效率也超过18%，晶澳、昱辉、赛维LDK等企业采用准单晶技术生产多晶硅电池效率已达到19%以上，量产效率超过17.5%，处于全球领先水平。电池组件企业成本不断下降，尤其是2011年第四季度，主要企业生产成本已降至1美元/W以下。多晶硅生产已掌握改良西门子法千吨级规模化生产关键技术，部分多晶硅企业生产成本已达到近20美元/kg的国际先进水平。

（3）光伏生产设备及配套材料国产化水平不断提升

国产光伏设备中的单晶炉、多晶硅铸锭炉、开方机、层压机等设备已大规模量产，占据国内较大市场份额。晶硅太阳能电池专用设备除全自动印刷机和多线切割设备外基本实现了国产化，并具备生产线"交钥匙"的能力。配套辅料国产化水平不断提高，银铝浆、EVA 和背板等已实现小规模生产，切割液和切割线已实现规模化生产，金刚石切割线国产化进程也在逐步加快。光伏产品标准及认证、检测制度初步建立，国家光伏研发机构和公共测试平台逐步启动，常州天合国家光伏实验室等研发平台有条不紊推进，人才培养、信息统计和咨询服务体系也不断得到改善。初步形成并不断完善的产业服务体系将为我国光伏产业发展奠定坚实基础。

（4）国内光伏市场加速崛起

随着光伏产品价格的大幅下滑，光伏系统安装成本逐步下降，运营光伏电站的投资回报率有所提升，国内光伏系统安装量稳步增长。2011 年，国家发展改革委出台并实施了针对光伏发电的上网电价补贴政策，加速了国内光伏市场的快速启动。据统计，2011 年仅青海和宁夏的装机量就达 1.6GW，加上其他西部省（区）和金太阳示范工程，2011 年我国新增光伏装机量已达到 2.7GW，同比增长超过 400%，已成为全球第三大光伏市场。我国近些年光伏新增装机量情况见表 5。

**表 5　我国近些年光伏新增装机量情况**

| 年　份 | 新增装机量（MW） | 增长率（%） |
| --- | --- | --- |
| 2007 | 20 | – |
| 2008 | 40 | 100 |
| 2009 | 160 | 300 |
| 2010 | 520 | 225 |
| 2011 | 2 700 | 419 |

资料来源：中国光伏产业联盟，2012.5。

（5）价格下滑导致企业经营压力逐步增大

由于全球光伏产能的扩张速度远高于光伏市场的增长速度，导致市场供需失衡，企业库存压力增大，光伏产品价格大幅下跌。受价格下跌影响，我国光伏企业经营压力增大。从海外上市的国内光伏企业三季度财报来看，在光伏组件的平均售价遭遇重创的现状下，企业业绩出现明显下滑。我国主要光伏企业在 2011 年第四季度均出现不同程度的亏损。中小企业的生产情况更为惨淡，据赛迪智库光伏产业研究所调查显示，我国半数以上的中小电池组件企业已经停产，30% 大幅减产，10%~20% 小幅减产或努力维持，并已开始不同程度裁员。多晶硅企业生存状态也同样不容乐观，受进口多晶硅价格大幅度下滑的影响，我国多家多晶硅企业减产、停产或破产，许多工人下岗。

# 二、光伏产业分行业发展现状及特点

## 1. 多晶硅

（1）经济运行情况

多晶硅生产规模持续增大，产业集中度进一步增强。全年多晶硅产量达到 8.4 万 t，与 2010 年的 4.5 万 t 相比，增长率近 87%。但即使如此，2011 年我国依然从国外进口多晶硅 6.46 万 t，同比增长 36%。从我国企业发展情况看，我国有四家多晶硅企业跻身全球前 10，而这四家多晶硅企业产量约占据全国总产量的 60%。多晶硅自给能力的迅速提高，将对我国光伏产业保持全球竞争优势提供有力支撑。2007~2011 年我国多晶硅产能/产量情况见表 6、图 3。我国主要多晶硅企业 2010 年、2011 年产量情况见表 7、图 4。2011 年我国主要多晶硅企业产量占比情况见图 5。2007~2011 年我国多晶硅进出口情况见表 8。

**表 6　2007~2011 年我国多晶硅产能、产量情况**

| 年　份 | 我国产能（t/a） | 增长率（%） | 我国产量（t） | 增长率（%） | 全球产量（t） | 我国产量占比（%） |
| --- | --- | --- | --- | --- | --- | --- |
| 2007 | 5 000 | – | 1 093 | – | 40 581 | 2.69 |
| 2008 | 15 000 | 200.00 | 4 685 | 328.64 | 60 137 | 7.79 |
| 2009 | 40 000 | 166.67 | 20 071 | 328.41 | 110 560 | 18.15 |
| 2010 | 85 000 | 112.50 | 45 000 | 124.20 | 160 000 | 28.13 |
| 2011 | 160 000 | 88.24 | 84 000 | 86.67 | 240 000 | 35.00 |

资料来源：中国光伏产业联盟，2012.4。

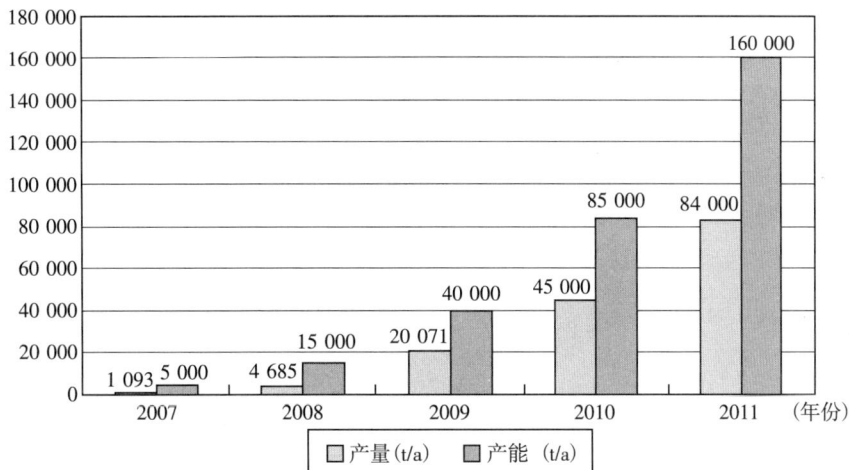

图3　2007~2011 年我国多晶硅产能、产量情况

表7　我国主要多晶硅企业 2010~2011 年产量情况

单位：t

| 企业名称 | 2010 年 | 2011 年 | 2011/2010 年增长 （%） | 2011 年占比 （%） |
|---|---|---|---|---|
| 保利协鑫 | 17 800 | 29 410 | 65.22 | 44.72 |
| 赛维 LDK | 5 011 | 10 543 | 110.40 | 16.03 |
| 洛阳中硅 | 4 117 | 8 135 | 97.60 | 12.37 |
| 重庆大全 | 3 771 | 4 524 | 19.97 | 6.88 |
| 四川瑞能 | 2 646 | 3 386 | 27.97 | 5.15 |
| 宜昌南玻 | 1 404 | 2 581 | 83.83 | 3.92 |
| 亚洲硅业 | 1 218 | 2 292 | 88.18 | 3.48 |
| 乐电天威 | 1 618 | 1 800 | 11.25 | 2.74 |
| 天威四川 | 1 268 | 1 700 | 34.07 | 2.58 |
| 四川永祥 | 1 000 | 1 400 | 40.00 | 2.13 |
| 总　计 | 39 853 | 65 771 | 65.03 | 100.00 |

资料来源：中国光伏产业联盟，2012.4。

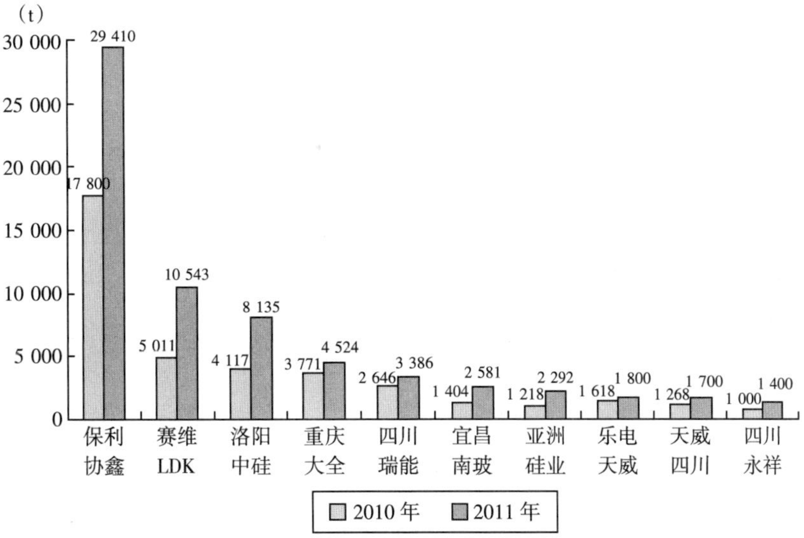

图4　我国主要多晶硅企业 2010~2011 年产量

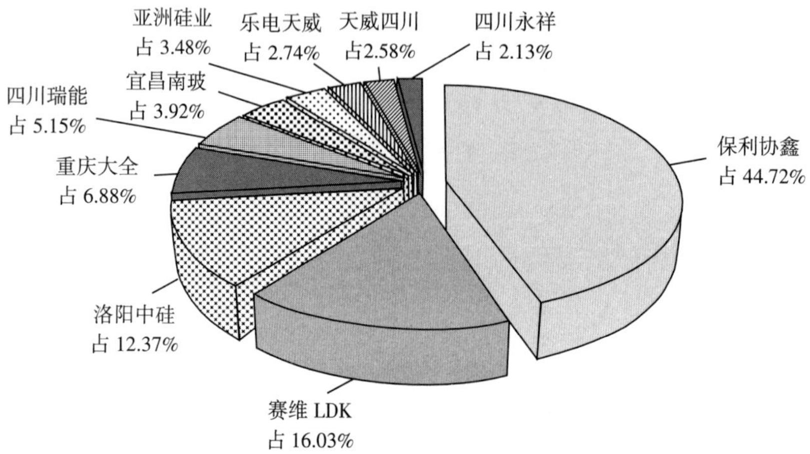

图5 2011年我国主要多晶硅企业产量比例

表8 2009~2011年我国多晶硅进出口情况

| 年份 | 进口量（t） | 增长率（%） | 出口量（t） | 增长率（%） |
|------|-----------|-----------|-----------|-----------|
| 2009 | 21 000 | — | 1 500 | — |
| 2010 | 47 500 | 126.19 | 2 200 | 46.67 |
| 2011 | 64 600 | 36.00 | 1 200 | -45.45 |

资料来源：海关总署。

多晶硅生产技术持续进步，还原电耗不断降低。在"十一五"期间，我国突破千吨级多晶硅生产技术后，在2011年，江苏中能的万吨级多晶硅生产线已建成投产。冷氢化技术不断进步，目前我国江苏中能、洛阳中硅和黄河上游等多晶硅企业的冷氢化已成功开车，并有多家企业正在进行冷氢化技改，冷氢化技术的运用使得尾气回收与三氯氢硅相结合，有效降低电耗和物耗，在降低生产成本的同时，也缓解四氯化硅的环保压力。多家企业建立了二氯二氢硅的反歧化反应，提高副产物综合利用率。同时通过还原炉改造，使用多对棒还原炉（24对棒或36对棒）、炉内壁镀膜和优化三氯氢硅和氢气比等参数降低还原能耗，部分企业也在摸索在还原炉中同时加入三氯氢硅、四氯化硅和氢气的生产技术，以抑制四氯化硅的生成，提高三氯氢硅的利用率。目前，全国还原电耗已经由2010年的80~90kW·h/kg下降到2011年的70kW·h/kg左右，部分先进企业已低于50kW·h/kg。

多晶硅生产能耗和物耗不断下降，生产成本不断降低。多晶硅生产成本主要由能耗、物耗和折旧三方面构成。在能耗方面，我国平均综合能耗已从2009年的近200kW·h/kg，下降到150kW·h/kg，部分先进企业的综合电耗已低于100kW·h/kg。在物耗方面，我国多晶硅企业耗硅量已达到1.6kg的水平，部分氢化技术运用较好的企业，耗硅量已达到1.2~1.5kg的水平。而在投资方面，部分先进多晶硅企业千吨的投资成本已从过去的7亿~10亿元下降至3亿元，有效降低折旧成本。在此三种因素作用下，我国部分先进多晶硅企业的生产成本已达到近20美元/kg的国际先进水平，大多数多晶硅企业生产成本在33~40美元/kg，与2010年相比已有较大的下降，但与国外先进企业相比仍有一定距离，多晶硅企业在成本下降的过程中任重道远。

（2）产业发展特点

国内多晶硅企业生产成本有待提高。目前国内绝大部分多晶硅企业生产成本在33~40美元/kg，约比国外高10美元/kg。

多晶硅进口价格快速下滑。自2011年第二季度开始，由于受到德国和意大利光伏政策不稳定性影响，光伏市场增速放缓，而在多晶硅供给方面，由于全球多数多晶硅企业产能快速释放，多晶硅供给快速增加，导致多晶硅产品价格迅速下滑，现货价格已从2011年第一季度的70美元/kg快速下滑至2011年底的近30美元/kg。

多数多晶硅企业停产或减产。由于我国50%以上多晶硅企业产能生产成本仍在30美元/kg以上，而国外先进多晶硅企业生产成本已达到或低于25美元/kg，在多晶硅价格持续下降，并且已下降至

20~30 美元/kg 时，致使我国多数多晶硅企业减产或停产。

### 2. 硅片

#### （1）经济运行情况

产业规模持续扩大，企业排名不断攀升。据 CPIA 不完全统计，截至 2011 年底，全国 78 家硅锭/硅片企业的硅片产能超过 36GW/a，与 2010 年同期的 20GW/a 相比，增长率达到 80%，占全球 60% 以上。而全国 2011 年硅片产量也达到 24GW，同比增长 84%。从区域发展看，江苏以 17GW/a 的

产能位居全国第一，江西以 6.57GW/a 的产能位居全国第二，接下来依次为浙江和河北；从企业发展角度看，保利协鑫公司的产能达到了 8 000MW/a，位居全国首位；赛维 LDK 公司的产能达到了 3 800MW/a，位居次席，这两家企业也是全球前两位的硅片生产企业。全国前十大硅片企业的产能超过 20GW/a，占据全国总产能的 55% 以上。2007~2011 年我国硅片产能、产量情况见表 9、图 6。2011 年我国主要光伏企业硅片产能情况见表 10。2011 年我国主要光伏企业硅片产能占比情况见图 7。

**表 9 2007~2011 年我国硅片产能、产量情况**

| 年 份 | 我国产能（GW/a） | 增长率（%） | 我国产量（GW） | 增长率（%） | 全球产量（GW） | 我国占比（%） |
|---|---|---|---|---|---|---|
| 2007 | 1.8 | – | 0.8 | – | 5.0 | 16.00 |
| 2008 | 4.5 | 150.00 | 2.4 | 200.00 | 8.0 | 30.00 |
| 2009 | 6.8 | 51.11 | 4.4 | 83.33 | 11.0 | 40.00 |
| 2010 | 23.0 | 238.24 | 11.0 | 150.00 | 23.0 | 47.83 |
| 2011 | 40.0 | 73.91 | 24.0 | 118.18 | 39.0 | 61.54 |

资料来源：中国光伏产业联盟，2012.4。

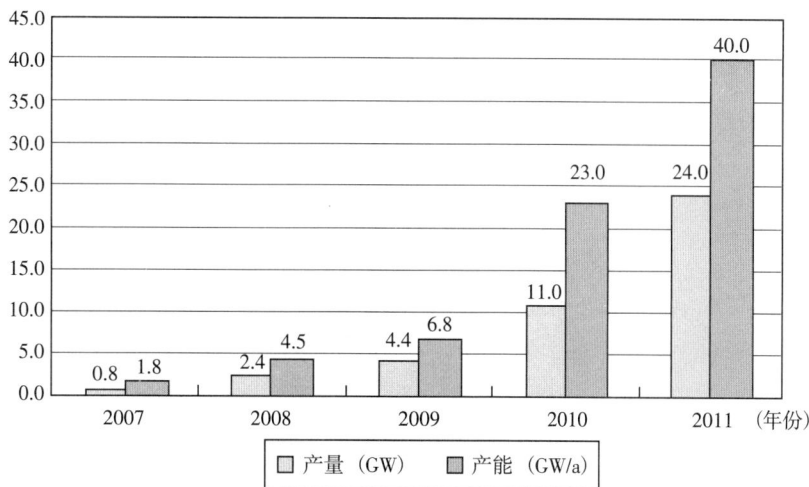

图 6 2007~2011 年我国硅片产能、产量情况

**表 10 2011 年我国主要光伏企业硅片产能情况**

| 省 份 | 企业名称 | 硅片产能（MW/a） | 占比（%） |
|---|---|---|---|
| 江苏 | 保利协鑫 | 8 000 | 33.63 |
| 江西 | 赛维 LDK | 3 800 | 15.98 |
| 浙江 | 浙江昱辉 | 1 800 | 7.57 |
| 河北 | 天威英利 | 1 700 | 7.15 |
| 江苏 | 荣德新能源 | 1 600 | 6.73 |
| 江苏 | 镇江环太 | 1 400 | 5.88 |
| 江西 | 晶科能源 | 1 200 | 5.05 |
| 江苏 | 常州天合 | 1 200 | 5.05 |
| 河北 | 晶龙实业 | 1 085 | 4.56 |
| 江西 | 旭阳雷迪 | 1 000 | 4.20 |
| 上海 | 卡姆丹克 | 1 000 | 4.20 |
| 总 计 | | 23 785 | 100.00 |

续表

资料来源：中国光伏产业联盟，2012.4。

但需要指出的是，统计样本只是涵盖了我国 78 家硅片企业，而据 ENF 网站统计的全国硅片企业数至少在 300 家以上，简单按其他未统计的企业每家产能 20MW/a 计，全国的硅片总产能也将超过 40GW/a。另外，由于受 2011 年下半年光伏市场供需失衡影响，诸多厂家的扩产计划被迫推迟，由于硅片环节建设周期较短，如若市场好转，不排除这些新增产能进一步增大。事实上，目前我国的硅片产能已占据全球硅片产能的 65% 以上。

### （2）产业发展特点

金刚石线切割初露头角，"准单晶"技术大展身手。目前日本一些企业已经开始引入金刚石线切割。一方面可降低硅耗，另一方面切割速度更快。但目前金刚石线切割还存在碎片率高、切割痕严重、切割成本高等问题，有待进一步技术提高。与此同时，"准单晶"技术开始横空出世，准单晶技术即通过铸锭的方式，生产出类似于单晶硅的产品，其具有成本与传统多晶硅片相比拟，但转换效率却可与单晶硅相比拟的效果。

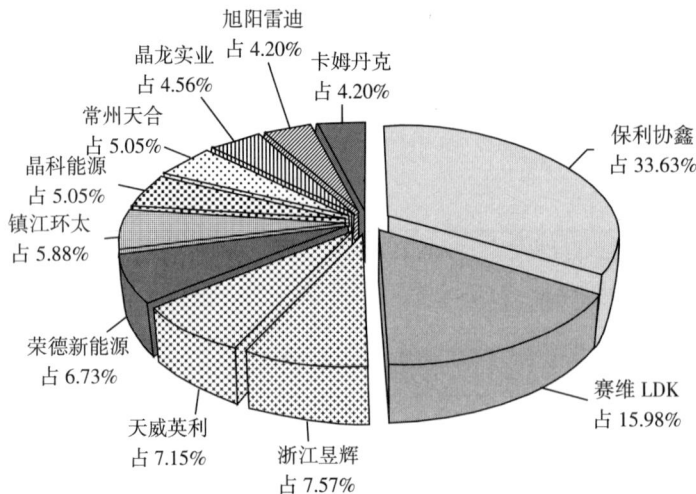

图 7　2011 年我国主要光伏企业硅片产能占比情况

多晶硅片占比逐年增强，高质量单晶硅片愈受重视。近几年来，随着市场的逐步增大，多晶硅片占据的份额也逐年增强；与此同时，今后几年晶硅电池的投资将重点集中在高效电池上，这也对单晶硅片提出更高的要求，部分硅片提供商也正在进行技术升级，以便能提供更高质量的单晶硅片。

辅料进口替代能力加强，硅片加工成本不断降低。铸锭/切片环节的光伏设备和配套辅料国产化程度不断提高。此外，大型硅片生产企业开始研发硅粉回收技术，这将进一步降低硅片耗硅量和生产成本。

### 3. 晶硅电池/组件

### （1）经济运行情况

我国太阳能电池产业规模进一步增大。据

CPIA 对全国 156 家光伏企业的统计数据，2011 年，这些企业产能加总达到 36GW/a，加上其他未纳入统计范围的企业产能，保守估计全国产能超过 40GW/a，2011 年全年产量达到近 21GW，与 2011 年的 10.5GW 相比，增长率高达 100%。产量约占据全球总产量的 60%，连续 5 年位居全球首位，行业总产值超过 3 000 亿元，就业人数超过 50 万人。但需要关注的是对外依赖性仍然较高，电池出口量达到近 16GW，约占据总产量的 70%。同时产品价格大幅下降，行业利润率大幅降低，虽然出口量同比增长了近 60%，但出口金额仅为 225 亿美元，同比增长仅为 10%。2008~2011 年我国太阳能电池组件产量情况见表 11。2011 年我国主要电池片企业产能、产量情况见表 12、图 8。2011 年我国主要电池片企业产量占比情况见图9。2011年我国主要组件企业产能、产量情况见表13、图10。2011年我国主要电池片企业产量占比情况见图11。

**表11  2008~2011年我国太阳能电池组件产量情况**

| 年份 | 我国产量(GW) | 增长率(%) | 全球产量(GW) | 我国产量占比(%) |
|---|---|---|---|---|
| 2008 | 2 525 | – | 6 850 | 36.86 |
| 2009 | 4 382 | 73.54 | 10 600 | 41.34 |
| 2010 | 10 500 | 139.62 | 20 500 | 51.22 |
| 2011 | 21 000 | 100.00 | 35 000 | 60.00 |

资料来源：中国光伏产业联盟，2012.4。

**表12  2011年我国主要电池片企业产能、产量情况**

| 企业名称 | 产能(MW/a) | 占比(%) | 产量(MW) | 占比(%) |
|---|---|---|---|---|
| 尚德 | 2 400 | 14.90 | 1 900 | 16.07 |
| 晶澳 | 2 800 | 17.38 | 1 709 | 14.45 |
| 英利 | 1 900 | 11.79 | 1 603 | 13.56 |
| 天合 | 1 900 | 11.79 | 1 543 | 13.05 |
| 茂迪（中国台湾） | 1 500 | 9.31 | 1 300 | 11.00 |
| 昱晶（中国台湾） | 1 500 | 9.31 | 1 100 | 9.30 |
| 新日光（中国台湾） | 1 300 | 8.07 | 1 000 | 8.46 |
| 阿特斯 | 1 300 | 8.07 | 1 000 | 8.46 |
| 海润 | 1 510 | 9.38 | 668 | 5.65 |
| 合计 | 16 110 | 100.00 | 11 823 | 100.00 |

资料来源：中国光伏产业联盟，2012.4。

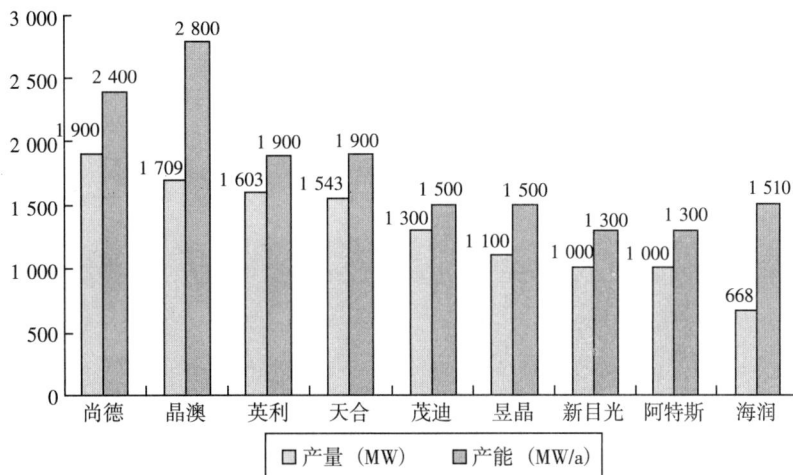

图8  2011年我国主要电池片企业产能/产量情况

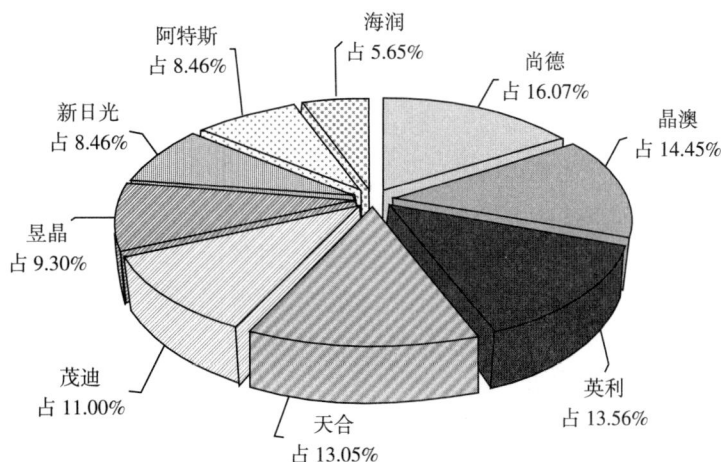

图9  2011年我国主要电池片企业产量占比

表 13　2011 年我国主要组件企业产能、产量情况

| 企业名称 | 产能 (MW/a) | 占比 (%) | 产量 (MW) | 占比 (%) |
|---|---|---|---|---|
| 尚德 | 2 400 | 20.69 | 2 090 | 23.59 |
| 英利 | 1 900 | 16.38 | 1 603 | 18.09 |
| 天合 | 1 900 | 16.38 | 1 543 | 17.41 |
| 阿特斯 | 2 050 | 17.67 | 1 323 | 14.93 |
| 韩华 | 1 500 | 12.93 | 835 | 9.42 |
| 晶科 | 1 200 | 10.35 | 800 | 9.03 |
| 赛维 LDK | 650 | 5.60 | 667 | 7.53 |
| 合计 | 11 600 | 100.00 | 8 861 | 100.00 |

资料来源：中国光伏产业联盟，2012.4。

我国光伏产业国际影响力进一步增强。2011年，全球前十大电池片和组件企业中，我国均占据6席，其中无锡尚德分别以约 1.9GW 的电池片产量和 2.09GW 的组件产量，位居全球首位。同时，保利协鑫市值超越美国 First Solar 跃居全球第一。在柏亚天（PRTM）2011 年全球光伏产业可持续发展指数中，按照收入增长，公司领导者地位、市场份额、公司盈利能力及资金链等几个环节对全球光伏企业进行评估，排出 15 家光伏企业，其中，常州

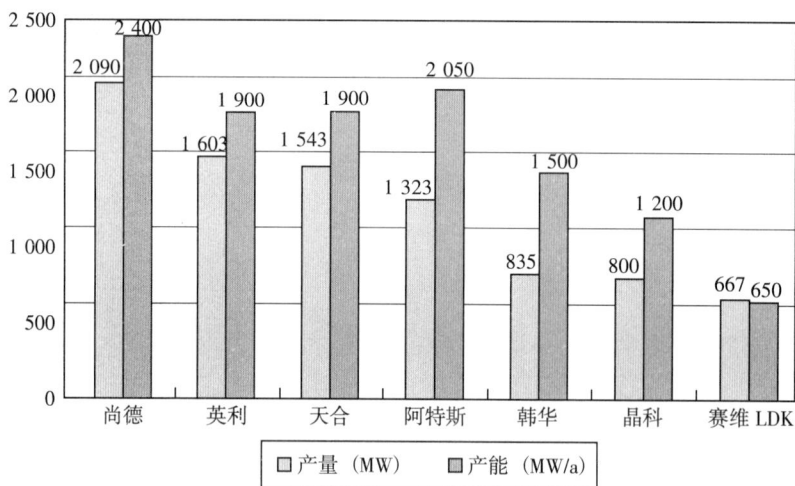

图 10　2011 年我国主要组件企业产能、产量情况

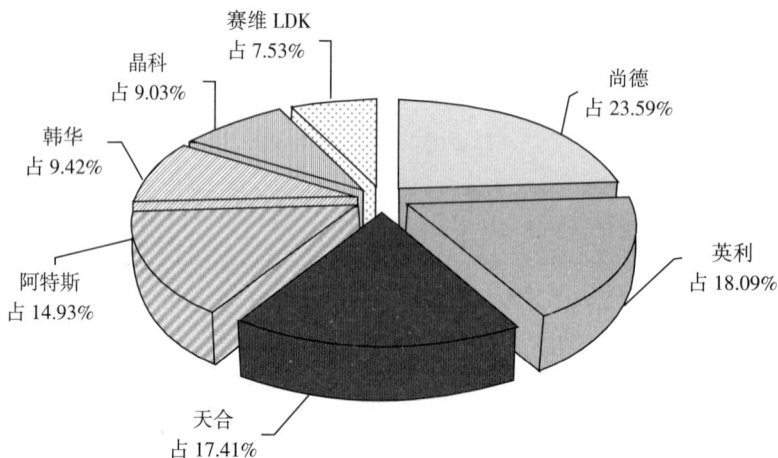

图 11　2011 年我国主要电池片企业产量占比

天合位居全球首位，内地共有 9 家企业入选，我国台湾地区也占据 3 席。

我国太阳能电池生产成本将进一步下降，产品质量进一步提高。根据各上市企业发布财报，至2011 年底，晶硅电池生产成本已降至 0.9 美元/W。产品质量愈加稳定，多数企业产品质保达到 10 年，功率线性质保达到 25 年。国际化程度进一步增强，受国内市场消纳能力有限和国外贸易壁垒影响，我

国光伏企业将加快国际化进程,通过在海外建厂或并购方式,加快在海外的本土化发展,以增强企业竞争力和国际化水平,成长为跨国企业。

我国太阳能电池技术持续进步,电池效率稳步提升。主要体现为核心技术环节不断突破,生产工艺持续优化,规模化生产稳定性逐步提高。目前,我国已掌握全套晶硅电池关键工艺技术,单晶硅和多晶硅电池产业化转化效率已分别达到17.5%和16.6%。部分先进企业,如尚德所研制的"Pluto"(冥王星)单晶硅电池效率已达到20.3%,英利公司的"熊猫"电池、常州天合的Honey电池、晶澳的"赛秀"电池、阿特斯的ELPS电池等效率已均达到19%以上,量产效率也超过18%,晶澳、昱辉、赛维LDK等企业公司采用准单晶技术生产多晶硅电池效率已达到19%以上,量产效率超过17.5%,处于全球领先水平。在高效电池发展中,N型电池正逐渐显露头角。N型电池相比P型电池拥有很多优点:少数载流子寿命高很多、对金属杂质的容忍度高、加工温度200°(P型在1 000°)。主要缺点在于长期使用的性能退化,而随着表面钝化技术的发展,使用$Al_2O_3$钝化已经可以有效解决这个问题。目前大多数晶硅电池均使用P型硅,若要在不增加成本的前提下进一步提升转换效率,N型硅是今后发展的重要方向之一。英利的N型电池产能已达到600MW/a。此外,未来与建筑相结合的应用模式是未来发展的主流,而鉴于建筑空间毕竟有限,因此发展高效晶硅电池已成为不二之选,我国多家晶硅电池企业均在大幅扩建高效晶硅电池生产线,目前高效晶硅电池产量已占据全部电池产量的15%左右,预计到2015年,高效晶硅电池产量占比将达到30%甚至更多。

(2)产业发展特点

市场供需失衡压力持续增大,产业整合不可避免。与快速增长的太阳能电池供给量相比,光伏需求量增长显得相形见绌,光伏市场的增长速度远不能跟上产能扩张的步伐,市场仍将承受价格和整合压力,一批不具备竞争力或贸然进入光伏领域的光伏企业将在激烈的竞争中被整合或淘汰。

产品价格仍将下跌,企业经营压力增大。2011年初,光伏产品供应量大幅提高,但光伏市场受政策不稳定的影响,需求萎靡,观望情绪严重,致使光伏产品库存积压严重,价格暴跌,目前已经逼近成本价,极大挤压光伏企业利润空间,主要光伏企业毛利率同比和环比均呈下滑趋势。

美国挥舞"双反"大棒,产业面临严峻贸易保护挑战。2011年10月19日,以Solar World美国分公司为首的7家企业联合向美国政府递交了对我国出口到美国的太阳能电池(板)进行反倾销和反补贴(简称"双反")调查申请,美国商务部已于2011年11月8号启动立案调查,美国"双反"案件将会持续一段时间。

各路资本竞逐光伏产业,行业竞争愈加残酷。一些行业外的大型企业利用产业整合期,凭借资本和管理优势涌进光伏产业。此外,部分资源丰富的西北部城市也纷纷出台以资源换项目的政策吸引光伏企业投资,使得一些企业的光伏业务仅仅成为换取其他资源的筹码。

### 4. 薄膜电池

(1)经济运行情况

目前,我国产业化薄膜电池仍然以硅基为主,其他技术路线有所涉及但产量非常有限。产业化方面,我国在20世纪80年代中后期引进单结非晶硅薄膜电池后,非晶硅薄膜电池产业一直处于稳步发展态势。进入21世纪后显示出快速发展态势,特别是2007~2008年多晶硅材料价格飞涨更加促进了薄膜电池产业发展。从2004年天津津能引进了2.5MW双结非晶硅薄膜电池后,非晶硅双结薄膜电池产业发展较快。截至2010年底,我国非晶硅薄膜电池产能已超过1 660MW/a,年产量超过300MW,并且有多个硅基薄膜电池项目正在规划建设中,2011年产能将超过2GW/a,从事硅基薄膜电池生产的企业超过50家。自2007年起我国非晶硅薄膜电池产业进入快速发展时期。分析其原因:①由于世界光伏市场的拉动。②薄膜电池产业技术不断走向成熟。③多晶硅材料短缺成为世界光伏产业发展的制约因素,从而加速了薄膜电池产业的发展。2006~2011 年我国非晶硅薄膜电池产量情况见表 14。

表 14 2006~2011 年我国非晶硅薄膜电池产量情况

| 年　份 | 我国产量（MW） | 增长率（%） | 全球产量（MW） | 我国产量占比（%） |
|---|---|---|---|---|
| 2006 | 12 | – | 119 | 10.08 |
| 2007 | 28.3 | 135.83 | 222 | 12.75 |
| 2008 | 46 | 62.54 | 403 | 11.41 |
| 2009 | 128 | 178.26 | 560 | 22.86 |
| 2010 | 300 | 134.38 | 850 | 35.29 |
| 2011 | 450 | 50.00 | 1 300 | 34.62 |

资料来源：中国光伏产业联盟，2012.4。

### （2）产业发展特点

硅基薄膜电池转换效率普遍较低。我国的硅基薄膜电池项目多采用基于美国 EPV 公司的低成本生产技术，但由于 EPV 公司的 PECVD 效率较低，一条生产线的产能不大，电池转换效率也不高，在 6%~7%。

硅基薄膜电池企业经营具有传统电子制造业特征。硅基薄膜电池拥有原材料丰富、生产能耗低，无污染等特点，只需购置相关设备即可进行加工生产，具有我国传统电子制造业的特征。

### 5. 光伏生产设备

#### （1）经济运行情况

受益于光伏产业对晶硅太阳能设备需求的增长，国内光伏生产设备行业发展迅猛。据 CPIA 统计，2011 年我国光伏设备企业销售金额达到 142.5 亿元，其中铸锭和拉单晶设备占据了至少 60% 的市场份额。目前我国从事光伏设备制造与生产的企业有 70 多家，骨干企业 8~9 家，从业人数超过 8 000 人。其中，北京精诚铂阳光电设备有限公司、中电科技集团公司 48 研究所、浙江精功科技股份有限公司位居前三位，我国排名靠前的近 10 家光伏设备企业销售收入总额达到 114 亿元，占行业太阳能设备销售收入总额的 80%。2011 年全球前 10 大光伏设备企业中，我国有两家企业跻身前 10，分别为铂阳精工和中电 48 所。2011 年我国主要光伏设备厂商销售收入完成情况见表 15、图 12。

表 15 2011 年我国主要光伏设备厂商销售收入完成情况

| 企业名称 | 收入（亿元） | 占比（%） |
|---|---|---|
| 铂阳光电 | 20.78 | 18.08 |
| 四十八所 | 17.60 | 15.31 |
| 精功科技 | 16.10 | 14.01 |
| 京运通 | 12.80 | 11.14 |
| 捷佳创 | 12.60 | 10.96 |
| 晶盛科技 | 11.20 | 9.74 |
| 上海汉虹 | 8.00 | 6.96 |
| 大族光伏 | 7.00 | 6.09 |
| 七星华创 | 5.00 | 4.35 |
| 天龙光电 | 3.86 | 3.36 |
| 合　计 | 114.94 | 100.00 |

资料来源：中国光伏产业联盟，2012.5。

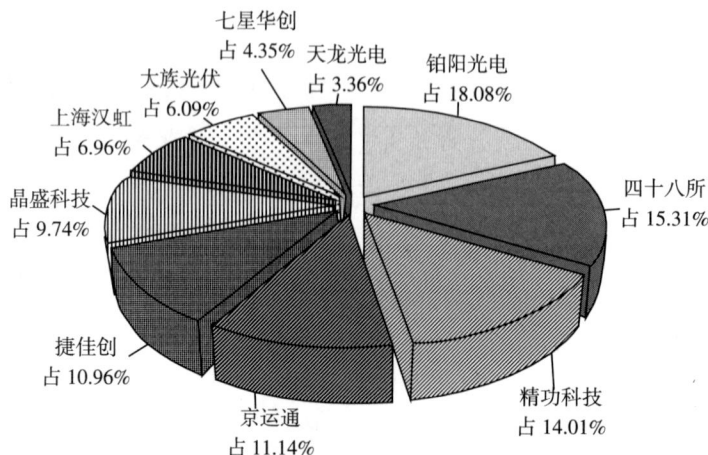

图 12 2011 年我国主要光伏设备厂商销售收入比例

据中国电子专用设备工业协会统计，2011年上半年，我国晶硅太阳能电池设备销售收入占电子专用设备及工模具行业的49.6%，已成为拉动我国电子专用设备行业的关键力量。

（2）产业发展特点

光伏生产设备进口替代能力逐步增强。国产生产光伏设备绝大多数集中在晶体硅太阳能电池领域，其中硅材料加工和电池/组件制造环节的设备所占比例最高，部分设备如单晶炉、铸锭炉等已成为主流选用设备，占据了国内大部分细分市场，单晶炉、层压机等设备更是批量出口到欧洲、美国和日本。在铸锭/拉棒环节，多晶硅铸锭炉及单晶炉已经占据了国内较大的市场份额，单晶炉已占据了国内90%的市场份额并开始少量出口亚洲，多晶硅铸锭炉2011年国产化率超过60%，2012年有望再创新高。在硅碇硅片环节，国产化进程正在加快，切方机、开方机已规模化生产，多线切割机部分企业已有样机下线，打破国内市场的空白。在电池片及电池组件生产制造环节，扩散炉、等离子刻蚀机、清洗/制绒机、石英管清洗机、低温烘干炉、层压机等已在国内生产线占据主导地位，部分已开始实现出口；管式PECVD、PVD、快速烧结炉等和进口设备并存，但份额在逐步增大，丝网印刷机也有样机提供。由于国产设备平均售价约为进口产品的一半，性价比优势明显，因此大大降低了我国太阳电池的生产成本。在我国，一条25MW标准电池线设备投资为欧美国家建线成本的1/3~1/2。在硅晶体生长、电池/组件制造环节，80%的国内太阳电池生产企业在产线中采用国产设备。

高档生产设备仍然依赖进口。目前，国内的光伏设备行业仍有部分核心技术尚未掌握，一些高端装备仍不同程度地需要依靠进口。例如，多晶硅提纯环节中的四氯化硅闭环回收装置主要从美国、德国和俄罗斯进口。此外，全自动丝网印刷机、自动分拣机、全自动电池焊接机、平板式PECVD镀膜设备也几乎完全依赖进口。我国非晶硅薄膜设备因为起步较晚且没有TFT-LCD（薄膜场效应晶体管液晶显示器）设备制造基础，除激光划线和清洗设备外，关键的薄膜生长设备PECVD等成为制约因素，从而只能生产5MW左右规模的小尺寸生产线设备。因此客户在选购光伏设备时一般更倾向于"进口核心设备+国产辅助设备"的组合。

**6. 光伏辅料**

光伏辅料主要是在太阳能电池加工过程中所需要的一些辅助性原材料。

（1）EVA胶膜

EVA胶膜是光伏组件封装的关键材料。因为光伏电池的封装过程具有不可逆性，加之电池组件的运营寿命要求在25年以上，一旦电池组件的胶膜、背板开始黄变、龟裂，电池即告报废，所以尽管EVA胶膜等膜材的绝对价值不高，却是决定光伏组件产品质量、寿命的关键性因素。

近年来，由于国内晶硅太阳能电池产量逐年增大，对EVA胶膜的市场需求也在逐年扩增。2008~2011年我国EVA胶膜市场需求量见表16、图13。

表16 2008~2011年我国EVA胶膜市场需求量

| 年份 | 需求量（百万 m²） | 增长率（%） |
|------|------|------|
| 2008 | 40.4 | – |
| 2009 | 70.1 | 73.51 |
| 2010 | 168.0 | 139.66 |
| 2011 | 336.0 | 100.00 |

资料来源：中国光伏产业联盟，2012.04。

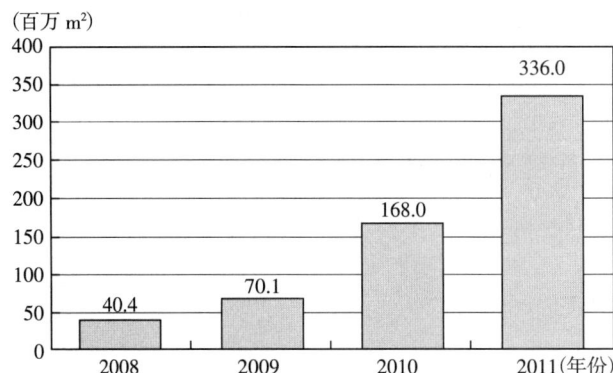

图13 2008~2011年我国EVA胶膜市场需求量

在市场供应方面，国内企业通过自主研发或者技术合作等途径，逐步解决了EVA胶膜的抗老化、透光率等问题，实现了EVA胶膜的国产化。在国内市场，国产EVA胶膜开始替代国外产品。2010

年，以杭州福斯特为代表的企业已经合计占据国内 EVA 胶膜市场 40%~50%的份额，产量达到 7 000 万 m²，且相较于国外产品，国内产品的价格低 50%左右，在透光率和耐老化等性能指标方面也接近国外先进水平。

（2）背板

同 EVA 胶膜一样，作为光伏组件的封装关键材料，背板的主要作用是保护太阳能电池，使其能够在恶劣的环境下长时间正常工作。目前主流背板产品一般采用多膜复合结构，其中 TPT 结构的背板应用最广泛。所谓 TPT 结构，即将 Tedlar+PET+Tedlar 三层膜以胶粘的方式形成复合体，其中 Tedlar 为保护层，是杜邦公司氟薄膜的商品名（该膜的主要成分是 PVF，主要起保护作用）；PET 为聚脂薄膜（主要起支撑作用）。

在市场供应方面，国内背板需求量逐年增大，而在国内供应方面，目前我国已有苏州中来、杭州福斯特、东材科技、回天胶业、乐凯胶片等企业进入了该领域，并在一定程度上实现了进口替代，但总体而言，我国背板主要依赖国外进口产品，国产化进程任重道远。2008~2011 年我国背板需求量见表 17、图 14。

**表 17　2008~2011 年我国背板需求量**

| 年　份 | 需求量（百万 m²） | 增长率（%） |
|---|---|---|
| 2008 | 20.2 | － |
| 2009 | 35.0 | 73.27 |
| 2010 | 84.0 | 140.00 |
| 2011 | 168.0 | 100.00 |

资料来源：中国光伏产业联盟，2012.4。

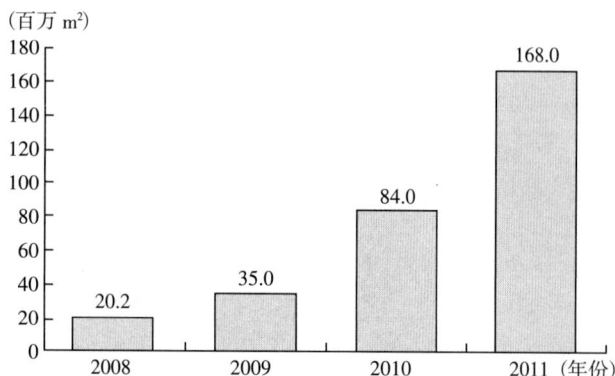

（百万 m²）

**图 14　2008~2011 年我国背板需求量**

（3）光伏玻璃

我国已基本上实现钢化超白玻璃的国产化，信义玻璃公司的超白玻璃产量已占据全国超白玻璃产量的 50%以上，南玻、裕华等一批玻璃企业也已进入光伏玻璃领域。

根据 1GW 组件约使用 850 万 m² 太阳能玻璃，且玻璃在运输、钢化、镀膜等环节有约 7%的耗损测算，2011 年我国太阳能电池产量达到 21GW，超白压延玻璃的需求量将达到 1.9 亿 m²。2008~2011 年我国/全球太阳能超白压延玻璃市场需求情况见表 18、图 15。

**表 18　我国/全球太阳能超白压延玻璃市场需求情况**

| 年　份 | 我国（万 m²） | 增长率（%） | 全球（万 m²） | 我国占比（%） |
|---|---|---|---|---|
| 2008 | 2 296 | － | 6 230 | 36.85 |
| 2009 | 3 985 | 73.56 | 9 640 | 41.34 |
| 2010 | 9 549 | 139.62 | 18 644 | 51.22 |
| 2011 | 19 099 | 100.01 | 31 832 | 60.00 |

资料来源：中国光伏产业联盟，2012.4。

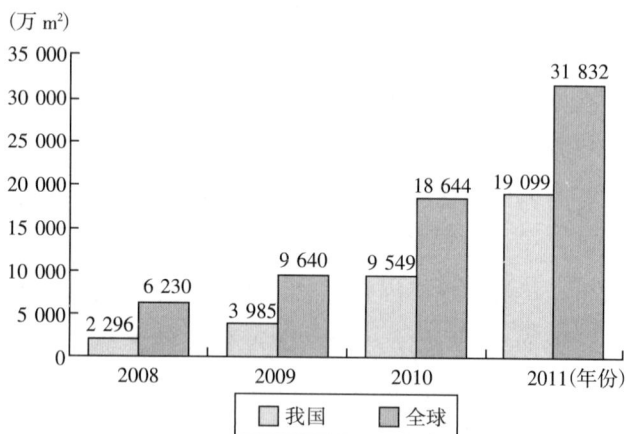

（万 m²）

**图 15　我国/全球太阳能超白压延玻璃市场需求情况**

在市场供应方面，根据秦皇岛玻璃工业研究设计院不完全统计，2011 年我国太阳能超白玻璃供应能力可达到 2.1 亿 m²。2008~2011 年我国太阳能超白玻璃供应情况见表 19、图 16。

（4）切割线、切割刃料和切割液

我国已基本实现国产化生产，在切割线方面主要有贝卡尔特、恒星科技等企业，在切割刃料方面主要有新大新材、平顶山易成等企业，切割液方面主要有奥克股份、无锡佳宇等企业。但由于硅片价

表 19    2008~2011 年我国太阳能超白玻璃供应情况

| 年 份 | 供应情况（百万 m²） | 增长率（%） |
|------|------------------|-----------|
| 2008 | 28.15 | — |
| 2009 | 52.4 | 86.15 |
| 2010 | 100 | 90.84 |
| 2011 | 210 | 110.00 |

资料来源：秦皇岛玻璃工业研究设计院，《2011 年中国光伏玻璃产业研究报告》。

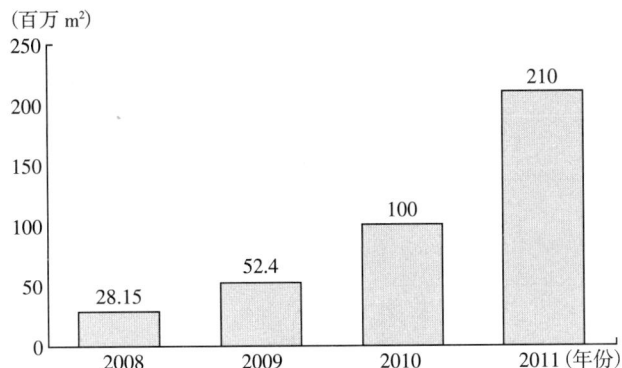

图 16    2008~2011 年我国太阳能超白玻璃供应情况

格大跌，价格压力已传导至切割辅料环节，同时，由于部分硅片企业开始自行生产切割线，切割液的回收也得到了较好的利用等原因，使得市场需求进一步降低，价格 11 万元/t 的切割钢丝，原本利润丰厚，近期直降至 4 万元/t，盈利空间大大压缩。由于现在的切割线会引入铁等杂质，耗硅量也较大，而切割后切割液和硅粉混合在一起，使得硅粉回收技术难度大，不利于硅片耗硅量的进一步下降。现在已有一些企业尝试使用金刚石切割线，但由于目前技术尚不成熟，存在碎片率较高、硅片表面损伤较大等问题，还没有规模化使用，但相信未来金刚石切割可能将成为主流。

（5）浆料

电池片环节辅料主要是浆料，浆料在电池中主要是作为电极使用，浆料对电池效率影响较大，特别是高效晶硅电池对浆料质量要求极高。正面电极一般为银浆，背面电极则为银铝浆。导电银浆和铝浆占电池片成本的 10% 左右。每 MW 电池片，大约消耗银浆 90kg，铝浆 200kg。以银浆价格 6 500 元/kg，铝浆价格 500 元/kg 计算，我国市场容量约在 144 亿元。导电银浆是由高纯度的银颗粒和黏合剂、溶剂、助剂等混合组成的浆料，通过烧结等工艺使银浆成膜形成电极。银浆的附着力和导电能力对产品的性能影响较大，该产品的技术壁垒较高。目前市场上的光伏导电银浆基本上被美国杜邦、美国福禄和德国贺利氏三家公司垄断。这三家公司占据了国内市场 90% 以上的份额，国内的苏州固锝、亿晶光电、上海大洲以及武汉优乐等公司也进入了这一领域，并有少量产品产出。而在铝浆方面，我国基本上已实现进口替代，无锡儒兴的产品已经广泛在市场中使用。

我国光伏辅料发展趋势展望：国产替代能力逐步增强，高端仍依赖进口；辅料价格仍持续下降，推动光伏发电成本下降；辅料仍将承受技术变革带来的压力。

# 生物质能

生物质能是重要的可再生能源，资源来源广泛，主要有农作物秸秆及农产品加工剩余物、林木采伐及森林抚育剩余物、木材加工剩余物、畜禽养殖剩余物、城市生活垃圾和生活污水、工业有机废弃物和高浓度有机废水等，每年可作为能源利用的生物质资源总量约为4.6亿t标准煤。

开发利用生物质能，是发展循环经济的重要内容，是促进农村发展和农民增收的重要措施，是培育和发展战略性新兴产业的重要任务。在"十一五"时期，我国生物质能多元化利用取得较大进展，生物质发电、生物质燃气、生物液体燃料、生物质成型燃料等多种利用方式并举，技术不断进步，已呈现出规模化发展的良好势头。2010年，生物质能利用量（不含直接燃烧薪柴等传统利用方式）约2 400万t标煤，占当年可再生能源总量的8.4%。2011年，我国生物质能利用量约2 688万t标煤，相应减排二氧化碳8 020万t、二氧化硫62万t、氮氧化物27万t。到"十二五"期末，生物质能产业将新增投资1 400亿元，届时，生物质能产业年销售收入可达到1 000亿元，产业的发展对生物质能装备提出了更高的要求，主要有集、储、运装备和生物质转化装备，以及相关的下游消费配套装备等。

## 一、生物质能产业及装备概况

### 1. 生物质发电

（1）行业发展情况

2010年，我国建成各类生物质发电装机容量合计约550万kW，2006~2010年年均增长率为40.8%。2011年我国各类生物质发电装机容量合计约707万kW。预计2015年我国各类生物质发电装机规模将达到1 300万kW，2010~2015年年均增长率将达到18.8%；投资金额从2006年的168亿元增加到2010年的663亿元，年均增长率为40.9%。2006~2011年我国生物质能发电装机规模及投资总金额见表1。2006~2011年我国生物质能发电总装机规模及同比趋势见图1。2006~2011年我国生物质能发电行业投资总金额及同比趋势见图2。

**表1 2006~2011年我国生物质能发电装机规模及投资总金额情况**

| 年 份 | 总装机规模 | | 投资总金额 | |
|---|---|---|---|---|
| | 数量（万kW） | 同比增长（%） | 数量（亿元） | 同比增长（%） |
| 2006 | 140 | 23.26 | 168 | 18.23 |
| 2007 | 220 | 57.14 | 156 | -7.14 |
| 2008 | 315 | 43.18 | 347 | 122.44 |
| 2009 | 430 | 36.51 | 452 | 30.26 |
| 2010 | 550 | 27.91 | 663 | 46.68 |
| 2011 | 707 | 28.55 | 796① | 20.06 |

注：①为估计数。

资料来源：《2012可再生能源全球发展报告》，2012年6月。

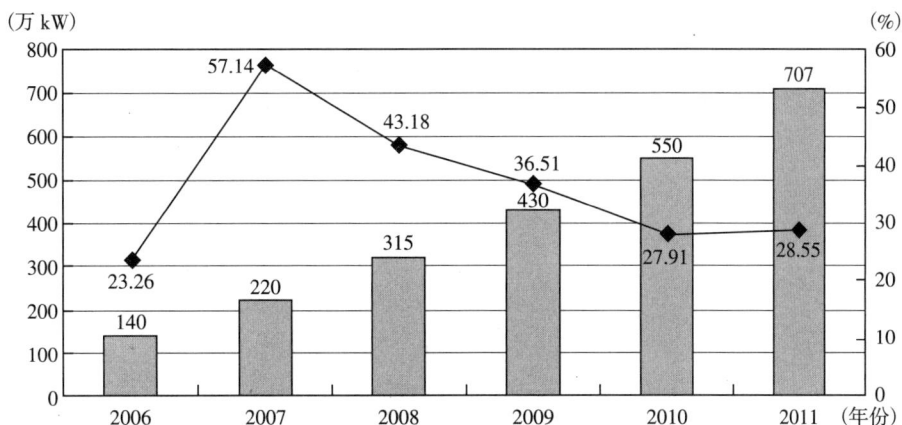

图 1　2006~2011 年我国生物质能发电装机规模及同比趋势

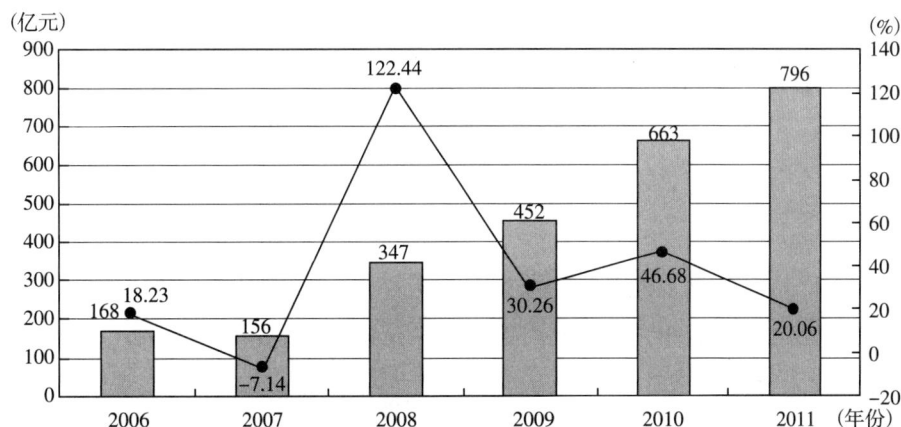

图 2　2006~2011 年我国生物质能发电行业投资总金额及同比趋势

从区域分布来看，我国生物质能发电行业主要集中在华东地区，约占全国的 50%，尤其是山东省和江苏省；其次是中南和东北地区，其他地区相对较少。

从投资主体看，五大发电集团、国家电网公司、中国节能投资公司等大型国有企业纷纷加入生物质能发电产业，我国最大的生物质能发电企业是国能生物发电集团公司（简称国能生物，下同）和武汉凯迪电力股份有限公司（简称凯迪电力，下同）。

（2）装备领域发展情况

生物质发电有直燃、混燃、气化三种方式，每种方式对设备的需求不尽相同，其中直燃技术已实现规模化商业应用，是主要的生物质发电方式。核心设备主要有锅炉、汽轮机、破碎机等。

丹麦于 1998 年投运了世界第一家生物质直燃的秸秆燃烧发电厂，我国引进丹麦的生物质直燃发电技术，于 2006 年 12 月在山东单县建成投产了中国第一个生物质直燃发电厂；2007 年我国采用国产技术在江苏宿迁建成了第一个流态化秸秆燃烧发电厂。

经过多年努力，我国已建成多个生物质直燃发电厂，在已经投入运行的生物质直燃发电项目中主要使用水冷振动炉排锅炉和循环流化床（CFB）锅炉两种类型锅炉，分别以国能生物和凯迪电力为代表。国能生物拥有丹麦 BWE 公司先进的生物质直燃发电技术在国内的独家使用权，在引进丹麦BWE 公司技术的基础上，形成了具有自主知识产权的高温高压 1.2 万 kW 和 3 万 kW 系列水冷炉排锅炉直燃发电技术，特殊的炉排设计可以克服秸秆燃烧过程中低灰熔点造成的排渣困难；炉膛等的设计也能较好地缓解炉壁结渣、管束沉积以及高温受热面金属高温腐蚀问题，但在一定程度上还受到受热面沉积、结渣等问题的困扰，截至 2011 年 6 月底，公司投入运营和在建生物质发电项目近 40 个，总装机容量 100 万 kW；凯迪电力自主研发了中温次高压、高温高压、高温超高压 1.2 万 kW 和 3 万 kW 系列循环流化床锅炉直燃发电技术。2008 年凯迪电力建成第一个生物质发电厂，在全国 17 个省已经建成和在建的生物质电厂超过 50 家。无锡华光锅炉股份有限公司、华西能源工业股份有限公司、杭州锅炉集团股份有限公司、北京巴布科克威尔科克斯有限公司、上海四方锅炉厂等也自主研发了生物质锅炉。另外，清华大学、浙江大学也有相应的技术。2010 年由国家发改委批准设立、由华北电力大学、国能生物、龙基电力集团和济南锅炉集团合作建设的生物质发电成套设备国家工程实验室也正式启动。水冷振动炉排锅炉和 CFB 锅炉的特点对比见表 2。

**表 2　水冷振动炉排锅炉和 CFB 锅炉的特点对比**

| 对比项目 | 水冷振动炉排锅炉 | CFB 锅炉 |
| --- | --- | --- |
| 投资 | 大 | 小 |
| 原料适应性 | 适应范围大 | 适应范围小 |
| 燃料预处理 | 简单 | 复杂 |
| 结焦情况 | 非常小 | 较大 |
| 燃烧充分性 | 通过炉排按照一定频率振动，是燃料与空气在炉排上充分接触和燃烧 | 要求燃料粒度和密度均匀，否则无法充分燃烧 |
| 设备磨损程度 | 小 | 大 |
| 年运行时间（h） | >7 200 | <5 000 |
| 市场占有率 | 大 | 小 |
| 后期维护费用 | 低 | 高 |

在生物质气化发电领域，我国在 20 世纪 60 年代就开发了 60kW 的谷壳气化发电系统；1998 年建成 1MW 的谷壳气化发电系统（福建莆田华港米业有限公司），2000 年建成建成 1MW 的木屑气化发电系统（海南三亚生物质气化发电厂）；2005 年建成 5.5MW 生物质气化—蒸汽联合循环发电（兴化中科生物质能发电有限公司）。

我国主要的生物质能装备生产厂家中，中等规模生物质气化发电技术装备企业有中科院广州能源研究所、必高生物质能有限公司；村级秸秆气化发电技术装备企业主要有山东百川同创能源有限公司，主要装备型号为 JQ-C700；合肥天焱绿色能源开发有限公司，主要产品型号为 TY900；辽宁贝龙

农村能源环境技术有限公司，主要产品型号为 BLJQ-300；兖州新天地新能源开发有限公司，主要产品型号为 XJH-540；山东省科学院能源研究所，主要产品型号为 QHJZ-300；佳木斯富城生态能源科技有限公司，主要产品型号为 LSY700；辽宁省能源研究所，主要产品型号为 FGAS-500；辽宁森源生物质能源开发有限公司，主要产品型号为 Sy-300；长春市鹤达能源开发有限公司，主要产品型号为 CH350；焦作市秸秆燃气设备工程有限公司，主要产品型号为 JRQ Ⅲ。我国生物质能发电装备主要生产企业见表 3。

**表 3　我国生物质能发电装备主要生产企业**

| 企业 | 产品 |
| --- | --- |
| 国能生物发电集团公司 | 水冷炉排锅炉 |
| 无锡华光锅炉股份有限公司 | 水冷炉排锅炉 |
| 杭州锅炉集团股份有限公司 | 水冷炉排锅炉 |
| 华西能源工业股份有限公司 | 水冷炉排锅炉 |
| 上海四方锅炉厂 | 水冷炉排锅炉 |
| 北京巴布科克威尔科克斯有限公司 | 循环流化床锅炉 |
| 武汉凯迪电力股份有限公司 | 循环流化床锅炉 |
| 浙江大学 | 循环流化床锅炉 |
| 合肥工业大学、安徽丰原生物新能源科技有限公司 | 生物质成型燃料超焓燃烧发电锅炉 |
| 中科院广州能源研究所 | 生物质气化发电系统 |
| 必高生物质能有限公司 | 生物质气化发电系统 |
| 山东百川同创能源有限公司 | 生物质气化发电系统 |
| 合肥天焱绿色能源开发有限公司 | 生物质气化发电系统 |
| 辽宁贝龙农村能源环境技术有限公司 | 生物质气化发电系统 |
| 徐州燃控科技股份有限公司 | 锅炉点火及燃烧成套设备和控制系统 |
| 哈尔滨电站设备集团公司 | 发电机 |
| 上海电气（集团）总公司 | 发电机 |
| 南京汽轮电机（集团）有限责任公司 | 发电机 |
| 中国长江动力集团有限公司 | 发电机 |

我国生物质能发电装备制造具规模的企业主要有无锡华光锅炉股份有限公司、杭州锅炉集团股份有限公司、华西能源工业股份有限公司、徐州燃控科技股份有限公司等，主要装备为生物质能锅炉及配套设备。2010 年、2011 年我国主要生物质能锅炉及配套设备制造企业营业收入情况见表 4。

**表4  2010年、2011年我国主要生物质能锅炉及配套设备制造企业营业收入情况**

| 企　业 | 主营业务 | 营业收入（万元） | | 2011/2010年增长（%） |
|---|---|---|---|---|
| | | 2010年 | 2011年 | |
| 无锡华光锅炉股份有限公司 | 特种锅炉 | 39 617.9 | 24 135.1 | −39.08 |
| 华西能源工业股份有限公司 | 特种锅炉 | 66 420.4 | 65 007.1 | −2.13 |
| 徐州燃控科技股份有限公司 | 点火及燃烧成套设备 | 19 916.9 | 24 138.0 | 21.19 |

资料来源：数据摘自2010年、2011年上市公司年报。

我国大多数生物质能发电技术尚处于初级阶段，并且在核心技术领域缺少自有知识产权，需要积极参与国际生物质能技术开发合作，加快生物质能发电装备及综合自动化控制的国产化进程。另外，我国生物质能发电装备标准滞后，2011年4月我国成立"生物质能发电设备标准化技术委员会"，积极推动生物质能发电装备的规范管理。

**2. 生物质燃气**

（1）行业发展情况

截至2010年底，我国农村户用沼气池保有量为3 851万户，年产沼气约130亿 m³，建成畜禽养殖场沼气工程5万多处，年产沼气约10亿 m³。

2011年，我国沼气用户（含沼气集中供气）4 168万户；沼气池保有量3 997万户，比2010年净增长146万户；年产沼气155亿 m³。

预计到2015年，我国生物质燃气量将达220亿 m³，其中，沼气用户将达5 000万户，产气量为190亿 m³；大型农业剩余物燃气6 000处，产气量为25亿 m³；工业有机废水和污水处理厂污泥等沼气1 000多处，产气量为5亿 m³。2006~2015年我国农村户用沼气池保有量见图3。

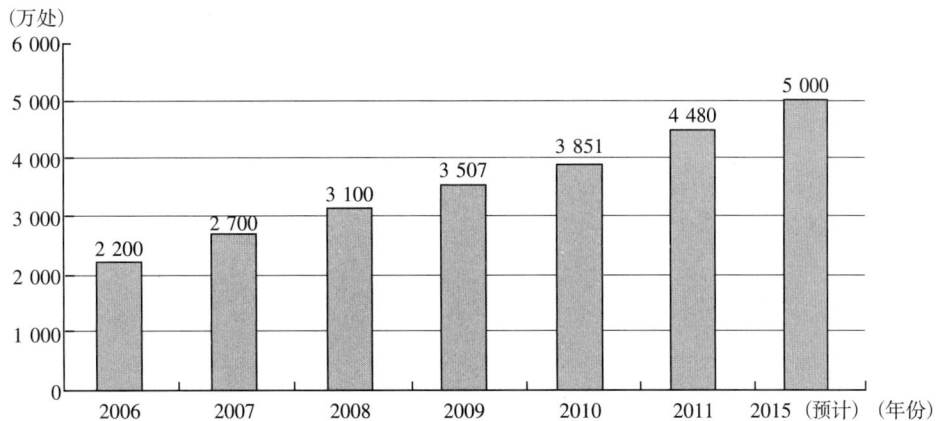

**图3  2006~2015年我国农村户用沼气池保有量**

（2）装备领域发展情况

户用沼气装备主要有沼气池、沼气利用装备、沼气输送装备、沼气净化、调压产品装备等，以及检测装备、进出料装备、服务机具等服务装备。沼气池主要有玻璃钢沼气池、塑料沼气池（软体袋式）、塑料沼气池（硬体）、复合材料沼气池等；沼气利用产品主要有沼气灶、沼气灯、沼气热水器、沼气饭锅等；净化装备主要有压力表、脱硫器和压力调控开关等；监测装备主要有沼气成分检测仪、沼气池酸碱度检测仪等。

大中型沼气工程关键装备主要有发酵装置、净化装备、贮气装备、输配装备、沼气利用装备和沼渣沼液利用装备等。发酵装置主要有厌氧进料泵、潜水搅拌器、厌氧溢流堰等；贮气、净化设备主要有贮气柜、凝水器、脱硫塔、干式阻火器和安全水封等；输配装备主要有沼气流量计、输气管网、增压、减压装备、入户输气管路、沼气燃烧器等；沼气利用装备主要有沼气锅炉、沼气发电机、沼气提纯装置等；沼渣、沼液利用装备主要有固液分离机、有机肥发酵装置等。我国沼气装备主要生产企业及主要产品见表5。

表5　我国沼气装备主要生产企业及主要产品

| 企业 | 产品 |
|---|---|
| 泸州天能沼气设备有限公司 | 软体沼气池 |
| 成都大唐人沼气技术发展有限公司 | 软体沼气池 |
| 连云港惠民玻璃钢沼气设备有限公司 | 玻璃钢沼气池 |
| 四川蒙特工程有限公司 | 双膜式恒压沼气储气柜 |
| 北京盈和瑞环保工程有限公司 | 拼装搪瓷厌氧反应器 |
| 安瑞科（蚌埠）压缩机有限公司 | 沼气工程成套装备 |
| 中国农业机械化科学研究院 | 厌氧分级发酵沼气工程成套装备 |
| 杭州能源环境工程有限公司 | 沼气工程成套装备、除砂设备、厌氧罐、膜式储气柜、搅拌机、生物脱硫塔、压力保护器 |
| 青岛天人环境工程有限公司 | 沼气生产设备的研发、设计、制造和成套化装备 |
| 杭州普达可再生能源设备有限公司 | 一体化厌氧罐装备、膜式贮气柜、搅拌机、生物脱硫塔、压力保护器、切碎机、凝水器 |
| 农业部成都沼气研究所科技开发公司 | 沼气工程的设计与调试、钢制厌氧罐、一体化厌氧罐装备、安全保护装置、凝水器 |
| 江苏蓝深制泵集团 | 潜水搅拌机 |
| 江苏兆盛水工业设备有限公司 | 格栅机、刮泥机、除砂机及螺旋输送装备 |
| 江苏泉溪环保有限公司 | 格栅机、螺旋压榨机、除砂机及螺旋输送装备 |
| 杭州创意环保设备有限公司 | 螺旋挤压固液分离机 |
| 北京西达农业工程科技发展中心 | 螺旋挤压固液分离机 |
| 武汉四方光电科技有限公司 | 红外沼气成分分析仪 |

农业部每年都会对农村沼气建设项目沼气灶具及配套产品供应商进行招标。我国农村沼气建设项目沼气灶具及配套产品入围生产企业见表6。

表6　我国农村沼气建设项目沼气灶具及配套产品入围生产企业

| 项目 | 生产企业 |
|---|---|
| 沼气灶具 | 中山华帝燃具股份有限公司 |
| | 湖北蓝焰生态能源有限公司 |
| | 上海金布梯环保科技发展有限公司 |
| | 迅达科技集团股份有限公司 |
| | 北京合百意生态能源科技开发有限公司 |
| | 江西省共创生态科技有限公司 |
| | 广东润美实业有限公司 |
| | 江西晨明实业有限公司 |
| 沼气输配净化系统 | 中山华帝燃具股份有限公司 |
| | 上海金布梯环保科技发展有限公司 |
| | 长沙天一科技实业有限公司 |
| | 迅达科技集团股份有限公司 |
| | 湖北蓝焰生态能源有限公司 |
| | 广东润美实业有限公司/宁波家富能源设备有限公司 |
| | 北京合百意生态能源科技开发有限公司 |
| 沼气灯 | 迅达科技集团股份有限公司 |
| | 中山华帝燃具股份有限公司 |
| | 山东新能环境工程有限公司 |

由于畜禽粪污沼气工程在发酵原料、厌氧消化工艺、沼气利用等方面的特殊性，诸多装备（如除砂、进料泵、热电联产成套设备和搅拌器等）存在一些工艺和制造技术的问题，能耗大、效率低、配套性差，难以适应不同发酵原料、不同发酵工艺的应用要求，厌氧消化设备还没有推行标准化制作。

### 3. 生物质成型燃料

#### （1）产业发展情况

2010 年，我国生物质成型燃料生产企业约 250 家，生物质成型燃料产量约 300 万 t，产值约为 19.2 亿元。2011 年，我国生物质成型燃料生产企业约 280 家，生物质成型燃料产量约 550 万 t。生产原料主要有各类秸秆和林业加工剩余物等，主要用于农村居民和城镇供热锅炉燃料及生物质木炭原料。预计 2015 年，我国生物质成型燃料产量将达到 1 000 万 t。2006~2015 年我国生物质成型燃料产量见图 4。

#### （2）装备领域发展情况

我国从 20 世纪 80 年代开始生物质成型燃料的研究，主要引进韩国、日本及我国台湾地区以螺杆挤压机为主的成套装备。随后，荷兰、比利时等国家的装备也相继进入我国市场。"七五"期间，我国一些市场研究机构和生产企业开始对生物质致密成型机进行研究，但由于设备磨损快和产品没有市

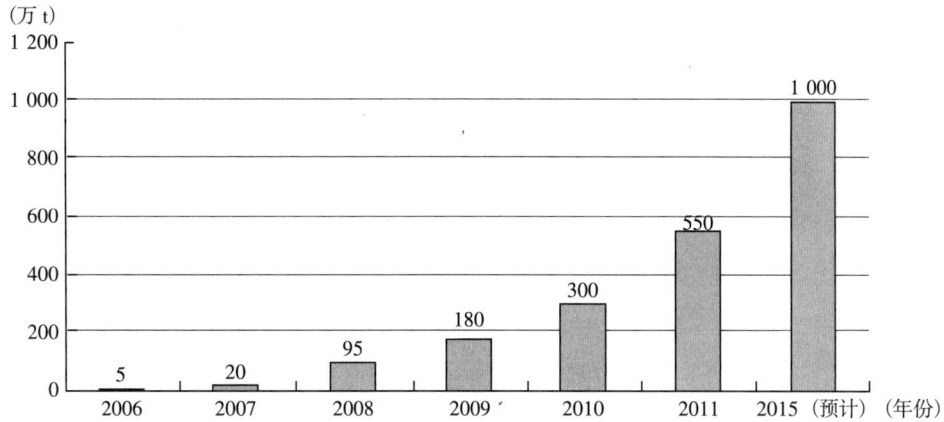

图4 2006~2015年我国生物质成型燃料产量

场,发展非常缓慢;1990年前后,一些单位相继研制和生产了不同规格的生物质成型机,包括机械冲压成型机、液压驱动活塞式成型机、电加热螺杆成型机等,但存在诸如成型筒及螺杆磨损严重、寿命较短和电耗大等缺点;进入21世纪,随着能源的日益紧张,各国开始重视可再生能源的开发,生物质成型燃料进入较好发展阶段。

2010年,我国专业生产生物质成型机生产企业约60家,年销售生物质成型机约450套(台),产值1.6亿元。2011年,我国专业生产生物质成型机生产企业近80家,年销售生物质成型机504套(台),产值1.8亿元。

现在已经研制开发的生物质成型技术按成型原理主要有三大类:螺旋挤压生产棒状成型燃料技术(利用螺杆挤压生物质,靠外部加热,维持150~300℃成型温度使木质素、纤维素等软化,挤压生物质压块);机械或活塞式挤压制得圆柱块状成型燃料技术(靠液压驱动活塞的往复运动实现成型);压辊碾压颗粒状成型技术(分为环模压辊式成型机和平模碾压成型机,环模压辊式成型机是目前应用最广泛的压制机机型,主要有齿轮传动和皮带传动两种方式),每种技术对装备都有不同的要求。我国生物质成型装备主要生产企业及产能见表7。

表7 我国生物质成型装备主要生产企业及产能

| 生产单位 | 产 品 | 规格(能耗 kW) | 产能(套/a) |
|---|---|---|---|
| 辽宁省能源研究所 | 燃料棒固化成型机 | 15 | 50 |
| | 燃料棒固化成型机 | 37 | 20 |
| 巩义市宇航机械厂 | FS1-8 粉碎机 | 11 | 30 |
| | ZBJ-Ⅳ制棒机 | 11 | 50 |
| 郑州市福华机械制造有限公司 | 粉碎机 | 11 | 30 |
| | 制棒机 | 11 | 30 |
| 苏州恒辉生物能源开发有限公司 | 液压式成型机 HPB-Ⅴ型 | 37 | 30 |
| 洛阳恒生能源设备有限公司 | 液压式成型机 HPB-Ⅳ型 | 30 | 20 |
| 北京昌盛绿能科技有限公司 | 秸秆颗粒全自动生产线 3t/h | 315 | 20 |
| 上海申德机械有限公司 | 秸秆颗粒全自动生产线 1.5t/h | 220 | 30 |
| 诸城市恒基机械制造有限公司 | 秸秆颗粒全自动生产线 1.5t/h | 180 | 30 |
| 吉林省华光生态工程技术研究所 | 颗粒成型机 ZLJ-300 | 11 | 50 |
| | 颗粒成型机 ZLJ-1000 | 30 | 50 |
| 黑龙江省双赢再生能源有限公司 | HMJ350 颗粒成型机(环模) | 55 | 30 |
| | PMJ250 颗粒成型机(平模) | 18 | 30 |
| 北京合盛开生物质能科技有限公司 | 直筒式冲压成型机 CYZL260A | 110 | 20 |
| 合肥天焱绿色能源开发有限公司 | 冲压成型 TYK-Ⅱ秸秆成型机 | 60 | 20 |
| 河北华勤机械股份有限公司 | 9F-56 麦秆秸秆粉碎机 | 30 | 30 |
| 肥城市畜丰农牧机械有限公司 | 93QS-3 棉秆粉碎机 | 18.5 | 30 |

资料来源:根据企业资料整理。

螺杆挤压成型机主要分布在辽宁省和河南省，全国有 30 余家企业从事此类装备的生产与研发。我国利用辊模碾压成型生产秸秆颗粒和木质颗粒的厂家有 10 余家，年产 3 000t 以上一般采用环模技术，是基于颗粒饲料加工装备发展起来的，适合规模化生产，是成型燃料的主流机型，也是今后发展的重点。

生物质成型的预处理粉粹，尤其是棉秆和麦秆的粉碎，是该行业的薄弱环节，装备主要生产企业有河北华勤机械股份有限公司、肥城市畜丰农牧机械有限公司等。

近年来，虽我国生物质成型机组虽然有了很大的发展，但装备可靠性差，制约了产品的发展。设备的可靠性属于最主要的制约因素，一是主要部件的工作寿命短，二是设备系统配合协调能力差。这是因为我国尚未真正形成配套的生产线，且烘干设备、粉碎设备等没有统一的规格与标准，多数是根据需要自行设计、加工。

另外，成型设备适应范围窄，规范标准不统一。不同成型设备对原料粒度和含水率要求不同，超出范围就会导致不能成型或能耗增大，需要根据不同原料而配备专门的成型设备，适应范围偏窄。

### 4. 生物质液体燃料

#### （1）行业发展情况

生物液体燃料主要包括生物燃料乙醇和生物柴油。2010 年，我国燃料乙醇生产企业主要有 5 家，分别为粮生化能源（肇东）有限公司（生产能力 25 万 t/a）、吉林燃料乙醇有限责任公司（生产能力 50 万 t/a）、安徽丰原生物化学股份有限公司（生产能力 45 万 t/a）、河南天冠企业集团有限公司（生产能力 50 万 t/a）和广西中粮生物质能源有限公司（生产能力 20 万 t/a），产能共计 190 万 t/a，年产量为 180 万 t。

2011 年我国燃料乙醇产能约 177 万 t/a。预计 2015 年燃料乙醇生产能力将达到 400 万 t/a。2006~2015 年我国燃料乙醇产能见图 5。

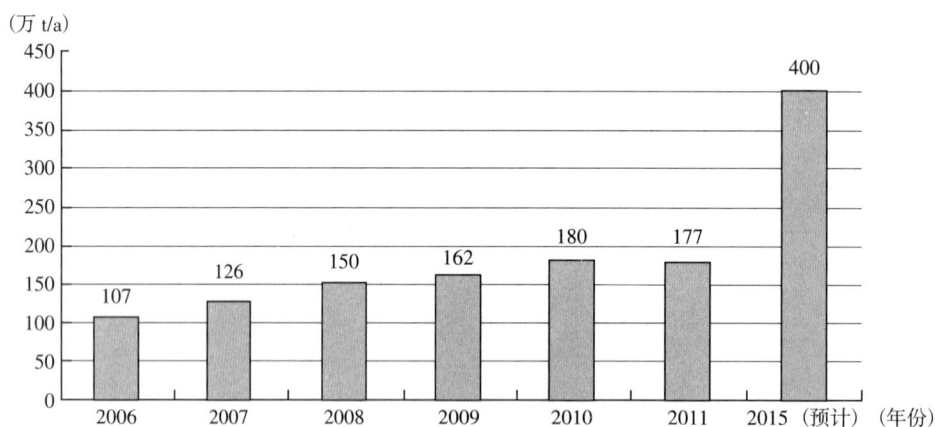

图 5　2006~2015 年我国燃料乙醇产能

由于第一代生物乙醇以玉米、甘蔗等为原料，引起人们对粮食供应的担忧，能源化工企业开发了第二代生物乙醇，也称纤维素乙醇，以农林废弃物中所含的纤维素为原料，包括玉米秸秆、玉米芯、小麦和水稻秸秆、甘蔗渣等，原料可再生，既不影响粮食供应，也可以充分利用现有乙醇汽油的基础设施，是公认的绿色能源，但目前我国还处于中试阶段，并没有真正实现产业化。我国纤维素乙醇规划建设项目见表 8。

表 8　我国纤维素乙醇规划建设项目

| 生产企业 | 规模（万 t/a） | 建设地点 | 备　注 |
| --- | --- | --- | --- |
| 泽生生物科技 | 0.3 | 山东泰安 | 2006 年投产 |
| 天冠集团 | 0.5 | 河南南阳 | 2008 年投产 |
| 丰原集团 | 0.5 | 安徽蚌埠 | 2010 年投产 |
| 中粮/中石化 | 5.0 | 黑龙江肇东 | 规划 2013 年投产 |
| 圣泉集团 | 2.0 | 山东济南 | 在建，预计 2013 年投产 |
| 龙力生物科技 | 5.0 | 山东德州 | 规划 2013 年投产 |
| 杜邦/大唐新能源 | — | 吉林公主岭 | 前期工作 |
| 国能生物 | 3.0 | 河南鹿邑 | 计划中 |

对于生物柴油来说，2007年是近10年中最为活跃的一年，持续生产企业数一度超过90家，生产能力也在2008年达到近300万t/a的峰值。2008年开始，行业内资金不充足和技术力量不强的中小型企业部分停产退出行业，而生产规模较大，技术力量比较雄厚的企业艰难生存，并在之后的几年中

不断增加产能和产量，到2010年，行业内持续生产的企业只剩下不足50家，产量达到50万t，产能利用率也提高到25%的水平。2011年，生物柴油生产能力300万t/a，生物柴油产量约80万t。预计2015年，我国生物柴油产量将达到100万t。2006~2011年我国生物柴油生产情况见图6。

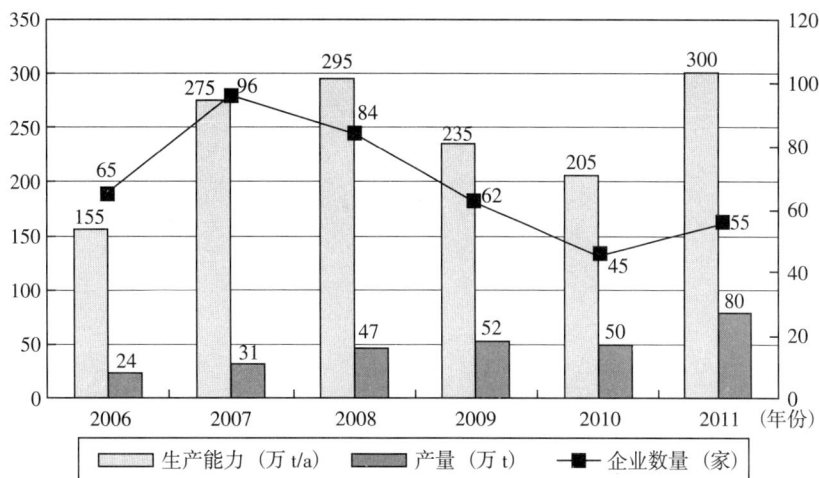

图6  2006~2011年我国生物柴油生产情况

**（2）装备领域发展情况**

燃料乙醇目前规模不大，对装备需求还比较小，纤维素乙醇工业化以后，将会对生产装备有巨大的需求，主要有常用成套装备、精馏塔、粉碎机、离心机等。

生物柴油目前景气度不够，对装备需求也较少，主要包括常用成套装备、反应釜、冷凝塔和闪蒸器等。我国生物质液体燃料装备主要生产企业及主要产品见表9。

表9  我国生物质液体燃料设备主要生产企业

| | 生产企业 | 产品 |
|---|---|---|
| 燃料乙醇 | 肥城市金塔机械有限公司、四川省彭州市绿源实业有限公司、无锡太湖石化设备厂、中科天元新能源科技有限公司、洪湖市金发焦化设备成套有限公司 | 常用成套设备 |
| | 宝鸡市正宇工贸有限责任公司、山东龙兴化工机械集团有限公司、无锡市雪达化工装备厂、江苏民生科技发展有限公司 | 精馏塔 |
| | 日宏粉体设备厂、河南省矿山设备股份有限公司、江阴市方圆机械制造有限公司、江阴市瑞祥机械制造有限公司、常州武晋化工机械有限公司 | 粉碎机 |
| | 合肥天工科技开发有限公司、恒瑞离心机公司、湘仪集团 | 离心机 |
| 生物柴油 | 河南修武永乐粮机集团、武汉理科鑫谷科技有限公司、山东省泰安市冠臣新能源设备制造有限公司、宜兴市华鼎粮食机械有限公司 | 常用成套设备 |
| | 温州市中伟磁传密封设备厂、江苏省金坛市江南仪器厂、淄博盖亿化工设备有限公司 | 反应釜 |
| | 无锡维奥冷却设备有限公司、溧阳市天健化工设备有限公司、洛阳隆华集团公司、山东省菏泽市花王高压容器有限公司、常州市黄河化工设备有限公司 | 冷凝塔 |
| | 江阴东大锅炉制造有限公司、淄博城东企业集团有限公司、乳山日晟机械制造有限公司 | 闪蒸器 |

生物质液体燃料面临的主要是行业发展问题。燃料乙醇应积极推进非粮燃料乙醇技术工业化；生

物柴油应该解决销售渠道问题，使生物柴油顺利进入成品油市场，这是行业得以大规模发展的重要一

步，造成这一困难的原因有很多，既有原料供应不足、难以维持稳定产品供应数量致使成品油销售企业不愿意接受的原因，也有部分企业的产品无法达到生物柴油产品质量标准的原因。在解决了上述问题之后，设备问题才会逐渐提上日程。

## 二、 未来装备发展任重道远

我国生物质能装备产业在过去的几年中取得了较大的成绩，但同时也存在若干问题，主要体现在国产化、标准化、自动化、配套性、原料适应性等方面，《生物质能发展"十二五"规划》对生物质能装备提出了要求：重点研制非粮原料收储运和初加工、非粮燃料乙醇和微藻生物燃料加工转化、生物质热化学转化制备液体燃料及热、电、化工多联产农业剩余物制备生物质燃气及综合利用等成套装备，攻克生物质成型燃料高效、抗结渣燃烧技术，提高成型机易损件使用寿命到 500h 以上。

（中国石油和化学工业联合会　孙小涛）

节能减排

# 通用设备节能技术与方法

## 一、通用机械行业经济运行概况

通用机械是装备制造业的重要组成部分，在国民经济建设中起着十分重要的作用，担负着为石油、化学和石油化工等行业提供系统成套技术装备，同时为电力、冶金、船舶、军工、轻工、纺织、医药等行业提供辅机。通用机械涉及压缩机、风机、泵、阀门、空分装置、分离机械、干燥设备、气体净化设备、真空设备、减变速机、能量回收、冷却设备以及各种专用设备，其技术水平决定着化工、石化、电力、冶金、船舶、军工、轻工、纺织、医药等行业装置的运行水平。

通用机械行业是我国机械制造业的第三大产业，2011 年规模以上企业 4 000 多家，从业人员 90 多万人，产值 7 195.59 亿元，同比增长 15.81%；利润 531.12 亿元，同比增长 42.01%。2010 年、2011 年我国通用机械行业规模以上企业工业总产值、出口交货值见表 1。2010 年、2011 年我国通用机械行业规模以上企业工业总产值见图 1。2010 年、2011 年我国通用机械行业规模以上企业出口交货值见图 2。

2010 年、2011 年我国通用机械行业规模以上企业主营业务收入、利润总金额见表 2。2010 年、2011 年我国通用机械行业规模以上企业主营业务收入见图 3。2010 年、2011 年我国通用机械行业规模以上企业利润总金额见图 4。

表 1　2010 年、2011 年我国通用机械行业规模以上企业工业总产值、出口交货值

| 行　　业 | 工业总产值（亿元） | | | 出口交货值（亿元） | | |
|---|---|---|---|---|---|---|
| | 2010 年 | 2011 年 | 2011/2010 年增长（%） | 2010 年 | 2011 年 | 2011/2010 年增长（%） |
| 全行业合计 | 6 213.21 | 7 195.59 | 15.81 | 767.93 | 844.35 | 9.95 |
| 泵及真空设备制造 | 1 390.87 | 1 568.03 | 12.74 | 172.23 | 195.36 | 13.43 |
| 风机、风扇制造 | 675.81 | 761.21 | 12.64 | 60.09 | 58.36 | −2.88 |
| 气体压缩机械制造 | 986.41 | 1 305.37 | 32.34 | 147.16 | 207.84 | 41.23 |
| 阀门和旋塞的制造 | 1 673.58 | 1 895.56 | 13.26 | 287.20 | 290.78 | 1.25 |
| 气体、液体分离及纯净设备制造 | 601.22 | 665.76 | 10.73 | 42.02 | 42.31 | 0.69 |
| 其他通用设备制造 | 885.32 | 999.65 | 12.91 | 59.23 | 49.70 | −16.09 |

资料来源：中国通用机械工业协会。

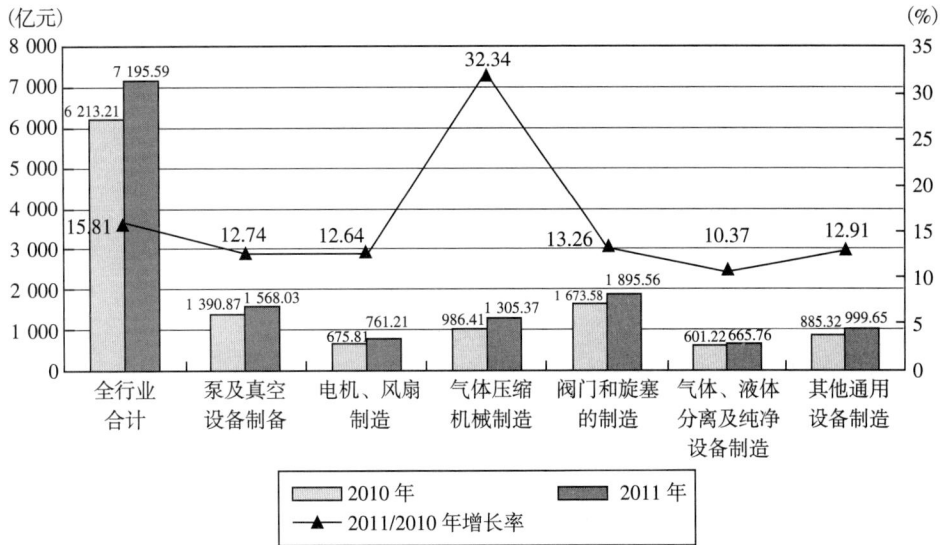

**图1 2010年、2011年我国通用机械行业规模以上企业工业总产值**

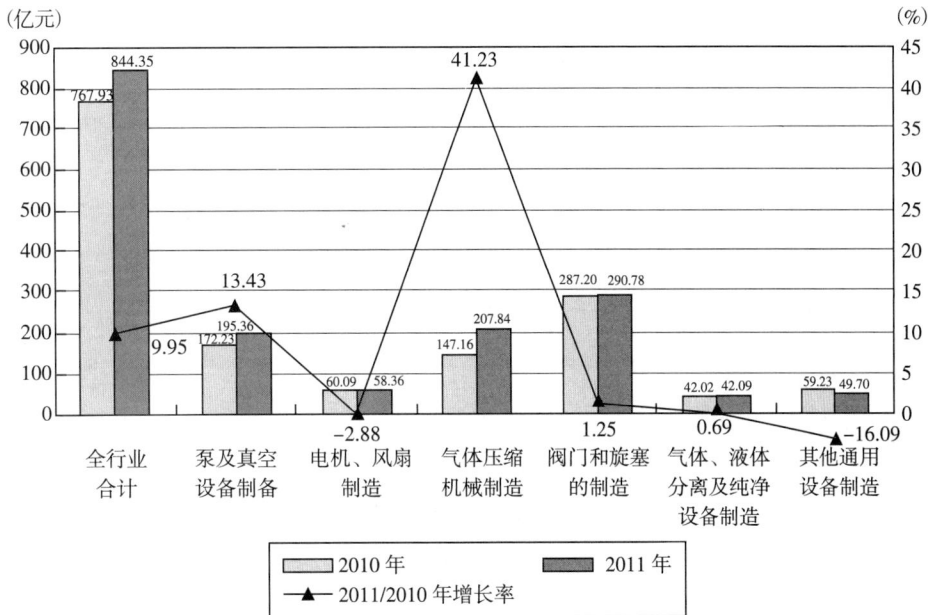

**图2 2010年、2011年我国通用机械行业规模以上企业出口交货值**

**表2 2010年、2011年我国通用机械行业规模以上企业主营业务收入、利润总金额**

| 行　业 | 主营业务收入（亿元） | | | 利润总金额（亿元） | | |
|---|---|---|---|---|---|---|
| | 2010年 | 2011年 | 2011/2010增长（%） | 2010年 | 2011年 | 2011/2010增长（%） |
| 全行业合计 | 5 312.20 | 7 013.53 | 32.03 | 374.01 | 531.12 | 42.01 |
| 泵及真空设备制造 | 1 190.58 | 1 530.67 | 28.57 | 77.89 | 123.52 | 56.58 |
| 风机、风扇制造 | 520.04 | 711.23 | 36.76 | 39.58 | 50.47 | 27.51 |
| 气体压缩机械制造 | 862.02 | 1 335.15 | 54.89 | 63.78 | 86.11 | 35.01 |
| 阀门和旋塞的制造 | 1 450.48 | 1 843.68 | 27.11 | 97.28 | 137.63 | 41.48 |
| 气体、液体分离及纯净设备制造 | 511.86 | 628.00 | 30.58 | 40.72 | 53.19 | 30.62 |
| 其他通用设备制造 | 777.22 | 964.79 | 24.13 | 54.76 | 80.19 | 46.44 |

资料来源：中国通用机械工业协会。

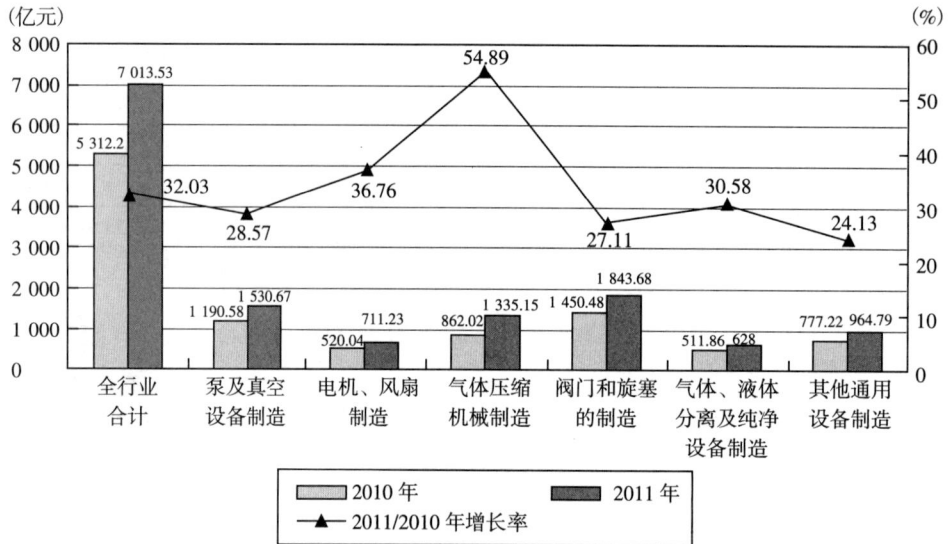

图 3　2010 年、2011 年我国通用机械行业规模以上企业主营业务收入

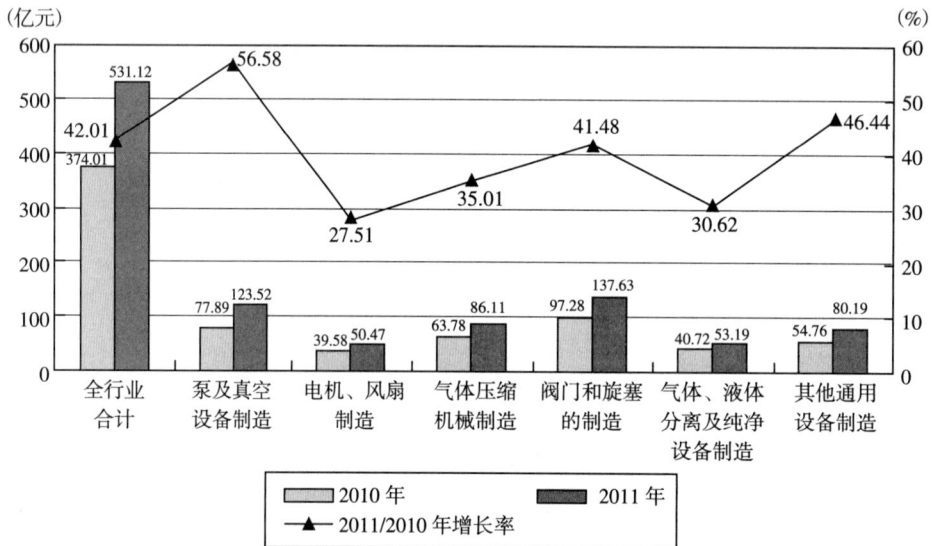

图 4　2010 年、2011 年我国通用机械行业规模以上企业利润总金额

2010 年、2011 年我国通用机械行业主要产品产量见表 3。2010 年、2011 年我国通用机械行业主要产品产量见图 5。

表 3　2010 年、2011 年我国通用机械行业主要产品产量

| 产品名称计量单位 | 2010 年 | 2011 年 | 2011/2010 增长（%） |
|---|---|---|---|
| 泵（万台） | 6 538.13 | 9 739.00 | 48.96 |
| 其中：真空泵（万台） | 634.18 | 739.96 | 16.68 |
| 风机（万台） | 1 376.88 | 1 085.27 | 21.18 |
| 其中：鼓风机（万台） | 21.35 | 30.01 | 40.56 |
| 气体压缩机（万台） | 15 933.30 | 19 250.68 | 20.82 |
| 其中：制冷设备用压缩机（万台） | 13 967.81 | 15 055.75 | 7.79 |
| 阀门（万 t） | 539.04 | 595.87 | 10.54 |
| 气体分离及液化设备（万台） | 0.95 | 2.72 | 186.32 |
| 减速机（万台） | 531.37 | 557.90 | 4.99 |

资料来源：中国通用机械工业协会。

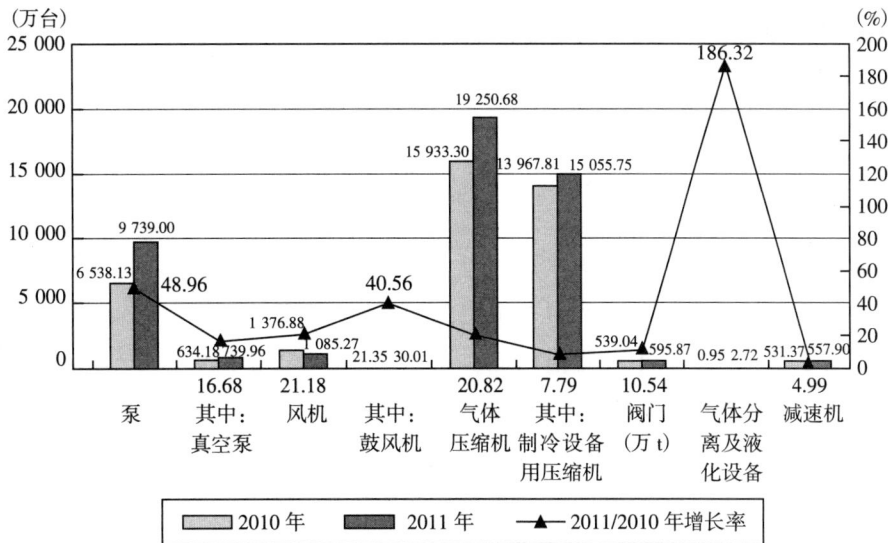

图5 2010 年、2011 年我国通用机械行业主要产品产量

## 二、通用机械产品节能意义重大

通用机械产品，泵、风机、压缩机、空分设备、干燥设备等是量大面广的耗能产品，其年耗电量约为全国工业用电量的 40% 以上，其中泵用电量占 20%；风机占 10.6%；压缩机占 9.4%。因此，大力发展高效节能通用机械产品，不断提高产品技术水平，对我国节能降耗，提高能源利用率，为国民经济各部门实现节能减排目标具有非常重要的现实意义和长远意义。

泵、风机、压缩机、阀门是应用最广泛的通用机械产品。在化工和石油部门的生产中，原料、半成品和成品大多是液体、气体，而将原料制成半成品和成品，需要经过复杂的工艺过程，泵、风机、压缩机、阀门在这些过程中起到了输送气体、液体和提供化学反应的压力、流量的作用。

在石油化工、化工等能源领域中，压缩机、风机、泵、阀门是关键设备，占整个装置设备的 50% 以上，是提高装置系统效率和安全运行的重要保障。

在矿业中，泵、风机、压缩机、阀门也是使用最多的设备。矿井需要用泵排水、风机排风，在选矿过程中，需用泵来供水、压缩机供气等。

在电力部门，核电站需要核主泵、二级泵、三级泵、核级阀，热电厂需要大量的锅炉给水泵、冷凝水泵、循环水泵、灰渣泵及各种阀门和脱硫风机、脱硫泵等。

在煤化工、石化、电力等行业中，泵、风机、压缩机的电耗占 60% 以上，如氮氢压缩机的耗电占合成氨装置电耗的 70%；乙烯"三机"（裂解气压缩机、乙烯压缩机和丙烯压缩机）的耗电占乙烯装置电耗的 30% 以上；电站自耗电约占发电量的 10%，而这 10% 的电耗主要用在与发电机组配套的引风机、排粉机、凝结泵、循环泵、锅炉给水泵等，占厂用电消耗的 80%。因此，加大通用机械产品的节能技术开发与应用是十分必要的，并且已成为通用机械行业"十二五"时期以及未来的重点任务。

## 三、实施产品节能的主要途径

从设计阶段就要为产品高效节能奠定基础，明确泵、风机、压缩机的性能参数、最高效率及其使用效率指标；认真进行技术经济分析比较，从中选择技术先进、经济合理的方案。防止"大马拉小车"的现象，提高泵、风机、压缩机的运行效率和节能水平，保证设备在最佳经济工况下运行。

### 1. 泵的节能技术与方法

泵应用于能源及国民经济其他领域。泵最常用的驱动形式是用电机驱动。泵的节能方法主要是使泵机组（泵、电机或传动部分）在最高的效率下运行，使用其消耗外界输入的电能下降到最低点。泵的节能是综合性的技术，它涉及泵本身的节能、系统节能和使用管理运行等各方面。

（1）泵本身的节能

①科学的设计方法。泵本身损失可分为水力损失、机械损失。在泵结构选定后，可以认为机械损失的容积损失基本不变，因此泵本身节能重点应放在减少泵内水力损失上，可采取以下措施：选用优秀的水力模型，采用先进的水力设计方法，通过传统设计方法、CAD 和 CFD 技术、实验手段三者相结合，并用 CFD 技术所设计的泵进行性能预测；合理选材，增加易损件使用寿命，提高泵的可靠性和平均寿命。

②提高制造精度。一台高效率泵必须由高工艺水平的制造来保证。为保证泵的设计性能，首先，要提高制造的准确性。制造厂应该努力提高零件的铸造质量，以保证过流部分的表面光洁度，从而减少对流体的摩擦阻力。其次，减少过流部件的粗糙度以降低泵的水力损失，提高泵的效率。合理选择缝隙处零件的材料，提高抗咬合和耐磨性，适当减少间隙值，减少容积损失。传统的模具制作基本是采用手工制作。手工制作误差大，不能准确地保证水力模型的内部流动型线，使产品效率偏低，水力性能不易保证。应用 CAM 技术，采用数控机械加工设备，可对叶轮、泵体等零部件的内侧进行加工完成，完全按设计要求进行加工制造，高质量地保证内侧型线的准确性，提高尺寸精度，降低粗糙度，保证流量、扬程，提高效率。

（2）泵的系统节能

①正确选型。每台泵都有一组性能曲线，对应一个流量值，都可以找到与其对应的扬程、功率及效率值。通常把这一组相对应的参数称为工况点，对应的最高效率点称为最佳工况点。在泵的性能曲线图中，泵的流量——扬程性能曲线与管路特性曲线的交点称为泵的运行工况点。运行工况点随着泵的流量和扬程的变化而变化，而管路的特性曲线在给定的供水管路系统中所需的扬程基本是不变的。

在泵的实际使用中，泵的运行工况点和最佳工况点重合或接近最佳工况点，这样才能使泵保持在高效率运行区，从而达到节能的目的。在选型过程中经过的部门越多，安全裕度留得越大，造成的浪费就越多，有的甚至无法正常工作。

②正确的安装高度。正确确定泵的几何安装高度选取泵时，一定要使泵的汽蚀性能满足使用要求，使泵的汽蚀性能满足装置或系统所提供的汽蚀余量值。在实际工作中，人们只注意流量、扬程，往往忽视了泵的汽蚀性能。有的安装人员对泵的理论性能不了解，只按照过去的经验去确定泵的安装高度；还有的安装人员认为泵的扬程越大，安装高度就越大；或者由于对吸入管路系统阻力损失估计不足，介质的温度波动估计不足，吸入池液面水位变化估计不足等原因，使得泵处于潜在汽蚀状态下运行，造成泵的损坏较快或发生汽蚀而不能工作。因此，正确确定泵的几何安装高度对于节能具有重要意义。

（3）科学运行管理

①正确改变流量。在正确地选用泵之后，有时流量仍较大，可采用间断运行方式，但应该避免短周期的开、停，以达到节能的目的。

泵的并联是指两台或两台以上的泵向同一压力管道输送液体的工作方式。并联运行节能有以下两种情况：一是当扩建机组，相应需要的流量增加，原来的泵仍可用；二是由于外界的负荷变化很大，流量变化幅度相应很大，为了发挥泵的经济效果，使其在高效率范围内工作，往往采用两台或数台泵并联工作。小流量时可开启一台泵，大流量时都开启。两台泵并联后的流量等于各泵流量之和，显然与各单独工作时相比，两台泵并联后的总流量小于各泵单独工作时流量的 2 倍，而大于一台泵单独工作的流量。并联后每台泵工作流量较单独时的流量小，而并联后的扬程却比单泵工作时要高。在选择电机时应注意：应按并联时各台泵的最大输出流量来选择电机功率，即每台泵的流量等于 0.5 倍的并联后的总流量来选择，在并联工作时，使其在最高效率点运行。若考虑到在低负荷时只用一台泵运行，可使电机不致过载，电机的功率就要按单独工作时输出流量的需要功率来配套。并联时管路特性曲线越平坦，并联后的流量就越接近单独运行时的2倍，工作就越有利。如果管路性能曲线很陡，陡到一定程度时采取并联的方法是徒劳无益的。为达到并联后增加流量的目的，泵的性能曲线应当陡一些为好。从并联数量来看，台数越多，并联后所能增加的流量越小，故多台泵并联并不经济。不同性能泵的并联操作复杂，实际上很少使用。

变速调节流量节能。变速调节是在管路特性曲线不变情况下，通过变速来改变泵的性能曲线，从而改变泵工作点的调节方式。变速调节范围不宜太大，通常最低转速不宜小于额定转速的的50%，一般为70%~100%。当转速低于额定转速的50%时，泵本身效率下降明显，是不经济的。泵的高速方法有多种，主要分为两类：第一类是电机转速不变，通过附加装置改变水泵转速；第二类是直接改变电机转速，如对可控硅串级高速、变频高速。其中变频高速有以下特点：变频高速目前仍以低电压（380V以下）中小容量为主，大容量较少；变频高速范围宽，通常可达10%~120%。变频高速的范围和精度均能满足泵运行要求；变频高速在频率一定时是类似刚性转动，不能改变传动品质；低压变频器的占地面积小，有利于已有设备改造；液力调速节能，以液体油作为介质传递动力给工作机械，可以在一定范围内调节电机，在转速不变的情况下实现输出转速的无级调节。

液力高速有以下特点：液力高速可实现电机空载起动，对负荷可控的软起动，同时具有过载保护、缓和冲击、隔离扭振及协调多机驱动时平衡功率等功能，能有效地改善传动品质；液力调速对环境无不良影响，对使用环境要求不高，可以在户外、井下、炎热、寒冷、粉尘及潮湿等恶劣环境下使用；液力调速是成熟技术，使用可靠，通常平均无故障运行8 000h以上，使用寿命长；液力调速能使电机空载起动，缩短起动电流持续时间，改善电机启动工况，降低对电网的冲击。

②改变叶轮外径。对工艺参数基本稳定，如泵选用过大，现场采用关小阀门来调节流量，造成泵的工作流量远低于额定流量，工作压力远高于额定压力的情况，可采用切割叶轮外径的方式调节。将离心泵叶轮外径车小，可使在同一转速下泵的特性曲线改变，从而改变泵的工作点。

③减少流程阻力。选择适当的管径，控制一定的流速，减少管路阻力也能达到节能的目的。液体在固定管路的流动过程中，能量的损失有两种形式：一是均匀地分配在整个流程中，称为沿程阻力损失；另一种是集中在很短的流程内，即在液体的收缩、扩大和拐流等急剧变化的地方，因此，在管路的配置上尽量减少这两种损失。

将泵安装在水面以下，应全面检查泵系统各阀门等附件，在确保机组长期、可靠地运行，维护方便的前提下，对可设可不设的阀门应予以取消。

④及时维护、检修泵系统。避免因泵振动过大而影响泵效率；合理调整轴承的间隙和串动量，减少轴承的磨损。对于部件间隙大，泵的效率严重下降的应予大修；尽可能地减少管束的堵塞量，降低水阻，可减少泵的电耗。

⑤减少多级泵的叶级数节能。如果泵的扬程大于实际需要，多级泵可以通过折级来改变水泵的特性曲线。折级后的泵扬程降低，流量增大，与没折级水泵相比相对节能，且水泵的折、恢复是可逆的。因此，适用于压力变化的场合。

## 2. 风机节能技术与方法

风机节能技术与方法可分为两大类：一类是从产品设计角度来提高风机在设计点和变工况区的效率，尽量使风机本身就是节能产品；另一类是从产品现场实际运行情况来尽可能地提高其实际运行效率。

### （1）设计

采用三元流动叶轮，可使在同等流量、压力下的风机效率提高5%~10%；新型风机设计好之后，可验证其设计效果，需要制造出风机模型进行试验，若达不到预期效率目标，还要做设计修正，再试验，直至满意为止；采用模拟试验研究和计算流体动力学方法CFD，只需要重新计算一次即可评估改进设计是否有效。

（2）安装

风机及其系统的节能取决于风机必须是高效的节能风机，风机的运行工况必须在所预选的效率工作区内。因而，必须精确确定系统的阻力与流量关系，为风机给出正确的压力和流量值。

急变流场对管道截面上速度和压力分布的影响。在气流转弯前后，特别是在它的后面内侧，会出现较大的涡区。流线弯曲受离心力的作用，破坏了缓变流条件，静压沿面不再为常数，流速沿截面的分布就不均匀。在转弯处装设导叶能迫使气流沿内壁流动，从而防止了附面层膜体与涡流的产生。这样，既可使流速沿截面的分布均匀，又可减少阻力。

急变流场对风机性能的影响。风机使用现场常用的调节装置有闸门、蝶阀等。除全开外，在它们的后部都将出现涡区。开度越小，涡区越大，而且在主流区涡截面上的流速分布也将出现严重的不均匀。试验表明，在进气箱中用调节叶片（百叶窗式）调节时，风机性能曲线都有以下共同特点：当调节叶片安装角在 0~30 度范围内，低风量时，诸压力曲线与诸功率曲线都较接近；在中、大风量时，才显示出差别来，但在 0~20 度差别仍不大；当调节叶片安装角度自 0 度向 30 度变化时，效率曲线略向左移，最高效率略有下降。所有这些特点都是由于调节后叶轮进口处气流获得正预旋引起的。

（3）运行

根据流体力学理论，气体的流动过程将伴随着损失。由于这一切都是在风机输送气体的过程中发生的，也就是浪费了风机的能量。

风机工况点是风机在某一转速下的性能曲线与管网阻力特性线的交点。风机实际运行时，并非永远停留在设计工况点上。它将随用户的需求或外界条件的变化而变化，也就是风机实际上处于变工况下工作。要想使风机的风压或风量达到某一目标值，就需要对风机管网进行人为的控制，亦称调节。通过有效的调节，实现在保证风机能够稳定工作的条件下，既要满足生产对流量或压力的要求，又能最大限度地节能。

（4）管网的合理配置

管网的合理配置和节能息息相关，管网布置得好坏，会直接影响风机性能的发挥。现场中，管网配置不合理现象主要表现在以下几个方面：多余的管件和流场的急变、漏风、风机进口管路布局不合理等现象。

进口管路不合理主要有以下几个方面：进口缺少必要的直管段，或通过渐扩管变径管与进口相连，风机进口与急弯管路直接相连，风机进口与突然收缩管相连，或进气箱结构不合理。

风机出口管路布置不合理方面：风机出口直接接 90 度弯管或逆向弯管，风机出口直接接分支管路，风机出口直接接突然扩大管。

如果在管网配置工作中注意纠正上述问题，基本上就是合理布置。

合理布置的主要措施有：风机进口处要求流场比较均匀，无涡区。在风机进口前面若不接管道，空间也比较开阔，且邻近无障碍物，就可以认为合理，达到了要求；如接管道，则要求风机进口前有一段直管段，其长度 L 不小于 2.5D（D 为进口当量直径）而且通常是等直径的或略带收敛的，不宜采用扩压形状。

尽量避免在进口前有急转弯，就是转小弯的弯头也不应离进口太近。如果非用不可，应采用双吸入风机进口箱的结构。

通常，风机在出厂时，如果是直接吸入式，都已装有进口集流器，可使损失显著减少。在现场改造风机时，如果自制集流器有困难，加一小段小于 15 度的收敛管亦行。如果受到条件限制，风机进口管长度不能满足 L>2.5D，可在管路中加装分流板、均风板或整流网（栅）。如果无法甩掉进口弯管，则管的曲率半径宜加大或加装导流叶片。导流叶片与整流栅等均能消除或削弱涡流，起到使其进口气流均匀化的功效。

改善风机出口条件的最好办法，亦是接一段直管，其长度仍为 L≥2.5D，如果不得不接弯管，则在其中加装导流叶片是一个好方法。

在管路上，应尽量少用管件，应选取合适的密封技术，把漏风减小到最低限度。力求管网布置最简单，管线尽量短，管内流速接近经济流速，以减少沿程损失。另外，截面不宜突变。若必须扩大截面，则采取渐扩管。

（5）安装导流叶片

为减少弯曲管路中的流动损失，采用导流叶片是一种行之有效的方法。因为弯管内壁与气流分离涡区产生、发展的关系较外壁密切，所以内壁附近对减少阻力及流场均匀化影响大。因此，在导流叶片的布置上，靠内壁附近密一些，外侧则稀一些。利用内密外疏的导叶片布置方式可减少阻力。若导叶片尺寸、数量及安装角选择合理，可以削弱甚至防止气流的分离和涡区的产生，使通过弯管的气流流场得到改善，减少压力损失。

（6）风机的选型

通风机的选型原则：要满足系统使用的风压和风量；系统使用的风压和风量，必须经过比较准确的分析和计算；最好以实测值为基础，如属新建，可借鉴同类或相近系统的实际运行数值，最好使数据与实际运行值相差不超过10%。

根据负荷类型确立调节方案。首先需明确所选风机的负荷属哪一种类型，求出容积系数，若容积系数>90%就划入高流量型。这种类型不必采用变频调速装置，因为调速装置本身效率也不过90%左右，况且还要付出一笔可观的投资，倘若容积系数接近100%，则不但不节能，还多耗功。

按高效、节能及低噪声的主次选型。通常，高效风机都称为节能风机，然而选用了高效风机并不等于就是节能。因为还要看实际运行的工况是否处在风机性能曲线的最高效率点附近，如果运行中工况是变化的，还要看实际工况是否全部或大部分落入风机性能曲线的高效区域中，就是同一台高效风机，若采用不同的调节方式实现相同的目标，实际节能效果也可能差异很大。

对于功率很小却要求环境宁静的，应优先考虑低噪声。

现场风机的技术改造与节能。从我国国情出发，在短时间内要想使所有风机都用高效节能风机所取代，无论从人力、物力、财力及技术上都是不可能的。因此，结合实际情况，恰当地进行现场风机改造是必然的。

现场风机改造是风机节能工作行之有效的方法之一。一般采用的方法：更换叶轮法、新叶轮换旧轮、大轮换小轮、小轮换大轮、改变叶片长度、改善径向间隙，改变动叶数量法、降低排气动能等。

（7）调速设备的应用

调速设备的应用主要有变速调节、液力耦合器变速调节、调压调速、电机调速、变极对数调速、变频调速。

（8）除尘风机

钢厂、焦化厂等在生产过程中伴随着大量的粉尘产生，通过除尘器、除尘风机净化后排空，对保护生态环境、保护人类健康、节能减排等具有重要的意义。

除尘系统风机电动机节能的潜力巨大，采用变转速、变风量调节有较好的节能效果，并且符合节能减排的方针政策，值得推广和应用。

除尘风机主要有单吸或双吸 F 型传动系统，由叶轮、机壳、进风口、传动组、调节门等部件组成。

叶轮是风机的重要部件，材料为优质钢，叶轮采用锥形或弧形盖盘，风机高效区宽广，性能稳定，运转强度刚性很好。风机叶轮采用后向弯曲叶片，叶片设有耐磨层，叶轮成型后经严格的静动平衡校正运转试验，因此运行平稳可靠。风机的叶轮强度及刚度采用 ANSYS 有限元软件进行分析计算，确保风机叶轮运行的可靠性。

机壳一般用钢板焊接成蜗形整体。在壳体上布置有入孔及排水口，便于清除叶片和机壳内的积灰，保证叶轮的平衡性和气动性能。机壳、进气箱表面布置有"#"形加强筋板，使机壳、进气箱具有足够的刚性，保证风机运行时不发生振动。前后轴封上设浮动密封，防止由于进气箱内的负压造成外部空气进入壳体内。机壳作隔音隔热处理。为方便安装与检修，对机壳、进气箱进行了恰当的剖分，这样，在不移动风机主体和进、出口风道的情况下，即可将风机机壳、进气箱的一部分拆除，从而使风机转子从上部垂直吊出。风机的各剖分面采用密封垫，防止气体内泄外漏，保证风机安全、高效运行。

进风口与叶轮采用最佳的流场匹配，使叶轮进口气流具有十分理想的流动状态，从而提高了风机的装置运行效率，风机最高效率高达86%。同时也改善了风机内部的积垢问题。进风口用螺栓固定于风机一侧。

传动组由主轴、滚动轴承箱、联轴器组成。主轴由优质钢锻造加工制成，叶轮与轮毂采用高强度销钉联接，从而保证了转子在高温运行时不发生热振。转子的设计采用转子—轴承系统动力特性分析软件进行分析，保证足够的刚性，检修期间停运转子不会产生弯曲。风机转子采用调心滚子轴承支撑，油浴润滑，水冷却。轴承箱为铸铁件带有水平剖分面，便于轴承的安装与检查。轴承箱上有安全泄压阀及迷宫式密封保证了轴承不漏油。轴承箱设有测量与显示轴承温度的测温仪表，并设有检测转子振动的测振仪表，用于联锁保护仪表，配套按用户要求。风机与电机之间采用膜片式联轴器或弹性联轴器，联轴器处设有封闭式防护罩。

调节门为调节风机的流量，在风机进气箱入口设有百叶窗式调节门。调节叶片由调心球轴承支撑，调节门不但具有优良的调节特性，而且调节时转动灵活，使用可靠。双吸两个调节门由万向连杆同步驱动。

（9）风机常见故障、原因和排除方法

风机常见故障、原因和排除方法见表4。

**表4 风机常见故障、原因和排除方法**

| 序号 | 常见故障 | 原 因 | 排除方法 |
|---|---|---|---|
| 1 | 风机运行一段时间后轴承振动 | 转子不平衡：①叶轮粘附灰尘不均匀造成动平衡破坏；②叶轮磨损不均匀造成平衡破坏；③叶轮腐蚀不均匀造成平衡破坏；④叶轮变形造成平衡破坏；⑤主轴弯曲造成平衡破坏 | 转子不平衡：①清灰；②补修后重新做平衡；③补修后重新做平衡；④修理后重新做平衡；⑤修理后重新做平衡 |
| | | 风机主轴与电机主轴的同心度破坏 | 重新校同心度 |
| | | 轴承损坏 | 更换轴承 |
| | | 地基基础不均匀下沉 | 补救基础 |
| | | 基础螺栓松动 | 紧固螺栓 |
| 2 | 风机刚投入运行或修理后轴承振动 | 转子不平衡 | 重做转子动平衡 |
| | | 风机主轴与电机主轴的同心度安装未达到要求 | 重新校同心度 |
| | | 轴承箱与底座的联接螺栓或底座与地基的螺栓未紧固好 | 紧固螺栓 |
| | | 调整垫使用不当，底座虚空不实在 | 重新调整 |
| | | 基础松软 | 补救基础 |
| | | 轴承箱底座刚度不好（只针对风机刚投入运行） | 补救轴承箱底座 |
| | | 拖动设备（如电机）振动影响风机振动 | 消除拖动设备（如电机）振动 |
| 3 | 滚动轴承发热 | 常温风机轴承断油 | 查找断油原因消除隐患 |
| | | 高温风机轴承断油或稀油站供油量太小 | 增大供油量，消除断油隐患 |
| | | 冷却器结垢后换热效果差导致稀油站供油温度高 | 清洗冷却器 |
| | | 冷却水减少或断掉导致稀油站供油温度高 | 检修冷却水系统，增大水量 |
| | | 润滑油变质不干净，杂质进入轴承内部 | 更换润滑油，清除进入轴承内部的杂质 |
| | | 轴承内圈与主轴发生相对转动（俗话叫跑内圈） | 找风机厂家寻求解决办法 |
| | | 轴承外圈与轴承壳体发生相对转动（俗话叫跑外圈） | 找风机厂家寻求解决办法 |
| | | 高温风机热膨胀在非定位轴承处受阻，导致轴承受力不均 | 找风机厂家寻求解决办法 |
| | | 轴承本身质量问题 | 更换轴承 |
| 4 | 膜片联轴器的膜片使用时间不长就损坏 | 风机主轴与电机主轴的同心度安装未达到要求 | 重新校同心度 |
| | | 安装时联轴器的间隙尺寸未考虑电机的磁中心或已考虑磁中心，但是与真正的磁中心有较大的偏差 | 检测电机的磁中心，重新调整安装 |
| 5 | 尼龙柱销联轴器的柱销使用时间不长就损坏 | 风机主轴与电机主轴的同心度安装未达到要求 | 重新校同心度 |
| | | 安装时尼龙柱销是被强行敲击进去的 | 检测柱销孔尺寸，重新配制柱销 |
| 6 | 弹性柱销联轴器的柱销使用时间不长就损坏 | 风机主轴与电机主轴的同心度安装未达到要求 | 重新校同心度后更换柱销 |
| 7 | 调节门叶片开不完全 | 调节门的柄与轴的紧定螺钉位置处的轴上紧定螺孔未配制或紧定螺钉未拧紧，使调节门的联接转动柄与轴发生相对转动 | 补配紧定螺孔，拧紧紧定螺钉或点焊柄与轴 |

### 3. 压缩机节能技术与途径

压缩机耗电约占全国总用电量的 9.4%。压缩机成本由采购成本、运行成本、维护成本组成。依据全生命周期评价理论，采购成本仅占 10%，而运行成本占 80%。随着企业对压缩机空气系统的认识深入和节能减排趋势要求，迫切需要合适的技术对现有的压缩空气系统进行节能改造，以达到更好的节能效果。

由于企业压缩空气系统的特点和节能技术的不同，为提高节能改造成功率，节能改造不能盲目实施。在对整个系统进行全面分析、测试和评估的基础上，选择适合节能措施显得尤为重要。基于气动系统能量消耗评价及能量损失分析理论基础上，从系统构成的各个环节入手，对已在生产线上运行的和准备新建装置配套的一些压缩机节能技术的特点进行分析和探讨，有如下几种节能措施：①压缩空气的产生阶段，不同类型压缩机的系统配置和维护，运行模式优化、空气净化设备的日常管理；②压缩空气的输送阶段，管网配置的优化，高低压供气管道分离，耗气量分配的实时监管，泄漏的日常点检与最小化，接头处的压损改造；③压缩余热回收阶段，通过热交换等手段将空气压缩过程中产生的热量回收，用于辅助采暖和工艺加热等。

**（1）压缩空气的产生阶段**

①单台压缩机节能。采用的主要节能措施有：保证进气的空气洁净度；降低空压机进气温度，提高效率；润滑油油压对离心压缩机机转子振动影响大，选用含消泡剂和氧化稳定剂的润滑油；重视冷却水水质，合理控制冷却水排污量，有计划补水；空压机、干燥器、储气罐及管网冷凝水排放；为防止（离心式压缩机）空气需求量变化过快等引起喘振，注意高速机组设定的比例和积分时间，尽量避免用气突减。

②空压机调节控制系统。压缩机在工作时，由于同时工作的设备台数经常发生变化，因此耗气量也随之变化，当耗气量减少时，如果空压机还在高速运转，不仅浪费了能源，还可能因储气罐内压力不断升高，引发超压事故。为了解决这一问题，空

压机上均设有自动调节和控制系统。对于连续运转的空压机，当需要的耗气量减少时，空压机自动投入轻载或空载运行；反之，又能自动恢复正常运行。常用的调节方式主要是关闭吸气管法，使空压机空转，排气量等于零。这种调节方式简便易行，经济性好，广泛应用于中小型空压机上。在空压机充气和空载交替运行过程中，牵引电机也是满载和轻载之间周期性地转换；满载时，电机处于高效经济运行状态，轻载时，电机处于非经济运行状态，浪费了大量电能。空压机上使用的节电保护系统主要有两种：一是使用调速或力矩电机，使供气系统成为恒压系统；二是应用轻载节能控制装置减少电机在轻载时的电能损失。

③压缩空气干燥工艺的改进。常用的压缩空气干燥处理设备分为冷冻式、无热再生式和微热复合式。常用的压缩空气干燥处理设备的优缺点见表 5。

**表 5　常用压缩空气干燥处理设备的优缺点**

| 处理方式 | 优　点 | 缺　点 |
|---|---|---|
| 冷冻式 | 技术成熟 | 露点较高，耗电占压缩机的 3% |
| 无热再生式 | 价格低廉 | 露点不稳定，再生用气占 13%~15% |
| 微热再生复合式 | 工艺成熟 | 价格贵，再生用气占 7%~8% |

节能改造方向遵循以下原则：a. 若原系统对空气进行过高纯度处理时，改成较低的匹配的处理方式；b. 改进干燥工艺，减少干燥处理环节的压损（某些系统干燥处理压损达 0.05 MPa~0.1MPa），减少能量消耗。

④冷却水系统。工作时，空压机内的气体要经过绝热、多变和等温三种压缩过程，在相同的初压和终压条件下，等温压缩消耗的循环功最少。但实际的压缩过程多为变压缩，空压机的冷却效果越好，越接近等温过程，则循环功越少。因此，为提高冷却效率，在空压机的冷却水系统中，一般设有中间冷却器和后冷却器，以保证各级压缩空气的吸入温度基本一致，无论是中间冷却器，还是后冷却器，控制循环用水量，并减少管路系统的水路损失，可以有效节约循环水泵的功率消耗。冷却水系统的设计可以采用开式和闭式两种结构。闭式系统

为了使回流热水温度快速降低，可以采用较大的循环水池，或者采用带有淋水装置的冷却塔。对冷却水用量的大小，也要适当加以控制，水量过大会增加循环水泵的电能消耗。

（2）压缩空气的输送

①气路系统。空压机的气路系统包括滤风器、气缸、吸排气阀、活塞组件、冷却器、密封装置和贮气罐等组成。外界的大气经过清洁和压缩后通过输气管道到使用设备，这一过程存在较大的节能潜力。如果活塞与气缸内壁密封不严（间隙过大），吸排气阀失修（或修理不善）等就会造成严重漏气，直接减少了空压机的排气量，使其效率下降。对吸排气阀的要求开闭迅速，阻力小，密封性好。按国家标准规定，其漏气系数应达到 0.95 以上，定期进行工作参数的测试，及时发现和解决问题是十分必要的。

另外，输气管路中压缩空气的泄漏也是造成气路系统能耗增大的重要原因。管路系统的能耗损失主要表现在沿管程管路损失和漏气压力损失。管路系统的压降不应超过工作压力的 1.5%。当前，很多空压机站的输气管道没有主次之分，不必要的弯头、弯管过多，压力脉动频繁，压损严重。气动管道有的埋于地沟，无法监测泄漏。因此，合理选择（或设计）输气管路的管径的管材，高标准、高质量地安装和施工，才能达到投资少，能量损失小，确保压力要求。空压机排气压力每增加 0.1MPa，空压功耗将增加 7%~10%。为此，所采取的改造节能措施有：a. 将支路布置的管线改成环路布置，实行高低压供气分离，并安装高低压精密溢流单元；b. 更改局部阻力偏大的管线，降低管道阻力，对管内壁酸洗，除锈等净化处理，保证管壁光滑。

②泄漏、检漏和堵漏。泄漏严重时，泄漏量可达 20%~35%，主要发生在各用气设备的阀门、接头、三联件、电磁阀、螺纹连接和气缸前端盖等处；有的设备超压工作，自动卸荷频繁排气。泄漏造成的损失超出大多数人的想象。有数据显示，汽车点焊工位的一个焊渣在气管上造成的一个直径 1mm 的小孔，每年电耗损失高达 3 525kW·h。

节能措施：a. 对主要生产车间的供气管道安装流量计量管理系统，确定工艺用量限额；b. 调整工艺用气量，尽可能减少阀门、接头的数量，减少泄漏点；c. 加强管理，使用专业工具定期巡检。

总之，可以采用一些专业监测设备，如并联接入式智能气体汇漏检测仪、泄漏点扫描枪等，采取措施防止压缩空气系统的跑、冒、滴、漏，据此开展维修工作和元器件更换工作。

（3）空压机余热回收

空压机余热指的是空压机在生产高压空气过程中随之产生的多余热量。在空压机将机械能转为风能的过程中，空气得到强烈的高压压缩，温度骤升。同时，空压机的旋转也会磨擦发热，这些高温热量由空气润滑油混合成的油气、蒸汽携带排出机体。这部分高温气流的热量相当于空压机输入电功率的 3/4，温度通常在 80℃~100℃，这些热能都需要通过空压机的散热系统快速冷却，以满足空压机正常工作的温度要求，这巨大的热量被白白浪费且在冷却过程中还需要消耗额外电能。

根据全生命用期评价，空压机消耗的电能有 80%~90% 转化成热的形式散失掉了。除去辐射到环境中和存于压缩空气自身的热量外，剩余 94% 的能量均可以采用余热回收方式加以利用。

余热回收利用主要有：辅助采暖、工艺加热和锅炉补水预热。通过合理改进，50%~90% 的热能可以回收并利用。安装热能回收装置可以将空压机运行温度有效控制在最佳运行温度使润滑油工作状态良好，空压机排气余量会增长 2%~6%。对于风冷式空压机，可以停止空压机自身的冷却风机，采用循环水泵回收热量；水冷式空压机可用来加热冷水或空气加热，回收率在 50%~60%，余热回收相对电热设备几乎无需能耗，相对于燃油、燃气设备零排放，是清洁环保的节能方式。

## 四、能量回收

能量回收的定义十分广泛，具体来说就是将已经使用过的能量转变成可使用的能量，如热能、机械能、压力能、光能等转化为可利用能源。能量回收能够充分利用能源，减少碳排放节能降耗有利于可持续发展。

随着能量回收具有良好的经济效益及社会效益，目前已有许多科研机构、企业对此进行专题研究，能量回收的前景十分广阔。

对于机械产品来说，能量回收根据工作原理，主要有两种方式：a. 非直接接触式。在该能量回收方式中，回收能量与工作能量之间不发生接触，而是通过中间环节进行能力传递，如蒸汽能回收的蒸汽透平（汽轮机）、高压液能回收的水力透平（水轮机）等。b. 直接接触式。在该能量回收方式中，回收能量与工作能量之间产生直接接触，消除了中间机械环节，具有更高的能量回收效率，但同时受介质工况性质的限制，如海上淡化装置中的活塞式功交换器、旋转式压力交换器等。

## 1. 水力透平

实际应用的水力透平有两种：一是泵做水力透平使用，二是独立设计的水力透平。

所有的离心泵基本上都可以作为能量回收水力透平使用，泵的出口变为水力透平的进口，泵的进口变水力透平的出口。在流动中液态流体所具有的能量经过透平喷管时转换为动能，流过叶轮时流体冲击叶片，推动叶轮转动，从而驱动透平轴旋转。透平轴直接或经传动机构带动其他机械，输出机械功。水通过转轮使泵反向旋转，变为水力透平工况。水力透平的效率等于或高于作为泵运行时的效率。在很多情况下，经验表明，良好的泵可以作良好的水力透平使用，但是很多良好的水力透平在作泵运行时，效率显著下降。发生这种现象的原因是：泵是扩散型流道，作水力透平运行时，变为收缩型流道，而水力透平是收缩型流道，变为泵工况时成为扩散型流道，收缩型流道速度逐渐加快，比扩散型流道水力损失小。

对于用于能量回收的水力透平，流量不很大，压头比较高，到目前为止缺少设计实践，一般是考虑水力透平的特点，按泵的设计方法进行设计。其中，关键问题是找出泵作为水力透平使用、泵工况和水轮机工况性能参数之间的关系。

### （1）水力透平国内外发展现状

液力能量回收透平技术的应用已有二三十年历史。主要对采用减压阀或孔板减压的连续工艺流程中的高压流体回收可供回收的压力能，以前这些能量大都通过减压阀或孔板而被浪费掉。现在发现水力透平在一定条件下可替代电动机或汽轮机等驱动装置，并且最高有可回收 80% 的流体能量并用来驱动泵或其他转动机械，在一二年甚至在更短的时间内就可收回投资，所以应用逐渐广泛。

水力回收透平的研究主要是来自专业泵制造厂，水力回收透平的参数选择和系数确定主要是由工厂大量试验得出来的，缺乏设计理论。国内尚未发现有关水力透平的专门研究机构。随着水力透平技术的普遍应用，一些学者加入到该技术的研究行列。目前，研究水力透平的技术手段为试验结合CFD（计算流体动力学）技术。国内外也初步形成了一定规模的开发队伍，企业的积极性很高。

反转的泵作为水力透平运行，由于没有导叶，具有成本低、质量稳定、结构简单、耐用等优点，效率基本与泵相同，能够批量生产，而且由于零部件少，维修容易、运行成本低。但存在不能控制水量变化的缺点，国外有些研究机构做了一些尝试：如美国一家公司开发的径向叶片涡轮水力透平与反转泵式水力透平相比具有更高的效率，并且由于级数减少而提高了可靠性。

径向叶片涡轮与泵叶轮相比，可产生更高的能量转化效率，回收更大的压差。可逆泵式水力透平叶轮与径向叶片涡轮式液力透平叶轮的形状对比见图6。

可逆泵式水力透平与径向叶片涡轮式水力透平在相同操作条件（流量 196m³/h，扬程 1 586m，转速 3 570r/min）下的性能比较见表6。

通过对表6中A、B两栏进行比较可以看出，只有增加水力透平的级数才能提高能量回收效率，势必增加轴长，降低其可靠性。而比较A，C两栏可以看到，如采用径向叶片涡轮，在相同级数下可得到更高的效率，同时可靠性也不降低。由于径向

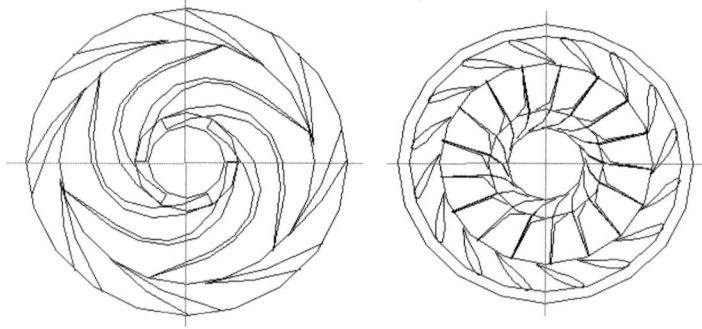

**图6 可逆泵式水力透平叶轮与径向叶片涡轮式液力透平叶轮的形状对比**

**表6 径向叶片涡轮与可逆泵式水力透平性能对比表**

| 项 目 | 可逆泵式水力透平 | | 径向叶片涡轮式水力透平 |
| --- | --- | --- | --- |
| 性能 | A | B | C |
| 叶轮级数 | 8 | 12 | 8 |
| 有效转速（r/min） | 808 | 1095 | 808 |
| 每级扬程（m） | 198 | 132 | 198 |
| 叶轮直径（mm） | 282 | 225 | 222 |
| 效率（%） | 70 | 73.5 | 75 |
| 回收功率（kW） | 781 | 820 | 837 |
| 轴长（mm） | 1854 | 2210 | 1854 |

叶片涡轮的直径相对较小，因此结构紧凑、造价低。

如果扬程很高或所选电机速度较低，而水力透平必须以高于泵组的速度操作，因此需要在水力透平与电机之间设增速齿轮箱。同样，如果用户选择级数较低水力透平（一般在10级左右），则必须提供减速齿轮箱。

径向叶片涡轮设计的更大优点是可以改变喷嘴的大小，因为环形流道上的喷嘴为螺栓连接，容易更换。这样水力透平就有最佳的工作效率，同时设计流量的范围也较宽。

国内在水力透平的技术开发方面虽然起步较晚，但也取得了一些成绩。在国际先进技术的基础上，进行研究及实际应用，取得了良好的应用效果。

（2）水力透平的特性

反转离心泵特性反映泵在水泵工况、水轮机（水力透平）工况和制动（耗能）工况等全部工况的全部特性曲线，由于试验较复杂，需要时才用模型在试验室作。

①水力透平与泵的扬程—流量特性曲线的趋势

相反，水力透平的曲线在零值输出功率以后，压头随流量的增加而迅速上升。

②作水力透平用时的最佳效率值与作泵用时的最佳效率值基本相等，但是在较大的流量点处；而且在该点右侧效率下降缓慢，因此宜于在最佳效率点或较大的流量下运行。因此在评价水力透平机组时，应注意的是能量回收的预测是在工艺流体为正常流速的前提下，而不是最大流速。水力透平的设计流量不能用与计算泵设计流量一样的方法确定。这是由于水力透平在以正常流量运行期间，经常在小于最大回收功率下运行。

③水力透平的输出功率和效率随流量的下降而迅速降低，当流量下降至最佳效率点的40%时，输出功率及效率均为零；当流量低于该值时透平处于耗功状态。正因为此水力透平常与电动机串联驱动泵，当流量变小时，依靠电动机驱动。通过在水力透平与电动机之间安装超越离合器来消除流量变小时水力透平给机组增加的额外能耗。

另外，在水力透平工况下液体离开叶片表面产生的压降比在泵工况下液体注射叶片表面所产生的压降小，因此对汽蚀不如泵敏感。

作水力透平用和作泵用的最佳效率点的压头和流量都有一定的对应关系，视泵的比转速NS不同，其转换系数也不同。

（3）水力透平的结构型式

水力透平的结构型号主要是离心泵，根据回收介质的流量、压力，各种型式的泵都可以充当水力透平，如OH2型、BB1型、BB2型、BB3型、BB4型、BB5型等。泵的出口是水力透平入口，泵的入口是水力透平的出口。

### （4）水力透平的选型

根据可用液流的压头、流量和所需转速，即水力透平的设计参数，从泵制造厂产品样本中选取最佳效率的泵。

### （5）水力透平的布置

API610 标准水力回收透平的典型布置见图 7。

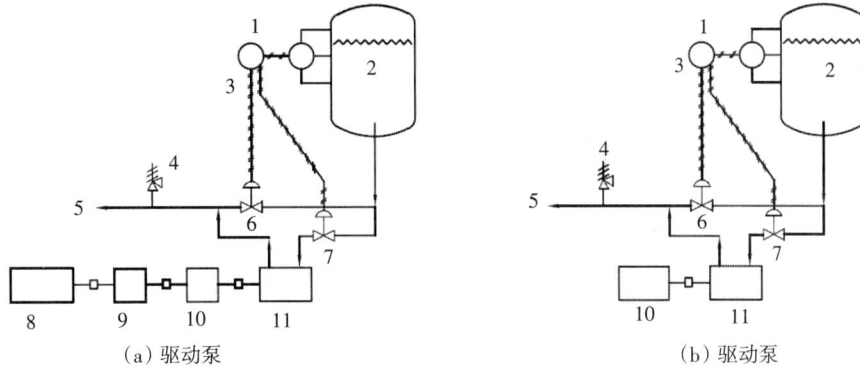

图 7　API610 标准水力回收透平的典型布置

注：1—液位指示器、控制器；2—高压容器；3—分配控制；4—安全阀；5—至低压容器；6—旁通阀；7—进口调节阀；8—泵；9—电动机；10—超速离合器；11—液力回收透平；12—发电机。

对双驱动的要求，当水力透平回收的功率不足以驱动泵时，需增设辅助驱动机：a. 主驱动机的额定功率应在无水力透平的协助下能驱动机组，即主驱动机（电机或汽轮机）应按全功率选取；b. 水力透平应布置在机组的端头，绝不可布置在半贫液泵和电机之间，否则在水力透平的流量或压差不足时无法从机组中脱开；c. 在水力透平和被驱动设备之间应配置超速离合器，以便在水力透平维修或水力透平的工艺流体管路接通之前，被驱动设备可正常运转，如果流往水力透平的流量可能大幅度或频繁变化，当流量降到额定流量的大约 40% 时，水力透平将停止输出功率，且对主驱动机产生阻尼，对此，应设置超速离合器。

双驱动的缺陷有：a. 水力透平回收的功率仅部分被利用，由于主驱动机是按全功率选取，主驱动机将长期在低负荷下运行，效率低，其效率降低程度取决于透平回收的功率占总功率的比例，当电机在距铭牌功率很远的工况下运行时，电机效率和功率因数都很低，电机实际消耗的功率将很大；b. 一旦离合器失效，将导致透平转速无法控制，严重时将发生超速；c. 与水力透平单驱动相比，需增加全功率电机或汽轮机及其配套设施、一台超速离合器

的维护、两套膜片联轴器，附加费用增加较多，维护工作量也增多，机组长度成倍增加。此外，双驱动的四个转子串联，与单驱动的两个转子串联相比，机组的运行稳定性降低。

当前液力回收透平技术发展的趋势是尽量用单驱动取代双驱动。只要工艺、系统和机泵三个专业密切配合，可以实现水力透平单驱动泵，取消主驱动机，使水力透平回收的功率能全部被利用，并节省投资。加拿大一家公司正在试验在不改动原装置设计参数的前提下，串联同流量的小功率泵，实现单驱动节能的新方案。

单驱动的水力透平，启动前至少有指定的最小流量向水力透平输送。因此需要有一台不带水力透平的泵，如备用泵，向系统预先加载并从工艺容器向水力透平供应液流。推荐最小流量至少为 40% 的设计流量。

### （6）水力透平阀门及系统配置

①流量调节阀。为避免水力透平的机械密封承受过高的压力，以延长其使用寿命，通常将流量调节阀布置在水力透平的进口管线上，应使机械密封在水力透平的出口低压力下工作。对于富含气体的工艺液体来源，这样布置流量调节阀可使气体充分

释放，而气体释放可提高透平的输出功率。

②旁通阀。无论水力透平机组如何布置，应安装一个具有调节功能的全流量旁通阀。可调节的旁通阀和水力透平的入口调节阀共同控制流量。为避免机组超载，水力透平只按正常流量运行，额定流量与正常流量之差走旁路。

③安全阀。为保护水力透平的泵体和机械密封免受下游背压可能出现的升高，应在水力透平的出口管路上安装安全阀。

④超速离合器。为了防止系统超速造成设备损坏，水力透平与泵之间设置超速离合器，脱扣速度设定为额定转速的115%~120%，达到脱扣转速时，水力透平与泵之间自动脱离。超速离合器只能单向传递扭矩且在另一方向自由空转，由于流往水力透平的流量可能会大幅度及频繁地改变，当流量下降到额定流量的40%时，水力透平不仅不输出功率而且还会产生阻力，而装设超速离合器可以有效防止这种阻力。

⑤液位指示控制器。由于水力透平要求在比较恒定的压差下工作，为了有效调节液位，在高压源处设置液位指示控制器，如果高压源水位过高，控制器发信号给入口节流阀及旁通阀，对水力透平入口流量及压力进行调整，防止系统超速；如果液位过低（下降为设定流量的40%），控制器发信号，系统停止工作。

（7）水力透平的研究技术关键

研究液体能量回收透平的引液形式和出液形式，以提高液力能量回收透平的效率。

结合传统的水力机械（泵及水轮机）的设计理论，系统地研究能量回收透平设计理论，提高能量回收的效率。

采用CFD流体力学计算软件，通过几何建模、数值计算和模型实验对水力透平叶片型线及其他过流部件水力设计的合理性进行校核和优化，在水力优化设计的基础上，对水力透平进行结构优化设计，在满足水力设计的前提下，通过结构受力有限元分析，对水力透平主要部件进行结构优化。通过对过流部件内部流体运动规律的分析研究，设计符合液体流动规律的水力模型。

根据设计理论，制作能量回收水力透平样机一台，进行性能试验研究，得到一些基础数据，验证设计理论。

## 2. 螺杆膨胀机

螺杆膨胀机属于容积式膨胀机，是通过吸入有一定压力的气态工质使得基元容积由小到大的连续膨胀从而对外做功的动力机械，是螺杆压缩机的逆运转。凡从事过螺杆压缩机机组设计的人，都要考虑防止螺杆压缩机在停机时长时间的逆运转，在停机时压缩机的排气压力高于吸气压力，压缩机反转，这时候的螺杆压缩机就是螺杆膨胀机了。当然不是所有的螺杆压缩机都可以用做螺杆膨胀机，螺杆膨胀机在设计上和螺杆压缩机相比还是有很大的不同，首先用于螺杆压缩机的转子型线不一定可以用于螺杆膨胀机，其次膨胀机的设计参数优化也有许多方面不同于螺杆压缩机。

螺杆膨胀机有两类主要的应用：余压利用和余热利用。余压利用是由有一定压力的气态工质，其温度可以是高于常温也可以是常温，来推动螺杆膨胀机膨胀做功，可以利用螺杆膨胀机直接驱动耗功机械，如压缩机、鼓风机、水泵等，也可以驱动发电机发电。常见的有一定压力的气态工质有水蒸汽、天然气和工艺气体，这些带压的气态工质的能量在一些情况下或放空或通过减压阀减压白白浪费掉了，没有得到回收应用，这些带压的气态工质的能量可以通过螺杆膨胀机回收，用来带动耗功机械或驱动发电机发电。根据不同的气态工质的要求，螺杆膨胀机可以是无油润滑的也可以是有油润滑的。

一些气态工质，如水蒸汽，必须使用无油螺杆膨胀机，其结构类似于无油润滑的螺杆压缩机，转子腔内无油，阴、阳螺杆不直接接触，而通过同步齿轮驱动。轴承和同步齿轮还是有油润滑和冷却的，轴承腔和转子腔之间通过机械轴封隔开。无油螺杆膨胀机不仅可以用于过热蒸汽的膨胀，还可以用于饱和蒸汽的膨胀，甚至两相区蒸汽的膨胀。国内生产的无油螺杆膨胀机，最小的转子直径220mm，最大的转子直径844mm，螺杆转子采用高效、低噪声、为膨胀机专门开发的 Y 转子型线。其系列产品可以满足不同质量流量的水蒸汽的膨胀需求，也可以满足要求无油膨胀的各类气体的需求。无油螺杆膨胀机剖面见图 8。

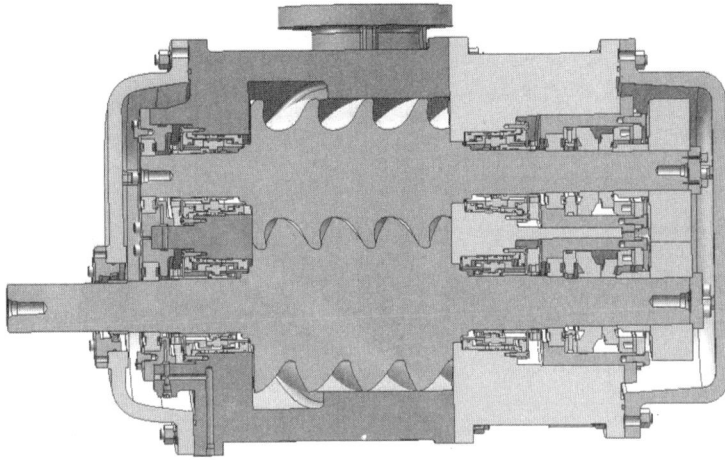

图 8　无油螺杆膨胀机剖面

有一些工质如能使用喷油螺杆膨胀机，则应尽可能使用喷油螺杆膨胀机，以得到更高的膨胀效率，膨胀机的可靠性也高得多。喷油螺杆膨胀机和喷油螺杆压缩机的结构类似，转子腔喷油润滑，阴、阳转子直接相互驱动，没有同步齿轮，齿轮腔和转子腔之间也没有机械密封，较之于无油螺杆膨胀机，喷油螺杆膨胀机的结构要简单得多，效率和可靠性也要高得多。国内生产的某系列喷油润滑的螺杆膨胀机，最小的转子直径只有 51 mm，最大的转子直径 407 mm，螺杆转子采用了专门为螺杆膨胀机专门开发的 Y 转子型线，以保证喷油螺杆膨胀机的高效性、低噪声和高可靠性。

螺杆膨胀机的余热利用是通过有机朗肯动力循环来实现的。朗肯动力循环由 4 个主要元件组成：蒸发器、膨胀机、冷凝器和工质泵，这 4 个元件组成了一个封闭的循环系统，系统内充有制冷工质。高温热流体，也即高温热源，通过蒸发器时加热液态制冷工质，产生高温高压的制冷工质蒸流，常见的热流体可以是热水、热油、饱和或过热蒸汽、各种发动机排放的尾气和工厂排放的烟气等。蒸发器产生的高温高压制冷工质蒸汽进入膨胀机推动膨胀机膨胀做功，推动发电机发电或推动其他耗功机械。由膨胀机排出的低温低压制冷工质进入冷凝器向环境放热冷凝成液态，环境就是低温热源。低温的液态制冷工质进入工质泵提高压力，进入蒸发器蒸发，这样就完成了一个有机朗肯循环。有机朗肯循环是常见制冷循环的逆循环，通过有机朗肯循环就可以把低品位热能转化成电能或机械能。根据高温热流体的温度的变化，可以采用不同的制冷工质如 R245fa、R134a 等。冷凝器的冷却方式可以是水冷和风冷，水冷的冷却方式又可以使用冷却塔产生的循环水冷却，或者使用蒸发式冷凝器。有机朗肯动力循环示意原理见图 9。

用于有机朗肯动力循环的膨胀机有离心膨胀机和螺杆膨胀机。离心膨胀机有通过减速齿轮箱来驱动发电机发电，一般用于较大功率的有机朗肯循环系统，也有使用磁悬浮轴承并直接驱动永磁发电机来发电，适合于中、小功率的有机朗肯循环系统。离心膨胀机直接驱动永磁发电机发电，由于其转速很高，发电的频率也很高，必须通过变频器变换到 50 赫兹或 60 赫兹才能使用，变频器会产生不小的损失。用于有机朗肯循环的螺杆膨胀机也有两类，带同步齿轮的无油螺杆膨胀机和阴、阳转子直接驱动的有油润滑螺杆膨胀机，螺杆膨胀机适合于中、小功率的有机朗肯循环系统。

和离心膨胀机相比，有油润滑螺杆膨胀机的效率高，成本低，更适合于热源不稳、工况变化的场合，并且对从蒸发器的带液运行也不敏感。和带同

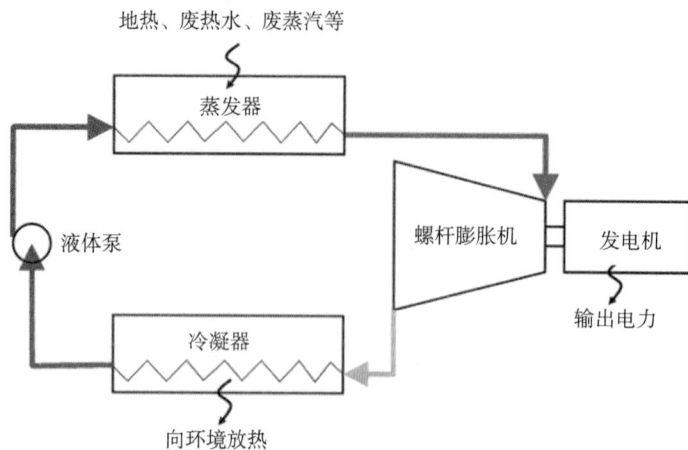

**图9 有机朗肯动力循环示意原理**

步齿轮的无油螺杆膨胀机相比，有油润滑螺杆膨胀机效率要高得多，成本也低得多，用于有机朗肯循环这样封闭循环可靠性也要高得多。国内生产的制冷工质有油润滑螺杆膨胀机外形见图10。

**图10 国内生产的制冷工质有油润滑螺杆膨胀机外形**

该发电站采用了螺杆膨胀机，发电站主发电机的装机容量为100 kW。为了实现现有能源的阶梯高效利用，也为了开发利用新能源和可再生能源，国内开发出了某系列的用于制冷工质的有油润滑螺杆膨胀机，并开发生产了以此系列膨胀机作为发电站膨胀主机的某系列有机朗肯循环螺杆膨胀发电站，单一发电站系统的净发电量从1.2kW到1 207 kW。此系列全部采用螺杆膨胀机直联驱动发电机发电，不采用增速或减速齿轮，不仅消除了齿轮的功率消耗和传动噪声，而且还提高了系统的可靠性。有油润滑螺杆膨胀机组见图11。

等熵效率也称内效率，被用于衡量螺杆膨胀机的热力完善度，等熵效率是螺杆膨胀机的实际膨胀功与等熵膨胀功之比。等熵效率越高，螺杆膨胀机的热力完善度也就越高。图10所示的螺杆膨胀机在用于R245fa时的等熵效率达到85%以上。

热效率被用来衡量有机朗肯循环的发电效率，热效率是有机朗肯循环系统的净发电量和蒸发器所吸收的热量之比。热效率越高，有机朗肯循环系统的热力完善度越高。在有机朗肯循环系统中，制冷工质的冷凝需要耗功，工质泵把液态制冷工质从低压提高到高压也需要耗功，在蒸发器中的热流体循环有时候也要耗功，所有的这些耗功也常常被称为有机朗肯循环系统的自耗功，把主发电机的发电功率减去系统的自耗功率的总和才是系统的净发电量。系统的热效率是系统的净发电量与系统吸收的

图 11　有油润滑螺杆膨胀机组

高温热源的热量之比。就一个给定的有机朗肯循环系统而言，自耗功相对是固定的，膨胀主机的等熵效率越高，系统的热效率越高。以某有机朗肯循环螺杆膨胀发电站为例，膨胀主机的等熵效率提高30%，电站的热效率提高42%，电站的热效率提高的量总是高于膨胀机主机等熵效率提高的量。膨胀机主机的等熵效率是决定有机朗肯循环发电站的投资回收期的关键因素。有机朗肯循环的热效率与工质冷凝的冷却方式也有关，使用蒸发式冷凝器的有机朗肯循环系统的热效率要高于使用循环水冷却或者使用风冷冷却的系统。

有机朗肯循环螺杆膨胀发电站在低品位热能的回收上有着十分广泛的应用，这些低品位的热能现在常被称为废热，有机朗肯循环螺杆膨胀发电站变废为宝，所有的低品位热能从此就不应该以废热称之。常见低品位热能包括但不止以下几种：各种工业流程中产生的热水、热油或其他热液体；各种工业流程中产生的负压、大气压、低正压的蒸汽，饱和的或过热的蒸汽；饱和蒸汽和水的两相流；工业流程中产生的含有大量水蒸汽的混合气体；各种工业流程中产生的烟气、地热；由太阳能所产生的热水、热油或水蒸汽；垃圾处理或其他生物能所产生的低品味热能；往复发动机的缸套水和发动机排放的尾气；燃气轮机排放的尾气；液化天然气的气化也可以用作有机朗肯循环螺杆膨胀发电站的低温热源而以环境作为高温热源来发电。

特别需要指出的是，在各种工业流程中有的副产品是有压力的饱和或过热水蒸汽，有一些品位较高的热能已经被转换成或可以被转换成各种压力的饱和或过热水蒸汽，这些水蒸汽通过蒸汽轮机膨胀或蒸汽螺杆膨胀机膨胀带动发电机发电，蒸汽膨胀机应该使用背压式的，把水蒸汽膨胀到大气压上下，再进入有机朗肯循环螺杆膨胀发电站发电，这样的两级发电不仅充分利用了水蒸汽的压力，而且充分利用了水蒸汽的汽化潜热，还节约了凝气式汽轮机冷凝汽化潜热所需要的大量的冷却耗功。膨胀机直接膨胀发电加上有机朗肯循环螺杆膨胀发电站发电，可以做到带压水蒸汽发电量的最大化和热效率的最大化。

（中国通用机械工业协会）

# 脱硫脱硝

## 一、概况

近年来，随着我国经济社会的快速发展，环境问题日益突出。硫氧化物、氮氧化物是主要的大气污染物，严重危害自然生态环境和人类身体健康。根据我国近十年的环境状况公报显示，二氧化硫排放量自 2006 年以后呈下降趋势，2010 年二氧化硫排放量为 2 185.1 万 t，比 2005 年下降约 14.29%。2000~2010 年我国二氧化硫年排放量见图 1。

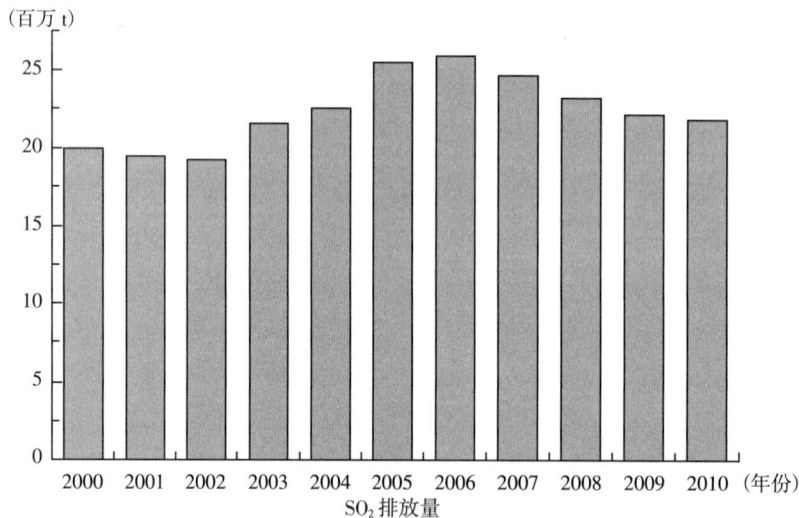

图 1　2000~2010 年我国二氧化硫年排放量

电力产业是我国二氧化硫排放大户，根据中国电力企业联合会统计分析，2010 年全国电力行业二氧化硫排放量 926 万 t，比 2009 年下降 2.3%，比 2005 年降低 28.80%，提前一年超额完成"十一五"减排目标；火电行业二氧化硫排放绩效值由 2005 年的 6.4g/kW·h 下降到 2.7g/kW·h，实现了国家"十一五"规划目标，好于美国 2009 年水平（美国 2009 年为 3.4g/kW·h）。

钢铁产业和工业锅炉也是重要的二氧化硫污染源，2008 年全国钢铁企业二氧化硫排放量 150 万 t~180 万 t，约占全国二氧化硫排放总量的 8%；2008 年全国燃煤工业锅炉排放二氧化硫超 519.1 万 t，占全国二氧化硫总排放量的 22.2%。

2010 年我国的氮氧化物排放量 2 273.6 万 t，主要来源于火电厂、机动车和水泥窑。据中国环境保护产业协会组织的《中国火电厂氮氧化物排放控制技术方案研究报告》的统计分析，2007 年火电厂排放的氮氧化物总量已增至 840 万 t，比 2003 年的 597.3 万 t 增加了近 40.6%，占全国氮氧化物排放总量的 35%~40%。2008 年，全国燃煤工业锅炉排放氮氧化物 187.4 万 t。2010 年全国水泥行业排放氮氧化物约 200 万 t，约占全国氮氧化物排放总量的

10%，仅次于电力行业和机动车尾气排放，居第三位。

我国二氧化硫和氮氧化物排放量巨大，重点行业应承担起相应的减排责任。

2011年8月，国务院发布的《"十二五"节能减排综合性工作方案》中明确提出了"十二五"期间，我国二氧化硫减排8%和氮氧化物减排10%的约束性指标。这就要求二氧化硫和氮氧化物排放大户——火电厂、钢铁行业、水泥厂、燃煤工业锅炉承担起相应的减排责任。

另外，我国关于二氧化硫和氮氧化物排放的标准也日趋严格。

2011年7月29日发布的《火电厂大气污染物排放标准》（GB13223-2011）要求，二氧化硫的排放限值降低到100mg/m³（重点地区50mg/m³）、NOx（以$NO_2$计）的排放限值降低到100mg/m³。《钢铁工业大气污染物排放标准烧结（球团）》（送审稿）中规定，现有企业烧结（球团）设备二氧化硫的排放限值为600mg/m³，新建企业为200mg/m³。《水泥工业大气污染物排放标准》（GB4915-2004）规定，水泥行业氮氧化物排放限值为800mg/m³，更为严格的排放标准正在研究制定中。工业和信息化部颁布的水泥行业准入条件要求，新建或改扩建水泥（熟料）生产线项目须配置脱除NOx效率不低于60%的烟气脱硝装置。另外，国家发展和改革委员会出台《国家采取综合措施调控煤炭和电力价格》规定，自2011年12月1日起，对安装并正常运行脱硝装置的燃煤电厂试行脱硝电价政策，每度电补助0.08元，以弥补脱硝成本增支。由此可见，脱硫脱硝行业发展面临着机遇与挑战。

## 二、脱硫行业

### 1. 现状

随着工业的快速发展，以及越来越大的环保需求，世界各地开发了200多种脱硫技术。其中，烟气脱硫是控制二氧化硫污染最有效和最主要的技术手段。目前主要应用的烟气脱硫技术包括石灰石—石膏法、海水脱硫法、氨—硫铵法和烟气循环流化床法。

烟气脱硫作为目前世界上唯一大规模商业化应用的脱硫方法，按脱硫的方式和产物的处理形式划分，一般可分为干法、半干法和湿法三大类。发达国家对烟气脱硫技术研究开展较早，到20世纪90年代，美国、日本、欧洲等发达国家和地区已广泛采用了脱硫设施，其中以石灰石—石膏湿法烟气脱硫技术应用最为广泛。我国目前的燃煤烟气脱硫技术以引进为主，在实际应用过程中，引进技术常常因为与我国国情适应性差，导致已建烟气治理设施在运行中性能不稳定、投运率不高、经济性差等问题。通过对22家2008年底前建设的火电厂烟气脱硫工程评估结果的综合分析，60%电厂脱硫机组实际燃煤含硫量超出设计值，67%气—气换热器、44%除雾器等设备存在严重质量问题，且脱硫设备缺乏有效诊断系统性能的手段，造成重复建设和国家投资的浪费。脱硫脱硝国家标准编制项目组修订了《燃煤烟气脱硫设备第1部分燃煤烟气湿法脱硫设备》（GB/T19229.1-2008），在国际上首次在脱硫脱硝技术装备的核心设计、关键设备配置、运行维护和安全问题等各关键环节上通过国家标准进行严格全面的质量控制，创新性地解决了系统可用率低和设备腐蚀、结垢、堵塞、烟气带水等问题，提高了产品质量，降低了生产成本，填补了石灰石—石膏湿法燃煤烟气脱硫设备缺乏国家统一标准的空白；并创新性地提出了人机安全要求，从脱硫设备的劳动安全卫生和人体功效角度要求防止职业健康危害。这一系列举措，使武汉凯迪、北京博奇、国电龙源、远达环保、浙大网新等企业的脱硫产品走向国际市场，击败了三菱、阿尔斯通等国际知名环保公司产品，成功出口欧洲、美洲和中国香港等地区。

### 2. 火电厂脱硫

到2010年底，全国已投运烟气脱硫机组超过5.6亿kW，约占全国燃煤机组容量的86%，比美国2009年高出36个百分点。其中五大发电集团公司（华能、大唐、华电、国电、中电投）投运烟气脱硫机组共计 3.4 亿 kW，约占全国已投运燃煤脱硫机组容量的 60.7%。在全国已投运的烟气脱硫机组中，石灰石—石膏湿法仍是主要脱硫方法，占 92%，其余脱硫方法中，海水法占 3%，烟气循环流化床法占 2%，氨法占 2%，其他方法占 1%。石灰石—石膏法作为最主要的脱硫技术，地位不可动摇。截至 2010 年底我国累计投运脱硫工程容量排名前 10 的企业及采用的脱硫方法见表 1。截至 2011 年我国累计投运脱硫工程容量排名前 10 的企业及采用的脱硫方法见表 2。我国各种脱硫法占比例见图 2。

**表 1　截至 2010 年底我国累计投运脱硫工程容量排名前 10 的企业及采用的脱硫方法**

| 序号 | 公司名称 | 累计投运容量（万 kW） | 采用的脱硫方法及所占比例 |
|---|---|---|---|
| 1 | 北京国电龙源环保工程有限公司 | 6 241.7 | 石灰石–石膏湿法 83.36%，海水法 16.03%，氨法 0.43%，烟气循环流化床法 0.18% |
| 2 | 北京博奇电力科技有限公司 | 4 820.6 | 石灰石–石膏湿法 100% |
| 3 | 武汉凯迪电力环保有限公司 | 4 297.0 | 石灰石–石膏湿法 90.13%，烟气循环流化床法 7.95%，氨法 0.96%，NID0.96% |
| 4 | 福建龙净环保股份有限公司 | 4 079.4 | 石灰石–石膏湿法 83.15%，烟气循环流化床法 16.85% |
| 5 | 中电投远达环保工程有限公司 | 3 612.4 | 石灰石–石膏湿法 96.95%，烟气循环流化床法 1.28%，干法 1.77% |
| 6 | 浙江浙大网新机电工程有限公司 | 3 384.5 | 石灰石–石膏湿法 100% |
| 7 | 中国华电工程（集团）有限公司 | 2 417.2 | 石灰石–石膏湿法 100% |
| 8 | 山东三融环保工程有限公司 | 2 339.0 | 石灰石–石膏湿法 95.94%，烟气循环流化床法 4.06% |
| 9 | 同方环境股份有限公司 | 2 215.2 | 石灰石–石膏湿法 100% |
| 10 | 浙江天地环保工程有限公司 | 1 983.0 | 石灰石–石膏湿法 99.19%，海水法 0.81% |

注：按已投运的脱硫工程容量大者居前。
资料来源：中国环境保护产业协会脱硫脱硝委员会。

**表 2　截至 2011 年底我国累计投运脱硫工程容量排名前 10 的企业及采用的脱硫方法**

| 序号 | 公司名称 | 累计投运容量（万 kW） | 采用的脱硫方法及所占比例 |
|---|---|---|---|
| 1 | 北京国电龙源环保工程有限公司 | 83 107 | 石灰石—石膏湿法 86.69%，海水法 12.85%，氨法 0.32%，烟气循环流化床法 0.14% |
| 2 | 北京博奇电力科技有限公司 | 50 786 | 石灰石—石膏湿法 100% |
| 3 | 武汉凯迪电力环保有限公司 | 43 970 | 石灰石—石膏湿法 90.36%，烟气循环流化床法 7.76%，氨法 0.94%，NID0.94% |
| 4 | 福建龙净环保股份有限公司 | 43 194 | 石灰石—石膏湿法 84.09%，烟气循环流化床法 15.91% |
| 5 | 中电投远达环保工程有限公司 | 41 694 | 石灰石—石膏湿法 97.36%，烟气循环流化床法 1.11%，干法 1.53% |
| 6 | 浙江浙大网新机电工程有限公司 | 37 145 | 石灰石—石膏湿法 100% |
| 7 | 中国华电工程（集团）有限公司 | 29 132 | 石灰石—石膏湿法 100% |
| 8 | 山东三融环保工程有限公司 | 24 950 | 石灰石—石膏湿法 96.20%，烟气循环流化床法 3.80% |
| 9 | 浙江天地环保工程有限公司 | 23 090 | 石灰石—石膏湿法 99.30%，海水法 0.70% |
| 10 | 同方环境股份有限公司 | 22 152 | 石灰石—石膏湿法 100% |

注：按已投运的脱硫工程容量大者居前。
资料来源：中国环境保护产业协会脱硫脱硝委员会。

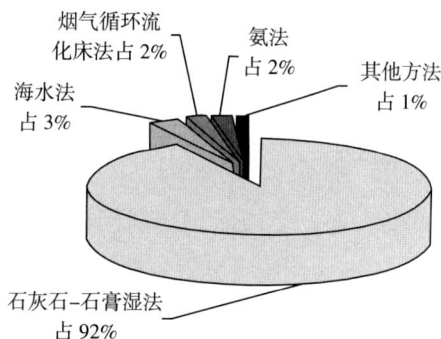

**图 2　我国各种脱硫法占比例**

由于海水烟气脱硫技术具有系统简单、维护方便、不需添加脱硫剂、运行费用低等优点，越来越受到地处靠海的电厂青睐。据不完全统计，全国已有 12 个燃煤电厂的 47 套、总装机容量为 21 624MW 的机组先后投运或在建。对于海水脱硫技术，人们普遍关心其排水对海域环境的影响。国内外的相关单位对此进行了大量的调查和研究，研究表明：脱硫后的海水和循环冷却水混合，并经海水恢复系统调整后，pH 值由 3.18~3.86 恢复到 6.94~7.13，符合脱硫海水混合曝气后 pH≥6.8 入海的科研要求；脱硫后的入海海水与海水泵房海水（天然海水）相比较，除 pH 值和水温外，S、总铬、锌三项指标大于本底值外，COD、砷、铜、铅、铬、汞等指标基本无变化。海水烟气脱硫技术适宜于我国东部、南部沿海地区及脱硫后海水排放海域扩散条件良好、燃用含硫量小于 1% 的煤种及 200MW 及以上新建燃煤发电锅炉建设烟气脱硫设施时选用，并要求进入脱硫塔前，烟气中的含尘浓度小于 30mg/m³（标态，干烟气）。

国家发展和改革委员会在 2005 年组织了赴美进行氨法烟气脱硫技术的考察，考察报告客观地评价了氨法烟气脱硫技术发展情况，提出了此技术在我国应用的可能性及必要性。到 2009 年底，氨—硫铵法烟气脱硫技术已在天津碱厂、云南解化集团热电厂、重庆中梁山煤电集团发电厂、中石化扬子石化有限公司电厂、山东众泰电力有限公司和广西水利集团有限公司田东电厂等 18 个热电联产和燃煤发电锅炉上应用。已建脱硫装置的处理烟气量近 850 万 Nm³/h，年产硫铵超过 30 万 t；在建装置的处理烟气量也超过 700 万 Nm³/h。其中，广西水利集团有限公司田东电厂 2×135MW 火电机组，采用二炉一塔设计，单塔处理烟气量为 110 万 Nm³/h 的氨法脱硫工程，自 2009 年 8 月投运后，运行正常，脱硫效率为 96.1%，年产硫铵 6.18 万 t。

循环流化床烟气脱硫技术具有耗水量少，设备占地面积小，投资和运行费用低等优点。据不完全统计，截至 2009 年底，全国已有 10 余家环保工程公司承接过燃煤发电锅炉二氧化硫污染治理设施的工程建设，其应用规模已超过 2 000 万 kW。单台机组容量也突破原技术政策中规定小于 200MW 的要求，并有已在 660MW 机组上建成一炉两塔应用的成功实例。

## 3. 钢铁烧结脱硫

钢铁行业是控制燃煤工业炉窑二氧化硫污染的先行者。钢铁行业排放的二氧化硫主要来源于烧结机，其排放的二氧化硫量占钢铁产业排放总量的 70% 以上（不含燃煤自备电厂产生的二氧化硫量）。由于烧结排放的烟气量、二氧化硫浓度、水分含量波动大，成分复杂，增加了二氧化硫的治理难度。对烧结烟气二氧化硫的控制，主要是通过安装脱硫设施来完成。截至 2009 年 5 月底，我国已在 40 台烧结机上建成烧结烟气脱硫装置 35 套，配用烧结机面积 6 312m²，占我国烧结机总面积的 11.7%，形成脱硫能力 8.2 万 t/a。采用的脱硫技术主要有石灰石—石膏法、烟气循环流化床法、氨—硫铵法、密相干塔法等。2010 年工信部曾组织有关专家对石灰石—石膏法和烟气循环流化床法烟气脱硫工程进行了评估，认为：上述工程针对烧结机烟气特点，改进技术后，工艺系统配置完善合理，运行稳定，二氧化硫排放浓度可控制在 200mg/m³ 以下，并具有协同脱除多种其他污染物的能力。

## 4. 脱硫的主要技术

### （1）石灰石—石膏湿法脱硫技术

石灰石—石膏湿法脱硫技术是目前国内外最成熟的烟气脱硫技术，其基本原理是：锅炉排放的热烟气（经过除尘）经过具有一定折反角度的烟道从吸收塔下侧进入吸收塔，多层喷嘴将吸收浆液以雾状均匀地喷布于充有烟气的塔中；$SO_2$、烟气与上侧喷淋的吸收浆液逆流接触，在塔内进行中和反应，生成亚硫酸钙，落入吸收塔浆池，在浆池内通入过量的空气与亚硫酸钙进行氧化反应，得到脱硫副产品——二水石膏；脱硫后的烟气经两级除雾器，除去烟气中所带的细小液滴，排出吸收塔；烟气在 FGD 装置中完成脱硫、氧化、除雾（湿度）后进入 GGH 升高温度，以提高烟气的抬升高度并减少烟气对烟囱的腐蚀，而后进入烟囱，排入大气，烟气脱硫过程完成。石灰石/石灰—石膏湿法烟气脱硫工艺流程见图 3。

### （2）海水脱硫技术

海水脱硫是以天然海水作为吸收剂脱除烟气中二氧化硫（$SO_2$）的湿法脱硫技术，是海水直接利用的一个重要领域。其基本原理是：天然海水中含有的大量 $OH^-$、$CO_3^{2-}$、$HCO_3^-$ 等呈碱性的酸盐类，利用天然海水的这种特性，脱除烟气中二氧化硫。

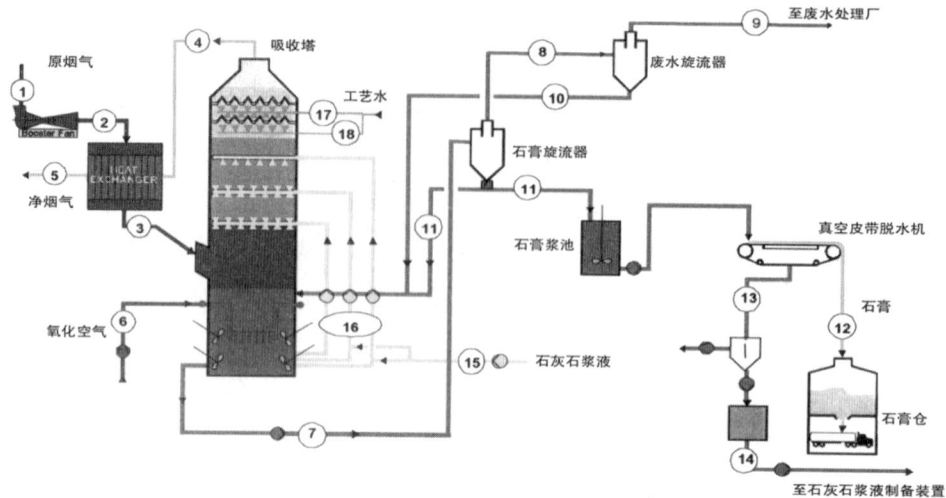

图3 石灰石/石灰—石膏湿法烟气脱硫工艺流程

**（3）氨—硫铵法脱硫技术**

氨—硫铵法脱硫技术是用氨作为吸收剂，在脱除燃煤烟气中二氧化硫后，可生产出具有高附加值的产品——硫铵，是一种将二氧化硫资源化的符合循环经济要求的脱硫技术，尤其适用于在燃用中、高硫煤和有稳定氨源地区的燃煤发电锅炉上应用。

**（4）烟气循环硫化床法脱硫技术**

烟气循环流化床法是一种半干法烟气脱硫技术，含硫烟气和消石灰在循环流化床内充分混合反应，除去二氧化硫等酸性气体。

# 三、脱硝行业

## 1. 现状

目前，针对控制燃煤 NOx 排放的脱硝技术主要包括低氮燃烧技术和烟气脱硝技术两类。低氮燃烧技术主要包括：低 NOx 燃烧器技术、空气分级燃烧技术、燃料分级燃烧技术、烟气再循环技术和循环流化床锅炉燃烧技术，低氮燃烧技术的脱硝效率仅有 25%~40%。烟气脱硝技术是目前世界上发达国家普遍采用的方法，其中选择性催化还原（SCR）技术脱硝率可达 90% 以上，已成为国际上火电厂 NOx 排放控制的主流技术。

目前，我国火电厂烟气脱硝技术及相关政策还处于探索阶段，国内已建或在建的烟气脱硝工程 96% 以上采用 SCR 工艺，基本是采用全套进口或引进 SCR 关键技术或设备的方法建设，不仅投资及运行成本高，且存在适应性难题。因此，结合我国煤质特点，开展煤组分对催化剂的作用机理等关键技术研究，开发适合我国煤燃烧系统的烟气脱硝相关工艺和设备，是实现我国烟气脱硝技术国产化及产业化自主创新发展的关键。燃煤烟气脱硫脱硝系列国家标准项目组通过《燃煤烟气脱硝技术装备》（GB/T 21509-2008）的编制，对 SCR 脱硝各关键环节进行了规范化、标准化引导，解决了 SCR 工艺及催化剂如何适应我国燃煤复杂多变的难题。该标准填补了国内燃煤烟气 SCR 脱硝装备标准的空白，形成了 SCR 脱硝行业的准入门槛，避免了不合格的 SCR 产品流入市场，打破了国外企业对 SCR 催化剂的垄断，推动国内企业建立了 SCR 催化剂生产基地（如国电龙源、中电投远达等），为我国"十二五"期间全面开展脱硝工作提供了技术支撑。

## 2. 火电厂脱硝

火电厂是我国氮氧化物排放的第一大户，占全国氮氧化物排放总量的 30%~40%。自《火电厂大气污染物排放标准》（GB13223-2003）颁布后，对氮氧化物排放的控制已引起火电行业的高度重视。根据中电联统计，截至 2011 年 3 月底，国内已投运烟气脱硝机组容量 9 688.5 万 kW，约占煤电机组容量的 14%，其中，采用 SCR 法的占 93.31%；SNCR 法的占 6.28%；SCR+SNCR 方法的占 0.41%。在建、规划（含规划电厂项目）的脱硝工程容量超过 1.5

亿 kW。

新标准实施后，预计 2015 年需要新增烟气脱硝容量 8.17 亿 kW，共需脱硝投资 1 950 亿元，运行费用需 612 亿元；2020 年，需要新增烟气脱硝容量 10.66 亿 kW，共需脱硝投资 2 328 亿元，2020年运行费用需 800 亿元，按照这个标准估算，全国每年新增烟气脱硝容量约 1.6 亿 kW，投资 300 亿~400 亿元。

未来全国火电厂改造范围：约有 90% 的机组需进行脱硝改造，外加新建机组。全国部分发电企业"十二五"期间的脱硝机组容量预测为：华能集团 6 000 万 kW，大唐集团 4 500 万 kW，华电集团 4 500 万 kW，国电公司 5 500 万 kW。

根据估算，全国在"十二五"期间，将有 5.69 亿 kW 现有机组需要技术改造安装脱硝装置。另外，将有 2.6 亿 kW 新建机组需要加装 SCR 脱硝装置。

### 3. 水泥行业脱硝

对水泥行业来说，由于 GB4915-2004 排放标准中的氮氧化物排放 800mg/m³ 的限值较为宽松，与欧盟等国外水泥企业氮氧化物排放限值 500mg/m³ 有较大差距，并与实际中新型干法水泥窑的氮氧化物排放普遍在 800mg/m³ 左右基本相当，影响到水泥行业脱硝工程的进展，且不能满足水泥行业"十二五"规划明确的氮氧化物排放量下降 10% 的目标和即将修订颁布的《水泥工业大气污染物排放标准》的要求。近期，湖南省、山西省、广东省和杭州市等地都已下发了水泥生产线实施脱硝的相关文件，必将会大大推进水泥行业氮氧化物的减排和脱硝行业的发展。

### 4. 脱硝催化剂

选择性催化还原脱硝技术 SCR 的技术关键是催化剂，催化剂占脱硝工程成本的 40%，也是脱硝装置运行成本的主要构成部分。2006 年之前，国内的催化剂供应完全依赖进口。伴随着脱硝产业的推进，国内厂家纷纷组建自己的脱硝催化剂生产基地，国内已形成了较大的脱硝催化剂生产能力。

### 5. 脱硝主要技术

（1）SCR 烟气脱硝技术

SCR 烟气脱硝装置采用选择性催化还原烟气脱硝工艺，在 320℃~420℃ 的环境下，在特定的催化剂作用下使 NOx 和吹入的 $NH_3$ 还原为 $N_2$ 和 $H_2O$，达到脱除 NOx 的目的。SCR 催化剂是 SCR 的核心，占脱硝成本的 40% 左右。

（2）SNCR 烟气脱硝技术

选择性非催化还原（SNCR）是当前 NOx 治理中广泛采用且具有前途的炉内脱硝技术之一。SNCR 是一种不用催化剂，在 850℃~1 100℃ 范围内还原 NOx 的方法。SNCR 技术是把还原剂如氨、尿素喷入炉膛温度为 850℃~1 100℃ 的区域，该还原剂迅速热分解成 $NH_3$ 并与烟气中的 NOx 进行 SNCR 反应生成 $N_2$ 和 $H_2O$。

在炉膛 850℃~1 100℃ 这一狭窄的温度范围内，在无催化剂作用下，氨或尿素等氨基还原剂可选择性地还原烟气中的 NOx，基本上不与烟气中的 $O_2$ 反应，主要反应原理为：

氨为还原剂：

$$NH_3 + NOx \rightarrow N_2 + H_2O$$

尿素为还原剂：

$$CO(NH_2)_2 \rightarrow 2NH_2 + CO$$

$$NH_2 + NOx \rightarrow N_2 + H_2O$$

$$CO + NOx \rightarrow N_2 + CO_2$$

## 四、工业锅炉脱硫脱硝

### 1. 脱硫

我国是当今世界工业锅炉生产和使用最多的国家，到 2008 年底，全国有燃煤工业锅炉约为 48 万台，总蒸发量约为 250 万 t/h，占全国工业锅炉总台数和总蒸发量的 85% 左右，年耗原煤约 6.4 亿 t。这些燃煤锅炉大多分布在城市及其周围地区，又是低烟囱排放，是影响城市空气环境质量的主要污染源之一。我国燃煤工业锅炉烟气脱硫起步较早，但发展缓慢。

目前对城市中小型燃煤工业锅炉二氧化硫污染防治大多采用以燃气、燃油以及燃用含硫量较低的原煤替代含硫量较高的原煤的措施；对蒸发量20t/h及以上的大中型燃煤工业锅炉普遍采用了除尘器和烟气脱硫装置串联工艺，其采用的脱硫工艺有钙法、镁法等。例如，北京顺义区鑫浩供热中心近三年来新建的15台45.5MW的燃煤热水采暖锅炉已全部配用袋式除尘器串联镁法脱硫装置，污染物减排效果明显，除尘、脱硫效率分别达到99%和95%以上。除了上述工艺外，一些企业利用锅炉自身排放的碱性物质、废电石渣、印染废水，因地制宜地采用除尘后串联碱性废物的"以废治废"脱硫工艺，也取得了良好的效果。

### 2. 脱硝

由于我国现行的国家排放标准中对燃煤工业锅炉氮氧化物尚未提出排放限值的要求，所以从全国范围来说，燃煤工业锅炉氮氧化物的控制工作还没有开展。近年来通过对当前大气环境污染形势的分析以及"十二五"环境保护规划的实施，对燃煤工业锅炉氮氧化物的控制日益引起有关部门和单位的关注，燃煤工业锅炉氮氧化物的控制工作也有了一些积极的进展。例如，北京西山新干线公司和东南大学联合在北京顺义区城北集中供热锅炉房 #3 炉（64MW）实施了以锅炉结构改进+SCR工艺+尿素热解制氨为技术路线的氮氧化物控制工程，运行情况良好，氮氧化物排放浓度可控制在 $50mg/m^3$ 以内，脱硝效率可稳定在90%左右，氨逃逸可低于1ppm。

### 3. 主要技术

#### （1）石灰/石灰石法脱硫技术

石灰/石灰石法是指用石灰或石灰石通过融入母液吸收烟气中的二氧化硫，反应生成亚硫酸钙（硫酸钙），净化后的烟气可达标排放。该技术的优点是：自然界存在大量石灰石，吸收剂原料易得、价廉，运行费用低；副产物容易处理；国内技术成熟、运行可靠。因此，石灰/石灰石法是工业锅炉烟气脱硫应用最广泛的方法。

#### （2）钠钙双碱法脱硫技术

双碱法用钠碱与烟气在吸收塔内逆向接触，生成含 $NaHSO_3-Na_2SO_3$ 的吸收液，$Na_2CO_3$ 或 $NaOH$ 溶液进行脱硫，然后再用石灰乳或 $CaCO_3$ 对吸收液进行再生，由于采用钠基清液吸收，可大大减少结垢现象。由于纯碱只是作启动和补充用，而更多消耗的是石灰乳，因此运行费用不算高，同时脱硫效率可保持在 80%~85%。但在实际运行中，由于再生系统缺少有效的工艺控制，效果不理想，从而影响到运行效果。

#### （3）氧化镁法脱硫技术

氧化镁法脱硫工艺是在近年来随着烟气脱硫技术不断发展和完善的过程中出现的一种新型烟气脱硫工艺。氧化镁法烟气脱硫工艺流程见图4。

氧化镁法脱硫工艺的工作原理：含 $SO_2$ 的烟气进入吸收塔后与循环吸收液逆流接触，气体中的 $SO_2$ 被脱除，净化后的气体经除雾器除湿后排放。由于 $MgSO_4$ 的溶解度是 $CaSO_4$ 的近百倍，因此工艺系统运行稳定，不易发生堵塞现象。

## 五、脱硫脱硝行业骨干企业

### 1. 北京国电龙源环保工程有限公司

公司是国内环保领域在大型燃煤锅炉脱硫、脱硝的龙头企业。截至2011年6月底，公司全口径净资产15.9亿元，资产总金额72.54亿元。

### 2. 中国大唐集团科技工程有限公司

公司是中国大唐集团公司下属专业子公司，已成为国内电力与环保领域重要的竞争主体。产业涉及电站建设、节能减排、新能源与可再生能源开发等领域。

### 3. 中电投远达环保工程有限公司

公司主要从事火电厂烟气脱硫脱硝EPC、脱硫特许经营、脱硝催化剂制造、水务产业、核电环保五大产业板块，是我国烟气脱硫脱硝行业标准的主要编制单位。远达公司在全国各地拥有控股、参股子公司7家，基本形成了以环保工程、产品制造与技术服务三大价值链为核心，以技术进步和科技创新为支撑，业务范围覆盖了全国大部分地区和海外部分市场。

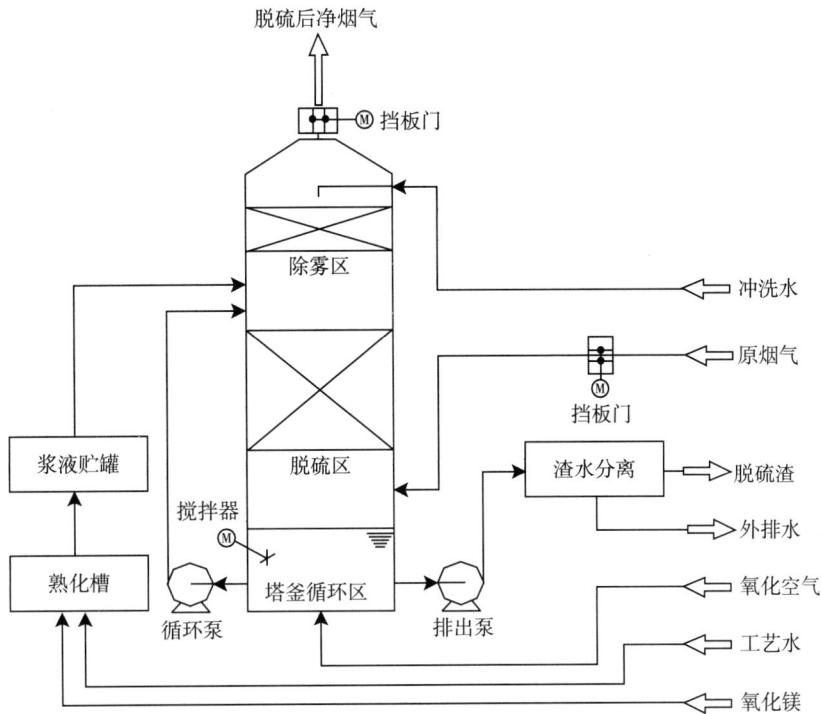

**图4　氧化镁法烟气脱硫工艺流程**

#### 4. 其他脱硫脱硝骨干企业

除上述企业外，截至2011年底，我国脱硫脱硝产值上亿的企业主要有：福建龙净环保股份有限公司、湖南永清环保股份有限公司、浙江天蓝环保技术股份有限公司、浙江德创环保科技有限公司、无锡华光锅炉厂、东方锅炉股份有限公司、同方环境股份有限公司、无锡雪浪环境科技股份有限公司、江苏亿金环保科技股份有限公司、浙江百能科技有限公司、无锡华尚环保科技有限公司、山东环能设计院咨询有限公司、蓝天环保设备工程股份有限公司、南京龙玖环境工程有限公司、潍坊科达环境工程有限公司、江苏新中环保科技股份有限公司、浙江浙大海元环境科技有限公司、江苏新世纪江南环保股份有限公司、浙江德创环保科技股份有限公司、北京西山新干线脱硫除尘设备有限公司、六合天融环保科技有限公司、北京利德衡环保工程有限公司、福建鑫泽环保设备工程有限公司、湖南麓南脱硫脱硝科技有限公司等，这些企业从业人员总数达5 000人以上。

#### 5. 脱硝催化剂企业

据不完全统计，我国脱硝催化剂行业的骨干企业有10多家，包括江苏万德环保科技有限公司、重庆远达催化剂制造有限公司、江苏龙源催化剂有限公司、成都东方凯特瑞环保催化剂有限责任公司、浙江瑞基科技发展有限公司、浙江德创环保科技股份有限公司、浙江浙能催化剂技术有限公司、河北晶锐瓷业有限公司、涿州中天环保催化剂有限公司、江苏宜钢集团公司、天河（保定）环境工程有限公司等，从业人数近2 000人，工业总产值约30亿元。

### 六、脱硫脱硝技术科研发展方向

#### 1. 脱硫新技术

（1）资源回收型有机胺脱硫技术

有机胺法脱硫作为一种可资源化的脱硫技术日益受到人们的广泛关注，在工业供热锅炉、冶金、钢铁烧结等尾气净化工程中得到应用，而在电力行业应用较少，多应用于规模容量较小的供热机组。随着近年来大容量燃煤机组陆续投产，结合未来以大代小的电力发展模式，开发满足循环经济政策并适用于大型燃煤机组的有机胺法烟气脱硫技术是非常必要的，并通过技术开发和依托工程的应用使之成熟并推广，使未来电力行业发展能够真正成为循环经济中的一环，有利于环保事业的深化。

（2）脱硫特许经营

脱硫服务运营市场的兴起已成为必然趋势，已经拥有行业运营业绩和经验的企业将成为产业调整期的先行者。专业运营服务商的兴起也将得益于运营。为贯彻落实国家节能减排综合性工作方案，进一步提高火电厂脱硫装置运行水平及投运率，确保二氧化硫约束性指标顺利实现，需要对火电厂脱硫设施的运行实行全面科学管理。目前，已有部分脱硫公司取得了运营管理资质并负责脱硫设施的运行。

## 2. 脱硝新技术

（1）低温SCR脱硝技术

未来将加大研制适用于火电厂低温烟气条件下（120℃~150℃）能有效去除NOx的SCR脱硝催化剂，研究催化剂制备的最佳配方及SCR反应工艺条件。

（2）纳米金属氧化物催化剂协同脱硝除汞

积极开展对NOx和Hg协同控制的技术核心——新型双功能SCR催化剂的研究，研究NOx和Hg污染物协同催化净化过程中复杂反应中的各种促进和抑制作用机理，揭示NOx催化还原及HgO氧化活性位，结合催化剂分析表征，优化双功能SCR催化剂配方，并提出催化剂可能的中毒机制和协同控制多污染物的反应机理。

（3）等离子体双尺度低NOx燃烧技术

以等离子体技术为基础，以高效低NOx等离子体陶瓷燃烧器为核心，开发新型的内燃式、高效燃烧、低NOx燃烧器。结合双尺度燃烧优化技术，优化炉内燃烧过程，降低煤粉锅炉的NOx排放，形成产业化的、可以替代SCR（SNCR）的高效清洁燃烧技术。

## 3. 工业锅炉脱硫脱硝新技术

（1）生物质成型燃料

目前，由于各地方对污染排放标准的不断加严以及重点城市陆续划定了燃煤"禁燃区"，使得清洁燃料替代燃煤工作取得了一定进展。在燃油、燃气及电锅炉得到了不同程度的发展同时，生物质成型燃料替代燃煤在一些地区也得到了广泛应用。可预见的是，生物质成型燃料以其低污染、低成本的特点，在未来工业锅炉燃料替代方面将大有可为。

生物质燃料的含硫量明显低于煤炭的含硫量，燃烧后其排放的二氧化硫浓度很低，可不再配置二氧化硫治理装置；另据调查，为了使生物质燃料燃尽，采用往复炉排燃烧方式，可取得较好的效果；由于生物质燃料燃烧时所释放的二氧化碳，大体相当于其生长时所吸收的二氧化碳量，有助于缓解温室效应。

（2）"以废治废"脱硫工艺

由于燃煤工业锅炉的使用单位不同于电厂，一般规模都比较小，在二氧化硫排放达标的前提下，对脱硫的成本最为关注。如何因地制宜地利用现有碱性废物进行"以废治废"脱硫、实现脱硫成本最小化，是一条复合循环经济的脱硫技术路线。

（3）亚硫酸镁清液脱硫技术

积极开发亚硫酸镁清液法烟气脱硫工艺。根据氧化镁再生反应的特性，通过外部再生诱导结晶工艺，生成了高pH、高吸收剂含量的亚硫酸镁吸收清液，并采用与循环吸收清液特性相适应的低液气比的高效雾化喷淋吸收技术来进行脱硫吸收，从而达到高吸收率、低投资、低运行成本的目的。

（中国环境保护产业协会脱硫脱硝委员会）

# 除 尘

## 一、袋式除尘概况

### 1. 行业发展状况

（1）2010 年行业情况

2010 年是我国环保行业蓬勃发展的一年，也是袋式除尘行业恢复性发展的一年，不仅有经济复苏带来的动力，更有新兴行业发展带来的机遇。2010年是"十一五"节能减排的收官之年，各工业领域和能源领域大量采用袋式除尘器，在一定程度上凸显了袋式除尘行业的地位。

有关部门将颁布《火电厂大气污染物排放标准》（GB13223），提出了对新建、改建和扩建锅炉机组执行 30mg/Nm³ 烟尘排放限值，2010 年采用袋式除尘器的火电厂日益增多，尤其是新建的大型火电厂对袋式除尘器的使用比例有了显著提高。

2010 年国家三部委要求垃圾焚烧厂必须严格控制二噁英的排放，生活垃圾焚烧发电厂设计和建设应满足《生活垃圾焚烧处理工程技术规范 CJJ90》、《生活垃圾焚烧处理工程项目建设标准》和《生活垃圾焚烧污染控制标准》（GB18485）及各地方标准的要求，规定"烟气净化系统必须设置袋式除尘器，去除焚烧烟气中的粉尘污染物、酸性污染物以及氯化氢、氟化氢、硫氧化物、氮氧化物等，应选用干法、半干法、湿法或其组合处理工艺对其进行去除"，为袋式除尘主机、滤料在有关行业的应用创造了条件，为袋式除尘行业的发展提供了巨大的空间。

（2）2011 年行业情况

2011 年，中国环境保护产业协会提出了《关于"十二五"期间环保产业发展的意见》。该意见明确了我国袋式除尘行业在"十二五"时期的发展方向，要进一步开发和拓展袋式除尘器的应用领域，提高袋式除尘器在不同应用领域运行和维护的技术水平；利用计算机模拟设计开发低阻、高效、合理气流分布、安全性能高和快装化大型主机设备；开发小于 PM10 和研究 PM2.5 超细粉尘去除技术。重点实现高强度及耐高温、耐高湿、耐腐蚀纤维的国产化，支持国产聚四氟乙烯（PTFE）、聚酰亚胺（P84）、聚苯硫醚（PPS）、芳纶纤维的工业化生产和应用；推广国产高效、低阻、长寿命滤料的生产和应用，提高改性玻璃纤维和复合滤料的技术性能，提升滤袋缝制技术水平，研究失效滤袋的回收和综合利用技术；研究开发高效清灰技术、大口径脉冲阀、无膜片高压低能耗脉冲阀，推广袋式除尘器智能化控制系统。

### 2. 行业经济运行情况

截至 2010 年底，据中国环境保护产业协会统计数据，在中国环境保护产业协会袋式除尘委员会登记的从事袋式除尘的企业共有 315 家，比 2009年增加了 27 家，其中生产企业 261 家，从业人数35 218 人。下列地区企业数量所占比例较大：江苏省 67 家（含外资企业），上海市 48 家，辽宁省 25家，北京市 22 家，浙江省 20 家，安徽省 11 家。2010 年我国各省、区、市袋式除尘企业占全行业比例见图 1。

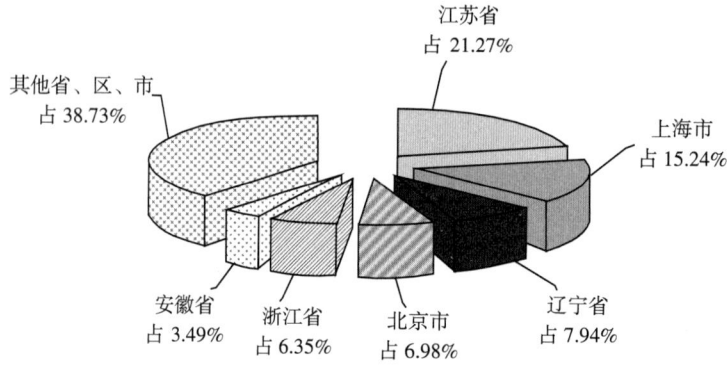

图1　2010年我国各省、区、市袋式除尘企业占全行业比例

截至2011年12月底，据中国环境保护产业协会统计数据，我国袋式除尘行业的企业共有317家，同比增长0.63%，比2010年增加了2家，其中生产企业263家，从业人数35 378人。

2010年，据中国环境保护产业协会袋式除尘委员会对会员统计数据，全行业总产值为148.13亿元，总产值比2009年增加28.36亿元；出口金额较2009年也有增长，继续保持在2亿美元以上，达到2.58亿美元，同比增长16.7%，出口金额比2009年增加0.37亿美元；利润16.85亿元，利润率11.38%，比2009年的利润率提高0.78%。

2011年，据中国环境保护产业协会袋式除尘委员会对会员的统计数据，全行业总产值为165.91亿元，同比增长9.85%，总产值比2010年增加了17.78亿元；出口金额较2010年有较大幅度的增

长，达到3.47亿美元，同比增长34.50%，比2010年增加0.89亿美元，出口途径主要是随各行业工艺设备和生产线工程总包配套；利润18.51亿元，同比增长12.00%，利润率11.16%，比2010年降低0.22个百分点，主要是受原材料涨价带来的影响。2010年、2011年我国袋式除尘行业经济运行情况见表1。2010年、2011年我国袋式除尘行业经济运行情况见图2。

表1　2010年、2011年我国袋式除尘行业经济运行情况

| 项　　目 | 2010年 | 2011年 | 2011/2010增长（%） |
|---|---|---|---|
| 全行业总产值（亿元） | 148.13 | 165.91 | 12.00 |
| 出口金额（亿元） | 2.58 | 3.47 | 34.50 |
| 利润（亿元） | 16.85 | 18.51 | 9.85 |
| 企业数（家） | 315 | 317 | 0.63 |
| 从业人数（人） | 35 218 | 35 378 | 0.45 |

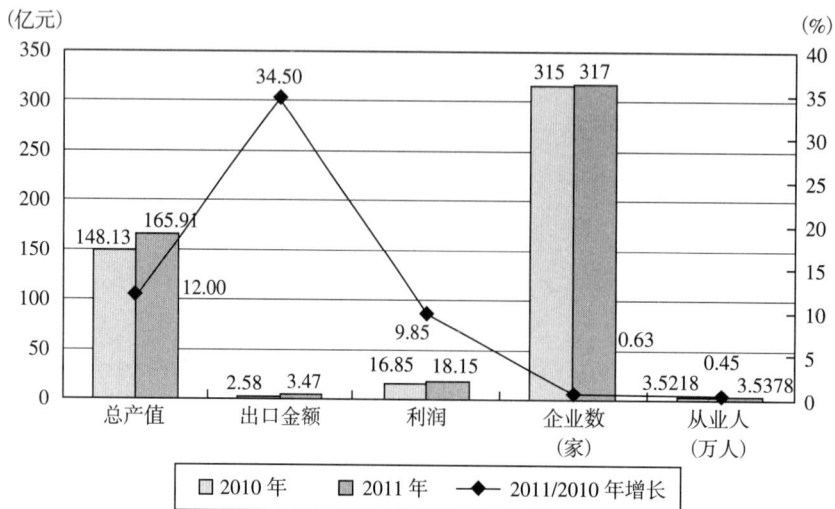

图2　2010年、2011年我国袋式除尘行业经济运行情况

2010 年，我国袋式除尘主机生产企业和工程总包产值 106.89 亿元，产值比 2009 年增加了 12.78 亿元；主机生产企业出口 1.82 亿美元，同比增长 9.63%，比 2009 年增加 0.16 亿美元；利润 12.36 亿元，同比增长了 3.37 亿元，利润率 11.56%，利润率提高 2.01%，主要是设计与咨询、运营服务和生产特种袋式除尘器带来的效益提高，其中设计咨询的平均利润率达到 60% 以上，江西江联生产的特种袋式除尘器利润率达到 31%；主机生产企业出口 1.82 亿美元，比 2009 年增加 0.16 亿美元，同比增长 9.63%。

2011 年，我国袋式除尘主机生产企业和工程总包产值 119.72 亿元，同比增长 12.00%，产值比

2010 年增加了 12.83 亿元；利润 11.56 亿元，同比下降 6.47%，利润减少了 0.80 亿元，利润率 9.66%，利润率降低了 1.90 个百分点。2010 年、2011 年我国袋式除尘主机生产企业和工程总包经济运行情况见表 2。2010 年、2011 年我国袋式除尘主机生产企业和工程总包经济运行情况见图 3。

**表 2　2010 年、2011 年我国袋式除尘主机生产企业和工程总包经济运行情况**

| 项　目 | 2010 年 | 2011 年 | 2011/2010 增长（%） |
|---|---|---|---|
| 产值（亿元） | 106.89 | 119.72 | 12.00 |
| 出口金额（亿元） | 1.82 | - | - |
| 利润（亿元） | 12.36 | 11.56 | -6.47 |

资料来源：中国环境保护产业协会袋式除尘委员会。

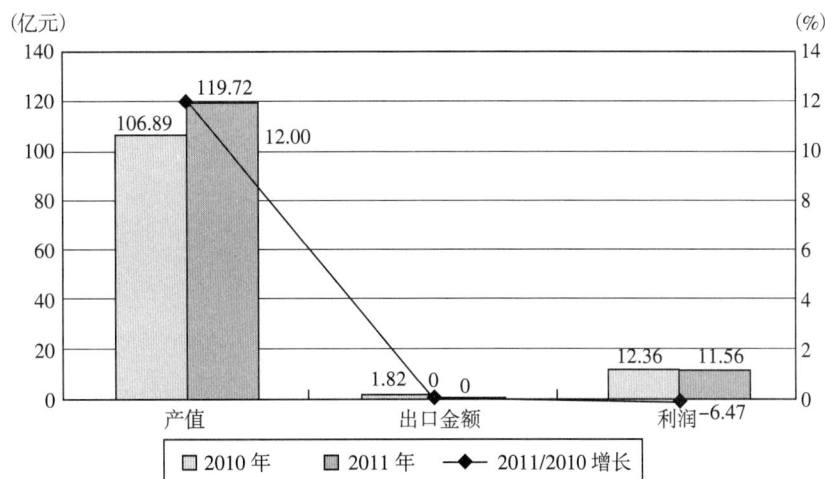

**图 3　2010 年、2011 年我国袋式除尘主机生产企业和工程总包经济运行情况**

2010 年，我国纤维、滤料和配件生产企业产值达到 41.24 亿元，比 2009 年增加了 15.56 亿元；出口金额 0.76 亿美元，比 2009 年增加 0.21 亿美元，其中烟台氨纶公司、厦门三维丝公司和上海凌桥公司新增纤维和滤料出口量较大；利润 4.49 亿元，比 2009 年增加 0.76 亿美元，利润率为 10.89%。

2011 年，我国纤维、滤料生产企业和配件产值为 46.19 亿元，同比增长 12.00%，比 2009 年增加 495 亿元，；利润 6.95 亿元，同比增长 54.79%，比 2010 年增加了 2.46 亿元，利润率 15.05%。利润增幅较大的是几家纤维企业。2010 年、2011 年我国

纤维、滤料和配件生产企业经济运行情况见表 3。2010 年、2011 年我国纤维、滤料和配件生产企业经济运行情况见图 4。

**表 3　2010 年、2011 年我国纤维、滤料和配件生产企业经济运行情况**

| 项　目 | 2010 年 | 2011 年 | 2011/2010 增长（%） |
|---|---|---|---|
| 产值（亿元） | 41.24 | 46.19 | 12.00 |
| 出口金额（亿元） | 0.76 | - | - |
| 利润（亿元） | 4.49 | 6.95 | 54.79 |

资料来源：根据中国环境保护协会对袋式除尘注册会员单位报送的数据统计。

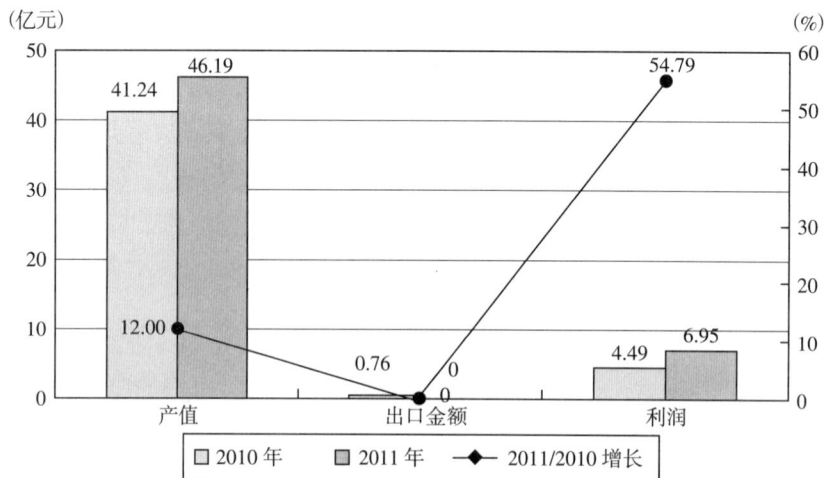

图 4　2010 年、2011 年我国纤维、滤料和配件生产企业经济运行情况

从 2010 年的统计数据可以看出，经济发达地区的环保要求较高，交通方便，技术力量相对集中，是袋式除尘企业比较多的地区。同时，科研设计单位和技术依托单位也会带动当地袋式除尘行业的发展。例如，东北大学所在的辽宁省，滤料生产企业占有很大比例；合肥水泥研究设计院是我国袋式除尘器最早的研究设计单位之一，所在的安徽省袋式除尘器主机企业占有较大比例；上海市、江苏省和浙江省是我国经济发达地区，交通便利，因此从事袋式除尘主机、滤料和配件的企业也较多，为袋式除尘行业服务的外资企业占有很大比例。国家节能减排力度的加大和环境保护投资的增加，对 2010 年度袋式除尘行业的稳定发展起了很大作用。

作为微细粉尘排放控制的有效手段，袋式除尘器被广泛应用于 20 多个行业。整体来看，袋式除尘器的使用台数比例占整个除尘设备使用数量的 60% 以上，部分行业袋式除尘器使用比例达到 90% 以上。老生产工艺线电除尘器改造为袋式除尘器的数量逐年增加；电力行业袋式除尘器的应用比例已接近 30%；城市生活垃圾焚烧发电行业和固体废物、危害废物和医疗废物焚烧行业，因实施 GB18484、GB18485 标准的规定，在建和已经建成投产的企业袋式除尘器的使用比例已达到 100%。

2010 年、2011 年经济效益比较好的袋式除尘企业，主要还是为新兴行业配套、有自主研发技术和工程总成能力的袋式除尘生产厂家和公司。如为

国内外大型新型干法水泥窑尾、窑头配套的袋式除尘生产企业（含主机、滤料）；为垃圾焚烧行业配套生产的企业（含主机、滤料）；能够生产高端过滤材料的企业；以工程设计为主转为工程总承包、提供一条龙服务的企业；这些企业研发能力强，拥有自主知识产权的专有技术，产品质量好，管理优秀。

### 3. 行业盈利能力增强

2010 年，我国袋式除尘行业出现了一些可喜的变化。包括在创业板上市的厦门三维丝公司在滤料行业率先引进世界上最先进的德国 DILO 无纺针刺毡生产线和投资 2 000 多万元建立装备精良的研发中心。DILO 无纺针刺毡滤料生产线自动化水平高，最大的优点是四针座、双针对刺、产品平整、均匀度极佳，CV 值 3% 以下，运转效率是国产设备的三四倍，每分钟输出速度达 6m 以上，国内无同类型替代产品，提高了产品质量、企业形象和生产加工能力，提高了国内滤料的国际竞争能力。抚顺恒益科技滤材有限公司引进的整套德国 DILO 无纺针刺毡生产线于 2010 年 10 月 9 日正式投产。南京际华三五二一特种装备有限公司在生产装备的配置、改造和新产品研发方面也投入很大的人力和物力，产能和产品质量都有了很大的提升，这几家企业还计划投入更大的资金引进世界最先进的高端滤料生产线。由于生产工艺线装备水平的提高，这几家公司的产品涉及国内电力、化工、垃圾焚烧、水泥、冶

金、建材、医药、食品等各种复杂工况的袋式除尘领域，为我国高端滤料的生产带了好头，滤料产品出口也有所增长。

2011年，我国袋式除尘行业经济运行基本保持平稳增长态势，但在下半年，大多数企业都面临资金紧张、货款回笼困难的问题，导致不少企业有单不敢接。受影响最大的是具有一定规模的滤料企业，由于上游原材料涨价，货源紧张，下游的服务行业效益不好，价格不高，且回款困难，"两头受压"，直接影响了企业的经济效益。这是多年来企业从没遇到过的困难，很多企业都感到了前所未有的压力。从行业看，国家收紧银根，对行业和企业的发展影响很大，尤其对一些急需技术改造、产品结构转型的企业来说，困难更大。几家上市公司在资金方面情况相对要好很多，因此有实力的企业可以通过上市融资，走资本市场道路，也鼓励上市企业并购重组，提高企业的集中度。

2011年，我国袋式除尘行业中几家上市公司利用募集资金，扩大产能，提高装备水平进展都很快，如科林环保公司扩建的40万m²袋式除尘生产车间基本建成，配备了技术水平最先进的装备，部分已经投入生产，产能将进一步显现。盛运机械公司的生产车间已经通过国家验收，并已投入运行，新增垃圾焚烧厂尾气处理产值达到1亿多元。厦门三维丝公司利用上市募集资金引进的2条生产线已经投产，水刺生产线也进入调试阶段。南京际华三五二一特种装备有限公司利用上市募集资金引进的生产线也进入设备调试阶段，我国高端滤料的产能将逐步释放。除此之外，还有几条引进的滤料生产线也进入安装调试阶段，有的已经试生产，这些生产线大多为国际一流的DILO和纽玛格无纺针刺毡滤料生产线。可以预见，这些引进的生产线相继投运后，将大大提高国内滤料产品的质量，改善目前低端产品占比过大的行业状况，提高国内滤料的国际竞争能力，当然，也会带来高端滤料的市场竞争。

## 4. 技术创新和科研进展

（1）2010年

2010年，我国袋式除尘技术的发展主要体现在主机、滤料、自动控制的质量和技术水平普遍提高，耐高温、耐腐蚀特种纤维和滤料的研究、开发、生产等方面均有所突破，高端纤维的国产化带动了国产高端滤料的发展。PTFE纤维、PPS纤维、聚酰亚胺纤维和芳纶纤维的国产化，使原来进口滤料占据我国主要市场的垃圾焚烧尾气净化、电厂燃煤锅炉等行业的袋式除尘器使用国产滤料比例越来越高，高端滤料的国产化率增长幅度很大。值得一提的是，上海凌桥公司等厂家的PTFE纤维、江苏瑞泰公司的PPS纤维、烟台胺纶集团和上海圣欧公司等企业的芳纶1313纤维都已大批量生产，生产能力已能满足国内市场需求，有些纤维产品的质量已达到国际品牌的水平。上海尚泰环保配件有限公司自行研发、具有自主知识产权的STF系列滑动阀片式脉冲阀在实际工况中取得了很好的效果，已批量生产，并参与应用国际市场的竞争。聚酰亚胺（P84）纤维的国产化也取得一定的进展，2010年已小批量试产。绩溪华林玻纤股份有限公司自行开发的采用PTFE纤维和玻璃纤维混织的高温滤料，解决了玻璃纤维的不耐折、不耐磨问题，用户不断扩大。南京玻纤院和山东新力公司等自主开发的玄武岩和玻纤改性纤维都取得了较大发展。营口洪源玻纤自主研发生产的玄武岩纤维膨体覆膜滤料已在垃圾焚烧发电厂试用17个月，效果良好。袋式除尘器对于烟气的高温、高湿、高浓度以及微细粉尘、吸湿性粉尘、磨啄性粉尘、易燃易爆粉尘有了更强的适应性，在加强清灰、提高效率、降低消耗、减少故障、方便维修方面达到了更高的水平，主要表现在设备大型化（如处理200万m³/h以上烟气）等方面；袋式除尘技术开发和创新具体表现在以下几个方面：①袋式除尘器设备结构大型化，适应大型燃煤锅炉机组等的烟气净化；②低阻、高效袋式除尘器结构的创新，适应国家节能减排的需要；③以强力清灰为特征的脉冲技术升级，满足长滤袋（7~8m）清灰要求；④开发出气流分布技术和计算机数字模拟技术，满足大型袋式除尘器合理气流分布，延长滤袋使用寿命的要求；⑤特殊滤料中PPS、PTFE、聚酰亚胺和芳纶国产纤维的开发，满足电厂和垃圾焚烧等行业的烟气净化的复杂工况的滤袋要求；⑥脱酸加除尘的复合式袋式除尘器的研发和应用，满足了干法脱酸除尘工艺的需求；⑦脉冲阀性能和质量的技术升级，适应袋式除尘器高强度清灰和稳定运行的要求；⑧PLC、DCS控制技术升级和模块化产品，可分别满足大型和中小型除尘系统的控制要求。

中钢天澄公司自主开发的"集中供热锅炉直通式均流超长滤袋脉冲袋式除尘技术及应用"成果成功应用于北京大兴康庄、观音寺供热厂10台集中供热锅炉的烟气净化工程。2010年该公司自主研发的"2 000m³以上大型高炉煤气全干法袋式除尘技术及设备"获国家科学技术部、环境保护部、商务部、质量监督检验检疫总局联合颁发的"国家重点新产品"荣誉称号，公司被江苏省科技厅批准确认"江苏省大型高炉干法除尘设备工程技术研究中心"。

我国袋式除尘滤料纤维的技术性能和生产能力都有很大提高。包括：烟台氨纶集团和上海圣欧集团等公司生产的芳纶纤维；上海凌桥等公司生产的PTFE纤维；江苏瑞泰科技公司等企业生产的PPS纤维。高性能的聚酰亚胺纤维、玻纤改性纤维和玄武岩纤维的研发在2010年都取得了突破。由上海尚泰自主研发的STF系列滑动阀片式脉冲阀和苏州协昌自主研发的DMY型超低压大口径电磁脉冲阀开发出了拥有自主知识产权的核心技术，从"中国制造"到"中国创造"，为整个配件水平的提升做出了贡献。

鉴于我国大部分滤袋生产厂家在缝制滤袋方面还不规范，为进一步提高本行业滤袋缝制技术水平和产品质量，中国环境保护产业协会袋式除尘委员会（简称袋委会，下同）确定将已具备生产和培训条件的上海尚泰公司的标准化滤袋缝制车间作为国内滤袋缝制培训基地；袋委会并将对该滤袋缝制培训基地给予力所能及的支持，为提高我国袋式除尘行业的滤袋缝制水平作出了贡献。

2010年，行业内出现了对在役袋式除尘器的滤袋进行清灰服务的技术和企业。针对袋式除尘器滤袋出现糊袋问题，苏州科盛过滤技术有限公司开发

了移动清灰仪以及其他配套的现场测试设备，现场的清灰操作，清除滤袋表面的粉尘结块，提高滤袋性能，降低运行阻力，从而使滤袋恢复使用功能，并降低用户的运行成本。另外，针对出现"灌肠"的滤袋，该公司开发以吸灰枪，利用射流气动原理，将滤袋内部积累的粉尘清理出来。该两项技术的应用，效果良好。部分滤料生产企业也在为客户提供这种服务。在重视新产品开发和产品质量提高的同时，许多企业建立了不同功能的实验装置。深化了对袋式除尘器及主要部件（脉冲阀等）的认识，强化了对产品质量的检验，为开发新产品创造了良好的条件。

袋式除尘行业快速发展，吸引了不少高校、公司、大型电除尘器厂进入该产业，如同方环境股份有限公司、武汉凯迪控股投资有限公司、浙江菲达集团有限公司、福建龙净环保股份有限公司、北京龙源环保工程有限公司、大唐陕西发电有限公司、华能公司等也都纷纷进入了袋式除尘领域，我国袋式除尘行业面临着重新洗牌、企业重组联合的局面。

2010年，在袋式除尘行业市场上基本形成了较具品牌优势的企业。如江苏科林集团有限公司、中钢集团天澄环保科技股份有限公司、江苏瑞帆环保装备股份有限公司、上海市凌桥环保设备厂有限公司主要服务于钢铁行业；江苏新中环保股份有限公司、浙江菲达环保科技股份有限公司、浙江浦江清达工贸有限公司、福建龙净环保股份有限公司、武汉凯迪控股投资有限公司、清华同方主要服务于电力行业。这些企业年产值都在亿元以上，企业规模已进入我国中型企业的范畴。其中同方环境股份有限公司、福建龙净环保股份有限公司、浙江菲达环保科技股份有限公司、江苏科林集团有限公司、厦门三维丝环保工业有限公司、安徽盛运环保工程有限公司和南京际华三五二一特种装备集团已是上市公司。

滤料、配件生产的骨干企业主要有：厦门三维丝环保工业有限公司、抚顺恒益科技滤材有限公司、南京际华三五二一特种装备集团、上海市凌桥环保设备厂有限公司、上海博格工业用布有限公

司、中材科技股份公司、上海大宫新材料有限公司、上海尚泰环保配件有限公司、上海袋式除尘配件有限公司、苏州协昌环保科技有限公司等。

2010年，我国加大了开发和拓展袋式除尘器的应用领域的力度，不断提高袋式除尘器在不同应用领域运行和维护的技术水平。积极利用计算机模拟设计开发低阻、高效、合理气流分布、安全性能高和快装化大型主机设备。开发小于PM10和研究PM2.5超细粉尘去除技术。重点实现高强度及耐高温、耐高湿、耐腐蚀纤维的国产化，支持国产聚四氟乙烯（PTFE）、聚酰亚胺（P84）、聚苯硫醚（PPS）、芳纶纤维的工业化生产和应用；推广国产高效、低阻、长寿命滤料的生产和应用，提高改性玻璃纤维和复合滤料的技术性能，提升滤袋缝制技术水半，研究失效滤袋的回收和综合利用技术。研究开发高效清灰技术、大口径脉冲阀、无膜片高压低能耗脉冲阀，推广袋式除尘器智能化控制系统。

（2）2011年

2011年，经过我国袋式除尘工作者多年的研究和努力，许多袋式除尘技术和工程应用研究已经达到国际先进水平，尤其是我国大型水泥窑头和窑尾袋式除尘技术、燃煤电厂锅炉袋式除尘技术、大型高炉煤气干法袋式除尘技术，以及垃圾焚烧尾气净化用袋式除尘技术都能达到国际先进水平。我国在袋式除尘装备、滤料和配件制造方面，行业内骨干企业的装备已达到了国际先进水平，并逐步参与到国际市场的竞争中，出口金额逐年增长。

我国袋式除尘技术成为节能减排的主力军。改革开放30多年来，粗放型的经济高速增长方式导致产生了大量的环境破坏和环境污染问题，主要污染物排放量远远超过环境容量，环境污染严重。发达国家上百年工业化过程中分阶段出现的环境问题，在我国已经集中显现，我国已进入污染事故多发期和矛盾凸显期。2011年以来，全国性的灰霾天气出现得越来越频繁，大气污染越来越严重。国务院印发的《国家环境保护"十二五"规划》提出将"切实解决突出环境问题"作为一项重要任务，以解决空气污染等损害群众健康的突出环境问题为

重点，加强大气污染等综合治理，明显改善环境质量，环保产业的产生和发展正顺应了经济、社会发展的需要。袋式除尘行业作为重要的减排环保产业，伴随着新兴行业发展的机遇，国家节能减排环保政策的进一步趋严，在一定程度上凸显了袋式除尘行业的地位，袋式除尘器在各工业领域和能源领域的应用范围正进一步扩大，在我国的节能减排工作中，袋式除尘技术将发挥举足轻重的作用。

在产生粉尘或烟尘的行业中，凡采用袋式除尘技术的除尘系统，其固体颗粒物排放浓度均远远低于其他各种除尘技术。目前国内袋式除尘器的粉尘排放浓度普遍稳定在30mg/Nm³以下，净化燃煤锅炉烟气的袋式除尘系统大部分排尘浓度低于20mg/Nm³，净化高炉煤气和水煤气的袋式除尘系统则低于10mg/Nm³，用于垃圾焚烧发电厂的袋式除尘器，更实现了排尘浓度低于5mg/Nm³的业绩。

袋式除尘作为微细粒子高效捕集的手段可支持国家更加严格的环保标准。近八年中，一些工业行业的大气污染物排放标准经过两次修订。2011年开始执行的《火电厂大气污染物排放标准》（GB13223），规定新建、改建和扩建锅炉机组烟尘排放限值为30mg/Nm³。2010年国家三部委要求垃圾焚烧厂必须严格控制二噁英排放，规定"烟气净化系统必须设置袋式除尘器，去除焚烧烟气中的粉尘污染物"等。排放限值的进一步降低，将对固体颗粒物减排起到巨大的作用。需要指出的是，袋式除尘器实现更低的颗粒物排放并不意味提高造价，只要严格按照有关标准和规范设计、制造、安装和运行，就能获得好的效果。

2011年12月5日，环保部制定的《环境空气质量标准》第二次公开征求意见结束，并由国务院办公会议审定发布。微细粒子（PM10、PM2.5）是危害人体健康和污染大气环境的主要因素，减排PM2.5已经成为国家的环保目标。我国煤炭消费量占一次能源消费量的70%左右，是PM2.5超细粉尘污染大气的重要因素之一。袋式除尘器对粒径PM2.5以下的超细粒子，有较高的捕集效率。

袋式除尘器能够高效去除有害气体，电解铝含

氟烟气的净化是依靠袋式除尘器实现的。含沥青烟气的最有效净化方法是粉尘吸附并以袋式除尘器分离。试验结果表明，在干法和半干法脱硫系统中，采用袋式除尘器可比其他除尘器提高脱硫效率约 10 个百分点。滤袋表面的粉尘层含有未反应完全的脱硫剂，相当于一个"反应层"的作用。若滤袋表面粉尘层厚度为 2.0mm，过滤风速为 1m/min，则含尘气流通过粉尘层的时间为 1.2s，可显著提高脱硫反应的效率。

在垃圾焚烧烟气净化中，袋式除尘器起着无可替代的作用，垃圾焚烧尾气中含有多种有害气体，袋式除尘器"反应层"的特性对垃圾焚烧烟气净化具有重要作用。垃圾焚烧尾气中二噁英的净化方法，是用吸附剂吸附再以袋式除尘器去除，且不会重新产生二噁英。

袋式除尘器在多种复杂条件下实现减排。袋式除尘器对各种烟尘和粉尘都具有很好的捕集效果，不受粉尘成分及比电阻等特性的影响，对入口含尘浓度不敏感，在含尘浓度很高或很低的条件下，都能实现很低的粉尘排放。近年来袋除尘技术快速发展，在以下诸多不利条件下都能成功应用和稳定运行：①烟气高温，在≤280℃条件下已普遍应用；②烟气高湿，如轧钢烟气除尘、水泥行业原材料烘干机和联合粉磨系统等尾气净化；③高含尘浓度，水泥行业已将袋式除尘器作为主机设备，直接处理含尘浓度 1 600g/Nm³ 的含尘气体，收集产品，并达标排放，还可直接处理含尘浓度 3 万 g/Nm³ 的气体（例如仓式泵输粉），并达标排放；④高腐蚀性，如垃圾焚烧发电厂的烟气净化，烟气中含 HCl、HF 等腐蚀性气体和燃煤锅炉烟气除尘；⑤烟气含易燃、易爆粉尘或气体，如高炉煤气、炭黑生产、煤磨除尘等；⑥高负压或高正压除尘系统，一些大型煤磨袋式收尘系统的负压达到 1.4~1.6MPa，大型高炉煤气袋滤净化系统的正压可达 0.3MPa，而某些水煤气袋滤净化系统的正压更高达 0.6~4.0MPa。

袋式除尘器成为新能源开发和节能工程的重要设备。在一些新能源开发和节能工程中，袋式除尘器作为重要设备提供了有力的支撑。

我国"煤制油"的开发项目，作为该工艺中煤粉的收集设备，袋式除尘器是不可缺少的。高炉煤气余压发电具有重大的节能价值，采用干法袋式除尘器净化高炉煤气比湿式净化可增加发电量 30%~40%，节水 80%~90%，节省投资 30%~40%，节省运行能耗 70%~80%，煤气的热值大幅度提高，净煤气的含尘量更低、净化效果更稳定，环境经济效益十分显著。占我国煤炭保有资源量 12.69% 的褐煤，需经提质处理后方可使用，而袋式除尘器是该提质工艺中不可替代的设备。

我国已掌握了国际上常用的各类袋式除尘技术，并形成很多不同形式、不同特点的多系列产品。袋式除尘设备迅速大型化，如用于钢铁、水泥、火电行业和高炉煤气净化的袋式除尘设备，有许多单机处理烟气量都超过 100 万 m³/h，过滤面积超过 2 万 m²，其中火电行业的袋式除尘器单机最大处理烟气量超过 300 万 m³/h，过滤面积在 4 万~5 万 m² 以上；江苏瑞帆公司为解决大高炉配套干法袋式除尘器，自行开发的规格为 DN5200mm、DN6000mm 及 DN6500mm 的大型除尘箱体，单箱体过滤面积由原来 DN4000mm 的 600m² 左右，增加到现在的 1 100~1 650m²。保证 2 000m²~5 500m² 大型高炉袋式除尘器箱体数量不增加，有利于除尘机组的气流分布，降低故障点、提高运行的可靠性。这种设备的大型化已不仅是简单的规模扩大，同时也注入了新的具有自主知识产权的技术含量，在袋式除尘器的气流分布和气流组织、结构合理、设备制造、安装要求和安全等方面都有了显著进步。

我国生产的芳纶纤维，产品质量与国外产品不相上下，已基本取代了美国、日本产品，占据了国内市场，并且批量出口。

上海凌桥公司等企业规模化生产聚四氟乙烯纤维生产线，都已相继投产，产品质量与国外公司产品的差距已经不大，出口量不断增大；国外企业已采购我国生产的纤维，价格仅为国外产品的 50%。

四川得阳特种新材料有限公司合成燃煤锅炉烟气净化所需的聚苯硫醚树脂生产线和瑞泰科技公司等滤料生产线，已达到规模化生产。虽然国产PPS

纤维的质量与国外产品尚有一定差距，但已促进了PPS纤维市场供需环境的显著改善。

滤料的加工、后处理技术也发展迅速，使滤料的性能更加优良，能够适应各种复杂的烟气条件，延长滤袋的使用寿命。我国滤袋缝制技术和水平已同国外标准接近。

滤袋材质和加工技术的发展，加大了袋式除尘技术其他方面的进步，我国袋式除尘器的滤袋使用寿命已经普遍达到了4年以上。

我国袋式除尘技术的自动控制技术和产品的研究、开发和应用工作已历时多年，自20世纪80年代中期成功地将可编程控制器（PLC）用于袋式除尘器的自动控制以来，经过20多年不断地改进和完善，已成为袋式除尘器在各种复杂环境下安全可靠运行的重要保障。

我国高炉煤气袋滤净化在世界上率先实现全干法工艺，并在大型高炉普遍推广应用，净煤气含尘量低于10mg/Nm³，无论是应用的数量方面，还是技术成熟方面，都处于世界领先地位。

我国袋式除尘技术在燃煤电厂锅炉烟气除尘方面的应用越来越多，滤袋平均使用寿命是4年左右，最长的分别达到90个月和73个月。用于300MW机组的袋式除尘器已很普遍，与2×660MW机组配套的脱硫、脱硝除尘一体化的袋式除尘机组也将要投入运行。

近年来，我国袋式除尘设备制造机械化水平显著提高，花板袋孔的加工较多采用数控激光切割，精度高、进度快、周边光滑无毛刺；半自动下料、自动或半自动焊接被普遍应用；几乎所有的滤袋框架生产都已采用半自动焊接机，大大提高了焊点的牢度、框架表面光滑程度和加工精度。此外，滤袋框架的防腐水平也有很大进步，电喷涂有机硅工艺被普遍采用，用于燃煤锅炉烟气净化的寿命得以延长。在检查整机的焊接质量方面，以及检查滤袋的安装质量方面，现在也常采用荧光粉检漏的方法，比通过煤油和人工方式的传统方法更加准确、可靠，而且快速。

我国袋式除尘器的粉尘排放浓度已普遍在30mg/Nm³以下，低于20mg/Nm³和10mg/Nm³排放限值的设备不可胜数，向环境敏感地区和国外提供的设备甚至达到更高要求，也为国家制定更加严格的环保法规提供了有力的技术支撑。总体来看，袋式除尘设备的系统阻力大幅度降低，除某些场合和少数类型的设备外，通常袋式除尘器的设备阻力都控制在1 200Pa以下，阻力低于1 000Pa的设备也屡见不鲜。

耐高温纤维滤料研制实现突破，滤袋生产技术和装备水平显著提高。我国自行研制合成的聚苯硫醚（PPS）纤维已经获得成功，已有数家厂商批量生产，在燃煤电厂锅炉烟气净化中的应用取得了很好的效果，结束了我国聚苯硫醚纤维完全依靠进口的局面。

近年来，我国又研制出聚酰亚胺纤维，并建了生产线，产品达到设计产量，其性能指标基本达到国外产品水平。研发企业还建立了生产基地，具备了从聚酰亚胺合成到最终制品的全线规模化生产能力，产品也在除尘器上进行工业化试用。

我国的PTFE纤维性能和产品质量进一步提高，应用越来越广泛。包括垃圾焚烧烟气净化的许多领域，已成功应用了国产的纯PTFE针刺毡，滤袋寿命显著延长。由于性能指标和质量的提高，芳纶1313纤维已基本占据了国内市场。

有数家企业研制玄武岩纤维及滤料，玄武岩纤维的开发成功，为高温滤袋提供了新的性能优越的材料，制成的玄武岩纤维膨体覆膜滤料，部分或全部采用膨体纱纺造，经过PTFE溶液浸渍处理，然后通过热轧使表面复合聚四氟乙烯薄膜。

超细玻纤的生产技术和性能也有一定的进步；采用玻纤池窑拉丝的生产工艺、专用的浸润剂、三段分区采信号同步控制的漏板温控技术，生产出的连续纤维直径≤5μm，达到世界先进水平。其耐温范围为2 800℃以上，耐酸、碱腐蚀性强，在160℃~250℃区间内强度增加，几乎不变形。

超细面层针刺毡或梯度结构针刺毡的用量增加，该种滤料具有表面过滤作用，也有利于清灰，成为表面过滤材料的一种，与覆膜滤料相比，其面层更加牢固。

国产 PTFE 的成膜和覆膜技术有了很大提高，不少厂商拥有了热熔覆膜的工艺和装备，覆膜滤料的质量更加接近国外先进水平。

两种或更多种纤维混合制成的针刺毡品种增加，应用到包括高炉煤气在内的多个行业。这种组成可使不同纤维发挥其优点，弥补各自的不足，从而提高滤料的性能。个别企业正在开发纳米催化剂气流成网技术，制成载有催化剂的复合针刺毡滤料，兼具过滤和催化裂解功能，用以分解二噁英等有机废气。

我国已拥有世界一流的针刺毡和水刺毡生产线，使纤维互相钩合而成型，有利于实现表面过滤，降低排放浓度，并可减少纤维用量，有利于降低滤料成本。

我国多家企业装备了自动缝制生产线，拥有热熔合设备的厂家也不在少数。越来越多的企业学习发达国家的先进缝袋工艺，贯穿于从下料到缝制直至检验、包装的整个生产过程，滤袋质量全面提高。

我国研制的"滑动阀片脉冲阀"具有完全的自主知识产权，已获得国家专利，并通过技术鉴定和产品鉴定。我国脉冲阀的整体性以及膜片的寿命不亚于国外产品，并已出口到多个国家。

我国以煤炭为主的能源结构，决定了在今后相当长的一段时期内火力发电都将是我国电力生产的主要方式，"十二五"期间，电力装机容量有望每年增加 1 亿 kW。新增燃煤电厂的快速发展给袋式除尘器行业的快速发展带来很好机遇。

虽然我国火电行业袋式除尘器的应用比例还比较低，如果按照"十二五"期间火电行业袋式除尘器应用比例达 50%计（含电袋），袋式除尘器在燃煤电厂使用还有很大空间。

### 5. 行业发展建议

袋式除尘行业从绝对产值而言仍很弱小，与我国的经济发展规模远远不相适应。我国能源、钢铁、水泥、有色金属产量都居世界第一，其他一些行业的产量也居全球前列。这些都是工业烟尘和粉尘污染严重的产业。我国烟尘和工业粉尘、二氧化硫等有害气体的排放也居世界前列，由此来看，包括袋式除尘在内的我国环保产业还有很大的发展空间，袋式除尘将起到举足轻重的作用。

袋式除尘技术创新和新产业仍然需要国家在财力、税收优惠等方面的扶持和支持。

我国袋式除尘行业需要不断技术创新，推出具有自主知识产权的技术和产品，进一步提高产品质量，增加竞争力，打造名牌产品，扩大国内外市场份额。

目前袋式除尘行业还以小微企业居多，集中度不够。很多企业的设备水平和管理水平较低，生产规模很小。未来需要继续培育骨干企业，加大产业化的力度，促进骨干企业做大做强。推动企业并购重组，提高产业集中度。积极打造国内、国际品牌，继续参与国际间的技术交流和鼓励有条件的企业走向国际市场。加强行业的标准的修、制定，加速技术升级，努力创新，实施以质取胜和市场多元化战略，积极开拓新兴市场，确保产业的健康发展。

## 二、电除尘行业概况

### 1. 行业发展状况

（1）2010 年行业情况

2010 年是我国电除尘行业发展较为迟缓的一年，继 2009 年全球金融危机之后，电除尘行业遭遇了国内市场需求的大幅度下滑。原因是多方面的，其中一个原因是有些管理部门和用户对电除尘器能否达到 $30mg/Nm^3$ 的排放标准表示担忧，甚至有人认为，电除尘器不能满足当前国内或是某些发达地区的环保要求，应该用其他除尘器取而代之。但这种担忧是没有根据的，也是不科学的。国内外的大量应用实践证明，电除尘器是我国排放粉尘的高效节能的除尘设备，在未来相当长的时间内，电除尘器仍然是我国烟尘治理的主流设备。

据对占全国电除尘总量 75%的电力行业中大型燃煤电厂发电机配套电除尘器的应用情况的统计和分析，电除尘技术不仅技术相对成熟，而且可以实现低排放条件下的节能减排，是适合我国国情的最有效的除尘设备之一。

2010 年，中国环境保护产业协会电除尘委员会为了推动和引导电除尘技术进步，组织编写了《燃煤电厂电除尘选型设计指导书》，目的是为了规范行业市场、指导电除尘行业科学合理地进行选型设计，改善电除尘设备设计配置不规范，如电场数量偏少，比集尘面积偏低的现状，确保设备性能满足达标排放，提升行业的整体水平。通过分析研究我国煤种成分及其对电除尘器性能的影响、国内电除尘器的运行状况、国外电除尘器规范及电除尘器选型设计流程。提出选型设计的指导意见，为供货商、设计建设单位及管理部门科学合理地选择电除尘器提供支持。同时，已着手组织安排《电除尘器供电电源选型设计指导书》的编写工作。此外，还通过举办培训班和与《中国环境报》等媒体联合进行专版连续报道、在相关刊物上组织发表专题论文等形式，摆事实、讲科学，对消除对电除尘技术的误解起到了较好的宣传作用。

总之，2010 年是我国电除尘行业发展较为困难的一年，但行业总体积极应对形势的发展变化，仍然取得了可喜的成绩。

（2）2011 年行业情况

2011 年对电除尘行业来说，仍是较为困难的一年。

随着我国经济的高速发展，环境空气污染特征已由煤烟型向复合型转变。一些城市经常出现长时间的灰霾天气，对公众健康造成了严重威胁，使得环境问题已经成为重大的民生问题。我国是全球 PM 污染最为严重的地区之一，大部分城市的 PM2.5 浓度都超过了世界卫生组织的环境空气质量指导值。为此，国家环境保护部逐步在全国范围内将 PM2.5 浓度限值纳入环境空气质量标准。这对于电除尘行业来说，既是挑战，又是机遇。

据报道，对于 0.2~2μm 的微细颗粒，去除的难度很大，用过滤的方法是不可能去除的。但采用湿式电除尘器、静电凝并器和电袋复合除尘器就能有效去除。因此，随着国家对大气质量标准的提高，电除尘器的发展前景将会更加光明。

## 2. 行业经济运行情况

（1）2010 年行业情况

2010 年我国电除尘行业经济运行较平稳，各项经济指标比 2009 年有较大幅度的增长。

电除尘行业的经营主要是设备制造，也有企业同时进行设备的安装和调试。据中国环境保护产业协会统计数据，24 个本体企业合同金额达到 162.9 亿元，总产值为 136.9 亿元，环保销售收入为 112.4 亿元，出口金额为 23.1 亿元；19 个供电电源企业环保销售收入为 7.2 亿元，出口金额为 9 918 万元。2010 年我国电除尘行业 43 个企业的经营情况见表 4。

**表 4 2010 年我国电除尘行业 43 个企业的经营情况**

单位：亿元

| 项　　目 | 本体 | 电源 | 合计 |
|---|---|---|---|
| 合同总金额 | 162.9 | – | – |
| 总产值 | 136.9 | – | – |
| 环保年产值 | 119.8 | 7.2 | 127.0 |
| 环保销售收入 | 112.4 | 7.2 | 120.6 |
| 环保纳税 | 6.1 | – | – |
| 环保利润 | 8.7 | – | – |
| 环保出口 | 23.1 | 1.0 | 24.1 |
| 产品分类：电除尘 | 85.0 | – | – |
| 电-袋 | 7.0 | – | – |
| 袋除尘 | 6.4 | – | – |
| 其他 | 5.9 | – | – |

资料来源：中国环境保护产业协会电除尘委员会。

据中国环境保护产业协会统计数据，43 个电除尘企业的产量占全国电除尘器总量的 85%，则 2010 年全行业的环保销售收入约为 140 亿元，出口金额在 25 亿元以上。

由于我国电除尘行业骨干企业都实行多种经营，难以准确统计。为了真实反映电除尘器的实际产值，要求将各种除尘器产值单列，结果 24 个电除尘本体企业的电除尘器产值约为 85 亿元，19 个供电电源企业的产值为 7.2 亿元（未含机电一体的电源产值）。调查统计 43 个企业的电除尘器产值为 92.2 亿元，按传统的方法计算，行业纯电除尘器产值为 108.5 亿元。该数据中未考虑到在电袋除尘器中电除尘器部分所占份额，以及配套件厂的产值。

从另一个角度来看，统计值中，本体和电源的比例是完全相符的。2000~2010 年我国电除尘行业排名前 13 位的骨干企业的经营情况见表5。

**表5　2000~2010 年我国电除尘行业排名前 13 位的骨干企业的经营情况**

| 年 份 | 工业总产值（亿元） | 环保销售收入（亿元） | 出口额（亿元） | 销售收入同比增长（%） |
|---|---|---|---|---|
| 2000 | 18.21 | 13.92 | 0.56 | － |
| 2001 | 21.35 | 17.52 | 0.47 | 25.22 |
| 2002 | 28.71 | 21.47 | 0.78 | 22.57 |
| 2003 | 33.53 | 28.31 | 0.78 | 22.54 |
| 2004 | 42.83 | 39.27 | 1.13 | 27.88 |
| 2005 | 63.86 | 50.22 | 1.57 | 27.22 |
| 2006 | 76.43 | 58.44 | 6.07 | 14.38 |
| 2007 | 101.43 | 73.01 | 8.37 | 27.12 |
| 2008 | 130.69 | 86.69 | 9.55 | 18.73 |
| 2009 | 150.87 | 83.73 | 11.16 | -3.4 |
| 2010 | 118.98 | 96.96 | 21.437 | 15.79 |

资料来源：中国环境保护产业协会电除尘委员会。

从表5可知，2010 年排名前 13 位企业的销售比 2009 年增长了 15.80%，特别是出口金额同比增长 92.09%，几乎是翻了一番。在经济形势较为困难的情况下，这是行业发展中的闪光点。

（2）2011 年行业情况

2011 年我国电除尘行业经济运行呈现平稳增长态势。

根据对 2011 年电除尘行业内的 50 个企业进行的行业调查统计，其中 28 个本体企业合同金额达到 177.95 亿元，总产值为 155.80 亿元，环保销售收入为 134.04 亿元，出口金额为 25.22 亿元，18 个供电电源企业和 4 个配套件企业环保销售收入为 8.11 亿元，出口金额为 8 086.8 万元（注：对于一些机电一体化的企业，统计中按其产值高的产品性质归类，如龙净环保的电气产值统一计入本体，未计入电控产值，以避免重复计算产值）。2011 年我国电除尘行业 50 个企业的经营情况见表6。

按传统统计方法计算，50 个电除尘企业的产量占全国电除尘器总量的 85%，则 2011 年全行业环保销售收入约为 176.0367 亿元，出口金额近 30 亿元。

由于电除尘行业中的骨干企业大都实行多种经

**表6　2011 年我国电除尘行业 50 个企业的经营情况**

单位：亿元

| 项 目 | 本体 | 电源及配套件 | 合计 |
|---|---|---|---|
| 合同总金额 | 177.9499 | 47.9716 | 227.9215 |
| 总产值 | 155.7964 | 45.8533 | 201.6597 |
| 环保年产值 | 141.8706 | 8.9899 | 150.8605 |
| 环保销售收入 | 134.0437 | 8.1049 | 142.1487 |
| 环保纳税 | 6.3058 | 0.4103 | 6.7261 |
| 环保利润 | 7.5004 | 0.8069 | 8.3073 |
| 环保出口 | 25.2193 | 0.8087 | 26.0280 |
| 产品分类：本体 | 85.2289 | 0.1840 | 85.4129 |
| 电源 | 4.2926 | 7.7391 | 12.0316 |
| 电袋 | 15.2782 | 0.0600 | 15.3382 |

资料来源：中国环境保护产业协会电除尘委员会。

营，一般电除尘行业的电除尘器产品占环保产值销售收入的 75%（以往按 76%）计，则 2011 年全国电除尘器销售收入约为 132.0275 亿元。

为了真实反映电除尘器的实际产值，本次调查要求被调查企业在填写行业调查表时将各种产值分别单列，结果显示，28 个电除尘本体企业的电除尘器本值产值为 85.2289 亿元，电源 4.2926 亿元；22 个供电电源及配套件企业的产值为 7.9242 亿元，主体 7.7391 亿元。调查统计 50 个企业的电除尘器产值为 105.1846 亿元，按传统的方法计算，行业的电除尘器产值为 123.7466 亿元。且未包括电—袋除尘器部分中的电除坐器的产值。2000~2011 年我国电除尘行业排名前 13 位的骨干企业经营情况见表7。

**表7　2000~2011 年我国电除尘行业排名前 13 位的骨干企业的经营情况**

单位：亿元

| 年 份 | 工业总产值 | 环保销售收入 | 出口额 | 销售收入同比增长（%） |
|---|---|---|---|---|
| 2000 | 18.2086 | 13.9215 | 0.5565 | － |
| 2001 | 21.3517 | 17.5165 | 0.4686 | 25.22 |
| 2002 | 28.7098 | 21.4691 | 0.7745 | 22.57 |
| 2003 | 33.5288 | 28.3102 | 0.7825 | 22.54 |
| 2004 | 42.8246 | 39.2698 | 1.1310 | 27.88 |
| 2005 | 63.8600 | 50.2166 | 1.5710 | 27.22 |
| 2006 | 76.4290 | 58.4358 | 6.0661 | 14.38 |
| 2007 | 101.4290 | 73.0137 | 8.3720 | 27.12 |
| 2008 | 130.6871 | 86.6934 | 95.5228 | 18.73 |
| 2009 | 150.8676 | 83.8329 | 11.1560 | -3.4 |
| 2010 | 118.9793 | 96.9560 | 21.4323 | 15.79 |
| 2011 | 128.2250 | 99.5066 | 21.4964 | 2.6 |

资料来源：中国环境保护产业协会电除尘委员会。

2000~2011 年我国电除尘行业排名前 13 位的骨干企业工业总产值趋势见图 5。2000~2011 年我国电除尘行业排名前 13 位的骨干企业环保销售收入趋势见图 6。2000~2011 年我国电除尘行业排名前 13 位的骨干企业出口额趋势见图 7。

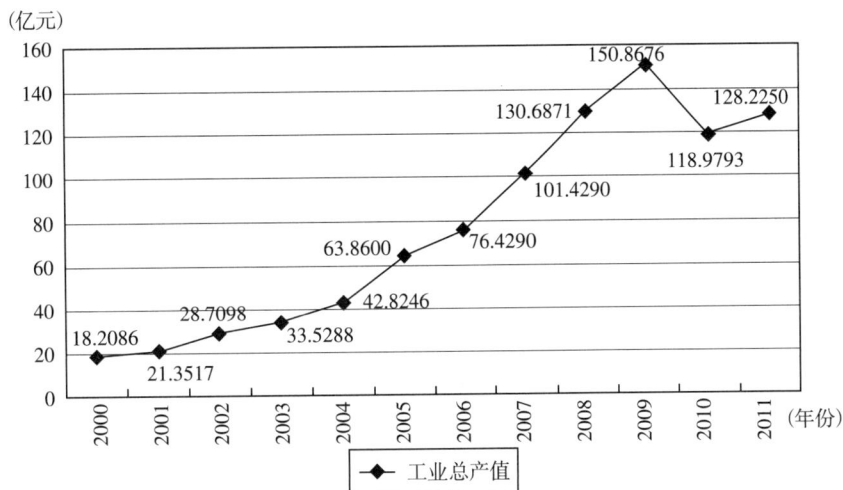

**图 5    2000~2011 年我国电除尘行业排名前 13 位的骨干企业工业总产值趋势**

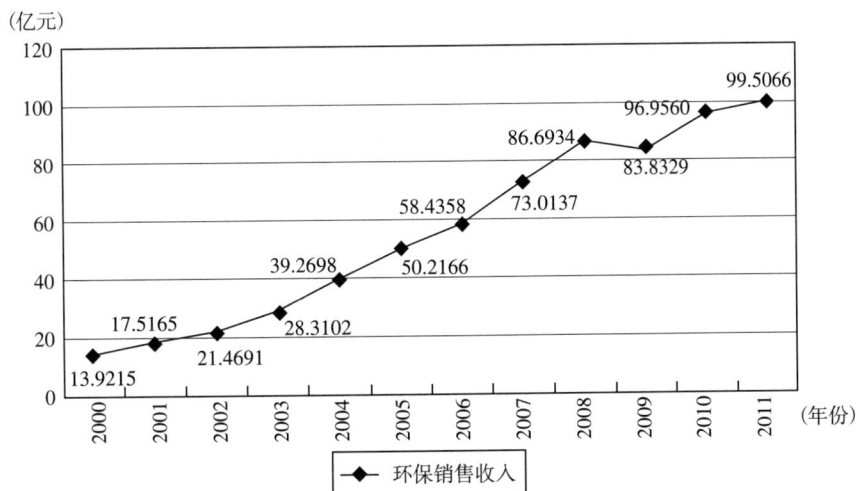

**图 6    2000~2011 年我国电除尘行业排名前 13 位的骨干企业环保销售收入趋势**

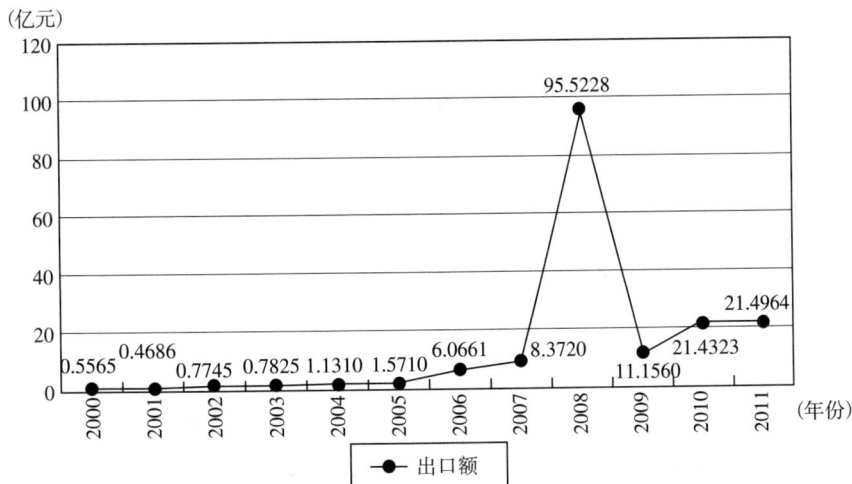

**图 7    2000~2011 年我国电除尘行业排名前 13 位的骨干企业出口额趋势**

从表 7 可知，2011 年电除尘行业排名前 13 位的骨干企业的环保销售比 2010 年增长了 2.6%；全行业的出口金额比 2010 年略有增长，但排名前13 位的骨干企业的出口金额与 2010 年基本持平。这是由于印度、印度尼西亚、越南等发展中国家因受到国际金融危机的影响，许多发电厂被迫缓建所致。2010 年、2011 年我国电除尘行业排名前 13 位的骨干企业的经营对比情况见表 8。2010 年、2011 年我国电除尘行业排名前 13 位的骨干企业的经营对比情况见图 8。

**表 8　2010 年、2011 年我国电除尘行业排名前 13 位的骨干企业的经营对比情况**

| 项　目 | 2010 年 | 2011 年 | 2011/2010 年增长（%） |
|---|---|---|---|
| 工业总产值（亿元） | 118.98 | 128.2250 | 7.77 |
| 环保销售收入（亿元） | 96.96 | 99.5066 | 2.63 |
| 出口额（亿元） | 21.437 | 21.4964 | 0.28 |

资料来源：中国环境保护产业协会电除尘委员会。

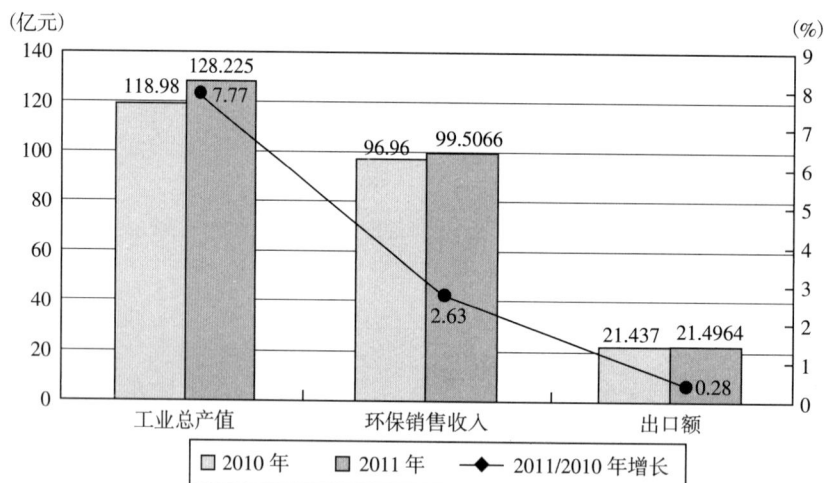

图 8　2010 年、2011 年我国电除尘行业排名前 13 位的骨干企业的经营对比情况

### 3. 主要骨干企业发展情况

（1）2010 年概况

我国电除尘行业，包括改制后的部分科研设计院所，共有 200 多个企业，其中的 30 多个骨干企业，不论生产规模，还是加工装备水平，完全可以和国外著名厂商相媲美，我国的电除尘器除满足国内需求外，还有部分产品出口到世界数十个国家和地区，一般主要是发展中国家，有些发达国家也成套进口我国的电除尘器设备。

据 2010 年对 43 个企业的调查统计，仅 29 个企业出口总额就达到 20 多亿元，这是继 2009 年我国电除尘器出口超过 10 亿元大关后，又进一步突破了 20 亿元大关。电除尘器出口额几乎占到电除尘器总产量的近 1/5，这在我国环保产业中是不多见的。特别是在国内有些人担心使用电除尘器达不到国家排放标准，拟将之边缘化的时候，电除尘器出口反而成倍增长。这一事实充分说明我国的电除尘技术得到了国外的认同，也是我国电除尘行业近年来加大技术创新力度，在进一步提升电除尘技术整体水平的同时，在产品的设计和加工质量上也在不断提高，为我国电除尘拓展国际市场打下了坚实的基础。

我国是电除尘器使用最多的国家，由于我国地缘辽阔，情况复杂，火力发电厂燃用的煤种千差万别，这在其他国家也不多见。我国经过几十年工程经验的积累，对不同种类的燃煤及烟尘状况提出了选型设计指导意见，极大地丰富了世界除尘器知识库。这是我国电除尘科技工作者对世界电除尘技术发展做出的重要贡献。近年来，我国电除尘应用技术方面进展很快，但仍存在不足，主要是在前沿的原始创新方面，与发达国家还存在着较大的差距，尚须举全行业之力，争取为环保事业作出更大的贡献。

（2）2011 年概况

电除尘器经过 100 多年的发展，早已成为工业烟尘治理领域尤其是电力行业众多除尘设备的首选产品。

我国的电除尘行业经过 50 多年的奋斗耕耘，特别是伴随着改革开放的春风，已经形成了装备精良、配套齐全的一个行业。从事电除尘行业的生产企业有 200 多个，还有一批高等院校、科研、设计院。在我国环保产业中，电除尘行业是能与国际厂商相抗衡且具有竞争力的一个行业。我国已作为世界电除尘大国出现在国际舞台上，在该领域的世界科技排名位居前列。浙江大学的闫克平教授是现任国际电除尘学会主席，这是国际电除尘学会成立 30 年来中国人第一次担任这个职务。

我国应用电除尘器几十年的历史实践证明，煤、飞灰、烟气成分直接影响着电除尘器的除尘效果。通过对国内已经使用过的 122 个煤种（含 9 种混煤）的煤、飞灰样品的统计表明，电除尘器对 86% 的煤种具有较好的适应性。通过统计分析，对于我国多数煤种，电除尘器在适当增加电场数量和比集尘面积的情况下，达到 $30mg/Nm^3$ 甚至 $20mg/Nm^3$ 的出口排放浓度是完全可以实现的。

经对福建龙净、浙江菲达、天浩集团、兰州电力、上海冶矿全国 5 家骨干生产厂的电除尘器应用情况进行的调查显示，2004~2010 年，上述 5 家企业已投运并经第三方测试的 600MW 机组以上（含 600MW）配套电除尘器共 175 台，全部达到了合同规定的技术要求。值得注意的是，其中在电除尘器电场数三四个，比集尘面积 $80~110m^2/m^3 \cdot s^{-1}$，在这一低电场数量及较低比集尘面积的前提下，电除尘器实测排放低于 $50mg/Nm^2$ 的有 83 台，占测试项目总数的 47.4%，排放低于 $30mg/Nm^2$ 的也有 22 台。从调查统计情况还可以注意到 1 000MW 机组配套电除尘器实际排放值低于 $30mg/Nm^2$ 的情况较普遍。尤其是应用了高频电源等新技术后，低排放和节能效果非常好。如上海外高桥第三发电有限责任公司 8 号炉 1 000MW 机组是国内最大容量的引进超超临界汽轮发电机组，配置 2 台三室四电场电除尘器。该厂距离世博会主展区仅 20 多 km，在世博会开馆之前，电厂为了进一步节能减排，将 8 号机组电除尘器用高频电源替换了原 24 台工频电源。2010 年 4 月，经过华东电力试验研究院对 8 号发电机组现场跟踪测试表明，在同等工况下，电除尘器出口烟尘排放浓度，由改造前的 $42mg/Nm^3$ 降低到 $15.7mg/Nm^3$，同时电除尘器能耗也有较大幅度的降低，1 台百万千瓦机组的电除尘器全部电耗仅为 $400kW \cdot h$ 左右。再如采用新型的电源控制器进行对华能北京热电厂的 4 台 220MW 机组的电除尘器电控改造，实现了粉尘排放 $20mg/Nm^3$ 以下，并节能 60%。为改善北京地区的空气质量做出了贡献。

对粉尘排放要求较高的欧、美及日本等发达国家和地区的燃煤电厂主要采用的都是电除尘器，出口排放浓度一般都在 $20~30mg/Nm^3$，运行情况良好，如欧盟 2001/80/EC 指令中规定粉尘排放极限值为 $30mg/Nm^3$，其采用电除尘器的约占 85%，目前西欧采用电除尘器后的平均排放值小于 $10mg/Nm^3$；美国 2005 年规定粉尘排放限值为 $20mg/Nm^3$，其中采用电除尘器的约占 80%；日本大部分地方政府制定的排放标准均低于 $20mg/Nm^3$，其燃煤电厂几乎全部都采用电除尘器。

可以看出，欧、美、日等发达国家和地区执行了比我国更为严格的排放标准，电除尘器仍被广泛地采用。特别是德国和日本，电除尘器的占有率具有绝对的优势。

发达国家燃煤质量较好，热值高、灰分低，应用电除尘器比较有利，但是值得注意是，印度、印度尼西亚、越南等发展中国家，也大都使用电除尘器。印度煤种具有高灰分、高比电阻、低热值、低碳、低 $Na_2O$ 等特性，电除尘器对粉尘的收集较为困难，但是近年来新建的 300MW 和 600MW 机组燃煤电厂还是选择了具有多电场（7~10 个）和大比集尘面积（一般为 $200m^2/m^3 \cdot s^{-1}$，最大为 $315m^2/m^3 \cdot s^{-1}$）的电除尘器。有数据显示，印度燃煤电厂 90% 以上均使用电除尘器。

国外许多著名组织、研究机构及研究人员就电除尘能否适应日趋严格的粉尘排放标准进行了研究，国际电除尘学会每隔三四年召开一次学术会议，目的是交流各国对电除尘的研究及应用成果，以推动电除尘技术的进步。第十二届国际电除尘学术会议于 2011 年 5 月在德国举行。欧盟暖通空调协会联盟（Rehva）/costG3 组织认为："干式电除尘器可保证排放在 10mg/Nm³ 以下，如需要可以达到 5mg/Nm³ 以下。"湿式电除尘器可实现低于 1mg/Nm³ 的排放。

截至 2011 年底，我国电除尘行业中有 3 家上市公司，即福建龙净环保股份有限公司（2000 年上市）、浙江菲达环保科技股份有限公司（2002 年上市）、福建东源环保股份有限公司（2009 年上市）。

我国的电除尘行业近年来能获得快速发展，得益于有一批能与国际上的大公司相媲美的骨干企业。浙江菲达环保科技股份有限公司和福建龙净环保股份有限公司是我国电除尘行业中的领军企业，是骨干企业中的佼佼者。

浙江菲达环保科技股份有限公司和福建龙净环保股份有限公司都是创立于 20 世纪 70 年代的老牌电除尘企业上市公司。这些企业致力于大气污染控制领域环保产品的研究、开发、设计、制造、安装、调试、运营，并通过自主研发和技术引进再创新，开发出了多种形式的电除尘器，以及电源电控、电袋除尘、脱硫脱硝、物料输送等一系列规格完整的大气污染治理产品。有很强的技术创新能力和市场影响力。2 家公司的电除尘器产量产值约占全行业产量产值的 1/3，出口量占到 1/3 以上。

目前国内电除尘器除了应用 1 000MW 超临界发电机组的企业有浙江菲达环保科技股份有限公司和福建龙净环保股份有限公司外，还有天洁集团、兰州电力公司。天洁集团虽是民营企业，但经营灵活有业绩。兰州电力公司是我国老牌电除尘厂家之一，在我国西北和北方地区业绩较好，有较大的影响力。

上海冶矿是上海电气集团公司的子公司，也是我国最早生产电除尘产品的企业，我国第一台 300MW、600MW、800MW，火电发电机组配套的电除尘器就是该企业承建的。上海冶矿还依托上海电气集团公司主要成套设备出口印度等国。

福建东源、河南中材、宣化冶金、浙江天明、浙江洁达、浙江东方、西安西矿、浙江绿洲等公司虽然规模相对较小，但具有突出的成本优势，在一些项目上也有一定的竞争力。

国电南环原是南京电力环保研究院的一部分，依托母公司的资产纽带关系，在某些项目中也具有突出优势。国电南环 2005 年转制成为企业，在短短几年的时间内，一跃成为电源行业产量仅次于福建龙净的企业。该公司正将高频电源推向国际市场，与印度、非洲、东欧等国家和地区正在洽谈中。

行业中的外资企业不多，如长春凯希公司、上海电阻有限公司等，这些企业的产品几乎全部外销，在国内市场的占有率很低。

我国的电除尘技术是在自主研发的基础上，从欧美等发达国家引进技术，又通过消化、吸收和再创新，形成了国内自有技术，并在长期实践中不断改进、提高。产品得到了几十个国家的青睐，在国际市场上显示了较强的技术竞争优势。

我国制造商特有的设备价格优势，在电除尘行业仍然存在。随着所在国的相关保护政策及贸易壁垒的形成，劳动密集型产品的价格优势将会逐渐消失，寻找适合的方式，如进行制造本地化的尝试，不失为提高竞争力的好办法。

为了进一步拓展市场、跟踪项目、服务客户，有实力的公司如浙江菲达环保科技股份有限公司、福建龙净环保股份有限公司都在国外设立了分公司、办事处或代理机构。

2011 年，由于受到国际金融危机的影响，对电除尘器需求量较大的国家，如印度、印度尼西亚、越南、菲律宾、土耳其及东欧国家等，许多项目都缓建或暂停建设，给行业的出口额带来一些影响。印度、印度尼西亚、越南等一大批发展中国家，经济发展速度也很快。但普遍存在能源缺口很大，未来两年或许将会迎来电力建设的发展高峰，因此应有足够的思想准备。

## 4. 行业总体技术进展

几十年来，特别是近 30 年来，电除尘科技工作者在不断完善电除尘器性能的基础上坚持不懈地进行技术创新。在20世纪开发了透镜式电除尘器、管极式电除尘器、钢刷式清灰电除尘器、磁电除尘器、屋顶电除尘器、圆筒形电除尘器、五区电除尘器和湿式电除尘器等。进入21世纪以来，为了适应市场的要求，又开发了移动电极电除尘器，机电多复式电除尘器，高浓度、高负压电除尘器，电袋复合除尘器以及烟气调质技术和粉尘凝聚技术等。这些技术的开发和推广，打破了先前常规电除尘器的固有技术"瓶颈"，极大地提升了我国电除尘器的竞争力。

近年来，我国研制的移动电极电除尘器有效抑制反电晕，有效解决二次扬尘。移动电极电除尘器是一种新型的电除尘器，一般由前级的常规电除尘器和后级的移动电极电除尘器组成，移动电极电场中阳极部分采用移动收尘极板和旋转的清灰刷，阴极采用常规电除尘器阴极系统，附着移动收尘极板上的粉尘尚未达到形成反电晕的厚度时，就随移动极板运行到灰斗内被旋转的清灰刷彻底清除，可大幅度提高除尘效率，满足更严格的排放要求，能长期保证高除尘效率。

在我国的环保产业中，电除尘行业是目前能与国际厂商相抗衡且具有竞争力的一个行业。我国已经是世界第一电除尘设备生产大国，在该领域的世界科技排名位居前列。

随着我国经济实力的不断增强，环境保护的要求将会日益提高，不论是当今发达国家的电除尘器使用情况，还是国内电除尘的大量使用实例，都充分说明，即使国家排放限值标准提高到30mg/Nm³，甚至更严格，电除尘器仍将是消烟除尘的主要设备和技术途径之一。

我国现役投运的1 000MW机组有40台，600MW机组有913台。尽管当时是按50~100mg/Nm³的排放标准设计的，但在电场数仅为四电场的情况下，经过第三方测试，1 000MW机组的电除尘器绝大部分排放浓度都在30mg/Nm³以下，甚至有好几台是在20mg/Nm³，其中还有排放低于10mg/Nm³以下的，600MW机组配套的电除尘器许多都

有30mg/Nm³以下的排放业绩。

2011年测试的上海漕泾电厂1、2炉四电场的1 000MW机组，配套的电除尘器排放浓度分别在19.1mg/Nm³和19.3mg/Nm³。潮州电厂二期2×1 000MW，台山电厂三期1 000MW机组和国华台山电厂5×600MW机组配套的电除尘器排放也都在30mg/Nm³以下。

浙江菲达环保科技股份有限公司、福建龙净环保股份有限公司等一批行业骨干企业，致力推出了如移动电板电除尘器、余热利用高效节能电除尘器（低低温电除尘器）、湿法电除尘器和高频电源等电除尘器新技术。其中移动电极电除尘器、余热利用高效节能电除尘器和高频电源已应用到电力部门，正处在工业应用的检验期。我国电除尘行业对这些新型电除尘器给予了极大的关注。

烟气余热利用高效节能电除尘器，在燃煤发电系统中，主要采用汽机冷凝水与热烟气通过特殊设计的换热装置进行气液热交换，使得汽机冷凝水得到额外的热量，以减小汽机冷凝水低加回路系统中所消耗的抽气量，实现少耗煤多发电的目的，电除尘效率大幅度提高，可满足更加严格的排放要求。

湿法电除尘器的收尘机理与干法电除尘机理是一样的，差别在于清灰方式；干法电除尘器是通过锤击打清灰，使粉尘脱离电极，而湿法电除尘器是通过液体冲洗电极使粉尘剥离。湿法电除尘的突出优点有：收尘性能与粉尘特性无关，对黏性大或高比电阻粉尘能有效收集，同时也适用高湿高温的烟气；没有二次扬尘，电除尘出口浓度可以达到很低；电场中没有设备运动部件，可靠性高。

高频电源在除尘器上的运用是电除尘技术革命性的突破，其高效、节能的特性已被业界广泛认可。我国电除尘应用高频电源已有四五年的时间，打破了国外的技术垄断，技术上已达到或接近国外水平。

与国外技术一样，电除尘高频电源普遍采用调频工作模式或脉冲工作模式，在工况条件较差、输出电压和功率低于额定值较大时，会出现工作不稳定和效率较低的问题。经过不懈努力，厦门天源兴

研制成功拥有完全自主知识产权的电除尘调幅式高频电源，在调幅高频电源的输出电压和频率可分别独立调节，互不牵扯，克服了目前调频式高频电源适应能力较差、低频时效率低的不足，更好地适应了电除尘设备的需要。

## 5. 发展建议

环保产业是政策导向型产业，要充分发挥政策的导向作用，切实制定促进环保产业发展的政策法规，积极扶持骨干企业提高自主创新能力和建立高新技术产业化的激励机制，调动生产企业和污染治理企业的积极性，推动电除尘技术进步，促进环保产业整体水平提高和产业结构升级。

健全环保产业的市场管理机制，真正形成统一开放的市场，鼓励竞争，相互发展，促进公正、公平的市场竞争机制，切实实施行业自律，规范监督管理。

进一步加强国际交流与合作，同时加强国内本体企业、供电电源企业及配套配件企业之间的协调，不断提高行业的整体水平。

我国是一个人口众多的发展中国家，随着工业化和城市化进程的加快，对能源的需求更加迫切。国家能源局能源节约和科技装备司有关领导在"2011年第六届中国电工装备创新与发展论坛"上指出："相当长一段时间内，能源行业要保证经济发展和人民生活水平提高对能源的需求，总的来说，'十二五'期间能源还是会保持高速增长的态势，我们提出了一个规划，2015年电力装机容量预计达到14.7亿kW，2020年可能达到18.4亿kW，2030年达到24.7亿kW，应该是比较保守的数字。"由于我国能源结构的特殊性，因此在相当长的时间内，我国以煤炭为主的能源供应格局不会发生根本性的改变。快速增长的能源需求和有限的环境容量，迫使我们必须采取更加严格的环境排放标准。同时，也说明大气污染治理行业还有很大的发展空间，我国的工业化和城市化的进程还远未完成，加上我国人口众多，环境压力很大，大气污染治理仍然任重道远。

（中国环境保护产业协会提供资料）

地方篇

# 上 海 市

## 一、概况

上海是我国的传统工业重镇，其研发制造体系和配套能力较强，同时拥有金融、服务、人才和国际交流等独特的区位优势，具有良好的能源装备产业的发展基础。2000年，我市成功制造出我国第一套60万kW超临界火电机组，获得国家科学技术进步一等奖。上海电气集团是中国装备制造业最大的企业集团之一，在"亚洲品牌500强"评估中，上海电气品牌在亚洲机械类品牌中排名第五，中国机械类品牌中排名第一，是我国最早从事核电装备制造的企业集团之一，拥有国内顶尖的专业化核电设备制造基地。2011年，我市高端装备制造业实现工业总产值4 620亿元，其中，百万千瓦级超超临界火电机组国内市场占有率近50%，核电装备国内市场占有率达40%。在《上海市战略性新兴产业发展"十二五"规划》中，明确了本市七大战略性新兴产业，其中包括与能源装备密切相关的高端装备制造业、新能源产业和节能环保产业等。2011年，我市在能源科技装备尤其是新能源领域取得了多项进展，"1000MW超超临界塔式锅炉"等16项研究成果获国家能源科技进步奖。

## 二、常规能源装备

### 1. 先进火电

2011年，我市继续保持在国内先进火电设备市场的领先位置，上海电气集团提供的百万千瓦级超超临界机组等效可用系数为91.3%，达到国际先进水平。受益于我国新一轮燃机市场的发展契机，我市燃机设备产业取得重大进展，上海电气集团新增燃机订单约47亿元人民币，其中2台出口俄罗斯，成功打入欧洲高端市场，同比实现增长近50%，并完成了国内首台整体煤气化联合循环（IGCC）示范工程中的燃机和气化炉技术开发工作，进入安装和调试阶段。

上海外高桥发电三厂通过优化管理，实施技术创新，机组实际运行供电煤耗达到276.02g/kW·h，仅相当于我国火电厂平均煤耗的82%，连续4年刷新世界煤耗最低纪录。其首创的"全天候脱硝"技术在节能的同时，使脱硝系统在2011年的投运率上升至近100%，显著降低了氮氧化物的排放量。

### 2. 油气运输

近期，首套国产大型电驱压缩机组成功投运于西气东输二线工程，整机性能达到国际先进水平，代表着压缩机行业的最高水平，打破了进口依赖，创造了国内电机额定转速、变频驱动装置容量等多个第一。该项目由国家发改委、国家能源局组织实施，上海电气集团负责研制电动机，上海广电电气集团股份有限公司负责研制国内最大的25MVA变频器。

继实现LNG（液化天然气）船国产化建造零的突破之后，沪东中华造船（集团）有限公司联合有关院所成功开发出16万m³电力推进LNG船、17.2万m³低速机和再液化LNG船、17.4万m³电力推进/高效透平推进 LNG 船、22 万 m³ LNG 船等系列船型，在大型 LNG 船的自主研发方面实现重要突破。2011 年 1 月，沪东中华成功中标埃克森美孚和商船三井的中国 LNG 运输项目 4 艘 LNG 船订单。这是沪东中华船厂首次接到的国际 LNG 船订单，标志着我国船厂在 LNG 船建造技术的国际化考验中取得阶段性胜利。

# 三、新能源装备

2011 年，我市新能源产业产值完成 506 亿元，同比增长 30%。其中核电产业平稳增长，产值达到 131 亿元；风电产业也有所增长，实现产值 124 亿元；太阳能产业持续增长，实现产值 257 亿元；智能电网 2011 年产值 269 亿元，同比增长 18%。

## 1. 核电

在国内核电站制造基地中，我市始终扮演着重要角色，具有历史最久、业绩最多的核心装备制造、工艺设计、成套供货产业化能力。部分关键设备（如压力容器、蒸汽发生器、堆内构件等）的研制成功为核电装备国产化奠定了重要基础。在核电发展中，我市坚持推进核电高新技术的产业化，如具有自主知识产权的焊接转子、长叶片等核心技术产品；核电关键部件的自主化，如红套转子、MSR 等设备的国产化；核电产品的系列化，如二代加、三代核电全面发展，形成产品系列。

2011 年，我市核电仪控设备研发试验能力进一步提升。由上海工业自动化仪表研究院和上海电缆研究所共同研发建设的 LOCA（失水事故环境）试验装置通过专家评审。该装置达到国际先进水平，能够满足我国二代改进型和三代核电站 LOCA 试验的要求，对我国核电设备国产化具有重要意义。

关键技术攻关取得重大突破。上海电气集团顺利完成全球首台 AP1000 稳压器、AP1000 堆芯补水箱和百万千瓦级核电发电机定子机座的研制和发运，成功开发大型核电汽轮机 1 710mm 长叶片，完成国家重大专项高温气冷堆控制棒驱动机构（CRDM）样机。宝山钢铁股份有限公司研制完成

690U 形管，替代进口，交付东方电气（广州）重型机器有限公司使用，形成 750t/a 产能。

成套设备制造能力显著提高。上海重型机器厂有限公司成功交付世界首套 AP1000 稳压器的全套锻件和高温气冷堆压力容器的全套锻件，并具备了堆内构件核级不锈钢锻件的批量交货能力。由上海第一机床厂有限公司承制的国内首台国产化百万千瓦反应堆堆内构件——红沿河 1 号机组堆内构件在上海电气临港重装基地通过出厂验收。上海发电设备成套设计研究院自主设计制造成功百万千瓦二代加核电电气贯穿件，实现国内首批产品交货。上海电气凯士比核电泵阀有限公司与国核工程有限公司签订 CAP1000 核电主泵的销售合同并启动了核岛主泵研制项目。目前，上海电气集团已拥有三代 AP1000 核岛主设备和百万级核电常规岛主设备产品的制造能力。

## 2. 风电

我市风电产业初步完成了全产业链的建设。上海电气集团 2MW 风力发电机组核心部件实现自主创造，构建了国内唯一的 3.6MW 级整机设计平台，3.6MW 海上样机在东海大桥二期前期海上风电场并网发电，机组运行情况良好，可用率超过 99%。上海振华重工（集团）股份有限公司研制海上风电 800t 全回转起重船成功，可用于潮间带海域、浅海区域 3~5MW 海上风电安装工程。上海泰胜风能装备股份有限公司为华锐风电配套制造了当时国内最大、技术难度最高、达到国际领先技术水平的 6MW 海上风机塔架。上海万德风电有限公司成功研制具有完全自主知识产权的 1.25MW、1.5MW 和 2MW 内转子永磁直驱风电机组。华锐风电科技（集团）股份有限公司开始投资建设 5MW 大型风机整机生产基地，华仪风电股份有限公司投资 2.4 亿元建设 3MW 整机生产基地。

## 3. 太阳能光伏

2011 年，我市共有光伏企业近 100 家，其中太阳能电池和组件企业 30 多家，薄膜太阳能电池设备企业近 10 家，全年光伏电池产量 418MW，光伏组件产量 2 600MW。

自主创新取得初步成果。上海张江理想能源设备公司成功下线薄膜太阳能电池关键生产设备——等离子体增强型化学气相沉积设备（PECVD），填补了光伏电池高端设备国产化的空白，将有助于降低硅薄膜电池生产成本。上海空间电源研究所的1MW柔性薄膜太阳电池卷对卷中试线生产出效率6%的电池。纳峰新能源科技（上海）有限公司研制成功TeCd电池生产设备，生产的TeCd电池效率达到10%。吉富新能源科技（上海）有限公司研制成功国内首条拥有自主知识产权的高效能薄膜太阳能设备生产线。上海汉虹精密机械有限公司研制成功450t的HXH450硅多晶铸锭炉，加工尺寸达到600mm的HMX600切片机。上海普罗新能源有限公司在国内率先突破冶金法生产太阳能硅材料技术"瓶颈"，自主研制成功单炉产量为1 800kg的多晶硅铸锭炉，生产出的太阳能电池的转换率最高可达到16%。

基地建设成果显著。尚德太阳能电力有限公司建成360MW"冥王星"高效太阳能电池生产基地，建成50MW薄膜太阳能电池生产线。晶澳太阳能有限公司建成800MW"赛秀"高效太阳能电池生产基地。中电电气集团建成500MW高效太阳能电池生产基地。

### 4. 智能电网

核心技术研发取得阶段性进展。上海林洋储能科技有限公司研制成功20kW/40kW·h时的钒电池储能系统。上海交通大学高温超导取得进展，掌握了百米级带材制备技术且性能达到国际领先水平，10kW超导限流器已完成样机研制。上海航天电源技术有限责任公司的磷酸铁锂电池储能系统在国内率先进入轨道交通领域。思源电气股份有限公司研制的智能变电站系统实现产业化突破，获得国家电网公司投标资质并屡次中标。上海复旦微电子股份有限公司研制的智能电表核心芯片在国内市场占有率达20%，仅次于国外品牌瑞萨，是国内唯一一家在智能电能表控制芯片领域批量供货的公司。

建成一批示范项目。上海南汇柔性直流输电示范工程投入正式运行，这是亚洲第一条拥有完全自主知识产权、具有世界一流水平的柔性直流输电线路。220kV泸定站智能化改造完成土建、电气的安装调试工作，具备投运条件。该智能变电站全面采用电子式互感器和数字化、网络化控制保护系统，在传统变电站后台的基础上还集成了顺序控制、智能告警、状态监测等智能化功能。建成电动汽车充换电站及电池配送站9座，交流充电桩1 100台，完成电动汽车城际互联沪杭高速枫泾服务区南区、北区充换电站建设。

## 四、研发中心

目前，我市共有5家国家能源研发中心（重点实验室），依托单位分别是：

"国家能源智能电网上海研发中心"，上海交通大学；"国家能源核电站仪表研发中心"，上海工业自动化仪表研究院；"国家能源智能电网用户端重点实验室"，上海电器科学技术研究所（集团）有限公司；"国家能源LNG海上储运装备重点实验室"，中国船舶工业集团公司沪东中华造船（集团）有限公司；"国家能源海上风电技术装备研发中心"，上海交通大学、华锐风电科技公司。

（上海市发展和改革委员会能源处）

# 山　东　省

## 一、概况

山东省是经济大省也是能源大省，2011 年，全省生产原煤 16 113.6 万 t、原油 2 781.5 万 t、柴油 2 463.5 万 t，发电量达 3 162.2 亿 kW·h，为全省经济快速发展提供了良好的能源保障。大规模的能源生产和需求对能源装备发展提出了更高要求，山东省《关于加快新能源和节能环保产业发展的意见》（鲁政发〔2009〕77 号）、《山东省国民经济和社会发展第十二个五年规划纲要》和《关于加快山东省装备制造业发展的意见》（鲁政办发〔2011〕79 号）等文件，均对大力发展能源装备、调整能源结构进行了明确部署。近年来，在省人民政府的正确领导下，各级各部门合力推进发展能源装备，我省已经形成了传统能源装备规模大，新兴能源装备发展较快，结构优势互补的良好发展局面。

## 二、能源装备产业现状

能源装备是能源产业的核心，是装备制造业的重要组成部分，具有技术密集、附加值高、成长空间大、带动作用强等突出特点，是我省实施产业转型升级的重点之一。近年来，在省委、省政府的正确领导和关心、支持下，特别是 2009 年实施一系列工业调整振兴规划和 2011 年实施《关于加快山东省装备制造业发展的意见》（鲁政办发〔2011〕79号）以来，我省能源装备产业得到了很好的发展，煤炭、电力、石油等传统能源装备规模进一步扩大，技术水平不断提高，优势产品不断巩固，产业结构不断优化，风能、核能、光能、页岩油气、生物质能等新兴能源装备产业得到蓬勃发展，并已具有较为完善的产业链和相当的产业规模，为我省加快调整能源结构，落实节能减排目标任务，保障经济快速增长作出了重要贡献。

### 1. 石油装备

我省是石油装备制造业大省，截至 2011 年底，全省共有石油装备制造业规模以上企业 160 多家，总资产 600 多亿元人民币，从业人员 5 万多人。2011 年，我省生产石油钻井设备 21.66 万台（套），增长 114.8%；全行业实现销售收入 800 多亿元，同比增长 40%；实现利税 70 多亿元，同比增长 46%；石油装备制造业经济总量占全国的 40% 以上。

经过近几年的快速发展，山东省在石油勘探、测井、钻采、修井、输送等领域发展起一批年销售收入超过 10 亿元，具有较强竞争力的石油装备制造企业，主要产品有陆地石油钻机、抽油机、石油专用管、抽油泵、抽油杆、燃气发电机组、油田特种车辆等广泛应用于国内各大油田；9 000m 超深井钻机、天然气压缩机、水下生产系统达到国际先进水平，并填补了国内空白；具有自主知识产权的深水半潜式钻井平台成功打入国际市场；重油开发专用管通过国际大公司认证；部分产品出口到美国、加拿大、俄罗斯、中东、非洲等主要石油生产国和地区。

在设备生产企业方面，钻井、连续抽油管、抽油机设备生产企业主要有胜利油田高原石油装备有限责任公司、山东科瑞控股集团有限公司；井控、修井、井下作业等产品生产企业主要有胜利油田方兰德石油装备股份有限公司、胜利油田孚瑞特石油装备有限责任公司等；压裂、固井、完井、天然气压缩输送设备生产企业主要是烟台杰瑞石油装备技术有限公司；油管、套管、石油专用无缝管等生产企业主要有山东墨龙石油机械股份有限公司；海洋钻井平台生产企业主要有烟台中集来福士海洋工程有限公司、海洋石油工程（青岛）有限公司、蓬莱巨涛海洋工程重工有限公司等。

### 2. 煤炭装备

经过多年的发展，我省煤炭机械装备制造业已形成多品种、多系列、全门类的煤炭装备及零部件生产和配套体系，成为煤炭工业的重要支柱产业。全省现有煤炭机械制造加工骨干企业 20 余家，资产总值约 90 亿元，从业人数 2.5 万余人，2011 年实现主营业务收入达到 132 亿元，实现利税 30 亿元，其中有 7 家煤机企业进入"中国煤炭机械工业 50 强企业"，山东矿机集团股份有限公司、兖矿集团有限公司、新汶矿业集团有限责任公司和山东天晟企业集团 4 家骨干企业煤机制造主营业收入均超过 10 亿元。

重大装备技术创新能力显著提高，成功研制了适合各类煤层的高效开采成套技术装备，开发了一批具有自主知识产权的产品，其中极薄煤层机电一体化高效开采关键技术与设备、固定抱索器水平坡度转弯架空乘人装置技术研究与应用、煤矿井下巷道矸石填充机填补了国内空白，并达到国际领先水平；厚煤层大采高全厚开采成套技术及装备研究与应用被评为全国煤炭工业十大科技成果，充填开采技术与成套装备获国家科学技术进步二等奖。

在高技术含量煤机产品的引领下，我省煤炭机械产品市场占有率不断扩大，煤炭综采设备、洗选加工处理设备、机械辅助运输设备、高地温灾害处理设备、矿井快速定量装车成套设备、煤矸石建材制造设备等一批产品在全国得到推广应用，兖矿集团综采放顶煤两柱式支架技术出口到澳大利亚，高端煤炭机械装备打入国际市场。

### 3. 电工电器

我省电工电器行业在全国具有重要地位，随着国家电力运营加快实施智能电网和节能降耗改造建设，进一步推动了电工电器产业的快速发展。截至 2011 年底，我省有电工电器生产企业 883 家，实现主营业务收入 2 349.4 亿元，实现利税 216.9 亿元，同比均增长 20% 以上。各细分行业均得到稳步发展：全年生产电站锅炉 157 178.7 蒸发量 t，增长 14.8%；电站用汽轮机 465.0 万 kW，同比下降 7.2%；发电机组 898.8 万 kW，增长 47.5%；交流电动机 2 702.1 万 kW，增长 3.9%；变压器 21 091.3 万 kVA，增长 14.6%，其中电力变压器（额定容量 ≥8 000kVA，电压 ≥500kV）3 679.9 万 kVA，增长 15.9%；互感器 8.8 万台，增长 3.5%；高压开关板 50 567.9 面，增长 17.9%；低压开关板 16.4 万面，增长 8.6%；高压开关设备（11 万 V 以上）2.0 万台，增长 25%。截至 2011 年底，我省发电装机总容量 6 804.8 万 kW，当年净增 556.4 万 kW；电网共有 220V 及以上系统变电站 324 座，变压器 620 台、变电容量 13 589.3 万 kVA，新增变电容量 1 285 万 kVA。

我省电工电器快速发展过程中形成了一批骨干企业和优势产品，济南锅炉集团有限公司等企业生产的高温高压及超高压循环流化床锅炉、煤粉炉达到了国内领先水平，山东齐鲁电机制造有限公司和青岛捷能汽轮机集团股份有限公司生产的汽轮发电机组、山东电力设备有限公司生产的特高压变压器、山东彼岸电力科技有限公司生产的交流 1 100kV 套管用空心复合绝缘子均达到了国际领先水平，东方电子集团有限公司生产的变电站自动化系统和配电自动化终端装置、山东鲁能积成电子股份有限公司生产的电网调度自动化主站系统、山东达驰电气有限公司生产的电力变压器、山东泰开高压开关有限公司生产的隔离开关和山东达驰阿尔发电气有限公司生产的封闭母线均处于国内领先水平，为国家电网和山东电网改造升级提供了良好的技术装备支持。

**4. 新能源装备**

（1）风电装备

风电装备制造业已成为我省优化能源结构的重要支撑，也是转方式、调结构中重点培育的经济新增长点。据初步统计，截至 2011 年，全省风电装备及相关配套生产企业达到 52 家，其中整机制造企业 8 家，配套装备企业 44 家，实现主营业务收入 351.8 亿元，同比增长 39%，实现利税 35.6 亿元，同比增长 18%，实现利润 26.9 亿元，同比增长 19%。截至 2011 年底，全省风电装机容量达到 280 万 kW，占全省电力总装机容量的比重由 2006 年的 0.2% 提高到 3.93%，风力发电实现发电量 42.3 亿 kW·h，同比增长 58.66%。

我省风电装备产业已粗具规模，涌现出了北车风电有限公司、山东长星集团有限公司、山东瑞其能电气有限公司、华锐风电科技（山东）有限公司、华创风能有限公司和国电联合动力技术（连云港）有限公司等一批整机企业；零部件配套企业产品众多，基本形成了基础材料、金属结构件、大型铸锻件、齿轮箱、电机、机舱罩、叶片、电器、控制等完整的风电装备产业链，其中高强螺栓、法兰、塔架、变流器、电控柜、电机、齿轮箱等关键部件产品拥有技术优势，并大量出口。山东伊莱特重工有限公司生产的风电用法兰，赢得了世界风电巨商丹麦维斯塔斯（Vestas）、西班牙歌美飒（Gamesa）、美国 GE、德国西门子等著名风电商的产品认证，产品远销欧美、日韩及东南亚等 20 多个国家和地区。

（2）核电装备

截至 2011 年底，我省核电配套企业数量从 2008 年底的 23 家发展到 38 家，产品涉及核岛设备、常规岛设备、辅助设备及配套材料等领域，初步形成集研发、设计、制造、配套、服务协调发展的产业格局。2011 年，我省核电装备制造业实现主营业务收入 25 亿元，同比增长 67%。与 2008 年主营业务收入 2.79 亿元相比，主营业务收入 3 年增长近 8 倍。

在核电装备生产方面，山东核电设备制造有限公司是国家核电技术公司控股组建的全球首家 AP1000 核电设备钢制安全壳（CV）、设备模块、结构模块、一体化堆顶组件等设备的专业制造公司，实现了 AP1000 核电项目有关设备国产化、自主化；烟台台海玛努尔核电设备有限公司是世界上目前唯一一家同时生产二代半和三代核岛主管道的企业，其二代半主管道国内市场占有率超过 50%。

（3）太阳能装备

太阳能产业是我省的优势产业之一，主要产品涉及光热、光伏综合利用及发电装备和晶硅、非晶硅太阳能电池组件及并网发电装备。截至 2011 年底，全省太阳能企业达到 662 家，实现销售收入 982 亿元，同比增长 18.3%；利税 87.7 亿元，增长 17.2%。2011 年全省生产太阳能电池 6 852.3kW，增长 1 634.8%，实现太阳能发电 3.7 万 kW·h，增长 1 倍。

光热利用产业涌现出了力诺集团股份有限公司、皇明太阳能股份有限公司、山东桑乐太阳能有限公司等一批光热采集装备的知名企业；光伏产业形成了以东营光伏太阳能有限公司、力诺光伏集团、山东孚日光伏科技有限公司、德州润峰商贸有限公司、威海中玻光电有限公司等骨干光伏装备企业为主的产业集群，其中德州润峰商贸有限公司投资建设的 1MW 光伏电站并网发电，实现了山东省太阳能光伏发电并网零的突破。

（4）页岩油气装备

页岩气勘探开发，对我国调整能源结构、保障国家能源安全具有重要战略意义。我省立足自身石油装备产品优势，推进页岩油气装备的加快发展，截至 2011 年底，全省页岩油气开发装备生产企业共 28 家，涉及 3 大类 43 种产品，产品销售收入 80 亿元，其中页岩油气专用装备生产企业有 10 余家，涉及 3 大类 10 种产品，产品销售收入 46 亿元。

我省在页岩油气勘探测井设备、压裂成套装备、钻采设备等领域已形成一定产品优势，山东科瑞控股集团有限公司、胜利油田高原石油装备有限责任公司、山东墨龙石油机械股份有限公司等企业生产的快移全液压钻机、大型撬装钻井平台、超深井钻机、极地低温钻机、半潜式钻机平台、专用套管等高端产品，技术水平达到国际先进，并已实现产业化；威海双丰物探设备股份有限公司、山东胜利伟业石油工程技术服务有限公司等企业生产的地震勘探采集系统、测井装备、高温传感器、MEMS传感器、海底拖缆装备、超高温测井系列仪器、成像测井系列仪器、油岩综合评价仪等产品的性能指标达到国内领先水平，其中威海双丰物探设备股份有限公司主导产品地震勘探传感器国内市场占有率达到35%，并远销36个国家和地区；烟台杰瑞石油装备技术有限公司生产的压裂成套装备大量出口国际市场，压裂泵等关键部件的自主配套能力得到不断提升。

（5）其他新能源装备

目前，我省的生物质能、地热能和海洋能等新能源装备也得到了蓬勃发展，生物质能发电装备、煤层气发电装备技术成熟，已经形成部分优势产品。截至2011年底，山东省拥有余热余压机组138.8万kW，同比增长19.3%；水电106.9万kW，同比持平；垃圾、生物质机组53.2万kW，同比增长72.7%。威海市锅炉制造厂生产的高炉煤气、焦炉煤气锅炉及发电装置、胜利油田胜利动力机械集团生产的煤矿通风瓦斯氧化装置、淄博淄柴新能源有限公司生产的瓦斯发电机组等装备均达到了国内领先水平，有力地推动了山东省节能环保和资源综合利用能源装备的快速发展。2011年山东省能源装备行业主要经济指标见表1。2011年山东省部分能源装备骨干企业主要经济指标见表2。

**表1　2011年山东省能源装备行业主要经济指标**

| 行业名称 | 企业数量（家） | 从业人数（人） | 主营业务收入（亿元） | 同比增长（%） | 利润总额（亿元） | 同比增长（%） |
|---|---|---|---|---|---|---|
| 石油装备 | 160 | 50 000 | 800 | 40 | — | — |
| 煤炭机械 | 20 | 25 000 | 132 | 20 | — | — |
| 电工电器 | 883 | — | 2 349 | 23 | 161 | 20 |
| 风电装备 | 52 | — | 352 | 39 | 26.9 | 19 |
| 核电装备 | 38 | — | 25 | 67 | — | — |
| 太阳能装备 | 662 | — | 982 | 18 | — | — |

注：数据来源为摸底调查。

**表2　2011年山东省部分能源装备骨干企业主要经济指标**

| 企业名称 | 企业人数（人） | 资产合计（万元） | 主营业务收入（万元） | 利润总额（万元） |
|---|---|---|---|---|
| 枣矿集团新宇煤机有限公司 | 310 | 3 228 | 28 349 | 2 114 |
| 山东山矿机械有限公司 | 1 346 | 69 951 | 70 183 | 1 456 |
| 山东煤机装备集团有限公司 | 2 581 | 87 824 | 71 448 | 768 |
| 泰安力博机电科技有限公司 | 412 | 51 779 | 36 835 | 4 351 |
| 泰安天元矿山设备安装有限责任公司 | 1 742 | 6 648 | 33 735 | 3 983 |
| 山东莱芜煤矿机械有限公司 | 1 383 | 34 353 | 29 497 | 305 |
| 济南锅炉集团有限公司 | 2 001 | 173 525 | 149 236 | 2 800 |
| 泰山集团股份有限公司 | 1 926 | 230 957 | 193 049 | 10 262 |
| 山东齐鲁电机制造有限公司 | 1 707 | 290 870 | 146 260 | 5 543 |
| 胜利油田胜利动力机械集团有限公司 | 1 583 | 152 899 | 225 680 | 11 880 |
| 山东电力设备有限公司 | 702 | 190 535 | 102 269 | 1 797 |
| 西电济南变压器股份有限公司 | 1 239 | 162 686 | 58 765 | -15 134 |
| 青岛变压器集团有限公司 | 5 902 | 336 833 | 460 001 | 29 476 |
| 青岛云路新能源科技有限公司 | 1 652 | 27 790 | 106 527 | 4 995 |
| 青岛特锐德电气股份有限公司 | 876 | 150 387 | 63 740 | 15 276 |
| 山东汇能电气有限公司 | 1 055 | 1 127 | 101 090 | 14 544 |
| 山东玲珑机电有限公司 | 1 320 | 112 006 | 561 109 | 26 970 |

续表

| 企业名称 | 企业人数（人） | 资产合计（万元） | 主营业务收入（万元） | 利润总额（万元） |
|---|---|---|---|---|
| 泰开电气集团有限公司 | 8 955 | 608 136 | 531 216 | 69 507 |
| 山东鲁能泰山电力设备有限公司 | 1 800 | 130 593 | 124 717 | -6 577 |
| 山东达驰电气有限公司 | 795 | 216 759 | 175 220 | 9 409 |
| 胜利油田高原石油装备有限责任公司钻机制造厂 | 670 | 128 371 | 171 302 | 21 581 |
| 山东科瑞机械制造有限公司 | 621 | 143 512 | 156 272 | 27 448 |
| 胜利方兰德石油装备股份有限公司 | 540 | 30 301 | 149 605 | 25 320 |
| 山东恒业石油新技术应用有限公司 | 437 | 69 002 | 107 145 | 15 897 |
| 胜利油田孚瑞特石油装备有限责任公司 | 1 774 | 152 901 | 104 706 | 528 |
| 胜利油田胜机石油装备有限公司 | 1 301 | 60 021 | 86 249 | 6 316 |
| 烟台杰瑞石油服务集团股份有限公司 | 1 450 | 285 294 | 145 429 | 50 963 |
| 蓬莱巨涛海洋工程重工有限公司 | 2 378 | 62 791 | 108 743 | 15 448 |
| 德州联合石油机械有限公司 | 680 | 44 774 | 32 657 | 3 402 |
| 北车风电有限公司 | 204 | 187 993 | 100 466 | 151 |
| 山东长星风电科技有限公司 | 3 515 | 665 006 | 1 074 226 | 171 902 |
| 东营光伏太阳能有限公司 | 1 900 | 172 858 | 288 084 | 19 021 |
| 山东孚日光伏科技有限公司 | 420 | 30 058 | 51 724 | 1 414 |
| 总　计 | 55 177 | 5 071 768 | 5 845 534 | 553 116 |

注：数据来源为摸底调查。

# 三、未来能源装备发展的重点

"十二五"期间，是我省能源装备进行优化布局，实现快速发展的战略机遇期。《山东省人民政府办公厅关于加快山东省装备制造业发展的意见》（鲁政办发〔2011〕79号）中指出培植发展新能源产业装备等高端新兴产业。我省将重点落实国家积极发展新型能源装备的政策，在巩固煤炭机械、电工电器、石油装备行业优势的同时，加快开发一批具有自主知识产权的风电、核电、光伏、光热发电等新能源装备，培育一批新能源装备制造龙头企业，将新能源装备产业培育成为山东省装备制造业新的经济增长点。

## 1. 风电装备

依托骨干企业，提高大功率风电整机的研发及批量生产能力，延伸产业链条，构建完整的风电生产体系，以整机带动主轴、叶片、塔筒、整流罩、齿轮箱、逆变器、电机、控制系统等配套产业发展。重点发展2MW以上大功率、智能化、拥有核心技术的风电机组，研发适于低速风区风电机组和海上应用的5MW以上大功率风电机组；搭建山东省风电装备研发公共服务平台，加强叶片匹配技术优化和装配工艺等共性课题研究，建立风电机组及零部件的质量标准和检测体系，提高风力发电机组整机组装、零部件测试技术、整机概念设计、控制技术、故障诊断技术、电网故障处理、先进传动技术等技术水平。

## 2. 核电装备

重点扶持发展AP1000堆型核电站安全壳压力容器、设备模块、结构模块、堆内构件、控制棒驱动机构；核岛一回路主管道、核反应堆内构件、核级锻件、泵、阀；核电厂海水淡化及水处理设备、直流蓄电池、配套中央空调及阀门；核电泵类产品、汽轮发电机组、核电设备铸锻件、核电压力容器设备和核电装备配套碳纤维材料等。鼓励有条件、有实力的企业进入核电装备制造领域，进一步拉长山东省核电装备制造业链条。

## 3. 太阳能装备

突出太阳能光热、光伏利用两大重点，大力研发推广高端高质高效技术产品，推动产业优化升级。

### （1）太阳能光热利用装备

研发太阳能热利用、采暖、空调等技术，重点发展真空管热管式集热器、高效镀膜吸热板、黑瓷复合陶瓷太阳板、热管型平板集热器、高温镀膜集热金属管、大功率太阳能热水器模块、光热发电反射镜自动跟踪装置、高精度日光跟踪定位设备以及太阳能热水系统的应用软件和硬件等产品；研发推广太阳能集中供热、制冷技术、太阳能海水淡化技术、太阳能新风技术和太阳能热能发电技术及装备。

（2）太阳能光伏发电装备

支持在引进消化吸收基础上，自主研发太阳能电池大面积薄片化技术及装备和新型工艺制造高效晶硅以及非晶硅薄膜电池技术装备、太阳能发电存储设备、建筑用太阳能电池组件等。鼓励太阳能电池并网发电技术装备、晶硅和非晶硅光伏发电技术装备产品的研发与生产。

### 4. 页岩油气装备

围绕页岩油气勘探装备，加快发展地震服务、地震软件、数据分析、勘探装备、物探装备等勘探装备产品；围绕钻井设备，加快发展套管钻机、全液压钻机、集装箱式钻机、连续管钻机、丛式井钻机、斜直井钻机等专用钻机，提高钻机配套装置、钻井配套自动化工具等关键功能部件配套能力；围绕测录井装备，加快发展垂直导向钻井系统、随钻测量测井系统、成像测井系统、综合录井仪、快速录井仪、随钻录井仪等装备，并提高关键部件和辅助设备的配套能力；围绕固修井装备，加快发展固井车、泡沫固井设备、固井辅助车、固井辅助装备、泵送装备、井管/管汇等固修井设备产品；围绕压裂和射孔及完井装备，加快发展大型压裂成套装备，提高液氮泵车、供液和输砂装置、压裂树、安全配套装备、撬装装备、连续油管作业装备、压裂井下工具等装备配套能力，加快开发射孔器材、射孔固井、探眼固井、封隔器、井下控制、井口服务等专用装备。

（山东省经济和信息化委员会装备产业处）

# 山　西　省

## 一、山西能源装备产业概况

山西是我国重要的能源基地，长期以来为国家发展提供了重要的能源支持，为祖国的现代化建设作出了重要贡献。我省矿产资源十分丰富，已发现的矿产有 118 种，资源储量居全国前 10 位的有 34 种。煤炭储量大，约占全国总量的 25%，是我国煤炭储量最大的省份之一，素有"煤乡"之称。煤层气储量 10 万亿 $m^3$，约占全国的 1/3。

我省是能源大省，能源装备规模可观，各项经济指标占整个装备制造业的比重较大。改革开放以来，特别是近 10 年，我省能源装备制造业得到快速发展，已成为我省装备制造业的主力军。2011 年末，我省规模以上能源装备生产企业有 130 余家，从业人员 8 万余人，2011 年完成工业总产值 467.6 亿元，实现主营业务收入 442.3 亿元，实现利润 20.4 亿元，税收 15.5 亿元。能源装备工业总产值约占全省装备制造业总产值的 37%，销售收入约占 36%。

我省能源装备涵盖煤炭装备、煤化工装备、电力装备、输变电装备、新能源装备、石油化工装备、节能减排装备 7 个产业，有 2 个国家级技术中心（太原重型机械集团有限公司技术中心、永济新时速电机电器有限责任公司技术中心）、1 个行业技术中心（山西煤机行业技术中心）、1 个中国名牌产品（"TZ"牌桥门式起重机）、5 个中国驰名商标（太原重型机械集团有限公司"TZ"牌、太原矿山机器集团有限公司"太矿"牌、山西太原津成电线电缆有限公司"津成"牌、榆缆线缆集团股份有限公司的"榆缆"牌、山西吉天利科技实业有限公司"吉天利"牌）。太原重型机械集团有限公司的大型起重机、大型挖掘机、大型焦炉设备、太原矿山机器集团有限公司的大功率电牵引采煤机、山西晋煤集团金鼎煤机矿业有限责任公司及山西平阳重工机械有限责任公司的大采高综采液压支架、山西天地煤机装备有限公司的悬臂式掘进机及薄煤层采煤机、永济新时速电机电器有限责任公司的风力发电机等产品创造了数百个国内外第一，占有较大的市场份额，并具有较高的知名度。太原矿山机器集团有限公司生产的采煤机占中国采煤机市场的 1/3 份额，其中大功率电牵引采煤机国内市场占有率 60% 左右，900kW 以上大功率采煤机国内市场占有率 70% 以上。太原重型机械集团有限公司的大型起重机国内市场占有率 80% 以上，为三峡工程研制的 1 200/125t 桥式起重机是当今世界单钩起重量最大、跨度最大、行程最高的起重机，占领了 $35m^3$ 以上大型挖掘机的全部市场份额，研制成功的 $75m^3$ 挖掘机是当今世界上最大的露天矿用挖掘机。

## 二、产业发展现状

### 1. 煤炭装备制造

我省煤炭机械装备制造在整个能源装备制造业比重较大，经过几十年的发展，已形成以煤炭采掘、洗选、焦化、气化和矿井安全设备为主体，研发与制造并举的产业体系。现有煤机装备生产企业103家，2011年总资产4 176 898万元，工业总产值2 919 075万元，主营业务收入2 817 648万元，利润130 631万元，税收105 425万元。主要生产企业有太重集团煤机有限公司（下辖太原矿山机器集团有限公司、山西煤矿机械制造有限责任公司等）、山西天地煤机装备有限公司（中国煤炭科工集团太原研究院）、山西晋煤集团金鼎煤机矿业有限责任公司、山西平阳重工机械有限责任公司、阳泉华越创力采掘机械制造有限公司、阳煤忻州通用机械有限责任公司、山西潞安机械有限责任公司、大同煤矿集团机电装备制造有限公司、山西煤炭运销集团装备产业有限公司等。主要产品有大型露天矿用挖掘机、电牵引采煤机、掘进机、重型刮板输送机、带式输送机和转载机、液压支架、移动破碎站、矿用隔爆型移动变电站、井下救生设备、井下运输车、洗选设备等。

早在1951年9月，太原矿山机器厂就试制成功我国第一台65马力的仿苏联型号割煤机。1984年，长治锻压机床厂成功试制DY-150型单滚筒采煤机，填补了山西采煤机制造的空白。太原矿山机器厂于1985年试制成功了从英国引进、代表20世纪80年代国际技术水平的AM-500型双滚筒采煤机，开创了国内制造大型综采机组的新纪元；1997年率先研制出我国的大功率机载交流变频电牵引采煤机；2007年率先研制出我国的智能化电牵引采煤机；2008年率先研制出2 500kW年产千万吨级电牵引采煤机。2008年太原矿山机器集团有限公司生产的1 800kW采煤机在神华集团金烽煤炭有限责任公司万利一矿实现了一矿一井一面单产1 015万t的国内新纪录。山西天地煤机装备有限公司创造了国内煤炭采掘设备第一台悬壁式掘进机、第一台薄煤层采煤机、第一台综采液压支架、第一台可弯曲刮板输送机、第一套乳化液泵站、第一台国产防爆低污染无轨胶轮车、第一套连续运煤系统、第一台履带行走式液压支架、第一台锚杆钻机、第一台支架搬运车等，完成各类科研项目近600项，其中，达到国内或国际领先水平的科研成果466项、获得国家和省部级奖励的172项、批准授权专利85项。山西平阳重工机械有限责任公司2006年生产的国内首套年产600万t大采高液压支架填补了国内缸径立柱的空白，产品性能指标达到国际先进水平；2008年率先生产出了世界上最大直径420mm液压支柱支架，自行研制的极限承载能力20 000kW的国内最大内加载液压支架，填补了国内此领域空白，达到了国际领先水平。

目前，我省煤机装备制造业已形成以中国煤炭科工太原研究院国家级煤机装备工程研究中心、太原重工露天采掘国家级技术中心为核心，以太重煤机行业技术中心、山西省煤机装备研究生教育创新中心、山西省煤机工程CAE研究中心为主体的技术研发体系。

**2. 煤化工装备**

我省生产煤化工装备的企业主要有太原重型机械集团有限公司、山西阳煤丰喜肥业（集团）有限责任公司、山西森特煤焦化工程集团有限公司3家。主要产品有焦炉设备、煤气发生炉、大型煤加压气化炉、水煤浆水冷壁气化炉、压力容器、液压（机械）捣固机、大型破碎机、大型振动筛、干熄焦提升机等。2011年，总资产150 109万元，工业总产值89 691万元，主营业务收入77 439万元，利润4 988万元，税收5 126万元。

太原重工股份有限公司的煤化工技术与装备制造水平处于国内领先水平，研制了我国第一台BGL熔渣气化炉、第一台煤制天然气项目核心甲烷化反应器；自主设计、制造了我国最大的流化床硅粉反应器；开发制造了我国第一台碳催化焦炉气重整反应器；开发了我国第一台焦炉煤气直接转化的分气管盘管式废热回收设备；完成了我国首套应用在冶金行业作为燃气的先进灰熔聚气化技术的项目总承包；总承包了我国第一套以碎煤加压气化为气头生产乙二醇20万k/a的项目。

太原重工股份有限公司是山西生产煤气发生炉的唯一企业，也是国内生产煤化工设备的重点企业之一，拥有国家质量监督检验检疫总局颁发的A1、A2类压力容器设计、制造许可证书。太原重工股份有限公司（以下简称"太重"）早在1954年就承担了国内第一套焦炉成套设备的设计和制造任务，太重采用世界上先进的捣固煤技术和热回收炼焦技术，开发了4.3m捣固、清洁型、5.5m捣固、6m顶装、6.25m捣固、7m顶装焦炉设备；在此基础上，太重进一步设计开发了6m焦炉机械和7.63m焦炉机械；先后为马钢集团、本钢集团、包钢集团、山西焦化集团、上海梅钢、太钢集团、武钢集团、柳钢集团、宣钢集团、河北普钢等提供6m及7.63m焦炉设备。1988~1998年，先后在河北、山西、河南、山东、江苏等地建造了12个煤气发生站，取得了较好的经济效益和社会效益。自1997年7月起，先后完成了山西朔州平安化肥有限责任公司多孔硝铵生产线大型不锈钢酸吸收塔等化工容器设备的图纸转化及制造；山西焦化厂大型$CO_2$吸收塔等化工设备的图纸转化、制造与安装；山西介休碳素厂洗氨塔等化工设备的图纸转化与制造。2007年，太重为我国"煤变油"重大科技工程生产的关键设备——首批两台特大型煤加压气化炉制造完工，成为国内唯一能成套生产煤加压气化炉的企业。这两台煤加压气化炉是国家"863"高新技术项目——山西潞安煤基合成油有限公司年产16万t合成油示范项目的关键设备。

2011年9月，山西阳煤丰喜化工机械有限公司与清华大学、北京达力科公司共同研发成功世界首台水煤浆水冷壁气化炉。该气化炉的设备材料及制造工艺100%国产化，与引进国外技术相比，节约专利实施许可费、软件包费及技术服务费等投资20%以上。

山西森特煤焦化工程集团有限公司生产的液压（机械）捣固机、大型破碎机、大型振动筛、干熄焦提升机，在国内均为技术领先水平。先后获发明专利2项，实用新型专利19项，成果奖8项，省级科技进步奖3项。

### 3. 电力装备

目前，我省生产电力装备的企业有14家，2011年总资产330 176万元，工业总产值289 869万元，主营业务收入271 763万元，利润13 726万

元，税收10 840万元。主要企业有太原重型机器集团有限公司等，主要产品是大型核电站用环形起重机、水电站用桥式起重机。

我省小型电站设备制造起步较早。20世纪50年代，山西机床厂就已批量生产1 500kW小型汽轮发电机组。在"七五"时期，全国电力紧张，电站设备供不应求，电力工业建设实行大中小并举，中央、地方和工矿企业实行集资办电的方针，尤其我省是能源、重化工基地，煤炭资源丰富、运输能力不足，为充分利用边远山区的煤炭资源，建设小型坑口电站，减少煤炭运输压力，用输电代替输煤。1987年山西决定恢复小型电站成套设备的生产，确定山西机床厂生产电站汽轮机、山西防爆电机厂生产汽轮发电机、太原锅炉厂生产电站锅炉及辅机设备；1988年恢复3 000kW小型电站机组和6 000kW机组的成套生产。20世纪90年代中期，由于小型电站机组煤耗高，技术参数指标落后，经济效益差，污染严重，同时由于小火电与国家大型机组争燃料，国家再次限制发展小火电，我省从此不再生产小型发电机组。

2000年后，太原重工股份有限公司相继在核电、水电领域取得突破。2005年，该公司通过招标程序成为我国第一家承接大型核电站用环吊制造业务的企业，全面展开自主研发。2007年，为秦山核电二期扩建工程生产的第一台国产化190+190/10t环形起重机通过了出厂验收。2000年以来，太原重型机器厂包揽了三峡左岸电站、右岸电站、地下厂房共6台1 200t桥式起重机的生产任务；三峡1200/125t桥式起重机是当今世界上单钩起重量最大、水电站桥机跨度最大、扬程最高的桥式起重机，整体技术达到国际先进水平。

### 4. 输变电装备

我省生产输电设备的企业有18家，主要有山西榆缆线缆集团有限公司（原榆次电缆厂）、山西离石电缆有限责任公司（原离石电缆厂）、山西天立电缆有限公司（原夏县电线厂）、山西榆次长城电缆厂等。主要产品有电力电缆、架空绝缘电缆、矿用电缆、通用橡套软电缆、塑料绝缘控制电缆、

预制分支电力电缆等产品。2011 年，总资产 232 600 万元，工业总产值 193 681 万元，主营业务收入 192 348 万元，利润 5 005 万元，税收 5 561 万元。

早在 1958 年，国家投资 2 944 万元在我省榆次兴建了榆次电缆厂，是机械工业部定点生产电线电缆的中型一类企业，主要生产油性漆包线、铝绞线及钢芯铝绞线。2003 年榆次电缆厂改制，更名为山西榆缆线缆集团有限公司，生产的"榆缆"牌电力电缆为山西省名牌产品；"榆缆"商标 2011 年被国家工商行政管理总局认定为中国驰名商标。

我省生产变电装备的企业有太原万鹏变压器制造有限公司、山西临猗变压器有限公司、山西省定襄变压器厂、山西省大同变压器总厂、山西省高平变压器厂、山西省长治市电力变压器厂、大同 ABB 牵引变压器有限公司、山西环辰变压器制造有限公司、山西天江电力设备制造有限公司、山西顺开电气股份有限公司、山西天安翔宇电器有限公司等。主要产品有（电力、配电、矿用、电炉、牵引、干式、非晶合金）变压器、移动变电站、互感器 3 大类 9 个系列 400 多个规格，最大可生产 220kV 级及以下电力、配电变压器，单台容量最大可生产 240 000kVA 电力变压器。

### 5. 新能源及替代能源装备

近年来，我省的风电、太阳能发电、核电、燃气发电、垃圾焚烧发电等新能源装备产业得到快速发展。2011 年有 18 家企业，总资产 1 371 348 万元，工业总产值 543 947 万元，主营业务收入 390 519 万元，利润 2 481 万元，税收 8 622 万元。主要生产企业有太原重型机器集团有限公司、中船重工山西汾西重工有限责任公司、永济新时速电机电器有限责任公司、山西潞安矿业（集团）有限责任公司、山西柴油机工业集团有限公司、中国电子科技集团公司第二研究所、山西纳克太阳能科技有限公司、山西合创电力科技有限公司、山西中池联华科技开发有限公司、山西乐百利特科技有限责任公司等。风电产业已形成风电电机、发电机控制装置、增速器、主轴、叶片、法兰、塔筒及整机制造能力，其中 2MW 风力发电机、1.5~5MW 风电增速

器、风机主轴等产品在国内具有相对优势。太原重工股份有限公司研制成功具有完全自主知识产权的 1.5MW 风力发电机组后，又先后研发出 2MW、3MW 风电整机。太阳能发电初步形成了从高纯多晶硅、硅片、电池、组件、电件、应用系统等光伏产业链和多晶硅铸锭炉、多线切割机、硅料清洗机、光伏电池电极电镀装置等光伏装备制造。核电产业已形成以太原重型机器集团公司的核环吊为主的装卸料系统、核电锻件配套产业。燃气发电及垃圾焚烧发电设备取得了重大突破，山西柴油机工业集团有限公司研制成功 1 000kW 燃气发电机并取得科技部门认定。

永济电机厂自 2001 年进入风力发电机市场以来，凭借拥有国家级技术中心的雄厚技术研发优势，完成了从 750kW、1 000kW、1 500kW、2 000kW、3 000kW 等 6 种功率等级 10 余种规格的国内最先进的风力发电机产品设计与开发工作，具备制造笼型、双馈、直驱、半直驱等全部风力发电机品种，功率覆盖从 600kW 到 3MW 的生产能力。2009 年，水冷和空冷 1.5MW 电机通过了中国船级社（CCS）型式认证，产品性能达到国外同类电机水平，已成为目前国内风力发电机的主力机型，市场占有率达 70% 以上。取得国家授权专利 17 项，其中发明专利 2 项。成为新疆金风科技股份有限公司、华锐风电科技（集团）股份有限公司、东方汽轮机有限公司等国内各大风电装备企业的优秀供应商。同时，还完成了 807kW 和 1.5MW 直驱永磁和 3MW 半直驱永磁风力发电机的研制工作。

中船重工山西汾西重工有限责任公司于 2006 年与德国 LDW 公司签订了 2.0MW 双馈异步风力发电机技术许可合同，正式开始了双馈异步风力发电机的研制。在消化吸收引进技术的基础上，结合市场需求，自行研制开发了 850kW 同步风力发电机和 1.5MW 双馈异步发电机，形成了 850kW、1.5MW、2.0MW 风力发电机设计制造能力。山西防爆电机（集团）有限公司引进了德国 LOHER 公司双馈式风力发电机及专用变频器等先进产品；山西合创电力科技有限公司年产 200 套多功能风力发电机控制装

置；山西省定襄金瑞高压环件有限公司年产 3 万 t 风力发电塔筒关键结构件；定襄煌星机械加工有限公司、定襄县林泉机械加工有限公司分别年产 1 万 t 和 1.5 万 t 风电法兰。

"十一五"期间，我省的甲醇燃料与甲醇汽车研发及动力电池也得到较快发展。自 20 世纪 80 年代起，我省发展甲醇燃料与甲醇汽车的工作在国家有关部委的主导下已持续了 20 多年。2009 年，山西靖烨甲醇发动机技术有限公司与一汽集团解放汽车有限公司合资成立了一汽靖烨发动机有限公司。双方的合作，既可充分利用中国第一汽车集团公司的品牌、技术等优势，又可充分发挥山西靖烨甲醇发动机技术有限公司的甲醇发动机技术优势，在现在产品基础上，增加系列 CA6102/CA4102 汽油及代用燃料发动机新产品，实现企业产品升级，增强企业竞争力。山西佳新能源化工实业有限公司经过 20 余年的不断研发与生产，已形成灶用、工业用、车用三大门类甲醇燃料共计 13 种产品，并形成甲醇汽油机改装、甲醇柴油机改装、甲醇专用 ECU 等 6 项专有技术和产品。直接参与完成国家有关甲醇燃料软科学研究课题 3 项，承担实施"九五"国家甲醇汽车示范工程项目、"十五"国家甲醇汽车示范工程项目、"十一五"国家"863"计划"甲醇出租车应用技术研究"项目。2011 年 5 月，山西新能源汽车工业有限公司成立，投资 26.8 亿元，研发制造甲醇燃料汽车及新能源汽车。

近几年，我省发展动力电池速度较快。山西华夏动力科技有限公司是磷酸铁锂电池、电动汽车电池、通信电源用电池、新能源电池、锂电池等产品的专业生产企业。公司研发出具有国际领先水平、拥有自主知识产权的"均磁微电阻电机"、"智能多段 X 型芯片控制器"、"简单快速智能滚频充电器"、"钇铁锂离子动力电池"的核心技术。山西襄矿至德新能源有限公司的大容量锂离子储能电池；山西日盛达太阳能科技有限公司年产 500MW 太阳能电池组件；山西晨洋光伏科技有限公司太阳能电池片及组件；山西省潞安太阳能科技有限公司太阳能电池片及组件；侯马经济开发区志盛新能源有限公司

太阳能电池组件；河津市绿拓新能源科技有限公司光伏电池片、单晶硅片等都已形成一定的规模。

## 6. 石油化工装备

目前，山西生产石油化工装备的企业有 6 家，2011 年企业总资产 177 658 万元，工业总产值 92 553 万元，主营业务收入 90 822 万元，亏损 13 792 万元，税收 2 834 万元。主要企业有山西风雷钻具有限公司（原山西风雷机械厂）、山西腾飞石油钻具有限公司、太原市恒山机电设备有限公司等。主要产品有抽油机、钻铤、螺旋钻铤、无磁钻铤、钻杆、加重钻杆、整体加重钻杆、方钻杆、短钻杆、接头、螺杆钻具以及深孔用刀具等。

山西风雷钻具有限公司隶属于中国兵器工业集团公司，为大型二类企业。于 1978 年制造出我国第一根石油钻铤，是我国石油工业钻具产品的专业制造基地。公司研发的石油钻具系列产品广泛应用于我国大庆、胜利等油田，在国内的市场占有率达 60% 以上，并远销东南亚、北美等地区。

山西腾飞石油钻具有限公司为大型高科技民营企业，是吕梁市具有代表性的铸造基地和石油钻具生产基地，石油钻具系列产品销往国内各大油田。

## 7. 节能减排装备

根据国家产业政策，近年来我省节能减排装备制造业发展较快，生产企业达到 23 家，2011 年企业总资产 846 914 万元，工业总产值 628 584 万元，主营业务收入 630 935 万元，利润 65 512 万元，税收 19 753 万元。主要企业有太原锅炉集团有限公司、山西蓝天环保设备有限公司、山西晋能艾斯特空冷设备制造有限公司、太原罗克佳华工业有限公司、山西润民环保工程设备有限公司、太原中绿环保技术有限公司、山西华通蓝天环保有限公司、山西奥通环保自动锅炉有限公司、山西吉天利科技实业有限公司等。主要产品有循环流化床锅炉、节能燃气燃煤锅炉、锅炉燃烧器、除尘器、控制柜、现场智能节能柜、污染源自动监控系统、水处理成套设备、污水处理设备、脱硫脱硝设备、秸秆炭化和气化设备、废旧电池回收无害化处理与综合利用设备、电子废弃物无害化处理与综合利用设备等。

　　2011 年山西省能源装备分行业主要经济指标见表 1。2010 年、2011 年山西省能源装备主要企业经济指标（一）见表 2。2010 年、2011 年山西省能源装备主要企业经济指标（二）见表 3。

**表 1　2011 年山西省能源装备分行业主要经济指标**

| 行业名称 | 企业数（个） | 资产总计（万元） | 工业生产总值（万元） | 主营业务收入（万元） | 利润总额（万元） | 税收总额（万元） | 从业人数（人） |
|---|---|---|---|---|---|---|---|
| 煤炭装备 | 103 | 4 176 898 | 2 919 075 | 2 817 648 | 130 631 | 105 425 | 50 530 |
| 煤化工装备 | 3 | 150 109 | 89 691 | 77 439 | 4 988 | 5 126 | 1 274 |
| 电力装备 | 14 | 330 176 | 289 869 | 271 763 | 13 726 | 10 840 | 4 685 |
| 输变电装备 | 18 | 232 600 | 193 681 | 192 348 | 5 005 | 5 561 | 3 312 |
| 石油化工装备 | 6 | 177 658 | 92 553 | 90 822 | -13 792 | 2 834 | 3 345 |
| 新能源装备 | 18 | 1 371 348 | 543 947 | 390 519 | 2 481 | 8 622 | 10 782 |
| 节能减排装备 | 23 | 846 914 | 628 584 | 630 935 | 65 512 | 19 753 | 9 773 |
| 合　计 | 185 | 7 285 703 | 4 757 400 | 4 471 474 | 208 551 | 158 161 | 83 701 |

**表 2　2010 年、2011 年山西省能源装备主要企业经济指标（一）**

| 序号 | 企业名称 | 所有制形式 | 资产总额（万元） | | 工业生产总值（万元） | | 2011 年职工数（人） |
|---|---|---|---|---|---|---|---|
| | | | 2010 年 | 2011 年 | 2010 年 | 2011 年 | |
| 1 | 太原重工股份有限公司 | 国有 | 1 487 711 | 1 871 554 | 980 262 | 1 107 599 | 7 699 |
| 2 | 太原重型机械集团煤机有限公司 | 国有 | 498 128 | 754 665 | 281 316 | 462 249 | 3 536 |
| 3 | 永济新时速电机电器有限责任公司 | 国有 | - | 605 782 | 440 713 | 516 502 | 5 081 |
| 4 | 山西平阳重工机械有限责任公司 | 国有 | 338 808 | 387 364 | 180 800 | 130 100 | 3 813 |
| 5 | 山西晋煤集团金鼎煤机矿业有限责任公司 | 国有 | 204 500 | 297 850 | 191 320 | 256 542 | 2 480 |
| 6 | 中船重工山西汾西重工有限责任公司 | 国有 | 252 621 | 281 654 | 98 316 | 115 868 | 3 100 |
| 7 | 山西天地煤机装备有限公司 | 国有 | 200 685 | 244 052 | 133 285 | 153 701 | 2 205 |
| 8 | 北方通用动力集团有限公司 | 国有 | 203 673 | 230 932 | 126 627 | 140 129 | 4 597 |
| 9 | 太原锅炉集团有限公司 | 国有 | - | 190 000 | 68 298 | 80 199 | 2 247 |
| 10 | 山西蓝天环保设备有限公司 | 民营 | 100 833 | 139 412 | 161 006 | 223 892 | 2 441 |
| 11 | 阳泉煤业集团华越机械有限公司 | 国有 | 85 473 | 103 270 | 120 800 | 151 700 | 1 921 |
| 12 | 山西森特煤焦化工程集团有限公司 | 民营 | 74 410 | 82 386 | 78 819 | 87 611 | 1 900 |
| 13 | 中国电子科技集团公司第二研究所 | 国有 | 60 953 | 80 397 | 35 681 | 43 439 | 740 |
| 14 | 山西防爆电机（集团）有限公司 | 国有 | 76 400 | 76 703 | 19 394 | 21 733 | 1 484 |
| 15 | 山西丰喜化工设备有限公司 | 国有 | 63 434 | 72 777 | 45 747 | 60 064 | 932 |
| 16 | 山西潞安机械有限责任公司 | 国有 | 55 367 | 64 045 | 62 196 | 70 020 | 603 |
| 17 | 山西临猗变压器有限公司 | 民营 | 52 000 | 57 000 | 29 000 | 31 000 | 500 |
| 18 | 山西吉天利科技实业有限公司 | 民营 | 40 452 | 53 035 | 6 078 | 8 267 | 278 |
| 19 | 榆缆线缆集团股份有限公司 | 民营 | 26 854 | 27 164 | 44 098 | 41 676 | 204 |
| | 总　计 | | 3 822 302 | 5 620 042 | 3 103 756 | 3 702 291 | 45 761 |

**表 3　2010 年、2011 年山西省能源装备主要企业经济指标（二）**

| 序号 | 企业名称 | 主要产品 | 主营业务收入（万元） | | 利润（万元） | | 税收（万元） | |
|---|---|---|---|---|---|---|---|---|
| | | | 2010 年 | 2011 年 | 2010 年 | 2011 年 | 2010 年 | 2011 年 |
| 1 | 太原重工股份有限公司 | 矿山、煤焦炉、清洁型煤深加工、环保、风电整机等成套设备 | 965 374 | 1 032 596 | 67 160 | 40 521 | 62 403 | 21 434 |
| 2 | 太原重型机械集团煤机有限公司 | 井下采煤机、刮板机及其他井下采煤输煤设备 | 308 769 | 514 025 | 13 898 | 22 194 | 12 588 | 13 132 |
| 3 | 永济新时速电机电器有限责任公司 | 1.5MW 风电双馈电机 | 453 280 | 504 508 | 21 482 | 16 934 | 17 214 | 19 994 |

续表

| 序号 | 企业名称 | 主要产品 | 主营业务收入（万元） | | 利润（万元） | | 税收（万元） | |
|---|---|---|---|---|---|---|---|---|
| | | | 2010年 | 2011年 | 2010年 | 2011年 | 2010年 | 2011年 |
| 4 | 山西平阳重工机械有限责任公司 | 液压支架、电液阀 | 137 088 | 120 204 | 2 850 | 889 | 1 234 | 3 326 |
| 5 | 山西晋煤集团金鼎煤机矿业有限责任公司 | 高短壁采煤机、永磁电机、千米定向钻机、矿用救生舱、胶轮车 | 185 424 | 250 458 | 5 279 | 9 250 | 6 142 | 10 333 |
| 6 | 中船重工山西汾西重工有限责任公司 | 船陆用发电机、风力发电机、井下制氮设备、矿用电器 | 98 543 | 108 811 | 3 055 | 3 607 | 2 563 | 2 802 |
| 7 | 山西天地煤机装备有限公司 | 短壁机械化开采技术与装备、无轨辅助运输技术与装备、掘进机 | 118 142 | 149 165 | 32 040 | 32 768 | 12 301 | 17 681 |
| 8 | 北方通用动力集团有限公司 | 396系列燃气机、956系列核电用发电机组 | 123 115 | 140 799 | 4 319 | 4 786 | 920 | 2 181 |
| 9 | 太原锅炉集团有限公司 | 工业锅炉、电站及燃油锅炉、压力容器、循环流化床锅炉、垃圾、生物质等环保锅炉 | 59 370 | 66 560 | 359 | 1 108 | 1 631 | 1 970 |
| 10 | 山西蓝天环保设备有限公司 | 各种型号煤粉锅炉以及各种环保设备和锅炉辅机 | 161 006 | 223 892 | 13 127 | 32 423 | 5 408 | 7 178 |
| 11 | 阳泉煤业集团华越机械有限公司 | 煤矿用液压支架、皮带机、刮板机及煤矿用机电设备 | 97 759 | 111 737 | −810 | 40 | 3 343 | 3 941 |
| 12 | 山西森特煤焦化工程集团有限公司 | 装煤推焦车、捣固机、大型破碎机、大型振动筛、干熄焦提升机 | 69 751 | 77 532 | 4 885 | 4 331 | 1 332 | 4 116 |
| 13 | 中国电子科技集团公司第二研究所 | 电子专用设备、半导体生产设备以及第三代半导体材料 | 31 532 | 41 989 | 2 012 | 3 448 | 1 412 | 2 303 |
| 14 | 山西防爆电机（集团）有限公司 | 电动机 | 20 068 | 22 578 | 1 195 | −3 618 | 946 | 1 528 |
| 15 | 山西丰喜化工设备有限公司 | 煤制油、煤制天燃气设备 | 32 975 | 40 313 | 3 602 | 3 942 | 2 182 | 4 089 |
| 16 | 山西潞安机械有限责任公司 | 液压支架、带式输送机、刮板输送机 | 60 241 | 70 613 | 3 805 | 3 899 | 4 641 | 4 700 |
| 17 | 山西临猗变压器有限公司 | 电力变压器、非晶合金变压器、矿用变压器 | 29 000 | 31 000 | 1 500 | 1 600 | 800 | 820 |
| 18 | 山西吉天利科技实业有限公司 | 12V·h系列铅酸蓄电池、2V·h系列铅酸蓄电池 | 9 197 | 8 130 | 927 | −1 795 | − | − |
| 19 | 榆缆线缆集团股份有限公司 | 交联电缆 | 39 775 | 36 550 | 1 854 | 1 633 | 733 | 685 |
| 总　计 | | | 3 000 409 | 3 551 460 | 182 539 | 177 960 | 137 793 | 122 213 |

（山西省发展和改革委员会工业经济处）

# 广 东 省

改革开放 30 多年来，伴随经济、社会高速发展，广东能源生产和能源装备产业规模迅速扩大。经过近些年的发展，我省的能源装备得到长足发展，产业体系逐渐完善，逐步形成了以风电成套装备、输变电装备、核电装备、石油天然气装备并举的格局。特别是在核电装备和风电装备方面，发展迅猛。

## 一、核电装备发展概况

积极发展核电是我省当前调整能源结构、提高能源供应能力、促进节能减排的战略选择，抓住核电加快发展的机遇，积极培育以先进制造业和高端服务业为重点的核电装备产业，对促进我省转变经济发展方式、构建现代产业体系具有重要意义。

### 1. 发展现状

目前，我省在运核电装机容量达 610 万 kW，在建装机容量 1 000 万 kW，分别占全国 51% 和 29%，居全国首位；已获国家同意开展前期工作的核电机组 2 台，装机容量 200 万 kW；另有一批后续项目正在加快推进前期准备工作。按照我省核电发展规划，到 2020 年全省核电装机容量达到 2 400 万 kW 以上。规模化发展核电为省内核电装备制造业发展提供了广阔的市场空间。

自 20 世纪 80 年代以来，我省核电装备制造业得到较快发展，目前已初步形成核电装备制造集聚发展的格局。中国东方电气集团公司、中国西电集团公司等重点装备制造企业落户南沙核电装备产业园，着力打造核电重型装备成套供应基地，东方电气（广州）重型机器有限公司已形成年产 4 套完整百万千瓦级压水堆核岛、常规岛主设备生产能力；西电集团建成南沙高压输变电设备基地；佛山、中山等地一批中小装备制造、机械加工企业已进入东方电气集团配套合作企业行列和中国广东核电集团公司国产化设备辅导企业名录。江门台山清洁能源（核电）装备产业园、深圳新能源（核电）产业基地等核电产业园区已完成规划工作，正在推进基础设施建设，同步开展招商引资工作。

截至 2010 年底，我省参与核电站核岛设备供货企业有 13 家，参与核电站常规岛设备供货企业 22 家；参与核电站电气设备供货企业 14 家，参与核电站仪控设备供货企业 7 家；广东申菱空调设备有限公司、南方风机股份有限公司等企业为我省核电站建设提供辅助设备。此外，中广核集团、广东省电力设计研究院等拥有一批较强的核电领域技术队伍，为我省核电产业发展提供了良好的技术支撑。到 2010 年底，我省核电装备产业产值约为 80 亿元。

### 2. "十二五"主要任务和目标

（1）加快建设核电装备产业园区

重点建设广州南沙、江门台山和深圳龙岗核电产业园，形成差异发展、互有侧重、优势互补的集聚发展格局。

（2）积极培育核电站主辅设备产业群

依托省内核电项目，充分发挥龙头企业带动作用，提高核电主设备生产能力。扶持茂港电力设备厂有限公司、广东海鸿变压器有限公司、佛山市中研非晶科技股份有限公司等省内企业加强技术研发，提升产品质量，获取核安全级设备设计和制造资质，培育以电气设备为主的核电站辅助设备产业群。

（3）努力推动核电装备高端服务业发展

抓住 EPR 和 AP1000 三代核电技术发展机遇，推动技术支持与服务专业集成发展，提高企业自主创新能力，加快引进消化吸收再创新进程，由单纯装备制造逐步拓展至设备维修等业务领域。

到 2015 年，广州南沙、江门台山、深圳龙岗等产业园区粗具规模，初步具备核电站系统设计和设备设计能力；核电主设备、辅助设备及设计研发产业在国内均具有较强的竞争力，形成一批核电装备制造企业群体，自主创新能力进一步增强，具备为百万千瓦级核电机组提供一半以上设备的能力，核电装备产业产值争取达到 150 亿元。到 2020 年，核电装备产业产值争取达到 500 亿元。

**3. 重点发展领域**

（1）核电主设备领域

抓住"二代加"和第三代核电技术发展的机遇，加快发展百万千瓦级核电关键主设备制造能力，形成包括核岛、常规岛主设备的核电成套设备制造和配套加工协作产业群。积极引进核电站核心设备和部件制造企业落户我省，推动中广核集团、东方电气集团等强强联合，加强与省内重型机械装备制造企业合作。鼓励和支持东方电气集团等大型装备制造企业逐步将核电业务重心转移到我省，提高核电成套设备的本地化制造能力，培育我省重型装备核心优势企业。结合南沙东方重机反应堆压力容器、蒸汽发生器等产品，重点发展主泵、堆内构件、控制棒驱动构件、稳压器等核岛主设备，以及汽轮机、发电机等常规岛主设备制造，形成较完整的核电主设备成套制造能力。

（2）核电辅助设备领域

以江门台山清洁能源（核电）装备产业园为依托，支持省内企业加入核电站设备配套供货企业行列，培育以电气设备为主的核电站辅助设备产业群。鼓励已参与核电站供货的广东申菱空调设备有限公司、南方风机股份有限公司等省内专用设备制造企业，拓展核电设备新领域，延长产业链，提升配套能力。支持顺特电气设备有限公司、汕头正超电气集团有限公司等一批有潜力的企业实施必要的技术改造，开展核级直流电源和蓄电池的开发工作，逐步介入核级中低压开关柜、常规岛及低压配电盘、核级电缆等设备的研发与生产，参与核电站配套设备投标供货。加快引进关键配套设备研发及制造能力，采取引进投资、引进技术、专项基金支持等多种方式，引入核安全级泵、阀、管道、仪控系统等国内空缺或技术水平有待进一步改进提高的辅助设备研发制造项目。

（3）铸锻件和核燃料组件领域

促进广州广重企业集团有限公司、广东韶铸集团有限公司、韶关市中机重工锻压有限公司等省内机械制造企业与国内大型铸锻件制造企业合作，参与核电结构部件、中小铸锻件的加工制造，着力发展大锻件制造能力。抓住建设湛江钢铁基地的机遇，规划核级特殊用钢等原材料发展。支持广东东方锆业科技股份有限公司等企业提升技术水平，推进核级锆材国产化，培育发展省内核级锆材产业。支持中广核集团推进第三代核电技术核燃料组件厂的国家立项及选点建设，并以此起步，充分利用国内、国际两种资源，研究开发自主品牌核燃料组件，中长期争取逐步形成集研发、设计、制造为一体的完整的核燃料产业链，以及满足第三代核技术要求的核燃料体系。

（4）核电技术服务与保障领域

充分发挥深圳新能源（核电）产业基地研发优势，提升核电技术研发能力，建立先进核燃料管理和堆芯设计研发中心、核电站核级设备研发与评定中心和设备失效分析中心等。不断提升核电站设备质量和可靠性管理水平，建设国家机械装备检测重点实验室等设备鉴定、设备监造、工艺评定、寿命评估与老化管理等配套技术设施和专门实验室。推动核电站技术支持与服务专业集成发展，支持重点装备制造企业拓展业务领域，逐步加入核电站设备维修、故障诊断等领域，利用韶关市等已有的核工业研究基础，积极参与核电技术服务与保障领域中。

### 4. 核电装备发展空间布局

（1）打造广州南沙核电设备成套制造供应基地

以广州南沙核电装备产业园为中心，打造国际知名的核电设备成套制造供应基地。定位于发展核岛主蒸汽供应系统、常规岛主设备、AP1000模块化组装及核电辅助设备等产品领域。产业总体布局为：核电主设备产业，包括核岛主蒸汽供应系统产业与常规岛主设备产业；AP1000模块化组装；核电辅助设备组团与公共服务及科研配套。到2015年，力争达到5台（套）核电主设备成套制造能力，具备国际先进水平的核电主设备研发、设计及制造能力，培育一批具有国际竞争能力的核电装备制造企业。

（2）打造江门台山核电辅助设备产业示范区

以江门台山清洁能源（核电）装备产业园为依托，建设以生产核电辅助设备为特色的集制造、研发、设计和应用于一身的核电装备产业示范区。定位于发展核电辅助设备制造及研发、核电综合服务与维修保障、非动力核技术应用等产业领域。产业总体布局为：重点发展核岛辅助设备和电站配套设施（BOP）设备、常规岛辅助设备和非动力核技术应用和电子信息与创意研发。到2015年，形成较为完整的核电辅助设备研发、维修保障梯队，基本掌握第三代核电机组辅助设备技术，具备引领行业发展的创新能力。

（3）打造深圳龙岗核级关键配套设备研发基地

以深圳新能源（核电）产业基地为依托，打造核级关键配套设备研发基地。发挥中广核集团在核电研发、设计、工程建设、生产技术等方面的优势和企业凝聚力，以大亚湾核电基地为基础，吸引具有国内外技术领先、竞争优势显著的核电、新能源产业总部企业入园，发展核级关键配套设备研发和

技术产业化项目。到2015年，基本建成集新能源科技研发基地、新能源应用技术孵化基地、关键技术研发制造基地、产业高端服务基地、科技旅游科普教育基地和低碳示范于一体的国家级新能源（核电）产业基地。

## 二、风电产业发展概况

我省风能资源较丰富，尤其是海上风能资源开发潜力大，风电设备制造产业基础良好。据测算，全省陆上（包括海岛）风电可装机容量约1 700万kW，其中风能资源高产区（10m高风功率密度250W/m²）可装机容量约700万kW，主要分布在沿海陆上地区；广东省大陆海岸线总长约4 114km，海域面积约41.9万km²，沿海风能资源比较丰富，根据风能资源分布情况，综合考虑电力系统接入、海域功能区规划、港口航道以及其他水文条件优劣等因素，近海浅水区（5~30m水深）可开发风电场址面积约2 630km²，估算可装机容量1 070~1 315万kW，近海深水区（30~50m水深）可开发风电场址面积约1.5万km²，估算可装机容量约7 500万kW。

### 1. 发展现状

我省风电产业起步于20世纪80年代，经过20多年的发展，初步建立了风电场建设及运营、风电装备制造等比较完整的产业体系。

（1）风电开发进入规模化发展阶段

我省风电发展从初期主要集中在粤东沿海地区，逐步扩展到粤西、珠三角沿海地区，目前已开始延伸到风资源条件相对较好的内陆山区；海上风电起步发展。到2010年底，我省已建成风电总装机容量75万kW，在建规模100万kW，正在开展前期工作的项目规模超过100万kW，呈现出规模化发展的良好势头。

（2）风电装备生产体系初步形成

广东明阳风电产业集团有限公司已发展成为国内主要大型风机整机及部分关键零部件研发制造企业，制造水平居全国前列，已实现具有自主知识产权的1.5MW风力发电机组批量生产；2010年研制

成功超紧凑型 3MW 海上风力发电机组（半直驱式）。广东东兴风盈风电设备制造有限公司主要产品为 800kW 风电机组，已研制成功 2MW 风电机组。另外，省内还有一批小型风电设备制造和关键零部件生产企业，广州红鹰能源科技有限公司、广州中科恒源能源科技有限公司在中小型风力发电机组制造、风光互补系统等领域占有一定的市场份额；南方风机股份有限公司、广东吉熙安电缆附件有限公司、佛山市中研非晶科技股份有限公司、顺特电气设备有限公司等从事风电机组的叶片、变压器等零配件生产。

总体来说，目前我省风电产业发展水平仍然不高，产业体系尚不完善；风电装备制造主要集中在整机制造，不具备齿轮箱、轴承等关键零部件生产能力；风电服务业发展相对滞后；从事风电产业技术研发的科研院所和企业较少，人才缺乏，研发投入少，自主创新能力不足；政策扶持力度不够。

### 2."十二五"主要任务和目标

（1）加大风能资源开发力度

推进陆上风电项目建设，积极开发沿海、海岛及内陆山地风能资源，加快海上风电规模化开发。推动风能与其他能源互补发电及储能系统示范应用；开展风电大规模接入电网系统相关技术研究。

（2）推动风电装备制造业发展

风电整机以兆瓦级以上成套机组为重点，提升 1.5MW 陆上风电机组设计制造技术水平，进一步扩大生产能力；加快 3MW 风电机组规模化生产，研制成功 5MW 以上风电机组，重点发展超级紧凑型、抗台风型风电机组。积极推进小型风机制造，提升 800kW 风电机型产品质量，尽快形成规模生产能力。以整机制造带动零部件产业发展，建设风电整机制造关键部件配套体系，提高风电机组发电机、叶片、齿轮箱、大型铸锻件和焊接件等关键零部件技术水平和制造能力，加强控制系统、逆变系统的研发。研发制造风光储一体化智能供电系统和风电储能电池。

（3）促进风电服务业发展

以近海风能资源开发为契机，发展风能资源测量与评估、风电场工程设计、施工、安装调试、检修维护、运营、采购物流及咨询评估等为重点的风电服务业。建立和完善人才培训体系，培育一批风电建设队伍。

到 2015 年，风电装机容量达到 350 万 kW，其中陆上风电总装机容量约 250 万 kW，海上风电装机容量约 100 万 kW。提升风力发电设备自主研发、设计、制造水平和能力，实现 1.5~3MW 机组系列化、产业化，5MW 及以上机组进入试制验证阶段，形成整机制造、关键零部件生产及相关服务业协调发展的产业体系。同时，形成 500 万 kW 整机制造、兆瓦级风机大部件配套 2 000 台（套）的生产能力，风电产业产值达到 700 亿元。

### 3. 重点发展领域

（1）风电场建设领域

重点开发项目包括粤东地区的饶平大埕、所城、海山风电场、陆丰甲湖风电场扩建工程等；粤西地区的湛江徐闻勇士、灯楼角、前山、南三海丰风电场、雷州东里风电场、阳江新洲、东平风电场、阳西龙高山、文笔岭风电场、茂名中坳风电场等；珠三角地区的珠海高栏岛、江门台山端芬、广海、汶村风电场等；粤北地区的云浮新兴、亚婆髻风电场等。积极开展海上风电示范项目前期工作，重点开发近海 30m 水深内的海上风能资源，建设珠海桂山、湛江外罗、阳江海陵岛、汕尾甲西等海上风电场项目，争取在 2015 年前开工建设海上风电 200 万~300 万 kW。

（2）风电装备制造领域

大型风电整机发展重点：依托广东明阳风电产业集团有限公司等企业，做大做强兆瓦级风电整机设计和制造，优化 1.5MW 系列风机设计，提高产品质量、可靠性和降低产品成本；实现超紧凑型 3MW 陆上和海上风电机组产业化；推进 5MW 风电机组研制，启动海上 10MW 风机前瞻性研究。到 2015 年，实现 2 000 台（套）MW 级风机的生产能力。进一步提高广东东兴风盈风电设备制造有限公司 800MW 山地型风电机组质量，实现规模生产能力；实现 2MW 机组批量生产。东莞中德风电能源有限公司、广州中科恒源能源科技有限公司、广州红鹰能源科技有限公司等企业继续做大做强小型风力发电机组。

关键零部件制造发展重点：依托广东明阳风电产业集团有限公司，进行超紧凑型兆瓦级风机零部件的研发和生产；加强 3MW 及以上海上风电叶片制造技术、碳纤维叶片制造技术研发，实现大叶片批量化生产，到 2015 年达到 1 500 套生产能力；加强配套变频器、齿轮箱、发电机、控制系统的研发，并逐步实现产业化，到 2015 年分别达到 2 000 台生产能力，实现明阳整机核心部件自主配套率达 80%以上。省内风电零部件生产企业要进一步扩充生产能力，广州英格发电机股份有限公司加强双馈异步、直驱式风力发电机研发和生产；南方风机股份有限公司、佛山市欧亚玛电器实业有限公司在风机叶片生产领域做大做强；广东吉熙安电缆附件有限公司、佛山市中研非晶科技股份有限公司、顺特电气设备有限公司重点发展风电变压器制造。利用深圳电子电器产业优势，鼓励发展风电控制系统、电机等领域的装备制造。

风光储供电系统发展重点：加强镍氢电池、锂离子电池、钠硫电池及氢燃料电池等储能技术、储能材料和储能设备的研究。广州红鹰能源科技有限公司等企业开展风光互补发电系统的设计开发及推广应用。广东明阳风电产业集团有限公司与相关企业合作开展风光储一体化供电系统研究开发及示范工程建设。珠海银通新能源有限公司加快发展适用于风能储能的蓄电池的研发和生产。

风电装备配套产业发展重点：引导具备机械、电子、化工材料等生产能力的企业，进行开关柜、机舱罩、机械制造、电线电缆、化工涂料等风电机组配套产品的生产，形成以风机装备制造为中心的产业集群。

智能电网技术发展重点：加大智能电网技术研究力度，充分采用先进的传感测量、通信信息、电能质量控制、电力储能、微网接入与控制等先进技术和新型设备，构建适应大规模新能源接入和满足分布式电源要求的智能化电网。

（3）风电服务业

充分利用珠三角地区人才、科研、服务机构相对较强的优势，积极发展风电服务业。发挥我省气候中心在风资源评估、台风对风电场影响分析等领域的专业优势，加强我省风能资源测量和评估能力。广东省电力设计研究院、广东省电力科学研究院、中水珠江规划勘测设计有限公司等单位拓展新能源研究领域，提升在风电场选址、规划、设计、咨询方面的服务能力。在我省风电场建设集中的区域，优化组合社会上机械、电子电工具备实力和专业水平的维修公司，发展一批风电场建设、维护、运营为主要业务的专业技术服务队伍。以广东火电工程总公司、广东省水电集团有限公司和交通部四航院等火电、水电基建安装力量和海洋水工专业建设队伍为主体，培养与发展从事近海风电场基建、安装等专业服务的海洋工程技术服务队伍。延伸广东省电力科学研究院的电力服务领域，为广东省陆上和近海风电场电力并网调试提供专业服务。鼓励风电装备制造企业与省内有关企业及高校科研院所合作建设风电技术研究院、风电检测认证中心等。广东省核电装备产业重大项目见表1。广东省核电装备产业后续拟引进项目见表2。广东省风电装备产业重大项目见表3。

**表1　广东省核电装备产业重大项目**

| 项　　目 | 依托单位 | 主要建设内容 | 建设年限 |
|---|---|---|---|
| 一、广州南沙核电设备成套制造供应基地 | | | |
| EPR 核岛及常规岛设备制造 | 东方电气（广州）重型机器有限公司 | ①对 EPR 核岛设备（RPV、SG）设计技术进行消化吸收，完成转化设计和制造工艺研究<br>②对 EPR 常规岛设备（MSR）引进技术进行消化吸收，实现自主设计和制造工艺研究开发<br>③新增 EPR 生产所需设备 | 2010~2012 |

续表

| 项　目 | 依托单位 | 主要建设内容 | 建设年限 |
|---|---|---|---|
| AP1000 核岛主设备研制 | 东方电气（广州）重型机器有限公司 | ①对 AP1000 核岛主设备（RPV、SG）的设计技术进行消化吸收，完成整套施工设计图纸和制造技术研究<br>②完成产品制造所需的系列工艺评定及工艺试验<br>③新增 AP1000 核电生产所需设备 | 2010~2012 |
| 关键设备和前沿技术开发 | 东方电气（广州）重型机器有限公司 | ①自主开发新一代汽水分离器<br>②完成 CAP1400 机型汽水分离再热器的设计和制造<br>③对自主的第四代核电（快堆）技术进行调研，做好技术储备，新增所需设备，调整工艺布局<br>④自主开发新一代乏燃料储运装置<br>⑤新建 18 000m² 研发中心，建成系列研究室并完善配套设施 | 2011~2015 |
| CAP1400 核岛主设备研制 | 东方电气（广州）重型机器有限公司 | ①对 CAP1400 核岛主设备（RPV、SG）的设计及制造技术进行消化吸收，完成整套施工设计图纸和制造技术研究<br>②完成产品制造所需的系列工艺评定及工艺试验<br>③新增 CAP1400 核电生产所需设备 | 2011~2015 |
| 临港重机基地建设 | 广州广重企业集团有限公司 | 重型超陆容器、海水淡化设备、大型成套机械设备、大型重型机械加工件、中小型优质铸锻件等 | 2012~2014 |
| 高压输变电设备制造 | 广州西电高压电气制造有限公司 | 总建筑面积 36 700m²，主营 126kV~550kV 全封闭组合电器的装配、试验、销售及售后服务 | 2010~2012 |
| 法国"U"形管项目 | 瓦卢瑞克核电管材（广州）有限公司 | 建设年产 1 000kM 核电用管材生产线，项目用地面积 4.4 万 m² | 2011~2013 |

**二、江门台山核电辅助装备产业示范区**

| 项　目 | 依托单位 | 主要建设内容 | 建设年限 |
|---|---|---|---|
| 基础设施建设 | 江门市政府、台山市政府 | 厂区道路给排水工程、电力通信、燃气、供热等基础设施建设 | 2011~2015 |
| 国家机械装备检测重点实验室 | 江门市政府、台山市政府、广东省出入境检验检疫局 | 核电设备检测、可研技术等综合服务 | 2011~2012 |
| 核燃料组件厂建设 | 中国广东核电集团公司 | 建成产能为 400t/a 的核燃料元件制造厂。制造厂包括化工转化生产线、芯块制备生产线、燃料棒及核燃料元件生产线、结构件的零部件加工、格架制造生产设施等及与其相配套的废水处理及化工回收设施，理化分析、必要的动力系统、仓储库房等 | 2011~2014 |
| 特种门研发生产 | 深圳市龙电门业科技有限公司、台山平安五金制品有限公司 | 核电特种门、安防产品、防火门系列制造 | 2011~2012 |
| 核级风机制造 | 台山市绿岛风机有限公司 | 核级风机制造 | 2011~2012 |
| 核电管件等装备制造 | 法国 ACPP 公司 | 管件、容器制造 | 2011~2012 |
| 核级泵件、阀门制造 | 泵件、阀门制造法国阿尔斯通公司 | 核级泵件、阀门制造 | 2011~2013 |
| 锻件制造 | 法国 SBS 公司 | 锻压件、钢结构构件制造 | 2011~2013 |
| 防火材料制造 | 法国 Mecatiss 公司 | 防火系列产品 | 2011~2013 |

**三、深圳龙岗核级关键配套设备研发基地**

| 项　目 | 依托单位 | 主要建设内容 | 建设年限 |
|---|---|---|---|
| 核电站核级设备研发及产业化基地 | 中科华核电技术研究院有限公司 | 在龙岗产业园建设核电站核级设备研发、试验及产业化基地，研制具有自主知识产权的核电站核级设备，并实现产业化供货，主要包括：<br>①综合热工水力及安全试验平台<br>②核燃料运输储存系统研发及加工制造平台<br>③核电站棒控棒位系统研发及加工制造平台<br>④核电站堆外核测系统研发及加工制造平台<br>⑤核电站应急柴油发电机组及电控设备集成平台<br>⑥核电站反应堆再循环地坑过滤器研发及试验平台<br>⑦核电站控制棒驱动机构研发及冷态试验平台<br>⑧核电站三废等离子熔融处理设备研发平台 | 2011~2014 |
| 核电站全范围模拟机研发及产业化基地 | 中广核仿真技术有限公司 | 在龙岗产业园建设核电站全范围模拟机研发及产业化基地，研制生产具有自主知识产权的核电站全范围模拟机，包括：<br>①核电站全范围模拟机研发平台<br>②核电站全范围模拟机试验和验证平台<br>③核电站全范围模拟机生产及集成平台 | 2011~2014 |

续表

| 项　目 | 依托单位 | 主要建设内容 | 建设年限 |
|---|---|---|---|
| 国家能源核电工程建设技术研发（实验）中心建设 | 中广核工程有限公司 | 研发中心建设充分利用已有条件，通过基础条件建设，并在现有软硬件平台基础上拓展与提高，形成国家核电工程建设技术研发的集成创新平台。主要建设内容包括：<br>①土建工程：研发中心大楼建设<br>②硬件平台：包括6个实验室建设，即人因工程实验室、调试技术研究实验室、自动焊实验室、金属实验室、数字化仪控综合验证实验室、数字化核电工程虚拟仿真实验室与协作平台 | 2010~2014 |
| ACPR1000先进核电技术研发 | 中国广东核电集团公司 | ACPR1000研发以最新的核电标准为依据，通过核电领域先进成熟技术的借鉴和集成创新，研发出具有自主知识产权的三代水平的先进核电机型。总体研发内容包括：<br>①单项科研攻关<br>②工程设计与研究<br>③试验研究及试验装置建设<br>④核心软件自主化开发<br>⑤知识产权制约与保护研究 | 2010~2014 |
| 核电建设关键技术研究与应用示范 | 中广核工程有限公司 | 围绕核电建设关键技术展开研究，结合示范项目建设，突破一批关键技术方法和"瓶颈"产品，项目下设4个课题：<br>①核级焊接材料国产化开发及应用研究<br>②核电站核岛关键施工路径和模块化技术研究<br>③核电站主管道自动焊接技术开发应用研究<br>④核电站数字化仪控系统设计验证和调试装置研发 | 2011~2015 |
| 四、核级海绵锆制造 | 广东东方锆业科技股份有限公司 | 年产1 000t核级海绵锆 | 2012~2015 |
| 五、核电换热器国产化 | 茂港电力设备厂有限公司、华中科技大学、中广核设计有限公司 | 核电换热器国产化产品总装厂房和相关设备 | 2010~2015 |
| 六、核电用干式变压器产业化推广 | 广东海鸿变压器有限公司、顺特电气设备有限公司、中山ABB变压器有限公司、佛山市中研非晶科技股份有限公司 | 研发、生产非晶核电用干式变压器及组配件相关装置，增加核电用干式变压器生产线5条 | 2012~2014 |
| 七、核电站专用通风空调子系统成套供货 | 广东申菱空调设备有限公司、华南理工大学 | 核电站专用通风空调子系统成套制造 | 2011~2013 |
| 八、核岛通风设备国产化项目 | 南方风机股份有限公司 | 核岛HVAC系统设备制造 | 2011~2015 |
| 九、K1类小三箱及K3级开关柜产业化项目 | 汕头正超电气集团有限公司 | 核级智能型开关和就地盘箱柜制造 | 2011~2015 |
| 十、核级直流电源研发 | 广东创电科技有限公司 | 核级直流电源研发及制造 | 2012~2015 |
| 十一、K1、K2级电缆项目 | 广东电缆厂有限公司 | K1、K2级电缆生产 | 2011~2013 |
| 十二、核安全设备生产基地 | 中建电力建设有限公司 | 核安全机械设备加工厂、特种门加工、焊接培训中心、金属及土建试验中心，以及根据需求设立无损检验室和理化检验室 | 2013~2015 |

### 表2　广东省核电装备产业后续拟引进项目

| 序号 | 项　目 | 主要内容 |
|---|---|---|
| 1 | 主管道 | 包括蒸汽管道、给水管道、不锈钢管道、静态铸造40°弯管和离心铸造31″直管等 |
| 2 | 全数字化仪表控制系统 | 全数字仪表控制系统有特殊的性能要求，在国际上只有少数国家有自己的设计许可证和知识产权，我国目前仍需进口 |
| 3 | 环吊 | 包括起升机构单一故障保护系统、多传动交流变频调速系统、自动定位系统、大车旋转锥形车轮等 |
| 4 | 阀门 | 重点开发核安全二、三级闸阀、截止阀、止回阀、蝶阀、安全阀、主蒸汽隔离阀、球阀、隔膜阀、减压阀和控制阀等阀门系列产品 |

续表

| 序号 | 项目 | 主要内容 |
|---|---|---|
| 5 | 检测系统 | 包括反应堆内测量系统、堆外核测系统、核电站计算机系统、核电站全范围培训模拟系统、N-16测量系统以及硼浓度仪等 |
| 6 | 核燃料运输系统设备 | 包括辐照试样盒装卸工具、防震装置控制机构、池中水下照明固定装置、控制棒和阻流塞转换装置等 |
| 7 | 应急柴油机 | 包括泵、空气压缩机、冷却水系统、燃油系统等 |
| 8 | 其他项目 | 空气过滤器、液体过滤器、碘吸附器、气体储存及分离装置等 |

### 表3 广东省风电装备产业重大项目

| 序号 | 项目 | 主要建设内容 | 建设年限 |
|---|---|---|---|
| 1 | 中山明阳兆瓦级风机整机升级扩产项目 | 优化升级1.5MW风电整机，达到1 500台/a生产能力；实现超紧凑型3MW陆上和海上风电机组产业化，达到1 000台/a生产能力；攻克大型风电机组设计和制造关键课题，推进6MW风电机组研制，实现600台/a生产能力 | 2010~2017 |
| 2 | 佛山东兴风盈风电整机生产项目 | 进行800kW风电整机技改，达到300台/a生产能力；研制生产2MW风电整机，达到200台/a的生产能力 | 2011~2015 |
| 3 | 广州红鹰能源科技公司风电整机制造扩能项目 | 在原有生产设备能力基础上，改造扩建，形成20万kW（15.3万kW，5.1万kW）整机生产能力 | 2011~2015 |
| 4 | 中山明阳兆瓦级风机关键零部件生产项目 | 兆瓦级以上风机发电机、齿轮箱、变频器、控制系统等关键零部件生产制造，实现2 000台套/a生产能力 | 2011~2015 |
| 5 | 中山明阳兆瓦级风机叶片生产项目 | 进行3MW及以上海上风电叶片制造技术研发，实现大叶片批量化生产，达到1 500套/a生产能力 | 2010~2015 |
| 6 | 中山明阳风光储供电系统生产项目 | 达到40套（约200万kW/a）风光储一体化综合供电系统生产能力 | 2012~2017 |

（广东省能源局综合电力处）

# 云　南　省

## 一、概况

### 1. 能源装备产业基本概况

能源装备制造业是云南省历史较为久远的工业产业，早在 20 世纪 30 年代，我省就生产出了中国第一根电缆和第一台国产电机，是我国电机、电缆和变压器的摇篮。能源装备制造业中的电力装备、输变电装备、石油化工装备、煤炭及煤化工装备，是我省机械工业重要的组成部分，目前，其工业总产值约占我省机械工业总产值的 1/3。

经过多年的发展，在电力装备领域，已有水轮发电机组及配套产品、交流电动机、直流电机等产品的研发和生产制造。在输变电装备领域，已有电力铁塔、电线电缆、电缆盘、变压器、高（低）压成套设备、开关柜、配电开关控制设备、电表箱等产品的研发和生产制造。在石油化工装备领域，主要产品有工业泵、换热器、炼油化工设备、风机、气体分离与液化设备、干燥设备和压力容器等。在煤炭及煤化工装备领域，主要产品有球磨机、分级机、浮选机、矿车、给矿机、破碎机、矿山起重运输设备、大型煤气化炉、大型蒸汽管式回转圆筒褐煤干燥机等。在新能源装备领域，太阳能产品主要有太阳能热水器、太阳电池、太阳能路灯、太阳能水泵及太阳能光伏系统配套蓄电池、跟踪光伏配套系统、聚光配套系统及多晶硅、晶体硅电池/组件、光伏辅料等太阳能装备产品；风能领域已具备生产风电整机装备、叶片、塔筒以及相关配套设备的能力；生物质能方面，已研发制造与生物质固体成型颗粒燃料相匹配的供热系统设备、生物质气化发电成套设备、生物质固体成型燃料炭化技术及设备、生物质气化集中供气成套设备等。在节能减排装备领域，主要产品有节能炊事加热设备、节能锅炉、烟气脱硫装置、氨氮污水装置及以袋式除尘器为代表的工业除尘器、高原型高压变频装置、交直流调速装置等，在半导体照明产业（LED 产业）上亦有一些产品。

### 2. 能源装备工作开展情况

搭建能源装备公共服务平台。研究利用地沟油、小桐子油等生产生物柴油设备研发及标准图集设计，先后搭建了云南省生物柴油制备与检测技术研发中心、云南省太阳能应用研发中心、电工设备高原环境适应性检测平台等。其中电工设备高原环境适应性检测平台弥补了国家对于高原电器产品检测的空白。

申请各级资金支持能源装备发展。通过申请中央及省级预算内资金支持云南云开电气股份有限公司、昆明电研新能源科技有限公司等企业开展能源装备的研发及推广。

引进先进能源装备制造企业。先后引进哈尔滨电气集团公司、广东明阳风电产业有限公司、华锐风电有限公司等企业，中船重工（重庆）海装风电设备有限公司、国电联合动力技术有限公司已签署合作协议。

## 二、产业发展现状

截至 2011 年底，我省能源装备制造行业各类性质的企业有 1 000 多家，其中，具有一定规模的主要能源装备制造企业 300 多家。据对典型能源装备制造企业调查统计，2011 年全行业从业人数约 1.7 万人；完成工业总产值近 100 亿元，同比增长 17.33 %；工业销售产值 93 亿元，同比增长 13.54%；主营业务收入近 100 亿元，同比增长 14.12%；出口交货值 3.09 亿元，同比增长 61.25%；利润总额 3.3 亿元，同比下降 22.30%；年末资产合计 156.23 亿元；从业人员年平均工资 3.25 万元，同比增长 1.88%。

### 1. 电力装备领域

2011 年，生产交流电动机 230 余万 kW；发电设备近 130 万 kW；启闭机械 578t；低压阀门 28t。工业总产值 5.31 亿元，同比增长 0.76%；主营业务收入 5.33 亿元；出口交货值 5 531 万元；年末资产合计 11.73 亿元；从业人员年平均工资 3.95 万元/人。

发电设备

主要生产代表企业是哈尔滨电机厂（昆明）有限责任公司。该公司是我国电动机、水力发电设备生产骨干企业，其水力发电设备生产能力及市场占有率居我省首位，被誉为"中国电机工业的摇篮"。公司支柱产品为 KEM 电工牌中小型水力发电设备和交流电动机两大类，发电设备年生产能力超过 60 万 kW，产品有高水头冲击式、混流式、轴流定（转）桨式等，适用水头 10~1 000m，单机容量 400~100 000kW。2011 年，工业总产值 4 亿元；主营业务收入 3.86 亿元。

### 2. 输变电装备领域

2011 年，生产电力电缆约 36 万 km；钢芯铝绞线、漆包线、裸铜线、裸铝线、电磁线等超过 58 万 t；电缆盘 17 242 只；高原型电力变压器超过 1 500 万 kVA；六氟化硫全封闭组合电器 63 间隔；高压断路器 531 台；高压隔离开关 1 582 组；高低压开关柜 2 万余台；户外计量配电箱 3 万台。工业总产值 66.95 亿元，同比增长 8.39%；主营业务收入 67.08 亿元，同比增长 8.52%；出口交货值 6 450 万元；利润总额 3.99 亿元；年末资产合计 64.59 亿元；从业人员年平均工资 3.27 万元/人。

（1）电线电缆

主要生产代表企业是昆明电缆集团股份有限公司。该公司主要生产钢芯铝绞线、交联聚乙烯绝缘电力电缆、聚氯乙烯绝缘电力电缆、矿用电缆、煤矿用阻燃电缆、预制分支电缆、市内通信电缆、航空用聚四氟乙烯绝缘电线等。"昆电工"商标被国家工商行政管理总局商标局认定为"中国驰名商标"。2011 年，工业总产值 16.04 亿元；主营业务收入 15.56 亿元；利润总额 6 028 万元。

（2）变压器

主要生产代表企业是天威云南变压器电气股份有限公司及云南通变电器有限公司。天威云南变压器电气股份有限公司是国家电气化铁道牵引变压器生产基地。主导产品为电气化铁道牵引变压器、高原型组合式电力变压器（10~220kV 级电力变压器、H 级、C 级绝缘干式变压器）和其他各种特型变压器，具有 1 350 万 kVA 变压器的年生产能力。牵引变压器和高原型组合式电力变压器技术水平和市场占有率处于国内领先水平。2011 年，工业总产值 4.25 亿元；主营业务收入 6.66 亿元；利润总额 8 033 万元。云南通变电器有限公司是国家变压器生产重点企业，国家中小企业创新 100 强企业，主要生产高原型中、小型各类变压器。主要产品是高原型 110kV 及以下各类变压器、35kV 及以下干式变压器和 35kV 及以下高低压成套设备。2011 年，工业总产值 8.45 亿元；主营业务收入 11.70 亿元；利润总额 6 983 万元。

（3）高低压电器元件、成套开关设备和控制设备

主要生产代表企业是云南云开电气股份有限公司。该公司主要从事 0.22~252kV 高低压输变电设备的研发与制造，产品有高原型高低压电器元件、成套开关设备、互感器和绝缘件等，产品技术居国内先进水平。与 ABB 公司合作生产的 COMPASS、

PASS M0 两种模块化空气外绝缘 SF6 开关组合电器，ZF10-126 GIS 全封闭组合电器技术水平达到世界先进水平；与国内科研院所联合开发的 LW36-126 自能式 SF6 开关被列入国家重点技术发展项目。2011 年，工业总产值 4.3 亿元；主营业务收入 4.3 亿元；利润总额 1 730 万元。

（4）智能电网

在智能电网装备方面，昆船集团有限公司、昆明电器科学研究所等企业，已具备研发制造电控系统、机电一体化辅联设备；电力综合自动化系统，即电站自动化设备、变电站自动化设备、配网自动化设备；工业生产过程综合自动化设备（已涉足冶金、建材、机械、化工、轻工、环保、汽车配件等领域的过程自动化设备）；信息集成管理系统；交直流变频调速设备；智能化免维护继电保护设备；微机控制高频开关直流电源；其他计算机自动控制设备等。

（5）储能

主要生产代表企业是云南玉溪汇龙科技有限公司，是专业制造锰酸锂材料、铝塑膜锂离子电池的高新技术企业。该公司拥有先进的锂离子电池研发及生产制造能力，实施了一套完整、科学的质量管理体系及精益生产管理体系，现已通过 ISO 9001：2000 国际质量体系认证，产品已通过 CE 认证、RoHS 认证、SGS 环保认证和中国绿色之星产品认证。公司生产的锂离子电池以高温性能及循环性能卓越的汇龙锰酸锂为正极材料，具有体积小、重量轻、容量高、使用寿命长、充电快和环保等特点，产品显示出优越的电化学性能及安全性。现已形成年产锰酸锂材料 5 000t，月产单体锂电池 12 万只，锂离子动力组合电池 1.2 万套的年生产能力。

### 3. 石油化工装备领域

2011 年，生产工业化工泵 4 655 台；高压分离器 1 台；冶炼设备 1 000 多 t，压力容器 6 000 多 t。工业总产值 5.42 亿元，同比下降 18.19%；主营业务收入 4.93 亿元，同比下降 3.82%；出口交货值 2 260 万元，比 2010 年增加 400 多万元；年末资产合计 5.24 亿元；从业人员年平均工资 3.11 万元/人。

石油化工装备领域的主要生产代表企业是昆明嘉和科技股份有限公司。该公司是西南地区最大的集专业研发、生产和销售耐腐蚀、耐磨蚀、耐高温化工泵及阀门、各式管式分酸器等配套产品为一体的国家火炬计划重点高新技术企业，年生产化工泵能力达 2 万台（套）。现已研发、生产、销售 20 多个系列、1 000 多个规格的产品，拥有专利 52 项。产品广泛应用于国内磷化工、石油化工等行业的上千家企业。2011 年，该公司工业总产值 1.68 亿元；主营业务收入 1.66 亿元；利润总额 258 万元。

### 4. 煤炭及煤化工装备领域

2011 年，生产矿山设备 6 300 多 t；破碎机 100 多台；洗选设备 600 余台；矿车近 5 000 辆；起重运输设备近 3 000t；工矿配件 3 200 多 t；通风机 50 多台。工业总产值 8.94 亿元，同比增长 6.02%；主营业务收入 10.5 亿元，同比增长 6.22%；出口交货值 4 483 万元；年末资产合计 16.97 亿元；从业人员年平均工资 3.17 万元/人。

煤炭及煤化工装备领域的主要生产代表企业是云南大为化工装备制造有限公司。该公司是以云南煤化工、石油化工飞速发展为依托建成的重型化工制造企业，目前是区域内生产规模最大、装备技术水平最先进的重型化工装备制造企业。拥有 A1、A2、A3 级压力容器设计、制造许可证；美国 ASME 压力容器设计、制造认证，授予"U"、"U2"钢印。现已形成一、二、三类压力容器制造 1 万 t，特种材料设备 2 000t，矿山及建材机械设备制造 4 000t 的年生产能力。几年来成功制造的新型粉煤气化炉、合成氨、尿素、甲醇、醋酸、甲胺等装置的成套非标设备已投入化工生产并正常运行，还承接制造了煤气化、煤制油、制焦、制碱、制盐、苯加氢、二甲醚、石油炼化装置中的部分关键设备。自 2006 年以来，公司产品获多项国家实用新型专利和发明专利。2011 年，该公司工业总产值 1.57 亿元；主营业务收入 1.59 亿元。

### 5. 新能源装备领域

2011 年，生产太阳能热水器近 40 万套；太阳能路灯 1 000 套；多晶硅 510t；晶体硅太阳能电池、组件蓄电池 4 000 多 kW；单晶硅棒 405t；太阳电池 450kW；蓄电池 20 多万只；生物质气化设备 800 台（套）。工业总产值 12 亿元，主营业务收入 8.68 亿元，出口交货值 1.21 亿元，年末资产合计 56.93 亿元；从业人员年平均工资 2.44 万元/人。

（1）太阳能

云南拥有得天独厚的太阳能资源，具有海拔高、纬度低、辐射强（年均总辐射量达 5 000MJ/m²）、日照长（年均日照时数在 2 200 小时以上）、冬春干旱日照丰富、夏秋环境温度较高的气候特征；全省 80% 以上的地区终年可有效采集利用太阳能。云南太阳能热利用技术的开发与推广，在全国一直处于先进行列。相继攻克了"平板型扁盒式自然循环系统集成"、"平板型管板式自然循环系统集成"、"真空管自然循环系统集成"难题，其中真空管自然循环系统集成的新发明，获国家知识产权局专利授权。"楼层网络互济太阳热水系统"的成套技术，于 2010 年申报国家发明专利，经云南科技情报研究院查新检索，该项目弥补了我国在高层、超高层建筑无相应配套太阳能热水器的"短板"缺项。2011 年，由昆明南开能源研究院和云南济民阳光科技有限公司联合发明，利用太阳能干燥农副产品的"双工质自然循环筒舱式太阳能干燥器"已向国家知识产权局申报发明专利。

据统计，目前云南太阳能热水器保有量约 700 万 m²；昆明市太阳能热水器普及率 30% 以上。现有太阳能热水器生产企业 300 余家，主要代表企业有云南玉溪太标太阳能有限公司、云南中建博能工程科技有限公司、云锡同乐太阳能有限公司等。

云南省玉溪太标太阳能有限公司是专业从事太阳能应用研发、生产、销售、安装及售后服务为一体的高新技术企业，具有太阳能热水器安装、维修一级资质。近 3 年完成科技成果转化 21 项，拥有专利 36 项，自主研发设计、生产制造有 100 多个系列的太阳能相关产品，主要为真空管式太阳能热水器，高、中、低端平板型太阳能热水器，与建筑结合一体化太阳能热水器，分体承压及阳台壁挂式太阳能热水器、空气源热泵、空气集热器、太阳能地板辐射采暖系统、环保型饮用型不锈钢冷水塔、不锈钢保温水箱、各型集中热水工程系统等产品。2011 年，该公司工业总产值 1.85 亿元，主营业务收入 1.84 亿元，利润总额 434 万元。

云南天达光伏科技股份有限公司、云南三奇光电科技有限公司、云南卓业能源有限公司、云南晶能科技有限公司等企业主要从事太阳能光伏发电系统的生产制造。云南的光热发电正处于起步阶段，云南楚雄中高新能源股份有限公司的光热太阳能发电设备制造基地项目是我省第一个利用光热进行发电的项目。

由云南卓业能源有限公司、云南晶能科技有限公司研发生产的太阳能光伏水泵（利用太阳能光伏发电、系统集成水泵）开创了太阳能光伏利用的新方式，目前已在昆明、文山、大理等州市建成投入使用项目 10 余个。

云南天达光伏科技股份有限公司（原云南半导体器件厂）是我国最早从事太阳能电池片、电池组件、光伏发电系统及成配套产品研究、制造的高新技术企业。拥有从美国、日本引进的世界较先进的太阳能电池生产线及国际先进的太阳能电池制造技术和晶体硅自动化加工生产线，单晶硅电池光电转换效率高达 15%，产品质量、性能处于国内领先地位，接近国际同类产品的先进水平。2011 年，工业总产值为 2.32 亿元。

云南师范大学太阳能研究所在太阳电池技术领域开展了一系列的研究工作，是云南太阳能应用的代表性研究机构。近几年研发了 10 余项高效晶体硅电池制造新技术。

（2）风能

在风力发电装备制造方面，通过建设中国水电十四局大理洱源金属结构（塔筒）制造厂，引进中材科技风电叶片有限公司、广东明阳风电产业有限公司、华锐风电有限公司、中船重工（重庆）海装风电设备有限公司、国电联合动力技术有限公司等企业，目前我省已具备生产风电整机装备、叶片、塔筒以及相关配套装备的能力。

云南明阳风电技术有限公司，在大理州打造滇西新能源产业设备开发制造基地，包括风力发电机整机设备制造、光伏发电设备制造、叶片设备制造等。

云南峰潮科技有限公司是我省首批研发制造轻质、分段式风机叶片，双动电机的生产企业，其水平轴研发能力已达2MW级，技术水平达到国内先进，研发制造的垂直轴风机已在昆明长水机场路灯投入使用。

（3）生物质能

在生物质能装备研制方面，云南腾众新能源科技有限公司与有关企业合作已研制出与利用生物质固体成型颗粒燃料相匹配的供热系统设备，设备的效率利用达到国内领先水平。昆明电研新能源有限公司研制的生物质气化发电成套设备、生物质固体成型燃料炭化技术及设备、生物质气化集中供气设备等已在省内外投入使用。

我省沼气装备研发制造时间较早，目前已能研发制造符合云南特点的沼气技术装备，具备生产符合沼气技术装备加工制造用的玻璃钢、水泥、PE、钢板等多种材质适合农村、大型沼气的能力。

### 6. 节能减排装备领域

2011年，生产节能炊事加热设备和节能锅炉6 000多台（套），工业除尘器11台；袋式除尘器128t，烟气脱硫装置9套，氨氮污水装置2套。工业总产值1.11亿元，主营业务收入1.07亿元，利润总额1 258万元。

节能炊事加热设备和节能锅炉的主要生产企业是云南航天工业有限公司，该公司是军民结合型国有大二型企业。主要从事节能炊事加热设备、节能锅炉、燃烧器等产品的科研生产，主要有炊事挂车、自行式炊事车、野外宿营生活保障车、节能锅炉、高原炊事设备、一体化加工炊事设备等产品。与总后军需装备研究所、中国石油大学联合共建"清洁能源科学与技术实验室"。经过几年的努力，自主研发了"封闭燃烧、储能回放"、"封闭燃烧、一源多用"等多项专利技术，应用专利技术开发的节能炊事加热设备、热水锅炉、炊事挂车、自行式炊事车等产品，热效率达50%~70%，较原有产品节能达50%以上，排放指标优于国家二级标准，产品达到国内领先水平。近年来为解放军、武警部队及民用市场提供了5万多台（套）各类节能炉灶、锅炉；高原节能炉灶装备比原有设备节省燃油70%，连用一体化节能灶装备比原有设备节能50%，取得了良好的节能效果。

烟气脱硫装备的主要生产代表企业是云南亚太环境工程设计研究有限公司。该公司成立于1995年，致力于研究开发氨法脱硫技术，目前拥有具有自主知识产权的国际领先氨法脱硫核心技术，是国家科技部创新基金项目技术；国家环保部重点实用技术；国家发改委、科技部、环保部联合推荐技术。该技术可运用于各行业锅炉烟气脱硫工程、回转窑烟气及冶炼烟气制酸尾气脱硫工程以及化工行业的硫酸尾气脱硫工程等，公司为客户提供烟气脱硫工程的成套技术及装备。2011年，工业总产值1.1亿元，主营业务收入1.07亿元，利润总额1 258万元。

## 三、装备科研情况

### 1. 电力装备及输变电装备项目

40.5kV环保开关产品研发及产业化项目；中型水轮发电机13.8kV定子线棒制造技术；特（超）高压、大截面输电导线产业化开发；高电压大容量节能电炉变压器开发；高速电气化铁道AT供电方式220kV单相牵引变压器；水电站GIS连接220kV大型组合式发电机电力变压器产业化开发；节能配电变压器开发与产业化；KGN12A-40.5kV户内铠装固定式金属封闭开关设备研制；ZF32-126气体绝缘金属封闭开关设备的研发；铁路专用SF6气体绝缘全封闭组合电器研发及产业化；126kV三相共箱新型封闭式组合电器产业化关键技术研发；箱式变电站产业化开发；高原型高压变频调速节能系统开发及产业化；JZL系列交直流电流校准装置研制；35kV超导限流器的研制和挂网运行；云南电网低频振荡安全预警及辅助决策系统；云南电网高压输电线路综合运行工况在线监测系统研究与建设；输电线路覆冰综合治理研究；云南电网技术监督数据分析平台研究与建设；支持电动汽车应用发展的电网充放电技术研究及示范工程。

### 2. 煤化工装备项目

新一代湿法磷酸用泵的研制与开发；50 万 t/a 合成氨装置关键设备新型粉煤气化炉技术攻关；大型蒸汽管式回转圆筒褐煤干燥机开发制造。

### 3. 新能源装备项目

兆瓦级高倍聚光化合物太阳电池产业化关键技术项目；500MW/a 多晶硅、单晶硅片制造项目；LED 单晶衬底片产业化项目；锂离子二次电池及相关配套产品生产线建设项目；10 万盏/新型节能环保 LED 锂电矿灯项目；光伏电池用涂锡合金铜带产业化；1 500 台/a 太阳能联合热泵机组产业化；生物质气化关键技术及设备的综合应用。

### 4. 节能减排装备项目

烟气脱硫治理工程项目；废水、废渣等废弃物综合利用生产线项目；冶金、建材行业余热发电综合利用项目；高效节能余热发电锅炉成套设备开发与产业化项目。2010 年、2011 年云南省能源装备主要指标（一）见表 1。2010 年、2011 年云南省能源装备主要指标（二）见表 2。2010 年、2011 年云南省主要能源装备企业经济指标见表 3。

**表 1　2010 年、2011 年云南省能源装备主要指标（一）**

| 行业名称 | 工业总产值（万元） | | 工业销售产值（万元） | | 主营业务收入（万元） | | 出口交货值（万元） | | 利润（万元） | | 2011 年主要代表产品 |
|---|---|---|---|---|---|---|---|---|---|---|---|
| | 2010 年 | 2011 年 | 2010 年 | 2011 年 | 2010 年 | 2011 年 | 2010 年 | 2011 年 | 2010 年 | 2011 年 | |
| 电力装备 | 52 715 | 53 118 | 56 509 | 51 834 | 60 095 | 53 329 | 7 333 | 5 531 | −5 552 | −5 204 | 发电设备、交流电动机 |
| 输变电装备 | 617 646 | 669 478 | 593 868 | 676 862 | 618 127 | 670 770 | 9 976 | 6 450 | 40 326 | 39 892 | 电线电缆、变压器、开关柜、控制设备 |
| 石油化工装备 | 66 200 | 54 155 | 47 194 | 49 692 | 51 239 | 49 280 | 1 834 | 2 260 | 3 589 | 830 | 化工泵、压力容器 |
| 煤炭及煤化工装备 | 84 287 | 89 361 | 89 251 | 92 839 | 98 811 | 104 953 | — | 4 483 | 1 478 | −2 100 | 破碎机、起重运输设备、工矿配件 |
| 新能源装备 | 17 989 | 120 148 | 19 239 | 42 447 | 18 747 | 86 849 | — | 12 144 | 1 579 | −1 984 | 太阳能热水器、太阳能电池组件、生物质气化成套设备 |
| 节能减排装备 | 11 199 | 11 129 | 8 093 | 10 708 | 8 093 | 10 708 | — | — | 652 | 1 258 | 通风机、除尘器、除硫设备 |
| 合计 | 850 036 | 997 389 | 814 154 | 924 382 | 855 112 | 975 889 | 19 143 | 30 868 | 42 072 | 32 692 | — |

注：表中数据依据典型企业报表数整理。

**表 2　2010 年、2011 年云南省能源装备主要指标（二）**

| 行业名称 | 年末资产合计（万元） | | 年末负债合计（万元） | | 全年从业人员平均人数（人） | | 全年从业人员工资总额（万元） | | 从业人员年平均工资（万元/人） | | 2011 年主要代表产品 |
|---|---|---|---|---|---|---|---|---|---|---|---|
| | 2010 年 | 2011 年 | 2010 年 | 2011 年 | 2010 年 | 2011 年 | 2010 年 | 2011 年 | 2010 年 | 2011 年 | |
| 电力装备 | 115 070 | 117 265 | 96 895 | 38 838 | 2 181 | 2 063 | 6 413 | 8 140 | 2.94 | 3.95 | 发电设备、交流电动机 |
| 输变电装备 | 569 069 | 645 889 | 380 356 | 398 419 | 6 532 | 7 541 | 22 216 | 24 656 | 3.40 | 3.27 | 电线电缆、变压器、开关柜、控制设备 |
| 石油化工装备 | 68 668 | 52 441 | 44 699 | 34 933 | 2 095 | 2 175 | 5 887 | 6 761 | 2.81 | 3.11 | 化工泵、压力容器 |
| 煤炭及煤化工装备 | 157 652 | 169 720 | 105 879 | 115 673 | 4 205 | 4 085 | 13 234 | 12 953 | 3.15 | 3.17 | 破碎机、起重运输设备、工矿配件 |
| 新能源装备 | 14 692 | 569 335 | 9 062 | 33 314 | 454 | 1 423 | 1 316 | 3 475 | 2.90 | 2.44 | 太阳能热水器、太阳能电池组件、生物质气化成套设备 |
| 节能减排装备 | 5 044 | 7 668 | 2 055 | 0 | 68 | 70 | 449 | 469 | 6.60 | 6.70 | 通风机、除尘器、除硫设备 |
| 合计 | 930 195 | 1 562 318 | 638 946 | 621 177 | 15 535 | 17 357 | 49 515 | 56 454 | 3.19 | 3.25 | — |

注：表中数据依据典型企业报表数整理。

表3　2010年、2011年云南省主要能源装备企业经济指标

| 序号 | 企业名称 | 主要代表产品 | 工业总产值（万元） | | 主营业务收入（万元） | | 利润（万元） | | 从业人员年平均工资（万元/人） | |
|---|---|---|---|---|---|---|---|---|---|---|
| | | | 2010年 | 2011年 | 2010年 | 2011年 | 2010年 | 2011年 | 2010年 | 2011年 |
| 1 | 哈尔滨电机厂（昆明）有限责任公司 | 发电机 | 34 010 | 40 018 | 48 022 | 38 573 | 2 664 | -4 802 | 3.37 | 4.72 |
| 2 | 昆明电工厂有限公司 | 交流电动机 | 7 840 | 2 765 | 8 263 | 4 316 | -306 | -304 | 2.42 | 1.74 |
| 3 | 昆明电缆集团股份有限公司 | 电力电缆、钢芯铝绞线 | 137 940 | 160 424 | 147 822 | 155 581 | 3 443 | 6 028 | 4.93 | 3.98 |
| 4 | 天威云南变压器电气股份有限公司 | 变压器 | 69 419 | 42 545 | 68 738 | 66 620 | 6 047 | 8 033 | 3.61 | 4.42 |
| 5 | 云南云开电气股份有限公司（云南开关厂） | 组合电器、断路器 | 48 551 | 43 038 | 48 032 | 42 958 | 8 335 | 1 730 | 3.36 | 3.20 |
| 6 | 云南通变电器有限公司 | 电力变压器 | 84 452 | 81 114 | 106 174 | 116 982 | 9 476 | 6 983 | 3.50 | 3.16 |
| 7 | 云南大为化工装备制造有限公司 | 化工成套设备 | 16 321 | 15 715 | 17 596 | 15 886 | 522 | -1 843 | 4.48 | 3.85 |
| 8 | 昆明嘉和科技开发有限公司 | 化工泵 | 13 446 | 16 840 | 13048 | 16 616 | 1 953 | 258 | 3.53 | 4.98 |
| 9 | 云南冶金力神重工有限公司 | 矿山设备、起重设备 | 26 745 | 24 686 | 33 368 | 36 550 | 399 | -1 521 | 2.77 | 2.45 |
| 10 | 云南锡业机械制造有限责任公司 | 破碎设备、洗选设备、矿车 | 20 857 | 21 048 | 22 187 | 22 851 | 64 | 86 | 3.04 | 3.69 |
| 11 | 曲靖重型机械制造有限公司 | 化工设备 | 20 497 | 18 141 | 20 274 | 14 897 | 1 539 | 180 | 3.33 | 2.89 |
| 12 | 昆明茨坝矿山机械有限公司 | 球磨机、分级机、浮选机 | 6 307 | 11 820 | 9 706 | 13 567 | -9 | 305 | 2.09 | 2.04 |
| 13 | 云南玉溪太标太阳能有限公司 | 太阳能热水器 | - | 18 469 | - | 18 454 | - | 434 | - | 1.89 |
| 14 | 云南中建博能工程科技有限公司 | 太阳能热水器 | 9 358 | 11 978 | 11 697 | 14 971 | 1 512 | 1 917 | 2.76 | 3.12 |
| 15 | 云南天达光伏科技股份有限公司 | 晶硅电池/组件 | - | 23 219 | - | 47 | - | -9 492 | - | - |
| 16 | 云南三奇光电科技有限公司 | 多晶硅、光伏设备 | - | - | - | 29 026 | - | 3 511 | - | - |
| 17 | 昆明电研新能源有限公司 | 生物质能设备 | 729 | 726 | 623 | 622 | 33 | 39 | 5.61 | 5.61 |
| 18 | 云南亚太环境工程设计研究有限公司 | 烟气脱硫装置、氨氮污水装置 | 11 109 | 11 000 | 8 093 | 10 708 | 652 | 1 258 | 6.70 | 6.60 |
| 19 | 云南银发绿色环保股份有限公司 | 除尘设备 | - | 4 500 | - | 4 342 | - | 1 624 | - | 3.64 |

（云南省能源局能源协调和科技装备处）

# 内蒙古自治区

## 一、概况

### 1. 能源装备制造业发展的基础

"十一五"是自治区能源装备制造业发展的重要时期。自治区政府对能源装备产业发展高度重视，各级各部门始终把发展能源装备作为做大做强装备制造业的重要抓手，紧紧抓住能源化工产业加快发展的有利时机，按照自治区装备制造业"十一五"规划大力推进。我区能源装备制造业已形成较为完善的体系，呈现出持续健康协调发展的良好态势。

尽管我区能源装备产业取得了长足发展，但仍然存在产业结构不尽合理、缺乏具有国际竞争力的名牌产品、科技自主创新能力不强等问题。受国际金融危机影响，2011年下半年以来能源装备制造业市场需求萎缩，企业经济效益下滑，产业发展减速趋势已经显现，可持续发展面临挑战。

金融危机加快了世界产业格局的调整，为我区参与产业再分工创造了条件。当前正处于扩大内需、加快能源基础设施建设和产业转型升级的关键时期，能源装备制造业发展的基本面没有改变。国家正在抓紧制定鄂尔多斯区域能源开发利用总体规划，我区当紧抓发展机遇，从人才、技术、资源和产业优势的实际出发，把能源装备作为能源化工和装备制造两大支柱产业优势互补的切入点，采取各种行之有效的措施，做大做强能源装备产业，力争尽快形成新的产业优势和经济增长点，加快实现由能源大省向装备制造业大省的转变。

### 2. 存在能源装备需求

随着我区经济迅速发展，对装备需求强劲，我区开始以大力发展装备制造业作为新的增长极，在发布的《内蒙古装备制造业发展"十二五"规划》中提出，煤炭机械设备、清洁能源设备、输变电设备等设备需求量大，将是发展重点。在"十二五"期间，力争到2015年，装备制造业实现3 520亿元的产值，2020年实现8 000亿元的产值。其中能源装备的需求主要围绕煤炭综采设备、火电设备、风机设备、光伏产业设备和输变电设备等能源装备。

"十二五"期间需要150亿元的煤炭机械设备，随着煤炭通道的建设，今后五年电网投资规模将超过150亿元，输变电保护及控制设备市场容量将达到120亿元，平均增长75%。此外还有多种工程机械和设备，也是发展重点，我区着重建设风力发展，争取成为我国清洁能源产出最大的省区，清洁能源设备市场空间很大。

### 3. 装备制造业发展中存在的主要问题

我区能源装备制造业发展主要存在六个方面的问题：一是总体科技水平与国内沿海省区相比偏低，新技术、新产品的研发能力仍然薄弱，自主品牌、自主知识产权与先进省（区）相比偏少；二是地区发展不均衡，大型企业和主要技术装备大多集中在包头、鄂尔多斯、呼和浩特、赤峰、通辽地区，对全区的带动、辐射作用偏弱；三是现有企业缺乏集基础研究与技术开发于一体的创新能力，企业技术创新组织处于分散、零星状态，在产学研结合中，中央级研究院所各自为战，自治区几所大学又缺乏能尽快转化为生产力的研究成果，企业处于从属地位，更缺乏企业间的技术协作来解决行业共性、战略性的技术开发；四是大企业对中小企业的拉动带动作用不明显，大企业与中小企业的比例不协调，没有形成以大型企业为龙头、以中小企业为配套的装备制造业发展的新格局；五是能源装备制造中小企业在企业转制过程中大多数倒闭或转为其他行业，近年来发展的能源装备制造业企业偏少；六是装备制造业技术含量高、投资高、回报慢，对社会投资、民间投资吸引力不强。因此，自治区能源装备制造业与总体装备制造业相比发展明显滞后。

## 二、能源装备制造业发展现状

"十一五"以来，我区从能源装备制造业发展的实际出发，以加快发展为主题，以结构调整为主线，积极引进大企业和成套技术，重点发展的能源设备以大型风电设备为主的清洁能源设备制造以及大型煤炭采掘机械等项目。重点支持了呼和浩特市、包头市、鄂尔多斯市、乌兰察布市、赤峰市、通辽市装备制造业的建设。以军工企业衍生的内蒙古第一机械集团有限公司、内蒙古北方重工业集团有限公司、包头北方创业股份有限公司、包头北奔重型汽车有限公司等大型企业已成为自治区装备制造业的支柱企业，新引进大型风电设备、矿山机械等企业也极具发展潜力。经过"十一五"的发展，自治区能源装备制造业已形成较为完整的产业基础。

### 1. 风电产业

我区风电在大发展之后，将迎来整合大提速时期，已制订《关于推进我区风电企业整合重组减少主体的指导意见》，提高风电开发的准入条件，将对现有企业进行重组、兼并、联合、托管，以减少开发运营主体，推动资源向大企业集中。拟将内蒙古风电企业控制在25家之内，并鼓励大型风机制造厂进军风电运营领域。

2010年，我区风电设备制造企业达42家，总投资99亿元，其中整机制造企业12家，零部件生产企业30家。全球著名的歌美飒、国内著名的金风科技、华锐风电、国电联合动力等风机制造企业已在我区落户并成为主力生产厂家，形成了整机和零部件配套的生产体系。2010年内蒙古已投产风电设备制造企业中已实现销售整机1 779台套，规模296万kW，销售收入超120亿元。2011年生产销售风机整机2 100台（套）。

我区风电快速发展中也遇到一些问题。电网容纳风电的极限问题始终是决定我区风电发展规模的关键。同时，风电如何融入大电网至关重要，内蒙古风电技术可开发容量3.8亿kW，仅靠内蒙古就地消化，发展的规模十分有限，因此远距离输送、纳入大电网的规模和进程决定着内蒙古风电发展的规模和进程。此外，风电建设和运营管理有待加强，围绕风电设备制造、建设、运行、维护的规范技术标准还不完善，风电预测、风电调度管理办法急需制订。风电调峰手段建设和经济补偿办法急需加快。

### 2. 光伏产业

我区优质硅矿的资源十分丰富，大部分硅矿床的品位达到97%以上。其中，巴彦淖尔市的储量有3.37亿t，包头地区及周边有4.5亿t。同时，内蒙古煤炭、甲醇、氯碱产品等产能已经位居全国前列，还有电力等能源优势明显，发展硅产业资源条件优越且潜力巨大。可作为高纯硅原料的冶金级硅，内蒙古已有的年产量达到50万t。

呼和浩特、包头、阿拉善、锡林郭勒等地依托丰富的硅矿产资源，陆续开工建设太阳能级多晶硅项目，打造太阳电池片、太阳能光伏组件和半导体器件等光伏产业基地，着力推动太阳级硅及光伏产业发展，形成了以多晶硅材料为核心、硅片生产企业相配套的光伏制造业集群和光伏示范项目为牵引的产业格局。

拥有内蒙古神舟硅业有限责任公司、内蒙古大陆多晶硅太阳能产业集群有限公司、内蒙古鄂尔多斯多晶硅业有限公司、内蒙古富生光伏科技有限公司、内蒙古盾安光伏科技有限公司、内蒙古中盛科技新材料有限公司、内蒙古富生光伏科技有限公司、内蒙古广远集团、内蒙古锋威硅业有限公司等一批已建和在建的多晶硅材料项目、内蒙古晟纳吉光伏材料有限公司、内蒙古中环光伏材料有限公司等单晶硅、多晶硅片加工制造企业也已经达到一定生产规模。一批晶体硅太阳电池和薄膜电池生产企业也在建设中。内蒙古在光伏技术的市场应用方面有着较好的基础，在采用光伏发电风光互补系统解决无电地区通电问题方面已经取得一定成绩。近年来国家下达的一些较大规模的光伏示范工程项目也已经在自治区内启动建设。虽然在产业布局、企业规模、发展层次和发展速度上还存在着诸多问题，但区域性光伏产业链已经初步形成，在太阳能光伏产业发展道路上已开始起步。经过全面、合理地规划，将对我区光伏产业快速、健康的发展具有重要的指导意义。

## 三、发展思路和主要目标

### 1. 发展思路

以科学发展观为统领，积极抢抓我区加快由能源大省向装备制造业大省转变的重要历史机遇期，按照"大集团引领、大项目支撑、集群化推进、园区化承载"的发展战略，以市场为导向，以科技创新为动力，以输变（配）电设备、石油煤炭综采设备、太阳能光伏设备、风电设备等为重点，围绕装备制造业发展已初具规模地区吸引国内外知名企业投资落户，全面提升我区能源装备产业竞争力。

呼和浩特市、包头市、鄂尔多斯市、乌兰察布市、赤峰市和通辽市装备产业园已经具有相当的规模。这些地方的产业基础较好，能够迅速发展起来。

地域布局上，我区重点推进包头、鄂尔多斯、呼和浩特、赤峰的交通运输、工程机械、化工机械、重型矿山等设备制造产业基地建设，加快建成呼和浩特、包头、鄂尔多斯、乌兰察布、赤峰、通辽大型风力发电设备生产基地，力争到"十二五"末，形成具有较强竞争力的交通运输、工程机械、化工机械、重型矿山、新能源等设备制造产业集群。

### 2. 发展目标

"十二五"期间，我区装备制造业在做大能源装备产业规模的同时，掌握一批能源装备制造业的核心技术，培育一批拥有自主知识产权、具有较强竞争力的大企业，开发一批技术水平国内领先的重点产品，提升一批具有特色和知名品牌的产业集群，形成特色产品优势突出，专业协作分工合理，配套体系较为完善的产业发展格局。

重点体现能源装备制造业的三个方面：

风力发电设备及配套件。发挥现有企业的能力和优势，力争将我区打造成为全国主要的风力发电设备生产基地。以金风科技、华锐风电、国电集团为依托，通过合资合作，以市场为导向，合理布局，重点开发和生产并网型大型风力发电机组及塔架、叶片等部件生产。支持发展功率大于 2.5MW 的风电机组的及具有自主知识产权的风电齿轮箱、叶片、发电机、液压控制系统、大型风力发电机主轴、变流器、变桨距控制器、刹车制动器的生产。大型风力发电设备 2015 年达到 5 000 台、10 000MW 装机容量。大型风力发电设备的零部件区内配套率2015 年达到 50%。

能源、化工设备。能源、化工设备主要是以压力容器为主的能源、化工设备，包括压力容器、罐类及非标金属结构类产品。我区的呼和浩特、包头、鄂尔多斯地区已具备能源、化工设备生产加工能力，重点发展大型能源、化工成套设备和非成套能源、化工设备的来样加工。2015 年各类能源、化工设备产值达到 20 亿元。

采煤、非煤矿山设备。煤炭、非煤矿山开采是我区的支柱产业，发展煤炭、非煤矿山开采设备是我区装备制造业"十二五"发展的重点。鄂尔多斯装备制造园区主要发展煤炭综采设备、掘进设备等，包头装备制造园区主要发展液压支架等成套采煤设备制造和非煤矿山采矿、选矿等设备制造。2015 年，煤炭、非煤矿山开采设备制造产值达到50 亿元。2010 年、2011 年内蒙古规模以上能源装备企业产销统计见表1。2011 年内蒙古能源装备制造行业主要产品产量见表2。

表 1　2010 年、2011 年内蒙古规模以上能源装备企业产销统计

| 产品名称 | 计量单位 | 产量 | | 销量 | |
|---|---|---|---|---|---|
| | | 2010 年 | 2011 年 | 2010 年 | 2011 年 |
| 抽油杆 | 万根 | 53.1 | 64.9 | 55.8 | 68.5 |
| 掘进机 | 台 | 11 | 30 | 8 | 32 |
| 液压支架 | 架 | 996 | 739 | 1 040 | 139 |
| 矿用自卸车 | 辆 | 442 | 538 | 443 | 519 |
| 挖掘机 | 台 | 270 | 284 | 244 | 171 |
| 旋挖钻机 | 台 | 5 | 3 | 4 | 3 |
| 风机整机 | 台 | 1 556 | 2 100 | 1 556 | 21 |
| 单晶硅 | t | 1 470 | 1 912.8 | – | – |
| 多晶硅 | t | 1 810 | 3 802.6 | – | – |

表 2　2011 年内蒙古能源装备制造行业主要产品产量

| 序　号 | 产品名称 | 计量单位 | 产品产量 | 增速（%） |
|---|---|---|---|---|
| 1 | 输送机械（输送机和提升机） | t | 102 780 | 44.06 |
| 2 | 液压元件 | 件 | 34 980 | 5.26 |
| 3 | 风机 | 台 | 2 100 | 35 |
| 4 | 减速机 | 台 | 9 327 | 19.45 |
| 5 | 采矿专用设备 | t | 15 379.20 | -9.65 |
| 6 | 挖掘机 | 台 | 284 | 5.19 |
| 7 | 发电机组（发电设备） | kW | 792 731 | 206.63 |
| 8 | 变压器 | kVA | 1 598 095.54 | 68.77 |
| 9 | 电力电缆 | km | 52 440.84 | 392.79 |
| 10 | 绝缘制品 | t | 111.57 | -61.66 |
| 11 | 铅酸蓄电池 | kVA·h | 49 957 | -85.82 |

（内蒙古自治区经济和信息化委员会装备工业处）

# 天　津　市

能源装备产业是为能源行业提供技术装备的基础性、战略性产业，是能源产业升级和技术进步的重要保障，是区域综合实力和技术水平的集中体现。天津作为最早的工业城市之一，拥有较强的机械、电子、化工行业的工业基础以及一整套与之相配套的制造产业队伍，具有较好的能源装备产业发展的基础。我市在能源装备产业方面正处于起步阶段，随着近年来国务院把加快推进滨海新区开发开放纳入国家总体发展战略，我市充分发挥其地域优势，依托大项目好项目建设，在能源装备产业方面不断加强，尤其是在风电、太阳能光伏发电等新能源领域取得了较快发展。"十二五"时期，我市将继续推动产业结构升级改造，推进装备制造向规模化、成套化、高端化、智能化方向发展，将能源装备产业做大做强。

## 一、电力装备

天津电网是华北电网的重要组成部分，它担负着向我市供电的重要任务，具有城市电网的特点。截至 2011 年底，天津电网各类电厂总计 46 座，装机容量达 11 226.48MW。电力装备生产方面，我市在"十二五"时期将重点发展智能电网设备、换流变压器、换流阀、可控电抗器、中高档传感器、高压/特高压电线电缆等输变电装备。

在水电装备方面，"十二五"时期，我市也将水电装备生产作为重点发展的能源装备之一，将大力发展大型灯泡贯流式水轮发电机组、大型混流式水轮机组、单机 70 万 kW 水电机组、大型抽水蓄能机组以及上冠、下环、叶片、导水机构、水电机组转轴、转轮车间及辅助设施等关键部件。

## 二、石油化工装备

"十二五"时期，天津将以 5 000t 级海洋强力平台制造为核心，大力发展浮式生产储存卸货装置（FPSO）、新型自升式钻井平台、深水半潜式钻井平台和生产平台、海洋工程模块制造等海洋油气开发装备，以及大型离心压缩机组、大型容积式压缩机组、关键泵阀、反应热交换器、挤压造粒机、大型空分设备、低温泵等石化装备。

## 三、新能源装备

市政府明确将新能源产业作为重点培育的战略性新型产业，将结合地区资源条件，大力发展新能源和可再生能源。我市新能源产业主要集中在风力发电、太阳能光伏发电和绿色电池等领域。"十一五"时期，在新能源产业方面取得了较快发展，新能源产业产值达到 243 亿元，形成了 6 亿只锂离子电池、3 亿只镍氢电池、110MW 光伏电池和 6 000MW 风电整机生产能力，风电累计装机总量占全国的 30%，成为国内最大的风力发电设备生产基地。

**1. 装备制造情况**

（1）风电装备

在风电装备领域，我市已成为国内知名的风电产业聚集地，滨海新区逐步成为风电企业发展的沃土。我市风电装备产业结构合理，竞争力强，已呈现如下特点：一是产业结构发育健全。全市127家风电企业中，风电场开发商、制造商和服务机构分别占总数的5%、66%和29%，产业结构趋向合理。二是整机企业在国内外占有重要位置。维斯塔斯、苏司兰、东汽、歌美飒、明阳、南车时代6家企业2010年在全球风电制造厂商排行榜中均位列前11名，维斯塔斯已在天津建成了全球最大的制造基地。三是制造产业链布局均衡，关键部件实力较强。我市风电企业中，叶片与材料企业14家；齿轮箱及机械传动企业10家；发电机及部件企业8

家；控制与变流器企业9家；大型结构件及海上风电设备6家。艾尔姆玻璃纤维制品（天津）有限公司、天津鑫茂鑫风能源科技有限公司、天津东汽风电叶片工程有限公司、天津明阳风能叶片技术有限公司、威能极风力驱动（天津）有限公司、汉森风电动力设备（中国）有限公司、天津市祥威传动设备有限公司、天津华建天恒传动有限责任公司、卓轮（天津）机械有限公司、西门子电气传动有限公司、天津赛瑞机器设备有限公司、天津瑞能电气有限公司等一批骨干企业支撑了风电产业链的重要环节。天津市127家风电企业产业结构比例见图1。天津市风电设备生产企业产业链比例分布见图2。

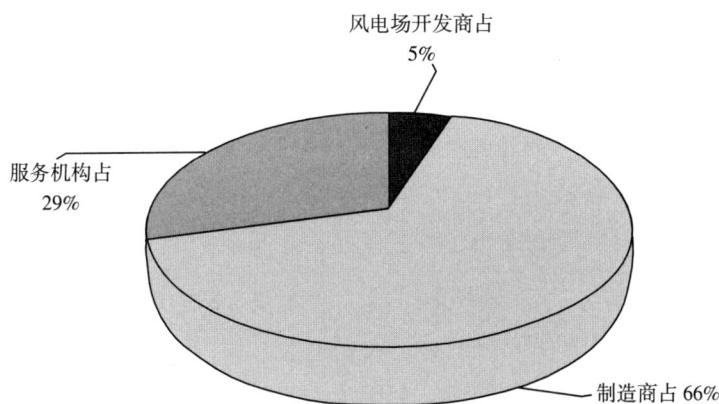

图1　天津市127家风电企业产业结构比例

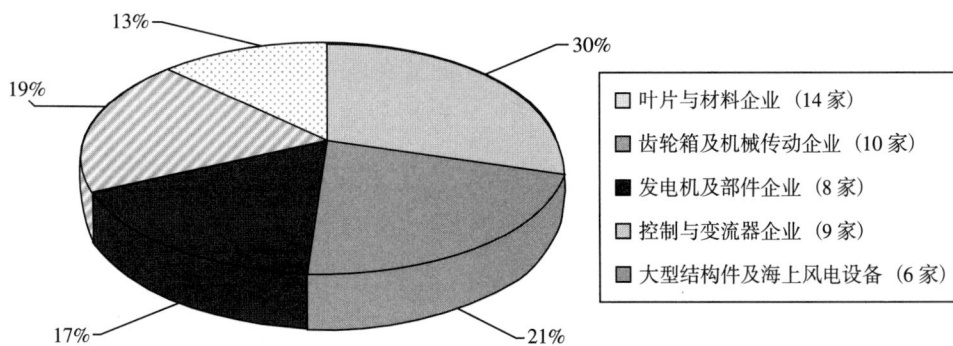

图2　天津市风电设备生产企业产业链比例分布

设备生产方面，我市风电开发商、制造商和服务机构已达127家，云集了西班牙歌美飒公司、丹麦维斯塔斯公司、印度苏司兰公司、德国的西门子公司和威能极公司等一批海外知名风电企业以及东方电气、明阳风电、南车科技等大型国内企业。年生产能力为整机3 900台，约600万kW；叶片6 150套；齿轮箱4 000台；控制系统与变流器10 000台，

产能约占全国总量的1/5。截至2011年底，制造业与服务业产值约为213亿元，整机产量354万kW，从业人员15 300人，形成了以整机企业为龙头、配套企业为支撑、专业化分工为纽带、技术创新和人才为基础的产业集群，呈现出多层次、宽领域的特征，在国内外市场中显露出愈来愈强的竞争力。

科学研究方面，伴随风电产业的发展，风电服务业也有了长足发展，其中研发与设计、认证与试验、人才培养和物流这四个领域的发展尤为突出。天津大学的智能电网和海上风电基础、天津工业大学的叶片在线检测、河北工业大学的无刷风力发电机等研究均取得了阶段性成果。目前 SGS 叶片试验中心已投入使用，中国航天环境可靠性天津试验与检测中心也已于 2010 年 4 月启动并正式承接检测任务。天津已有 8 个大专院校开设风电专业相关课程，为风电产业的人才培养、使用和储备提供了保障。

"十二五"时期，我市将重点发展 2MW 级以上整机、2.5MW 风力发电机组、2.5MW 以上叶片、2.5MW 以上齿轮减速箱、5MW 海上风机叶片等风电装备。加大对电控系统技术、风电太阳能联合发电技术、风电和水能联合发电技术、变流器装置关键技术、整机设计技术、海上风电技术、大型并网风电机组短时蓄能技术、叶片、主轴、发电机、塔架等关键配套零部件及材料制造等共性技术或关键技术的研发。建立天津风电装备研究试验中心，推进风电产业创新发展。重点实施南车风电机组产业化基地、明阳 2.5MW 风力发电机组制造、西门子变速箱增资扩能、5MW 海上风电机组叶片研制等项目，构建以整机为龙头、零部件配套及相关服务为支撑的完备的产业体系。力争到 2015 年，风电整机生产能力达到 7 000MW，2.5MW 以上齿轮箱达到 2 000 套。

（2）太阳能光伏发电装备

在太阳能光伏发电领域，我市光伏产能已达到 7GW，已经拥有光电产品、光伏产品、光伏工程、光伏发电互补系统产品，但产业集群还未形成。环欧公司、中国电科十八所、津能电池、尤尼索拉津能、京瓷太阳能成为产业内知名的生产企业。"十二五"时期，天津市将壮大单晶硅、多晶硅、非晶硅薄膜太阳能电池产业规模，重点突破薄膜电池、聚光电池、BIPV 系统集成等领域的共性技术或关键技术，积极开发砷化镓聚光太阳电池、太阳电池减反射玻璃、透明导电玻璃等。重点实施中国电科光电产业基地、英利光伏产业基地、京瓷太阳能电池

板、高效太阳能电池的研发和产业化、非晶硅柔性太阳能电池产业化等项目。到 2015 年，太阳能光伏总产能达到 7 000MW，建成国内技术水平最高的太阳能电池研发基地和品种最全、生产规模最大的系列太阳能电池产业化基地。

（3）绿色电池

在绿色电池领域，我市在生产规模、主要产品的市场占有率等方面均处于国内领先位置，产能可达锂离子电池 20 亿只，动力电池 2 亿只。我市已建成我国第一条锂离子电池自动化生产线和数条具有国际先进水平的镍氢电池生产线，非晶硅太阳能电池项目即将建成投产，国内规模最大、水平最高、品种最全的绿色电池生产基地初步形成。涌现出以力神电池、比克国际、和平海湾、汤浅电池、金牛电源、巴莫科技等为代表的绿色电池及材料生产企业。"十二五"时期，将重点发展以动力电池和储能电池为代表的锂离子电池、超级电容器、镍氢电池等新能源汽车动力电池及电池组等关键产品和技术，发展高性能电池正负极材料、电解液、隔膜等关键电池材料，积极开发氢源、甲醇、乙醇等燃料电池新品种，开展动力电池回收利用技术研究，进一步扩大产业化规模。重点实施中海油动力电池新能源基地、比克电池新能源产业基地、建龙重工新能源新材料基地等项目。力争到 2015 年，形成 50 万套动力电池、20 亿只锂离子电池、10 000t 磷酸铁锂正极材料、2 亿只聚合物电池、4 000 万只超级电容器的生产能力。

**2. 能源利用情况**

（1）风能

截至 2011 年底，全市正式并网发电项目 3 个，包括沙井子风电场（装机容量 4.95 万 kW）、马棚口风电场（装机容量 4.95 万 kW）和蓟运河口风电场（装机容量 0.45 万 kW），风电装机容量达到 12.95 万 kW，年风电发电量由 2010 年的 0.13 亿 kW·h 提高到 2011 年的 1.43 亿 kW·h；在建项目 3 个，总装机容量 11.1 万 kW；开展前期工作项目 3 个，总装机容量 13.2 万 kW。

（2）太阳能

截至 2011 年底，全市农村累计推广太阳能热水器 611 万 m²，累计有 25 个项目被列入国家金太阳示范工程项目，总装机容量 5.85 万 kW。

（3）水能

天津于桥水库水电站，装机 5MW，2011 年发电量 0.14 亿 kW·h。

（4）地热能

截至 2011 年底，全市纳入地热资源管理的开采井 275 眼，回灌井 74 眼。年开采量为 2 976 万 m³，回灌量 939 万 m³。地热资源主要用于建筑供暖、居民生活热水、康乐理疗、温泉度假、农业种植养殖等领域。全市地热供暖面积约 1 323 万 m²，约占全市集中供暖总面积的 5%；共有 130 余眼地热井提供 10 万户居民和 90 家企业、酒店及宾馆洗浴生活热水；利用地热养殖、种植面积达 27 万 m²，用于种植名贵花卉（蝴蝶兰等），养殖名贵水产（罗非鱼、鲫鱼、热带观赏鱼、鳄鱼等）；已建成的示范区有津南国家农业科技园区、东丽华泰现代农业园、宝坻区里自沽农场、天津龙达农业生态园、静海县团泊农业现代示范园和北辰区万源龙顺度假庄园等。

（5）生物质能

①沼气和秸秆。截至 2011 年底，全市累计建成农村户用沼气 4.46 万户，年产气量 1 373 万 m³；处理农业废弃物的大型沼气工程 15 处，年产气量 312.3 万 m³；养殖小区沼气工程 287 处，年产气量 450.3 万 m³；沼气村级服务网点 126 处，沼气建后服务覆盖 5.4 万户；秸秆沼气集中供气工程 2 处，向 800 户农户供气；累计推广太阳能热水器 34.02 万 m³。

②生活垃圾。天津市生活垃圾的处理方式主要为卫生填埋和焚烧发电。截至 2011 年底，天津已建成垃圾卫生填埋厂 7 座，日处理垃圾能力达 3 900t；建成垃圾处理场 1 座，处理能力 300t/d；垃圾填埋发电厂 1 座，即北辰区双口垃圾填埋气电厂，装机容量 0.2 万 kW；已投产运行的垃圾焚烧发电项目 3 个，总装机容量 6.6 万 kW，年垃圾处理能力 127 万 t，年发电量 3.16 亿 kW·h；在建垃圾焚烧发电项目 2 个，总装机容量 3.5 万 kW，设计年垃圾处理能力 70 万 t，年发电量 2.4 亿 kW·h。

（天津市发展和改革委员会能源处）

# 北 京 市

能源装备产业是工业经济的核心，具有产业关联度大、技术含量高、产业升级带动性强等特点。北京具有良好的能源装备产业发展基础，拥有研发、金融、服务、国际交流等独特的优势。近年来，围绕建设中国特色世界城市、强化绿色低碳循环发展，以及深入推进中关村国家自主创新示范区建设，北京的能源装备产业逐步壮大，特别是在新能源装备、节能环保装备等领域，目前已逐步形成先发优势，涌现出兆瓦级永磁直驱风电机组、晶硅和非晶硅薄膜太阳能电池成套生产线、膜生物反应器系统等一批具有自主知识产权的高端技术产品。根据《北京市"十二五"时期装备产业发展规划》，"十二五"期间，我市将继续做大做强新能源装备版块，大力发展节能环保装备版块，着力提升优势领域核心竞争力，分重点、分层次推进本市能源装备产业科学发展。

## 一、电力装备

### 1. 生产状况

（1）火电

目前，我市电站锅炉生产企业主要为北京巴布科克·威尔科克斯有限公司，该公司具有批量生产百万级超临界电站锅炉、超超临界电站锅炉等设备的生产能力，以及年产各类型电站锅炉 8 000MW 的生产规模。

在汽轮机与发电设备制造领域，现有北京北重汽轮电机有限责任公司、北重阿尔斯通（北京）电气装备有限公司、华电重工装备有限公司等 6 家企业。其中，北重阿尔斯通（北京）电气装备有限公司是我国北方地区第一个制造 60 万 kW 亚临界、超临界、超超临界汽轮机及发电机组的厂商。

（2）输变电

截至 2011 年底，我市共有输变电设备制造企业 85 家，拥有北京电力设备总厂、北京四方继保自动化股份有限公司、北京 ABB 高压开关设备有限公司等众多行业领军企业。

### 2. 运行状况

"十一五"以来，以奥运电力保障为契机，加大投资、加快建设，通过外扩通道，内强网架，增加源点，完善布局，电网供电能力显著提升。

（1）电网

北京地区电网是京津冀电网的重要组成部分，是京津冀电网的负荷中心和网架中心，除承担为首都电网供电的任务外，还向相邻的天津、河北部分地区转送电力，在京津冀电网中处于十分重要的位置。

"十一五"期间，我市新增 500kVA 变电站 5 座，220kVA 变电站 23 座，110kVA 变电站 92 座，35kVA 及以上变电容量达到 8 575 万 kVA，比"十五"末增长 85.7%。截至 2011 年底，我市已建成 5 大 220kV 供电分区，110kV 电网深入各大负荷中心供电并形成 5 个方向受电、8 条通道 18 条回路输送、6 座变电站接收的外受电格局，基本建成支撑有力、安全可靠的现代城市电网体系，有效保障了首都经济社会发展的电力需求。

（2）电源

2011 年，我市装机容量 600 万 kW。其中，燃煤装机容量 287 万 kW，约占 47.83%；燃气装机 195 万 kW，占 32.50%；抽水蓄能电厂装机容量 80 万 kW，占 13.34%；可再生能源电厂装机容量 38 万 kW，占 6.33%。

（3）智能电网

为更好地推动智能电网发展，我市制定出台《关于开展北京市智能电网研究及启动试点建设工作的意见》，明确了我市建设首都特色智能电网的基本思路，并选取未来科技城、延庆、丽泽商务区等对电网智能化需求较高、智能电网要素丰富、建设改造难度适中的区域率先建设智能电网示范工程。

2010 年 12 月，我市城区智能电网调度技术支持系统试点项目顺利试运。该项目在国内智能电网建设中率先实现了主配网调控一体化的全景化、智能化的监视与控制，提升了我市城区调度驾驭电网能力和应急处置能力，为地区电网"大运行"管理模式的实践提供了重要的技术支撑。

2011 年 10 月，北京电力公司智能电网通信平台试点项目取得阶段性成果。作为智能电网试点工程建设的重要内容，通信平台全面支撑了智能电网发电、输电、变电、配电、用电、调度等各环节，具有典型示范意义和推广应用价值。

2011 年 11 月，北京电网 110kV 央企园智能变电站投运，这也是未来科技城智能电网示范项目的重点建设内容。

此外，我市积极推进居民小区智能用电网络建设。2011 年 7 月，丰台区卢沟桥街道莲香园小区完成智能电网系统功能改造，成为全国首个面向普通居民实现运营的智能电网小区。

## 二、石油和石油化工装备

我市本地成品油主要由中国石油化工股份有限公司北京燕山分公司生产（以下简称"燕山石化"），约占全市成品油需求量的 60%，其余则需从河北、天津、辽宁等地调入。

### 1. 炼油和产品加工

目前燕山石化拥有 63 套主要生产装置、68 套辅助生产装置，原油加工能力超过 1 000 万 t/a，乙烯生产能力超过 80 万 t/a。截至 2011 年底，已累计加工原油 2.7 亿 t，生产乙烯 1 616 万 t，实现销售收入 8 236 亿元。燕山石化生产装置主要包括三大系统。

①常减压蒸馏装置。生产能力为 850 万 t/a。

②燃料油装置。主要包括：重油催化裂化装置，加工能力为 400 万 t/a；中压加氢裂化装置，设计加工能力为 130 万 t/a；宽馏分连续重整装置，设计加工能力为 60 万 t/a；铂重整装置，设计能力为 15 万 t/a；天然气制氢装置，设计能力为 2 万 m³/h；汽油加氢装置，设计能力 22 万 t/a；柴油加氢精制装置，设计能力为 100 万 t/a；气体分馏装置，设计加工能力为 40 万 t/a。

③润滑油装置。主要装置包括：70 万 t/a 丙烷脱沥青装置；52 万 t/a 酮苯脱蜡装置；2 套糠醛精制装置；20 万 t/a 润滑油白土补充精制装置；6 万 t/a 石蜡加氢精制装置。

### 2. 油品输送管道

2008 年 7 月，我市建成我国第一条环城输油管线，该管线全长 183km，连接燕山石化与长辛店、大兴、东方、住海、沙河 5 座大型油库及 500 座加油站。管线的贯通使我市 70% 成品油的生产、运输、储存、销售实现了全程密闭运行，同时也将油气损耗降至最低。同时，我市还拥有锦郑管线石楼支线、任京管道、天津燕山管道、秦京管道等多条油品输送管线。

## 三、天然气装备

"十一五"以来，我市积极增强天然气外部气源保障能力，加快完善城市输配主干网，初步形成了多元多向、安全可靠的天然气输气系统，燃气管网覆盖除延庆外的各区县。据统计，"十一五"期间，我市共建设天然气管线约 2 450km，场站设施 90 余座，投资约 124.8 亿元。其中，参与上游投资约 74 亿元，建设管线约 1 200km。

**1. 气源通道及门站设施**

（1）气源通道

我市天然气主要通过陕京一、二、三线由陕西长庆气田和华北油田供应。2010 年底陕京三线一期北京段贯通，使北京天然气供应量每日增加 1 000 万 m³，而陕京线总输气能力达到每年 350 亿 m³。此外，大唐煤制气管道北京段一期工程正加快推进，该管道全长 359km，设计年输气量为 40 亿 m³，最大年输气能力为 60 亿 m³；唐山 LNG 项目于 2011 年开工建设，其中一期工程总投资 60 亿元，建设规模 350 万 t/a，年供气能力 48 亿 m³，投产后大部分气源将直供我市，保障首都用气。

（2）门站

截至 2011 年底，我市已建成阎村、衙门口、次渠、采育及通州 5 座天然气接收门站，主要分布于北京南部地区，接收来自陕京一、二、三线及地下储气库系统的天然气，五大门站设计接收能力超过 1 亿 m³/d。

**2. 输配管线**

2007 年，我市建成六环路天然气管线一期工程，全市日供气能力由之前最高 3 500 万 m³/d 提高到 4 500 万 m³/d，市区天然气输配骨干网架初步形成，全市整体输配能力提高近 30%。

2009 年，京平天然气供气工程全线完工并具备通气条件。该工程从六环路李桥调压站至平谷新城，干线全长 32km，实现了平谷区域网与城区天然气管网连通。

2010 年，六环路二期（南段）天然气管线工程建设完工，该工程全长约 18km，可将陕京三线气源输往中心城区及西南地区。

2011 年，怀密天然气干线工程实现全线通气。工程建设天然气管线 38km，年输气能力 26 亿 m³，供气能力超过 7 亿 m³。

截至 2011 年底，我市城市燃气管线已达 1.7 万 km，全市居民天然气气化率达 70%。

**3. 储气库**

大港储气库群是陕京天然气管线输配气系统中的重要组成部分，在调峰、应急和气量平衡等方面发挥着重要作用。其中，大张坨地下储气库主要负责津京地区特别是我市的冬季天然气调峰，兼有事故应急供气功能。

大张坨储气库位于天津大港地区，隶属北京华油天然气有限责任公司储气库分公司管理。库址距北京约 200km，包括 3 个库区，属枯竭凝析气藏型地下储气库，地下储气库深度逾 2 000m，库区与北京市天然气管网间的连接管道外径为 711mm，为单管连接，冬季为采气期，从储气库采气供给用气城市。

## 四、煤炭装备

随着对生态环境、产业发展的要求日益增高，北京市坚定不移地大力推进煤矿整顿关闭工作。2010 年，北京市已经全部关闭小煤矿，只保留京煤集团 1 家从事煤炭开采，下有 4 个大中型国有煤矿，分别是门头沟区大台煤矿、门头沟区木城涧煤矿、房山区长沟峪煤矿和房山区大安山煤矿。按井型分：大型煤矿 2 座，生产能力 310 万 t/a，占总生产能力的 59.6%；中型煤矿 2 座，生产能力 210 万 t/a，占总生产能力的 40.4%，4 个煤矿全部建立了配套选煤厂，原煤入选率达 100%。

## 五、新能源装备

"十一五"以来，我市新能源开发利用步伐不断加快，产业规模不断扩大，产业发展呈现以下三个特征。

自主创新能力不断提升。依托本市新能源和可再生能源领域雄厚的研发实力，建成了一批国家重点实验室、国家工程实验室、国家工程研究中心等研发机构；在全国率先成立了太阳能光伏、光热、风能、生物质能等 6 个新能源产业技术联盟，初步形成了企业、研发机构、产业联盟相互促进的创新格局。在光热发电技术、非晶硅薄膜电池生产线成套装备技术、大型风电关键技术、新能源汽车技术研发等领域创新优势明显。

高端制造业初具规模。在太阳能领域，已具备晶硅、非晶硅薄膜太阳能电池生产线成套设备交钥匙工程的能力；在风电领域，已形成较完整的上下游产业链，风机整机系统集成能力优势显著，风电整机和叶片、风机控制系统等关键零部件的制造水平居国内前列；在新能源汽车领域初步实现产业化。

产业基地建设不断深化。延庆北京新能源产业基地、平谷北京绿色能源产业基地、北京新能源汽车产业基地快速发展；京仪绿能光伏逆变器项目、航天科工兆瓦级风电整流器产业化项目落地我市；我市和台湾省两地在太阳能光伏装备制造和电池片及组件生产领域的合作不断深化。

**1. 生产状况**

**（1）太阳能光伏装备**

经过几年的发展，我市形成了一定规模的光伏产业，产业链主要涉及电池制造/组件封装、光伏设备制造、系统设计与应用。所涉及的光伏技术为晶体硅与薄膜硅电池制造技术。

电池制造/组件封装。目前，我市有3家晶体硅制造企业。截至2010年底，中轻太阳能电池有限责任公司已形成90MW/a的生产能力，年产量达到80MW；北京中科信电子装备公司已形成100MW/a的生产能力，年产量达到100MW；北京捷宸阳光科技发展有限公司于2010年正式投入生产，并已形成50MW/a的生产能力。另外，北京北方微电子基地设备工艺研究中心有限责任公司已经计划投入产能为100MW/a的电池生产线建设。薄膜硅电池制造企业有2家，其中，北京中锦阳电子科技有限公司规划产能为150MW/a，目前产能50MW/a；北京北仪创新真空技术有限责任公司，暂时具备5MW/a的生产能力。

光伏设备制造。我市现有企业的制造范围包括硅原料制造和电池生产两个环节。在单晶炉/铸锭炉方面，北京京运通科技股份有限公司和北京京仪世纪电子有限公司占据了国内大部分市场份额，

尤其北京京运通科技股份有限公司已具备月产单晶炉150台、多晶硅铸锭炉50台的产能，成为了世界上销售量排前的光伏产业设备制造商，2010年实现产值7亿元。在电池生产设备方面，北京七星华创电子股份有限公司和北京中科信电子装备公司在国内处于领先位置。在薄膜电池设备制造方面，北京北仪创新真空技术有限责任公司的技术实力在国内处于领先位置，目前产能为8MW/a。

光伏技术研发。我市高校和科研院所众多，光伏技术研发实力国内领先，研究领域涵盖晶体硅电池技术、薄膜硅电池技术、铜铟镓硒（CIGS）电池技术、碲化镉（CdTe）电池技术、染料敏化太阳电池技术，很多技术研究水平都处于国内领先位置。在晶体硅电池技术领域，中国科学院电工研究所是国内晶体硅电池方面实力最强的实验室之一。另外，值得一提的是，国内电池生产的最高效率一直由北京太阳研究所保持，其效率为19.8%。在薄膜硅电池技术领域，中国科学院半导体研究所是国内最早开始非晶硅薄膜研究的机构之一，研究成果多次荣获中国科学院自然科学二等奖；中国科学院研究生院在非晶硅/晶体硅异质结电池方面获得了全国最高的17.2%的效率。在CIGS电池技术领域，清华大学的研究在国内处于领先水平，效率达到了12.9%，同时在最关键的硒化技术和硒化装备设计专有技术方面取得了完全技术知识产权，产业前景看好。

**（2）太阳能光热装备**

我市在太阳能热水器领域具有较好的产业基础，目前已拥有大小近百家太阳能热水器企业，主要集中在大兴、怀柔、门头沟、密云等区（县）。其中，桑普、清华阳光、天普和四季沐歌是北京地区太阳能热水器品牌影响力最具有代表性的企业。而得力于北京技术资源丰富，在光热领域，清华阳光和北京市太阳能研究所共同研发的全玻璃真空管集热器和热管式真空管太阳能集热器，均代表当前国际前沿技术水准，在国际市场颇具竞争力。而在光热发电领域，由中国科学院、皇明与华电集团等单位联合技术攻关，总投资1.2亿元的延庆太阳能

高温热发电站于 2012 年通过验收，年发电量可达到 195 万 kW·h，成为我国第一个具有完全自主知识产权的兆瓦级太阳能塔式热发电站，也是亚洲首座兆瓦级塔式太阳能高温热发电站。

### （3）风电装备

在技术研发方面，我市拥有首个国家级能源研发（实验）中心——风能太阳能仿真与检测认证技术研发（实验）中心，该研发中心主要开展国内风况和风模型、风电多功能仿真系统集成技术、风电在线测试和故障诊断等方面的研究。在推动我国风电相关技术规范标准的制定、提升国内大型风力发电机组自主设计水平及可靠性、提高风电企业产品的核心竞争力方面发挥着积极作用。

在设备制造方面，拥有华锐风电科技（集团）股份有限公司、北京金风科创风电设备有限公司、北京北重汽轮电机有限责任公司、中材科技风电叶片股份有限公司等共 56 家制造商。其中，华锐风电科技（集团）股份有限公司是我国第一家自主开发、设计、制造和销售适应全球不同风资源和环境条件的大型陆地、海上和潮间带风电机组的企业，2010 年新增风电装机容量 4 386MW，截至 2011 年，累计风电装机容量达 12 989MW，行业排名国内第一位、全球第二位。北京金风科创风电设备有限公司作为金风科技重要的生产及研发基地，近年来负责实施的 2.5MW 永磁直驱风电机组研制工作取得明显突破，2009 年实现销售收入 54.2 亿元。中材科技风电叶片股份有限公司目前具有年产 3 000 套兆瓦级风电叶片的生产能力，规模化、专业化水平跻身国内风电叶片制造行业前三甲，2009 年公司全年销售收入为 8 亿元人民币。

在风电运营方面，龙源电力集团股份有限公司是目前国内最大的风电运营商，主要从事风电场的设计、开发、建设、管理和运营。截至 2011 年底，公司总装机容量达到 1 057.3 万 kW，其中风电控股装机容量达到 859.8 万 kW，居亚洲和国内第一位；风电储备容量 6 300 万 kW，相当于 3 个三峡水电站的装机容量。2011 年公司实现利润总额 36.1 亿元，年底资产总金额达到 901 亿元，净资产 298.7

亿元。

### （4）核电装备

现拥有北京广利核系统工程有限公司、北京核地科技发展中心、原子高科股份有限公司等 15 家制造及研发机构。其中，北京广利核系统工程有限公司拥有国内首个集安全和非安全级为一体的数字化仪控系统产业基地，并于 2010 年获国内首个针对核电数字化控制保护系统颁发的民用核安全电力设备设计/制造许可证。原子高科股份有限公司在核应用技术产业化方面成效显著，特别是在放射性同位素技术应用方面，拥有我国目前规模最大、产品覆盖面最广的放射性同位素综合性研制、生产基地。此外，北京核原科电电气有限公司是目前我国规模最大的 R 型铁芯及 R 型变压器的制造基地，每年生产 R 型铁芯 230 万只，R 型变压器 150 万只。

### （5）地热能装备

拥有以北京恒有源科技发展有限公司为代表的 10 家地热能企业，其中北京恒有源科技发展有限公司的浅层地能利用技术的研发和应用方面居于世界领先位置，目前已推广应用到全国 20 多个省（市），应用建筑面积超过 800 万 m²。北京华清集团是我国第一家从事水源热泵（地温空调）研究开发的企业，建设了我市第一个地热供暖示范工程（立水桥地热供暖示范工程）和全国最大的地热利用工程（北苑家园地热—热泵综合利用工程）。此外，如北京永源热泵有限责任公司研发了具有一机多能的三联供地能热泵机组、模块式空气源热泵机组、高效满液式地能热泵机组、超高温热泵机组等众多专项产品，截至 2011 年底，应用工程面积已超过 1 000 万 m²。北京瑞宝利热能科技有限公司拥有十几项自主研发的国家专利，截至 2011 年底已完成 50 多个污水源热泵系统项目（国家级示范项目 8 个），累计建筑面积 500 余万 m²。

### （6）新能源汽车

2009~2011 年，我市累计投入科技经费 5 亿元，推动新能源汽车产业产、学、研用合作，突破关键技术，累计共 34 款纯电动车列入国家车辆产品公告目录，成为国内新能源汽车品种最齐全的地区，形成了 7 万辆/a 新能源汽车的产能，和包括整车、电机、电池、充电系统、配套系统五个方面完整的新能源汽车产业链条。目前，昌平新能源汽车设计制造产业基地、大兴新能源汽车科技产业园、房山高端现代制造业产业基地这三大新能源汽车产业基地已经建成，并吸引和集聚了一批新能源汽车上下游企业入驻。

对新能源汽车在使用过程中的充电问题，截至 2011 年底，我市已建成高安屯、北土城、航天桥、马家楼 4 座大中型充换电站，以及分布在西直门桥、呼家楼、大屯、岳家楼桥、万泉河桥等地的 15 个充电桩群。此外正积极推进住宅小区、写字楼按一定比例规划建设具备充电条件的专用停车位，并纳入设计规范；在大型公共停车场、公共场合将规划建设一定数量的充电设施。

**2. 利用状况**

（1）太阳能

2011 年，我市太阳能利用量为 154.8 万 t 标煤，其中光热利用占 99% 以上，光伏利用只占不到 1%。

①光热利用。2011 年全市利用太阳能光热装置的企事业单位共 443 家，农村地区安装太阳能集热装置的行政村 3 312 个，城镇居民户使用太阳能集热装置根据2011 年《北京市家庭生活能源消费调查》的抽样数据进行推算，以上太阳能集热器面积共 175.5 万 $m^2$。

除太阳能集热器外，农村地区日光温室利用也应计入太阳能光热的利用范畴，按照温室光热利用系数和类别，可将温室划分为连栋（智能）温室和普通温室 2 种类型。根据调查资料，2011 年连栋温室和普通温室的建设面积分别为 167 万 $m^2$ 和 8 892 万 $m^2$。

②光伏利用。2011 年太阳能并网光伏发电项目共有 52 个，装机容量达到 1.5 万 kW，其中已经投入运行的项目有 28 个，2011 年共发电 271.3 万 kW·h。太阳能灯为光伏的离网利用方式，我市安装的太阳能灯主要为路灯、草坪灯、景观灯等，2011 年企事业单位和行政村在用的太阳能灯分别为 8 151 盏和 142 480 盏。

（2）生物质能

生物质能利用方式分为气态利用和固态利用。气态利用方式包括沼气发电和农村两气工程；固态利用包括垃圾焚烧发电、成型燃料和农村吊炕燃料的使用，2011 年各方式生物质能利用总量为 45.7 万 t 标煤。其中，生物质发电项目共有 8 个，包括 2 个禽畜沼气发电、5 个垃圾填埋沼气发电和 1 个垃圾焚烧发电项目，总装机容量达到 3.63 万 kW，2011 年发电量为 2.57 亿 kW·h。

（3）地热能

地热利用方式主要为浅层地源热泵项目和深层地热水直接利用项目。2011 年，我市共有地源热泵项目 406 个，主要应用于宾馆、医院、写字楼以及部分住宅小区的建筑物供暖，供暖面积达到 1 264 万 $m^2$。地热水直接利用项目 102 个，使用对象主要为宾馆、洗浴场所和物业公司，直接使用地热水 653 万 t。

（4）风能和水能

我市风能和水能利用均用于发电，水电项目装机总量为 102 万 kW（包括十三陵蓄能发电厂），2011 年在运行的水电项目 19 个，发电量为 4.5 亿 kW·h，折合标煤 13.3 万 t，比 2010 年增长 5.2%。位于延庆官厅地区的鹿鸣山风电场，经过二期增容装机已达 15 万 kW，2011 年发电量为 2.9 亿 kW·h。

# 六、节能环保装备

## 1. 生产状况

节能环保装备是我市装备制造业重点培育、扶持的新兴领域。"十一五"期间，我市节能环保产业产品与装备产值取得了大幅度增长，并逐渐形成了一批具有竞争优势的成套设备和服务集成综合供应商。2009 年，我市节能环保装备企业销售收入突破 150 亿元，占我市装备工业总收入的 7.84%。截至 2011 年底，我市共有节能装备和服务企业 70 家，环保装备与服务企业 79 家，环境监测设备制造企业 22 家，资源综合利用装备企业 7 家，大多集中在中关村海淀园、昌平园、丰台园、金桥科技产业基地和八达岭新能源产业基地等区域。

从细分领域看，我市在水污染防治装备、固体废弃物处理装备、大气污染治理装备和节能装备等领域发展较快，取得了不俗的成绩。其中，水污染防治装备领域的代表企业有北京碧水源科技股份有限公司、北京桑德环保集团有限公司等，以及北京碧水源科技股份有限公司的膜生物反应器技术在污水资源化领域和饮水安全领域的技术处于国内领先位置；在大气污染治理领域，北京总体领先于全国，代表企业有北京绿创环保集团、北京国华荏原环境工程有限责任公司等；在固废污染防治装备领域已形成一定市场，代表企业有北京合加资源发展股份有限公司、北京机电院高技术股份有限公司等，特别是北京机电院高技术股份有限公司在生活垃圾综合处理成套项目建设的实力和水平居国内领先位置；在工业节能领域，北京在节能电机、变频器、蓄热式加热炉、高电密离子膜电解槽、煤化工特种设备等节能装备领域具有一定的技术领先优势，代表企业有北京毕捷电机股份有限公司、北京合康亿盛变频科技股份有限公司、北京神雾环境能源科技集团股份有限公司等。

### 2. 利用状况

我市高度重视节能环保先进适用技术的示范

和推广工作，连续 4 年发布《北京市节能节水减排技术推荐目录》，采取政府采购、项目示范、专场推介会等方式共推广余热余压利用、高效电机等 17 个领域、45 类、175 项新技术和产品。截至 2011 年，我市已累计推广 3 700 万只节能灯，更换高效电机 1 043 台、节能变压器 1 290 台，全市二级及以上能源产品市场占有率达到 65%；累计淘汰老旧机动车 22.4 万辆，新能源汽车年规模达到 3 510 辆。

在项目示范及重点工程建设方面，2008 年，建成华能北京热电厂二氧化碳捕集示范工程，成为二氧化碳气体减排技术在我国燃煤发电领域的首次应用，预计年捕集二氧化碳 3 000t。2011 年，完成燕山石化公司 2# 催化裂化装置烟气脱硫除尘工程；同时在全国率先启动水泥厂烟气脱硝治理工程。截至 2011 年底，我市共建成 30 座新城集中供热中心，降低污染物排放 60% 左右；完成燃煤锅炉清洁能源改造蒸汽量 1 218t，实现二环内集中供热无燃煤；核心城区、文保区内约 16 万户平房居民基本实现清洁能源采暖，每年可减少烟尘排放 6 000 多 t，二氧化硫 4 500t。

（北京节能环保中心）

# 四 川 省

## 一、概况

### 1. 能源装备产业基本概况

四川省装备制造业以重大技术装备为主要发展重点，能源技术装备在我省技术装备的比重相当大。我省能源技术装备经过"一五"、"二五"、"三线建设"和改革开放30多年的发展，成为与上海、东北（黑龙江省、辽宁省）并称为我国"三大动力"装备制造生产基地，在全国能源装备制造行业具有举足轻重的位置和影响，是国家能源战略和国防安全重要构成部分。

近年来，我省能源装备行业紧紧抓住国家扩大内需和"西部大开发"的历史发展机遇，主要经济指标增长速度均超过30%，已形成产业规模较大、技术装备先进、研制水平较领先、配套体系较为完善的能源装备工业体系。

高效清洁发电装备领域优势特色突出，支柱产业进一步壮大。火电已形成年产1 200万kW机组的制造能力，具有自主知识产权的60万kW亚临界、超临界机组已批量生产，具备20万~60万kW级全氢冷和15万~20万kW全空冷机组设计制造能力；水电已具备年产300万kW机组（包括混流式、轴流式、贯流式和抽水蓄能等产品）和60万kW级循环流化床制造能力；燃气发电已具备年产150万kW重型燃气轮机组，制造"E"级和"F"级重型燃气轮机和利用煤层气、瓦斯、沼气等废气发电的小型燃气轮机的能力。

新能源装备领域发展迅速。我省十分重视新能源装备产业的发展，在核能、风能、太阳能等新能源装备产业方面取得了长足的进步。风能装备方面自主生产总装风机产量1 800台，研发出"极寒"风机——适应我国西北、东北等地最低气温-45℃；掌握了1.5~2.5MW风电机组的产业化技术。在太阳能装备方面，太阳能聚光光伏发电装备具备200万kW产量，投产后总产值可达200亿元，可年创利税30亿元以上；具备2GW硅片、电池片和组件的产能。在核能装备方面，具备100万kW级机组的研制能力，主要生产全转速和半转速100万kW及以上等级的核电汽轮机、发电机、核岛设备中的压力壳、蒸发器、主泵、控制棒驱动机构等核一、二级主设备。

石化及天然气装备领域产业规模逐步扩大。我省油气化工装备产业链逐步向大型化、专业化改造提升，在石油开采方面，已具备特种陆地钻机及配套设备、超深海洋钻机、大口径全锻焊球阀、天然气长输管道离心压缩机、CNG移动加气设备、井口工具、井下设备、油水分离设备的研发和制造能力；在石化和天然气化工方面，已具备大型天然气液化设备、特大型空气分离设备、核电压力容器、400~600t/1 000t级煤液化装置、加氢反应器等重型容器、大型乙烯、甲醇和烧碱等大型成套化工装置的研发和制造能力。

煤炭及煤化工装备领域，已具备先进综采设备、采煤机、液压支架、井下采煤用皮带运输机的研发和制造能力，积极开发煤矸石、煤泥、煤层气

（煤矿瓦斯）等专用设备。

输变电装备领域，已具备 35kV 及以下交联聚乙烯绝缘电力电缆、架空绝缘电缆、清洁环保电缆、轨道交通电缆、硅烷交联电缆、聚氯乙烯绝缘电力电缆、控制电缆、高温防腐氟塑料电缆、硅橡胶电缆、预分支电缆、计算机电缆、阻燃电缆、耐火电缆、各种规格的塑料电线、1 000kV 及以下钢芯铝绞线、铝绞线、电机用铜扁线、纸包绕组线、组合导线、半硬铜扁线、半硬铜纸包绕组线、海上石油平台用电缆、变压器以及 220kV 及以下输配电成套开关设备等产品的研发和制造能力。

**2. 能源装备工作开展情况**

**（1）推动产业链整合，优化产业组织结构**

我省切实贯彻落实《国务院关于加快振兴装备制造业的若干意见》，加大政策支持力度，创造良好外部环境，形成装备制造业产业链整合和发展的良性机制。国务院国资委等有关国家部委在我省国有企业改革重组方面给予诸多政策支持，推进中国东方电气集团有限公司和中国第二重型机械集团公司的战略合作，形成集大型发电成套设备、大型化工成套设备及大型铸锻件为一体的重大技术装备制造业特大型联合体，提高我省能源装备产业的国际竞争力。

根据国家核电中长期发展规划的要求，加大政策支持和引导力度，充分利用我省核电设计、研发、成套设备制造、核燃料组件生产等方面的优势，组建由设计和制造单位结合的四川核电联盟，承接国内外核电站成套设备设计研制业务，培育形成我国重要的核电装备生产研发基地。

**（2）搭建技术合作平台，全面推进技术创新**

进一步加强产、学、研合作，积极推进企业与国外同行的技术合作与交流，集中研制一批重大关键技术项目，为产业化和技术改造提供技术支撑，提升我省能源装备企业综合创新能力。推进东方汽轮机厂与日本三菱联合研制重型燃气轮机，并分步实现国产化；推进东方电气、中国核动力研究设计院与法国法马通联合开展核电装备的设计与制造，并逐步实现核电装备的国产化。

**（3）加快特色产业园区建设**

按照我省工业"7＋3"产业规划中装备产业布局的规划，依托中国核动力研究设计院研发设计资源和大型核电站核电设备集成采购的优势，在成都市规划建设核电设备配套产业基地；依托德阳经济技术开发区等资源，在全省形成发电与冶金装备、石油钻采、发电锅炉等特色能源装备制造工业园区；同时推动产业园区集群化发展，加快推进园区公共服务平台和配套体系建设，提高能源装备产业园区产业承载能力和生产服务能力。

**（4）多渠道筹集资金支持能源装备发展**

积极帮助能源装备企业争取国家振兴装备制造业的专项资金，省发改委、省经信委、省科技厅等相关部门应对国家资助的重点项目按比例落实配套资金，并在省府批准的项目上也给予专项资金支持。争取国家通过预算内的资金以贴息、补贴、注入资本金等方式对我省大型国有装备制造企业给予支持。

## 二、产业发展现状

### 1. 主要经济指标实现重大突破

截至 2011 年底，全省规模以上的能源装备制造企业超过 1 500 家。其中，具有一定规模的主要能源装备企业 600 多家，能源装备企业总资产超过 1 800 亿元，全行业从业人数 26 万人。2011 年，全省规模以上能源装备制造企业完成工业总产值近 1 500 亿元，同比增长 11.13%；营业收入近 1 500 亿元，同比增长 10.51%；利润总额约 259 亿元，同比增长 18.79%。

2011 年，我省发电设备的产量达 4 413 万 kW，同比增长 15.51 %，占全国总产量的 29.94%。其中，水轮发电机组 23 组，总产量 607.65 万 kW，市场份额占全国一半以上，排全国第一；汽轮发电机 58 台，总产量 3 643.25 万 kW，市场份额 36.8%，排在全国首列；风电装备 949 套，总产量 161.68 万 kW，排在全国前三甲；核能、太阳能光伏、光热、生物质能发电装备产能全国领先。大型石油钻机出口全国第一,天然气钻采、输送、液化设备完成产量均比上年增长25%以上。

### 2. 产业结构不断优化

近年来,我省能源装备产业结构不断优化,传统优势产业继续保持优势地位,新产品产值始终保持两位数增长,科技创新成果成为推动行业持续发展的强劲动力。在石油、天然气以及煤炭装备方面,形成以四川宏华石油设备有限公司为骨干的众多企业参与进行自主油气钻采、油气输送、石化装备、煤炭采掘装备的技术研发;在水火电装备方面,以中国东方电气集团和中国二重集团为龙头,以南车资阳机车有限公司、西南电力设计院、华西能源工业股份有限公司为骨干,继续巩固和提高水电、火电设备研制能力;风能装备制造技术不断发展,风电机组容量也不断升级,形成了以东方汽轮机有限公司为核心的风电装备制造系统,上百家企业围绕主机进行零配件生产,上下游配套企业已较为完善;在太阳能装备方面,充分利用我省作为全国多晶硅产业化生产的发源地优势,已形成太阳能和多晶硅比较完整的产业链;在核能设备方面,由科研院所和企业组成的四川核电联盟,形成项目管理和大型成套设备研发、设计和采购一体化的核电工业组织模式。

### 3. 产业发展后劲充足

目前已经形成火电、水电、核电、风电、光电、生物质发电设备"六电并举"的格局;大型石油钻机产量全国领先,出口全国第一,远销美国、俄罗斯、中东等市场;天然气钻采、输送、液化设备独具特色。

在保持传统优势的同时,我省能源装备产业十分注重技术改造、研发创新,特别是在关键科学技术领域获得了一些拥有自主知识产权的科技成果,打破了国外对能源装备产业的技术垄断,不断提高核心竞争力,扩大市场份额,吸引了大量国内外优秀的能源装备人才,形成了能源装备全产业链的熟练技术人员队伍,为我省能源装备产业快速、可持续发展创造了良好条件。

## 三、主要能源装备企业情况

我省能源装备产业在国内乃至全世界有着举足轻重的地位,已形成产业规模较大、技术装备先进、研制水平较领先、配套体系较为完善的能源装备工业体系。我省能源装备产业覆盖行业面广,涉及高效清洁发电装备、环保节能装备、石化及天然气装备、煤炭及煤化工装备、输变电及智能电网装备等能源装备领域。

### 1. 高效清洁发电装备领域

2011年,我省高效清洁发电装备工业总产值9 602 403万元,同比增长9.86%;营业收入9 617 431万元,同比增长8.68%;利润总额1 637 085万元,同比增长17.02%。我省高效清洁发电装备领域主要代表企业是中国东方电气集团有限公司和中国第二重型机械集团公司。

中国东方电气集团有限公司,是国务院国资委监管企业,是我国大型发电设备制造基地。主要生产单机最大1 000MW等级的火电机组、单机最大800MW等级的水轮发电机组、1 000~1 700MW等级核电机组主设备、重型燃气轮机设备、风电设备、太阳能电站设备及大型电站锅炉烟气脱硫脱硝、大型化工容器等产品,约占国内火电市场份额的1/3和水电市场份额的1/2,核电、风电居于国内领先位置,已形成"六电并举"的产品格局。

2011年,东方电气集团完成发电设备产量42 655MW,连续8年保持发电设备产量世界第一,总资产达到8 244 272.59万元,营业收入4 291 661.37万元,利润总额354 405.68万元。

中国第二重型机械集团公司,是国家重大技术装备国产化基地和我国最大、最重要的新能源装备制造基地之一。有160Mn自由锻压机为代表的生产设备6 600余台,具备一次性冶炼1 000t钢水、浇注600t钢锭、产出550t成品铸件及400t成品锻件的能力,主要生产冶金成套设备、锻压设备、风电核心部件、核电、水电、火电成套铸锻件、船用铸锻件、重型压力容器、大型传动件、大型航空模锻件等产品，是核电、重型容器等大型成套设备极限制造加工基地。

截至 2011 年底，中国二重占地总面积约 482 万 m²，总资产 2 652 878.8 万元，营业收入 733 982.8 万元，利润总额 649 102.87 万元。

**2. 环保节能装备领域**

我省环保节能装备主要是垃圾焚烧设备、生物质设备以及烟气脱硫装置等。2011 年我省环保节能装备行业工业总产值 904 974.77 万元，同比增长 3.87%；营业收入 914 557.84 万元，同比增长 1.06%；利润总额为 161 602.37 万元，同比增长 5.25%，利润率达到 17.67%。我省环保节能装备领域主要代表企业是华西能源工业股份有限公司、四川川锅锅炉有限责任公司和四川川润股份有限公司。

华西能源工业股份有限公司，是我国大型电站锅炉、大型电站辅机、新能源利用与节能减排特种锅炉研发制造商和出口基地之一，主要专注于各类大中型电站锅炉以及世界先进动力技术的研发、设计和制造，已发展成为我国专业从事电站锅炉、碱回收锅炉、生物质燃料锅炉、垃圾焚烧锅炉、油泥砂锅炉、高炉煤气锅炉、EPC 电站工程总包以及其他各类特种锅炉研发、设计、制造的大型骨干企业。2011 年，资产总额 401 848 万元，营业收入 191 023 万元，利润 11 853 万元。

四川川锅锅炉有限责任公司，具有开发、设计、制造电站锅炉、各种余热锅炉、锅炉辅机、汽轮机辅机、高压容器、石化容器、民用核电设备、冶金建材设备能力和承担大型环境污染治理项目能力。主要生产设备 800 余台，其中高精度、大型、稀有设备 65 台。产品涉及 12 大门类，120 余个品种，近千种规格，生产 35~1 025t/h 电站锅炉系列、50~600MW 高压加热器、循环流化床、余热锅炉系列产品，产品销往全国各省区市，并出口日本、印度尼西亚、巴基斯坦、伊朗等国家。

四川川润股份有限公司，开发制造具有世界先进水平的智能化润滑液压设备及集成系统产品和具有自主知识产权的大型压力容器、大型电站锅炉受压部件及电站辅机等产品。主导产品有系列稀油集中润滑系统、系列干油集中润滑系统、系列液压控制系统及元件、水泥窑余热锅炉、循环流化床锅炉、黑液炉（碱回收炉）、特种锅炉、50~1 000MW 锅炉受压部件、能源、化工容器及电站辅机。2011 年，资产总额 125 769 万元，营业收入 68 271 万元，利润 6 857 万元。

**3. 石化及天然气装备领域**

我省石化及天然气装备以推进千万吨炼油、对苯二甲酸和大化肥、石油钻采成套设备自主化等为重点，研发 400~1 000t 级加氢反应器、煤气化关键设备、煤液化装置、大型乙烯、甲醇、化肥和烧碱等化工大型成套装置、特大型空气分离设备、低温压缩机、车船用 CNG 成套设备、DBS 系列变频电动钻机、海上石油钻采平台、关键泵阀、热交换器、大型 LNG 贮槽研发和大型天然气液化设备等。

2011 年我省石化及天然气装备行业工业总产值 3 443 851.67 万元，同比增长 15.52%；营业收入 3 448 635.47 万元，同比增长 15.73%；利润总额为 664 896.92 万元，同比增长 13.43%，利润率达 19.28%。我省石化及天然气装备领域主要代表企业是宏华集团有限公司、自贡大业高压容器有限责任公司和四川空分设备（集团）有限责任公司。

宏华集团有限公司，是专业从事石油钻机、海洋工程及石油勘探开发装备的研究、设计、制造、总装成套的大型设备制造及钻井工程服务企业。主要生产 1 000~12 000m 九大级别、多种驱动形式的陆地成套钻机、海洋钻井模块、顶驱、500~2 200 马力的系列泥浆泵等 50 多个类别、1 000 多个品种规格的石油钻采设备及配件，具备年产钻机 120 台套、泥浆泵 500 台的生产能力。宏华海工是国际上仅有的几家具备 EPC 能力的海工企业，主要生产制造自升式、半潜式、固定式以及圆筒形海洋钻井平台。2011 年，资产总额 669 270 万元，营业收入 348 505 万元，利润 24 386 万元。

自贡大业高压容器有限责任公司，是在原国有企业自贡市高压容器厂改制重组的基础上发展起来的民营股份制企业，注册资本 3 000 万元，固定资产 12 700 万元，职工人数 580 人，主要加工设备

400 余台套。主要产品有石化、能源等各类化工高压容器、高压蓄能器、锅炉辅机、LPG（液化石油气）加气站及交钥匙工程、管道工程、燃气贮气工程等。致力于开发并生产 CNG 站用成套设备及气瓶，其中 CNG 加气站具有独立研发和生产 L 型压缩机、D 型压缩机、子母站压缩机和高压脱水装置、脱硫装置、储气系统等核心设备的能力。已具备年产 100 台各类天然气压缩机和年产 6 万只车用气瓶的生产能力。2011 年，资产总额 24 716 万元，营业收入 16 768 万元，利润 1 346 万元。

四川空分设备（集团）有限责任公司，主要从事大、中、小型空气分离设备，低温液体（液态氧、氮、氩、二氧化碳、乙烯、液化天然气、液氢等）贮槽、集装槽、槽车及汽化设备，超级绝热气瓶和输液管道，天然气（油田气）液化分离设备，各种透平膨胀机、中小型活塞压缩机、低温液体泵，低温阀门和常温专用阀门，环保设备等上千个品种、规格的产品设计、制造、销售和安装业务。2011 年，资产总额 356 872 万元，营业收入 253 041 万元，利润 27 835 万元。

### 4. 煤炭及煤化工装备领域

我省煤炭及煤化工装备以煤炭开采设备、带式输送机、斗式提升机、螺旋输送机等为代表产品。2011 年我省煤炭及煤化工装备行业工业总产值 557 819.64 万元，同比增长 18.8%；营业收入 558 150.46 万元，同比增长 20%；利润总额为 71 833.96 万元，同比增长 23.95%，利润率达 12.87%。我省煤炭及煤化工装备领域主要代表企业是四川矿山机器（集团）有限责任公司和自贡运输机械集团股份有限公司。

四川矿山机器（集团）有限责任公司，是大型矿山机械、建材机械和架空索道行业的专业制造企业。拥有各类机械加工设备 800 余台（套），其中精、大、稀设备包括进口设备 120 台（套），拥有主体资产约 2 亿元，职工人数近 2 000 人，年产值逾 4.5 亿元，年生产钢铁制品约 4 万 t。公司主要生产年产 150 万 t 水泥主、辅机设备，客、货运架空索道、滑道，煅烧炉及化工压力容器，矿井提升机、破碎机及联合筛分设备，板式喂料机、各类非标设备及工矿配件，电气设计及电控配套等几大类产品。2011 年，资产总额 123 847 万元，营业收入 62 981 万元，利润 8 137 万元。

自贡运输机械集团股份有限公司，是我国西部地区最大的输送机械设计、制造基地，注册资本 1.2 亿元，拥有总资产 16 亿元，主要生产及检测设备 600 余台套，职工人数千余人。主要产品有带式输送机、斗式提升机、螺旋输送机、驱动装置和逆止装置五大类，具有年产 10 万 m 各类带式输送机、4 000 台各类斗式提升机、螺旋输送机、减速器和逆止器的能力，尤其是 DG 型管状带式输送机的技术、制造工艺，在国内同行中具有领先优势。

### 5. 输变电及智能电网装备领域

我省输变电及智能电网装备以橡套电缆、核电电缆、风电电缆、轨道交通电缆、船用电缆、海工平台电缆等高端装备配套电缆为代表产品。2011 年，我省输变电及智能电网装备行业工业总产值 425 505.92 万元，同比增长 12.67%；营业收入 429 761.36 万元，同比增长 15.64%；利润总额为 52 258.98 万元，同比增长 19.88%，利润率达到 12.16%。我省输变电及智能电网装备领域主要代表企业是特变电工（德阳）电缆股份有限公司、川开电气股份有限公司和四川明星电缆股份有限公司。

特变电工（德阳）电缆股份有限公司，资产超过 10 亿元，占地 33.33 万 m²，员工近千人，拥有从德国、芬兰、意大利等国进口的全套电缆生产、检验设备 1 000 余台套。具备橡套电缆、核电电缆、风电电缆、轨道交通电缆、船用电缆、海工平台电缆等高端装备配套电缆、35kV 及以下中低压交联电缆、±1 000kV 特高压大截面导线、耐热铝合金导线、碳纤维导线、特种导线、节能环保电气专用环保布线、电磁线及弱电产品等上千种规格型号产品的研发、制造、检验、试验能力。2011 年，资产总额 96 253 万元，营业收入 119 656 万元，利润 9 145 万元。

川开电气股份有限公司，是专业从事输配电成套设备研发、设计、制造、销售、安装、技术咨询一体化服务的企业。主要产品包括：220kV及以下中低压开关柜、电气元件、预装式变电站（开关站）、照明箱、动力箱、消防应急集中电源柜、电缆桥架、封闭母线槽、共箱母线、预分支电缆等。2011年，资产总额138 723万元，营业收入50 985万元，利润3 656万元。

四川明星电缆股份有限公司，是专业从事电线电缆设计开发、生产、销售与服务的国家级高新技术企业。生产的特种电缆被评为"中国电线电缆著名畅销品牌"，电力电缆、控制电缆系列产品荣获"国家免检产品"，35kV及以下电力电缆获"四川省名牌产品"，自主研制生产的核电站用1E级电缆、耐高温防火电缆等17个产品填补了国内及西南地区空白。2011年，资产总额168 899万元，营业收入133 145万元，利润15 642万元。

# 四、未来工作重点

## 1. 改造提升传统能源装备产业

在发电设备产业链方面，逐步提升清洁能源发电设备比重，重点发展百万千瓦级超临界、超超临界火电机组、70万kW级及以上混流式水电机组及新能源装备；在油气化工装备产业链方面，逐步向大型化、专业化改造提升，重点发展大型天然气液化设备、特大型空气分离设备、特种陆地钻机及配套设备、超深海洋钻机、大口径全锻焊球阀、天然气长输管道离心压缩机、CNG移动加气设备、井口工具、井下设备、油水分离设备。

## 2. 积极发展新兴能源装备产业

新能源装备产业重点发展核电装备、风电装备、太阳能利用装备、生物质能利用装备、煤的高效清洁利用装备、大容量储能电池及系统、智能电网装备。高炉余热余压、煤层气和沼气等利废发电技术和设备前景十分广阔；输变电和电力自动控制等技术含量高，附加值高的机电装备需求将有大幅度增长。

## 3. 重点突破关键制造技术

一是依托二重集团，突破三代核电（AP1000）主设备大型铸锻件制造技术；二是依托东方电气，突破百万千瓦级核电、超超临界火电、60万kW级循环流化床、大型贯流式水电等先进发电机组制造技术；三是依托华西能源、绵阳通美、大业高容等企业，突破中低热值生物质焚烧、生物质造粒和气化、沼气工业化采输等生物质能利用设备制造技术；四是依托东方电气、二重集团、天马轴承等企业，突破2MW以上双馈、直驱风电整机和关键配套件制造技术；五是依托四川空分等企业，突破大型天然气液化成套设备关键部套件设计制造技术；六是依托四川宏华、二重集团等企业，突破海洋平台、超深海洋钻机、海洋电缆等海洋工程装备制造技术。

## 4. 做大做强重点能源装备企业

进一步拓展延伸"1＋8"工程产业内涵，促进30户骨干能源装备企业、127户重点配套企业加快发展，推动东方电气集团销售收入跨500亿元、二重集团销售收入跨100亿元台阶，形成大型龙头企业带动、大中小型企业配套发展的产业格局。

2010年、2011年四川省能源装备分行业经济指标见表1。2010年、2011年四川省主要能源装备企业经济指标见表2。四川省能源装备制造业2011年度重点项目见表3。

**表1 2010年、2011年四川省能源装备分行业经济指标**

| 行业名称 | 工业总产值（万元） | | 营业收入（万元） | | 利润（万元） | | 利润率（%） | | 主要代表产品 |
|---|---|---|---|---|---|---|---|---|---|
| | 2010年 | 2011年 | 2010年 | 2011年 | 2010年 | 2011年 | 2010年 | 2011年 | |
| 高效清洁发电装备 | 5 814 213 | 6 874 154 | 5 870 177 | 6 918 461 | 686 811 | 1 065 443 | 11.70 | 15.40 | 水轮发电机、汽轮发电机、电站锅炉以及电站汽轮机等 |
| 新能源装备 | 2 926 097 | 2 728 249 | 2 978 991 | 2 698 970 | 650 314 | 571 642 | 21.83 | 21.18 | 风电设备、核能装备、太阳能装备以及动力及储能电池等 |

续表

| 行业名称 | 工业总产值（万元） | | 营业收入（万元） | | 利润（万元） | | 利润率（%） | | 主要代表产品 |
|---|---|---|---|---|---|---|---|---|---|
| | 2010年 | 2011年 | 2010年 | 2011年 | 2010年 | 2011年 | 2010年 | 2011年 | |
| 环保节能装备 | 871 280 | 904 975 | 878 859 | 914 558 | 153 537 | 161 602 | 17.47 | 17.67 | 垃圾焚烧设备、生物质设备以及烟气脱硫装置 |
| 石化及天然气装备 | 2 981 143 | 3 443 852 | 2 979 926 | 3 448 635 | 586 152 | 664 897 | 19.67 | 19.28 | 石油钻机、海洋工程及石油勘探开发装备、压缩机、压力容器 |
| 煤炭及煤化工装备 | 469 542 | 557 820 | 465 125 | 558 150 | 57 955 | 71 834 | 12.46 | 12.87 | 煤炭开采设备、带式输送机、斗式提升机、螺旋输送机等 |
| 输变电及智能电网装备 | 377 673 | 425 506 | 371 621 | 429 761 | 43 591 | 52 259 | 11.73 | 12.16 | 高端装备配套电缆以及智能电网装备 |
| 总 计 | 13 439 948 | 14 934 556 | 13 544 699 | 14 968 535 | 2 178 360 | 2 587 677 | 16.08 | 17.29 | |

注：表中数据依据我省相关行业主要企业报表统计。

**表2 2010年、2011年四川省主要能源装备企业经济指标**

| 序号 | 企业名称 | 主要代表产品 | 资产总额（万元） | | 营业收入（万元） | | 利润总额（万元） | | 从业人数（人） | |
|---|---|---|---|---|---|---|---|---|---|---|
| | | | 2010年 | 2011年 | 2010年 | 2011年 | 2010年 | 2011年 | 2010年 | 2011年 |
| 1 | 中国东方电气集团有限公司 | 火力发电设备、水力发电设备、风力发电设备、核能发电设备以及燃气发电设备 | 8 225 289 | 8 244 273 | 3 808 011 | 4 291 661 | 284 518 | 354 406 | 19 990 | 20 784 |
| 2 | 中国第二重型机械集团公司 | 清洁能源发电设备、冶金成套设备及配件、重型石油化工容器等 | 2 583 567 | 2 652 879 | 699 065 | 733 983 | −8 442 | 649 103 | 12 997 | 13 264 |
| 3 | 华西能源工业股份有限公司 | 电站锅炉、工业锅炉、特种锅炉；锅炉辅机、燃烧器及环保设备 | 262 373 | 401 848 | 154 842 | 191 023 | 10 097 | 11 853 | 1 352 | 1 657 |
| 4 | 宏华集团有限公司 | 石油钻机、海洋工程及石油勘探开发装备 | 559 465 | 669 270 | 187 793 | 348 505 | 11 980 | 24 386 | 3 654 | 3 907 |
| 5 | 四川川润股份有限公司 | 润滑液压设备以及锅炉、压力容器等 | 109 089 | 125769 | 56 873 | 68 271 | 6 015 | 6 857 | 1 738 | 1 753 |
| 6 | 自贡大业高压容器有限责任公司 | 压缩、分离设备、燃气设备、其他清洗、清理、节能设备 | 21 607 | 24 716 | 15 107 | 16 768 | 505 | 1 346 | 451 | 508 |
| 7 | 川开电气股份有限公司 | 220kV及以下输配电成套开关设备研发制造、燃气发电机辅机及核电站堆芯和堆顶构建制造等 | 124 763 | 138 723 | 47 798 | 50 985 | 3 721 | 3 656 | 723 | 758 |
| 8 | 成都天马铁路轴承有限公司 | 铁路轴承、风电轴承、短圆柱滚子轴承等 | 214 856 | 240 638 | 117 112 | 126 478 | 37 150 | 37 643 | 2 285 | 2 476 |
| 9 | 四川空分设备（集团）有限责任公司 | 空气分离设备、低温液体贮槽、集装槽、超级绝热气瓶、输液管道、透平膨胀机等 | 339 641 | 356 872 | 210 087 | 253 041 | 23 110 | 27 835 | 2 596 | 2 647 |
| 10 | 四川明星电缆股份有限公司 | 核电站专用电缆、35kV高压交联电缆、橡套矿用、船用电缆、风力/太阳能发电电缆等 | 148 074 | 168 899 | 11 9190 | 133 145 | 12 734 | 15 642 | 1 235 | 1 343 |
| 11 | 中核建中核燃料元件有限公司 | 以核电燃料元件制造为主导产业、香料、金属锂、锂电池 | 274 821 | 285 673 | 230 506 | 222 961 | 25 376 | 24 536 | 4 923 | 5 148 |
| 12 | 四川矿山机器（集团）有限责任公司 | 冶金、矿山、电力、石油、化工等行业重大成套技术装备 | 107 899 | 123 847 | 55 278 | 62 981 | 6 943 | 8 137 | 2 094 | 2 273 |
| 13 | 四川金星压缩机制造有限公司 | 压缩机、压力容器、压力管道 | 86 253 | 88 146 | 66 899 | 73 589 | 9 834 | 1 1039 | 780 | 806 |
| 14 | 特变电工（德阳）电缆股份有限公司 | 橡套电缆、核电缆、风电电缆、轨道交通电缆、船用电缆、海工平台电缆等高端装备配套电缆 | 75 521 | 96 253 | 117 058 | 119 656 | 12 175 | 9 145 | 891 | 963 |

续表

| 序号 | 企业名称 | 主要代表产品 | 资产总额（万元） | | 营业收入（万元） | | 利润总额（万元） | | 从业人数（人） | |
| --- | --- | --- | --- | --- | --- | --- | --- | --- | --- | --- |
| | | | 2010 年 | 2011 年 | 2010 年 | 2011 年 | 2010 年 | 2011 年 | 2010 年 | 2011 年 |
| 15 | 四川三洲川化机核能设备制造有限公司 | 核电站主管道、大口径厚壁不锈钢管道、核级压力容器、热交换器、核级锻件 | — | — | 19 762 | 24 039 | — | — | 596 | 624 |
| | 总　计 | | 13 133 218 | 13 617 806 | 5 905 381 | 6 717 086 | 435 716 | 1 185 584 | 56 305 | 58 911 |

**表 3　四川省能源装备制造业 2011 年度重点项目**

| 序号 | 企业名称 | 项目所在市州 | 项目名称及主要建设内容 | 总投资（万元） | 2011 年计划投资额（万元） | 项目开工时间 | 项目竣工时间 |
| --- | --- | --- | --- | --- | --- | --- | --- |
| 1 | 中国第二重型机械集团公司 | 德阳市 | 疏通发展高端"瓶颈"，提升等级，打造重装国产化基地项目 | 199 442 | 43 000 | 2008 | 2011 |
| 2 | 二重集团（德阳）重型装备股份有限公司 | 成都市 | 二重技术中心（成都）总部项目 | 49 800 | 3 000 | 2008 | 2011 |
| 3 | 中国第二重型机械集团公司 | 德阳市 | 核电主管道及燃汽轮机管道制造技术改造项目 | 4 755 | 4 755 | 2011.03 | 2011.11 |
| 4 | 东方电气集团东方锅炉有限公司 | 自贡市 | 600WM 超临界循环流化床锅炉自主研制项目 | 33 700 | 11 795 | 2011.01 | 2014.12 |
| 5 | 东方阿海珐核泵制造有限公司 | 德阳市 | 年产 15 台核电冷却剂主泵技改项目 | 19 800 | 6 000 | 2010.05 | 2011.06 |
| 6 | 成都普什重机有限公司 | 成都市 | 大型全液压挖掘机系列产品、大型履带式起重机系列产品、大型工程机械产品生产线 | 130 000 | 30 000 | 2008 | 2011.12 |
| 7 | 建龙重工集团四川川锅锅炉有限责任公司 | 成都市 | 产品升级及核电辅助设备生产线建设 | 100 000 | 20 000 | 2009.08 | 2012.12 |
| 8 | 青岛变压器集团成都双星电器有限公司 | 成都市 | 整体搬迁技改 | 33 000 | 7 500 | 2009.11 | 2012.04 |
| 9 | 成都天保重型装备股份有限公司 | 成都市 | 节能环保离心机制造生产线技术改造项目 | 23 200 | 6 000 | 2010.08 | 2013.08 |
| 10 | 德阳台海核能装备有限公司 | 德阳市 | 年产核电管道 5 000 套生产技改项目 | 60 000 | 10 000 | 2011.01 | 2013.02 |
| 11 | 四川宏华石油设备有限公司 | 德阳市 | 中型交流电机生产建设项目 | 10 000 | 1 000 | 2010.01 | 2012.12 |
| 12 | 四川绵竹鑫坤机械制造有限责任公司 | 德阳市 | 核（火）电汽轮机及风电重型成套加工生产线 | 10 645 | 2 122 | 2011.01 | 2012.12 |
| 13 | 川开电气股份有限公司 | 成都市 | 智能中低压开关设备生产线技术改造项目 | 8 054 | 1 300 | 2011.05 | 2013.05 |
| 14 | 四川科新机电股份有限公司 | 德阳市 | 重型压力容器（含核级）12 800t/a 制造基地项目 | 24 895 | 15 000 | 2009.07 | 2011.12 |
| 15 | 四川长江液压件有限责任公司 | 泸州市 | 高性能液压件基地建设技术改造 | 50 000 | 12 000 | 2009 | 2014.12 |
| 16 | 泸州川油钻采工具有限公司 | 泸州市 | 泸州川油钻采工具有限公司异地技改项目 | 20 000 | 7 000 | 2010.07 | 2012.12 |
| 17 | 四川矿山机器（集团）有限责任公司 | 绵阳市 | 年产 10 万 t 节能环保及矿山重大装备制造项目 | 30 000 | 15 000 | 2010.12 | 2012.09 |
| 18 | 川庆石油钻探工程有限公司 | 遂宁市 | 川中石油生产基地项目 | 30 000 | 15 000 | 2010 | 2011.11 |
| 19 | 川开电气股份有限公司 | 成都市 | 智能高压电器设备生产线技术改造项目 | 15 581 | 3 000 | 2011.05 | 2013.05 |
| 20 | 自贡大业高压容器有限责任公司 | 自贡市 | CNG 移动加气站成套设备产业化 | 16 980 | 7 650 | 2009.01 | 2011.06 |
| 21 | 自贡大业高压容器有限责任公司 | 自贡市 | LNG 站用成套设备产业化 | 10 000 | 800 | 2011.01 | 2012.12 |
| 22 | 中国东方电气集团公司 | 成都市 | 高压浓相气力输送装置 | 3 099 | 600 | 2010.06 | 2015.06 |
| 23 | 德阳万鑫电站产品开发有限公司 | 德阳市 | 3～1 000MW 火电、核电机组用 1Mn18Cr18N 钢护环锻件 8000t 专用压机生产线建设 | 8 000 | 4 000 | 2010.09 | 2012.12 |
| 24 | 成都龙科重型机械制造有限公司 | 成都市 | 60 万 kW 以上超超临界火电机组主机部件研制项目 | 5 000 | 2 000 | 2010.01 | 2012.06 |
| 25 | 成都成高阀门有限公司 | 成都市 | 首台（套）适应地面安装设备 | 8 350 | 1 000 | 2009.04 | 2011.04 |
| 26 | 德阳劲达节能科技有限责任公司 | 德阳市 | 连续可控循环流化床锅炉高温排渣"废热"加热锅炉给水 | 6 080 | 4 000 | 2010.12 | 2012.06 |
| 27 | 中国航天科技集团公司川南机械厂 | 泸州市 | 井下安全阀模块、井下封隔器、井下流体控制器、井下监控设备和地面软件 | 3 800 | 1 300 | 2011.01 | 2013.12 |

| 序号 | 企业名称 | 项目所在市州 | 项目名称及主要建设内容 | 总投资（万元） | 2011年计划投资额（万元） | 项目开工时间 | 项目竣工时间 |
|---|---|---|---|---|---|---|---|
| 28 | 南车资阳机车有限公司 | 资阳市 | 通过采用本公司引进研发及自主产权的中型燃气、重油发动机集成中大型煤田所需的电站工程 | 10 000 | 3 000 | 2010.02 | 2012.12 |
| 29 | 东方电气集团东方电机有限公司 | 德阳市 | 攻克载荷计算、永磁电机设计、风机控制策略等难题，研发2.5MW直驱型风电机组 | 3 700 | 1 800 | 2010.06 | 2011.08 |
| 30 | 华西能源工业股份有限公司 | 自贡市 | 研发国内最大的纯燃生物质循环流化床锅炉 | 3 000 | 1 200 | 2009.09 | 2011.12 |
| 31 | 成都天马铁路轴承有限公司 | 成都市 | 对2MW以上风电轴承开展轴承寿命、结构设计等方面的研究 | 22 000 | 20 000 | 2010.11 | 2012.01 |
| 32 | 四川明星电缆股份有限公司 | 乐山市 | 新能源用特种电缆 | 80 297 | 35 000 | 2010.01 | 2012.07 |
| 33 | 四川蓝星机械有限公司 | 德阳市 | 大规模高效国产煤气化技术 | 15 000 | 6 000 | 2010.08 | 2012.12 |
| 34 | 四川省自贡运输机械集团股份有限公司 | 自贡市 | 长距离曲线带式输送机整机及部件进行优化设计 | 8 000 | 6 000 | 2010.09 | 2011.12 |

（四川省能源局综合处）

# 宁夏回族自治区

## 一、概况

宁夏的矿产资源主要有能源矿产和非金属矿产两大类。宁夏煤炭资源不仅储量丰富，煤种齐全，煤质优良，而且埋藏较浅，赋存稳定，水文地质条件简单，开采条件好。全区累计探明储量313亿t，保有储量310亿t，埋深2 000m以上的预测储量1 721亿t。全区含煤地层面积11 689km²，含煤面积8 955.5km²。全区已建成矿区50个，年生产能力8 700万t左右。宁夏东部灵盐台地有含油气面积64.8km²，是长庆油田的组成部分，探明储量3 823万t。现已开采的有6处，均为小型，年采油能力100万t左右。

随着我国经济持续快速增长，催生了对能源的强劲需求，煤矿机械行业的发展和煤炭工业的兴衰紧密相连，随着重大装备制造业被列入我国产业振兴计划，我区煤机行业形势较好，订单饱满，产销率达98.2%。

## 二、行业发展现状

### 1. 新能源装备

自2009年以来，我区新能源产业得到了前所未有的发展，全区风电装机、太阳能光伏发电装机和新能源装备制造业规模、水平不断迈向新的台阶。全区建成风电装机规模264.6万kW，位居全国前8位；建成太阳能光伏并网发电53.1万kW，居全国第2位；风机制造能力达100万kW/a，太阳能电池组件生产能力达50万kW/a；多晶硅、单晶硅产能分别为6 000t和2 000t；新能源产业的稳步发展，为我区经济社会的发展发挥着越来越重要的作用。

不过，受国际市场的影响，全国太阳能电池组件严重滞销，部分外省新能源企业纷纷落户我区，开展太阳能光伏发电项目建设，销售本企业的电池组件；加上我区部分太阳能组件生产成本略高，市场竞争力下降，市场环境开始恶化，这是我区新能源产业发展面临的问题和挑战。

（1）风机制造

目前，全区共有风电整机制造厂商6家，生产能力达到年产100万kW，主要风电设备生产企业（基地）有：宁夏天净电力设备有限公司、恩德（银川）风电设备制造有限公司、宁夏运达风电股份有限公司、宁夏华创风能有限公司、宁夏银星能源风电设备制造股份有限公司、华锐风电宁夏综合产业基地。

宁夏天净电力设备有限公司于2005年成立，是新疆金风科技股份有限公司委托的制造商。2008年以前以生产750kW风机为主，2008年开始生产1.5MW风机，2011年举行了2.5MW风机下线仪式，2011年底终止合作并停产。

恩德（银川）风电设备制造有限公司主要生产各种型号的1.5MW风机，2012年开始生产小批量的2.5MW风机。

宁夏运达风电股份有限公司于近期举行了开工

仪式，生产 750kW、1 500kW 和 2 500kW 风机，目前正在建设之中。

宁夏华创风能有限公司于 2011 年在海原开工建设，项目计划总投资 6 亿元，年产风电主机 800 台，其中一期投资 3 亿元，项目集技术、生产、服务、检测为一体，生产具有自主知识产权的风机系列产品。

宁夏银星能源风电设备制造股份有限公司具备 750~3 000kW 各种规格的风机塔筒生产能力，年产能力可达到 700 套。

华锐风电宁夏综合产业基地是 2011 年华锐风电科技（集团）股份有限公司拟投资建设集风机研发、生产、销售、维护、服务、培训为一体的综合产业基地。2012 年初开工建设，目前正在建设之中。

（2）光伏制造

目前，全区已形成从硅材料研发生产（单晶硅拉棒—多晶硅铸锭—切片—太阳能电池—组件—光伏发电）一整套完整的产业链。具体情况如下：

硅材料生产。形成以银川隆基硅材料有限公司、国电宁夏太阳能有限公司、宁夏阳光硅业有限公司、宁夏晋安硅业有限公司等企业为主的单晶硅生产 2 000t、多晶硅生产 6 000t 的晶硅生产能力。

单晶硅拉棒/多晶硅铸锭/切片。目前，全区形成以宁夏宁电光伏材料有限公司、中卫市银阳新能源有限公司为主的集单晶硅拉棒、对晶硅铸锭/切片的产业发展格局，形成 3 000 万片以上的切片生产能力。

太阳能电池组件。全区生产太阳能电池组件的企业有 2 家，分别为宁夏银星能源股份有限公司和宁夏宁沪太阳能科技有限公司。其中，宁夏银星能源股份有限公司产能可达 40 万 kW/a，宁夏宁沪太阳能科技有限公司产能可达 10 万 kW/a。

### 2. 煤电装备

煤矿机械行业稳定增长，产销衔接紧密。宁夏天地奔牛实业集团有限公司是中国煤炭科工集团下属的天地科技股份有限公司控股的集团公司，是国家煤矿专用输送设备的研究、开发、生产基地，也是全国大型工业企业。自 2003 年以来，稳居中国煤炭工业百强企业行列。

电工电器行业依旧低迷，但部分产品有所增长。近年风电、光伏市场低迷，产品价格大幅下降，加之受美国"双反"政策和欧盟公布的对华光伏企业反倾销调查政策影响，行业状况进一步恶化，如恩德（银川）风电设备制造有限公司工业总产值全年下降 64.4%，宁夏银星能源风电设备制造股份有限公司工业总产值下降 61.2%。但高低压开关柜、电机、电缆保持较好增长，如宁夏天嘉电线电缆有限公司工业总产值增长 113%，宁夏鑫瑞特电机机械制造有限公司工业总产值增长 85.8%，宁夏天净隆鼎电线电缆有限公司工业总产值增长 84.6%，宁夏凯晨电气集团有限公司工业总产值增长 55.9%。随着贺兰山风电厂六期、阿拉善左旗贺兰山风电厂二期、定边冯地坑风电厂开工建设，银星能源风电设备制造股份有限公司已接订单 1MW 风机 67 台、2.5MW 风机 14 台，恩德（银川）风电设备制造有限公司已接订单 1.5MW 风机 23 台、2.5MW 风机 3 台，可新增加产值约 8 亿元，华创风能有限公司、运达风电股份有限公司陆续建成投产，2013 年我区风电行业将有所好转。国家铁路、高铁建设逐步恢复，银川卧龙变压器有限公司有望实现增长态势。预计行业全年降幅在 14% 左右。

### 3. 其他相关装备

轴承行业增长较快，利润增幅空间较大。近年，我区轴承行业延续快速增长的态势，完成工业总产值 9.66 亿元，同比增长 34.5%。如宁夏勤昌滚动轴承制造有限公司工业总产值增长 161.3%，银川特种轴承有限公司工业总产值增长 23.1%，舍弗勒（宁夏）有限公司工业总产值增长 3.2%。宁夏勤昌滚动轴承制造有限公司与浙江金环轴承有限公司共同出资组建了宁夏金环轴承制造有限公司，自 2011 年 6 月份投产以来实现工业总产值已超过 8 000 万，成为新的增长点。

铸造行业增幅逐月回落，高速增长势头戛然而止。

机床行业持续负增长，产品产量大幅下降。

仪器仪表行业增速同比下降，降幅逐步收窄。

受到国内外经济疲软的影响，国内项目减少，原材料、元器件与人力成本升高，造成市场需求不旺，产业低迷。

# 三、未来发展规划

《宁夏回族自治区工业发展和转型"十二五"规划》明确指出，要实施培育发展战略性新兴产业计划，选择潜在市场大、带动能力强、吸收就业多、综合效益好的新能源、新材料、先进装备制造业和信息产业作为宁夏的战略性新兴产业，要集中力量，重点培育。

建立一批以企业为主体、市场为导向、产学研相结合的科技创新体系。将科技创新项目优先列入新技术推广、新产品试制等计划，从研发资助、贷款贴息等方面给予支持，支持鼓励新技术、新工艺、新产品研发成果转化和产业化应用，促进企业自主创新能力、模拟再创新能力的不断提高。实施一批重大科技专项。每年组织实施3~5项重大科技专项，围绕光伏产业、新型煤化工、储能加工等重点领域，集中力量解决一批制约产业发展的关键技术、共性技术难题。

在新能源产业方面，重点发展风电、太阳能光伏发电，探索发展沼气发电和生物质能发电，积极推进煤层气开发及煤炭清洁利用，做大做强硅石—工业硅—多（单）晶硅—切片—电池—组件—光伏发电设备—光伏电站以及配套切割、研磨等产业链。加快风机制造和配套产业发展，实现风电开发与配套产业协调发展。预计到2015年全区风电装机达500万kW、太阳能光伏并网发电装机达150万kW，新能源发电占全区电力装机容量的比例由

2010年末的6%提高到18%，将宁夏建成全国重要的风能、太阳能光伏产业生产基地、发电基地，使新能源产业成为我区重要的经济增长点。

在先进装备制造业方面，重点发展煤矿机械、风电设备、智能电网设备、自动化仪器、轴承、大型铸件等高端和先进装备制造业，积极建设石嘴山—银川—吴忠装备制造产业带，加快推进重点装备制造项目，促进一批龙头企业迅速成长，进一步提升装备配套能力和专业化水平，推动产业集聚。预计到2015年，形成1家年销售收入超过100亿元、2家年销售收入超过50亿元的龙头企业集团、10家年销售收入超过20亿元的企业集团、50家年销售收入超过1亿元的协作配套企业。企业研发投入占销售收入的比例达到3%以上，装备制造业配套率争取提高到60%。

在节能减排工程方面，坚持把大力推动节能减排和循环经济发展作为构建资源节约型和环境友好型社会的主要举措，加快形成节约资源能源、保护生态环境的产业结构和政策支撑体系。着力抓好重点行业、企业和领域的节能降耗。工业领域以年综合能耗在5 000t标煤以上的重点耗能工业企业为重点，加快产品结构调整，不断提高能源利用效率。预计到2015年，全区火力发电能耗达到国内或国际先进水平，重点煤化工产品能耗达到国际先进水平。加快推进清洁燃料汽车、混合动力汽车等城市公共交通工具的使用。加大淘汰落后产能力度。积极组织实施重点节能减排工程，尤其在电力等行业组织实施燃煤工业锅炉（窑炉）节能工程、烟气废热利用技术工程等节能重大工程。推广应用先进节能技术和产品，切实加快节能服务体系建设。

（宁夏回族自治区能源局）

# 甘 肃 省

能源是国民经济的基础产业，是保障经济社会持续、稳定、快速发展的强大动力。近年来，全球能源需求的快速增长有力地推动了能源产业的急剧扩张，也为能源科技装备制造业实现跨越式发展创造了难得的战略机遇。甘肃省在能源领域特别是新能源方面具有较好的资源、技术、人才和产业基础，进一步加快了我省新能源装备技术研发、制造和科研中心建设，抢占新能源产业的技术和市场制高点，促进我省经济发展和科技进步。

## 一、能源科技装备产业发展现状及面临的形势

### 1. 能源产业发展现状

近10年来，我省能源工业结构和布局不断调整优化，成效明显。新能源产业发展迅速，风能、太阳能利用取得突破性进展，电网建设快速推进，水电、火电发展不断优化。目前，全省发电装机容量达到2 958万kW，较10年前增加2 246万kW；全年发电量1 107亿kW·h，同比增长3.66%；全社会用电量995亿kW·h，同比增长7.7%；全年完成跨省跨区售电量125亿kW·h。

（1）新能源产业发展迅速，风能、太阳能利用取得突破性进展

我省是全国风能资源富集的省区之一，具有开发建设大型风电基地的优良条件。近年来，省委、省政府坚持以科学发展观为指导，创新发展理念，着力转变发展方式，提出从发展风电产业入手，着

力打造新能源大省，推动甘肃省科学发展。2007年，省委、省政府提出了"建设河西风电走廊，再造西部陆上'三峡'"的战略构想，这一战略构想得到了国务院领导和国家发展改革委的支持。2008年，酒泉风电基地成为我国乃至世界规划建设的首个千万千瓦级风电基地。在省委、省政府的坚强领导下，在国家有关部委的大力支持下，在有关市及县区各级政府和有关项目业主的真抓实干下，酒泉千万千瓦级风电基地工作取得了阶段性成果，并已初具规模。

在积极推进酒泉千万千瓦级风电基地建设的同时，按照"统一规划、有序推进、分步实施"的原则，我省在风能资源丰富、距离负荷中心近、电网网架相对较强的金昌、武威、张掖等地区也相继开展了大型风电场的规划选址工作，启动了金武、甘肃省矿区、张掖平山湖3个百万千瓦级风电场建设。河西风电基地进入了全面建设新阶段。另外，在其他的一些有条件的白银、庆阳、定西、天水等地区也开展了一些中小型风电场的建设工作。

在全力推进风电千万千瓦级基地建设的同时，于2009年开始了百万千瓦级光电基地的建设。2009年3月，我国首个光伏并网特许权项目——敦煌10MW光伏并网发电项目开始进行招标，并于2010年12月28日实现并网发电。至目前，我省已建成光伏发电项目17个、总装机容量150.5MW；在建光伏发电项目20个、总装机容量275MW；批复同意开展前期工作的光伏发电项目140个、总装机容量5 200MW。目前，风电建成装机650万

MW，开发建设总容量达 1 460 万 MW；光电建成 100 万 MW，开发建设总容量达 696 万 MW。风电、光电装机量已占到全省总装机量 3 000 万 MW 的 1/4；风电、光电发电量 97 亿 MW，占全省总发电量 1 107 亿 MW 的 8.8%。

（2）电网建设快速推进

10 年来，我省电网建设快速发展，一大批重点项目相继建成投产、启用，城市电网与农村电网建设步伐不断加快，完成了"户户通电"工程，330kV、750kV 骨干电网工程建设取得突破，震后恢复建设和扩大内需工程有序推进，电网对我省经济社会发展的保障作用进一步增强。

**2. 能源科技装备产业发展现状**

（1）装备制造产业发展现状

装备制造业是我省的传统优势产业，目前拥有兰州电机、天水星火、兰石集团、长城电工、蓝科石化、金川机械、锻压机床、海林轴承、众邦电缆、吉利轿车和酒钢机制等一批骨干企业。近年来，特别是"十一五"实施《甘肃省装备制造业行动计划》以来，我省装备制造产业特别是能源装备制造业取得了快速发展。从 2006~2010 年，全省能源装备工业增加值从 62.23 亿元增长到 127.4 亿元，年均增速 26.47%；销售收入从 71.09 亿元增长到 362.27 亿元，年均增速 28.22%；工业总产值从 72.3 亿元增长到 357.26 亿元，年均增速 25.51%。按工业增加值计算，装备工业占全部工业的 9.26%，比 2006 年上升了 2.18 个百分点，在 11 个工业行业中排第 6 位，增长速度居各行业前列。其中，2011 年，新能源装备产业实现总产值 3.14 亿元，完成增加值 0.87 亿元，主营业务收入 4.04 亿元，实现利润 0.11 亿元，利税 0.25 亿元。我省已具备大中型电机 400 万 kW/a、石化通用装备 25 万 t/a、风电成套机组总装 3 000 套/a、风力发电叶片 2 600 套/a、风电塔桶 3 000 套/a 的能源装备生产能力。

（2）能源科技装备产业发展现状

我省在积极发展能源产业的同时，把能源装备特别是新能源装备制造作为振兴我省装备制造业的

重点之一，坚持引进技术、联合设计、合作制造、消化吸收与创新相结合，努力形成集研发、制造、配件供应、服务为一体的产业集群。截至 2011 年，我省酒泉嘉峪关新能源装备制造基地 5 年来引进风电装备制造企业 35 家，22 个项目已建成投产，共生产风电机组 2 017 台、叶片 2 014 套、塔筒 404 套、机舱罩 55 套。生产风电机组占全国的 15.6%，已成为国内产业规模大、产品型号多、配套能力强的风电装备制造基地。

新能源装备制造成为行业发展亮点。以风电装备、光电装备为代表的新能源装备产业得到快速发展。在风力发电领域，金风科技、东方电气、大连华锐及航天万源等企业风机总装项目落户我省，形成了系列兆瓦级风电装备 3 000 套/a 的总装产能。风力发电机、塔筒、叶片、变压器及紧固件等配套件部分实现了省内配套。变桨电机及控制系统、轮毂、塔筒法兰等关键零部件及成套风电机组的研发工作取得新的进展。兰州电机代表世界先进水平的 2MW 液力耦合风电机组完成试制开始工业性试验。

在风电装备制造方面，我省在兰州、酒泉、白银等市规划建设了风电装备产业园，并依托兰州电机、天水星火机床、天水电气传动研究所、兰州理工大学风力机工程中心等风力发电设备制造企业和研发力量，进一步加强院地、院企合作，推动产、学、研结合，培育、引进了一批有较强竞争力的风电设备制造企业。先后组织实施了本地化生产的第一片兆瓦时级风电叶片——白银中科宇能兆瓦时级风电叶片，以及兰州电机兆瓦时级风力发电机组研制及控制系统产业化等多个项目，自主研发生产的 1MW 成套机组已并网试运行，具备了 300kW~3MW 系列变速恒频双馈风力发电机设计和生产能力，取得中国船级社颁发的首张风力发电机产品质量认证书。兆瓦级风轮叶片已经下线，大容量变频器、偏航仓、塔架、法兰等已具备产业化生产条件、轮毂、齿轮箱正在加紧研发；引进了金风、华锐、中材科技、中科宇能、中航惠腾、中复连众等知名风电设备制造企业已在我省投资建设风机总装、叶片制造、风机机舱罩制造以及轮毂、塔架、法兰等配

套零部件生产项目。

在太阳能光热光伏发电方面，集热发电装备配套产业链初步形成。兰州交大大成公司、陇星集团、金川集团太阳能公司、蓝天浮法玻璃及华电新能源甘肃省公司等相关企业联合成立甘肃省太阳能光热应用产业技术创新联盟，与国内外知名企业开展广泛的技术交流，取得一系列成果。宽幅铜铝带材连续镀太阳能选择性吸收膜生产线顺利投产，200kW的槽式太阳能集热发电示范项目取得阶段性进展，代表国际先进水平的真空集热管试制成功。建成或在建一批太阳能光伏组建项目。我省已初步形成从高纯硅材料、硅片切割、太阳能电池与组件、宽幅金属带材连续真空镀膜到LED绿色照明以及光伏、光热应用产品的产业链条。

在核工业方面，我省是全国重要核工业生产、科研基地，从地质勘探、铀矿采冶到转化浓缩，部件加工到元件后处理，配套体系较为完善。同时，拥有兰州大学、兰州交通大学、兰州理工大学等高等院校以及兰州电机、天水星火、兰石集团等国家级企业技术中心和国家绿色镀膜技术与装备工程技术研究中心等一批国家级中心，拥有四〇四厂、五〇四厂的核工业基础。

### 3. 存在的主要问题

（1）缺乏大型成套设备制造企业，省内配套能力薄弱

我省装备制造业大型骨干企业少，特别是缺乏集设计、制造、服务于一体的成套总包企业，围绕大型企业的中小企业群体尚未真正形成，原材料供应、外协配件等相关产业发展不足，尚未形成专业化分工、社会化配套的制造体系，这既制约了企业迅速做强做大，也未能对区域经济发展产生显著的带动作用。

（2）技术创新能力弱，产品结构层次低

一方面，企业的集成创新、引进消化再创新意识不强，能力不足，承担重大技术装备自主设计和成套供应的实力不突出，技术含量高、附加值高的精密加工和智能控制等装备比例低，产品多数处于产业分工价值链的中低端；另一方面，多数装备制造业企业没有建立起较强的技术研发中心，尚未成为技术创新的主体，具有自主知识产权的核心技术和知名品牌少，产品成本相对较高，市场竞争力较差。

（3）技术门槛高，专业技术人才缺乏

一方面，专业人才严重匮乏，技术创新能力薄弱，核心技术缺乏，自主知识产权的产品少；另一方面，由于地处西北地区，经济条件相对落后，人才聚集能力较弱，本土人才流失严重。

综上所述，我省装备制造业有了一定的规模，形成了一定的特色产业优势且成长性良好，但整体水平还不高，自主创新和重大技术装备成套能力不够强，产品技术含量和产业组织化程度比较低，迫切需要进一步提升发展水平。

## 二、能源装备制造业的发展思路及目标

### 1. 基本思路

以科学发展观为指导，抢抓国家振兴装备制造业的大好机遇，依托我省资源、市场、科研和加工能力优势，以发展新能源科技装备研发、制造产业为重点，坚持引进与创新相结合，面向国际、国内两个市场，培育一流的人才队伍，创造一流的科技成果，建设一流的龙头企业，形成基本满足省内需求，在国内市场具备较强竞争力的重大产品和支柱产业。

### 2. 主要目标

围绕能源利用的潜在领域和前沿技术展开基础研究和技术攻关，建立能源科技装备技术创新和成果就地转化体系。重点建设风力发电设备、太阳能发电设备、油气钻机设备及其配套零部件等重大能源科技装备制造基地，实现以兰州、酒泉、天水为重点的能源科技装备制造产业集群，建成一批拥有自主创新能力、主业突出、具有较强竞争力的大型装备制造企业集团；建立和完善以企业为主体的能源科技装备技术创新体系。到2015年，力争把我省建成特色突出、具有较强国际竞争力的能源科技

装备产业基地。

（1）自主创新能力进一步增强

通过原始创新、集成创新和引进消化吸收再创新，在风电、光电、核电装备及配套高端产品关键技术研发上取得突破，达到国内一流水平；建设8个左右国家级企业技术中心和国家级工程技术研究中心，加强兰州大学、兰州理工大学和兰州交通大学新能源装备领域技术创新能力。

（2）骨干企业进一步发展

培育和造就一批具有自主创新能力、重要核心技术和自主知识产权知名品牌的骨干企业和企业集团，重点支持天水星火、长城电工、兰州电机等本地企业开展能源装备技术创新和产业化建设，引导企业从单纯的制造企业向研发—制造—服务型企业转变。

（3）产业规模进一步扩大

"十二五"期间，全省能源科技装备制造业新增投资140亿元，新增风电成套机组生产、整装能力220万kW/a，新增风机叶片生产能力1 100套/a。到2015年末，全省能源装备制造业年销售金额将达500亿元，风电成套装备生产能力将达340万kW/a，太阳能电池及组件生产能力达到40万kW/a，单晶硅、多晶硅加工、生产能力将达8 000t/a左右。

## 三、能源装备制造业发展的重点领域及任务

从我省能源装备制造业发展实际情况出发，在以下几个领域着力培育发展优势产业及相关产品。

### 1. 风力发电装备领域

依托酒泉千万千瓦级风电基地，带动风电装备制造业快速发展，加快技术引进和吸收，鼓励各大风机生产企业在我省开展成套设备技术研发及制造，推进风电装备本土化生产。

（1）风力发电机组

重点支持兆瓦级直驱式永磁发电机组和大功率变速恒频双馈风力发电机组的技术创新和产业化发展，形成350万kW/a整机生产能力；鼓励开展新型高性能微型、小型风力发电机组和风能转换装置技术创新与应用。

（2）叶片

进一步加快兆瓦级风机叶片研制和产业化，重点研发叶片制造生产工艺和玻璃纤维增强树脂、碳纤维复合材料等叶片用新材料技术，加强气体动力技术、气体弹性技术研究，支持测试平台和产业化基地建设，形成3 400套MW/a叶片生产能力。

（3）控制系统和变流器

重点开发变频、变桨技术、驱动设计制造技术、数字化风电场调度控制技术和并网控制系统等关键技术，达到国际先进水平。

（4）关键零部件及配套产品

提高发电机、塔筒、塔架、齿轮箱、轮毂、法兰、导流罩等关键零部件的工艺水平和生产能力，在轴承生产技术上取得重大突破，鼓励开展低电压穿越等关键技术研究，支持建设大型铸锻件生产项目。

### 2. 太阳能发电装备领域

培育一批龙头企业和知名品牌，优化产业布局，打造从硅材料、太阳能电池和组件到系统集成、电厂工程总承包的完整产业链，打造从宽幅金属镀膜设备、宽幅金属镀膜带材到平板式太阳能集热器和大型槽式太阳能集热系统产业链，推进太阳能集热与建筑物的集合。

（1）硅材料

重点发展新型太阳炉提炼高纯硅材料提纯技术和单晶硅棒、多晶硅铸锭加工技术，大力发展金属硅制造产业，形成4 000t/a提纯太阳能级硅材料生产能力和5万t/a金属硅生产能力，大幅度降低生产成本。

（2）太阳能电池与组件

大力开发薄膜电池关键技术和产品，引进一批企业，集中力量发展太阳能电池组件封装工艺和三相太阳能光伏发电并网逆变器等关键技术和产业化生产能力，形成40万kW/a太阳能光伏电池的生产

能力。

（3）光热太阳能集热系统

重点发展平板太阳能集热器、大型槽式太阳能集热系统，推广普及太阳能一体化建筑、太阳能集中供热水工程；集中力量开发宽幅金属带材连续真空镀膜技术，建成绿色镀膜成套设备生产基地，开发建设 1 000 万 m² 高性能太阳能选择性吸收真空镀膜连续生产线和 50 万~100 万 m² 平板太阳能集热器和热水器生产线。

### 3. 核电装备制造业领域

积极开展核能和核乏料后处理有关装备的技术研发和攻关，大力提高核电站含硼炭堆内构件、高压开关柜、高等级输电电缆、大型高品质铸锻件、板式换热器、超高强高韧性铝合金管材、滤网系统等核电装备关键配件和材料的研发能力。

## 四、采取的主要措施

### 1. 完善扶持政策，推动产业发展

整合各方面政策资源，制定人才开发、科技创新、技术改造、土地使用、金融信贷、资产整合、招商引资等方面的激励政策，加大对能源科技装备产业发展的扶持力度。对符合条件的企业，支持申报国家开设的高技术专项、重点行业结构调整专项、装备制造业发展专项等国债资金和中央预算内补助资金；设立能源科技装备产业发展基金，重点用于扶持园区建设，用于重点企业、重点项目、重点产品的补贴以及科研人才的定向培养；对技术先进、优势明显、带动和支撑作用强的重大项目，优先给予土地、信贷支持；适当安排一批能源重大技术装备自主化依托工程，作为新技术、新产品的研发、试验平台。

### 2. 加强规划引导，构建产业体系

鼓励骨干企业通过市场化的外包分工和社会化协作，带动专业生产配套零部件的中小企业向"专、精、特"方向发展；有计划、有重点地研究开发能源重大技术装备所需的关键共性技术、关键原材料及零部件，逐步提高能源成套装备的自主制造比例，形成分工明确、重点突出、差别发展、板块联动的产业体系；支持装备制造企业与发电企业开展合作，积极尝试以成套装备作价投资，参与能源项目建设和运营管理。

### 3. 鼓励自主创新，创建知名品牌

鼓励企业以系统设计技术、控制技术与关键总成技术为重点，与科研院所、高等院校之间实现资源共享和创新要素的优化组合，进一步增加研发投入，加快提高自主创新和研发能力，创建一批具有国际竞争力的知名品牌，形成更为完善的产、学、研、用紧密结合的创新机制，推动科技成果转化为现实生产力；鼓励企业通过国际合作、并购、参股国外有较强研发、制造实力的企业等方式掌握关键设备核心技术。

### 4. 强化资源共享，建设服务平台

围绕新能源产业发展的重要产品研发和技术升级两大重点，加快建立以企业为主体、市场为导向、产学研紧密结合的技术创新体系。着力推动行业或区域技术创新服务平台建设，以科研院所、高等院校、行业龙头企业为依托，建设若干集研究开发、技术支持和推广、标准化服务、信息咨询和人才培训等功能为一体的产业共性技术创新中心，重点提升能源科技装备产业共性技术开发能力，并给予一定的扶持和资助。

### 5. 完善激励机制，加快人才培养

建立和完善多层次、多渠道的人才培养机制，打造一支高水平的人才队伍。鼓励高等院校与企业、科研院所加强合作，通过项目攻关、选派访问学者、留学生和设立奖学金等方式，联合培育一批具有创造性的科研人才、管理人才和高级技工，特别要培养能源重大装备研制和系统设计的领军人才；建立健全对科技人才和经营管理人才的激励机制，以企业发展和重点项目聚集人才，鼓励有现成科技成果的科技人员到甘肃省创业发展；高度重视职工培训，以培养实用性人才为目标，采取各种方式，建设一支高素质的技工队伍。

（甘肃省发展和改革委员会煤炭石油处）

# 辽 宁 省

## 一、能源装备产业概况

辽宁省是以装备制造业为主的老工业基地，是国家从"一五"时期开始重点扶持建设的装备制造业科研生产基地，目前已形成门类齐全、具有相当规模的装备制造业体系，被誉为"共和国装备部"。在我省装备制造业中，能源装备产业占了举足轻重的位置，我国自主研制的许多第一台（套）重大能源装备都是在我省实现的零突破，如 50 万 V 超高压输变电设备、千万吨级露天煤矿采矿设备、核电站 250t 环形起重机、30 万 kW 核主泵等，为我国的经济建设作出了重大贡献。

改革开放以来，特别是近 10 年，我省能源装备制造业得到快速发展，已成为我省装备制造业的主力军。2011 年末，我省规模以上能源装备生产企业有 200 余家，2011 年完成工业总产值 1 872.82 亿元，工业增加值 518 亿元，实现主营业务收入 1 889.7 亿元，出口额 67.57 亿美元，实现利润 126.49 亿元。

我省能源装备涵盖通用石化装备、煤炭综采和矿山装备、输变电装备、新能源装备、环保与节能减排装备和智能制造装备 6 个产业，许多产品技术和质量水平都达到国内领先、世界一流，有国家级企业技术中心 8 个（沈阳鼓风机集团股份有限公司技术中心、沈阳重型机械集团有限责任公司技术中心、沈阳矿山机械集团有限责任公司技术中心、三一重型装备有限公司技术中心、瓦房店轴承集团有限责任公司技术中心、大连冰山集团有限公司技术中心、大连华锐重工集团股份有限公司技术中心、特变电工沈阳变压器集团有限公司技术分中心）。

在发电及输变电装备产业中，我省有一批居于国内领先水平的骨干企业。例如，特变电工沈变集团研制的 1 000kV 交流和 ±800kV 直流这一世界最高电压等级的大容量变压器，已经具备了与德国西门子、瑞典 ABB、法国阿尔斯通等国际一流企业竞争的实力；荣信股份公司自主开发的高压动态无功功率补偿装置（SVC）装机数量居世界第一。

在石化设备的生产和研制上，我省拥有沈鼓集团、大连冰山集团等一批骨干企业，代表性产品有百万吨乙烯装置用裂解气压机组、大型石油化工用螺杆压缩机、20 万吨级大型挤压造粒机组；中航黎明锦西化工机械（集团）有限责任公司研制的百万吨级 PTA/CTA 蒸汽加热管式回转圆筒干燥机达到了国际先进水平，被国家发改委核准为国产化示范工程；在钻井设备方面，盘锦市拥有世界最大的陆地钻机成套中心。

在煤炭综采和矿山装备领域，煤炭科学研究总院沈阳研究院在产业装备方面共承担完成了国家油气重大专项、国家科技支撑计划项目、"863"计划项目、科技部院所专项资金项目及研究院产品开发项目等各类项目共 74 项，获中国煤炭工业协会科学技术奖及国家能源科技进步奖等各类奖项 19 项；授权专利 24 项，其中发明专利 7 项；发布标准 34 项，其中国家标准 4 项。

在新能源装备领域，有沈阳远大机电装备有限公司、沈阳华创风能有限公司、大连华锐重工集团股份有限公司等骨干企业，代表性产品有 3MW 海上和陆地两用风力发电机组以及控制系统、变桨距控制系统等关键功能部件；在核电领域，骨干企业有沈鼓集团、沈阳盛世高中压阀门有限公司和大连重工·起重集团等，生产的核级泵阀、压力容器外壳和环形起重机，在国内都具有十分明显的优势。

## 二、产业发展现状

### 1. 通用石化装备制造产业

我省通用石化装备制造产业以沈阳鼓风机集团、大连冰山集团、本溪新兴盛铸造有限公司、辽宁石油机械制造有限公司、辽河宝石石油装备有限公司、中航黎明锦化机集团等企业为依托，研制具有自主知识产权的高端产品，向大型化、高速小型化、高压小流量化、低噪环保化，以及上下游一体化、原材料资源多元化方向发展，着重发展大型炼油和乙烯装置、PTA/PX 装置、大型煤化工装置、大型空分装置等产品，建设世界最大的 10 万 kW 大型离心压缩机试车台，建成国际一流的通用石化装备研发制造基地。2011 年，我省通用石化装备制造产业工业总产值 397.66 亿元，工业增加值 95.8 亿元，主营业务收入 406.36 亿元，出口金额 5.01 亿美元，利润 30.59 亿元。

沈阳鼓风机集团股份有限公司是我国重大技术装备行业的支柱型、战略型领军企业，现有员工 7 000 人，担负着为大型乙烯、大型炼油、大型煤化工、大型电力、大型冶金等关系国计民生的重大工程项目提供国产装备的任务，其生存与发展关系到国家经济安全。2011 年，沈鼓集团产值突破 110 亿元大关。集团现已具备年产 100 万 t 大型乙烯装置、1 000t 炼油装置、5.2 万 m³/h 空分装置、60 万 t PTA、100 万 t 甲醇、大型天然气长输管线压缩机、125t 大推力往复压缩机，以及 100 万 kW 核电、火电、国防海军装备用泵等重大技术装备配套能力。

冰山集团下属 1 个上市公司、12 个内资公司、27 个合资公司。总资产超过 100 亿元，员工总计 12 000 人。2005 年，冰山集团在辽宁省装备工业和大连机械工业中率先突破销售收入 100 亿元。近 20 年来，冰山集团规模和销售收入一直保持在全国石化通用机械行业第一位，主要生产大型石油化工用螺杆压缩机。

辽河宝石石油装备有限公司是由宝鸡石油机械有限责任公司与辽河石油勘探局合作组建的以研发和生产钻机为主要业务的企业。该公司投资 20 亿元，2010 年实现制造、出口钻机 100 部，年产值 50 亿元。宝石公司与阿塞拜疆国家石油公司 ADC 公司签订两部 DJ70D 钻机加工合同，钻机从研发到生产，全部实现自主，钻深 7 000m，具备自动送钻等先进性能，代表国内直流电驱动钻机的高水平。

中航黎明锦化机集团是专门为石油化工企业提供生产装备的制造企业，被誉为"中国石化行业的装备部"，透平机械、搅拌设备、高压容器和大型回转设备四大类支柱产品在全国赫赫有名。资产总额 170 837.55 万元，现有职工 2 408 人。

### 2. 煤炭综采和矿山装备制造产业

我省煤炭综采和矿山装备制造产业以北方重工集团、三一重装、大连重工起重公司等企业为依托，产品向大型化、智能化、成套化方向转变，重点发展大型综采综掘、大型选矿等成套设备、大型洗选煤设备、电站磨煤机等关键整机，是国家重要煤炭综采和矿山机械制造基地。2011 年，我省煤炭综采和矿山装备制造产业工业总产值 86.38 亿元，工业增加值 26.93 亿元，主营业务收入 83.87 亿元，出口金额 0.38 亿美元，利润 13.19 亿元。

沈阳北方重矿机械有限公司成立于 2007 年 9 月，注册资金 6 000 万元，现已形成专业从事工程建设机械、道路筑养护机械、工程车辆制造、煤炭矿冶机械四大产业方向的大型集团化企业。沈阳北方重矿机械有限公司下设 10 个分公司和 14 个煤炭矿冶机械研究所，包括掘进机、采煤机械、矿用车辆、洗选设备、钻机、提升设备、井下物料运输、矿用抢险救援装备、矿用建机、矿井通风设备、支架、刮板机、井下电器设备、露天采矿装备。2007

年，EBZ160 标准型煤炭综掘机成功下线；2008 年，多品种掘进机投放市场；2009 年，煤炭掘进机产销量迅速升至行业前三甲；2010 年，公司自主研发的 ZDY3500L 整体式近水平千米定向钻机成功下线，被国内同行认定为国内首台真正意义的深孔定向钻机；2011 年，公司承接的"十二五"国家重大科技攻关支撑项目之一——矿用可移式救生舱成功下线。目前，20 余种煤炭综掘机产品已投放市场；采煤机械、矿用车辆、洗选设备、近水平千米定向钻机、铲运设备、矿井提升设备、矿用抢险救援装备等产品的主要机型已下线并陆续进入量产阶段；刮板输送机、支架、井下通风设备、露天采矿机械等产品正在加速试制。

三一重型装备有限公司是专业从事煤炭掘进、采煤、运输成套设备研发、制造及销售的大型装备制造企业。公司成立于 2004 年 1 月，近年来，公司销售每年都保持 100% 以上的高增长率，现已成为煤矿机械领域的领军企业。在沈阳经济技术开发区内拥有占地 22 万 m² 的综掘工业园和占地 63 万 m² 的综采工业园，总资产达 36 亿元。2009 年 11 月 25 日，公司在香港联合交易所主板成功上市，成为国内首家登陆国际融资平台的煤机企业。作为国家级高新技术企业，三一重装拥有行业内规模最大研发机构，公司先后成功推出领跑行业的全岩掘进机、半煤岩第二代掘进机、煤柱回收成套装备、刨煤机成套开采设备、全自动联合采煤机组、矿用混凝土泵等 10 多个产品，产品成功应用于国内 500 多个矿区，出口至伊朗、俄罗斯、乌克兰等地，其中掘进机的国内市场占有率连续三年稳居第一位。

辽宁鑫丰矿电设备制造有限公司是集研发、生产、销售矿山设备于一体的装备制造企业。研发成果有综采工作面机械化安装回撤设备工艺、矿用卧底机、带式输送机、逆止托辊、自动风门、卧式离心脱水机、遥控液压带式压滤机等。截至目前，产品授权专利 33 项（发明专利 5 项）、专利金奖 3 项，实现国家中小企业创新基金 1 项，实现辽宁省成果转化项目 3 项，获省、市科技进步奖 6 项。能源装备产品已打开市场局面，占领全国主要煤矿市场。

## 3. 发电和输变电装备制造产业

我省发电和输变电装备制造产业以特变电工沈变集团、新东北电气集团有限公司、辽宁福鞍控股集团有限公司等为依托，产品向智能化、大容量、高可靠、环保型发展，重点研制超高压、特高压交、直流输变电设备，实现绝缘成型件、操纵机构、套管、出线装置等关键配套部件的自主开发与制造，建成国际一流的输变电装备研发制造基地。2011 年，我省发电和输变电装备制造产业工业总产值 1 090.62 亿元，工业增加值 311.56 亿元，主营业务收入 1 102.97 亿元，出口额 25.10 亿美元，利润 68.45 亿元。

特变电工沈阳变压器集团有限公司是特变电工股份有限公司的全资子公司，是我国变压器行业历史最长、规模最大、技术实力最强的研发、制造基地，发展过程中创造了无数个国内第一、世界第一。公司拥有高精尖生产、试验设备 560 余台套，是目前世界电压等级最高、质量保障体系最健全、试验装备、生产设备、生产环境世界一流的世界级特高压交、直流输变电科技产业园，变压器单厂产能超过 1 亿 kVA/a，居世界首位，位列国内变压器行业十强之首。公司积极推动生产自动化、产品智能化、管理和服务信息化，全面承接了国家重大装备制造业振兴国产首台（套）产品的研制任务，成功实现世界最高电压等级特高压交流 1 000kV、直流 ±800kV 产品投运，研制出世界首台 400MVA/1 000kV 特高压升压变压器、700MVA/500kV 世界单相容量最大核电变压器等一系列创造世界第一的新产品。近年来，公司累计开发世界级新产品 61 种，创造 27 个世界第一，实现各类专利技术超过 200 件，参与国内外 38 项行业标准制定，荣获国家、省、市科技进步奖 60 余项，其中国家科技进步一等奖 3 项，中国机械工业科技进步特等奖及一等奖 10 余项。

新东北电气集团有限公司作为我国输变电行业领先企业，见证了我国电力事业及机械行业的发展与辉煌，目前已成为国内输变电行业专业生产高压、超高压、特高压输变电设备及其他相关机械设备的重点生产制造基地。公司开发并研制出我国第一套550kV气体绝缘金属封闭开关设备，填补了国内空白，并先后为我国"三峡工程"、第一条750kV超高压交流输电工程、国家百万伏示范线路"晋东南—南阳—荆门示范工程"提供了550kV GIS、750kV GIS及1 000kV GIS设备，目前这些设备已全部投入运行。在国际市场上，新东北电气集团的产品和技术已出口20多个国家和地区，在国内外市场上享有较高的声誉。

辽宁福鞍重工股份有限公司业务涵盖特种钢冶炼、大型精密合金铸锻件制造、大型和特大型铸钢件机械粗精加工等。主要产品有碳钢、高锰钢、耐热钢、耐磨钢、耐腐蚀钢、超低碳不锈钢、超临界及超超临界钢等各类铸钢件，主要用于火电、水电、核电、风电、船舶、矿山及冶金行业等。鞍山福安集团以生产水力、火力、风力及船舶铸钢件为主，自主研发了超临界、超超临界钢铸造工艺，所生产的超临界与超超临界火电、水电机组铸钢件，具有很强竞争力，得到GE等多个跨国企业认可。

### 4. 新能源装备制造产业

我省新能源装备产业主要涵盖有风电装备产业、光伏装备产业、核电装备产业和生物质能装备产业等几大类。2011年，我省新能源装备制造产业工业总产值150.26亿元，工业增加值36.84亿元，主营业务收入151.43亿元，出口额26.86亿美元，利润15.14亿元。

风电装备产业主要依托沈阳华创风能有限公司、通用哈电风能（沈阳）有限公司、沈阳远大机电装备有限公司、大连华锐重工集团股份有限公司等。大连华锐重工集团股份有限公司通过引进、消化、吸收和开发创新，先后开发研制了1.5MW常温型、低温型系列化风力发电核心部件和3MW、5MW和6MW海陆两用风力发电核心部件，形成了风电齿轮箱、电控系统、液压系统、变桨、偏航驱动器、轮毂、主机架等15种核心部件产品的规模化、专业化总装调试生产线，并实现了批量化生产，成为国内最大的兆瓦级风力发电核心部件研发

制造基地。华创风能是中国大唐集团公司所属大型风力发电设备制造企业，目前，已建成了以华创风能工程技术研究院为核心的，从产品开发到试制、试验的较为完整的产品研发体系，形成了1.5MW直驱、双馈、2MW直驱、3MW直驱、双馈、3.6MW半直驱风机的批量生产能力。在风力控制系统生产方面，荣信电力电子股份有限公司自主研发的高压动态无功功率补偿装置（SVC）、静态无功发生器（SVG）、1.5MW直驱型风电交流器、逆变器等装置，具有国际领先水平，在风电领域发挥着至关重要的作用。目前国内风电行业应用的SVC，70%以上由荣信股份提供，该公司的SVC更是填补了国内空白，市场占有率达到40%。

我省光伏装备产业发展迅速，在锦州市龙栖湾新区建设了光伏产业园区，成立了全国唯一一家市级光伏产业发展局（锦州市光伏产业发展局），吸引了拥有自主知识产权的新世纪石英玻璃、万吨级低成本多晶硅等一批重大项目落户，引进的非晶硅薄膜电池、聚光电池技术，打破了多年来国际市场的垄断。2007年，锦州硅材料及太阳能电池产业基地被列入国家火炬计划特色产业基地；2010年，锦州被中国可再生能源学会批准为中国可再生能源学会光伏产业化基地。光伏产业代表企业有锦州阳光能源有限公司、辽宁荣信光伏技术有限公司、辽宁九夷三普电池有限公司、鞍山盛世伟业太阳能科技有限公司等。

核电装备以沈阳鼓风机集团、沈阳盛世高中压阀门有限公司、大连重工·起重集团、大连高阀泵阀有限公司等企业为依托，引进消化吸收国外先进技术，全面掌握第三代压水堆核电机组主泵、阀设计制造技术，建设百万千瓦级核泵试验检测基地。

生物质能装备产业代表企业有辽宁天和新能源开发有限公司、辽宁天和重工有限公司、辽宁承天新能源股份有限公司等。辽宁省能源研究所长期从事于生物质能源技术研究，其生物质气化和生物质成型设备研发技术一直处于国内领先水平。研发的流化床气化机组稳定性好，原料处理量大，气化效率高，适用于大规模商业化应用；固定床气化机组

结构简单，便于安装、维护和操作，运行安全可靠。生物质气化技术综合实验台通过先进的数据采集系统将实验数据自动记录到计算机，实现生物质热化学转换过程的机理和控制方法的深入研究，为开展生物质热化学转换技术的研究和应用打下基础。BIO-15 型生物质致密成型机组生产高密度中空棒状固体燃料，提高了废弃物的价值品位，用于工业和日常生活，运行稳定并达到国家先进水平。BIOY-C22 型可移动生物质颗粒燃料设备系统体积小、集成化程度高、移动方便，该项成果在设备整体移动性和集成化方面有创新，达到了国际先进水平。

在储能装备产业领域，航天长峰朝阳电源有限公司以"4NIC 朝阳电源"及"CASIC 中国航天科工集团"为品牌，拥有 50 余项发明专利及实用新型专利，生产 20 多个系列、上万种电源产品，广泛应用于军工和民用等多个领域。超级电容器、电容型锂离子电池已拥有 4 项国家专利，电容型锂离子电池是目前为止综合性能最优、性价比最高的清洁能源电池，是普通锂离子电池综合性能的 3~4 倍，主要应用在电动汽车（安凯客车、沈阳华晨、苏州金龙等）、特种工程车（上海振华重工、石家庄煤矿机械等）、重型机械设备等高端动力电池市场和风光发电储能市场。

## 5. 环保与节能减排装备制造产业

我省环保与节能减排装备制造产业以北方重工、沈阳鼓风机、鞍山锅炉集团、福安集团、荣信股份公司等骨干企业为依托，能够生产高压动态无功功率补偿装置、火电厂烟气脱硫脱硝设备、焦炉煤气净化成套设备、大型高效袋式除尘及旋转喷吹除尘设备、特种行业除尘环保设备、余热回收锅炉、城市垃圾焚烧发电及工业固体废弃物处置成套设备、膜生物反应器中水处理成套设备等。2011 年，我省环保与节能减排装备制造产业工业总产值 104.26 亿元，工业增加值 29.47 亿元，主营业务收入 103.07 亿元，出口额 10.16 亿美元，利润 9.97 亿元。

福鞍辽宁能源环境工程技术有限公司是集设计研发、设备供应、施工安装、调试服务、专业化运营管理为一体的资质完备、经验丰富、业绩优良的科技工程总承包商和服务商。其业务范围包括：工业废水、城市污水治理、工业固体废弃物、生活垃圾处置、发电、物理污染防治、污染修复；烟气脱硫脱硝、二氧化碳减排；新能源及资源循环利用、洁净煤、城市集中供热等。

## 6. 智能制造装备产业

目前，我省正在由依靠规模增长的传统工业化道路向依靠技术进步和可持续发展的新型工业化道路转变，针对生物、节能环保、石油化工等产业发展需要，重点发展智能化压力、流量、物位、成分、材料、力学性能等精密仪器仪表和科学仪器及环境、安全特种检测仪器。2011 年，我省智能制造装备产业工业总产值 43.65 亿元，工业增加值 17.40 亿元，主营业务收入 42.00 亿元，出口额 0.07 亿美元，利润 10.07 亿元。2010 年、2011 年辽宁省能源装备行业主要经济指标见表 1。2010 年、2011 年辽宁省主要能源装备企业经济指标（一）见表 2。2010 年、2011 年辽宁省主要能源装备企业经济指标（二）见表 3。

**表 1　2010 年、2011 年辽宁省能源装备行业主要经济指标**

| 行业名称 | 工业总产值（万元） | | 工业增加值（万元） | | 主营业务收入（万元） | | 出口额（万美元） | | 利润（万元） | |
| --- | --- | --- | --- | --- | --- | --- | --- | --- | --- | --- |
| | 2010 年 | 2011 年 | 2010 年 | 2011 年 | 2010 年 | 2011 年 | 2010 年 | 2011 年 | 2010 年 | 2011 年 |
| 通用石化装备 | 3 458 621.0 | 3 976 586.0 | 782 330.0 | 958 005.0 | 3 677 894.0 | 4 063 568.0 | 83 351.7 | 50 058.8 | 211 087.0 | 305 907.0 |
| 煤炭综采和矿山装备 | 654 773.0 | 863 762.4 | 208 101.5 | 269 307.4 | 666 363.7 | 838 724.4 | 2 079.7 | 3 756.1 | 113 395.7 | 131 865.9 |
| 发电和输变电装备 | 11 369 538.0 | 10 906 241.0 | 2 662 915.0 | 3 115 636.0 | 11 005 834.0 | 11 029 711.0 | 189 559.4 | 250 954.5 | 634 356.2 | 684 541.2 |
| 新能源装备 | 1 203 985.0 | 1 502 592.0 | 298 005.9 | 368 399.8 | 1 039 048.0 | 1 514 344.0 | 137 303.8 | 268 571.4 | 138 619.1 | 151 353.6 |
| 环保与节能减排装备 | 904 671.2 | 1 042 557.0 | 324 193.3 | 294 660.5 | 868 549.5 | 1 030 712.0 | 72 227.0 | 101 621.0 | 76 323.6 | 99 726.0 |

续表

| 行业名称 | 工业总产值（万元） | | 工业增加值（万元） | | 主营业务收入（万元） | | 出口额（万美元） | | 利润（万元） | |
|---|---|---|---|---|---|---|---|---|---|---|
| | 2010 年 | 2011 年 | 2010 年 | 2011 年 | 2010 年 | 2011 年 | 2010 年 | 2011 年 | 2010 年 | 2011 年 |
| 智能制造装备 | 348 129.0 | 436 478.0 | 137 811.0 | 173 993.0 | 312 659.0 | 420 027.0 | 127.5 | 741.9 | 91 140.2 | 100 663.2 |
| 合计 | 17 939 717.2 | 18 728 216.4 | 4 413 356.7 | 5 180 001.7 | 17 570 348.2 | 18 897 086.4 | 484 649.1 | 675 703.7 | 1 264 921.8 | 1 474 056.9 |

**表2　2010年、2011年辽宁省主要能源装备企业经济指标（一）**

| 序号 | 企业名称 | 代表产品 | 工业总产值（万元） | | 主营业务收入（万元） | | 利润（万元） | |
|---|---|---|---|---|---|---|---|---|
| | | | 2010 年 | 2011 年 | 2010 年 | 2011 年 | 2010 年 | 2011 年 |
| 1 | 沈阳鼓风机集团股份有限公司 | 离心压缩机、往复压缩机、水泵 | 1 000 139.0 | 1 100 698.0 | 882 223.0 | 1 028 877.0 | 34 750.0 | 48 062.0 |
| 2 | 特变电工沈阳变压器集团有限公司 | 变压器 | 505 375.0 | 450 234.0 | 517 214.0 | 449 390.0 | 62 277.0 | 45 580.0 |
| 3 | 北方重工集团有限公司 | 火电站输煤设备、各类火电站磨煤机 | 1 280 846.0 | 1 400 462.0 | 1 263 340.0 | 1 252 363.0 | 24 197.0 | 22 587.0 |
| 4 | 三一重型装备有限公司 | 煤矿综采设备 | 254 619.0 | 394 740.0 | 290 564.0 | 403 968.0 | 72 356.0 | 93 015.0 |
| 5 | 沈阳北方交通重工集团股份有限公司 | 清障车、高空车、养护车、汽车吊、划线机械、煤机、拌合机械、水泥罐车、铣刨机 | 364 090.0 | 370 948.0 | 355 980.0 | 359 877.0 | 41 714.0 | 43 307.0 |
| 6 | 沈阳华创风能有限公司 | 1.5MW 风力发电机组 | 69 246.0 | 146 180.0 | 69 246.0 | 146 180.0 | 6 907.0 | 6 043.0 |
| 7 | 通用哈电风能（沈阳）有限公司 | 风力发电机组 | 194 360.0 | 161 420.0 | 119 897.0 | 180 010.0 | 18 445.0 | 14 000.0 |
| 8 | 沈阳瑞祥风能设备有限公司 | 风力发电机组 | 77 100.0 | 76 840.0 | 39 223.0 | 76 840.0 | 2 703.0 | 16 136.0 |
| 9 | 沈阳远大机电装备有限公司 | 风力发电机组 | 17 253.0 | 14 454.0 | 19 658.0 | 14 274.0 | 1 250.0 | 1 665.0 |
| 10 | 大连重工·起重集团有限公司 | 冶炼设备、起重设备、风电设备、 | 1 455 228.0 | 1 054 689.0 | 1 349 203.0 | 1 245 068.0 | 152 591.0 | 129 681.0 |
| 11 | 瓦房店轴承集团有限责任公司 | 工业轴承 | 618 486.0 | 648 422.0 | 632 186.0 | 665 184.0 | 45 896.0 | 28 595.0 |
| 12 | 大连冶金轴承集团有限公司 | 工业轴承 | 101 268.0 | 116 853.0 | 87 023.0 | 108 287.0 | 14 495.0 | 14 048.0 |
| 13 | 大连大高阀门股份有限公司 | 高中压阀门、锻钢件 | 40 795.0 | 46 806.0 | 56 256.0 | 73 309.0 | 4 932.0 | 8 331.0 |
| 14 | 大连天元电机股份有限公司 | 交流电动机 | 90 010.0 | 59 285.0 | 65 756.0 | 46 888.0 | 9 038.0 | 3 563.0 |
| 15 | 大连深蓝泵业有限公司 | 工业泵 | 26 219.0 | 46 495.0 | 28 334.0 | 38 248.0 | 4 523.0 | 6 899.0 |
| 16 | 荣信电力电子股份有限公司 | 高压静止无功补偿装置、高压静止无功发生器、高压变频调速装置 | 109 237.0 | 115 567.0 | 109 237.0 | 139 003.0 | 27 198.0 | 24 942.0 |
| 17 | 辽宁福鞍铸业集团 | 火电、水电、风电、轨道交通、重型机械等高端铸钢件 | 25 458.0 | 32 484.0 | 30 094.0 | 36 669.0 | 3 160.0 | 4 320.0 |
| 18 | 鞍山钢铁轴承有限公司 | 风力发电偏航轴承回转轴承 | 5 565.0 | 13 119.0 | 4 917.0 | 11 164.0 | −12.0 | 1 595.2 |
| 19 | 鞍山亨通集团 | 安全壳离蝶阀 | 9 211.0 | 55 024.0 | 7 688.0 | 717.0 | 584.0 | 549.0 |
| 20 | 鞍山重型矿山机器股份有限公司 | 大型香蕉型振动筛 | 18 979.0 | 21 385.0 | 16 670.0 | 21 085.0 | 3 592.0 | 4 615.0 |
| 21 | 辽宁华源风力发电设备有限公司 | 风力叶片 | 35 920.0 | 30 770.0 | 26 207.0 | 23 063.0 | 5 023.0 | 6 996.0 |

| 序号 | 企业名称 | 代表产品 | 工业总产值（万元） | | 主营业务收入（万元） | | 利润（万元） | |
|---|---|---|---|---|---|---|---|---|
| | | | 2010 年 | 2011 年 | 2010 年 | 2011 年 | 2010 年 | 2011 年 |
| 22 | 鞍山嘉阳机械制造有限公司 | 风电增速机行星轮、太阳轮 | 6 576.0 | 17 178.0 | 6 344.0 | 16 360.0 | 600.0 | 701.0 |
| 23 | 海城银峰风电设备制造有限公司 | 风电塔筒 | 23 232.0 | 32 553.0 | 23 000.0 | 53 149.0 | 6 115.0 | 8 138.0 |
| 24 | 华冶集团 | 电力变压器、电控自动化产品 | 64 600.0 | 68 017.0 | 64 697.0 | 68 017.0 | 3 854.0 | 18 861.0 |
| 25 | 丹佛斯鞍山控制阀有限公司 | 电动调节阀 | 14 420.0 | 30 190.0 | 10 268.0 | 27 706.0 | 2 629.0 | 4 396.0 |
| 26 | 辽宁天和重工有限公司 | 生物质固化、气化设备 | 14 689.0 | 31 284.0 | 19 547.0 | 30 316.0 | 727.0 | 1 508.0 |
| 27 | 鞍山市九夷三普电池有限公司 | 太阳能储能用镍氢电池 | 21 481.0 | 18 896.0 | 19 565.0 | 19 182.0 | 1 436.0 | 1 695.0 |
| 28 | 抚顺煤矿电机制造有限责任公司 | 矿用隔爆型电动机 | 65 168.0 | 83 033.0 | 47 939.0 | 63 857.0 | 6 890.0 | 9 151.0 |
| 29 | 抚顺高科电瓷电气制造有限公司 | 超（特）高压电站电瓷 | 23 031.0 | 26 041.0 | 22 172.0 | 24 473.0 | 4 488.0 | 935.0 |
| 30 | 凯希环保设备制造安装有限公司 | 除去器、日用管道 | 2 417.0 | 1 694.0 | 2 276.0 | 1 674.0 | −832.0 | −214.0 |
| 31 | 抚顺石油机械有限责任公司 | 炼化设备、余热锅炉 | 16 793.0 | 18 311.0 | 15 195.0 | 15 874.0 | 116.0 | −87.0 |
| 32 | 煤炭科学研究总院沈阳研究院 | 制氮机设备、矿用隔爆型设备、监控系统设备、超氧化钾药片等 | 39 426.0 | 55 607.0 | 39 426.0 | 54 338.0 | 5 680.0 | 7 569.0 |
| 33 | 抚顺机械设备制造有限公司 | 螺纹环换热器、反应容器、普通冷换设备 | 50 242.0 | 46 531.0 | 42 223.0 | 34 983.0 | 686.0 | 51.0 |
| 34 | 本溪市新兴盛铸造有限公司 | 深海石油管道输送器、锁流器等铸件产品 | 15 079.0 | 36 830.0 | 13 500.0 | 33 070.0 | 120.0 | 161.0 |
| 35 | 丹东欣泰电气股份有限公司 | 节能型输办电产品系列、无功补偿及电力电子产品系列 | 43 262.0 | 50 900.0 | 35 409.0 | 41 535.0 | 6 756.0 | 6 322.0 |
| 36 | 锦州矿山机器（集团）有限公司 | JK、JKM 系列大型矿井提升机 | 27 382.0 | 26 320.0 | 26 803.0 | 25 818.0 | 2 982.0 | 2 620.0 |
| 37 | 锦州阳光能源有限公司 | 单晶硅、硅片 | 146 981.0 | 182 107.0 | 122 055.0 | 155 885.0 | 23 274.0 | 3 935.0 |
| 38 | 中冶京诚（营口）装备技术有限公司 | 钢锭生产 | 125 563.0 | 218 798.0 | 181 595.0 | 224 898.0 | −1 340.0 | −42 716.0 |
| 39 | 辽宁德马重工有限公司 | 加氧反应器制造 | 62 295.0 | 32 152.0 | 63 791.0 | 39 058.0 | 2 824.0 | 2 530.0 |
| 40 | 新东北电气集团凯富高压开关有限公司 | 高压开关设备制造 | 356 130.0 | 320 973.0 | 356 130.0 | 335 973.0 | 67 665.0 | 84 859.0 |
| 41 | 阜新驰宇石油机械有限公司 | 井下石油工具及石油机械 | 8 865.0 | 10 235.0 | 8 865.0 | 10 235.0 | 1 899.0 | 2 067.0 |
| 42 | 阜新华通管道有限公司 | 大口径无缝管、薄壁、中壁无缝管 | 38 065.0 | 35 720.0 | 18 304.0 | 26 831.0 | 1 712.8 | 3 827.6 |
| 43 | 阜新市石油工具厂 | 石油井下工具 | 4 950.0 | 5 360.0 | 4 790.0 | 5 052.0 | 943.0 | 984.0 |
| 44 | 阜新金昊空压机有限公司 | 单螺杆空压机、冷螺杆压缩机、空气压缩机、中央空调、井下逃生舱、制氮机、救生舱、冷冻冷藏、干燥机、冷氮机等 | 15 007.0 | 17 353.0 | 7 585.0 | 12 331.0 | 264.8 | 312.1 |
| 45 | 阜新封闭母线有限公司 | 封闭母线 | 4 781.3 | 4 312.3 | 5 646.7 | 5 002.9 | 155.0 | −713.3 |

续表

| 序号 | 企业名称 | 代表产品 | 工业总产值（万元） | | 主营业务收入（万元） | | 利润（万元） | |
|---|---|---|---|---|---|---|---|---|
| | | | 2010 年 | 2011 年 | 2010 年 | 2011 年 | 2010 年 | 2011 年 |
| 46 | 辽宁迪亚电容器有限公司 | 柔性直流输变电高压直流支撑电容器 | 14 266.0 | 18 611.0 | 8 351.0 | 13 214.0 | 348.6 | 709.7 |
| 47 | 辽宁大金重工股份有限公司 | 风电塔架 | 61 643.0 | 43 381.0 | 61 643.0 | 43 381.0 | 9 450.0 | 5 301.0 |
| 48 | 辽宁石油机械制造有限公司 | DB 系列智能化石油钻机成套装备 | 2 730.0 | 12 960.0 | 2 708.0 | 12 960.0 | 3.2 | 93.2 |
| 49 | 航天长峰朝阳电源公司 | 军品电源、民品电源 | 22 434.0 | 23 080.0 | 22 302.0 | 23 064.0 | 5 267.0 | 5 166.0 |
| 50 | 渤海装备辽河重工有限公司 | 钻机 | 70 781.0 | 71 345.0 | 68 781.0 | 68 805.0 | 114.0 | 314.0 |
| 51 | 盘锦辽河油田派普钻具制造有限公司 | 钻杆、钻铤 | 50 000.0 | 40 000.0 | 45 738.0 | 31 837.0 | 1 852.0 | 1 892.0 |
| 52 | 中航黎明锦西化工机械（集团）有限责任公司 | 聚合釜、干燥机、搅拌设备、高压容器等 | 95 724.0 | 15 6348.0 | 104 666.0 | 129 948.0 | 2 812.0 | 9 012.0 |
| 53 | 葫芦岛七星钢管集团有限公司 | 石油输送管、油井套管、抽油管，主要应用于石油天然气输送领域 | 16 122.0 | 52 348.0 | 46 315.0 | 53 919.0 | −555.0 | -1 215.0 |
| | 合　计 | | 7 823 539.3 | 8 145 343.3 | 7 488 545.7 | 8 023 209.9 | 694 555.4 | 662 694.5 |

**表 3　2010 年、2011 年辽宁省主要能源装备企业经济指标（二）**

| 序号 | 企业名称 | 固定资产（万元） | 税金（万元） | | 工业增加值（万元） | | 出口金额（万美元） | |
|---|---|---|---|---|---|---|---|---|
| | | | 2010 年 | 2011 年 | 2010 年 | 2011 年 | 2010 年 | 2011 年 |
| 1 | 沈阳鼓风机集团股份有限公司 | 195 108.0 | 44 804.0 | 48 365.0 | 220 292.0 | 231 093.0 | 4 476.0 | 5 217.0 |
| 2 | 特变电工沈阳变压器集团有限公司 | 193 218.0 | 44 882.0 | 25 056.0 | 127 417.0 | 110 998.0 | 5 136.0 | 15 930.0 |
| 3 | 北方重工集团有限公司 | 335 157.0 | 31 814.0 | 42 444.0 | 248 087.0 | 264 150.0 | 32 366.0 | 29 366.0 |
| 4 | 三一重型装备有限公司 | 98 386.0 | 19 936.0 | 40 813.0 | 120 699.0 | 173 487.0 | – | 1 549.0 |
| 5 | 沈阳北方交通重工集团股份有限公司 | 46 755.0 | 8 907.0 | 9 177.0 | 76 719.0 | 66 858.0 | 1 599.0 | 1 756.0 |
| 6 | 沈阳华创风能有限公司 | 7 115.0 | 3 187.0 | 6 976.0 | – | 19 103.0 | – | – |
| 7 | 通用哈电风能（沈阳）有限公司 | 13 791.0 | 1 800.0 | – | 46 646.0 | 38 740.0 | – | – |
| 8 | 沈阳瑞祥风能设备有限公司 | 16 159.0 | 1 210.0 | 1 500.0 | 18 500.0 | 18 440.0 | – | – |
| 9 | 沈阳远大机电装备有限公司 | 12 136.0 | 2 639.0 | 600.0 | 470.0 | 30.0 | 6.0 | – |
| 10 | 大连重工·起重集团有限公司 | 542 359.0 | 539 757.0 | 62 547.0 | 79 927.0 | 322 653.0 | 22 500.0 | 13 373.0 |
| 11 | 瓦房店轴承集团有限责任公司 | 332 328.0 | 354 045.0 | 18 272.0 | 17 396.0 | 120 066.0 | 120 345.0 | 4 218.0 |
| 12 | 大连冶金轴承集团有限公司 | 49 544.0 | 50 293.0 | 3 046.0 | 3 263.0 | 28 565.0 | 29 279.0 | 2 004.0 |
| 13 | 大连大高阀门股份有限公司 | 22 989.0 | 24 568.0 | 2 415.0 | 2 219.0 | 15 388.0 | 25 464.0 | 293.0 |
| 14 | 大连天元电机股份有限公司 | 13 620.0 | 13 883.0 | 2 896.0 | 1 658.0 | 35 190.0 | 17 786.0 | 0 |
| 15 | 大连深蓝泵业有限公司 | 12 418.0 | – | 2 826.0 | 2 400.0 | 9 796.0 | 13 022.0 | 656.0 |
| 16 | 荣信电力电子股份有限公司 | 39 601.0 | 8 975.0 | 11 732.0 | – | – | 628.0 | 594.0 |
| 17 | 辽宁福鞍铸业集团 | 19 900.0 | 2 315.0 | 2 712.0 | – | – | – | 278.3 |
| 18 | 鞍山钢铁轴承有限公司 | 28 214.0 | 533.0 | 451.0 | – | – | – | – |
| 19 | 鞍山亨通集团 | 33 814.0 | 294.0 | 355.0 | – | – | – | – |
| 20 | 鞍山重型矿山机器股份有限公司 | 74 758.0 | 7 227.0 | 8 349.0 | – | – | – | – |
| 21 | 辽宁华源风力发电设备有限公司 | 11 448.0 | 4 406.0 | 7 897.0 | – | – | – | – |
| 22 | 鞍山嘉阳机械制造有限公司 | 34 275.0 | 883.0 | 519.0 | – | – | – | – |
| 23 | 海城银峰风电设备制造有限公司 | 29 800.0 | 9 852.0 | 26 043.0 | – | – | – | – |
| 24 | 华冶集团 | 152 155.0 | 5 472.0 | 557.0 | – | – | – | – |
| 25 | 丹佛斯鞍山控制阀有限公司 | 51 500.0 | 5 728.0 | 5 257.0 | – | – | – | – |

续表

| 序号 | 企业名称 | 固定资产（万元） | 税金（万元） | | 工业增加值（万元） | | 出口金额（万美元） | |
|---|---|---|---|---|---|---|---|---|
| | | | 2010年 | 2011年 | 2010年 | 2011年 | 2010年 | 2011年 |
| 26 | 辽宁天和重工有限公司 | 80 025.0 | 2 609.0 | 4 157.0 | — | — | — | — |
| 27 | 鞍山市九夷三普电池有限公司 | 31 822.0 | — | — | — | — | — | — |
| 28 | 抚顺煤矿电机制造有限责任公司 | 20 277.0 | 3 720.0 | 2 951.0 | 17 275.0 | 22 184.0 | — | — |
| 29 | 抚顺高科电瓷电气制造有限公司 | 24 958.0 | 1 406.0 | 1 636.0 | 11 756.0 | 6 952.0 | 1 552.0 | 2 399.0 |
| 30 | 凯希环保设备制造安装有限公司 | 12 182.0 | 67.0 | 1.0 | — | — | 121.0 | 231.0 |
| 31 | 抚顺石油机械有限责任公司 | 24 248.0 | 999.0 | 837.0 | 6 368.0 | 6 715.0 | 51.0 | 16.0 |
| 32 | 煤炭科学研究总院沈阳研究院 | 18 488.0 | 2 878.0 | 3 690.0 | 20 048.0 | 21 120.0 | — | — |
| 33 | 抚顺机械设备制造有限公司 | 15 027.0 | 1 728.0 | 761.0 | 9 546.0 | 8 841.0 | — | 127.0 |
| 34 | 本溪市新兴盛铸造有限公司 | 11 417.0 | 22.0 | 75.0 | 4 523.0 | 11 049.0 | | |
| 35 | 丹东欣泰电气股份有限公司 | 64 739.0 | 2 090.0 | 5 434.0 | 22 138.0 | 24 342.0 | 127.5 | 741.9 |
| 36 | 锦州矿山机器（集团）有限公司 | 13 575.0 | 1 796.0 | 1 688.0 | 32 120.0 | 31 008.0 | 185.0 | 283.0 |
| 37 | 锦州阳光能源有限公司 | 25 257.0 | 616.0 | 452.0 | 14 812.0 | 17 349.0 | 3 800.0 | 4 500.0 |
| 38 | 中冶京诚（营口）装备技术有限公司 | 319 833.0 | — | — | 31 027.0 | −5 927.0 | — | — |
| 39 | 辽宁德马重工有限公司 | 36 805.0 | — | — | 18 425.0 | 8 358.0 | — | — |
| 40 | 新东北电气集团凯富高压开关有限公司 | 57 372.0 | — | — | 102 399.0 | 114 772.0 | — | — |
| 41 | 阜新驰宇石油机械有限公司 | 14 523.0 | 933.0 | 1 055.0 | 2 806.0 | 3 280.0 | — | — |
| 42 | 阜新华通管道有限公司 | 54 000.0 | 585.6 | 3 827.6 | 3 353.0 | 9 031.0 | — | — |
| 43 | 阜新市石油工具厂 | 18 670.0 | 493.0 | 868.0 | 1 025.0 | 1 160.0 | — | — |
| 44 | 阜新金昊空压机有限公司 | 13 000.0 | 904.4 | 817.0 | 4 365.0 | 6 506.0 | — | — |
| 45 | 阜新封闭母线有限公司 | 10 856.0 | 350.0 | 265.0 | 1 195.3 | 1 078.0 | — | — |
| 46 | 辽宁迪亚电容器有限公司 | 36 757.0 | 505.1 | 482.5 | 7 452.0 | 5 360.0 | — | — |
| 47 | 辽宁大金重工股份有限公司 | 13 000.0 | 5 200.0 | 3 867.0 | 12 329.0 | 8 676.0 | — | — |
| 48 | 辽宁石油机械制造有限公司 | 18 357.0 | 1.2 | 29.4 | 789.0 | 1 926.0 | — | — |
| 49 | 航天长峰朝阳电源公司 | 30 500.0 | 2 519.0 | 2 567.0 | 6 861.0 | 8 078.0 | — | — |
| 50 | 渤海装备辽河重工有限公司 | 250 000.0 | 1 256.0 | 3 393.0 | 18 403.0 | 14 269.0 | — | — |
| 51 | 盘锦辽河油田派普钻具制造有限公司 | 27 972.0 | 3 203.0 | 3 492.0 | 13 000.0 | 8 000.0 | 528.3 | |
| 52 | 中航黎明锦西化工机械（集团）有限责任公司 | 23 294.7 | 8 396.3 | 2 497.7 | 23 919.8 | 38 328.7 | 37.1 | |
| 53 | 葫芦岛七星钢管集团有限公司 | 17 722.0 | 247.0 | 268.0 | 3 547.0 | 10 993.0 | — | — |
| | 合　计 | | 1 229 934.6 | 375 916.2 | 1 355 175.1 | 1 838 005.7 | 279 008.9 | 83 532.3 |

（辽宁省发展和改革委员会工业处）

# 吉 林 省

## 一、能源装备行业概况

吉林省是我国老工业基地，拥有"长春一汽"、"长春轨道客车"等大型骨干企业，经过多年的发展，形成了从铸造、锻造到机械加工、零部件配套、科研开发、人才支撑、产业工人队伍等比较完整的产业链条。发展能源科技装备产业具有良好的产业基础。我省一次能源种类齐全，特别是风能、太阳能、生物质能等可再生能源储量比较丰富，在大力推进新能源和可再生能源项目建设速度的同时，也极大地带动了新能源和可再生能源装备制造业的发展。我省能源装备行业主要有电力输变电、煤矿机械、石油钻采和"十一五"末期逐步引进开发的风电、核电、太阳能电池、生物质能等新能源和可再生能源装备，但规模总体较小，且缺少大型企业集团。

### 1. 电力装备行业

我省输变电设备产业门类较为齐全，涵盖了输电类、变电类、配电类、用电类等。经过不断培育和发展，目前已具有一定的规模、基础和特色，多家企业拥有省级企业技术中心。在行业内拥有众多的"中国名牌产品"、"吉林省名牌产品或著名商标"，骨干企业经过多年的精心经营，已逐渐得到业界和市场认知和肯定，部分产品在全国有一定的影响力。如长春三鼎的电炉变压器、四平市四开电气的矿用隔爆型开关、吉林四平线路器材厂的电力金具、昊宇石化的发电机组管道系统、长春发电设

备总厂的堆取料设备、四平鼓风机的通风机和鼓风机、梨树铁塔的输电线路铁塔等产品在国内行业和用户中都具有较大的影响力。

### 2. 煤矿机械装备行业

我省煤机产业起步较早，专业性强，生产历史悠久，但生产规模不大，总体成套能力不强。辽源煤机厂、辽源重型集团及蛟河煤机厂均是在20世纪60年代中后期、70年代初建厂，从密切配合当地煤炭生产和配套需要走向国内市场，长期以来一直为井下煤矿提供主要产品，生产制造经验丰富，在产品研发及技术装备上均具有一定实力。上述厂商生产的薄煤层采煤机等主要煤机产品在国内享有一定知名度，并拥有一批稳定的国内用户，属于我国较早生产煤机的主要企业。

### 3. 石油钻采装备行业

我省石油钻采装备行业总体规模不大。通化石油化工机械制造有限责任公司是我省石油装备主要研制单位，也是中石油和中石化一级网络供应商。在全国石油钻采设备制造行业中，名列前茅，连续七年被评为行业"五十强"企业。有系列石油修井机、采油车、冲砂液处理车、洗井液处理车、带压作业机、洗井清蜡车6个产品被评为中国石油和石油化工设备制造行业名牌产品，系列石油修井机同时被评为吉林省名牌产品。

### 4. 新能源和可再生能源装备行业

近年来，我省新能源和可再生能源产业发展迅速，带动了能源装备制造产业迅速发展。在核能、风能、太阳能、生物质能等新兴能源领域已有30多

个项目开工建设或竣工投产。已有中国兵装长春天威能源装备产业园项目、白城新能源装备制造产业园区项目、吉林昊宇 8.5 万 t/a 核电管道及大型锻件项目、吉林明阳风机叶片项目、辽源锂源新能源公司的锂离子动力电池项目、辽源惠宇生物质燃气节能装备项目、吉林庆达 30MW 非晶硅薄膜太阳能电池生产线等一批重点项目相继开工建设，部分项目已竣工投产。全省新能源装备产业从无到有，正在形成规模化的发展势头。

## 二、能源装备行业工作开展见成效

按照我省装备制造业发展战略要求，根据长吉图区域经济发展规划布局，我省能源装备重点开展了以下两方面工作：一是着力发展新兴能源装备产业，加快提升传统能源装备产业，积极培育与之相配套的现代能源装备制造服务业；二是加强能源科技创新体系建设，加快培育建设能源科技研发平台、示范工程和科技成果转化推广，推进核心技术的研发和重大装备的自主创新。

### 1. 着力发展新兴能源装备产业

依托我省资源优势和产业优势，发展风机总装及重要零部件产业。推进 2MW 以上风电装备整机生产及 3MW 以上风电机组陆地风电实验场建设，着力打造从风电整机及核心零部件研发、制造到运营维护的全套产业链条。依托现有骨干企业，建立太阳能技术研发中心，重点突破非晶硅薄膜太阳能电池技术、多晶硅提纯技术，开发用于太阳能级硅料、电池及组件的生产设备。推进核电主管道研发制造中心建设，加快对第三代 AP1000 核电技术消化吸收和再创新。以建设年产百万辆新能源汽车基础设施工程为契机，加快推进长春、辽源两市车用高性能单体动力电池、电池材料的研发及其产业化应用。鼓励支持秸秆燃气及颗粒燃料等生物质能高效利用技术装备研发生产基地建设，推动生物质能源与装备产业快速发展。

### 2. 加快提升传统能源装备产业

巩固现有电炉变压器、冶金变压器系列等特种变压器优势，重点发展大容量、高电压电力变压器，发展超高压、特高压开关设备，发展优良性能的电线电缆和特种用途电缆等，建设输变电设备产业集群。依托省内石油钻采企业，推动吉林省石油装备产品再制造工程。以油页岩开采成套装备开发、利用及关键部件（含废水、废气、废渣处理等环保装备）的研发和生产为突破口，大力推进油母页岩综合开发利用项目建设。依托现有煤矿机械产业基础，重点发展以"三机一架"相互配套为主的、大功率及薄煤层井下煤矿综合采掘成套设备。

### 3. 培育新型能源装备服务业

以大型能源项目的需求为支撑，集聚生产要素，延伸产业链条，加快产业分工与协作，建立和完善技术、资金、市场、信息、人才等公共服务体系，为各种能源项目提供服务。支持大型能源装备企业和特色能源装备产业园区在工程承包、系统集成、设备租赁、提供解决方案等方面开展增值服务，逐步实现由生产型制造向服务型制造转变。鼓励有条件的企业，延伸扩展研发、设计、服务等业务。

### 4. 加快推进能源新技术研发

鼓励推进先进风机设备设计和制造技术、风电并网及预测关键技术、风光储综合发电技术；太阳能发电和太阳能电池技术，锂离子电池及电池材料技术、碳铅储能电池技术；核管道及大型锻件、核废料罐制造等核电配套技术；先进输变电技术、智能电网技术；生物质燃料成型及燃烧关键技术、纤维素制乙醇、纤维素制丁醇、生物柴油、沼气发电、生活垃圾发电等技术；非常规油气资源勘探开发技术、油砂和油页岩开采利用技术；洁净煤技术、煤层气开发利用技术；地源热泵利用技术等重大科技研发，推动科技成果产业化，以技术进步带动产业升级。

### 5. 加强能源装备新产品推广

重点支持高兆瓦级风电机组及配套产品、薄煤层采煤机、重型刮板输送机、悬臂式重型掘进机、无绳绳修井机、电炉变压器、矿用隔爆型移动变压器、非晶合金配电变压器、矿用防爆开关、稀土永磁开关、AP1000核电管道等一批具有比较优势的重点产品。

### 6. 加快推进培育示范工程

重点推进风光互补、风光储一体化、光伏建筑、秸秆转化、沼气利用、垃圾发电、超高压输变电、纤维素乙醇、纤维素丁醇、生物质能供暖等一批重点能源示范工程建设。

### 7. 加快推进能源研发平台建设

积极支持我省能源骨干企业与科研院所、高校合作设立国家级、省级能源研发（实验）中心。支持吉林省电力公司、东北电力大学联合设立国家能源风电消纳技术研发中心；吉林大学、东北电力大学与省内企业联合设立国家能源油页岩综合利用研发中心；吉林大学、东北师范大学与长春锂源新能源公司设立国家能源新能源汽车动力电池及电池材料研发中心；长春三真实业公司设立国家能源洁净煤技术研发中心；吉林宏日集团设立国家能源生物质能综合利用研发中心；吉林昊宇设立核管道省级能源研发中心；吉林明阳设立风光储一体化技术省级能源研发中心；长春天威、四平庆达设立光伏发电技术设备省级能源研发中心；辽源惠宇能源设立秸秆燃气技术装备省级能源研发中心。

### 8. 发展战略取得成果

近年来，我省坚持能源适度超前的发展战略，在大力推进能源基础设施和重点项目建设同时，在能源科技装备、能源行业节能减排等工作上取得了一定的成效。

（1）科技进步与创新得到加强

一是省政府设立能源发展专项资金，支持开展新能源和可再生能源、节能降耗、清洁生产等方面的关键和共性技术及产业化技术研发，先后启动了电力风电智能调度自动化系统、新型高能量锂离子电池正极材料生产工艺研发、5kW双风轮风力发电机组研发、大容量油页岩半焦循环流化床电站锅炉研发、纤维素液体燃料生产技术与工艺研发、农林废弃物生物质燃气及颗粒燃料生产工艺与装备研发、洁净煤关键技术与产业化研发、兆瓦级碳铅储能电池研发等项目，为进一步发挥科技支撑作用奠定了基础。二是一批重大科技成果推广应用到能源行业。煤矿采掘综合机械化程度大幅度提高，全省采煤机械化程度达到72.97%，掘进机械化程度达到27%，其中省属煤矿采煤机械化程度93.41%，掘进机械化程度85.6%。电力30万kW、60万kW超临界发电机组和500kV变电站相继投入运行。在全国率先成立省级风电并网技术研究与检测中心，完成了国内首次风电场联网运行短路试验、风机低电压穿越能力现场测试，开发出国内首套风功率预测系统和风电智能调度控制系统。白城电力镇赉变压器有限责任公司的"组合式风力发电升压变电装置"、通化石油化工机械制造有限责任公司的"一体化不压井修井机"、四平线路器材厂的"±800kV直流特高压工程配套金具研制"等四个项目2011年获国家级能源科技进步三等奖。

（2）新能源装备产业发展迅速

采取有力措施积极引进项目和大型龙头企业，推进核能、风能、太阳能、生物质能等新兴能源产业发展。目前，已有广东明阳、中国兵装、国电联合动力、华锐风电、西班牙歌美飒等10余家国内外风机企业相继落户我省，产品覆盖整机、叶片、发电机、铸件、塔筒等，设计整机年配套生产能力超过500万kW。吉林昊宇公司消化吸收国外先进技术，攻克第三代核电技术国产化难题，研发制造的AP1000核电主管道通过国家鉴定，并和国家核电技术公司签订了三门核电站一号机组供货合同，成为AP1000核电主管道首台（套）供货商；辽源惠宇公司自主研发的生物质燃气制取设备SR-1型生物质干馏热解炉，经吉林电力监督检测中心检测，完全符合国家标准；辽源锂源锂离子动力电池及电池材料产业化项目，作为新能源汽车的配套产业已经启动；吉林庆达公司自主研发的非晶硅薄膜太阳能电池生产设备已达到国际先进水平；长春三真实业的"煤、油页岩BIRC催化热解工艺与工业验证装备"项目通过国家能源科技成果鉴定，技术水平国内领先并填补国内空白，市场应用前景十分广阔。

（3）节能减排成效明显

煤矿更新大批老旧杂设备，降低了能耗，整顿关闭小煤矿235处。加强资源综合利用，全省建成5座瓦斯发电站，累计利用煤层气1 145万 m³，发电3 435.5万 kW·h。建成矸石砖厂6座，设计能力4亿标块/a，年可利用矸石130万 t。原煤入洗率达到38%，煤层气、煤矸石、矿井水利用率分别达到34%、70%、70%。电力关停小火电机组160.92万kW，超额完成国家"上大压小"指标，推进了燃煤机组脱硫改造；积极开展电力需求侧管理和小火电机组发电权替代，提高了发电和用电能效；积极开展新能源并网、消纳和调度运行等关键环节技术研究，有力地促进了全省风电等新能源健康快速发展。2005年至2011年，我省风电累计发电150.5亿kW，相当于2010年长春、延边两个地区全年用电量的总和，为社会节约标准煤496.7万 t，减排二氧化硫2.96万 t，减排二氧化碳1 291.4万 t。石油天然气行业千万吨炼油项目结构调整、硫磺回收、热能梯级利用效果显著，炼油能耗比"十一五"下降8kg标油/t。

# 三、能源装备产业发展现状

2011年，全省现有规模以上能源装备企业50家左右，据对其中典型企业不完全统计，2011年能源装备行业实现工业总产值72.3亿元，同比增长24%；主营业务收入64.7亿元，同比增长28%。2011年全省在建能源装备行业投资3 000万元以上重点项目25个，总投资159.4亿元。中国兵装长春天威能源装备产业园项目、白城风电装备产业园项目、吉林昊宇第三代AP1000核电管道及大型锻件项目等一批重点项目建设进展顺利。

## 1. 新能源装备

据不完全统计，2011年全省新能源装备行业实现工业总产值32.1亿元，同比增长29%；主营业务收入25.7亿元，同比增长39%。

（1）风电设备

2011年已有广东明阳、中国兵装、华锐风电、西班牙歌美飒（Gamesa）等10家风机总装企业落户吉林省，设计整机配套生产能力超过500万 kW/a。此外，已有中材科技、吉林明阳、大安晨飞等叶片、塔筒、法兰、箱体等风机零部件配套企业近10家。2010年以来由于国家宏观政策调控力度大，行业竞争加剧，东北、蒙东地区风电限电严重，风电运营商效益下滑，风电项目延迟开工情况增加，致使部分风电装备企业迟建缓建，已建成项目推迟开工生产。

吉林明阳大通风电技术有限公司2008年落户吉林市，一期投资3亿元，设计规模45万 kW/a，主要产品1.5MW整机。公司建成至今已向华能、国电、大唐等发电公司批量供货，已达到公司设计产能，并形成叶片、主轴等60%核心部件的当地配套。2009年公司投资3.9亿元建设300套/a叶片项目。2010年、2011年分别实现产值14.3亿元、8.6亿元。

三一通榆风电产业园2009年落户白城通榆县，项目分三期建设，计划5年内总投资100亿元。一期工程投资25亿元建设整机、叶片生产线，设计规模50万 kW/a，主要产品1.5MW整机已投产。2010年、2011年分别实现产值1.2亿元、1.3亿元。

通榆华仪风电有限公司2008年落户通榆县。项目计划总投资6.6亿元，总占地面积13.475万 m²，设计规模50万 kW/a，主要产品1.5MW风机整机，目前已具备投产条件。

天威新能源（长春）有限公司2010年落户长春，计划投资23.1亿元在长春高新区建设风、光、电"三位一体"新能源科技装备产业园项目，其中风电产业园总投资11亿元，一期设计规模45万 kW/a，主要产品1.5MW风机整机。目前，已完成整机厂房、叶片厂房、联合站房暖封闭，风电整机已具备生产条件。

华锐风电科技（吉林）有限公司2010年落户白城工业园，建设吉林白城华锐风电产业基地项目。总投资5亿元，设计规模60万 kW/a，主要产品3~5MW风电整机，已竣工，2011年产值10亿元。

国电联合动力（长春）技术有限公司2010年落户长春经济开发区，国电联合动力长春基地总投资12亿元，设计规模60万kW/a，主要产品1.5～3MW风电整机，已完成投资7亿元，具备生产条件。

歌美飒大安风机组装厂位于大安经济开发区（工业集中区）内，总投资1.6亿元，分二期建设，一期投资6910万元，主要生产2MW级风机，设计规模50万kW/a，2011年5月竣工进行试生产，2011年6月1日第1台风机下线。2011年产值7251万元。

吉林新誉新能源技术有限公司2009年落户白城镇赉县，总投资10亿元建设风电整机、叶片、塔筒项目。项目分两期建设，一期投资2.8亿元，设计规模45万kW/a，主要产品1.5MW风机整机，目前已累计投资1.08亿元，项目在建。

洮南国测新能源有限公司2010年落户白城洮南，计划投资1.8亿元建设洮南国测风电装备生产基地。项目设计规模50万kW/a，主要产品2.5MW风机整机，项目在建。

松原北车风电工业园2011年落户松原，计划投资5.3亿元（其中固定资产投资4.1亿元）建设2.5～3MW风力发电装备产业基地，主要进行风力发电机组的总成，风力设备的大部件加工，塔筒及大型钢构产品的生产。项目分三期建设，一期为年产风机塔筒500套，项目在建。

中材科技（白城）风电叶片有限公司2010年落户白城市工业园区。项目总投资2.4亿元，设计规模风电叶片500套/a，项目2010年底试生产，2011年公司全面发展，最高峰达到8套模具满负荷生产，实现销售收入2.3亿元。

国电通力实业有限公司位于白城市工业园区，总投资1.84亿元，建成1.5～3.0MW风机塔架生产线2条，主要生产设备98台（套）。年产3万t风电塔架。公司2011年完成产值3.5亿元，实现利润2500万元。

吉林省天合风电装备制造运行维护有限公司2010年4月成立，总投资1.24亿元，可年产2.0MW以上风机塔架500套。

（2）核电设备

我省昊宇石化电力设备制造有限公司是省内唯一一家核电装备生产企业，主要产品有AP1000核电主管道、风电主轴、大型水轮机轴系、汽轮机主轴、钢管产品、大型船用轴系与大机锻件、船用曲轴。该公司产品覆盖全国五大电力集团的90个发电厂的180台发电机组管件，部分管件产品已出口到美国和印度。2009年该公司中标了中广核集团红沿河核电站和宁德核电站的常规岛管件项目，目前已经取得民用核安全设备许可证。该公司消化吸收国外先进技术，攻克第三代核电技术国产化难题，研发制造的AP1000核电主管道已通过国家鉴定，并且和国家核电技术公司签订了三门核电站一号机组供货合同，成为AP1000核电主管道首套供货商。目前该公司募投项目8.5万t核电管道和大型锻件项目已进入设备安装调试阶段，计划在2013年公司上市后一年内全部建成投产。AP1000核电主管道制造技术研发中心建设项目正在实施。

（3）太阳能光伏产业

据不完全统计，2010年以来全省太阳能产品生产企业约15家，如中国兵装天威新能源（长春）新能源装备基地项目、吉林庆达新能源电力股份有限公司多晶硅太阳能电池及非晶硅薄膜电池生产设备项目、柳河县康乐光源科技有限公司太阳能板及太阳能路灯建设项目、磐石吉阳恒基新能源有限公司多晶硅太阳能电池项目、江山硅业有限责任公司3000t/a多晶硅项目、洮南市光伏产业基地项目等，规划项目太阳能光伏产品设计规模在400MW/a以上，硅料生产能力4000t/a。受市场影响，目前多数项目都已停建或缓建，只有少数几家企业仍维持生产。

目前正在实施的项目有吉林庆达新能源电力股份有限公司晶硅太阳能电池扩建项目建设规模为晶硅太阳能电池175MW/a，总投资2.7亿元，已竣工投产。吉林庆达新能源电力股份有限公司非晶硅薄膜太阳能电池生产线装备中试线研发项目，已完成大部分研发工作，并获多项国家发明专利，其成本仅是同类生产线进口价格 1/2，2012 年可进行安装调试并进行试生产，但由于市场等原因目前项目暂停。柳河县康乐光源科技有限公司建设规模 10MW/a 太阳能电池板和 1 万套/a 太阳能路灯，项目总投资 1.2 亿元，已投产。

### （4）生物质能装备

我省是粮食大省，生物质能资源丰富，为发展生物质能产业创造了得天独厚的条件。据粗略统计，全省计划上生物质能产业的项目近 20 个，产品范围涉及生物质能发电、生物质能液体燃料（乙醇、生物柴油）、固体燃料、生物质能燃气、沼气制备等。其中生物质能装备生产项目有生物质能燃气制取设备、秸秆发电炉、气化炉具等，多数处在研发推广阶段，企业规模普遍较小。其中，生物质能燃气制取设备是由辽源市惠宇能源有限公司承担，该公司与辽宁科技大学共同攻关，开发了具有自主知识产权的螺旋干流裂解装置和工艺技术，并申报了国家专利。这一成果得到了国家科技部、农业部、环保部的认可。2007 年国家发改委将公司生物质能燃气项目列为全国唯一的示范项目。2009 年吉林省政府在启动"百镇建设工程"时，将辽源生物质能燃气项目列入吉林省百镇试点工程。目前，生物质能燃气制取设备已进入产业化实质性实施阶段。2011 年产值 2 600 万元。

### （5）新能源汽车动力电池

我省作为国内重要的汽车产业基地，依托一汽集团，将纯电动汽车及零部件产业发展纳入战略性新兴产业重点进行培育，打造国内领先的电动汽车产业基地。为整合新能源汽车产业资源，加快该产业的发展，正式成立了吉林省新能源汽车产业联盟。该联盟由一汽集团、吉林大学、东北师范大学、长春锂源新能源科技有限公司、启明信息技术股份有限公司、吉林中聚新能源科技有限公司、辽源星源电池材料科技有限公司、辽源市鸿图纸业有限公司、辽源汇丰电机制造有限公司、一汽辽源汽车电器制造有限公司等 23 家科研、生产单位组成，这一联盟代表了吉林省研发和生产新能源汽车的最高水平。目前，已基本形成以动力电池、驱动电机

等关键部件制造为主，相关配套产业协同发展的新能源汽车产业框架。

目前正在建设的项目有：辽源市星源电池材料科技有限公司 2 000t/a 磷酸亚铁锂电池材料生产线项目、辽源市鸿图纸业有限公司 4 400 万 m²/a 锂离子电池隔膜项目、辽源市汇丰电机制造有限公司 1 万台（套）/a 新能源汽车 BS-60~120kW 系列三相异步感应交流动力电机及控制器项目、吉林中聚新能源科技有限公司高性能锂离子电池和电动车及其动力总成系统产业化建设项目。辽源鸿图纸业有限公司是国内最早、规模最大纸板电池隔膜纸专业生产企业，是中国电池工业协会理事单位、浆层纸标准起草单位。该公司谋划实施的 4 400 万 m²/a 锂离子电池隔膜高技术产业化项目，经过前两年建设，土建工程已全部完工，进口设备正陆续到岸，设备已安装调试完毕，近期即可实现投产达产。该项目投产后将实现国内生产规模化，打破国内锂离子电池生产企业全部采用国外进口隔膜现状，带动整个国内隔膜产业发展。

### 2. 传统能源装备

我省传统能源装备产业包括电力装备、煤矿机械、石油钻采等，据不完全统计，2011 年传统能源装备行业实现工业总产值 40.2 亿元，同比增长 20%；主营业务收入 40.0 亿元，同比增长 22%。

### （1）电力装备

我省电力装备产业涵盖了输电类、变电类、配电类、用电类等门类的产品。主要产品为电缆、中高压交联电缆、变压器、高压开关柜等。据不完全统计，2011 年全省电力装备行业实现工业总产值 32.8 亿元，同比增长 22%；主营业务收入 32.5 亿元，同比增长 24%。

长春三鼎变压器有限公司是国内电炉变压器主导生产厂，主要产品为电力变压器、电炉变压器、整流变压器、电抗器四大类，具备各种变压器 6 000MVA/a 的生产能力。国内的 6 个电炉变压器行业标准主要起草单位，2011 年实现产值 3.8 亿元。

吉林龙鼎电器股份有限公司是高低压电气开关产品的专业生产厂家，主要产品高低压开关成套设

备和控制设备、高低压无功补偿及负荷均衡装置、电网及工业自动化控制设备、军用卫生保障装备及医疗器械、工位器具。公司拥有各类生产加工设备204台（套），其中公司引进日本阿玛达（AMADA）系列数控冲、剪、折设备及激光切割设备，德国瓦格纳尔粉末静电喷涂生产线、意大利钣金加工软性生产线等先进生产设备30多台（套）。

吉林永大集团股份有限公司自主研发永磁电气开关等高新技术产品在国内同行业中处于领先地位，市场份额占85%以上，是中国最大的永磁开关产品研发生产基地。主导产品有：永磁式户内高压真空断路器、户外真空断路器、永磁低压交流接触器、永磁低压智能开关等。目前，公司产品已远销德国、印度尼西亚、孟加拉、马达加斯加、叙利亚等国家和地区。

通化变压器制造有限公司是国家定点生产矿用隔爆型变压器的企业。公司主导产品为矿用变压器和电力变压器两大系列。矿用变压器为矿用隔爆型干式变压器和矿用隔爆型移动变电站两大品种98个规格。

吉林省巨源电线电缆有限公司前身是辽源市电缆有限责任公司。主要产品有：铝绞线及钢芯铝绞线、35kV及以下电力电缆、35kV及以下架空绝缘电缆、1kV辐照交联聚乙烯绝缘电力电缆、屏蔽控制电缆、无卤低烟阻燃电缆等。

四平市四开电气设备制造有限公司由原国家机械工业部矿用隔爆型开关主要定点企业四平市开关厂转制组建。主营矿用防爆电器产品：高压负荷开关、高压真空配电装置、高压真空负荷开关、低压馈电开关、智能型馈电开关、电磁启动器、高压电缆接线盒等。

吉林四平线路器材厂始建于1951年，是国内第一家生产电力金具的企业，是国家电力金具标准起草单位之一。拥有全国同行业中第一家原电力部授权批准的电力金具研究所，是国内同行业中第一家获得进出口经营权的企业。主要产品有：1 000kV交/直流、750kV交流、500kV交流电压等级的输变电线路金具、电缆桥架等设备。2011年实现产值2.2亿元。

白城电力镇赉变压器有限公司是原国家经贸委指定生产电力变压器、箱式变电站的专业生产厂。主要产品有：电力变压器、油浸配电变压器、全密封配电变压器、三相、单相卷铁芯变压器、非包封式干式变压器、冶炼用电炉变压器、矿用隔爆型移动变电站、矿用隔爆干式变压、组合箱式变电站、高低压成套设备、户外10kV电缆分线箱、风力发电升压变电站等。2011年实现产值3.2亿元。

吉林省昊宇石化电力设备制造有限公司始建于1993年。专门从事大中型火力发电站、核电、石油、化工等管道系统及压力容器的研究、设计、加工制造。具有生产和加工火力发电厂30万kW、60万kW机组和超临界60万kW机组、超超临界100万kW机组四大管道管件工厂化配制的资质和能力，是国内仅有的几家能够生产配制100万kW机组所需高压管件的企业之一。2011年实现产值17.1亿元。

长春发电设备总厂（长春发电设备有限责任公司，简称CGE），始建于1950年，国家一级计量单位，是国内唯一拥有德国巴高克—日立欧洲公司新技术MPS-HP-II型号磨煤机授权设计、生产MPS中速磨煤机的专业企业，并拥有自营进出口权。主要产品有：臂式斗轮堆取料机、门式斗轮堆取料机、桥式斗轮取料机、装船机、中速磨煤机、风扇磨煤机、静电除尘器等。2011年实现产值3.9亿元。

四平鼓风机股份有限公司前身四平鼓风机厂创建于1958年，是风机行业重点骨干企业，原机械部确定的高温风机定点生产厂家。主要产品有炉窑风机、高温风机、离心鼓风机、大型通风机、烧结风机、耐腐蚀风机、煤粉风机、锅炉鼓引风机等。产品行销全国，并出口10多个国家和地区。

（2）煤矿机械设备

我省煤机行业规模不大，总产值估计3亿元，占全国煤机行业总产值不到1%。但多数是在20世纪60年代中后期、70年代初从密切配合当地煤炭生产和配套需要而建，产业起步早，生产历史悠久，所属企业均为生产煤机的专业性企业。主要产品有：井下采煤机、掘进机、运输机、液压油泵、马达及其配件、生产大中型矿山破磨、洗选设备、矿用变频调速控制系统、重型刮板输送机与转载机、矿用高强度紧凑链、圆环链、矿用绞车等。吉林省煤矿机械产业主要集中在辽源市和蛟河市。

辽源煤矿机械制造公司是省内最大的煤矿机械企业，前身为辽源煤矿机械厂，是原煤炭部定点生产采煤机的三大厂家之一。国家一级计量单位，国家大型二档企业。公司主导产品为电牵引及液压牵引两大类采煤机、全岩巷道掘进机。2011 年实现产值 1.9 亿元，同比增长 7.3%。

吉林省蛟河煤机公司前身为蛟河煤矿机械厂，是专业生产矿用刮板输送机的国有独资企业。主要产品 SGZ-830/750、SGZ1000/1400 重型刮板输送机、转载机、破碎机，共 3 大系列 30 多个品种。

长春东北输送设备制造有限公司前身为营城煤矿机械，是生产自动化物流机械和煤矿输送机械及配件产品的专业生产企业，是东北地区最大的输送机械制造基地。主要产品有：悬挂输送机、地面输送机成套设备、煤矿输送机及矿用高强度紧凑链、圆环链、接链环、扁平接链环等配套零部件。2010 年实现销售收入 5 800 万元，利润 270 万元。

辽源市重型集团实业公司于 1949 年建厂，1965 年开始生产矿山设备，近期开发和生产节能型颚式破碎机、环保节能型球磨机、高效节能螺旋分级机、内滤式及外滤式过滤机，以及大型节能型浓缩机与搅拌槽，供中小型矿山破磨、洗选之用。

辽源亚星电控设备制造公司原为辽源煤矿机械厂电控分厂，2003 年转制为民营，主要生产煤机的电控设备及采掘机械部件，有 4 大系列 100 余产品。公司研制的掘进机遥控控制系统获得国家专利，掘进机可视遥控装置填补国内掘进机远程可视控制空白。各种电控设备国内市场占有率达 7% 左右。2011 年实现产值 2 490 万元。

白山市星泰机械制造有限公司系原国家机械工业部绞车生产定点企业，中国提升协会成员单位，国家中二型企业。传统矿用绞车生产企业已有 46 年历史，现具备年产 1 500 台矿山、石油机械设备

的生产能力，主要产品：调度绞车、运输绞车等各种绞车、一体式斜向器、YBSH 输油泵、JDKQ-115 型油管倒扣器等。

### （3）石油钻采产业

吉林油田是全国十大油田之一的石油主产区。我省石油钻采装备产业规模不大，总产值估计在 5 亿元，主要集中在松原市和通化市，通化石油化工机械制造有限责任公司是我省石油装备主要研制单位，其他多数企业主要围绕吉林油田生产配套设备和产品。据不完全统计，2011 年全省石油钻采装备行业实现工业总产值 5.1 亿元，同比增长 14%；主营业务收入 5.0 亿元，同比增长 16%。

通化石油化工机械制造有限责任公司是我省石油装备龙头企业，中石油和中石化一级网络供应商。主要产品包括系列石油修井机、油田系列环保设备两大系列。公司在全国石油钻采设备制造行业中，名列前茅，连续 7 年被评为行业"五十强"企业。有系列石油修井机、采油车、冲砂液处理车、洗井液处理车、带压作业机、洗井清蜡车 6 个产品被评为中国石油和石油化工设备制造行业名牌产品，系列石油修井机同时被评为吉林省名牌产品。2010 年、2011 年分别实现产值 1.4 亿元、1.8 亿元。

松原市前进石油工程机械有限公司主要产品有连续油管作业机、大冲程节能环保型抽油机、新型带压作业机等。2010 年，自主研制的橇装多功能不压井作业装置 BYJ60/35FQ0，通过国家级检测和省级鉴定。2011 年生产带压作业装置 9 台，2012 年成为中石油能源一号网一级供应商。2010 年、2011 年分别实现产值 1 190 万元、952 万元。

前郭县恒泰机械加工有限公司主要生产抽油机配件产品，全部销售给吉林油田公司，作为吉林油田生产配套产品的企业，产品市场前景较好。2011 年实现产值 770 万元。

吉林油田公司机械总厂是松原市最大的一家石油技术装备企业，主要产品分为四大系列：抽油机制造、改装车制造、油套管加工和修管业务、抽油机和管线安装，主要为吉林油田配套服务。另外，根据公司日益增长的节能减排需求，工厂正逐渐做

大节能电控设备。

松原大多油田配套产业有限公司是中石油能源一号网、吉林油田二级销售网网络会员单位。主要产品有再造油管、陶瓷油泵、抽油杆。2010 年研制成功废旧油管再制造工艺被工信部认定为首批"机电产品再制造试点单位"，2011 年，陶瓷内衬抽油泵研发取得进展，"先进管式抽油泵"取得国家发明专利授权。2011 年实现产值 4 283 万元。

吉林省九环石油装备有限公司位于前郭尔罗斯工业集中区，总投资 3 600 万元，目前正在建设两栋机械制造加工厂房，每栋厂房占地面积 2 500m²，目前已吸纳各类人才 40 余人来公司就业。公司以中、小型石油钻机、石油套管、各类接头及抽油机等机械制造加工为主体，承揽开发加工项目。2011年实现产值 4 000 万元。

梅河口市弘业无缝钢管有限公司自主研发的专利产品——高防腐耐磨特种油井管，是国家 2011 年 5 月 10 日发布的 2011 版【产业结构调整指导目录】中鼓励项产品。经国家石油管材检测中心检测，各项性能均达到或超过美国石油协会的 API 标准，经油田下井试验，使用寿命提高 4 倍以上，目前已批量生产。该公司 2010、2011 年销售金额分别为 12 115 万元、13 371 万元。2010 年、2011 年吉林省重点能源装备企业主要经济指标见表 1。2010 年、2011 年吉林省装备产业（分行业）重点企业生产基本情况见表 2。

表 1　2010 年、2011 年吉林省重点能源装备企业主要经济指标

| 企业名称 | 主要代表产品 | 资产总金额（万元） | | 总产值（万元） | | 销售额（万元） | | 从业人数（人） | |
|---|---|---|---|---|---|---|---|---|---|
| | | 2010 年 | 2011 年 | 2010 年 | 2011 年 | 2010 年 | 2011 年 | 2010 年 | 2011 年 |
| 吉林省昊宇石化电力设备制造有限公司 | 电力高压管道、管件 | 870 000 | 100 000 | 130 000 | 170 575 | 127 399 | 167 164 | 430 | 498 |
| 吉林明阳风电技术有限公司 | 风机、叶片 | 85 952 | 84 481 | 142 964 | 86 290 | 127 926 | 98 109 | 576 | 468 |
| 华锐风电（吉林）装备有限公司 | 风机 | – | 200 000 | – | 100 000 | – | 43 183 | – | 200 |
| 重通晨飞（大安）风电设备有限公司 | 风机叶片 | – | 25 791 | – | 6 300 | – | 6 300 | – | 157 |
| 中材科技（白城）风电叶片有限公司 | 风机叶片 | 18 984 | 19 844 | 21 978 | 3 849 | 2 867 | 23 166 | 180 | 260 |
| 吉林庆达新能源电力股份有限公司 | 晶硅太阳能电池 | 20 650 | 29 737 | 4 859 | 15 730 | 4 839 | 8 472 | 210 | 358 |
| 辽源市惠宇能源有限责任公司 | SR-200 生物质能燃气装备 | 4 170 | 4 170 | – | 2 600 | – | 2 600 | | 40 |
| 长春发电设备总厂 | 堆取料机、磨煤机 | 34 691 | 48 922 | 39 851 | 38 502 | 38 406 | 37 949 | 755 | 752 |
| 白城电力镇赉变压器有限责任公司 | 风电升压站、变压器 | 23 320 | 28 500 | 24 600 | 31 600 | 22 300 | 30 600 | 270 | 310 |
| 长春三鼎变压器有限公司 | 变压器 | – | – | 38 716 | 38 176 | 36 527 | 41 735 | 135 | 121 |
| 四平线路器材厂 | 电力金具 | 20 432 | 24 087 | 20 377 | 21 690 | 22 775 | 21 120 | 621 | 615 |
| 吉林省金冠电气股份有限公司 | 断路器、环网开关 | 16 768 | 21 009 | 16 331 | 23 167 | 16 331 | 23 167 | 285 | 305 |
| 吉林市吉福新材料有限责任公司 | 电力电缆附件 | 7 900 | 8 500 | 4 000 | 4 500 | 3 800 | 4 200 | 160 | 162 |
| 吉林省绿能环保科技发展有限公司 | 抽油机智能拖动装置 | 10 756 | 14 646 | 8 400 | 8 800 | 7 500 | 7 892 | 153 | 178 |
| 松原大多油田配套产业有限公司 | 再造油管、油泵、抽油杆 | 19 070 | 19 070 | 4 400 | 4 282 | 4 461 | 4 293 | 74 | 78 |
| 通化石油化工机械制造有限责任公司 | 修井机、环保设备 | 15 523 | 18 170 | 13 750 | 17 800 | 14 000 | 18 300 | 940 | 950 |

续表

| 企业名称 | 主要代表产品 | 资产总金额（万元） | | 总产值（万元） | | 销售额（万元） | | 从业人数（人） | |
|---|---|---|---|---|---|---|---|---|---|
| | | 2010 年 | 2011 年 | 2010 年 | 2011 年 | 2010 年 | 2011 年 | 2010 年 | 2011 年 |
| 辽源煤矿机械制造有限责任公司 | 采煤机、掘进机 | 23 789 | 25 677 | 18 008 | 19 331 | 11 690 | 12 111 | 1 359 | 1 297 |
| 白山市星泰矿山机械制造有限公司 | 矿用绞车 | 7 300 | 8 200 | 1 200 | 600 | 1 060 | 710 | 150 | 200 |
| 总　计 | | 1 179 305 | 680 804 | 489 434 | 593 792 | 441 881 | 551 071 | 6 298 | 6 949 |

### 表 2　2010 年、2011 年吉林省装备产业（分行业）重点企业生产基本情况

| 企业名称 | 产品名称 | 生产能力 | | 产值（万元） | | 销售金额（万元） | |
|---|---|---|---|---|---|---|---|
| | | 2010 年 | 2011 年 | 2010 年 | 2011 年 | 2010 年 | 2011 年 |
| （一）新能源装备合计 | － | － | － | 248 534 | 321 198 | 185 178 | 257 343 |
| 1. 风电装备 | － | － | － | 243 205 | 301 908 | 179 869 | 245 311 |
| 吉林明阳风电技术有限公司 | 风机（台） | 500 | 500 | 140 945 | 82 265 | 126 075 | 93 915 |
| | 叶片（支） | 300 | 300 | 2 019 | 4 025 | 1 851 | 4 194 |
| 华锐风电（吉林）装备有限公司 | 风机（台） | 建设期 | 700 | 建设期 | 100 000 | 建设期 | 43 183 |
| 通榆县三一风电装备技术有限公司 | 风机（台） | 300 | 300 | 12 300 | 12 700 | － | － |
| 华仪风能（通榆）有限公司 | 风机（台） | 300 | 300 | 7 200 | － | － | － |
| 吉林省歌美飒风电有限公司 | 风机（台） | 建设期 | 10 | 建设期 | 7 251 | 建设期 | － |
| 吉林天能电力工程机械有限公司 | 塔筒（套） | 154 | 90 | 6 863 | 5 318 | 5 866 | 4 546 |
| 吉林通力实业有限公司 | 塔架（套） | 300 | 500 | 24 700 | 35 000 | 16 710 | 25 207 |
| 吉林天合风电装备制造运行维护有限公司 | 塔架（套） | 建设期 | 286 | 建设期 | 28 600 | 建设期 | 28 600 |
| 重通集团成飞（大安）风电设备有限公司 | 叶片（支） | 建设期 | 50 | 建设期 | 6 300 | 建设期 | 6 300 |
| 中材科技（白城）风电叶片有限公司 | 叶片（支） | 70 | 868 | 21 978 | 3 849 | 2 867 | 23 166 |
| 白城电力镇赉变压器有限责任公司 | 风电升压站（台） | 2 500 | 2 850 | 14 200 | 16 600 | 13 500 | 16 200 |
| 天威新能源（长春）有限公司 | 风机、叶片 | 建设期 | 建设期 | － | － | － | － |
| 中国水电建设一局长岭风机塔筒生产厂 | 塔筒（套） | 120 | 120 | 13 000 | － | 13 000 | － |
| 2. 核电设备 | － | － | － | － | － | － | － |
| 吉林省昊宇石化电力设备制造有限公司 | AP1000 核管道 | 建设期 | 建设期 | － | － | － | － |
| 3. 太阳能电池 | － | － | － | 5 329 | 16 690 | 5 309 | 9 432 |
| 吉林庆达新能源电力股份有限公司 | 太阳能电池生产线（条） | 1 | 4 | 4 859 | 15 730 | 4 839 | 8 472 |
| 吉林康乐光源科技有限公司 | 太阳能路灯（套） | 1 000 | 2 000 | 470 | 960 | 470 | 960 |
| 4. 生物质能设备 | － | － | － | － | 2 600 | － | 2 600 |
| 辽源市惠宇能源有限责任公司 | SR-200 燃气炉（套） | － | 10 | － | 2 600 | － | 2 600 |
| | 生物质喷粉燃烧器（套） | 建设期 | 建设期 | － | － | － | － |
| （二）传统能源装备合计 | － | － | － | 334 692 | 401 524 | 319 500 | 389 799 |
| 1. 电力设备 | － | － | － | 269 340 | 328 398 | 262 472 | 324 931 |
| 吉林省昊宇石化电力设备制造有限公司 | 高压管道、管件（t） | － | － | 130 000 | 170 575 | 127 399 | 167 164 |
| 长春发电设备总厂 | 堆取料机、磨煤机（套） | 210 | 238 | 39 851 | 38 502 | 38 406 | 37 949 |
| 白城电力镇赉变压器有限责任公司 | 农用防盗变压器（套） | 2 000 | 2 850 | 4 200 | 6 600 | 3 500 | 6 200 |
| | 智能一体变电站（套） | 500 | 850 | 2 000 | 2 100 | 1 800 | 2 000 |
| | 矿用隔爆变电站（套） | 2 200 | 3 000 | 4 200 | 6 300 | 3 500 | 6 200 |
| 长春三鼎变压器有限公司 | 变压器（套） | 381 | 391 | 38 716 | 38 176 | 36 527 | 41 735 |
| 四平线路器材厂 | 电力金具（t） | 326 | 326 | 20 377 | 21 690 | 22 775 | 21 120 |

续表

| 企业名称 | 产品名称 | 生产能力 | | 产值（万元） | | 销售金额（万元） | |
|---|---|---|---|---|---|---|---|
| | | 2010 年 | 2011 年 | 2010 年 | 2011 年 | 2010 年 | 2011 年 |
| 吉林省金冠电气股份有限公司 | 断路器、环网开关（万 m） | 3 200 | 4 600 | 16 331 | 23 167 | 16 331 | 23 167 |
| 吉林市吉福新材料有限责任公司 | 电力电缆附件（万套） | 20 | 20 | 4 000 | 4 500 | 3 800 | 4 200 |
| 吉林省华盛电力设备有限公司 | 电气火灾自动监控系统（套） | 723 | 832 | 5 013 | 7 968 | 4 397 | 7 304 |
| | 多功能电力仪表（台） | 9 053 | 14 765 | 3 452 | 5 479 | 3 037 | 4 951 |
| 扶余县电线电缆厂 | 钢芯铝绞线（万 m） | 1 500 | 1 800 | 1 200 | 1 500 | 1 000 | 1 200 |
| | 彩缆线（万 m） | – | 1 500 | – | 500 | – | 400 |
| 白山市佳合电器设备制造有限责任公司 | 防爆充电机、整流设备 | – | – | – | 1 341 | – | 1 341 |
| 2. 煤矿机械 | – | – | – | 20 918 | 22 421 | 14 418 | 15 290 |
| 辽源煤矿机械制造有限责任公司 | 采煤机（套） | 80 | 80 | 17 281 | 17 036 | 10 932 | 10 947 |
| | 掘进机（套） | 80 | 80 | 727 | 2 295 | 758 | 1 164 |
| 辽源亚星综合电控设备制造有限公司 | 掘进机电控设备（套） | 100 | 150 | 1 710 | 2 490 | 1 668 | 2 469 |
| 白山市星泰矿山机械制造有限公司 | 矿用绞车（台） | 300 | 500 | 1 200 | 600 | 1 060 | 710 |
| 3. 石油钻采设备 | – | – | – | 44 434 | 50 705 | 42 610 | 49 578 |
| 吉林省绿能环保科技发展有限公司 | 抽油机用智能拖动装置（套） | 2 800 | 2 950 | 8 400 | 8 800 | 7 500 | 7 892 |
| 松原市前进石油工程机械有限公司 | 带压作业装置（套） | 5 | 4 | 1 190 | 952 | 1 190 | 952 |
| 松原大多油田配套产业有限公司 | 再制造油管（t） | 56 | 56 | 914 | 5 | 664 | 87 |
| | 陶瓷抽油泵（台） | 18 | 18 | 126 | 182 | 30 | 80 |
| | 抽油杆（t） | 17 | 17 | 3 360 | 4 096 | 3 767 | 4 126 |
| 前郭县恒泰机械加工有限公司 | 抽油机配件（套） | 1 365 | 2 050 | 344 | 770 | 344 | 770 |
| 吉林省九环石油装备有限公司 | 钻机设备（套） | 15 | 20 | 3 000 | 4 000 | 3 000 | 4 000 |
| 通化石油化工机械制造有限责任公司 | 石油修井机（台） | 150 | 200 | 9 750 | 13 000 | 10 000 | 13 500 |
| | 环保设备（套） | 50 | 60 | 4 000 | 4 800 | 4 000 | 4 800 |
| 梅河口市弘业无缝钢管有限公司 | 高防腐耐磨特种油井管（t） | 10 000 | 15 000 | 13 350 | 14 100 | 12 115 | 13 371 |
| 总　　计 | | – | – | 583 226 | 722 722 | 504 678 | 647 142 |

（吉林省能源局科技装备处）

# 安　徽　省

## 一、能源装备发展概况

近年来，安徽省装备制造业增加值增幅，一直以较大幅度领先于规模以上工业增加值增幅。优势企业和产品显著增多，并且在全国乃至全球同行业保持着领先地位。在总量快速增长的同时，我省产业转型升级也取得突破性进展。以 2011 年为例，全省规模以上装备制造业实现增加值增速约 28%，高于规模以上工业增速 7 个百分点，其中电工电器等子行业更是保持了高速增长势头。随着我省能源行业快速发展，能源装备制造水平不断提升，传统能源装备生产制造已形成产业基地，新能源装备生产制造取得长足发展，能源装备研制水平不断取得突破。

### 1. 形成煤机、电工和节能环保等传统能源装备研发制造基地

#### （1）"两淮"煤机装备基地

我省是产煤大省，拥有淮南矿业集团、淮北矿业集团等大型企业，2010 年全省煤炭产量已达 1.31 亿 t。煤矿开采、加工需要大量的煤矿机械，近年来，安徽省煤机装备制造业发展迅速，煤机装备集群发展，并形成"两淮"煤机制造基地的产业发展格局。生产的大功率采煤机、重型掘进机、薄煤层采煤机等重点产品在全国具有一定知名度。在淮南市，拥有淮南凯盛重工有限公司、淮南长壁煤矿机械有限责任公司、淮南郑煤机舜立机械有限公司、比塞洛斯（淮南）机械有限公司等企业；在淮

北市，拥有安徽矿山机电装备有限公司、淮北中芬矿山机器有限公司、淮北矿山机械制造有限公司等一大批优势企业；同时在宿州、铜陵等市，也有煤矿开采、输送机械生产企业。这些企业有的生产历史悠久，在国内外享有盛誉；有的是新办的民营企业，机制灵活，生产发展快。

近几年来，我省煤炭企业的机械化水平和安全保障能力显著提升。2010 年国有重点煤矿机械化率达 89.7%，比 2005 年提高 18.4 个百分点；煤矿管理信息化加快推进，生产效率和安全保障能力明显提高。尤以淮南凯盛重工公司、淮南舜立机械公司、淮海实业集团公司和山河矿业装备公司等企业为代表的煤机矿山设备和电力设备制造能力进一步增强。

#### （2）合芜蚌电工和节能环保装备基地

2008 年 10 月，省委、省政府作出建设合芜蚌自主创新综合试验区的重大战略决策，经过 3 年发展，重点发展的节能环保、电力电工等战略性新兴产业拥有规模以上工业企业达 3 054 家，较试验区建立前增长了 10 倍。光伏、平板显示、新能源汽车等一批新兴产业从无到有，从小到大，逐渐成长为百亿乃至千亿级的产业集群，让众多盆景型的科技型企业，成长为引领行业发展的靓丽风景。高起点、高投入使合芜蚌骨干工业企业主要装备水平60%以上达到世界先进水平。依托"中部崛起"、"皖电东送"这一历史性机遇，我省电力、电工产业飞速发展，技术和装备市场需求量剧增，安徽省作为全国四大电线电缆生产基地之一，年销售金额

近 200 亿元。

在电工和节能环保产业方面，以安徽科大智能电网技术有限公司、安徽鑫龙电器股份有限公司、安徽盛运机械股份有限公司、蚌埠星源环保科技有限公司等企业为龙头；超临界、超超临界发电技术广泛应用；大型高效机组成为新一代火电主力机型；首台 100 万 kW 超超临界机组在铜陵开工建设；水泥纯低温余热发电成套设备、冶金行业余热锅炉、电站锅炉、节能型变压器等节能产品已在国内市场占有较大份额。

大容量储能电池研发制造取得新的进展。安徽美能储能系统有限公司同美国 ZBB 合作，主要攻关第三代智能电力储存与控制技术，开发新一代锌溴液流储能电池和电力电子控制系统产品，年设计生产能力达 100MW。安徽天康集团是国内为数不多的能够稳定批量生产大容量高功率锂离子动力及储能电池的高科技企业之一，自主研发的钛酸锂动力及储能电池系列产品已获得多项国家专利。

## 2. 新能源技术研究和装备制造能力进一步增强

### （1）太阳能光伏

近年来，我省以企业为主体，产、学、研相结合，光伏产业研发平台、公共服务平台等建设取得较快发展，创新能力得到不断提升。先后依托合肥工业大学成立了教育部光伏系统工程研究中心；依托蚌埠玻璃设计院建立了安徽省薄膜太阳能电池工程技术研究中心；依托中国电子科技集团公司第四十一所、普乐新能源有限公司建立了国家光伏产业研发服务、大型太阳能智能逆变器研发及检测等平台；拥有走在我国光伏电池研发前列的中国科学院等离子体物理研究所太阳能材料与工程研究室。

我省首家在创业板上市的光伏企业——合肥阳光电源股份有限公司是亚洲最大的光伏逆变器产品的研发生产企业，拥有一支研发经验丰富、自主创新能力较强的专业研发队伍。先后承担了 10 余项国家重大科技计划项目，主持起草了多项国家标准，并取得了多项重要成果和核心专利，是行业内为数极少的掌握多项自主核心技术的企业之一。其

大功率逆变器系列产品先后取得德国 TüV、美国 GE、中国"金太阳"、美国 ETL 等国际权威机构认证。2011 年，在全球光伏逆变器市场领域，阳光电源全年逆变器产品出货量达到 100 万 kW，位居全球前 5 位。

### （2）风电

我省目前尚无大型风电企业制造商，但在风机关键零部件——变流器和回转支承方面具备较强的研发制造能力。马鞍山方圆回转支承股份有限公司拥有重型装备、清洁能源设备用大型回转支承生产线及检测、试验中心，八大系列回转支承规格型号 2 300 余种，其中 1.5MW 风电大型回转支承被授予省重点高新技术产品。

### （3）生物质能

生物质热解液化设备及生物质油产业化技术研究取得新进展，合肥天焱绿色能源开发有限公司生物质气化机组被列入 2002 年度国家级重点新产品、2003 年认证为国家级火炬计划项目、安徽省高新技术产品，产品在提高气化效率的同时，使燃气更加洁净，并在国内广泛应用；同时，对生物质气化发电机组进行了技术攻关，自主研发了固定床、流化床气化发电机组，目前发电机组项目已申报安徽省科技成果奖；凤阳生物质气炭电联产能源工程项目获得了国家发改委 2012 年战略性新兴产业专项资金支持。

安徽鼎梁生物能源科技开发有限公司主要从事生物质成型燃料加工设备及生物质锅炉研发制造，已获得国家专利 10 余项。公司年产生物质颗粒机 2 000 余台，产品质量和技术水平位居全国首位。合肥工业大学先进能源技术与装备研究院在生物质高温超熔燃烧发电锅炉技术与应用、低能耗生物质常温致密成型系统、生物质高效气化与焦油裂解技术、生活垃圾高温超熔燃烧技术等方面处于国内领先水平。

## 3. 能源科技创新能力显著提升

能源科技创新平台建设和装备研制取得新突破。国家批准淮南矿业集团设立了煤矿瓦斯治理国家工程研究中心、煤矿生态环境保护国家工程实验

室和深部煤炭开采与环境保护国家重点实验室，煤矿安全生产和生态保护能力显著提升。新能源并网发电系统集成、光伏电池及组件、高效秸秆气化装置、新型动力电池等研制方面居于全国前列。合肥通用机械研究院大型 LNG 存储装备、马鞍山科达机电清洁燃煤气化技术、淮南电子八所光纤型煤安全预警系统等处于国内领先水平。

## 二、能源装备发展思路和目标

在未来几年的发展规划中，安徽省将进一步加大装备制造业企业的技术改造力度，将先进制造技术导入装备制造业企业，"十二五"期间，将在装备制造领域完成 5 200 亿元技术改造投资。同时，着力构建柔性开放的技术创新体系，抓住合芜蚌建设"人才特区"时机，引导省内外科技资源向六大装备制造基地转移，引导具有技术先进性的科技成果加速转化。

### 1. 发展思路

坚持市场主导与政府推动、自主研发与引进吸收、重点突破与整体提升相结合，推动能源科技进步。依托重点区域、重点企业和重大项目，加快以企业为主体的自主创新能力建设，形成优势突出、配套合理、集群发展、竞争力强的能源装备产业体系。建设一批国家级和省级工程研究中心、企业技术中心，培育一批研发能力较强、技术水平领先的能源装备制造企业。

### 2. 发展目标

主动适应能源技术变革和发展的新形势，加大科研投入，加强技术创新，增强能源科技创新能力，培育形成特色鲜明、优势突出的能源技术装备产业体系，推进全省能源科技进步。

（1）加强能源技术研发应用

加强两淮煤炭气化技术攻关，推进以煤气化为基础的电、热、气、醇醚产品多联产技术和新型煤化工技术研发，适时启动整体煤气化联合循环（IGCC）和煤基多联产示范工程。研发大型矿井快速建井、千万吨级矿井综合开采、复杂地质条件下煤炭安全高效开采和先进煤层气开发等技术。建设煤矿瓦斯综合防治示范矿井。开展特高压等先进输电技术应用，加快智能电网相关技术研究。大力发展锂电池、钠电池等大容量、高效率先进储能技术。加快发展天然气储运技术，重点开发天然气液化处理技术装备。加快开发以木质纤维素为原料生产液体燃料关键技术，争取实现商业化应用。

加快能源科技成果转化。在能源项目建设和技术改造中积极推广应用能源科技成果，优先采用具有自主知识产权的能源装备。鼓励能源装备企业积极参与能源工程建设。公益性建设项目和政府投资项目，优先使用先进能源装备和能源科技实施方案。

（2）增强能源科技研发能力

充分利用我省科研优势，积极建设国家级和省级企业技术中心、工程研究（技术）中心和工程实验室等科技创新支撑平台，继续建设完善煤矿瓦斯治理国家工程研究中心、国家光伏系统工程研究中心等创新平台。开展能源科技攻关，促进创新成果产业化。加大能源行业技术创新资金投入，建立市场化运作为主的投入机制。抓好能源的基础研究和教育工作，建立能源科技人才培养基地。强化产、学、研联合，引导高等院校、科研院所开展能源科技攻关，掌握一批具有自主知识产权的关键技术，促进创新成果产业化。建立健全科技人才和经营管理人才激励机制，吸引人才。

（3）加快发展新能源技术装备

围绕提高光电转换效率，降低光伏发电成本，重点发展兆瓦级以上光伏系统集成装备、晶硅和非晶硅薄膜太阳能电池组件、逆变器等产品。到 2015 年，建成一批特色明显、产业链完善、创新能力突出、辐射带动作用强的省级乃至国家级光伏产业基地、光伏电站基地和光伏产品应用示范基地，打造从硅料、太阳能电池（组件）到系统集成、电厂工程总承包的完整产业链，促进产业集群发展。

围绕 2MW 级以上风电设备自主化，重点掌握变速恒频风电机、叶片、大功率风电齿轮箱、轴承和变流器等关键零部件设计制造技术，实现批量生产。

培育发展生物质能源装备产业，加快推进生物质成型燃料加工设备、秸秆收集自动化设备、高效秸秆气化装置、生物质油生产设备、高效垃圾焚烧锅炉等装备的研制应用。推广普及生物质能源的相关知识，带动装备制造快速发展，提升产业水平。

有选择地发展电机、数字化仪表、高等级电缆、泵阀辅机等核电装备配套产品，加快技术研发，推进批量生产。开展水电关键设备技术攻关。发展新能源汽车及相关配套产业。

（4）提升发展传统能源装备

发展壮大两淮煤机产业基地，建立煤炭企业和设备企业协作联系机制，通过技术引进和自主创新，重点发展大型矿井建设技术与装备、大功率采煤机、薄煤层采煤机、重型掘进机、刮板输送机、煤矿采掘高端成套装备、矿用电子设备，快速建井、安全高效开采等技术和装备等产品，推进产业集群化发展。

进一步壮大电力设备制造业，以合肥、芜湖、巢湖等市为重点区域，大力发展输配电设备和系统，电工电器装备制造业，重点拓展高压、特高压输配电产品；大力发展推进电力、发电、输变电、电缆等装备研发和自主创新能力建设。开展火电机组、燃气轮机、抽水蓄能机组、特高压输电、火电、智能电网等相关技术研究。大力发展锂电池、钠电池等大容量、高效率先进的储能技术。

发展天然气储运、加气、液化等设备。发展高效清洁煤炭气化炉替代一般燃煤工业窑炉。

积极发展节能环保装备。开展火力发电环保技术和脱硫脱硝技术研究，发展脱硫脱硝、除尘、余热余压发电等装备和节能环保锅炉，提升产业化水平。鼓励大型循环流化床、清洁燃煤气化、燃气—蒸汽联合循环发电及冷热电多联产、空冷和节水、污染物减排、温室气体捕集和资源化利用等技术研究和设备制造。发展高效清洁煤炭气化炉，替代一般燃煤工业窑炉。

（5）推进能源科技重点项目建设

一是加快合肥通用机械研究院大型装置用低温容器研发检测中心和大型低温球罐产业化基地，安徽科达洁能股份有限公司清洁燃煤气化系统，淮南中国电子科技集团公司第八研究所光纤型煤矿安全生产与故障预警系统等能源科技创新项目建设；二是加大电厂、热电企业等耗能大户进行节能、余热余压回收利用、除尘、脱硫脱硝等技术改造力度；三是加快开发非粮纤维素生产液体燃料关键技术，争取实现商业化应用；四是开展煤制天然气、焦炉煤气综合利用、天然气输送和储存技术研究，鼓励研发制造分布式能源装备，开展页岩气资源勘探开采技术研究和装备研制，支持发展天然气储运、液化等设备。

（安徽省能源局石油天然气开发利用处）

# 江 西 省

## 一、概况

### 1. 基本概况

江西区位优越、交通便利，是长江三角洲、珠江三角洲和闽南三角地区的腹地，与上海、广州、厦门、南京、武汉、长沙、合肥等各重镇、港口的直线距离，大多在 600~700 公里之内。同时，江西矿产资源丰富，已发现的矿产已探明储量的有 132 种，探明储量居全国首位的有 13 种，居前 10 位的有 66 种，具备发展能源装备产业的资源优势。近年来，以光伏等新能源装备制造业为代表，江西能源装备产业呈现快速发展势头。

截至 2011 年底，我省较大规模的能源装备制造企业共有 47 家，从业人数 32 000 余人，主要分布在电力和新能源领域，资产总额合计已达 534 亿元，产值合计达到 360 亿元。

我省拥有全国唯一（首个）"国家新能源科技示范城"——新余市。新余市以光伏产业、风电产业、新能源和低温余热发电设备制造业三大新能源支柱产业群为依托，吸收国家科技计划项目成果，集成各方面优势技术，充分利用现有研发及产业化基础，构建人才、资金、技术、信息平台及政策环境，孵化一批高技术企业，培养一批工程技术专家和科技型企业家，把科技示范城建设成为我国新能源领域的装备技术中心、制造中心和信息中心，加速新能源技术的产业化进程。

我省为南方缺煤省份，煤矿装备发展相对比较落后，成套设备的生产厂家较少。全省现有 80 家煤矿机械设备制造厂家，生产的产品有电气设备、照明设备、火工产品、通信信号装置、钻孔机具及附件、提升运输设备、动力机车、通风防尘设施、阻燃及抗静电产品、环境、安全、工况产品、支护产品、井下动力设备共计 12 大类 120 多种不同类型型号的煤机产品。

### 2. 工作开展情况

**（1）积极申请国家资金支持能源装备发展**

2011 年，我省积极向国家发改委申请，为我省赣州发电设备成套制造有限公司年产 20 万 kW 大型灯泡贯流式水轮发电机组建设项目争取到中央预算内投资 900 万元；为集螺杆膨胀机基础研究、低温双循环螺杆膨胀机发电技术研究、新能源与可再生能源螺杆膨胀机发电技术研究、螺杆膨胀机发电机组及配套系统优化研究、新技术工艺开发、试验和检测为一体的江西华电电力有限责任公司新能源和低温余热发电技术研究中心项目争取到中央预算内投资 343 万元；为江西中能电气科技有限公司、中南大学光伏微逆变器技术研究中心项目争取到中央预算内投资 500 万元，项目建成后将形成具有自主知识产权的光伏微逆变器高效太阳能转换系列产品，可将传统光伏逆变器的发电效率提高 5%~25%。

**（2）积极向国家申报能源研究中心**

2011 年，我省根据国家能源局要求，积极申报国家能源研究中心，推荐了江西赛维 LDK 太阳能高科技有限公司国家能源太阳能发电材料与系统研发中心和江西华电电力有限责任公司国家能源低温余热发电技术研发中心。江西赛维LDK太阳能高科技有限公司国家能源太阳能发电材料与系统研发中心具有较完善的研究、开发、设计和试验条件，有较强的技术创新能力，拥有一支稳定的技术人才队伍和经验丰富的研发团队，拥有自主知识产权的核心技术，产、学、研合作成效明显，技术创新绩效显著；江西华电电力有限责任公司国家能源低温余热发电技术研发中心依托自身的研发中心，通过制度完善和科研经费投入，研发了具有自主知识产权的螺杆膨胀动力机产品。该技术为综合利用低品质热能的首创技术，填补了国内余热利用技术领域空白。

## 二、产业发展现状

### 1. 电力装备

江西变压器科技股份有限公司具有50年变压器制造历史，是全国330kVA电力变压器定点生产企业，我国特种变压器产品领域技术领先的供应商。具有进出口贸易自主权，面向国内外市场提供的330kVA、220kVA、110kVA及以下电力、整流、牵引三大系列各种型号的变压器产品，公司集产研于一体，先后成功研发并制造了330kVA整流变压器和电力变压器，220kVA全直降整流变压器、牵引变压器和组合式变压器，其中330kVA整流变压器为国内首创，并填补国际空白。公司2011年从业人数为737人，总资产91 200万元，产值达到67 657万元。

江西特种电机股份有限公司是一家从事起重冶金电机、高压电机、防爆电机等特种电机研发、生产和销售的国家火炬计划高新技术企业、江西省高新技术企业、江西省100强企业、国家电机行业骨干企业、深圳证券交易所上市企业，公司产品质量水平处于全国中小型电机行业前列。公司主要产品中，防爆电机主要用于具有爆炸性气体环境的石化煤矿等行业，起重冶金电机主要用于冶金和起重机械行业，高压电机主要用于冶金、电力行业，港口电机主要用于港口机械行业，电梯电机主要用于电梯制造行业，变频电机广泛应用各行各业。公司现有员工1 200余人，占地近33.33万m²，总资产12.87亿元，2011年产值达到7.5亿元。

江西华电电力有限责任公司成立于1995年，为"新余国家螺杆膨胀机高新技术产业化基地"龙头企业，"全国螺杆膨胀机标准化技术委员会"秘书处单位，是国内螺杆膨胀机技术创新及产业发展的领军企业，是国内唯一一家拥有螺杆膨胀机产品全部自主知识产权的企业，产品技术国内领先、国际先进。公司有10多年的螺杆膨胀机研究与开发经验，拥有我国该领域最高水平的技术专家团队，并承担着国家"863"计划、国家发改委重大产业技术开发专项等多项国家课题；通过不断自主创新，攻克了螺杆膨胀机内泄漏严重、效率低、可靠性差等国际性难题，研制生产的产品不仅通过样机试验考核、工业中试、商业示范运行，并在工业余热废热回收利用领域完成了遍及钢铁、冶金、石油、化工、热电电力、建材、造纸等多个行业的商业示范；在新能源发电领域完成了地热发电、油田伴生液发电、太阳能热发电以及生物质热沼气发电的工业示范；2010年产品出口巴西。公司目前已具备500多台套螺杆动力机的生产加工能力。

### 2. 水电装备

赣州发电设备成套制造有限公司是1998年由原赣州电机厂、赣南水轮机厂联合改制组建的股份制企业，控股赣州水泵制造有限公司等公司，是具有50多年办厂历史的成套发电设备、电动机、电控设备和泵类产品设计、制造、安装的企业集团，拥有进出口贸易经营权和对外承包工程资格。公司在发电设备研制方面拥有50多年的技术工艺和经验积累，异型线圈制作、加工专用设备，以及一些加工方法等，均取得了国家知识产权局的专利授权。公司现已成为全国水电设备行业重点骨干企业，产品销往全国各地，并出口到英国、意大利、越南、土耳其、新西兰、印度、巴基斯坦等十几个国家，单个出口合同最大达到了1 300多万美元。公司曾荣获或多次荣获"江西省优秀企业"、"省国税局地税局 A 级纳税信用企业"、"江西省文明单位"、"江西省先进非公有制企业"等称号；公司"赣发能"商标被认定为"江西省著名商标"。公司拥有包括新建大型钢结构厂房在内的各类厂房近 5 万 m²；有包括数控十米立车、φ200 落地镗铣床、10m 重型卧车、500t C 型压力机、4m 外圆磨床、大型数控火焰切割机等大型精密设备在内的各种加工设备；有电机试验站、探伤室等试验检测设施和各种检测仪器。公司现已具备了年产 60 万 kW 发电设备的生产能力。

### 3. 煤炭装备

江西蓝翔重工有限公司成立于 2002 年，由原江西矿山机械厂改制，是萍乡市打造 100 亿井巷掘进成套设备产业的龙头企业，是国内井巷掘进成套设备制造领军企业，全部产品拥有自主知识产权，产品技术水平达到国内领先、国际先进水平。公司有十多年的井巷掘进装备研究与制造经验，拥有一支长期从事矿山机械、工程机械和钢结构设计制造团队，并承担着国家创新基金、国家发改委重大产业技术开发专项等多项国家课题；通过不断自主创新，生产的挖掘装载机解决了地下工程施工中的关键技术问题，填补了国内空白。产品广泛应用于煤矿、非煤矿山、铁路、公路、水电、南水北调、西气东输等地下隧道工程，产品畅销全国 26 个省市，成为神华集团、龙煤集团等 83 家国内著名大型煤炭企业的入网供应商和合作伙伴。产品出口俄罗斯、尼泊尔、蒙古等 23 个国家和地区。2011 年实现工业总产值 2.89 亿元。

郑州煤机（江西）综机设备有限公司前身为江西丰城矿务局机修总厂，始建于 1958 年，历经半个世纪的发展，在 2009 年 12 月 28 日与郑州煤机综机设备有限公司联合组建成国有控股股份制公司，现已成为江南最大规模的专业从事煤机设备制造和矿井设备大修的龙头企业，公司拥有制造和维修各种煤机设备的各类通用及专用设备 200 余台（套），具有完善的管理制度和严格的质量保证体系，实施了先进的企业信息化管理，通过了 ISO9001 质量标准体系，各类主导产品均取得了矿用产品安全标志证。2011 年实现工业总产值 1.27 亿元，2012 年实现工业总产值 2.3 亿元。

### 4. 光伏产业

近年来，我省光伏产业得到迅猛发展。已形成了新余、南昌、九江、上饶等重要光伏产业基地，培育了赛维 LDK 等国际知名的光伏企业，基本建立了从"硅料、铸锭、太阳能电池、太阳能组件及应用"和配套辅助产品等比较完整的产业链，拥有了对外合作的有效途径和一批关键人才，在国内已具有较明显的规模优势和较强市场竞争力。2011 年产能分别为多晶硅 12 900t/a、硅片 7 801 474kW、多晶硅电池及组件 272 万 kW。江西赛维 LDK 太阳能高科技有限公司、晶科能源有限公司和江西旭阳雷迪高科技股份有限公司具有较大的规模。

江西赛维 LDK 太阳能高科技有限公司以光伏产业链上游的硅料、硅片业务以及产业链下游组件、光伏工程系统建设业务为主，以高效电池片研发业务为辅。在技术创新方面投入了大量的资金，截至 2011 年底，共申请专利 125 项，授权 31 项；其中中国专利 118 项、PCT 专利 3 项、美国专利 2 项、欧洲专利 1 项、日本专利 1 项、德国专利 1 项；其中发明专利 76 项、实用新型专利 49 项。在光伏产业链多个环节填补了国内外产品和技术空白。公司 2011 年底从业人员 12 000 余人，生产的多晶、单晶硅片产量达到 2 462MW，公司 2011 年资产总额 265 亿元，产值 95 亿元，主营业务收入 105 亿元，出口额达 6.5 亿美元。

晶科能源有限公司是一家集太阳能硅片、太阳能电池及电池组件研发、生产、销售和应用为一体的光伏制造商、供应商，是国家星火计划重点高新技术企业，从业人员 5 500 人，该公司先后取得专利共计 32 个，其中 2 个发明专利，25 个实用新型，2 个外观设计。2011 年生产的硅片、电池片、电池组件产量分别达到 1.2GW，资产总额 65 亿元，产值 106 亿元，主营业务收入 96 亿元，出口额达 10.5 亿美元。

江西旭阳雷迪高科技股份有限公司主要从事多晶铸锭、单晶拉制，以及多晶硅片、单晶硅片的研发、生成和销售。公司产能产量位居国内硅片环节前列。公司是国家级高新技术企业，建有院士工作站，申报国家专利80项，获得授权44项。公司2011年底资产总额51亿元，产值59亿元，主要业务收入58亿元，从业人员3 000人。

### 5. 风电制造和锂电等新能源产业

我省风电设备制造企业依托本省丰富优质的稀土资源，生产先进的永磁直驱型风机，已具备批量生产1.5MW与2.0MW直驱风电机组能力。我省锂矿资源丰富，仅宜春市探明的可开采氧化锂储量为110万t，占全国的31%、世界的12%。宜春、上饶等地的锂电产业发展迅速，同时也带动了江西新能源汽车产业的发展，一批新能源汽车及动力电池项目在建。

江西金力永磁科技有限公司从事专业烧结钕铁硼永磁材料，其拥有先进的设备，顶尖的技术团队，集科研、生产、销售一体化。在短短的四年多时间内已成长为集研究、开发和生产于一体的国内钕铁硼永磁材料龙头企业之一，是江西省重点扶持的高新技术企业。公司能为客户提供30多种覆盖风力发电、新能源汽车、高效永磁电机、白色家电、高端个人电子设备等领域的高性能、高质量、高性价比的高端钕铁硼磁钢产品，其中高性能风力发电机专用磁钢产品供货量占全国供货量的70%，多项牌号磁体单产量全国第一。

孚能科技（赣州）有限公司是美国FARASIS能源公司与赣州满园建设开发有限公司共同出资组建的有限责任公司（中外合资企业），公司主要从事高科技、新能源、车用动力锂离子电池系统生产，致力于产业化美国FARASIS能源公司新型锰酸锂动力锂离子电池技术，为即将大规模产业化的新型插入式电动汽车提供动力电池配套。

## 三、未来发展规划

### 1. 光伏产业

加快我省光伏产业发展，将新余、上饶、南昌、九江建成全省光伏产业主要集聚区，将光伏产业发展成为全省重要的支柱产业。加强自主创新和引进技术的消化吸收；开发高效、清洁的多晶硅生产技术和装备；加快硅材料加工技术、太阳电池技术及相关制造设备的开发；提高光伏电池和组件的转换效率；支持高效、低成本薄膜电池的技术研发和产业化；支持新一代电池技术、电池材料和制造工艺技术的研发；支持光伏应用技术、配套装备及大规模储能技术开发。通过光伏技术进步和市场规模化应用，促进光伏发电成本不断下降，到2015年，光伏发电成本降至1元/kW·h以下；到2020年，光伏发电达到与常规电力相当的经济性水平。

### 2. 风电设备制造

充分利用我省特有的中重稀土资源优势，以开发永磁直驱机型为技术方向，支持省内风电设备制造企业加强自主设计和创新能力建设，扶植技术领先和规模优势的企业做大做强。加快开发适应鄱阳湖陆地及浅滩风况、高山风况以及电网运行要求的风电设备；建立健全风电设备技术标准；支持企业建立风电工程技术研发中心。

### 3. 锂电

依托我省丰富的锂矿资源，大力发展锂电新能源产业，建设全国第一个锂电产业园，以磷酸铁锂、锰酸锂动力电池为重点，着力研发生产高比能量、高比功率、制造成本低、使用寿命长、适用范围广、安全可靠性高的动力电池。力争用5年左右的时间，形成锂云母采选→碳酸锂→锂电池材料→锂电池→锂电汽车的完整的锂电新能源产业链条，江西在锂电开发方面达到世界先进水平。

### 4. 新能源汽车产业

以混合动力汽车、纯动力汽车为重点，加强研发与设计，依托上饶客车厂、江西瑞博新能源汽车有限公司等企业，积极研发生产公交型、商务型、乘用型等多种类型的新能源汽车。通过产业链的延伸，带动动力电池的原材料研发生产，形成体系完整、配套齐全、类型多样的产业链。预计到2015年，全省新能源汽车和动力电池销售收入150亿元，其中新能源汽车产销量占全省汽车产销量8%左右，占全国新能源汽车产销量的6%以上，单体动力电池产销量居全国前列。

### 5. 生物质能技术装备

依托科研院所和企业，加强研发与创新，开发大型沼气厌氧发酵成套设备、高温高压生物质直燃发电锅炉、大型生物质气化炉、生物质燃气净化设备、生物质成型燃料加工设备及配套炉具、市政废水的固液分离设施、城市垃圾分类设施、畜禽养殖废弃物固液分离设备、农林剩余物收储运专用设备，提高生物质能开发利用技术水平。支持建立专业化生物质能开发和服务企业，鼓励企业与农民建立稳定互利的协作关系，形成新型生物质能产业模式。

## 四、装备科研、科技成果情况

### 1. 电力方面

基于燃煤电站多煤种混烧现状的江西省电力行业二氧化硫深度减排技术研究；330kVA 有载调压整流变压器；宽频宽压逆变电源；风电叶片、机舱罩防冰冻技术；6MW 双气隙模块化水外冷永磁直驱风力发电机技术；3.6MW 中速永磁风力发电机项目；低温双循环螺杆膨胀发电机；集装式黑启动螺杆膨胀发电机。

### 2. 煤炭方面

集多功能于一体的机动式应急指挥通信系统；具有有线广播功能的煤矿人员管理系统；KJ65 煤矿安全监控系统；煤矿井下无线移动瓦斯监测与人员管理系统；KJ130 煤矿人员管理系统；ZWY-180/78L 型煤矿用挖掘式装载机；EW75PL 型挖掘式巷道掘进机。

### 3. 新能源方面

高效智能化标准模块式非对称蝙蝠翼形配光 LED 路灯；高效率多晶硅片铸锭石英陶瓷坩埚；M2 高效多晶硅片；太阳能用类单晶硅片；低温真空蒸馏法年产 400t 电池级金属锂。

### 4. 节能减排方面

节能环保型锅炉设计系统的研究及应用；高低差速流化床及 V+4T 燃烧技术在生物质锅炉中的应用；新型磷酸铁锂电池与太阳能组件一体化光电互补系统；年产 1 000 套新能源发电设备成套集成生产线项目；大功率陶瓷电阻一体化微槽群复合相变取热器；氯化钠压浸法锂云母综合提取锂铷铯盐。2010 年、2011 年江西省主要能源装备企业经济指标（一）见表 1。2010 年、2011 年江西省主要能源装备企业经济指标（二）见表 2。

**表 1　2010 年、2011 年江西省主要能源装备企业经济指标（一）**

| 企业名称 | 资产总额（万元） | | 净资产额（万元） | | 主营业务收入（万元） | | 从业人数（人） | |
|---|---|---|---|---|---|---|---|---|
| | 2010 年 | 2011 年 | 2010 年 | 2011 年 | 2010 年 | 2011 年 | 2010 年 | 2011 年 |
| 晶科能源有限公司 | 489 251 | 659 485 | 250 470 | 294 715 | 540 686 | 967 392 | 5 000 | 5 500 |
| 江西赛维 LDK 太阳能高科技有限公司 | 2 682 640 | 2 657 178 | 989 189 | 541 384 | 1 214 427 | 1 051 891 | 10 427 | 12 214 |
| 新余市开昂新能源科技有限公司 | 7 252 | 9 098 | 7 252 | 9 098 | 1 728 | 3 152 | 300 | 200 |
| 江西华电电力有限责任公司 | 24 425 | 30 203 | 11 186 | 12 411 | 4 511 | 6 368 | 185 | 210 |
| 江西金泰新能源有限公司 | 1 080 | 21 937 | 1 080 | 20 219 | – | 5 223 | 10 | 364 |
| 抚州聚源硅业有限公司 | 3 000 | 6 300 | 500 | 670 | 6 500 | 12 000 | – | – |
| 江西日久电源科技有限公司 | 10 611 | 21 406 | – | | 11 986 | 19 213 | 850 | 900 |
| 江西明正变电设备有限公司 | 12 000 | 17 800 | 12 000 | 17 800 | 9 400 | 14 800 | 250 | 320 |
| 江西赣电电气有限公司 | 4 719 | 5 985 | 3 873 | 5 051 | 6 857 | 7 248 | 130 | 132 |
| 赣州发电设备成套制造有限公司 | 21 964 | 26 740 | 5 509 | 5 928 | 16 476 | 17 006 | 496 | 504 |
| 江西景德半导体新材料有限公司 | 127 358 | 139 325 | 47 738 | 48 610 | 22 300 | 43 427 | 350 | 451 |
| 江西共晶光伏科技股份有限公司 | – | 47 896 | – | 30 221 | – | 4 984 | | 400 |
| 上海超日（九江）太阳能有限公司 | | 41 100 | | 29 700 | | | | 100 |
| 江西旭阳雷迪高科技股份有限公司 | 232 585 | 519 577 | – | – | 200 726 | 588 985 | 2 500 | 3 000 |
| 江西泰明光伏有限公司 | 5 000 | 5 665 | 5 000 | 4 994 | – | 500 | 15 | 90 |

续表

| 企业名称 | 资产总额（万元） | | 净资产额（万元） | | 主营业务收入（万元） | | 从业人数（人） | |
|---|---|---|---|---|---|---|---|---|
| | 2010 年 | 2011 年 | 2010 年 | 2011 年 | 2010 年 | 2011 年 | 2010 年 | 2011 年 |
| 九江中辉特光伏科技有限公司 | – | 13 100 | – | 9 400 | – | 9 600 | – | – |
| 九江市旭阳光电科技有限公司 | – | 20 285 | – | 17 468 | – | 14 320 | – | – |
| 共青城欧唯诺太阳能科技有限公司 | – | 12 351 | – | 6 549 | – | 4 984 | – | – |
| 江西豪安能源科技有限公司 | – | 12 972 | – | 6 979 | – | 12 616 | – | – |
| 江西瑞晶太阳能科技有限公司 | – | 178 783 | – | 86 912 | – | 187 495 | – | – |
| 新余吉阳新能源有限公司 | – | 46 125 | – | 7 185 | – | 6 343 | – | – |
| 新余市银龙机电科技有限公司 | – | 5 043 | – | – | – | 3 767 | – | – |
| 江西升阳光电科技有限公司 | – | 61 545 | – | 35 113 | – | 15 499 | – | – |
| 江西瑞天科技有限公司 | – | 12 917 | – | 2 100 | – | 32 000 | – | – |
| 鄱阳县三清环保节能有限公司 | 3 118.84 | 5 295.88 | 2 765.53 | 4 762.54 | 1 523.66 | 4 955.46 | 77 | 277 |
| 上饶光电高科技有限公司 | – | 89 967 | – | 5 625 | – | 74 404 | – | 1 100 |
| 江西昌盛电子科技有限公司 | 5 000 | 12 000 | 5 000 | 12 000 | 20 000 | 15 000 | 300 | 350 |
| 江西变压器科技股份有限公司 | 90 500 | 91 200 | – | – | 43 035 | 47 929 | 776 | 737 |
| 江西人民输变电有限公司 | 48 613 | 53 951 | 14 329 | 18 362 | 22 798 | 35 363 | 420 | 460 |
| 萍乡市华朋实业有限公司 | 2 567.58 | 2 670.32 | 2 555.43 | 2 669.18 | 1 986.25 | 1 856.36 | 253 | 269 |
| 江西蓝翔重工有限公司 | 15 174 | 18 000 | 14 560 | 15 680 | 12 457 | 28 957 | 280 | 380 |
| 江西联创通信有限公司 | 20 191.43 | 47 678.28 | 8 346.39 | 6 512.2 | 12 067.81 | 30 072.86 | 500 | 500 |
| 南昌煤矿仪器设备厂 | 2 456 | 3 340 | 2 138 | 3 060 | 2 250 | 2 469 | 65 | 67 |
| 郑州煤机江西综机设备有限公司 | 2 895 | 4 299 | 1 234 | 1 426 | 5 799 | 10 198 | 351 | 422 |
| 江西特种电机股份有限公司 | 67 994 | 128 672 | 38 284 | 79 142 | 50 472 | 69 330 | 1 200 | 1 200 |
| 江西煤业集团公司萍乡机械厂 | 5 111.99 | 6 364.9 | 1 026 | 1 284 | 19 200 | 28 000 | 560 | 600 |
| 锐迈实业国际（吉安）有限公司 | 3 232.35 | 4 364.6 | 1 504.9 | 2 088.26 | 9 332.05 | 15 995.12 | 97 | 123 |
| 江西国一新能源电力设备有限公司 | – | 6 500 | – | 5 200 | – | 9 350 | – | 155 |
| 江西金葵能源科技有限公司 | 67 557.2 | 110 139.2 | 6 740 | 8 551.38 | – | 6 393.97 | 10 | 106 |
| 三瑞科技（江西）有限公司 | 33 500 | 42 276 | 12 708 | 17 207 | 2 803 | 10 057 | – | – |
| 江西神硅科技有限公司 | 3 669 | 6 558 | 2 323 | 2 356 | 3 573 | 7 623 | 50 | 150 |
| 江西日普升能源科技有限公司 | 1 691.36 | 2 156.17 | 435.71 | 659.07 | 1 495.66 | 1 812.17 | 50 | 55 |
| 江西金力永磁科技股份有限公司 | 37 177 | 74 875 | 11 751 | 34 809 | 23 320 | 99 673 | 480 | 690 |
| 力德风力发电（江西）有限责任公司 | 14 239.52 | 20 859.04 | 9 660.05 | 10 305.9 | – | 3 267.15 | 350 | 47 |
| 孚能科技（赣州）有限公司 | 25 800 | 33 200 | 24 200 | 24 400 | 150 | 2 000 | 92 | 164 |
| 合　　计 | 4 072 373.27 | 5 337 182.39 | 1493 358.01 | 1 448 606.53 | 2 267 859.43 | 3 533 519.09 | 26 124 | 32 237 |

**表2　2010 年、2011 年江西省主要能源装备企业经济指标（二）**

| 企业名称 | 主要产品 | 产品产量 | | 产值（万元） | | 利润总额（万元） | |
|---|---|---|---|---|---|---|---|
| | | 2010 年 | 2011 年 | 2010 年 | 2011 年 | 2010 年 | 2011 年 |
| 晶科能源有限公司 | 硅片、电池片、组件 | 600MW | 1.2GW | 570 800 | 106 4131 | 86 204 | 1 979 |
| 江西赛维 LDK 太阳能高科技有限公司 | 多晶、单晶硅片 | 2 076.65MW | 2 462.89MW | 1 158 172 | 955 355 | 204 703 | –459 216 |
| 新余市开昂新能源科技有限公司 | 杀虫灯、LED 照明 | – | – | 2 000 | 3 500 | 467 | 535 |
| 江西华电电力有限责任公司 | 螺杆膨胀机 | 21 台套 | 27 台套 | 4 372 | 6 638 | 561 | 1 277 |
| 江西金泰新能源有限公司 | 太阳能电池 组件 | | 20MW | | 6 000 | | 219 |
| 抚州聚源硅业有限公司 | 硅粉 | 4 600t | 8 570t | 6 500 | 12 000 | – | – |
| 江西日久电源科技有限公司 | 铅酸蓄电池 | – | – | – | – | – | – |
| 江西明正变电设备有限公司 | 干、油变压器 | – | – | 14 000 | 20 000 | – | – |
| 江西赣电电气有限公司 | 互感器、变压器、箱变、计量箱 | 48 万 kVA | 51 万 kVA | 6 989 | 7 416 | 5 658 | 606 |
| 赣州发电设备成套制造有限公司 | 成套水力发电设备、垂直轴风力发电机、柴油发电机 | 30.4 万 kW | 31.8 万 kW | 17 947 | 18 270 | 1 110 | 1 129 |

续表

| 企业名称 | 主要产品 | 产品产量 | | 产值（万元） | | 利润总额（万元） | |
|---|---|---|---|---|---|---|---|
| | | 2010 年 | 2011 年 | 2010 年 | 2011 年 | 2010 年 | 2011 年 |
| 江西景德半导体新材料有限公司 | 多晶硅料 | 355.7t | 1 252t | 22 929 | 50 342 | 347 | 1 926 |
| 江西共晶光伏科技股份有限公司 | 太阳能电池及组件 | — | — | — | 6 200 | — | -2 371 |
| 上海超日（九江）太阳能有限公司 | 多晶硅电池片 | — | — | — | — | — | -300 |
| 江西旭阳雷迪高科技股份有限公司 | 多/单晶硅片 | — | — | 200 000 | 590 000 | 25 886 | 4 549 |
| 江西泰明光伏有限公司 | 太阳能电池片、组件 | — | 1 000kW | — | 500 | — | -300 |
| 九江中辉特光伏科技有限公司 | 单晶硅棒、组件 | — | 213t | — | 9 600 | — | 590 |
| 九江市旭阳光电科技有限公司 | 晶硅电池、组件 | — | 25 150kW | — | 14 312 | — | 500 |
| 共青城欧唯诺太阳能科技有限公司 | 晶硅电池、组件 | — | 7 750kW | — | 6 200 | — | — |
| 江西豪安能源科技有限公司 | 硅片 | — | 37t | — | 14 000 | — | — |
| 江西瑞晶太阳能科技有限公司 | 晶硅电池、组件 | — | 341 616kW | — | 245 000 | — | 700 |
| 新余吉阳新能源有限公司 | 晶硅电池、组件 | — | 6 000kW | — | 1 920 | — | -1 569 |
| 新余市银龙机电科技有限公司 | 硅晶片多线切割机 | — | — | — | 3 767 | — | 1 166 |
| 江西升阳光电科技有限公司 | 太阳能电池片 | — | 31MW | — | 17 830 | — | -13 795 |
| 江西瑞天科技有限公司 | 单晶硅棒、单/多晶硅片 | | | — | 34 300 | — | 3 400 |
| 鄱阳县三清环保节能有限公司 | 生物质成型燃料 | 2 万 t | 5 万 t | 1 763.76 | 5 263.98 | 188.49 | 635.65 |
| 上饶光电高科技有限公司 | 单晶、多晶硅棒、硅片 | — | 163.61MW | — | 75 626 | — | 6 556 |
| 江西昌盛电子科技有限公司 | 硅棒、电池片 | 太阳能硅棒 150t、电池片 100 万片 | 太阳能硅棒 200t、电池片 1 200 万片 | 20 000 | 15 000 | 1 000 | 600 |
| 江西变压器科技股份有限公司 | 变压器 | 1 022 万 kVA | 1 849 万 kVA | 40 629 | 67 657 | 1 458 | -8 611 |
| 江西人民输变电有限公司 | 变压器 | 82 台 | 93 台 | 24 112 | 46 553 | 724 | 3 033 |
| 萍乡市华朋实业有限公司 | 风力发电机罩 | — | — | 3 500 | 3 260 | 213 | 197 |
| 江西蓝翔重工有限公司 | 挖掘装载机、梭式矿车 | 1 500 | 2 100 | 12 457 | 28 957 | 4 110 | 9 758 |
| 江西联创通信有限公司 | DDK-6 综合业务调度通信系统 | 71 套 | 93 套 | 2884.4 | 3 175.9 | 1 575.27 | 2 647 |
| 南昌煤矿仪器设备厂 | KJ65N 煤矿安全监控系统、KJ130 人员管理系统 | 2 330 | 2 560 | 2 250 | 2 469 | 389 | 805 |
| 郑州煤机江西综机设备有限公司 | 支架、皮带机、给煤机、绞车、锚杆 | 539 787 | 530 121 | 6 565 | 12 728 | 331 | 485 |
| 江西特种电机股份有限公司 | YBJ、YB2 系列防爆电机 | 216 万 kW | 232 万 kW | 52 897 | 75 103 | 3 626 | 6 989 |
| 江西煤业集团公司萍乡机械厂 | 悬（滑）移顶梁液压支架 | 2 万 t | 2.4 万 t | 21 000 | 29 600 | 1 152 | 1 680 |
| 锐迈实业国际（吉安）有限公司 | 海底用特种管道法兰 | 3 032t | 3 928t | 9 332.05 | 10 595.12 | 1 880.59 | 2 135.25 |
| 江西国一新能源电力设备有限公司 | 柴油发电机组、沼气发电机组 | — | 935 台套 | — | 11 228 | — | 1 450 |
| 江西金葵能源科技有限公司 | 硅片 | | | — | 6 193.97 | — | 726 |
| 三瑞科技（江西）有限公司 | 钢化玻璃绝缘子 | — | — | 4 293 | 6 002 | 302 | 1 572 |
| 江西神硅科技有限公司 | 单晶硅棒 | 200t | 200t | 3 625 | 7 918 | 65 | 97 |
| 江西日普升能源科技有限公司 | 太阳能电池组件 | 200MW | — | 2 000 | 2 500 | 230.69 | 612.95 |
| 江西金力永磁科技股份有限公司 | 钕铁硼磁钢 | 1 000t | 3 400t | 24 943 | 98 683 | 2009 | 35 525 |
| 力德风力发电（江西）有限责任公司 | 大、中型发电机 | | 15 台 | | 3 267.15 | | 645.9 |
| 孚能科技（赣州）有限公司 | 车用动力电池 | 1 625kW·h | 12 276kW·h | 200 | 2 500 | | 130 |
| 合计 | — | | — | 2 236 160.21 | 3 601 561.12 | 344 190.04 | -391 306.22 |

（江西省能源局新能源和能源节约处）

# 江 苏 省

推动能源科技进步，发展先进能源装备，是构建安全、稳定、清洁的现代能源体系的根本保障，是促进能源行业发展的重大举措。江苏省委、省政府高度重视能源装备产业的发展。2011 年 12 月，省政府印发了《江苏省"十二五"培育和发展战略性新兴产业规划》，将能源装备产业作为新兴产业的重要组成部分，明确了发展思路、工作目标、主攻方向、区域布局和保障措施。为加快推进规划的实施，2012 年 6 月省政府出台了《江苏省"十二五"战略性新兴产业推进方案》，确定了产业发展的总体要求、主要目标和重点任务，提出了具有针对性的推进措施。

近年来，我省依托重大工程和示范项目，能源装备制造业发展迅速，产业整体水平得到了很大的提高。目前，我省已经形成规模较大、门类齐全、技术含量较高的能源装备产业体系，多个领域处于国内领先地位，电力装备、核电装备、输变电装备、石油天然气装备、新能源装备及节能环保装备等产业呈现出良好的发展态势。

## 一、电力装备

我省大型清洁高效发电设备和大容量高参数机组的推广应用，百万千瓦超超临界机组建成投产，高压、超高压、特高压特种及专用（复合）电缆、高强度高等级电气绝缘子及智能化电器和电网管控系统的开发，都大大促进了电力装备产业的发展，形成了以无锡、常州、扬州、盐城等地内燃机生产

企业为主体的内燃机及内燃机配件制造产业集群，以常州、扬州、无锡、南京、南通、镇江等地电力装备生产企业为主体的电力装备产业集群。

无锡及周边地区是我国透平叶片制造的主要集聚区。无锡叶片厂拥有亚洲地区最强的叶片毛坯制造能力、叶片精密加工能力、燃气轮机用耐热合金锻造能力。江苏永瀚特种合金技术有限公司正在形成燃气轮机最核心的高温透平叶片铸坯的生产能力。这些企业已经形成了面向国内、国外民用和军工的透平叶片、压气机叶片供应商集群。中船重工第 703 研究所无锡基地是为海军服务的燃气轮机试验基地，其业务正向地上燃气轮机驱动领域延伸。

南京汽轮电机（集团）有限责任公司是国家定点的重型燃气轮机制造基地，主要生产重型燃气轮发电机组及燃气/蒸汽联合循环发电设备、热电联产汽轮发电机组和风力发电机、大中型交流电机，电站设备年综合生产能力超过 1 000 万 kW。汽轮机产品采用当今世界领先的全四维通流技术设计制造，单机功率 6~330MW，涵盖凝汽式、抽汽式、背压式、抽气背压式等 160 多个品种，从中、高压参数简单循环发展到超高压、亚临界参数再热式循环，主要应用于热电联供及联合循环电站，并涉及工业驱动、垃圾发电、生物质发电以及钢铁、冶金、化工、水泥、玻璃等行业余热余能回收利用。发电机产品为燃气轮机、汽轮机配套，单机功率 6~350MW，引进英国 BRUSH 公司空冷无刷励磁技术，在消化吸收引进技术并汲取众家之长后，自主研发出 QF、QFW、QFR 等多个系列产品和 TRT 高

炉余压回收透平装置。大中型交流电动机品种齐全，单机功率 130~5 000kW，电压等级 380V、6 000V、10 000V，与压缩机、水泵、风机及水泥机械等配套，广泛用于矿山、钢铁、石化、水泥及水利等行业。

## 二、核电装备

我省核电装备产业起步于 20 世纪 80 年代，具有良好的产业基础。经过多年的发展，涌现了一批实力较强的核电装备生产企业。中核苏阀科技实业股份有限公司是首批取得国家核承压设备设计和制造资格许可证的核电阀门生产企业，江苏神通阀门股份有限公司是国内唯一一家具有核级蝶阀、球阀供货业绩的供货商，江苏银环精密钢管股份有限公司能自主生产核蒸发器用 U 型管。我省逐步形成了以常州为代表的核电装备制造基地，产品包括压力容器、电线电缆、阀门、管道、压力泵等 10 多个大类 300 多个品种；同时具有一批装备基础和经济实力的企业，如常州宝菱重工机械有限公司、张家港申港重工机械有限公司、江苏多棱数控机床股份有限公司等正积极申请进入核电装备产业。

江苏神通阀门股份有限公司专业从事新型特种阀门研究、开发、生产与销售，拥有民用核安全设备设计和制造许可证、压力容器和压力管道元件特种设备制造许可证。主要生产包括蝶阀、球阀、止回阀、风阀等，公称通径 DN8~4 800mm，其中球阀最大通径为 800mm，蝶阀最大通径为 4 800mm，公称压力 PN0.01~26MPa。该公司为秦山核电二期工程、秦山核电三期工程、江苏田湾核电站、巴基斯坦恰希玛核电站及中国实验快堆工程提供了 413 台核二、三级球阀、365 台核安全二级、三级球阀及 2 146 台有抗震要求非核级蝶阀、有抗震要求非核级球阀、非安全级蝶阀、非安全级球阀、非安全级截止阀、非安全级闸阀、止回阀、风道密闭阀等产品。

## 三、输变电装备

目前，我省输电网架形成了"四纵四横"500kV 主网架和"分层分片"220kV 次输电网，110kV 及以下配电网已经覆盖全省，初步建成输电线路状态监测系统，变电环节开展了数字化变电站和智能化变电站的相关技术研究和应用情况，变电设备状态监测技术应用水平不断提高，新型变电设备及诊断技术得到大量应用，同时高压、超高压、特高压交直流大型高效节能变压器、断路器、全封闭组合开关和等输变电成套设备的快速发展，促进了我省输变电装备产业的整体水平进一步提升。

常州市是全国输变电装备制造产业最为发达地区之一，拥有江苏省输变电设备特色产业基地等，涵盖超高压大容量变压器、中小型变压器等产品的研发、生产、销售，初步形成相互配套的产业格局和较为完整的产业链。其中江苏华鹏变压器有限公司主要生产 110kV、220kV 电压等级油浸式电力变压器和干式变压器，年生产能力 120 000MVA，220kVA 级以下油浸式/干式电力变压器为"全国机械工业用户满意产品"，"110kVA 级及以下油浸式变压器"和"干式变压器"为中国名牌产品，500kVA 级超高压电力变压器性能水平国际先进，"4 000kVA 及以下电力变压器"为国家免检产品，"华鹏"商标为中国驰名商标。常州西电变压器有限责任公司主要生产 10~1 000kVA 交流变压器、±50~±800kVA 换流变压器、110~330kVA 特种变压器以及特大容量核电站用巨型变压器等 11 个系列 400 余品种的变压器产品，年生产能力达到 80 000MVA。

我省在提高输变电装备制造水平的同时，注重科研水平的加强。国家能源电力控制保护技术研发中心依托南京南瑞继保电气有限公司，由国家能源局于 2010 年 7 月授牌成立。中心主要进行电力系统二次一体化、电网及电厂保护与控制、直流输电控制与保护、柔性交流输电及其控制和保护以及电力保护控制设备通用硬件软件平台等方面的研究，从而提高我国电力系统技术装备水平，保障电网安全、可靠、经济、优质、环保运行。

## 四、石油天然气装备

我省紧紧围绕石油天然气勘探、生产、加工、储运、服务等环节，加大政策扶持，大力促进石化装备发展。我省建湖县石油装备产业 2007 年列入全省 100 家重点培养的产业集群，2008 年被中国石油和石油化工设备工业协会评为"中国石油装备制造业基地"，是唯一一个县级的国家基地，2010 年被认定为国家火炬计划石油装备特色产业基地。建湖县主要生产钻井、采油两大系列产品，是全国最大的油田井口装置生产基地，市场占有率达 60%，防喷器国内市场占有率达 70%；液压油管钳国内市场占有率达 75%；远程控制装置市场占有率达 30% 以上。江苏信得石油机械股份有限公司 7 000m、5 000m 钻机已批量生产，抗硫防喷器市场占有率达 70% 以上；江苏咸中石油机械有限公司的井口装置市场占有率达 30% 以上；鸿达阀门管件有限公司井口装置系列产品国内产量最大，远销欧美等国家；江苏九龙阀门制造有限公司是各类阀门的专业生产企业，大口径、超高压、耐高温的特种阀门等多项产品填补国内空白；盐城三益石化机械有限公司是国内专业井控设备整套制造商，远程控制装置市场占有率达 30% 以上；盐城特达钻采设备有限公司是国内液压动力钳系列产品专业生产厂家，产品市场占有率达 75% 以上。

鉴于海洋油气装备处于产业链的上游，具有附加值和技术含量高、关联性与带动性强等特点，我省在持续提高陆地开采设备和管道输送、天然气液化储运装备技术制造能力的基础上，大力开发海洋油气装备的生产制造。目前海洋油气装备产业已初具规模，以中远船务集团公司、江苏熔盛重工有限公司、南通太平洋海工有限公司等为代表的一批骨干企业，规模优势明显，发展潜力大，支撑带动作用强。产品门类齐全，其中自升式钻井平台、半潜式钻井平台和浮式储油船等实现了自主研发，技术

水平领先。南通中远船务工程有限公司研发的"深海高稳性圆筒型钻探储油平台的关键技术与制造技术"项目获 2011 年度国家科学技术进步一等奖，获 2 项国家发明专利；自主设计并成功建造了世界最先进的首座圆筒型超深水海洋钻探储油平台 WEVAN DRILLER，以及 SUPER M2 自升式钻井平台。

## 五、新能源装备

我省是新能源装备制造强省，光伏、风电等装备产业均走在全国前列。在光伏产业领域，2012 年全省光伏行业实现产值 2 142.9 亿元，约占全省新能源产业产值的 68.7%，占战略性新兴产业的 5.2%。光伏组件产能超过 20GW，产量约 11GW，均约占全国的 50%、全球的 1/3；晶硅电池转换效率达 21.1%，组件转换效率达 16.7%；掌握了兆瓦级逆变器生产技术。江苏中能硅业科技发展有限公司改良西门子法和氯氢化技术组合的多晶硅生产工艺处于国内领先，并已掌握了世界领先的硅烷流化床法技术。整个光伏产业从硅材料、硅片、电池、组件、逆变器、系统集成到光伏应用等实现了光伏产品系列化，主要包括多晶、单晶、薄膜电池、逆变器、控制系统、系统集成模块等。在风电装备领域，风电产业总量迅速扩大，风电机组设计和制造能力明显提升，风机零部件具备较强的市场优势。华锐风电科技（集团）股份有限公司依托位于盐城的国家能源海上风电技术装备研发中心，自主研发的国内单机容量最大的 6MW 海上风机顺利下线，目前正在研制 10MW 级超大型海上风机，新疆金风科技股份有限公司、国电联合动力技术有限公司、江阴远景能源科技有限公司、常州新誉集团有限公司等企业以大型成套机组为重点，不断提升风电机组的设计制造水平。在生物质装备领域，生物质收集储运、成型燃料制造、直燃和掺烧设备、生物质燃气热电联供成套设备取得新成绩，生物质燃烧锅炉、焚烧锅炉、高效生物质气化装置等关键部件初步实现产业化，形成一定规模的生产能力。

## 六、节能环保装备产业

我省节能保护装备具有良好的发展基础，产业初具规模，形成了南京、无锡、常州、苏州、盐城、宜兴等一批节能环保装备产业集聚区，具体包括：南京节能环保产业服务业集聚区、无锡节能装备（产品）制造集聚区、常州环保产业园、苏州节能环保产业集聚区、盐城节能环保产业集聚区、宜兴环保产业集聚区。热棒及高效工业节能装备、机动车尾气处理催化剂、无机陶瓷膜等一批技术装备和产品居国内领先水平。城市污水处理、烟气除尘脱硫设备、洁净燃烧系统设备、高危垃圾处理等设备的开发应用，燃煤工业炉窑节能技术、工业余热、燃气轮机余热、生物质发电等节能锅炉技术的提高，壮大了节能环保装备产业。

宜兴市是国家火炬计划环保装备制造及服务特色产业基地，初步形成门类较齐全、特色鲜明的节能环保装备产业体系，其中水处理设备配件在国内具有较大的影响力，配套率和市场占有率位居全国前列，呈现出以龙头企业带动行业发展，以特色企业优化产业转型升级的良好发展局面，形成了较为完整的产业链。

江苏省高效工业节能装备工程技术研究中心依托江苏中圣高科技产业有限公司，由江苏省科技厅于 2007 年 10 月 31 日批准成立，主要从事高效工业节能技术与装备研究开发。主要研究方向包括：新型高效工业节能技术与装备、高效工业节能装备的设计方法、加工制造工艺和设计制造标准、高效工业节能成套装备在化工、石化、冶金等高耗能行业的应用、高效工业节能成套装备在新能源、海水淡化、污水处理等领域的应用、高效传热技术在冻土工程等领域的应用、高效工业节能装备工程化的共性问题、化工系统节能技术、火炬气回收系统开发等。

（江苏省能源局新能源和可再生能源处）

# 河　北　省

能源是关系国家经济安全和社会进步的重要战略资源。2011 年，全省煤炭产量 8 500 万 t，原油产量 586 万 t，天然气产量 12.2 亿 m³，发电装机容量 4 450 万 kW，发电量 2 249.7 亿 kW·h。新能源开发利用快速发展，新能源发电装机占全部装机的比重达到 11.9%，其中，风电、光电、生物质发电装机分别达到 480 万 kW、6.5 万 kW、42.2 万 kW。天然气等清洁能源推广应用加快，天然气消费量达到 36.1 亿 m³。

能源科技与装备是能源产业的基础，产品关联度高、产业链条长、吸纳就业能力强，在制造业中占有重要位置。多年来，我省积极推动能源新技术开发和能源装备制造产业的发展，培育了一批具有市场竞争力的优势企业，研制出一批科技含量高、经济效益好的优势产品，装备技术水平跃上了一个新台阶。

## 一、能源科技装备发展现状

### 1. 能源装备制造产业

2011 年，全省能源装备制造业共有规模以上企业 416 家，从业人员 21.9 万人，实现销售收入 1 590 多亿元，以上指标分别占全省装备制造业的 12.1%、25.6% 和 28.3%。

**（1）光伏装备**

我省光伏产业始于 20 世纪 60 年代。近年来发展快速，形成了保定、邢台及廊坊等产业相对聚集地区。现有生产企业 56 家，从业人员约 4 万人，产品涉及多晶硅、单晶硅、电池片和电池组件、应用系统设备及安装、装备制造等领域，具有产业链完整、生产规模大、技术水平较高等优势。2011 年全省光伏电池产能达到 5GW/a，实现销售收入 517 亿元，是全国光伏电池第二产出大省。保定天威薄膜光伏有限公司、保定英利集团有限公司、河北晶龙实业集团有限公司、河北新奥集团股份有限公司、河北永基光电太阳能有限公司等企业有很强的研发能力，研制出了世界上最大的薄膜太阳能电池板、高效率大型光伏组件、风光互补系统等一批优势产品，在国内外市场享有较高的品牌知名度。英利集团保定市太阳能光伏发电技术实验室被列为国家能源重点实验室。

**（2）风力发电装备**

保定和唐山曹妃甸是国家兆瓦级风力发电机组两大制造基地。国电联合动力技术有限公司 3MW 双馈式风力发电机组、保定天威集团有限公司兆瓦级风力发电机组、唐山冀东水泥股份有限公司兆瓦级直驱风力发电机组等整机和唐山正欣实业集团有限公司蒸发冷却永磁直驱发电机、中航惠腾风电设备股份有限公司叶片等零部件生产能力均进入国内同行业十强。2011 年，全省风电整机产能 3 000MW，实现销售收入 120 亿元。

**（3）石油钻采专用装备**

现有石油钻采专用装备制造企业 53 家，从业人员 8 000 多人，2011 年实现销售收入超 100 亿元。其中，廊坊富邦德石油机械制造有限公司开发的特大型可移动钻井机组，突破了超低温难题，远销俄罗斯等地；河北华北石油荣盛机械制造有限公司研发的大型防喷器、海洋深水钻井水下井控装备，可与美国少数几家公司产品媲美，打破了发达国家在此领域的垄断地位；唐山玉联实业有限公司研制生产的刚性定子、弹性转子螺杆泵，为海上石油开采提供了最先进的装备。

（4）输变电装备

我省特高压输变电技术处于世界的前沿水平。保定天威保变电气股份有限公司、唐山高压电瓷有限公司、河北新华高压电器有限公司等企业为世界领先的交流1 000kV、直流±800kV特高压输变电工程自主研制了最关键的变电设备和绝缘装置，技术性能及产品质量均达到世界先进水平，成为了国家特高压输变电工程的主要供应商。

（5）核电设备国产化

哈电集团（秦皇岛）重型装备有限公司生产的核电主岛设备达到国内领先水平。中冶京唐（唐山）精密锻造有限公司与清华大学共同研制出了具有完全自主知识产权的预应力钢丝缠绕大型多向模锻机，并生产出优质锻造阀体，为核电阀门的国产化铺平了道路。石家庄阀门一厂股份有限公司创新核电焊接阀门的关键技术，生产出了核安全级的系列阀门产品。

（6）煤炭安全、高效生产技术及装备

河北新奥集团股份有限公司开发的煤地下气化技术和综合利用系统，完全打破了传统煤炭资源利用理念，为难采煤层的高效、安全、绿色开发利用开辟了新的途径。石家庄煤矿机械有限责任公司自主研发的钻机车成为了国内煤层气开发利用和煤矿安全生产、抢险救援的主力装备。河北天泽重型机械有限公司研制的可调高滚筒式露天连续采煤机系列产品和薄煤层智能化综采工作面，均为国内领先的安全、高效采煤设备。

**2. 能源科技研发**

（1）自主创新能力建设

按照国家能源局"国家能源研发（实验）中心"管理办法的要求，我省积极开展能源行业自主创新能力建设工作。国家能源局先后批准我省建设4个国家能源研发中心，分别是：国家能源页岩气研发（实验）中心，由中国石油石油勘探开发科学研究院廊坊分院承建；国家能源煤矿采掘机械装备研发（实验）中心，由中煤张家口煤矿机械有限责任公司承建；国家能源光伏技术重点实验室，由保定英利集团有限公司承建；国家能源充填采煤技术重点实验室，由冀中能源集团有限责任公司承建。四个项目总投资达7.2亿元。国家能源页岩气研发（实验）中心和国家能源煤矿采掘机械装备研发（实验）中心已建成，国家能源光伏技术重点实验室和国家能源充填采煤技术重点实验室正在建设中。同时，依托重点能源装备企业，我省还先后获批建设了英利光伏材料和技术、国电联合动力风电设备及控制、新奥煤基低碳能源等国家重点实验室，晶龙集团光伏材料和工艺、河北大学新能源光电器件国家地方联合工程实验室，以及保定天威、张家口煤机等国家级企业技术中心。

（2）科技进步奖励工作

按照国家能源局有关科技进步奖励工作要求，为鼓励科技人员发挥积极性，推动企业技术进步，我省能源行业开展了能源科技进步奖励申报工作。峰峰集团有限公司村庄下矸石膏体综采技术研究、冀中能源集团有限责任公司煤矿井下跳汰高效排矸工艺系统设备及研究与开发、保定华翼风电叶片研究开发有限公司适合中国风资源低风速特点的系列化风轮叶片研究开发等4个项目获得国家能源科技进步二等奖；开滦（集团）有限责任公司三维矿山物联网应急救援指挥系统、冀中能源集团有限责任公司承压开采工作面长度对底板破坏深度及底板突水风险影响研究等7个项目获得国家能源科技进步三等奖。

## 二、未来发展方向和重点

### 1. 能源科技方面

（1）加快引进消化吸收先进技术

在煤炭装备方面，重点推广大型矿井快速建井、复杂地质条件下煤炭开采、煤矿灾害综合防治等技术。在电力装备方面，重点推广超超临界发电、亚临界发电机组综合提效、燃煤电厂资源综合利用、大容量远距离输电、大规模间歇式电源并网、智能化电网、大型风力发电、高效大规模太阳能发电等技术，核电主岛和部分配套装备完全掌握第三代核电技术。在石油装备方面，推广复杂地质油气资源勘探技术，突破超重和劣质原油加工关键技术。

#### （2）推进科技创新平台建设

加快省煤炭科学研究院、省电力研究院、中核第四研究设计院、省机械科学研究设计院、省石油化学工业研究院等公共平台建设，提高行业服务能力。加快国电联合动力技术（保定）有限公司风电设备及系统技术、保定英利集团有限公司太阳能光伏发电技术、廊坊新奥集团煤基低碳能源、中国石油勘探开发科学研究院分院廊坊页岩气、张家口煤机公司煤炭采掘机械装备等国家级重点研发机构（实验室）建设，增强自主创新能力。着力推进开滦（集团）有限责任公司、冀中能源集团有限责任公司、保定天威集团有限公司、保定中航惠腾风电设备股份有限公司、青县华油钢管有限公司、石家庄煤矿机械有限责任公司等企业技术中心建设，在煤炭清洁转化、天然气长输管道、煤矿采掘机械装备等方面取得突破。

### 2. 能源装备方面

#### （1）太阳能利用装备

以保定英利集团有限公司、宁晋晶龙实业集团有限公司为龙头，提高晶硅材料生产技术水平，降低太阳能级硅材料生产成本；做大做强多晶硅、单晶硅电池，积极开发非晶硅、微晶硅、非硅等薄膜太阳能电池。加快发展太阳能发电并网逆变器、控制器、自动跟踪器等太阳能发电系统配套产品，推进多晶硅、单晶硅电池片生产设备、薄膜电池生产线、电池组件层压机等生产装备研制和产业化。积极开发光热利用装备，重点发展槽式、塔式太阳能热发电系统装备，包括自动太阳跟踪仪、定日器、吸热气、储热装置等。建设保定、邢台和廊坊光伏发电装备产业基地，着力推进英利新能源多晶硅太阳能电池、天威集团非晶薄膜太阳能电池、宁晋晶龙集团单晶硅太阳能电池、廊坊新奥集团薄膜太阳能电池及薄膜电池生产线产业化、任丘市永基光电太阳能有限公司铜铟镓硒柔性薄膜太阳能电池等项目建设。

#### （2）风力发电装备

支持骨干整机企业尽快形成经济规模，进一步做强叶片产业，积极发展永磁直驱发电机、主轴、轴承、回转支承、轮毂、变浆系统等关键零部件及并网控制系统，延伸产业链。建设保定、曹妃甸风力发电装备制造基地，着力推进保定天威集团兆瓦级风力发电机组、曹妃甸冀东水泥集团兆瓦级直驱风力发电机组等在建整机项目建设和保定中航惠腾公司叶片扩能改造、中钢集团邢台机械轧辊有限公司风电主轴等零部件项目建设。

#### （3）输变电成套装备

以保定天威集团为龙头，重点发展750kV、1 000kV交流和±800kV直流变压器及电抗器、互感器、全封闭组合电器、电瓷、电缆等配套产品，巩固国内同行业领先地位。着力推进保定天威集团输变电设备成套能力提升项目、唐山高压电瓷公司高压电瓷、任丘河北新华高压电器有限公司高压复合绝缘子等配套项目建设。

#### （4）高效发电装备

重点发展百万千瓦级核岛主设备、E级和F级燃气轮机，加快煤气化联合循环发电（IGCC）配套装置产业化。大力发展核电站专用阀门、管道、泵、制氢、核电安全设备等配套产品，打造核电设备制造基地。着力推进哈电集团（秦皇岛）重型装备有限公司核岛主设备和燃气轮机、邯郸新兴能源装备股份有限公司煤气化联合循环发电（IGCC）装置、河北沧海管件集团有限公司核电管道、石家庄阀门一厂股份有限公司核电阀门、中冶京唐（唐山）精密锻造有限公司核电高温高压阀门铸件等项目建设。

#### （5）煤炭采掘装备

重点发展具有煤岩识别功能的薄煤层综采机组、瓦斯欠平衡钻机、刨煤机、掘进机、刮板输送机等煤炭采掘装备，全自动控制液压支架、渣浆泵、井下辅助运输车等配套产品，以及大型高可靠性煤炭分选成套装备，提高核心竞争力和市场占有率，争取进入国际煤矿装备制造先进行列。着力推进张家口煤机装备园、石家庄煤机制造基地、唐山国华科技公司高效清洁煤技术装备等项目建设。

（6）油气开采及储运装备

重点发展地质勘探钻机、新型大吨位石油物探可控震源、大型车装特种石油钻机、海洋石油钻井平台、井控及测修井设备、石油钻杆、抽油机及油管等油气开采装备，大型储气容器、长输油气管道、油罐车、天然气运输车、油轮等油气储运装备，形成较完整的油气勘探、开采、储运装备产业链。着力推进廊坊富邦德公司大型车装特种石油钻机成套设备、任丘华油荣盛公司井控设备、邯郸新兴能源装备公司储气容器、山海关造船重工有限责任公司海洋石油钻井平台和油轮等项目建设。

## 三、具体保障措施

一是培育多层次创新主体。加快英利光伏材料和技术、冀中能源充填采煤技术、国电联合动力风电设备及控制、新奥煤基低碳能源等国家重点实验室，晶龙光伏材料和工艺、河大新能源光电器件国家地方联合工程实验室，以及保定天威、张家口煤机等国家级企业技术中心建设，鼓励支持保定中航惠腾、哈电集团（秦皇岛）重装等有一定基础和条件的企业积极申报国家级创新平台。研究制定《河北省能源研发中心（重点实验室）管理办法》，在开滦集团、保定风帆、石家庄煤机、晶龙集团、河北光源、河北三环太阳能等企业技术中心的基础上，培育一批省级能源研发中心或重点实验室。

二是增强创新能力。积极推进能源企业与高等院校、能源研究机构加强深度对接、密切"联姻"合作，积极争取国家能源技术研发、装备技术改造、创新示范工程及技术创新平台建设资金，引导提升全省能源行业自主创新能力。

三是推广先进技术。以煤基多联产、"三下"采煤、绿色开采、超超临界发电、高效洁净煤发电、智能电网等新技术、新工艺研究应用为重点，加强重大核心关键技术研究应用，力争取得新突破。在烟气脱硫除尘、低热值燃料综合利用、绿色矿山建设、光电建筑一体化应用等方面，加快先进实用技术的推广，普遍提升能源生产应用水平。

四是推进整体提升。加快实施石煤机、廊坊富邦德、石家庄通合电子和唐山玉联等能源装备技改中央投资项目，引导省内能源装备企业向科技研发、成果转化、市场推广于一身的集团化综合型装备制造基地转化，全面提升我省能源装备制造的整体水平。

（河北省能源局能源节约和装备处）

# 河 南 省

## 一、概况

### 1. 能源装备行业概况

河南省是全国重要的能源原材料基地，作为国家重要的老工业基地，在能源装备领域一贯坚持科技创新的第一生产力地位，依托中信重工机械股份有限公司、国家电网许继集团有限公司、郑州煤矿机械集团股份有限公司、南阳防爆集团股份有限公司、南阳二机石油装备（集团）有限公司和河南科隆集团等重点企业，在我国能源装备行业内占有举足轻重的位置。近年来，我省充分发挥能源装备在能源原材料基地建设中的载体作用，依托冶金矿山装备、输变电装备、煤矿装备、石油钻采装备、风电装备、核电装备等领域的良好产业基础，以需求拉动研发，以需求提供市场，发展清洁、高效、安全、稳定的能源装备制造体系，加快提升核电装备、风电装备、特高压输变电成套装备、发电设备、循环流化床锅炉等重点领域技术水平，能源装备制造业发展明显加快，初步形成了在全国同行业有较大影响的一批优势产业和骨干企业。中信重工、许继集团、郑煤机、南阳防爆和豫飞重工等优势企业已经成为各自领域的龙头企业，拥有全国支护高度最大的矿用液压支架、第一套特高压开关和直流输电控制保护系统等一批重大标志性产品和技术装备，其中信重工、许继集团主营业务收入突破 100 亿元，平高集团、郑煤机超过 50 亿元，呈现出良好发展态势，为我省能源工业的发展提供了

有力的支撑。

在矿山装备行业中，我省以中信重工、郑煤机、林州重机为依托，重点发展矿用磨机、高压辊磨机、矿井提升机、煤炭综采等大型成套装备，形成了以主机设备为龙头，输送、控制等零部件生产相配套的矿山机械生产体系。其中，中信重工拥有世界最大的球磨机和自磨机，年产 100 套褐煤提质成套装备项目技术处于国际先进水平；郑煤机液压支架产量全球最大，拥有支护高度最大的矿用液压支架，依托新厂区扩能改造，将大幅提升煤矿综采设备及液压支架产品竞争实力；南阳防爆集团多年来主要服务于石油、石化、煤炭等能源行业，研制的世界最大容量的 8800kW-20P 增安型无刷励磁同步电机用于神华集团世界上第一个工业化煤直接液化项目。

在核电装备行业中，我省依托中信重工、阳光电缆、南阳防爆、豫飞重工等重点企业产业优势，积极开展技术创新，扩大产业规模，初步形成了核电大型铸锻件及关键零部件的生产制造能力。其中，中信重工核电站核岛锻件、阳光电缆等企业的核级电缆及桥架、南阳防爆集团的核级电机、豫飞重工的核级起重设备、郑州机械研究所的核电站循环泵齿轮装置技术水平先进，在我国核电工业中占有一定地位。同时，以新乡、郑州为主的阀门、封头等关键辅件企业加工制造能力快速提升。

在输变电成套装备行业中，我省依托国家特高压输变电工程和智能电网工程，继续发挥平高集团特高压开关和直流输电控制保护系统技术优势，提

升成套设备及关键零部件竞争实力；逐步提升许继集团等龙头企业换流阀、直流场、保护装置等直流输变电设备生产规模和技术水平，拓展森源电气、阳光电缆等企业超特高压电力电缆、特大型节能变压器以及高中低压电气产品生产规模和配套能力；加快培育许继集团、森源电气、日立信等智能电网控制保护系统自主创新能力和竞争优势，形成了以超特高压为主、高中低压为基础、一二次设备配套发展的产业格局。

在风电装备行业中，我省依托许继集团、轴研科技、洛阳 LYC 轴承等重点企业，鼓励锅炉、起重等优势企业发挥现有生产和技术优势，按照关键零部件和控制系统先行的原则，推动年产 400 台 2.0MW 及以上大型风电齿轮箱等重点项目建设，迅速形成风电轴承及主轴、齿轮箱、制动器、风塔、叶片等关键零部件生产规模。积极开展自主创新，逐步发展 2.0MW 以上大型风电机组整机制造。

在石油天然气行业中，我省以开封空分、南阳二机、科隆集团为依托，鼓励三门峡、濮阳等能源富集地区依托现有产业及技术基础，加快承接产业转移，培育壮大能源装备产业集群，加快发展石油、天然气装备。

## 2. 能源装备行业工作开展情况和目标规划

我省十分重视能源装备行业的发展。抓住国家将新能源产业列为国家战略性新兴产业的历史机遇，把新能源装备制造业列为全省重点培育的战略性新兴产业。在"十二五"期间，按照"发挥优势、重点突破、外联内育、配套集成、技术先行、服务增值、人才为本"的总体要求，着力增强自主创新能力、服务增值能力、先进制造能力和产业配套能力，以洛阳动力谷、中原电气谷等重大产业基地为载体，做优做强输变电设备、成套装备等国内一流、具有国际竞争力的优势产业，大力发展节能环保设备、新能源设备等具有国内先进水平的先导产业，完善提升铸锻件、基础部件、关键特种材料等具有突出特色的基础部件产业，进一步壮大优势产业规模，加快推进重点项目建设，着力培育特色

产业集群，形成一批行业优势企业，促进能源装备产业逐步向整机集成、地方配套、创新发展转变。

输变电成套装备领域。围绕建设竞争优势突出、产业链条完整的输变电设备制造业，以许继集团、平高集团等骨干企业为依托，推进与国家电网战略合作向纵深展开，积极引进战略投资者，提升二次设备，完善一次设备，强化关键部件，形成超特高压为主导、高中低压为基础、一二次设备配套发展的产业格局，成为具有世界先进水平的输变电成套设备研发和制造基地。重点发展超特高压交流开关设备及关键部件、直流输电设备、换流阀控制与保护器、直流场成套设备、超特高压电力电缆、变压器、智能电表以及高附加值关键配套件；围绕国家建设"坚强智能电网"所需智能化保护和无功补偿等关键设备及部件，加强技术攻关，形成产业化生产能力；适应城镇化发展需求，积极承接产业转移，扩大功能电机和电工器材生产规模，促进中低压电力装备系列化、集群化发展。

煤矿及矿山装备领域。发挥产业基础优势，推进中信重工、郑煤机、开封空分等骨干企业与工程设计公司的战略合作，着力增强系统设计、技术研发和工程总承包能力，突破核心主机和关键辅机工艺技术，形成重大装备的成套制造和系统集成能力，发展成为具有国际竞争力的大型成套装备产业。积极推进以大型矿用磨机、高压辊磨机、矿井提升机等大型主机设备为龙头，输送、控制等零部件企业相配套的重机生产体系建设；加快发展新型煤炭采掘、提升和洗选设备，着力提升采煤机、运输机、掘进机、液压支架一体化集成能力，年产千万吨级煤矿成套设备供应能力及超井深煤矿工程总承包能力，形成为大型煤矿建设提供综合解决方案的企业集团。

节能环保装备领域。适应产业转型升级新要求，发挥市场优势和产业基础，积极引进国内外优势企业扎根布点，推动节能环保设备跨越发展，抢占技术和市场制高点，成为装备制造业强省的重要支撑。依托宇通重工、河柴重工、中材环保等企业，大力发展城镇污水处理和中水回用设备、发电

站烟气脱硝设备、移动式和固定式建筑垃圾再生成套设备等资源综合利用设备，提高污水处理、垃圾分拣和处理成套化生产水平，加快培育集研发、制造、安装、工程承包为一体的大型资源综合利用与环保设备企业集团；通过大型企业的业务扩展和技术溢出，引入国内外优势企业和先进技术，以市场换技术促产业发展，大力发展新型节能换热器、节能电机、余热发电设备、煤层气发电设备、高效热电联产成套设备等产品，使之成为新的产业增长点。

风电装备领域。依托许继、洛轴、森源电气、东方辅机等重点企业，利用现有风电控制技术和并网系统成套技术优势，按照关键零部件和控制系统先行原则，引入发电机生产企业，大力发展风电轴承及主轴、风电制动器、风塔、叶片等关键部件和总装，形成风电设备的系统成套、工程施工和设备运行保障服务能力。加强与国家骨干电力公司的合作，弥补市场短板，成为我国重要的风电设备生产基地。

核电装备领域。抢抓国内核电快速扩容带来的市场机遇，重点加强省内企业与央企的战略合作，形成上下游配套和技术协作关系，积极发展大型核岛锻件、核级电缆及桥架、核级电机、阀门等核电设备部件和安全保护控制系统，力争在核电装备产业占据重要位置。

生物质发电装备领域。利用省内丰富的生物质资源优势，强化企业战略合作，加快生物质发电锅炉等关键设备产业化，形成规模化供货能力。

目前，我省中信重工年产100套褐煤提质成套装备、许继集团年产400台2.0MW及以上大型风电齿轮箱、林州重机连续式矿井提升机等一批重大能源装备项目正在加快推进，将对我省能源装备乃至全省装备制造业的发展起到重要的支撑和带动作用。

## 二、能源装备产业发展现状

2010年，我省能源装备生产工业纳入统计的规模以上企业资产总计497.97亿元，完成工业总产值515.13亿元，完成工业销售产值496.18亿元。在能源装备生产的14大行业中，有10大行业工业总产值超过20亿元，其中电线电缆140.12亿元，内燃机与配件89.96亿元，变压器、整流器、电感器48.48亿元，其他输变电机控制47.29亿元，石油钻采专用设备38.44亿元，配电开关控制37.84亿元，锅炉与辅助设备36.71亿元，发电机及其机组26.84亿元，采矿采石设备制造22.57亿元，电力电子元件20.86亿元。

2011年，我省能源装备生产工业纳入统计的规模以上企业资产总计451.47亿元，完成工业总产值534.10亿元，完成工业销售产值512.46亿元。在能源装备生产的行业中，有9大行业工业总产值超过20亿元，其中电线电缆170.33亿元，石油钻采专用设备65.55亿元，配电开关控制52.08亿元，其他输变电机控制50.30亿元，锅炉与辅助设备49.24亿元，变压器、整流器、电感器40.96亿元，发电机及其机组38.68亿元，内燃机与配件32.43亿元，矿山机械制造24.38亿元。

### 1. 电力装备

许继集团以电力系统自动化、保护及控制产品的研制、生产为主导，为用户提供电网调度自动化、配电网自动化、变电站自动化、电站自动化、电网安全稳定控制系统、继电保护及自动化装置、电源装置、仪器仪表、通信设备、开关、变压器等输变电设备，从二次设备到一次设备的配套产品及服务。2011年，许继集团主营业务收入122.94亿元，利润总额9.03亿元。

平高集团是国家电网公司的全资子公司，是中科院、科技部"双高"认证的高压开关高新技术企业，是我国高压、超高压、特高压开关重大装备研发制造基地，主导产品为40.5~1 100kV封闭式组合电器、SF6断路器、隔离开关和接地开关、互感器、避雷器、复合绝缘子等产品和核心零部件。2011年，主营业务收入39.02亿元，利润总额0.28亿元。

森源电气主要生产智能中、低压开关成套设备、断路器元件及其配件、中压户内隔离开关和

SAPF 有源滤波装置等电能质量治理产品。公司是国家重点高新技术企业，拥有国家博士后科研工作站、河南省中压输配电装置工程技术研究中心和省级企业技术中心，共获得 250 多项专利授权。12kVGN 系列隔离开关采用 40 多项具有自主知识产权的专利，产销量连续 8 年居全国同行业第一位。GZS1 中置柜、VSV 户内高压真空断路器、MNSS 低压柜、GN 系列隔离开关、KYN80 开关柜被评为河南省名牌产品。KYN80 系列高压开关成套设备在电气绝缘和机械寿命两方面填补了国内空白，是国内唯一满足《国家电网公司十八项电网重大反事故措施》要求的系列产品；SAPF 有源滤波成套设备是国家节能减排重点推荐产品，也是唯一获得国家发展改革委重大专项资金扶持的电力谐波治理专利产品，2010 年该产品无论技术还是产量均为全国第一。2011 年，森源电气实现主营业务收入 63.39 亿元，利润 2.39 亿元。

### 2. 煤炭装备

郑煤机是中国最大的液压支架制造商，2011 年占国内市场份额比重达到 22.6%，能够制造煤炭综合采掘系统组件中的液压支架、刮板输送机和掘进机，正在研发形成采煤机的生产技术和能力，2009 年制造了世界最高的 7m 采高大型液压支架。2011 年，郑煤机交付了运行功率 2 000kW、国内最大的刮板输送机，并实现了自主制造电液控制系统，实现主营业务收入 79.56 亿元，利润 13.7 亿元。

林州重机是国内最大的民营煤炭综采机械设备供应商，主要经营煤矿液压支架、刮板输送机、采煤机、掘进机、救生舱及其配件的制造和销售，综合实力居全国同行业前列。2010 年荣获安阳市首届市长质量奖，2011 年被评为高新技术企业，2012 年被河南省人民政府授予"河南省 2012 年度百强企业"。2011 年实现销售收入 80.61 亿元，实现净利润 3.17 亿元。

### 3. 石油天然气和石油化工装备

南阳二机拥有铸锻、金属加工、总装等 16 个生产分厂和 4 个钻采装备综合试验场，拥有 2 家中美合资公司、6 家控股公司、2 家投资公司。设立有河南省石油钻采装备工程技术研究中心、国家级企业技术中心、信息中心、计量检测中心、博士后科研工作站等相配套的技术研发机构和基础设施，与中国石油大学联合成立了石油装备研发中心。全国石油钻采设备和工具标准化技术委员会在公司设立车载装备标准化工作部。生产了 1 000~4000m 车装钻机、1 000~7 000m 橇装钻机、1 000~4 000m 拖挂钻机、25~225t 陆上修井机、60~225t 海洋钻修机、4 000~7 500m 油井测试设备、50~70t 重载挂车、顶部驱动钻井装置、泥浆泵、石油专用车辆、井口工具等 11 大系列、110 多种产品，产品畅销全国各大油田，并出口英国、美国、加拿大、墨西哥、土库曼斯坦、哈萨克斯坦、印度、伊拉克、埃及、苏丹、尼日利亚、委内瑞拉等 20 多个国家和地区。2011 年，主营业务收入 14.91 亿元，利润 0.48 亿元。

### 4. 新能源装备

洛阳 LYC 轴承是中国轴承行业规模最大的综合性轴承制造企业之一，拥有国家级技术中心，可根据用户需求设计制造 9 大类型、各种精度等级 1 万多个轴承品种及轴承相关专用设备，拥有航空发动机轴承、重大装备专用轴承等核心技术，产品广泛应用于国防军工、航空航天、风力发电、矿山冶金等领域，是目前我国加工直径最大、精密程度最高轴承的诞生地，也是国内轴承产品尺寸最广、用途覆盖面最宽、品种最齐全的生产基地，保持了多项中国轴承行业纪录。近 5 年来，LYC 公司主营业务收入保持了年平均 30% 以上的增长，主导产品在国内市场占有率位居前列，连续 5 年被评为轴承行业排头兵企业。2008 年初启动"新洛轴工程项目"后，公司又迅速实施了以科技创新带动"产业全面升级项目"，在研发、装备、产品等关键领域达到国内第一、国际领先水平。

宇通集团 2012 年累计销售各类客车共计 51 688 辆，同比增量 5 000 辆，增幅 10.71%，销量和增量都列行业第一，增幅是行业平均增幅的两倍，成为我国首个年销量突破 5 万辆的客车企业。其中，销售燃气客车 6 313 辆，市场份额占比 18.83%；新能源客车销量达到1 840辆，行业第一。宇通集团正在筹建年产3万辆新能源汽车生产基地项目，发展势头良好。

## 三、能源装备科研情况

"供用电系统谐波的有源抑制技术及应用"，获2011年国家科技进步二等奖，研发单位：许继集团有限公司。

"中国煤矿瓦斯地质规律与应用研究"，获2011年国家科技进步二等奖，研发单位：河南理工大学、河南省煤层气开发利用有限公司、中国平煤神马能源化工集团有限责任公司、河南煤业化工集团有限责任公司。

"水泥窑纯低温余热发电成套工艺技术及装备"，获2012年国家科技进步二等奖，研发单位：中信重工机械股份有限公司。

"开关电器大容量开断关键技术及应用"、"特高压交流输电关键技术、成套设备及工程应用"，获2012年国家科技进步二等奖，研发单位：河南平高电气股份有限公司。

"多晶硅高效节能环保生产新技术、装备与产业化"，获2012年获国家科技进步二等奖，研发单位：洛阳中硅高科科技有限公司。

"±800kV特高压直流输电关键成套技术装备研制及产业化"，获2011年中国机械工业科技进步特等奖，研发单位：许继集团有限公司。

"MZL系列多分流重载立磨减速机"，获2011年中国机械工业科技进步二等奖，研发单位：中信重工机械股份有限公司。

"大型摩擦提升机动力学设计方法及应用"，获2011年中国机械工业科技进步二等奖，研发单位：河南科技大学、洛阳矿山机械设计研究院。

"高压隔离开关关键部件材料—结构—成型一体化设计与开发"，获2011年中国机械工业科技进步二等奖，研发单位：河南科技大学、河南平高电气股份有限公司、洛阳理工学院。

"隧道掘进机螺旋输送机构交叉圆柱滚子轴承的研制"，获2011年中国机械工业科技进步三等奖，研发单位：洛阳LYC轴承有限公司。

"MFH39105高效风扫烘干磨煤机"，获2011年中国机械工业科技进步三等奖，研发单位：河南焦矿机器有限公司。

"平高集团有限公司超高压开关设备智能化升级及配套项目"，获2011年中国机械工业科技进步三等奖，研发单位：平高集团有限公司。

（河南省发展和改革委员会工业发展处）

# 陕 西 省

## 一、概况

能源化工和装备制造是陕西省的支柱产业。大力发展能源装备制造业不仅对促进我省能源化工产业和装备制造业具有极其重要的作用，也是立足我省实际、着眼经济平稳较快发展的战略选择。

### 1. 能源装备行业概况

"十一五"是我省能源装备制造业发展的重要时期。省委、省政府对能源装备产业发展高度重视，各级各部门始终把发展能源装备作为做大做强装备制造业的重要抓手，紧紧抓住能源化工产业加快发展的有利时机，按照全省装备制造业"十一五"规划大力推进。我省能源装备制造业已形成较为完善的体系，呈现出持续健康协调发展的良好态势。

一是产业规模快速扩张。2011 年我省规模以上能源装备制造业实现产值 1 200 亿元，占全省规模以上工业总产值的 13%，占全省装备制造业总产值的 50%。

二是重点产业竞争力不断增强。着力在输变电设备、煤炭开采洗选设备、石油天然气钻采设备等重点产业发展上取得突破。特高压输变电设备国内市场份额由 2005 年的 16% 提高到 2011 年的 30%，居全国第 2 位；MG750/1910-WD 重型超大功率电牵引采煤机技术达到国际先进水平；宝鸡石油机械有限责任公司陆地钻机和泥浆泵产量连续 3 年位居全球同行业首位。

三是产业集中度逐步提高。采取各种有效措施推进产业集聚发展，全力打造我省能源装备领域的"航空母舰"。中国西电集团公司成为我国高压输变电设备制造行业首个销售收入突破 200 亿元的企业。西安陕鼓动力股份有限公司销售收入近 100 亿元，成为我国鼓风机行业的龙头企业。

四是创新能力不断提升。拥有 5 家国家级工程研究中心、4 家国家级企业技术中心和 10 家省级工程研究中心、18 家省级企业技术中心。核心企业的研发投入占销售收入的比例达到 2.1%。开发出了特高压避雷器、特高压交流电容套管、12 000m 海洋石油钻机等一批具有自主知识产权、国内领先的重大能源装备产品。

五是新兴装备不断发展壮大。陕西柴油机重工有限公司核应急发电机组填补了国内空白；国核宝钛锆业股份公司成为我国唯一核级锆管材生产企业；美国应用材料公司在西安高新区设立全球研发中心；西安金风科技有限公司已形成 2.5MW 风力发电整机年生产能力。

### 2. 能源装备行业工作开展情况

我省高度重视能源装备产业发展，总的发展思路是：以科学发展观为统领，积极抢抓我省能源化工产业发展的有利时机，按照"大集团引领、大项目支撑、集群化推进、园区化承载"的发展战略，以市场为导向，以科技创新为动力，以输变（配）电设备、石油天然气钻采设备、煤炭开采洗选设备、大型化工设备、太阳能光伏设备、风电设备等为重点，围绕陕北能源化工基地建设，发挥关中装备研发制造优势，吸引国内外知名企业投资落户，全面提升我省能源装备产业竞争力。

（1）加快发展四大特色装备

输变（配）电设备。以750kV和1 000kV超高压电网建设为契机，重点发展超高压交/直流输变电关键设备，实现成套设备产业化，通过成套带动、技术带动和协作配套带动，促进中低压产品和相关配套产品发展。依托西安电力机械制造公司、西安电力电子技术研究所、陕西合容电气集团有限公司、陕西宝光真空电器股份有限公司等重点企业，实施超高压交/直流输变电设备产业化、大功率晶闸管产业化等重点项目，实现输配电设备制造产业总体规模的扩张。加快中国西电集团公司与省内企业的联合重组，拓展产品覆盖范围，提升成套供应能力。推进西安高新区研发中心、西安大庆路制造和试验检测中心、西安经开区制造基地、咸阳配套件和辅业制造基地建设。

石油天然气钻采输送设备。以国内油气开发对装备需求为动力，依托宝鸡石油机械有限责任公司、宝鸡石油钢管有限责任公司、咸阳石油钢管钢绳有限责任公司等龙头企业，加快实施宝鸡石油机械公司搬迁、咸阳钢管钢绳公司搬迁、宝鸡石油钢管公司连续管及套管生产线研制等重大项目，发展石油钻机、泥浆泵、焊管、连续油管等设备及低渗透油田钻采设备，形成钻井采油装备和输送设备两大制造优势。依托陕西延长石油（集团）有限责任公司，实施抽油机制造、石油专用管及机械加工等项目，带动陕北配套制造业发展，满足能源勘探和开采需要。

煤炭开采洗选设备。以煤炭资源开发和陕北近20个千万吨级大型煤矿建设为机遇，加快开发生产技术先进、具有自主知识产权的煤炭开采洗选设备。依托西安煤矿机械有限公司，以电（液压）牵引采煤机、干式泵箱液压牵引采煤机为基础，重点开发2 000kW以上智能化、超大功率的千万吨级重型电牵引采煤机，加快500~2 000kW交流电牵引采煤机系列化、成套化，配套发展运输机、掘进机和液压支架，实现大型煤炭综采设备国产化。依托西

安煤矿机械有限公司等企业，加强与科研机构和煤炭企业合作，在陕北能源化工基地建设煤炭综采设备制造维修基地，开发生产新型矿井通风设备成套系统、煤炭开采回采系统、液压支架和皮带运输机等煤矿专用设备。

大型化工设备。以陕北能源化工基地建设和重大煤化工、石油化工及盐化工项目为切入点，依托西安核设备有限公司、中国航天科技集团公司第四研究院、中国航天科技集团公司第六研究院、西安航空动力股份有限公司、宝钛集团有限公司等企业，大力发展加氢反应器、精馏塔、闪馏罐、反应系统装置、结晶系统装置等大型化工设备，在高压厚壁设备、特种材料设备制造等方面增强引进消化吸收和再创新能力，承担大型成套加工装置生产和改造修理任务，在提高大型化工设备的技术工艺和精细化程度上加强技术攻关力度，推进大型化工设备规模化、系列化、产业化发展。

（2）扶持壮大五大新兴装备

太阳能光伏设备。依托美国应用材料公司、西安理工大学、深圳市拓日新能源科技股份有限公司等企业，采取引进国外先进技术再创新和自主创新相结合的方式，提高太阳能光伏设备的研发和制造水平。抓紧实施美国应用材料公司非晶硅生产设备、深圳拓日公司薄膜电池设备、中国电子科技集团公司多线切割机设备等项目建设。

风电设备。抢抓国家大力发展风电的有利时机，加大整机企业重组，培育优势龙头企业，推进2MW以上风电装备整机研发和生产，带动相关配套零部件企业发展。依托西安经济开发区风电装备产业园，实现风力发电装备国产化制造和设备集成，形成较为完备的产业链。依托西安捷力电气有限公司、西安盾安电气有限公司、陕西秦川机床工具集团有限公司等企业，发展风力发电机、电气控制系统、变流器、齿轮箱、转子支架总成及轮毂、底座、箱体、齿轮壳体、塔筒等零部件。

核电设备。以国家大力发展核电为契机，通过市场拉动、科技撬动、需求推动，大力发展我省核电装备制造业，服务国家核电发展。依托西安核电

设备有限公司、陕西柴油机重工有限公司、国核宝钛锆业股份公司等企业，加快对第三代 AP-1000 核电技术消化吸收和再创新，重点发展核应急发电机组、核级压力容器、PMC 系统装卸机、核废料处理设备、核反应堆吊篮、1 000MW 核电站板焊接结构稳压器、951 反应堆压力容器、核级棒材管材等产品。

节能设备。依托陕西鼓风机（集团）有限公司、中国重型机械研究院股份公司、陕西斯达煤矿安全装备有限公司等企业，提升大型能量回收发电装置（TRT）、轴流压缩机、转炉煤气除尘节能系统、水泥窑余热发电装置、干熄焦发电装置、节能空调压缩机、螺杆式压缩机等产品技术水平和市场占有率，重点开发符合节能减排要求的余热回收锅炉、生物燃料锅炉等产品，着力发展余热余气循环再利用设备以及资源综合利用设备。

新能源汽车。顺应新能源汽车商业化发展趋势，采取自主为先和引进为主相结合的方式，大力研发新能源汽车所需的电池。依托比亚迪股份有限公司，重点做好 E6 纯电动车生产线技术改造，在西安高新区完成新能源汽车充电站建设。依托陕西汽车集团有限责任公司，重点做好电动码头低速牵引车、混合动力垃圾车和矿用车研发，突破关键技术，达到年产 5 000 辆微型电动车的产量。重点做好纯电动汽车、燃料电池汽车和其他新能源汽车的研发。

（3）培育现代能源装备制造服务业

以陕北能源化工基地大型能源项目的需求为牵引，以为能源项目提供各种优质的装备制造服务为目的，在工程承包、系统集成、设备租赁、提供解决方案、再制造等方面开展增值服务，逐步实现由生产型制造向服务型制造转变。鼓励有条件的企业延伸扩展研发、设计、信息化服务等业务，提供制造业社会化服务。依托中煤能源集团大型煤机支架制造、租赁、维修和延长石油集团石油专用管、大型抽油机制造、维修等项目，着力培育一批系统集成、能源装备工程总承包和全程服务的装备制造服务业公司，全面提升系统集成和总包水平。

# 二、能源装备产业发展现状

## 1. 电力装备

主要以中国西电集团公司为主。西电集团作为我国输配电装备制造业中最具代表性的企业，承担着促进我国输配电装备技术进步和为国家重点工程项目提供关键设备的重任。在国家"九五"至"十一五"发展期间，先后引进并消化国外先进技术 11 项，包括引进了 ABB、西门子的 500kV 直流换流变压器与平波电抗器技术、换流阀技术、ABB 550kV GIS 技术、系统研究技术等；完成国家重点科技攻关和科研课题 186 项；完成自主开发研制的重点新产品 1 313 项，其中达到国际先进水平的有 281 项，达到国内领先水平的有 230 项；获得 3 项国家科技进步奖一等奖。

2010 年，西电集团在推进科技资源整合和科技体制机制创新的基础上，加大科技投入，狠抓重大科研课题、重大产品研发、关键技术攻关和关键、瓶颈工艺攻关，取得了丰硕成果。全年完成并鉴定验收科技项目 133 项，其中 33 项处于国际领先水平，77 项处于国际先进水平；"三峡输电系统工程"项目获得 2010 年度国家科技进步一等奖。2010 年新增授权专利申请 242 项，同比增长 36%；2010 年新增授权专利 224 件，同比增长 80.6%。"十一五"期间，累计申请专利 685 件，近 5 年年平均增长 83%，其中发明 164 件，年平均增长 110%；累计取得授权专利 493 件，年平均增长 91%以上，其中发明专利 46 件；持有有效专利 509 件，其中发明专利 47 件；专利申请数是前 20 年总和的 7 倍多，其中发明专利是前 20 年总和的 27 倍多，专利授权数是前 20 年的 6 倍多，其中发明是前 20 年的 23 倍；"XD"商标在美国、欧洲、独联体和东南亚等国家和地区的注册也在有计划地推进。这些科研技改项目的成功不但为国家电网建设提供了重要保证，更为我国高端输变电设备国产化奠定了坚实基础。西电已成功研制出特高压变压器、特高压气体绝缘金属封闭开关设备、特高压避雷器、特高压交流电容套管、特高压棒形支柱绝缘子和棒形旋式复合绝缘子等产品。完全依靠自有技术研制开发的750kV、1 000kV尖端产品，代表了世界输变电技术的最高水平。丰硕的科技成果标志着西电集团在交/直流输电成套设备的研制和交/直流输电系统研究与设计领域已向国际先进水平看齐。

**2. 石油天然气钻采输送设备**

宝鸡石油钢管有限责任公司，隶属于中国石油天然气集团公司，公司钢管综合产能180万 t/a，最大产能260万 t/a（其中螺旋缝埋弧焊管158万 t/a、JCOE直缝埋弧焊管25万 t/a、HFW直缝焊管15万 t/a、连续管2万 t/a、油井管60万 t/a），钢管防腐2 340万 m²/a（其中内防腐1 140万 m²/a，外防腐1 200万 m²/a），弯管3 000件/a，焊丝5 000t/a，焊剂4 000t/a，涂料6 000t/a，管端保护环45万件/a，螺纹保护器120万件/a。建厂至今，公司已累计生产钢管1 300万 t/30万 km，铺设管线200余条。在国内市场上，市场占有率始终保持在前列；在国际市场上，产品已出口到印度、苏丹、沙特阿拉伯、土库曼斯坦、哥伦比亚等20多个国家和地区。2006年，公司成功中标印度"东气西送"管线60万 t订单，创造了国际上一次性授标钢管制造最大的合同纪录，同时也创造了中国石油装备产品出口的最高纪录。2011年，宝鸡石油钢管有限责任公司资产总额917 729万元，实现销售收入710 066万元，利润总额15 076万元。

宝鸡石油机械有限责任公司，是中国石油天然气集团公司所属的石油钻采装备研发制造企业，是全球最大的陆地石油钻机和系列泥浆泵研发制造基地，也是全国最大、能力最强的重要场合用途钢丝绳研发制造基地，是我国石油钻采装备研发制造龙头企业。公司主要设计制造1 000~12 000m 9大级别、4种驱动形式的常规陆地钻机、极地钻机和海洋成套钻机；500~3 000马力的各系列钻井泵；海上钻采平台设备、井控井口设备、特种车辆、钢管钢绳、大直径牙轮钻头等钻采装备配套产品以及电气控制、非常规油气设备和减排设备等产品，覆盖面达50多个类别、1 000多个品种规格，产品远销

欧美、非洲、澳洲、中亚、中东、东南亚等58个国家和地区。2011年，宝鸡石油机械有限责任公司工业增加值120 000万元，实现销售收入500 000万元，利润总额16 000万元。

**3. 煤矿设备**

西安煤矿机械有限公司，为原煤炭部采煤机定点生产厂家，是我国采煤机设计制造的大型骨干企业。2008年8月，由陕西煤业化工集团有限责任公司与中国煤矿机械装备有限责任公司合作投资对公司进行战略重组，先后成功研制出了以MG500/1130-WD和MG1000/2550-WD型交流电牵引采煤机为主导的系列产品，采高从1.0~7.1m，功率从350~2 670kW，能够满足不同地质条件特别是复杂地质条件下煤矿采掘的需求，在行业内率先实现了采煤机远程智能化检测系统和摇臂自适应调高功能，部分产品可完全替代进口，并成为我国采煤机行业出口产品最多的企业。MG500/1130-WD型交流电牵引采煤机出口俄罗斯，成为中俄友好年的重点机电产品，同时荣获陕西省2006年度科学技术一等奖；MG900/2210-WD型交流电牵引采煤机，荣获2010年度陕西省科学技术一等奖、陕西省煤炭工业科技成果一等奖；国家高新技术研究发展计划（"863"计划）重点项目"煤矿井下采掘装备遥控关键技术"成功落户企业；公司成为国家能源煤矿采掘机械装备研发（实验）中心，陕西省煤矿机电工程技术研究中心。2011年，西安煤矿机械有限公司资产总额210 000万元，销售收入180 000万元，利润总额18 031万元。

**4. 风电设备**

西安风电设备产业集聚区。以西安金风科技有限公司、中钢集团西安重机有限公司、西安船舶工程研究院有限公司、西安航空发动机（集团）有限公司等具有成套机组制造能力的企业为主体，依托西安交通大学、西北工业大学、西安理工大学和西安重型机械研究所、艾默生网络能源（西安）有限公司等高等院校和科研机构开展风力发电装备的研制，带动发电机、风电结构件、电气控制系统、发电机机轴制造配套产业，形成风机全产业链，将西

安建成全省最大的风电装备制造研发基地。

宝鸡风电设备产业集聚区。以陕西秦川机床工具集团有限公司、宝鸡石油机械有限责任公司、西北机器有限公司等企业为主体，重点发展风电齿轮箱、风电专用铸件、成套机组、凸形叶片模具等产品，同时加快与风电装备零部件加工相配套的大型数控、专用机床的研制，将宝鸡建成全省风电机组主要零部件生产基地。

咸阳风电设备产业集聚区。以陕西柴油机重工有限公司、风润新能源设备有限公司、陕西纽兰德机械有限公司等企业为主体，重点发展风电专用铸件、风电制动器及高强度连接件等产品，向其上下游辐射，将咸阳建成风电装备零部件生产基地。

## 三、能源装备科研情况

随着能源装备企业的科技投入力度不断加大，科技创新实力大大增强。2011年，能源装备企业研发出新产品221种，同比增长25%；申请专利323项，同比增长19%；完成科研项目190项，同比增长6%；各类科技获奖50项，同比增长6%。

（1）西安热工研究院有限公司，燃煤电厂12万t/a二氧化碳捕集装置研制及工程示范，2010年国家能源科技一等奖；

（2）中国西电集团公司，1 100kV、63kA大容量特高压组合电器研究与应用，2010年国家能源科技一等奖；

（3）西安热工研究院有限公司，大容量循环化床锅炉自主研制，2010年国家能源科技二等奖；

（4）西安煤矿机械有限公司，MG900/2210-WD型交流电牵引采煤机，2010年国家能源科技二等奖；

（5）西安西电电力系统有限公司，云南—广东特高压直流输电晶闸管换流阀研制，2010年国家能源科技二等奖；

（6）西安高压电器研究院有限责任公司、西安西电高压开关有限责任公司，超高压直流输电用直流转换开关成套装置研制，2010年国家能源科技二等奖；

（7）西安天力金属复合材料有限公司，电站用大面积钛/钢复合板，2010年国家能源科技三等奖；

（8）西安高压电器研究院有限责任公司，特高压及电子式（光电）互感器试验系统的建立及试验方法的研究，2010年国家能源科技三等奖；

（9）西安陕鼓动力股份有限公司，5 000m³大型高炉煤气余压透平发电装置关键技术研究及应用，2010年国家能源科技三等奖；

（10）西安西电变压器有限责任公司，超高压交流有级可控并联电抗器关键技术开发与工程应用，2010年国家能源科技三等奖；

（11）西安高压电器研究院有限责任公司，特高压直流输电工程换流阀运行试验系统研究，2011年国家能源科技一等奖；

（12）西安西电变压器有限责任公司，德宝直流输电工程用±500kVA换流变压器研制与产业化，2011年国家能源科技一等奖；

（13）宝鸡石油机械有限责任公司，12 000m交流变频电驱动钻机，2011年国家能源科技二等奖；

（14）西安高压电器研究院有限责任公司，超特高压交直流输变电设备试验能力建设及试验技术研究，2011年国家能源科技二等奖；

（15）国核宝钛锆业股份公司，核级锆合金材料研制技术，2011年国家能源科技二等奖；

（16）西安高压电器研究院有限责任公司，高压输电工程系统成套设计和工程实践技术，2011年国家能源科技二等奖；

（17）西安陕鼓通风设备有限公司，典型工业泵、阀、风机节能与测试关键技术应用研究，2011年国家能源科技二等奖；

（18）宝鸡石油钢管有限责任公司，油气开发用新型连续管关键技术研究及产品开发，2011年国家能源科技二等奖；

（19）西安西电变压器有限责任公司，SSPH667000/500组合式变压器，2011年国家能源科技三等奖；

（20）西安高压电器研究院有限责任公司，特高压（UHV）断路器120ms非对称电流开断

（T100a）试验研究，2011 年国家能源科技三等奖；

（21）西安西电开关电气有限公司，126~1100kV 智能化 GIS 工程技术集成及应用，2011 年国家能源

科技三等奖。

（陕西省发展和改革委员会能源节约和新能源处）

# 青 海 省

## 一、概况

### 1. 能源装备产业基本概况

青海省是我国太阳能资源最丰富的地区之一，太阳辐射强度大，日照时间长，戈壁荒漠化土地多，非常适合发展太阳能光伏发电。我省十分重视光伏产业发展，将光伏产业发展作为调整和优化产业结构、改善生态环境、培养新的经济增长点以及带动相关产业发展的重要措施，依托我省丰富的太阳能资源，以光伏应用为抓手，构建完整的太阳能光伏产业链。我省已明确提出要把青海建成国家重要的太阳能光伏产业基地和太阳能发电基地。经过几年的发展，我省光伏产业已经初具规模。2009年，西宁东川工业园区被国家批准为我国光伏产业基地。目前我省已经形成年产硅片 3 800 万片、光伏电池片 250MW、组件 400MW、石英坩埚 10 万只、铝边框 3 万 t 的生产能力。

### 2. 能源装备工作开展情况

在光伏电站建设的带动下，西宁东川工业园区光伏产业经过几年发展建设，已初具规模，形成了以多晶硅—单晶硅—切片—多晶硅锭/硅片—晶体硅太阳能电池—电池组件—太阳能光伏发电完整的硅材料光伏产业链，并聚集了石英坩埚、光伏玻璃、光伏铝边框等配套光伏生产企业。

## 二、产业发展现状

### 1. 太阳能光伏产业

近几年来，在省委、省政府大力支持和引导下，西宁东川工业园区太阳能光伏产业得到迅猛发展，国内一批资金雄厚、技术先进、机制健全的企业纷纷落户青海，投资建设了多晶硅提纯、太阳能电池组件制造等产业项目，一些项目的规模和技术居国内领先水平，并带动了我省本地光伏企业的发展壮大。园区光伏产业整体上发生了较大跃升：一是由原来单纯的小批量光伏终端产品生产与集成，跃升为太阳能级多晶硅、晶硅锭和切片、太阳能电池组件、太阳能光伏平衡部件等多个品种产品的制造供应；二是由从面向西部偏远农牧地区的狭窄市场，跃升为面向全省、全国乃至国际的广大市场；三是由单个的光伏产业环节，跃升为相对完整的光伏产业链；四是由原来力量薄弱、联系松散的企业联合，跃升为实力强大、关系紧密的产业集群。

园区已有亚洲硅业（青海）有限公司、青海黄河上游水电开发有限责任公司新能源分公司、青海晟晖新能源有限公司、中电投西安太阳能电力有限公司西宁分公司、青海鑫诺光电科技有限公司、阳光能源（青海）有限公司、青海聚能电力有限公司等众多太阳能光伏产品生产企业，这些企业都拥有自主知识产权的品牌，产品涵盖了多晶硅料、单晶硅、切片、电池、组件、光伏玻璃、逆变器、石英坩埚、电池组件、系统集成等领域，形成了相对完整的光伏产业链。

亚洲硅业（青海）有限公司是由英属维尔京群岛亚洲硅业有限公司 2006 年在青海成立的外商独资企业，公司注册资金 2 亿美元。项目总投资 150 亿元，年产多晶硅 23 000t，项目分三期建设，预计 2013 年建成投产。项目建成后可实现年销售收入 100 亿元，吸收就业人数 1 600 余人。

青海黄河上游水电开发有限责任公司新能源分公司是黄河上游水电开发有限公司于 2006 年成立的分公司。项目总规模年产多晶硅 8 500t，总投资 120 亿元。其中一期建设年产 1 250t 多晶硅（电子级多晶硅 1 000t、太阳能级多晶硅 250t），目前已投入试生产。预计实现年销售收入 15 亿元，年利润 6 亿元，税金 1.25 亿元，吸收就业人数 300 余人。

阳光能源（青海）有限公司成立于 2010 年 9 月，由香港上市的阳光能源控股有限公司下设的全资子公司——日晟投资有限公司投资成立，注册资金 9 000 万元，占地 3.73 万 m²，项目总投资 4 亿元。项目于 2010 年开工建设，总体安装单晶炉 192 台，建设年产 3 000t 高品质的太阳能级单晶硅。预计可实现销售收入 15 亿元，利润 1.3 亿元，吸收就业人数 300 余人。

青海鑫诺光电科技有限公司成立于 2010 年 10 月，是由浙江好亚能源科技有限公司投资的全资子公司，项目建设年产 3 000t 太阳能级单晶硅，总投资为 7 亿元。目前已安装 84 台单晶炉，计划 2013 年安装到 100 台单晶炉。项目建成投产后，可实现销售收入 30 亿元，吸收就业人数 300 余人。

中电投西安太阳能电力有限公司西宁分公司由中电投西安太阳能电力有限公司投资组建，项目年产 400MW 太阳能电池及组件，总投资 14 亿元。2012 年 9 月，一期 200MW 电池生产线和 200MW 组件生产线已投产。目前公司员工 460 人。该项目全部投产后可实现销售收入 21 亿元，利润 2.7 亿元，税金 4 亿元，吸收就业人数 2 000 人。

青海聚能电力有限公司是我省省属国有企业——青海省水利水电（集团）有限责任公司下属全资子公司。项目建设年产 100MW 太阳能电池片及组件生产线，总投资 4.1 亿元。项目于 2010 年 10 月开工建设，目前一期 50MW 电池片及组件已投产。项目全部投产后，预计实现销售收入 13.5 亿元，年创利税 2.1 亿元，吸收就业人数 1 200 人。

青海亿奇新能源科技有限公司成立于 2011 年 4 月，公司年产 20 万只石英坩埚项目，总投资 1.5 亿元。项目于 2011 年 7 月开工建设，目前正在安装设备。项目全部建成投产后，可实现年销售收入 6.9 亿元，利润 1.2 亿元，上缴税收 2 900 万元，安置就业人员达 120 人。

**2. 石油钻采产业**

我省规模以上的石油装备企业有西宁石油机械厂。该厂成立于 1986 年，注册资金 7 500 万元人民币，现有净资产 2.57 亿元，拥有技术工人 578 人，中高级工程师 96 人。拥有 8 条高效率生产线，重型设备 21 台，大型设备 100 多台。主要生产石油钻采系列、泥浆泵系列、CYJ 系列抽油机产品，产品直销克拉玛依油田、吐哈油田、塔西南油田、玉门油田、青海油田、南阳油田、大港油田、辽河油田等国内各大石油生产基地，并出口到哈萨克斯坦等国家和地区。

2011 年实现销售收入 7 900 万元，利润 976 万元，就业人数 245 人。目前，规划新建的钻机项目已被青海省科技厅列入 2012 年度"'123'科技支撑工程"，项目占地约 60 000m²，建设联合厂房 2 座，每个厂房建筑面积 12 500m²，生产面积达到 25 000m²，新增数控设备 100 余台，新增设备投资 13 809 万元，总投资 2.5 亿元人民币。新项目建成后将形成年产钻机系列产品 12 台、泥浆泵系列产品 100 台，泥浆泵双金属缸套系列产品 30 000 件、液缸 1 000 块的规模。预计实现利税 10 072 万元，增加财政收入 4 464 万元，增加就业人数 415 人。

# 三、未来发展规划

《青海省国民经济和社会发展第十二个五年规划纲要》指出："十二五"期间，能源产业将坚持多元发展、多能互补方针，优先发展水电，大力开发太阳能、风能等新能源，配套发展火电，增强水火电及太阳能风能调峰互补能力，积极开发油气、煤炭资源，构建安全、稳定、经济、清洁的现代能源体系。到 2015 年，全省可再生能源生产比重达 40%。

在能源装备方面，以发展新能源装备、环保设备、石油机械、压力容器等为重点，提高加工工艺水平和产业配套能力，建立与装备制造相配套的零部件、原辅材料中心，培育具有较强市场竞争力和成长性的大型企业，全面提升装备制造业整体水平。

### 1. 新能源产业

太阳能光伏。扩大单晶硅、多晶硅生产规模，带动和构建晶体硅、太阳电池、光伏发电系统集成的光伏产业链。加快建设柴达木太阳能大型并网发电项目、青南牧区光伏电源项目，把青海建成国家重要的太阳能光伏产业基地和太阳能发电基地。

风电。抓好风能设备的研发与制造，开发大型风电机组，培育风能产业链，建成集风电整机及附属设备制造、测试、配件供应等为一体的风电装备制造业和服务基地。扩大风能利用规模，选择合适地点建设大规模的风力发电场。

生物质能。建立生物质能技术研发平台，推进生物质能技术研发和产业化。

### 2. 油气化工产业

以建设千万吨级油田为目标，加大油气勘探开发力度，增加储量，提高产量，完善油气输送网络，进一步提高原油加工和天然气化工技术装备水平，积极推动天然气化工与盐湖化工、有色金属工业融合发展，建成区域性石油天然气化工基地。推进烯烃下游产品开发，支持发展合成氨、聚氯乙烯、甲醇等大宗产品。

### 3. 煤化工产业

充分利用省内外煤炭资源，以煤炭清洁利用为重点，积极发展煤化能源下游产品，积极推进煤制烯烃项目，建设大型焦炭生产基地，综合利用焦炉煤气、煤焦油、粗苯等发展精深加工，构建煤焦化一体化、煤盐化一体化、煤焦化冶金一体化、煤电铝一体化等产业链，实现电、热、液体燃料、化工产品的多联产，建成以煤化、能源、盐化、冶金相结合为特色的新型煤化产业基地。

（青海省发展和改革委员会能源局）

# 贵 州 省

## 一、概况

### 1. 逐步发展壮大

贵州省能源装备制造业是伴随着能源产业发展逐步成长起来的。

新中国成立初期，由于我省基础工业比较落后，煤炭开采基本采用最原始的方式进行，仅有的几台小水电和小火电机组都是从省外或国外引进，能源装备制造基本是空白。

"三线"建设期间，我省相继成立了几个矿务局，并建设了一批骨干煤矿，但主要开采设备还是从省外或国外引进。为配合生产，各矿务局都建立了机修厂，除检修设备外，还生产部分煤矿生产辅助设备。在这期间建设的水电和火电机组还都是从省外或国外引进。随着三大军工基地和配套地方企业的建立，构建了我省现代装备制造业的基础体系，能源装备制造业也得到长足的发展——六盘水煤矿机械厂、贵阳矿灯厂等一批煤矿装备制造企业的投产，填补了贵州省煤矿机械制造的空白，个别产品还远销国外；尤其是长征电气厂（现为贵州长征电气股份有限公司）等一批中央直属企业内迁我省，大大提升了我省能源装备制造水平和能力。

改革开放后，全国经济飞速发展，对能源的需求急剧增加，我省作为能源资源大省，煤炭产业得到了较快发展，煤炭产量逐年增加，大量水电、火电项目开工建设，为能源装备制造业提供了较好的市场，促进了能源装备制造业的快速发展：一是省内原有能源装备制造企业做大做强，产品种类增加，质量进一步提升；二是省外甚至国外能源装备制造企业纷纷进驻贵州省；三是民营能源装备制造企业实力进一步增强。

经过近50年的发展，我省能源装备制造业已基本形成了以贵阳、遵义、安顺三大产业园为集聚区，在装备配套、产品制造、技术研发等方面具备了一定的发展基础，拥有电力成套设备、煤矿机械、石油开采装备、风力发电等一批特色优势明显的技术装备及产品。

### 2. 大力推动能源装备工作

一是制定《贵州省工业十大产业振兴规划》，并以《贵州省人民政府关于印发贵州省工业十大产业振兴规划的通知》（黔府发〔2010〕16号）下发各市州人民政府、省政府各部门、各直属机构。《贵州省工业十大产业振兴规划》明确我省要大力发展能源产业装备。

二是制定《贵州省"十二五"装备制造业发展规划》，并以《省人民政府办公厅关于印发贵州省"十二五"装备制造业发展规划的通知》（黔府办发〔2011〕6号）下发。《贵州省"十二五"装备制造业发展规划》对包括能源装备在内的装备制造业在"十二五"期间的发展思路、主要目标、发展重点、主要任务、政策措施、规划实施、工作分工和重点项目进行了明确细化，为我省能源装备制造业在"十二五"期间的发展指明了方向。

三是我省相关部门联合下发《关于促进贵州装备制造业加快发展的通知》（黔经信装备〔2012

39号），文件明确：两年内重点企业、重点产品的产销量增长30%以上；汽车工业、工程机械和矿用机械、电力装备及器材等3大行业本地配套率达30%以上；按年发布《贵州省装备制造业重点装备及产品推荐目录》对首台（套）装备及产品给予补助，用户单位采购本省生产的装备产品及成套系统金额超过1 000万元，给予采购金额的3%奖励；省内重点工程项目的建设商已签订"工程封闭循环设备使用"租赁合同的，按合同租金的10%给予奖励；制造企业的重点产品销售收入比上年增长达25%以上的，给予增量销售收入的3%奖励，奖励金额原则按制造企业与用户各50%进行分配；采购和使用本省配套零部件金额超过1 000万元，并且企业年采购总金额比例达到20%以上的企业，给予省内实际采购金额的1%奖励；依照有关规定认定的首台（套）产品及成套系统装备，且单台（套）售价50万元以上、销售收入达1 000万元以上的，分别给予企业100万元或50万元奖励；首购首用的用户给予产品当年实际采购价的10%奖励等。

四是在贵阳市举办"2012高端装备制造业与高新技术产业国际合作推进会"。作为继2011年贵阳市成功举办该项会议之后的第二届，本次推进会的主办方升格为贵州省人民政府。会议以"科技转化与高新技术产业合作交流"为主题，就高端装备制造业和高新技术产业如何定位发展需求、如何展开项目对接和提供配套服务等问题进行深度研讨。贵州省与会企业和科研院所签订了包括能源装备制造在内共计21项技术引进、产品开发和合作项目，预计到2015年将形成2 000亿元以上的产值规模。

## 二、能源装备产业发展现状

### 1. 输变电装备领域

截至2011年底，我省已具备输变电成套设备的生产和研发能力，主要产品有：高/低压成套设备、固封式真空断路器、壳式变压器、电力铁塔、电线电缆、变压器有载分接开关、无励磁分接开关、配电开关控制设备等。主要代表企业有：贵州长征电气股份有限公司、贵阳新星变压器有限公司。贵州长征电气股份有限公司是我国原五大电器生产企业之一，也是全国最大的变压器分接开关生产企业；贵阳新星变压器有限公司是全国唯一批量生产壳式变压器的企业，是西南地区变压器生产骨干企业。

### 2. 煤矿机械装备领域

截至2011年底，我省已初步具备除采煤机、液压支架和综掘机外的井工煤矿各类主要机械设备的生产和研发能力。主要产品有：矿用运输机械设备、矿用提升机、矿用提升绞车、煤矿支护设备等。主要代表企业有盘江六盘水装备制造有限公司，该企业是目前国内最大的防爆特殊型蓄电池电机车生产企业之一。

### 3. 石油开采装备领域

截至2011年底，我省已具备部分石油钻采机具的生产和研发能力。主要产品有：震击器、减震器和压裂支撑剂等。主要代表企业有贵州高峰石油机械股份有限公司，该企业是我国石油钻采机具的十强企业之一，也是我国生产震击器、减震器等石油钻井工具的龙头企业。

### 4. 新能源装备领域

截至2011年底，我省已初步具备高海拔、抗凝冻、低风速地区兆瓦时级直驱风轮机、直驱永磁风力发电机组生产能力。主要产品有直驱永磁风力发电机组，主要代表企业有贵州银河风力发电有限公司。贵州银河风力发电有限公司目前已初步具备年产2.5MW直驱永磁风力发电机组200套的生产能力，为西南地区最大的兆瓦级风电机组生产基地。

## 三、发展规划

《贵州省"十二五"装备制造业发展规划》提出，在"十二五"期间，依托省内丰富的煤、磷、铝等矿产资源，针对省内多山、矿种多样的矿产资源开采实际情况和特点，以盘江六盘水装备制造公司、水矿机械制造分公司、贵州宏狮煤机制造有限公司、贵州航空工业（集团）有限责任公司、贵阳高原矿山机械股份有限公司等企业为重点，积极与央企及省内大型煤矿、磷矿企业合作，开发生产适应我省地质条件的新型矿用设备，就近为能源开采及煤化工、磷化工等产业提供机械装备。着力发展矿山机械及煤机制造为主的涵盖冶金、电力、建材、交通、农业等上下游产业的能源装备产业。坚持开发与淘汰并重，强力推进产品结构调整，重点发展中小型采煤机、提升机、长寿命液压支柱、输送系统、特种防爆矿车等系列产品。大力发展高端中小型特种矿山机械，建立南方地区主要的能源装备生产研发基地。

列入我省"十二五"装备制造重点项目的能源装备制造项目共有 25 个，总投资 741 261 万元，主要产品涉及能源领域多个种类。

## 1. 输变电装备领域

高、低压成套设备及配电箱、开关柜及断路器、真空灭弧室、特种变压器及电线电缆等。

## 2. 煤矿机械装备领域

刮板输送机、液压支架、液压支柱、皮带机、采煤机、矿用提升机、变频防暴机车等成套设备及配套零部件。

## 3. 石油开采装备领域

石油机具、石油生产仪器、高强度石油压裂支撑剂等。

## 4. 新能源装备领域

太阳光伏能源生产设备、1.5MW 风力发电机用轴承环件、2.5MW 直驱永磁同步风力发电机组、地热发电、垃圾发电设备等。贵州省"十二五"期间能源装备制造重点项目见表 1。

**表 1　贵州省"十二五"期间能源装备制造重点项目**

| 序　号 | 企业名称 | 项目名称 | 建设内容 | 总投资（万元） | 实施年份 | 新增能力及效益 |
|---|---|---|---|---|---|---|
| 续　建 | 总投资金额 151 561 万元 | | | | | |
| 1 | 中国振华电子集团宇光电工有限公司 | 扩能技改 | 改造 3 万台开关柜及断路器、500 万只行波管、60 万只真空灭弧室生产线 | 27 000 | 2010~2015 | 新增产值 8.5 亿元 |
| 2 | 贵州西南工具（集团）有限公司 | （1）汽车、空调零部件生产线及民用航空数控刀具产业化（2）采煤机械生产线技改（3）空调压缩机氮化叶片生产线技改 | （1）形成年产 400 万套配件、2 000 万片不锈钢氮化叶片、200 万件轴类产品、25.5 万支民用数控刀具的生产能力（2）建设刮板输送机、液压支柱生产线（3）建设空调压缩机氮化叶片生产线 | 26 006 | 2010~2015 | 新增产值 10 亿元，新增可弯曲刮板输送机 500 台、单体液压支柱 6 万根，新增 1 000 万片空调压缩机氮化叶片 |
| 3 | 贵阳新星变压器有限公司 | 新型节能壳式铁芯特种变压器建设项目 | 新建特种变压器的生产线及配套措施，新增容量 355kVA | 19 200 | 2010~2015 | 新增产值 5.4 亿元 |
| 4 | 高峰石油机械有限责任公司 | 贵阳新基地建设 | 年产 3 540 套石油机具 | 18 000 | 2010~2011 | 新增产值 5 亿元，新增就业 100 人 |
| 5 | 贵州长通电气有限公司 | 电线电缆生产线及配电自动化设备产业化项目 | 新建生产线，生产电气控设备 | 15 500 | 2010~2011 | 新增产值 3.3 亿元 |
| 6 | 贵航股份永红散热器公司 | （1）大型风力发电变流器柜冷却系统（2）全铝散热器生产线技改（3）高效节能热管换热器 | （1）建设冷却系统生产线及配套设施（2）建设一条全铝散热器生产线（3）改造汽车、摩托车散热器生产线 | 13 910 | 2009~2012 | 新增冷却系统 1 500 套、全铝散热器 200 万套、4 500 套高效节能换热器 |
| 7 | 贵州翔明科技有限责任公司 | 科研基地项目 | 建设光伏能生产设备、等离子体工程设备、信息安全设备研发基地 | 12 500 | 2010~2012 | - |

续表

| 序号 | 企业名称 | 项目名称 | 建设内容 | 总投资（万元） | 实施年份 | 新增能力及效益 |
|---|---|---|---|---|---|---|
| 8 | 贵州航天凯山石油仪器有限公司 | (1) 石油开采用智能测控装置生产线技改 (2) 油田数字化测井设备生产线技改 | (1) 建设石油仪器生产基地 (2) 建设数字化测井设备综合试验设施一套 | 8 520 | 2010~2015 | 新增 5 000 台测控装置、4 000 测井设备 |
| 9 | 贵阳高原矿山机械股份有限公司 | 公司防爆变频器技改 | 购进设备建防爆变频器配套生产线 | 1 300 | 2009~2011 | 新增 90 台防爆变频器 |
| 10 | 贵州航宇科技发展有限公司 | 1.5MW 风力发电机用轴承环件精确轧制生产线技改（二期） | 建设 1.5MW 风力发电机用轴承环件精确轧制生产线 | 4 800 | 2010~2011 | 新增大型环锻件 10 000 套 |
| 11 | 贵州誉达石油矿业有限公司 | 石油压裂支撑剂技改项目 | 建设 35 000t/a 高强度石油压裂支撑剂生产线 | 1 940 | 2010~2011 | 新增 35 000t/a 高强度石油压裂支撑剂 |
| 12 | 贵州毕节高原电瓷有限公司 | 500kV 以上超高压高强度盘形悬式绝缘子产业化关键装备技术研发 | 重点解决 500kV 以上超高压高强度盘形悬式绝缘子产业化关键技术 | 2 885 | 2009~2011 | 新增电工陶瓷 1 800t |
| 2011 年开工 | 总投资金额 298 700 万元 | | | | | |
| 1 | 中煤盘江重工有限公司 | 煤矿机械装备成套研发制造建设项目 | 建设液压支架、刮板机、皮带机等机械化输送设备生产线 | 250 000 | 2011~2012 | 新增产值 22 亿元 |
| 2 | 贵州凯兰德煤机制造有限公司 | 采煤机生产 | 建设 50 台（套）/a 采煤机生产线 | 3 000 | 2011~2012 | 新增 50 台采煤机 |
| 3 | 贵州永贵机电制修有限公司 | 易地技改项目 | 建设 30 万台/a 矿山机械及煤机配套零部件生产线 | 15 000 | 2011~2013 | 新增产值 2 亿元 |
| 4 | 盘江六盘水装备制造有限公司 | 煤机厂技改项目 | 采掘变频防暴机车、电器控制生产线技改 | 24 000 | 2011~2012 | 新增产值 5 亿元 |
| 5 | 贵州恒祥工矿设备有限公司 | 煤矿运输及配套设备项目 | 煤矿运输及配套设备 | 1 200 | 2011~2012 | 新增 10 万件 |
| 6 | 六盘水博艺电线电缆有限公司 | 电线电缆 1 万 km/a 项目 | 年产电线电缆 1 万 km | 2 600 | 2011~2012 | 新增电线电缆 1 万 km |
| 7 | 六盘水恒泰成套设备有限公司 | 异地技改项目 | 建设年 500kV 高/低压成套设备及配电箱生产线 | 2 900 | 2011~2012 | 新增高/低压成套设备 3 500 台、配电箱 2 500 台 |
| 拟建 | 总投资金额 291 000 万元 | | | | | |
| 1 | 贵州长征电气股份有限公司 | 直驱永磁风力发电机组生产基地 | 建设 200 万套 2.5MW/a 直驱永磁同步风力发电机组生产基地 | 40 000 | 2010~2011 | 新增 200 万套 2.5MW 风力发电机组 |
| 2 | 山东新汶电子电器厂 | 贵州能源基地综合配套项目 | 新建矿用设备生产线 | 50 000 | 2011~2012 | 新增产值 5 亿元 |
| 3 | 山西繁盛升煤机制造金沙分公司 | 金沙繁盛昇煤机设备生产经营 | 建设煤机设备生产线 | 16 000 | 2011~2015 | 建设煤机设备生产线 |
| 4 | 山东立信投资有限公司 | 新能源发电机成套设备制造 | 建设光伏发电、地热发电、垃圾发电设备生产线 | 50 000 | 2012~2015 | 光伏发电、地热发电、垃圾发电设备 |
| 5 | 上海四通电气股份有限公司 | 高低压配套系统、汽车零部件制造 | 生产电气设备、电器元件、电线电缆、变压器 | 35 000 | 2012~2015 | 电气设备、电器元件、电线电缆、变压器 |
| 6 | 贵阳高原矿山机械有限公司 | 生产线扩建及工业园区建设 | 矿用提升机 1 500 台/a | 100 000 | 2010~2013 | 新增产值 15 亿元，新增就业 800 人 |
| 合计 | – | – | – | 741 261 | – | – |

（贵州省能源局能源节约和科技装备处）

# 重　庆　市

## 一、概况

### 1. 产业发展情况

重庆作为我国六大工业基地之一，产业基础雄厚，门类齐全，配套能力强，有效地支撑促进我市能源装备产业的发展。经过近年来的发展，我市能源装备产业得到长足发展，产业体系逐渐完善，逐步形成了以风电成套设备、输变电装备、核电装备、石油天然气装备等为主要产品；以齿轮箱、离心机为配套产品的能源装备产业格局。

2010 年，我市能源装备生产工业纳入统计的规模以上企业固定资产总额为 35.3 亿元，规模以上企业完成工业总产值 101.7 亿元，利润达到 8 亿元；2011 年，纳入统计的规模以上企业固定资产总额为 40.8 亿元，规模以上企业完成工业总产值 104.8 亿元，利润达到 2.9 亿元。

在风电成套设备方面，已经形成了中船重工（重庆）海装风电设备有限公司、重庆通用工业（集团）有限责任公司、重庆前卫仪表有限责任公司等为主要企业的产业集群，大力发展海洋型发电机组，积极推进建立国家级海洋风电工程研发制造基地。

在电力装备方面，以重庆 ABB 变压器有限公司为龙头企业，形成西部最大的输变电装备制造基地，具备了 110kV、220kV、500kV 及以上超高压变压器产品，具备 1 000kV 特高压交流变压器、±800kV 特高压直流变压器设计生产制造能力。

在核电装备方面，以重庆通用工业（集团）有限责任公司和重庆水泵厂有限责任公司为核心，多项核电专用产品打破国外垄断，填补了国内技术空白。

在石油天然气装备方面，以重庆耐德工业股份有限公司为主要生产企业，产品包括天然气净化装置、CNG 加气站成套设备、LNG 整套装备等天然气相关设备，并获得多项专利技术及新型实用技术。

在煤炭开采与机械方面，以重庆重齿机械有限公司为重点企业，开发的连采机、掘进机、斗轮挖掘机减速机产品属煤机行业中的高端产品，先后为三一重工、重庆煤科院、安徽山河矿业装备股份有限公司、上海天地科技等用户开发了掘进机行星减速机产品。

### 2. 政策保障

为促进我市能源装备产业长足发展，政府部门高度重视，加大保障力度，出台了一系列配套措施，在政策、资金、资源、人才等方面给予重点支持。

在《重庆市国民经济和社会发展第十二个 5 年规划纲要》中，把风电装备等能源装备产业作为发展重点，在《重庆市装备制造业 3 年振兴规划》（渝府发〔2012〕86 号）中，把风电成套设备、石油天然气装备、核电装备、输变电装备等能源装备作为发展重点，大力发展清洁生产能源装备和低碳利用技术，建立完善的产业体系。

## 二、能源装备企业情况

我市能源装备企业逐步形成了以重庆耐德工业股份有限公司、重庆 ABB 变压器有限公司、重庆齿轮箱有限责任公司、重庆水泵厂有限责任公司、重庆前卫仪表有限责任公司等为龙头企业，以重庆清平机械厂、重庆江北机械责任有限公司等为重点配套企业的能源装备产业格局，在风电装备、输变电装备、核电装备、石油天然气装备等方面形成了较强的实力。我市能源装备龙头企业不但在国内能源装备行业中处于领先位置，同时还具有一定的国际知名度和国际竞争力。

### 1. 电力装备领域

#### （1）发电设备

重庆水轮机厂有限责任公司是国家水力发电设备制造业骨干企业，2011 年从业人数 1 733 人，工业总产值 40 869 万元，出口值 11 577 万元，企业利润 3 358 万元。公司主要生产混流式、冲击式、轴流式、贯流式水轮发电机组及其辅助设备、大型同步电动机等。其中高水头冲击式水轮发电机组研制技术和业绩均处于国内领先位置，是国内唯一具有研制千米以上级水力发电设备业绩的企业；高水头混流式水轮发电机组研制技术处于国内先进水平；冲击式水轮机转轮整体加工技术达到国际先进水平。

#### （2）输变电装备领域

重庆 ABB 变压器有限公司是一家生产超高压、特高压交/直流电力变压器和电抗器的企业，2011 年从业人数 677 人，工业总产值 98 514 万元，出口值 21 553 万元，企业利润 3 314 万元。公司主要生产超高压、特高压交直流电力变压器和电抗器，具有高效、节能、环保、可靠性高、运行成本低的特点，在变压器行业具有绝对的技术领先优势，在全球变压器行业处于领先水平，生产能力达50 000MVA/a。

### 2. 新能源装备领域

#### （1）风电装备领域

中船重工（重庆）海装风电设备有限公司是风电装备专业化公司，是重庆风电产业集群的龙头企业，形成了海洋工程领域的独有优势。现已具备风力发电机组四大关键部件（叶片、齿轮箱、发电机、控制系统）和主要配套件的设计和制造能力，在风电行业形成了技术领先的发展格局，核心产品包括 2MW、2.5MW、5MW 变速恒频风力发电机组、850kW 风力发电机组。

重庆通用工业（集团）有限责任公司隶属于重庆机电控股（集团）公司，系国家重大装备骨干企业，2011 年从业人数 1 463 人，工业总产值 58 529万元，企业利润 1 309 万元。DEG 核电专用离心式冷水机组、风电机叶片和煤化工用大型离心压缩机三大能源装备产品实现了多项技术创新，填补国内空白，产品主要有 850kW~5MW 风力发电机叶片。

重庆前卫仪表有限责任公司是专业从事风电装备制造业中大型风电机组控制系统、变流器、变桨系统以及远程监控等产品的研制、生产、销售和服务企业，2011 年从业人数 1 835 人，工业总产值76 377 万元，出口值 1 407 万元，企业利润 5 327万元。目前，公司拥有国际领先的风电机组控制系统制造技术，在国内大型专业风机控制系统领域具有雄厚的实力，风电机组控制系统已批量投入市场。

重庆齿轮箱有限责任公司是国内最早服务于风电行业的齿轮箱制造企业，2011 年从业人数 3 372人，工业总产值 565 189 万元，出口值 6 670 万元，企业利润 5 053 万元。公司生产的产品广泛应用于风电行业，产品已经覆盖国内风电齿轮箱的所有类型。现已形成 600~6 000kW 具有完全独立自主知识产权的系列产品，实现 600~3 000kW 风力发电增速齿轮箱 3 000 台/a 的生产能力。同时在偏航、变桨行星齿轮箱方面已研制开发出具有自主知识产权、与不同型号和不同功率（370kW~6MW）的风力发电机组配套的偏航、变桨减速齿轮箱近 150 种型号，实现偏航、变桨行星齿轮箱 4 万台/a 的生产能力。

重庆清平机械厂是风电行业的重点配套生产企业，2011 年从业人数 467 人，工业总产值 31 258

万元，企业利润 1 231 万元。工厂生产的主要产品为偏航器和变浆器，是风力发电的关键部件，国内竞争厂家较为有限。工厂拥有中船海装公司、国电集团、东气集团、上海电气、广东明阳、金风科技、西安久和、沈阳华创、保定天威等十几家国内一线主机厂用户，市场占有率约30%。

**（2）核电装备领域**

重庆水泵厂有限责任公司是国内专业从事容积泵、高端离心泵、压力容器及泵系统装置开发、研制、生产的主导企业，2011 年从业人数 1 095 人，工业总产值 46 765 万元，出口值 229 万元，企业利润 3 019 万元。公司主导产品有计量泵、往复泵、大型液压隔膜泵、高压自平衡离心泵、压力容器以及泵系统装置。核电二级上充泵为国内首台，摆脱国外垄断制约。

重庆齿轮箱有限责任公司是大型国有企业，2011 年从业人数 3 372 人，工业总产值 565 189 万元，出口值 6 670 万元，企业利润 5 053 万元。为适应核能市场发展需要，在进行了大量的前期市场调研工作基础上，研制出核电站功率海洋循环泵配套齿轮箱。该齿轮箱安装形式为立式，采用单级双斜齿行星传动，输出功率 6 500kW，能承受大轴向推力，由立式电机将动力输入，垂直向下输出扭矩。目前公司具有年产该核电站功率海洋循环泵配套齿轮箱 24 台的生产能力。

**3. 石油天然气装备领域**

重庆耐德工业股份有限公司研究开发的 CNG加气机、LNG 加注机、加氢机、放空天然气回收系统、天然气液化系统、城市垃圾中转系统在全国具有领先水平，2011 年从业人数 2 189 人，工业总产值 114 168 万元，出口值 101 万元，企业利润 5 750万元。公司主营产品有 CNG 加气机、加气柱、卸气柱、LNG 加气机、LNG 加注撬、LNG 加气站成套设备、L-CNG 加气站成套设备、L-CNG 气化站成套设备、加氢机等，产品广泛应用到天然气行业，加气机系列产品连续多年销售居全国同行业首位，并远销国外。

**4. 煤炭开采和煤化工机械领域**

重庆齿轮箱有限责任公司也是大型煤机装备生产制造企业，2011 年从业人数 3 372 人，工业总产值 565 189 万元，出口值 6 670 万元，企业利润5 053 万元。重点开发的连采机、掘进机、斗轮挖掘机减速机属煤机行业中的高端产品。该公司在国内率先攻克了连采机的关键部件——截割齿轮箱，并在山西煤科院形成了批量供货，打破了国外垄断的局面。先后为三一重工、重庆煤科院、安徽山河矿装、上海天地科技等用户开发了掘进机行星减速机产品。

**5. 其他能源装备领域**

重庆清平机械厂是国防科技工业唯一的中小模数齿轮及齿轮箱定点研制企业，是国内唯一能研制 M1 以下齿轮产品、产品品种最全、精度等级最高的中小模数齿轮及齿轮箱产品专业化研制企业，品种全、精度高、质量稳定，为多个能源行业提供配套。2011 年从业人数 467 人，工业总产值 31 258万元，企业利润 1 231 万元。其中涉及石油天然气装备行业的是为海洋钻井平台开发的自升式海洋平台齿轮箱；涉及煤炭装备行业的是为采集矿石研发的破碎机齿轮箱；涉及新能源装备行业的是 0.6~6MW 偏航/变浆齿轮箱；涉及其他装备行业的是表面曝气机中的齿轮箱产品。

重庆前卫仪表有限责任公司是国内最具实力的燃气表制造企业，是国内燃气表行业唯一和最早通过欧洲标准 EN1359 认证的企业，在燃气行业中处于绝对龙头地位。2011 年从业人数 1 835 人，工业总产值 76 377 万元，出口值 1 407 万元，企业利润5 327 万元。产品主要包括燃气表、智能水表、高压计量产品、燃气检测设备等，其燃气表的生产规模、技术水平、市场占有率等居同行业首位，是中国城市燃气协会常务理事单位、中国计量协会燃气表工作委员会会长单位。

重庆江北机械有限责任公司是国内最大的离心机专业制造企业，技术创新能力强，产品规格齐全、品种多，产销量及市场占有率一直占据同行业第一位，代表了国内分离机械行业技术发展的方

向。2011 年从业人数 694 人，工业总产值 16 057
万元，企业利润 492 万元。公司主要产品包括各系
列型号的离心机、过（压）滤机、成套设备及配
套设备。

## 三、能源装备科研情况

### 1. 总体概况

近年来，我市高度重视能源装备的技术创新，
在科研方面取得了较为突出的成果。同时鼓励企业
自主创新，走科技强企之路，其中研发的一些关键
核心技术，具有自主知识产权，填补了国内同行业
多项空白，奠定了国内龙头企业的位置。为更好地
发展能源装备行业，我市搭建了多个研究平台，如
重庆齿轮箱有限责任公司技术中心为"国家认定企
业技术中心"；重庆耐德工业股份有限公司被认定
为油气储运装备技术研究中心；重庆 ABB 变压器
有限公司设计中心是 ABB 全球变压器三大设计中
心之一；重庆水泵厂有限责任公司是国家重大技术
装备国产化基地、国家核级泵研发制造基地、国家
研发高端容积泵和离心泵主导企业、部级计量泵研
发中心、西部地区泵类产品质量检测中心；重庆工
商大学废油资源化技术与装备工程研究中心是该领
域唯一的全国性研究平台。这些科研平台还申请和
承接了"1.5~2.5MW 风电机组控制系统及变流器研
制及产业化"、"2MW 风电机组电动变桨控制系统的
研制"、"400 英尺海洋钻井平台升降齿轮箱 SJ450
（工信部科研子项目）"、"新型油料罐装智能系统研
究及应用"等攻关项目。这些科研平台的搭建，高
效地促进了重庆市能源装备产业的发展及建立完善
的能源装备产业体系。

### 2. 各企业研发情况

重庆清平机械厂自主开发了 600kW~6MW 风力

发电机偏航/变桨器齿轮箱、船用甲板机械齿轮箱、
上海 ABB 工程公司工业机器人齿轮箱、谐波减速
器等民用齿轮箱新产品。

重庆前卫仪表有限责任公司成功研制了在国内
具有自主知识产权的 2MW 风电控制系统及变流器，
同时联合重庆海装、丹麦 KK 电子有限公司共同研
制开发国内首台具有自主知识产权的 5MW 双馈风
电机组控制系统。

重庆水泵厂有限责任公司成功研发的核电二级
上充泵为国内首台，摆脱国外垄断制约。

重庆水轮机厂有限责任公司是国内唯一具有研
制千米以上级水力发电设备的企业；冲击式水轮机
转轮整体数控加工技术、大型冲击式水轮机转轮不
锈钢锻胚件技术，填补了国内空白；60MW、6 喷
嘴大容量冲击式水轮发电机组，为目前国产最大的
冲击式机组。

重庆通用工业（集团）有限责任公司研发的
DEG 核电专用离心式冷水机组、风电机叶片和煤化
工用大型离心压缩机三大能源设备装备产品实现了
多项技术创新，并填补了国内空白。

重庆齿轮箱有限责任公司成功开发了使用功率
1 000kW 的露天煤矿斗轮挖掘减速机，填补了国内
空白。

目前，我市油气行业还取得了天然气液化系统
联合压缩机专利、压缩天然气优化子站系统专利、
天然气液化系统冷箱专利、自动优化进气顺序的气
体夹加注装置专利、加气机转换接头专利、加气机
管理系统加密锁专利。2010 年重庆市能源装备分行
业主要经济指标见表 1。2011 年重庆市能源装备分
行业主要经济指标见表 2。重庆市重点能源装备制
造企业主要经济指标（一）见表 3。重庆市重点能
源装备制造企业主要经济指标（二）见表 4。

表 1 2010 年重庆市能源装备分行业主要经济指标

| 行业名称 | 产品名称 | 产能 | 产量 | 从业人数（人） | 出口值（万美元） | 工业总产值（万元） | 主营业务收入（万元） | 利润（万元） |
|---|---|---|---|---|---|---|---|---|
| 电力装备 | 电力变压器 | 500 00MVA | 180 00MVA | 798 | 4 935 | 211 166 | 221 438 | 51 149 |
| | 水轮机 | 800 000KW | 544 436kW | 1 682 | 11 266 | 32 816 | 30 263 | 4 506 |

续表

| 行业名称 | 产品名称 | 产能 | 产量 | 从业人数（人） | 出口值（万美元） | 工业总产值（万元） | 主营业务收入（万元） | 利润（万元） |
|---|---|---|---|---|---|---|---|---|
| 新能源装备 | 0.6~6WM 偏航/变桨齿轮箱 | 12 000 台 | 10 000 台 | 200 | – | 18 000 | 17 700 | 700 |
| | 风电叶片 | 600 套 | 46 套 | 198 | – | 14 308 | 4 045 | 410 |
| | 煤化工用压缩机 | 20 台 | 2 台 | 325 | – | 25 041 | 1 899 | 203 |
| | 核电制冷机 | 60 台 | 15 台 | 805 | – | 12 520 | 887 | 92 |
| 石油天然气装备 | 加气机、液压子站 | 1 000 个 | 811 个 | 305 | – | 18 285 | 23 965 | 4 020 |
| 其他装备 | 燃气表 | 2 000 000 只 | 1 825 557 只 | 330 | 226 | 24 872 | 20 906 | 1 613 |
| | 智能水表 | 1 000 000 只 | 449 134 只 | 350 | – | 9 277 | 8 797 | 1 007 |
| | 风电控制系统 | 500 套 | 166 套 | 186 | – | 14 386 | 14 385 | 35 |
| | 齿轮箱 | – | – | 2 658 | 11 266 | 450 849 | 415 000 | 11 000 |
| | 离心机 | 600 个 | 417 个 | 708 | 677 | 16 747 | 16 460 | 496 |
| 合　计 | | – | – | 8 545 | 28 370 | 848 267 | 775 745 | 75 231 |

注：根据重庆市主要大型企业统计。

### 表2　2011年重庆市能源装备分行业主要经济指标

| 行业名称 | 产品名称 | 产能 | 产量 | 从业人数（人） | 出口值（万美元） | 工业总产值（万元） | 主营业务收入（万元） | 利润（万元） |
|---|---|---|---|---|---|---|---|---|
| 电力装备 | 电力变压器 | 500 00MVA | 100 00MVA | 677 | 21 553 | 98 514 | 56 424 | 3 314 |
| | 水轮机 | 1 000 000KW | 742 771KW | 1 733 | 11 733 | 40 869 | 38 161 | 3 358 |
| 新能源装备 | 0.6~6MW 偏航/变桨齿轮箱 | 18 000 台 | 12 500 台 | 220 | – | 18 500 | 18 300 | 740 |
| | 风电叶片 | 600 套 | 52 套 | 200 | – | 16 000 | 6 289 | 635 |
| | 煤化工用压缩机 | 20 台 | 4 台 | 1 069 | – | 39 258 | 5 597 | 624 |
| | 核电制冷机 | 60 台 | 3 台 | 194 | – | 3 271 | 470 | 50 |
| 石油天然气装备 | 自升式海洋平台齿轮箱 | 1 050 台 | 500 台 | 200 | – | 1 050 | 980 | – |
| | 加气机、液压子站 | 1 500 个 | 1 026 个 | 312 | – | 30 978 | 29 578 | 3 960 |
| 煤炭装备 | 破碎机 | 158 台 | 25 台 | 120 | – | 158 | 120 | – |
| 其他装备 | 表面曝气机 | 185 个 | 105 个 | 80 | – | 185 | 170 | – |
| | 燃气表 | 2 000 000 只 | 1 903 690 只 | 324 | 196 | 27 574 | 24 319 | 1 820 |
| | 智能水表 | 1 000 000 只 | 606 538 只 | 386 | – | 14 243 | 11 770 | 1 802 |
| | 风电控制系统 | 500 套 | 225 套 | 166 | – | 16 201 | 15 456 | -1 376 |
| | 齿轮箱 | – | – | 3 081 | 11 577 | 565 189 | 478 765 | 14 339 |
| | 离心机 | 600 个 | 388 个 | 694 | – | 16 057 | 16 481 | 492 |
| 合　计 | | – | – | 9 456 | 45 059 | 888 047 | 702 880 | 29 758 |

注：根据重庆市主要大型企业统计。

### 表3　重庆市重点能源装备制造企业主要经济指标（一）

| 序号 | 企业名称 | 主要产品 | 固定资产（万元） | | 从业人数（人） | | 工业总产值（万元） | |
|---|---|---|---|---|---|---|---|---|
| | | | 2010年 | 2011年 | 2010年 | 2011年 | 2010年 | 2011年 |
| 1 | 重庆清平机械厂 | 高精度特种减速箱、中小行星减速机、各类小模数齿轮 | 5 426 | 8 134 | 455 | 467 | 26 678 | 31 258 |
| 2 | 重庆前卫仪表有限责任公司 | 燃气表、智能水表、风电控制系统 | 45 385 | 45 772 | 1 799 | 1 835 | 73 273 | 76 377 |
| 3 | 重庆齿轮箱有限责任公司 | 齿轮箱 | 68 642 | 109 965 | 2 658 | 3 372 | 450 849 | 565 189 |
| 4 | 重庆耐德工业股份有限公司 | 流量计、仪器仪表、减振器、特种车、垃圾车、加气机等 | 15 866 | 14 445 | 2 213 | 2 198 | 109 126 | 114 168 |

| 序号 | 企业名称 | 主要产品 | 固定资产（万元） | | 从业人数（人） | | 工业总产值（万元） | |
|------|----------|----------|-----------------|-----------------|----------------|----------------|-------------------|-------------------|
| | | | 2010 年 | 2011 年 | 2010 年 | 2011 年 | 2010 年 | 2011 年 |
| 5 | 重庆 ABB 变压器有限公司 | 电力变压器 | 52 658 | 46 298 | 798 | 677 | 211 166 | 98 514 |
| 6 | 重庆水泵厂有限责任公司 | 计量泵、往复泵、大型液压隔膜泵、高压自平衡离心泵、核电泵、压力容器以及泵系统装置 | 15 461 | 15 518 | 1 125 | 1 095 | 44 066 | 46 765 |
| 7 | 重庆水轮机厂有限责任公司 | 水轮机 | 72 863 | 81 302 | 1 682 | 1 733 | 32 816 | 40 869 |
| 8 | 重庆通用工业（集团）有限责任公司 | 风电叶片、煤化工用压缩机、核电制冷机 | 69 668 | 79 119 | 1 328 | 1 463 | 51 869 | 58 529 |
| 9 | 重庆江北机械有限责任公司 | 离心机 | 6 535 | 7 423 | 708 | 694 | 16 747 | 16 057 |
| 合 计 | | | 352 504 | 407 976 | 12 766 | 13 534 | 1 016 590 | 1 047 726 |

注：以上统计数据由重庆市主要大型企业提供。

**表 4　重庆市重点能源装备制造企业主要经济指标（二）**

| 序号 | 企业名称 | 主要产品 | 主营业务收入（万元） | | 出口值（万元） | | 利润（万元） | |
|------|----------|----------|---------------------|---------------------|----------------|----------------|--------------|--------------|
| | | | 2010 年 | 2011 年 | 2010 年 | 2011 年 | 2010 年 | 2011 年 |
| 1 | 重庆清平机械厂 | 高精度特种减速箱、中小行星减速机、各类小模数齿轮 | 26 474 | 30 448 | 0 | 0 | 1 037 | 1 231 |
| 2 | 重庆前卫仪表有限责任公司 | 燃气表、智能水表、风电控制系统 | 70 212 | 73 173 | 1 542 | 1 407 | 5 277 | 5 327 |
| 3 | 重庆齿轮箱有限责任公司 | 齿轮箱 | 503 518 | 308 655 | 3 527 | 6 670 | 10 216 | 5 053 |
| 4 | 重庆耐德工业股份有限公司 | 流量计、仪器仪表、减振器、特种车、垃圾车、加气机等 | 96 490 | 104 101 | 60 | 101 | 5 661 | 5 750 |
| 5 | 重庆 ABB 变压器有限公司 | 电力变压器 | 221 438 | 56 424 | 4 935 | 21 553 | 51 149 | 3 314 |
| 6 | 重庆水泵厂有限责任公司 | 计量泵、往复泵、大型液压隔膜泵、高压自平衡离心泵、核电泵、压力容器以及泵系统装置 | 42 157 | 45 131 | 2 892 | 229 | 1 013 | 3 019 |
| 7 | 重庆水轮机厂有限责任公司 | 水轮机 | 30 263 | 38 161 | 11 266 | 11 577 | 4 506 | 3 358 |
| 8 | 重庆通用工业（集团）有限责任公司 | 风电叶片、煤化工用压缩机、核电制冷机 | 6 831 | 12 356 | 0 | 0 | 705 | 1 309 |
| 9 | 重庆江北机械有限责任公司 | 离心机 | 16 460 | 16 481 | 677 | 0 | 496 | 492 |
| 合 计 | | | 1 013 843 | 684 930 | 24 899 | 41 537 | 80 060 | 28 853 |

注：以上统计数据由重庆市主要大型企业提供。

（重庆市发展和改革委员会工业处）

# 浙 江 省

## 一、概况

### 1. 能源装备产业基本概况

发展能源装备产业是浙江省装备制造业转型升级的重要内容，对发展低碳经济和循环经济、实现经济社会可持续发展具有重要战略意义。近些年，特别是"十一五"期间，我省能源装备产业发展较快，工业总产值年均增速超过 20%。2010 年，全省能源装备产业工业总产值为 3 911 亿元，约占同期全省装备制造业总产值的 21.7%。

在常规电力机组及辅机领域，我省是全国重要的水力发电设备制造基地之一，水电设备及配套产品生产企业有近 50 家，其中规模以上企业有 8 家，具有整机生产能力企业 5 家；拥有规模以上火电发电机组生产企业 3 家；输配电配件生产企业 33 家。在可再生能源科技装备领域，已有光伏企业 380 余家，企业分布在杭州、宁波、嘉兴、湖州、衢州、绍兴、温州和台州等地，年产值 580 亿元，2011 年光伏电池组件产能 8GW，太阳能热水器产量占全国 25%；风电整机及零部件生产企业据不完全统计为 14 家，风电产业整机制造能力超过 2 000MW/a。在核电关联设备领域，海盐县为中国核电城，据不完全统计，海盐县核电关联企业从 2010 年的 24 家，发展至今已有 66 家，核电关联企业产值从 2010 年全年 26 亿元，到 2011 年全年产值突破 40 亿元，涉核产值突破 4 亿元。另外，我省石化装备、电力传输装备领域均有较多研制企业。

根据《浙江省能源科技装备产业发展"十二五"规划》发展目标，到 2015 年，浙江省规模以上能源科技装备企业工业总产值将接近 8 000 亿元，年均增长 15%。

### 2. 能源装备产业的政策扶持

为推进我省战略性新兴产业发展，2011 年，我省委、省政府发布了《关于加快培育发展战略性新兴产业的实施意见》（浙委〔2011〕76 号），确立了 9 大领域战略性新兴产业，其中，新能源、高端装备制造、新能源汽车、海洋新兴产业、核电关联产业等均与能源装备有关。省发改委、经信委、财政厅、科技厅、建设厅、环保厅、国土厅等部门相继出台了配套政策措施，为能源装备等产业提供资金、土地、人才、研发等支持政策。

2010 年，我省政府发布《浙江省核电关联产业发展规划（2010~2015 年）》（浙政发〔2010〕69 号），推动了核电的设备制造、技术研发、工程设计、运行维护、教育培训、建设安装及核技术应用等领域相关产业研发与生产。为加快转变能源发展方式，促进全省工业转型升级，2012 年我省发改委发布《浙江省能源科技装备产业发展"十二五"规划》（浙发改规划〔2012〕489 号），促进能源装备企业增强核心竞争力，引导产业积极发展。

### 3. 能源装备产业的发展特点

我省积极鼓励能源产业发展，不断提升能源科技装备的设计、制造、系统成套和工程服务能力，重点发展清洁高效发电机组及关键辅机、核电关联设备、高性能太阳能和风能利用设备、电力传输装备、节能装备、石化装备等，积极推动生物质能、新型储能电池、清洁煤技术发展，培育一批国际竞争力较强的优势企业，开发一批具有自主知识产权的重大能源装备。

龙头企业竞争力逐步增强。以杭州制氧机集团有限公司、杭州汽轮动力集团有限公司、杭州锅炉集团股份有限公司、浙江中控科技集团有限公司、浙江富春江水电设备股份有限公司、浙江南都电源动力股份有限公司等为代表的我省能源装备龙头企业，依靠技术创新，具备了较强的市场竞争力，其核心产品已进入国家重点装备配套体系，成为我省参与国内国际竞争的主力。

产业集聚效应日益明显。能源装备产业"块状经济"特色日趋显著，如杭州的常规电力装备产业，嘉兴、宁波、绍兴等地的光伏与光热产业，温州的仪器仪表，湖州的输油管线，衢州的节能照明与输变电器产业等。这些"块状经济"正向更完善、更具市场竞争力的现代产业集群转型升级，逐步形成了以特色优势品种为导向的区域性产业集聚，技术、品牌、标准、市场销售、服务等新的集聚优势逐渐显现。

创新能力不断提升。杭州制氧机集团有限公司的空分设备、杭州汽轮动力集团有限公司的工业汽轮机、杭州锅炉集团股份有限公司的余热锅炉以及浙江中控科技集团有限公司的集散控制系统等产品在国内处于领先水平；湖州久立集团股份有限公司开发的超临界和超超临界火电机组锅炉的关键耐温耐高压部件，填补了国内此领域的空白；浙江富春江水电设备股份有限公司的水轮发电机组贯流机、轴流机组和潮汐发电机组等产品达到国际先进水平；浙江正泰太阳能科技有限公司的非晶微晶薄膜电池生产与装备制造技术和浙江昱辉阳光能源有限公司的硅晶体材料切片技术国内领先；浙江精工科技股份有限公司的多晶铸锭炉、晶盛单晶硅生长炉制造技术也达到国内领先水平。依托高校和科研机构，建立了一批技术服务平台，为增强我省能源科技装备产业的创新能力提供了有力保障。

市场份额逐步提高。我省龙头骨干企业竞争力

的加强，企业的不断发展成熟，在国内外基本确立各自行业地位；产业集聚化体现在部分企业还相应地带动地方性经济特色，形成特色产业群，如水电制造业——桐庐、中国核电城——海盐等，促进了行业整体竞争力；科研创新的投入又使得涌现了一批高科技前沿产品和技术，成为行业标准的制定者，如浙江中控技术股份有限公司。随着国内外市场的不断开拓，浙江省能源装备行业市场份额逐步提高，如同属不锈钢产品行业的久立和永兴、铅炭储能电池的南都电源，其市场份额都以分别位居行业前列。

## 4. 能源装备产业的空间布局

我省能源科技装备企业主要集中在环杭州湾地区、温台沿海产业带和金衢丽高速公路沿线，形成了产业带块状分布的特点。根据我省三大产业带的发展规划，具有良好产业基础的环杭州湾产业带将建设能源科技装备的产业升级区，有明显产业特色的温台沿海产业带将建成能源科技装备特色产业区，拥有较大发展空间的金衢丽高速公路沿线产业带将建成为能源科技装备产业扩展区，最终形成一主两翼，构建"产业升级区—产业扩展区—特色产业区"全方位、多层次、阶梯式的产业发展模式。

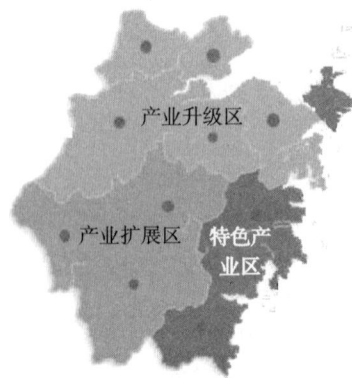

产业升级区：依托环杭州湾产业带，在风电装备、太阳能装备、核电装备、常规电力装备、电力配套设备及输油（气）管线等领域的产业基础上，努力推进产业升级和技术创新，将提高产业层次和增强产业核心竞争力作为发展重点。完善风电、太阳能装备产业链，激发产业集群创新。重点支持常规电力成套装备企业的技术升级和改造，提升成套

装备企业的技术水平。

特色产业区：以温州的海上风电装备、核电关联产业、台州太阳能装备、舟山的海工装备为代表，形成具有特色鲜明的产业集群，推动区域内特色产业的集聚，继续发挥特色产业的竞争优势，做大做强相关产业。

产业扩展区：依托金衢丽高速公路沿线产业带，产业发展空间大，具有很强的产业承载能力，以提高产业吸引力，扩大产业规模，推动产业集聚作为发展重点，承接产业升级区的产业转移。

## 二、能源装备行业发展现状

2011年，我省在煤、电、油气、新能源和节能减排装备领域发展迅速，市场占有率和竞争力不断提高。

### 1. 常规电力及辅助装备

我省常规电力及辅助装备领域，水力发电装备以水轮发电机组及配套产品的研发、生产制造和服务为主，是全国重要的水力发电设备制造基地之一；电力传输装备以电缆、变压器、高低压成套设备、开关柜等为主，部分产品在国内市场有较高的市场占有率；省内有火力发电机组企业3家，主要生产小型自备发电机组。据不完全统计，我省电力行业规模以上配件生产企业有33家，其中电缆、变压器、高低压柜成套设备等生产企业13家，阀门、流量仪表、紧固件等生产企业5家，锅炉、压力容器生产企业2家，核电分机生产企业1家，电机、泵等其他配件生产企业12家。

以杭州制氧机集团有限公司、杭州汽轮动力集团有限公司、杭州锅炉集团股份有限公司、浙江富春江水电设备股份有限公司为代表的我省能源科技装备龙头企业，依靠技术创新，具备了相当强的市场竞争力，其核心产品已进入国家重点装备配套体系，成为我省参与国内国际竞争的主力。

杭州杭氧股份有限公司，是杭州制氧机集团有限公司的核心企业，以设计、制造、销售成套大、中型空分设备、石化设备以及销售工业气体为核心

业务，是我国空分设备行业唯一一家国家级重点新产品开发、制造基地。近年来，成功开发了60 000m³/h空分设备，先后承接并开发了燕山石化66t乙烯冷箱、茂名石化100万t乙烯冷箱及天津石化、镇海炼化等100万t等级乙烯冷箱项目，同时开发了天然气冷箱、液氮洗冷箱等石化产品。

杭州汽轮机股份有限公司，是杭州汽轮动力集团有限公司的核心企业，是国内最大的工业汽轮机研发和制造基地，是国内唯一能按用户特殊需要非标设计制造工业汽轮机的厂家，产品国内市场占有率长期稳定在80%以上。生产的工业汽轮机按驱动对象不同分为工业驱动汽轮机和工业发电汽轮机两大类。在能源装备领域，产品广泛应用于企业自备电站、区域热电联供、城市垃圾电站、燃气—蒸汽联合循环发电等能源综合利用领域。

浙江富春江水电设备股份有限公司，一直致力于成套大中型水轮发电机组的研发、设计、制造和服务，先后为国内外提供150余台（套）大中型水轮发电机组。近年来，研制的大型潮汐发电机组被评为国家火炬计划项目；混流式机组突破250MW；承接了湖北潘口（2×250MW）订单；3 000t级大推力负荷轴承研发成功。2011年，资产总计12 859万元，完成工业总产值94 863.8万元，主营业务收入94 865.8万元，实现利润20 814万元。

浙江中控技术股份有限公司，是浙江中控科技集团有限公司的核心成员企业，致力于工厂自动化领域的现场总线与数字仪控系统的研究开发、生产制造、市场营销及工程服务。依托浙江大学工业自动化国家工程研究中心、工业控制技术国家重点实验室及浙江大学控制研究所长期的科研积累，及时了解、全面把握工业自动化技术的发展态势，形成了以WebField为同一品牌的控制系统产品体系，包括JX、ECS、GCS三大系列，是行业研发制造的领导者之一。2011年，资产总计135 607万元，完成工业总产值92 247万元，主营业务收入90 772万元，实现利润21 414万元。

永兴特种不锈钢股份有限公司，是专业从事特种不锈钢棒线材及高温耐蚀合金材料的研制企业，

产品主要应用于石油化工、基础能源、装备制造等工业领域，年生产能力达 30 万 t。作为我国不锈钢棒线材龙头企业，公司在我国不锈钢棒线材领域的市场占有率连续 3 年位居前三，其中不锈钢棒材市场占有率连续 3 年位居行业第一，高性能的特材产品——双相不锈钢管坯交货量占据国内市场份额的 50%以上。2011 年，资产总计 194 946 万元，完成工业总产值 484 568 万元，主营业务收入 468 283 万元，实现利润 26 276 万元。

### 2. 新能源装备

我省的新能源装备以太阳能利用和风能利用装备为主，生物质能和潮汐能发电设备发展迅速，循环流化床垃圾焚烧锅炉技术领先全国水平。

太阳能领域：太阳能领域中最大的是光伏产业，已成为我省发展最快的新兴产业之一，并具有明显的集聚效应。2008~2011 年是我省太阳能光伏产业发展的一个飞跃时期，已经形成从硅片、电池、组件、原辅材料生产到光伏系统开发应用的完整产业链，还有多家生产光伏装备的企业。截至 2011 年底，我省光伏产业共投入 1 300 亿元，固定资产投资超过 600 亿元。我省在集热管镀膜、发泡生产、水箱、支架流水线和太阳能—热泵一体化热水系统以及热管型集热器、平板型集热器等方面具有较强的行业竞争力。

浙江昱辉阳光能源有限公司，研发和制造多晶硅、硅片和高效太阳能组件，是全球光伏产业中少数具备从多晶硅到光伏发电系统的垂直一体化运作大型太阳能企业集团之一。2011 年，昱辉阳光年产量达 1 294.8MW，同比增长 9.5%；净营业收入 9.853 亿美元，同比增长 18.3%。

浙江正泰太阳能科技有限公司，是专业从事太阳能电池、组件和光伏应用产品研发、生产和销售的企业，同时生产逆变器、汇流箱、配电柜、变压器、电缆等光伏系统配件，是我国光伏企业中产品线最全的企业之一。2011 年，公司光伏组件生产规模已达 700MW，资产总计 621 516 万元，完成工业总产值 484 704 万元，主营业务收入 476 202 万元，实现利润 23 719 万元。

浙江精工科技股份有限公司，研发生产的太阳能多晶硅铸锭炉是制造大批量、高品质多晶硅铸锭的必备设备，在设计上主要采用国际主流的电阻加热方式，结合先进的计算机控制技术，实现稳定定向凝固。成功开发国内外首台 500kg 太阳能级多晶硅铸锭炉，各项技术指标均达到世界先进水平，提升了企业核心竞争力。公司已实施了国家级"火炬"项目 14 项，开发国家级重点新产品 14 项，完成 15 项国家级、省级技改、科技计划项目和 28 项省级新产品开发试制的实施，现已拥有 68 项具有自主知识产权的专利技术。

风电领域：我省具备生产 2MW 级及以上风电机组整机生产企业有 3 家，为浙江运达风电股份有限公司、东方电气新能源设备（杭州）有限公司和华仪电器集团有限公司。另外，还拥有生产风电机组零部件等配套产品企业 11 家。目前，我省风电设备在发电机、大功率风电齿轮箱、叶片、轴承等关键零部件的技术水平和制造能力不断提升，风电设备产业链不断向两端延伸，初步形成了风电设备制造和配套部件专业化产业链的雏形。2011 年，全省风电产业整机制造能力超过 3 000MW。

浙江运达风电股份有限公司，主营大型风力发电机组的设计、生产和销售，以及风电场的运行维护、备品备件的供应，并提供风力发电工程的风场规划、技术咨询、设计、施工等服务，公司现年产能达到 200 万 kW/a。1.5MW 和 2.5MW 风电机组是公司自主研发、完全拥有自主知识产权的兆瓦级风电机组。2011 年，资产总计 217 849 万元，完成工业总产值 123 086 万元，主营业务收入 100 075 万元，实现利润 2 130 万元。

东方电气新能源设备（杭州）有限公司，主要从事 1.5MW、2.5MW 和 3.0MW 及以上大型直驱式风力发电设备（陆上/海上）的研发、设计、制造、销售及售后服务。另外，还从事大型潮汐和灯泡贯流式水轮发电机组的加工制造和装配。

华仪电气股份有限公司，是华仪电器集团有限公司核心控股子公司，主营户外高压真空断路器系列产品、户内交流高压真空断路器系列产品、成套高低压开关柜、252kV 及以下高压开关设备、配电自动化产品和风力发电设备等。其户外高压真空断路器为全国重点推广新产品，产销量连续 6 年居全国第一。

### 3. 核电关联设备领域

浙江省核电设备制造主要集中在核电辅助设备领域，包括风机空调类、仪表阀类、新材料类、消防类等设备，其中风机空调类设备销售产值约占浙江省核电设备销售产值的 28%，仪表阀类约占 16%，新材料类约占 16%，消防类约占 8%。在中核集团中国核电工程有限公司设备采购中，浙江省风机空调类设备的供货金额占同类设备供货金额的 40% 以上，消防类设备也占 40% 以上，仪表阀类设备占 25% 以上，在国内市场具有较强竞争优势。

全省 10 家左右企业获得核安全许可证，占全国 130 家取证单位的 7% 左右；取得中核集团核电合格供应商资格的企业约 114 家，占全国取得中核集团核电合格供应商资格 1 021 家企业的 11% 左右。在消防设备、风机空调设备、仪表阀类、新材料等辅助设备领域有较强竞争力和较高的市场占有率，产业整体发展速度较快。据调查，目前在浙江省涉核企业中，核电领域业务对非核领域业务产值的带动效应达到 20 倍左右。

截至 2011 年底，浙江省核电关联重点企业共 114 家，其中机械设备类企业有杭州华新机电工程有限公司、绍兴麒龙起重运输机械制造有限公司、杭州安尼起重设备有限公司等 43 家；电气设备类有宁波天安（集团）股份有限公司、虎牌控股集团有限公司、浙江永安机电设备有限公司等 6 家；仪表/控制类重点企业有苍南自动化仪表厂、浙江苍南仪表厂、温州市四方化工机械厂等 13 家；通用备件及材料类重点企业有浙江争光实业股份有限公司（原杭州争光树脂有限公司）、浙江久立特材科技股份有限公司等 13 家；服务类有浙江省工程物探勘察院、浙江省钱塘江管理局勘测设计院等 39 家。浙江三方集团有限公司、环球阀门集团有限公司、慎江阀门有限公司等 9 家浙江企业已取得核安全许可资质。

浙江金盾风机股份有限公司，是专业从事通风系统装备研发、生产、销售的高新技术企业。在核电领域，主控室核级离心风机为 2011 年浙江省装备制造业重点领域首台（套）产品，公司设计生产的百万千瓦级三代核电（AP1000）通风空调系统，实现了核电站核岛通风空调系统关键设备的国产化，该项目入选 2011 年国家“火炬”计划。2011 年，资产总计 36 758 万元，完成工业总产值 23 450 万元，主营业务收入 23 212 万元，实现利润 4 209 万元。

浙江久立特材科技股份有限公司，是国内规模最大的工业用不锈钢管专业生产企业之一，久立产品的产量及市场占有率连续 6 年位列国内同行业首位。目前，公司总资产达 27.6 亿元，资产负债率为 39.53%。公司具有年产工业用不锈钢管 7.25 万 t、特殊合金管道 72 500t（无缝管 40 000t、焊接管 32 500t）、管件 3 500t 和各类钢结构 2 万 t 的生产能力。在工业用不锈钢和特殊合金管道方面已拥有多项完全自主知识产权的核心技术，确立了在行业领域中的技术领先位置。2011 年，资产总计 252 045 万元，完成工业总产值 209 673 万元，主营业务收入 216 158 万元，实现利润 13 498 万元。

### 4. 节能装备

我省节能装备开发与产业化水平国内领先，具备了自行设计制造低温余热余压发电设备、高效电机及拖动设备等节能装备的能力，在半导体照明产业（LED 产业）已形成较完整产业链。我省拥有 3 000 多家照明企业、500 多家 LED 行业的相关企业，从芯片、塑封到产品应用，产业链初步完善，承接着光电产业从南到北的核心链条作用。节能照明领域增长飞速，仅 2010 年杭州市 LED 照明产业的产值就将近 36 亿元，预计到 2015 年，杭州市光电产业产值将超过 200 亿元。

## 三、能源装备科研情况

近年来，我省依托高校和科研机构，在核电设备、太阳能利用装备、风能利用装备等领域建设了一批国家级和省级企业技术研发中心和实验室等，为增强能源装备产业的技术创新提供了有力保障。

浙江中控技术股份有限公司主持制定的 EPA 标准被正式发布为 IEC61158 第十四类国际标准。永兴特种不锈钢股份有限公司建立了"永兴特种不锈钢研发中心"和 CNAS 国家认可实验室，掌握并拥有 20 余项专利技术和 30 余项专有技术，先后主导或参与制定国家标准 6 项、拥有国家"火炬"项目 2 项等科研成果。2010 年国家科技部"风力发电系统国家重点实验室"落户浙江运达风电股份有限公司，是我国风电领域批准建设的第一批企业国家重点实验室，浙江运达近两年共承担国家和省级各类科研项目 8 项，其中大型并网风电机组控制技术研究与应用获得 2011 年国家能源科技进步一等奖，目前，公司正承担"十二五"国家科技支撑计划重大项目课题"7MW 级风电机组产业化关键技术研发"，具有创新概念的 5MW 海上风电机组也将在 2013 年开发完成。浙江金盾风机股份有限公司与北京航空航天大学、上海核工程研究设计院等高等院校和科研院所建立了长期技术合作关系，大力开展"产、学、研"相结合的基础研究和技术开发，建设了省级高新技术企业研究开发中心。浙江久立特材科技股份有限公司参与的由国家科技部下达、中科院组织的国际未来能源核聚变装置配套的特种材料联合攻关，突破了诸如难变形合金热挤压技术、复杂断面成型技术、析出相控制热处理技术、自动焊接技术、表面处理技术、脱脂清洗技术六大类制造技术，久立特材还成功开发了 ITER 装置用 TF/PF 导管，性能处于国际领先水平。2010 年、2011 年浙江省能源装备主要产品有关情况统计见表 1。2010 年、2011 年浙江省部分能源装备骨干企业经济指标见表 2。

### 表 1　2010 年、2011 年浙江省能源装备主要产品有关情况统计

| 产品名称 | 产量 | | 增长率（%） | | 企业数（个） | | 总产值（亿元） | |
|---|---|---|---|---|---|---|---|---|
| | 2010 年 | 2011 年 | 2010 年 | 2011 年 | 2010 年 | 2011 年 | 2010 年 | 2011 年 |
| 火电机组 | – | – | – | – | 3 | 3 | – | – |
| 水电机组 | 300MW | 320MW | 8 | 7 | 58 | 62 | 38 | 40 |
| 核电关联产品 | – | – | – | – | 140 | 150 | 400 | 420 |
| 光伏电池 | 1 400MW | 2 500MW | 80 | 79 | 320 | 370 | 700 | 580 |
| 风电机组 | 2 800MW | 3 000MW | 5 | 7 | 10 | 11 | 78 | 80 |
| 太阳能热水器 | 200 万台 | 220 万台 | 10 | 10 | 400 | 400 | 100 | 110 |
| 总　计 | | | | | 931 | 996 | 1 316 | 1 230 |

### 表 2　2010 年、2011 年浙江省部分能源装备骨干企业经济指标

| 企业名称 | 行业名称 | 主营产品 | 年份 | 工业总产值（万元） | 出口交货值（万元） | 资产总计（万元） | 从业人数（人） | 主营业务收入（万元） | 利润总额（万元） | 利税总额（万元） |
|---|---|---|---|---|---|---|---|---|---|---|
| 杭州制氧机集团有限公司 | 气体、液体分离及纯净设备行业 | 气体、液体分离设备 | 2010 | 425 669.00 | 21 974.00 | 944 867.00 | 4 490 | 433 821.00 | 57 941.00 | 71 263.00 |
| | | | 2011 | 642 927.00 | 5 779.00 | 1 197 328.00 | 4 852 | 651 755.00 | 68 998.00 | 89 131.00 |
| 浙江金盾风机股份有限公司 | 风机、风扇制造行业 | 通风设备及系统 | 2010 | 15 960.00 | 158.00 | 24 772.00 | 322 | 15 545.00 | 1 820.00 | 3 628.00 |
| | | | 2011 | 23 450.00 | 279.00 | 36 758.00 | 312 | 23 212.00 | 4 209.00 | 7 087.00 |
| 浙江正泰太阳能科技有限公司 | 光伏行业 | 太阳能电池组件 | 2010 | 189 693.00 | 148 800.00 | 314 365.00 | 3 200 | 186 767.00 | 3 687.00 | 4 507.00 |
| | | | 2011 | 484 704.00 | 347 200.00 | 621 516.00 | 3 220 | 476 202.00 | 23 719.00 | 28 110.00 |
| 浙江久立特材科技股份有限公司 | 装备制造行业 | 高温、耐蚀和铝合金不锈钢管材 | 2010 | 173 077.00 | 43 074.00 | 194 787.00 | 1 847 | 178 430.00 | 9 172.00 | 12 179.00 |
| | | | 2011 | 209 673.00 | 48 495.00 | 252 045.00 | 2 003 | 216 158.00 | 13 498.00 | 17 715.00 |

续表

| 企业名称 | 行业名称 | 主营产品 | 年份 | 工业总产值(万元) | 出口交货值(万元) | 资产总计(万元) | 从业人数(人) | 主营业务收入(万元) | 利润总额(万元) | 利税总额(万元) |
|---|---|---|---|---|---|---|---|---|---|---|
| 浙江中控技术股份有限公司 | 仪控行业 | 仪控自动化产品 | 2010 | 91 172.00 | 1 502.00 | 108 520.00 | 1 250 | 77 446.00 | 17 076.00 | 22 253.00 |
| | | | 2011 | 92 247.00 | 2 862.00 | 135 607.00 | 1 430 | 90 772.00 | 21 414.00 | 27 864.00 |
| 浙江运达风电股份有限公司 | 风电行业 | 并网型风力发电机组 | 2010 | 130 851.00 | 0.00 | 209 909.00 | 560 | 102 460.00 | 6 177.00 | 7 517.00 |
| | | | 2011 | 123 086.00 | 0.00 | 217 849.00 | 589 | 100 075.00 | 2 130.00 | 4 473.00 |
| 永兴特种不锈钢股份有限公司 | 高品质特殊钢行业 | 特种不锈钢及高温耐蚀合金 | 2010 | 349 937.00 | 0.00 | 148 224.00 | 761 | 342 120.00 | 27 476.00 | 30 509.00 |
| | | | 2011 | 484 568.00 | 0.00 | 194 946.00 | 780 | 468 283.00 | 26 276.00 | 34 792.00 |
| 浙江富春江水电设备股份有限公司 | 水电设备行业 | 水轮发电机组 | 2010 | 92 389.80 | 17 980.00 | 180 689.00 | 871 | 92 389.80 | 16 685.00 | 27 579.00 |
| | | | 2011 | 94 863.80 | 24 166.00 | 12 859.00 | 952 | 94 865.80 | 20 814.00 | 33 673.00 |
| 总　计 | | | 2010 | 1 468 748.80 | 233 488.00 | 2 126 133.00 | 13 301 | 1 428 978.80 | 140 034.00 | 179 435.00 |
| | | | 2011 | 2 155 518.80 | 428 781.00 | 2 668 908.00 | 14 138 | 2 121 322.80 | 181 058.00 | 242 845.00 |

（浙江省能源局电力与新能源处）

# 湖 北 省

## 一、概况

### 1. 行业概况

湖北省产业结构主要以重工业为主，拥有完备的工业体系，整体装备制造业实力雄厚，具备超大型装备配套能力。2010年、2011年，我省能源装备制造业生产经营保持良好发展态势，产业结构不断向节能减排方向优化升级，整体科研与制造实力不断增强，在新能源产业、石油产业、节能减排产业等装备制造业领域，取得了长足的发展。其中，核电产业依托核电项目建设，逐步形成核电研发设计、装备制造、工程建设、运行维护、技术服务等完整的核电产业链；太阳能产业加快光伏组件、逆变器、控制系统、系统集成等技术开发，提高光伏产业核心技术、关键设备和关键部件自主创新能力与提高太阳能产业化水平；风电装备领域资源加快整合步伐，进一步培育风电设备及零部件制造产业，打造风电装备全产业链，形成竞争优势；生物质能源产业积极推进非粮生物燃料产业发展，支持秸秆焚烧发电、秸秆气化、垃圾焚烧发电项目建设，加快生物质能联产联供技术与设备的研发和产业化；石油装备依托中国石化集团江汉石油管理局第四石油机械厂、武昌船舶重工有限责任公司、中国船舶重工集团公司第七一〇研究所等龙头企业，加快发展大型石油钻机、新型钻井平台等海洋工程装备；节能减排产业围绕钢铁、石化、火电、建材等行业，着力形成一批拥有自主知识产权的核心技术、装备和产品。

### 2. 政策及发展规划

在《湖北省经济和社会发展第十二个五年规划纲要》中对节能环保产业、新能源产业及能源装备领域的发展作了总体规划，并相继制定出台了《湖北省装备制造业调整和振兴实施方案（2009~2011）》《湖北省关于加快培育战略性新兴产业的若干意见》和《湖北省能源战略发展规划（2008~2020)》等政策及专项规划，省发改委、经信委、财政厅、科技厅、质监局、环保厅、国土厅和金融机构等也纷纷出台配套政策措施，为能源装备产业提供人才、资金、研究开发、土地等政策支持。在武汉东湖国家自主创业新示范区内设立了新能源与环保产业基地，基地第一期规划用地400hm²（公顷），重点发展太阳能、风能、新型电池、环保四大产业。

## 二、产业发展现状

### 1. 综述

2010年，我省能源装备生产工业纳入统计的规模以上企业资产总计497.97亿元，规模以上企业完成工业总产值515.13亿元，完成工业销售产值496.18亿元。在能源装备生产的14大行业中，有10大行业工业总产值超过20亿元。其中，电线电缆140.12亿元，内燃机与配件89.96亿元，变压器整流器电感器48.48亿元，其他输变电机控制设备47.29亿元，石油钻采专用设备38.44亿元，配电开关控制设备 37.84 亿元，锅炉与辅助设备 36.71 亿元，石油钻采发电机及其机组 26.84 亿元，采矿采石设备制造 22.57 亿元，电力电子元件 20.86 亿元。

2011 年，我省能源装备生产工业纳入统计的规模以上企业资产总计 451.47 亿元，规模以上企业完成工业总产值 534.10 亿元，完成工业销售产值 512.46 亿元，在能源装备生产的行业中，有 9 大行业工业总产值超过 20 亿元。其中，电线电缆 170.33 亿元，石油钻采专用设备 65.55 亿元，配电开关控制 52.08 亿元，其他输变电机控制 50.30 亿元，锅炉与辅助设备 49.24 亿元，变压器整流器电感器 40.96 亿元，发电机及其机组 38.68 亿元，内燃机与配件 32.43 亿元，矿山机械制造 24.38 亿元。2010 年、2011 年湖北省能源装备生产工业主要经济指标见表 1。

**表 1 2010 年、2011 年湖北省能源装备生产工业主要经济指标**

| 指标名称 | 2010 年 | 2011 年 | 2011/2010 年增长（%） |
|---|---|---|---|
| 工业总产值（亿元） | 515.13 | 534.10 | 3.68 |
| 工业销售产值（亿元） | 496.18 | 512.46 | 3.28 |
| 其中：出口交货值（亿元） | 7.96 | 9.42 | 18.34 |
| 资产总计（亿元） | 498.75 | 451.47 | -9.48 |
| 主营业务收入（亿元） | 458.12 | 542.44 | 18.41 |
| 利润总和（亿元） | 40.91 | 24.21 | -40.82 |

## 2. 行业发展

我省传统能源装备行业以输变电设备、发电装备为主，这两个行业无论在规模以上工业总产值、主营业务收入还是企业数量、从业人数上，合计占主要能源装备行业的 3/4 以上。由于湖北省"缺煤少油乏气"的自然条件，化石燃料（煤、石油、天然气）的勘查、生产和加工设备产业规模相对较小，2010 年工业总产值只占总量的 12%。由于风能、太阳能、生物质能等发展规模不大，与之相配套的装备制造业尚处于发展初级阶段，还未形成较为完备的产业结构。依托东湖新技术开发区，宜昌、襄阳等高新区，太阳能装备业有长足发展；风电装备制造产业整体技术水平和产业规模有待进一步提高。2010 年湖北省主要能源装备分行业生产企业主要经济指标见表 2。2011 年湖北省主要能源装备分行业生产企业主要经济指标见表 3。

从 2010 年到 2011 年，我省能源装备制造业主营业务收入中，输变电装备产业所占比重最多，2010 年为 271.68 亿元，2011 年为 314.68 亿元，占到全行业主营业务收入的 65.12%；发电装备 2010 年、2011 年主营业务收入分别是 127.52 亿元、109.62 亿元；石油天然气装备 2010 年、2011 年主营业务收入分别是 36.09 亿元、33.62 亿元；煤炭装备 2010 年、2011 年主营业务收入分别是 21.09 亿

**表 2 2010 年湖北省主要能源装备分行业生产企业主要经济指标**

| 行业名称 | | 规模以上企业（个） | 工业总产值（亿元） | 工业销售值（亿元） | 出口交货值（亿元） | 资产总额（亿元） | 主营业务收入（亿元） | 利润总和（亿元） | 从业人数（人） |
|---|---|---|---|---|---|---|---|---|---|
| 发电装备 | 锅炉与辅助设备制造 | 44 | 36.71 | 34.81 | 0.72 | 64.87 | 32.96 | 3.44 | 8 518 |
| | 内燃机与配件设备制造 | 13 | 89.96 | 88.92 | 1.53 | 108.62 | 63.86 | 7.39 | 4 086 |
| | 汽轮机与辅助设备制造 | 1 | 0.53 | 0.53 | 0 | 0.22 | 0.53 | 0 | 115 |
| | 水轮机与辅助设备制造 | 2 | 1.40 | 1.40 | 0 | 0.23 | 1.40 | 0.14 | 192 |
| | 发电机及机组设备制造 | 14 | 26.84 | 25.09 | 0.41 | 31.57 | 28.77 | 3.03 | 5 334 |
| 新能源装备 | 原动力设备制造 | 2 | 0.34 | 0.34 | 0 | 0.78 | 0.87 | 0.01 | 185 |
| 煤炭设备 | 采矿采石设备制造 | 59 | 22.57 | 21.11 | 0 | 11.52 | 21.09 | 1.00 | 4 565 |
| 石油、天然气装备 | 石油钻采专用设备制造 | 48 | 38.44 | 36.27 | 1.93 | 26.28 | 36.09 | 2.97 | 5 918 |
| 输变电设备 | 变压器、整流器、电感器等设备制造 | 52 | 48.48 | 46.69 | 1.16 | 46.99 | 37.59 | 1.55 | 6 731 |
| | 电容器及配套设备制造 | 7 | 3.72 | 3.68 | 0 | 1.24 | 3.34 | 0.23 | 484 |
| | 配电开关控制设备制造 | 56 | 37.84 | 36.12 | 0.4 | 36.97 | 34.59 | 3.40 | 7 084 |

续表

| 行业名称 | | 规模以上企业（个） | 工业总产值（亿元） | 工业销售值（亿元） | 出口交货值（亿元） | 资产总额（亿元） | 主营业务收入（亿元） | 利润总和（亿元） | 从业人数（人） |
|---|---|---|---|---|---|---|---|---|---|
| 输变电设备 | 电力电子元件设备制造 | 47 | 20.86 | 20.40 | 0.31 | 18.26 | 19.89 | 2.07 | 4 204 |
| | 其他数变电机控制设备制造 | 45 | 47.29 | 45.05 | 0.01 | 56.49 | 38.84 | 5.67 | 4 247 |
| | 电线电缆制造 | 93 | 140.12 | 135.76 | 1.49 | 93.94 | 137.43 | 10.03 | 13 111 |
| 总　计 | | 483 | 515.10 | 496.17 | 7.96 | 497.98 | 457.25 | 40.93 | 64 774 |

资料来源：湖北省统计局。

表3　2011年湖北省主要能源装备分行业生产企业主要经济指标

| 行业名称 | | 规模以上企业（个） | 工业总产值（亿元） | 工业销售值（亿元） | 出口交货值（亿元） | 资产总额（亿元） | 主营业务收入（亿元） | 利润总和（亿元） | 从业人数（人） |
|---|---|---|---|---|---|---|---|---|---|
| 发电装备 | 锅炉及辅助设备制造 | 40 | 49.24 | 47.8 | 0.33 | 58.79 | 48.28 | 1.07 | 8 500 |
| | 内燃机及配件设备制造 | 11 | 32.43 | 31.74 | 3.55 | 61.25 | 28.20 | 3.54 | 3 700 |
| | 水轮机及辅机设备制造 | 1 | 1.24 | 1.24 | 0 | 0.26 | 1.24 | 0.18 | 100 |
| | 发电机及机组设备制造 | 15 | 38.68 | 36.5 | 0.93 | 40.94 | 31.90 | 2.77 | 5 700 |
| 新能源装备 | 风能设备制造 | 1 | 1.25 | 1.25 | 0 | 0.28 | 1.25 | 0.03 | 100 |
| | 光伏设备及元件制造 | 3 | 1.99 | 1.78 | 0 | 1.72 | 1.53 | 0.15 | 7 200 |
| 石油天然气装备 | 石油钻采专用设备制造 | 28 | 65.55 | 62.96 | 0 | 21.14 | 33.62 | 1.24 | 6 300 |
| 煤炭装备 | 矿山机械制造设备制造 | 34 | 24.38 | 23.24 | 0 | 10.09 | 22.55 | 1.22 | 3 100 |
| 输变电装备 | 变压器、整流器、电感器等设备制造 | 41 | 40.96 | 40.17 | 1.99 | 35.81 | 36.04 | 1.31 | 23 200 |
| | 电容及配套设备制造 | 6 | 5.67 | 5.61 | 0 | 1.66 | 5.56 | 0.5 | 5 700 |
| | 配电开关控制设备制造 | 40 | 52.08 | 48.26 | 0.17 | 35.49 | 42.67 | 3.18 | 500 |
| | 其他输配电及控制设备制造 | 14 | 50.3 | 47.05 | 0.02 | 51.31 | 69.18 | 2.09 | 200 |
| | 电线、电缆设备制造 | 71 | 170.33 | 164.86 | 2.43 | 132.73 | 161.23 | 6.93 | 11 700 |
| 总　计 | | 305 | 534.10 | 512.46 | 9.42 | 451.47 | 483.25 | 24.21 | 76 000 |

资料来源：湖北省统计局。

元、22.55亿元；新能源装备产业虽然目前规模最小，但发展速度较快，2010年主营业务收入0.87亿元，2011年增至2.78亿元，同比增幅为219.54%。2010年湖北省能源装备制造业分行业主营业务收入情况见表4。2010年湖北省能源装备业分行业主营业务收入比例见图1。2011年湖北省能源装备制造业分行业主营业务收入情况见表5。2011年湖北省能源装备业分行业主营业务收入比例见图2。

表4　2010年湖北省能源装备制造业分行业主营业务收入情况

| 行　业 | 主营业务收入（亿元） | 占主营业务收入总量（%） |
|---|---|---|
| 输变电装备 | 271.68 | 59.42 |
| 发电装备 | 127.52 | 27.89 |
| 石油天然气装备 | 36.09 | 7.89 |
| 煤炭装备 | 21.09 | 4.61 |
| 新能源装备 | 0.87 | 0.19 |
| 合计 | 457.25 | 100.00 |

注：按行业主营业务收入大者居前。

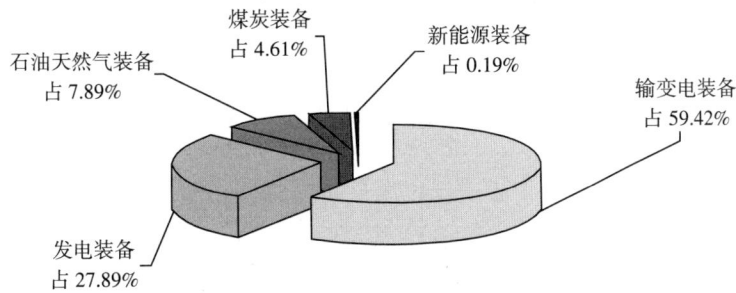

**图1　2010年湖北省能源装备业分行业主营业务收入比例**

**表5　2011年湖北省能源装备制造业分行业主营业务收入情况**

| 行　业 | 主营业务收入（亿元） | 占主营业务收入总量（%） |
|---|---|---|
| 输变电装备 | 314.68 | 65.12 |
| 发电装备 | 109.62 | 22.67 |
| 石油天然气装备 | 33.62 | 6.96 |
| 煤炭装备 | 22.55 | 4.67 |
| 新能源装备 | 2.78 | 0.58 |
| 合计 | 483.25 | 100.00 |

注：按行业主营业务收入大者居前。

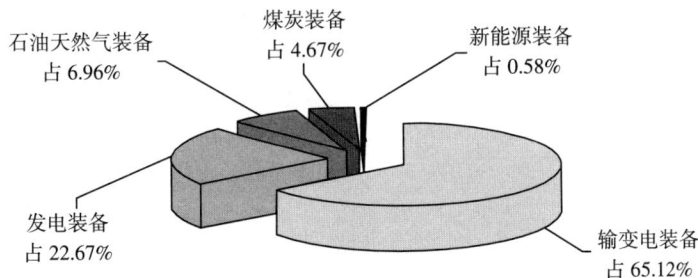

**图2　2011年湖北省能源装备业分行业主营业务收入比例**

### 3. 能源装备重点产品产量

2011年，我省重点能源装备产品产量比2010年都有大幅度的增长。2010年、2011年湖北省能源装备分产品产量见表6。2010年湖北省发电装备分产品产量见表7。2011年湖北省发电装备分产品产量见表8。

**表6　2010年、2011年湖北省能源装备分产品产量**

| 产品名称 | 计量单位 | 产品产量 | | |
|---|---|---|---|---|
| | | 2010年 | 2011年 | 2011/2010增长（%） |
| 电站锅炉 | 蒸发量t | 670.00 | 873.00 | 30.30 |
| 电站用汽轮机 | kW | 2 088 000.00 | 2 138 000.00 | 2.39 |
| 电站水轮机 | kW | 125 200.00 | 9 500.00 | −92.41 |
| 气体压缩机 | 台（套） | 27 971 306.40 | 20 783 352.80 | −25.70 |
| 风机 | 台（套） | 23 043.00 | 24 041.00 | 4.33 |
| 发电机组（发电设备） | kW | 2 032 414.00 | 2 394 150.00 | 17.80 |
| 其中：水轮发电机组 | kW | 37 100.00 | 8 150.00 | −78.03 |
| 汽轮发电机组 | kW | 1 970 000.00 | 2 386 000.00 | 21.12 |
| 变压器 | kVA | 12 779 893.60 | 12 329 926.90 | −3.52 |
| 互感器 | 台（套） | 65 470.00 | 25 975.00 | −60.33 |
| 电力电容器 | kVar | 10 006.00 | 10 006.00 | 0 |

续表

| 产品名称 | 计量单位 | 产品产量 | | |
|---|---|---|---|---|
| | | 2010 年 | 2011 年 | 2011/2010 增长（%） |
| 高压开关板 | 面 | 857.00 | 1 910.00 | 122.87 |
| 低压开关板 | 面 | 3 487.00 | 5 964.00 | 71.04 |
| 高压开关设备（11 万 kVA 以上） | 台 | 12 000.00 | 12 665.00 | 5.54 |
| 电力电缆 | km | 381 519.98 | 414 241.20 | 8.58 |
| 矿山专用设备① | t | 28 811.35 | 520 370.40 | 1 706.13 |
| 石油钻井设备 | 台（套） | – | 792.00 | – |
| 炼油、化工生产专用设 | t | 403 314.00 | 770 950.10 | 91.15 |
| 其中：大气污染防治设备 | 台（套） | 362.00 | 11 785.00 | 3 155.52 |

注：①为设备生产所用材料量。

资料来源：湖北省统计年鉴 2011、2012。

#### 表7　2010 年湖北省发电装备分产品产量

| 产品名称 | 企业数（个） | 生产量（亿 kW） | 能力利用率（%） |
|---|---|---|---|
| 火电设备 | 58 | 1 545.11 | 55.10 |
| 水电设备 | 145 | 2 494.22 | 47.53 |
| 风电设备 | 2 | 0.54 | 14.23 |
| 总计 | 205 | 4 039.87 | 49.88 |

资料来源：湖北省统计年鉴 2011。

#### 表8　2011 年湖北省发电装备分产品产量

| 产品名称 | 企业数（个） | 生产量（亿 kW） | 能力利用率（%） |
|---|---|---|---|
| 火电设备 | 53 | 873 | 62 |
| 水电设备 | 64 | 1 179 | 42 |
| 风电设备 | 2 | – | 38 |
| 总计 | 119 | 2 052 | 49 |

资料来源：湖北省统计年鉴 2012。

## 三、装备研发情况

我省是教育大省，拥有一批产、学、研并举的高等学府：武汉大学、华中科技大学、武汉理工大学等 7 所"985 工程"和"211 工程"高校以及海军工程大学这所军属"2110 工程"大学。华中科技大学能源与动力工程学院主要围绕化石能源的低碳高效安全利用和污染物深度联合脱除、能源终端利用优化与节能、可再生能源、先进动力装置等方面开展科学研究，形成了以煤燃烧国家重点实验室、国家能源清洁低碳发电研发中心、中美清洁能源联合研究中心、能源动力装置节能减排教育部工程研究中心、国家级工程实践教育中心 5 个研究中心为

支撑的创新性学科平台系统；电气与电子工程学院主要研究输变电控制设备，拥有国家脉冲强磁场科学中心（筹）、强电磁工程与新技术国家重点实验室（筹）、新型电机国家专业实验室、聚变与电磁新技术 4 个教育部重点实验室，由华中科技大学牵头建设的国家重大科技基础设施项目——脉冲强磁场实验装置，建成后将成为世界四大脉冲强磁场科学中心之一，该校还拥有国内高校唯一的 J-TEXT 托克马克磁约束聚变实验装置，也是"磁约束核聚变教育部研究中心"的挂靠单位；水电与数字化工程学院则已在相关领域处于国内一流水平，并在水电能源规划、设计、开发、运行、控制等交叉学科研究领域跻身国内领先的地位。

武汉大学动力与机械学院水力机械过渡过程教育部重点实验室和流体机械与动力工程装备技术湖北省重点实验室研究方向涵盖了火电装备业、水电发电装备业、机电装备、控制和工程建设装备等领域。

由海军工程大学和大全集团有限公司共同建设的"国家能源新能源接入设备研发（实验）中心"于 2010 年 7 月 28 日由国家能源局批复认定，主要从事风力发电变流技术、太阳能光伏发电技术、大容量惯性储能技术及接入能量管理技术的研发，解决制约可再生能源产业发展的新能源并网接入技术问题。

2010 年 7 月，全国新设立的 22 个国家能源研发（实验）中心 4 个落户我省，分别是国家能源压

水反应堆技术研发（实验）中心、国家能源天然气长输管道技术装备研发（实验）中心、国家能源煤炭清洁低碳发电技术研发（实验）中心、国家能源新能源接入设备研发（实验）中心。

"国家能源压水反应堆技术研发（实验）中心"于 2010 年 7 月由国家能源局批复认定，该中心依托中国核动力研究设计院，由中国核工业集团公司 105 所投资 2 亿元，在武汉东湖高新区建设，主要研究核动力运行技术（先进核电系统、反应堆关键技术、反应堆安全运行及保障技术）。

"国家能源天然气长输管道技术装备研发中心"于 2010 年 7 月由国家能源局批复认定，依托中国石油天然气集团西气东输管道公司，主要从事天然气长输管道领域变频调速电机驱动和燃气轮机驱动的压缩机组成套设备以及高压大口径全焊接球阀提供工业性应用试验研究、性能考核平台。已建成电驱机组、燃驱机组、阀门、压缩机组在线诊断与视情维修系统、自动化控制和综合 6 个实验研究平台，正全力推进 20MW 级电驱压缩机组、30MW 级燃驱压缩机和 1.02m、1.22m 高压大口径全焊接球阀国产化工作，并且相继取得了重大突破性成果。

"煤炭清洁低碳发电技术研发（实验）中心"由国家能源局于 2010 年 7 月批复认定，该中心由中国华能集团公司和华中科技大学共同建设，其中中国华能集团投资约 3.6 亿元，国家拨专项经费 3 600 万元，华中科技大学负责其中富氧燃烧技术方向的研发和实验，其武汉分部将在武汉东湖高新技术开发区武汉新能源研究院建设，中心已建成国内首套可工业放大的 3 000t/a 燃煤二氧化碳捕捉示范系统。

在专业研究院所方面，中南电力设计院、湖北省电力勘测设计院、武汉高压研究所等，在能源装备设计研究领域处于国内先进水平。

中南电力设计院围绕"特、高、核、新、信"科技发展方向，依托工程项目开展科技创新，在特高压交直流输变电及长距离跨海电缆联网研究及设计技术处于国际领先水平；在超高压交直流输变电、大跨越输电设计、紧凑型送电线路设计、串联补偿、直流国产化及航测和桩基检测等技术处于国内领先水平；在高参数、大容量电站、空冷电站、洁净煤发电、燃气—蒸汽联合循环设计和电力工程环境评价等方面技术处于国内先进水平。

湖北省电力勘测设计院是我国首批承担 ±800kV 特高压直流、±500kV 超高压直流勘测设计任务的设计单位，是湖北省电源接入、输变电工程系统规划的主要技术咨询机构，具备有海外 220kVA 输变电工程总承包、国内完整热电厂、汽轮机岛、地下 220kVA 电缆隧道、220kVA 及以下电压等级输电、变电等总承包工程的能力和业绩，发电业务在火力发电的基础上，大力开拓风能、生物质能、沼气、光伏发电等新能源领域。

武汉高压研究所从事高电压输变电、电磁兼容、高电压测试、电力电缆运行和高电压大电流计量技术的研究和开发工作，所内主要研究、试验的设施有特高电压户外试验场、高电压计量大厅、污秽实验室、电缆实验室、电磁兼容实验室、避雷器实验室、雷电定位观测站、系统暂态实验室、高电压大电流基（标）准室和综合试验大楼。自建所以来从事国家及省部下达的攻关及重点科研项目 90 余项，获国家级及省部级奖共计 69 项（其中国家二等奖 1 项，国家三等奖 5 项）。

2011 年，湖北省科技厅认定以下一批能源装备企业为我省首批创新型企业：长江高科电缆有限公司、湖北凯乐科技股份有限公司、武汉电缆集团有限公司、武汉凯迪电力工程有限公司、四机赛瓦石油钻采设备有限公司、武昌船舶重工有限责任公司、武汉凯迪电力环保有限公司、武汉凯迪电力股份有限公司、江汉石油钻头股份有限公司、武汉中原电子集团有限公司。

## 四、能源装备企业情况

### 1. 发电设备领域

武汉锅炉股份有限公司生产清洁环保燃煤发电锅炉，包括超临界机组、超超临界机组等，已完成了 600MW 超临界、1 000MW 超超临界的技术转让，具备设计和制造亚临界、超临界和超超临界电站锅炉、大型循环流化床锅炉等的技术能力；中国长江动力集团有限公司现有主导产品为155MW及以下热电联供机组和50MW及以下水电机组，主要用于钢铁、石油、化工、电解铝、冶金、制糖、水泥、造纸、煤炭、生物质能发电、垃圾焚烧发电、余压余热综合利用、直接供热等领域，并出口到美国、加拿大、印度、越南等10多个国家。

**2. 输变电装备领域**

湖北阳光电气有限公司（前身为湖北第二变压器厂）中高压变压器等部分产品在国内市场有一定的知名度；武汉南瑞电气有限责任公司自主科研成果丰硕，已拥有授权专利128件，制定（修订）国家标准5项、行业标准35项、企业标准32项、5项科研成果获国家级科技奖励，主要以输变电一次智能设备产业为主体；武汉烽火富华电气有限责任公司在智能电网相关技术和产品的研发、生产、工程服务等领域，主要提供智能变电站整体解决方案及产品、配网自动化综合解决方案及产品；武汉中元华电科技股份有限公司是湖北首家登陆创业板的科技企业，主要产品有电力故障录波装置、时间同步系统等，已经中标多个智能变电站项目；襄阳市大力、追日、万洲等带领聚集与软启动相关的民营企业30多家，形成了国内最大的软启动产业集群；湖北台基半导体股份有限公司主要生产晶闸管、整流二极管及其模块、组合件，综合实力位居国内半导体行业前三强；襄樊国网合成绝缘子有限公司是中国最早研制、生产合成绝缘子的厂家，也是亚太地区最大的专业合成绝缘子制造商，产品销往31个省、区、市，在葛洲坝、大区联网、特高压示范工程得到广泛应用；湖北汉光科技股份有限公司（原国营4404厂），具有研制、生产微波电真空器件、电力电子成套设备的综合实力，拥有机械加工、特种陶瓷制造等系统配套能力。

**3. 石油钻采设备领域**

荆州四机赛瓦石油钻采设备有限公司"压裂柱塞泵关键技术研究"项目获得湖北省科技进步一等奖，高压柱塞泵和离心泵2011年出口海外6 000

万美元；湖北博创机械制造有限责任公司矿山机械研发中心研发设计了拥有自主知识产权的JT、JTK、JTP、JK 4个系列29个型号的矿用提升设备和矿用防爆钢轮普轨机车（2个型号）产品已获得专利证书32项，其中发明证书1项、实用新型24份、外观设计7项，其中JTP-1.6×1.2P型矿用提升绞车被国家科学技术部、环保部、商务部、质量监督总局评为国家重点新产品，2011年公司"博畅"牌矿用提升绞车、矿用提升机、矿用防爆柴油机、钢轮普轨机车产品被评为"湖北名牌产品"。

**4. 石化装备领域**

湖北江汉三机特车石化装备有限公司液化天然气（LNG）等低温液体储运核心装备自主化研发平台项目总投资1.225亿元，主要与江汉石油管理局机械研究院合作研发，实现低温储运装备轻量化、高真空多层绝热技术、开发新型具有知识产权的低温内支撑结构等核心技术的全面自主化，形成液化天然气（LNG）等低温液体储罐运输设备200台/a、储存罐470台（套）/a的生产能力。

**5. 节能减排装备领域**

武汉凯迪电力股份有限公司，是全球唯一同时拥有300MW以上干法烟气脱硫和600MW湿法烟气脱硫技术的企业；武汉锅炉股份有限公司的大型碱回收锅炉均达到国际先进水平；武汉安和节能新技术有限公司依托强有力的华中科技大学科研力量，设计并改良了拥有燃烧领域全国最高奖（国家发明二等奖）的节能燃烧技术和燃烧设备，其焦炉煤气改高炉煤气燃烧器在宝钢、攀钢等大型钢铁企业应用；襄阳九鼎昊天环保设备有限公司电除尘器复合脉冲电源国内首创的高端能源装备，是一种广泛应用于火电、冶金、焦化等行业的烟气除尘及焦油回收的治理环境保护的专用设备。

**6. 新能源装备领域**

**（1）核电装备**

在设计研发上，有中船重工719所、中核集团核动力运行研究所、中南电力设计院等20余家企事业单位；在设备制造上，有武昌船舶重工有限责任公司、武汉锅炉有限公司、武汉重型机床集团有限公司、东方电气核装备有限公司等 10 余家企业，将依托核电项目建设，加强与相关企业集团的合作，推动核电装备制造及服务产业的发展，打造我国核电装备制造湖北基地。

（2）太阳能发电产业

武汉日新科技可发电的光伏建筑幕墙玻璃，能收集太阳能，并将其转化为电能，作为太阳能光电建筑一体化的一部分；在光伏控制器与逆变器、切割设备、蓄电池、发电系统生产领域，武汉万鹏科技有限公司、武汉三工光电设备制造有限公司、武汉银泰科技电源有限公司、武汉能创技术有限公司、湖北追日电气有限公司等企业均颇具实力。

（3）风电产业

我省已有武汉 3303 工厂、荆州市巨鲸传动机械有限公司、武汉重工铸锻有限责任公司、中国船舶重工集团公司第 709 研究所（709 所）等 10 多家企业从事风电装备制造，涵盖发电机、齿轮箱、电

控系统等多个关键配件行业，九成零部件可实现"湖北造"；武汉云鹤齿轮传动公司引进风电核心部件设计技术，自主研发的 1.0MW 级风电齿轮增速箱获得国家专利。

（4）生物质能

湖北蓝焰生态能源有限公司进行了沼气灶具、沼气净化器、沼液抽排泵、粪污发酵装备研发及生产，与华中科技大学国家重点实验室合作，研发出"秸秆热解多联产集中供气工艺"；与华中农业大学合作，研发出秸秆沼气"厌氧干发酵工艺"；与武汉工程大学合作获得了"常温氧化铁系脱硫剂生产方式"发明专利。

2010 年、2011 年湖北省能源装备行业共有 45 家企业的产品获得湖北省名牌产品称号和著名商标。2010 年、2011 年湖北省能源装备行业获得湖北省名牌产品称号和著名商标企业情况见表 9。

表 9　2010 年、2011 年湖北省能源装备行业获得湖北省名牌产品称号和著名商标企业情况

| 企 业 名 称 | 产 品 名 称 | 商标 |
|---|---|---|
| 长江三峡能事达电气股份有限公司 | 水轮机调速器 | 事达电气 |
| 大冶力牌变压器制造有限公司 | 变压器 | 力 |
| 湖北鄂电德力西电气设备有限公司 | 电力变压器 | 鄂电 |
| 江汉石油钻头有限公司 | 牙轮钻头 | 江钻 |
| 中国长江动力公司 | 155MW 及以下热点联产汽轮发电机组、200MW 及以下水轮发电机组 | 长动 |
| 武汉长兴电器发展有限公司 | 高低压成套电气设备（高低压成套开关类、箱式变电站类） | 长兴 |
| 湖北长阳长发矿山机器有限公司 | 破碎机系列 | 斗牛 |
| 十堰华昌达机电有限公司 | 自动化生产线传输机械 | 华昌达 |
| 中国石化集团江汉石油管理局第四机械厂 | 钻井机、高压管汇件、固井水泥车 | 四机 |
| 武汉华源电气设备有限责任公司 | 高低压成套开关柜及箱变 | ourun |
| 航天电工技术有限公司 | 交联聚乙烯绝缘电力电缆、钢芯铝合金绞线、额定电压 450~750kVA 及以下聚氯乙烯绝缘电线电缆 | 中华 |
| 武汉宏联电线电缆有限公司 | 电线电缆 | 宏联 |
| 武汉市武昌电控设备有限公司 | 高压、低压预装式变电站 | WD |
| 武汉第二电线电缆有限公司 | 额定电压 0.6~1~10kV 交联电力电缆、聚氯乙烯绝缘聚氯乙烯护套电线电缆、0.6~1kV 及以下铜芯塑料绝缘耐火电力电缆及电线 | 飞鹤 |
| 武汉西高电气有限公司 | 高低压成套开关设备 | 西高 |
| 武汉鼓风机有限公司 | 离心风机、引风机、动（静）叶可调轴流风机、转炉一次除尘风机、地铁风机 | 武鼓 |
| 湖北中南管道有限公司 | 钢筋混凝土电杆 | 中南 |
| 湖北恒泰电线电缆有限公司 | 额定电压 6~35kV 交联聚乙烯绝缘电力电缆、乾亨额定电压 1~35kV 架空绝缘电力电缆、架空绞线、聚氯乙烯绝缘无护套电缆电线 | |
| 武汉双利电线电缆有限责任公司 | 电线电缆 | 双利 |
| 武汉新世界制冷工业有限公司 | 螺杆式制冷压缩机（机组） | 武冷 |

续表

| 企 业 名 称 | 产 品 名 称 | 商 标 |
|---|---|---|
| 武汉武湖电缆有限公司 | 电线电缆 | 武通 |
| 武汉市泰昌电线电缆厂 | 聚丙乙烯绝缘无护套电缆电线 | 元泰 |
| 湖北同方高科泵业有限公司 | 水环式真空泵 | |
| 湖北省神珑泵业有限责任公司 | 泵产品 | 神峡 |
| 建始县永恒太阳能光电科技有限公司 | 太阳能电池片等光电子器件 | 永恒 |
| 湖北飞剑泵业有限公司 | 冷却水泵 | 飞剑 |
| 黄石东贝电器股份有限公司 | 全封闭制冷压缩机 | 东贝 |
| 湖北航天电缆有限公司 | 电线电缆 | 双峰 |
| 湖北鄂电德力西电气设备有限公司 | 高、低压成套开关设备 | 鄂电 |
| 湖北华信锅炉辅机成套有限公司 | 锅炉吹灰器 | 湖北华信 |
| 湖北鄂电萃宇电缆有限公司 | 电线电缆 | CUIYU |
| 湖北双剑鼓风机制造有限公司 | 离心鼓风机 | 双剑 |
| 湖北省风机厂有限公司 | 离心鼓风机 | 三峰 |
| 湖北瀛通电子有限公司 | 聚氨酯漆包铜圆线 | 瀛通 |
| 武汉金牌电缆塑料有限公司 | 电线电缆 | 大海金林 |
| 万洲电气集团有限公司 | 高低压成套开关设备等 | 万洲 |
| 襄樊五二五泵业有限公司 | 特种工业泵 | 五二五 |
| 大力电工襄阳股份有限公司 | 高压大功率电机软起动装置 | Big Pawer |
| 大禹电气科技股份有限公司 | 固态软起动装置、水电阻起动器 | 大禹电气、大禹 |
| 孝感市超前锅炉制造有限公司 | 蒸汽锅炉 | 超前 |
| 长江高科电缆有限公司 | 电线电缆 | CJ |
| 宜昌湖北博创机械制造有限责任公司 | 矿用提升绞车、矿用提升机 | 博畅 |
| 湖北三峡泵业有限公司 | 多级离心泵 | 高峡 |
| 乐星红旗电缆（湖北）有限公司 | 钢芯铝绞线、交联聚乙烯绝缘电力电缆 | 红缆 |
| 湖北红旗电缆有限责任公司 | 电线电缆 | 双益 |
| 湖北蓝焰生态能源有限公司 | 沼气类装备 | 蓝焰 |

资料来源：湖北省发展和改革委员会能源二处。

（湖北省发展和改革委员会能源二处）

# 湖 南 省

## 一、发展概况

### 1. 能源装备产业基本概况

能源装备制造业是湖南历史较为久远的工业产业，早在 20 世纪 30 年代，我省就生产出了国内第一台水泵和第一台国产电机，是我国电机工业的摇篮。能源装备制造业中的发电装备、输变电装备、节能环保以及新能源装备是我省机械装备工业重要的组成部分，目前，其工业总产值约占我省机械装备工业总产值的 1/5。

经过多年的发展，我省能源装备制造水平取得长足进步，规模不断扩大。在传统发电装备领域，已有水轮发电机组及配套产品、交流电动机、直流电机等产品的研发和生产制造。在输变电装备领域，已有变压器、电抗器、互感器、电力铁塔、电线电缆、电缆盘、高（低）压成套设备、开关柜、配电开关控制设备、电表等产品的研发和生产制造。在通用环保装备领域，主要产品有工业泵、换热器、炼油化工设备、锅炉、鼓风机、气体分离与液化设备、干燥设备和压力容器等。在新能源装备领域、风能领域，已具备生产风电整机装备、叶片、塔筒以及相关配套设备的能力。在太阳能发电领域，有太阳能光伏系统配套蓄电池、跟踪光伏配套系统、聚光配套系统及多晶硅、晶体硅电池/组件、光伏辅料等太阳能装备产品。在核电领域，主要有核电用水泵、变压器、清洁设备以及核电吊装设备等。在生物质能领域，已研发制造与生物质固

体成型颗粒燃料相匹配的供热系统设备、生物质气化发电成套设备、生物质固体成型燃料炭化技术及设备、生物质气化集中供气成套设备等。在节能减排装备领域，主要产品有海上钻井平台燃油锅炉脱硫除尘设备、火力发电厂烟气脱硝和钢铁厂烧结烟气空塔喷淋脱硫设备、氨氮污水装置及工业锅炉和工业窑炉烟气脱硫脱硝、脱硫副产物利用以及废气余热利用等节能减排装备。

### 2. 能源装备工作开展情况

在规划布局方面，建立省新能源产业发展领导小组成员单位联席会议制度，明确了牵头单位，落实责任分工，定期召开会议，督促、协调和落实全省新能源产业发展的重大问题，统一协调向中央积极争取政策和资金支持，并加紧出台我省新能源产业发展的指导性实施意见，特别是制定完善的财税支持政策。尽快启动我省"十二五"新能源产业发展规划，做到提前谋划、提前布局。

在产业培育方面，突出发展新能源装备制造，加大新能源装备制造的整合力度，继续保持和强化装备技术优势和市场领先位置，将其打造成优势支柱产业和千亿产业。未来我省能源产业体系应该是：优先发展新能源装备制造业，形成以风电、太阳能光伏、新能源汽车制造为主体，以核电、生物质能为辅，以光热设备、新能源材料等为补充的我省新能源产业结构，形成新能源与传统能源双轮驱动的模式。

在能源利用方面，在巩固水电的基础上，提升火力发电质量，突出发展风电、太阳能、页岩气、

核电，建立多元化新能源体系，确保我省能源安全。未来湖南的新能源应用体系应该是：突出发展页岩气发电，形成以水电和风电为主体，以生物质发电、核电、光伏发电为辅，以半导体照明、光热设备、光电建筑、地热工程以及生物燃气、燃料为补充，以传统能源节能技术为切入口的多元化新能源体系，确保我省能源安全。

在项目建设方面，大力加强新能源项目的可行性论证和审批管理，对竞争力不强的项目加快了淘汰步伐，避免同质竞争和重复建设，将有限的财力投入到重点项目和领域。

## 二、产业发展现状

截至 2011 年底，我省能源装备制造业企业近 1 000 多家，其中，规模以上的能源装备制造企业 500 多家。据对典型能源装备制造企业调查统计，全行业从业人数约 8 万；完成工业总产值近 1 200 亿元，同比增长 17%；工业销售产值近 1 150 亿元，同比增长 17%；主营业务收入近 1 100 亿元，同比增长 16%；出口交货值近 30 亿元，同比增长 24%；利润总额近 37 亿元，同比下降 6%；利税近 78 亿元，同比增长 2%。

### 1. 传统发电装备主要企业情况

湘电集团有限公司，前身是创建于 1936 年的国民政府资源委员会中央电工器材，享有"中国机电产品摇篮"的美誉。新中国成立以来，先后研制开发新产品 1 000 多项，100 多种重大新产品开创了国内第一：第一套船用动力推进设备；第一套地铁车辆电机电器成套设备；第一台 108t 电动轮自卸车；第一辆城市轻轨车等。目前，公司具有一批稳定的大型客户和合作伙伴，产品远销东南亚、欧洲、中美洲等 26 个国家和地区。公司通过 ISO9001 系列标准的质量认证，所生产的大中型交/直流轧钢电机为国内驰名品牌；独家生产的大吨位工矿电机车系列和千万吨级矿用 108t、154t、220t、300t 电动轮自卸车遍布全国各大露天矿。企业是国家城轨车辆电机电器成套设备的重点生产企业，近年来公司集中发挥电气牵引技术、船用电力推进技术和电动车辆制造技术三大核心技术优势，全面推进企业持续、快速、健康、稳定地发展。2011 年，完成工业总产值 1 084 263 万元，主营业务收入 1 225 038 万元，实现利润 42 270 万元。

湖南零陵恒远发电设备有限公司，已有 50 年水力发电设备的设计制造历史，自行设计制造过轴流式、混流式、冲击式、贯流式水轮发电机组。目前拥有自行设计制造单机容量 100MW 以下的各种型式水轮发电机组、直径 0.6~5m 的蝴蝶阀和直径 0.3~1.6m 的球阀的能力。中小型水轮发电机组具有系列化、标准化、通用化的特点。公司已生产过各种水轮发电机组 3 500 余组，产品遍布全国，并出口到美国、伊朗、印度尼西亚、越南、巴西、加拿大、伯里兹、法国、马达加斯加、菲律宾等国家。产品品种齐全，具有出力足、安全可靠的特点。可按照用户提供的资料进行产品设计、开发和制造，拥有一支专为用户提供指导安装服务、设备安装、代办运输、设备维修和人员培训的售后服务队伍，并长期提供各种配套设备和配件。2011 年，完成工业总产值 22 000 万元，主营业务收入 22 000 万元，实现利润 4 569 万元。

### 2. 输变电装备主要企业情况

特变电工衡阳变压器有限公司，是我国输变电行业的龙头企业，变压器产量位居世界前列。特变电工衡阳变压器有限公司是特变电工股份有限公司的控股公司，始建于 1951 年，经过 60 多年的发展，现已成为中国输变电行业超、特高压大容量变压器类产品制造的核心骨干企业，掌握了特高压交直流输电、大型水电、火电、核电主机及安装调试等世界输变电制造领域最核心关键技术。公司产能超过 1 亿 kVA/a，产品范围覆盖 10~1 000kV 全系列变压器及电抗器。公司在引进、消化、吸收世界领先的变压器设计理念和技术的同时，通过自主创新已成功研制了世界高电压等级 1 000kV 级最大容量的 320Mvar 特高压电抗器、750kV 级世界最大容量的 700MVA 变压器、750kV 级世界最大容量的 140Mvar 特高压电抗器、500kV 级世界最大容量的

860MVA 三相整体变压器、500kV 级世界最大容量的 750MVA 三相整体现场组装变压器、220kV 级世界最大容量的 820MVA 发电机变压器以及 ±500kV 直流换流变压器等一系列世界级的超、特高压大容量变压器类产品。2011 年，完成工业总产值 565 667 万元，主营业务收入 435 656 万元，实现利润 63 221 万元。

### 3. 节能减排及环保主要企业情况

湖南凯天环保科技股份有限公司，是一家集环境规划、评价、运营、检测，环保产品研发、设计、制造、销售及安装服务于一体的高新技术环保企业。专业从事工业厂房内环境治理、大气污染治理、固体废弃物处理、烟气脱硫脱硝脱汞治理、水、气、土壤重金属治理、环境服务等业务。凯天环保自 1998 年开始通过与德国、法国、丹麦等欧美多家知名环保企业的长期技术合作，不断追求技术创新，其产品技术及系统工程设计能力已达到国际先进水平。产品广泛应用于铁路机车、汽车、工程机械、煤矿机械、电器、电子、造船、军工、造纸、陶瓷、烟草、化工、矿山、玻璃制造、钢铁、冶金、电厂等 200 多个领域。公司拥有整体厂房恒温恒湿控制与除尘、有机废气、有毒气体综合治理相结合的高端专利技术，是目前国内唯一能解决这一关键性技术的企业。公司具备环境工程设计资质、机电安装资质、环保工程承包资质和环境污染治理设施运营资质。2011 年，完成工业总产值 35 049 万元，主营业务收入 36 168 万元，实现利润 4 033 万元。

### 4. 新能源发电装备主要企业情况

（1）风电装备

湘电风能有限公司，专业从事大型风力发电装备制造的企业，主要从事兆瓦级风力发电机组整机和部件的设计、制造、销售和服务，具备年产兆瓦级风力发电机组 1 000 台的生产能力。公司拥有国际领先的直驱式风机设计制造技术、一流的生产制造设备、优秀的经营管理团队，是中国大型风力发电装备制造业的龙头企业。湘电风能拥有一大批我国一流的风电工程技术专家，依托国家级技术中心

拥有的人力资源优势，承担了"兆瓦级（2MW）直驱型风力发电机组及其关键部件的设计和制造技术"、"2.5MW 以上直驱式变速恒频风电机组的研制"、"1.5MW 以上直驱风电机组永磁发电机的研制及产业化"、"1.5MW 以上风电机组双馈式发电机的研制及产业化"、"直驱式变速恒频风电机组优化技术及产业化"等国家"863"计划项目和重大科技支撑计划项目；并承担了"2MW 以上低风速直驱式风力发电机组的研制"国家国际科技合作项目；同时还承担了"2MW 及以上风力发电机组和关键部件的研制及产业化子项 1——整体系统集成技术及机组控制系统"、"兆瓦级低风速直驱式风力发电机组产业化关键技术研究"、"兆瓦级风力发电成套设备"、"兆瓦级风力发电机组和关键零部件的研制及产业化"等省级科技重大专项研究课题。

南车株洲电力机车研究所有限公司，成立了风电事业部（以下简称"南车风电"），拥有 1.5MW、2MW、2.5MW 等多款机型研制能力，5MW 机组正在研制中。同时南车风电已在株洲和天津建设生产基地，总产能达到 800 台/a，株洲基地拥有年产 1.5~2MW 风电机组 500 台的产能；天津基地拥有年产 2.5MW 风机机组 300 台的产能。借助中国南车在大型装备制造的产业化优势，南车风电以整机为龙头，在株洲地区打造了较为完整的风电产业链，例如株洲南车时代电气股份有限公司的风电变流器模块（含 IGBT），株洲时代新材料科技股份有限公司的风机叶片，南车株洲电机有限公司的发电机等，产业集群的竞争力已初步凸显。市场方面已与中国华电集团、中国华能集团、中国大唐集团和北方联合电力有限责任公司等电力集团建立了战略合作关系，并在国内多个风场批量装机及并网发电，风机运行质量得到业主方的高度认可。2011 年，完成工业总产值 243 347 万元，主营业务收入 201 336 万元，实现利润 1 019 万元。

（2）核电装备

湖南湘电长沙水泵有限公司，2010 年完成 AP1000 核电站用凝结水泵开发，通过国家级鉴定，成为国内第一家该型核电站用凝结水泵的开发应用

单位；2011 年完成 AP1000 核电站用循环水泵开发，通过国家级鉴定。2011 年完成百万千瓦级核电站循环水泵双相不锈钢叶轮的研发，通过国家级鉴定，并荣获"中国机械工业科学技术二等奖"。完成 AP1000 核电站用余热排出泵（核Ⅲ级）开发，通过国家级鉴定。目前 CAP1400 余排泵（核Ⅲ级）和重要厂用泵列为国家重大技术开发项目。

### （3）太阳能装备

湖南共创光伏科技有限公司，是我省首家从事高效硅基薄膜电池组件技术开发、光伏产品制造和光伏产品应用于并网、离网太阳能电站，以及光伏建筑一体化的先锋企业。2011 年批准为"硅基薄膜太阳能电池湖南省工程研究中心"，是典型的两型社会示范企业，国家战略新兴产业企业，中国光伏建筑一体化示范企业。公司成立于 2009 年，首期产能 50MW/a，到 2015 年预期产能达 500MW/a。共创光伏在引进全球领先的非晶/微晶双结薄膜太阳能电池全自动生产线的基础上，自主研发，创新科技，可制备出转化效率达 10%~12%的薄膜电池组件，拥有领先的自主知识产权专利工艺技术（6 项），是同类产品国际上具有最高光电转换效率的商业产品。公司生产的低电压、高效硅基薄膜太阳能电池组件，可广泛应用于地面电站、家庭及商业屋顶、光伏农业发电，以及光伏幕墙等光伏建筑一体化领域。

## 三、科研情况

### 1. 输变电领域科研项目

1 000kV 及 750kV 特高压并联电抗器；1 000kV 特高压发电机变压器；1 200kV 电力变压器；1 100kV 电抗器；500kV 直流换流、220kV 整流等特种变压器；组合式变电站；变压器在线监测系统；550kV 及以下户内外高压隔离开关和接地开关；40.5kV 户外高压 SF6 断路器和真空断路器、40.5kV 及以下户外高压跌落式熔断器。

### 2. 传统发电领域科研项目

单机 30 万 kW 抽水蓄能发电机组；卧式混流式 HLA551 大转轮水轮机；卧式两支点高转速大容量混流式水轮发电机组；大中型高效节能电机；兆瓦级燃气轮机成套装备；SG 型系列高效中开泵、脱硫泵；600MW、1 000MW 火电机组主机循环水泵。

### 3. 新能源装备

XE128-5000 海上风力发电机组研发试制；XE104/113（D）-3000 永磁风力发电机组研发试制；XE110-2500 永磁风力发电机组研发设计与样机试制；1 000MW 核电常规岛循环水泵、凝结水泵；塔式太阳能热发电定日镜自动控制传动系统；塔式、槽式和碟式太阳能聚光系统用储能罐、减速机、吸热器和聚光器支架；智能电网多功能关口电能表、智能费控表。2010 年、2011 年湖南省典型能源装备企业主要经济指标情况见表1。

表1 2010 年、2011 年湖南省典型能源装备企业主要经济指标情况

| 分类 | 企业名称 | 代表产品 | 工业总产值（万元） | | 主营业务收入（万元） | | 利润（万元） | |
|---|---|---|---|---|---|---|---|---|
| | | | 2010 年 | 2011 年 | 2010 年 | 2011 年 | 2010 年 | 2011 年 |
| | 合 计 | | 182 130.10 | 224 834.12 | 128 535.50 | 136 849.52 | 7 859.08 | 8 046.99 |
| 煤矿装备 | 郴州矿山机械有限公司 | 矿车、绞车、人车、风机、局扇 | 2 120.00 | 2 210.00 | 1 890.00 | 2 010.00 | 76.00 | 83.00 |
| | 湖南华南煤矿机械制造有限公司 | 带式输送机、刮板输送机、智能型架空乘人装置 | 15 072.00 | 22 608.00 | 12 058.00 | 18 087.00 | 1 847.00 | 2 499.00 |
| | 湖南金马矿山设备有限公司 | 刮板输送机、绞车、耙斗装岩机 | 3 840.00 | 3 965.00 | 3 840.00 | 3 965.00 | 209.00 | 322.00 |
| | 娄底市三星矿山设备制造有限公司 | 矿车、矿用提升绞车、矿井提升机 | 7 513.10 | 12 063.80 | 6 395.50 | 11 037.20 | 480.90 | 1 083.80 |

续表

| 分类 | 企业名称 | 代表产品 | 工业总产值（万元） | | 主营业务收入（万元） | | 利润（万元） | |
|---|---|---|---|---|---|---|---|---|
| | | | 2010 年 | 2011 年 | 2010 年 | 2011 年 | 2010 年 | 2011 年 |
| 煤矿装备 | 中钢集团衡阳重机有限公司 | 露天矿山穿孔凿岩及铲装设备、地下矿无轨采矿设备及辅助车辆 | 138 943.00 | 168 935.00 | 89 710.00 | 86 698.00 | 3 024.00 | 1 667.00 |
| | 湖南万通电力科工有限公司 | TCM 双轴式连续混合机、智能采样机 | 14 642.00 | 15 052.32 | 14 642.00 | 15 052.32 | 2 222.18 | 2 392.19 |
| 输变电装备 | 合　计 | | 679 162.20 | 773 835.70 | 548 553.23 | 607 183.98 | 64 836.50 | 68 727.30 |
| | 武冈市永锐电子科技有限公司 | 0.3~0.75kV 聚氯乙烯绝缘电缆电线 | 5 498.00 | 19 469.00 | 5 287.00 | 18 980.00 | 52.00 | 288.00 |
| | 湘阴县天跃电气有限公司 | 额定电压为 10~35kV 电力变压器及额定电压为 10kV 干式变压器 | 817.00 | 735.00 | 750.00 | 700.00 | 64.00 | 50.00 |
| | 湖南星源电气有限公司 | 高低压电气成套产品的设计、制造、销售及相关技术服务，电力通信设备和钢结构材料、建筑材料、化工原料销售；废旧金属回收与销售；输变电设备咨询服务 | 9 209.00 | 9 711.00 | 7 871.00 | 8 300.00 | 193.60 | 205.70 |
| | 特变电工衡阳变压器有限公司 | 产品范围覆盖 10~1 000kV 变压器及电抗器、直流换流变压器等全系列产品，年产能达 8 000 万 kVA 以上 | 547 923.00 | 565 667.00 | 424 738.00 | 435 656.00 | 60 653.00 | 63 221.00 |
| | 衡阳恒飞电缆有限责任公司 | 电线电缆 | 60 323.00 | 112 444.00 | 61 997.00 | 87 291.00 | 1 053.00 | 1 441.00 |
| | 京广线缆集团有限公司 | 额定电压 1~35kV 交联聚乙烯绝缘电力电缆/全塑控制电缆/聚氯乙烯绝缘电缆电线 | 31 288.20 | 36 033.70 | 30 423.40 | 34 606.70 | 1 673.90 | 1 847.60 |
| | 湖南湘鹤集团电缆科技股份有限公司 | 额定电压 1kV~3kV 电力电缆/交联电力电缆；额定电压 6~30kV 电力电缆/交联电缆；额定电压 35kV 及以下交联电力电缆；塑料绝缘控制电缆；聚氯乙烯绝缘无护套/护套电线电缆；国家金太阳示范工程：湖南湘鹤集团屋顶光伏发电项目装机容量 3.102MW；GGD、GCK、PZ40 低压成套开关设备 | 11 019.00 | 14 689.00 | 11 258.00 | 14 804.00 | 813.00 | 850.00 |
| | 湖南鸿远高压阀门有限公司 | 硬密封复合阀、活动式截止阀、球阀、生物质能发电给料系统 | 10 000.00 | 12 000.00 | 3 000.00 | 3 800.00 | 200.00 | 470.00 |
| | 郴州郴电科技有限公司 | 电能表、高低压成套设备 | 3 085.00 | 3 087.00 | 3 228.83 | 3 046.28 | 134.00 | 354.00 |
| 传统发电装备 | 合　计 | | 22 527.00 | 24 055.00 | 22 626.00 | 24 521.00 | 4 652.00 | 5 023.00 |
| | 湖南零陵恒远发电设备有限公司 | 水轮发电机组 | 20 637.00 | 22 000.00 | 20 637.00 | 22 000.00 | 4 410.00 | 4 569.00 |
| | 张家界天成机电设备制造有限公司 | 水轮发电机组 | 1 890.00 | 2 055.00 | 1 989.00 | 2 521.00 | 242.00 | 454.00 |
| 新能源装备 | 合　计 | | 1 373 175.00 | 1 625 651.00 | 1 416 174.00 | 174 3078.00 | 6 6676.10 | 71 069.40 |
| | 湖南德润蓝昆生物工程技术有限公司 | 生物质颗粒成型机/生物质炭化炉 | – | 4 910.00 | – | 4 800.00 | – | 460.00 |

| 分类 | 企业名称 | 代表产品 | 工业总产值（万元） | | 主营业务收入（万元） | | 利润（万元） | |
|------|---------|---------|-----------|-----------|-----------|-----------|-----------|-----------|
| | | | 2010 年 | 2011 年 | 2010 年 | 2011 年 | 2010 年 | 2011 年 |
| 新能源装备 | 湖南华源线缆电器有限公司 | 太阳能光伏组件、硅片 | 10 613.00 | 12 028.00 | 11 971.00 | 13 528.00 | 939.00 | 1 050.00 |
| | 湖南格润新能源有限公司 | 太阳能电池组件及太阳能应用产品 | 0 | 2 500.00 | 0 | 2 000.00 | 0 | 700.00 |
| | 湖南桑乐数字化太阳能有限公司 | 太阳能热水器 | 7 000.00 | 18 000.00 | 5 852.00 | 15 104.00 | 160.00 | 350.00 |
| | 湖南宏耀工业有限公司 | 太阳能 LED 路灯 | 14 059.00 | 16 063.00 | 13 390.00 | 16 062.00 | 894.00 | 967.00 |
| | 张家界三木能源开发有限公司 | 生物质复合炉、柴草集成灶、生物质成型燃料 | 397.00 | 4 659.00 | 397.00 | 4 659.00 | 610.00 | 698.00 |
| | 湖南天利恩泽太阳能科技有限公司 | 光伏发电系统工程、光热光伏集成应用系统、终端应用集成系统和光伏电站 | 18 520.00 | 11 675.00 | 16 900.00 | 9 760.00 | 3 900.00 | 1 900.00 |
| | 湘电集团有限公司 | 风力发电机组 | 1 014 036.00 | 1 084 263.00 | 1 075 461.00 | 1 225 038.00 | 37 337.00 | 42 270.00 |
| | 南车株洲电力机车研究所有限公司风电事业部 | 大型风力发电机组及配件 | 152 344.00 | 243 347.00 | 125 347.00 | 201 336.00 | 3 017.00 | 1 019.00 |
| | 株洲时代新材料科技股份有限公司 | 多兆瓦级风机用叶片/抗冰冻低风速风电叶片 | 142 501.00 | 210 000.00 | 152 235.00 | 232 000.00 | 19 160.00 | 21 915.00 |
| | 怀化中科恒源能源科技有限公司 | 中小型风力发电机的整体研发设计技术，主要大规模应用 300W、600W 水平轴风力发电机；同时具备 100W、1000W、2000W 等水平轴风力发电机与垂直轴风力发电机等相关研发设计与生产技术 | 2 138.00 | 1 110.00 | 3 054.00 | 1 585.00 | 916.00 | 475.00 |
| | 益阳晶鑫新能源科技实业有限公司 | 单晶硅 | 11 567.00 | 22 006.00 | 11 567.00 | 22 006.00 | −256.90 | −274.60 |
| 节能环保装备 | 合　计 | | 91 571.27 | 124 467.86 | 85 748.00 | 122 601.00 | 10 209.37 | 13 313.94 |
| | 湖南湘达环保工程有限公司 | MHD 静电除尘器、MDC 袋式除尘器、MHDB 电袋复合式除尘器；双碱法、石灰—石膏法、石灰石—石膏法、氨法、半干法脱硫设备；除尘、脱硫的高低压配电及自动化控制系统以及气力输灰系统 | 21 060.00 | 22 680.00 | 21 227.00 | 22 732.00 | 1 896.00 | 2 037.00 |
| | 长沙赛普尔节能环保科技有限公司 | 冷凝水回收装置、风力送丝与除尘设备、工业余热回收装置、中央空调节能装置 | 1 413.27 | 1 365.86 | 1 685.00 | 1 910.00 | 290.37 | 261.94 |
| | 湖南飞洋机电科技有限公司 | 燃气（垃圾填埋气/煤层气/生物质能）发电用预处理系统、脱硫系统、瓦斯气提纯/机组脱硝设备、发电机组水散热器 | 580.00 | 3 320.00 | 510.00 | 2 950.00 | 51.00 | 242.00 |

续表

| 分　类 | 企业名称 | 代表产品 | 工业总产值（万元） | | 主营业务收入（万元） | | 利润（万元） | |
|---|---|---|---|---|---|---|---|---|
| | | | 2010 年 | 2011 年 | 2010 年 | 2011 年 | 2010 年 | 2011 年 |
| 节能环保装备 | 湖南凯天环保科技股份有限公司 | 整体厂房分层送风除尘净化恒温恒湿设备及系统、滤筒除尘净化设备及系统、油烟油雾净化设备及系统、废气治理设备及系统、脱硫脱销大气污染治理设备及系统、重金属污染治理设备及系统、污水废水治理设备及系统 | 33 102.00 | 35 049.00 | 2 8119.00 | 36 168.00 | 4 053.00 | 4 033.00 |
| | 湖南三锦节能环保科技有限公司 | 主要对生活锅炉节能改造、市政设施（路灯、给排水）等高能耗单位进行整体节能改造；节能灶具：大型节能减排隔污燃炉厨具机组、多功能一体化厨具、燃气（煤）蒸汽机（灶）、超快燃气蒸汽机；节能灯：三锦牌超亮节能路灯（双电弧陶瓷金卤灯）、室内外 LED 照明灯 | 9 000.00 | 13 794.00 | 8 101.00 | 10 936.00 | 914.00 | 1 800.00 |
| | 岳阳钟鼎热工电磁科技有限公司 | 各种规格的燃烧器、竖式节能快速熔铝炉、竖式双室再生熔炼炉、竖式高效节能熔铜炉、圆形铝液熔炼保温炉等 | 10 582.00 | 12 583.00 | 10 582.00 | 12 582.00 | 1 737.00 | 2 055.00 |
| | 湖南凌天科技有限公司 | 系列水源热泵机组、高低压成套电器设备 | 15 834.00 | 35 676.00 | 15 524.00 | 35 323.00 | 1 268.00 | 2 885.00 |
| | 合　计 | | 182 474.40 | 217 458.83 | 158 188.63 | 201 016.27 | 28 594.65 | 33 410.70 |
| 其他有关装备 | 湖南弘富制泵有限公司 | 水泵 | 1 950.00 | 2 460.00 | 2 110.00 | 2 680.00 | 85.00 | 96.00 |
| | 湖南崇德工业科技有限公司 | 旋转机械用高端滑动轴承 | 19 210.00 | 21 835.00 | 21 388.90 | 26 139.80 | 5 133.60 | 6 995.30 |
| | 长沙远大空调有限公司 | 非电中央空调/热回收新风机/空气净化机 | 110 440.00 | 117 352.00 | 110 716.00 | 118 596.00 | 21 402.00 | 23 948.00 |
| | 湖南耐普泵业有限公司 | 立式长轴泵系列 | 9 678.00 | 10 120.00 | 9 555.91 | 9 800.59 | 1 263.05 | 699.40 |
| | 株洲南方阀门股份有限公司 | 产品涵盖铸造、管业、水泵、阀门（高、低压阀门）及阀门智能执行器等 | 26 258.00 | 30 258.00 | 10 742.00 | 14 032.00 | 711.00 | 1 672.00 |
| | 中国水利水电第八工程局有限公司机电设备制造岳阳分公司 | 水电金属结构制造、安装；水轮机基础埋件制造安装；起重设备制造、安装；压力管道制造、安装；钢结构制造、安装；风力发电设备制造等 | 14 938.40 | 35 433.83 | 3 675.82 | 29 767.88 | — | — |
| 总　计 | | | 2 531 039.97 | 2 990 302.51 | 2 359 825.36 | 2 835 249.77 | 182 827.70 | 199 591.33 |

（湖南省能源局）

# 黑 龙 江 省

## 一、概况

### 1. 能源装备行业概况

黑龙江省是我国重要的能源生产基地，在石油、煤炭、天然气等方面拥有较丰富的资源。作为国家老工业基地，拥有哈尔滨电气集团公司（以下简称"哈电集团"）、中国第一重型机械集团公司（以下简称"中国一重"）等中央管理的53户关系国家安全和国民经济命脉的国有重要骨干企业；拥有大庆油田装备制造公司、鸡西煤矿机械有限公司、黑龙江北方工具有限公司、黑龙江龙华汽车有限公司等省级能源装备制造支柱企业，在我国能源装备行业内占有举足轻重的位置。

在电力装备行业中，我省核电、燃气轮机、电站装备制造是国家重要的三大基地之一。具有火电生产能力达30 000 MW/a以上，占国产总装机容量的1/3。水电生产能力达10 000MW/a，占国产总装机容量的1/2，保持行业领先水平。气电生产能力达4 800MW/a，占国内市场份额达40%以上。核电初步具备制造4套1 000MW/a级核岛主设备及4~6套1 000MW/a级常规岛设备的生产能力，并在二代及二代加改进核电技术的基础上，率先承接了采用第三代AP1000核电技术常规岛汽轮发电机组和核岛蒸发器等关键设备的生产制造能力，处于国内领先位置。核岛压力容器、核岛锻件、常规岛锻件方面的业绩和制造能力居全国第一位，市场占有率80%。在核电站用钢冶炼、大锻件制造及焊接工艺

技术方面处于国内领先水平，初步具备国际市场竞争能力。

在煤炭装备行业中，鸡西煤矿机械有限公司是我国第一台采煤机诞生地，主导产品形成15大系列、54种机型采煤机，是国内最大的采煤机生产企业和研发中心，产品与技术填补了多项国家空白，在国内采煤机装备市场占有重要位置；佳木斯煤矿机械有限公司是我国第一台掘进机的诞生地，具有制造重型掘进机装备能力和技术，产量居国内首位，被誉为中国掘进机生产航母。

在石油天然气与石油化工装备行业中，大庆油田装备制造公司生产的"庆矛"牌射孔弹、"力神"牌潜油电泵、"铁人"牌抽油机是国际知名品牌，产品畅销国内外市场；大庆北研石油设备制造公司生产的智能型提捞式抽油机，节能效果处于国内领先水平；中国一重生产的1 600t/a加氢反应器荣获国家科技进步二等奖。

在新能源装备制造行业中，形成了以哈电集团、黑龙江瑞好科技集团有限公司、哈尔滨哈飞工业有限责任公司、黑龙江北方工具有限公司等整机制造企业和佳木斯电机厂、哈尔滨轴承集团公司等20余家配套企业的风电设备产业链，风电装备以市场换产品，引进了上海电气、大连华锐公司。同时，具备太阳能光热发电、潮汐能发电等设备的制造能力。黑龙江龙华汽车有限公司自主开发的太阳能电动客车，是我国乃至世界上首次将太阳能光伏发电技术应用到客车上，产品畅销国内市场并成功推向国际市场。黑龙江北方工具有限公司的HW2

系列风电机组，是针对我国气候条件和风资源状况，与欧洲知名风电机组设计公司德国 Aerodyn 共同合作研发，拥有 100% 自主知识产权的一种新型的、适应国内各种气候条件的风力发电机组，具备低电压穿越能力，该系列机组通过北京鉴衡中心认证和德国 TUV 认证。哈电集团哈尔滨电机厂有限责任公司正式签约韩国觉津 3MW 潮汐发电项目，在新能源领域市场开发取得重大突破。

**2. 能源装备行业工作开展情况**

我省十分重视能源装备行业的发展。抓住国家将新能源产业列为国家战略性新兴产业的历史机遇，把新能源装备制造业列为全省重点培育的战略性新兴产业。在"十二五"期间，以哈大齐工业走廊建设区、东部煤电化基地建设区、哈南工业新城建设为载体，重点培育和发展以核电装备、水电装备、风电装备、光伏产业为代表的能源装备产业，进一步壮大产业规模，推进一批重点项目，打造一批特色载体，培育一批优势企业，促进能源装备产业逐步向产业链条延伸、产业集聚、规模发展的方面迈进。

夯实基础，推进电站成套设备行业实力提升。以哈电集团为依托，发展水电、煤电、核电、气电、新能源等电站成套装备，提高成套设备设计制造能力，建设我国最大的具有国际竞争力的发电装备制造基地。水电机组重点开发大型抽水蓄能机组，研制大型混流机组、大容量贯流式水电机组和大型轴流式水轮机，形成自主设计制造能力，生产能力达到 10 000MW/a。煤电设备消化吸收 600MW 级超临界和百万千瓦级超超临界火电机组以及 300MW 级大型循环硫化床锅炉关键技术，实现国产化。气电设备重点开发研制大型燃气蒸汽联合循环发电机组，掌握重型燃气蒸汽联合循环发电机组核心设计和制造技术，形成 2 000MW 联合循环发电机组的生产能力。加大核电设备研发力度，重点开发研制百万千瓦等级核电机组，掌握核心制造技术，形成核电站主设备的成套制造能力。新能源发电设备重点开发研制 2~3MW 级风力发电机组，掌握系统制造技术，实现产业化。

自主创新，推进大型能源装备制造技术水平提高。以中国一重、鸡西煤矿机械有限公司、佳木斯煤矿机械有限公司等骨干企业为依托，发展石化装备、煤矿综采设备研发和生产，建设我国最大、具有国际竞争力的大型能源装备制造基地。开发为 100 万 t 级大型乙烯成套设备和年产 500 万 t 级煤直接液化成套设备配套的大型热壁加氢反应器、核压力容器、各类冶金轧辊、大型发电设备（含火电、水电、核电）铸锻件；煤矿综采设备重点开发智能化大功率电牵引采煤机、极薄煤层采煤机、刨煤机和重型掘进机等大型高产高效煤矿井下综合采掘设备，消化引进技术，掌握核心设计和制造技术，使产品达到国际先进水平，保持国内市场占有率第一位。

抢抓机遇，推进新能源装备制造行业发展。抓住国家新能源产业发展机遇，加快引进技术消化吸收，实现核电、燃气轮机、风电等新能源装备自主化、成套化设计和制造，提升新能源装备行业核心竞争力，建成国家重要、世界知名的新能源装备制造产业基地。通过引进消化二代改进型压水堆核电站、三代 AP1000、EPR 核电机组、四代核电技术等核级关键设备，建立核岛主设备、常规岛主设备、大型铸锻件、辅助设备、电气设备等比较完备的核电产业体系，巩固中国一重在核电铸锻件上的主导地位。推进哈电集团重型燃气轮机的国产化，依托 703 研究所和哈东安集团积极发展中、小、微型燃气轮机，培育燃气轮机产业链，保持燃气轮机装备在国内的领先位置。推进风电装备规模化和系列化，通过整机制造带动风电装备产业链发展，加快电机、轴承、增速箱和控制系统等关键零部件的产业化，建立较完整的产业链条。

2011 年列入省级重点推进新能源装备产业项目 16 项，项目总投资 157.6 亿元。中国一重的大型铸锻件升级改造项目、上海电气集团的风电整机制造项目（一期）、黑龙江北方工具有限公司的牡丹江风电工业园项目、北安天华风电设备公司风电配套项目、哈尔滨华强电力电站设备公司的汽轮机部件制造项目、哈尔滨东北水电设备制造公司水电新厂建设项目 6 个项目基本建成投产。

## 二、能源装备产业发展现状

据对我省能源装备制造企业统计，2011 年，全行业从业人数约 5.48 万，固定资产 185 亿元；完成工业总产值近 422 亿元，同比下降 5%；工业增加值 102 亿元，同比增长 20%；主营业务收入 442 亿元，同比持平；出口金额 13 亿美元，同比增长 63%；利润总金额 26 亿元，同比下降 12%。

### 1. 电力装备

据对省内电力装备制造企业统计，2011 年，工业总产值 376.06 亿元，同比下降 7%；主营业务收入 401.06 亿元，同比持平；利润 23.71 亿元，同比下降 12%；出口金额 12.19 亿美元，同比增长 70%。

哈电集团生产的火电、煤电、气电、核电、水电等能源装备代表产品有 300~600MW 超临界锅炉、600~1 000MW 超超临界锅炉、大容量高参数褐煤锅炉；1 000MW 超超临界空冷汽轮机组、660MW 超超临界汽轮机组、660MW 超临界空冷汽轮机组；AP1000 和二代改进型百万千瓦级核电机组主设备、常规岛汽轮发电机组及其辅机、汽水分离再热器；700~1 000MW 大型混流式机组、300MW 等级的抽水蓄能机组、200MW 轴流式机组、45MW 贯流式机组等水电机组及 6 500MVA 冲击发电机。2011 年，哈电集团工业总产值 255 亿元；工业增加值 69 亿元；主营业务收入 315 亿元；利润总额 18.4 亿元；正式合同签约额 482 亿元。发电设备产量 2 233 万 kW（水轮发电机组 705 万 kW，汽轮发电机 1 528 万 kW）；电站锅炉 2 304 万 kW；电站汽轮机 2 032 万 kW；交直流电动机 1 120 万 kW；阀门产品 2 508t。

中国一重生产的核电、火电、水电装备代表产品有 CPR1000 核反应堆压力容器、AP1000 核反应堆压力容器、百万千瓦核电常规岛电机转轴锻件；600MW 汽轮机发电机转轴锻件，100 万 MW 汽轮机超超临界低压转轴锻件；三峡水轮机大轴锻件、

700MW 水轮发电机大轴锻件等。2011 年，工业总产值 120 亿元；工业增加值 22.2 亿元；主营业务收入 86.3 亿元；利润总金额 5.3 亿元。生产核电核岛设备 7 台，核电常规岛设备 1 台；火电设备 433 台；水电装备 46 台。

在电力控制系统领域，哈尔滨九洲电气股份有限公司是以"高压、大功率"电力电子技术为核心，以"高效节能、新型能源"为产品发展方向，从事电力电子成套设备的研发、制造、销售和服务的高科技上市公司。代表产品是高压电机调速产品，主要包括高压变频器、高压软起动器等；直流电源产品，主要包括高频开关直流电源、各类电力电子功率模块等；电气控制及自动化产品，主要包括高低压开关柜、旁路柜等。2011 年，工业总产值 47 596 万元，主营业务收入 10 665 万元，利润 3 977 万元，出口金额 99 万美元。

### 2. 煤炭装备

鸡西煤矿机械有限公司生产 MG610/1400-WD 型大功率电牵引采煤机、MG180/420-BWD 型交流电牵引采煤机、MG132/320-W 型液压牵引采煤机、MG80/200-BW 型极薄煤层采煤机等产品。2011 年，生产各种采煤机 191 台，工业总产值 60 477 万元，工业增加值 20 760 万元，主营业务收入 57 312 万元，利润 6 799 万元。

佳木斯煤矿机械有限公司生产的"大力士"牌掘进机拥有 9 种机型、19 个品种，其中 EBZ55、EBZ100、EBZ135、EBZ150、EBZ200、EBZ230、EBZ300 型掘进机已形成了轻、中、重型、硬岩系列化。沈煤鸡西隆丰矿山机械制造有限公司生产矿山用单体液压支柱、QRB80/200 型乳化液泵站、液力偶合器、G150/375/WD 采煤机和 EDE150/135/120 掘进机等产品销往全国 70 多个煤业、矿业集团（局、矿）。

中国一重生产气化炉吊装、2 000t 级煤液化反应器等煤化工装备。

### 3. 石油天然气和石油化工装备

根据省内石油天然气和石油化工装备制造企业统计，2011 年，工业总产值 34.39 亿元，同比增长

19%；主营业务收入 34 亿元，同比增长 17%；工业增加值 6.69 亿元，同比增长 14%；利润 1.4 亿元，同比增长 51%；出口金额 1.1 亿美元，同比增长 15%。

大庆油田装备制造公司生产"铁人"牌 CYJ（Y）、DCYJ（Y）、CYJS、PCYJ（Y）系列抽油机；"力神"牌 86/95、101/114、130/143（138）、172/188 系列潜油电泵机组和"庆矛"牌深穿透射孔弹、高孔密射孔弹、大孔径射孔弹等产品，出口美国、加拿大、俄罗斯、苏丹、印度尼西亚和印度等 29 个国家。2011 年，生产抽油机 3 920 台，潜油电泵 1 687 套，射孔弹 265 万发，工业总产值 245 845 万元，工业增加值 52 905 万元，主营业务收入 245 675 万元，利润 4 024 万元，出口金额 9 613 万美元。

黑龙江景宏石油设备制造有限公司生产顶部驱动钻井装置、采油螺杆泵、螺杆泵采油地面驱动装置、集成式不压井丢手工具等产品。2011 年，工业总产值 27 351 万元，工业增加值 4 580 万元，主营业务收入 27 351 万元，利润 4 580 万元，出口金额 911 万美元。

黑龙江北方双佳钻采机具有限责任公司生产的 7″、4-3/4″ 和 6-1/2″ 超级震击器、震击加速器以及 165 全液压随钻震击器、165 液压机械式随钻震击器等石油钻井配套工具 31 385 台，主营业务收入 10 056 万元，出口金额 198 万美元。牡丹江鑫北方石油钻具有限责任公司生产 WG17-1/2″ 和 WG12-1/4″ 型高效滚轮稳定器和 JH184、JH168、JH127 型高强度箭形止回阀共 14 017 支，主营业务收入 10 695 万元，出口金额 100 万美元。

中国一重 2011 年生产热壁加氢反应器、1 600t 加氢反应器、PTA 装置反应器等共计 90 台。

大庆市日上仪器制造有限公司是一家专业生产精密分析仪器的高新技术企业，拥有省级研发中心，自主研制 50 余种产品，其中三项产品世界首创，多项产品填补国内空白，现拥有 12 项专利技术。代表产品库仑法微量水测定仪、自动馏程测定仪和自动开/闭口闪点测定仪。2011 年，共生产 1 500 台，工业总产值 2 823 万元，工业增加值 856 万元，主营业务收入 3 293 万元，利润 345 万元，出口金额 80 万美元。

#### 4. 新能源装备

据对风力发电装备制造企业统计，2011 年，工业总产值 5 938 万元，同比下降 18%；主营业务收入 4 050 万元，同比下降 44%；工业增加值 986 万元，同比增长 49%。

哈电集团研制并生产 1.5WM 以上直驱式变速变桨风力发电机组及半直驱永磁风力发电机组；黑龙江瑞好科技集团有限公司生产兆瓦级风力发电机组系列电控系统；哈飞工业风力发电设备制造公司生产 1.5WM 半直驱变速/恒频风力发电机组等整机产品；黑龙江北方工具有限公司批量生产 1.5WM、2.0WM、2.5WM、3.0WM 系列风电机组及配套叶片等产品；绥化武晓电力设备有限公司生产风力发电用风机塔筒；哈尔滨九洲电气股份有限公司生产全功率兆瓦级风力发电并网变流器和双馈型兆瓦级风力发电变流器。

在新能源汽车领域，齐齐哈尔龙华新能源汽车产业园是我省最大的新能源汽车项目，于 2010 年 8 月开工建设；总投资 21 亿元，占地 66.8 万 $m^2$。项目按 3 期规划、5 年建设的战略方针分步推进。项目一期设计年生产能力为 3 000 辆新能源公交车、新能源客车及专用车，10 万台汽车专用电机；二期设计年生产能力为 5 000 辆新能源公交车及客车、30 万台汽车专用电机；三期规划建设完成后，总体产能为 1 万辆新能源公交车及客车、100 万台/a 汽车专用电机和 100MW/a 太阳能光伏组件。项目建成达产后，预计可实现年销售收入 486 亿元、利税 57 亿元，提供就业岗位 5 000 余个。

### 三、能源装备科研情况

随着能源装备企业的科技投入力度不断加大，科技创新实力大大增强。2011 年，能源装备企业研发出新产品 171 种，同比增长 13%；申请专利 258 项，同比增长 14%；完成科研项目 382 项，同比增长 6%；获各类科技奖 50 项，同比增长 6%。

"超超临界 1 000MW 火电重大装备研制及产业化"，获 2010 年国家科技进步二等奖；"弯扭叶片关键技术研究及在大型汽轮机中的工程应用"，获 2010 年国家科技进步二等奖；"超大加氢反应器关键技术自主创新及工程应用"，获 2010 年国家科技进步二等奖；"实现无燃油燃煤电厂的成套技术研究与应用"，获 2011 年国家科技进步二等奖；"三峡全空冷巨型水轮发电机组研制"，获 2011 年国家科技进步二等奖；"新型高阻尼结构末级叶片研制与应用"，获 2010 年中国机械工业科技进步一等奖；"贯流式水轮机试验装置及转轮性能研究"，获 2010 年中国机械工业科技进步二等奖；"白山抽水蓄能泵站 150MW 抽水蓄能机组"，获 2010 年中国水力发电科学技术二等奖；"汽轮发电机高效风扇研究"，获 2010 年中国机械工业科技进步三等奖；"中国实验快堆核岛关键主设备研制"，获 2011 年中国核能行业协会科技进步一等奖；"乌江构皮滩电站巨型混流式水轮机"，获 2011 年中国机械工业科技进步二等奖；"冲击式水轮机整体转轮制造关键技术研究"，获 2011 年中国水力发电科学技术三等奖；"贯流式水轮机试验装置及转轮性能研究"，获 2011 年中国水力发电科学技术三等奖；"自动馏程测定仪"，获 2010 年度国家"火炬"计划产品；"600 吨级超大型钢锭研制及工程应用"，获 2010 年黑龙江省科技进步特等奖；"三峡巨型水轮发电机组创新研究与国产化实践"，2010 年湖北省科技进步特等奖；"超超临界汽轮机组关键大型铸锻件制造技术的自主创新及工程应用"，2010 年黑龙江省科技进步一等奖；"600MW 等级超超临界锅炉"，获 2010 年黑龙江省科技进步一等奖；"超超临

界 1 000MW 汽轮发电机关键技术研究及设备研制"，获 2010 年黑龙江省科技进步一等奖；"构皮滩水电站水轮机关键技术研究及应用"，获 2010 年贵州省科技进步一等奖；"MG800/2040-WD 型采煤机"，获 2010 年黑龙江省科技进步二等奖；"响水涧水泵水轮机水力性能研究"，获 2010 年黑龙江省科技进步二等奖；"300~600MW 高参数褐煤锅炉研制及工程应用"，获 2011 年黑龙江省科技进步一等奖；"660MW 超临界两缸空冷汽轮机研制"，获 2011 年黑龙江省科技进步一等奖；"百万千瓦核电转子大型开合式热处理成套设备、工艺及应用"，获 2011 年黑龙江省科技进步一等奖；"汽轮发电机新型径切两向空冷系统的研究及应用"，获 2011 年黑龙江省科技进步一等奖；"乌江构皮滩电站巨型混流式水轮机"，获 2011 年黑龙江省科技进步一等奖；"350MW 超临界煤粉锅炉"，获 2011 年黑龙江省科技进步二等奖；"600MW 等级超超临界汽轮机研制"，获 2011 年黑龙江省科技进步二等奖；"向家坝电站水轮机水力性能研究"，获 2011 年黑龙江省科技进步二等奖；"大型发电设备智能设计关键技术与应用"，获 2011 年黑龙江省科技进步二等奖；"MG610/1400-WD 型采煤机"，获 2011 年黑龙江省科技进步三等奖；"MG100/240-BW1 型采煤机"，获 2011 年黑龙江省科技进步三等奖；"高压大功率变频调速装置"，获 2011 年黑龙江省科技进步三等奖。2010 年、2011 年黑龙江省能源装备行业主要经济指标见表 1。2010 年、2011 年黑龙江省主要能源装备企业经济指标（一）见表 2。2010 年、2011 年黑龙江省主要能源装备企业经济指标（二）见表 3。2010 年、2011 年黑龙江省主要能源装备企业生产制造情况见表 4。

**表 1　2010 年、2011 年黑龙江省能源装备行业主要经济指标**

| 行业名称 | 工业总产值（万元） | | 工业增加值（万元） | | 主营业务收入（万元） | | 出口额（万美元） | | 利润（万元） | |
|---|---|---|---|---|---|---|---|---|---|---|
| | 2010 年 | 2011 年 | 2010 年 | 2011 年 | 2010 年 | 2011 年 | 2010 年 | 2011 年 | 2010 年 | 2011 年 |
| 石油天然气与石油化工装备 | 290 072 | 343 884 | 58 672.20 | 66 857.30 | 287 960 | 337 313 | 9 539 | 10 941 | 8 951 | 13 538.60 |
| 煤炭装备 | 55 656 | 60 477 | 18 334 | 20 760 | 54 195 | 57 312 | – | – | 11 715 | 6 799 |
| 电力装备 | 4 058 035 | 3 760 589 | 753 205 | 913 311 | 4 035 239 | 4 010 623 | 71 469 | 121 914 | 269 253 | 237 111 |

续表

| 行业名称 | 工业总产值（万元） | | 工业增加值（万元） | | 主营业务收入（万元） | | 出口额（万美元） | | 利润（万元） | |
|---|---|---|---|---|---|---|---|---|---|---|
| | 2010 年 | 2011 年 | 2010 年 | 2011 年 | 2010 年 | 2011 年 | 2010 年 | 2011 年 | 2010 年 | 2011 年 |
| 新能源装备 | 8 236 | 5 938 | 661 | 986 | 7 286 | 4 050 | — | — | −209 | −132 |
| 环保与节能减排装备 | — | — | — | — | — | — | — | — | — | — |
| 智能制造装备 | 45 508.93 | 47 596.20 | 16 704.40 | 17 158.48 | 38 598.98 | 10 665.02 | 318.32 | 98.78 | 5 827.01 | 3 977.83 |
| 合计 | 4 457 507.93 | 4 218 484.20 | 847576.60 | 1 019 072.78 | 4 423 278.98 | 4 419 963.02 | 81 326.32 | 132 953.78 | 295 537.01 | 261 294.43 |

表 2　2010 年、2011 年黑龙江省主要能源装备企业经济指标（一）

| 序号 | 企业名称 | 代表产品 | 工业总产值（万元） | | 主营业务收入（万元） | | 利润（万元） | |
|---|---|---|---|---|---|---|---|---|
| | | | 2010 年 | 2011 年 | 2010 年 | 2011 年 | 2010 年 | 2011 年 |
| 1 | 哈尔滨电气集团公司 | 锅炉、汽轮机、发电机 | 2 857 147 | 2 558 058 | 3 180 825 | 3 148 075 | 154 239 | 184 006 |
| 2 | 中国第一重型机械股份公司 | 加氢反应器、核电核岛主设备 | 1 200 888 | 1 202 531 | 854 414 | 862 548 | 115 014 | 53 105 |
| 3 | 大庆油田装备制造公司 | 抽油机、潜油电泵、射孔器材 | 207 989 | 245 845 | 212 648 | 245 675 | 3 225 | 4 024 |
| 4 | 鸡西煤矿机械有限公司 | 采煤机及配件 | 55 656 | 60 477 | 54 195 | 57 312 | 11 715 | 6 799 |
| 5 | 黑龙江瑞好科技集团有限公司 | 兆瓦级风力发电机组电控系统 | 5 786 | 2 538 | 5 786 | 2 538 | −410 | 318 |
| 6 | 黑龙江北方工具有限公司 | 风电整机、风电叶片 | — | — | — | — | — | — |
| 7 | 哈尔滨九洲电气股份有限公司 | 高频开关电源、高压大功率变频调速装置、光伏逆变器 | 45 508.93 | 47 596.20 | 38 598.98 | 10 665.02 | 5 827.01 | 3 977.83 |
| 8 | 大庆市联勤装备制造工程有限责任公司 | 浮头式换热器 | 5 825 | 8 708 | 5 825 | 8 708 | 283 | 706.60 |
| 9 | 沈煤鸡西隆丰矿山机械制造有限公司 | 单体液压支柱、采煤机、掘进机 | — | — | — | — | — | — |
| 10 | 大庆普罗石油科技有限公司 | 油田成套设备 | 20 077 | 20 045 | 18 000 | 19 000 | 2 000 | 1 947 |
| 11 | 绥化武晓电力设备有限公司 | 风机塔筒 | 2 450 | 3 400 | 1 500 | 1 512 | 201 | −450 |
| 12 | 牡丹江鑫北方石油钻具有限责任公司 | 石油钻井内防喷工具产品 | 13 421 | 17 447 | 8 620 | 10 695 | 200 | 450 |
| 13 | 黑龙江北方双佳钻采机具有限责任公司 | 石油钻井配套工具 | 9 164 | 9 130 | 10 051 | 10 056 | 645 | 501 |
| 14 | 大庆中油庆瑞石油科技有限公司 | 节能型抽油机、煤层瓦斯采排机 | 10 202 | 10 123 | 10 202 | 10 123 | 681 | 885 |
| 15 | 牡丹江中原钻采有限公司 | 钻采配件、钻井工具 | 1 552 | 2 412 | 1 552 | 2 412 | 34 | 100 |
| 16 | 大庆市日上仪器制造有限公司 | 库仑法微量水测定仪、自动馏程测定仪、铜铁离子分析仪 | 3 502 | 2 823 | 2 722 | 3 293 | 302 | 345 |
| 17 | 黑龙江景宏石油设备制造有限公司 | 地面驱动装置、单螺杆抽油泵、顶部驱动钻井装置及井下工具 | 18 340 | 27 351 | 18 340 | 27 351 | 1 581 | 4 580 |
| | 合　计 | | 4 457 507.93 | 4 218 484.20 | 4 423 278.98 | 4 419 963.02 | 295 537.01 | 261 294.43 |

表3　2010年、2011年黑龙江省主要能源装备企业经济指标（二）

| 序号 | 企业名称 | 固定资产（万元） | 职工人数（万元） | 税金（万元） | | 工业增加值（万元） | | 出口金额（万美元） | |
|---|---|---|---|---|---|---|---|---|---|
| | | | | 2010年 | 2011年 | 2010年 | 2011年 | 2010年 | 2011年 |
| 1 | 哈尔滨电气集团公司 | 567 391 | 29 343 | 2 430 283 | 2 606 400 | 550 583 | 691 564 | 65 673 | 111 846 |
| 2 | 中国第一重型机械股份公司 | 892 572 | 11 679 | 93 915 | 53 578 | 202 622 | 221 747 | 5 796 | 10 068 |
| 3 | 大庆油田装备制造公司 | 212 477 | 8 433 | – | – | 47 782 | 52 905 | 8 865 | 9 613 |
| 4 | 鸡西煤矿机械有限公司 | 17 195 | 1 600 | 8 363 | 7 839 | 18 334 | 20 760 | – | – |
| 5 | 黑龙江瑞好科技集团有限公司 | 45 342 | 96 | 0 | 30 | – | – | – | – |
| 6 | 黑龙江北方工具有限公司 | 32 000 | 123 | – | – | – | – | – | – |
| 7 | 哈尔滨九洲电气股份有限公司 | 17 294 | 682 | 3 093.85 | 2 298.36 | 16 704.40 | 17 158.48 | 318.32 | 98.78 |
| 8 | 大庆市联勤装备制造工程有限责任公司 | 2 011 | 350 | 70.80 | 176.70 | – | – | – | – |
| 9 | 沈煤鸡西隆丰矿山机械制造有限公司 | 30 000 | 500 | – | – | – | – | – | – |
| 10 | 大庆普罗石油科技有限公司 | 5 001 | 150 | 345 | 375 | 80 | 85 | – | – |
| 11 | 绥化武晓电力设备有限公司 | 4 400 | 155 | 963 | 415 | 661 | 986 | – | – |
| 12 | 牡丹江鑫北方石油钻具有限责任公司 | 5 000 | 200 | 223 | 318 | 2 756 | 3 891 | – | 100 |
| 13 | 黑龙江北方双佳钻采机具有限责任公司 | 1 061 | 340 | 800 | 719 | 4 004 | 3 070 | 153 | 198 |
| 14 | 大庆中油庆瑞石油科技有限公司 | 7 215 | 426 | 73 | 145 | 1 020.20 | 1 012.30 | – | – |
| 15 | 牡丹江中原钻采有限公司 | 1 000 | 130 | 135 | 216 | 387 | 458 | 5 | 39 |
| 16 | 大庆市日上仪器制造有限公司 | 256 | 106 | 228 | 208 | 1 062 | 856 | 33 | 80 |
| 17 | 黑龙江景宏石油设备制造有限公司 | 9 379 | 458 | 1 092 | 1 468 | 1 581 | 4 580 | 483 | 911 |
| | 合　计 | 1 849 594 | 54 771 | 2 539 584.65 | 2 674 186.06 | 847 576.60 | 1 019 072.78 | 81 326.32 | 132 953.78 |

表4　2010年、2011年黑龙江省主要能源装备企业生产制造情况

| 序　号 | 企业名称 | 生产能力 | | 产　量 | |
|---|---|---|---|---|---|
| | | 2010年 | 2011年 | 2010年 | 2011年 |
| 1 | 哈尔滨电气集团公司 | 3 000 | 3 000 | 2 220 | 2 233 |
| 2 | 中国第一重型机械股份公司 | 80 | 100 | 52 | 90 |
| 3 | 大庆油田装备制造公司 | – | – | – | – |
| 4 | 鸡西煤矿机械有限公司 | 180 | 190 | 196 | 191 |
| 5 | 黑龙江瑞好科技集团有限公司 | – | 100 | – | 10 |
| 6 | 黑龙江北方工具有限公司 | – | 300 | | |
| 7 | 哈尔滨九洲电气股份有限公司 | | | | |
| 8 | 大庆市联勤装备制造工程有限责任公司 | 9 000 | 10 000 | 8 980 | 9 952 |
| 9 | 沈煤鸡西隆丰矿山机械制造有限公司 | | | | |
| 10 | 大庆普罗石油科技有限公司 | 5 000 | 5 000 | 4 800 | 4 800 |
| 11 | 绥化武晓电力设备有限公司 | 120 | 150 | 116 | 132 |
| 12 | 牡丹江鑫北方石油钻具有限责任公司 | – | – | 12 276 | 14 017 |
| 13 | 黑龙江北方双佳钻采机具有限责任公司 | 33 000 | 33 000 | 32 153 | 31 385 |
| 14 | 大庆中油庆瑞石油科技有限公司 | 25 | 25 | 18 | 20 |
| 15 | 牡丹江中原钻采有限公司 | 3 000 | 3 000 | 3 000 | 3 000 |
| 16 | 大庆市日上仪器制造有限公司 | 3 000 | 5 000 | 1 000 | 1 500 |
| 17 | 黑龙江景宏石油设备制造有限公司 | – | – | | |

（黑龙江省发展和改革委员会能源二处）

# 新疆维吾尔自治区

## 一、概况

新疆是我国能源战略接替区之一，石油、天然气、煤炭、太阳能、风能资源丰富。2010年，我区生产天然原油 2 558.16 万 t、天然气 249.91 亿 m³、原煤 9 935.73 万 t、发电量 665.1 亿 kW·h；2011年，生产天然原油 2 615.63 万 t、天然气 235.38 亿 m³、原煤 12 174.18 万 t、发电量 875.2 亿 kW·h，为我区经济快速发展提供了良好的能源保障。我区制定了《新疆维吾尔自治区国民经济和社会发展第十二个五年规划纲要》、《新疆维吾尔自治区新型工业化"十二五"发展规划》以及《新疆维吾尔自治区电力工业"十二五"发展规划》、《新疆维吾尔自治区太阳能发电"十二五"发展规划》、《新疆机电工业"十二五"发展规划》、《新疆维吾尔自治区太阳能光伏产业发展规划（2011-2015年）》、《关于振兴装备制造业实施意见》、《关于支持干空气能间接蒸发冷水机组空调系统产业化示范应用的若干意见》等系列规划政策，对加快我区能源发展战略，优化能源结构，振兴我区能源装备制造业提出了更高的要求和明确了工作部署。

我区能源装备制造行业始于20世纪60年代的发电设备厂生产的小型水力发电机组。随后，我区逐渐有企业介入变压器、电力电缆、高低压开关设备等输变电装备以及石油机械、煤炭机械等能源开采装备生产领域。20世纪90年代末，风电、光伏发电、干空气能等新能源装备开始成为我区能源装备行业新的增长点。"十一五"以来，随着我区能源产业的发展，我区能源装备产业快速增长，2011年，我区能源装备实现工业总产值 239.76 亿元，占全区机电装备工业总产值的 74.78%，能源装备行业已成为我区重要的产业之一，部分企业和产品在全国乃至全球具有一定影响。

## 二、产业发展现状

近年来，在"中央新疆经济工作座谈会"及新疆跨越式发展目标的推动下，我区能源装备产业发展较好，尤其是输变电装备、可再生能源装备的规模不断壮大，竞争力不断增强，2010年这两个小行业占到全区机电工业总产值的 78.5%；石油石化装备实现稳步增长，产品区内市场占有率不断提高，在区外的销售额不断增加；以煤炭装备为代表的矿山机械行业开始起步。新疆能源装备产业技术创新能力不断增强，以输变电、风电、干空气能和光伏产品为代表的高水平产品不断涌现。能源装备产业固定资产投资大幅增加，发展后劲不断增强，已初步形成以"乌鲁木齐—昌吉"为中心的输变电装备、风电装备产业、光伏发电装备集聚区雏形，"奎独克—库尔勒"为中心的石油石化装备制造、再制造及维修产业带初具规模，哈密地区的风电及太阳能光伏发电装备产业链也在逐步形成。但我区能源装备产业发展不平衡问题突出，大企业少，产业结构不合理，专业化协作与配套能力弱，整体技术创新能力不强。

### 1. 石油天然气装备

我区是石油、天然气资源大省，石油天然气装备小型企业较多，规模以上企业数量很少。2010年，20家规模以上（500万元）企业完成工业总产值168 376.1万元；2011年，15家规模以上（2 000万元）企业完成工业总产值169 032.6万元，与上年度基本持平。

我区石油、天然气装备工业经过20多年来的发展，初步形成了石油钻采与工具、油田专用和节能输变电设备、阀门、监测仪器、各类配件5个行业、可生产近100种产品的制造体系。已具备生产抽油机、小型石油钻机、井口设备、油气田加热炉、高低压容器、换热器、综合录井仪、注汽锅炉、油田专用变压器及电机、电线电缆、沙漠越野车、石油混输控制装置以及石油设备零部件等产品的生产能力。以生产制造抽油机为主业的龙头企业有新疆第三机床厂、新疆油田公司机械制造总公司、吐哈油田公司机械制造总公司（位于哈密吐哈石油基地）。位于克拉玛依和库尔勒的两个石油石化装备产业聚集区已初具雏形，产业布局不断趋于合理，产业结构进一步优化。

我区石油、天然气装备产业发展优势：一是新型高效节能抽油机生产制造，其技术水平处于国内领先及国内先进水平，特别是在高效、节能抽油机和智能控制抽油机的开发设计方面，拥有自己的核心技术，综合节电率超过30%；二是在石油井口装置方面，如采油树、稠油热采装置、油气田加热炉、多通阀、石油输送螺旋焊管、沙漠越野车等油气地面生产设施产品和装备方面有较强的设计和制造能力，技术水平达到国内先进水平；三是在压力容器开发和制造上，49英尺LNG液化天然气罐式集装箱填补了国内空白，其技术水平达到国内领先，使我区压力容器制造水平有了新的提高和突破，为西气东输发挥了积极作用；四是石油专用电控装置开发和制造方面形成了一定的地方特色，如油井专用变压器、电机、电线电缆、高低压开关控制设备和综合录井仪等专用电子设备具有较强的市场竞争力，管道输送控制系统、管道清理和在线检测装备已达到国内同类产品先进水平。

### 2. 煤炭装备

我区煤炭资源储量丰富，煤炭装备制造业以小企业居多，规模以上企业只有3家。2010年，3家规模以上（500万元）企业完成工业总产值25 531.8万元；2011年，3家规模以上（2 000万元）企业完成工业总产值34 721.6万元，同比增长36%。主要产品包括液压支架、皮带输送机、刮板输送机，其中针对急倾斜煤层的液压支架产品在国内具有一定特色，地产支护设备、锚护设备分别占区内市场20%、50%左右。

新疆中煤矿山设备制造维修有限公司、新疆矿源科技发展有限公司、新疆三力机械制造有限公司，这3家企业同属新疆中煤矿山设备集团，为我区本土成长起来的煤矿机械制造企业；另外，还有新疆煤矿机械有限责任公司、郑煤机集团潞安新疆机械有限公司，主要以制造和维修各类煤矿支护设备为主，包括顶煤液压支架、锚杆、带式皮带运输机、刮板机、穿孔机及工矿车辆等煤矿机械产品。

新疆中亚重型机械装备有限公司矿山机械制造项目、新疆伊犁建能煤化工机械有限公司大型煤矿机械制造项目、新疆同华矿机制造有限公司矿山机械制造项目正在建设中，预计投资规模在6亿元左右，计划以煤矿支护设备、带式输送机的制造和维修为主。

另有特变电工股份有限公司、新疆宝地矿山机械装备有限公司及一些小企业为煤矿配套生产阻燃电缆、罐笼、井架、非标设备等。

### 3. 电工电器

我区电工电器装备制造业在新能源装备和输变电装备行业的带动下，实现了快速发展，全行业规模是"十五"末的10倍多，主要企业核心竞争力大幅提高，成为我区机电行业发展最快、规模最大的一个行业，包括输变（配）电装备产业和风电、太阳能发电、干空气能应用装备3个新兴能源装备产业。2010年，48家规模以上（500万元）企业完成工业总产值2 646 743万元，同比增长36.5%；

2011年，39家规模以上（2 000万元）企业完成工业总产值2 193 834万元，同比下降17.1%。2010年、2011年新疆电工电器行业主要产品产销情况见表1。

**表1　2010年、2011年新疆电工电器行业主要产品产销情况**

| 产品名称 | 计量单位 | 产　量 | | | 销售率（%） | |
|---|---|---|---|---|---|---|
| | | 2010年 | 2011年 | 增长率（%） | 2010年 | 2011年 |
| 变压器 | 万kVA | 3 571.15 | 4 841.70 | 35.6 | 88.2 | 99.1 |
| 高压开关板 | 面 | 3 014 | 3 161 | 4.9 | 98.6 | 98.2 |
| 低压开关板 | 面 | 23 914 | 50 823 | 112.5 | 96.1 | 101.1 |
| 钢芯铝绞线 | t | 33 044 | 30 775 | -6.9 | 98.7 | 99.0 |
| 电力电缆 | km | 33 118 | 62 580 | 88.6 | 99.1 | 99.7 |
| 绝缘子 | t | 2 021 | 3 044 | 50.6 | 98.7 | 78.7 |
| 风力发电机 | 台 | 3 012 | 2 270 | -24.6 | 98.9 | 99.8 |
| 太阳能发电装置 | kW | 862.6 | 1 842.7 | 113.6 | 100.0 | 100.0 |

（1）输变（配）电装备

输变（配）电装备是我区机电工业唯一量大面广的行业，超过200家的输变电设备、电气开关设备和输电导线生产企业分布在全区15个地、州、市。主要产品包括电力变压器、电抗器、电石炉变压器等特种变压器、电力电缆、复合材料绝缘子、高低压成套开关设备等。

我区电工电器行业快速发展的过程中，形成了一批优势企业和产品。我区输变电装备龙头企业——特变电工股份有限公司是全球最大的电力变压器生产集团和国内著名的电力工程总承包商，已在昌吉、沈阳、泰安、天津、德阳、衡阳建立了6个输变电科技产业园，输变电装备产品产能大幅提高，其中2010年变压器产量约1.7亿kVA，位居全球第三，国内第一。特变电工股份有限公司参与开发的750kV交流和±800kV直流输变电成套装备先后荣获国家科技进步一等奖。新疆升晟股份有限公司是一家电石炉变压器专业生产企业，生产的H系列节能电炉变压器达到国内领先水平。新疆天宁电工绝缘材料有限责任公司生产的电气化铁路接触网用棒形复合绝缘子达到国内领先水平。

（2）新兴能源装备

①风电装备。风电装备是我区机电工业的重要支撑，也是我区工业经济发展的重要力量之一，主要产品为1.5~3MW大型风力发电机组和叶片、塔架、电机等零部件。2010年，生产风力发电机3 012台，实现工业总产值1 923 752万元，同比增长43%；2011年，受国际、国内风电装备市场影响，生产风力发电机2 270台，实现工业总产值1 362 253万元，同比下降29.2%。

我区风电装备以金风科技股份有限公司为龙头企业，现已在乌鲁木齐经济技术开发区初步形成产业集群，并于2009年底被工业和信息化部认定为"国家装备制造（能源装备）新型工业化产业示范基地"，2010年1月被科技部批准为"国家风电装备制造产业集群"。金风科技股份有限公司作为我国第一家具备完全自主研发设计能力和完整自主知识产权的风电整机制造商，是国内最大的风电装备生产企业和风电整体解决方案提供商。截至2011年底，金风已拥有新疆、北京两大生产基地和内蒙古包头、甘肃酒泉、陕西西安、河北承德和宁夏等总装厂，另在德国建有制造基地。金风1.5MW直驱永磁风力发电机组是国内第一种量产的兆瓦级同类机组，整体技术指标达到国际先进水平，2011年7月，金风1.5MW直驱永磁机组通过了德国劳氏船级社（"GL"）的零电压穿越现场试验。金风研发的3MW风力发电机组已进入批量生产阶段，6MW机组进入研发。我区风电设备配套企业有全球领先的风机叶片制造商丹麦艾尔姆风能叶片制品（新疆）有限公司，以及新疆羲之翔风能科技有限公司、新疆汇通风电设备股份有限公司、新疆新能钢结构有限公司等定转子、支架等配套企业，已形成研发、电机制造、风机叶片、配套设备和风机装配等较为完整的产业链。

新疆海装风电设备有限公司 2.5~3MW 风力发电机组产业化项目、华锐风电科技（哈密）有限公司风电装备组装建设项目、哈密金风风电设备有限公司兆瓦级风力发电机组装项目已分别于 2010 年、2011 年陆续开工建设。哈密金风锦辉风电科技有限公司、中复连众（哈密）复合材料有限公司、新疆北车能源装备有限公司等一批风电装备主机配套产业项目也已陆续开工，哈密地区即将成为我区第二个风电装备制造产业集群。

②太阳能发电装备。经过 10 多年的发展，我区太阳能光伏产业已具有一定的规模和基础，在研发、制造和应用方面取得了长足发展，覆盖了从高纯多晶硅、硅片、太阳能电池组件、光伏控制及逆变器、光伏发电系统集成等比较完整的光伏发电装备产业链。2010 年，我区光伏产业 23 家企业完成销售收入 41.3 亿元；2011 年，我区光伏产业 43 家企业完成销售收入 51.5 亿元，同比增长 24.7%。

光伏技术研发水平不断提高，多晶硅制造、晶硅片生产和光伏（20~500 MW）发电系统设计、工程建设、运行管理等方面积累了较丰富的经验，涌现了一批自主知识产权和自主品牌的光伏骨干企业。特变电工新能源股份有限公司通过扩大太阳能光伏电池用硅片产量、加大市场开拓力度等手段，不断拉长产业链，具备 300MW 多晶/单晶硅片制造以及光伏发电系统集成应用能力，已成为国内最大的太阳能光伏发电系统集成制造企业之一。2011年，特变电工新能源股份有限公司购置生产及公用工程设备 200 台（套），建成年产 50MW 太阳能级高效单晶硅片生产线，以及年产 50MW 太阳能级高效多晶硅片生产线各 1 条，年底顺利投产。2011 年1 月，新疆硅业有限公司太阳能级多晶硅扩建项目二期 1 500t/a 项目开工建设，10 月正式投产，总产能 3 000t/a。8 月 23 日，特变电工新疆硅业有限公司光伏产业循环经济建设项目经国家发展改革委批准后开工建设，项目总投资 155.2 亿元，建设内容包括年产 1.2 万 t 太阳能级多晶硅、500MW 硅片、200MW 组件、2×300MW 热电站。

光伏产业园区建设不断加速，初步形成了乌鲁木齐高新技术开发区、石河子经济技术开发区、阿拉尔光伏电子园区、奎—独经济技术开发区 4 大光伏产业制造集聚区。在多晶硅产业的带动下，拉动了阿勒泰、奎屯、哈密、伊犁、环塔里木盆地、天山北坡经济带"煤—电—硅（硅砂、工业硅、碳化硅等）"产业集群的快速发展。

我区光伏发电系统集成应用规模不断扩大，先后实施了"光明工程"、"送电到乡工程"、"金太阳工程"以及大型光伏电站特许权招标项目等。2010 年，通过特许权招标，开工建设中电投哈密、吐鲁番、和田 3 个 20MW 大型光伏并网电站；2011 年，核准开工建设中广核哈密、英吉沙、青河以及中节能鄯善 4 个 20MW 大型光伏并网电站。

③干空气能应用装备。干旱、半干旱气候区的空气相对湿度低，液态水很容易蒸发，水蒸发需要吸收大量的热量，因此在蒸发过程中就产生了制冷效应。空气越干燥，水的蒸发能力越强，吸收的热量越多，即干燥空气中可利用的能量就越大，产生的制冷量越大，这种用来制冷的能量被称为干空气能。干空气能应用装备就是利用干空气能蒸发冷却技术的装备。干空气能制冷设备以室外免费的"干空气能"为制冷驱动能源，属于可再生能源在空调领域和建筑设备技术领域的高效利用技术，具有节能、环保、效果好、品质高、维护管理方便、运行安全等特点。

我区拥有极其丰富的干空气能资源和便利的研究、应用条件。"十一五"期间，我区的干空气能技术研究和产业发展迈上了新的台阶，在行业技术领域，对干空气能制冷技术的共性和基础性问题的研究都取得了较好的研究成果，居世界领先水平，研发成功系列具有自主知识产权的干空气能制冷设备与装置。在应用方面，大中型集中式干空气能制冷空调产品的市场应用增长非常迅速，市场占有率基本达到了 40%，在全区各地标志性建筑和有影响力的大型工程项目中均有所应用，工程应用总体数量居全国之首，市场规模逐年呈快速增长势头。我区专门出台了《关于支持"干空气能间接蒸发冷水机组空调系统产业化示范应用的通知》（新经信科装〔2011〕199号），从财政补贴、税费减免、招投标方式、后期新产品研发等方面，给予了极大的支持。

新疆绿色使者空气环境技术有限公司是专业从事干空气能蒸发制冷设备开发研究、生产和工程应用技术研究的高新技术企业。主要生产用于全空气系统的单级、多级和复合型的蒸发制冷空气处理机组，用于空气—水系统的间接蒸发式冷水机、新风机组、冷水机及空气处理机为一体的冷风冷水机，并为用户提供基于蒸发制冷方式的高效、节能、可靠、安全的空调系统应用解决方案以及工程安装服务。绿色使者拥有完全自主知识产权的SZHJ-F系列干空气能外冷型多级蒸发制冷空气处理机采用了多项核心专利技术，长期保持着国内干空气能制冷技术研发和应用的领先位置。2011年新疆能源装备行业（规模以上企业）生产基本情况见表2。2011年新疆主要能源装备企业经济指标见表3。

表2 2011年新疆能源装备行业（规模以上企业）生产基本情况

| 行业名称 | 企业数量（个） | 从业人数（人） | 主营业务收入（万元） | 利润总额（万元） | 工业总产值（万元） | 工业销售产值（万元） |
|---|---|---|---|---|---|---|
| 石油装备 | 15 | 4 309 | 208 713.1 | -38 489.8 | 169 032.6 | 160 909.7 |
| 煤炭机械 | 3 | 769 | 33 734.2 | 3 616.6 | 34 721.6 | 31 032.8 |
| 电工电器 | 39 | 9 911 | 2 420 091.0 | 339 912.0 | 2 193 834.0 | 2 126 933.0 |
| 风电 | 3 | 1 301 | 1 549 886.5 | 261 553.9 | 1 427 588.9 | 1 334 314.6 |
| 太阳能 | 1 | 939 | 194 725.9 | 2 384.6 | 217 089.7 | 197 990.8 |
| 干空气能 | 1 | 98 | 3 012.0 | 873.0 | 3 106.0 | 2 954.0 |

注：①根据2011年新疆机电工业规模以上企业统计数据整理；②未纳入新疆机电行办统计管理的风电装备叶片、太阳能装备前端的硅业等产品未纳入统计范围。

表3 2011年新疆主要能源装备企业经济指标

| 企业名称 | 主营业务收入（万元） | 利润总额（万元） | 工业总产值（万元） | 工业销售产值（万元） | 从业人员年平均人数（人） |
|---|---|---|---|---|---|
| 新疆维吾尔自治区第三机床厂 | 18 931.5 | 1 268.9 | 24 888.0 | 20 446.0 | 208 |
| 新疆塔林投资（集团）有限责任公司 | 16 996.6 | 60.1 | 5 921.3 | 5 416.1 | 758 |
| 新疆金成石油化工设备有限责任公司 | 7 995.4 | -261.5 | 9 810.0 | 8 539.3 | 252 |
| 新疆帝陉艾斯钻头工具有限公司 | 11 175.4 | 3 751.8 | 11 208.7 | 11 269.5 | 63 |
| 新疆斯特尔石油管材制造有限公司 | 13 386.2 | -663.2 | 14 388.1 | 13 588.1 | 59 |
| 新疆克拉玛依市荣昌有限责任公司 | 13 587.7 | 184.9 | 15 350.7 | 14 438.3 | 257 |
| 新疆油田公司工程技术公司 | 79 979.0 | -47 481.0 | 41 568.0 | 43 573.0 | 1 747 |
| 库尔勒中兴石油机械有限责任公司 | 5 712.8 | 34.8 | 5 687.0 | 5 687.0 | 44 |
| 库尔勒华北油田飞达石油设备有限公司 | 4 910.8 | 76.8 | 4 972.3 | 4 927.3 | 86 |
| 新疆煤矿机械有限责任公司 | 6 965.8 | 73.8 | 6 824.2 | 6 697.4 | 351 |
| 郑煤机集团潞安新疆机械有限公司 | 19 123.4 | 3 040.1 | 20 087.2 | 16 690.4 | 296 |
| 新疆三力机械制造有限公司 | 7 645.0 | 502.7 | 7 810.2 | 7 645.0 | 122 |
| 新疆特变电工集团有限公司 | 37 011.3 | 9 217.9 | 34 460.8 | 37 691.6 | 941 |
| 新疆瑞兴通线路器材制造有限公司 | 15 797.9 | 918.3 | 10 762.4 | 10 650.0 | 269 |
| 新疆奎开电气有限公司 | 10 400.7 | 624.5 | 10 341.9 | 10 341.9 | 181 |
| 特变电工股份有限公司 | 452 241.2 | 56 162.5 | 354 764.3 | 396 443.0 | 3 316 |
| 新疆新能天宁电工绝缘材料有限公司 | 7 366.6 | 121.7 | 8 536.0 | 7 366.6 | 275 |
| 新疆新特顺电力设备有限责任公司 | 7 993.6 | 657.1 | 5 401.0 | 5 749.6 | 86 |
| 新疆百商电线电缆有限公司 | 13 510.0 | 26.2 | 16 113.7 | 17 610.3 | 90 |
| 新疆东风电力电缆制造有限公司 | 10 909.7 | 50 | 11 241.0 | 10 867.0 | 88 |
| 新疆升晟股份有限公司 | 7 892.8 | 254.3 | 9 782.0 | 7 892.8 | 280 |
| 新疆华德利电气成套设备有限公司 | 5 276.9 | 42.8 | 4 931.6 | 5 276.9 | 142 |

续表

| 企业名称 | 主营业务收入<br>（万元） | 利润总额<br>（万元） | 工业总产值<br>（万元） | 工业销售产值<br>（万元） | 从业人员年平均人数<br>（人） |
|---|---|---|---|---|---|
| 新疆新能许继自动化有限责任公司 | 6 016.1 | 78.2 | 6 016.1 | 6 016.1 | 50 |
| 新疆新能泰开电气设备有限责任公司 | 6 524.3 | −77.1 | 6 707.5 | 6 707.5 | 207 |
| 新疆昌特输变电配件有限公司 | 8 416.8 | 1124 | 7 843.7 | 8 044.8 | 328 |
| 新疆新华能开关有限公司 | 17 366.9 | 1 798.4 | 20 467.1 | 16 666.7 | 358 |
| 新疆特变电工自控设备有限公司 | 12 365.8 | 1 269.4 | 9 220.2 | 9 675.9 | 250 |
| 新疆大阳谷电缆有限公司 | 5 352.0 | 12.6 | 4 996.5 | 4 996.5 | 16 |
| 新疆金风科技股份有限公司 | 1 514 382.5 | 260 576.4 | 1 362 253.4 | 1 270 158.6 | 835 |
| 新疆新能钢结构有限责任公司 | 31 728.5 | 1 310.1 | 60 001.9 | 60 001.9 | 316 |
| 新疆汇通风电设备股份有限公司 | 3 775.5 | −332.6 | 5 333.6 | 4 154.1 | 150 |
| 特变电工新疆新能源股份有限公司 | 194 725.9 | 2 384.6 | 217 089.7 | 197 990.8 | 939 |
| 新疆绿色使者空气环境技术有限公司 | 3 012.0 | 873.0 | 3 106.0 | 2 954.0 | 98 |
| 合　计 | 2 578 476.6 | 297 680.5 | 2 337 886.1 | 2 256 174.0 | 13 458 |

（新疆维吾尔自治区经济和信息化委员会科技与装备处、
新疆维吾尔自治区机械电子工业行业管理办公室规划发展处）

# 福 建 省

## 一、概况

福建省机械工业发展较晚，2010 年全省整体机械工业总产值仅占全国的 2%，居全国第 17 位，已发展壮大的能源装备制造工业主要有"电（含输变电及水火电源)"、"节能减排"、"新能源"三个大类，"煤"、"油气"装备制造行业受福建省"少煤无油气"的资源条件影响，仅发展了一些生产小型矿山设备及阀门类装备的中小企业。

能源装备制造产业布局方面，已初步建立了厦门工程机械、龙岩运输及专用设备制造、福安电机电器 3 个产业集群，形成了以福州与厦门输变电及控制设备、福州与南平电线电缆、福安电机等为龙头的区域产业基地。特别是厦门特区，已成为输配电及控制设备国际三大行业巨头中的 ABB、阿海珐的全球研发基地，产品技术居世界先进水平，中压配电设备、自动化低压设备的产能和市场占有率均居国内同行业前列，装载机等工程装备制造能力也很强，拥有国内龙头企业——厦门工程机械股份有限公司；宁德市的福安地区是全国最大的中小电机生产和出口基地之一，相继获得"中国中小电机出口基地"、"全国百佳产业集群"、"中国中小电机之都"称号，其电机出口量占全国中小型电机出口量的近 1/3；龙岩市也拥有国内相关行业的龙头企业——福建龙净环保股份有限公司、中国龙工控股有限公司相关子公司等。此外，南安装备制造基地、晋江装备制造基地、永安埔岭汽车工业园、沙县金沙工业园、湄洲湾、厦门湾、闽江口和三都澳船舶修造基地、福清洪宽（台商）机械工业园等装备制造产业园区和产业集中区也正在规划建设中。

我省工程机械、电工电器、环保设备在全国具有一定优势和特色，目前，我省能源制造工业已培育了一批在全国同行业中具有较强竞争力的产品和具有较高知名度产品：轮式装载机产量居全国各省区市第一位；"ABB"开关柜在全国高档开关柜市场占有率约 50%，中压开关柜、真空断路器 2 个产品的销量居全国第 1 位；中小型电机产量及出口居全国第 1 位；关节轴承国内市场占有率约 70%，居第 1 位；特种漆包线在国产品牌市场中占有率约 20%；电除尘器产销量居全国前两位。全行业共拥有"中国名牌产品" 5 项、"中国驰名商标" 6 个。

## 二、产业发展现状

### 1. 装备生产制造情况

2010~2011 年，在政府一系列有效政策措施的引导和扶持下，以环保机械、电器机械及器材制造两大行业为主的福建省能源装备制造企业主动调整应对危机，积极作为，谋求发展，全行业产销同步、快速增长。

2010 年、2011 年我省环保机械行业继续保持较快发展态势，全行业分别完成工业总产值 45.89 亿元、54.04 亿元，增长率分别为 17.4%、17.8%。环境污染防治专用设备 2010 年、2011 年分别生产 2 997、2 578 台（套）。环保设备出口取得了重大突破，2010 年、2011 年分别实现出口交货值 4.13 亿元、1.14 亿元，全部为福建龙净环保股份有限公司完成。该公司近两年来积极进军海外市场成绩显著，2010 年先后承接了直接出口印度的 7 台 660MW 机组超大型电除尘器项目（合同金额为 5.8 亿元）和 6 台 660MW 机组电袋除尘器项目（合同金额为 1.8 亿元）以及博茨瓦纳、塞尔维亚、日本三菱等多个大型电除尘器项目，还一举中标印度尼西亚国家电力公司加里曼丹 2×66MW 电厂燃煤发电机组及环保设备工程总承包项目，合同总金额 1.5 亿美元，该项目的突破打响了中国环保企业海外火电工程总承包的第一枪，同时为中国环保企业从环保工程的 EPC 总承包到整个火电项目 EPC 总承包的延伸开了好头。

2010 年起全省电器机械及器材制造业实现了恢复性发展，全行业产销大幅度增长，产品出口明显回升，主要电机生产基地——福安市 2010 年电机检验出口达 375 万台，货值 3.32 亿美元，电机出口台（套）数再创历史新高，出口交货值首次突破 3 亿美元。主要产品中受电力扩容和主要城市缆线下地改造工程等需求的拉动，输变电市场总体平稳增长，但受房地产政策调整的影响，部分民用产品产销量有所回落。据统计，2010 年、2011 年福建省规模以上电气机械及器材制造全行业分别实现工业总产值 963.9 亿元、1 146.6 亿元，分别增长 29.3%、19.0%；完成工业销售产值 935.8 亿元、1 113.3 亿元，分别增长 31.1%、19.0%，产销率均在 97% 左右；完成出口交货值 283.8 亿元、310.5 亿元，分别增长 24.7%、9.4%。目前，我省电气机械及器材制造业生产的主要产品有电机、高低压开关柜、电线电缆、变压器、电池等，产品对外依存度较高，全行业约有 1/3 的产品出口，电动机及发电机、输变电设备及保护装置、原电池及蓄电池等都是福建省出口创汇的主要机电产品，南平太阳电缆股份有限公司 500kV 超高压交联电缆生产建设等 31 个项目已建成投产。

2010 年全省变压器产量 572.8 万 kVA，比 2009 年增长 51.6%；高压开关板产量 26 242 面，

同比增长 20.6%；低压开关板产量 36 813 面，同比下降 0.5%；电力电缆产量 105 487km，增长 6.8%。受国内相关配套产品需求较快增长以及国际市场需求回升的影响，2010 年全省电机行业继续呈现较快增长势头，全年生产交流电动机 582.8 万 kW，同比增长 22.9%；但发电设备产量有较大幅度下降，生产 95.7 万 kW，同比下降 30.2%。在电池产品中，铅酸蓄电池因被国家列入"禁止加工贸易"的产品目录，发展受到限制，产销量进一步下降，传统的原电池市场需求略有增长，而锂蓄电池、太阳能蓄电池等新能源电池则继续快速发展，2010 年全省生产铅酸蓄电池 398.5 万 kVA·h，同比下降 5.6%；锂离子电池 1.64 亿只，同比增长 38%；原电池 22.69 亿只，同比增长 7.6%。

2011 年全省变压器产量 589.2 万 kVA，同比增长 2.9%；高压开关板产量 29 513 面，增长 12.5%；低压开关板产量 39 782 面，增长 8.1%；电力电缆产量 129 479km，增长 22.7%。电机行业继续保持良好发展势头，交流电动机 719.7 万 kW，同比增长 23.5%；发电设备产量基本恢复到鼎盛时期，生产 130 万 kW，同比增长 35.9%。电池产品中，全省生产铅酸蓄电池 446.2 万 kVA·h，同比增长 12.0%；锂离子电池 2.03 亿只，同比增长 23.7%；原电池 22.76 亿只，同比增长 0.2%。

**2. 装备运行情况**

**（1）电力**

2010 年，全省发电装机容量为 3 480 万 kW，同比净增装机 444.6 万 kW，同比增长 14.6%，其中水电装机 1 110 万 kW，火电装机 2 288 万 kW，新能源发电装机 82 万 kW（风电装机 73.37 万 kW、生物质能发电装机 9 万 kW）。发电设备平均利用为 4 209h，其中火电设备利用为 4 294h，水电设备利用为 4 119h。全年全省用电最高负荷达 2 218 万 kW，全社会累计用电量 1 315.09 亿 kW·h，同比增长 15.9%。其中第一产业用电 13.35 亿 kW·h，增长 10.9%；第二产业用电 913.54 亿 kW·h，同比增长 17.0%；第三产业用电 149.31 亿 kW·h，同比增长 13.1%；城乡居民生活用电 238.87 亿 kW·h，

同比增长 13.9%。

2011 年，全省发电装机容量为 3 844.18 万 kW，同比增长 10.46%，其中水电装机 1 125.19 万 kW，火电装机 2 619.25 万 kW，新能源发电装机 99.74 万 kW（风电装机 81.77 万 kW、生物质能发电装机 17.97 万 kW）。发电设备平均利用为 4 365h，其中火电设备利用为 5 262h，水电设备利用为 2 536h。全年全省用电最高负荷达 2 443 万 kW·h，同比增长 10.14%，全社会累计用电 1 515.86 亿 kW·h，同比增长 15.27%。其中，第一产业用电 17.44 亿 kW·h，同比增长 30.64%；第二产业用电 1 058.77 亿 kW·h，同比增长 15.90%；第三产业用电 173.56 亿 kW·h，同比增长 16.24%；城乡居民生活用电 266.09 亿 kW·h，同比增长 11.40%。

（2）煤炭

我省含煤面积 7 000 多 km²，约占全省面积的 5.8%，煤炭资源绝大部分为无烟煤（占 99.3%），另有少量的瘦、贫煤，其煤质属低硫、低磷、低/中灰、高热值无烟煤，主要分布于龙岩市、三明市、泉州市三地，其中永定、新罗、永安、大田及永春等为重点产煤县（市、区）。2010 年煤炭产量 2 443 万 t 原煤（折 1 829 万 t 标准煤），消耗量 5 669 万 t 标准煤；2011 年煤炭产量 2 481 万 t 原煤（折 1 870 万 t 标准煤），消耗量 6 860 万 t 标准煤。

（3）石油、天然气

我省目前尚未发现石油、天然气和核电燃料资源，2010 年原油加工量 1 135 万 t，消耗量 2 315 万 t（折标准煤）；2011 年原油加工量 994 万 t，消耗量 2 397 万 t（折标准煤）。天然气消耗量 2010 年 392 万 t（折标准煤）、2011 年 458 万 t（折标准煤）。

## 三、装备企业情况

我省能源装备制造企业主要以“电气”、“节能减排”、“新能源”三大类为主，“煤”、“油气”仅有一些中小企业。“电气”类拥有上市企业——福州天宇电气股份有限公司、冠城大通股份有限公司、福

建南平太阳电缆股份有限公司及外资在福建分部——厦门 ABB、厦门阿海珐；“节能减排”拥有国内龙头企业——福建龙净环保股份有限公司（已上市）；“新能源”装备制造中的太阳能光伏产业是近年福建省重点扶持发展的产业方向，福建省内发展势头较好的企业有金保利（泉州）科技实业有限公司、福建钧石能源有限公司、南安市三晶阳光电力有限公司等，国内行业龙头——湘电风能有限公司、华锐风电科技（集团）股份有限公司也在福建设立了风力发电机组生产基地；此外，装备生产的相关企业有中国龙工控股有限公司相关子公司、厦门厦工机械股份有限公司等。与国内较发达省、市相比，我省装备企业规模较小，生产分散重复，集中度不高，能够支撑和带动行业发展的大型骨干企业和企业集团仍然较少。

**1.“电气”类企业较全面**

“电气”类企业较全面，覆盖了“电机”、“输配电及控制设备”、“电线、电缆、光缆及电工器材”、“电池制造”四类企业。此外，与火力发电厂相关的企业有“泵、阀门、压缩机及类似机械”、“轴承、齿轮、传动和驱动部件”、“锅炉及原动机”三类企业。

至 2010 年末，拥有规模以上“电机”制造企业 173 家，资产 139.77 亿元，主营业务收入 217.94 亿元；“输配电及控制设备”制造企业 202 家，资产 169.69 亿元，主营业务收入 205.26 亿元；“电线、电缆、光缆及电工器材”制造企业 68 家，资产 68.09 亿元，主营业务收入 99.33 亿元；“电池”制造企业 69 家，资产 91.47 亿元，主营业务收入 37.69 亿元。“泵、阀门、压缩机及类似机械”制造企业 123 家，资产 113.19 亿元，主营业务收入 170.53 亿元；“轴承、齿轮、传动和驱动部件”制造企业 79 家，资产 54.48 亿元，主营业务收入 63.24 亿元；“锅炉及原动机”制造企业 25 家，资产 8.33 亿元，主营业务收入 11.35 亿元。

至 2011 年末，拥有规模以上“电机”制造企业 158 家，资产 170.84 亿元，主营业务收入 297.75 亿元；“输配电及控制设备”制造企业 132 家，资

产 185.85 亿元，主营业务收入 236.63 亿元；"电线、电缆、光缆及电工器材"制造企业 55 家，资产 77.52 亿元，主营业务收入 133.79 亿元；"电池"制造企业 54 家，资产 120.02 亿元，主营业务收入 152.65 亿元。"泵、阀门、压缩机及类似机械"制造企业 109 家，资产 153.92 亿元，主营业务收入 210.77 亿元；"轴承、齿轮、传动和驱动部件"制造企业 62 家，资产 61.61 亿元，主营业务收入 84.73 亿元；"锅炉及原动机"制造企业 13 家，资产 6.85 亿元，主营业务收入 14.0 亿元。

### 2. "节能减排"类企业

"节能减排"类主要有"环境污染防治专用设备"制造企业。此类企业至 2010 年末共有 31 家，资产（省内）84.43 亿元，主营业务收入（省内）41.48 亿元；至 2011 年末，企业数共有 19 家，资产（省内）85.34 亿元，主营业务收入（省内）53.45 亿元。此外，龙净环保上市公司除设在厦门的总部外，还建有上海、北京等省外分部，上述数据未包括其省外分部。

### 3. "新能源"企业

"新能源"主要有"燃气、太阳能及类似能源的器具"制造企业。此类企业至 2010 年末，共有 15 家，资产 38.76 亿元，主营业务收入 35.32 亿元；至 2011 年末，企业数仍与 2010 年持平，资产增幅较大，达 48.23 亿元，主营业务收入 68.64 亿。

### 4. "煤"开采企业

"煤"主要是"采矿、采石设备制造"企业。此类企业至 2010 年末，共有 20 家，资产 6.47 亿元，主营业务收入 14.35 亿元；至 2011 年末，企业数共有 15 家，资产 6.0 亿元，主营业务收入 13.64 亿元。

### 5. "石油化工"企业

"油气"主要是"炼油、化工生产专用设备"、"石油钻采专用设备"两类制造企业。"炼油、化工生产专用设备"类企业至 2010 年末共有 8 家，资产 6.74 亿元，主营业务收入 9.12 亿元；至 2011 年末共有企业 9 家，资产 8.81 亿元，主营业务收入 12.63 亿元。"石油钻采专用设备"类至 2010 年末

共有企业 1 家，资产 0.64 亿元，主营业务收入 0.79 亿元；至 2011 年末，企业数仍与 2010 年持平，资产 0.71 亿元，主营业务收入 0.82 亿元。

## 四、装备科研情况

根据《福建省国民经济和社会发展第十二个五年计划发展纲要》及相关行业专项规划，"十二五"期间，我省将着力建设东部沿海地区先进制造业重要基地，继续推进装备制造产业做大做强，促进产业链向高附加值、高技术含量环节延伸，重点推进工程机械、环保设备等具有竞争优势的产业发展壮大，大力发展电线电缆、石化等机电一体化产业装备、大功率风机等，推动基础装备、基础工业、基础零部件技术提升，增强核心技术创新能力；大力培育发展新能源、节能环保、高端装备制造等战略性新兴产业，突出抓好新型光电材料、功能稀土材料、半导体照明（LED）和太阳能光伏、节能环保技术及装备、动力与储能电池、新一代生物质能、石化行业智能化装备、超高压输变电设备等专用装备这几个领域。

工程机械将以厦工、龙工等重点企业为龙头，延伸配套产业链，培育壮大厦门、龙岩、三明、泉州工程机械产业集群。重点发展装载机等优势产品，开发新能源、节能和大型、智能化工程机械新品种。推进厦工装载机驱动桥变速箱技术改造等项目建设。

电气机械及器材制造业将强化结构调整，提升产品质量水平，电机及发电设备重点发展高效节能电动机、特种专用电机、智能型汽柴油发电机组、中频数码发电机、发电机控制器等。输变电设备重点发展智能型、超高压开关柜及节能低耗变压器等。电线电缆发展高电压等级电缆、通信电缆、光纤电缆等。电池发展锂离子动力电池、大容量、动力聚合物锂离子电子及超级电容器等环保新型电池。

节能环保技术及装备是发展重点，将大力发展高效节能电机、工业锅炉窑炉、"三废"处理成套设备、环境监测专用仪器仪表、电子与家电垃圾处理

与回收设备、机动车尾气净化设备、室内空气净化设备、生态环境保护与修复技术设备、环保污染治理设备、环保脱销成套设备、大型高效臭氧发生器等项目。

在新能源装备制造方面,半导体照明（LED）和太阳能光伏是发展重点,并将着力于推动北车集团（泉州）风电设备制造、南平风力发电机组成套设备、东元电机漳州风机制造项目等建设。2010年、2011年福建省能源装备分行业经济运行情况见表1。2010年、2011年福建省主要能源装备企业经济运行情况见表2。

**表 1 2010 年、2011 年福建省能源装备分行业经济运行情况**

| 产品名称 | 计量单位 | 产量 | | | 企业数（家） | 总产值（万元） | 进出口量（万元） | 销售量（万元） | 利用率（%） |
|---|---|---|---|---|---|---|---|---|---|
| | | 2010 年 | 2011 年 | 2011/2010 增长（%） | | | | | |
| 煤炭装备 | | | | | | | | | |
| 螺杆钻 | 万个 | 50 | 60 | 20.00 | 1 | 3 000 | 20 | 60 | 100.00 |
| 破碎机 | t | 17 707 | 17 004 | -3.97 | 1 | 31 277 | – | – | – |
| 皮带运输机 | t | 8 586 | 9 976 | 16.19 | 2 | 37 290 | – | – | – |
| 装载机 | 台 | 46 951 | 42 316 | -9.87 | 3 | – | – | – | – |
| 运输与提升装备 | 套 | 70 | 76 | 8.57 | 1 | 2 222 | – | 76 | – |
| 电力装备 | | | | | | | | | |
| 火电 | | | | | | | | | |
| 锅炉及辅助设备制造 | – | – | – | – | – | 38 701 | – | 37 669 | – |
| 内燃机及配件制造 | – | – | – | – | – | 84 720 | 5 264 | 85 257 | – |
| 汽轮机及辅机制造 | – | – | – | – | – | 9 773 | – | 9 773 | – |
| 泵及真空设备制造 | 万台 | 835.86 | 941.88 | 12.68 | – | 301 490 | 169 535 | 286 967 | – |
| 气体压缩机械制造 | 台 | 50 472 | 62 472 | 23.78 | – | 184 839 | 45 774 | 185 049 | – |
| 阀门及旋塞制造 | t | 88 891.69 | 82 778.41 | -6.88 | – | 1 563 335 | 104 809 | 1 483 684 | – |
| 发电机及发电机组制造 | 万 kW | 95.72 | 130.05 | 35.87 | – | 2 063 277 | 993 137 | 1 932 827 | – |
| 电动机制造 | 万 kW | 582.76 | 719.7 | 23.50 | – | 960 518 | 387 103 | 930 470 | – |
| 通用仪器仪表制造 | – | – | – | – | – | 322 991 | 92 714 | 315 838 | – |
| 专用仪器仪表制造 | – | – | – | – | – | 110 370 | 21 455 | 107 784 | – |
| 水电 | | | | | | | | | |
| 水轮机及辅机制造 | – | – | – | – | – | 7 947 | – | 7 947 | – |
| 水轮机 | kW | 18 782 | 17 996 | -4.18 | 1 | 1 040.5 | – | 490.9 | 47.00 |
| 水轮发电机 | 万 kW | 31 547.51 | 28 839.72 | -8.58 | 136 | 18 719 | 0 | – | – |
| 输变电 | | | | | | | | | |
| 变压器、整流器和电感器制造 | 万 kVA | 572.8 | 589.2 | 2.86 | – | 424 620 | 102 910 | 419 805 | – |
| 配电开关控制设备制造 | 面 | 63 055 | 69 295 | 9.90 | – | 1 297 093 | 86 126 | 1 219 033 | – |
| 电线电缆制造 | km | 105 487.1 | 129 479.6 | 22.74 | – | 1 29 7932 | 28 190 | 1 258 636 | – |
| 主变压器 | kVA | 217 485 | 293 290 | 34.86 | 1 | – | – | – | – |
| 变压器 | 万 kVA | 24.9 | 26.1 | 4.82 | 1 | 2 088 | – | 2 088 | – |
| | 台 | 600 | 1 000 | 66.67 | – | – | 100 | 1 400 | – |
| 电线电缆 | km | 63 963 | 93 325 | 45.90 | 5 | 14 990 | – | 83 573 | 80.00 |
| 开关设备 | 万个 | 266 | 460 | 72.93 | 1 | 6 670 | 1 000 | 6 670 | – |
| | 套 | 300 | 450 | 50.00 | 1 | | | | |
| 新能源装备 | | | | | | | | | |
| 风电 | | | | | | | | | |
| 风轮 | – | 20 | 64 | 220.00 | 2 | – | – | – | – |
| 发电机 | – | 20 | 223 | 1 015.00 | 2 | 38.26 | 32 | 52 | – |

续表

| 产品名称 | 计量单位 | 产量 | | | 企业数（家） | 总产值（万元） | 进出口量（万元） | 销售量（万元） | 利用率（%） |
|---|---|---|---|---|---|---|---|---|---|
| | | 2010 年 | 2011 年 | 2011/2010 增长（%） | | | | | |
| 叶片 | – | 60 | 496 | 726.67 | 2 | 12.62 | 96 | 156 | – |
| 大型轴承 | – | 0 | 452 | – | 2 | 32.65 | 128 | 208 | – |
| 电控设备 | – | 20 | 177 | 785.00 | 2 | 8.27 | 32 | 32 | – |
| 太阳能 | | | | | | | | | |
| 多晶硅 | kW/t | – | 20 473.91 | – | 6 | 96 181.3 | 7 576.99 | – | – |
| 硅片 | 万片 | | 570 | – | 2 | 9 652 | 0 | – | – |
| 晶体硅电池及组件 | kW/t | – | 319 267 | – | 12 | 146 854.6 | 106 723 | – | – |
| 薄膜电池及组件 | kW/t | – | 34 810.33 | – | 1 | 22 000 | 69 304.1 | – | – |
| 光伏发电系统 | 台 | – | 450 | – | 1 | 1 000 | 135 | – | – |
| 光伏板组件 | MW | 12.8 | 16 | 25.00 | 1 | 12 546.3 | 0 | 13.2 | 45.83 |
| | 万 pcs | 2.9 | 4.4 | 51.72 | 2 | 10 500 | 0 | 23 195 | 99.00 |
| 太阳能集热器 | 台 | 67 977 | 72 549 | 6.73 | 1 | 8 091 | – | 69 100 | 95.20 |
| 陶瓷太阳能集热器 | 万 m² | – | 20 | – | 1 | 2 200 | – | 12 | 60.00 |
| 生物质能 | | | | | | | | | |
| 沼气池 | m³ | 6 400 | 7 000 | 9.38 | 1 | 178 | – | – | 100.00 |
| 储能装备 | 万台 | 300 | 395 | 31.67 | 1 | 19 003 | – | – | – |
| 铅酸蓄电池 | 万 kVA·h | 398.53 | 446.21 | 11.96 | – | – | – | – | – |
| 锂离子电池 | 万只 | 16 377.79 | 20 264.74 | 23.73 | – | – | – | – | – |
| 电池制造 | 亿只 | 22.69 | 22.76 | 0.31 | – | 1 652 234 | 109 645 | 1 613 301 | – |
| 节能减排装备 | | | | | | | | | |
| 除尘器 | 台 | 2 712 | 2 231 | -17.74 | 8 | 68 829 | – | – | – |
| 环境污染防治专用设备制造 | | 2 997.5 | 2 578 | -13.99 | – | 544 971 | – | – | – |

**表 2　2010 年、2011 年福建省主要能源装备企业经济运行情况**

| 企业名称 | 地点 | 主要产品 | 资产总金额（万元） | | 营业金额（万元） | 从业人数（人） | 生产能力 |
|---|---|---|---|---|---|---|---|
| | | | 2010 年 | 2011 年 | | | |
| 机电生产企业 | | | | | | | |
| 福建南平南电水电设备制造有限公司 | 南平 | 10 万 kW 以下水轮发电机组及控制设备、Y2 系列中型电动机 | – | – | – | – | – |
| 福建泰格动力机械有限公司 | 福安 | 汽油、柴油发电机组 | – | – | 70 000 | 1 000 | 120 万台/a |
| 福安闽东亚南电机有限公司 | 福安 | 中小型发电机、电动机、水泵、柴油发电机组、汽油发电机组 | – | – | 10 000 | 500 | 45 万台/a |
| 闽东华达电机有限公司 | 福安 | 发电机 | – | – | – | 150 | – |
| 闽东一华电机有限公司 | 福安 | 电动机、发电机 | – | – | 44 486 | 301 | – |
| 闽东大地电机有限公司 | 福安 | 中小型发电机、电动机、水泵、柴油发电机组、汽油发电机组 | – | 53 975 | 58 452 | 263 | – |
| 输变电设备生产企业 | | | | | | | |
| 福州天宇电气股份有限公司 | 福州 | 10~110kV/30~63 000kVA 油浸式变压器/干式变压器、箱式变电站 | – | 722 393 | 778 691 | 1 237 | – |
| 福建省泉州变压器制造有限公司 | 南安 | 10~35kV 油浸式变压器/干式变压器、箱式变电站 | – | – | – | – | – |

续表

| 企业名称 | 地点 | 主要产品 | 资产总金额（万元） | | 营业金额（万元） | 从业人数（人） | 生产能力 |
|---|---|---|---|---|---|---|---|
| | | | 2010 年 | 2011 年 | | | |
| 福建和盛置信非晶合金变压器有限公司 | 惠安 | 10kVA 非晶合金变压器 | – | – | – | – | – |
| 闽西天龙变压器有限公司 | 上杭 | 10~35kV/63 00kV 以下变压器 | – | – | – | – | – |
| 福州德宇电器有限公司 | 闽侯 | 10kV 油浸式变压器 | | | | | |
| 厦门法拉电子股份公司 | 厦门 | 电动机电容器、电力电容器及电子电容器 | – | – | – | – | – |
| 厦门 ABB 开关有限公司 | 厦门 | 3.6~40.5kV 高压开关柜和真空断路器 | – | 1 278 595 | 2 226 369 | 437 | – |
| 厦门 ABB 低压电器设备有限公司 | 厦门 | 组合式低压开关柜、断路器 | – | 540 848 | 946 890 | 477 | – |
| 厦门 ABB 电器控制设备有限公司 | 厦门 | 户外开关设备、元件以及户内高低压开关柜 | – | 205 750 | 164 850 | 211 | – |
| 厦门 ABB 华电高压开关有限公司 | 厦门 | 110kV/220kV 六氟化硫全封闭高压组合电器（GIS） | – | 154 266 | 226 272 | 96 | – |
| 厦门 ABB 输配电自动化设备有限公司 | 厦门 | 配电自动化系统 | – | – | – | – | – |
| 厦门华电开关有限公司 | 厦门 | 35kV/10kV 级高压真空断路器、高压开关柜 | – | 42 492 | 34 518 | 120 | – |
| 阿海珐输配电（厦门）真空器件有限公司 | 厦门 | 真空开关管 | – | – | – | – | – |
| 福州天宇电气股份有限公司 | 福州 | 35kV/10kV 级高压开关柜/低压开关柜、110kV 户外 SF6 断路器、35kV/10kV 真空断路器/少油断路器、电压互感器、电流互感器 | – | 722 393 | 778 691 | 1 237 | – |
| 福州亿力电器设备有限公司 | 长乐 | 10kV 级高压开关柜/低压开关柜、10kV 级真空断路器、箱式变电站 | – | 34 480 | 72 301 | 131 | – |
| 福建省先行电力设备有限公司 | 福州 | 10kV 级高压开关柜/低压开关柜、10kV 级真空断路器、箱式变电站 | – | – | – | – | – |
| 福建山亚开关有限公司 | 福州 | 10kV 级负荷开关、互感器 | – | – | – | – | – |
| 福建东方电器有限公司 | 福州 | 10kV 级负荷开关、断路器 | – | 29 383 | 137 280 | 181 | – |
| 泉州亿兴电力有限公司 | 泉州 | 35kV/10kV 级高压开关柜/低压开关柜 | – | 131 363 | 108 488 | 117 | – |
| 晋江开关厂 | 晋江 | 10kV 级高压开关柜/低压开关柜 | – | – | – | – | – |
| 冠城大通股份有限公司 | 福州 | 漆包线、钢芯铝绞线 | 96 648 | 936 464 | 932 006 | 1 069 | – |
| 福建南平太阳电缆股份有限公司 | 南平 | 1~35kV 交联电力电缆、全塑电力电缆、钢芯铝绞线、1~35kV 架空绝缘电缆、控制电缆、光纤电缆等 | – | 441 881 | 719 719 | 896 | – |
| 福建省南平南线电缆有限公司 | 南平 | 钢芯铝绞线、电焊机电缆、橡皮绝缘电线、聚氯乙烯绝缘电线、电力电缆、10kV 及以下架空绝缘电缆、控制电缆等 | – | 100 937 | 136 273 | 301 | – |
| 南平市三红电缆有限公司 | 南平 | 交联电力电缆、全塑电力电缆、500kV 以下钢芯铝绞线、耐热钢芯铝绞线、PVC 布电线 | – | – | – | – | – |

续表

| 企业名称 | 地点 | 主要产品 | 资产总金额（万元） | | 营业金额（万元） | 从业人数（人） | 生产能力 |
|---|---|---|---|---|---|---|---|
| | | | 2010 年 | 2011 年 | | | |
| 南平市朝日电缆有限公司 | 南平 | PVC 电线电缆、电视闭路线、通用橡套电缆、电焊机用电缆、环保家装电线 | – | 12 421 | 11 396 | 40 | – |
| 南平华阳电线电缆有限公司 | 南平 | 交联电力电缆、全塑电缆、钢蕊铝绞线、交联绝缘架空电缆、控制电缆、阻燃耐火电缆电线 | – | – | – | – | – |
| 福州通尔达电线电缆有限公司 | 长乐 | 10kV 及以下架空绝缘电缆、电力电缆、钢蕊铝绞线、电线 | – | 17 590 | 87 899 | 80 | – |
| 福州亨神线缆有限公司 | 长乐 | 10kV 及以下架空绝缘电缆、电力电缆、电线 | – | 7 585 | 10 007 | 22 | – |
| 福州开发区联通电工有限公司 | 福州 | 500kV 及以下架空裸电线及铝包钢芯铝绞线 | – | – | – | – | – |
| 南安市章乐电缆有限公司 | 南安 | 低压电力电缆、控制电缆、绝缘架空电缆、布电线、铝绞线、钢芯铝绞线、同轴电缆、电缆材料 | – | – | – | – | – |
| 厦门市华乐电缆有限公司 | 厦门 | 低压电力电缆（包括预制分支电缆）、控制电缆、布电线、钢芯铝绞线以及电线电缆用铜材料 | – | 13 668 | 23 949 | 62 | – |
| 福安市田松电工器材有限公司 | 福安 | 漆包线 | – | 15 309 | 65 853 | 49 | – |
| 宁德市三富机电有限公司 | 屏南 | 漆包线 | – | 2 000 | – | – | – |
| 厦门洪氏企业有限公司 | 同安 | 漆包线、橡胶电线 | – | – | – | – | – |
| 厦门通达光缆有限公司 | 厦门 | 光纤、光缆 | – | 129 867 | 96 543 | 198 | – |
| 福建龙净环保股份有限公司 | 龙岩 | 电除尘器、干法湿法烟气脱硫装置 | – | 597 727 | 351 523 | 5 084 | – |
| 福建丰泉环保集团有限公司 | 福州 | 固废焚烧炉、热解炉、污水治理设备 | – | 294 655 | 164 169 | 395 | – |
| 福建新大陆环保科技有限公司 | 福州 | 紫外线水、空气消毒设备 | – | 56 749 | 12 807 | 178 | – |
| 厦门三达膜科技有限公司 | 厦门 | 膜分离技术、废水处理 | – | – | – | – | – |
| 福建卫东环保科技有限公司 | 龙岩 | 脉冲多极电除尘器 | – | – | – | – | – |
| 光伏生产企业 | | | | | | | |
| 金保利（泉州）科技实业有限公司 | 晋江 | 光伏相关产品 | – | – | – | 800 | 700MW/a |
| 巨茂光电（厦门）有限公司 | 厦门 | 光伏相关产品 | – | 8 752 | 10 774 | 152 | – |
| 福建兴朝阳硅材料股份有限公司 | 上杭 | 光伏相关产品 | – | 11 000 | – | – | 8 000t/a |
| 福建钧石能源有限公司 | 泉州 | 光伏相关产品 | – | – | – | – | 300MW/a |
| 南安市三晶阳光电力有限公司 | 南安 | 光伏相关产品 | – | – | 10 000 | 700 | 4 万 t/a |
| 福建省上杭县九洲硅业有限公司 | 上杭 | 光伏相关产品 | | | | | |

| 企业名称 | 地点 | 主要产品 | 资产总金额（万元） | | 营业金额（万元） | 从业人数（人） | 生产能力 |
|---|---|---|---|---|---|---|---|
| | | | 2010 年 | 2011 年 | | | |
| 风机生产企业 | | | | | | | |
| 湘电风能（福建）有限公司 | 漳州 | 风力发电机组 | - | - | - | - | 500 台（套）/a |
| 华锐风电科技（福建）有限公司 | 泉州 | 风力发电机组 | - | - | - | - | - |

（福建省发展和改革委员会能源发展处）

成就篇

**曾培炎**

国务院原副总理
中国国际经济交流中心理事长

# 优秀人物

# 成就奖

## 张国宝
国家能源委员会专家咨询委员会主任
中国产业海外发展和规划协会会长
国家能源局原局长

**廖永远**

中国石油天然气集团公司总经理

**钱智民**

中国核工业集团公司总经理

# 优秀人物

## 贡献奖

### 隋永滨

中国机械工业联合会特别顾问、
原总工程师

### 王基铭

中国石油化工股份有限公司原总裁

### 叶奇蓁

中国工程院院士、中核集团
科学技术委员会副主任

排名不分先后

# 中国能源装备

## 优秀

**苏永强**

沈阳鼓风机集团股份有限公司
党委书记、董事长

**濮津**

中国煤矿机械装备有限责任公司
执行董事、总经理

**张雅林**

中国西电集团公司
董事长

**朱共山**

保利协鑫能源控股有限公司
执行董事、主席兼首席执行官

# 优秀人物

## 管理者

**蒋明**
杭州杭氧股份有限公司
董事长

**王计**
中国东方电气集团有限公司
董事长、党组书记

**吴生富**
中国第一重型机械集团公司
总经理

**杨本新**
中国船舶重工集团公司总经
理助理、重庆公司总经理

排名不分先后

# 中国能源装备

# 科技创新

**黄文有**

中科华核电技术研究院
有限公司院长助理

**庄建新**

江苏银环精密钢管
股份有限公司董事长

**孙明伦**

上海电气集团上海电机厂
有限公司总工程师

**黄向阳**

三一重装国际控股有限公司
副总经理、高级工程师

**竺伟**

上海广电电气（集团）
股份有限公司副总裁

**白涛**

北京广利核系统工程
有限公司总工程师

**刘晓光**

中国第二重型机械集团公司
技术中心原主任、高级工程师

# 优秀人物

# 典范人物

**王宝忠**

中国第一重型机械股份
公司副总裁

**王进全**

宝鸡石油机械有限责任公司
副总经理、总工程师

**王学军**

沈阳鼓风机集团股份有限公司
副总经理、总工程师

**明国卿**

上海阿波罗机械股份
有限公司高级工程师

**高顺华**

中石油西气东输管道
分公司副总工程师

**张彦军**

哈电集团哈尔滨锅炉厂
有限责任公司副总经理

**张树立**

烟台杰瑞石油装备技术
有限公司总工程师

排名不分先后

## 国家能源新材料技术研发中心
### National Energy Novel Materials Center

国家能源新材料技术研发中心（以下简称"中心"）是国家能源局依托中国工程物理研究院（以下简称"中物院"）建设的研发中心。中心以"产业引领，科技先导，协同创新，开放共赢"为指导思想，依托中物院科研资源和力量开展能源战略研究、能源新材料技术研发和产业化开发，目标是建成具有国际影响力的能源新材料科技创新平台、成果转化平台、人才集聚平台和"产、学、研、用"合作交流平台。中心在高效率CIGS薄膜非真空低温低成本制备技术研究、硅基太阳能电池正面银浆开发、染料敏化太阳能电池用宽带吸收染料研制、超级电容器用石墨烯基高能量密度集流体结构制备、液流钒电池关键材料和系统集成工艺开发及示范工程建设、生物燃料炼制、核电站用氢气复合装置研制与产业化推广等方面开展了卓有成效的工作，取得了一系列居于国际前沿水平的进展。中心2012年度获得国家和省部级科技资助项目近20项，申报国际国内发明专利10余项，主持和参与制定能源材料行业标准6项。

## 沈阳鼓风机集团股份有限公司

2012年，国家能源大型透平压缩机组研发（实验）中心以"提升我国透平压缩机组的技术水平，努力打造具有世界先进水平的装备制造业基地"为出发点，结合国家重大技术装备需求，组织开展了一系列的技术攻关，取得了一批重大科研成果。其中，叶片扩压器压力脉动诱发管路振动研究成功，使得PTA装置机组气动性能明显改善；破解了机组世界性气体激振的难题和推力大、瓦温高、轴位移的关键技术；成功对合成气压缩机、二氧化碳压缩机、空分增压机等多台机组实施技术升级和改造等；含氢介质压缩机低成本叶轮材料的研究成功，其应用价值更加广泛。如果在工作条件允许的情况下，叶轮采用KMN或SFC100，每年可以节省数百万元。2012年，中心突破关键技术难点，研制出具有世界先进水平的大型新产品，如：成功研制出百万吨乙烯压缩机（H1000），经过精心调试，于2012年10月在用户现场单机开车成功，实现百万吨乙烯"三机"国产化满堂红；为中石油四川石化300万吨/年渣油加氢装置研制出循环氢压缩机组；完成了为雅鹿集团股份有限公司研制的年产140万吨PTA成套装置工艺空气压缩机组生产任务，大大促进了我国PTA事业的快速、可持续发展；完成了山东泰安260万方/天双混合冷剂制冷循环LNG装置配套冷剂压缩机研制任务，填补了我国大型LNG压缩机设计制造的空白，是国产化最大双混合冷剂LNG压缩机，主要技术指标达到国际领先水平。

国家能源新材料技术研发中心

国家能源局

国家能源大型透平压缩机组研发（实验）中心

国家能源局

450模型级试验台

30MW离心压缩机试验台

# 中国原子能科学研究院

国家能源快堆工程研发（实验）中心（以下简称"中心"）自成立以来，以快堆技术产业化和建立先进闭式燃料循环体系为导向，依托中国实验快堆和配套实验设施，不断加快技术研发，通过国家"863"、核能开发、国际合作、技术基础等科研渠道的支持开展了大量相关技术研究，在快堆工程设计、关键工艺技术、关键设备研发、安全技术方面取得了突破，初步掌握了快堆核心技术，并取得了多项科技创新成果。

几年来，中心组织申报并获得了中国实验快堆燃料操作系统设计与研制、中国实验快堆非能动余热排出系统设计和建造等省部级奖33项。其中，一等奖3项，二等奖14项，三等奖16项。同时，中心积极开展专利申请工作，截至目前，共申请专利162件，已获授权专利98件。主要集中在主要系统、关键设备、关键工艺等，如堆本体、二回路、钠净化系统、事故余热排出系统、换料系统等系统，钠-空气热交换器、冷阱、蒸汽阱、新燃料组件装载机、专用工具、流量计、液位计、缓发中子探测装置等设备，以及大规模钠操作、在线钠净化等工艺方面。

在开展现有科研工作的同时，中心针对总体发展进行积极部署和重点推进。为确保中国实验快堆按设计工况稳定并安全运行，中心积极开展中国实验快堆运行维护技术研究。同时，中心正在中国核工业集团公司的领导下，致力于自主研发60万千瓦示范快堆电站CFR-600。目前，已经完成了CFR-600方案设计研究，正在开展工艺设计和关键工艺、设备的研究工作。

**国家能源快堆工程研发（实验）中心**

国家能源局

# 中国煤矿机械装备有限责任公司

**科技创新助发展，打造行业新高度**

**国家能源煤矿采掘机械装备研发（实验）中心**

国家能源局

中国煤矿机械装备有限责任公司（以下简称"中煤装备公司"）以科学技术为第一生产力，在打造行业领先的科技研发体系、加大科技投入、提升自主创新能力等方面采取措施，不仅实现了企业煤矿装备产业的跨越式发展，而且在引领振兴民族煤机装备业发展上不断做出新贡献。

中煤装备公司通过承担国家重点科技项目等方式，突出对重点领域关键技术的突破，满足国内矿井重大装备重型化、自动化、成套化的需求，解决了特厚煤层、薄煤层等特殊地质条件下的开采难题，多项技术成果填补了国内空白并取代进口，甚至达到国际领先水平。同时，解决了制约煤机行业发展的一批技术难题，推动了煤矿重大装备国产化，取得了重要科技成果，中煤装备公司近三年科研投入11.5亿元，累计完成及在研包括国家重点项目在内的研发项目478项；形成科研成果和专有技术近千项，包括3大类国际一流技术、9大类国际或国内先进技术，23台套产品实现中国国内领先；累计拥有受理、授权专利近600件，其中165件为发明专利，位居煤机行业前茅；获得国家科技进步二等奖、国家技术发明二等奖等国家级、省部级科技奖达120余项，《大倾角煤层综采综放工作面成套装备关键技术》和《年产600万吨大采高综采成套技术与装备》项目荣获国家科技进步二等奖；"高效矿井SGZ1000/3×1000（855）型刮板输送机成套设备"项目、"极薄煤层高产高效自动化刨煤机无人工作面支护技术及设备研究"项目等多个项目获中国煤炭工业科技进步一等奖；在全国煤炭工业第七次科学技术大会上获得"全国煤炭工业科技创新先进企业"荣誉称号。

## 北京广利核系统工程有限公司

**CTEC**

由北京广利核系统工程有限公司承担建设的国家能源核电站数字化仪控系统研发中心（以下简称"中心"），肩负着核电站数字化仪控系统设备国产化和自主化的光荣使命。中心基于广利核长期在核电站仪控领域的优良业绩和专业经验，积极开展国内外技术交流，产学研用相结合，共同推动产业进步；坚持自主创新，有效开展技术引进、消化、吸收、再创新；培养高级技术人才，为核电装备的全面自主化和国产化提供技术支持及专业服务。

中心占地约8700平方米，下设九个研究室/实验室，建成五大科研平台、四大自主系统产品平台。

**九个研究室/实验室**

安全分析研究室
安全软件设计研究室
监控软件设计研究室
硬件可靠性设计研究室
机械设计研究室
安全级软件V&V研究室
核电站DCS集成技术研究室
硬件可靠性验证实验室
核电站DCS工程应用实验室

**五大科研平台**

核电仪控系统样机研制平台
核电仪控产品生产制造平台
科研管理平台
核电仪控系统技术创新平台
核电仪控系统工程集成平台

**四大自主系统产品平台**

FirmSys®：核安全级控制保护系统产品平台
SpeedyHold®：核电站专用仪控系统平台
FitRel™：基于FPGA技术的数字化核电站多样性仪控系统平台
EmInfoSys™：核事故应急辅助决策系统平台

## 中广核 CGN

**核能服务**
**Nuclear Power Services**

## 中科华核电技术研究院
**China Nuclear Power Technology Research Institute**

中科华核电技术研究院有限公司（以下简称"研发中心"）由国家能源局于2010年1月6日正式授牌落户于中国广核集团有限公司。研发中心的主要任务是联合国内装备制造企业和科研院所开展核电装备研制，建设核级设备研发所需的试验装置，建立并完善核级设备研发标准体系，填补国内相关领域的空白，加速我国核电的自主化和国产化进程。

自成立以来，研发中心在核级设备研制领域和承担国家重大课题方面已取得了大量的成果，其中，研发中心承担的国家"863"计划课题——核反应堆专用机器人技术与应用已取得阶段性成果；国家科技支撑计划项目——百万千瓦级压水堆核电站控制棒驱动系统研究开发将于2013年底完成所有研制工作；国家"973"计划课题——海洋小型堆核电站运行保障技术研究已确定研发路线和技术方案；中心所进行的严重事故应急救援用机器人研制、核电站运维专用工具研制以及核电站放射性废物处理技术研究、反应堆仪控系统和核级应急柴油发电机组研制业已取得大量成果并实现部分产品工程应用。

在研发试验设施建设及核级设备研发标准体系建设领域，研发中心自成立以来相继建成了一批国际一流的试验设施，着力打造的"核电站安全壳内不可接近设备研发和试验中心"系列实验室已部分建成并投入使用，它将为我国核电的设备研发和机组安全稳定运行提供全方位的支撑和保障。2013年，研发中心的又一重大项目"小型堆及核主泵运维技术研发和试验验证平台"正式启动，项目将建设具有国际先进水平的小型堆试验验证平台以及核主泵关键部件研发和日常修复的试验验证平台。为完善我国核级设备研发的标准体系，研发中心相继完成了29项能源局核电行业标准和51份核级设备鉴定标准的编制，现已被业界广泛使用。

研发中心未来将继续以我国核电发展的方针政策为指引，密切联系核电运营、工程和装备制造企业，不断开拓创新、锐意进取，提升自身的研发实力，以"打造国际一流的核级设备研发中心"为目标，为中国核电建设、运营和"走出去"保驾护航。

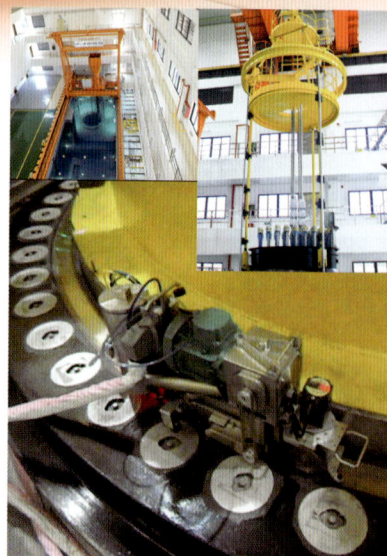

## SINOVEL 华锐风电

### 华锐风电科技（集团）股份有限公司
### SINOVEL WIND GROUP CO., LTD.

**国家能源海上风电技术装备研发中心**

国家能源海上风电技术装备研发中心（以下简称"中心"）是经国家发展和改革委员会、国家能源局批准，由华锐风电负责建设的以海上风电技术装备为研究对象的国家级研发中心。中心的建设目标是聚集全球顶尖的风电技术装备研发人才，建成技术、设备、研发和试验能力引领全球的风电技术装备研发机构。目前，中心已开发出具有全球领先水平的3兆瓦、5兆瓦和6兆瓦陆地、海上和潮间带系列风电机组，并正在进行10兆瓦及以上更大功率风电机组技术的研发，测试能力为15兆瓦的风电机组和关键部件测试平台正在建设完善中，以期在解决我国海上风电发展面临的技术难题的同时，引领全球风电技术的发展。

**国家能源海上风电技术装备研发中心**

国家能源局

---

## SIPAI® 上海工业自动化仪表研究院

**国家能源核电站仪表研发（实验）中心**

国家能源局

**企业核电文化愿景：我们让核电更安全，全面支持核电仪控技术**

国家能源核电站仪表研发（实验）中心（以下简称"中心"）于2010年7月由国家能源局授权，正式成立于上海工业自动化仪表研究院（简称上海自仪院）。后者原为国家机械工业部直属行业归口科研机构，也是工业过程自动化国家工程研究中心(PA-NERC)、国家工业自动化仪表产品质量监督检验中心的依托单位。

中心是针对仪控和低压电气设备的拥有完整EQ试验能力的第三方机构，除核电专项试验能力外，还拥有着对各种目标试验件基准性能进行试验的能力，可以提供一站式的专业服务。

中心试验能力全面覆盖AP1000、RCC-E、GB标准体系，满足三代核电发展需要，尤其是拥有β辐照源的辐照试验室、加速度达到$10g/s^2$的地震台架、2013年初完成的AP1000核级电缆LOCA试验的LOCA台架、2011完成的国内首个西屋AP1000 1E级仪控台盘的EMC/EMI试验的EMC试验室均是国内、乃至国际领先水平的试验室。

中心将充分发挥其独立、专业、综合的服务特点，为我国的核电安全发展提供技术支持和保障。

我们让核电更安全！

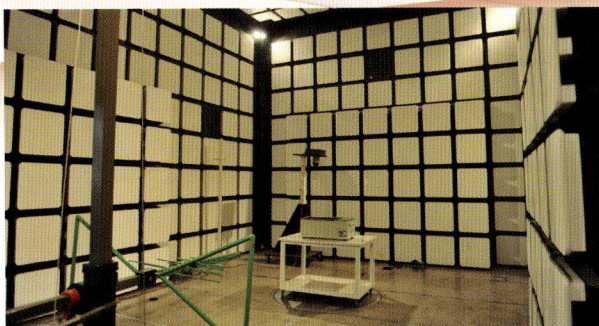

## 国家能源核电软件重点实验室
### NATIONAL ENERGY KEY LABORATORY OF NUCLEAR POWER SOFTWARE

国家能源核电软件
重点实验室

国家能源局

2011年9月，国家能源核电软件重点实验室获国家能源局批准建设，以国核软件中心为主体依托单位，是我国目前唯一专职于核电软件开发的国家级重点平台。为更好地实现核电软件自主化的快速和可持续发展，国家能源核电软件重点实验室有效地整合了核电软件研究开发的人力、财力等资源，形成合力，实现了核电软件的"统一规划、统一管理、统一配置、统一平台、统一开发、统一标准"。目前主要开展核电软件的自主化开发与验证、工程应用与分析、管理与技术支持等业务。

本着"合作共赢"原则，国家能源核电软件重点实验室与环保部核与辐射安全中心、上海核工程研究设计院、中国原子能科学研究院、中科华核电技术研究院、国核研发中心、清华大学、上海交通大学、西安交通大学、华北电力大学等单位密切建立了合作关系，凝聚各方核电软件研发力量，共同促进核电软件自主化发展。

在国际合作方面，国家能源核电软件重点实验室先后加入由OECD/NEA组织的ROSA-II、PKL-3、HYMERES等国际实验研究计划。同时，还同德国GRS、日本JAEA等国际知名研究机构在核电软件开发、验证和评估等方面开展了合作与交流。

国家能源核电软件重点实验室全体员工将进一步开拓创新、团结协作、艰苦奋斗、锐意进取，瞄准国际核电软件发展前沿，密切结合国家核电安全发展战略的需求，努力把重点实验室建设成为世界一流的核电软件开发、评估、工程应用及人才培养的基地，为实现我国核电软件自主化事业做出贡献。

## 国核宝钛锆业股份公司
### STATE NUCLEAR BAO TI ZIRCONIUM INDUSTRY COMPANY

国家能源核级锆材
研发中心

国家能源局

为实现我国核级锆材国产化和自主化的目标，国家能源局依托国家核电技术公司和国核宝钛锆业股份公司成立国家能源核级锆材研发中心（以下简称"中心"）。中心自成立以来，本着代表国家能力，建设国内外开放的核级锆材研究及检测平台的目标，充分利用国内外两种资源，建立了3个产业化研究平台、1个中试车间及8个研究室，培养了一批从事锆合金熔炼、锆铪冶金、锆合金热加工技术工艺研究、锆合金管材制造技术研究、锆合金条带材制造技术研究和核级锆材检测技术研究的专业技术带头人及技术骨干，搭建起了可持续发展式的人才梯队。

中心以"应用一代、研究一代、预研一代"的研究理念，开展了一系列的研究工作。中心成立短短几年时间，共计形成专利20件，其中发明专利8件；公司级技术秘密55件。论文发表质量和数量稳中有升，2010～2012年共计在国内核心期刊、会议文集、一般期刊等文集上发表118篇。共获得国家级奖项4个，省部级奖励5项。

中心将以引进消化吸收国外先进技术为基础，在整合国内现有研究力量的基础上，以项目为纽带，采用多种形式进一步加强产学研用相结合的研究力量，在核级锆材的基础研究、应用研究和评价技术研究等领域加大投入与探索，立足我国核工业体系基础和发展现状，建立适用于我国工业体系的核级锆材检测标准体系和材料评估体系，实现我国核级锆材制造及其产业链中关键装备和原辅材料的自主化。

## XIHARI 西安高压电器研究院有限责任公司
### XI'AN HIGH VOLTAGE APPARATUS RESEARCH INSTITUTE CO.,LTD

国家能源输配电设备研发（实验）中心（以下简称"中心"）于2010年1月6日正式授牌成立，依托中国西电集团公司西安高压电器研究院（以下简称"西高院"）组建成立。作为国家能源局首批设立的16个国家能源研发（实验）中心之一，中心一直以成为国际一流水平的综合性输配电设备研发（实验）中心为目标，不断提高自主创新能力，引领行业技术发展，更好地为行业服务。

中心自成立以来，积极开展特高压输变电、智能电网、输配电设备、电力电子的基础性、共性、关键性、前瞻性的关键核心技术攻关，着力解决影响产业发展的关键技术瓶颈，不断提高产品的可靠性和成套能力，共开展科研项目攻关206项。

中心通过开展原始创新、集成创新、引进消化吸收再创新，取得了丰硕的科研成果。自成立以来，研发（实验）中心的科研项目共获得省市级以上奖励24项，包括国家科技进步奖、国家能源科技进步奖、机械工业科学技术奖、陕西省科学技术奖等。

自主创新促进了知识产权创造，中心不断加强知识管理和保护利用力度。截至2012年12月31日，中心共获得有效授权专利84件，其中发明专利10件；完成专利申请122件，其中发明专利35件。

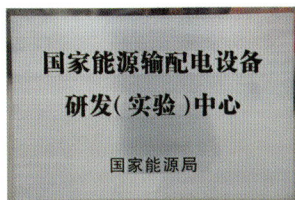

**国家能源输配电设备
研发（实验）中心**

国家能源局

## NECB 国家能源非粮生物质原料研发中心
### National Energy R&D Center for Non-food Biomass

国家能源非粮生物质原料研发中心（以下简称"原料中心"）由中国农业大学、北京林业大学、大唐集团新能源股份有限公司和河南天冠企业集团有限公司共同组建。原料中心以建成我国高产、优质、低耗的非粮生物质原料可持续供应体系为总目标，集聚我国分散的非粮生物质原料研发力量，跟踪国际生物质能源科技发展前沿，围绕国家生物质能源的战略需求。具体完成三大任务：一是解决该领域的重大技术问题，在关键瓶颈技术上获得突破；二是解决产业问题，通过制定行业技术标准和建立示范工程，将技术研发成果应用于产业；三是研究行业的战略规划和管理策略，为国家制定相关政策提供依据。

原料中心是国内较早开展非粮原料科技研发和示范的机构，已形成了一支稳定的专业研发队伍。

**组织国内外非粮生物质原料合作研发平台初具雏形。**原料中心与国内相关研究单位和企业单位建立了实质性合作关系，正在建立、健全制度化的合作机制，形成国内系统的非粮生物质原料合作研发平台。已和美国能源部相关国家实验室、美国农业部ARS相关机构和瑞典农业大学等国外相关研究机构建立了密切合作关系。

**已初步形成完整的基础设施和学科体系。**成立了8个研究室，正在建设涿州非粮能源作物育种和生产示范基地等。获准成立了能源行业非粮生物质原料标准化技术委员会、能源行业非粮生物质原料标准化技术委员会林业分委员会。

**有稳定的国内外研发项目资助。**"十一五"以来，原料中心主持或参加了国际机构、国家政府和国内外企业关于生物质原料领域的项目资助。

**已完成的主要研发成果。**申报了适宜于盐碱地使用的甜高粱专用生物有机肥专利5件。收集能源高粱种质资源1500份，初步筛选出了高能、抗旱的核心种质85个，培育出优良品种8个。收集了菊芋无性系60份及柳枝稷等能源草品种26份。针对干旱和盐碱地对甜高粱出苗的影响及甜高粱易倒伏的缺点展开研究，申报了国家发明专利《甜高粱抗倒伏剂及其应用》等5项。在该研究领域发表学术论文156篇（包括SCI论文38篇），同时，已培养毕业并获得学位的硕士和博士研究生共36人，在读生41人。

**国家能源非粮生物质原料
研发中心**

国家能源局

**能源行业非粮生物质原料
标准化技术委员会**

国家能源局

国家能源研发（实验）
中心

# 国家能源快堆工程研发（实验）中心

国家能源快堆工程研发（实验）中心（以下简称"中心"）自成立以来，以快堆技术产业化和建立先进闭式燃料循环体系为导向，依托中国实验快堆和配套实验设施，不断加快技术研发，通过国家"863"计划、核能开发、国际合作、技术基础等科研渠道的支持开展了大量相关技术研究，在快堆工程设计、关键工艺技术、关键设备研发、安全技术方面取得了突破，初步掌握了快堆核心技术，并取得多项科技创新成果。

在工程设计方面，自主完成了中国实验快堆概念设计、初步设计和施工设计三个主要阶段的设计任务，完成了主要试验验证，形成了整套钠冷快堆的设计研究文件资料，建立了一套基于实验快堆设计和安全评价的准则、标准规范体系，具备了涵盖堆芯、工艺系统、设备、仪控电等方面的快堆工程设计能力。

在关键技术及关键设备研发方面，掌握了大型薄壁压力容器——快堆堆容器的制造和装配技术，突破了快堆堆本体设备布置和安装调试、快堆钠管道安装和焊接等关键技术；自主设计研制了不锈钢反射层组件和B4C屏蔽组件、堆容器及堆内构件、双旋转屏蔽塞等快堆关键设备，具备了堆用钠工艺系统设备和钠火消防设备等研制和自主生产能力。

在快堆安全运行技术方面，自主设计并验证了非能动事故余热排出系统和非能动超压保护系统，采用了防止一回路钠净化管道破裂导致钠大量泄漏的虹吸破坏装置，通过了按国际和国内相关标准进行的全面安全评价；完成了快堆役前检查和工艺系统性能试验调试，建立了完备的运行管理机制，掌握了快堆装料、初始临界、功率试验和发电功能试验技术，具备了钠冷快堆的运行技术能力。

在我国示范快堆技术方面，开展了液体悬浮式非能动停堆控制棒的热工水力理论研究和结构方案设计。在快堆标准规范信息资源和安全分析技术研究方面，建立了快堆工程数据库框架。开发了交互式安全分析软件，建立了快堆流致振动分析计算准则和计算模型，开展了快堆主容器高温蠕变和高温管道位移和应力测量研究，建造了钠沸腾热工水力实验台架，开展了钠沸腾现象研究。

几年来，中心组织申报并获得了中国实验快堆燃料操作系统设计与研制、中国实验快堆非能动余热排出系统设计和建造等省部级奖33项。同时，中心积极开展专利申请工作，共申请专利162件，已获授权专利98件。主要集中在主要系统、关键设备、关键工艺等，如堆本体、二回路、钠净化系统、事故余热排出系统、换料系统等系统，钠-空气热交换器、冷阱、蒸汽阱、新燃料组件装载机、专用工具、流量计、液位计、缓发中子探测装置等设备，大规模钠操作、在线钠净化等工艺方面。

在开展现有科研工作的同时，中心就其总体发展进行积极部署和重点推进。为确保中国实验快堆按设计工况稳定安全运行，中心积极开展中国实验快堆运行维护技术研究。同时，中心正在中国核工业集团公司的领导下，致力于自主研发60万kW示范快堆电站CFR-600，已经完成了CFR-600方案设计研究，正在开展工艺设计和关键工艺、设备的研究工作。

# 国家能源核电站核级设备研发中心

国家能源核电站核级设备研发中心（以下简称"研发中心"）是国家能源局首批设立的 16 个国家级的能源研发中心之一，于 2010 年 1 月 6 日正式授牌落户于中国广核集团有限公司下属中科华核电技术研究院有限公司。研发中心的主要任务是联合制造厂家和国内科研院所开展核级设备的研制，建设核级设备研发所需的试验装置，建立并完善核级设备研发标准体系，填补国内相关领域的空白，推动我国核电的自主化和国产化进程。

研发中心自成立以来，在核级设备研制领域和承担国家重大课题方面已经取得了大量的成绩。完成了核燃料运输储存系统、反应堆再循环地坑过滤器、LOCA 裕度监视系统、控制棒驱动系统、核级应急柴油发电机组、核级泵机械密封、发电机励磁监测装置等多项核电系统及设备的研制；同时，中低放射性废物处置系统（等离子固废熔融技术、水泥固化线、三废脱气塔和蒸发器等）、堆外核测系统、主泵轴封系统、反应堆大盖"C"形密封环、严重事故救灾机器人、整体式螺栓拉伸机的研制已经取得了突破性进展，以上多项科技研发成果已获得较大范围的核电工程应用。

此外，研发中心承担的"863"项目——特殊服役环境下的机器人研制、严重事故应急救援机器人和专用工具也将在 2015 年投入应用；"科技支撑"项目——控制棒驱动系统研制计划将于 2013 年底完成所有研制工作，"973"项目——海洋小型堆核电站运行保障技术研究已确定研发路线和技术方案。

在研发试验设施建设及核级设备研发标准体系建设领域，研发中心自成立以来相继建成了一批国际一流的试验设施，如 LOCA 模拟环境鉴定实验室、杂质鉴定实验室、控制棒驱动机构冷热态试验室。研发中心着力打造的"核电站安全壳内不可接近设备研发和试验中心"系列实验室，一期工程计划 2013 年建成，二期工程将于 2014 年竣工，为我国核电的设备研发和机组安全稳定运行提供全方位的支撑和保障。近期，研发中心的又一重大项目"小型堆及核主泵运维技术研发和试验验证平台"正式启动，项目将建设具有国际先进水平的小型堆试验验证平台以及核主泵关键部件研发和日常修复的试验验证平台。为完善我国核级设备研发的标准体系，研发中心相继完成了 29 项能源局核电行业标准的编制和 51 份核级设备鉴定标准规范的制定，基本涵盖了两代加机组需要鉴定的设备，并被业界广泛采用。

研发中心以引进和培养的方式打造了一支结构优化、布局合理、素质优良的人才队伍，为研发中心的可持续稳定发展提供了人力资源保障。研发中心现有在岗职工 300 余人，其中各类工程技术人员 200 余人，硕士、博士以上学历比例超过 60%，涉及 20 多个工程专业和学科。研发中心已有 10 余人获得国家和省部级奖。

研发中心将继续以我国核电发展的方针政策为指引，紧密联系运营、工程和装备制造业，不断开拓创新、锐意进取，提升自身的研发实力，以"打造国际一流的核级设备研发中心"为目标，为中国核电建设、运行和"走出去"保驾护航。

# 国家能源核电软件重点实验室

2011年9月，国家能源核电软件重点实验室（以下简称"实验室"）获国家能源局批准建设，以国核软件中心为主体依托单位，是我国目前唯一专职于核电软件开发的国家级重点平台。实验室有效地整合核电软件研究开发的人力和财力等资源，形成合力，实现核电软件的"统一规划、统一管理、统一配置、统一平台、统一开发、统一标准"，更好地支撑我国核电软件的快速进步和可持续发展。实验室瞄准国际核电软件发展前沿，密切结合国家核电安全发展战略的需求，努力建设成为国际一流的核电软件研发、交流和人才培养平台。

实验室主要从事核电软件自主化开发与验证、核电软件工程应用分析和软件管理与技术支持等业务，牵头实施国家大型先进压水堆核电站重大专项"核电关键设计软件自主化技术研究"及"严重事故分析及应急决策支持技术研究"课题，正在开发以"反应堆堆芯物理、热工和系统安全分析一体化软件包"（COSINE）为代表的拥有自主知识产权的关键核电设计软件。

实验室拥有一支以知名教授、资深研究员带头，博士、硕士为技术骨干的研究队伍。重点实验室主体依托单位设在北京，同时在有人才、地理优势的上海成立了核电软件工程应用测试中心，为核电软件的研发提供科学、规范的独立工程测试。国家能源核电软件重点实验室下设上海分支机构、山东分支机构、上海工程应用测试中心、上海交通大学高校工作站、西安交通大学高校工作站、华北电力大学高校工作站，研发人员专业涵盖反应堆物理、反应堆热工、工程热物理、软件工程、计算数学等多个学科领域。

本着"合作共赢"原则，国家能源核电软件重点实验室与环保部核与辐射安全中心、上海核工程研究设计院、中国原子能科学研究院、中科华核电技术研究院、国核研发中心、清华大学、上海交通大学、西安交通大学、华北电力大学等单位密切建立了合作关系，凝聚各方核电软件研发力量，共同促进核电软件自主化发展。

在国际合作方面，实验室先后加入由OECD/NEA组织的ROSA-II、PKL-3、HYMERES等国际实验研究计划，为软件模型验证数据库的建立收集实验数据。同时，还同德国GRS、日本JAEA等国际知名研究机构在核电软件开发、验证和评估等方面开展了合作与交流。

实验室开拓创新、团结协作、锐意进取、努力建设世界一流的核电软件开发、评估和工程应用基地，为实现我国核电软件自主化事业作出贡献。

# 国家能源核电站仪表研发（实验）中心

国家能源核电站仪表研发（实验）中心（以下简称"中心"）于 2010 年 7 月由国家能源局授权，正式成立于上海工业自动化仪表研究院（以下简称"上海自仪院"）。后者原为国家机械工业部直属行业归口科研机构，也是工业过程自动化国家工程研究中心（PA-NERC）、国家工业自动化仪表产品质量监督检验中心的依托单位。

中心通过消化和吸收国际核电仪控系统的先进技术及标准规范，促进我国核电仪控系统质量测评与验证技术的标准化，提升我国核电仪控系统自主化研发和检测能力，形成我国核电仪控试验技术的制高点，逐步建成国际先进、国内一流的具有专业性、独立性和综合性的核电仪控系统试验验证平台。

中心的主要研究和服务内容包括核电仪控电气设备的设备鉴定及相关试验、核安全级软件的验证与确认（Verification and Validation, V&V）以及相关的技术咨询服务。

## 一、仪控设备质量鉴定

中心是目前国内唯一针对仪控和低压电气设备的拥有完整 EQ 试验能力的第三方机构，除核电专项试验能力外，还拥有着对各种目标试验件基准性能进行试验的能力，可以提供一站式的专业服务。

中心试验能力全面覆盖 AP1000、RCC-E、GB 标准体系，满足三代核电发展需要，尤其是拥有 β 辐照源的辐照试验室、加速度达到 $10g/s^2$ 的地震台架。2011 年完成国内首个西屋 AP1000 1E 级仪控台盘的 EMC/EMI 试验的 EMC 试验室是国内、乃至国际领先水平的试验室；部分试验能力已经通过美国 ARES 公司的审核，具备 IEEE323、IEEE344 标准的试验执行能力，试验质保能力已经达到美国 NRC 要求的水平。中心完整试验能力见图 1。

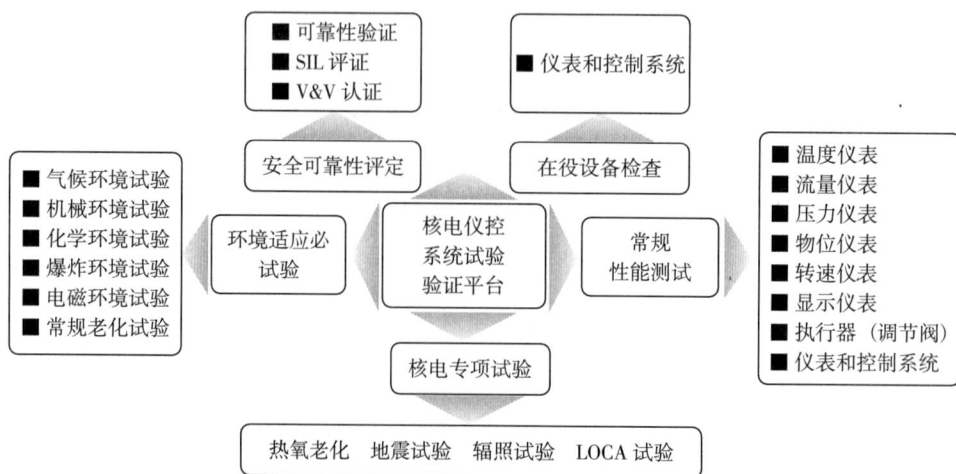

**图 1　中心完整试验能力**

## 二、核级软件 V&V 能力

为满足我国核电软件国产化和安全监管对第三方软件 V&V 机构的迫切需求，中心正在建立一支由国际一流专家领衔的专业 V&V 工作团队，完全由博士、硕士、教授级高级工程师组成的专职工作组，依据 IEC 61508、IEC 60880、IEC 62138 和 IEEE 1012 标准开展工作，针对核安全级软件和系统开展 V&V 认证服务工作。从 B、C 类软件入手，循序渐进培养能力、积累经验，争取在两年内实现对 A 类软件的 V&V 认证能力。

中心目前正在开展一系列的 1E 级仪电设备嵌入式软件 V&V 项目，涉及产品包括 I/A 系统、直流系统监控柜、堆外核测量系统、事故后安全壳剂量率监测仪等；客户包括 ABB、Invensys、719 所等知名制造企业。

中心的仪控设备质量鉴定能力和软件 V&V 能力已经被纳入环境保护部核与辐射安全中心（以下简称"安全中心"）试验室建设体系，作为技术支持单位，为我国的核安全设备监管发挥作用。

## 三、技术咨询服务

同时，受安全中心委托，中心可向制造企业和用户提供以下咨询服务项目：核设备设计/生产许可证取证咨询和指导、核质保体系建立和实施运行指导、质保和专项技术人员培训、制造能力提升指导、申请文件准备以及现场检查、整改协助等。中心是国家能源局核电关键仪表国产化工作的牵头组织单位，对于有取证需要的国产化项目承担单位，中心能够为其提供全方位取证咨询，帮助其早日取证。

未来，中心将充分发挥独立、专业、综合的服务特点，为我国的核电安全发展提供技术支持和保障。我们让核电更安全！

# 国家能源核级锆材研发中心

为实现我国核级锆材国产化和自主化的目标，国家能源局依托国家核电技术公司和国核宝钛锆业股份公司成立"国家能源核级锆材研发中心"（以下简称"中心"）。中心自成立以来，本着代表国家能力，建设国内外开放的核级锆材研究及检测平台的目标，中心充分利用国内外两种资源，建立了3个产业化研究平台、1个中试车间及8个研究室。其中3个产业化研究平台及理化检测中心共计占地 71 490.52m²，拥有各类先进研究生产设备共计 224 台（套），总资产达 173 387.13 万元。在人才队伍建设方面，目前中心研究人员共计 121 人，其中博士 5 人，硕士 40 人，涵盖了材料加工、冶金、工模具设计、检测技术等领域，由专家带队，在科研项目实施及科技创新过程中，培养了一批从事锆合金熔炼、锆合冶金、锆合金热加工技术艺研究、锆合金管材制造技术研究、锆合金条带材制造技术研究和核级锆材检测技术研究的专业技术带头人及技术骨干，搭建起了可持续发展式的人才梯队。

中心以"应用一代、研究一代、预研一代"的研究理念，开展了一系列的研究工作。围绕 E110 合金、Zr-4 合金、Zirlo 合金的国产化，开展了核级锆材大型铸锭成分均匀化、热加工模拟及工艺、挤压工艺和热处理工艺研究等，打通了核级锆材制造工艺，具备了稳定批量供应核级锆材的能力；围绕核级锆材二元、三元相图计算、核级成分设计，开展了国产新锆合金的研制工作，确定了四种合金成分，并进行了中试规模的研制，为我国核级锆材自主化奠定了良好的基础；建立了核级锆材质保体系和核级锆材性能检测体系，通过了国外相关核级锆材制造厂家的认证工作。中心成立短短几年时间，共计形成专利 20 项，其中发明专利 8 项；公司级技术秘密 55 项。论文发表质量和数量稳中有升，2010~2012 年共计在国内核心期刊、会议文集、一般期刊等文集上发表 118 篇。共获得国家级奖项 4 个，省部级奖励 5 项。

中心将以引进消化吸收国外先进技术为基础，在整合国内现有研究力量的基础上，以项目为纽带，采用多种形式进一步加强产、学、研、用相结合的研究力量，在核级锆材的基础研究、应用研究和评价技术研究等领域加大投入与探索，立足我国核工业体系基础和发展现状，建立适用于我国工业体系的核级锆材检测标准体系和材料评估体系，实现我国核级锆材制造及其产业链中关键装备和原辅材料的自主化。

# 国家能源输配电设备研发（实验）中心

国家能源输配电设备研发（实验）中心（以下简称研发"（实验）中心"）于 2009 年 11 月 9 日批准组建，2010 年 1 月 6 日正式授牌成立，2010 年 4 月 15 日通过认定评审。依托中国西电集团公司西安高压电器研究院（以下简称"西高院"）组建成立。作为国家能源局首批设立的 16 个国家能源研发（实验）中心之一，研发（实验）中心一直以成为国际一流水平的综合性输配电设备研发（实验）中心为目标，不断提高自主创新能力，引领行业技术发展，更好的为行业服务。

自研发（实验）中心成立以来，积极开展特高压输变电、智能电网、输配电设备、电力电子的基础性、共性、关键性、前瞻性的关键核心技术攻关，着力解决影响产业发展的关键技术瓶颈，不断提高产品的可靠性和成套能力，研发（实验）中心成立以来，共开展科研项目攻关 206 项，其中开展的重大专项有：

①智能化领域：国家能源局"智能化输配电关键设备研发及工程应用示范"项目（含 5 个子项）、国家科技部科技支撑计划"新一代高压超高压断路器技术集成及产品制造"项目。

②新能源领域：面向新能源发电的超导储能—限流系统研制和并网（科技部"863"计划）项目。

③超大规模输变电成套装备领域：能源局"±1 100kV 直流输电技术研发能力建设"项目（陕西省科技统筹创新工程计划重大科技专项）、±1 100kV 特高压直流输电用直流开关成套装置、±1 100kV 特高压直流电压测量装置、大容量发电机断路器及成套装置研制（财政部国有资本金项目）、500kV 串补工程用火花间隙的研究（财政部国有资本金项目）。

④基础研究领域：针对产品设计存在的共性问题，开展了电场仿真、设备可靠性及振动分析等基础研究，为高压开关设备可靠性技术试验研究，126kV 或 252kV GIS 产品可靠性的研究及产品全寿命周期管理。

⑤标准制修订：在高压开关、高电压试验技术和绝缘配合、高压直流输电设备、绝缘子、避雷器、电力电容器、无功补偿和谐波治理装置、短路试验技术 8 个领域开展标准制修订工作，如棒形支柱瓷芯复合绝缘子标准制定的研究（质检工艺性行业科研专项项目）。

研发（实验）中心自成立以来，积极开展科研攻关，多项技术得到突破，填补国内空白。2010~2012 年先后完成鉴定验收项目 58 项，其中技术水平达到国际领先 9 项，国内领先国际先进 35 项。研发实验实力不断提高，技术水平与自主创新能力显著增强。

研发（实验）中心通过开展原始创新、集成创新、引进消化吸收再创新，取得了丰硕的科研成果。自成立以来，研发（实验）中心的科研项目共获得省（市）级以上奖励 24 项，其中参加完成的"高压直流输电工程成套设计自主化技术开发与工程实践"项目获得 2011 年国家科技进步奖一等奖，参加完成的"特高压交直流输电关键技术、成套设备及工程应用"获 2012 年国家科技进步特等奖；

自主完成的"超高压直流输电用直流转换开关成套装置研制"获 2011 年国家能源科技进步奖二等奖，"550kV 1/2 极 SF6 自能灭弧单元的研究及 LW36–252/T4000–50 自能式 SF6 断路器研制"获 2011 年国家能源科技进步三等奖，"特高压及电子式（光电）互感器试验系统的建立及试验方法的研究"获 2011 年国家能源科技进步三等奖，"特高压换流阀运行试验研究"获 2012 年国家能源科技进步奖一等奖，参与完成的"800kV 直流输电系统设计和设备标准体系研究"获 2012 年国家能源科技进步二等奖，自主完成的"特高压电容式电压互感器试验系统的建立及试验方法的研究"获 2012 年国家能源科技进步三等奖，"特高压（UHV）断路器 120ms 非对称电流开断（T100a）试验研究"获 2012 年国家能源科技进步三等奖。此外，还获得机械工业科学技术奖 7 项，陕西省科学技术奖 7 项。

自主创新促进了知识产权创造，研发（实验）中心不断加强知识管理和保护利用力度，截至 2012 年 12 月 31 日，研发（实验）中心共获得有效授权专利 84 件，其中发明专利 10 件；完成专利申请 122 件，其中发明专利 35 件。

# 国家能源新材料技术研发中心

国家能源新材料技术研发中心是国家能源局依托中国工程物理研究院（以下简称"中物院"）建设的研发中心。国家能源新材料技术研发中心依托中物院，在光伏材料、储能材料、生物质能材料、核能相关材料等领域取得了一系列居于国际前沿水平的进展。

光伏材料方向：基本掌握了高效率 CIGS 薄膜太阳能电池材料的非真空低温低成本制备技术，制备出 300mm×300mm CIGS 薄膜，申请了美国和世界专利，技术指标达到国际同类产品先进水平，相关技术项目被列入国家 2012 年"863"计划和国防科工局军工技术推广专项；硅基太阳能电池正面银浆的精密丝网印刷工艺技术完成前期研究，可基本解决国内银浆烧结温度范围窄、废品率较高、影响电池转化效率等问题；染料敏化太能电池关键材料制备技术，已研发获得了波长可达 2 500 nm、摩尔吸收系数不低于 $10^3$ dm$^3$·mol$^{-1}$·cm$^{-1}$ 的宽带吸收染料；发明了基于超热氢交联（HHIC）技术的工艺设备，在不需要化学溶剂试剂、不消耗热能、绿色环保条件下实现聚合物碳氢主链的交联，现已制造出中试设备，并申报美国专利，在柔性太阳能电子产品和新型高分子材料中的工程化应用具有重要应用；发起组建具有第三方公正性地位和独立法人资格的国家级"成都光伏产品质量监督检验中心"，建成国内测试产业链最长，测试能力最大、测试设备最全的专业光伏产品实验室。

储能材料方向：掌握了低成本化学法制备超级电容器用石墨烯水凝胶的实验室技术；设计和研制出石墨烯和 Ni（OH）$_2$ 层状交叠，同时将 CNTs 或 CNFs 缠绕在层上或层间，有效提高集流效率的纳米复合结构，可大幅度提高超级电容器能量密度；"高比能、低成本新型超级电容器关键技术研究"列入 2013 年国家"863"计划；掌握液流钒电池储能系统关键材料和集成工艺开发核心技术，拥有多项授权专利，"5kW 钒电池单元电堆制造技术"通过四川省科学技术成果鉴定（川科签字〔2011〕第 428 号），承担了多个 10kW 级储能系统示范工程，正在开展兆瓦级储能系统的工程化开发；"高性能交流燃料电池备用电源系统可靠性与耐久性关键技术研究"和"低成本钛酸锂系储能锂离子电池关键技术及示范"申请国家"863"计划项目获得批准；申请获得四川省战略性新兴产品计划项目和四川省科技支撑计划项目各 1 项。

生物质能源材料方面：拥有教育部重点实验室和强大的研发团队，承担了国家"973"课题等多个重大项目，在能源微藻的选育、木质素高效定向转化、麻风果生物柴油的炼制、生物质热解气的在线重整、生物质水/溶剂热选择性分级转化等方面取得了多项技术突破，已获国家发明专利授权 4 项。

核能相关材料方面：非能动氢气复合装置研发成功并销售至国内市场，正在建设中等规模的实验生产工程示范线，开发多规格系列化产品，开展产业化推广；自主设计了国内第一套完整的苛刻条件下非能动氢气复合装置整体性能测试系统。

此外，中心主持和参与制定能源材料行业标准 6 项。

# 国家能源非粮生物质原料研发中心

国家能源非粮生物质原料研发中心（以下称"原料中心"）以建成我国高产、优质、低耗的非粮生物质原料可持续供应体系为总目标，集聚我国分散的非粮生物质原料研发力量，跟踪国际生物质能源科技发展前沿，围绕国家生物质能源的战略需求，具体完成三大任务：①解决该领域的重大技术问题，在关键瓶颈技术上获得突破；②解决产业问题，通过制定行业技术标准和建立示范工程，将技术研发成果应用于产业；③研究行业的战略规划和管理策略，为国家制定相关政策提供依据。

原料中心由中国农业大学、北京林业大学、大唐集团新能源股份有限公司和河南天冠企业集团有限公司共同组建。中国农大和北京林大都是教育部直属重点大学，是国内最早研究生物质原料的院校；大唐和天冠是我国生物质能源科技研发和产业化的龙头企业。四家单位建立了紧密的合作关系，形成了生物质原料科技研发和示范的产、学、研相结合的研发中心。

## 一、在国内最早开展非粮原料科技研发和示范

2004 年中国农业大学成立了我国最早的生物质工程中心，北京林业大学也是较早进行林业生物质资源研究的单位。国家"十五"和"十一五"的"985"、"211"工程及其他科技项目都支持了两校该领域研究设施和人才队伍的建立。

## 二、已形成一支稳定的专业研发队伍

中国农业大学现从事非粮生物原料研发的骨干成员 38 人，其中教授 23 名、副教授 7 名、讲师 4 名、博士后 4 名。北京林业大学现具有森林培育与加工收获专业背景的中青年教师共 44 人，其中具有副教授以上高级职称 34 人。两校还有非粮生物质原料方面的硕士和博士研究生共 52 人。大唐和天冠现有该领域科技人员共 21 人，其中高级职称 15 人、中级职称 6 人。另外，原料中心聘请了国内专家 21 人、国外顾问 12 人。

## 三、国内非粮生物质原料合作研发平台初具雏形

原料中心与国内相关研究单位和企业单位建立了实质性合作关系。主要的合作研究单位包括国家能源生物液体燃料研发中心、中国科学院北京植物所、中国科学院华南植物园、中国科学院遗传与发育生物学研究所、中国农业科学院作物科学研究所、中国林业科学研究院林业研究所、北京市农林科学院草业与环境研究发展中心、河北省农林科学院谷子研究所、宁夏大学新技术应用研究开发中心、湖南农业大学、湖南林科院、齐齐哈尔大学等研究单位。主要合作企业包括中粮集团、中兴能源、内蒙古特弘生物科技有限责任公司、重庆诚投

再生能源开发有限公司、内蒙古金星绿洲生物科技开发有限公司、北京中农数源生物科技有限公司等。正在建立、健全制度化的合作机制，形成国内系统的非粮生物质原料合作研发平台。

## 四、与国外相关研究企业单位建立了密切合作关系

原料中心重视国际合作，先后与美国爱达荷国家实验室、美国阿贡国家实验室、美国农业部农业研究服务局南方地区研究中心、农业研究服务局植物遗传资源保护中心、美国伊利诺伊大学香槟校区能源生物科学研究所、瑞典农业大学、以色列巴尹兰大学、荷兰瓦赫宁根大学、波兰罗兹理工大学、加拿大 UBC 大学、壳牌集团、杜邦集团、德国 GFT 公司等相关科研机构和企业在生物质原料资源评估和性质、收储运模型、作物种质资源和育种、可持续性与政策等研究领域建立了稳定合作关系。

## 五、初步形成完整的基础设施和学科体系

原料中心已建立了包括生物质原料可持续性、发展战略与政策、农林废弃物资源可获得性及供应体系、宜能非粮地资源和水资源、非粮能源作物和林木育种和在边际地关键生产技术、生物质原料信息化技术、原料生产及收储运装备研发为主要方向的非粮生物质原料研发。正在建设涿州非粮能源作物育种和生产示范基地、华南丘陵地非粮生物质原料示范基地、华中秸秆收储运技术及装备示范基地。获准成立了能源行业非粮生物质原料标准化技术委员标委会、能源行业非粮生物质原料标准化技术委员会林业分委员会。

## 六、有稳定的国内外研发项目资助

"十一五"以来，原料中心主持或参加了国际机构、国家政府和国内外企业关于生物质原料领域的项目资助，主要包括：国家发展和改革委员会 2011 年能源自主创新项目"中国农业大学非粮生物质原料研发中心"，国家能源局能源节约和科技装备司委托分别由大唐集团新能源股份有限公司和河南天冠企业集团有限公司资助的"非粮生物质原料标准和生产管理政策的研究"和"宜能边际地标准及其分布和生产潜力研究"项目，农业部公益性行业（农业）科研专项"能源甜高粱产量与含糖量协同提高关键技术研究"，科技部"十一五"国家科技支撑计划重大项目"农林生物质工程"和科技基础性工作专项重点项目"非粮柴油能源植物与相关微生物资源的调查、收集与保存"，内蒙古特弘生物责任有限公司"鄂尔多斯甜高粱肥水高效利用试验"项目，能源基金会（美国）"中国非粮生物质原料标准与基地管理政策的研究"。资助项目还来源于国家林业局、壳牌集团、杜邦集团、中粮（肇东）、中粮（安徽）等。

## 七、完成的主要研发成果

申报了适宜于盐碱地使用的甜高粱专用生物有机肥专利 5 项。通过系统调研确定了燃料乙醇甜高粱在边际地上优化栽培技术。系统而准确地研究了我国秸秆资源量、分布和收集、运输、储藏体系，基本明确了我国不同地区可用于能源的秸秆量。初步筛选出了高能、抗旱的能源高粱核心种质 85 个，培育出优良品种 8 个，其中已参加全国区试 1 个。收集了菊芋无性系 60 份及柳枝稷等能源草品种 26 份。针对干旱和盐碱地对甜高粱出苗的影响及甜高粱易倒伏的缺点展开研究，申报了国家发明专利《甜高粱抗倒伏剂及其应用》等 5 项。在该研究领域发表学术论文 156 篇（包括 SCI 论文 38 篇），同时，已培养毕业并获得学位的硕士和博士研究生共 36 人，在读生 41 人。

大型示范工程及产品

# 百万吨级精对苯二甲酸（PTA）装置

## 一、我国 PTA 装置发展概况

PTA 是聚酯（PET）工业的主要原料，PET 主要用于涤纶的生产。2011 年和 2012 年，我国化纤产量分别为 3 362.36 万 t 和 3 811.19 万 t，其中涤纶分别为 2 794.90 万 t 和 3 022.41 万 t，分别约占全国化纤总量的 83% 和 80%，堪称"一枝独秀"。涤纶工业是解决我国 13 亿多人口穿衣、家纺、产业用纤维以及出口创汇的主要品种，其原料 PTA 的重要性也显而易见。2011 年和 2012 年，我国 PTA 产量分别约为 1 670 万 t 和 2 040 万 t，净进口量分别约为 650 万 t 和 536 万 t，PTA 市场的自给率分别约为 72% 和 78%。然而，多年来我国 PTA 工业的发展却是完全依赖从美国、英国、日本及中国台湾等国家和地区引进技术及成套装备。

20 世纪 70 年代引进的第一套 PTA 装置仅为 3.6 万 t/a。2000 年之前，最大装置规模为 25 万 t/a。近年来，单套装置规模已达 150 万~200 万 t/a，单线生产能力已达 110 万~120 万 t/a。以每吨 PTA 产品的装置综合能耗（标油）计，20 世纪 80 年代为 250~300kg，90 年代为 200~250 kg，2000~2010 年为 160~180 kg，近几年可达 90~120 kg。

近年来，由于下游市场的拉动，我国 PTA 装置的建设规模迅速扩大。我国首套国产化 PTA 装置建设规模 90 万 t/a，在建国产化 PTA 装置规模达 150 万 t/a，应属国际一流规模。已投产国产化 PTA 装置综合能耗可达到国际先进水平。

## 二、PTA 装置国产化研发进程

中国纺织工业设计院（以下简称"中纺院"）对 PTA 工艺技术和成套装备的研发始于 1997 年，曾先后与浙江大学、天津大学、北京化工大学等高校合作完成基础研究，同时与企业合作，先后参与仪征化纤、燕山石化 PTA 和 PIA（精间苯二甲酸）装置的扩能改造。2003 年开始，依托济南正昊化纤公司年产 8 万 t PTA 装置开展工艺条件及反应器新型结构的工业化实验，完成年产 60 万 t PTA 装置成套技术工艺包的开发，并通过了纺织、石化两个协会组织的专家组评审。与此同时，还与国内外多家知名的设备制造厂家合作，完成 PTA 关键设备的研制工作，如沈阳鼓风机集团股份有限公司研制离心压缩机+蒸汽轮机+尾气膨胀机"三合一"工艺空压机组、南京宝色钛业有限公司研制对二甲苯（PX）氧化反应器、中国二重和南化机研制加氢精制反应器、锦西化工机械公司研制 CTA 和 PTA 干燥机、北京航天动力研究所研制高速泵等。2007~2009 年，中纺院与蓬威石化合作，采用自主研发的工艺技术及成套装备，建成年产 90 万 t PTA 装置。

## 三、百万吨级及以上 PTA 装置国产化路径

2009 年 11 月 15 日，国内首套年产 90 万 t 国产化 PTA 装置在重庆市蓬威石化有限责任公司顺利

建成投产。随后，江苏海伦化学公司年产 120 万 t 国产化 PTA 装置、浙江远东石化公司年产 140 万 t 国产化 PTA 装置相继于 2011 年 9 月和 2012 年 5 月建成投产，标志我国百万吨级及以上 PTA 装置已成功实现技术自主化和装备国产化。

蓬威石化是"十一五"期间国家发改委立项的大型石化装备国产化依托工程，于 2007 年 9 月 11 日动工，在建设各方的共同努力和密切配合下，克服金融危机等种种困难，历时 26 个月建成投产，创下同类项目多项工程建设记录：一是工艺技术实现自主化，工程采用中纺院开发的具有自主知识产权的 PTA 专有技术，该技术已获国家授权专利 13 项，其中发明专利 7 项；二是关键设备实现国产化，大型工艺空压机组、对二甲苯氧化反应器、加氢精制反应器、脱水塔、CTA（粗对苯二甲酸）/PTA 结晶器、CTA/PTA 干燥机、旋转真空过滤机（RVF）、高速泵等关键设备均由国内设计、制造，按投资计国产化率超过 80%；三是建设规模大，装置实际生产能力达百万吨级；四是建设速度快，实际建设时间仅为 24 个月；五是工艺优化、节能减排要求高。

本项目采用中纺院多项专有技术，如中温中压氧化工艺、无搅拌及特殊进气结构的鼓泡塔式氧化反应器、氧化尾气催化焚烧（HPCCU）、醋酸甲酯（MA）水解、PTA 四段结晶、一步法旋转压力过滤工艺（RPF）、PTA 母液超滤、离子交换及反渗透等先进技术，使原材料及综合能耗显著降低。同时，根据"先回收、再治理"的原则，基本实现污水的"零"排放目标。

中纺院对该工程除转让技术外，还实施管理型工程承包，包括承担基础设计及详细设计、采购服务、人员培训和开车服务，并对装置产量、产品质量及物耗、能耗进行保证。

综上所述，作为首套百万吨级国产化 PTA 装置，蓬威石化的顺利建成投产，结束了我国长期以来完全依赖引进技术和装备建设 PTA 装置的历史。我国自主 PTA 技术及成套装备的迅速推广，对国内化纤工业、PTA 工业及相关行业的发展、推进重大技术自主化及装备国产化、进而振兴民族工业等都具有里程牌式的意义。重庆蓬威石化 90 万 t/a 国产化 PTA 装置、"三合一"大型工艺空压机组、大型氧化反应器和百万吨级 CTA/PTA 干燥机分别见图 1、图 2、图 3 和图 4。

**图 1　重庆蓬威石化 90 万 t/a 国产化 PTA 装置**

图 2　"三合一"大型工艺空压机组

图 3　大型氧化反应器

图 4　百万吨级 CTA/PTA 干燥机

（中国纺织工业设计院　罗文德　汪英枝）

# 煤化工用大型空分设备

煤化工包括煤的加工、煤的气化、煤的液化等，在煤气化、煤液化、煤制油及煤基醇醚燃料的工艺过程中，需要大量的氧气进行反应，同时需要大量的氮气。我国以煤为主的能源战略给大型空分设备在煤化工领域的应用带来了广阔的市场，特别是进入 21 世纪以来，我国大力发展的以煤制油、煤制天然气、煤制烯烃、煤制二甲醚、煤制乙二烯为代表的新型煤化工发展迅猛，使得我国空分设备制造业无论是产品技术水平还是产品规模、产品数量都得到飞速的发展。

## 一、煤化工用大型空分设备的特点及要求

随着煤化工产业的发展，无法满足煤化工项目运行的需要，要求空分制氧容量增大，虽然空气分离的原理未变化，但对煤化工用空分设备设计、制造提出了新的课题和挑战，而不仅仅是简单的尺寸放大、规格提高。

（1）由于煤化工装置的大型化，对空分设备的制氧能力也提出了大型化的要求，从原来的 20 000 m³/h 提高到了 50 000~60 000m³/h，近几年又提出了 80 000~100 000m³/h 的要求，最大已经达到了 120 000m³/h，单机规模之大已超过冶金、石油化工任何一个行业。

（2）由于目前的煤化工装置要求氧气的压力通常为 4.0~9.0MPa，所以煤化工型空分均采用内压缩流程。但是由于采用煤气化技术的不同，有煤制油、煤制天然气、煤制甲醇、煤制烯烃、煤制氢等，对需要的氧气、氮气数量及压力就会有所不同。由于采用的气化炉型不同，鲁齐、德士古、壳牌等需要的氧气压力等级不同，氮气产品需求量和规格不同，而形成了空分流程的多样化，必须进行针对性的设计与开发。

（3）煤化工中的空分通常要求提供高压氧气、高压氮气、中压氮气、低压氮气、仪表空气、全化工厂用空气、液氧、液氮。尤其是对氮气产品的需求，规格有的达 6 种之多；而且用气量也在大范围内变化，甚至当后续工艺停机时，短时间内用氮量会增加几倍，这些要求对成套空分装置的设计及运行方面都是挑战。

（4）大型空分配套的空压机，特别是 80 000m³/h 以上空分所配套的空气压缩机，已不能采用单一的离心式，应为轴流＋离心式，并无法采用电机拖动，需要采用汽轮机拖动，加之内压缩流程还需要增压机。为了节能及简化流程，减少投资，通常采用一台汽轮拖动，即一拖二。这样的配置对配套空压机的要求有较大的变化，需要特别关注、考量。

（5）在塔器等静设备制造方面：①限制直径，并且塔高度不能太高，这就必须加强单元截面上的传热和传质，例如上下塔采用新型的规整填料，筛板塔加大开孔率等；②高效的气、液分配方面的问题，急需新型的塔内件开发应用；③高压绕管和板翅式换热器的研制；④塔内配管问题等。

（6）特大型空分设备的动设备核心机组配置对于一套空分设备的正常运行至关重要，在一定程度

上也是国产空分可靠性的保障，但在一次性投资与运行能耗这两个至关重要的因素上，对于特定用户，如何合理选择机组配置，对于一套空分设备的投资来说意义重大。在动设备核心问题大型高效率机组研制上，如高效率中压膨胀机、液体膨胀机、大型空气压缩机、增压机、大型离心式液体泵的研制及选择，目前基本上都选择国外进口，若希望减少投资，唯一途径是尽量国产化，但如何尽快、尽可能地提高国产化的核心部机的效率、降低能耗、缩小与进口机组的差距，是摆在国人面前的一个重大课题。

（7）由于大型煤化工装置的投入巨大，配套的特大型空分投入也大，任何单位无法采用备机方式来确保安全稳定运行。对空分设备可靠性及后备系统的要求增加，必须达到煤化工全流程的"安、稳、长、满、优"的运行，这就要求每个机组、每个部件均要可靠，能长时间稳定运行。在有故障出现的情况下，后备系统必须迅速反应，这就要求后备系统，一有足够的容量，二能快速反应，确保煤化工全流程的安全。

（8）设备大型化后，在运输上，由于道路的限制，一些特大型的部件、容器必须考虑在现场制造、分段制造＋现场组装，由此带来现场制造装备、现场施工队伍素质、现场检验标准与规范等一系列问题。

## 二、我国空分设备制造业发展概况

面对市场的压力、空分设备大型化的要求，以杭州杭氧股份有限公司（以下简称"杭氧"）为代表的国内空分设备制造业没有停顿，紧跟国际一流技术，依靠自主创新，提高装备制造能力、培养优秀的服务队伍，在已实现的 6 万等级空分装备国产化基础上，为实现 8 万~12 万等级的空分设备"中国制造"而努力奋斗，已取得了重大的突破。

### 1. 行业规模不断发展壮大

国内气体分离设备行业随着我国工业的发展，近 10 多年来得到了长足的发展，全行业工业总产值从 2000 年的 10.5687 亿元，增至 2012 年的 194 亿元，增长近 20 倍，年平均增长率达到 28%，大于全国机械工业年平均增长率（25%）。行业成套制造企业从原来的 9 家上升至 20 多家，其中产值在亿元以上的企业有 15 家，行业总资产已超过 300 亿元。行业年产空分设备制氧能力总量从 2000 年的 15 万 m³/h 上升为 2012 年的 300 万 m³/h 左右。

国内空分设备制造业以杭氧为代表，一跃成为"全球最大的空分设备制造基地"。杭氧迄今已有 60 年生产空气分离设备及低温设备的历史，通过改制设立的国有控股公司，是国内最大的空分设备和石化设备开发、设计、制造成套企业，以设计、制造、销售成套大中小型空分设备、石化设备和工业气体供应为核心业务，是我国空分设备行业唯一一家国家级重点新产品开发、制造基地，属高新技术企业，拥有国家级技术中心、国家空气分离设备行业研究所、国家空气分离设备监测中心，享有国家外贸自营权，是我国重大技术装备国产化基地，亚洲最大的空分设备设计和制造基地。2008 年 6 月，杭氧整体上市（股票代码 002430）。我国主要大型空分设备制造企业有关情况见表 1。

表 1 我国主要大型空分设备制造企业有关情况

| 序　号 | 企业名称 | 工业总产值（万元） | 制造过最大的空分设备（m³/h） |
|---|---|---|---|
| 1 | 杭州制氧机集团有限公司 | 828 000 | 120 000 |
| 2 | 四川空分设备（集团）有限责任公司 | 285 000 | 50 000 |
| 3 | 林德工程（杭州）有限公司 | 183 600 | 90 000 |
| 4 | 液空（杭州）有限公司 | 176 900 | 110 000 |
| 5 | 开封空分集团有限公司 | 150 812 | 60 000 |
| 6 | 河南开元空分集团有限公司 | 78 589 | 35 000 |
| 7 | 开封东京空分集团有限公司 | 57 780 | 40 000 |
| 8 | 开封黄河空分集团有限公司 | 51 000 | 30 000 |

## 2. 空分设备实现了大型化、特大型化

以杭氧、四川空分设备（集团）有限责任公司（以下简称"川空"）、开封空分设备集团有限公司（以下简称"开封空分"）等为代表的一大批民族空分设备制造企业占据了主要市场份额，另外液空、林德、美国 AP 也占有一定市场份额。随着冶金、石化、煤化工等产业多年来对空分设备大型化需求的日益增加，空分设备规格朝着大型、特大型方向发展，国产化的大型空分设备得到了快速发展，迅速占领国内大型空分市场的制高点。2002 年 12 月，杭氧通过自主创新、自主研发，开发的首套国产30 000m³/h 空分设备顺利开车，其主要技术指标达到同类型空分设备的国际先进水平，首次实现了我国从"七五"就开始攻关的 3 万等级大型空分设备的国产化。在之后的几年中，40 000m³/h、50 000m³/h、60 000m³/h 等级的空分设备也逐步通过自主开发并

投产成功，标志性产品有：杭氧提供给大唐国际多伦煤化工 3 套 58 000Nm³/h 内压缩空分设备（见图1），2009 年 7 月一次开车成功；2010 年 10 月 21日，由杭氧研制的 6 万等级内压缩空分装置在北京顺利通过中国机械工业联合会组织的鉴定。它的成功研发是我国空分历史上的一座重要里程碑，也标志着杭氧已全面掌握了 6 万等级煤化工大型空分装置的设计、制造和成套技术，使我国大型空分装置的国产化又跨上一个新台阶，成为国际上第五家可以生产 6 万等级煤化工空气分离设备的制造企业。尤其是杭氧 60 000m³/h 等级的外压缩、内压缩型大型空分设备相继实现大批量国产化，并迅速地占领了国内市场，总量超过了进口空分产品在国内市场的占有率，使这些国产大型空分设备获得了用户的信任和订购。杭氧制造的大唐国际多伦 3 套58 000Nm³/h 空分装置见图 1。

图 1　杭氧制造的大唐国际多伦 3 套 58 000Nm³/h 空分装置

2011 年、2012 年杭氧又先后取得了杭氧盛隆80 000m³/h 和伊朗 12 万 m³/h 成套空分设备的合同订单，其中伊朗 12 万 m³/h 等级空分设备，空气处理量达到 61 万 m³/h，这是杭氧承接的最大等级空分设备订单，也是目前世界上最大等级空分设备订单之一。目前杭氧盛隆 80 000m³/h 设计、制造、安装已完成，近期可望试车投入运行；伊朗 12 万 m³/h成套空分设备目前整个项目已经通过了可行性分

析、初步设计、阶段性评审、详细设计评审等阶段，正处生产制造阶段，下一步的工作重点将转移到设备的现场安装以及运行检验上。这些标志着杭氧已进入了国际上特大型空分设备生产制造商的行列。

随杭氧之后，开封空分、川空等多个厂家也相继开发了 20 000Nm³/h、30 000Nm³/h、40 000Nm³/h、50 000Nm³/h 等级的成套空分设备。目前除杭氧外，

已有开封空分、川空、开封开元、开封东京、开封黄河、开封迪尔等 7~8 家企业生产制造 30 000Nm³/h 等级空分设备的业绩，其中开封空分、川空、开封开元有生产制造 40 000Nm³/h、50 000Nm³/h 等级的成套空分设备业绩，开封空分、杭州福斯达也已承接了 60 000m³/h 空分的订单，正在生产制造中。2012 年 11 月，西安陕鼓股份有限公司研制成功了 60 000m³/h 空分配套用的空气压缩机组和增压机组，至此国内空分设备在 60 000m³/h 等级以下已完全实现国产化。

60 000m³/h 等级以下的空分设备市场份额以国产设备占有绝对优势，其中，杭氧的大型空分设备（包括 60 000m³/h 空分）国内市场占有率一直保持在 50% 以上。我国空分设备产品规模升级情况见图 2。

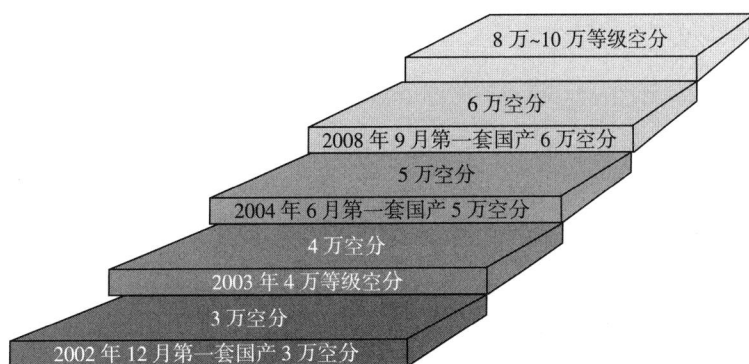

图 2　我国空分设备产品规模升级情况

## 3. 通过自主创新、产品技术水平有了很大提高

在空分设备容量迅速增大的同时，国产空分设备在技术水平上、成套能力上也有了很大的提高，实现了自主开发、创新。虽然国产空分与林德、液空相比仍有一定距离，但通过近 10 多年发展，相互之间的距离已不大。以杭氧为例，其研发、设计、制造水平已排在世界五强之列。

值得自豪的是，这 10 多年来，杭氧生产的大型空分设备除国内市场使用外，已远销国际市场，其中 3 万、4 万、5 万空分设备已销往欧洲、北美等发达国家，投入运行，这是我国空分设备制造业一大进步。另外由梅塞尔、林德、液空、AP、普莱克斯等外资企业在我国境内投资工业气体项目时，也大量选用了杭氧、福斯达等企业的国产空分设备，充分证明了国产空分的技术性能指标达到了国际先进水平。

近年来，我国气体分离设备行业在科研及新产品开发方面取得了重要进展：

产品等级从 1 万迅速提高到 6 万，紧接着在 8 万~12 万特大型空分研制领域也出现了新突破；产品流程从大部分为带氧压机的外压缩流程转变为空分设备产品以液体泵内部压缩直接输出用户所需产品的压力等级的内压缩流程，内压缩流程无论从流程设计组织、机器配套、提取率、调节性能、能耗等方面都有了很大的改进和提高。目前行业中多家成套设备制造厂家已广泛采用了内压缩流程设计制造大型、特大型空分设备。

杭氧投入规整填料水冷塔开发、节能型主冷凝蒸发器、3 万~4 万等级径向流吸附器的研制、关键技术研究试验平台建设、12 万等级化工型大型空分设备研制、LNG 冷能利用空分设备研发、8 万等级化工型大型空分设备的研制、为大型煤化工配套高纯度氮气空分研制、MR 混合制冷流程天然气液化冷箱等众多科研项目，获得了重要科研成果。杭氧近期已取得了国内煤化工某用户的 6 套内压缩流程 10 万 m³/h 空分设备的大订单，这是目前国内外最大的空分设备订单，2015 年将投入运行，这充分说明了杭氧的在特大型空分上实现国产化的努力已得到了国家和用户的认可，我国特大型空分设备的国产化取得了重要的突破。

2010 年，开封空分投资 1 500 万元与西安交通大学联合攻关最新一代 8 万~10 万的超大型空分技术，2012 年已研制出了 4 万空分用的全液体透平膨胀机。

川空围绕着特大型空分的开发，也进行了 8 万以上空分的技术研究与技术储备，川空在大型、高压板翅式换热器（1.3×8.8m、工作压力为 8.0MPa）研制、低温液体超大型储存设备（30 000m³）研制等方面取得了较好业绩。

2011 年，杭氧、上海启元通过技术创新先后开发了在大型空分设备中提取高纯度稀有气体的氖、氙装置，打破了几十年来稀有气体提取设备为国外垄断、氖氙气体大部分依赖进口的局面。

## 三、未来发展展望

以杭氧为代表的我国空分设备制造业在大型、特大型空分装备国产化的道路上，依靠自主创新、自主开发，已完全掌握了大型、特大型空分设备的设计技术、制造技术，具备了制造能力。当然，我们还要进一步地提高大型、特大型空分装备设计制造技术，才能实现国产装备与进口设备完全媲美。此外，由于大型空分设备的配套机组多，也相当关键，因此实现空分设备所配套的大型空气压缩机、增压机、高效率中压膨胀机、液体膨胀机、大型离心式液体泵、高压板翅式换热器、填料等的国产化，并达到国际一流的性能和可靠性，空分设备制造业还有较长的路要走。

"十二五"期间，新型煤化工产业蓬勃发展的强劲需求，将给予国内空分装备制造业的再一次发展机遇，国家相关政策的陆续出台，无疑将推动我国特大型空分装备国产化的进程。通过国内空分装备制造业及相关产业的不断努力，相信不久的将来，完全国产化的特大型空分装备、技术一流的空分装备将矗立在祖国大地上，更好地为我国国民经济发展服务。

（中国通用机械工业协会气体分离设备分会

徐建平）

# 高端阀门国产化

## 一、我国阀门研发制造业概况

我国阀门制造业近几年取得了长足进步，据统计，2012 年全国阀门规模以上企业（年销售收入在 2 000 万元以上的企业）共计 1 543 家，从业人员 27 万多人，生产阀门 721 万 t，工业总产值 2 116.49 亿元，出口交货值 316.09 亿元，利润总额 150 亿元。依托国家重点工程，加大技术创新力度，同时积极进行技术改造，使我国阀门行业的研发能力、设计制造水平和产品质量都有了较大的提高。特别是在天然气长输管道阀门和超（超）临界火电机组关键阀门新产品开发方面都取得重大进展，研制出一大批拥有自主知识产权的新产品，具有较强的市场竞争能力。

在核电阀门国产化方面，大连大高阀门股份有限公司、中核苏阀科技实业股份公司、江苏神通阀门股份有限公司和上海阀门厂有限公司等企业近几年核电阀门开发取得较大成绩，相继研制开发了多项核电阀门新产品，主要包括核一级、核二级高 Cv 值止回阀、核二级 W 型闸阀、比例喷雾阀、核一级电动波纹管截止阀、核一级稳压器电动卸压阀、核一级电动中间引漏截止阀、核一级大口径旋启式止回阀、核一级上装式电动球阀、爆破阀等，并且在研制核电站最高端的主蒸汽隔离阀等，核级球阀、止回阀和蝶阀已全部实现国产化，为压水堆核电站、AP1000 三代核电站、高温气冷堆核电站以及实验快堆的阀门国产化工作作出了突出贡献。核电阀门国产化率从 6% 提高到了 75% 以上。

继核电阀门国产化取得阶段性成果的同时，天然气长输管道阀门和超（超）临界火电机组关键阀门国产化也相继取得突破。

## 二、天然气长输管道阀门国产化进程

天然气长输管道阀门国产化攻关是从 2000 年西气东输一线正式启动开始的。当时，国家机械工业局（机管〔2000〕287 号文）在北京召开西气东输工程物资装备国产化会议，阀门制造企业——上海耐莱斯·詹姆斯伯雷阀门有限公司和自贡高压阀门有限公司（四川飞球阀门有限公司）参加了会议。2002 年，自贡阀门厂获得国债贷款，向美国 GE 公司所属意大利新比隆公司引进全焊接阀体管线球阀技术与装备；2003 年，试制成功全焊接球阀，并向国内供货。2003 年，上海耐莱斯·詹姆斯伯雷阀门有限公司获得 500 万元国债贷款，整合上海市资源优势，走产、学、研相结合的道路，于 2005 年自行研究开发成功 NPS20、Class600 全焊接阀体管线球阀，拥有专业技术和自主的知识产权，并向国内供货全焊接阀体管线球阀 NPS20、Class600。涩宁兰复线国产全焊接管线球阀见图 1。长庆油田采气二厂直埋地下管线球阀见图 2。

图1 涩宁兰复线国产全焊接管线球阀

图2 长庆油田采气二厂直埋地下管线球阀

2007年12月，西气东输二线正式启动，全焊接大型管线球阀国产化攻关进入关键阶段。中石油在北京召开全焊接大型管线球阀国际招标技术研讨会，国际著名供货商与国内上海耐莱斯·詹姆斯伯雷阀门有限公司、自贡高压阀门有限公司、成都成高阀门有限公司和浙江五洲阀门有限公司参加了会议。2008年10月，中国机械工业联合会受国家能源局委托，在北京召开"西气东输二线工程关键设备国产化方案论证会"，安排NPS40、NPS48、Class600、Class900大型全焊接管线球阀国产化计划。2009年4月，国家能源局在沈阳召开"天然气长输管道关键设备国产化"工作会议，张国宝主

任、中石油廖永远副总经理出席了会议，NPS40、NPS48、Class600、Class900大型全焊接管线球阀研制正式立项。关键设备立项对降低西气东输工程造价，保证国家能源安全供应，振兴装备制造业具有重要的意义。2009年7月，国家能源局委托机械工业联合会在北京组织召开"长输管线关键设备国产化实施方案"研讨会，联合中石油编制"高压大口径全焊接球阀国产化试制技术条件"。2009年9月，国家发改委和国家能源局成立"长输管线关键设备国产化"领导小组，张国宝主任任组长。2009年11月23日，在北京钓鱼台国宾馆召开"天然气长输管线关键设备国产化研制工作"启动暨签约仪

式，张国宝主任出席会议，中石油与上海耐莱斯·詹姆斯伯雷阀门有限公司、成都成高阀门有限公司和五洲阀门有限公司签订 NPS40、NPS48、Class600、Class900 各 10 台全焊接阀体管线球阀技术开发合同。2010 年 5 月 30 日，上海耐莱斯·詹姆斯伯雷阀门有限公司完成 10 台大口径全焊接管线球阀的制造；其他两家阀门公司也相继完成产品研制。2010 年 7 月 16 日，国家能源局在上海主持召开"大型高压大口径全焊接球阀研制合同产品的出厂鉴定暨验收会"，与会专家一致认为"设计技术与工艺装备先进，质保体系健全，具备高压大口径全焊接管线球阀批量生产的能力"。随后，30 台样

机经过严格的试验，已经通过了出厂鉴定验收和中石油的工业性试验，所有技术性能指标均满足西气东输二线主干线的要求，已交付使用，并且在西气东输三线工程中将有更多阀门实现国产化。除以上三家阀门企业之外，四川飞球（集团）有限责任公司、苏州纽威阀门有限公司、北京雷蒙德阀门有限公司、上海浦东汉威阀门有限公司和四川精控阀门有限公司等一批阀门企业也研制成功天然气长输管道高压阀门，并大批量出口到国外，改变了我国天然气长输管道阀门过去长期依赖进口的局面，也使我国成为世界上长输管线全焊接球阀生产大国。国产高压大口径全焊接球阀见图 3。

图3 国产高压大口径全焊接球阀

## 三、超（超）临界火电机组关键阀门国产化进程

超（超）临界火电机组关键阀门国产化工作是 2010 年由国家能源局牵头组织推进的。

由于长期以来，超（超）临界火电机组关键阀门长期依赖进口，经企业和阀门协会反映，超（超）临界火电阀门国产化工作得到了国家发改委、国家能源局等有关部委的重视，而且有关老领导也关注着超（超）临界火电机组关键阀门国产化工作的进展。刘江、包叙定、姜云宝等几位老领导针对

超（超）临界火电机组关键阀门长期依赖进口的问题，专门向当时的李克强、张德江副总理呈报了《火电阀门要国产化》的报告，当时的两位副总理都作出批示，要求国家能源局研究落实。为了贯彻落实中央领导的批示精神，国家能源局选定了江苏南通电厂等 5 家电厂作为国产化依托工程，落实超（超）临界火电阀门国产化示范工作。

这项工作由国家能源局牵头组织，并委托中国通用机械工业协会具体协调，华能、国电等 5 大发电集团，以及相关电厂、设计院、主机制造厂、阀门制造企业和四大管道制造企业共同参与。在大家通力合作下，制定了超（超）临界火电机组第一、

二类关键阀门的国产化方案，明确了国产化目标、组织实施方式和任务分工，印发了《国家能源局关于印发超（超）临界火电机组关键阀门国产实施方案的通知》（国能科技〔2010〕335号），成立了阀门国产化领导小组和专家组。

当时，根据火电机组阀门已有业绩情况和研制难度，由中国通用机械工业协会牵头组织有关阀门制造企业的专家和用户设计院的专家将超（超）临界火电机组关键阀门分为三类推进国产化：第一类阀门（共计5种370余台）已有业绩，要求全部在国内招标采购，实施后国产化率可达50%；第二类阀门（共计8种133台）需要联合研发并通过鉴定后在国产化依托工程上应用，实施后国产化率可达70%；第三类阀门（共计4种27台）技术难度较高，需要组织技术攻关才能完成样机研制、试验和通过鉴定，拟在后续建设项目中落实依托工程并实现国产化，实施后国产化率可达85%以上。每个示范项目承担一部分阀门的国产化任务，设备研制则以制造企业为主，电厂、设计院和主机厂参与联合研发。

在阀门国产化工作过程中，各参与单位密切配合，多次召开会议研究并推进各项工作，为落实依托电厂开展阀门国产化的有关工作要求，还印发了《国家能源局关于超（超）临界火电机组关键阀门国产化第一次工作会议纪要》（国能科技〔2010〕392号），明确了各依托电厂、设计院、主机厂和阀门企业的任务和责任。

在工作推进过程中，超（超）临界火电机组关键阀门国产化工作得到了国家发改委、国家能源局有关领导的重视，国家发改委、国家能源局领导多次对国产化工作作出重要指示。

在各依托电厂、设计院、主机厂和阀门企业的共同努力下，国内电站阀门制造企业在超临界、超（超）临界火电阀门研究和制造方面取得可喜业绩。其中，开封高压阀门有限公司、哈电集团哈尔滨电站阀门有限公司、大连大高阀门股份有限公司、中核苏阀科技实业股份公司、南通市电站阀门有限公司和华夏阀门有限公司等15家阀门企业生产研制了86台样机，并通过了国家能源局组织的专家组的鉴定，产品包括再热气安全阀、主蒸汽闸阀、高压疏水阀、高排及抽汽逆止阀、高加三通、电动蝶阀和部分控制阀。专家组一致认为样机结构设计合理，符合技术规范要求，填补了国内空白，主要技术性能指标达到国内领先水平，部分产品达到国际同等水平。江苏南通发电有限公司、江苏句容发电有限公司和重庆合川电厂等发电企业已经批量采购该批新产品，火电阀门国产化率也从30%提高到了70%以上。高温高压闸阀见图4。高温高压安全阀见图5。高压给水闸阀见图6。超（超）临界火电机组调节阀见图7。高加三通阀门见图8。高排逆止阀见图9。

图4 高温高压闸阀

图5 高温高压安全阀

图 6　高压给水闸阀

图 7　超（超）临界火电机组调节阀

图 8　高加三通阀门

图 9　高排逆止阀

2012 年 8 月，国家能源局组织启动了第三类关键阀门国产化工作，在启动会上对在第一、二类阀门国产化工作中作出贡献的个人和企业进行了表彰，会后印发了《国家能源局关于进一步做好超（超）临界火电机组第三类关键阀门国产化工作的通知》（国能科技〔2012〕317 号），依照第一、二类阀门国产化工作经验，同样成立了国产化领导小组和专家组，领导小组包括了国家能源局科技装备司和电力司有关领导以及各发电集团公司有关领导、各电厂领导和协会领导。

第三类阀门虽然数量相对较少，但价值量较大，技术含量也更高。包括部分关键控制阀、高低压旁路阀、主蒸汽安全阀、电磁泄放阀（PCV）等。

在第一、二类阀门国产化工作过程中，国内阀门行业的技术水平进一步得到提升，部分单位已经与设计院、主机厂配合，开始了第三类阀门的研制工作。到目前为止，第三类阀门的技术方案已经通过专家评审，按照工作计划，2013 年底将完成样机研制，并参与长兴电厂、蔚县电厂等 5 家电厂 10 台机组的招标供货，届时在 5 个依托工程中超（超）临界火电阀门国产化将大部分实现国产化，依托工程项目的超（超）临界火电阀门国产化率可望达 85% 以上。

事实证明，依托重大工程项目推进装备国产化是我们行之有效的重要实践，国产化工作离不开用户单位的积极支持和配合，也需要研发机构和制造企业的努力，产、学、研、用有机结合推进能源装备国产化是行之有效的成功实践。只要我们高度重视，阀门国产化工作一定能够取得更大的成就。

（中国通用机械工业协会　宋银立）

# 油气长输管道工程

## 一、我国油气长输管道概况

随着西气东输一线管道的建设和投运，天然气作为一项新型清洁能源逐渐在我国工业和民用方面得到推广和普及，天然气管道也进入大发展时期。陕京线、西气东输一线、涩宁兰线、忠武线、兰银线等输气管道相继建成投运，将我国四大油气田与下游用户连接成网；西气东输二线、中缅管道、沿海 LNG 接收站等建成投运，形成东北、西北、西南、海上四大油气资源进口通道。

我国天然气干线及支干线管道输送压力等级以 10MPa 和 12MPa 为主，输量在 $100 \times 108Nm^3/a$ 以上。为保持高压力大输量天然气管道安全、平稳、高效输送，每隔 150~170km 需要设置一座由 2~4 台大功率压缩机组组成的压气站，因此压缩机组也被称为输气管道的"心脏"设备；每隔 30km 设置一座阀室，作为紧急时刻和管道维修时截断使用。

按照计划，中国石油天然气集团公司（以下简称"中国石油"）在"十二五"、"十三五"期间还将建设西气东输三线、四线、五线等天然气管道，同时还要建设多座配套储气库。这些工程对于燃气轮机驱动离心压缩机组、高速直联变频调速驱动离心压缩机组、天然气发动机驱动往复式压缩机组、电机驱动离心压缩机组以及高压大口径全焊接球阀需求量大，该类设备的研制市场广阔。

## 二、管道设备现状

压缩机及与之配套的原动机系统称为压缩机组，是天然气管道和储气库注采气的主要工艺设备，同时也是压气站的核心部分，其功能是提高管道天然气输送压力和为储气库注气采气，确保安全平稳地将天然气输送给下游用户。

我国石油天然气管道和储气库应用的压缩机组主要有两种类型，即离心压缩机和往复式压缩机。离心压缩机的基本工作原理是利用高速旋转的叶轮使叶轮出口的气流达到很高流速，然后在扩压室内将高速气体的动能转化为压力能，从而使压缩机出口的气体达到较高的压力；往复式压缩机的基本工作原理是利用活塞在气缸中的往复运动及与之协调配合的吸入阀与排出阀的开启和关闭来实现气体压缩。

在天然气输送管道上，用来驱动输气压缩机的主要设备是燃气轮机和电机；在储气库，用来驱动压缩机的原动机主要是燃气发动机和电机。燃气轮机是以连续流动的气体为工质带动叶轮高速旋转，将燃料的能量转变为有用功的内燃式动力机械，是一种旋转叶轮式热力发动机；电机是指依据电磁感应定律实现电能的转换或传递的一种电磁装置。

目前，我国天然气管道压缩机组均为进口，除在西气东输二线东段应用 7 台套国产电驱压缩机组外，其余均为进口。中国石油相关驱动机及压缩机进口与国产情况见表 1。

表1 中国石油相关驱动机及压缩机进口与国产情况

| 项　目 | 压缩机（台/套） | 驱动机（台/套） |
|---|---|---|
| 进口 | 191 | 196 |
| 国产 | 23 | 18 |

此外，40英寸、48英寸600/900磅级全焊接球阀也全部为进口，仅西气东输管道进口高压大口径全焊接球阀就达1 092台。以上压缩机组和高压大口径全焊接球阀研发制造核心技术一直为国外大公司所垄断，中国石油压缩机组主要供货厂商分布情况见表2。

表2 中国石油压缩机组主要供货厂商分布情况

| 设备类型 | 厂商名称 | 国别 |
|---|---|---|
| 燃气轮机 | RR | 英国 |
| | GE | 美国 |
| | Solar | 美国 |
| 电机 | Siemens | 德国 |
| | TMEIC | 日本 |
| | Converteam | 法国 |
| 压缩机 | RR | 英国 |
| | GE | 美国 |
| | Solar | 美国 |
| | Siemens | 德国 |
| | Man | 德国 |
| | Dresser-Rand | 美国 |
| 球阀 | Cameron | 美国 |
| | Grove | 意大利 |
| | PERAR | 意大利 |

输气管道的运行可靠性和经济性在很大程度上取决于其所采用的压缩机组的性能。压气站的投资占输气管道总投资的20%~25%，运行费用占管道总运行费用的40%~50%，而其中压缩机组的投资占压气站总投资的一半以上，压缩机组的能耗占压气站运行费用的70%左右。因此，在输气管道设计中选择技术上先进、经济上合理的压缩机组对于降低天然气管道工程建设投资、提高运营效益具有至关重要的意义。

目前，我国已投运天然气管道总里程为25 103km，其中输量在100×108Nm³/a以上的管线有12 573km、储气库有9座。采用的压缩机主要有两种类型，即往复式压缩机和离心式压缩机，共

计214台。随着西气东输三线、四线、五线以及相关配套储气库工程建设，到2020年，中国石油将新增天然气管道和储气库压缩机组200余台（套）。中国石油主要天然气管道及参数见表3，中国石油天然气管道压缩机组情况见表4，中国石油储气库压缩机组情况见表5。

表3 中国石油主要天然气管道及参数

| 管道名称 | 总里程（km） | 设计输量（108Nm³/a） |
|---|---|---|
| 陕京二线 | 983 | 170 |
| 陕京三线 | 894 | 150 |
| 西气东输一线干线 | 3 836 | 170 |
| 西气东输一线支线 | 475 | - |
| 冀宁线干线 | 886 | 110 |
| 冀宁线支线 | 366 | - |
| 江苏LNG（如东-江都） | 222 | 135 |
| 西气东输二线西段干线 | 2 434 | 300 |
| 西气东输二线东段干线 | 2 477 | 280 |
| 西气东输二线支线 | 4 210 | - |
| 中贵联络线 | 1 074 | 150 |

表4 中国石油天然气管道压缩机组情况

| 驱动机 | 数量（台） | 压缩机 | 数量（台） |
|---|---|---|---|
| 燃气轮机 | 123 | 离心式 | 162 |
| 电机 | 61 | 往复式 | 22 |

表5 中国石油储气库压缩机组情况

| 驱动机 | 台　数 | 压缩机 | 台　数 |
|---|---|---|---|
| 天然气发动机 | 24 | 离心式 | - |
| 电机 | 6 | 往复式 | 30 |

目前，国内天然气管道设计寿命均为30年，投产后连续运行。这对大功率压缩机组、高压大口径全焊接球阀等关键设备的研发设计、制造试验以及运维管理都提出了较高要求。同时，也在产品设计、加工制造、安装调试、运行维护、技术支持、备品备件保障、检查维修等方面形成一整套完整的产业链。由于之前国内在机电装备领域发展较国外发达国家有一定差距，我国天然气管道应用的工业化轻型燃气轮机、高速变频同步防爆电机、大容量变频装置、管道压缩机以及高压大口径全焊接球阀以进口为主。这些对我国当前大力推动建设连通海外、覆盖全国的天然气管网来说，在工程建设进

度、供货周期、运营管理、备品备件储存和维护维修及相关技术服务等方面受到制约。尤其是我国天然气管道建设处于大发展时期，对相关设备及相应服务保障具有广阔的市场空间，开展天然气管道关键设备国产化对于提升管道建设运营效益、推动相关装备制造业协同发展、保障我国能源供给战略安全等方面都有重要意义。

## 三、管道关键设备国产化进程

天然气长输管道作为能源输送的大动脉，已经逐步成为我国经济发展、环境发展的"生命线"。为建设好、运营好天然气管道，2009 年起，在国家能源局的领导下，中国石油和中国机械工业联合会瞄准天然气长输管道建设对关键设备的巨大需求和广阔市场空间，确定开展 20MW 级高速直联变频电驱压缩机组、30MW 级燃气轮机驱动压缩机组和高压大口径全焊接球阀三大装备国产化工作。中国石油西气东输管道公司按照国家能源局和中国石油的部署安排，负责牵头引领国产化工作，联合国内技术研发能力强的装备制造企业和科研院所开展天然气长输管道关键设备国产化工作。20MW 级电驱机组国产化参研企业见表 6，30MW 级燃驱机组国产化参研企业见表 7，高压大口径全焊接球阀参研企业见表 8。

**表 6 20MW 级电驱机组国产化参研企业**

| 牵头单位 | 中国石油西气东输管道公司 |
| --- | --- |
| 20MW 级超高速防爆变频调速同步电动机 | 上海电气集团上海电机厂有限公司 |
| | 哈尔滨电机厂交直流电机有限责任公司 |
| 25MVA 高压变频调速装置 | 上海广电电气（集团）股份有限公司 |
| | 荣信电力电子股份有限公司 |
| PCL800 型离心压缩机及机组成套 | 沈阳鼓风机集团股份有限公司 |

**表 7 30MW 级燃驱机组国产化参研企业**

| 牵头单位 | 中国石油西气东输管道公司 |
| --- | --- |
| 30MW 级燃气轮机设计及机组成套 | 中国船舶重工集团公司第七○三研究所 |
| 30MW 级燃气轮机加工制造 | 哈尔滨汽轮机厂有限公司 |
| PCL800 型离心压缩机 | 沈阳鼓风机集团股份有限公司 |

**表 8 高压大口径全焊接球阀参研企业**

| 牵头单位 | 中国石油西气东输管道公司 |
| --- | --- |
| 球阀设计制造 | 成都成高阀门有限公司 |
| | 上海耐莱斯·詹姆斯伯雷阀门有限公司 |
| | 五洲阀门有限公司 |

为做好天然气长输管道关键设备国产化工作，通过广泛调研、技术交流以及现场考察，制定三大项技术装备国产化技术路线：

（1）20MW 级电驱压缩机组：电机转速为 4 800rpm，功率等级为 18~22MW；变频装置为电压源型，多电平单元串联结构，容量为 25MVA；压缩机为 PCL800 系列，开展型谱化研制。

（2）30MW 级燃驱压缩机组：为确保试制成功，研发分两个阶段，形成两个产品：产品一为进口燃气轮机+国产压缩机+国产辅助配套系统；产品二为国产燃气轮机+国产压缩机+国产辅助配套系统。

（3）高压大口径全焊接球阀：确定开展 40 英寸 Class600、48 英寸 Class600、48 英寸 Class900 全焊接球阀新产品试制。

按照确定的技术路线，西气东输管道公司组织制定了《20MW 级高速直联变频电驱压缩机组国产化试制技术条件》、《30MW 级燃气轮机驱动离心压缩机组国产化试制技术条件》和《高压大口径全焊接球阀国产化试制技术条件》，形成国产化试制技术体系，作为新产品研制的技术规范和验收重要标准。

2009 年 11 月 23 日，国家能源局在钓鱼台国宾馆隆重举行"天然气长输管道关键设备国产化研制工作启动暨签约仪式"，西气东输管道公司根据中国石油安排，代表中国石油分别与沈阳鼓风机集团有限公司、中国船舶重工集团公司第七零三研究所、五洲阀门有限公司等 10 家参研企业签订了《天然气长输管道关键设备国产化 20MW 级电驱压缩机组研制合同》、《天然气长输管道关键设备国产化 30MW 级燃驱压缩机组研制协议》（之后于 2010 年 2 月 5 日进一步签订了研制合同）和 《天然气长输管道关键设备国产化高压大口径全焊接球阀研制合同》，相应三项技术条件作为对应合同的技术附件。

为解决将研制产品直接应用于大型天然气管道输气系统带来的输气运行风险问题，西气东输管道公司联合相关参研单位，建立了天然气长输管道关键设备新产品研制分级试验体系和评价技术，形成了《20MW 级高速直联变频电驱压缩机组工厂联机带负荷综合试验大纲》、《20MW 级高速直联变频电驱压缩机组现场调试及工业性应用试验大纲》、《30MW 级燃驱压缩机组全转速无负荷测试试验细则》、《长输管线大口径高压力全焊接球阀工业性试验大纲》等一系列工厂台架试验和工业性试验大纲，以主体单元测试、整机工厂台架试验和现场工业性试验等三阶段试验顺次支撑、逐项控制、持续改进，确保国产化研制成功、成套完善、整体先进和快速成功推广。

### 1. 国产高压大口径全焊接球阀

国产高压大口径全焊接球阀经过一年左右的科技攻关，实现国产化重要突破。2010 年 7 月，国产高压大口径全焊接球阀新产品完成工厂试验并通过国家能源局组织的新产品鉴定，开始球阀工业性试验。2011 年 5 月，完成首批 30 台高压大口径全焊接球阀工业性试验，并通过国家能源局组织的鉴定。中国石油与相关厂家签订采购合同，首批国产球阀应用于西气东输二线及支干线等相关天然气管道工程。

为解决将缺乏验证和成熟度的研制产品直接应用于干线管道的风险问题，在传统的工厂试验基础上，创新建立了球阀工业性试验平台，首次完成了 15MPa 的高压气密性试验，首次开发了球阀工业性应用试验安全可靠性评估技术，形成了科学严密的阀门试验体系，解决了管线球阀投用后操作少但动作可靠性要求高的问题。

创新了基于管线球阀实际载荷分析计算的整体结构设计技术、防擦伤阀座密封结构设计技术、满足阀门主焊缝要求的低残余应力、低温特殊自动焊焊接技术，将断裂力学理论首次成功应用于阀体主焊缝不进行热处理的安全性评估，研制了适应于地面和埋地安装的三种规格两种驱动型式的五种高压大口径全焊接球阀新产品，填补了国内空白，达到国际同类技术水平并具有显著技术特点。

### 2. 国产 20MW 级电驱压缩机组

2011 年 1~5 月，电驱压缩组三大主体单元依次完成工厂试验并通过国家能源局组织的新产品鉴定，具备开展联机测试的条件。2011 年 4 月完成电驱机组产品—系统成套设计及工厂试验大纲制定。电驱机组主体单元新产品完成试验及鉴定时间见表 9。

表 9 电驱机组主体单元新产品完成试验及鉴定时间

| 序　号 | 研制单位 | 研制产品 | 用户及第三方工厂试验见证 | 国家级新产品鉴定时间 |
|---|---|---|---|---|
| 1 | 上广电<br>西气东输 | 25MVA 高压变频调速装置 | 2011 年 1 月 6 日 | 2011 年 1 月 19 日 |
| 2 | 荣信<br>西气东输 | 25MVA 级 PDS 系统高压变频调速装置 | 2011 年 2 月 10 日 | 2011 年 3 月 3 日 |
| 3 | 上电<br>西气东输 | 20MW 级超高速防爆变频调速同步电动机 | 2011 年 3 月 30 日 | 2011 年 4 月 8 日 |
| 4 | 沈鼓<br>西气东输 | PCL800 离心压缩机及辅机、控制 | 2011 年 5 月 20 日 | 2011 年 10 月 18 日 |
| 5 | 哈电<br>西气东输 | 20MW 级超高速防爆变频调速同步电动机 | 2011 年 5 月 30 日 | 2011 年 7 月 21 日 |

研制的 25MVA 变频装置为国际同类产品容量最大。国内首次研制成功 IEGT、IGBT 两种方案的 H 桥级联式大功率变频系统；开发了功率单元水冷散热系统水路快速插拔与自动闭锁技术，首创大功率变频整机"微功耗"试验控制技术；采用基于扩展卡尔曼滤波算法（EKF）的无速度传感器矢量控制技术，使系统性能尤其是鲁棒性达到行业领先水平，此技术在大容量传动系统中应用属于国际首创；国际范围内首次在大型传动系统采用基于人工神经网络理论的电机效率自动优化技术，根据电机

的转速和转矩，自动优化磁通，实现在不同转速和负载情况下电机损耗最小化；发明分布式控制功率单元旁路技术，在1~3个功率单元故障时可自动实现旁路降额运行，系统可靠性优于国际同类产品。

研制的20MW变频电机为国内最大容量超高速防爆同步电机。开发新型励磁机可无滑环变频同步起动，满足防爆要求；解决了新型励磁机的设计及制造难题，新型励磁机采用双三相设计，增加了励磁系统的冗余；电机最高运行转速达5 040rpm，电机转子材料的选取，转子齿部、槽锲、护环的结构设计及应力分析，确保电机在运行及超速转速下仍有应力裕度；电机运行转速范围达3 120~5 040rpm，调速跨度近2 000转，要确保电机在该转速范围内平稳运行，必须保证电机的一阶临界转速低于最低运行转速15%，二阶临界转速高于最高运行转速20%；转子采用宽截面整根阻尼结构，加工装配难度极大，结合超大气隙设计，大大减小了转子表面损耗，确保转子不会有过热点；紧凑、双三相整流的旋转整流盘设计，满足了超高速运行的要求并增加了整流系统的冗余度；主电机及励磁系统之间的隐形风路设计确保优良的冷却效果，电机温升低、噪声小；定子采用无溶剂整浸结构的半组式换位线圈，既提高了电机的性能又增加了绝缘系统的可靠

性；进行轴承润滑的稳定性分析，解决高速轴承的选型。

研制的PCL800系列管线离心压缩机，形成了管道压缩机7个专业模型级。研制出目前同样规格下压力最高，同样压力下规格最大的高效高稳定高可靠性压缩机组；工作点效率达87.4%，流量调节范围43%~150%；开发出管道压缩机专用特殊结构叶轮的加工工艺，重型机芯组件与整体机壳精密装配工艺；开发设计出以可编程控制器为核心的多机群控与备机联控的全自动化控制技术，实现机组自动加载负载控制和自动负荷分配；开发构建了综合联调试验台架，可作为长输管道系列产品各类试验的平台，可模拟工况条件下的高可靠性管道压缩机全负荷全系统全速综合联调试验技术，在国际上首次实现20MW级电驱压缩机组72小时联机全负荷全系统全速综合联调试验，为成功研制长输管道压缩机组提供联调试验保障。

在完成电驱机组试验台改造后，于2011年6月30日开始进行电驱压缩机组交叉带负荷工厂联机测试，截至2011年12月6日，顺利完成5次72小时联机带负荷测试。电驱机组整机交叉组合试验情况见表10。

表10 电驱机组整机交叉组合试验情况

| 序号 | 试验组合名称 | 72小时试验结束时间 |
|---|---|---|
| 1 | 荣信+上电+沈鼓压缩机+试验UCS+试验润滑油系统 | 2011年9月29日 |
| 2 | 上广电+上电+沈鼓压缩机+试验UCS+试验润滑油系统 | 2011年10月15日 |
| 3 | 上广电+上电+沈鼓压缩机+产品UCS+产品润滑油系统 | 2011年11月15日 |
| 4 | 荣信+哈电+沈鼓压缩机+试验UCS+试验润滑油系统 | 2011年11月29日 |
| 5 | 上广电+哈电+沈鼓压缩机+试验UCS+试验润滑油系统 | 2011年12月6日 |

2012年1月，首批两台（套）国产电驱压缩机组运往西气东输二线高陵压气站和黄陂压气站，通过高效组织协调，高陵站首台（套）国产电驱压缩机组于2012年11月15日顺利完成现场72小时性能测试，机组投产，见图1。随后又分别于2013年3月24日、4月7日和5月6日投用另外3台电驱压缩机组。至此，高陵站成为我国首座国产压缩机组天然气管道压气站，见图2。彭阳站、鲁山站和黄陂站压

缩机组正在安装调试中，也将于近期内投产。

### 3. 国产30MW级燃驱压缩机组

30MW级燃驱压缩机组产品一于2011年10月27日通过国家能源局组织的新产品鉴定。30MW级燃驱机组产品二的国产燃气轮机也于2012年12月4日完成总装出厂，运往中船重工703所进行性能测试。30MW级燃驱机组产品一见图3。30MW级燃驱机组产品二（国产燃气轮机）见图4。

图1　高陵站首台电驱机组投产

图2　高陵站全站机组投用

图3　30MW级燃驱机组产品一

图4　30MW级燃驱机组产品二（国产燃气轮机）

## 四、发展建议

### 1. 抓住重大工程发展机遇期

天然气长输管道关键设备国产化项目正是紧密依托我国天然气管道大发展、建设连通海外的能源战略通道和覆盖全国天然气管网的大好形势下组织开展的科技项目，已取得显著突破性成果。科技创新是重大工程的根基，同时重大工程也带动科技创新，瞄准重大工程推动科技创新往往能够取得事半功倍的效果。

### 2. 国家政策扶持、产业引导

总体来说，我国在工业发展水平、装备制造能力和整体科技创新方面较欧美发达国家还有一定差距，还处在追赶阶段，因此国家在政策扶持、产业引导方面应给予必要的支持才能更加有效地推动科技创新，兼顾产业链各个环节，强力发挥政、产、学、研、用优势，提高科技创新的兴趣和动力，从而提高国产化新产品的市场份额，提高产品知名度。

### 3. 需求主导，用户全面参与

工业产品最终面向用户，任何闭门造车的做法都行不通。因此任何科技创新都要以用户需求为主导，尤其是重大工程项目，其影响有可能是十几年、几十年，甚至是上百年，只有经得起考验，赢得了用户口碑和市场赞誉的产品方能大浪淘沙留下真金。

### 4. 整合资源，明确方案，重在执行

提高科技创新是一项系统性工程，通观产业链，每一环节都有其独有的技术优势，应加强资源整合，发挥不同环节的优势，制定切实可行的技术方案。同时，要建立强有力的执行机构，明确目标，坚定执行，就一定能够推动科技创新，实现产业升级。

（中国石油西气东输管道公司　王世君）

# 百万吨乙烯关键装备

## 一、拓国产之路，挺民族脊梁

工业革命推动了社会的发展。装备机械是各个工业的基础，装备制造业的快速发展能有力地提升国家的综合国力。

东北老工业基地曾是新中国工业的摇篮，在各个时期都为我国的经济建设和发展做出了重大的贡献。改革开放以来，党中央、国务院多次提出要调整、改造和振兴东北等老工业基地。

多年来，沈阳鼓风机集团股份有限公司（以下简称"沈鼓集团"）勇挑重担，以发展壮大我国大型工业装备、积极开拓创新、加快国产化进程为己任，在党中央、国务院、国家发改委、国家能源局、中国机械工业联合会、地方政府、中石化、中石油、天津石化、镇海炼化、抚顺石化、科研设计院和众多用户对沈鼓集团的支持和信任下，沈鼓集团肩负起百万吨乙烯装置配套压缩机组的历史使命，为中石化天津分公司、中石化镇海炼化分公司和中石油抚顺石化公司3套百万吨级乙烯装置分别设计和制造了裂解气压缩机组、丙烯压缩机组和乙烯压缩机组（以下简称"乙烯三机"）。

我国对百万吨乙烯三机的研制项目十分重视，将"大型离心压缩机关键技术攻关及产业化"列入国家"火炬"计划，将"百万吨级乙烯装置用裂解气压缩机组研制"和"百万吨级乙烯装置用丙烯压缩机组研制"列入国家科技支持计划，并给予其他方面的支持，希望我国首台首（套）百万吨乙烯三机早日实现。

## 二、承历史使命，勇挑艰难担

沈鼓集团，再一次担负起重大技术装备国产化的历史使命，承制中石化天津分公司百万吨乙烯装置中裂解气压缩机组、中石化镇海炼化百万吨乙烯装置中丙烯压缩机组、中石油抚顺石化百万吨乙烯装置中乙烯压缩机组。让我国百万吨乙烯装置"三机"真正进入到世界尖端行列，开创国产化的新时期。

沈鼓集团依靠自己的智慧，充分利用多年来压缩机生产所积累的坚实基础，迈上了艰苦的自我创新之路。

为了确保百万吨乙烯三机的设计、制造质量及交货期，沈鼓集团组成了强有力的组织指挥体系，由集团总经理亲自挂帅，下设10个工作小组，严格控制生产中的各个环节。集团设计部集中优势兵力，整合最佳资源，组成了百万吨乙烯装置三机研制小组，设计工作有条不紊地进行。

## 三、克技术难题，创多项第一

2007年4月12日，沈鼓集团与中国石化天津分公司签订了百万吨/年乙烯装置用裂解气压缩机组合同。中国工程院院士、原中石化公司总经理王基铭认为，沈鼓集团有能力完成此项重任，也标志着我国重大技术装备的国产化进程，将实现重大突破。

为进一步提高百万吨乙烯装置压缩机的设计制造水平和产品质量，沈鼓集团与中石化、中石油、用户、设计院和大学院校组成联合科研攻关组，展开交流与合作，共同立项攻关，研究完成设计工作的重难点，先后攻破了 14 个影响机组的研制难关，解决了技术方案设计优化、焊接机壳设计优化、提高静止元件效率等 10 个方面的问题。这些技术的研究成果已应用到了百万乙烯装置配套机组中，开创了国产压缩机的多项第一，确保了机组质量与技术可靠。

## 四、齐心又协力，知难而奋进

乙烯装置压缩机组设计制造难度大，目前世界上仅寥寥几家厂商能生产，沈鼓集团知难而上，迎接光荣而艰难的挑战。为此，沈鼓集团明确目标，摆正位置，深知乙烯装置的重要性和重大责任，全体参与者戮力同心，加班加点，废寝忘食，以科学的态度，高质量的要求确保乙烯机组的设计、研制工作胜利完成。为后续生产奠定了良好的基础。

在一次百万吨乙烯装置裂解气压缩机组协调会上，用户突然提出要求推力盘采用液压安装方式，此机组三缸串联，低压缸与中压缸转子均为双出轴头，联轴器为液压安装，在推力盘也采用液压安装情况下，轴头结构复杂，技术难度增大。此时压缩机本体设计图纸已经交档，在接到用户的要求后，设计部门紧急修订方案，重新给出结构，提出了一套推力盘液压安装方案，经沈鼓集团专家组讨论研究，认为该方案可行，并成功应用到机组中，完美地实现了用户的要求。

领导牵头，上下协力，有效保证了乙烯装置机组设计计划的顺利实现。对于机组在生产中出现的各类问题，设计部门积极面对，及时了解车间情况并给出合理化措施，多次优化设计、修订图纸，用自己的实际行动向用户和社会交上了一份完美的答卷。

站在百万吨乙烯的高度去看以往的业绩，让人不得不发出"昨天的峰顶仅仅是今日的山脚"的慨叹。从这种意义上讲，百万吨乙烯三机不仅是沈鼓集团的乙烯三机，而且是中国机械工业的乙烯三机、中国石化的乙烯三机、中国人的乙烯三机。

## 五、实现中国造，开创新纪元

沈鼓人在学习中进步，在创新中跨越，在实干中腾飞。凭着拼搏进取、擅于学习创新的精神，沈鼓集团全体员工共同努力，不辱使命，攻克了一个又一个世界性的难题，确保了百万吨乙烯装置中国造的实现，辛苦的汗水带给沈鼓人的是巨大的成就感。机组计算定型，沈鼓人带着迎接挑战的微笑；机组结构评审通过，沈鼓人带着奋勇前行的信心；设计图纸交档，沈鼓人整装续战；水压试验通过，沈鼓人击掌加油；机组试车成功，沈鼓人同庆欢笑；机组性能试验合格，沈鼓人相拥欢庆；裂解气压缩机组三缸联动顺利通过机械运转及性能试验，沈鼓人在我国大型乙烯三机领域创造了一个奇迹。

2008 年 10 月 21 日，中国石化集团公司有关领导莅临沈鼓集团，听取百万吨乙烯"两机"等重大项目生产情况汇报，检查指导工作，提出改进建议，并充分肯定了沈鼓集团为重大装备国产化作出的突出贡献，热情期盼沈鼓集团做强做大。百万吨乙烯装置用裂解气压缩机见图 1，百万吨乙烯装置用丙烯压缩机见图 2，百万吨装置用乙烯压缩机见图 3。

当百万吨乙烯裂解气压缩机组三缸联动机械运转及性能试验顺利通过后，时任中共中央政治局常委、全国人大常委会委员长吴邦国，中共中央政治局委员、国务院副总理张德江分别写下重要批示，对我国振兴装备制造业取得的又一重大成果表示热烈祝贺。

2008 年 12 月 13 日，时任中共中央总书记、国家主席、中央军委主席胡锦涛亲临沈鼓集团考察时，赞扬沈鼓集团大力开展自主创新，勉励沈鼓集团做强做大装备制造业。各级领导亲切的关怀、殷切的希望、深情的嘱托，激励着沈鼓人发愤图强、锐意进取，承担起振兴民族装备制造业的崇高使

图1　百万吨乙烯装置用裂解气压缩机

图2　百万吨乙烯装置用丙烯压缩机

图3　百万吨装置用乙烯压缩机

命。沈鼓人将建设世界一流通用机械工业基地，研制国际先进水平产品，开创装备制造新纪元，矢志装备中国，走向世界。

（沈阳鼓风机集团股份有限公司）

# 特高压输变电工程

## 一、我国特高压输变电工程概况

### 1. 发展特高压输变电工程技术装备基础

1998 年以后，我国输变电设备制造行业迅速发展，依托三峡水电站送出工程、西北 750kV 交流输变电示范工程，我国已全面掌握 500kV 交直流和 750kV 交流输变电关键设备制造技术。

（1）国内技术掌握程度

我国在 2003 年已掌握了 750kV 及以下交流电网工程的设计、设备制造、工程建设和运行技术，积累了多项 ±500kV 直流输电工程的设计、设备制造和运行经验，通过大量电网工程的建设和超高压交、直流输电设备的设计制造，为 1 000kV 交流和 ±800KV 直流特高压技术装备的研制开发和使用奠定了基础。

1 000kV 交流、±800kV 直流输变电主设备在现有技术的基础上，进行自主开发、科研攻关、完善测试条件和生产能力条件是可以满足工程要求的，但个别关键设备或部分关键部件难度较大，需要在自主开发的同时与国外联合设计、合作制造，共同完成。

（2）坚持自主创新和国产化的基本原则

电网安全关系国家经济安全，相关设备的供应必须建立在稳定可靠的基础之上，特高压输变电设备在世界上尚无成熟的商业运行经验，我国应该坚持走引进消化吸收再创新、自主开发国产化的道路。自主开发研制和国产化的核心是必须做到重点骨干企业掌握关键设备设计及制造的核心技术。

### 2. 特高压交直流设备国产化成就

按照国家发改委、国家能源局对特高压工程核准批复的国产化要求，业主和各研制单位密切配合，制定设备开发研制和采购方案，并在国家发改委、国家能源局的组织协调下实施。

通过该示范工程的国产化建设，我国掌握了一批具有自主知识产权的核心技术，实现了自主创新的核心目标，促进了企业创新能力、设计制造水平和管理水平的全面提升，推动了国内装备制造业的跨越式发展。

承担特高压 ±800kV 直流示范工程设备研制和供货的单位主要有西电集团、保定天威集团、特变电工集团公司、许继集团有限公司、桂林电力电容器公司、北京电力设备厂等，通过分析、研究，自主研制完成了主设备和关键部件的研究、试验和制造任务。特高压交流输变电主设备主要供应商一览见表 1。

**表 1　特高压交流输变电主设备主要供应商一览**

| 设备类别 | 生产制造商 |
| --- | --- |
| 变压器、高抗设备 | 西安西电变压器有限责任公司<br>特变电工沈阳变压器集团有限公司<br>保定天威保变电气股份有限公司<br>特变电工衡阳变压器集团有限公司 |
| 开关类设备（GIS） | 西安西电开关电气有限公司<br>河南平高电气股份有限公司<br>新东北电气集团高压开关有限公司 |
| 避雷器监造 | 西安西电避雷器有限责任公司<br>中电装备东芝（廊坊）避雷器有限公司<br>抚顺电瓷制造有限公司<br>南阳金冠电气有限公司 |

续表

| 设备类别 | | 生产制造商 |
|---|---|---|
| CVT、串补电容器及三次侧设备 | CVT | 桂林电力电容器有限责任公司<br>西安西电电力电容器有限责任公司 |
| | 串补电容器及三次侧设备 | 上海思源电力电容器有限公司<br>桂林电力电容器有限责任公司<br>北京电力设备总厂<br>西安西电电力电容器有限责任公司<br>新东北电气（锦州）电力电容器有限责任公司 |

由于±800kV 直流输电在世界上还没有成熟的技术，云南—广东、向家坝—上海特高压直流工程主设备除部分高端换流变压器和直流场设备部分外，其余如低端换流变压器、±800kV 干式平波电抗器、换流阀、6 英寸大功率晶闸管、控制保护、大界面电缆、避雷器和绝缘子等设备全部由国内制造，目前设备国产化率预计达到 65% 以上。

发展 1 000kV 交流、±800kV 直流输电技术是一项标志性的工程：一是技术路线融合出现新特点，国内制造企业初步实现了不同制造技术的有效融合和提升，大幅度缩短技术创新的周期，增强了自主创新能力；二是以关键材料实现自主化为标志，逐步改变受到国外严重制约的局面；三是换流阀等设备试验、检测自主化工作取得新进展，西安高压电器研究所已使用试验条件达到世界一流水平的实验室。

在国家统一领导下，依托示范工程建设，通过政、产、学、研用相结合的方式，自主制造的代表世界最高水平的特高压交直流输电成套设备，经过 3 年多运行考核，性能稳定、指标优异，实现了国产化目标；标志着我国交直流输电设备设计制造水平已跃居国际先进行列，掌握了特高压直流输电成套设备的核心技术，并具有自主知识产权；工艺装备和综合试验能力达到了国际领先水平，已形成特高压直流输电设备批量生产能力，为我国直流输电技术的发展奠定了良好基础，使我国电网建设获得了更坚实的设备保障。

## 二、1 000kV 特高压交流试验示范工程

1 000kV 晋东南—南阳—荆门特高压交流试验示范工程包括 3 站 2 线，起自山西省长治市晋东南变电站，经河南省南阳市南阳开关站，止于湖北省荆门市荆门变电站，线路全长 645km，自然功率 5 000MW。一期于 2009 年 1 月投运，二期于 2011 年投运。

目前，淮南经浙江至上海特高压 1 000kV 交流工程正在建设，淮南经苏州至上海、浙江至福州、四川雅安至武汉特高压 1 000kV 交流工程正在进行前期论证。

### 1. 特高压交流输变电国产设备使用情况

承担晋东南—南阳—荆门 1 000kV 特高压交流试验示范工程设备研制和供货的单位主要有西安西电变压器有限责任公司、保定天威保变电气股份有限公司、特变电工沈阳变压器集团有限公司、西安西电开关电气有限公司、平高集团有限公司、新东北电气（沈阳）高压开关有限公司、桂林电力电容器有限责任公司和许继集团有限公司等，已自主完成了 1 000kV 主变压器、电抗器、全封闭组合电器、隔离开关、避雷器、变压器套管、电容式电压互感器、绝缘子、自动控制保护、扩径导线等主设备的研究、试验和制造任务。3 站共 10 台 1 000kV 变压器，晋东南（长治）站 1 台（备用）、南阳站 8 台、荆门站 1 台（备用）；1 000kV 串联补偿装置共 3 套，晋东南（长治）站 1 套，南阳站 2 套；GIS/HGIS，晋东南（长治）站共 3 个间隔的 1 100kV GIS，南阳、荆门站各 1 套 1100kV HGIS。晋东南—南阳—荆门 1 000kV 特高压交流工程部分设备使用情况见表 2。

### 2. 特高压交流输变电设备国产化创举

我国特高压交流输变电工程研制的设备其特点是：技术水平高，双百万（100 万 V、100 万 kVA）单体式电力变压器的研制属世界首次，单台高压电抗器 320Mvar 的额定容量世界最高，开关设备全部

表2　晋东南—南阳—荆门1 000kV特高压交流工程部分设备使用情况

| 设备名称 | 站点名称 | 生产单位 | 供货数量 |
|---|---|---|---|
| 1 000kV变压器 | 晋东南（长治）站 | 保定天威保变电气股份有限公司 | 1台（备用） |
| | 南阳站 | 特变电工沈阳变压器集团有限公司 | 4台（含备用1台） |
| | | 西安西电变压器有限责任公司 | 4台（含备用1台） |
| | 荆门站 | 特变电工沈阳变压器集团有限公司 | 1台（备用） |
| 1 100kV GIS/HGIS | 晋东南（长治）站 | 平高集团有限公司 | 3间隔 |
| | 南阳站 | 新东北电气（沈阳）高压开关有限公司 | 1套 |
| | 荆门站 | 西安西开高压电气股份有限公司 | 1套 |
| 1 000kV串联补偿装置 | 晋东南（长治）站 | 中电普瑞科技有限公司 | 1套 |
| | 南阳站 | 中电普瑞科技有限公司 | 2套 |

资料来源：国家电网公司。

采用气体绝缘全封闭组合电器，是高压开关技术的制高点；国产化水平高，综合国产化率90%以上，直接开发特高压设备，技术跨度大，极具挑战性；研制时间短，与国外发达国家相比，研制时间有较大缩短；商业化运行，我国特高压试验示范工程，建成后将投入商业化运行，要在全电压、大功率下长时间可靠运行，需要送电发挥投资效益，与试验场相比，显著加大了设备研制工作所承受的压力。

项目创新形成了特高压交流输变电设备设计、制造和试验关键技术，建立了完整的技术产业体系。特高压交流试验示范工程成套设备的研制采用以我为主、开放式自主创新的技术路线，实现了自主开发、设计、制造、试验和安装调试，全面掌握了特高压交流输变电设备的核心技术，形成了完整的技术标准和试验规范，具有自主知识产权，工程设备综合国产化率达到90%。

在变压器方面：首次采用主体变与调压变分离布置方案，显著提高可靠性并有效减轻运输重量；提出了三柱并联绕组电流分配及磁路平衡方法，有效控制发热和振动；提出了地/低电位高场强控制方法、主纵绝缘与出线绝缘结构方案，实现了无局部放电设计。研制成功世界上容量最大、损耗最低的单体式特高压变压器。

在开关方面：采用六氟化硫气体绝缘金属封闭开关技术，减少占地面积约50%；研制出双断口和四断口高效能灭弧室，显著提高了开断能力；提出了隔离开关加装阻尼电阻方法，有效抑制操作引起的特快速瞬态过电压。研制成功世界上短路电流开

断能力最强，额定峰值耐受电流最大的特高压开关设备。

在其他设备方面：提出了大通流能力、低残压比的金属氧化物电阻片配方，高强度、强憎水性有机复合材料配方，大尺度环氧套管高温整体成形工艺等。研制出高性能避雷器等系列产品。

通过以上创新，自主研制成功代表国际最高水平的全套特高压交流输变电设备，改变了我国在电气设备制造领域长期从发达国家"引进技术、消化吸收"的发展模式，首次实现了"中国创造"。

通过工程的建设，我国特高压交流输变电设备的自主创新取得了重大突破，主要产品的设计、制造和试验，达到了世界领先水平，创造了多项世界第一，主要有：

在世界上首次研制成功额定电压1 000kV、额定容量1 000MVA（单柱容量334MVA）的单体式单相变压器，性能指标国际领先；在世界上首次研制成功额定电压1 100kV、额定容量320Mvar的高压并联电抗器，性能指标国际领先；成功研制了额定电压1 100kV、额定电流6 300A、额定开断电流50kA（时间常数120ms）的气体绝缘金属封闭组合电器，代表了世界同类产品的最高水平；在世界上首次研制成功特高压瓷外套避雷器，性能指标国际领先；在世界上首次研制成功特高压棒形悬式复合绝缘子、复合空心绝缘子及套管，以及用于中等和重污秽地区的特高压支柱绝缘子、电容式电压互感器、接地开关（敞开式）和油纸绝缘瓷套管，性能指标国际领先。在世界上首次研制成功特高压工程

用全套数字型控制保护系统，性能指标国际领先。建成了世界一流的特高压交流试验基地和高电压强电流试验检测中心，综合研究试验能力已跃居国际同行前列，为进一步推进特高压设备的应用和提高基础研究水平奠定了坚实的基础。

## 三、±800 kV 特高压直流示范工程

我国高压直流输电工程的起步虽然较晚，但进展较快，在近几年间，我国已拥有国际上最先进的直流输电技术和最高的直流输电容量。到目前为止，已建成±800 kV 特高压直流示范工程 3 条。

云南-广东±800 kV 特高压直流输电示范工程，汇集云南小湾、金安桥等水电站的电力输送广东；额定电压±800 kV，双极额定输电容量 500 万 kW，输电距离 1 438km；送端换流站选定在云南楚雄州禄丰县，受端选定在广州市增城市，线路经云南、广西至广东。于 2009 年 12 月单极建成投产，2010 年 6 月双极投产。

向家坝-上海±800 kV 特高压直流输电示范工程，起点四川复龙换流站，落点上海奉贤换流站；额定输送功率 640 万 kW，最大输送功率 700 万 kW；途经四川、重庆、湖南、湖北、安徽、浙江、江苏和上海 8 省市，全长约 2 071km。于 2011 年双极投产。

锦屏-苏南±800 kV 特高压直流输电工程，起点四川西昌欲龙换流站，落点江苏苏州同里换流站；最大输送功率 700 万 kW，全长 2 095km，是世界上输送容量最大、输送距离最远的特高压直流工程；直流输电线路采用 900mm² 大截面导线，与传统 630mm² 导线相比，按照每年损耗小时数为 3 000h 计算，每年每千米线路可节约 4.32 万 kW·h；按供电煤耗 360g 标准煤/kW·h 计算，全线一年将减少标准煤消耗 7.735 万 t，减排二氧化碳约 20.12 万 t。工程于 2012 年 12 月建成。

特高压直流示范工程系统研究与成套设备的设计制造坚持了以自主创新为核心目标，主要设备由国内制造，掌握了核心技术，并具有自主知识产权；其设计、制造和试验达到了世界领先水平，创造了多项世界第一：电压等级最高、输送功率最大（±800kV、额度输送功率 640 万 kW、最大输送功率 700 万 kW）；额定电流最大（4 000A）；首次使用电触发 6 英寸晶闸管；输送距离最远（2 000km）；容量最大的换流器（175 万 kW）；电压等级最高、单台容量最大的换流变（800kV、321MV·A）；电压等级最高、通流容量最大的干式平波电抗器（800kV、4 292A）；通流能力最大的接地极；单位走廊输送能力最大（超过 84MW/m）。

在世界上首次完成±800kV 直流工程的系统研究、成套设计和工程设计，确定了工程主接线、主设备型式、绝缘水平、无功配置等技术参数和方案，制定了特高压直流输电的功能规范和设备规范，首次编制了具有自主知识产权的特高压直流输电技术标准。

### 1. 云南-广东特高压直流工程设备国产化情况

承担云南-广东±800kV 特高压直流输电试验示范工程设备研制和供货的单位主要有保定天威保变电气股份有限公司、特变电工沈阳变压器集团有限公司、西安西电变压器有限责任公司、许继集团有限公司、西电集团等。云广特高压直流示范工程系统研究与成套设备的设计制造坚持了以自主创新为核心目标，主要设备均由国内制造，掌握了核心技术，并具有自主知识产权。设备国内制造比例为 72.52%，综合国产化率达到 62.2%。在本工程中尚未实现国产化的设备主要是变压器套管、出线装置、穿墙套管等关键部件。

云广工程设计、制造和试验达到了世界领先水平，创造了多项世界第一，主要有：

在世界上首次成功研制生产了额定电压±800kV 单相双绕组换流变压器。攻克了绝缘水平高、运输限界苛刻、阀侧外置出线装置设计复杂、温升控制难度大以及无成熟试验标准等一系列技术难题，各项性能指标国际领先。国内企业已经完整掌握核心制造技术，具有自主知识产权。

在世界上首次研制成功额定电压±800kV、电感

量 75mH 的干式直流平波电抗器。成功解决了温升与噪声控制、损耗与老化、支撑体系与抗震等方面的技术难题，各项性能指标国际领先。国内企业拥有完整的核心设计制造技术和完全的知识产权。

在世界上首次研制成功特高压直流双 12 脉动换流阀组，完成了国产化的 800kV、3 125A 光触发（LTT）特高压换流阀晶闸管组件的研制，实现了中方设计，自主制造，性能指标国际领先。国内企业掌握了特高压直流动态均压技术、换流阀暂态仿真等核心技术，具有自主知识产权。

在世界上首次研制成功特高压直流输电工程用全套高性能的数字型控制保护系统，解决了双 12 脉动阀组串联接线复杂的控制保护问题，性能指标国际领先。国内企业全面掌握了特高压直流控制保护原理与应用技术，自主开发了新一代的直流控制保护系统。

在世界上首次完成了 8 160mm 整支复合绝缘子±800kV 等级污秽耐压试验，验证了直流复合绝缘子污闪电压与绝缘子长度的线性关系，首次在换流站和线路大规模推广应用。性能指标国际领先。国内企业拥有完整的核心技术和完全的知识产权。

在世界上首次独立完成±800kV 直流工程的系统研究，确定主设备的绝缘水平，提出特高压直流外绝缘的设计配置原则和方法，研究并解决直流偏磁对换流变的影响，形成了具有自主知识产权的世界首套完整的特高压直流技术标准和试验规范。

建成了世界一流的高海拔、特高压交直流试验基地，综合研究试验能力已跃居国际前列，国内制造企业也新增了相关特高压直流设备的研究、试验平台，为进一步推进特高压设备的基础研究水平奠定了坚实的基础。云南–广东±800kV 特高压直流输电试验示范工程部分设备使用情况见表 3。

**表 3 云南—广东±800kV 特高压直流输电试验示范工程部分设备使用情况**

| 设备名称 | 站点名称 | 生产单位 | 供货数量 |
|---|---|---|---|
| 换流变压器 | 楚雄站 | 西安西电变压器有限责任公司 | 1 台（高端） |
| | | 西门子 | 8 台（高端） |
| | | 特变电工沈阳变压器集团有限公司 | 2 台（高端）<br>6 台（低端） |
| | | 保定天威集团变压器有限公司 | 1 台（高端）<br>6 台（低端） |
| | 穗东站 | 西安西电变压器有限责任公司 | 14 台（低端） |
| | | 西门子 | 7 台（高端） |
| | | 特变电工沈阳变压器集团有限公司 | 4 台（高端） |
| | | 保定天威集团变压器有限公司 | 1 台（高端） |
| 换流阀 | 楚雄站 | 西安西电力系统有限公司 | 2 880 个 |
| | 穗东站 | 许继柔性输电系统公司 | 2 880 个 |
| 平波电抗器 | 楚雄站 | 北京电力设备总厂 | 8 台 |
| | 穗东站 | 特变电工沈阳变压器集团有限公司 | 8 台 |

资料来源：中国南方电网有限责任公司。

## 2. 向家坝—上海特高压直流工程设备国产化情况

承担向家坝—上海±800 kV 特高压直流输电示范工程设备研制和供货的单位主要有西安西电变压器有限责任公司、保定天威保变电气股份有限公司、特变电工沈阳变压器集团有限公司、西安西电电力整流器有限责任公司、许继集团有限公司、新东北电气（沈阳）高压开关有限公司等。特高压直流设备研制过程中形成的依托工程、业主主导、产、学、研、用联合创新模式，保证了在较短时间内成功实现了国家关于"坚持自主创新为核心目标，掌握核心技术，形成自主知识产权，主设备立足国内制造"的目标。设备综合国产化率达到 68.52%。在本工程中尚未实现国产化的部分，主要是换流变阀侧套管、出线装置和成型绝缘件等关键组部件以及穿墙套管等部分直流场设备，建议国家通过后续工程继续推进国产化水平提升。向家坝—上海±800 kV 特高压直流输电示范工程部分设备使用情况见表 4。

**表 4　向家坝—上海±800 kV 特高压直流输电示范工程部分设备使用情况**

| 设备名称 | 站点名称 | 生产单位 | 供货数量 |
|---|---|---|---|
| 换流变压器 | 复龙站 | 西门子 | 10 台（高端）① |
| | | 西安西电变压器有限责任公司 | 2 台（高端）<br>8 台（低端） |
| | | 保定天威保变电气股份有限公司 | 2 台（高端）<br>6 台（低端） |
| | 奉贤站 | ABB | 10 台（高端） |
| | | 特变电工沈阳变压器集团有限公司 | 4 台（高端）<br>14 台（低端） |
| 换流阀 | 复龙站 | 西安西电电力整流器有限责任公司 | 2 880 个 |
| | 奉贤站 | 许继集团有限公司 | 2 688 个 |
| 平波电抗器 | 两端换流站 | — | 1 028 面 |

注：①后有 2 台高端 600kV 换流变压器转至国内生产。
资料来源：国家电网公司。

向上特高压直流示范工程系统研究与成套设备的设计制造坚持自主创新，主要设备由国内制造，掌握了核心技术，并具有自主知识产权；其设计、制造和试验达到了国际领先水平，创造了多项世界第一。

国际上首次完成了具有自主知识产权的±800kV、6 400MW 特高压直流输电工程系统研究和成套设计，掌握了核心技术，取得了多项国际领先的创新成果，建立了模块化成套设计平台，创新性地解决了不同技术路线换流变、换流阀、控制保护和直流场设备的兼容性和接口问题，打破了国外依靠成套设计而获得的设备技术垄断，克服了国产设备应用的瓶颈，极大推动了设备国产化进程。

国际上首次成功研制了参数最高、技术最先进的 6 英寸电触发晶闸管，克服了大规模直流输电容量提升的技术瓶颈，发挥了大尺寸晶闸管低损耗、高效率、低成本、高可靠性的优势，实现了世界范围内电力电子器件的技术升级，标志着我国在超大功率晶闸管技术上达到了国际领先水平。

国际上首次自主完成了±800kV、4 000A 特高压换流阀的研制并成功应用，将直流工程额定输送容量提升至 6 400MW 的新水平，标志着我国已经拥有国际领先的特高压换流阀设计、制造和试验技术。

国际上首次成功研制了±800kV、300MVA 级特高压换流变压器并成功应用，产品结构合理、局部放电量小、损耗低、噪声小，综合技术性能居国际领先水平，创造了同类产品的世界纪录。

国际上首次成功研制了±800kV、4 500A 级平波电抗器并成功应用，完全自主攻克了超大型平波电抗器温升控制、直流和谐波电磁场调控、防雨降噪、支撑体系抗震等关键技术难题，总体技术性能达到国际领先水平。

国际上首次成功研制了±800kV、6 400MW 特高压直流输电工程用全套高性能的控制保护系统并成功应用，实现了 46 种正常运行方式的灵活控制和对不同技术路线换流阀的控制，提高了不同技术路线换流阀的系统集成与融合度，总体技术性能达到国际领先水平。

针对直流场设备，采取自主创新与消化吸收再创新相结合的方式，自主研制成功极线隔离开关、电流测量装置等大部分±800kV 直流场设备，为在后续工程中广泛应用创造了条件。国际上首次成功研制并应用了单节瓷件高度 2m、总高 12m、12.5kN 大中小三伞型的大爬距直流棒形支柱绝缘子。

国际上首次在特高压直流线路工程中研制并应

用 6 分裂、720mm² 大截面导线及配套金具，导线的单线强度分散性小，批量产品性能稳定，完全实现了国产化；金具环保性能优越并实现了标准化。国际上首次在特高压直流工程中应用了 550kN 大吨位三伞型瓷绝缘子，提高了绝缘子串自洁能力，缩短了串长。综合性能指标达到了国际领先水平。

承担设备研制任务的装备制造企业进行了大规模技术改造，形成了特高压设备的批量生产能力，加工和试验条件已步入世界先进行列，建立了从原材料到关键组部件和成套产品较为完整的国产化特高压直流设备产业链，培养了一批研制特高压直流输电设备的技术和管理人才，促进了产业全面升级，提升了全行业创新能力和核心竞争力。

## 3. 锦屏—苏南特高压直流工程设备国产化情况

承担锦屏—苏南±800 kV 特高压直流输电工程设备研制和供货的单位主要有西安西电变压器有限责任公司、保定天威保变电气股份有限公司、特变电工沈阳变压器集团有限公司、许继集团有限公司、南瑞集团公司、北京电力设备总厂、西安西电电力整流器有限责任公司等。锦屏–苏南±800 kV 特高压直流输电工程部分设备使用情况见表5。

**表5 锦屏–苏南±800 kV 特高压直流输电工程部分设备使用情况**

| 设备名称 | 站点名称 | 生产单位 | 供货数量 |
|---|---|---|---|
| 换流变压器 | 裕隆站 | 特变电工沈阳变压器集团有限公司 | 2 台（高端）<br>14 台（低端） |
| | | 保定天威保变电气股份有限公司 | 5 台（高端） |
| | | ABB | 7 台（高端） |
| | 同里站 | 西安西电变压器有限责任公司 | 2 台（高端）<br>14 台（低端） |
| | | 保定天威保变电气股份有限公司 | 5 台（高端） |
| | | ABB | 7 台（高端） |
| 换流阀 | 裕隆站 | 西安西电电力整流器有限责任公司<br>中国电力科学研究院 | 120 个 |
| | 同里站 | 许继集团有限公司 | 288 个 |
| 平波电抗器 | 裕隆站 | 北京电力设备总厂 | 10+1 台 |
| | 同里站 | 北京电力设备总厂 | 8+1 台 |
| 控制保护（屏柜） | 裕隆站 | 南瑞集团公司 | 282 面 |
| | 同里站 | 许继集团有限公司 | 152 面 |

资料来源：国家电网公司。

锦屏–苏南特高压直流工程设备综合国产化率达 86%。首次实现由国内负责特高压直流工程成套设计，6 英寸晶闸管完全有国内供货，换流变主要由国内研制供货，首次应用自主研制的特高压换流阀与换流变直流套管，直流场设备首次由国内成套供货。首次应用大规格角钢，将双拼和多拼角钢铁塔简化为单肢和双拼，大量减少连接螺栓和填板，降低钢耗指标，减轻加工运输工作量，降低组塔施工难度，结构更安全、更合理。首次应用 760kN 盘式绝缘子，具有更大的机械强度和爬距，可将耐张绝缘子串由 3 联优化为 2 联，传力更可靠，进一步提高运行安全性，并可减少运输、安装和运行维护工作量。

## 四、在建特高压交直流工程情况

### 1. "皖电东送" 工程

"皖电东送" 工程是我国首条同塔双回路特高压交流输电工程，西起安徽淮南，经皖南、浙北到达上海，线路全长 656km，共有 1 421 座铁塔。工程于 2007 年正式动工，2012 年 9 月 28 日，"皖电东送" 淮南至上海特高压交流输电示范工程长江南岸跨越铁塔封顶，整个工程预计在 2013 年底建成投运。

在设备方面，特高压变压器 26 台，特高压电抗器 29 台，特高压 GIS 33 间隔，各类高压避雷器 61 台，电容器 61 台。"皖电东送"工程部分设备使用情况见表 6。

**表 6 "皖电东送"工程部分设备使用情况**

| 设备名称 | 生产单位 | 供货数量 |
|---|---|---|
| 变压器 | 保定天威保变电气股份有限公司 | 7 台 |
| | 特变电工沈阳变压器集团有限公司 | 7 台 |
| | 西安西电变压器有限责任公司 | 8 台 |
| | 山东电力设备有限公司 | 4 台 |
| 电抗器 | 西安西电变压器有限责任公司 | 18 台 |
| | 保定天威保变电气股份有限公司 | 4 台 |
| | 特变电工衡阳变压器有限公司 | 7 台 |
| GIS | 河南平高电气股份有限公司 | 14 间隔 |
| | 西安西电开关电气有限公司 | 9 间隔 |
| | 新东北电气集团有限公司 | 10 间隔 |
| 避雷器 | 南阳金冠电气有限公司 | 13 台 |
| | 西安西电避雷器有限责任公司 | 16 台 |
| | 平高东芝（廊坊）避雷器有限公司 | 19 台 |
| | 抚顺电瓷制造有限公司 | 13 台 |
| 电容器 | 西安西电电力电容器有限责任公司 | 26 台 |
| | 桂林电力电容器有限责任公司 | 35 台 |

资料来源：国家电网公司。

### 2. 哈密—郑州±800KV 特高压直流输电工程

哈密—郑州±800KV 特高压直流输电工程起于新疆哈密换流站，止于河南郑州换流站，途经新疆、甘肃、宁夏、陕西、山西、河南 6 省（自治区），线路全长约 2 210km（含黄河大跨越 3.9km），额定电压±800kV，额定直流电流 5 000A，额定输送功率 800 万 kW。工程静态投资估算约 222 亿元，动态投资估算约 231 亿元，计划 2014 年全部建成投产。

### 3. 溪洛渡左岸—浙江金华±800kV 特高压直流输电工程

溪洛渡左岸—浙江金华±800kV 特高压直流输电工程是金沙江下游水电开发的配套外送工程，起于四川宜宾双龙换流站，止于浙江金华换流站，途经四川、贵州、江西、湖南、浙江 5 省，线路全长 1679.9 km，工程额定电压±800kV，额定直流电流 5 000A，额定输送功率 800 万 kW。工程静态投资 229.05 亿元，动态投资 238.55 亿元，计划 2014 年全部建成投产。

## 五、发展特高压输变电工程意义

依托特高压输变电工程，我国输变电装备制造业实现全面升级，特高压设备设计研发、制造工艺和试验检测能力达到国际领先水平。研发成果还反哺应用到超高压设备技术改进，特高压主设备制造企业核心竞争力大幅提升，已掌握国内市场主导权，并全面进军国际市场，实现了高端产品出口零的突破。

依托特高压输变电工程，大幅提升我国在国际电工领域的影响力和话语权。我国特高压标准电压已成为国际标准；国际电工委员会（IEC）认为中国的特高压工程是"电力工业发展史上的一个重要里程碑"；国际大电网委员会（CI GRE）、电气和电子工程师协会（IEEE）成立了 8 个由我国专家主导的特高压工作组，正在主导编制相关国际标准。

发展特高压输电为推动我国能源发展方式转变、在全国范围内优化配置资源、实现能源可持续发展提供了战略途径，可提高能源开发利用效率，缓解土地和环保压力，保障国家能源安全，促进区域协调发展。发展特高压输电已列入国家"十二五"规划纲要和国家能源科技"十二五"规划。

特高压输电技术成功应用推动了国内外多个特高压直流输电工程顺利实施，实现了我国输电装备的跨越式发展，确立了我国在世界特高压输电领域的领先地位，增强了国际竞争力。2012 年，特高压交流输电关键技术、成套设备及工程应用荣获了国家科技进步特等奖。特高压直流输电技术开发装备研制及工程应用项目正在申报 2013 年国家科技进步特等奖。

目前，我国拥有最先进的特高压输电技术，最多的特高压输电线路和输电容量，成为特高压输电的大国和强国。初步规划建设特高压交直流工程 10 条左右，项目研究成果将得到更为广泛的应用，产生更为显著的社会和经济效益。

（中国机械工业联合会重大装备办公室、国家电网公司、中国南方电网有限责任公司）

# 我国核电装备国产化十年回顾

核电作为一种清洁、安全、规模化的一次能源，已有 50 多年的发展历史，一直受到全世界的关注。自美国三哩岛、苏联切尔诺贝利相继发生核泄漏并造成严重后果之后的 20 年间，核电发展处于低潮。但美国、法国、俄罗斯（苏联）、日本和加拿大等国始终致力于更安全可靠堆型的开发，到 21 世纪初全世界核电又开始复苏并进入新的发展时期。

2012 年，我国能源消费总量达 36.2 亿 t 标准煤，其中煤炭约占一次能源消费总量的 68.7%，发展核电是改变我国能源结构、减少环境污染的重要选择。21 世纪初，我国政府相继提出"积极发展核电"和"自主发展"核电战略方针，我国的核电发展速度和在建规模都居世界首位。截至 2013 年 3 月末，我国在建核电机组 26 个，总功率达 3 052 万 kW，约占全世界在建核电机组的 50%。

2011 年，日本福岛核泄漏事故对全世界和我国的核电建设造成严重影响。我国政府一方面停缓建了一批核电项目；另一方面对在役、在建核电机组进行安全大检查，调整了核电发展规划。2013 年 4 月，国务院常务会议通过了调整后的"核电安全规划"和"核电发展规划"，要继续"安全、高效发展核电"，同时将核电发展规划调整为 2015 年建成 4 000 万 kW、在建 1 800 万 kW，2020 年建成 5 800 万 kW、在建 3 000 万 kW。

我国核电装备发展始于 20 世纪 90 年代，在"八五"、"九五"期间都将大型核电机组作为国家重大技术装备攻关项目，同时依托秦山一期建设项目开展科技攻关，设备国产化率达到了 70%。到本世纪初期，在岭澳一期（2×100 万 kW）、秦山二期（2×65 万 kW）建设中虽然进口设备又有回升，设备国产化率明显下降，但通过设备分包、合作制造和自主开发，特别是通过出口项目的重要实践，我国核电装备制造业初步具备了核岛、常规岛关键设备及关键材料的研发条件。

一

我国真正有系统地推进核电装备国产化应该说是从 2006 年 4 月广州"大连红沿河核电站设备国产化座谈会"之后开始的。时任国家发改委副主任张国宝同志出席并主持会议。会议明确以大连红沿河百万千瓦压水堆核电 1、2 号机组为依托项目，全面推进核电装备国产化，国产化率争取达到 75%。会议决定将"大型铸锻件"和"核级泵阀"作为推进百万千瓦压水堆核电设备国产化的重点，并明确孙昌基和隋永滨分别为牵头人，要求各大核电公司全力配合。

核岛压力容器、蒸汽发生器以及常规岛汽轮机、发电机等所需大型铸锻件对钢水纯净度、钢锭和锻件质量都有很高的要求，过去只有日本 JSW、法国克鲁索及韩国斗山能够提供，我国在锻件价格和交货期上一直受制于外国公司。在某种程度上谁掌握了大型铸锻件谁就掌握了发展核电的主动权。

核岛冷却剂泵（核主泵）、核 2、3 泵以及核 1、2、3 级阀门过去几乎全部依靠进口，岭澳一期和秦山二期核电机组的核级泵和核级阀门的国产化率仅分别为4%和6%。广州会议后，中国机械工业联合会立即开展调研和国产化方案论证，国家发改委于2006年4月30日在沈阳召开了"百万千瓦核电核级泵阀国产化工作启动会（第一次工作会议）。张国宝副主任、中广核、中核总、中电投等各大核电公司、核电工程公司、设计院以及有关泵阀制造企业主要负责人参加了会议。沈阳会议是一次重要动员会，拉开了产、学、研、用相结合，加快推进核电装备国产化的序幕。

2006~2007年，国家发改委以及后来组建的国家能源局，针对红沿河、宁德、福清、方家山等一批二代改进百万千瓦压水堆核电站项目制定了装备国产化规划和实施计划，明确了国产化目标和关键设备研制任务。2009年2月，国家能源局起草了"核电技术装备自主化依托工程管理办法"，明确在未来五年（2009~2013年）开工建设的核电项目，自主创新设备采购比例一般不低于所需装备总价值的70%。

2007年5月，中美签署引进西屋AP1000第三代核电机组和相关技术协议，其中包括核主泵等12项非西屋公司制造技术。2008年2月，国务院第209次常务会议通过设立"大型先进压水堆核电重大专项"和"高温气冷堆核电重大专项"，确定在消化吸收AP1000三代核电技术的基础上，自主开发CAP1400三代核电机组。

## 二

2008~2011年是我国核电发展的高潮期，已核准和开工核电建设项目绝大部分也是在这一时期确定的。核电装备制造业在国家自主发展核电方针指引下，在国家发改委、国家能源局强有力组织和协调下，以极大的热情投入到核电装备国产化能力建设和产品研发工作中。核电装备制造业发展也得到了地方政府、金融投资等社会各方面的关注，许多地方政府将发展核电装备、建设核电装备制造基地作为地方经济发展的支柱产业。

国家发改委、国家能源局先后3次召开核电装备国产化工作会议，即2007年7月21日在大连召开的"核电装备自主化工作会议"、2008年11月在北京召开的"AP1000三代核电装备自主化工作会议"、2009年2月17日在海南召开的"三代核电装备自主化工作会议"，检查国产化进度、协调重大问题。

核电装备在一定程度上代表了装备制造业的最高水平，产品的安全性和可靠性要求极高，核安全等级设备及材料都要经过各种特定功能的考核。国家积极发展核电能源战略和自主发展核电方针为装备制造业带来前所未有的发展机遇，但同时对国内装备制造业的研发能力、工艺装备及试验检测技术和质量管理水平也是严峻的考验。通过政府主导和市场竞争相结合的方式，组织企业开展核岛压力容器、蒸汽发生器、稳压器、核级泵阀、堆内构件、控制棒驱动机构、环吊、主管道和大型铸锻件，常规岛汽轮发电机组以及控制系统和关键仪表、应急柴油发电机组等关键设备、配套件和材料的技术攻关。与此同时，国家、地方政府和企业还投入大量资金开展研发、制造和试验能力建设，据不完全统计，各类核电设备制造企业资金投入达250亿元。

通过多年努力，我国核电装备制造业的研发和制造能力有了很大提高，初步形成了具有相当规模的核电装备制造体系。这其中包括以中国一重、哈电集团为代表的东北地区核电装备制造基地，以上海电气集团为代表的上海地区核电装备制造基地和以中国二重、东方电气集团为代表的四川核电装备制造基地；以沈鼓集团、中核苏阀、大连大高为代表的一批重点企业组成的核级泵阀制造基地。此外还形成了一批环吊、主管道、应急柴油发电机组电气贯穿件、核级电缆等重要核级设备及配套件专业生产厂家。

目前，对于二代改进百万千瓦压水堆核电机组，核岛主设备除核主泵消化吸收难度较大、刚完成自主制造之外，包括压力容器、蒸汽发生器、稳压器、堆内构件、控制棒驱动机构、主管道、环吊、大型铸锻件核级泵阀等关键设备已全部实现国产化并形成批量生产能力；常规岛汽轮发电机组以及 BOP 系统主要设备也都实现自主化制造。国产化成果已在大连红沿河、宁德、福清、方家山、阳江等项目中应用推广，机组单台机组国产化率可达到 70%，综合国产化率可达 80% 以上。

AP1000 三代核电机组依托三门、海阳项目分包任务，完成了大型铸锻件、压力容器、蒸汽发生器、堆内构件、控制棒驱动机构及爆破阀等关键设备研发任务。核主泵已完成技术资料消化吸收和试验台位建设，产品制造正在进行中；常规岛汽轮发电正在与外方合作制造。总体上国内装备制造业已具备了生产 AP1000 三代核电关键设备能力。核岛及常规岛主要设备国产化状况及生产能力见表 1。

**表 1　核岛及常规岛主要设备国产化状况及生产能力**

| 类别 | 设备名称 | 生产厂家 | 国产化状况 | 生产能力 2012 年 | 生产能力 2015 年 |
|---|---|---|---|---|---|
| 核岛主设备 | 反应堆压力容器 | 一重、东电、上电、二重 | 二代改进核电已批量提供产品；AP1000 三代核电一体化顶盖等关键锻件已攻关成功，产品已通过鉴定并交货（一重）；C 型密封环、O 型密封环及焊材尚需进口 | 12 台 | 15 台 |
| | 蒸汽发生器 | 东电、上电、一重、哈电 | 二代改进核电已批量提供产品；AP1000 三代核电水室封头、管板等关键锻件已攻关成功，产品已通过鉴定并交货（东电）；"U" 形管国内供货能力不足、密封垫部分国产化、焊材及少数板材进口 | 12 套 | 15 套 |
| | 稳压器 | 东电、上电、一重、二重、哈电、西核 | 除喷雾头、加热器组件及焊材进口外，已全部国产化 | 15 台 | 20 台 |
| | 冷却剂泵（核主泵） | 东方阿海珐、哈电动装、上海 KSB、沈鼓 | 二代改进核电东方阿海珐、哈电交直流和上海 KSB 分别应用法国日蒙、奥地利安得烈斯和德国 KSB 技术制造，且都已承接任务；东方阿海珐、哈电动装除主泵密封均已实现国产化；AP1000 三代核电主泵沈鼓集团、哈电动装正在消化吸收，研制分包 2 台产品 | 10 套 | 15 套 |
| | 主管道 | 二代改进铸造主管道（四川化机、烟台玛努尔），三代锻造主管道（二重、一重、上电、中船重工、吉林昊宇、烟台玛努尔） | 二代改进核电质量批量供货、质量稳定；三代核电已交付产品，工艺规范、质量尚待进一步稳定 | 15 套 | 20 套 |
| | 堆内构件 | 上电、东电 | 二代改进核电已批量生产；AP1000 三代核电尚在研制中；板材、焊材需进口 | 6 套 | 10~12 套 |
| | 控制棒驱动机构 | 上电、东电 | 二代改进核电已批量生产；AP1000 三代正在研制中；部分材料（驱动棒）和零件（钩爪）需进口 | 6 套 | 10~12 套 |
| | 环形吊车 | 大连重工起重、太原重工 | 二代改进核电已批量生产；AP1000 三代核电大重、太重均已完成 1 台产品任务；伺服电机、减速机、制动器、电气控制等还需进口 | 12 台 | 15 台 |
| | 大型铸锻件 | 一重、二重、上电 | 二代改进核电锻件已批量生产；AP1000 三代核电一体化顶盖、过渡段、水室封头、管板等已完成攻关，具备全套供货条件 | 12 套 | 15 套 |
| | 核级泵阀 | 沈鼓集团、上海阿波罗、大连深蓝泵业、重庆水泵、中核苏阀、大连大高、江苏神通等泵阀制造企业 | 二代改进核电除主蒸汽隔离阀、稳压器安全阀因国内不具备试验条件尚需进口外，核级泵阀及重要非核级泵阀全部实现国产化；AP1000 三代大部分泵阀可由国内提供 | 12 套 | 15 套 |
| | 电气贯穿件 | 上海发电设备成套院、中核动力院 | 二代改进核电已批量生产；AP1000 三代核电上海院已完成样机制造及常规性能试验，待进行核辐照、抗老化、抗震等特殊试验；PSU、PEEK 等特殊材料、接线端子、热缩管等需进口 | 10 套 | 12 套 |
| | 控制系统与关键仪表 | 系统：和利时、北京东方自控、国核自仪；关键仪表：上海自动化院等相关仪表制造企业 | 非核级仪控系统已具备国产化条件并有相应业绩，核级仪控系统全部进口；部分核级仪表国产化 | 核级仪表国产化率 15% | 核级仪表国产化率 60% |

续表

| 类别 | 设备名称 | 生产厂家 | 国产化状况 | 生产能力 | |
|------|---------|---------|-----------|---------|---------|
| | | | | 2012 年 | 2015 年 |
| 常规岛及其他 | 汽轮机、发电机组 | 东电、哈电、上电 | 二代改进核电已批量生产；AP1000 三代核电消化吸收合作制造；三代核电整体锻造主轴锻件、定子绝缘线棒需进口，国内正在攻关研制 | 12 套 | 15 套 |
| | 高压加热器 | 哈电、东电、上电、杭锅 | 已批量生产（"U"形管、安全阀需进口） | 15 台 | 15 台 |
| | 低压加热器 | 哈电、东电、上电、杭锅 | 已批量生产（"U"形管安全阀进口） | 15 台 | 15 台 |
| | 冷凝器 | 哈电、东电、上电、杭锅 | 已批量生产（减温减压器、钛管、钛复合板、焊材进口） | 15 台 | 15 台 |
| | 汽水分离再热器 | 哈电、东电、上电 | 已批量生产（分离器、"U"形管进口） | 15 台 | 15 台 |
| | 除氧器 | 哈电、东电、上电、杭锅 | 已批量生产（安全阀、喷咀、液位计、压力变送器进口） | 15 台 | 15 台 |
| | 应急柴油发电机组 | 山西柴油机（安特优）、陕西柴油机、中科华、上海沪东、上海电机 | 山柴与陕柴分别与 MTU 和阿尔斯通合作制造柴油机及系统集成；中科华研究院与上海沪东及上海电机进行国产化攻关 | 15 台 | 15 台 |

# 三

伴随着我国 20 余年核电事业的发展，特别是 21 世纪以来，在国家发改委、国家能源局等有关部门组织协调和用户的大力支持下，依托核电建设项目，核电装备制造业有了迅速发展，基本形成了我国自己的核电装备制造体系，更为可贵的是培养和锻炼了一支核电装备专业技术队伍，形成了产、学、研、用相结合的研发平台。目前，二代改进型百万千瓦核电机组主要设备可以立足国内，这就为我国自主发展核电、进而走向国际市场创造了条件。与此同时，引进 AP1000 三代核电技术的消化吸收和国产化工作也全面展开，并且取得了重要的阶段性成果，其中大型铸锻件、锻造主管道、压力容器、蒸汽发生器等关键设备都已研制成功并向依托工程供货。大型先进压水堆和高温气冷堆国家重大专项技术攻关也已全面展开。

回顾我国核电装备制造业 10 年发展历程，可以说是为核电事业的大发展提供了前所未有的机遇，而国内核电装备制造业水平和能力的不断提升又为核电大发展创造了条件。核电装备国产化不仅掌握了核电发展的主动权，同时也提高了核电竞争力。目前，正在建设或刚投入运行的红沿河、宁德、福清、方家山、阳江等二代改进型百万千瓦核电站建设费用大体都在 1 400~1 500 美元/kW 左右。

国产设备参与核电市场的竞争还有效地平抑了进口设备价格，一些关键进口设备和配套零部件价格下降了 1/3 左右，甚至有些下降了 50%。

由于我国核电发展较美国、法国、俄罗斯、日本等核电大国起步晚，核电装备制造业的质保体系和核文化建设、工艺规范的成熟和产品质量的稳定都有一个相当的过程，核电装备产业发展中可能出现的不协调问题有待通过国家调控和市场机制进一步理顺和解决。总体来说，有以下几方面问题和薄弱环节：

**1. 产品质量还不够稳定**

目前，正在建设的二代改进核电项目大部分进入安装调试阶段，有的项目已经投入运行，这对国产核电装备是极大的考验，已经陆续暴露出一些质量问题。如蒸汽发生器水压试验局部渗漏、主泵轴封室发现微量异物、安全壳喷淋泵和低压安注泵扬程偏低、截止阀内漏、KIS/EAS 系统电机振动超标、应急柴油发电机组缸套异常磨损等。出现质量问题的原因绝大部分都是制造企业质量管理有漏洞、核质保体系不健全、涉核人员责任心不强造成的，有些问题属于低级错误。

对于中广核工程公司、中核工程公司反映的安装调试过程中出现的问题，国家能源局和中国机械工业联合会都给予高度重视，及时了解情况并督促制造企业立即整改。国家能源局科技装备司于 2013 年 5 月 10 日在上海组织召开了《核电站泵阀及配套电机和零部件质量工作会议》，由中国核工程公司、中国核电工程公司、国核工程公司分别通报了在建核电站国产设备质量情况；6 家装备制造企业分别汇报了本企业质保体系建设和产品质量情况及整改措施；与会的 36 家泵、阀及配套电机、密封件制造企业共同签署了《关于进一步加强核质保体系建设，确保产品质量的承诺书》。

能源局科技装备司领导作了总结讲话。讲话回顾了核电装备发展历程，强调了当前核电设备质量问题的严重性和对我国安全、高效发电核电的重要性，表达了国家能源局继续大力推进装备国产化和确保设备质量的决心，要求设备制造企业珍惜得来不易的国产化成果，在核质保体系建设和加强质量管理上下工夫，践行"质量承诺"。

## 2. 设备交货不及时，影响工程进度

部分企业存在不能严格执行订货合同要求，设备交货不及时的现象，一定程度上影响了工程进度。其主要原因除计划管理上的问题，更多的是对产品研制进度和可能出现的问题估计不足。由于核电设备对性能、质量要求很高，试验检测技术复杂，特别是大型铸锻件工艺稳定有一个过程，往往由于成品率低，返工现象多等原因造成延误交货。相信随着工艺逐步成熟、管理水平进一步提高，交货不及时的问题会得到解决。除了装备制造业自身努力之外，也希望业主单位能给予更多的理解和支持，合理工期不仅对我国装备制造业是必须的，即使已经具有长期制造和建设经验的国外公司，因设备交货或资料交付拖期而延误工程的事例也是很多的。

## 3. 企业核安全文化建设和质保体系建设是一个长期坚持的过程，必须常抓不懈

所有承担核级产品任务的制造企业主要领导必须清醒认识到，企业核安全文化建设和质保体系的建设和完善，将各种法规、文件和口号真正落实到每一个涉核人员的行动上，落实到产品实物质量上，是一个长期坚持的过程。企业一把手是产品质量的第一责任人，必须常抓不懈，通过定期开展质量教育、严格质量考核、落实质量责任制，才能切

实保证质保体系运行的有效性。在装备制造企业中，建立和加强"项目经理负责制"，是保证产品质量全过程受控的有效措施。

## 4. 要进一步加强自主创新能力建设

核电装备国产化取得重大进展，但尚有少部分技术难度很高的产品，如核级仪控系统、三代核主泵等，由于尚未掌握核心技术，仍需要从国外进口；有的虽然已经完成样机或产品自主化研制，如二代改进核主泵、应急柴油发电机组等，仍有部分关键部件需与国外合作制造。此外，还有相当一部分材料、焊材及配套件要从国外进口。国家能源局等国家有关部门应在总结已取得国产化成果的基础上，继续深入推进国产化工作。

从目前国内装备制造业生产能力和装备水平来说已和国外没有太大的差距，甚至有不少企业已超过国外水平。但究其试验手段来说还与国外有不少差距，有些试验条件建设需花费巨额投资，不是一个企业能够承担得起的，需要国家统筹规划、重点支持。例如位置重要、价值量很大的主蒸汽隔离阀和稳压器安全阀，国内企业已经完成了样机研制，但需要做的全流量性能试验，而国内又没有这种高温、高压大流量的试验装置。再如核级仪控系统，国内已经具备了研发条件，但也受制于国内目前还没有这样的试验条件和认证机构。

## 5. 重复建设、产能过剩，不仅造成资源浪费，而且导致的无序竞争不利于核电事业发展

核电大发展和核电装备的特殊性，极大提高了企业、地方政府和社会投资发展核电装备的热情，许多地方政府都把大力发展核电产品、建设核电装备制造基地作为拉动地方经济发展、提升自主创新能力的战略新兴产业。

从目前已形成的产业格局和潜在的生产能力分析，重复建设、盲目扩大生产能力导致的产能过剩现象还是比较严重的。核岛主要设备中，除堆内构件、控制棒驱动机构生产能力略显不足外，包括大型铸锻件在内的其他所有关键设备都存在产能过剩的问题。以承担大型铸锻件、压力容器、蒸汽发生

器任务的一重、二重、上核和东方重机等4家主要生产企业为例，2013年核电任务完成后，2014年生产能力将有相当一部分放空了。

产能过剩导致市场的无序竞争，如果业主再不恰当地坚持"最低价"中标，将更进一步加剧价格竞争。而制造业长期在没有盈利甚至亏损的情况经营，对产品质量控制和企业发展都是十分不利的。

国家有关部门应该认真重视核电装备制造业产能过剩和已经出现的无序竞争现象，在调查研究的基础上制定切实可行的政策措施。核电装备制造业是一个特殊的产业，产品研发难度高、质量要求严格、资金投入大。国家必须抑制无序竞争，确保企业受到不应有的损害，保护一批已经形成技术优势的企业，避免刚刚形成的人才队伍流失。

（中国机械工业联合会特别顾问、

原总工程师 隋永滨）

# 大型水力发电工程及其装备国产化路径

## 一、三峡集团水电站及重大装备建设情况概述

中国长江三峡集团公司是以大型水电开发与运营为主的清洁能源集团，主营业务是水电工程建设与管理、电力生产、相关专业技术服务。中国长江三峡集团公司全面负责三峡工程的建设与运营。三峡工程于1994年12月14日正式开工；2003年，按期实现了二期工程蓄水、通航、发电三大目标。2010年，三峡水库成功蓄水至175m，标志着三峡工程的防洪、发电、通航、补水等各项功能均达到设计要求，其综合效益开始全部发挥。三峡水电站总装机容量为22 500MW，随着三峡地下电站29#、27#机组分别于2012年2月、7月投产并移交三峡电厂运行管理，2012年三峡机组实现了三峡左岸14台、右岸12台，地下电站6台700MW巨型水轮发电机组，以及电源电站2台50MW机组投产发电的管理目标。

除三峡工程外，国家授权三峡集团开发建设金沙江下游溪洛渡、向家坝、乌东德、白鹤滩四个巨型电站。溪洛渡、向家坝水电站已分别于2005年、2006年正式开工，2012年向家坝电站实现右岸3台机组投产发电的目标，溪洛渡电站首批机组计划分别于2013年投产发电。乌东德、白鹤滩水电站的前期勘测设计工作正在进行中。这4个电站装机容量约4 300万kW。

## 二、三峡水电站重大装备建设情况

### 1. 700MW巨型水轮发电机组

三峡水电站总装机容量为22 500MW。左、右岸电站共安装26台单机容量为700MW的水轮发电机组，其中左岸电站14台，右岸电站12台。电源电站安装2台单机容量为50MW的水轮发电机组。右岸地下电站安装6台单机容量为700MW的水轮发电机组。

左岸电站14台水轮发电机组中，6台由VGS三峡联营体（德国Voith、加拿大GE、德国Siemens组成的三峡联营体）供货，东方电机股份有限公司接受技术转让并分包制造；8台由Alstom集团（法国Alstom公司、瑞士ABB公司）供货，哈尔滨电机厂有限责任公司接受技术转让并分包制造。右岸电站12台水轮发电机组中，东方电机股份有限公司、法国Alstom公司和哈尔滨电机厂有限责任公司各生产4台。右岸地下电站6台水轮发电机组中，东方电机股份有限公司、法国Alstom公司和哈尔滨电机厂有限责任公司各供货2台。电源电站2台水轮发电机组由哈尔滨电机厂有限责任公司供货。三峡左右岸及地下电站机组参数见表1、表2。

### 表1 三峡水电站水轮机组基本参数

| 项目 | 单位 | 左岸电站 | | 右岸电站 | | | 右岸地下电站 | | |
|---|---|---|---|---|---|---|---|---|---|
| 机组号 | – | 1#~3#<br>7#~9# | 4#~6#<br>10#~14# | 15#~18# | 19#~22# | 23#~26# | 27#、28# | 29#、30# | 31#、32# |
| 台数 | 台 | 6 | 8 | 4 | 4 | 4 | 2 | 2 | 2 |
| 型式 | – | 立轴混流式 | | 立轴混流式 | | | 立轴混流式 | | |
| 额定出力 | MW | 710 | | 710 | | | 710 | | |
| 额定转速 | r/min | 75 | 75 | 75 | 71.43 | 75 | 75 | 71.43 | 75 |
| 额定流量 | m³/s | 995.6 | 991.8 | 947.105 | 913.556 | 985.994 | 947.105 | 913.556 | 985.994 |
| 运行水头 最大水头 | m | 113.0 | | 113.0 | | | 113.0 | | |
| 运行水头 额定水头 | m | 80.6 | 80.6 | 85.0 | 85.0 | 85.0 | 85.0 | 85.0 | 85.0 |
| 运行水头 最小水头 | m | 61.0 | | 61.0 | | | 71.0 | | |
| 设计水头 | m | 103 | 101 | 101.63 | 113 | 105 | 102.99 | 113 | 107.9 |
| 转轮名义直径（出口直径） | mm | 9 525.0 | 9 800.0 | 9 880.0 | 9 600.0 | 10 248.0 | 9 880.0 | 9 600.0 | 10 248.0 |
| 最大连续运行出力 | MW | 767.0 | | 767.0 | | | 767.0 | | |
| 发电机 cosΦ=1 时水轮机最大出力 | MW | 852.0 | | 852.0 | | | 852.0 | | |
| 比转速 | m·kW | 261.7 | 261.7 | 244.86 | 233.2 | 244.9 | 244.86 | 233.2 | 244.9 |
| 比速系数 | – | 2 349.0 | 2 349.0 | 2 257.5 | 2 150.0 | 2 257.9 | 2 257.5 | 2 150.0 | 2 257.9 |
| 吸出高度 | m | –5 | | –5 | | | –5 | | |
| 装机高程 | m | 57.0 | | 57.0 | | | 57.0 | | |
| 旋转方向 | – | 俯视顺时针 | | 俯视顺时针 | | | 俯视顺时针 | | |
| 供货商 | – | VGS联营体 | Alstom | 东方电机 | Alstom | 哈尔滨电机厂 | 东方电机 | Alstom | 哈尔滨电机厂 |

### 表2 水轮发电机组主要性能参数

| 项目 | 单位 | 左岸电站 | | 右岸电站 | | | 右岸地下电站 | | |
|---|---|---|---|---|---|---|---|---|---|
| | | 1#~3#<br>7#~9# | 4#~6#<br>10#~14# | 15#~18# | 19#~22# | 23#~26# | 27#、28# | 29#、30# | 31#、32# |
| 型式 | – | 立轴半伞式、凸机同步发电机 | | | | | | | |
| 冷却方式 | – | 半水内冷 | | 半水内冷 | 半水内冷 | 全空冷 | 蒸发冷却 | 半水内冷 | 全空冷 |
| 机组额定功率 | MW | 700 | | 700 | | | 700 | | |
| 额定容量 | MVA | 777.8 | | 777.8 | | | 777.8 | | |
| 机组最大功率 | MW | 756 | | 756 | | | 756 | | |
| 最大容量 | MVA | 840 | | 840 | | | 840 | | |
| 最大容量时进相容量 | Mvar | 366 | | 366 | | | 366 | | |
| 额定电压 | kV | 20 | | 20 | | | 20 | | |
| 最大容量时电流 | A | 24 249 | | 24 249 | | | 24 249 | | |
| 最大容量时功率因数 | | 0.9 | | 0.9 | | | 0.9 | | |
| 额定频率 | Hz | 50 | | 50 | | | 50 | | |
| 额定转速 | rpm | 75 | | 75 | 71.43 | 75 | 75 | 71.43 | 75 |
| 飞逸转速 | rpm | 150 | | 150 | 143 | 150 | 150 | 143 | 150 |
| GD² | t·m² | 450 000 | | 450 000 | | | 450 000 | | |
| 定子绕组出水温度 | ℃ | 65 | 65 | 65 | 65 | 112× | 68 | 65 | 112× |
| 定子铁心温升 | K | 60 | 60 | 60 | 60 | 70 | 60 | 60 | 60 |
| 励磁绕组温升 | K | 75 | 85 | 75 | 75 | 80 | 75 | 75 | 75 |
| 最大容量时效率☆ | % | 98.74 | 98.76 | 98.74 | 98.83 | 98.74 | 98.74 | 98.83 | 98.74 |
| 加权平均效率☆ | % | 98.75 | 98.76 | 98.75 | 98.82 | 98.69 | 98.72 | 98.81 | 98.68 |
| 负载励磁电压 | V | 409 | 497.1 | 405 | 506 | 483 | 405 | 509 | 483 |

续表

| 项　　目 | 单　位 | 左岸电站 | | 右岸电站 | | | 右岸地下电站 | | |
| --- | --- | --- | --- | --- | --- | --- | --- | --- | --- |
| | | 1#~3#<br>7#~9# | 4#~6#<br>10#~14# | 15#~18# | 19#~22# | 23#~26# | 27#、28# | 29#、30# | 31#、32# |
| 负载励磁电流 | A | 3 940 | 4 345 | 3 823 | 3 948 | 4 347 | 3 890 | 3 948 | 4 347 |
| 直轴同步电抗 Xd（不饱和值） | | 1.05 | 1.015 | 1.05 | 1.030 | 1.02 | 1.05 | 1.030 | 1.02 |
| 直轴同步电抗 Xd（饱和值） | | 0.95 | 0.909 | 0.95 | 0.888 | 0.894 | 0.98 | 0.888 | 0.887 |
| 直轴瞬态电抗 Xd'（不饱和值） | | 0.35 | 0.340 | 0.35 | 0.350 | 0.335 | 0.35 | 0.350 | 0.325 |
| 直轴瞬态电抗 Xd'（饱和值） | | 0.32 | 0.319 | 0.32 | 0.330 | 0.313 | 0.32 | 0.330 | 0.303 |
| 直轴超瞬态电抗 Xd''（不饱和值） | | 0.23 | 0.259 | 0.23 | 0.275 | 0.265 | 0.23 | 0.275 | 0.267 |
| 直轴超瞬态电抗 Xd''（饱和值） | | 0.21 | 0.216 | 0.216 | 0.220 | 0.221 | 0.216 | 0.220 | 0.221 |
| 负序电抗 X₂ | | 0.32 | 0.278 | 0.32 | 0.288 | 0.272 | 0.32 | 0.288 | 0.274 |
| 零序电抗 X₀ | | 0.15 | 0.216 | 0.15 | 0.174 | 0.133 | 0.15 | 0.174 | 0.133 |
| 最大容量时短路比 | | 1.1 | 1.1 | 1.1 | 1.1 | 1.11 | 1.1 | 1.1 | 1.128 |
| 定子绕组并联支路数 | | 5 | 5 | 5 | 6 | 8 | 5 | 6 | 8 |
| 定子绕组型式 | | 双层波绕 | 双层波绕 | 双层波绕 | 双层波绕 | 双层波绕 | 双层波绕 | 双层波绕 | 双层波绕 |
| 转子重量（t） | t | 1 710 | 1 777.5 | 1 735 | 1 850 | 1 851 | 1 735 | 1 850 | 1 784 |
| 供货商 | - | VGS<br>联营体 | ALSTOM | 东方电机 | ALSTOM | 哈尔滨<br>电机厂 | 东方电机 | ALSTOM | 哈尔滨<br>电机厂 |

注：①发电机按最大容量 840MVA 设计，表中列出的温升、励磁电压电流、电抗等参数均为 840MVA 下的值；②×系指定子绕组温度，☆表示计算定子绕组铜损的基准温度为 90℃。

## 2. 调速系统

左岸电站 14 台水轮机调速系统设备由法国 Alstom 公司供货，右岸电站 12 台调速系统设备由哈尔滨电机厂提供，右岸地下电站 6 台调速系统设备由能达公司制造。调速系统采用 PID 型数字式电液调速器，额定工作油压为 6.3MPa，调速器具有比例、积分、微分 PID 调节规律、自适应性调节功能、开机过程控制、无扰动切换、导叶开度限制、手动操作机构、频率跟踪、联合控制、在线自诊断及故障处理功能、离线诊断及调试功能、故障保护、与电站计算机监控系统进行信息通信等主要功能。

## 3. 励磁系统

三峡左岸电站励磁系统设备由 Siemens 公司供货，右岸电站励磁系统设备由南瑞集团提供。三峡机组单机容量很大，为提高励磁系统的可靠性和安全性，采用了交流灭磁和直流灭磁并用的方案，在可控硅整流桥的交流侧和直流侧分别设置交流灭磁开关和直流灭磁开关。两种灭磁开关均具有单独使用的灭磁能力。三峡地下电站 28#、30#、31#、32# 励磁系统合同由南京南瑞集团公司制造供货，27#、

29# 励磁系统合同由长江三峡能事达股份有限公司制造供货。系统采用自并励方式，根据 3 种不同机型的机组，励磁参数不同，共有 3 种不同参数配置的励磁系统。设备的设计、制造和供货首次完全由国内厂家承担。

## 4. 厂房辅助系统及设备

①厂房辅助系统及设备主要包括：桥式起重机：左、右岸主厂房各设有 2 台 1 200/125t 大桥机和 2 台 125/125t 小桥机，大、小桥机分层布置，大桥机轨顶高程为 93.5m，小桥机轨顶高程为 105.5m。右岸地下电站主厂房设有 2 台 1 200/125t 大桥机，轨顶高程为 90.5m。左右岸及右岸地下电站共计 6 台大桥机由太原重工股份有限公司制造；左右岸电站共计 4 台小桥机由大连重工起重集团有限公司供货。桥式起重机均采用交流变频无级调速方案，提高了起重机调速范围和运行性能。

②供、排水系统：左、右岸电站的供水系统技术供水为单机单元自流减压供水方式。三峡地下电站机组技术供水系统采用单机单元自流二级减压供水方式，水源取自上游水库。排水系统分为机组检修排水、厂房渗漏排水和抽排廊道渗漏排水 3 个系

统，分开设置。

③压缩空气系统：压缩空气系统由机组制动用气、工业用气、调速系统油压装置供气、机组强迫补气及封闭母线微正压供气4个系统组成。

④油系统：由透平油系统和绝缘油系统组成。地下电站透平油系统与右岸电站透平油系统共用。

⑤厂用电系统：三峡电站厂用电系统要求有较高的供电可靠性和灵活性，供电范围为左岸电站、右岸电站、电源电站、右岸地下电站、泄洪坝段、通航设施及坝区的照明等。

⑥直流系统：直流系统由机组直流系统、公用直流系统和500kV GIS操作直流系统组成。直流系统采用两路三相四线制交流进线，分别送至各自交流进线开关，并通过Y/Δ-11隔离变压器送入整流模块，经整流后送入直流母线。

⑦空调及通风系统：空调及通风系统由中央空调系统、主厂房水轮机层及下游副厂房各层通风空调系统、单独空调系统、单独排风系统、控制系统等组成。

⑧消防及火灾报警系统：消防及火灾报警系统主要包括有消防水系统、消防排烟系统、气体灭火系统、火灾自动报警及联动控制系统等。

### 5. 电气设备

①500kV变压器：左岸电站500kV变压器共15台（含1台备用变），德国Siemens公司为主承包商，共生产9台，保定天威保变电气有限公司和特变电工沈阳变压器有限公司作为分包商，分别生产4台和2台。右岸电站500kV变压器共12台，由重庆ABB变压器有限公司供货。右岸地下电站500kV变压器共6台，由保定天威保变电气有限公司供货。变压器结构为户外芯式三相双线圈强迫油循环升压变压器。变压器高压侧采用油/SF6套管与GIS相连接；低压侧采用干套管与离相封闭母线（IPB）连接；高压侧中性点采用干套管引出并经小电抗器接地。变压器四周设有水喷雾式的灭火系统。

②550kV GIS设备：左岸电站GIS设备由ABB公司为主承包商供货，沈阳高压开关厂和西安高压开关厂为分包商。右岸电站GIS右一段设备为新东北电气（沈阳）高压开关有限公司供货，右二段设备为西安西开高压电气股份有限公司供货，瑞士ABB公司作为两厂的分包商。右岸地下电站GIS设备由西安西开高压电气股份有限公司供货。

③封闭母线：采用26kA/20kV自冷式离相封闭母线（IPB），左右岸及地下电站分别由江苏长江电气集团、江苏长江沃特电气有限公司、江苏大全封闭母线有限公司制造供货。

④发电机出口断路器：发电机出口断路器（GCB）仅在三峡右岸及地下电站采用。由瑞士ABB公司供货4套、2套。GCB由断路器、隔离开关、接地开关、现地控制柜以及其他附属设备组成。

### 6. 计算机监控系统

三峡工程计算机系统按其主要任务和功能分为三峡—葛洲坝梯级调度和三峡电站计算机监控系统。三峡电站计算机监控系统按其主要任务和功能分为三峡左岸电站计算机监控系统和三峡右岸电站计算机监控系统。

三峡右岸电站计算机监控系统包括对右岸电站12台水轮发电机组、500kV开关站、厂内公用和辅机等设备以及对地下电站6台水轮发电机组、500kV开关站、厂内公用和辅机等设备的监视和控制所需的硬件、软件。三峡右岸电站监控系统供货商为北京中水科水电科技开发有限公司，三峡集团公司技术人员直接参与了应用软件的开发工作。

### 7. 梯调监控系统

三峡梯级调度计算机监控系统具备防洪、发电、航运等调度功能，是枢纽（包括三峡水利枢纽和葛洲坝水利枢纽）运行监控和管理的大型多任务计算机监控系统。三峡梯级调度计算机监控系统，通过对各梯级电站的数据采集与处理，可实现对各梯级电站的安全监视、控制与调节、梯级电站间的优化调度。同时可接收上级调度部门下达的调度命令，并向上级调度部门传输所需的数据，实现梯级枢纽的水电联合调度和优化运行。

### 8. 通信系统

三峡水利枢纽的通信系统可分为枢纽对外通信和枢纽内部通信两部分。枢纽对外通信分为防汛通信、电力系统调度及航运调度，主要是满足三峡水利枢纽与葛洲坝、武汉、北京、华东、广东、重庆等地防汛调度、电力调度及航运调度的语音、远动、计算机数据通信、系统保护等信息以及水情测报系统信息的传输要求。枢纽内部通信包括枢纽内的生产调度通信、行政通信及相应的传输系统。在左、右岸分别设置通信中心，就近将各主要建筑物的各种传输和交换等通信设备汇接，左、右岸通信中心之间互相连接并与枢纽对外通信及公用通信网连接。

# 三、向家坝水电站重大装备建设情况

## 1. 向家坝800MW巨型水轮发电机组

向家坝水电站分左岸、右岸两个厂房，左岸为坝后式厂房，右岸为地下式厂房。电站安装8台单机额定功率为750MW（最大功率为800MW）水轮发电机组，其中左、右岸电站各布置4台混流式水轮发电机组。枢纽总装机容量6 000MW。2012年10月，右岸地下厂房首台机组发电，2013~2014年左岸坝后厂房首台机组将发电。向家坝电站安装8台套单机额定容量为833MVA（最大容量890MVA）

表3 水轮机主要技术参数

| 名　称 | 单位 | 参　数 | |
| --- | --- | --- | --- |
| 厂　商 | | 天津阿尔斯通水电设备有限公司 | 哈尔滨电机厂有限责任公司 |
| 型　式 | | 竖轴混流式 | |
| 台　数 | 台 | 4 | 4 |
| 转轮名义直径（出口直径） | mm | 9 300 | 9 750 |
| 运行水头 最大水头 | m | | 114.2 |
| 　 额定水头 | m | | 95 |
| 　 最小水头 | m | | 86.1 |
| 额定出力 | MW | | 761 |
| 额定流量 | m³/s | 872 | 857 |
| 额定转速 | r/min | 71.4 | 75 |
| 吸出高度 | m | −13 | −10 |
| 装机高程 | m | 255 | 258 |
| 旋转方向 | | 俯视，顺时针旋转 | |
| 蜗壳型式 | | 金属蜗壳 | 金属蜗壳 |
| 尾水管型式 | | 弯肘型窄高水管 | |

的水轮发电机组，哈尔滨电机厂有限责任公司、天津Alstom水电设备有限公司分别承担了4台机组的供货任务。水轮机主要技术参数见表3。发电机主要技术参数见表4。

表4 发电机主要技术参数

| 项　目 | 参　数 | |
| --- | --- | --- |
| 厂　商 | 天津阿尔斯通水电设备有限公司 | 哈尔滨电机厂有限责任公司 |
| 额定容量（MVA）/额定功率（MW） | | 833/750 |
| 最大容量（MVA）/最大功率（MW） | | 890/800 |
| 额定电压（kV） | 20 | 23 |
| 额定电流（A） | 25 660 | 22 313 |
| 额定功率因数 | | 0.9 |
| 最大容量时功率因数 | | 0.9 |
| 额定效率（%） | 98.753 | 98.8 |
| 加权平均效率（%） | 98.75 | 98.75 |
| 额定容量时 Xd′（不饱和值） | 0.329 | 0.33 |
| 额定容量时 Xd″（饱和值） | 0.244 | 0.241 |
| 额定容量时短路比 | | 1.05 |
| GD2（t−m2） | 52 600 | 490 000 |
| 定子槽数 | 840 | 756 |
| 定子绕组并联支路数 | 8 | 7 |
| 定子绕组型式 | 波绕 | |
| 定子绕组额定电流密度（A/mm2） | 2.81 | 2.92 |
| 定子绕组最大电流密度（A/mm2） | | |
| 定子绕组单相对地电容（μF） | 3.846 | 3.365 |
| 额定转速（rpm） | 75 | 71.4 |
| 飞逸转速（rpm） | 150 | 134 |
| 发电机冷却方式 | 定子绕组、定子铁心及转子绕组全空冷 | |

## 2. 调速系统

机组调速系统现阶段选用数字式PID调速器，调速系统主要由调速器的电气部分、机械液压部分、油压装置以及各设备之间的油气管道、阀门、控制元件、监测仪表等组成，由长江三峡能事达电气股份有限公司供货。调速器为数字式电液调速器，比例阀和步进电机双电液转换单元，额定工作油压为6.1~6.3MPa，调速器具有比例、积分、微分PID调节规律、自适应性调节功能、开机过程控制、无扰动切换、导叶开度限制、手动操作机构、频率跟踪、联合控制、在线自诊断及故障处理功能、离线诊断及调试功能、故障保护、与电站计算机监控系统进行信息通信等主要功能。

**3. 机组励磁系统**

向家坝电站励磁系统设备由西门子电站自动化有限公司制造供货。系统采用微机静止自并励励磁系统。在全套系统设备中，采用德国西门子 SITOR 晶闸管整流装置，德国西门子为 SES 500-Thyripol 励磁调节器；灭磁装置及过电压保护、保护和检测装置中的交、直流磁场断路器、非线性电阻采用与三峡电站一致的进口产品；励磁变压器和电制动变压器由金盘电气有限公司制造并供货。

**4. 厂房辅助系统及设备**

①厂房辅助系统及设备主要包括：桥式起重机：右岸地下厂房内安装有 2 台 1 200t/125t、跨度 30.5m、单小车桥式起重机厂。轨顶高程 287.74m。由太原重工股份有限公司供货。

②供、排水系统：向家坝左、右岸电站技术供水系统包括机组及主变压器冷却供水系统和清洁水系统。技术供水系统均采用单机单元自流减压供水方式，每台机设置 1 个蜗壳取水口，取水后分为两路，一路经两级减压过滤引至本机组作为主水源，另一路经一级减压过滤引至技术供水联络总管；同时从技术供水联络总管接入水源作为备用水源。排水系统分机组检修排水系统、机组渗漏排水系统以及大坝坝基排水系统。机组检修排水系统采用集水井长轴深井泵排水；厂房渗漏排水通过贯穿全厂的渗漏排水廊道排至渗漏集水井，由深井泵排至下游，渗漏集水井与检修集水井并排；坝基排水采用长轴深井泵和潜水排污泵排水。

③压缩空气系统：向家坝电站压缩空气系统由中压和低压气系统组成。中压气系统的供气对象为调速器油压装置，压力等级为 7.0MPa，中压空压机设备由北京国泰富达电力设备销售有限公司供货，其中活塞式中压空压机采用德国 Becker 产品。低压气系统供气对象为机组制动用气、水轮机主轴密封、工业用气和吹扫用气，工作压力为 0.8MPa，低

压空压机设备由上海康普艾压缩机有限公司供货。

④油系统：向家坝电站透平油系统由透平油系统和绝缘油系统组成，透平油用于机组的润滑、散热和传递能量。绝缘油用于主变压器等电气设备的绝缘、散热和消弧。透平油处理设备由武汉乔亚机电技术有限公司供货，其中聚结分离式过滤机采用美国 Pall 产品。

⑤暖通系统：向家坝电站暖通系统主要分为空调系统和通风系统。右岸电站空调系统主要分主空调系统、开关站多联空调、辅助单元空调机及除湿系统。左岸电站空调系统主要分为上游侧空调系统、下游侧空调系统、中控楼空调系统、除湿系统等。右岸电站通风系统主要有母线洞排风系统、主变洞全排风系统、副厂房通风空调系统、防排烟系统；厂内另设置有辅助风机。左岸电站通风空调系统主要有上下游侧通风系统、发电机层上部通风系统、水轮机层及其以下区域通风系统、GIS 室及管线层通风系统、油库通风系统等。左右岸厂房空调系统设备由广东申菱空调设备有限公司供货；右岸厂房通风设备由武汉新天开工业技术有限公司供货；左岸厂房通风设备由浙江金盾风机股份有限公司供货。

⑥火灾自动报警系统：向家坝火灾自动报警控制系统由左岸电站厂房、右岸电站厂房和大坝 3 个报警分区通过环网连接构成。在左岸电站中控楼中央控制室和右岸电站地面副厂房控制室各设置 1 台消防运行工作站，前期由右岸电站的运行工作站实现对地下厂房和右岸地面区域的火灾监视控制和维护管理，后期交由左岸电站的运行工作站实现对整个电站（包括左岸电站、右岸电站、大坝）统一的远程火灾监视控制和维护管理。

**5. 主要电气设备**

①550kV 主变：右岸电站 550kV/23kV 890MVA 三相升压主变压器（水冷）5 台（含 1 台备用变）、左岸电站 550kV/20kV 890MVA 三相升压主变压器（水冷）5 台（含 1 台备用变），由保定天威保变电气股份有限公司制造供货。

②500kV GIS：左右岸共 18 个断路器间隔，由

西安西开高压电气股份有限公司制造供货。

③离相封闭母线：右岸电站 24kA/24kV、左岸电站 27kA/20kV 自冷式离相封闭母线（IPB）共 8 台（套），由江苏大全封闭母线有限公司制造供货。

④GCB：右岸电站发电机断路器成套装置 4 台（套），由 ABB 瑞士有限公司制造供货。左岸电站发电机断路器成套装置 4 台（套），由中国西电集团公司西开电气股份公司供货。

⑤厂用变系统等其他电气设备：向家坝电站厂用电系统采用 10kV 和 0.4kV 两级电压供电。主供厂用电源取自发电机机端，每组厂用变容量为 3×2500kVA。向家坝电站厂用电设备主要有环氧浇注干式变压器、10kV 金属封闭中置式开关柜、0.4kV 开关柜等设备，均由国内厂商供货。

### 6. 计算机监控系统

向家坝电站计算机监控系统包括对左、右岸电站 8 台水轮发电机组、500kV 开关站、厂内公用和辅机等设备的监视和控制所需的硬件、软件。向家坝电站监控系统供货商为北京中水科水电科技开发有限公司，三峡集团公司技术人员直接参与了应用软件的开发工作。

### 7. 继电保护、故障录波等二次设备

发电机—变压器组继电保护供货商为南京南瑞继保电气有限公司，保护配置有发电机差动保护、发电机裂相保护、定子一点接地保护、发电机中性点不平衡保护、失磁保护、主变差动保护、主变零序保护等。发变组保护分成两个独立系统分别布置在两面保护屏内，从电源、CT、PT 到输出跳闸接点、断路器跳闸线圈设置完全冗余独立，以保证整个保护系统的可靠性。

500kV GIS 继电保护供货商为南京南瑞继保电气有限公司，采用双重化的配置原则。具体有中阻抗母线差动保护、微机母线保护、断路器失灵保护、断路器三相不一致保护等。向家坝电站—复龙换流站共配置两套冗余的 500kV 光纤差动线路保护，由南京南瑞继保电气有限公司制造供货。机组和 500kV 系统保护均配备故障录波装置，由武汉中元华电科技有限公司供货。发输电系统安全稳定控制装置由南京南瑞集团公司制造供货、同步相量测量装置（PMU）由南京南瑞科技有限公司制造供货。关口电能量计量系统由兰吉尔仪表系统（珠海）有限公司供货。其他二次设备，包括图像监控系统、火灾自动报警系统、直流电源系统、辅助机械设备控制系统等，均按有关规定进行设计和配置。

### 8. 通信系统

向家坝电站通信系统主要由电力系统通信、电站内部通信系统组成。电力系统通信主要是建立电站与电力系统对端变电所及相关电力系统上级调度单位的通信联系，传输线路保护、安全稳定装置以及通信调度等信息。电力系统通信由 SDH 光纤通信及电力系统调度通信组成。电站内部通信分别由电站行政通信和电站调度通信组成，并通过通信网络监管终端设备完成向家坝电站通信设备的监管。

# 四、溪洛渡水电站重大装备建设情况

### 1. 溪洛渡 700MW 巨型水轮发电机组

溪洛渡电站左、右岸厂房分别装设 9 台额定功率为 770MW 的混流式水轮发电机组。2008 年通过公开招标的方式确定了机组供货厂商，东电、哈电、上海福伊特水电设备有限公司分别承担了 9 台、6 台、3 台机组的供货任务，机组编号分别为 10#~18#、1#~6#、7#~9#（机组的编号方式为从左岸到右岸依次从 1#~18#）。机组采购合同于 2008 年 8 月签订。机组即将进入全面的安装调试阶段，2013 年首批机组将发电投产。水轮机主要技术参数见表 5。发电机主要技术参数见表 6。

### 2. 调速系统

溪洛渡 18 台（套）调速系统及辅助设备采用长江三峡能事达电气股份有限公司自主研制的 700MW 级大型水轮机调速器。调速器为数字式电液调速器，比例阀和步进电机双电液转换单元，额定工作油压为 6.1~6.3MPa，调速器具有比例、积分、微分 PID 调节规律、自适应性调节功能、开机过程控制等主要功能。

表5　水轮机主要技术参数

| 名　称 | 单　位 | 参　　　数 | | |
|---|---|---|---|---|
| 厂　商 | | 哈电 | 东电 | 福伊特 |
| 型　式 | | 立轴混流式机组 | | |
| 台　数 | 台 | 6 | 9 | 3 |
| 转轮名义直径（出口直径） | mm | 6 250 | 6 223 | 6 143 |
| 运行水头 最大水头 | m | | | 229.4 |
| 运行水头 额定水头 | m | | | 197 |
| 运行水头 最小水头 | m | | | 154.6 |
| 额定出力 | MW | | | 784 |
| 额定流量 | m³/s | 442.0 | 432.67 | 430.5 |
| 额定转速 | r/min | | | 125 |
| 吸出高度 | m | −12.9 | −9.69 | −10.81 |
| 装机高程 | | | | 359 |
| 旋转方向 | | 俯视，顺时针旋转 | | |
| 蜗壳型式 | | 金属蜗壳 | | |
| 尾水管型式 | | 窄高型尾水管 | | |

表6　发电机主要技术参数

| 项　目 | 参　　　数 | | |
|---|---|---|---|
| 厂　商 | 哈电 | 东电 | 福伊特 |
| 额定容量（MVA）/额定功率（MW） | 855.6/770 | 855.6/770 | 855.6/770 |
| 额定电压（kV） | 20 | 20 | 20 |
| 额定功率因数 | 0.9 | 0.9 | 0.9 |
| 额定效率（%） | 98.75 | 98.80 | 98.90 |
| 加权平均效率（%） | 98.59 | 98.63 | 98.78 |
| 额定容量时 Xd'（不饱和值） | 0.335 | 0.3185 | 0.340 |
| 额定容量时 Xd"（饱和值） | 0.212 | 0.2113 | 0.210 |
| 额定容量时短路比 | 1.06 | 1.05 | 1.05 |
| GD2（t-m²） | 180 000 | 190 000 | 18 000 |
| 定子槽数 | 648 | 648 | 576 |
| 定子绕组并联支路数 | 8 | 8 | 8 |
| 定子绕组形式 | 双层波绕 | 双层波绕 | 双层波绕 |
| 定子绕组额定电流密度（A/mm²） | 2.84 | 2.977 | 3.48 |
| 定子绕组最大电流密度（A/mm²） | | | |
| 定子绕组单相对地电容（μF） | 3.043 | 2.71 | 2.55 |
| 额定转速（rpm） | 125 | 125 | 125 |
| 飞逸转速（rpm） | 240 | 240 | 240 |
| 发电机冷却方式 | 全空冷 | 全空冷 | 全空冷 |

## 3. 机组励磁系统

溪洛渡电站励磁系统全部采用国产化产品，分别由南瑞和能事达公司提供9台（套）励磁产品。该成套励磁装置的研制成果具有我国自主知识产权，采用多种先进的控制规律，其输出功率及电流满足包括1 000MW 容量级大型水电、火电及核电机组对励磁功率的需求。

## 4. 厂房辅助系统及设备

①桥式起重机：溪洛渡左右岸地下厂房内各安装有2台跨度为28m、1 000t/100t、三梁主副小车桥式起重机，由太原重工股份有限公司供货。

②供、排水系统：溪洛渡左、右岸电站技术供水系统包括机组供水系统主和变压器冷却供水系统。机组供水系统采用单元供水，冷却水源取自本台机尾水管主变供水也采用单元供水，水源取自本台机尾水管。为提高可靠性，每3台机供水总管相连由电磁阀控制切换。技术供水离心泵采用青岛瑞次和上海连成公司产品。泵排水系统包括机组检修排水系统、机组渗漏排水系统以及尾调集水井排水系统，3个系统独立设置。此外，水垫塘和拦河大坝各设有1个渗漏排水系统。排水系统长轴深井泵由长沙长河供货，潜水排污泵由江苏亚太供货，潜水深井泵由威乐公司供货。

③气系统：溪洛渡电站气系统由中压和低压气系统和强迫补气系统组成。中压气系统的供气对象为调速器和圆筒阀油压装置，压力等级为7.0MPa，中压空压机设备由阿特拉斯·科普柯供货。低压气系统供气对象为机组制动用气、水轮机主轴密封、工业用气和吹扫用气，工作压力为0.8MPa，低压空压机设备由格瑞拓公司供货。水轮机强迫补气系统压力等级为2.5MPa，由时代名鹏公司供货。

④油系统：溪洛渡电站透平油系统由透平油系统和绝缘油系统组成，透平油用于机组的润滑、散热和传递能量。绝缘油用于主变压器等电气设备的绝缘、散热和消弧。透平油处理设备由武汉乔亚机电技术有限公司供货，其中聚结分离式过滤机采用美国 PALL 产品。

⑤暖通空调系统：溪洛渡电站空调系统采用集中空调送风，将室外新风采用水库冷却水＋机械制冷二级的处理方案，经组合空调处理后的空调风由厂房拱顶的送风口送到发电机层，左右岸厂房空调系统设备由广东申菱空调设备有限公司供货；通风

系统风机设备由中大空调公司供货。此外，溪洛渡电站设置暖通防排烟系统，主要包括地下主副厂房通风空调系统、主变洞通风系统以及坝区地面建筑物通风系统的防火阀、风口、自动复位排烟阀等设备，由江苏中亚公司供货。

⑥火灾自动报警系统：溪洛渡电站火灾自动报警系统由左岸地下厂房、右岸地下厂房和大坝火灾自动报警子系统和设置在控制管理楼内的火灾自动报警中心组成。各个火灾报警子系统的联网方式是采用独立的、单环主干网络结构，通过交换机和路由器等网络设备，利用 10M/100Mbps 光纤通信通道，将消防监控工作站和视频图像火灾报警工作站与各子区消防监控工作站和区域（集中）视频图像火灾探测报警监控管理工作站进行通信连。该系统包括数据采集、安全报警、控制功能、数据通信功能、系统诊断、系统维护、自我诊断、报警功能等，由南京东大公司供货。

### 5. 主要电气设备

①550kV 主变：溪洛渡左右岸 550kV/860MVA 主变压器 10 台（含 1 台备用变）分别由保变和衡变公司制造供货。

②500kV GIS：左右岸共 35 个断路器间隔，由西安西开高压电气股份有限公司制造供货。

③离相封闭母线：左、右岸电站 26kA/20kV 自冷式离相封闭母线（IPB）各 9 台（套），由江苏大全封闭母线有限公司和北京电力设备总厂制造供货。

④GCB：溪洛渡左右岸电站发电机断路器成套装置 12 台（套），由 ABB 瑞士有限公司制造供货。

⑤厂用变系统等其他电气设备：溪洛渡电站厂用电系统各设置 6 组高压厂用变压器（20kV/10kV），电源取自各机组机端，10kV 侧设 6 段厂用母线，每段各接一组高压厂变，20kV 高压厂用变压器作为本段母线主供电源。右岸还增设 2 组高压厂用变压器用于业主营地供电。每组厂用变容量为 3×2 500kVA。地下厂房机组自用电系统设有 10.5/0.4kV 变压器，均由海南金盘公司供货。

### 6. 计算机监控系统

溪洛渡电站计算机监控系统包括对左、右岸电站 9 台水轮发电机组、主变、筒阀、500kV 开关站、厂内公用和辅机等设备的监视和控制所需的硬件、软件。采用统一调度管理和"无人值班"的设计原则。溪洛渡电站监控系统供货商为北京中水科水电科技开发有限公司，三峡集团公司技术人员直接参与了应用软件的开发工作。

### 7. 通信系统

溪洛渡电站通信系统主要由电力系统通信、电站内部通信系统组成。电力系统通信主要是建立电站与电力系统对端变电所及相关电力系统上级调度单位的通信联系，传输线路保护、安全稳定装置以及通信调度等信息。电力系统通信由 SDH 光纤通信及电力系统调度通信组成。电站内部通信分别由电站行政通信和电站调度通信组成，并通过通信网络监管终端设备完成溪洛渡电站通信设备的监管。

### 8. 成都梯调系统

根据三峡集团公司安排，设立成都调控中心，对金沙江下游电站如溪洛渡、向家坝进行集控和调度。包括水调自动化系统和电调自动化系统。水调系统主要是准确、及时地自动采集三峡—金沙江流域水情测报信息，收集区域外的水情、气象、枢纽运行、防汛指挥信息等，并对以上信息分析计算综合处理。作出水文预报，按照枢纽综合利用的要求，进行水库调度方案的计算和分析比较。在保证流域防洪要求和枢纽安全的前提下，为水库调度提供决策支持。电调自动化系统采用分层分布式体系结构，分为上级调度层、梯调层和厂站层。任务是对各梯级枢纽内各电站及泄洪闸等设施运行情况进行远方监视和控制，按照上级调度指令，进行统一联合调度和管理。成都电调还具有对各厂站系统进行数据采集和处理，安全运行监视、调度、操作控制和管理功能，同时介绍上级调度系统指令，传送数据，以便有效对整个梯级枢纽进行监视、调度、控制和管理。其中水调系统由南瑞供货，电调系统由中水科供货。

# 五、三峡集团主要科研项目成果

## 1. 三峡巨型水轮发电机组创新研究与国产化实践

### （1）概述

三峡电站 700MW 水轮发电机组复杂性高，技术难度大，设计、制造、安装、运行调试、工程管理等方面面临一系列前所未有的难题。本项目依托三峡工程，通过左岸电站机组引进消化吸收再创新，实现了右岸机组国产化，带动了国内水电建设和设备制造行业的技术进步。国产三峡机组的顺利投产，实现了我国巨型水轮发电机组自主设计、制造、安装、运行的重大跨越。

该项目主要创新性成果如下：

①参数优化创新。根据三峡工程特点，选择先进合理的机组性能参数，提出可靠性技术要求，适应了三峡电站单机容量大（840MVA）、水头变幅大（Hmax:Hmin=1.85）的特点。在巨型机组上首次提出了稳定性控制指标和稳定运行区等一系列提高稳定性措施。

②水力设计优化创新。自主研发的"L"形叶片转轮获得国家发明专利，成功应用于巨型水轮发电机组，彻底消除了高部分负荷压力脉动带，提高了机组运行稳定性。

③巨型机组冷却方式的创新。自主研制出目前世界上单机容量最大（840MVA）的全空冷水轮发电机，提高机组运行可靠性，突破了空冷技术受机组容量限制的"瓶颈"。

④巨型发电机电磁设计创新。优化了进口机组定子绕组接线方式，消除了高频电磁振动和噪音，攻克三峡进口发电机电磁振动技术难题。

⑤巨型水轮发电机组关键部件材料创新。实现了大型机组关键部件材料的自主研发，打破了国外企业的技术垄断。

⑥巨型水轮发电机组安装标准和工艺创新。制定《三峡水轮发电机组安装标准》、"精品机组"评价标准，填补了我国巨型水轮发电机组制造、安装、运行标准的空白。首创机组运行区域的划分，确保了机组安全、高效、稳定运行。革新安装工艺，优化施工组织设计，创造了单个电站年投产5 000MW 装机容量的世界纪录。

⑦管理创新：创造性地提出了"无缝交接"、"首稳百日"和"精品工程"的新机组投产管理和考核指标，促进了机组制造、安装、运行综合水平的大幅提高。

经专家评审和鉴定，"该项目研究成果为国际领先水平"。

通过该项目成果的应用取得了巨大的经济效益和社会效益，国产化节约工程投资效益5.34 亿元；三峡电站 26 台机组提前一年投产发电，增加效益约 177 亿元。

国产 700MW 级水电机组已推广应用于溪洛渡、向家坝、龙滩、构皮滩等采用巨型水轮发电机组的水电站，具有广阔的应用前景，并为百万水轮发电机组的研究奠定了基础，其集成创新和引进消化吸收再创新模式也为其他装备工业类似项目的实施提供了成功范例。

### （2）性能指标

①国内外混流式水轮发电机组，在整个运行范围内不同程度存在不稳定运行区域，影响机组的安全稳定运行。为此，三峡水轮机除了要求尽量优化水力设计外，还在世界水电史上首次提出了在整个运行水头范围内，研究提出从零负荷到852MW 负荷的尾水管和导叶后转轮前的压力脉动混频峰峰值，划分为若干不同区域并建立其稳步运行的保证标准体系，大大提高了三峡电站机组运行的稳定性、可靠性，扩大了稳定运行范围。三峡水轮机稳定运行范围见图1。

②首次开发出"L"形叶片的模型转轮，模型最高效率为 94.63%，高于左岸。特别是在稳定性方面有了很大的突破，在整个运行区域内消除了高部分负荷压力脉动，解决了这个一直困扰业内的世界性技术难题。三峡右岸转轮彻底消除了三峡左岸电站水轮机高部分负荷压力脉动带，大大降低了尾水管及导叶后转轮前的压力脉动幅值，具有很高的

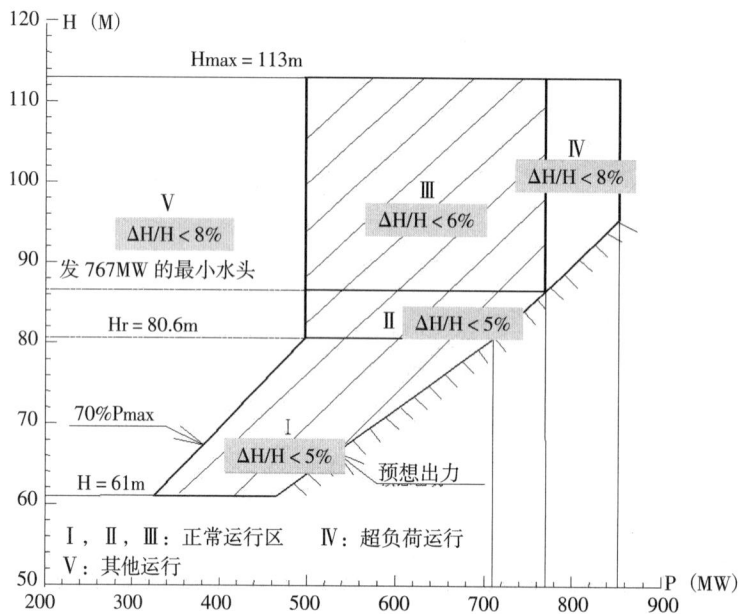

图1 三峡水轮机稳定运行范围

效率水平和较大的出力余量，且保证在三峡整个范围内无空化运行。相比之下，新开发转轮与引进技术的转轮效率水平和空化性能基本相当，但尾水管压力脉动及导叶后转轮前无叶区的压力脉动显著降低，水力稳定性得到了根本改善，为促进三峡右岸电站建设提供了有力的支持。该成果成功地应用于三峡右岸机组，并获得国家发明专利。采用CFD技术设计的三峡转轮见图2。

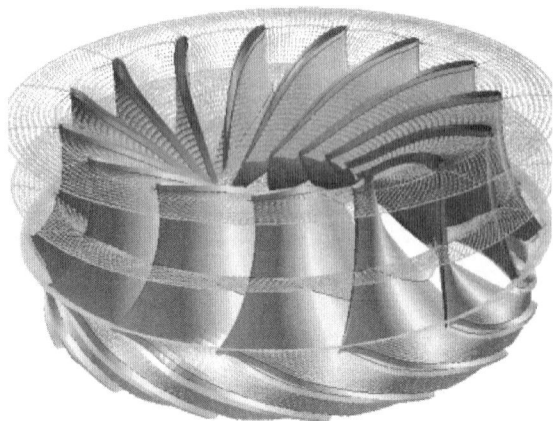

图2 采用CFD技术设计的三峡转轮

③设计制造的三峡右岸电站840MVA水轮发电机在科学研究、充分论证的基础上，选择了全空气冷却方式。经26#、25#机全面试验和4台机组首稳百日运行考验证明：发电机采用全空气冷却方式是可靠的、先进的，完全可满足机组长期安全可靠运行；采用精确的通风设计、通风模型验证机组的通风效果、三维温度场计算发电机的定、转子温升的科研手段是先进的，所形成的设计、计算方法达到国际领先水平；发电机设计需要风量为307m³/s，真机优化设计风量为326.4m³/s，通风模型测试的总风量折算至真机为351m³/s，真机实测风量为320.8m³/s，实测风量与真机计算结果基本吻合，实现总风量适宜、上下风道风量分配合理、风速分布均匀、冷却效果良好的总体目标；发电机定、转子温升满足要求，在700MW运行工况，定子轴向温差小于4K，周向温差小于3K，温度分布非常均匀，空冷技术是成功的；独立设计、独立制造、具有自主知识产权、单机容量和尺寸最大的全空冷巨型水轮发电机成功投运，标志空冷技术有重大突破，其创新成果的成功运用，将稳步推进我国1 000 MVA级发电机冷却技术研究和发展。

④成功消除VGS机组100Hz振动。国产15#、16#、17#、18#机组改进后振摆优于左岸VGS机组。定子铁芯100Hz振动从原方案的45~50um降至6um以下，削弱幅度达88%，与理论分析计算相符，定子机座机及相邻部件100Hz振动得到明显削弱。发电机盖板、端罩等部件高频振感消除。采取相带布置改变方式从根源上消除了100Hz高频振动和相应噪声源头。机组运行稳定可靠。该改进方

案应用于进口机组，达到了相同的效果。这一改进的成功，说明国内单位的电磁计算和设计水平已达到国际先进水平。

⑤在参照国际标准、国家标准及厂家标准的基础上，按照主要指标高于国家标准的原则制定了《水轮发电机组安装规程》，该标准填补了国家700MW水轮发电机安装标准的空白。《水轮发电机组安装规程》所规范的水轮发电机安装的主要内容包括：主要部件的安装尺寸精度，如底环水平度、导叶端部间隙、定子及转子圆度、空气间隙、盘车摆度等；主要电气试验参数如定子磁化试验、定子及转子耐压试验、主变局放试验、GIS耐压试验的相关参数等。与当时已有的国家相关标准相比，现标准特点是：指标体系全面、详细、主要指标要求高。

⑥三峡水轮发电机组安装技术的研究和实践，催生了一系列的大型水轮发电组安装工艺的创新及优化成果，诸如水轮机工艺创新、机组轴线调整工艺创新、发电机定子在无尘、恒温、恒湿的环境下下线、转子磁轭加热紧固技术改进、活动导叶端部间隙控制技术改进及蜗壳埋设方式与蜗壳焊缝探伤技术专题研究等，既保证了安装质量，又缩短了直线工期，同时为国内同类机电工程建设积累了宝贵的经验，创造了单一电站年投产5 000MW的世界纪录。三峡主体工程提前一年投产发电。三峡右岸电站机组投产时间统计见表7。

表7　三峡右岸电站机组投产时间统计（按投产顺序）

| 机组号 | 安装开始时间 | 试运行完成时间 | 合同规定完成时间 | 提前天数（与安装合同比） |
|---|---|---|---|---|
| 22# | 2006-06-12 | 2007-06-08 | 2007-08-31 | 84 |
| 26# | 2006-05-11 | 2007-07-08 | 2007-08-31 | 54 |
| 21# | 2006-10-24 | 2007-08-20 | 2007-12-31 | 133 |
| 18# | 2006-07-29 | 2007-10-17 | 2007-08-31 | -47 |
| 25# | 2006-11-21 | 2007-11-04 | 2007-12-31 | 57 |
| 20# | 2006-12-19 | 2007-12-06 | 2008-6-30 | 207 |
| 17# | 2007-02-07 | 2007-12-23 | 2007-12-31 | 8 |
| 24# | 2007-03-28 | 2008-04-26 | 2008-06-30 | 65 |
| 19# | 2007-07-27 | 2008-06-18 | 2008-10-31 | 135 |
| 16# | 2007-07-17 | 2008-06-30 | 2008-06-30 | 0 |
| 23# | 2007-09-17 | 2008-08-22 | 2008-10-31 | 70 |
| 15# | 2007-11-13 | 2008-10-29 | 2008-10-31 | 2 |
| 累计提前768台·天 | | | | |

⑦三峡首创的"首稳百日"考核指标，高于国际及国内现有水平（国标要求为机组通过72小时试运行及30天考核运行）的质量目标。确定"首稳百日"的意义在于：大型机组并网后不影响电网的安全稳定；对设备的设计和制造提出了更高的要求；对设备安装质量提出了更高的要求。

（3）社会经济效益及推广应用

①三峡左岸14台机组比设计进度累计提前1 907天/台，右岸机组比设计进度累计提前3 035天/台，大大超越了国际同类机组装机速度。三峡工程26台机组提前一年全部投入运行。截至2008年底，已增加发电量约560亿kW·h；2009年，增加发电量约100亿kW·h；2010年，增加发电量约46亿kW·h，共增加发电量约706亿kW·h，可为企业增加产值约177亿元，为社会创造了巨大财富（注：根据国家发改委2668号文，计划发电量只计算至2010年底，本次计算增加发电量相应截至2010年底）。

②国内厂家通过三峡左岸的技术引进和消化吸收再创新，实现了特大型机组的国产化。2004年和2007年，国内厂家在三峡右岸电站和三峡地下电站的700MW机组的招标中分别夺得8台和4台机组的合同份额，平均每台比进口要节省投资4 450万元，三峡右岸电站和地下电站分别节省机组投资3.56亿元和1.78亿元。在溪洛渡、向家坝电站的26台700MW级或以上的机组招标中，也使得购买成本大幅度降低。同时，还在实施的小湾、龙滩、拉西瓦、锦屏等项目中，国内厂商均起到了主力军的作用。

③三峡工程促进国内大型水电装备业跨入"70万千瓦级"时代。通过三峡工程的技术引进，哈电和东电用7年的时间顺利完成了从左岸机组分包商到右岸机组独立承包商的重大角色转变。这种转变，标志着我国水电重大装备实现了30年的大跨越，我国自主设计、制造、安装特大型水轮发电机组的时代已经开始。

④创造了"技贸结合、引进技术、消化吸收再创新"新模式，为我国其他重点工程技术引进探索

了一条成功之路，具有示范效应。在引进消化吸收这条路上，依托三峡工程这个国家重大工程，妥善处理好引进技术和自主创新的关系，成功推动了行业科技进步和产业发展，在消化吸收中提高了自主创新能力和核心竞争能力。

⑤创新的三峡技术管理方法，为国内大型电站的建设提供了借鉴。如稳定性第一原则、带模型投标、同台对比方式、"三峡标准"、"建管结合、无缝交接"、"首稳百日"管理模式等，在国内大型电站的设计和管理中正在得到广泛的推广和应用。

## 2. 大型水电机组蒸发冷却技术的应用

为了将具有我国完全自主知识产权的蒸发冷却技术应用于 700MW 级大型水轮发电机，三峡集团公司组织协调中国科学院电工所、东方电机厂和哈尔滨电机厂，并在三峡 700MW 级蒸发冷却真机模型试验台上进行了试验，以验证 700MW 级大型水轮发电机蒸发冷却技术的设计原理的可行性、结构的可靠性。结合三峡左岸电站 VGS 水内冷发电机的实际结构及特点，提出了将其改造为蒸发冷却发电机的总体设计方案，包括蒸发冷却系统的主要参数、监测项目、开停机条件及改造工艺等。通过技术合作和专题科研攻关，解决了一批关键技术难点，包括循环机理、冷却介质、冷却系统、机组运行的可靠性；冷却介质的环保性能；发电机各个负荷下蒸发冷却系统的循环计算；发电机定子绕组蒸发冷却与定子铁芯空冷的联合冷却方式下，对定子铁心和线棒沿轴向的温度分布以及两者之间温差分布规律的耦合仿真计算等。三峡地下电站采用两台东电具有自主知识产权的蒸发冷却机组。三峡地下电站 28# 机组是我国首台、世界单机容量最大的巨型蒸发冷却机组，采用了我国具有完全自主知识产权的"定子绕组常温自循环蒸发冷却"技术。与其他类型机组相比，蒸发冷却机组在运行可靠性和操作维护等方面有其优势。三峡地下电站 28# 机组已圆满完成过速试验，机组振动、摆度、轴承温度及辅助设备等系统工作正常。全面检验了机组性能和蒸发冷却技术的运用情况。目前已正式投运。

## 3. 百万千瓦机组科研

三峡集团公司后续建设的乌东德、白鹤滩水电站是总装机容量在 10 000MW 级的巨型水电工程，具备了装设百万千瓦级水电机组的装机条件。随着三峡 700MW 机组国产化成果不断涌现，国内 700MW 级单机容量的电站也相继投产，促使国内制造业技术水平不断提升，我国特大型混流式水轮发电机组设计制造技术已达到世界先进水平。因此，立足于国内，制造单机容量 1 000MW 级水电机组已成为可能。三峡集团公司组织开展了单机容量 1 000MW 机组及其发展相关研究工作，制定了以乌东德、白鹤滩水电站为依托工程，开展 1 000MW 级水轮发电机组创新研究战略目标。课题总体上划分三个阶段进行。

第一阶段：进行 1 000MW 级机组在工程应用中可行性和经济合理性研究，主要内容包括：从电站角度，开展乌东德、白鹤滩装设 1 000MW 机组可行性研究。根据第一阶段研究结论，乌东德、白鹤滩水电站具备装设 1 000MW 水轮发电机组条件，在工程应用中不存在大的、不可克服的制约因素，并具有较好的经济效益，目前我国也基本具备设计制造 1 000MW 水轮发电机组及配套电气设备的水平和能力。乌东德、白鹤滩水电站装设 1 000MW 水轮发电机组技术可行，经济合理。

第二阶段：进行 1 000MW 机组总体研究和专项研究，其中专项研究包括：水轮机水力设计及模型试验研究；24kV、26kV 定子线棒绝缘技术及仿真试验研究；1 000MW 水轮发电机组技术要求和规范研究。通过总体研究结论：乌东德、白鹤滩 1 000MW 水轮发电机组设计、制造是可行的，但对包括进一步提高机组性能，改善结构设计及应力水平，加强关键部件材料配套能力还需进一步研究（如厚蜗壳钢板及 750MPa 磁轭钢板），并继续完成推力轴承及通风模型的试验研究工作等；通过两电站的水力模型设计，流道水力参数合理、分布均匀，有利于机组高效稳定运行。水轮机模型试验结果显示，水轮机能量性能、空化性能、稳定性能良好，转轮在电站运行范围内，较好地避开了不稳定运行区，同时也具有进一步优化的空间；通过24kV、26kV线棒的绝缘研究，哈电的多胶模压和东电的少胶VPI绝缘技术均是成熟可靠的，两种方式下的24kV、26kV线棒常规性能参数均能较好的满足本项目技术条件的要求，采用的绝缘技术方案和工艺能较好的适应环境模拟试验的要求。

第三阶段：为了进一步提高1 000MW级水轮发电机组的设计和制造技术水平，增加"新技术、新工艺、新材料"的创新研究含量，将在第一阶段、第二阶段研究的基础上，组织设计院、国内厂家和科研单位等进行第三阶段1 000MW机组的创新研究工作。主要研究专题包括：不同单机容量土建工程的可靠度研究；不同单量机组对电网系统稳定性影响研究；1 000MW机组大负荷大瓦面积推力轴承及试验研究；1 000MW机组发电机通风设计及模拟试验研究；1 000MW水轮机水力设计及模型试验优化研究；蒸发冷却发电机冷却技术及试验研究；1 000MW水轮机发电机主要部件关键材料研究以及1 000MW水轮发电机组附属配套设备研究等内容。

百万机组的研究将推动我国水电行业取得一批具有自主知识产权、达到世界领先水平的研究成果，对我国水电设备制造企业和水电站设计单位占领世界高端市场将起到积极促进作用，也将为我国今后水电开发及设备研制提供宝贵的实践经验及技术储备。

# 六、三峡机电设备关键材料"国产化"

三峡工程建设中，三峡电站机组零部件质量要求非常严格。按照三峡标准订货，当时国内材料指标很难达到技术要求。核心部件材料，如转轮特大型铸件、高强度钢板、厚钢板、发电机推力轴承镜板等，无论是左岸还是右岸机组几乎全部依赖进口。随着我国经济的高速增长和国际经济的复苏，国际市场上大型铸锻件、钢板等资源日渐紧缺，价格飞涨，交货远远不能满足主机厂的要求。国际市场原材料普遍紧缺，交货工期、生产周期紧张，满足不了生产需求。采购的部件材料仅仅依靠进口，不确定因素多，风险也很大。

三峡集团公司动员并协调国内制造厂家、锻件、钢板厂家，就关键部件材料所涉及的若干技术及质量进行了深入实质性的协商和研究，并协助国务院三建委三期工程重大设备制造检查组组织有关专家和科研院所对研制的产品进行严格的技术评审。在三峡集团公司的促进下，国内企业通过技术攻关，生产的大型电站水轮机铸件、蜗壳压力钢管用高强度钢板、水轮发电机镜板锻件、大型水电机组厚钢板等产品质量指标达到国际同类产品最高等级。为大型电站水轮机关键件材料开创了一个新领域，解决了大型水轮机关键铸件的质量问题，满足了我国大型水电设备国产化的急需，同时也为我国水轮机材料的应用研究及制造方法提供了一些共性技术，推动了行业的科技进步，社会效益显著。

三峡机组从转轮铸件、蜗壳钢板等关键部件的材料已经实现了国产化。在三峡集团公司后续的水电项目中，越来越多的大型水电机组关键部件的材料也不断地进行科研攻关、自主研发，形成量产，正逐步实现了核心部件的关键材料的国内制造。

## 1. 水轮发电机镜板锻件

水轮发电机镜板是水电机组推力轴承的关键部件，镜板在轴承推力负荷、轴瓦温度、机组稳定性等方面有着严格的技术要求。在三峡地下电站国产机组的镜板锻件供货中，国内厂商多次与国外企业进行联系，但因其技术要求过高、大型锻件订单饱和，无法满足三峡镜板锻件的交货进度等原因，无法采购国外的镜板锻件。为此，国内锻件厂家积极响应，并就三峡地下电站发电机镜板锻件所涉及的若干技术及质量进行了深入实质性的协商和研究，同意根据三峡地下电站水轮发电机镜板锻件的技术要求，努力实现大型水电机组发电机镜板锻件的国产化，并保证锻件质量不低于由国外提供的三峡左右岸镜板锻件质量水平，并满足三峡地下电站建设的进度要求。中国二重为三峡地下电站东电机组试制镜板锻件，各项技术指标满足要求，特别是硬度平均值（236HB）远大于 200HB，硬度差值（10HB）远小于 30HB，同国外进口镜板锻件相比，硬度更均匀。在评审会上，与会专家认为二重为三峡地下电站东电机组试制镜板锻件非常成功，达到国外同类产品的先进技术水平，可以作为三峡 700MW 机组镜板材料，并将推广到溪洛渡、向家坝等后续电站中的大型机组中。

### 2. 大型水电机组厚钢板

三峡左右岸机组对厚钢板性能提出了很高的技术要求，对于 170mm 以上的厚钢板结构用钢要求采用进口材料。随着我国钢铁企业的设备能力、制造能力和研发能力的不断发展，国内很多厂家具备了厚钢板的供货能力，自主研制生产的产品替代了进口产品，并采用国际先进标准生产。国内企业自主研制的 160mm、270mm 抗层状撕裂厚钢板通过了国务院三峡工程建设委员会三期工程重大设备制造检查组组织的评审，该技术填补了国内空白，解决了关键技术，工艺技术路线合理、可行，具有创新性，生产的 160mm 和 270mm 厚度的抗层状撕裂钢板的质量达到了进口同类产品的先进水平，可用于三峡水轮发电机组制造。三峡集团公司正不断促进国内企业，进一步提高厚钢板的外形和表面质量，进一步研究优化厚度，以满足水电工程压力钢管及蜗壳用大厚度高强度钢板的不预热或低预热焊接工艺要求，满足电机设备制造的需要；进一步完善、优化品种，实现规格更大、强韧性更高、焊接性能更优的目标，推动更多品种、更大规模钢板产品国产化目标的实现。目前，国产厚钢板正在应用于向家坝项目。

### 3. 大型机组、变压器硅钢片材料

三峡集团联合宝钢、武钢进行了大型发电机、大型变压器硅钢片材料技术研发。

对变压器硅钢片，三峡集团在三峡地下电站项目上选择 2 台主变压器硅钢片，率先实现了国产化。目前，由我国企业制造并采用国内生产的硅钢片的变压器已成功投入商业运行。其中宝钢 B23R085 型号硅钢已成功通过了三建委重大设备检查组组织的评审，评审明确了该牌号可以用于包括三峡工程的 500kV 大型变压器。通过变压器厂家分析比较，国产变压器硅钢与日本进口产品厚度一致，机械性能和电磁性能相当。由国内生产的取向硅钢已在 500kV 交直流变压器得到了广泛的成功应用，其质量也达到了溪洛渡、向家坝工程的要求，目前 2 个项目有 11 台（套）大型变压器采用了国产变压器用硅钢片。对发电机硅钢片，武钢无取向硅钢 50W250 率先在三峡地下电站应用成功，宝钢也相继开发了无取向硅钢 B50A250。目前，向家坝水电站哈尔滨电机厂在机组设计制造中有 2 台使用武钢 50W250 无取向硅钢片，1 台使用宝钢 B50A250 无取向硅钢片；溪洛渡水电站哈尔滨电机厂在机组设计制造中有 2 台使用武钢 50W250 无取向硅钢片，2 台使用宝钢 B50A250 无取向硅钢片，东方电机厂在机组设计制造中有 4 台使用武钢 50W250 无取向硅钢片，2 台使用宝钢 B50A250 无取向硅钢片。溪洛渡电站 10# 机组使用武钢 50W250 无取向硅钢片，定子铁心磁化试验结果优于合同及标准技术要求，铁芯最高温度 28.7℃、铁芯最大温升 10.4K、铁芯最大温差 7.2K、铁芯单位最大损耗 1.30W/kg。11# 机组使用宝钢 B50A250 无取向硅钢片，定子铁心磁化试验结果优于合同及标准技术要求，铁芯最高温度 32.1℃、铁芯最大温升 11.6K、铁芯最大温差 8.0K、铁芯单位最大损耗 1.31W/kg。两台机组磁化试验结果等同或优于国外硅钢片。经实践证明，国产发电机硅钢片应用效果良好，性能与国外产品相当。

## 七、标准制定

为了加快巨型水轮发电机组关键部件材料的国产化，突破重型装备制造业的"瓶颈"，避免受制于人的困难境地，三峡集团公司积极组织协助三建委三期工程重大设备制造检查组、中国机械工业联合会、中国钢铁协会和相关科研院所进行了国内企业大型水电机组铸锻件、钢板等生产能力的考察和调研，重点了解大型水电机组铸锻件、机组用钢板等目前的生产能力、发展规划及需要关注的相关问

题，并积极组织推动国内制造企业进行科研攻关，针对转轮用高强韧性马氏体不锈钢材料、电渣熔铸大型电站水轮机活动导叶的关键技术及产品等，分别编制了700MW级水电机组转轮和活动导叶铸件的技术规范和标准。总体说来，在三峡电站、溪洛渡、向家坝电站机电设备技术规范制定和合同执行过程中形成的技术要求基础上，将其上升为巨型机组的制造技术标准，已形成并实施的专项技术标准。

在三峡左岸机组安装阶段，我们在参照国际标准、国家标准及厂家标准的基础上，按照主要指标高于国家标准的原则制定了《水轮发电机组安装规

程》，该标准填补了国家700MW水轮发电机安装标准的空白。为了进一步提高机组安装质量，确保机组长期稳定可靠运行，在右岸机组安装前，以照主要指标高于国家标准且不低于左岸标准的原则修订了《三峡水轮发电机组及附属设备安装规程》。同时也编制了"三峡机组考核标准"，其中"精品机组"标准远高于三峡左右标准对机组安装的要求。目前，三峡地下电站、溪洛渡电站、向家坝电站中的安装标准也不断出台，已用于指导机组的现场安装，并在实践过程中不断完善。

**三峡集团制定的各类技术规范和标准**

| 序号 | 标准名称 | 标准类型 | 应用情况 |
|---|---|---|---|
| 1 | 大型水轮机转轮马氏体不锈钢铸件技术规范 | 行业标准 | 三峡地下电站、溪洛渡、向家坝电站 |
| 2 | 大型水轮机用电渣熔铸马氏体不锈钢导叶铸件技术规范 | 行业标准 | 三峡地下电站、溪洛渡、向家坝电站 |
| 3 | 大型水轮发电机用无取向硅钢50W250、50W270技术规范 | 行业标准 | 三峡地下电站、溪洛渡、向家坝电站 |
| 4 | 大型变压器用电工刚带技术规范 | 行业标准 | 三峡地下电站、溪洛渡、向家坝电站 |
| 5 | 大型水轮发电机镜板锻件技术条件 | 行业标准 | 三峡地下电站、溪洛渡、向家坝电站 |
| 6 | 大型水轮机、水轮发电机主轴锻件技术条件 | 行业标准 | 三峡地下电站、溪洛渡、向家坝电站 |
| 7 | 抗层状撕裂钢板技术条件 | 行业标准 | 三峡地下电站、溪洛渡、向家坝电站 |
| 8 | 水轮发电机组充水调试前长期存放维护保养规程 | 企业标准 | 溪洛渡电站 |
| 9 | 机电设备在线监测系统接口标准 | 企业标准 | 三峡电站、溪洛渡、向家坝电站 |
| 10 | 溪洛渡、向家坝电站精品水轮发电机组标准 | 企业标准 | 溪洛渡、向家坝电站 |
| 11 | 三峡电站700MW水轮发电机组安装标准 | 企业标准 | 三峡电站 |
| 12 | 溪洛渡水电站750MW水轮发电机组安装质量检测标准 | 企业标准 | 溪洛渡电站 |
| 13 | 向家坝水电站800MW水轮发电机组安装质量检测标准 | 企业标准 | 向家坝电站 |
| 14 | 向家坝电站调速系统、电气及公用系统安装质量检测标准 | 企业标准 | 向家坝电站 |

（中国长江三峡集团公司）

国家能源科技进步奖

# 2010 年度国家能源科学技术进步奖

| 序号 | 项目名称 | 主要完成单位 | 主要完成人 |
|---|---|---|---|
| 一等奖 | | | |
| 1 | 沁南煤层气开发利用高技术产业化示范工程技术研发 | 中联煤层气有限责任公司 | 孙茂远、冯三利、吴建光、叶建平、郭本广、秦继荣、彭文、孙建平、孙晗森、王国强、王建中、范华、赵玉峰、傅小康、王楚峰 |
| 2 | 复杂松软突出煤层保护层开采时空演化及瓦斯抽采技术研究 | 陕西陕煤韩城矿业有限公司、中国矿业大学 | 徐冉忠、林柏泉、师永贵、翟成、屈永安、杨威、李建民、朱传杰、赵武强、姜永明、王建利、吴杰、孙林锋、赵中星、苏宏刚 |
| 3 | 露井联采下千万吨井工矿安全高效生产关键技术研究与应用 | 中煤平朔煤业有限责任公司、中国矿业大学、北京航空航天大学 | 冯学武、吴吉南、朱建明、刘保宽、刘长友、张忠温、王纯义、徐金海、黄炳香、孙海仁、张志平、陈国印、管增伦、郭生 |
| 4 | 二氧化碳驱油及埋存配套技术及应用 | 中国石油勘探开发研究院 | 侯启军、宋新民、沈平平、王峰、陈丙春、秦积舜、冉启全、李亚洲、翁玉武、王红庄、杨思玉、王宪中、刘庆杰、李实、马晓红 |
| 5 | 川东北地区大型气田勘探目标及关键技术研究 | 中国石化勘探南方分公司 | 郭旭升、郭彤楼、马永生、胡东风、黄仁春、尹正武、蒲勇、陈祖庆、唐瑞江、钱勤、魏志红、彭劲、冯明刚、孙建国、黎平 |
| 6 | 多极子阵列声波测井仪 | 中国石油集团测井有限公司 | 刘建成、李玉霞、贾向东、秦玉坤、李文东、鞠晓东、乔文孝、李文博、李剑、刘国权、李亚敏、王易敏、朱文奎、卢俊强、车小花 |
| 7 | 连续管作业技术与装备 | 中国石油集团钻井工程技术研究院 | 贺会群、李雪辉、杨忠文、李寿军、熊革、范玉平、毕宗岳、曹和平、马青芳、刘宝、刘仁敏、彭治兰、汪福华、梁常飞、温宏伟 |
| 8 | 高温浆态床煤制油关键技术研发及工业示范应用 | 中国科学院山西煤炭化学研究所 | 李永旺、曹立仁、杨勇、孙予罕、王建国、钟炳、郝喜柱、任润厚、相宏伟、郝栩、焦海军、白亮、董根全、刘东勋、霍春芳 |
| 9 | 中子学软件与次临界堆概念研究 | 中国科学院合肥物质科学研究院、中国科学技术大学 | 吴宜灿、黄群英、陈红丽、胡丽琴、曾勤、龙鹏程、罗月童、宋钢、刘松林、柏云清、蒋洁琼、曹瑞芬、宋勇、李贵、邹俊 |
| 10 | 燃煤电厂 12 万 t/a 二氧化碳捕集装置研制及工程示范 | 中国华能集团公司、华能国际电力股份有限公司、西安热工研究院有限公司、华能上海石洞口第二电厂、中国华能集团清洁能源技术研究院有限公司、中国电力工程顾问集团华东电力设计院 | 许世森、郜时旺、蒋敏华、李树青、王建林、刘练波、蔡铭、牛红伟、曹学高、樊哲军、周立仁、韩分洪、张庆文、黄斌、储昊 |
| 11 | 1.25 万 t/a 低温多效海水淡化蒸馏装置研发及在火电厂的应用 | 中国神华能源股份有限公司国华电力分公司、神华国华（北京）电力研究院有限公司、神华河北国华沧东发电有限责任公司、中国电力工程顾问集团华北电力设计院工程有限公司、上海电气电站设备有限公司上海电站辅机厂、大连理工大学 | 张建丽、周洪光、张爽、牛聚秦、丁涛、杨庆卫、张忠梅、李延兵、吴志奇、王丙贵、任晓东、李丁、周赤忠、陈光、李焱、刘晓华、杨洛鹏 |

续表

| 序号 | 项目名称 | 主要完成单位 | 主要完成人 |
|---|---|---|---|
| 12 | 碳纤维复合芯导线的自主研发及应用 | 华北电网有限公司、华北电力科学研究院有限责任公司、山东大学、河北硅谷化工有限公司、北京送变电公司、华北电网有限公司北京超高压公司 | 陈原、朱波、宋福如、巩学海、牛晓民、卢毅、潘敬东、刘亚新、王剑、龚延兴、郎福堂、马宗林、刘永奇、赵玉柱、张勇平 |
| 13 | 国家电网仿真中心关键技术研究、建设及应用 | 中国电力科学研究院 | 印永华、周泽昕、朱艺颖、田芳、卜广全、蒋卫平、周春霞、陶向红、王海宁、董明会、胡涛、李亚楼、濮钧、张彦涛、何江 |
| 14 | 电网应急指挥系统关键技术研究与应用 | 国网信息通信有限公司、中国电力科学研究院、山东电力集团公司青岛供电公司、国家电力调度通信中心、北京中电飞华通信股份有限公司、北京国电通网络技术有限公司、北京国电通信工程设计院有限公司、华北电力大学、东北电力调度通信中心、西北电力调度通信中心 | 杜至刚、曹惠彬、张文亮、郑福生、沈亮、陈希、尹昌新、刘建旬、郝玉国、杨洪、吴冰、范明天、周刚、冯建民、朱朝阳 |
| 15 | 椭圆双极线性聚能药柱爆破技术研究与应用 | 中国水利水电第八工程局有限公司、中南大学、国防科技大学、长江科学院 | 秦健飞、涂怀健、陈勇、李必红、陈晓方、赵根、彭湘华、张祖义、卓越、黄巍、秦如霞、谢丁钦、韩可林、曾凡杜、刘荔 |
| 16 | 中华人民共和国水力资源复查成果（2003年） | 水电水利规划设计总院、水利部水电水利规划设计总院、成都勘测设计研究院、长江水利委员会长江勘测规划设计研究院、昆明勘测设计研究院、黄河勘测规划设计有限公司、西北勘测设计研究院、贵阳勘测设计研究院、中水珠江规划勘测设计有限公司、水利部太湖流域管理局 | 晏志勇、史立山、李菊根、曾肇京、彭程、袁定远、钱钢粮、高敏凤、李世东、蒋肖、严碧波、刘一兵、赵太平、李小燕、唐荣斌 |
| 17 | 特大型人工砂石系统研究与应用 | 中国水利水电第八工程局有限公司 | 刘志和、林修建、熊明华、涂怀健、刘金明、连普选、蹇尚友、杨建安、肖光彩、汪建军、罗艳、李兵、黄岳、唐瑞、蒋海军 |
| 18 | 1 100KV、63KA 大容量特高压组合电器研究与应用 | 西安西电开关电气有限公司 | 张猛、李心一、穆双录、夏文、徐晟、张希捷、杨鹏、张晓菁、徐康、王传川、江洪、崔明硕、王琼、邹晓明、周芳 |
| 19 | 3MW 海上风力发电技术装备与工程实践 | 华锐风电科技（集团）股份有限公司、上海东海风力发电有限公司 | 韩俊良、朱开倩、刘征奇、张开华、金宝年、唐征岐、汪晓、王荣祖、于建军、陈党慧、刘作辉、童彤、杨松、苏丽营、林继刚 |
| 20 | 3 000m 深水半潜式钻井平台设计与建造 | 大连船舶重工集团有限公司 | 姜福茂、王厚盛、刘文民、张涛、孟昭闯、殷学林、薛大亮、李明高、章强、蒲延坤、董庆辉、张瑞欣、唐志杰、范垂中、王海军 |
| 21 | SF33900 型 220t 电动轮自卸车 | 湘电重型装备股份有限公司 | 梁小波、彭国谱、李梅龙、柳微舒、王文迪、陈宏、孙卫阳、唐春喜、邱增华、杨胜楚、谷正气、唐华平、王艾伦、高登来、欧阳蒙夫 |
| 二等奖 | | | |
| 1 | 基于微地震监测技术的特厚煤层综放面围岩运动规律研究 | 大同煤矿集团有限责任公司 | 于斌、姜福兴、贾海棠、黄庆国、赵军、孔令海、宋金旺、徐振茂、高润平、王爱午 |
| 2 | 胡家河矿井 560m 深厚软岩全深冻结凿井技术攻关与快速施工 | 陕西彬长矿业集团有限公司、煤炭科学研究总院 | 严广劳、赵强、张云利、段王拴、周宝学、李文革、刘立平、孙斌建、归会林、朱周岐 |
| 3 | 大屯矿区深部开采工程关键技术及应用研究 | 上海大屯能源股份有限公司 | 吴继忠、孙金龙、傅清国、冯玉峰、马小钧、高建团、窦红平、陈季斌、于远成 |
| 4 | 难选煤高效分选工艺及装备的研究 | 煤炭科学研究总院唐山研究院 | 孙华锋、张文华、梁金钢、周锦华、徐春江、凯钱、爱军、杨俊利、乐宏刚、李海军 |
| 5 | 高效工业煤粉锅炉系统及关键技术 | 煤炭科学研究总院北京煤化工研究分院 | 王乃继、纪任山、周建明、何海军、肖翠微 |
| 6 | 4m 大采高综放工作面支护设备配套与工艺研究 | 兖州煤业股份有限公司、中国矿业大学、郑州煤矿机械集团有限责任公司、天地科技股份有限公司 | 黄福昌、倪兴华、李佃平、李政、孟祥军、张崇宏、丁斌、马晓东、苗素军、蒲宝山 |

续表

| 序号 | 项目名称 | 主要完成单位 | 主要完成人 |
|---|---|---|---|
| 7 | 薄基岩突水威胁煤层围岩破坏规律与开采技术研究 | 焦作煤业集团赵固（新乡）能源有限责任公司、中国矿业大学（北京） | 盛天宝、王家臣、贾明魁、白云来、许延春、贾安立、张红芒、李永杰、杜云宽、李振华 |
| 8 | 深部开采主要水害问题研究方法与工程应用 | 开滦（集团）有限责任公司、桂林理工大学、中国矿业大学（北京） | 张文学、武强、李建民、朱斌、张普田、洪益清、谷晶平、宋恩春、钱增江、刘伯 |
| 9 | 华亭矿特厚煤层覆岩煤柱型强矿压防治研究 | 甘肃华亭煤电股份有限公司华亭煤矿、中国矿业大学"煤炭资源与安全开采"国家重点实验室 | 李晖、周澎、李守峰、刘志文、张玉亮、王萍、伏华、史春德、高利军、张晓忠 |
| 10 | 海洋钻井废弃液污染治理与控制及保护储层新技术 | 中国石油大学（北京）、中国石化集团胜利石油管理局海洋钻井公司 | 蒋官澄、史建刚、张金龙、胥洪彪、谢水祥、黄春、李志勇、顾洪成、孙磦礅、蒋帅 |
| 11 | 大型气田天然气成藏机理与富集规律研究 | 中国石油勘探开发研究院廊坊分院 | 魏国齐、焦贵浩、李剑、杨威、王东良、谢增业、张光武、孙平、张福东、刘锐娥 |
| 12 | 基岩内幕油气藏成藏理论、勘探技术与重大发现 | 中国石油天然气股份有限公司辽河油田分公司 | 孟卫工、李晓光、单俊峰、祝永军、王守刚、顾国忠、胡英杰、罗海炳、高险峰、金科 |
| 13 | 提高互层状超稠油油藏开发效果配套技术研究 | 中国石油天然气股份有限公司辽河油田分公司 | 张守军、郎宝山、钟立国、吴非、刘恒、于镝、郭斌建、李晓玲、许丹、沈文敏 |
| 14 | 聚合物溶液的粘弹性对驱替多孔介质中的油的机理研究 | 东北石油大学 | 王德民、刘义坤、夏惠芬、尹洪军、吴文祥、苗丰裕、隋新光、黄伏生、杨树人、王立军 |
| 15 | 提高低渗透储层动用程度工作液技术与应用 | 西南石油大学、四川光亚科技股份有限公司 | 叶仲斌、赖南君、舒政、冯茹森、吴雁、张瑞、陈洪、施雷庭、郭拥军、韩利娟 |
| 16 | 南堡油田 NP1-5/1-29 区块海洋工程技术研究与应用 | 中国石油集团海洋工程有限公司 | 康荣玉、王立领、张彦龙、刘杰鸣、曾晖、王慧琴、兰新阳、王晓勇、代福强、高海峰 |
| 17 | 高温高压动态损害评价系统的研制与推广应用 | 长江大学、荆州市现代石油科技发展有限公司、中国石油集团长城钻探工程有限公司 | 余维初、吕瑞贵、卢毓简、赖晓晴、杨恒林、鲜保安、张振华、赖燕玲、银本才、龙政军 |
| 18 | 北部湾盆地涠西南凹陷滚动勘探开发生产理论与实践 | 中海石油（中国）有限公司湛江分公司 | 谢玉洪、朱伟林、刘明全、王振峰、蔡东升、林金成、李绪深、杨计海、姜平、杨希冰 |
| 19 | 低能耗陶瓷膜生产新工艺及应用 | 南京工业大学、南京九思高科技有限公司、江苏久吾高科技股份有限公司 | 范益群、邢卫红、漆虹、景文珩、杨刚、徐南平、邱鸣慧、仲兆祥、丁晓斌、周邢 |
| 20 | 蒸汽裂解制乙烯产物高选择性加氢系列催化剂 | 中国石油天然气股份有限公司石油化工研究院 | 梁顺琴、钱颖、颉伟、常晓昕、龚光碧、王廷海、谢元、吕龙刚、谭都平、孙利民 |
| 21 | 惠州炼油项目整厂能量优化集成技术 | 中海石油炼化有限责任公司惠州炼油分公司 | 董孝利、吴青、陈淳、张锡泉、张国兴、夏长平、郭宗建、苑少军 |
| 22 | 年产 20 万 t 高品质石蜡、微晶蜡高压加氢精制成套技术开发与应用 | 中国石油天然气股份有限公司石油化工研究院、中国石油天然气股份有限公司抚顺石化分公司 | 张志华、欧阳瑞华、于春梅、宋生斌、田然、王志明、王刚、路锋、王刚、曲波 |
| 23 | 新型甲醇合成反应器研究开发与推广应用 | 华东理工大学、上海焦化有限公司、兖矿鲁南化肥厂、兖矿国泰化工有限公司、陕西神木化学工业有限公司、惠生（南京）化工有限公司、兖矿国宏化工有限责任公司 | 应卫勇、房鼎业、张海涛、刘殿华、朱建宁、柳永兵、孙永奎、张培杰、席文洪、李杰 |
| 24 | 田湾卧式蒸汽发生器吹扫工艺的创新及应用 | 江苏核电有限公司 | 黄潜、王建瑜、谢江红、任光辉、余紫群、唐明、欧阳钦、严巍峰、毛志新、胡光辉、陈大武、管玉峰、王鸿禧、刘春龙、杨均勇 |
| 25 | 大型核电站高燃耗燃料组件骨架自动焊接装置研究 | 中核建中核燃料元件有限公司 | 兰智彬、朱国胜、畅欣、庞建新、郭旭林、刘波、孙毓宝、尤勇、余家强、童慎修 |
| 26 | 百万千瓦压水堆核电站 HSD150-80 型上充泵 | 中国核电工程有限公司、重庆水泵厂有限责任公司 | 王晓江、陈晴、赵自成、周德良、张吉来、曲昌明、王大周、赵兴英、王滨、向群 |
| 27 | 中国实验快堆过程检测系统的数字化安全监测装置 | 北京广利核系统工程有限公司、中国原子能科学研究院 | 左新、陈道龙、柏祥基、池立勇、尹宝娟、窦勤民、郝志坚、朱毅明、李新颖、段天英 |
| 28 | 百万千万级核电站用电气贯穿件 | 上海发电设备成套设计研究院、中广核工程有限公司、上海科达机电控制有限公司 | 黄定忠、李国平、吴超群、栾广富、耿远、王宏印、刘栋、薛万常、毛伟钢、骆建文 |
| 29 | 900MW 反应堆控制棒驱动机构上部 Ω 焊缝检测系统 | 核动力运行研究所 | 聂勇、蔡家藩、廖述圣、丁冬平、朱琳、文斌、李宜全、杨崇安、徐玉虎、周礼峰 |
| 30 | 核电站堆外核测探测器 | 中核（北京）核仪器厂 | 陆双桐、杨道广、王永迪、胡铁强、宣肇祥、吴军、邓鹏、孙宏坤、于秀华、黄国良 |

续表

| 序号 | 项目名称 | 主要完成单位 | 主要完成人 |
|---|---|---|---|
| 31 | 中国先进研究堆（CARR）回路系统总体设计 | 中国原子能科学研究院 | 黄兴蓉、张金山、韩海芬、庄毅、李清、姜百华、赵光辉、石家娟、李军德、段佳青 |
| 32 | 燃煤电站锅炉炉内三维温度场在线监测及燃烧优化控制新技术 | 华中科技大学、广东省粤电集团有限公司、湖北省电力试验研究院、武汉钢铁股份有限公司、湖南省电力公司电力试验研究院、广东电网公司电力科学研究院、中国平煤神马能源化工集团有限责任公司坑口电厂 | 周怀春、娄春、陈世英、罗自学、姚纪恒、程强、彭敏、吕传新、张国凡、陈锐民 |
| 33 | WHear 烟气脱硫技术及其关键设备的研究和应用 | 国电科学技术研究院 | 王小明、胡文森、薛建明、李忠华、李铁柱、管一明、魏季宁、金定强、吴春华、张荀 |
| 34 | 百万千瓦超超临界机组自启停控制技术研究及应用 | 华能国际电力股份有限公司海门电厂、广东电网公司电力科学研究院、广州粤能电力科技开发有限公司 | 陈世和、孙叶柱、潘凤萍、钱戈金、张又新、朱亚清、李毅杰、陈锐民、童坚石、李锋 |
| 35 | 世界首台 600MW 机组超临界"W"火焰锅炉工程技术与应用开发 | 中国大唐集团公司、大唐华银电力股份有限公司、大唐华银金竹山火力发电分公司、北京巴布科克·威尔科克公司、湖南省电力公司试验研究院、湖南省电力勘测设计院 | 魏远、王正桃、张绮、俞东江、刘建龙、郑路华、陈一平、黎利佳、徐立东、龚资林 |
| 36 | 利用高铝粉煤灰生产氧化铝联产活性硅酸钙关键技术开发与工业试验 | 内蒙古大唐国际再生资源开发有限公司 | 陈刚、孙俊民、闫绍勇、张战军、孙振斌、高士富、霍奇志、王家发、许宏立、秦立安 |
| 37 | 国内首例两缸两排汽 600MW 空冷汽轮机组重大发电工程 | 宁夏大唐国际大坝发电有限责任公司、东方电气集团东方汽轮机有限公司 | 刘崗、佟义英、王振彪、盛晓明、梁晓钧、王为民、李峰、张春、马自斌、闫玉俊 |
| 38 | 火力发电厂脱硫无旁路冷却塔排烟技术自主研发与应用 | 中国神话能源股份有限公司国华电力分公司、三河发电公司有限责任公司、北京国电华北电力工程有限公司、神话国华（北京）电力研究院有限公司、华北电力科学研究院有限责任公司 | 刘宏伟、王欣刚、周洪光、陈志良、贾元平、白晓明、蒋丛进、毛永清、曹文苏、史晓宏 |
| 39 | DSB 低 NOx 旋流煤粉燃烧器研制与工程应用 | 西安热工研究院有限公司、华能南京电厂 | 周虹光、闵宏斌、梁法光、张欣原、郑晖、张兴豪、李志刚 |
| 40 | P91 蒸汽管道寿命监督试验研究 | 神华国华（北京）电力研究院有限公司、西安热工研究院有限公司、浙江国华浙能发电有限公司、西安理工大学 | 赵慧传、李益民、史志刚、徐龙、邬金海、宋俐、王宝臣、梁军、杨水成、张建国 |
| 41 | 大容量循环流化床锅炉自主研制 | 中国华能集团清洁能源技术研究院有限公司、西安热工研究院有限公司、哈尔滨锅炉厂有限责任公司、江西分宜发电有限责任公司 | 蒋敏华、孙献斌、李光华、于龙、肖平、彭小峥、时正海、张彦军、石波、邹生发 |
| 42 | 次同步谐振动态稳定装置自主研发与工程应用 | 中国神华能源股份有限公司国华电力分公司、陕西国华锦界能源有限责任公司、中国电力工程顾问集团华北电力设计院工程有限公司、陕西电力科学研究院、荣信电力电子股份有限公司、神华国华（北京）电力研究院有限公司 | 宋畅、顾强、卓华、王绍德、武云生、安万洙、林惊涛、丁雅丽、张银山、石朝夕 |
| 43 | 西藏高海拔试验基地建设及应用 | 中国电力科学研究院、西藏电力有限公司、青海电力设计院 | 于永清、高应云、陆家榆、范建斌、杜金水、李鹏、李光范、宿志一、廖蔚明、刘旭耀 |
| 44 | 直流工程阀厅设计关键技术研究及工程应用 | 国家电网公司直流建设分公司 | 常浩、刘泽洪、喻新强、陈东、乐波、马为民、高理迎、张志军、郎鹏越、付颖 |
| 45 | 高压测试仪器系列标准装置的研制 | 国网电力科学研究院、江苏省电力试验研究院有限公司、江苏方天电力技术有限公司 | 雷民、章述汉、杨志新、包玉树、项琼、张军、王海燕、王斯琪、陈习文、郭子娟 |
| 46 | 电网综合防灾减灾系统 | 福建省电力有限公司、厦门亿力吉奥信息科技有限公司 | 林韩、蔡振才、王庆华、张世钦、胡永洪、余尔汶、林日晖、林雨场、熊军、庄玉林 |
| 47 | 华东电网高级调度中心关键技术研究和应用 | 华东电网有限公司、国网电力科学研究院、华东电力试验研究院有限公司、上海华东电集能源信息有限公司 | 汪德星、励刚、王亮、葛敏辉、曹路、葛朝强、王斌、黄志龙、任远、刘韶峰 |
| 48 | 特高压直流试验能力建设及应用技术研究 | 中国电力科学研究院 | 于永清、张文亮、李光范、陆家榆、宿志一、孙麟、廖蔚明、李庆峰、李博、周军 |
| 49 | 500kV 同塔四回输电线路关键技术研究 | 华东电网有限公司、华东电力试验研究院有限公司、华东电力设计院 | 范金华、杨凌辉、骆永樑、黄爱华、郑旭、吴建生、钱之银、祝瑞金、郑建华、王晓辉 |

续表

| 序号 | 项目名称 | 主要完成单位 | 主要完成人 |
|---|---|---|---|
| 50 | 特高压工程技术（昆明）国家工程实验室建设关键技术研究 | 南方电网科学研究院有限责任公司、清华大学 | 赵杰、王兵、刘智宏、李锐海、王国利、韩伟强、梁曦东、曾嵘、陆国庆、蔡宗远 |
| 51 | 高电压大电流国家计量标准 | 国网电力科学研究院、四川电力科学研究院 | 王勤、章述汉、雷民、王乐仁、朱晓丽、王海燕、刘少波、项琼、李前、刘浩 |
| 52 | 750kV同塔双回输电线路关键技术研究及工程应用 | 西北电网有限公司、国网电力科学研究院、中国电力工程顾问集团西北电力设计院、中国电力科学研究院 | 弋长青、曹生顺、谷定燮、房喜、班连庚、穆华宁、刘达时、刘子瑞、陈勇、黄水清 |
| 53 | 基于融合通信的智能用电双向交互关键技术研究及应用 | 国网信息通信有限公司、浙江省电力公司 | 刘建明、赵丙镇、王继业、李祥珍、赖征田、栗宁、孙继成、郑越峰、周之鸣、陈超 |
| 54 | 电除尘器大功率高频电源的研制与应用研究 | 国电科学技术研究院 | 王忠渠、曹为民、王强、朱红育、陈祥、陈斐、张鹏宙、朱林、刘宇芳、张冬练 |
| 55 | 600MW机组自主化DCS的研发与应用 | 中国神华能源股份有限公司国华电力分公司、北京和利时系统工程股份有限公司、陕西国华锦界能源有限责任公司 | 陈寅彪、施用昉、陈盈、梅德奇、罗建平、方垒、高生辉、朱珂、张海富、张福仲 |
| 56 | 火电机组状态及性能全息诊断系统 | 国电科学技术研究院、国电石嘴山发电公司、威信尔（北京）科技发展有限公司、清华大学 | 王忠渠、李政、刘建民、杨自强、郭勇、王华、王江湖、王哲、于雪江、沈增明 |
| 57 | 三峡右岸电站计算机监控系统联合开发及调试 | 中国长江电力股份有限公司三峡水力发电厂 | 程建、黄家志、瞿卫华、杨云、钱卫 |
| 58 | N型单晶硅高效率太阳能电池技术的研究 | 英利集团有限公司 | 宋登元、郑小强、胡志岩、宋伟朋、史金超、张雷、安海娇、张伟、樊琦芳、李高非 |
| 59 | 目前国内深厚覆盖层上最高的砾石土心墙堆石坝建设 | 国电大渡河流域水电开发有限公司、中国水电顾问集团成都勘测设计研究院、长江勘测规划设计研究院大渡河瀑布沟水电站大坝工程监理部、大渡河瀑布沟水电站大坝工程葛江津联营体、葛洲坝集团基础工程有限公司四川瀑布沟水电站工程项目部 | 刘金焕、张建华、涂扬举、严军、叶发明、余学明、孙继林、薛山丹、杨忠、苏少武 |
| 60 | 三峡电站水轮发电机组稳定性能试验研究及成果应用 | 中国长江电力股份有限公司三峡水力发电厂 | 符建平、叶青平、张良颖、段开林、姜德政、丁万钦、胡军 |
| 61 | 深埋隧道工程（锦屏辅助洞）勘测设计关键技术研究及应用 | 中国水电顾问集团华东勘测设计研究院、浙江华东建设工程有限公司 | 张春生、周垂一、单治钢、陈祥荣、侯靖、胡建华、冯真秋、李军、周春宏、曹强 |
| 62 | 近海风电场海上测风与试验研究 | 中国水利水电科学研究院、北京中水科水电科技开发有限公司 | 张金接、高季章、符平、赵卫全、杨锋、邢占清、冯宾春、黄立维、莫为泽、王春 |
| 63 | 生物质固体成型燃料成型工艺与设备 | 农业部规划设计研究院、北京盛昌绿能科技有限公司、合肥天焱绿色能源开发有限公司 | 赵立欣、孟海波、田宜水、崔军、姚宗路、刘勇、傅玉清、孙丽英、袁艳文、霍丽丽 |
| 64 | 世博中国馆、主题光伏建筑一体化关键技术研究及工程示范 | 申能（集团）有限公司、上海申能新能源投资有限公司、上海太阳能工程技术研究中心有限公司、合肥日源电气信息技术有限公司、同济大学建筑设计研究院（集团）有限公司 | 吴建雄、孙杰、姚辉芳、李伟艺、郝国强、曾群、刘勉、陶磊、赵敏荣、方海鹏 |
| 65 | 风电机组功率特性和电能质量测试方法研究和检测能力建立 | 中国电力科学研究院 | 秦世耀、李庆、赵海翔、薛扬、王伟胜、陈默子、戴慧珠、王瑞明、刘长浥、王伟 |
| 66 | 岩质高边坡稳定分析、安全系数取值标准及处理措施研究 | 水电水利规划设计总院、中国水电顾问集团西北勘测设计研究院、中国水利水电科学研究院、武汉大学 | 彭土标、李天扶、陈祖煜、周建平、王志硕、汪小刚、郭义华、张进保、黄晓辉、王晓岚 |
| 67 | MG900/2210-WD型交流电牵引采煤机 | 西安煤矿机械有限公司、国投新集能源股份有限公司、西安科技大学 | 刘鹏、施平、惠万里、王设计、林秀敏、杨润全、王力、朱林、郭卫、赵友军 |
| 68 | 东方自主开发型300MW等级亚临界循环流化床锅炉研制 | 东方锅炉（集团）股份有限公司 | 聂立、谭斌、王鹏、霍锁善、郭强、刘勇、苏虎、姚本荣、胡修奎、岳光溪 |
| 69 | 国产首台百万千瓦级压水堆核电站反应堆压力容器研制 | 东方电气（广州）重型机器有限公司 | 唐伟、王卫东、邓智勇、邹杰、易飞、周振虎、钟标全、程怒涛、刘晓鸿、杨帆 |
| 70 | 600MW~1000MW超超临界火电机组大型关键铸件国产化研究 | 二重集团（德阳）重型装备股份有限公司 | 牟成海、罗通国、李广华、肖章玉、吕友清、沈阳晨、唐贤其、周向阳、张利根、张建 |

续表

| 序号 | 项目名称 | 主要完成单位 | 主要完成人 |
|---|---|---|---|
| 71 | 中国东方电气集团出海口及大型先进核电核岛主设备自主化制造基地建设项目 | 中国联合工程公司、东方电气（广州）重型机器有限公司 | 王宏、郭杭锋、刘志虹、宓红烈、彭勇、郭伟华、邹杰、胡建林、王光远、甘军明 |
| 72 | YGL 型油页岩干馏炉产业化项目 | 山东博奥华干馏炉研发有限公司 | 李宪云 |
| 73 | 采用 LTT 技术的高压动态无功补偿装置（SVC） | 荣信电力电子股份有限公司、辽宁省电力有限公司鞍山供电公司 | 左强、燕福龙、王芝茗、司明起、安万洙、葛维春、李锡成、俞海、顾洪群、丁雅丽 |
| 74 | 比例喷雾阀 | 中核苏阀科技实业股份有限公司、上海核工程研究设计院 | 张宗列、蒋琦、王翠芳、翁明辉、陈刚、马志才、王志敏、龙云飞、章程、盛燮康 |
| 75 | ZF27-800（L)/Y5000-50 型气体绝缘金属封闭开关设备 | 河南平高电气股份有限公司 | 韩书谟、谭盛武、韩国辉、赵文强、赵鸿飞、王振、王春良、王亚career、刘刚、张华 |
| 76 | 2MW 风力发电机组和关键零部件研制及产业化 | 湘潭电机股份有限公司 | 周建雄、罗百敏、黄守道、肖加余、龙辛、李春林、罗德荣、曾竟成 |
| 77 | 云南—广东特高压直流输电晶闸管换流阀研制 | 西安西电电力系统有限公司 | 班建、田方、李侠、刘宁、张建峰、陈干、焦秀英、行鹏、于强、王小强 |
| 78 | 超高压直流输电用直流转换开关成套装置研制 | 西安高压电器研究院有限责任公司、西安西电高压开关有限责任公司 | 苟锐锋、朱静、高文、李宾宾、杨雯、洪深、张文兵、王天祥、那虎、崔成恕 |
| 79 | 600MW 超临界机组自主产权分散控制系统的研发及其产业化 | 中国国电集团公司、北京国电智深控制技术有限公司、国电电力大连庄河发电有限责任公司 | 朱永芃、潘钢、钟鲁文、夏明、伍权、田雨聪、周海东、朱镜灵、吕大军、张智 |
| 80 | 超（超）临界火电机组用关键管材的研发及产业化 | 江苏银环精密钢管股份有限公司 | 庄建新、程晓农、王顺良、唐鹏、闻建良、邵新中、许盈明、吴青松、华杨康 |
| 81 | 多晶硅生产冷氢化工艺加热合成反应关键技术装备 | 镇江东方电热有限公司、常州大学、江苏大学 | 丁建宁、谭克、董国俊、王树立、华同曙、袁宁一、赵勇、王权、程广贵、范真 |
| 三等奖 ||||
| 1 | 大倾角煤与瓦斯突出薄煤层综合机械化开采技术研究 | 重庆南桐矿业有限责任公司、中国煤炭科工集团天地科技股份有限公司 | 朱建春、操良荣、唐怀林、宁桂峰、夏永学、蓝航 |
| 2 | 首批煤炭国家规划矿区资源评价 | 中国煤炭地质总局、中国煤炭地质总局煤炭资源信息中心、中国矿业大学、中国煤炭地质总局水文地质局、中国煤炭地质总局航测遥感局 | 孙升林、程爱国、田山岗、秦勇、赵克荣、沈智慧、宁树正 |
| 3 | 沁水盆地樊庄区块煤层气开发配套技术 | 中国石油天然气股份有限公司华北油田分公司 | 张建国、左银卿、崔金榜、王立龙、张辉、白建梅、梅永贵 |
| 4 | 水力掏槽防治瓦斯突出机理及应用 | 河南理工大学、焦作煤业（集团）有限责任公司演马庄矿、青岛理工大学 | 魏国营、辛新平、张子敏、张拥军、贾天让、俞宏庆、李小军 |
| 5 | 山西省沁水县端氏煤层气开发示范工程 | 中联煤层气有限责任公司 | 冯三利、叶建平、乔德武、郭丙政、杨陆武、姜文利、郭本广 |
| 6 | 黄陵矿区复杂地质条件下厚煤层综采技术研究及设备研制 | 陕西陕煤黄陵矿业有限公司、煤炭科学研究总院、天地科技股份有限公司 | 宋老虎、贾兴平、李孝波、张维新、梁平、毛明仓、李团结 |
| 7 | 油页岩流态化干馏炼油技术研究 | 中煤能源黑龙江煤化工有限公司 | 姜殿臣、韩雪东、王伟东、杨利国、邹春玉、王力英、张静 |
| 8 | 沙曲矿突出煤层实施区域性瓦斯综合治理技术 | 华晋焦煤有限责任公司 | 武华太、温百根、李庆源、王翰锋、樊少武、赵树林、元继宏 |
| 9 | 煤矿井下巷道矸石填充机 | 兖矿集团有限公司 | 张伽龙、梁虎、侯宇刚、刘宝新、张冰涛、魏立、席甲国 |
| 10 | 村庄下与承压水上膏体充填绿色开采技术研究 | 焦作煤业（集团）鑫珠春工业有限责任公司、中国矿业大学、徐州中矿大贝克福尔科技有限公司 | 张延明、周华强、郑立军、贾明魁、单智勇、余荣强、常庆粮 |
| 11 | 高强高性能喷射混凝土配置与推广应用 | 焦作煤业（集团）新乡能源有限公司、河南理工大学 | 贾明魁、魏世义、陈新明、白云来、陈武装、李凯奇、张耀辉 |
| 12 | 城郊煤矿煤层底板改造工程高可靠性保障技术 | 河南省正龙煤业有限公司、河南理工大学、煤炭科学研究总院西安分院 | 陈祥恩、王琳、唐远游、朱修兵、侯世宁、刘蕴祥、赵群华 |
| 13 | 煤矿通风瓦斯（乏风）氧化技术研究及装置研制 | 胜利油田胜利动力机械集团有限公司、陕西彬长矿业集团有限公司 | 陈宜亮、严广劳、马晓钟、王蓬、张国昌、田振林、孙龙 |

续表

| 序号 | 项目名称 | 主要完成单位 | 主要完成人 |
|---|---|---|---|
| 14 | 开滦矿区深部矿井复杂条件下软岩巷道支护理论与技术 | 开滦（集团）有限责任公司、淮北市平远软岩支护工程技术有限公司 | 殷作如、张瑞玺、李建民、张普田、霍忠锋、李明远、梁和平 |
| 15 | 深部大倾角综放面瓦斯与自燃火灾综合防治技术研究 | 开滦（集团）有限责任公司、中国矿业大学 | 常文杰、林柏泉、周世宁、周凤增、李增华、郭达、翟成 |
| 16 | 大型盆地煤聚积规律与勘探工程应用 | 山东科技大学、山东省煤田地质规划勘查研究院 | 李增学、王怀洪、魏久传、余继峰、吕大炜、巩固、刘海燕 |
| 17 | 复杂地质条件煤巷分级强化控制技术及两淮矿区推广应用 | 中国矿业大学、淮南矿业（集团）有限责任公司、淮北矿业集团公司、安徽省煤炭科学研究总院 | 张农、李佩全、倪建明、阚甲广、何炳银、黄向菁、李桂臣 |
| 18 | 采掘溃砂机理与预防 | 中国矿业大学 | 隋旺华、董青红、蔡光桃、杨伟峰、杭远、张改玲、郑磊 |
| 19 | 松软砂岩含水层下综放控水采煤技术研究 | 扎赉诺尔煤业有限责任公司、天地科技股份有限公司 | 朱廷海、郑铁骑、戚开生、马乡林、康永华、万峰、刘振宇 |
| 20 | 适应深井复杂井的特殊尾管悬挂器的研制与应用 | 中国石油化工股份有限公司石油工程技术研究院 | 马开华、马兰荣、姜向东、吴姬昊、郭朝辉、郑晓志、陈武君 |
| 21 | 疏松砂岩油气藏防砂综合决策技术及配套防砂工具 | 中国石油大学（华东）、中国石油青海油田钻采工艺研究院、中国石油冀东油田分公司钻采工艺研究院、大港油田集团钻采工艺研究院、中国石化集团胜利石油管理局 | 董长银、刘永红、尉亚民、李怀文、杜丙国、吴均、张启汉 |
| 22 | 油井生产实时分析优化技术研究与应用 | 中国石油大学（北京）、北京雅丹科技开发有限公司 | 檀朝东、吴晓东、张杰、冉蜀勇、罗小明、饶鹏、檀革勤 |
| 23 | 准噶尔盆地西北缘复杂山前冲断带油气精细勘探地质理论与实践 | 中国石油大学（华东）、中国石油新疆油田分公司 | 查明、戴俊生、吴孔友、匡立春、薛新克、吕焕通、杨俊生 |
| 24 | 增强型储层特性测试仪 | 中海油田服务股份有限公司 | 刘书民、冯永仁、庞希顺、周明高、余强、孟悦新、尤国平 |
| 25 | 安全快速钻井技术及应用 | 中国石油集团川庆钻探工程有限公司、中国石油天然气股份有限公司、西南油气田分公司、中国石油集团钻井工程技术研究院、中油（土库曼斯坦）阿姆河天然气公司、中国石油天然气股份有限公司长庆油田分公司 | 陈忠实、韩烈祥、岳砚华、陈刚、李晓明、吴先忠、李旭春 |
| 26 | 西气东输工程用钢管质量控制技术及应用 | 北京隆盛泰科石油管科技有限公司 | 李云龙、张鸿博、李记科、王长安、余大涛、马秋荣、杨红兵 |
| 27 | 海上稠油注聚提高采收率油藏研究与实践 | 中海石油研究中心 | 孙福街、张贤松、冯国智、杨俊茹、康晓东、唐恩高、张健 |
| 28 | 复杂地层定向井井壁稳定技术与应用 | 中国石油大学（北京）、中石油长城钻探工程公司、西南石油大学 | 金衍、陈勉、彭春耀、纪宏博、梁大川、李宁、侯冰 |
| 29 | 冀中富油气凹陷烃源岩精细评价与油气分布预测 | 中国石油华北油田分公司勘探开发研究院 | 罗强、师玉雷、马学峰、金涛、钟雪梅、王建、董雄英 |
| 30 | 纳—微相材料钻采工作液的功能性调控与油气钻采应用 | 中国石油大学（北京）、中国石化集团胜利石油管理局钻井工艺研究院、中国石油化工股份有限公司石油勘探开发研究院 | 柯扬船、苏长明、李公让、漆宗能、鄢捷年、张敬辉、孟令森 |
| 31 | 油气监测指标预测预警开发动态理论及应用研究 | 西南石油大学、中国石油化工股份有限公司、西南油气分公司、中国石油天然气股份有限公司、大港油田分公司 | 刘志斌、徐向荣、赵智勇、徐建平、贾永禄、刘正中、蒋华 |
| 32 | 延长原油储罐检维修周期评价方法研究 | 中国石油大学（北京）、中国石化管道储运分公司 | 帅健、高安东、王国涛、孙旭、王新增、楚海明、韩克江 |
| 33 | 创新勘探思路，高质高效落实垦利10-1亿 t 级油田 | 中海石油（中国）有限公司天津分公司 | 夏庆龙、牛成民、薛永安、田立新、周心怀、周东红、彭文绪 |
| 34 | 火烧油层传热机理研究及筛选模式的建立 | 中国石油大学（华东）、辽河石油勘探局火驱项目部 | 蒋海岩、宁奎、袁士宝、孙希勇、田相雷、张弘韬、王修文 |
| 35 | 柴西第三系构造沉积演化与油气成藏研究 | 中国石油大学（华东）、中国石油青海油田分公司勘探开发研究院、浙江大学 | 钟建华、刘云田、陈汉林、李勇、吴孔友、郭泽清、赵密福 |

续表

| 序号 | 项目名称 | 主要完成单位 | 主要完成人 |
|---|---|---|---|
| 36 | 油井选择性堵水及配套技术研究与工业化应用 | 中国石油大学（华东）胜利油田有限公司 | 戴彩丽、由庆、张波、王富、范喜群、唐磊、何龙 |
| 37 | 原油集输管网节能技术研究 | 东北石油大学 | 刘晓燕、刘立君、贾永英、孙庆友、葛晓龙、陈国成、梁文义 |
| 38 | 高效柔绳—泵单机多井抽油技术 | 中国石油大学（华东大庆油田有限责任公司第九采油厂、大庆油田有限责任公司第三采油厂、东北石油大学等 | 辛舒臻、杨春宇、杨文哲、徐金超、李娟、杨宏志、徐鹏 |
| 39 | 海上油田生产水余热回收利用新技术 | 中海石油（中国）有限公司深圳分公司 | 李伟、赵军来、潘坚、邓晓辉、薛刚、曾高贵、何素娟 |
| 40 | 陆相断陷盆地油气成藏过程定量研究 | 中国石油化工股份有限公司胜利油田分公司 | 王永诗、刘惠民、郝雪峰、贾光华、彭传圣、吕希学、姚风英 |
| 41 | 洁净兰炭生产与资源综合利用成套技术及装备（成果推广） | 西安建筑科技大学、神木县三江煤化工有限责任公司、西安交通大学 | 兰新哲、尚文智、宋永辉、赵西成、王茂义、周军、张秋利 |
| 42 | 新型水煤浆气化在线投料技术研究与工业示范 | 兖矿国泰化工有限公司、华东理工大大学 | 祝庆瑞、朱敏、孙永奎、张基永、张翼飞、姜新芳、张彦 |
| 43 | 高酸值原料复合催化连续生产生物柴油工业试验 | 山东清大新能源有限公司、清华大学 | 孙春义、王金福、张元习、彭宝祥、孙成贵、王铁峰、孙春文 |
| 44 | 生物乙醇制乙烯成套技术 | 中国石油化工股份有限公司上海石油化工研究院 | 金照生、沈伟、孙翟宗、徐菁、刘军、李亚男 |
| 45 | 大型碎煤加压气化制合成氨增产50%节能改造技术的开发与应用 | 天脊煤化工集团股份有限公司、上海国际化建工程咨询公司、西南化工研究设计院（天一科技）、赛鼎工程有限公司（化二院） | 荆宏健、王光彪、张振芳、畅学华、李录彦、丁明公、杨震东 |
| 46 | 核工程抗强辐射屏蔽混凝土试验研究 | 中国核工业第二四建设有限公司 | 伍崇明、陈良柱、张辉赤、黎世龙、丛成河、沈嫒嫒、赵景发 |
| 47 | 移动式铀浸出液处理装置研究 | 核工业北京化工冶金研究院 | 张建国、阙为民、周根茂、孟晋、赵武成、邓舜勤、姚益轩 |
| 48 | CPR1000 核电站工程建设进度优化研究 | 中广核工程有限公司 | 唐晓茗、肖钧、范凯、钟波、叶勇军、侯德毅、左丽红 |
| 49 | 一种大流量中压凝结水精处理设备 | 中国华电工程（集团）有限公司、华电水处理技术工程有限公司 | 王正平、沈建永、李永明、彭桂云、付岩峰、张宇龙 |
| 50 | 核级 K3 类电气、仪控设备认证体系建立与可靠性分析方法 | 大亚湾核电运营管理有限责任公司、中科华核电技术研究院有限公司北京分院 | 戴忠华、黄卫刚、孔海志、邱建文、吴宇坤、马蜀、王成铭 |
| 51 | 核电站停堆工况内部事件一级概率安全评价模型的建立与应用 | 中科华核电技术研究院有限公司、大亚湾核电运营管理有限责任公司 | 杨志超、郭建兵、张宁、陈捷飞、郑伟、郗海英、李季学 |
| 52 | 棒位探测器的改进技术 | 中核秦山核电有限公司 | 卢才华、周诗光、刘义初、王岩、黄平儿、汪兆强、欧明秋 |
| 53 | 百万千瓦压水堆核电站核岛"三废"处理数字化控制系统（KSN） | 北京广利核系统工程有限公司 | 马吉强、宋宪均、张睿琼、王刚、钟立平、贺伟超、李春光 |
| 54 | 秦山核电厂实物保护系统综合改造 | 中核集团秦山核电有限公司 | 吴美景、王迎庆、周拯晔、秦大林、王波、张林生、陈海燕 |
| 55 | 异种金属焊缝表面、近表面检测技术开发 | 国核电站运行服务技术有限公司 | 严智、于岗、李劲松、袁光华、曹刚、张国丰、周路生 |
| 56 | VVER-1000 燃料组件定位格栅元管自动成型装置研制 | 中核建中核燃料元件有限公司 | 叶远东、胡万伦、谢志刚、于小焱、钟鸣、曹子昆、蒋庆 |
| 57 | 百万千瓦级压水堆核电站先进燃料管理 1/4 换料技术研究与实施 | 中科华核电技术研究院有限公司 | 肖岷、张洪、高立刚、韩庆浩、李雷、张世顺、周洲 |
| 58 | 大亚湾核电站反应堆保护系统 T2 实验装置改造 | 大亚湾核电运营管理有限责任公司、北京广利核系统工程有限公司 | 宗文彪、刘新东、崔国华、柏祥基、高超、张春雷、季涛 |
| 59 | 大亚湾岭澳核电站事故规程体系系统优化 | 大亚湾核电运营管理有限责任公司 | 常宝盛、徐文兵、陈伟仲、黄辉章、陈观福、张立军、李琳教 |
| 60 | 电站安全高效洁净用煤燃烧性能的研究及应用 | 西安热工研究院有限公司、华能国际电力股份公司、中国神华能源股份有限公司煤炭销售中心、广东国华粤电台山发电有限公司、西安工业大学 | 姚伟、王月明、李占元、谷红伟、赵平、蒙毅、顾小愚 |

| 序号 | 项目名称 | 主要完成单位 | 主要完成人 |
|---|---|---|---|
| 61 | 采用多种提效技术集成扩展电除尘器适应范围大幅度降低粉尘排放浓度的研究 | 内蒙古大唐国际托克托发电有限责任公司 | 王锐、李浩、林晓东、谢霆、王维军 |
| 62 | 汽轮发电机组配汽特性及全过程滑压优化研究与应用 | 大唐国际发电股份有限公司、华北电力科学研究院有限责任公司 | 安洪光、佟义英、刘双白、田云峰、方占岭、张红初、赵彦铭 |
| 63 | 岭澳二期先进控制室设计验证平台开发及应用研究 | 中广核工程有限公司 | 徐晓臻、张矾、谢红云、王婷、刘高俊、李季学、王志方 |
| 64 | 大型汽轮机滑压优化策略研究及应用 | 浙江省电力试验研究院、浙江省能源集团有限公司 | 朱松强、孙永平、童小忠、包劲松、董昊炯、吴文健、樊印龙 |
| 65 | 换热器管泄漏的超声导波检测工艺研究 | 河北省电力研究院 | 牛晓光、张彦新、刘长福、王庆、郝晓军、姜运建、李树军 |
| 66 | 邹县 3 033t/h 超超临界锅炉金属寿命管理研究 | 华电邹县发电有限公司、苏州热工研究院有限公司 | 李京修、张新春、赵彦芬、张华、李鹏、任爱、刘继则 |
| 67 | 电站用大面积钛/钢复合板 | 西安天力金属复合材料有限公司 | 高文柱、李平仓、周颖刚、樊科社、汪洋、何小松、谢刚 |
| 68 | SCR 法烟气脱硝技术的国产化研究及应用 | 中国华电工程（集团）有限公司、华电环保系统工程有限公司 | 胡永锋、李建浏、陶爱平、吕同波、陈鹏、张兵兵、王淑荣 |
| 69 | 双进双出钢球直吹式制粉系统烟煤锅炉掺烧褐煤技术研究及其应用 | 中电投东北电力有限公司、东北电力科学研究院有限公司、阜新发电有限责任公司 | 陶新建、吴景兴、邹天舒、桂虹、金丰、史明武、张永兴 |
| 70 | 锅炉炉膛及烟风系统瞬态防爆设计压力取值标准的研究 | 中国电力建设工程咨询公司、中国电力工程顾问集团华北电力设计院工程有限公司 | 张建中、彭红文、汤晓舒、谈琪英、任晓东、马欣欣 |
| 71 | 大型火力发电厂对城市污泥无害化、减量化、资源化处置的研究与应用 | 华电滕州新源热电有限公司 | 李其浩、胡伟、葛林法、孙学军、卓德勇、于长通、何卫国 |
| 72 | 现场总线控制系统首次在国内百万千瓦超超临界燃煤机组的全面应用 | 华能南京金陵电厂、华能国际电力股份有限公司、华东电力设计院、西安热工研究院有限公司 | 万勇、陈丰、单文俊、金黔军、王春利、管春雨、夏云 |
| 73 | 国内首台 600MW 对冲燃烧锅炉低 NOX 技术改造 | 国电浙江北仑第一发电有限公司、东方锅炉（集团）有限公司 | 韩大卫、屠小宝、吕一农、陈旭伟、徐良、徐仲雄、戴成峰 |
| 74 | 燃煤机组烟气脱硫实时监控及信息管理系统 | 江苏方天电力技术有限公司 | 冯军、蒯狄正、徐阿元、陈国年、钱立军、郑海雁、孙栓柱 |
| 75 | 首例 600MW 亚临界机组供热创新成果 | 大唐七台河发电有限责任公司、哈尔滨汽轮机厂有限责任公司 | 云占勇、王永宏 |
| 76 | 800MW 超临界机组自动发电控制的研究 | 东北电力科学研究院有限公司 | 李建军、牟长信、李树强、管庆相、教富森、李论、王海波 |
| 77 | 分布式供能系统集成技术研究 | 中国华电工程（集团）有限公司 | 刘显明、李和平、陈靖、仲建国、和彬彬 |
| 78 | 上汽 600MW 亚临界机组高压主汽门安全性研究 | 神华国华（北京）电力研究院有限公司、西安交通大学、浙江国华浙能发电有限公司、陕西国华锦界能源有限责任公司、广东国华粤电台山发电有限公司 | 张俊杰、袁军、戴义平、石朝夕、靖长财、秦禄、韩阳 |
| 79 | 陡河发电厂李家峪灰场综合治理工程 | 大唐国际陡河发电厂 | 张增广、张长安、王力、张浩军、刘大刚、尹国旭、刘建新 |
| 80 | 核电站海水过滤系统大型滤水设备鼓形滤网国产化 | 沈阳电力机械总厂 | 符滨、吴春明、上官斌、岳君、左振刚、陈景良、黄海滨 |
| 81 | 燃煤电力机组实测能耗管理系统研究与应用 | 河南电力试验研究院 | 卢允谦、马建伟、薛志勇、葛挺、周宁、李哲、王磊 |
| 82 | 煤粉与油雾混合气流燃烧、传热过程的计算机模拟技术与产业化应用 | 浙江省电力试验研究院、杭州意能节能技术有限公司 | 李凤瑞、黄郁明、熊建国、方磊、李剑、李江荣、齐晓娟 |
| 83 | 超高压输电线路机器人巡检与维护系统 | 东北电网有限公司、东北电网有限公司锦州超高压局、中国科学院沈阳自动化研究所 | 薛建伟、王越超、王洪光、陈柏军、李树阳、彭晓洁、张宏志 |
| 84 | 中国南方地区输电线路抗冰对策研究 | 中国电力工程顾问集团公司、中国电力工程顾问集团西南电力设计院 | 于刚、梁政平、周大吉、李勇伟、李喜来、郭跃明、李永双 |
| 85 | 新疆高一级电压等级论证及新疆电网规划 | 西北电网有限公司、新疆电力公司、中国电力工程顾问集团西北电力设计院、中国电力科学研究院、新疆电力设计院 | 孙佩京、陈峰、苏胜新、屠强、沙拉木·买买提、弋长青、曹生顺、 |

续表

| 序号 | 项目名称 | 主要完成单位 | 主要完成人 |
|---|---|---|---|
| 86 | 电力供需研究实验室研发与应用 | 国网能源研究院 | 胡兆光、李英、单葆国、温权、韩新阳、周原冰、徐敏杰 |
| 87 | 宁夏 750kV 超高压电网关键技术研究及应用 | 宁夏电力公司、宁夏电力公司电网建设分公司、宁夏电力科技教育工程院、宁夏电力建设工程公司送变电分公司、西北电力设计院 | 何定宁、盖新武、谢宏、胡彦江、车俊禄、杨国凤、樊益平 |
| 88 | 数字化变电站二次系统设计方法研究与应用 | 浙江省电力设计院、浙江省电力调度中心 | 胡列翔、徐建国、朱炳铨、张弘、裴愉涛、高亚栋、李慧 |
| 89 | 低损耗多调谐无源电力滤波器的研究 | 南方电网超高压输电公司、荣信电力电子股份有限公司、武汉钢铁股份有限公司条材总厂、湖北省电力试验研究院 | 肖遥、尚春、王晓敏、丁学杰、林志波、谢德华、刘振兴 |
| 90 | 高压直流输电系统保护整定计算软件开发 | 南方电网科学研究院有限责任公司、华中科技大学 | 傅闯、饶宏、黎小林、李银红、李鸿鑫、梅念、刘登峰 |
| 91 | 西北区域电网风电开发与利用关键技术研究 | 西北电网有限公司、中国电力科学研究院、中国电力工程顾问集团西北电力设计院、国家发展和改革委员会能源研究所、国家气候中心 | 衣立东、朱敏奕、魏磊、喻新强、屠强、李新建、申洪 |
| 92 | 基于网络的集中式小波故障测距系统技术研究 | 辽宁省电力有限公司、中国电力科学研究院 | 葛维春、覃剑、邱金辉、邱宇峰、郑心广、雷林绪、王芝茗 |
| 93 | 大电流互感器磁屏蔽防护及测试新方法研究 | 四川电力试验研究院、清华大学 | 胡灿、赵伟、江波、黄松岭、蒋卫、屈凯峰、杨华云 |
| 94 | 输电线路基础高效施工机械的研制及工程应用 | 河南送变电建设公司、河南省电力勘测设计院、河南省电力公司漯河供电公司 | 杨成兴、张军、侯东红、张天光、韩晋平、金红专、郭咏华 |
| 95 | 面向智能电网的多适应性规划体系研究 | 华东电网有限公司、华东电力试验研究院有限公司、复旦大学、中国电力顾问集团华东电力设计院、上海交通大学、中国水电顾问集团华东勘测设计研究院 | 马则良、朱忠烈、张建平、祝瑞金、郑建华、程浩忠、陆雄文 |
| 96 | 大受端电网稳定分析和安全控制策略研究 | 华东电网有限公司、国网电力科学研究院、华东电力试验研究院有限公司、东南大学、山东大学 | 周坚、杨卫东、凌平、黄志龙、王海风、张恒旭、薛禹胜 |
| 97 | 小电流接地系统单相接地故障消弧选线及其一体化技术的研究与实现 | 丹东供电公司、华北电力大学（北京）、北京丹华昊博电力科技有限公司 | 杨以涵、葛维春、武星义、齐郑、张福华、李砚、辛晓光 |
| 98 | 统筹安全、经济与节能目标的实时调度决策系统 | 福建电力调度通信中心、清华大学、北京清大科越科技有限公司 | 李卫东、陈杰、邓勇、黄文英、方朝雄、夏清、林静怀 |
| 99 | 基于双向互动的省地协调无功电压控制系统 | 江苏省电力公司、清华大学 | 马苏龙、孙宏斌、李海峰、张伯明、鲁庭瑞、郭庆来、罗建裕 |
| 100 | 基于信息共享的数字化变电站关键技术研究及示范应用 | 中国电力科学研究院、辽宁省电力有限公司 | 燕福龙、覃剑、胡绍刚、王庆平、王芝茗、李刚、潘宇辉 |
| 101 | 河南电网安全可靠运行四级梯度预警预控系统 | 河南电力调度通信中心、国网电力科学研究院、清华大学 | 潘玉明、王红印、吴文传、张明亮、付红军、孙素琴、胡扬宇 |
| 102 | 输电线路抗风防雷设计研究 | 福建省电力有限公司、福建省电力勘测设计院、福建省电力试验研究院、福建永福铁塔技术开发有限公司 | 张启平、林韩、李广福、陈强、廖福旺、翁兰溪、郑家松 |
| 103 | 河北南部电网在线电压无功优化协调控制系统 | 河北电力调度通信中心、清华大学、河北省电力研究院、河北省电力公司超高压输变电分公司、石家庄供电公司 | 周纪录、郭庆来、王铁强、孙宏斌、杨兴宇、贾京华、范辉 |
| 104 | 电网时间同步技术体系研究和应用 | 华东电网有限公司、南京南瑞集团公司信息通信技术分公司、上海涌能能源科技发展有限公司、上海汉鼎电力科技有限公司、华东电力试验研究院有限公司 | 汪德星、陈建民、焦群、杨国庆、胡春阳、岑宗浩、毕晓亮 |
| 105 | 直流输电系统集成设计技术研究及应用 | 国家电网公司直流建设分公司 | 马为民、常浩、石岩、殷威扬、聂定珍、陈东、李亚男 |
| 106 | 两回及多回高压直流输电系统共用接地极技术研究与应用 | 南方电网科学研究院、广东省电力设计研究院、清华大学、国网武汉高压研究院 | 陈辉祥、黎小林、吕金壮、孙帮新、李岩、王琦、张劲松 |

续表

| 序号 | 项目名称 | 主要完成单位 | 主要完成人 |
|---|---|---|---|
| 107 | 高压架空输电线路动态特性理论及应用研究 | 清华大学、中国电力科学研究院、国网电力科学研究院 | 关志成、王黎明、傅观君、孙保强、孟晓波、李庆丰、胡伟 |
| 108 | 唐家山堰塞湖应急除险工程技术研究及实践 | 中国水电顾问集团成都勘测设计研究院、中国水电工程顾问集团公司 | 晏志勇、郑声安、黄河、周建平、陈五一、王仁坤、彭土标 |
| 109 | 巨型水轮机转轮工地制造 | 龙滩水电开发有限公司、上海福伊特水电设备有限公司 | 初日亭、杨振先、陈国庆、王怀茂、孙鸿秉、戴金芬、王宪平 |
| 110 | 水电站气垫式调压室关键技术研究及应用 | 中国水电顾问集团成都勘测设计研究院、水电水利规划设计总院、河海大学 | 郑声安、陈五一、王柏乐、李文纲、刘德有、余挺、杨建宏 |
| 111 | 水平旋流消能关键技术研究 | 中国水电顾问集团西北勘测设计研究院、中国水电工程顾问集团公司、黄河上游水电开发有限责任公司 | 安盛勋、陈念水、王君利、周恒、吴曾谋、王卫国、李玉杰 |
| 112 | 光照200m级高碾压混凝土重力坝筑坝技术研究 | 中国水电顾问集团贵阳勘测设计研究院、贵州北盘江电力股份有限公司、光照闽江—黄河水电工程联营体、河海大学、武汉大学、中国水利水电科学研究院 | 陈能平、刘俊、方彦铨、龙起煌、黄健、雷声军、王洪军 |
| 113 | 高水头闸门水封止水试验研究 | 中国水电顾问集团昆明勘测设计研究院 | 张绍春、栗国忱、汪志龙、曹以南、白绍学、罗文强、李一兵 |
| 114 | 大型抽水蓄能电站监控系统国产化研究与应用 | 国网电力科学研究院、华北电网有限公司、北京十三陵蓄能电厂 | 汪军、回金方、任志武、靳祥林、张清桓、王越、樊玉林 |
| 115 | 梯级引水式电站增容关键技术集成与应用 | 新疆天富热电股份有限公司红山嘴电厂 | 刘新鹏、陈荣、陈建亮、张治山、欧阳智、王锋、王建江 |
| 116 | 700MW水轮发电机继电保护配置研究及应用 | 中国水电顾问集团中南勘测设计研究院、龙滩水电开发有限公司、清华大学 | 李正茂、刘立红、袁志鹏、李力、桂林、徐立佳、王小兵 |
| 117 | 长引水电站合理生态流量研究及工程应用 | 中国水电顾问集团华东勘测设计研究院 | 芮建良、张春生、陈祥荣、陈奉良、廖琦琛、傅菁菁、丁明明 |
| 118 | 碾压式沥青混凝土面板防渗关键技术研究 | 中国水电顾问集团北京勘测设计研究院 | 吕明治、吴立新、李冰、张亚丽、张向前、郭清、李瑜霞 |
| 119 | HDS-1018光伏瓦 | 浙江合大太阳能科技有限公司 | 侯生跃、徐立兵、苏建徽、何庆峰、付林军、陈亮、王玲娟 |
| 120 | JZ-460/660多晶硅定向生长凝固炉 | 北京京运通科技股份有限公司 | 王军、李占贤、李少捧、郭大伟、袁静 |
| 121 | 1MW电池储能电站 | 深圳市比亚迪汽车有限公司 | 罗红斌、张子峰、邓林旺、廖云浩 |
| 122 | 太阳能三效节能中央空调 | 山东威特人工环境有限公司 | 李文、余建伟、高博、张凤学、郭永彬、黄卫东、陈新军 |
| 123 | 组合式风力发电升压变电装置 | 白城电力镇赉变压器有限责任公司 | 王喜、陈志远、孙艳平、李忠亮、李新、孙辉 |
| 124 | 大功率风力发电叶片设计和制备技术研究 | 株洲时代新材料科技股份有限公司、国防科技大学航天与工程学院 | 杨军、曾竟成、肖加余、刘建勋、彭超义、杨孚标、冯学斌 |
| 125 | 1.5MW及以上永磁直驱风力发电机组 | 山东瑞其能电气有限公司 | 张其智、杨锡山、赵友宝、候宇勇、张泽启、于克涛、杨述友 |
| 126 | 高效节能环保型沼气灶具及配套设备 | 迅达科技集团股份有限公司 | 伍斌强、冯美斌、唐卫平、陈曙光、李和平、杨德雨、伍革伟 |
| 127 | 旋动式高效沼气池及农牧复合能源生态模式研究和推广 | 西北农林科技大学、陕西省农村能源办公室、甘肃省农村能源办公室、宁夏自治区农村能源工作站、山西省可再生能源办公室 | 邱凌、席新明、王惠生、杨北桥、王晨光、张伟基、贾彬 |
| 128 | 农村能源标准化建设与推广 | 农业部科技发展中心 | 李景明、刘耕、孙玉芳 |
| 129 | 农业废弃物能源化预处理技术研究与示范 | 河南省科学院能源研究所有限公司、河南省生物质能能源重点实验室、中国科学院广州能源研究所、河南农业大学、大连理工大学 | 雷廷宙、何晓峰、沈胜强、张全国、吴创之、李在峰、朱金陵 |
| 130 | 向家坝水电站长距离带式输送机施工技术 | 中国水利水电第八工程局有限公司 | 杨建安、汪建军、刘金明、涂怀健、刘志和、肖光彩、邓三才 |
| 131 | 污泥焚烧综合利用热电联产项目 | 嘉兴新嘉爱斯热电有限公司 | 俞保云、孟志浩、章平衡、计荣林、庄建发、胡宁、吴斌 |
| 132 | 方形锂离子电池自动卷绕机 | 深圳市吉阳自动化科技有限公司 | 阳如坤、骆承华、徐国根、王立松、黄伟、王强、侯志国 |

续表

| 序号 | 项目名称 | 主要完成单位 | 主要完成人 |
|---|---|---|---|
| 133 | 胶带输送机开关磁阻调速电动机研究 | 中国矿业大学 | 陈昊、王星、于东升、曾辉、徐阳、周宣、王建 |
| 134 | 220MW 空冷汽轮发电机研制 | 东方电气集团东方电机有限公司 | 陈文学、令红兵、胡德剑、廖毅刚、莫红斌、侯小全、文承春 |
| 135 | 超超临界机组 SA335-P92 钢埋弧焊接头蠕变断裂行为研究及应用 | 东方锅炉（集团）股份有限公司、武汉大学 | 潘乾钢、王学、陶永顺、曾会强、彭芳芳、陈杰富、刘洪 |
| 136 | ±800kV 直流棒形悬式复合绝缘子 | 淄博泰光电力器材厂 | 滕国利 |
| 137 | IFD-IR-101 型一体化火焰检测器 | 北京远东仪表有限公司 | 谭玉柱、刘汉有、耿福臣、赵玉明、薛薇、胡仁复、梁广华 |
| 138 | 2MW 永磁直驱式风力发电系统变流器 | 中国人民解放军海军工程大学、大全集团大全电气有限公司、湘潭电机股份有限公司 | 肖飞、聂子玲、刘勇、陈明亮、王颢雄、胡安、陈卫国 |
| 139 | S13-M·RL 新型节能型立体三角形卷铁芯变压器 | 广东海鸿变压器有限公司 | 郭献清、许凯旋、梁庆宁、戚宇祥、谢洪凯、司徒灼权 |
| 140 | 一体化不压井修井机 | 通化石油化工机械制造有限责任公司 | 侯万俊、刘金花、白丽艳、吴娟、刘洋、王贵玉 |
| 141 | ±800kV 直流特高压工程配套金具研制 | 四平线路器材厂 | 吴国洪、杜继红、徐鹏、赵宇田、孟庆国、谷俊秀、刘志忠 |
| 142 | 界面调控强化传热新技术及在石化装置节能中的应用 | 华东理工大学、中国石化扬子石油化工有限公司、无锡化工装备有限公司、江苏中圣高科技产业有限公司、上海理华能源科技有限公司 | 徐宏、马秋林、刘京雷、夏翔鸣、张莉、戴玉林、曹洪海 |
| 143 | 百万千瓦压水堆核电站 HSD150-80 型上充泵 | 重庆水泵厂有限责任公司 | 陈晴、于湘智、向群、周德良、王天周、赵兴英、袁景秋 |
| 144 | 兆瓦级直驱、半直驱风力发电机用双列圆锥滚子主轴轴承研制 | 洛阳 LYC 轴承有限公司 | 徐绍仁、卢振伟、杨德胜、谢兴会、冯朝忠、龚建勋、王明礼 |
| 145 | 深井有杆机械采油系列抽油泵 | 国营第三八八厂 | 胡桢、李进玉、刘建魁、许家勤、曹伟、付红珍、朱晓琳 |
| 146 | 620 系列气体机研制 | 河南柴油机重工有限责任公司 | 聂志斌、裴明辉、马战群、黄朝晖、焦会英、任晓辉、杨迅 |
| 147 | ZY12000/28/64D 型特大采高电液控制液压支架 | 山西平阳重工机械有限责任公司 | 冀贵升、赵红梅、黄勇杰、马占江、张希文、范勇、赵宝珍 |
| 148 | 大型、中高压可燃气回收方法及其装置 | 中国船舶重工集团公司第七一一研究所 | 陆征、钟子健、杨毅、朱立伟、徐明照、马林、宋大为 |
| 149 | WBB-/1140（660）矿用隔爆型动态无功补偿装置 | 山西汾西重工有限责任公司 | 郭春红、兰秀林、郭辉、纵兆丽、郭俊杰、汤继胜、贾琳 |
| 150 | ZG150-1500-Ⅶ型直流架线式准轨（斩波调速）工矿电机车 | 湘电重型装备股份有限公司 | 熊铁钢、蔺海斌、刘建高、宁永芳、刘晓军、赖双举、张承望 |
| 151 | 核能发电配套用系列中大型三相立式异步电机的开发 | 湘潭电机股份有限公司 | 史建萍、吴若欣、李春林、周玲慧、郭灯塔、文世武、李发根 |
| 152 | 特高压及电子式（光电）互感器试验系统的建立及试验方法的研究 | 西安高压电器研究院有限责任公司 | 任稳柱、冯建华、李宁、王安、张小勇、郑伟、李昭华 |
| 153 | 5 000m³ 大型高炉煤气余压透平发电装置关键技术研究及应用 | 西安陕鼓动力股份有限公司 | 陈红梅、杨岐平、牛卫民、周宁、张保平、柳黎光、郑秀萍 |
| 154 | 超高压交流有级可控并联电抗器关键技术开发与工程应用 | 西安西电变压器有限责任公司 | 宓传龙、汪德华、陈荣、李银行、邓颖、张长栓、巨玲 |
| 155 | 新型全封闭大储量圆形料场系统开发及应用 | 中国华电工程（集团）有限公司、华电重工装备有限公司 | 王汝贵、白绍桐、李玉民、叶阜、杨涛、黄亚夫、黄源红 |
| 156 | 长距离带式输送机及其势能发电技术的研究与应用 | 中国华电工程（集团）有限公司、华电重工装备有限公司 | 刘天军、黄源红、刘伯宽、卢嘉树、龚京松、石峥嵘、王清和 |
| 157 | 长江三峡水利枢纽永久船闸金属结构设备制造技术 | 武昌船舶重工有限责任公司 | 吴培均、黄星、毛俊祥、彭晓明、彭辅文、王双文、黄迎春 |
| 158 | 日产 5 000t 水泥生产线余热发电锅炉成套设备研制 | 四川川润动力设备有限公司 | 罗永忠、唐宏伟、尤宇、王辉、金宏清、胡晓宇、陈智勇 |

# 2011 年度国家能源科学技术进步奖

| 序号 | 项目名称 | 主要完成单位 | 主要完成人 |
|---|---|---|---|
| 一等奖 | | | |
| 1 | 灰熔聚流化床劣质无烟煤粉煤气化技术开发与工业示范 | 山西晋城无烟煤矿业集团有限责任公司、中国科学院山西煤炭化学研究所、山西天和煤气化科技有限公司、晋煤金石化工投资集团有限公司 | 王洋、王毅、都新建、房倚天、黄戒介、曹永坤、陈寒石、原丰贞、程中虎、贾彤宙 |
| 2 | 厚松散层特厚煤层快速建井与综放开采保障技术研究 | 内蒙古蒙泰不连沟煤业有限责任公司、中国矿业大学、河南理工大学 | 管春峰、马占国、王泽民、高有亮、赵国贞、李东印、刘占斌、陈德杰、上官建华、龚鹏、张振锋、杨玉树、杨宝智、冯宇、杨宝石 |
| 3 | 神东煤田较软顶板不稳定厚煤层大采高综放开采成套技术研究 | 中国神华能源股份有限公司、天地科技股份有限公司 | 王金力、于海湧、杨汉宏、顾大钊、王占勇、徐开宇、范志忠、杨荣明、任永强、吴玉文、陈钢、吴晓旭、乔文俊、王福生、孙晓冬 |
| 4 | 1 000MW 汽轮发电机励磁系统国产化研制与应用 | 北京国华电力有限责任公司、国电南瑞科技股份有限公司、绥中发电有限责任公司、国网电力科学研究院、神华国华（北京）电力研究院有限公司 | 邵宜祥、宋畅、朱晓东、许其品、刘景春、刘国华、许和平、葛怀东、吕宏水、樊联、刘建海、霍乾涛、赫卫国、赵立民、张艳华 |
| 5 | 500kV 地下输变电工程关键技术研究与应用 | 上海市电力公司、中国电力工程顾问集团华东电力设计院、上海电力设计院有限公司、华东电力试验研究院有限公司、上海市第二建筑有限公司、上海送变电工程公司、上海电力电缆工程有限公司、上海电力线路器材有限公司、同济大学 | 曹春平、许建华、陈峥、倪镭、潘震东、王怡风、乐党救、杨文威、姜芸、方浩、黄效喜、高小庆、杨明、王杰、马骏 |
| 6 | 信息网络隔离与边界接入技术研究与应用 | 国网电力科学研究院、国网信息通信有限公司、中国电力科学研究院、上海市电力公司 | 刘建明、吴杏平、林为民、辛耀中、程志华、高昆仑、魏晓菁、张涛、刘冬梅、奚后玮、杨维永、刘莹、秦超、李凌、秦昊 |
| 7 | 电力系统在线动态安全评估和预警系统 | 中国电力科学研究院 | 周孝信、严剑峰、田芳、陈勇、严亚勤、史东宇、裴微江、于之虹、丁平、康建东、顾丽鸿、施浩波、李芳、吕颖、何春江 |
| 8 | 35kV 超导限流器的研制及工程应用 | 云南电网公司昆明供电局、北京云电英纳超导电缆有限公司、云南电力试验研究院（集团）有限公司电力研究院、天津百利机电控股集团有限公司 | 信赢、邹立峰、秦继承、龚伟志、周海、洪辉、字美荣、李明、吴波、胡之荣、高永全、吴娟、罗曦、陈宇民、陈铭 |
| 9 | 高效宽域波前时间冲击电压发生器的研制及工程应用 | 国网电力科学研究院、中国电力科学研究院、武汉大学、湖北工业大学、武汉华高高电压设备新技术有限公司 | 万启发、谢梁、陈勇、胡毅、陈水胜、杨迎建、邬雄、徐涛、马少石、曹晶、霍锋、杨鹏程、叶奇明、周文俊、周平 |
| 10 | 广域空间条件下大电网与外系统间电磁兼容关键技术研究 | 国网电力科学研究院、中国电力科学研究院、华北电力大学、国家电网公司直流建设分公司、总参谋部第五十八研究所、国家广播电影电视总局广播电视规划院、空军装备研究院雷达与电子对抗研究所、中国地震局地震研究所 | 邬雄、万保权、张小武、张建功、刘兴发、干喆渊、崔翔、张广洲、郑劲、赵志斌、朱锦生、蔡晓梅、李德前、孙中明、刘建平 |

续表

| 序号 | 项目名称 | 主要完成单位 | 主要完成人 |
|---|---|---|---|
| 11 | 中国石油新一代测井软件 CIFLog | 中国石油勘探开发研究院、中国石油集团测井有限公司、长城钻探工程有限公司、大庆油田测试技术服务分公司、大庆钻探工程公司、东北石油大学 | 李宁、王才志、李长文、伍东、杨景海、于亚娄、余春昊、汪浩、李伟忠、夏守姬、刘英明、尚福华、傅海成、郭宏伟、王兵 |
| 12 | 高档内燃机油系列产品研制开发与应用 | 中国石油兰州润滑油研究开发中心 | 汤仲平、李桂云、徐小红、金鹏、李静、汪利平、刘岚、金理力、张青蔚、张勤、韩扬、赵正华、荆海东、徐美娟、陈刚 |
| 13 | 多组分多相复杂流动理论及其在油气井工程中的应用 | 中国石油大学（华东）、中国石油大学（北京）、中国石油集团渤海钻探工程有限公司钻井技术服务分公司、中海油田服务股份有限公司、金湖奥尔机械有限公司 | 孙宝江、李相方、王志远、李昊、马金山、王瑞和、刘刚、赵欣欣、宋林松、周翔、齐金涛、李村合、隋秀香、高永海、公培斌 |
| 14 | 特殊类型复杂油藏压裂酸化改造关键技术及应用 | 西南石油大学、中国石油集团川庆钻探工程有限公司、中国石油天然气股份有限公司西南油气田分公司、中国石油化工股份有限公司西北油田分公司 | 赵金洲、郭建春、宋振云、李鹭光、胥永杰、李安琪、林涛、董范、李雪、李静群、杨兆中、李勇明、孙虎、张烨、桑宇 |
| 15 | 高精度地震处理解释技术与油气勘探 | 中国石油化工股份有限公司胜利油田分公司 | 王延光、路慎强、韩宏伟、郭树祥、徐辉、沐建飞、王玉梅、谭明友、单联瑜、王兴谋、于正军、尚新民、冯德永、陈新荣、张明振 |
| 16 | 秦山三核重水堆生产钴-60 同位素设计研究 | 上海核工程研究设计院、秦山第三核电有限公司、中国同位素有限公司、中核北方核燃料元件有限公司、上海交通大学 | 景益、苗富足、邱忠明、朱丽兵、杨波、梅其良、刘刚、蔡银根、陈明军、高雷、杨萍、张少泓、刘鑫、廖承奎、周云清 |
| 17 | 中国实验快堆燃料操作与监控系统设计与研制 | 中国原子能科学研究院 | 王明政、董升国、杨孔霁、朱皓、谷继品、马洪盛、王长玲、唐基本、金跃庆、赵莉霞、田传久、段天英、吴水金、张喜梅、于团结 |
| 18 | 我国首台国产化百万千瓦级核电堆内构件制造技术 | 上海第一机床厂有限公司、中广核工程有限公司 | 孙忠飞、龚宏伟、戚丹鸿、金伟芳、李延葆、杨春乐、肖立新、薛松、胡晨辉、楼国华、李利景、郭亮、孔繁申、陈小荣、任大峰 |
| 19 | 2.5MW 直驱永磁风力发电机组 | 新疆金风科技股份有限公司、中国三峡新能源公司 | 武钢、李晓谦、俞黎萍、刘河、王晓东、吴国庆、李岩、吴启仁、刘世军、兰斌、郭志宏、韩志强、陈秋华、杨祎、郑主平 |
| 20 | 水电水利工程三维协同设计关键技术及系统开发研究 | 中国水电顾问集团成都勘测设计研究院 | 郑声安、王仁坤、陈万涛、杨建、张志伟、赵永刚、田华兵、黄志澎、张勇、王劲夫、张燕、文邦益、杨建宏、李旭东、黄克戩 |
| 21 | 大型并网风电机组控制技术研究与应用 | 浙江运达风电股份有限公司、浙江大学 | 叶杭冶、潘东浩、杨震宇、陈继河、许国东、章玮、应有、王青、许勇毅、史晓鸣、胡家兵、贺益康、娄尧林、陈棋、王贵子 |
| 22 | 核电机组特大型半速整体转子锻件制造技术研究与应用 | 二重集团（德阳）重型装备股份有限公司、东方电机有限公司、中广核工程有限公司 | 蒋新亮、强维东、马平、孙螺、孙海燕、李华炜、崔晋娥、向前波、肖峰、高韶影、龙奔、胡建、林文生 |
| 23 | 1 000MW 超超临界塔式锅炉 | 上海锅炉厂有限公司 | 徐雪元、王炯祥、亓安芳、姚丹花、张建文、王毅、杨惠勤、钱月清、张翔、边宝、吴乃新、卢征然、诸宣枫、杜骏、周一 |
| 24 | 特高压直流输电工程换流阀运行试验系统研究 | 西安高压电器研究院有限责任公司 | 周会高、洪深、张万荣、许钡、刘朴、胡治龙、贾一凡、张长春、黄熹东 |
| 二等奖 | | | |
| 1 | 担水沟断裂对朔州四矿煤层赋存及水文地质条件的影响专题研究 | 中国煤炭进出口公司、安徽理工大学、中国矿业大学、辽宁师范大学、黑龙江科技学院 | 胡善亭、胡友彪、杨国枢、刘启蒙、朱建功、韩国伟、李文钧、倪向忠、李恩祥、张有前 |
| 2 | 年产千万吨大采高综采液压支架及关键技术 | 天地科技股份有限公司、山西平阳重工机械有限责任公司、西山煤电（集团）有限责任公司、山西西山晋兴能源有限公司、山西泰宝密封有限公司 | 王国法、胡文强、冀贵升、朱军、罗裕、温景国、潘献全、徐亚军、朱国民、任怀伟 |
| 3 | 同煤大唐塔山煤矿工程设计 | 中煤国际工程集团北京华宇工程有限公司 | 张保连、严志刚、窦玉康、田兰彬、赵鸣、郑利国、黄君来、马萍、马云伟、杨平 |
| 4 | 巨厚岩溶和村庄建筑群压煤全柱优化开采试验研究 | 丰城矿务局、天地科技股份有限公司 | 胡圣辉、胡炳南、舒桂德、王明立、邓福保、张华兴、甘宗滔、陈佩佩、李向荣、赵有星 |

续表

| 序号 | 项目名称 | 主要完成单位 | 主要完成人 |
|------|---------|------------|-----------|
| 5 | 煤矿安全控制关键技术研究 | 中国煤炭科工集团有限公司、煤炭科学研究总院、天地科技股份有限公司、中煤科工集团重庆研究院、中煤科工集团西安研究院 | 申宝宏、刘见中、王翰锋、雷毅、杨勇、晋香兰、李绪国、秦子晗、邓志刚、张兰 |
| 6 | 60m³ 防爆电气设备安全性能环境试验装置 | 煤炭科学研究总院沈阳研究院 | 邵明杰、秦燕、秦毅、邵蓉、沈海鸿、张万泽、杨光鸽、陈青 |
| 7 | CLX3 型防爆胶轮铲车的研制 | 中国煤炭科工集团太原研究院、山西天地煤机装备有限公司、神华神东煤炭集团有限责任公司 | 魏勇刚、石岚、魏永胜、袁晓明、张太平、张国栋、孟建新、于向东、王军、张学瑞 |
| 8 | 内蒙古伊泰京粤酸刺沟矿业有限公司酸刺沟煤矿设计 | 中煤邯郸设计工程有限责任公司 | 冯冠学、刘孟宇、李德春、张宝宝、周保飞、任保利、袁琳 |
| 9 | 峰峰集团村庄下采石膏体充填综采技术研究 | 冀中能源峰峰集团有限公司 | 陈亚杰、邵太升、谢德瑜、李玉泉、张步勤、杨建军、王巨光、史泽坡、吕树泽、白志辉 |
| 10 | 浅埋深近水平两硬煤层年产千万吨超长放顶煤工作面成套设备与技术 | 中国煤矿机械装备有限责任公司 | 濮津、刘占胜、李国平、宋秋爽、刘国柱、袁智、赵美、包冬生、王力军、李传明 |
| 11 | 煤矿井下淘汰高效排矸工艺系统及设备研究与开发 | 冀中能源股份有限公司、唐山国华科技有限公司、中国矿业大学、冀中能源股份有限公司邢东矿 | 祁泽民、符东旭、姚昆亮、匡亚莉、苏建国、曹剑锋、解京选、朱子星、谢国强、李海涛 |
| 12 | 火与瓦斯共存条件下特厚煤层防灭火关键技术及应用 | 陕西彬长矿业集团有限公司、中国矿业大学、中国煤炭工业劳动保护科学技术学会 | 严广劳、任万兴、王蓬、段王拴、王联合、原德胜、李文俊、王和堂、陈跟马、何建华 |
| 13 | 无极绳连续牵引车运人系统 | 山西晋城无烟煤矿业集团有限责任公司、常州科研试制中心有限公司 | 苏清政、王眉林、牛海金、李进喜、杨健康、陈兴江、王爱龙、高ку栄荣、贺广明、姜世文 |
| 14 | 抗燃油分子极性吸附再生净化装置的研发及应用 | 西安热工研究院有限公司 | 李烨峰、刘永洛、王娟、严涛、乐建斌、严锁宁 |
| 15 | 煤粉锅炉双尺度低 NOx 燃烧技术 | 烟台龙源电力技术股份有限公司、宝山钢铁股份有限公司电厂、江阴苏龙热电有限公司、国电蓬莱发电有限公司、国电内蒙古东胜热电有限公司、山东华能莱芜热电有限公司、大唐国际发电股份有限公司张家口发电厂 | 邓元凯、张永和、李明、侯波、许建豪、徐志强、赵永林、张永红、张希文、李建东 |
| 16 | 基于远程数据的火电机组全程智能优化系统研究及应用 | 河南电力试验研究院、河南电力技术院、河南恩湃高科集团有限公司 | 卢允谦、马建伟、倪国平、李哲、周宁、葛挺、张小斐、李敏、王磊、牛霜霞 |
| 17 | 大型空冷电站空冷系统和关键辅助系统设计研究与应用 | 中国能源建设集团山西省电力勘测设计院、山西省电力公司、山西大唐国际临汾热电有限责任公司 | 张新海、贾军刚、高昂、王振彪、佟义英、杨国红、田璐、贾彦龙、白金德、孙即红 |
| 18 | 火力发电厂主厂房钢结构抗震设计方法的研究与应用 | 中国电力工程顾问集团东北电力设计院 | 孙雨宋、刘春刚、李炳益、秦学东、梅彦民 |
| 19 | ±800kV 穗东换流站设计关键技术研究 | 广东省电力设计研究院 | 张劲松、黄志秋、陈辉祥、雷翔胜、孙帮新、施世鸿、贾红舟、朱海华、王燕、钟杰峰 |
| 20 | 分散控制系统（DCS）性能测试关键技术 | 广东电网公司电力科学研究院、广东省粤电集团有限公司沙角 C 电厂、广州粤能电力科技开发有限公司 | 王琦、陈锐民、王敬光、朱亚清、黄卫剑、任军、李军、胡昌镆、万翟、刘志刚 |
| 21 | 交直流混联电网安全稳定防御关键技术及装置研发 | 中国电力科学研究院、四川省电力公司 | 郭剑波、马世英、郭小江、蒋宜国、庞晓燕、李旻、王英涛、郑超、尚慧玉、李建 |
| 22 | 百万千瓦级核电站数字化仪控系统设计标准与技术规范研究 | 中广核工程有限公司 | 江国进、刘光明、孙永滨、张坚、黄伟军、王志方、张建波、董孝胜、江辉、何大宇 |
| 23 | UAPC 控制保护平台的研制 | 南京南瑞继保电气有限公司 | 冯亚东、田杰、曹冬明、李九虎、刘国伟、周强、徐东方、陈宏君、刘克金、李彦 |
| 24 | 超大型多功能环境气候实验室建设及其应用 | 国网电力科学研究院、中国电力科学研究院、机械工业第二设计研究院 | 胡毅、宋飞宇、姚涛、杨迎建、邬雄、马少石、吴光亚、陈勇、万启发、蔡炜 |
| 25 | 舟山与大陆联网海域架空输电线路大跨越的研究与实施 | 浙江省电力公司、浙江省电力设计院、浙江省送变电工程公司、舟山电力局、浙江华电器材检测研究所、浙江电力建设监理有限公司、中国电力科学研究院 | 胡列翔、叶尹、叶建云、石华军、徐建国、傅剑鸣、余兆忠、申斌、朱天浩、屠亦军 |

| 序号 | 项目名称 | 主要完成单位 | 主要完成人 |
|---|---|---|---|
| 26 | 特殊型超高压输电线路带电作业技术及导则研究 | 国网电力科学研究院、中国电力科学研究院 | 胡毅、刘凯、王力农、刘庭、肖宾、邵瑰玮、胡建勋、郑传广、徐莹 |
| 27 | 交、直流输电工程电场测量技术研究 | 国网电力科学研究院、中国电力科学研究院 | 邬雄、万保权、张广洲、张建功、张业茂、蔡炜、路遥、张泽平、谢辉春、张小武 |
| 28 | 大电网综合信息支撑和事故处理辅助决策系统 | 国电南瑞科技股份有限公司、国网电力科学研究院、华东电网有限公司、吉林省电力有限公司、甘肃省电力公司 | 冷俊、黄海峰、高宗和、於益军、王长宝、葛云鹏、葛朝强、王波、孙鹏、张鸿 |
| 29 | 750kV、1 000kV 工频电压国家计量标准装置的建立 | 国网电力科学研究院、中国电力科学研究院、四川电力科学研究院 | 王勤、雷民、章述汉、周峰、朱晓丽、项琼、郑汉军、殷小东、岳长喜、王乐仁 |
| 30 | 国家电网公司营销自动化关键技术研究、设计与工程应用 | 国家电网公司营销部、中国电力科学研究院、华北电网有限公司、北京市电力公司、山东电力集团公司、上海市电力公司、福建省电力有限公司 | 方耀明、章欣、侯清国、胡江溢、谢永胜、王延芳、杜新纲、周纲、刘夫新、宗建华 |
| 31 | ±800kV 直流输电系统设计和设备标准体系研究 | 南方电网科学研究院有限责任公司、机械工业北京电工技术经济研究所、中国电力工程顾问集团公司、西安高压电器研究院有限责任公司、西安交通大学 | 饶宏、黄莹、赵杰、李岩、黎小林、方晓燕、吕金壮、方森华、罗兵、李宝金 |
| 32 | 13 000m² 海水冷却塔研究与应用 | 北京国华电力有限责任公司、浙江国华浙能发电有限公司、中国电力顾问集团公司西南电力设计院、国家海洋局天津海水淡化与综合利用研究所、中国水利水电科学研究院、钢铁研究总院青岛海洋腐蚀研究所、浙江大学 | 陈寅彪、朱江涛、曾宪江、王维英、黄叶明、张连涛、辛晓光、苑奇、廖内平、李承蓉 |
| 33 | 120m 直径整体式预应力圆形煤场设计、施工关键技术研究 | 上海上电漕泾发电有限公司、中国电力工程顾问集团华东电力设计院、上海电力建筑工程公司 | 孙曙峰、徐勃、史耀辉、朱峰、马骏骧、郭俊东、邵雄康、张文科 |
| 34 | 三维内肋管强化传热技术研究及应用 | 重庆大学 | 廖强、高川云、朱恂、廖光亚、丁玉栋、邓甲祥、辛明道 |
| 35 | 异型烟囱筒身设计、施工关键技术研究 | 上海上电漕泾发电有限公司、中国电力工程顾问集团华东电力设计院、上海电力建筑工程公司 | 李峰、胡仕林、施广明、孙曙峰、诸白蒙、宁曹杰、闫志春、陈飞、顾洪波、王正怡 |
| 36 | 110~750kV 架空输电线路设计标准研究 | 中国电力工程顾问集团公司、中国电力工程顾问集团华东电力设计院、中国电力工程顾问集团西北电力设计院 | 于刚、梁政平、张鹏飞、吴建生、黄伟中、李勇伟、李喜来、董建尧、骆永樑、杨林 |
| 37 | 天津北疆发电厂电水盐材地循环经济发展模式 | 天津国投津能发电有限公司、国投电力控股股份有限公司、中国电力工程顾问集团华北电力设计院工程有限公司 | 郭启刚、金锋、谭培东、于海森、于存亮、臧刚 |
| 38 | 直流输电换流站直流场用隔离开关和阀厅接地开关 | 西安西电高压开关有限责任公司 | 杨雯、王天祥、梁静林、康鹏、孔博、马博、史轶华、梁谦、王宇驰 |
| 39 | 电动汽车充换电设施关键技术研究及工程应用 | 国网电力科学研究院、浙江省电力公司、中国电力科学研究院、许继集团有限公司 | 王相勤、苏胜新、郭剑波、胡江溢、姜雪明、贾俊国、肖世杰、李富生、于金镒、朱金大 |
| 40 | 奥氏体不锈钢管内壁氧化物检测仪的研发与应用 | 西安热工研究院有限公司、华能国际电力股份有限公司上安电厂 | 刘玉民、刘雪峰、郭立峰、何晓东、党小亮、崔雄华、康豫军、贾建民、王华龙、盛国柱 |
| 41 | 提高空冷冷机组凝结水精处理系统水质的关键技术研究 | 西安热工研究院有限公司 | 和慧勇、田文华、李鹏、贾予平、刘小勇、刘勇、李小军、冯铁玲、李楠、祝晓亮 |
| 42 | 高级量测体系下计量终端智能化关键技术研究与应用 | 广东电网公司电力科学研究院、深圳市科陆电子科技股份有限公司、长沙威胜信息技术有限公司 | 肖勇、周尚礼、伍少成、张新建、何宏明、化振谦、张亚东、党三磊、李佳、杨劲锋 |
| 43 | 自主知识产权的烟气海水脱硫技术研发与示范 | 北京龙源环保工程有限公司、国电环境保护研究院、中国海洋大学、西安热工研究院有限公司、秦皇岛发电有限责任公司 | 杨东、胡文森、何强、王小明、陈玉乐、王小立、李春虎、薛军、杨俊强、崔利群 |
| 44 | 大电网分布式计算理论和方法研究 | 中国电力科学研究院、清华大学 | 李亚楼、沈沉、郭剑、陈颖、陈勇、严亚勤、何光宇、李芳 |

续表

| 序号 | 项目名称 | 主要完成单位 | 主要完成人 |
|---|---|---|---|
| 45 | 节能发电调度体系和关键技术研究及试点应用 | 国家电网公司国家电力调度控制中心、国网电力科学研究院、中国电力科学研究院、清华大学、华北电力大学、江苏省电力公司、福建省电力有限公司 | 于军、周京阳、杨争林、夏清、张粒子、耿建、潘毅、程芸、冯来法、管益斌 |
| 46 | ±800kV 直流输电对系统的影响及仿真技术研究 | 南方电网科学研究院有限责任公司、清华大学、上海交通大学、华南理工大学、中国电力科学研究院、华北电力大学、南京南瑞继保电气有限公司 | 金小明、洪潮、周保荣、许爱东、童陆园、陈陈、陆超、张尧、郭小江、赵成勇 |
| 47 | 苏里格气田苏 53 区块高效开发配套工程技术研究与应用 | 中国石油集团长城钻探工程有限公司 | 刘乃震、杜立东、李文权、李科、唐茂政、毕文亮、曲东、朱世和、王立波、李永和 |
| 48 | 数字化智能海洋工程自动制管生产线装备技术开发 | 海洋石油工程股份有限公司、哈尔滨工程大学、哈尔滨中天焊接自动化设备制造有限责任公司 | 李志刚、韦宝成、王立权、顾留文、杨炳发、王国强、曹军、张勇、杨尚玉、刘思源 |
| 49 | 川西致密碎屑岩天然气富集规律及勘探开发关键技术 | 中国石油化工股份有限公司西南油气分公司、中国石化集团西南石油局 | 杨克明、武恒志、唐宇、刘正中、谢刚平、张晓鹏、黄跃、李书兵、朱宏权、张虹 |
| 50 | 大庆地区保护储层、提高固井质量的化学剂与工作液 | 大庆油田有限责任公司 | 杨智光、和传健、徐永辉、刘永贵、莫继春、李国华、马淑梅、贾维君、王广雷、高莉莉 |
| 51 | 大型深水导管架海上安装专用系列机具研制 | 海洋石油工程股份有限公司、哈尔滨工程大学 | 李怀亮、李志刚、朱绍华、于文太、王立权、于长生、袁汝华、樊之夏、陈永昕、谢维维 |
| 52 | 复杂山地构造和储层精确成像技术与系统软件及工业化应用 | 中国石油集团川庆钻探工程有限公司 | 李亚林、何光明、李志荣、陶正喜、李忠、邹文、敬龙江、罗红明、陈爱萍、刘鸿 |
| 53 | 老探区富油凹陷精细勘探关键技术方法与多领域重大发现 | 中国天然气股份有限公司华北油田分公司、中国石油集团东方地球物理勘探有限责任公司 | 赵贤正、金凤鸣、王权、韩春元、武耀辉、邓志文、沈华、唐传章、才博、肖阳 |
| 54 | 海洋深水区油气勘探关键技术 | 中海石油（中国）有限公司、中海油研究总院、中海石油（中国）有限公司深圳分公司、中海石油（中国）有限公司湛江分公司、中国石油天然气股份有限公司杭州地质研究院 | 米立军、朱伟林、张功成、刘再生、吴景富、张金森、庞雄、姚根顺、张厚和、王振峰 |
| 55 | 水平井采油工程关键技术研究 | 中国石油化工股份有限公司胜利油田分公司 | 孙焕泉、王增林、张全胜、郝金克、叶金胜、贾庆升、胡渤、李玉宝、田玉刚、张峰 |
| 56 | 致密气藏水平井储层改造关键技术研究与应用 | 中国石油集团川庆钻探工程有限公司 | 叶登胜、周正、钱斌、潘勇、王金云、尹丛彬、欧治林 |
| 57 | 缝洞型碳酸盐岩油藏单元注水开发技术 | 中国石油化工股份有限公司石油勘探开发研究院 | 康志江、李江龙、张冬丽、赵艳艳、胡向阳、张宏方、冉启佑、黄孝特、邱立伟、张允 |
| 58 | USC 乙烯裂解炉新型燃烧及传热技术 | 中国石油大学（北京）、中国石油化工股份有限公司茂名分公司 | 毛羽、柳迎才、王娟、王江云、王晓玲、肖树萌、高金森、邱华、林琪、邵杰锋 |
| 59 | 5 万 t 丁腈橡胶生产成套技术开发 | 中国石油天然气股份有限公司兰州石化分公司、中国石油天然气集团公司兰州寰球工程公司、中国石油天然气股份有限公司石油化工研究院 | 刘吉平、李辉、李家民、于奎、张小平、葛蜀山、刘栓祥、李成贵、童俊国、梁滔 |
| 60 | 高清洁汽油收率增产丙烯裂化催化剂的开发及应用 | 中国石油天然气股份有限公司石油化工研究院、中国石油天然气股份有限公司兰州石化分公司 | 高雄厚、张君屹、丁伟、罗凯、郑云锋、崔文广、杨一青、李秀强、黄校亮、蔡进军 |
| 61 | CPR1000 核电蒸汽发生器完全自主化制造技术 | 上海电气核电设备有限公司 | 张茂龙、江才林、唐伟宝、许遵言、江燕云、李华纲、王志强、周伟、程嘉伟、李双燕 |
| 62 | 核电站松脱部件监测与诊断系统 | 中国核动力研究设计院 | 刘才学、邓圣、杜继有、李翔、胡建荣、简捷、魏东、顾江、盘世标、赵海江 |
| 63 | 中国实验快堆容器及堆内构件设计与研制 | 中国原子能科学研究院 | 鲍杨民、孙刚、尤吉堃、邢凤春、萧勋泽、马丙增、王明政、徐宝玉、刘兆阳、应庆芳 |
| 64 | 百万千瓦级核电机组 CPR1000 调试管理与技术创新 | 中广核工程有限公司 | 禹阳、田青、李靖、李乐晓、侯佑胜、毕枫川、陈军、黄铁明、黄清武、田锡锋 |
| 65 | 广东岭澳核电站二期核岛安装工程主系统自主化施工管理 | 中国核工业二三建设有限公司 | 董玉川、曾浩、戴雄彪、江超、赵德生、王占云、杨广平、卢毅、周志清、李金洲 |

续表

| 序号 | 项目名称 | 主要完成单位 | 主要完成人 |
|---|---|---|---|
| 66 | 百万千瓦级压水堆核电站核二级阀门样机研制 | 中国核电工程有限公司、中核苏阀科技实业股份有限公司 | 朱京梅、曲昌明、易全伟、龙云飞、王晓江、刘平、郎瑞峰、龚钊、高志岗、薛卫光 |
| 67 | 中国实验快堆核岛过程检测系统设计与设备制造 | 中国原子能科学研究院 | 陈道龙、杨建伟、董康乐、李同生、李新颖、彭盛志、王轩、张燕、肖贺、吕鹏 |
| 68 | 中国水电中长期（2030年、2050年）发展战略研究 | 中国水电工程顾问集团公司 | 晏志勇、彭程、钱钢粮、严秉忠、付自龙、徐耀 |
| 69 | 巨型混流式水轮发电机组安装标准与工程实践 | 中国长江三峡集团公司、葛洲坝集团机电建设有限公司、中国水利水电第八工程局有限公司机电制造安装分局、中国水利水电第四工程局机电安装分局 | 程永权、张成平、胡伟明、王毅华、张润时、唐万斌、王天宇、李峡、陈强、姚正鸿 |
| 70 | 拉西瓦电站高海拔、高水头、高转速700MW水轮发电机组安装技术 | 中国水利水电第四工程局有限公司 | 席浩、王好学、孙德召、张秉成、胡波、孙红武、郭锐、牛韬、李淑芳、张文钢 |
| 71 | 3MW双馈式海上风力发电机组研发及产业化 | 国电联合动力技术有限公司 | 刘东远、孙黎翔、杨怀宇、王海龙、潘磊、何明、张大同、秦明、雷斌、蔡安民 |
| 72 | 龙滩700MW全空冷式水轮发电机组安装技术研究 | 中国水利水电第七工程局有限公司 | 张桥、赵显忠、苏大、曾洪富、周志军、杨涛、袁训国、李铁军、刘旻、黄跃能 |
| 73 | 特大型砂石开采加工及输送系统关键技术研究与创新 | 中国水电顾问集团公司中南勘测设计研究院 | 谭建平、宋立新、龚德红、冯树荣、王忠耀、陈伟、石青春、盛乐民、文杰、朱传喜 |
| 74 | 生物柴油连续清洁生产新技术开发及其工程应用 | 中国科学院广州能源研究所 | 袁振宏、吕鹏梅、王忠铭、罗文、李惠文、杨玲梅、苗长林 |
| 75 | 适合中国风资源低风速特点的系列化风轮叶片研究开发 | 中国科学院工程热物理研究所、保定华翼风电叶片研究开发有限公司 | 赵晓路、徐宇、刘从庆、杨惠凡、荣晓敏、杨科、徐建中 |
| 76 | 电池—电容混合型电动汽车应用示范系统研究 | 上海市电力公司 | 滕乐天、杜成刚、周永兴、贺锡强、何维国、关宏、吴英姿、唐跃中、倪振华、王媚 |
| 77 | 微米级硅粉有效利用新技术及其产业化应用 | 江西赛维LDK太阳能高科技有限公司 | 张涛、万跃鹏、钟德京、付家云、李松林、张学日、李方、曾绍春、张初华 |
| 78 | 生物质循环流化床直燃发电锅炉技术研发和示范 | 中国科学院工程热物理研究所、长沙锅炉厂有限责任公司、浙江长广（集团）有限责任公司、鞍山锅炉厂有限公司、馆陶新能生物质热电有限公司 | 吕清刚、李诗媛、包绍麟、王东宇、彭益成、杨志豪、高鸣、洪波、矫维红、沈松根 |
| 79 | 喀斯特地区抽水蓄能电站上水库局部防渗处理措施的研究与应用 | 中国水电顾问集团北京勘测设计研究院 | 郝荣国、吴吉才、吴奎、宫海灵、米应中、赵轶、莫慧峰、李锦飞、陈建华、张贺龙 |
| 80 | 深埋长隧洞地质超前预测预报研究 | 中国水电顾问集团华东勘测设计研究院、中国水电工程顾问集团公司、山东大学、浙江华东建设工程有限公司、浙江华东工程安全技术有限公司 | 单治钢、黄世强、周春宏、薛翊国、王惠明、李利平、陈文华、刘斌、蔡连初、曹强 |
| 81 | 大容量蓄电池储能特性研究与实验能力建设 | 中国电力科学研究院 | 来小康、刘家亮、魏斌、惠东、王坤洋、傅凯、官亦标、陈继忠、范红家、闫涛 |
| 82 | 实现2020年15%非化石能源目标路径研究 | 国网能源研究院 | 张运洲、程路、白建华、蒋莉萍、周原冰、贾德香、辛颂旭、陈伟、张钦、金艳鸣 |
| 83 | 含多种分布式电源的灵活微网系统研究与实施 | 浙江省电力试验研究院、天津大学、北京四方继保自动化股份有限公司 | 李海翔、王成山、陈其森、朱松林、赵波、张雪松、胡文堂、童杭伟、郭力、葛晓慧 |
| 84 | 北海强风暴海况下深水半潜式钻井平台系列关键设计与制造技术研究 | 烟台中集来福士海洋工程有限公司、中海油田服务股份有限公司 | 滕瑶、曹树杰、赵晖、罗幼安、贺昌海、潘思维、李天龙、闫永军、杨忠华、李磊 |
| 85 | 德宝直流输电工程用±500kV换流变压器研制与产业化 | 西安西电变压器有限责任公司 | 宓传龙、汪德华、帅远明、蒋蓁、王粉芍、石燕英、赵勇进、佘海智、李红桥、钱弘 |
| 86 | 3.6MW海上风电机组自主开发 | 上海电气风电设备有限公司 | 王力雨、刘琦、禹华军、陈永祥、郭元超、张博、赵大文、王海刚、唐亮、刘吉辉 |
| 87 | 百万千瓦级核电四极水氢氢发电机 | 上海电气电站设备有限公司 | 王庭山、毛一忠、胡建波、范成西、郑东平、王建萍、石书华、吴庆军、周芩芩、邓鸿权 |
| 88 | 大型冶金系统脱硫装置新型高效废热锅炉研制及工业应用 | 合肥通用机械研究院、中冶焦耐工程技术有限公司、合肥通用特种材料设备有限公司、上海宝钢化工有限公司梅山分公司、合肥通用机械研究院特种设备检验站 | 李云福、陶昌勤、薛斌、徐鹏、陈永东、崔军、秦宗川、刘牧、常文斌、姚佐权 |

续表

| 序号 | 项目名称 | 主要完成单位 | 主要完成人 |
|---|---|---|---|
| 89 | 典型工业泵、阀、风机节能与测试关键技术应用研究 | 合肥通用机械研究院、合肥豪克化工设备节能工程技术公司、江苏大学、合肥通用机电产品检测院、湖南湘电长沙水泵有限公司、西安陕鼓通风设备有限公司、北京拓峰科技开发有限责任公司 | 于跃平、李鲲、施卫东、朱晓农、吴佩芝、郭权利、侯睿、杨军虎、俞志君、赛庆毅 |
| 90 | 矿井提升智能恒减速电液制动系统 | 中信重工机械股份有限公司、洛阳中重自动化工程有限责任公司 | 王继生、刘大华、张凤林、孙富强、张伟、李平利、张步斌、朱峰、赵宝法、程爱学 |
| 三等奖 ||||
| 1 | 新建千米井筒留设小保护煤柱与抗变形技术研究 | 平顶山天安煤业股份有限公司、煤炭科学研究总院唐山研究院 | 卫修君、滕永海、王新义、张建国、庞立新、唐志新、欧阳广斌 |
| 2 | JLY800/322型掘锚机后配套连续运输装备 | 中国煤炭科工集团太原研究院、神华宁夏煤业集团灵州建井工程有限公司 | 孟建新、徐爱敏、刘晋冀、魏永胜、温建刚、王赟、宋德军 |
| 3 | 中厚偏薄煤层综采工作面超重型成套输送设备 | 宁夏天地奔牛实业集团有限公司 | 刘庆华、贺海涛、王继国、李小元、李清岳、刘伟、和云红 |
| 4 | 高铁锰矿井水井下处理回用于煤矿液压支架用水关键技术研究 | 中国矿业大学（北京） | 何绪文、王春荣、张春晖、章丽萍、秦强、胡建龙、于妍 |
| 5 | 岩浆岩对瓦斯赋存的控制作用及突出灾害防治技术体系研究 | 皖北煤电集团有限责任公司、中国矿业大学 | 司春风、王亮、孔一凡、刘延俊、程远平、周图文、傅昆岚 |
| 6 | 远距离下保护层开采上覆低透高瓦斯突出煤层卸压瓦斯抽采关键技术 | 淮北矿业股份有限公司、中国矿业大学 | 葛春贵、刘海波、陈家祥、程远平、陈贵、宋庆尧、何世久 |
| 7 | ZJC3C车载矿山救援指挥系统 | 煤炭科学研究总院沈阳研究院 | 王理、李长录、付文俊、梁明辉、王锋、张军杰、葛学玮 |
| 8 | 副立井特大罐笼无轨运输提升系统装备与安全技术 | 中煤国际工程集团北京华宇工程有限公司、神华亿利黄玉川煤矿 | 陈建华、李玉瑾、刘小奇、邵建华、张峰、刘振岩、于功江 |
| 9 | 大型模块选煤关键技术及配套装备 | 煤炭科学研究总院唐山研究院 | 齐正义、李凤明、梁金钢、徐春江、周锦华、李崈然、郭秀军 |
| 10 | 高水压灰岩含水体上煤层安全开采水害防治集成技术研究 | 安徽省皖北煤电集团有限责任公司、安徽理工大学 | 吴玉华、姚多喜、孔一凡、司春风、陈玉平、易德礼、赵开全 |
| 11 | MG1100/2760-GWD型交流电牵引采煤机 | 上海创力集团股份有限公司 | 耿卫东、芮国洪、洪学波、吴福涛、李永俊、孙增、李祥君 |
| 12 | 皖北矿区综采工作面安全高效开采模式及保障技术研究 | 皖北煤电集团公司、中国矿业大学、恒源煤电股份有限公司钱营孜煤矿 | 陈鹏、殷召元、姚强岭、廖志强、李学华、曹立洲、梁顺 |
| 13 | 数字化矿山集成技术研究 | 神华宁夏煤业集团公司、北京天大天科科技发展有限公司、天地（常州）自动化股份有限公司 | 王俭、严永胜、王自河、张杰、张新华、郑茂全、林红梅 |
| 14 | 基于微地震监测的大水矿区厚煤层围岩破裂特征研究及应用 | 焦作煤业集团赵固（新乡）能源有限责任公司、北京科技大学 | 贾明魁、姜福兴、白云来、贾安立、李永杰、孔令海、李卫平 |
| 15 | 近距易燃煤层采空区残煤综放复采技术研究 | 山西西山白家庄矿业有限责任公司、中国矿业大学（北京） | 原国政、赵景礼、侯水云、石全、王玉宝、赵晓泓、杨润厚 |
| 16 | 三维矿山物联网应急救援指挥系统 | 开滦（集团）有限责任公司、中国科学院自动化研究所 | 张瑞玺、何晓群、刘向昕、王满福、张长江、周红军、刘建军 |
| 17 | 大型河堤下机械化矸石充填采煤技术 | 兖州煤业股份有限公司、中国矿业大学 | 缪协兴、李位民、吴向前、张吉雄、张广文、郭广礼、陈勇 |
| 18 | 承压开采工作面长度对底板破坏深度及底板突水风险影响研究 | 冀中能源股份有限公司葛泉矿、四川大学 | 杜丙申、刘长武、白兰永、王文清、郭海书、刘树新、徐玉增 |
| 19 | 深部巷道围岩非线性大变形控制技术研究 | 黑龙江科技学院、黑龙江龙煤矿业集团有限责任公司鸡西分公司 | 郝福坤、孙广义、宫延明、陈刚、于浦喜、董长吉、苏广福 |
| 20 | 复杂地质、应力环境下综放沿空掘巷围岩稳定机理与控制技术研究 | 上海大屯能源股份有限公司、中国矿业大学 | 吴继忠、唐召信、周钢、孙凯、沈志平、邵福兵、魏茂坤 |
| 21 | ZDY3500L型煤矿用履带式液压坑道钻机 | 沈阳北方重矿机械有限公司 | 曲凯、尹继新、刘林山、陈明非、汪娜、曲函 |
| 22 | 边角煤安全高效综放开采关键装备与技术开发 | 兖州煤业股份有限公司、天地科技股份有限公司 | 黄福昌、倪兴华、汪华君、刘新华、李佃平、张崇宏、丁斌 |

续表

| 序号 | 项目名称 | 主要完成单位 | 主要完成人 |
|---|---|---|---|
| 23 | 粗煤泥分选工艺与高灰细泥控制研究 | 河南焦煤能源有限公司、中国矿业大学 | 陈亚伟、李延锋、王文献、张文军、卢桂青、胡卫新、所燕武 |
| 24 | 深井井巷注浆堵水技术应用研究 | 山东鲁能菏泽煤电开发有限公司、山东科技大学 | 谭炳刚、沈平、苏茂秋、王新坤、吴继鲁、刘会战、张传扬 |
| 25 | 矿井粉尘分布规律及高效防降尘综合技术研究 | 开滦（集团）有限责任公司、北京科技大学 | 张文学、蒋仲安、常文杰、周凤增、郭达、牛伟、齐茂功 |
| 26 | 基于模糊逻辑和外因输入自回归模型（ARX）的新型机组快速负荷控制（URO） | 内蒙古大唐国际托克托发电有限责任公司 | 段文伟、付俊杰、龙俊峰、赵志刚、陈磊、李兴旺、刘军 |
| 27 | 在役低硬度 P91 钢管安全性能的研究及应用 | 华北电力科学研究院有限责任公司、河北大唐国际唐山热电有限责任公司 | 蔡文河、赵卫东、王智春、李炜丽、刘建屏、安洪光、方占岭 |
| 28 | 高压大容量变频调速系统的研制与应用 | 国电南京自动化股份有限公司 | 李冰、钱诗宝、胡炫、丁明进、霍利杰、穆天柱、唐东明 |
| 29 | 浙江电网雷击跳闸多发线路综合防雷技术研究 | 浙江省电力试验研究院、浙江省电力公司生产技术部、浙江省电力设计院、台州电业局、温州电力局 | 陈安伟、胡文堂、金祖山、龚坚刚、吴锦华、包建强、吴明祥 |
| 30 | 带式输送机栈桥一体化开发研究 | 中国华电工程（集团）有限公司、华电重工股份有限公司 | 付振岐、黄福安、赵迎九、姜学寿、刘天军、刘永锋、成志辉 |
| 31 | 广东电网安全防御系统建设 | 广东省电力调度中心、国网电力科学研究院、中国电力科学研究院、国电南瑞科技股份有限公司 | 温柏坚、唐卓尧、余志文、卢建刚、向德军、李钦、徐泰山 |
| 32 | 建立 500kV 完全数字化变电站试点 | 中国南方电网有限责任公司超高压输电公司柳州局、国电南京自动化股份有限公司、广西电力工业勘察设计研究院 | 潘济猛、申狄秋、张维、黄建华、刘琳、杨绍远、阳仁庆 |
| 33 | 基于暂态地电压和超声波的 10kV 开关柜绝缘状态评价研究和应用 | 广州供电局有限公司 | 龚建平、吴碧华、张泽华、陆国俊、王劲、吴峰、王勇 |
| 34 | 高绩效安全生产风险管理体系建设 | 华北电网有限公司、朗新科技（中国）有限公司 | 王天君、王志刚、李轶群、莫小林、马宗林、赵玉柱、梁吉 |
| 35 | 配电线路数据传输装置关键技术的研究 | 国网电力科学研究院、山西省电力公司 | 汤煜明、汪晓岩、李国春、易浩勇、蔡世龙、沈兵兵、王坤 |
| 36 | 直流多落点问题研究 | 南方电网科学研究院有限责任公司、四川大学 | 洪潮、李立涅、饶宏、欧开健、赵勇、周保荣、李战鹰 |
| 37 | 江苏省火电机组节能减排在线监测系统 | 江苏方天电力技术有限公司 | 张斌、孙栓柱、郑海雁、范海虹、鲁松林、钱立军、苏大威 |
| 38 | 电力光纤到户关键技术研究及应用 | 国网信息通信有限公司、浙江省电力公司、上海市电力公司、重庆市电力公司、华北电网有限公司 | 王继业、赵丙镇、栗宁、刘建明、范鹏展、李伟良、王一蓉 |
| 39 | 新农村供电保障能力研究与应用 | 中国电力科学研究院、山东电力集团公司、陕西省电力公司、安徽省电力公司、浙江省电力公司 | 盛万兴、刘壮志、梁英、王金宇、王利、宋晓辉、孙军平 |
| 40 | 百万千瓦级核电机组凝结水精处理系统的研究与应用 | 中国华电工程（集团）有限公司、中广核工程有限公司 | 沈建永、王正平、田瑞航、熊京川、梁桥洪、李鸿燕、王志明 |
| 41 | 凝汽器传热管管板区涡流检测方法和分析技术研究及其应用 | 国核电站运行服务技术有限公司 | 曹刚、师绍猛、郭韵、王冬冬、王巍超、毕琦、张雅伟 |
| 42 | 750kV GIS 试验新技术研究 | 西北电网有限公司、西安交通大学 | 孙强、董明、李彦明、李润秋、尚勇、黄宗君、邢琳 |
| 43 | 变电站三态数据采集综合测控技术研究 | 国电南瑞科技股份有限公司、国网电力科学研究院、山东电力集团公司、江苏省电力公司 | 黄国方、周斌、沈健、韩伟、张斌、何昭辉、胡钰林 |
| 44 | SDH 光通信网络传递高精度标准时间的研究 | 国网电力科学研究院 | 焦群、何迎利、马涛、丁鼎、李万林、葛红舞、黄杰 |
| 45 | 110~220kV 断路器雷击事故分析和对策研究 | 中国电力科学研究院、浙江省电力公司 | 高克利、毛光辉、朱松林、张翠霞、李汝彪、葛栋、陈秀娟 |

续表

| 序号 | 项目名称 | 主要完成单位 | 主要完成人 |
|---|---|---|---|
| 46 | 直流换流站现场校验关键技术及装置研究 | 四川电力科学研究院、国网电力科学研究院、国家电网公司运行分公司 | 朱晓丽、雷民、章述汉、周庆葭、李建建、周一飞、江波 |
| 47 | 电力系统全过程电压稳定的机理与判据研究及工程应用 | 中国电力科学研究院、重庆市电力公司 | 汤涌、孙华东、仲悟之、林伟芳、易俊、吴迎霞、马世英 |
| 48 | 电网综合报警与协同处理技术研究及应用 | 华东电网有限公司、国网电力科学研究院、上海交通大学 | 张磊、王毅、李维、汪德星、张怀宇、陈建民、葛敏辉 |
| 49 | 智能电网示范工程中的常规电源网厂协调关键技术研究及应用 | 中国电力科学研究院、国家电网公司国家电力调度控制中心、华北电网有限公司、国家电网华东电力调控分中心、华北电力科学研究院有限责任公司 | 李明节、赵红光、陶向宇、曹路、张隽、濮钧、吴涛 |
| 50 | 智能输电网分析管控技术研究与应用 | 华北电网有限公司、华北电力科学研究院有限责任公司、北京煜邦电力技术有限公司、国网电力科学研究院、北京意科通信技术有限责任公司 | 张勇平、刘亚新、刘鸿斌、王珣、马宗林、孙刚、赵玉柱 |
| 51 | 电力业务软件基础开发和运行平台的研究及推广应用 | 中国电力科学研究院、国网电力科学研究院、北京中电普华信息技术有限公司 | 樊涛、杨宁、方国、罗华永、王宇飞、尚枫、徐隆龙 |
| 52 | 变压器新原理保护装置研究与实施 | 华中电网有限公司、北京四方继保自动化股份有限公司 | 柳焕章、张德泉、屠黎明、凌卫家、李锋、肖远清、谢俊 |
| 53 | 具有选相合闸功能断路器的研制 | 河南平高电气股份有限公司 | 魏光林、吴军辉、尹军华、张一茗、乔桂花、张华、曾其武 |
| 54 | 输电线路无人直升机智能巡检系统 | 山东电力研究院、山东电力集团公司超高压公司、山东鲁能智能技术有限公司 | 张方正、王滨海、陈西广、丛阳、厉秉强、程学启、朱德祎 |
| 55 | 新一代110kV国家工频电压计量标准 | 国网电力科学研究院、中国电力科学研究院 | 雷民、章述汉、周峰、王乐仁、项琼、殷小东、张宋强 |
| 56 | 高海拔超高压输变电系统安全保障技术研究及应用 | 青海电力科学试验研究院 | 祁太元、李军、徐世山、吴童生、康钧、何宝龙、王煜杰 |
| 57 | 多维度电网安全风险防控系统研究和应用 | 华东电网有限公司、国网电力科学研究院、华东电力试验研究院有限公司 | 张磊、励刚、汪德星、曹路、李建华、王强、李灿 |
| 58 | 大型变压器现场真空煤油汽相干燥技术研究及应用 | 华北电网有限公司、华北电力科学研究院有限责任公司 | 牛晓民、刘少宇、刘连睿、马继先、张勇平、王剑、龙凯华 |
| 59 | 超高压、大容量TSC+TCR型静止无功补偿系统的研发与应用 | 中国电力科学研究院、中电普瑞科技有限公司 | 武守远、赵刚、李卫国、段晓梅、刘宏、李鹏、朱克 |
| 60 | 燃煤电厂联合脱硝技术自主研发与应用 | 神华国华国际电力股份有限公司北京热电分公司、浙江大学、浙江融智能源科技有限公司、浙江百能科技有限公司 | 唐建城、周俊虎、韩斌桥、徐芙蓉、许跃军、刘丽梅、王松峰 |
| 61 | 燃煤电厂汞污染排放特征研究 | 北京国华电力有限责任公司、三河发电有限责任公司、中国环境科学研究院 | 陈寅彪、柴发合、薛志钢、史晓宏、张顺剑、毕春海、温武斌 |
| 62 | 广东电网提高架空送电线路抗冰能力关键技术研究 | 广东省电力设计研究院 | 潘春平、廖毅、黄志秋、金晓华、郑志源、房向日、许少淦 |
| 63 | 1 000MW机组湿法烟气脱硫国产化创新技术研究及应用 | 北京国华电力有限责任公司、神华国华（北京）电力研究院有限公司、浙江国华浙能发电有限公司、东南大学 | 赵华、蒋丛进、周洪光、许定峰、罗健、金保升、朱江涛 |
| 64 | ±800kV特高压直流输电线路及换流站工程施工技术研究与应用 | 葛洲坝集团电力有限责任公司 | 龚祖春、姚卫星、高鹏飞、王玉、谭光勤、陶光立、胡群峰 |
| 65 | 大型发电机故障联合诊断关键技术研究 | 广东电网公司电力科学研究院、广州粤能电力科技开发有限公司 | 刘石、张征平、邓小文、杨楚明、阚伟民、姚森敬、肖小清 |
| 66 | 单支撑超超临界百万机组振动技术研究 | 浙江省电力试验研究院 | 童小忠、吴文健、应光耀、李卫军、朱江涛、陈旭伟、陈汉良 |
| 67 | 考虑大规模风电接入华北电网后的安全稳定控制研究 | 华北电力科学研究院有限责任公司 | 李善颖、吴涛、苏为民、贺惠民、郭嘉阳、孙瑜、梁玉枝 |
| 68 | 交直流局部放电检测技术及系列装置的研究和应用 | 国网电力科学研究院、国网电力科学研究院武汉南瑞有限责任公司 | 聂德鑫、关庆华、罗先中、程林、邓建钢、杜振波、刘诣 |

续表

| 序号 | 项目名称 | 主要完成单位 | 主要完成人 |
|---|---|---|---|
| 69 | 面向服务体系架构（SOA）的企业信息集成平台研究及建设应用 | 云南电网公司技术分公司、云南云电同方科技有限公司、昆明能讯科技有限责任公司、云南远信科技有限公司 | 徐兵元、周兴东、张建文、胡永华、张大伟、王显龙、钟国新 |
| 70 | 600兆瓦超临界、亚临界火电机组给水泵国产化研制 | 上海电力修造总厂有限公司 | 潘国民、徐水祥、郑昱、缪方明、冯荣旗、李丽华、杨淑敏 |
| 71 | 百万机组厂用电系统设计研究 | 中国电力工程顾问集团华东电力设计院、中国电力工程顾问集团东北电力设计院、中国电力工程顾问集团中南电力设计院、中国电力工程顾问集团西北电力设计院、中国电力工程顾问集团西南电力设计院 | 顾越岭、徐剑浩、朱用荣、李锡芝、何平、缪震昆、杜小军 |
| 72 | 火力发电厂直接空冷系统技术优化应用及严寒地区防冻特性研究 | 神华国华（北京）电力研究院有限公司、河北国华定洲发电有限责任公司、中国电力工程顾问集团西北电力设计院、双良节能系统股份有限公司、内蒙古国华呼伦贝尔发电有限公司 | 赵华、陈祖茂、薛海军、陈寅彪、崔育奎、李生光、时瑛 |
| 73 | 电源集中送出电网振荡扰动定位及振荡解列控制技术的研究与实施 | 云南电力调度控制中心、南方电网科学研究院、南方电网电力调度控制中心、南京南瑞继保电气有限公司 | 李文云、吴小辰、吴琛、黄伟、柳勇军、张丹、郭琦 |
| 74 | 多煤种可调式低氮直流燃烧器的研制和工程应用 | 西安热工研究院有限公司 | 王春昌、徐党旗、严响林、姚明宇、周虹光、闫宏斌、陈罡 |
| 75 | 抑制核电站二回路流动加速腐蚀新方法的研究 | 西安热工研究院有限公司 | 孙本达、曹松彦、宋敬霞、陶钧、王今芳、常旭红、黄万启 |
| 76 | 节能发电调度煤耗在线监测系统研究与应用 | 西安热工研究院有限公司、贵州电网公司电力调度控制中心、贵州电力试验研究院 | 王智微、王庭飞、徐威、郭翔、葛新、赖菲、方朔 |
| 77 | 汽轮机叶片冲蚀损伤修复与防护工艺研究及应用 | 西安热工研究院有限公司、华能国际电力股份有限公司、华能国际电力股份有限公司丹东电厂、华能国际电力股份有限公司上安电厂 | 李太江、李巍、范长信、郭立峰、王绍东、刘庆伏、王彩侠 |
| 78 | 电站管道振动机理与控制技术的研究与应用 | 西安热工研究院有限公司 | 康豫军、陈盛广、安付立、卫大为、王军民、董雷、王必宁 |
| 79 | 电力系统动态稳定分析及其控制系统优化关键技术研究与应用 | 广东电网公司电力科学研究院、上海交通大学 | 陈迅、曾艳、钟清、盛超、陈陈、史慧杰、曹亚龙 |
| 80 | 加速线路绝缘对变电站绝缘配合影响及雷电侵入波在线监测研究 | 广东电网公司电力科学研究院、武汉大学、武汉三相电力科技有限公司 | 彭向阳、姚森敬、王红斌、周文俊、钱冠军、吕鸿、沈伯辉 |
| 81 | 超超临界机组P92钢焊接接头性能评价及应用技术研究 | 神华国华（北京）电力研究院有限公司、西安热工研究院有限公司、天津大学、天津电力建设公司 | 梁军、李太江、徐连勇、肖德铭、赵慧传、王宝臣、徐龙 |
| 82 | 600MW等级超临界锅炉高温蒸汽氧化腐蚀治理技术研究及应用 | 北京国华电力有限责任公司、国华太仓发电有限公司、神华国华（北京）电力研究院有限公司、上海锅炉厂有限公司、上海发电设备成套设计研究院 | 宋畅、孙平、李树田、谢建文、徐雪元、李宏伟、李涛 |
| 83 | 电站锅炉闭环燃烧优化控制系统研发及应用推广 | 中电投蒙东能源集团有限责任公司、清华大学 | 丁艳军、谷俊和、彭志敏、孔德奇、姜剑波、董建勋、刘凤友 |
| 84 | 火力发电厂金属技术监督规程 | 西安热工研究院有限公司、苏州热工研究院有限公司、神华国华（北京）电力研究院有限公司、陕西电力科学研究院、华北电力科学研究院有限公司 | 李益民、范长信、杨百勋、赵彦芬、梁军、严苏星、蔡文河 |
| 85 | 输电线路防舞动相间间隔棒深化研究及推广应用 | 河南电力试验研究院、清华大学深圳研究生院、河南省电力公司、重庆电力科学试验研究院、郑州祥和集团电气设备有限公司 | 阎东、关志成、卢明、王黎明、吕中宾、庞锴、何建军 |
| 86 | 西北大规模风电接入电网相关技术的仿真研究 | 中国电力科学研究院、甘肃省电力公司、西北电网有限公司、中国电力工程顾问集团西北电力设计院、国家发展和改革委员会能源研究所 | 屠强、汪宁渤、申洪、李新建、黄强、黄镔、衣立东 |

续表

| 序号 | 项目名称 | 主要完成单位 | 主要完成人 |
|---|---|---|---|
| 87 | 电铁供电关键技术研究 | 中国电力科学研究院、北京交通大学、华北电力大学、清华大学、河北省电力公司 | 于坤山、王同勋、周胜军、郑琼林、肖湘宁、姜齐荣、段晓波 |
| 88 | 海相碳酸盐岩储层改造与测试配套技术研究及应用 | 中国石油勘探开发研究院廊坊分院、中国石油天然气股份有限公司塔里木油田分公司、中国石油天然气股份有限公司西南油气田分公司 | 王永辉、张福祥、何冶、周福建、程兴生、彭建新、唐庚 |
| 89 | 复杂地层钻井工程设计及风险评价技术与应用 | 中国石油大学（华东）、中国石化集团胜利石油管理局钻井工艺研究院、中国石化集团胜利石油管理局黄河钻井总公司 | 管志川、廖华林、史玉才、裴建忠、李鹏、孙铭新、陈若铭 |
| 90 | 长输天然气管道完整性关键技术集成研究 | 中石油北京天然气管道有限公司、中国石油集团石油管工程技术研究院 | 韩忠晨、董绍华、常景龙、葛艾天、罗金恒、周永涛、蒋方美 |
| 91 | 中国海油国产化射孔器材及工艺 | 中海石油（中国）有限公司天津分公司 | 刘良跃、陈壁、曹农、谢梅波、邓建明、朱进初、范白涛 |
| 92 | 渤海辽东湾北部地区优质油气富集机理与大中型油气田群新发现 | 中海石油（中国）有限公司天津分公司 | 夏庆龙、田立新、周心怀、徐长贵、周东红、吴奎、黄晓波 |
| 93 | 油气开发用新型连续管关键技术研究及产品开发 | 宝鸡石油钢管有限责任公司 | 毕宗岳、温宏伟、钟裕敏、杨忠文、苏琦、李红智、谈树美 |
| 94 | 油气重磁信息识别与评价技术 | 中国石油大学（华东） | 刘展、徐凯军、郭加树、王心众、于会臻、杜润林、张刚 |
| 95 | 过套管电阻率井下仪器研制 | 中国船舶重工集团公司第七一九研究所 | 王群杰、范卫卫、付永前、周艳平、王绿水、汪浩、颜晓淮 |
| 96 | 中西部重点碎屑岩领域油气富集规律与分布预测 | 中国石油化工股份有限公司石油勘探开发研究院 | 郑和荣、胡宗全、尹伟、黄泽光、江兴歌、张忠民、伍新和 |
| 97 | 延长特低渗透油田高效开发配套技术及示范 | 陕西延长石油（集团）有限责任公司研究院 | 王香增、杨悦、王书宝、高瑞民、曲建山、席天德、莫小国 |
| 98 | 7 000m 小模块自安装式海洋钻机的研制及应用 | 中海石油（中国）有限公司湛江分公司、中海油能源发展股份有限公司油田建设工程分公司 | 谢玉洪、柯吕雄、周声结、孙建军、李大全、王少平、祁嘉朋 |
| 99 | 海上油气田油气水高效分离技术研发与应用 | 中海油研究总院、中国石油大学（华东）、中海油能源发展股份有限公司油田建设工程公司设计研发中心 | 李清平、李新仲、何利民、李学军、王春升、朱海山、姚海元 |
| 100 | 南方复杂深井钻井关键技术研究 | 中国石油化工股份有限公司勘探南方分公司 | 郭旭升、李真祥、瞿佳、孙清德、孙坤忠、李文东、胡新忠 |
| 101 | 塔河四区剩余油分布研究与挖潜技术 | 中国石油化工股份有限公司石油勘探开发研究院 | 胡向阳、刘中春、康志江、李江龙、黄广涛、权莲顺、张杰 |
| 102 | 柴达木盆地油气勘探开发关键技术研究 | 中国石油天然气股份有限公司青海油田分公司、中国石油天然气股份有限公司勘探开发研究院 | 宗贻平、付锁堂、马力宁、马达德、袁剑英、李永、张水昌 |
| 103 | 海底管线环焊缝高速高效环保全自动超声波检验（AUT）系统 | 海洋石油工程股份有限公司 | 马保家、王国强、张志宽、尤卫宏、孙钟、张俊杰、陈亮 |
| 104 | 尼日尔 Agadem 区块油气成藏规律研究与勘探重大发现 | 中国石油天然气勘探开发公司、中国石油勘探开发研究院 | 薛良清、付吉林、孙志华、万仑坤、毛凤军、杨保东、刘计国 |
| 105 | 基于低能耗的原油脱水处理关键技术突破与实践 | 中国石油天然气股份有限公司华北油田分公司第五采油厂 | 付亚荣、马永忠、李冬青、吴泽美、付丽霞、刘建华、蔡远红 |
| 106 | 超深高压酸性气田固井配套技术研究 | 中国石油化工股份有限公司石油工程技术研究院 | 马开华、丁士东、吴姬昊、周仕明、陈雷、马兰荣、初永涛 |
| 107 | 华北油区油气藏改建储气库设计方法研究及实施 | 中国石油天然气股份有限公司华北油田分公司、中国石油天然气股份有限公司勘探开发研究院廊坊分院、中石油北京天然气管道有限公司华北储气库分公司 | 董范、杜玉洪、孟庆春、张辉、王皆明、王起京、黄杰 |
| 108 | 地层自流注水和修井机挖潜技术创新与实践 | 中海石油（中国）有限公司上海分公司 | 张国华、关德、周俊昌、景凤江、郭少儒、罗勇、沈晓红 |

续表

| 序号 | 项目名称 | 主要完成单位 | 主要完成人 |
|---|---|---|---|
| 109 | 万吨级高活性聚异丁烯成套技术开发 | 吉林石化公司精细化学品厂 | 李鹤春、南春模、李坤、史春岩、杨艳文、姜萌、孙宝东 |
| 110 | 小颗粒/小晶粒 ZSM-5 择形分子筛的工业成套技术开发 | 中国石油天然气股份有限公司石油化工研究院、中国石油天然气股份有限公司兰州石化分公司、中国石油大学（北京） | 秦松、高雄厚、申宝剑、王宝杰、魏昭成、赵红娟、樊江涛 |
| 111 | 高选择性乙炔加氢 LY-C2-02 催化剂的开发及工业应用 | 中国石油天然气股份有限公司石油化工研究院、中国石油天然气股份有限公司兰州石化分公司、中国石油天然气股份有限公司辽阳石化分公司 | 谭都平、车春霞、路全能、侯维、吴成斌、赵纯革、梁琨 |
| 112 | 全馏分裂解汽油一段加氢镍基 LY-2008 催化剂开发及工业应用 | 中国石油天然气股份有限公司独山子石化分公司、中国石油天然气股份有限公司石油化工研究院 | 肖江、钱颖、王廷海、杨丽芳、于强、孙利民、周爱文 |
| 113 | 劣质原油加工腐蚀应对技术研究与推广应用 | 中国石油化工股份有限公司青岛安全工程研究院、中国石油化工股份有限公司茂名分公司、中国石油化工股份有限公司镇海炼化分公司、中国石油化工股份有限公司沧州分公司 | 张海峰、刘小辉、邱宏斌、李贵军、叶成龙、金强、邱志刚 |
| 114 | SJ 级汽油机油及系列摩托车专用油的开发应用 | 中国石油大连润滑油研究开发中心 | 魏文羽、孙瑞华、翟月奎、赵明红、于军、刘庆国、包冬梅 |
| 115 | 苯部分加氢制环己烯催化剂及工艺技术开发 | 中国天辰工程有限公司、郑州大学、山东海力化工股份有限公司 | 杨克俭、刘寿长、郑仁、袁学民、刘新伟、魏建民、孙海杰 |
| 116 | 车用聚丙烯专用树脂 SP179 的工业开发与应用 | 中国石油天然气股份有限公司兰州石化分公司、四川大学、中国石油天然气股份有限公司石油化工研究院、中国石油天然气股份有限公司华南化工销售公司 | 马建华、李家民、向明、刘兴旺、王福善、曹亚、杨世元 |
| 117 | 泥沙对内陆核设施液态流出物中放射性核素输移和沉积的影响 | 中国辐射防护研究院、浙江省水利河口研究院 | 杜晓丽、林洁、邓安嫦、周维、王志玉、韩新生、王敏 |
| 118 | 恰希玛核电厂工程 2 号机组内部火灾、内部水淹分析及其应用 | 上海核工程研究设计院 | 严锦泉、苗富足、李肇华、刘海滨、张琴芳、仇永萍、邱忠明 |
| 119 | 低活度废放射源整备技术开发与工程示范 | 中国辐射防护研究院 | 安鸿翔、郭喜良、柳兆峰、李洪辉、范智文、孙庆红、崔安熙 |
| 120 | 田湾核电站控制棒综合试验占用大修主线时间的优化 | 江苏核电有限公司 | 徐霞军、涂彩清、李伟、袁屹昆、李文双、祁勋、宋雨 |
| 121 | 百万千瓦级核电厂全范围模拟机研制与工程应用 | 中广核（北京）仿真技术有限公司、福建宁德核电有限公司、中广核工程有限公司 | 邹沫元、吴帆、章旋、魏挺、曹建亭、吴毅、潘竟斌 |
| 122 | 百万千瓦级核电站棒控棒位系统设备 | 中国核动力研究设计院、中核（北京）核仪器厂 | 黄可东、乔凤、许余、魏颖、刘春明、郑杲、刘艳阳 |
| 123 | 中国先进研究堆（CARR）重水及其相关系统的设计 | 中国原子能科学研究院 | 韩海芬、张金山、李军德、黄兴蓉、石家娟、姜百华、王强 |
| 124 | 重大设备状态监测与信息平台开发及应用 | 大亚湾核电运营管理有限责任公司 | 王勤湖、洪振旻、曾晓晖、侯晔、夏玉秋、夏朋涛、任合斌 |
| 125 | 堆芯内控制棒卡棒解决方案的研究与实施 | 大亚湾核电运营管理有限责任公司 | 乔素凯、黄家权、李春常、尹佳林、陈兰航、杨学鹏、马志勇 |
| 126 | 岭澳核电站二期工程常规岛设计创新 | 中广核工程有限公司、广东省电力设计研究院 | 胡劲松、罗必雄、田瑞航、唐红键、郭建林、朱光涛、乔丕业 |
| 127 | 核电厂运行经验管理系统的开发和研制 | 核动力运行研究所 | 姚祥英、李喆、王爱玲、张焰、徐士明、李丹、凌建群 |
| 128 | 秦山核电二期扩建工程土建造新技术的应用研究 | 中国核工业第二四建设有限公司 | 伍崇明、赵景发、邓国平、严鹏、代通华、刘天宇、刘庆红 |
| 129 | 核级热缩电缆附件的研制 | 长园集团股份有限公司 | 赵成刚、尹沾松、曾志安、王进、袁晓芳、董淅明、刘军 |
| 130 | 三维 PDMS 在核电项目的应用 | 中国核工业华兴建设有限公司 | 李兵、杨尚、张卫兵、陈宝智、秦亚林、赵月洲、张新 |

续表

| 序号 | 项目名称 | 主要完成单位 | 主要完成人 |
|---|---|---|---|
| 131 | 田湾核电站反应堆停堆保护系统设计优化与改造 | 江苏核电有限公司 | 师庆维、李伟、袁屹昆、徐霞军、涂彩清、宋雨、罗慧 |
| 132 | 多兆瓦级风力发电机组系列化研发与装备技术 | 国电联合动力技术（保定）有限公司 | 窦玉祥、王洪斌、井延伟 |
| 133 | 双馈式风电机组控制系统研发与应用 | 国电南瑞科技股份有限公司、国网电力科学研究院、中国电力科学研究院 | 王彤、石磊、卢强、王智、蔡军、王文卓、田炜 |
| 134 | 三峡双线五级船闸第二期建设施工关键技术研究与应用 | 中国葛洲坝集团股份有限公司三峡分公司、葛洲坝集团机电建设有限公司 | 邢德勇、曾明、曹毅、周建华、张为明、孙昌忠、李波 |
| 135 | 水电站 750kV 超高压工程设计研究与应用 | 中国水电顾问集团西北勘测设计研究院、黄河上游水电开发有限责任公司、清华大学、武汉大学 | 白俊光、姚栓喜、阮全荣、谢小平、吕六和、桑志强、张群刚 |
| 136 | 向家坝水电站超长皮带骨料运输系统关键技术研究与实践 | 中国长江三峡集团公司向家坝工程建设部、水电八局有限公司向家坝砂石项目部、中国水电工程顾问集团公司中南勘测设计研究院向家坝水电工程设计代表处、长江三峡技术经济发展有限公司向家坝水电站工程监理部 | 樊启祥、谭建平、彭冈、冯树荣、车公义、邓三才、宋立新 |
| 137 | 特大型养鸡场沼气发电工程 | 北京德青源农业科技股份有限公司、北京合力清源科技有限公司 | 钟凯民、张瑞红 |
| 138 | 新型潮汐发电机组研制 | 龙源电力集团股份有限公司、清华大学、温岭江厦潮汐试验电站、中国水电顾问集团华东勘测设计研究院、杭州江河机电设备工程有限公司 | 杨校生、王正伟、张春生、颜建华、周争鸣、肖若富、王浩平 |
| 139 | 海上风机基础结构设计及施工关键技术研究 | 中国水利水电科学研究院、北京中水科水电科技开发有限公司 | 张金接、高季章、杨晓东、符平、赵卫全、杨锋、邢占清 |
| 140 | 高比例风电接入大电网运行优化模型开发与应用 | 国网能源研究院 | 胡泊、贾德香、白建华、张运洲、蒋莉萍、陈立斌、张栋 |
| 141 | 大型抽水蓄能电站首机首次启动试验方式研究 | 国网新源控股有限公司基建部、河南国网宝泉抽水蓄能有限公司、华东勘测设计研究院、山东泰山抽水蓄能有限公司、华东琅琊山抽水蓄能有限公司 | 许要武、胡清娟、杨志锋、吴毅、王胜军、张国良、赵常伟 |
| 142 | 兆瓦级双馈风电机组变流器、主控制器以及 SCADA 系统技术开发 | 上海电气集团股份有限公司输配电分公司 | 董祖毅、马成斌、孙佳林、缪勇、奚玲玲、陈国栋、李春 |
| 143 | 玻璃窑废气余热发电系统集成技术与工程应用 | 天壕节能科技股份有限公司 | 胡帆、史庆玺、杜长澎、任冬、吴晓光、王钢、吴超义 |
| 144 | 生物燃气高效制备和高值利用关键技术 | 杭州能源环境工程有限公司、中国科学院广州能源研究所、山东民和生物科技有限公司 | 寿亦丰、马隆龙、董泰丽、李倩、孙永明、蓝天、李东 |
| 145 | 南水北调东线穿黄河隧洞工程开挖施工技术研究与应用 | 中国水利水电第五工程局有限公司、四川大学 | 吴高见、朱海亚、廖成林、温定煜、高鹏伟、陈新、李洪涛 |
| 146 | 龙滩电站进水口反倾向层状结构岩质高边坡稳定性与治理措施研究 | 中国水电顾问集团中南勘测设计研究院、龙滩水电开发有限公司、武汉大学、河海大学、中国科学院地质与地球物理研究所 | 冯树荣、赵红敏、肖峰、胡大可、龙先进、夏宏良、彭土标 |
| 147 | 巨型水电站国产化计算机监控系统在龙滩水电站的研制应用 | 龙滩水电开发有限公司、国网电力科学研究院、中国水电顾问集团中南勘测设计研究院 | 杨振先、胡镇良、王惠民、李力、张强、谌德清、王鹏宇 |
| 148 | BLJ600-40 自行履带式混凝土布料机 | 中国水利水电第八工程局有限公司 | 曹跃生、涂怀健、孙红、漆新江、刘棉场、周祝寿、张祖义 |
| 149 | 竹基复合材料风力发电机组叶片技术的开发和应用 | 北京可汗之风科技有限公司 | 杜瑛卓、张旺、刘军华 |
| 150 | 金沙江中游河段水电梯级开发规划环境影响评价及对策研究 | 中国水电工程顾问集团公司、中国水电顾问集团昆明勘测设计研究院、水利部中国科学院水工程生态研究所、四川大学、中国水电顾问集团中南勘测设计研究院 | 王斌、彭程、顾洪宾、喻卫奇、崔磊、邵荣、张荣 |
| 151 | 高效非粮块根原料燃料乙醇转化技术 | 中国科学院成都生物研究所 | 赵海、靳艳玲、方扬、甘明哲、何开泽、黄玉红、肖瑶 |

| 序号 | 项目名称 | 主要完成单位 | 主要完成人 |
|---|---|---|---|
| 152 | DT 9100 风力发电机组主控制系统 | 大唐南京自动化有限公司、大唐多伦新能源有限公司 | 俞斌、屈虎、袁和林、杜煜、胡宪富、王宏义、毛亚胜 |
| 153 | 大型沉井群用于水电工程深厚覆盖层地基处理技术研究 | 中国长江三峡集团公司向家坝工程建设部、中国水电工程顾问集团公司中南勘测设计研究院向家坝水电工程设计代表处、中国葛洲坝集团股份公司向家坝施工局、长江三峡技术经济发展有限公司向家坝水电站工程监理部 | 樊启祥、王忠耀、彭冈、潘江洋、盛乐民、洪文浩、李建军 |
| 154 | 大型海上风电场集电系统优化关键问题研究与应用 | 上海电力学院 | 符杨、李东东、黄玲玲、边晓燕、魏书荣、江玉蓉、张佳民 |
| 155 | 生物燃料环境友好型高效制备技术及工程化推广 | 天津大学、山东理工大学、天津市农业机械试验鉴定站、国家燃气用具质量监督检验中心、天津市天人世纪科技有限公司 | 陈冠益、易维明、颜蓓蓓、马文超、柏雪源、王艳、高文学 |
| 156 | 秸秆固态酶解发酵燃料乙醇、丁醇关键技术及产业化示范 | 中国科学院工程研究所、山东泽生生物科技有限公司、松原来禾化学有限公司 | 陈洪章、李佐虎、邱卫华、王岚、彭小伟、付小果、刘涛 |
| 157 | 大型荒漠并网光伏系统技术研究及关键设备研制 | 北京科诺伟业科技有限公司、中国科学院电工研究所 | 许洪华、朱伟钢、江燕兴、王一波、穆德实、窦伟、张先谋 |
| 158 | 一种净化电石炉气的方法 | 中国天辰工程有限公司 | 孔祥武、汤明伟、李树华、石晶、张春丽、郭曼波、李勇 |
| 159 | 微网分布式新能源储能系统 | 深圳先进储能材料国家工程研究中心有限公司 | 陈杰、刘宏兵、周树良、王宏、曹建红、夏敏 |
| 160 | 深厚覆盖层不对称地基高沥青混凝土心墙堆石坝关键技术 | 中国水电工程顾问集团成都勘测设计研究院 | 郑声安、陈五一、宋胜武、何顺宾、余挺、胡永胜、郝元麟 |
| 161 | 水电建设工程安全评价及安全"三同时"管理技术研究 | 水电水利规划设计总院、中国水电工程顾问集团公司、北京木联能软件技术有限公司、中国水电顾问集团中南勘测设计研究院、中国水利水电建设工程咨询公司 | 王民浩、杨志刚、牛文彬、郑新刚、王继琳、郭晨、李伟宏 |
| 162 | 水利水电 1 000MPa 级高强钢工程应用技术研究 | 中国水利水电第十四工程局有限公司、华电郑州机械设计研究院有限公司、中国水电顾问集团北京勘测设计研究院 | 王建华、马耀芳、王富林、刘诚、雷清华、王建华、杨东方 |
| 163 | 大型集群风电有功智能控制系统的开发 | 甘肃省电力公司、国网电力科学研究院 | 肖世杰、杨玉林、曹银利、罗剑波、行舟、李雪明、陈振寰 |
| 164 | SSP-H-667000/500 组合式变压器 | 西安西电变压器有限责任公司 | 谢庆峰、王新颖、王运强、韩晓东、徐徐、彭延红、朱红伟 |
| 165 | YL 系列烟气轮机的研制及应用 | 中国石油集团渤海石油装备制造有限公司、中国石化工程建设公司 | 李克雄、冀江、马科军、张玉峰、丁勤、方文、王自球 |
| 166 | PX 装置超大型板壳式换热器开发和应用 | 甘肃蓝科石化高新装备股份有限公司、中国石化集团洛阳石油化工工程公司、中国石油化工股份有限公司金陵分公司 | 张延丰、陆卫东、张兆文、陈崇刚、苏敏、汪光胜、余良俭 |
| 167 | 超超临界 660MW 汽轮机 | 上海电气电站设备有限公司 | 何阿平、阳虹、吴仕芳、周代伟、蒋浦宁、陆伟、程雁菁 |
| 168 | 高压大口径全焊接管线球阀 | 上海耐莱斯·詹姆斯伯雷阀门有限公司 | 李仲光、邹佑靖、蔡守连、杨卫东、王敏华 |
| 169 | DG400 双向输送圆管型带式输送机 | 上海科大重工集团有限公司 | 刘新、丁曙光、吴良宏、蒋亚林 |
| 170 | 苯乙烯尾气螺杆压缩机组 | 中国船舶重工集团公司第七一一研究所 | 杨毅、徐明照、马林、张泉明、张纬敏、蔡宏、顾小欢 |
| 171 | 天然气球罐高参数大型化自主创新技术研究 | 重庆燃气集团股份有限公司、合肥通用机械研究院 | 吴永远、窦万波、陈立、董宁、刘薇、黄金国、石兰权 |
| 172 | 直流输电工程直流场用高压滤波电容器装置 | 西安西电电力电容器有限责任公司 | 刘水平、郭银杏、周登洪、苏开云、董海健、刘尔宁、饶娣 |
| 173 | 特高压电容式电压互感器试验系统的建立及试验方法的研究 | 西安高压电器研究院有限责任公司 | 任稳柱、张小勇、杨忠州、谢婷婷、李隋朝、钟磊、袁渊 |
| 174 | 特高压（UHV）断路器 120ms 非对称电流开断（T100a） | 西安高压电器研究院有限责任公司 | 李刚、姚斯立、杜炜、孙梅、程茵、王培人、刘浩军 |
| 175 | 126~1 100kV 智能化 GIS 工程技术集成及应用 | 西安西电开关电气有限公司 | 张猛、申春红、孟晨、周华、洪国耀、段继洲、张豪俊 |

续表

| 序号 | 项目名称 | 主要完成单位 | 主要完成人 |
|---|---|---|---|
| 176 | 10kV 固态复合开关的研究和应用 | 中国电力科学研究院、中电普瑞科技有限公司、河北省电力公司电力科学研究院 | 赵刚、李卫国、李鹏、刘宏、潘瑾、段晓梅、高骏 |
| 177 | 500kV 输电线路重构式直流融冰兼 SVC 装置研制及工程示范 | 中国电力科学研究院、中电普瑞科技有限公司 | 武守远、徐桂芝、荆平、王明新、崔大伟、袁洪亮、徐丽娟 |
| 178 | 硝酸"四合一"透平机组系统技术开发及应用 | 西安陕鼓动力股份有限公司 | 印建安、郑秀萍、马德洁、邓建平、周聪勇、樊进军、陈红梅 |
| 179 | 大型节能煤矿瓦斯抽放泵（水环真空泵）开发 | 淄博水环真空泵厂有限公司 | 陈维茂、燕洪顺、荆延波、孟凡瑞 |
| 180 | 风电双馈变流器 | 深圳市禾望电气有限公司 | 盛小军、夏泉波、曾建友、吕一航、宋建波 |

企业篇

# 装备中国　走向世界

## ——沈阳鼓风机集团股份有限公司

沈阳鼓风机集团股份有限公司（以下简称"沈鼓集团"）是与新中国一起成长、发展、壮大的国有大型一类企业。作为中国风机行业的支柱企业，其科技含量最高、生产规模最大，拥有雄厚的技术力量和精良的工艺装备，在设计制造技术和主要经济技术指标方面居国内同行业领先位置，是为石油、化工、冶金、煤炭、电力、轻纺、环保、国防、科研等行业的重大工程提供技术装置的国产化基地。目前，已生产的离心压缩机产量居世界第一位，企业的生存发展与国家经济安全密切相连。

沈鼓集团生产的各类产品覆盖全国各地，远销世界 25 个国家和地区。目前，离心压缩机的市场占有率为 85%，大型鼓风机占 50%；锅炉给水泵占 30%，冷凝泵占 85%，高压注水泵占 50%，输油管线泵占 80%，加氢、除焦泵占 80%；石化行业往复压缩机市场占有率为 80% 左右，化肥往复压缩机占 60%。

## 一、经营状况

近年来，沈鼓集团始终保持着协调、持续、稳步、快速发展的势头，主要经济指标均在国内同行业中处于领先位置，见表1。

## 二、行业位置

沈鼓集团是国内离心压缩机、轴流压缩机、往复机、泵等产品最主要的生产厂家和科研基地，是

表1　2009~2011 年沈鼓集团主要财务状况

单位：万元

| 指标名称 | 2009 年 | 2010 年 | 2011 年 |
|---|---|---|---|
| 工业总产值 | 880 661 | 1 000 139 | 1 100 698 |
| 工业增加值 | 203 095 | 220 292 | 231 093 |
| 营业收入 | 733 025 | 882 226 | 1 028 877 |
| 利税总额 | 36 365 | 68 825 | 86 404 |
| 利润总额 | 18 084 | 35 055 | 48 062 |
| 出口交货值 | 15 394 | 24 826 | 32 129 |

国内唯一拥有风机行业研究所、风机产品质量监督检测中心、水泵行业研究所、国家工业泵质量监督检验中心的企业，是国内唯一具有核安全一、二、三级泵设计、制造资格与产品业绩的企业。

1990 年起，公司先后被国家科委批准为国家"863"工程 CIMS 重点示范企业，辽宁省科技先导企业，辽宁省首家企业博士后科研工作站。2003 年，荣获"机械工业现代化管理企业"称号（全国仅 8 家）。2004 年，获得"全国五一劳动奖状"。2005 年，获得"中国机械 500 强"称号，国家级技术中心进入全国 50 强。2006 年，获"全国企业文化建设优秀单位奖"。2007 年，进入中国大企业竞争力 500 强排行榜，位居 219 名。2008 年，进入大企业集团竞争力 500 强、中国制造业 500 强、中国机械工业 100 强榜单，荣获中国工业行业排头兵企业等荣誉称号。2009 年，被确定为国家创新型试点企业，再次入围中国大企业集团竞争力 500 强、中国制造业 500 强、中国机械工业 100 强；并荣获全国文明单位、全国机械工业先进单位等 40 余项荣誉称号。2010 年，被中国企业十大新闻评选委员会

评为"最具影响力企业"；《中国机械工业年鉴》编辑委员会授予"突出贡献奖"。2011 年，被中国工业经济联合会评为"中国工业大奖表彰奖"，被中国机械工业联合会评为"装备中国功勋企业"，见表2。

表 2    2000 年以来沈鼓集团获得的奖项

| 年　份 | 奖　项 | 授予单位 |
|---|---|---|
| 2000 | 国家级技术中心 | 国家发展改革委等四部门 |
| 2004 | 全国五一劳动奖状 | 中华全国总工会 |
| 2004 | 全国机械工业现代化管理企业 | 中国机械工业联合会 |
| 2004 | 中国名牌产品（离心压缩机） | 中国名牌战略推进委员会、国家质量监督检验检疫总局 |
| 2004~2009 | 全国用户满意企业 | 中国质量协会用户委员会 |
| 2005 | 中国机械 500 强 | 中国机械工业企业管理委员会 |
| 2005 | 全国精神文明建设先进单位 | 中央精神文明建设指导委员会 |
| 2005~2007 | 全国企业文化建设先进单位 | 中国企业文化研究会 |
| 2006 | 重大装备国产化突出贡献企业 | 国家发展改革委 |
| 2006 | 全国先进基层党组织 | 中共中央组织部 |
| 2007~2009 | 中国大企业竞争力 500 强 | 中国机械工业管理协会 |
| 2008 | 高新技术企业 | 国家科技部、财政部、国家税务总局 |
| 2008 | 全国文明单位 | 全国文明委 |
| 2008~2009 | 中国制造业企业 500 强 | 中国企业联合会、中国企业家协会 |
| 2008~2009 | 中国机械工业 100 强 | 中国机械工业联合会、中国汽车工业协会 |
| 2008 | 中国工业行业排头兵企业 | 中国工业报社 |
| 2008 | 中国工业经济先锋全国示范单位 | 中国工业经济联合会、中国工业报社 |
| 2008 | 辽宁省首批技术创新示范企业 | 辽宁省科技创新工作领导小组 |
| 2009 | 全国企业文化建设先进单位 | 中国企业文化研究会 |
| 2009 | 国家信息化应用示范企业 | 国家发展改革委 |
| 2009 | 创新型示范企业 | 科技部 |
| 2009 | 全国机械工业质量效益型先进企业 | 中国机械工业质量管理协会 |
| 2009 | 中国产、学、研合作创新示范基地 | 中国产、学、研合作促进会 |
| 2009 | 全国机械工业先进单位 | 人力资源和社会保障部、中国机械工业联合会 |
| 2010 | 2010 年度最具影响力企业 | 中国企业十大新闻评选委员会 |
| 2010 | 中国工业大奖表彰奖 | 中国工业经济联合会 |
| 2011 | 中国工业行业排头兵企业 | 中国工业报社 |

## 三、辉煌成就

多年来，沈鼓集团在"以赶超世界前沿技术为着力点，加快提高企业的自主创新能力，为企业实现跨越式发展提供强大动力"的技术创新工作方针的指引下，开发了多个系列的新产品，对促进我国重大技术装备国产化和保障国民经济的安全稳定发展起到了举足轻重的作用。"九五"以来，沈鼓集团共完成重大技术攻关项目 1 031 项，共开发新产品 3 208 种、6 503 台，其中，风机类产品 2 098 种、3 061 台，往复机类产品 816 种、1 537 台，泵类产品 294 种、1 905 台。沈鼓集团通过十几年的攻关

和产、学、研合作，攻克了大型乙烯装置用压缩机研制过程中的关键技术，连续成功研制了 24 万 t/a、36 万 t/a、45 万 t/a、50 万 t/a、64 万 t/a、100 万 t/a 乙烯装置用压缩机系列产品，使我国成为继美国、日本和德国之后，第四个拥有 100 万 t 乙烯设备研制能力的国家，打破了国外垄断，在大型石化设备研制能力上达到世界先进水平。在风机技术领域，紧紧跟进世界先进技术发展方向，不断缩小差距，积累了比肩国际一流的核心技术和制造能力。近年来，沈鼓集团在大型风机、泵类产品、往复压缩机研制领域实现历史性跨越，主导产品向着超大型、尖端化、世界级迈进，并不断填补国内空白，为我国民族工业树立新的里程碑，在我国国民经济建设

中发挥着不可替代的作用。

### 1. 研制世界级水平的 100 万 t/a 乙烯"三机"

沈鼓集团承担的"十一五"国家科技支撑计划项目——百万吨级乙烯装置用裂解气压缩机组、丙烯制冷压缩机组研制课题于 2011 年 1 月通过验收；3 月为抚顺石化公司生产的 100 万 t/a 乙烯装置用乙烯压缩机组厂内研制成功并发运到用户现场。至此，沈鼓集团已成功研制了具有世界级水平的 100万 t/a 乙烯"三机"，使民族工业拥有了强劲的"中国芯"。

### 2. 天然气长输管线关键设备国产化

大型长输管线电驱压缩机组是天然气输气管道动力供给场站用于压缩和输送天然气的关键核心设备，是整个供给场站的"心脏"，被业界喻为天然气工业领域的"两弹一星"。此前，世界上只有美国 GE、英国罗罗、德国西门子三家企业能够设计、制造和总成。2009 年，国家能源局启动天然气长输管线压缩机国产化研制，沈鼓集团承担了设备总成套任务。2009 年 11 月，沈鼓集团与中石油公司签订研制合同，并与所有参研单位组成联合开发研制团队，经过两年半的艰难攻关，如期完成首套机组研制任务，取得 30 多项自主创新成果。大型长输管线压缩机、大功率变频器、超高速直联电机三大部件分别通过国家鉴定，并于 2011 年 12 月 6 日完成最后一次 72h 全速联调试验。经国家级专家评审组验收，机组主要技术指标全部达到国际先进水平。2011 年 12 月，国家发改委、国家能源局在沈鼓集团举行了成果汇报会暨合同签署及首套 20MW电驱压缩机组出厂仪式。沈鼓集团的成功研制，为国家重大能源建设项目——"西气东输"工程配套的长输管线压缩机组，即确保国家油气供应安全的重大骨干工程作出重要贡献。沈鼓集团长输管线机组国产化入选 2011 年国家能源装备业重大事件首位。天然气长输管线关键设备的研制成功是民族装备制造业的壮举，对于促进能源工业发展，保证国家能源安全，提升民族装备制造业自主创新能力和国际竞争能力都具有十分重要的意义。

### 3. 首台首套"核二级泵"出厂

2011 年初，沈鼓集团 1 000MW 核电站核二级安全壳喷淋泵和低压安注泵首台首套出厂发往阳江核电站，这是目前国内首台自主研制的百万千瓦级核电站用泵，是我国百万千瓦级核电机组用核二级泵制造技术的重大突破，标志着沈鼓集团已经自主拥有核二级泵的设计和生产制造能力，拥有一套比较完整且行之有效的核级泵设计、生产和质保体系，为今后核泵国产化和核泵技术的发展铺平了道路。

### 4. 首台 4M125 大推力往复式压缩机投产

沈鼓集团首台国产化 4M125 大推力往复式压缩机在中石化长岭分公司成功开机投产，再创中国装备制造业之最。同时，世界最大推力往复机——150t 大型往复压缩机方案通过中国通用机械工业协会专家论证，开始国产化研制工作。

### 5. 江苏海伦 60 万 t PTA 项目配套机组研制成功

沈鼓集团成功研制了为江苏海伦 60 万 t PTA项目配套的 PA2 两套机组，是国产化最大的多轴压缩机和多级膨胀机。沈鼓集团高质量完成这项国内首个大型 PTA 空压机组"交钥匙工程"，标志着国产化年产 60 万 t PTA 机组达到国际先进水平。

### 6. 中石化武汉分公司 80 万 t 乙烯装置"三机"投产

沈鼓集团承制中石化武汉分公司 80 万 t 乙烯装置"三机"投产，开启了我国大型乙烯装置机组成套国产化的新征程。

2010 年，经中国企业新纪录审定委员会审定，沈鼓集团推荐的 5 种世界级产品研制成果，载入第十四批中国企业新纪录中。这些产品是：百万吨级乙烯装置用丙烯压缩机组、百万吨级乙烯装置用裂解气压缩机组、百万千瓦级核电机组核二级余热排出泵、百万千瓦级核电机组核二级低压安注泵、125t 活塞力大型往复式新氢压缩机。中国企业新纪录是我国企业自主创新成果的集中体现，被称为

"中国企业的吉尼斯大全"。

沈鼓集团始终秉承"装备中国，走向世界"的崇高历史使命，勇于开拓创新，不断深化改革，加快上市步伐，集中优势资源，倾力打造世界同行业知名品牌，朝着设计、制造关键技术达到国际同类企业先进水平，个别产品达到世界领先水平的目标努力奋斗。

# 以一为重　永争第一

## ——中国第一重型机械集团公司

能源装备被视为能源业的"心脏"，是国家高技术发展的基础和载体。2010年以来，中国第一重型机械集团公司（以下简称"中国一重"）在国务院国资委的领导下，在中国广核集团有限公司（以下简称"中广核"）等国内主流核电企业的支持下，与国内多家大专院校及科研院所合作，发挥产学研优势，先后承担和参与了"核电关键设备超大型锻件研制"、"核电站关键设备设计与制造技术研究"、"核岛关键设备用材料可靠性及寿命研究"等国家核电重大专项课题，已成为国内能够承制二代加核电、三代核电、四代核电大型铸锻件、核岛成套装备的企业，拥有百万千瓦级压力容器、容器类锻件、泵类锻件、支撑类锻件、泵类铸件、设备支撑件、核电主管道、百万千瓦级蒸汽发生器等制造资质，成为全球举足轻重的核电装备供应商之一。

## 一、企业发展综述

### 1. 总体概况

#### （1）核能装备制造取得的主要成绩

近年来，面对金融危机的影响和各种不利因素的挑战，中国一重克服种种困难，抢抓机遇，实现了公司的平稳发展。2010年，完成了我国首台完全自主化的红沿河核电站1号机组核反应堆压力容器的研制，书写了国内百万千瓦级核反应堆压力容器自主制造的新篇章，在国内外的核电业界创下了"中国一重制造"的品牌效应。2011年，随着日本"3·11"大地震引发的福岛核事故的发生，中国一重有效应对核电政策调整，经受住了复杂多变的国内外经济环境和市场形势的严峻考验，全年完成了福清1~2号、阳江1~2号、方家山1号共计5台核反应堆压力容器制造，制造完成石化容器79套，成功生产了世界首件AP1000核电稳压器下封头锻件。

中国一重主要经济指标完成情况见表1。

**表1　中国一重主要经济指标情况**

| 项　　目 | 2010年 | 2011年 | 增减率（%） |
|---|---|---|---|
| 资产总额（亿元） | 287.62 | 347.67 | 20.88 |
| 营业收入（亿元） | 86.21 | 87.49 | 1.48 |
| 利润总额（亿元） | 11.50 | 5.31 | -53.83 |
| 净利润（亿元） | 8.03 | 4.40 | -45.21 |
| 技术开发投入（亿元） | 4.25 | 4.25 | 0 |
| 利税总额（亿元） | 17.92 | 7.71 | -56.98 |
| 全员劳动生产率（万元/人·年） | 23.73 | 21.16 | 12.15 |
| 净资产收益率（%） | 7.36 | 2.61 | -4.75 |
| 总资产报酬率（%） | 5.39 | 2.53 | -2.86 |
| 国有资产保值增值率（%） | 109.31 | 102.69 | -6.62 |

#### （2）重点能源装备国际国内市场占有率情况

近年来，中国一重以科技兴企为宗旨，坚持走由生产驱动型向技术驱动型转变的发展之路，在国家重大技术装备国产化依托工程项目的实践中，自主创新、集成创新、消化吸收再创新的能力得到很大提高，在核能设备、重型压力容器以及大型铸锻件等诸多领域取得了国际瞩目、国内领先的多项重大科技成果，在技术产业化、装备国产化的道路上成效显著。中国一重凭借着锻焊结构加氢反应器

80%、核反应堆压力容器及核岛锻件 90%、大型锻钢支承辊 50% 的国内市场占有率，以及拥有一批国际先进水平的专有技术，奠定了在国内重机行业的领先位置。

### 2. 技术创新体系建设情况

（1）创新基础设施建设情况

中国一重拥有国家级企业技术中心，技术中心是技术创新体系的归口管理单位，技术中心直属单位有技术中心办公室、天津重型装备工程研究有限公司、大连设计研究院有限公司、能源装备材料科学研究所、档案管理部、天津一重电气自动化有限公司。技术中心具备独立核算、业绩考评等自行管理和运行能力，归口管理各子公司（事业部）和制造厂的技术业务。

中国一重牵头组建了重型技术装备国家工程研究中心，该中心座落在天津滨海新区，是重型机械行业唯一的国家工程中心。

中国一重建设了大型铸锻件理化检测实验基地，建立热工实验室、焊材实验室、流体实验室及电气实验室等。

2009 年，经国家能源局批准，中国一重在天津组建"国家能源重大装备材料研发中心"。

（2）企业技术创新能力

中国一重按照"构思一代、研发一代、试制一代、生产一代"的总体思路制订科技规划，引导企业加快技术驱动型创新体系建设，构建"基础科学研究、工程化研究、产业化研究、批量化生产研究"四位一体的技术创新体系，着重基础科学研究能力的提升，科学分工、合理衔接、有效运转，实现科技成果从孕育、开发到产业化、市场化的进程。

为满足市场竞争需要，中国一重成立了"能源装备材料科学研究所"（国家级研发中心）、"重型技术装备基础科学研究院"作为技术创新体系中基础科学研究层，并针对核电、火电、水电、石油等领域重大技术装备所需前瞻性技术、共性技术、原创技术开展科研开发。多年来，中国一重进行 1∶1 试验件的投制，据统计，仅试验件的投入就达 6 亿多元。正是工业试验的验证，才使实验室的技术成果得到成功转化。2010~2011 年中国一重能源装备产品获奖情况见表 2。

表 2　2010~2011 年中国一重能源装备产品获奖情况

| 序　号 | 获奖项目名称 | 获奖等级 | 年　份 |
|---|---|---|---|
| 1 | 超大型加氢反应器自主创新及工程应用 | 国家科技进步二等奖 | 2010 |
| 2 | 联合循环组高中压转子制造技术创新及工程应用 | 机械工业科技进步二等奖 | 2010 |
| 3 | 超超临界汽轮机组关键大型铸锻件制造技术的自主创新及工程应用 | 黑龙江省科技进步一等奖 | 2010 |
| 4 | 600t 级超大型钢锭研制及共性技术研究 | 齐齐哈尔市科技进步特等奖 | 2010 |
| 5 | 百万千瓦核电转子大型开合式热处理成套设备、工艺及应用 | 机械工业科技进步一等奖 | 2011 |
| 6 | 中国实验快堆核岛关键主设备研制 | 中国核能行业协会科技进步一等奖 | 2011 |
| 7 | 2 000t 级煤液化反应器研制 | 齐齐哈尔市科技进步特等奖 | 2011 |

## 二、重大产品研发取得突破

### 1. 核电产品

近年来，中国一重积极响应国家调整能源结构、大力推进核电建设和核电关键装备国产化的战略部署，集中精干力量，全力投入百万千瓦级核电关键装备的自主开发。在中广核联合研发中心及其他相关单位的大力帮助和密切配合下，取得重大突破，率先完成了二代加全套核岛 14 种大锻件的 M140 工艺评定，已掌握二代加压力容器、稳压器、主泵泵壳等核岛关键设备的制造技术，顺利实现了 CPR1000 核岛锻件的批量化生产。

其中，已通过中广核评定中心 M140 工艺评定的 CPR1000 接管段锻造方法世界领先，目前已进入批量化生产阶段。继 2007 年成功锻造世界首支 AP1000 蒸发器用锥形筒体之后，2010~2011 年，中国一重先后成功锻造出 20 余件锥形筒体（含 CPR

及 AP1000），锥形筒体锻造水平世界领先。中国一重研制的 CPR1000 管板锻件、CPR1000 水室封头顺利通过中广核评定并进入批量化生产阶段，首件 AP1000 水室封头已发往用户。压力容器上/下封头、顶盖法兰已通过 M140 工艺评定，CPR1000 整体顶盖的评定工作也正在积极开展。

在冶炼及铸锭方面，开发了真空碳脱氧加铝的冶炼技术，提高了第三代核电机型 SG 锻件强度及韧性；研发出新型中间包和长水口浇注，有效地防止了钢渣卷入钢锭和浇注过程中钢水的二次氧化。在锻造方面，针对整体顶盖、一体化接管段、锥形筒体等新一代核电特大异型锻件开发出仿形锻造技术，其中，一体化接管段制造技术处于世界领先水平；针对 SG 水室封头、PRZ 下封头等锻件采用了胎膜锻技术，有效地提高了材料利用率。在热处理方面，开发了提高冲击韧性的预备热处理技术；依据模拟及大量的测温数据建立了加热及冷却模型；研制了非焊接排气及附偶工装。

主管道晶粒度控制及空心锻件制造技术取得了重大突破，研制出空心锻件，经粗加工、热弯成型、内外圆精加工后，第三代核电主管道的制造技术达到了国际领先水平。

在核电常规岛汽轮机低压整锻转子和发电机转子锻件研制中，已掌握 600t 钢锭制造技术，以及第三代核电常规岛整锻低压转子、发电机转子锻件锻造技术，并研制完成了第三代核电常规岛整锻发电机低压转子制造技术，各项力学性能指标均满足设计技术要求，顺利地通过首件产品鉴定，已发东电用户。

堆内构件方面，研制的堆芯支承板及压紧弹簧性能均一次合格，并已取得堆芯支承板、压紧弹簧 M140 工艺评定证书。目前，蒸汽发生器、堆内构件等新产品的研发及取证工作正稳步进行。

在核电不锈钢主泵铸造泵壳的研制方面，中国一重已掌握制造技术。AP1000 锻件试制也取得重大突破，成功研制出压力容器整体顶盖、压力容器一体化接管段、压力容器下封头、进出口接管、过渡段、堆芯筒体、蒸发器椭球封头、锥形筒体、水室封头、管板等核岛锻件。

2011 年，中国一重核电锻件产业化项目已完成了第三代核电整锻水室封头和胎膜锻整体顶盖、整体椭球封头、管板的制造，解决了 CPR1000 水室封头接管嘴翻边（定位）问题，稳定了第三代核电 SG 锻件和 RPV 接管段性能，成功浇注了第三代核电铸造泵壳，完成了第三代核电主管道认证及 CAP1400RPV 和 SG 锻件锻造工艺评审。

### 2. 水电产品

近年来，中国一重先后为国内及国外生产了 22.5 万 kW 混流式整铸转轮、轴流式不锈钢叶片近百件、不锈钢上冠及下环、转轮体和推力头等大型铸钢件；为二滩电站（550MW）生产了主轴、顶轴、镜板等；为小浪底、万家寨、龙滩等电站生产了主轴、发电机大轴等 40 余件大型锻件。

通过前期的研究，中国一重已研制成功大截面不锈钢叶片（整铸）并交付三峡使用；浇铸成功了三峡不锈钢上冠，攻克了超低碳不锈钢冶炼和铸造等关键技术。

通过"大型水电铸锻件国产化技术改造项目"的实施，中国一重已具备年产 5 套 70 万 kW 及以上大型水电机组铸锻件的制造能力，即 5 个上冠、5 个下环、75 个叶片、5 个水轮机轴、5 个发电机轴。

### 3. 火电产品

中国一重在生产亚临界电站铸锻件方面也积累了丰富的经验，在国内处于先进水平。在真空碳脱氧工艺和控制 P、S、Si 方面积累了大量的数据，在材料特性曲线测定、锻造工艺模拟、热处理工艺优化试验方面也积累了丰富的经验。

为适应大型铸锻件的制造，中国一重对以钢包精炼和大型喷淬设备为中心的热加工进行了技术改造，同时新增了 Φ2.8m×20m 井式电炉，并实行微机控制，整个炉内温差可达±1℃左右，使大型火电锻件合格率从 60%~70% 提高到 95% 左右。

中国一重研制成功超超临界机组高中压转子、超纯低压转子。特别是超超临界 12%Cr 高中压转子技术的攻克，属国际首创技术，不但提升了中国一重转子锻件的国际知名度，更为重要的是证明了我国转子锻造技术已达到国际先进水平。

### 4. 重型压力容器产品

中国一重通过炼钢、锻造、热处理工艺研究和技术攻关，把 21/4Cr-1Mo-1/4V 钢锻件应用到高温、高压、临氢设备上，又对 21/4Cr-1Mo-1/4V 钢锻件进行氢蚀试验；对 21/4Cr-1Mo-1/4V 钢锻件表面堆焊不锈钢后，进行了在高温、高压、临氢条件下的抗氢剥离性能试验，成功制造了世界上最大的 1 600t 加氢裂化反应器。

中国一重针对煤液化反应器使用的工况条件和所用的材料特点，对煤液化反应器锻件和焊缝金属的力学性能的均匀性、匹配性以及母材的不锈钢堆焊层抗氢剥离等抗环境性能等方面进行系统的试验研究，取得了重大突破，成功研制出世界上最大的 2 044t 煤液化反应器。

为打破超大型换热器制造技术的国外垄断，中国一重通过与哈尔滨工业大学、大连理工大学等科研机构的合作，完成了大型换热器管板堆焊焊接变形的数值模拟研究、物理实验等方面的工作，成功研制国内最大的万米管壳式换热器。

2010 年 8 月，交付中国石油四川彭州石化项目的 6 台锻焊结构石化容器，创造了国际同类产品交货最短周期。2011 年，高质量地按期完成了中石油燕山石化、大庆汽包等 79 套石化容器，充分展现了中国一重专业化的生产组织能力、科学的生产管理理念和高效率高质量的生产服务水平，不断刷新国际重型锻焊结构压力容器制造的单件产品制造周期和批量容器制造周期的纪录。

# 三、核电产品工艺技术情况

### 1. 焊接技术

焊接工作在整个反应堆压力容器制造过程中占有相当大的比例，也是直接影响产品质量的关键因素。

在反应堆压力容器制造方面，中国一重拥有大面积不锈钢带极埋弧堆焊和带极电渣堆焊、接管内壁不锈钢带极埋弧和电渣堆焊、小直径接管卧式和立式 TIG 自动堆焊、接管马鞍形曲面不锈钢热丝 TIG 自动堆焊、接管隔离层不锈钢热丝 TIG 堆焊、接管与安全端不锈钢埋弧焊接及接管与安全端不锈钢 TIG 焊接等不锈钢材料的多种焊接技术能力；拥有低合金钢窄间隙焊接，一体化接管与接管段单面内坡口马鞍型埋弧自动焊等低合金钢的焊接技术能力；拥有径向支承块焊接及变形控制、驱动机构管座贯穿件与法兰窄间隙坡口焊接、接管镍基隔离层热丝 TIG 堆焊、接管与安全端镍基材料窄间隙坡口焊接、J 坡口焊接及变形控制等镍基材料的焊接技术能力。

中国一重在既有的焊接工艺基础上，进一步优化方案，改进防变形措施，使得反应堆压力容器焊接具备了过程连续、焊接应力分布均匀、清根操作方便、制造周期短、焊接质量好等优点，焊接水平达到了国际先进水平。

### 2. 加工技术

作为国内首台拥有完全自主知识产权的百万千瓦核电关键设备——红沿河核电站 1 号机组核反应堆压力容器，其精加工精度的高低直接影响了该产品的最终质量。为了更好的完成此项任务，加工技术人员提前一年就开始准备加工方案，进行模拟试验，总结刀具性能和试验，开发出了筒体组件最终热处理后全部整体精加工、立式工位径向支承块整体精加工、大直径非标螺纹孔梳齿刀铣削加工、球形封头 J 型坡口空间曲面数控加工等数项关键技术。这些技术的开发与应用，有利的支持了中国一重大量的反应堆压力容器产品的制造，使得产品的加工水平达到了国际先进水平。

### 3. 无损检测技术

超声检测一般是指使超声波与工件相互作用，就反射、透射和散射的波进行研究，对工件进行宏观缺陷检测、几何特性测量、组织结构和力学性能变化的检测和表征，进而对其特定应用性进行评价的技术。在核工业领域，超声波检测主要应用在晶粒均匀的低合金钢焊缝宏观缺陷检测和材料厚度测量。

中国一重通过制作与产品焊缝材料、坡口形式、焊接参数、热处理工艺相同的检测对比试块；选择合适的大功率超声波探伤仪，研制晶片尺寸、频率、焦距匹配的专用探头等研发工作，最终解决了进出口接管—安全端焊缝等一系列超声检测难题。

## 四、能源装备质量管理工作情况

中国一重长期承担核级设备的产品制造，具有完整的核级设备生产质量保证体系，在每个项目的产品投产前，均根据各个核电项目的质量要求，编制核电项目质量保证大纲和质量计划以及配套的管理程序，明确规定了部门间的接口关系和责任人员的分工职责，并以文件的形式下发到公司各部门遵照执行。

针对2010年核电在制产品较多的情况，中国一重还特别对文件控制、采购控制、物项控制、工艺过程控制、检查和试验控制、不符合项的控制、纠正措施、记录及监查工作等进行了明确的规定，通过日常监督、定期监查、外部监查等多种形式，对制造过程中出现的问题进行及时纠正，并提出预防措施，以防止类似问题的重复出现。

针对核级设备制造周期长、技术含量高、控制环节多等特点，在工程实践中，为有效保证产品的质量，中国一重进行了多方面的探索，并总结出许多行之有效的经验，在产品预先控制、过程精细控制和产品防护控制、风险分析等方面形成了完善的制度，建成了有自己特色的质量保证体系，使核级设备的制造过程始终处于良好的受控状态。

通过采取各项预先控制措施，提前预防了生产过程中可能出现的错误；通过对生产过程中控制细节的明确，有效地防止了各环节可能出现的问题；通过制造风险分析的开展，避免了重大质量问题的发生，起到了预先控制、过程控制、降低风险的作用，收到了良好的质量保证效果。2011年，中国一重顺利通过了ASME联检组的换证检查和评审，并得到了ASME联检组的高度评价，核电产品质量保证体系再一次得到国际权威机构的认可。

## 五、发展大事记

### 2008年

全年共签订核岛设备主容器及各类锻件的供货合同15.6亿元，核反应堆压力容器的国内市场占有率达到80%以上。

8月1日，由中国一重承制的4台百万千瓦级核电反应堆压力容器供货合同在北京人民大会堂签约，这4台百万千瓦级核反应堆压力容器将分别用于中国核工业集团的方家山核电项目和福清核电项目。

9月25日，中国一重自行设计、制造的1 600t加氢裂化反应器制造成功，这标志着在工厂内整体制造的、目前世界上最大的锻焊结构热壁加氢裂化反应器在中国企业诞生。

12月20日，由上海核工程研究设计院设计、中国一重负责制造的巴基斯坦恰希玛核电站二期工程300MW反应堆压力容器制造完工。

12月25日，具有国际领先水平的我国现今最大的550t核电真空钢锭在中国一重一次浇注成功。

此外，中国一重先后锻造出具有世界领先水平的百万千瓦核电蒸发器锥形筒体、水室封头、上封头、管板、压力容器整体顶盖等一大批核电大锻件。

### 2009年

3月18日，由中宣部组织的人民日报社、新华社等多家中央媒体核电宣传报道组来中国一重采访三代核电AP1000关键设备国产化进展情况。

6月2日，我国首台国产化AP1000反应堆压力容器（三门核电2号机组）制造开工会在中国一重召开。

6月20日，中国一重成功浇注国内最大、具有国际先进水平的580t核电常规岛低压转子真空大钢锭。

8月7日，由中国原子能科学研究院和中国一重联合设计制造的、国际上第四代核能系统——国内首台实验快堆主设备反应器堆容器及堆内构件、旋转屏蔽塞设备的全部制造任务圆满完成。

8月17日，中国一重采用580t钢锭锻造的核电常规岛低压转子锻造成功。

9月23日，由中国一重自主设计、制造的换热面积最大的管壳式换热器——镇海循环气冷却器在中国一重大连核电石化事业部研制成功。

12月31日，秦山核电二期扩建工程4号600MW核反应堆压力容器（RPV）水压试验在中国一重一次成功。

中国一重开发研制的21/4Cr-1Mo-1/4V材料及加氢反应器荣获"国家机械工业科技进步一等奖"。

## 2010年

1月6日，中国一重的"国家能源重大装备材料研发中心"作为首批16家国家能源研发（实验）中心，获得国家能源局授牌。

2月9日，秦山核电二期扩建工程4号机组反应堆压力容器在中国一重竣工。秦山核电二期扩建工程是我国"十一五"期间开工的首个核电项目，其压力容器的制造完成对实现我国核电设备的国产化目标意义非凡。

3月30日，中国一重获CPR1000蒸发器关键件制造工艺评定证书。

4月29日，国内首台AP1000压力容器项目在中国一重开工。

6月28日，世界首台筒节成型轧机在中国一重成功生产出合格试验件。筒节成型机的成功应用将有效解决我国大型筒节批量化生产问题，可为我国重型压力容器装备等行业提供更高品质的大型筒节、筒体等关键基础部件，对我国工业行业具有重要的进步意义。

8月20日，由中国一重研发制造的国内首件二代加CPR1000水室封头制造完成。

12月1日，中国一重承制的我国首台拥有完全自主知识产权的百万千瓦级核电关键设备——辽宁红沿河核电站1号机组核反应堆压力容器水压试验圆满成功。

12月7日，中国一重成功浇注580t大钢锭，这支大钢锭是为咸宁核电项目——AP1000低压转子生产的。AP1000低压转子是AP1000核电常规岛中最关键设备之一，由于其材质纯净度高，世界上仅有极少数国家掌握该项冶炼技术，这支大钢锭的浇注成功，标志着我国在核电国产化研制道路上又迈出了重要一步。

12月18日，由中国一重承制的我国首台完全自主化红沿河核电站1号机组核反应堆压力容器经检测各项技术指标全部满足要求，标志着我国百万千瓦级核岛主设备的制造经过独立研发、自主创新，已具备了提供成套装备的能力，从而扭转了我国核电重大技术装备所需关键设备和大型铸锻件受制于人的局面。

中国一重研制成果——超大型加氢反应器自主创新及工程应用荣获"国家科技进步二等奖"。

## 2011年

1月30日，中国一重承制的福清1号机组百万千瓦核反应堆压力容器水压试验圆满成功。

3月12日，中国一重研制成功的世界首个AP1000核电站稳压器下封头发往用户。

8月11日，中国一重承制的中广核阳江1号机组核反应堆压力容器水压试验圆满完成。再次印证了中国一重已具备了成熟的百万千瓦级核反应堆压力容器制造技术，具备了为我国核电建设标准化、批量化、规模化发展提供成套装备的能力。

9月30日，方家山1号机组核反应堆压力容器水压试验一次成功。

11月19日，国内首台CPR1000主泵泵壳在中国一重打压成功。该泵壳是国内首台CPR1000堆型的锻造主泵泵壳，其成功制造填补了我国核电制造业的空白。

12月30日，福清2号机组核反应堆压力容器在中国一重水压试验成功，这是继福清1号、方家山1号、阳江1号、阳江2号水压试验成功后，年内第五台核反应堆压力容器水压试验成功。由此，中国一重一举实现了年产5台核反应堆压力容器的目标，创造了国内核反应堆压力容器制造的最高纪录，标志着中国一重自主化、专业化、批量化制造核电装备取得重大突破，在核电装备国产化道路上迈出了坚实的步伐。

# 我国煤矿机械装备的"国家队"

## ——中国煤矿机械装备有限责任公司

## 一、公司简介

中国煤矿机械装备有限责任公司（以下简称"中煤装备公司"，英文名称 China National Coal Mining Equipment Co., Ltd；CME），为中煤能源集团有限公司（以下简称"中煤集团"）五大主业之一，是国内第一家百亿级煤机制造企业，也是唯一一家进入中国机械百强的煤机企业。

中煤装备公司在国内煤机行业中，第一家形成了以采煤机、刮板运输机、掘进机和液压支架为代表的"三机一架"成套研制能力，第一家具备了用国产设备装备千万吨煤炭生产工作面的能力，收购了世界品牌英国帕森斯矿用链条公司，产品远销美国、俄罗斯、印度、越南、澳大利亚等国家。现拥有全资、控股、参股企业及分公司 18 家，在岗职工 1.3 万人，为市场提供 20 余个技术品种、82 个技术系列、1 300 多个规格产品。

近年来，中煤装备公司通过多层次的技术改造，进一步提高了企业的产能水平；以精细化和全面质量标准化为主线的管理模式，使企业的现代化管理水平得到进一步改善；加强人才队伍建设和管理，大力实施"人才强企"战略，使企业的持续发展得到保证，先后荣获"全国企业文化建设优秀单位"、"全国五一劳动奖状"、"全国安康杯竞赛优胜企业"、"全国煤炭工业科技创新先进企业"等荣誉称号。

## 二、企业历史沿革和发展壮大

中煤装备公司前身是 1988 年 7 月在原国家煤炭工业部机械制造局基础上改制成立的中国煤矿工程机械装备集团公司，当时所辖全国煤矿机械行业 100 多个骨干煤机厂，这些煤矿机械制造企业都是中国煤机行业的中坚和骨干，为中国煤机行业的发展作出了重大贡献。

1999 年 5 月，经国家经贸委批复政企分开方案，中国煤矿工程机械装备集团公司与国家煤炭工业部脱钩，并入中国煤炭工业进出口集团公司（现"中煤集团"）。所属企业除北京煤机厂等少数企业外，其他绝大多数煤机厂均下放地方管理。

2004 年 10 月 18 日，中煤集团重组中煤装备公司。张家口煤矿机械有限公司、北京煤矿机械厂、中国煤炭海外开发公司划归中煤装备公司管理，中煤设备成套总公司的股权划归中煤装备公司管理。

2007 年，中煤装备公司所属中煤张家口煤矿机械有限责任公司成功购买英国帕森斯公司，掌握了世界最先进的超强度矿用链制造技术，形成了"中国帕森斯"品牌。2007 年 3 月 26 日，中煤装备公司与辽宁煤炭实业集团有限责任公司合作成立抚顺煤矿电机制造有限责任公司。2007 年 12 月 20 日，中煤装备公司与冀中能源机械装备有限公司合作成立石家庄煤矿机械有限责任公司。

2008 年 8 月 19 日，中煤装备公司与陕西煤业化工集团有限责任公司合作成立西安煤矿机械有限公司。

2010 年 12 月，中煤装备公司与荣信电力电子股份有限公司合资成立中煤科创节能技术有限公司，进入矿用节能设备领域。

2011 年 1 月，中煤装备公司与贵州盘江投资控股（集团）有限公司合资成立中煤盘江重工有限公司。2011 年 8 月，中煤装备公司与中煤集团金海洋能源集团公司合资成立中煤金海洋装备维修有限公司。

2012 年 11 月 28 日，中煤装备公司设立了北京中煤设备租赁有限责任公司，正式进军设备租赁行业。

## 三、经营业绩

中煤装备公司以煤机装备生产制造、煤机国内外贸易、煤机维修租赁服务三大业务板块为主，始终坚持以煤炭工业为主要服务对象，以井下工作面采掘设备综合配套及租赁服务为发展方向，坚持技术创新和管理创新，着力调整完善企业资本结构，近年来实现了跨越式发展。企业主要经济指标大幅度提高，多项指标连创历史新高。

### 1. 综合实力大幅提升

中煤装备公司是煤机行业历年来唯一一个入围中国机械百强的煤矿装备制造企业，2012 年由中国机械工业协会测评的《中国机械 500 强》，中煤装备公司荣列第 92 位；同时荣列《中国机械 500 大》第 112 名，在全国煤机行业中继续居于首位。

### 2. 经营指标不断攀升

从 2004 年企业重组到 2012 年，中煤装备公司飞速发展，截至 2012 年底，中煤装备公司实现工业总产值 85 亿元，比 2004 年增加了 71.7 亿元，增长了 5.4 倍；产品产量达到 40.9 万 t，比 2004 年增加了 28.9 万 t，增长了 2.4 倍；销售收入大幅增长，2012 年实现销售收入 109.25 亿元，比 2004 年增加了 92.55 亿元，增长了 5.54 倍；2012 年实现利润 6.92 亿元，比 2004 年增加了 16.74 倍。

### 3. 资产规模稳步扩张

2004 年，中煤装备公司重组时总资产 21 亿元，在中煤集团公司的大力支持和公司自身努力下，2012 年，总资产增长到 186.29 亿元，比 2004 年重组时增加了 165.29 亿元，增长了 7.87 倍。

### 4. 市场占有率

为适应我国 13 个煤炭大基地大集团规模化现代化矿井建设和地方矿重组改造的需要，中煤装备公司不断优化完善产品市场结构，加大力度巩固和开发神华、中煤、陕煤、同煤、兖煤、晋城、淮南、冀中能源等重点矿区高端产品市场，全力支持山西、陕西、内蒙古、贵州等地方矿的改造。2011 年刮板输送机市场占有率达 23% 以上，高端产品达 70% 以上，居国内第一位；采煤机产品市场占有率达到 22%；液压支架高端产品市场占有率达 20% 以上。

## 四、科技创新

中煤装备公司拥有行业领先的科技研发体系。从 2004 年重组开始，中煤装备公司通过不断整合、提高、完善，到目前公司已形成由 1 个国家认定技术中心、全国唯一 1 个国家能源研发（实验）中心、1 个国家认可实验室、2 个博士后科研工作站、4 个省市级技术中心、2 个省级工程研究中心和 6 个企业技术中心为主体组成的科技创新体系，拥有各类专业研发机构 86 个，2 600 余名专业技术人员组成强大的研发队伍，他们崇尚"倾注毕生心血，付出顽强力量，引领时代前行"的坚定信念，夜以继日，努力奉献，为煤机装备业技术水平提升付出了辛勤汗水，研发出一台台、一套套具有时代意义的里程碑式产品，形成科研成果和专有技术近千项，包括 3 大类国际一流技术、9 大类国际或国内先进技术，23 台套产品实现中国首台首套。拥有完善的设计、研发手段，CAD、PROE 三维实体设计，ANSYS 等有限元分析软件已广泛应用于产品研发。

科技创新成果丰硕。通过加强技术研发，加大专利开发力度，解决了制约煤机行业发展的一批技术难题，推进了煤矿重大装备国产化，取得了一批重要科技成果。截至2012年，已累计申请受理、授权专利600余项，其中170余项为发明专利。中煤装备公司承担了"国家煤机装备'十二五'发展规划研究课题"和"国家煤炭工业重大技术装备政策研究"，承担了国家高技术研究发展计划（863）项目、国家重大科技支撑计划项目等480项重点项目，获得包括国家科技进步二等奖、国家技术发明二等奖、省部级科技进步一等奖等120余项国家、省部级科技奖。在全国煤炭工业第七次科学技术大会上，中煤装备公司获得"全国煤炭工业科技创新先进企业"荣誉称号。

新产品开发秉承"系统思考、整体推进、主客观最佳结合"的工程哲学，以"成套化"引领行业发展。为陕西煤业化工集团有限责任公司张家峁矿业有限公司提供的6.3m大采高工作面综采全套装备，MG900/2210-GWD型采煤机，ZY12000/28/63D型液压支架以及SGZ1250/3000型刮板输送机已成为国内自主研发的工作面装机功率最大的国产大采高工作面综采成套设备，填补了多项煤机装备高端产品空白；为中国神华金烽煤炭分公司昌汉沟矿提供的综采装备中，ZY8000/12/24型液压支架和SGZ1000/3×855型刮板输送机，2008年创出日产4.62万t、月产100.8万t的一次采全高最高采煤纪录；为中煤平朔公司井工矿提供的综放装备中，ZF10000/23/37型液压支架和SGZ1000/2×1000、SGZ1200/2×1000型前、后部刮板输送机，创出日产7.5万t、月产130万t的世界最高纪录；为平朔公司300m工作面研发的ZFY12000/23/40D两柱放顶煤电液控制液压支架和SGZ2×1200kW工作面后部输送机已成为放顶煤开采世界第一装备，屡屡创出放顶煤开采的世界纪录。

薄煤层自动化无人工作面成套装备的研制成功，为我国薄煤层安全高效开采提供了优异解决方案。中煤装备公司率先在国内研制出了具有自主知识产权的薄煤层自动化强力刨煤机成套设备，成功解决了"高强度的强力刨头设计制造技术"、"刨煤机的防啃、防飘和水平控制技术"、"高强度牵引刨链的设计制造技术"、"刨煤机的自动控制技术"、"具有调斜作用的液压支架定向定量推移技术"等技术难题，填补了国内在薄煤层自动化无人开采设备领域的空白，打破了国外企业对薄煤层全自动化刨煤机的垄断，提升了民族产业实力。薄煤层滚筒采煤机成套设备，已在"采煤机的定位和工况监测技术"、"采煤机的记忆截割技术"等关键技术方面取得了突破。具有采煤机记忆截割、液压支架的电液控制和自动跟机、成套设备的实时工况监测、远程控制以及"三机"联动等功能，有力地提高了我国薄煤层滚筒采煤机的自动化开采水平。

## 五、产品对外出口

2005年，中煤装备公司出口俄罗斯南库兹巴斯煤炭公司整套放顶煤设备和技术，本项目是中国煤矿机械首次工艺和设备同时出口，是成套设备出口最复杂、规模最大的一次；出口越南ZZ3200/16/26型液压支架。

2006年，中煤装备公司出口印度东南煤炭公司（SECL）短长壁成套设备，该项目是印度东南煤炭公司（SECL）的实验项目，2007年底正式投产，日产量保持在1 200t以上。

2009年，中煤装备公司与越南煤炭进出口公司签署了出口成套干式选煤设备的合同。

2011年，中煤装备公司成功中标辛格南尼煤炭公司阿迪亚拉煤矿皮带运输系统项目，该皮带运输系统将与国际最高水平的设备配套，实现高产、高效开采。

2012年，中煤装备公司出口澳大利亚Y165型液压支架以及推移杆备件等；4月出口孟加拉ZF5000/16/32型液压支架和过渡架；8月出口土耳其输送机设备2套；4月和9月，分别向越南和北非出口全液压掘进钻车和随车起重机；12月出口孟加拉输送机设备1套，出口阿根廷、韩国等非煤专链条产品。

2013年1月10日，中煤装备公司与印度东部煤炭公司就江基拉煤矿R-VI（6）煤层长臂成套设备供应及承包生产服务项目签署了有关协议，标志着迄今我国煤机装备最大的海外项目订单正式落户中煤装备公司。

# 六、企业荣誉

2005 年中国机械 500 强第 238 位，位列中国煤机企业第 1 位；2006 年中国机械 500 强第 192 位，位列中国煤机企业第 1 位；2007 年中国机械 500 强第 155 位，位列中国煤机企业第 1 位；2008 年中国机械 500 强第 146 位，位列中国煤机企业第 1 位；2009 年中国机械 500 强第 127 位，位列中国煤机企业第 1 位；2010 年中国机械 500 强第 96 位，位列中国煤机企业第 1 位；2011 年中国机械 500 强第 93 位，位列中国煤机企业第 1 位；2012 年中国机械 500 强第 92 位，位列中国煤机企业第 1 位。

# 七、企业"十二五"发展思路

## 1. 总体发展目标

以"四轮驱动、三业并举、全面升级"为总的指导思想，实施四大战略（科技创新战略、国际化经营战略、人才强企战略、和谐发展战略），突出六大重点（技术领先、基地建设、市场营销、管理升级、人才支撑、安全保障），建设十大现代化工业园（鄂尔多斯、榆林、新疆、盘江、张煤机、北煤机、西安煤机、石煤机、抚顺电机、邯煤机），实现维修服务多点布局，三类产业（优势产业、服务产业、新型产业）集成化、信息化、成套化发展，经营管理模式由单一管控向柔性化、科学化激励约束机制转变，到"十二五"末期，实现总量指标比 2010 年翻一番。

## 2. 产业发展目标

（1）优势产业（采、掘、运、支架、电机）。加大成套化、自动化、高可靠性建设力度，巩固和扩大目前以"三机一架"及电机电控为核心产品的"国内第一"领先优势，形成持续创新能力，使主导产品在国际竞争中处于优势地位，树立煤机装备"中国品牌"，发挥行业领军作用，促进产业优化升级。

（2）服务产业（产品集成营销服务、承包运营、维修、租赁、技术服务）创新经营模式，提升服务功能，培育新的经济增长亮点，使服务业成为与煤机制造并驾齐驱的支撑产业，促进产品结构调整，引领行业发展方式转变。

（3）新型产业（洗选、掘锚联合机组、辅助运输、节能电子、压力容器、露天设备）依托重点基地项目建设，完善产业链条，扩大市场覆盖，做强做精做大"煤机板块"，为中煤能源集团公司建设具有国际竞争力的大型能源集团多作贡献。

# 为人类奉献白云蓝天 给未来创造更多资源
## ——新疆金风科技股份有限公司

新疆金风科技股份有限公司（以下简称"金风"）的发展历程是我国现代风电产业发展的一个缩影，它所迈出的每一步，也是我国风电产业在前进过程中所要迈出的每一步。金风在与我国风电产业经历与克服共同困难的同时，也经历了国家改革开放与产业扶持政策所带来的各种发展机遇。

从参与风电的试验与示范到引进外国政府优惠贷款建设风电场；从引进百千瓦级风电机组、跟踪世界风电先进技术到自主研发兆瓦级风电机组并实现产业化；从一个仅几十人的科研项目攻关组发展成为我国风电行业的龙头企业；从发展国内市场逐步进入海外市场，走向国际化，金风的每一步都是传奇，30年的发展，我们且听"风"吟。

## 一、1986~1996 年：探索与拼搏

20 世纪 70 年代末到 80 年代中期是我国风电试验探索阶段，风力发电试验在一些地区逐渐兴起，犹如阵阵春风催生了绿色能源的亮光。期间，浙江、福建、北京八达岭等地相继建立了风电试验站，进行了风力发电的试验与示范，金风的前身新疆风能研究所也参与到这一行列，使金风与全国风电人并肩踏上了风电之路。

1986~1997 年，是我国风力发电示范应用阶段，风电技术的应用，开始改变人们的观念和生活。期间，"风能开发利用"被列入国家"七五"科技攻关计划；原国家科委、国家计委和国家经贸委共同制定发布了《中国新能源和可再生能源发展纲要（1996~2010 年）》；原电力工业部制定下发了《风力发电厂并网运行管理规定（试行）》；原国家经贸委实施了"双加工程"。这一系列政策的发布以及项目的实施，对这一阶段风电发展产生了积极的助推作用，从而促进了风电发展由示范应用向规模化、产业化发展阶段的转变。

1988 年，金风前身新疆风能公司应时而生，正式登上我国风电发展的历史舞台。

1989 年，新疆风能公司抓住机遇，利用丹麦政府贷（赠）款，建成了达坂城风电一场，13 台150kW 与 1 台 100kW 风电机组正式建成投运，成为当时国内及亚洲最大的风电场，也是我国第一个工业化规模运作的风电场并成功运营至今。

1990~1995 年，由于体制不顺、政策未明，风电上网价格仅定为 0.057 元/kW·h，企业陷入连年亏损的困境。然而，金风人顽强拼搏，在党的十四大精神指引下，解放思想，更新观念，向适应市场经济要求转变，初步解决了在困境中求生存的问题，步入较快发展阶段。1994 年 2 月，在风能公司持续申请与反映下，自治区物价局核算批复风电上网电价执行 0.18 元/kW·h 的新价格。

1996 年，中德会商确定新疆"黄金计划"，新增 JACOBS 500kW 风电机组 3 台、AN BONUS 450kW 风电机组 3 台、TACKE 600kW 风电机组 2 台。为大型风电机组国产化研制提供了技术条件。

这一个 10 年是金风为生存发展坚持拼搏的 10 年，企业经受住了艰苦卓绝的历练，见证了多种经营走出困境和抓住机遇再次扩建发展的豪情。

## 二、1997~2006年：崛起与腾飞

1997~2006年，我国风力发电规模化建设已成气候，政府组织实施了"乘风计划"、"双加工程"、国债项目、风电特许权项目、技术研究与开发以及产业化支持项目等，加快了这一时段风电规模化建设的步伐。2005年，《可再生能源法》及其各项配套政策的颁布实施，使风电风生水起，造就了风电产业井喷式发展的大好局面，经过连续4年的翻番，装机容量跃居世界第一。金风与其他风电设备制造厂家一起沐浴了政策阳光，获得了前所未有的发展机遇。

1997年，金风前身新疆新风科工贸有限责任公司组建成立，从德国JACOBS能源公司以技贸结合方式引进600kW大型风机制造技术，同时600kW国产化机组研制正式开始。风电上网电价由0.18元/kW·h调整为0.48元/kW·h。

1998年起，600kW风电机组国产化攻关项目先后被列为国家"九五"科技攻关项目、水利部引进国外先进技术"948"计划项目、国家"火炬"计划项目、"乘风"计划项目、自治区重点技术改造项目。2010年，第十台研制机组投运，并在一台机组上使用了国产叶片，使研制机组国产化率最高达到96%。

2001年，新疆金风科技股份有限公司成立，承担了国家"863"计划项目——兆瓦级失速型风电机组及其关键部件研制、"十五"科技攻关项目——750kW风力发电机组的研制。600kW国产化风力发电机组研制项目荣获"九五"国家重点科技攻关计划优秀科技成果奖、新疆自治区科技进步一等奖。同年，金风被认定为高新技术企业。

2003年，金风"600kW国产化风力发电机组研制"项目荣获国务院"国家科学技术进步二等奖"、科技部"优秀'火炬'计划项目"；金风生产业绩与效益高速增长，成为我国风机设备制造领军企业，"863"计划研发项目从研制主动失速型风机转为永磁直驱型风机。

2004年，金风中标广东惠来风电特许权项目10万kW定单，在后续各期特许权项目中，金风继续中标获得订单，保持了销售业绩迅速扩大，巩固了市场领先位置。金风750kW机组也正式投放市场。金风通过科技部动态竞争考核，承担"863"计划——兆瓦级风力发电机组研究开发与工程应用课题，研制1.2MW直驱永磁机组。

2005年，金风研制的第一台直驱永磁1.2MW风电机组在达坂城风电场投入运行，并完成了样机功率曲线测试及认证，标志着国产风电机组级换代的开始。同年，经科技部批准，以金风为依托组建成立"国家风力发电工程技术研究中心"。

2006年，时任中共中央总书记、国家主席、中央军委主席胡锦涛视察金风。2月，北京金风科创风电设备有限公司正式注册成立并开始基地建设。金风750kW风力发电机组荣获科技部"国家重点新产品"，金风科技董事长武钢荣获"2006年度全球风能荣誉奖"。

这一个10年，是金风飞速发展的10年，在政策的阳光下，金风人抓住机遇，迎接挑战，创造了一个又一个辉煌，实现了在我国风电领域的崛起与腾飞。

## 三、2007~2010年：跨越与转变

这一阶段，我国风力发电快速推进之势恰似风起云涌，装机容量年均增长率达153.35%，2008年累计装机达到1 221万kW，提前两年实现了风电装机1 000万kW的目标，预示风电成为我国第三大主力发电电源。2006年起，国家先后发布了《促进风电产业发展实施意见》、《可再生能源中长期发展规划》、《可再生能源发展"十一五"规划》，下发《关于调整大功率风力发电机组及其关键零部件、原材料进口税收政策的通知》，公布了《风力发电设备产业化专项资金管理暂行办法》等等。在这些风电政策的支持下，我国风电发展步入快车道。

在优势的政策与行业大背景下，金风御风起舞，实现了跨越与转变。

2007年3月，金风首批1.5MW风电机组在达坂城投入运行。11月，金风与中海油合作的我国第一台海上1.5MW直驱风电机组在渤海湾投运并完成满功率实验。12月，金风在深交所实现A股上市，募集资金约18亿元，是金风史上至关重要的命运转折。同年，时任国务院总理温家宝视察金风，提出深切期望："金风科技要为中国成为世界风机制造大国作出更大的贡献。"

2008年，金风成功收购德国Vensys能源有限公司，实现德国技术与中国制造的完美结合，彻底解决了公司产品自主知识产权问题。同年，33台金风1.5MW风机在北京官厅风电场并网发电，为"绿色奥运"作出了杰出贡献；6台750kW（60Hz）金风机组出口古巴，打破了国外市场零销售。金风被国家发改委授予"国家高技术产业化十年成就奖"，1.5MW直驱式变速恒频风力发电机组荣获科技部"国家重点新产品"。

2009年，时任中共中央总书记、国家主席、中央军委主席胡锦涛再次视察金风，勉励金风"要在世界风电设备市场上占据一席之地"。6月，时任中共中央政治局常委、中央书记处书记、国家副主席习近平视察金风。本年度金风积极推进品牌国际化战略，拓展海外市场取得进展：金风77型1 500kW风电机组出口美国，子公司Vensys energy AG实现了1.5MW机组在欧洲的销售，金风还中标埃塞俄比亚5万kW风电项目，在美国、澳大利亚设立全资子公司，业务上实现了投资发展、制造业、服务业三位一体。金风荣幸成为国家发改委、科技部、财政部、海关总署、税务总局联合认定的"国家级企业技术中心"，荣获科技部"国家级创新型企业"，1.5MW直驱永磁式变速恒频风电机组荣获科技部"国家自主创新产品"、国家能源局"2009年国家能源局科技进步奖二等奖"、"新疆维吾尔自治区优秀新产品一等奖"。

2010年，金风实现销售收入180亿元，金风投运机组质量稳定，可利用率保持在98%以上。10月，金风H股成功上市。时任中共中央政治局常委贾庆林、李长春先后莅临公司视察并作出重要指

示。金风2.5MW直驱永磁风力发电机组荣获科技部"国家重点新产品"。

这一时段，金风进入了跨越式高速发展的新阶段，在经营管理、产品技术等诸多方面完成了重大突破，使公司发生了实质性的转变，可谓金风的第二次创业。

## 四、2011年至今：坚持与憧憬

自2011年开始，风电行业发展"瓶颈"逐步显现，并网消纳困难、弃风限电严重、质量事故频发等制约了我国风电行业的发展，产业进入调整转型期，国家开始宏观控制风电发展节奏。2012年，这一态势仍在延续，产业调整仍在继续，竞争加剧、市场萎缩、业绩下滑是国内所有风机制造商共同的困扰。面对挑战，金风始终以积极态度应对，坚持以产品品质作为企业发展的生命线，加大研发投入、狠抓质量管理、加强成本控制、促进整体解决能力的提升、开拓国际市场、推行精细化管理，不断提升自身综合竞争实力，保持技术及市场领先位置。

2011年，时任中共中央政治局常委吴邦国视察金风。9月，国内风电设备制造行业首家企业大学——"金风大学"成立。金风全球化业务布局日趋成熟，金风品牌成功覆盖北美、南美、大洋洲、欧洲和非洲等市场。金风承担科技部"十二五"、"863"计划项目——低温、高原、低风速机组关键技术研究。金风入选美国麻省理工学院《技术评论》杂志评选出的"2011年度全球最具创新力企业50强"，并获得风电行业唯一"全国质量工作先进单位"称号，"2.5MW直驱永磁风力发电机组产业化"项目荣获北京市"火炬"计划、北京市科学技术奖。同年，金风的市场排名超越华锐，在国内登顶。

2012年，金风风力发电机组国内新增装机容量为2 521.5MW，获得累计装机与新增装机双冠。金风可再生能源智能微网示范工程（2.5MW机组）项目正式投运。2月，金风二度入选美国麻省理工学院《技术评论》杂志评选出的"2012年度全球最具

创新力企业 50 强"。3 月，荣获"非洲能源奖"，表彰金风在埃塞俄比亚 Adama 风电场项目提供的技术先进的直驱永磁风电机组和系统的技术解决方案，以及该项目对非洲可再生能源发展起到的示范作用。12 月，金风首次成功入选知识产权媒体集团旗下世界知名行业杂志——《知识产权资产管理》（IAM）授予的"中国知识产权倡导者"称号，金风是风电领域唯一一家获此殊荣的风电设备研发和制造企业。此外，金风还荣获"国家电网公司科学技术进步奖"、"国家能源科技进步奖一等奖"等。

金风人秉承"求实、创新、拼搏、奉献"的企业精神，坚持坚守，在业态低迷期间，依然取得了骄人的成绩。

与此同时，一系列关于风电技术、并网消纳、项目审批、风电补贴等配套的产业政策集中出台，风电政策体系日趋完善，必将促进行业优化与整合。2012 年，国家相继发布了《风力发电科技发展"十二五"专项规划》、《可再生能源发展"十二五"规划》及《风电发展"十二五"规划》，进一步明确了我国"十二五"期间风电开发目标，并提出发展思路：按照集中与分散开发并重的原则，继续推进风电的规模化发展，建立适应风电发展的电力调度和运行机制，增强风电装备制造产业的创新能力和国际竞争力，完善风电标准及产业服务体系，使风电获得越来越大的发展空间，也给金风人带来了无限的美好憧憬。

回首 30 年的风雨历程，感受 30 年的奋斗积淀，我们有足够的理由相信，下一个 30 年的金风，必将是"世界的金风"。

"为人类奉献白云蓝天，给未来留下更多资源"，下一个 30 年，我们与"风"同行。

# 和用户创造共赢　和员工创造幸福

## ——上海电气集团上海电机厂有限公司

上海电气集团上海电机厂有限公司（以下简称"上电"）是一家具有现代化生产规模的综合性电机及驱动成套制造商，隶属于上海电气集团股份有限公司上海电气电站集团。公司位于上海黄浦江上游的闵行工业基地，占地面积 80 万 m²，成立于 1949 年 12 月 1 日。上电主要产品有大中型交流电机、直流电机、风力发电机、汽轮发电机等。产品广泛用于火电、核电、风电、冶金、石化、水利、市政、矿山、水泥等各行各业。

上电是上海市高新技术企业，上海市文明单位。1995 年起，连续 17 年荣获上海名牌产品 100 强；1996 年，荣获全国"五一"劳动奖状；1999 年，荣获特级安全级企业单位；2003 年起，连续 10 届荣获全国机械工业 500 强企业；2005 年起，连续 8 年获得防爆电气产品全国工业产品生产许可证；2006 年，荣获全国机械工业现代化管理企业；2008 年，荣获上海市质量金奖、全国绿化模范单位；2009 年，荣获国家出口免验企业、中华人民共和国民用核安全设备设计许可证和制造许可证；2011 年，获全国机械行业文明单位、全国机械工业质量管理奖。上电不断加强企业管理，推行全面质量管理、精细管理、信息化管理、5S 管理等现代化管理技术，并成为全国电机制造企业中"质量"（ISO9001:2008）、"环境"（ISO14001:2004）、"安全"（GB/T28001-2001）三项管理体系证书俱全的企业。

从 20 世纪 50 年代起，上电就成为全国电机制造业的重点骨干企业。1954 年，制造成功我国第一台 6 000kW 汽轮发电机，结束了中国不能制造汽轮发电机的历史。1958 年，研制成功世界第一台 1.2 万 kW 双水内冷汽轮发电机。随后，上电又连续研制成功 2.5 万 kW、5 万 kW、10 万 kW、12.5 万 kW、30 万 kW 双水内冷汽轮发电机，为国家建设作出了重要贡献。为此，在建厂 60 周年之际，江泽民同志亲笔为上电题写了"解放思想，发扬双水内冷电机的首创精神"的贺词，并在题词的附信中嘱托上电党政主要领导继续发扬"首创"精神，把上海电机厂搞得更好。

改革开放后，上电发扬积极走向市场的"扁担电机"精神，自我加压，争分夺秒，全心全意为用户服务，在中央的指导下，为全国国有企业顺利度过从计划经济向市场经济转化的艰难历程提供了宝贵经验。1983 年元旦，时任国务院副总理万里同志在《经济日报》创刊号上发表创刊词"赞'扁担电机'精神"。这是根据上电冒着一旦延迟交货会遭到农民用扁担砸厂的风险，为南方糖厂及时提供优质电机设备的事迹总结而成。万里同志高度赞扬了上电争分夺秒、全心全意用优质产品为用户服务的精神，并把这种精神誉之为"扁担电机"精神。

上电为新中国建设和国家经济发展创建了辉煌的业绩，不断得到中央领导同志的关怀和指导。毛泽东、刘少奇、朱德、陈云、邓小平、江泽民等许多党和国家领导人都视察过上电。亲切的关怀，巨大的鼓舞，使一代又一代的上电人奋发图强，涌现了以闻名中外的学科权威孟庆元、姚诵尧和中科院院士汪耕、丁舜年等为代表的一大批掌握尖端技术的科技专家以及以孟庆元、朱恒、徐德荣等为代表的全国著名劳动模范，为振兴我国装备制造业作出了杰出的贡献。

近年来，上电紧紧抓住市场机遇，不断提升核心竞争力，提升企业生产规模，实现了跨越式发展。上电制造的大中型交直流电机占全国电机行业市场份额的1/3。无论是生产经营规模还是市场占有率及综合经济效益等均名列全国同行业前茅。

上电聚焦国家战略，紧密集合用户需求，重点发展"特大、特重、特专"的电机产品，加快科技创新，采用引进技术和自主创新相结合，以自主创新为主的科学方法，完成引进 TM21 系列技术，加大对新能源、清洁能源及防爆变频电机等高效、环保产品的研发和应用，开发制造一系列全国最大单机容量以及应用于国家高端装备领域的电机新产品。研制成功了为"西气东输"项目提供的 20MW 级超高速防爆变频调速电动机、国产首台核电站 1E 级应急柴油发电机、国内最大功率 17MW 正压型防爆异步电动机、国内首台 3.6MW 双馈海上风力发电机、国产首台输油管线 2MW 2P 自润滑防爆电机、国内首台最大容量的无刷励磁 36MW 同步电动机、陕西延长 LNG 项目 7.3MW 正压型防爆电动机、出口乌兹别克斯坦 12.5MW 超大型立式同步电动机、阳江核电常规岛启动给水泵电机等。核电站 1E 级应急柴油发电机荣获 "2011 中国国际工业博览会银奖"。上电为宝钢集团、鞍钢集团等提供的轧钢电机，为香港人民送去生命水的"东深"工程、"南水北调"工程、国家百万千瓦级电站用辅传动电动机等产品都受到用户好评，多次被誉为"优秀供货商"、"鲁班奖"和"新中国成立 60 周年百项经典暨精品工程"。

上电秉承"和用户创造共赢，和员工创造幸福"的价值理念，在加速转型、又好又快地建设世界级企业的发展中，将一如既往地与新老客户竭诚合作，共创共赢。以一流的产品、一流的技术、一流的管理和一流的服务为目标，全心全意为国内外客户提供优质产品和诚信服务。

# 自主创新　成就客户

## ——北京广利核系统工程有限公司

北京广利核系统工程有限公司（以下简称"广利核公司"）是中广核工程有限公司与北京和利时系统工程有限公司共同出资成立（中广核工程有限公司控股）的从事核电数字化仪控系统设计、制造和工程服务的专业化企业，面向核电站提供端到端、全生命周期的数字化仪控系统（DCS）解决方案。

自 1993 年进入核电领域以来，广利核公司已经在超过 120 个核电数字化仪控系统项目中取得成功。公司自主生产的数字化仪控系统平台在国内各代堆型、各种技术路线的核电仪控系统中得到广泛应用，业绩涵盖国内所有在役和大部分新建核电站。

## 一、立足自主创新

2009 年，"国家能源核电站数字化仪控系统研发中心"落户广利核公司，这是我国核电行业首个针对数字化仪控领域设置的国家级研发中心。

公司参与国家"863"项目的科技攻关，攻克了数字化仪控系统平台研发的多项关键技术，在核安全级数字化控制保护系统原理样机研制、DCS 产品企业标准编制、核安全级软件验证与确认（V&V）体系认证等方面填补了国内空白。

2010 年 10 月，广利核公司发布了我国首个具有自主知识产权的核安全级数字化控制平台研制成果 FirmSys，标志着我国在核电站"神经中枢"——核电数字化仪控系统领域的研发取得重大突破性进展。

目前，公司已经掌握了百万千瓦级核电机组的数字化仪控技术，成为国际上少数几个具备核电站全厂数字化仪控系统（包括安全级在内）供货能力的供应商之一。

## 二、立足国产化

在我国拥有自主知识产权的百万千瓦级核电机组中，广利核公司承担十几台机组的数字化仪控系统供货，到阳江 5、6 号机组，公司将实现核电仪控系统（安全级和非安全级）的 100%国产化。另外，石岛湾高温气冷堆核电站全厂仪控系统一体化供货项目的签署，开创了国内仪控企业承担核电站全厂仪控系统 100%自主供货之先河。

## 三、主要项目业绩

### 1. 广东大亚湾核电站 1、2 号机组集中数据处理系统（KIT）与安全监督盘系统（KPS）改造

大亚湾核电站（2×984MW）KIT/KPS 系统改造项目是目前国内在役核电机组最大规模的数字化仪控系统改造项目，该项目通过了国家能源局组织的专家鉴定，获得 2009 年国家能源科学技术进步三等奖。

大亚湾核电站原 KIT/KPS 系统运行均已超过 10 年，技术落后、元器件老化，备件采购困难，已经影响到系统的安全稳定运行。该项目改造难度大，其过程包括需求设计、系统建造、系统调试、

工程验证、场地施工、现场鉴定、系统维护等诸多方面，改造后系统规模约 7 000 多个物理点、2 000 多个报警卡、1 000 多个工艺画面。每台机组从原设备电缆拆除到新系统试运行总共只花了 16 天时间。截至 2012 年底，升级改造的两套系统已经安全稳定运行 7 个堆年。

## 2. 14 台 CPR1000 百万千瓦级核电机组数字化仪控系统（DCS）

广利核公司承担着 14 台 CPR1000 百万千瓦核电机组的 DCS 供货，包括辽宁红沿河核电站 1~4 号机组、福建宁德核电站 1~4 号机组、广东阳江核电站 1~4 号机组、广西防城港核电站 1~2 号机组。

同时开工 14 台百万千瓦级核电机组 DCS 系统是公司管理、研发、工程综合实力的体现，目前各个核电机组已经陆续开工建设，其中非安全级 DCS 已经实现 100%国产化。安全级 DCS 国产化率不断提高，到阳江 5、6 号机组将实现 100%国产化。

## 3. 华能石岛湾高温气冷堆示范工程全厂一体化 DCS 项目

高温气冷堆是一种新型的、具有良好安全特性的先进核反应堆，是国际核能领域四代备选堆型之一。作为国家科技重大专项之一的华能石岛湾高温气冷堆示范工程，全厂一体化的安全级 DCS、非安全级 DCS、汽轮机控制系统 DEH 全部由广利核公司提供，是国内首家实现数字化仪控系统 100%国产化、自主化的商用核电站，开创了国内核电仪控企业承担核电站全厂一体化 DCS 自主供货之先河。

## 4. 秦山二期 DCS/KIT/KPS 改造项目

秦山核电站二期（2×600MW）常规岛分散控制系统与电站计算机系统（DCS/KIT/KPS）改造是目前我国在役机组中最大范围的数字化仪控系统改造项目（包括控制功能）。

本次改造范围包括核岛 KIT/KPS 系统及常规岛控制系统两大部分，广利核公司提供包括前期现场调研到售后维护全周期服务。改造采用先进成熟的数字化仪控系统平台，并针对用户的操作、维护习惯进行定制应用开发，改造后的系统安全性能大大改善。

## 5. 核应急指挥系统项目

广利核公司是国家核应急系统发展的直接参与者和建设者，承担了环保部核与辐射安全中心、秦山二期、田湾、福清、海阳、台山、防城港、三门核电等多个核应急指挥系统项目建设，已投运项目均保持稳定运行。

广利核公司目前拥有完整的核应急指挥系统解决方案，可覆盖从国家级到电站级等各个层面的工程应用，积极参与到国家、省市、基地的核应急指挥中心建设中，为国家的核应急体系构建作出了贡献。

# 开拓光伏事业　把绿色能源带进生活

## ——保利协鑫能源控股有限公司

保利协鑫能源控股有限公司（以下简称"保利协鑫"）2006 年 10 月在中国香港成立，2007 年 11 月在香港上市，股票代码 3800.HK，2010 年入选恒生综合指数成份股及恒生中国内地 100 指数成份股，2012 年 5 月入选福布斯全球上市公司 2 000 强。保利协鑫总部在香港，分别在上海、苏州、南京等地设有管理中心，在北京、台北设有代表处，在美国旧金山、江苏苏州工业园区、江苏徐州等地设有研发中心，是目前全球最大的太阳能光伏企业之一。保利协鑫致力于推动太阳能全球的普及应用，经过数年的开拓与发展，已经成为全球最大的光伏材料供应商，全球最专业的光伏系统方案提供专家，并在全球范围拥有多家大型光伏电站，拥有丰富的光伏电站运营管理经验。

保利协鑫肩负着"把绿色能源带进生活"的使命，在光伏材料制造、系统集成、光伏电站开发等清洁能源领域始终处于行业的领先位置。保利协鑫是国内首家多晶硅产能和产量突破年产万吨级以上的企业，是全球最大多晶硅生产企业之一，也是全球硅片产能最大的企业。2011 年底，多晶硅产能达 6.5 万 t，硅片产能达 8GW。保利协鑫在太阳能系统集成和光伏电站业务方面致力于向太阳能电站投资者提供包括项目开发、设计、采购、融资及运营的一站式解决方案。

## 一、多晶硅生产

江苏中能硅业科技发展有限公司是保利协鑫全资控股的高纯多晶硅研发与制造企业，是目前世界上单体投资规模最大的多晶硅生产基地，于 2006 年 3 月在江苏省徐州市经济技术开发区成立。经过 6 年的跨越式发展，凭借技术、成本、研发等综合优势，以 6.5 万 t/a 的多晶硅产能、18 美元/kg 以下的全球最低制造成本，一跃成为世界领先的多晶硅原料供应商，为支撑我国光伏产业快速发展，打造国际新能源领军企业奠定了坚实基础。

公司通过引进国际高端装置和技术，深化组合、集成再造，打造出了 GCL 法多晶硅生产工艺，实现了具有自主知识产权的"绿色"制造。同时，依靠自主研发、获得国家专利的氯氢化装置能将多晶硅生产过程中产生的副产物——四氯化硅全部转化为多晶硅生产中的原料——三氯氢硅，实现物料循环利用及"零排放"，并大幅度降低生产成本，实现了多晶硅低成本、低能耗、高质量且环保的世界领先水平。

公司以长单适价销售战略与英利绿色能源、天合光能、晶澳太阳能、阿特斯等太阳能企业达成全面战略合作关系，在培育民族光伏行业中分享成长的成果。

公司在引进、借鉴国外高端技术的同时，主张走自主研发的科技创新之路，截至目前，已申请专利近 80 项，其中获授权 38 项。为健全企业自主研发系统，公司引进了世界一流的多晶硅和太阳能高技术企业及研究机构的顶级专家，成功地对改良西门子法进行技术再创新，实现 GCL 法的集成技术路线，在硅烷法、流化床法等综合技术层面实现突破。

公司计划再利用三年的持续投入，建成国际一流的多晶硅生产和研发基地，同时将延长产业链，打造多元化产品格局，实现上下游产业链的紧密联系，全力支撑我国光伏产业健康、有序发展。

## 二、硅片生产

保利协鑫立足多晶硅生产，积极向下游的硅片业务延伸，以充分发挥光伏产业链的垂直一体化整合优势，提升企业在光伏产业中的竞争力。2010年1月起，同步在徐州、无锡、常州、苏州、扬州等华东地区建设规模型硅锭与硅片生产项目，2011年产能达6.5GW。保利协鑫通过技术研发和工艺革新，不断推出广受市场欢迎的鑫单晶G1、鑫多晶S1+、鑫多晶S2、鑫多晶S2+等高效硅片产品，引领着国内硅片产品高效化市场的发展方向。

保利协鑫积极打造立体化的硅片业务发展模式，通过与设备供应商签署长期合作协议、介入硅片生产辅料的规模化经营以及对铸锭与切片设施的合理布局，致力提升公司硅片业务的整体竞争力。

## 三、太阳能电力

保利协鑫旗下苏州保利协鑫光伏电力投资有限公司、协鑫太阳能系统有限公司负责全球太阳能电站的投资、建设和运营业务，为全球太阳能电站提供包括项目开发、融资、系统集成和运营服务。保利协鑫与全球的项目开发商、金融投资商、系统集成商、分销商、独立电力生产商和电力公司等都有战略合作。另外，从建设性投资到资本投入的综合性金融服务解决方案使得保利协鑫能够与合作伙伴共同开发大量的太阳能项目。保利协鑫太阳能电站业务的目标是为建立环境友好的社会提供可靠的太阳能系统解决方案，同时为太阳能工业提供有价值的投资平台。

保利协鑫旗下协鑫太阳能电力有限公司（以下简称"协鑫太阳能电力"）是全球唯一一家同时具备太阳能电站开发、设计、融资、运营和管理以及太阳能上游产业链供应能力的企业。协鑫太阳能电力专注于开发超过1GW的项目储备，通过在价值链中各区域的完善布局降低10%~15%的项目总成本，并借助于与其他优势企业强强联合，从而获取超额收益。协鑫太阳能电力的强势品牌、太阳能价值链深厚的关系网络和量身订制的区域发展战略，使得协鑫太阳能电力短时间内与众多合作伙伴签订合作意向书，获得超过1GW的项目储备，其中包括GCL-SR合资公司拥有的750MW项目储备。

### 1. 徐州20MW光伏电站

位于江苏省徐州市，占地近700亩，装机容量20MW，是目前国内最大的运营中光伏电站，保利协鑫持有其100%权益。电站采用最佳固定倾角、双轴向日跟踪和单轴向日跟踪等方式安装光伏组件，并配有完善的计算机监控设施。年发电量约2 600万kW·h，每年可节约标煤约7 550 t，可减排二氧化碳约2万t、二氧化硫约150t、二氧化氮约50 t。

### 2. 西藏10MW光伏电站

位于西藏桑日，占地约面积350亩，装机容量10 MW，2011年5月28日开工建设，同年10月13日竣工，12月31日并网试运行，总投资2.1亿元。

### 3. 大同首期20MW光伏电站

2012年8月，保利协鑫获国家能源局同意，批准在山西大同地区建设总量为310MW地面光伏电站和总量为30MW屋顶光伏电站开展前期工作。大同协鑫光伏电站项目位于大同市东南方向的光伏产业园区，距离市区约20km，建设场地为原大同二电厂粉煤灰堆场，在建及运营的总装机容量为100MW。一期工程装机容量为20MW，包括光电转换系统、直流系统、逆变系统、交流升压系统和高压输电系统等，于2012年10月开工建设，经过半年多紧锣密鼓施工，已于2013年4月25日投运发电，预计每年可发电3 000多kW·h，所发电能经党留庄变电站并入电网，成为山西省首个并网发电的大型光伏电站，实现保利协鑫光伏发电项目在晋零的突破。二期工程预计 2013 年 6 月底开工建设，三期工程目前已完成建设量的 80%，预计三期工程全部投运后，每年可发电 1.5 亿 kW·h。

### 4. 海外光伏电站

保利协鑫海外光伏电站建设情况见表 1。

**表 1　保利协鑫海外光伏电站建设情况**

| 序号 | 项目名称 | 装机容量（MW） | 建设地点 | 状态 |
|---|---|---|---|---|
| 1 | AVHSD | 9.7 | Antelope Valley，美国加利福尼亚州 | 2011 年完工投入运营 |
| 2 | Palmdale School District | 5.9 | 帕姆代尔，美国加利福尼亚州 | — |
| 3 | SPSAlpaughNorth & 50 | 92（2 个项目） | 中央谷，美国加利福尼亚州 | 2012 年完工投入运营 |
| 4 | SDUSD | 1.5 | 圣地亚哥联合学校分区，美国加利福尼亚州 | 2013 年完工投入运营 |

## 四、技术与研发

保利协鑫注重对技术的研发与应用，设立了科学技术委员会，负责协调近千名中高级工程技术人员开展技术革新与改造工作，先后在徐州、苏州和美国建立了研发中心，运用灵活、高效的创新机制，集聚国际一流人才，努力成为世界光伏科技的领先者。

通过持续的自主创新，不断改善产品质量、减省制造成本，是保利协鑫核心的经营理念。保利协鑫申请专利 318 项，其中授权专利 138 项（包括已拥有自主知识产权的氯氢化技术及反应器技术等多项国家级专利），而最有含金量的已授权发明专利具 23 项。这些为生产高纯度硅材料提供了核心的技术支撑。

保利协鑫致力于为用户提供安全、经济、可靠的能源和服务，以促进人类绿色环保能源使用比例的持续提升。各下属企业严格遵守所在地规定的排放方式和排放标准，坚持采用先进的、环保的技术工艺，实现零污染、零排放，实现企业与环境的和谐发展。

在多晶硅的生产方面，保利协鑫选择了具有世界先进水平的改良西门子闭环工艺路线，通过自主核心技术氯氢化的成功实施，副产品得到全部回收和利用，实现了零污染排放。通过全流程节能设计，以及关键耗能单元还原沉积的工艺改良，目前综合电耗达到国际先进水平。

## 五、发展历程

**2008 年**

1 月，完成收购北京热电厂 49% 股权。

2 月，鑫能 2 号机组投产；徐州一期生产设施整合氯氢化处理设备。

3 月，保持每月超过 100t 多晶硅的产量；完成收购灰腾梁项目 100% 股权。

4 月，发布 2007 年度业绩。

5 月，举行上市后第一次股东周年大会。

7 月，嘉兴 4 号锅炉投产；第二期多晶硅项目试产成功。

8 月，泰兴合营企业开始试产三氯硅烷；宣布收购多伦煤矿 55% 股权。

9 月，发布 2008 年中期业绩；徐州二期生产设施整合氯氢化处理设备；保持每月超过 200t 多晶硅的产量；濮院 3 号机组与锅炉投产。

12 月，徐州三期开始正式营运生产。

**2009 年**

3 月，发布 2008 年年度业绩。

5 月，举行股东周年大会；"协鑫硅业科技控股有限公司"改名为"协鑫光伏电力科技控股有限公司"。

6 月，太仓垃圾发电厂二期续建工程竣工投产。

7 月，完成收购江苏中能 100% 股权。

8 月，锡林郭勒风电场实现全部机组并网发电；完成配售 13 亿股新股。

9 月，发布 2009 年中期业绩。

11 月，发布协鑫光伏 2009 年前三季度主要业绩。

12 月，徐州 20MW 太阳能光伏电站竣工投产；中投公司完成认购公司股份。

**2010 年**

8 月，荣获 2009~2010 年度中国最佳低碳企业称号；发布强劲的 2010 年中期业绩；入选《财富》2010 年最具创新力的中国公司。

10 月，协鑫集团成立 20 周年庆典；与 Indosolar Limited 签订长期硅片供应合约，未来四年将向其提供约 815MW 的高品质硅片。

11 月，保利协鑫参加第十二届高交会，时任中央政治局委员、国务院副总理回良玉亲临展位视察指导。

12 月，保利协鑫台湾代表处正式成立；3.5GW 硅片产能全面达产；与林洋新能源签订长期硅片及硅材料供应合约的补充协议，未来五年将向其提供总计 2 500MW 的硅片及硅材料产品；与晶澳太阳能签订长期硅片及硅材料供应合约的补充协议，未来五年将向其提供总计 10 031MW 的硅片及硅材料产品。

**2011 年**

5 月，与阿特斯合资在苏州建立产能为 600MW 的硅片厂，开启合作新模式。

6 月，苏州协鑫工业应用研究院有限公司正式开工奠基。

7 月，旗下江苏中能硅业科技发展有限公司 10 万 t 冷氢化装置胜利投产；旗下太仓协鑫光伏科技有限公司一期 780MW 多晶硅片项目正式达产。

8 月，保利协鑫发布上半年业绩报告，数据显示，上半年收入达到 151.73 亿港元，较去年同期的 57.94 亿港元大幅增加了 1.6 倍，净利润 35.5 亿港元，同比 2010 年同期的 7.88 亿港元增加了 3.5 倍；旗下常州协鑫光伏科技有限公司三期 600MW 多晶硅切片增资扩建项目全面达产；与润峰电力有限公司签订了长期硅片产品供应合约，将在未来六年向润峰电力提供总计 4 200MW 的硅片产品。

9 月，旗下江苏协鑫硅材料科技发展有限公司

2.7GW 铸锭项目正式投产。

10 月，"鑫单晶"于台北正式发布。

11 月，与中广核太阳能开发有限公司在北京签署了合作框架协议。

**2012 年**

3 月，保利协鑫成功研发出高效多晶硅片"鑫多晶 S1+"；协鑫阿特斯（苏州）光伏科技有限公司 600MW 项目正式投产；保利协鑫发布 2011 年业绩公告，经营业绩优异，各项光伏业务持续增长。

5 月，与伊索菲通公司签署谅解备忘录，双方拟在全球范围内共同开发建设 1GW 的太阳能光伏电站，并设立合资公司为双方共同开发的太阳能项目提供光伏组件和高聚光组件所使用的跟踪系统。

7 月，江苏中能 20 万 t 冷氢化技术改造项目投产。

8 月，获国家能源局同意，批准在山西大同地区建设总量为 310MW 地面光伏电站和总量为 30MW 屋顶光伏电站开展前期工作。

9 月，江苏中能中试装置调试成功，并顺利产出达标硅烷气。该装置的投产填补了国内硅烷气技术的空白，也标志着以硅烷流化床制取多晶硅取得阶段性成果。

11 月，董事局主席朱共山应邀做客央视二套财经频道《对话》栏目演播现场，与能源领域专家、学者共同透视光伏之变，探讨行业破除迷思、拨云见日，赢得新一轮发展生机之道；保利协鑫完成出售 48MW 加州太阳能项目。

12 月，为南非迄今规模最大的两个 75MW 光伏电站项目安排组件采购，项目使用的太阳能组件均使用保利协鑫的优质硅片制造。

# 六、社会责任

保利协鑫搭建了以环保公益为特色，兼顾教育与灾难救助的三位一体化慈善公益模式。对内，努力为员工创造最好的工作环境；对外，为社会和谐竭尽所能，在环保、慈善方面不遗余力，多年来开展和参与各项公益慈善项目逾百个，捐赠现金及物

资累计近亿元。董事会主席朱共山先生捐资数千万元予南京大学，用于学校建设及设立奖学金。朱共山先生还以集团与个人名义捐款数千万元，用于"5·12"汶川地震、"8·8"台湾风灾、玉树地震、雅安地震等的灾后重建以及江苏盐城革命老区的扶贫与建设活动。

保利协鑫专门成立了仁爱协鑫公益基金，旨在打造一个全员参与的公益慈善平台，吸纳员工、客户、供应商和社会爱心人士共同参与，所筹资金主要用于帮助社会弱势群体解决就学、就医、就业、养老以及文化等公益事业方面的实际困难，该基金是保利协鑫将慈善公益社会化、规范化、专业化的重要标志。

保利协鑫的成功归因于时时关注科技发展前沿、着力依靠消化吸收与自主研发、力求掌握最先进技术工艺的科技意识。

许多资源每天都在减少，而太阳能取之不尽、用之不竭。在常规能源日益短缺与价格不断波动的情况下，太阳能受到越来越多国家的倡导与扶持。保利协鑫将珍惜自然赋予人类的宝贵资源，满足资源价值的最大化和绿色环保的要求。

太阳每天升起，我们不懈努力！

# 做精主业　外延发展
## ——南京南瑞继保电气有限公司

南京南瑞继保电气有限公司（以下简称"南瑞继保"）主要从事电网、电厂和各类工矿企业的电力控制保护技术的研发和产业化，是国内在该领域大型的研发中心和产业化基地。2010年，国家能源局在南瑞继保设立"国家能源电力控制保护技术研发（实验）中心"。

南瑞继保是"国家'火炬'计划重点高新技术企业"和"国家规划布局内重点软件企业"。注册商标"NR"是中国驰名商标，"NR"牌产品是中国名牌产品。南瑞继保设有南京江宁九龙湖研究中心、南京江宁胜太路生产试验中心、南京江宁智能化电气装备产业园、常州博瑞机加工和高压电气试验基地、常州博瑞柔性输电装备产业园等5个科研和产业基地。南瑞继保现有聘用员工1 820人，均具有大学学历，其中博士、硕士学历580人，约占员工总数的1/3，中国工程院院士沈国荣担任公司董事长。

南瑞继保是以研发为核心的创新型高科技企业，实现了科研成果快速产业化，企业始终保持持续、稳定、健康发展。2012年，南瑞继保合同额超过56.3亿元，近5年平均每年上缴税收5.3亿元，持续保持年人均合同额超过200万元，劳动生产率在同行业中处于国际领先。

南瑞继保以沈国荣院士原创性的"工频变化量原理"为核心理论基础，依托在电力二次领域专业齐全和控制保护核心技术领先的优势，重点在特高压交直流输电、柔性输电、智能电网、大电网安全、电力电子、新能源发电与接入等电网关键技术、节能减排相关技术以及控制保护通用平台技术方面进行研究。

## 一、高压和特高压继电保护技术

南瑞继保综合控制保护领域的前沿科技成果，开发了高压和特高压继电保护系列产品，是世界上在保证可靠性、安全性前提下动作速度最快、正确动作率最高的继电保护产品，为我国继电保护技术处于国际领先位置奠定了基础。南瑞继保超高压继电保护产品国内市场占有率超过46%，居行业首位，为国家电网特高压骨干网架建设提供控制保护成套设备和技术支撑，线路保护、主变保护、母线保护、电抗器保护在1 000 kV的晋东南—南阳—荆门特高压交流试验示范工程及其扩建工程中得到全面应用。

## 二、电网安全稳定控制技术

以"循序阻抗判别原理"为基础，开发了失步解列系列装置、区域电网稳定控制系列装置，可有效防止大区互联电网系统崩溃，避免大面积停电。电网稳定控制技术、失步解列控制技术和频率电压紧急控制技术在南方电网、华北电网、华中电网、华东电网以及新疆、西藏电网等全国各个电压等级的电网中得到了大量的应用。

## 三、电网二次一体化

面向整个电力系统，从厂站到各级主站整体考虑各类二次系统建设和发展，综合采集各专业数据，实现数据共享、横向专业融合和纵向需求贯通，实现智能分析决策和控制，为电网安全、优质、经济、环保运行提供一体化、智能化解决方案。南瑞继保确定了二次一体化标准体系，提供继电保护、安全稳定控制、监控、调度、设备状态监测等电网二次一体化整体解决方案，完成了关键技术的试点工作。首个依托项目云南电网运行监控系统已投入运行。

## 四、智能化变电站

南瑞继保积极开展新一代智能变电站新技术的研究和实施工作，多项自主知识产权的关键核心技术引领业内技术发展。智能化产品覆盖电子式互感器、过程层设备、保护测控装置、在线监测、环境监测等领域，以安全可靠为前提、高效运行为目标、优化配置为手段，提供智能变电站建设、集成、运维全过程解决方案。全系列 AIS/GIS 交流电子式互感器已有 2 000 多支在青岛午山变、哈郑特高压直流等工程中使用。直流电子式电流互感器填补了国内空白，成功应用于葛洲坝—南桥等多个直流输电工程。南瑞继保承担了浙江 500 kV 兰溪变等一系列智能化变电站试点工程，相关产品及技术在国内 200 多个变电站中得到应用，并成功实施了香港首个智能化变电站、英国 NGC 智能变电站等多个智能化项目。

## 五、电厂保护与控制技术

该技术涵盖 NCS、ECMS、DCS、升压站及厂用电保护、发变组保护及故障录波装置、励磁系统、同期、快切等相关保护及控制设备，已在各类型发电厂/站得到了大量应用。成功应用于田湾核电等 10 多台 1 000MW 级核电机组及 40 多台 1 000MW 级火电机组，在华能海门电厂实现了国内首个数字化 ECMS 系统，在三峡、龙滩、向家坝等一批特大型水电机组及白俄罗斯明克斯燃机、响水涧抽水蓄能等各种大型机组均得到了广泛应用，是唯一在 1 000MW 级核电和 300MW 级抽水蓄能机组上应用的国产机组保护。

## 六、高压和特高压直流控制保护

成功实施了直流控制保护系统引进、消化、再创新，开发出具有完全自主知识产权的 UAPC 平台的直流控制保护系统，真正实现了掌握自主核心技术，拥有自主平台，从根本上提升了我国直流输电控制保护设备的国际竞争力。完全自主研发的 PCS9550 直流控制保护系统在国内第一个应用于 ±800kV 特高压直流工程——哈郑工程。首次出口的 PCS9550 直流控制保护系统在韩国济州岛基本完成系统试验，其投运具有重要的标志意义。该系统还在青藏直流联网工程、天广直流工程和溪洛渡—广东等直流工程中得到广泛应用。

## 七、柔性直流输电技术

适用于可再生能源并网、无源孤岛供电、大型城市电网供电等方面，能实现有功、无功独立控制，易于构成多端直流系统，是更加灵活、经济、环保的输电方式。南瑞继保全面掌握了柔性直流输电核心技术，并完成了阀、控制保护系统等核心设备样机制造与试验。拥有柔性直流系统研究设计、关键设备制造、系统仿真试验和现场安装调试等整体解决方案的提供和实施能力。

## 八、柔性交流输电技术

南瑞继保能够提供 SVC、SVG、串补、可控高抗等相关电力电子成套产品，市场应用不断扩大。SVC 在青藏直流联网工程等输电系统，以及钢铁、冶金、煤炭、化工、轨道交通、风电等领域广泛应用。承担的沙洲 750kV 变电站 360MVar×2 的 SVC 为世界单体容量最大的 SVC，同时承担的该站 390MVar 可控高抗设备也为目前世界最大容量。静止无功发生器（SVG）已经形成齐套的系列产品，最大容量达百兆瓦级。500kV 串补系统已在广西河池、百色投入运行。特高压串补、特高压可控高抗、统一潮流控制器（UPFC）等设备的研发进展顺利。

## 九、新能源发电及控制保护

南瑞继保研发并能够提供新能源发电一体化解决方案，包括风力发电解决方案、太阳能光伏发电解决方案、大功率电池储能并网系统等。光伏逆变器通过了金太阳认证和低电压穿越认证，批量投放市场，性能居于行业前列。沙河抽水蓄能电站的首台 PCS-9575 静止变频器（SFC）已经并网应用，打破了国外垄断。在青海实现了光伏电站整体解决方案，提供了新能源发电的全套解决方案。

## 十、工业企业能源管控系统

通过能源介质的预测和平衡控制技术减少能源放散，通过优化能源调度实现大型工业企业从单一的装备节能向系统优化节能的转变，是工业企业合理利用能源、节能减排的关键技术平台。目前已经投入运行的江苏中天钢铁集团能源管控项目是江苏省节能减排示范项目。中天项目的成功实施，受到了工信部领导、用户的高度评价，树立了行业领先的位置。2012 年，南瑞继保成功中标昆钢大型能源管控系统项目。

## 十一、通用硬件／软件／系统分析支撑平台

南瑞继保基于最新的电子、计算机及通信技术研制的 UAPC 控制保护通用平台，填补了国内大型控制保护平台领域的空白，达到国际领先水平，已广泛应用于数字化变电站、直流输电、电力电子、工业控制等领域的大型复杂控制保护系统，支撑了公司的快速发展。南瑞继保自主开发完成了一体化软件开发和运行平台，采用自主研发的分布式面向对象实时数据库技术，实现电力二次系统一体化集成运行，可灵活支持从主站至厂站的全方位应用，已成功应用于电力和其他工业领域的各类监控系统。

南瑞继保拥有先进的动模和数字仿真实验室、电磁兼容（EMC）及型式实验室、高压电气实验室，拥有世界上容量最大的交直流互联动模和国内同类实验室中规模最大的数字实时仿真系统。可以满足特高压交直流、柔性输电、新能源接入等系统试验，承担电力系统新理论的前期研究，新产品开发试验和性能验证。

南瑞继保坚持"做精主业、外延发展"的科学发展战略，沿着电网自动化、电厂自动化、电力电子、电力一次智能设备、大型工业领域过程控制 5 大产业方向不断拓展，产品广泛应用于国家电网的主网架、三峡输变电、"西电东送"、北京奥运、上海世博和大型火电、水电、核电等国家重点工程。南瑞继保的核心产品连续多年在全国占有率高居行业首位。

近年来，南瑞继保积极实施国际化发展战略，建立覆盖全球范围的本地化营销网络和技术服务中心，产品远销欧洲、东南亚、南亚、中亚、中东、非洲、拉美等 60 多个国家和地区。南瑞继保以全球电气控制领域竞争力前三甲为企业发展目标，向中国及全球各大洲的电力系统用户提供实用领先的技术、优质可靠的产品和精细化的服务。

# 振兴民族装备制造　提升国际竞争实力

## ——荣信电力电子股份有限公司

荣信电力电子股份有限公司（以下简称"荣信股份"）是我国高压大功率电力电子装备制造领域的首家上市公司和领军企业。公司总部位于辽宁省鞍山市高新区，注册资本5.04亿元。公司占地面积18万 $m^2$，建筑面积16万 $m^2$。员工总数1 500余人，其中技术人员1 000余人，拥有20余家分支企业，是我国电气工业百强企业中的集团型上市公司。承担了我国国家级重大科研项目23项，是两项国家标准的制定单位。

荣信股份拥有业界领先的研发技术力量，建有世界先进水平的电力电子试验基地，拥有66kV/16 000kVA高压变电站、各容量等级电力电子产品系列全载试验中心等设施，具备从系统仿真（RTDS）到整机全载试验的全过程检验检测能力。

荣信股份的主要产品。①电能质量安全与节能系列。高压无功补偿装置SVC、静止无功发生器SVG、串联补偿器TCSC、有源滤波器APF、SVC兼融冰装置等。②柔性直流输电系列：智能柔性直流输电装置HVDC-Light。③电机变频调速与节能系列：高压变频器HVC、高压软起动器VFS等。④新能源技术系列：光伏逆变器、风电变流器等。⑤矿井安全自动化与节能系列：矿用防爆静止无功发生器、矿用智能瓦斯排放器、矿用防爆变频器、矿用防爆软起动器等。⑥定制电力技术系列：固态开关、固态切换开关SSTS、故障限流器FCL、高/低电压穿越测试装置等。

近年来，荣信股份瞄准国际领先技术，全力打造研发队伍，开拓创新，在科研领域开创先河，获得许多科研成果。

荣信股份基于IGBT、IEGT等全控器件技术的STATCOM（静止无功发生器）、智能柔性输电装置、特大功率变频等产品发展迅速，取得国内领先地位，部分产品和技术达到国际先进水平。

承担的"十一五"国家科技支撑计划——"中高压、百MVA级链式及多电平变流器与静止补偿器（STATCOM）研制"项目取得成功。基于IEGT技术的35kV/±200MVA STATCOM于2011年8月在南方电网成功投运，并开始在南方电网扩大应用。该项目是世界上首台基于最先进的功率器件IEGT制造的同类装置，在直挂电压等级（可以无需变压器，直接接入35kV及以下的电压等级，并可实现有源滤波及不平衡负荷补偿功能）、设备容量（装置设计容量达到320MVA，可在满载320MVA下长期稳定运行，是目前世界上容量最大的同步补偿装置，比世界上其他同类装置最大容量高出100%）、串联级数、响应时间等方面实现了世界领先的技术突破，填补了国际空白。目前，该项目已获得中国南方电网公司科技进步奖特等奖。

在此基础上，荣信股份研制的STATCOM成功进军国际市场，先后承担了肯尼亚最大风电项目STATCOM配套工程（220kV/3×100Mvar）以及塞尔维亚钢厂（7kV/30Mvar）、南非电网（275kV/50Mvar）、莫桑比克电网（220kV/75Mvar）等STATCOM配套工程。

基于IEGT的智能柔性直流输电技术趋于成熟，荣信股份自主研制的集装箱式柔性直流输电装置

2011年在中海油文昌油田群投运成功。这是国内柔性直流输电装置在工程应用领域首个成功投运的项目，使公司在柔性输电领域取得了行业领先优势。此后，荣信股份多套智能柔性直流输电装置在中海油文昌平台进一步应用。2012年，成功签约南方电网公司南澳柔性直流输电项目，继续在该领域保持领先。

基于IEGT的特大功率变频方面，荣信股份承担了国家能源局"天然气长输管道关键设备20MW级电驱压缩机组国产化研制"项目，首套25MVA级特大功率变频系统在2011年通过专家鉴定和72小时机组联机系统考核，近期在"西气东输"二线高陵分输压气站顺利通过24h满负荷机械运转测试、喘振线测试和72h满负荷验收测试，并成功开车投产。这是国产同类设备在该领域首次打破国外产品的长期垄断地位，对保障国家能源安全具有重要意义。

近年来，荣信股份已承担"西气东输"二线工程3套25MVA大功率变频系统、三线工程6套25MVA大功率变频系统和支干线5套大功率变频系统。

在此基础上，荣信股份成功研发出应用油浸式移相变频变压器的25MVA级大功率变频系统，全面推向工程应用，填补了国内多电瓶大功率变频领域的空白，达到国外同期先进技术水平。

荣信股份已交付工业现场的32MVA大功率变频系统是国产最大容量变频器。此变频系统是荣信股份承担的中石油湖北LNG国产化示范工程核心设备冷剂压缩机的变频电驱系统，此项目是国内最大的LNG项目和我国首个LNG技术装备完全国产化项目。此外，还承担了山东泰安LNG配套的25MVA/18MVA电驱变频机组国产化项目。

其他产品方面，荣信股份高压动态无功补偿装置SVC总装机量突破1 200套，连续8年保持业界领先。2011年，成功签约国际热核聚变ITER项目配套SVC工程。该工程由我国及欧洲、美国、日本、韩国、印度、俄罗斯七国共同参与的重大国际合作计划，亦被称为"人造太阳"计划。荣信股份

为其配套的SVC是迄今工程领域电压等级最高、容量最大、应用环境最苛刻的项目，也是我国SVC首次进军国际高端工程应用领域。2012年，国际ITER工程14套大功率整流配套项目（55kA/1.42kV），是迄今为止世界上技术难度最高的同类项目。此举标志着荣信股份在高端整流器市场站在了国际前列。

此外，荣信股份基于无功调制技术的次同步谐振动态稳定装置、采用LTT技术的直挂35kV高压动态无功补偿装置获得国家能源科学技术进步二等奖。

荣信股份基于IGBT的静止无功发生器SVG产品，总装机量超过800套，无论技术水平和市场占有率均处于国内领先位置。

2012年，国内首套基于IGBT的大容量35kV直挂SVG设备（35kV/20Mvar），在甘肃玉门昌马风电场正式投运；国内第一套应用于高海拔地区的35kV直挂SVG设备（35kV/7Mvar）在大唐国际青铜峡光伏电站成功应用，技术水平当前处于国内领先地位；国内第一套应用于高潮湿、高盐雾环境的SVG设备（6kV/3Mvar）在中海油海上钻井平台成功投运，为该类产品的海上应用积累了宝贵经验。

基于IGBT的高压变频器产品方面，荣信股份研发的第五代变频器成功投放市场。第五代变频器在同等容量下，体积比传统变频器缩小近60%，不仅降低了成本，提高了可靠性，更提升了市场竞争力。

荣信股份研发的国内第一套使用矢量控制真正实现空中悬停的提升机变频在北票煤业投运成功。

特种变频方面，荣信股份成功研发出应用于港口岸电的移动式岸基变频电源AMP装置、单相变三相铁路专用箱式电源等产品。

此外，荣信股份自主研制的国内最大容量固态开关在南方电网贵阳供电局挂网投运；国内首台全自动化高/低电压穿越测试装置成功应用于北京官厅风电场、国网张北风光储示范基地，并通过华北电网验收，均在国内处于领先水平。

目前，荣信股份全线产品已形成从发电、输配

电到客户端为客户提供电能质量、优化控制与节能降耗等系统化解决方案的能力，广泛服务于电力、冶金、煤炭、有色金属、石化、风力发电、太阳能发电、电气化铁路、船舶、航空航天等领域，并出口至德国、意大利、波兰等欧洲国家，韩国、印度、越南、泰国、土耳其等亚洲国家，埃及、肯尼亚、尼日利亚等非洲国家以及巴西、秘鲁等南美洲国家。

荣信股份将始终秉承"振兴民族装备制造业，成为受尊敬的有国际竞争力的公司"的理念，以领先的技术、产品和服务，为客户创造价值，为创建可持续发展社会作贡献。

# 以技术武装企业　以产品引领市场

## ——上海鼓风机厂有限公司

上海鼓风机厂有限公司（以下简称"上鼓公司"）通过消化吸收引进的国外先进技术，经过二次创新，实现了不断跨越。2002年，产品销售收入为1.9亿元，截至2012年，产品销售收入为8.5亿元。劳动效率也有大幅度提高，从业人员从2002年的1 238人降为2012年的602人。上鼓公司始终认为，作为国有企业，作为每年承担许多国家和上海市重点工程任务的骨干企业，其第一生产力必定是技术，是技术推动着市场的开拓，推动着效益的提升。技术走在前头，产品才会走在前头。技术和产品相辅相成，成为企业的立足之本。

## 一、抓住发展新机遇，市场开拓获成果

上鼓公司在20世纪80年代初期为我国首家200MW火电机组广东韶关电厂和首家300MW火电机组山东邹县电厂提供按引进技术设计制造的风机；80年代中期为600MW火电机组安徽平圩电厂提供按引进技术设计制造的风机；2001年为国内第一套上海外高桥电厂900MW机组提供风机，2005年为国内第一套浙江玉环电厂1 000MW机组提供风机。在我国火电发展的每一个标志性阶段，都及时提供了相适应的高技术含量的配套风机。大型电站风机被评为国家质量金奖、上海市节能产品和上海市名牌产品。这些产品分别安装在玉环、宁海、北仑港、浦东外高桥、泰州、天津北疆、莱州、彭城、台山、铜陵、金陵、绥中、邹县、平海14座

1 000MW电站机组；平圩、杨州、吴泾、盘山、德州、托克托、嘉兴、大同、河曲、常熟、黄骅、汕头、丰城、铜川、七台河、大坝等200多座600MW电站机组。出口日本、印度、越南等大型火电机组。目前正在研制1 200MW电站风机，可满足我国超大型火电机组的发展需要。

在大力发展火电站风机的同时，上鼓公司还及时开发了火电站环保急需的脱硫风机。我国国民经济的快速发展，带动了火电站的超常规建设，但由于煤炭燃烧产生大量二氧化硫，形成酸雨，给环境带来危害，国家环保总局规定已建电厂必须限期采取脱硫措施，新建电厂必须同时建设脱硫装置。上鼓公司在发展大型火电站送风机、引风机、一次风机三大主风机过程中，密切关注电力建设的技术发展，瞄准电站肯定要上脱硫装置的市场需求，很早就进行了技术投入。2000年，为我国第一套深圳妈湾电厂300MW火电机组提供动叶可调脱硫增压风机。2004年前，主要开发300MW脱硫增压风机，2005年以后主要开发600MW脱硫增压风机，并召开"600MW单台脱硫增压风机技术评审会"，邀请国家电力规划院、各大区电力设计院、环保工程公司、电厂的领导和工程技术负责人，详细介绍技术优势，竭力推进国产化，终于迅速占领了电站脱硫市场的制高点。

2007年，上鼓公司在"紧贴国家发展战略，积极为国家重点工程提供装备"的市场战略指导下，在原有技术的基础上，引入节能、环保、降低一次投入成本等新概念，一举开创历史纪录，签订了4

套火电站 8 台"三合一"风机合同，其中 2 套为 100 万 kW 机组，2 套为 66 万千 kW 机组。既创造了上鼓公司当年最大的销售订单，也开辟了我国火电建设的新模式。天津北疆电厂一期工程有 2 套 100 万 kW 火电超超临界机组，上鼓公司中标 4 台动叶可调双级轴流风机，可同时满足"引风"、"脱硫"、"脱硝" 3 个不同工况的需求，"三合一"机组风机叶轮直径 4m。国电大同第二电厂三期扩建工程为坑口电站，需要 2 套 66 万 kW 超临界空冷机组，上鼓公司中标 4 台动叶可调双级轴流风机，可同时满足"引风"、"脱硫"、"脱硝"三个不同工况的需求，"三合一"机组风机叶轮直径 3.6m。

上鼓电站风机荣获"上海名牌"称号的有力业绩：在全世界能耗最低的上海高桥第三电厂 100 万 kW 火电机组提供了全部所需的三大主力风机，即送风机、一次风机、脱硫增压风机，共计 12 台，均为动叶可调式轴流风机，叶轮直径分别是 2m、2.8m 和 3.8m，配套电机功率分别为 3 300kW、3 700kW 和 4 200kW。上海外高桥第三电厂，从 2008 年投产发电以来，先后研发实施了 12 项世界首创技术和 6 项国内首创技术，其中包括了"零能耗脱硫技术"，使两台大型机组实现了每度电煤耗只有 276g 的业绩，成为世界上第一个敲开 280g 的最低煤耗数关口的火电厂。目前，我国平均每度电煤耗为 329g。而且，这两台机组的蒸汽温度是 600℃等级机组的效率水平，已与下一代更先进 700℃等级机组的期望效率相当。而下一代的机组尚在国外研发，要在 10 年后才会投入商业运行。这两台机组的节能降耗的实施措施是"抓住任何一个有可挖的 1%"进行的。在运行中，上鼓公司提供的三大主力风机都达到了电厂管理所要求的高效率。

2012 年，中国第一座百万级超超临界二次再热火力发电机组正式落户江苏泰州，该项目代表着当今世界最先进的绿色、低碳电力装备。上鼓公司依靠技术优势和商务优势，成功中标该项目所需的全部的送风机、引风机、一次风机，成为风机行业第一家进入百万级超超临界二次再热机组的企业。本次泰州电厂共投建 2 台 100 万 kW 超超临界二次再热燃煤机组，其作为我国发展超大容量高效超超临界技术的示范工程，对加快电力结构调整，取得更好的经济效益和社会效益有着十分重要的战略意义。机组设计发电煤耗每度电比当今世界最好水平低 5g。

## 二、以核电技术为抓手，积极进取结硕果

根据我国能源战略，核电从"适度发展"到"积极发展"，近期新建的大多数核电站都选择第三代压水堆技术，包括 AP1000 型、CAP1400 型、EPR 型等。同时，我国第一座第四代技术高温气冷堆也开始进行。高温气冷堆以氦气作为载热剂，燃料最高限制温度为 1 600℃。清华大学 10MW 高温气冷实验堆的安全试验表明，即使在反应堆失去冷却的情况下，也不会出现堆芯熔化的现象，并能长期维持安全状态。上鼓公司承担的氦气循环风机成为关键设备，高温气冷堆从而成为最安全的核发电模式。

上鼓公司承担我国第四代核电技术中的氦气循环风机研究，始于清华大学 10MW 高温气冷实验堆，共经历了两个阶段。第一阶段，从 1995 年开始进行研制，到 2000 年 4 月，国家教育部组织审查验收为止，历经五年。出席验收会的有当时的上海市副市长、国家科技部副部长以及资深院士、专家等 22 人。第二阶段，为了使这个实验堆能进入商业化，需再作进一步的研究，特别是对磁悬浮轴承的研究，为今后进行 20 万 kW 高温气冷堆的商业示范堆做准备。经过将近四年的研制，于 2007 年 11 月，进行了高温气冷堆的磁悬浮轴承氦气风机热态运转试验，在 250℃高温和每分钟 5 000 转的条件下，连续运行 100 小时，各项数据满足设计要求。

以承担我国第一座山东石岛湾核电站第四代高温堆核电技术为标志，上鼓公司在发展核电道路上进入了第三阶段。在设计制造 20 万 kW 高温气冷堆氦气循环风机的同时，又承担设计制造燃料球输

送压缩机的任务。上鼓公司研制的燃料球输送用氦气压缩机是高温堆核电站研制中的关键设备，已列入国家科技重大专项研发课题。

高温气冷堆的燃料球是颗粒状的，约为1mm，由多层不同介质的碳和一层陶瓷包裹成为60mm大小的燃料球，通过燃料装卸系统把几万只燃料球输送进入核反应堆。上鼓公司研制的燃料球输送用氦气压缩机就是用来向核反应堆输送燃料球的，是燃料球装卸系统中的关键设备。

燃料球输送用氦气压缩机是全新设计，在结构上，把压缩机和电机安置在一个共用的筒形壳体中，是在国内第一次在压缩机上采用电磁轴承，并在小流量、高压力下，采用了三元气动设计叶轮，保证了气动设计的高效率和节能效果。

为了保证压缩机的高安全性，先后进行了10kg压力的氦气全性能试验，1kg、30kg压力额定转速下的氦气性能试验，以及要求极严格的70kg氦气全性能试验、72h可靠性试验、无冷却气条件下的性能试验、降速防喘振试验、转子从最高连续运转的转速进行跌落试验等，各项试验均取得了圆满成功。

## 三、引领制造＋服务，拓展一片新天地

上鼓公司利用技术优势，扩大服务领域，首先探索在大型电站轴流风机空气动力全性能试验方面实现重大突破。2010年10月，上鼓公司首次独立完成了出口印度提隆达电厂660MW发电机组配套的大型电站轴流式送风机、引风机和一次风机的空气动力全性能试验，并通过了印度业主和监理的验收。此次试验的成功，标志着上鼓公司的大型风机性能测试水平已实现国内首创，达到国际先进水平。

由于国内大型轴流风机全性能试验的技术要求和测试设备等诸多条件的限制，历来大型风机制造企业只进行出厂产品的机械运转试验，而没有能力做空气动力全性能试验。上鼓公司自1979年引进德国TLT公司的技术，其风机的性能参数均根据德国TLT公司的模型级试验参数，运用相似理论进行

产品设计。德国TLT公司本身也只是进行模型级的性能试验，然后再进行产品设计，只有在特殊要求下才进行全性能试验。德国TLT公司历史上曾经与上鼓公司合作，共同完成出口日本的电站大型轴流风机空气动力全性能试验，其中试验用的专业测试设备均由德国TLT公司的试验工程师专门从德国运到上鼓进行测试，且测试周期长、测试费用大，还影响到上鼓公司正常的生产、试验次序。

随着外贸项目增多，外商对大型风机的性能试验要求越来越高，迫切需要了解和掌握精确的风机性能特性。这次出口印度提隆达电站项目的大型风机，用户愿出高额的试验费用要求做空气动力全性能试验。为满足外商要求，上鼓公司发扬了不怕艰难，勇于创新的精神，力求做好这一项目。上鼓公司各级领导高度重视，从2009年底起，就着手准备这一试验工作，仅这一项目专题会议就开了近20次，公司总经理蔡精毅多次亲自参加并主持专题会议，对做好这一项目提出专门的指示和要求，并从组织、人员、资金等多个方面予以落实。上鼓公司依靠自己的力量，克服种种困难，从测试标准的消化，测试方案的制订，专业测试仪器及试验设备的设计研发、调试、试验计算程序的编制等到整个试验的完成，共历时9个月。

这次试验的"送"、"引"、"一次"三台大型轴流风机，从送风机开始搭台安装，到最后一台"一次风机"试验验收完毕，共经历1.5个月。其中，引风机的试验台位，从电动机、液力耦合器、齿轮箱、风机进气箱、主机、扩压器、试验风管、出口调节门、消声器等，总体长度82.4m，试验风管直径4.55m，电机功率5 000kW，其规模为国内第一。测试结果完全符合美国AMCA 210-07标准要求，参加的印度业主与监理公司对这次测试感到十分满意。上鼓公司这次出口印度提隆达电厂项目的大型"送"、"引"、"一次"轴流风机，首次独立试验成功，充分体现了上鼓公司员工敬业精神和创新精神，为国内大型风机空气动力全性能测试水平的提升，获得了重大突破，填补了国内大型风机长期以来无能力进行出厂全性能试验的空白，实现了自主创新、

国内领先、国际先进水平。

2012年，上鼓公司为印度莎圣电厂提供引风机、送风机、一次风机，应印度方要求，也要进行全性能试验。上鼓公司为印度莎圣电厂引风机进行的全性能试验，风机叶轮直径3.75m，为风机试验特别制作的测试风管长达45m，宽4.5m，试验的风机加上电机、液力耦合器、风管、消声器，总长度达到了78m。对这一庞然大物，共运行试验了5天。为了保证试验顺利进行，公司安排员工轮休，以确保试验用电。经过认真测试，以及用户现场监测，所有性能指标全部达到设计要求，印度用户表示完全满意。

## 四、构建"三个上鼓"，为国家作更多贡献

上鼓公司"十二五"期间根据"创新驱动、转型发展"和"再次创业"的要求，提出了构建"三个上鼓（科技高端的上鼓、优质规范的上鼓、整洁和谐的上鼓）"的愿景。

上鼓公司打造"科技高端"，突出创新重点，明确主攻方向，集中精力发展三大主导产品业务板块。一是第四代核电站高温气冷堆关键设备主氦风机、燃料球输送压缩机，以及在汽车风洞风机基础上的其他用途的风洞风机，在这一板块中，要确保占领制高点，形成上鼓公司技术领先的新亮点。二是离心压缩机。以电站综合利用脱硫蒸汽压缩机以及各类工业用大型离心压缩机为主，在这板块中，要加大发展力度，加快发展速度，形成主要增长点。三是离心式和轴流式风机及其服务。在这板块中，要稳固市场份额，力争有所提高，特别是大力提升服务业绩，形成盈利支撑点。

# 以肩负重大装备国产化为使命
# 以奉献清洁能源为己任
## ——华锐风电科技（集团）股份有限公司

华锐风电科技（集团）股份有限公司（以下简称"华税风电"，股票代码：601558）是我国第一家自主开发、设计、制造和销售适应全球不同风资源和环境条件的大型陆地、海上和潮间带风电机组的专业化高新技术企业，并在我国率先自主开发出全球领先的 5MW、6MW 系列风电机组。华锐风电实现了跨越式发展，截至 2011 年底，累计风电装机容量达 12 989MW，国内排名第一。

华锐风电肩负重大装备国产化的历史使命，以奉献清洁能源为己任，以"挑战、创新、超越"为核心企业文化，以技术创新、国产化、规模化、大型化、国际化、服务一体化作为长期发展战略，创造了我国风电设备制造业多个第一和奇迹，在海上风电机组研发和海上风电工程方面：第一家完成了具有自主知识产权的国际主流、技术先进的 3MW 系列陆地、海上及潮间带风电机组的研制工作，并批量生产；第一家完成了拥有自主知识产权的我国首台 5MW 风电机组的研发和制造，在上海东海大桥海上风电场二期工程成功吊装，目前已并网发电；第一家成功自主研发、制造和安装全球目前单机容量最大的 6MW 风电机组；为欧洲以外全球第一个海上风电场、国内第一个国家海上风电示范工程——上海东海大桥风电场提供了全部 34 台 3MW 风电机组，目前所有机组运行良好。

## 一、主营产品系列

SL1500、SL3000、SL5000、SL6000 系列风力发电机组是国内第一家自主研发、具有完全自主知识产权的电网友好型风电机组。

### 1. SL1500 系列风力发电机组

SL1500 系列风力发电机组采用先进的变桨变速恒频双馈发电技术，具有运行可靠、电网友好、技术成熟等特点，可以满足不同的气候和海拔高度、多种风资源条件要求。华锐风电作为国内第一家自主创新开发适应全部风区类型的兆瓦级风电机组制造企业，从 2005 年 5 月至今已先后完成了 SL1500 系列电网友好型风力发电机组的设计开发、样机安装/调试/运行、鉴衡认证、GL 认证和批量生产等一系列工作。

### 2. SL3000 系列风力发电机组

SL3000 系列风力发电机组是国内第一家自主研发、具有完全自主知识产权的陆地和海上主流风电机组，采用先进的变桨变速双馈发电技术，分为四大系列：50Hz 海上及潮间带系列风电机组、60Hz 海上及潮间带系列风电机组、50Hz 陆地系列风电机组、60Hz 陆地系列风电机组，可以满足不同气候、不同风资源条件、不同电网技术要求等多种要求。

SL3000 系列风力发电机组额定功率 3 000kW，叶轮直径 90/100/105/113m，轮毂高度 80/90/100/110m，采用多项全球首创专利技术，具备低电压穿越能力，适应全球所有风区类型、环境条件和电网并网导则要求。2009 年 11 月，该系列机组技术荣获"2009 中国国际工业博览会金奖"；2011 年 2 月，荣获"2010 年度江苏省科学技术奖一等奖"；2011 年 11 月，荣获"国家能源科技进步奖一等奖"。

### 3. SL5000 系列风力发电机组

SL5000 系列风力发电机组是国内第一家自主研发、具有完全自主知识产权、全球技术领先的电网友好超大型风电机组，机组采用先进的变桨变速双馈发电技术。风电机组大型化是全球风电发展的必然趋势，5MW 及以上风电机组具有单机容量大、发电效率更高、经济性更好等优点，是陆地和海上风电未来的主流机型。

### 4. SL6000 系列风力发电机组

SL6000 系列风力发电机组是全球技术领先的风电机组。SL6000 海上机型的开发是基于华锐风电多年海上风电装备研发、生产、应用的经验，采用了高可靠的冗余设计和全新的主传动链、特殊防腐系统等先进技术，应用了成熟的齿轮增速传动和高速鼠笼/双馈发电机技术，配置了并网特性优越的大容量变频、在线状态监测、全面自维护吊车、电动独立变桨、周全的防雷装置、电梯和直升机平台等装置，保证了海上风机的高可靠性和经济性。

## 二、科研实力

研发团队方面，华锐风电拥有一支由具有博士、硕士学位以及丰富的风电开发经验的技术人员组成的 600 多人的研发队伍，涵盖空气动力学、数值分析、机械、液压、电气工程、自动控制及软件开发等相关专业，主要负责风电机组技术及关键零部件的研发、样机的试制试验、现场试验及运行维护优化等研究开发工作。研发团队完成及正在承担国家"863"计划、科技部、国家能源局、江苏省、吉林省等多项国家和省市科技研发项目，以及世界银行等国际风电技术开发项目，科研成果分别获得过"江苏省科学技术奖一等奖"和"国家能源科技进步奖一等奖"。现承担的国家"10MW 级"风电机组技术开发项目，处于世界风电技术领先位置。

华锐风电负责建设的"国家能源海上风电技术装备研发中心"是由国家能源局批准建立的国内唯一以海上风电技术装备为研究对象的国家级研发中心，拥有目前全球测试能力最大、测试功能最全、技术最为领先的 15MW 级整机综合测试平台及齿轮箱、发电机、叶片等关键部件大型测试平台。

知识产权及认证方面，华锐风电目前已拥有授权专利 90 项，其中发明专利 6 项，位列国内同行业专利申请总量第一。同时，华锐风电自主研发国际领先的 1.5MW、3MW、5MW、6MW 陆地、海上及潮间带风电机组系列产品全面开展了鉴衡认证和 GL、TUV 等国际认证，主流产品已获得相关认证。

## 三、市场拓展情况

华锐风电先后承担了国家风电特许权二期、三期、四期、五期项目、国家重大专项华能阜新风电项目、国家河北张北特许权百万千瓦风电基地项目、甘肃千万千瓦级风电基地和国内第一个 3MW 海上风电场工程——上海东海大桥 10 万 kW 项目的设备供应任务。近期承担的重大海上风电项目共计 100 万 kW：江苏滨海 30 万 kW 国家首轮海上风电特许权项目；江苏射阳 30 万 kW 国家首轮海上风电特许权项目；江苏大丰 C4 国家潮间带 30 万 kW 示范项目；上海临港海上风电一期 10 万 kW 示范项目，将采用 17 台目前世界上单机容量最大的 6MW 风电机组。

国际市场开拓方面，随着华锐风电"海上和海外"两海战略的实施，国际市场开拓有序展开，已经完成北美洲、南美洲、大洋洲、亚洲、欧洲和非洲等区域海外子公司的设立，并在美国、巴西、印度、南非等国家实现出口和装机。

## 四、质量与安全管理

华锐风电建立了完善的质量保证体系，并通过了 ISO9001 质量管理体系认证及 ISO14000 环境管理体系认证，系列产品通过 GL 认证、鉴衡认证和 TUV 认证。

建立了国际一流水平的风电供应链和国内最稳定的配套产业联盟，对所有配套件进行全过程的质量监理。

建立了完善的齿轮箱、变桨系统、控制系统、整机等关键部件试验平台，确保每台机组零故障出厂。

原材料采购、零部件生产、总装、出厂前试验、风电机组的安装调试等各环节都采取了严格的全过程质量控制措施，持续督导配套商，在产品性能、质量、服务等方面进行持续的改进和提升。

建立了完善的信息反馈系统，所有新装机组均配置在线监控系统，实现产品质量和运行维护信息管理，达到故障预警前期处理的质量完善管理系统。

具有一流的质量管理队伍，实现全员质量管理。

## 五、发展大事记

2004 年

10 月，首家引进世界主流机型 1.5MW 风电机组技术。

2006 年

全年生产 1.5MW 风电机组 100 台。

6 月，我国第一台国产化 1.5MW 风电机组下线，9 月该机组并网发电。

2007 年

全年生产 1.5MW 风电机组 500 台。

4 月，我国第一个国产化兆瓦级风电场——华能威海一期 13 台风电机组一次性通过预验收。

2008 年

全年新增装机 1.5MW 风电机组 935 台，首台 3MW 海上风电机组下线，新增装机容量 1 403MW，排名国内第一，全球第七。

7 月，甘肃千万千瓦级风电项目（一期 380 万 kW）中标 180 万 kW。

12 月，国内第一台 3MW 海上风电机组下线。

2009 年

全年新增装机 1.5MW、3MW 风电机组共计 2 317 台，新增装机容量 3 510MW，排名国内第一、全球第三。

3 月 20 日，国内第一台 3MW 海上风电机组一次整体安装成功。

4 月，内蒙古、河北 525 万 kW 国家特许权项目中标 200 万 kW。

2010 年

全年新增装机 1.5MW、3MW 风电机组共计 2 903 台，新增装机容量 4 386MW，排名国内第一、全球第二。

2 月 27 日，上海东海大桥 10 万 kW 海上风电示范项目 34 台 3MW 海上风电机组全部整体安装成功；6 月 8 日，全部机组并网发电；8 月 31 日，顺利完成 240h 预验收考核。

10 月，国内第一台单机容量最大的 5MW 风电机组正式出产；国家首轮 100 万 kW 海上风电特许权中标 60 万 kW。

2011 年

1 月 13 日，在上海证券交易所 A 股主板成功上市，股票代码 601558。

5 月，成功研发的全球领先、国内单机容量最大的 6MW 风电机组隆重出产。

9 月 6 日，国内第一台 5MW 海上风电机组一次整体安装成功。

10 月 8 日，国内第一台 6MW 风电机组样机在江苏射阳临港产业基地安装成功。

12 月，全球第一个潮间带示范项目——龙源江苏如东风电场 19 台 3MW 风电机组全部并网发电。

2012 年

2 月，2 台 3MW 风电机组在瑞典投入运营。

4 月，针对分散式风电开发的云南楚雄风电装备制造基地项目启动。

4 月，与丹麦米塔公司合作，联合开发新一代风电机组控制系统。

6 月，"10MW 级超大型海上风电机组研制及示范"项目列为国家科研项目。

7 月，与德国 TüV NORD 签订 6MW 风电机组认证合同。

8 月，上海东海大桥华锐风电 34 台 3MW 海上风电机组通过 50 年一遇的"海葵"台风考验；5MW 海上风电机组在上海东海大桥二期项目一次性通过 240h 预验收考核。

12 月，华锐风电 1.5MW 和 3MW 风电机组通过了全球权威认证机构 Intertek 天祥集团的 ETL 认证。

# 立足光伏谋跨越　敢向高端争一流

## ——山西潞安太阳能科技有限责任公司

山西潞安太阳能科技有限责任公司（以下简称"潞安太阳能"），成立于 2009 年 5 月，是中国百强企业——山西潞安集团的子公司。公司位于山西省长治市漳泽新型工业园区，注册资本金 11 亿元，是一家专业从事太阳能研发、制造、销售、太阳能发电、技术咨询、系统集成、贸易为一体的高科技新能源光伏企业，是"山西省百强潜力企业"和"转型跨越新锐企业"。公司秉承"追求卓越、科技创新、绿色低碳、成就未来"的理念，矢志打造国内领先、世界一流的太阳能光伏企业。2012 年，在"全球新能源企业 500 强"评比中，潞安太阳能公司位列第 194 位，在中国上榜企业中位居第 44 位，因发展迅猛，成长性好，还被特别授予"最具成长性企业奖"。

公司承建的潞安年产 1GW 太阳能光伏垂直一体化产品项目，是山西省"十二五"期间重点推进的 56 个重大工业项目之一。项目总投资 108 亿元，总用地面积 56.67hm²，总建筑面积 35 万 m²，分两期建设，一期规模为 240MW，二期规模为 760MW。项目采用垂直一体化产业模式，实现了硅料清洗、单晶拉棒、多晶铸锭、硅片切割、高效电池生产到组件封装、系统集成、光伏电站建设的流程全覆盖。

2009 年 9 月~2010 年 7 月，是公司一期年产 240MW 工程土建阶段。2009 年 9 月 5 日公司奠基开工，在 2010 年 7 月项目一期土建工程就全面完工，建筑总面积高达 13 万多 m²，被有关方面赞誉为"创造了潞安集团建设史上、速度最快、工期最短、质量最优的记录"。

一期土建主体工程完工后，潞安太阳能公司开始了一期设备的安装和调试工作。仅仅 40 多天，公司电池分厂 1、2 线电池生产线设备就全部安装、调试完成，并在 2010 年 9 月 1 日成功生产出了第一片太阳能电池。2010 年 10 月 25 日，省委书记袁纯清和省长王君莅临潞安太阳能公司视察指导，给予了高度评价，并提出了殷切希望。

2011 年，潞安太阳能公司项目建设按照集团公司的要求继续稳步推进，一期年产 240MW 垂直一体化工程进展顺利，打通了从硅料清洗、拉制单晶、多晶铸锭、硅片制备到高效太阳能电池和组件生产、系统集成及光伏电站建设的垂直一体化产业链条，具备了 240MW 太阳能电池产能。公司全年共生产 63MW 高效太阳能电池，完成销售收入 10.2 亿元，超额完成了集团公司下达的任务指标。

2012 年，在山西省委省政府、长治市委市政府的大力支持和各级领导的关心帮助下，太阳能公司全体员工深刻领会科学发展观，团结一心，攻坚克难，战胜了市场低迷、欧债危机、美国"双反"等诸多不利因素带来的挑战，全面完成了年初制定的各项任务目标。全年主要工作完成情况如下。

## 一、目标化管理，网络化推进，刚性化考核，在项目又好又快建设和企业又好又快发展上取得新突破

2012 年，潞安太阳能的建设者们发扬"艰苦奋

斗，与天为党"的潞安精神，按照年度任务目标要求，明确责任，分解到人，刚性考核，克服了重重困难，公司生产经营和项目建设各项工作稳步推进。全年共生产高效太阳能电池 240MW，实现销售收入 36.7 亿元。项目一期 240MW/a 工程已全部建设完毕。项目二期 760MW/a 工程所有手续已全部办理完毕，已先期建成 201 电池厂房、110kV 变电站、空分站，正抓紧建设配套线路工程等，7~12 线进口电池线设备于 2012 年 7 月开始陆续到厂安装调试，配套工艺设备同期开展安装工作，年底已全部完成，公司具备了 600MW 电池生产能力。

## 二、大力开拓国际国内两个市场，积极布局大型并网光伏电站建设，市场影响力显著提升

2012 年，潞安太阳能公司积极开拓国际国内两个市场，先后派员参加了上海第六届国际太阳能光伏展、哈尔滨新材料展和山西省第五届高新技术洽谈会，与国内外知名光伏企业、设备商和产品应用商交流了信息，加强了联系。特别是 2012 年 5 月 17 日，公司在上海第六届 SNEC 国际光伏展会期间，隆重召开新闻发布会，推出了新一代"潞安高效"光伏电池。与传统工艺相比，采用新工艺的单晶电池片平均转换效率达 19.8% 以上，国内独此一家，国际上也名列前茅。公司产品还先后通过德国莱茵 TUV 认证、美国 UL 认证、欧盟 CE 认证和中国金太阳认证，取得了 ISO9000 质量体系认证，已在国际国内市场打响了潞安太阳能品牌。

国际市场方面，潞安太阳能公司积极为危机后的市场竞争作准备。上海营销中心已在 2012 年 4 月正式运作，正与欧洲部分渠道商合作，试销公司的高效单晶光伏产品。

由于我国 2012 年相继出台了一系列光伏利好政策，国内市场全面启动在即，为此，潞安太阳能公司将市场开拓的重心放在国内市场上，重点放在与国内五大电力集团的合作上，共在云南永仁、江苏东台、甘肃民勤、吕梁、大连等地建成总容量超

过 100MW 的光伏电站和大型商业用电项目，其中在云南永仁建设的 50MW 光伏电站是目前亚洲最大的山地并网光伏电站，每年可提供 6 594 万 kW·h 绿色电能，根据火电站能耗测算，每年可节约标准煤 2.68 万 t，减排二氧化碳约 5.4 万 t，对于改变地区能源结构、推动我国光伏产业发展具有明显带动作用。

公司还积极承担国有企业的社会责任，在吕梁兴县康宁镇两所小学援建了容量为 43.2kW 的光伏电站项目，已于 2012 年 5 月 20 日完工并交付使用，极大改善了偏远山区学校的教学、生活条件。

## 三、不断提升企业管理水平，努力打造适合自身发展需要的现代化的企业管理模式

2012 年，潞安太阳能公司通过试点精益管理，不断深化对标管理，坚持绩效考核管理，在原有基础上有效提升了企业内部管理水平，企业管理水平再上新台阶。

（1）扎实推进精益管理。公司作为潞安集团精益化管理第一个试点单位，以拉晶车间为切入点，全面导入精益生产模式，在生产现场全面导入精益管理的七大模块，建立了可持续改善的平台，进一步提升了企业竞争力。

（2）对标管理有序开展。公司自年初开始实施对标管理工作以来，通过下发实施方案、宣传发动、理顺流程、查找分析、确定标杆、持续改善、评价验证等多个阶段的有序推进，已形成"纵向对标到底、横向对标到边、人人承担指标，人人关心指标"的良好局面。特别是在工艺指标对标上，取得了可喜进展，全年 11 项工艺指标中已有 10 项指标达到和超过了对标标杆值。

（3）加大了绩效考核工作力度。2012 年，公司把岗位工资的 1/3 活化，与岗位奖金一起作为绩效考核调节，并与销售额、质量、产量、效益四项指标挂钩刚性浮动考核。对职能部门实行基数浮动加工作绩效考核。对分厂、车间的考核实行基层单位

和管理层联动分别考核。车间员工实行工资和奖金100%与6S考核分数挂钩考核。极大地调动了部门、车间和广大员工的积极性，发挥了考核的激励奖惩作用。

## 四、建立和完善了党建工作体系，为企业的发展提供了坚实的思想和政治保障

作为一家新能源高科技光伏企业，潞安太阳能公司兼具技术密集、资金密集、人才密集的特点，设备自动化程度高，工艺流程复杂，市场竞争激烈，在组织结构和管理模式上与煤炭企业相比有着很大的不同。如何探索适应自身发展实际的企业党建工作机制，是潞安太阳能公司党建工作的重点和难点，也是体现公司党建工作能不能实现科学发展、能不能促进公司科学发展的重要问题。2012年，潞安太阳能公司把项目建设作为党建工作的立足点，在公司发展过程中，一手抓项目建设，一手抓企业党建工作，找准切入点，明确落脚点，制定出适合公司实际情况的党建规划，实现了公司党建工作的全面协调和可持续发展。今后，潞安太阳能公司将继续探索新能源光伏企业党建新路子，建立和完善适合公司体制的党建评价和考核体系，为企业的发展提供坚实的思想和政治保障。

# 坚持人才兴业　共同发展电力、热力事业

## ——中国长江动力集团有限公司

中国长江动力集团有限公司（以下简称"长动集团"）是中国航天科技集团公司旗下的专业子公司，具有对外经贸自主经营权，注册资本为 2.5055 亿元。长动集团是国家电力设备设计、制造、电厂建设工程施工总承包的大型企业集团，前身中国长江动力公司（集团）是由武汉市人民政府国有资产监督管理委员会履行出资人职责的国有独资公司，2012 年 4 月 28 日完成公司制改制。2012 年 8 月 7 日，经国务院国资委批准，长动集团与航天科技集团重组，武汉市将其持有的长动集团 80% 的国有产权无偿划转到航天科技集团。2012 年 8 月 28 日完成工商变更登记，2012 年 9 月 5 日重组后的新公司正式揭牌。

## 一、业务状况

长动集团主营业务：电站设备、动力设备、电气设备的生产与销售；组织与上述有关成套工程的制造、安装、调试与总承包；大型专用结构件的设计、制造与安装；特种大型装备的设计、制造与安装等。

公司现有主导产品为 155MW 及以下热电联供机组和 50MW 及以下水电机组，主要用于钢铁、石油、化工、电解铝、冶金、制糖、水泥、造纸、煤炭、生物质发电、垃圾焚烧发电、余压余热综合利用、直接供热等领域，并出口到美国、加拿大、印度、越南等 10 多个国家。

50 多年来，长动集团已先后研制出 15.5 万 kW

以下超高压、高压、次高压、中压、低压余热利用 5 大系列、6 大型式、600 多种汽轮机，3~550m 水头范围的轴流式、冲击式、混流式、贯流式四种型式水轮机，以及 20 万 kW 以下的汽轮发电机、水轮发电机。长动集团已累计生产火力发电机组 2 400 多台，水力发电机组 400 多台。采用全三维技术设计的热电联供汽轮发电机组被原国家经贸委授予"2000 年国家重点新产品"称号，自主开发设计的 12.5 万 kW 空内冷汽轮发电机被原国家经贸委授予"2002 年国家重点新产品"称号。

长动集团于 1997 年取得中国华信技术检验有限公司、美国 FMRC 和荷兰 RVA ISO9001 质量体系认证证书，同年取得国家安全特级企业证书；2008 年取得职业健康安全管理体系和环境管理体系认证证书。

长动集团具有电力工程施工总承包二级资质、海外承包工程资质和建筑施工安全生产许可资质。长动集团在国内率先开发了电站工程勘测、设计、设备制造、建筑、安装、调试、运行的总承包及合资、合作兴办电厂的经营模式，取得了良好的经济效益和社会效益。自 1986 年首次以总承包方式成功地承建了天津碱厂自备电厂之后，至今已承建了 10 多座火电厂和水电站，安装汽轮发电机及电站锅炉上百台（套），总装机容量超过 200 万 kW，以总承包方式承建并负责营运管理的各类电厂成效显著，深得合作伙伴的好评。

近几年来，长动集团先后荣获全国五一劳动奖状、湖北省优秀企业、湖北省国有企业改革先进企

业、湖北省先进基层党组织、湖北省国有企业创建"四好"领导班子先进集体、武汉市管理样板企业、武汉市企业"十佳"党组织、武汉市国资委学习型党组织建设先进单位等多项荣誉。公司资信等级连年被评定为 AAA 级。

## 二、人员和财务状况

长动集团现有在册员工 2 605 人，离退休人员 3 579 人。在册员工中，硕士以上学历 48 人，本科学历391 人；中层以上管理人员 147 人，一线生产人员 1 048 人，各类工程技术人员 298 人；享受国家及省市级津贴专家 14 人，高级工程师 86 人，工程师 133 人。

截至 2011 年底，长动集团资产总额 26.6 亿元。2005~2011 年，长动集团完成工业总产值 111 829 万元，销售收入 105 246 万元，实现利税 19 502 万元；2011 年完成营业总收入约 10.56 亿元，上缴税收 8 000 万元，利润总额 1.15 亿元。

# 坚持创新驱动促进发展　开发绿色能源造福社会

## ——北京京城新能源有限公司

北京京城新能源有限公司（以下简称"京城新能源"）是集风电产品技术研发、制造、售后服务以及风电场投资、建设、运营等业务于一体的新能源企业。面对激烈的风电市场竞争环境，京城新能源从实际出发，加快转变经济发展方式，把风电技术创新作为推动发展的着力点，加快风电技术研发，努力为社会提供绿色能源，推动京城新能源持续较快发展。

## 一、加快技术创新步伐，形成风电机组系列产品，打造核心竞争优势

京城新能源在引进消化吸收国外先进风电技术的同时，以市场和用户需求为导向，加快技术创新和研发体系的建立，加强专业人才队伍建设，搭建完备先进的软硬件开发平台，全面推进 PLM 产品上线管理和产品开发三维建模系统的全面应用，进一步提升了产品开发效率和开发质量，取得了风电技术自主研发的新突破。京城新能源针对国内高原地区环境条件，充分考虑高原地区风速低、空气密度低、雷暴频繁等特点，自主开发完成了风轮直径为 93m 的 1.5MW 低温高原型双馈风力发电机组的设计，并成功推向市场，现已完成 33 台机组装配并交付用户。2MW 全功率高速同步风力发电机组在传统双馈和直驱技术基础上进行了集成创新，具有直驱技术的全功率并网特点，属于新一代电网友好型技术，并已通过低电压穿越能力测试，取得了合格证书，为产品批量进入市场奠定了基础。3MW

海陆两用型全功率变频风电机组已完成技术准备、供应链搭建和样机试制工作。5MW 海用型全功率变频风电技术准备工作已经完成，正在对样机装配及安装地点进行调研。京城新能源加大科研开发力度，对长叶片机组结构优化进行攻关，完成了风轮直径 103m 的 2MW 机组的设计方案、风轮直径 109m 机组的产品设计，结合 3MW 和 5MW 海上风机技术的引进消化吸收，进行了海上风电项目建设研究的课题攻关等。京城新能源坚持创新驱动发展，努力形成适应性强的风电机组系列化，提高核心竞争力，推动企业发展。

## 二、加大市场开拓，高质量、高效率装配产成风电机组，造福社会

京城新能源强化市场意识，创新营销模式，大力开拓市场，实现了市场订单新突破。2012 年，相继签订了青海格尔木小灶火一期 33 台 1.5MW 高原低温型风电机组设备合同、内蒙古克旗骆驼台子风电场工程 25 台 2MW 风力发电机组设备合同、内蒙古常胜梁风电场建设项目、沅江漉湖风电场一期工程 25 台 2MW 全功率高速同步风力发电机组设备合同等，为京城新能源发展奠定了市场基础。京城新能源变压力为动力，全力组织生产运营，全面履约合同。特别是在打赢青海格尔木小灶火一期 33 台 1.5MW 风电机组装配攻坚战中，公司领导现场指挥协调工作，鼓舞一线员工士气，安全生产部风机装配车间员工连续奋战，攻坚克难，技术、质

量、物资采购等部门大力协作配合，为风机装配任务完成提供技术支持、物资供给和质量保障，确保了青海格尔木小灶火 33 台 1.5MW 风电机组按期全部产成启运青海。

京城新能源将一如既往加快转变经济发展方式，以市场为导向，坚持创新驱动发展，不断提升风电技术研发能力和技术水平，并应用于风电机组的开发设计中，努力形成 1.5MW、2MW、3MW、5MW 不同容量，适应高原、低温、沿海及海上、不同风速区域等环境的风电机组产品系列，打造核心竞争优势，为用户提供优质高效的绿色能源，造福社会，造福人民。

# 推进阀门国产化　努力打造民族品牌

## ——超达阀门集团股份有限公司

超达阀门集团股份有限公司创办于 1984 年，由浙江超达阀门股份有限公司于 2013 年升级为超达阀门集团（以下简称"超达"），超达长期坚持自主创新发展之路，积极调整产品结构，全面提升企业的综合竞争能力，挑起国家重大装备阀门国产化重担。先后成功开发了金属硬密封高温球阀、煤化工黑水、灰水煤浆用特种金属硬密封球阀、煤气化装置用锁渣阀、深海海底取样控制装置和阀门、抗硫天然气高压阀门、多晶硅高清洁耐磨球阀等一批国产化关键阀门，并成功应用于多项国家重大工程项目，为我国重大装备的阀门国产化作出了积极贡献。

公司被评为国家重点高新技术企业，中国阀门协会副理事长单位，中石化、中石油和中海油集团高中压阀门一级供应网络成员单位，浙江省纳税信用 AAA 级企业，浙江省著名商标，浙江省名牌产品，浙江省创新型试点企业，浙江省重点企业技术创新团队，浙江省专利示范企业，浙江省产学研合作示范企业，浙江省首批标准创新型企业等。

## 一、争挑重担，关键阀门国产化取得突破性成果

作为国家重点高新技术企业，超达始终坚持技术创新，以满足高端客户需求为目标，主动承担国家重点工程项目阀门国产化攻关工作，多项成果达到了国内领先水平。先后研制开发了 40 多种阀门新产品，荣获 65 项国家专利、4 项国家火炬计划项目、2 项国家重点新产品、11 项省级新产品、2 项中国机械工业科学技术二等奖、2 项中国机械工业科学技术三等奖、12 项省市县科学技术奖。其中，金属硬密封高温球阀，灰水黑水灰浆及煤浆用特种金属硬密封球阀、高参数金属硬密封耐磨球阀、大口径无外泄漏波纹管闸阀 4 项荣获国家火炬计划项目；金属硬密封高温球阀、灰浆灰水及黑水用特种金属硬密封球阀分别荣获国家重点新产品；对夹式止回阀、金属硬密封提升式旋塞阀、组合式三通阀、负压安全阀、金属硬密封高温球阀、波纹管闸阀、特种金属硬密封球阀、深海海底取样装置及阀门、内装式无外泄漏对夹式止回阀、煤气化装置用锁渣阀、耐磨球阀等通过了省级新产品验收。这些阀门以前大部分依赖进口，价格昂贵，供货周期长，用户迫切希望能够国产化。超达根据市场需求，全力以赴投入进口阀门国产化工作，取得了突破性成果。

### 1. 高参数金属硬密封耐磨球阀

我国是用油大国，但也是严重缺油的国家，出于能源战略安全考虑，国家决定在神华集团投资建设全球第一套百万吨级煤直接液化制油项目。由于该项目在国内外没有先例，在装置的建设和试运行过程中需要不断对设计进行改进和完善，尤其是装置的改造需要大量特殊阀门，由于时间紧迫，只能由国内企业研制供货。超达作为我国金属硬密封耐磨球阀领域最具实力的企业，被国务院国资委确定为联动试车保障组成员唯一的阀门企业，承担了该项目大量特殊耐磨球阀的研制和开发工作。超达阀

门在项目的试车中性能良好，运行良好。为了实现装置长周期稳定运行，超达又承担并完成了该项目关键阀门备品备件和神华煤间接液化工程的国产化工作，为今后煤制油项目的安全、平稳、可靠的运行提供了有力保障。高参数金属硬密封耐磨球阀荣获2010年国家火炬计划项目，该产品拥有42项国家专利技术。

世界500强企业德国巴斯夫（BASF）、美国亨斯迈（Huntsman）和上海联恒在上海化学工业园投资10亿美元兴建的联合异氰酸酯项目，采用了超达3 000多台金属硬密封球阀以及两万多台其他各类阀门（包括应用于光气的球阀），成为该项目我国阀门最大供应商。

## 2. 灰水、黑水及煤浆用特种金属硬密封球阀

灰水、黑水及煤浆用特种金属硬密封球阀是煤化工气化装置的关键设备，由于该系统工况不但压力高、温度高、具有一定的腐蚀性，而且介质中含有大量的硬固体颗粒，介质特别容易黏结，过去该类产品基本依赖进口。2005年，超达开始自主研发，通过对用户的详细调研，针对苛刻的工况条件，对阀门的结构设计、材料选用、制造工艺进行了大量的研究、改进和创新，先后获得了多项国家专利。该产品经过性能试验和长期的工况考核和使用，在密封性能、使用寿命、操作扭矩等关键指标上完全达到和超过了国外先进水平，改变了我国煤化工阀门完全依赖进口的局面，大大提高了我国特种金属硬密封球阀的国际竞争力。该产品为公司带来了良好的经济效益，累计产值4.32亿元，累计利税6 223万元，为国家节约资金8.98亿元，该产品荣获国家重点新产品、中国机械工业科学技术二等奖和浙江省科学技术二等奖等。

## 3. 煤气化装置用锁渣阀

锁渣阀是用于煤化工气化装置的关键阀门，用于煤气化后煤渣的排放，该阀门的使用条件非常苛刻，高温、高压、煤渣介质硬度非常高，半小时启闭一次，连续运作，阀门口径大，启闭速度快，一般为3~10秒，而且要求阀门密封性能好，可靠性

高。该阀门原来基本上被国外阀门企业所垄断，价格昂贵，交货期长，服务维修跟不上。超达通过大量的用户调研，针对锁渣阀的技术难点，在产品的结构设计和工艺上进行了大量的改进和技术创新，研制开发的锁渣阀产品结构设计科学合理，阀门的耐磨性、可靠性和使用寿命大大提高。产品先后在淮化集团、兖矿集团、鲁南化肥、中石化齐鲁分公司、内蒙古三维煤化科技集团、滕州凤凰化肥厂、内蒙古金诚泰等10多家煤化工国家重点工程项目上成功应用，使用寿命已经超过国外同类进口产品，彻底打破了国外企业对该产品的垄断。该产品荣获中国机械工业科学技术二等奖和2项发明专利。

## 4. 催化汽油吸附脱硫装置用高温耐磨球阀

中石化催化汽油吸附脱硫装置采用美国康菲斯公司专利技术，生产符合欧IV标准的低硫高清洁汽油，超达积极承担了开发该装置用高温耐磨球阀，其主要难点在于耐高温（420~550℃）、耐冲刷、耐腐蚀，含硫，具有应力腐蚀，密封性能要求高、要求的使用寿命长，阀门的结构设计要求满足高温高循环的应用要求。超达通过自主研发，成功开发了气动高温金属密封耐磨球阀，并于2007年以来先后为中石化燕山石化、长岭炼化和广州石化提供了该产品，经过3年运行，性能良好，为阀门国产化作出了贡献。

## 5. 多晶硅高清洁耐磨球阀

随着全球对气候问题的重视，清洁能源利用和减排成为我国能源发展的重点。针对国家实施光伏产业和低碳经济的基本国策，超达近年来研制开发了适用于光伏产业的多晶硅高清洁耐磨球阀。这些阀门原来都需要从国外进口，超达研制开发的产品满足了我国光伏产业发展需要，该产品结构新颖，耐磨性能好，已被江苏中能等10多家企业使用，至今已供货近万台，这些阀门运行后情况良好。超达已成为目前我国多晶硅高清洁耐磨球阀供货量最多的企业。

## 6. 燃气球阀和直埋式全焊接球阀

超达承担了用于北京奥运工程项目的天然气管

线球阀和直埋式全焊接球阀的研制与开发，共提供球阀 5 000 多台，主要运行在北京天然气管道系统和成品油管线以及国家体育场"鸟巢"工程控制主火炬燃料系统，质量稳定，性能可靠。2009 年，北京燃气集团赠送"鼎力支持，共保奥运"锦旗，对超达为奥运工程作出的贡献予以高度表扬。2010 年，超达收到北京燃气集团的感谢信，对超达为国庆 60 周年庆典期间燃气安全稳定供应的保障工作所作出的贡献予以高度表扬。

西气东输工程是我国重大的能源项目，超达先后为西气东输二线和涩宁兰复线工程提供了 5 000 多台锻造管线球阀。中石化普光气田是我国川气东送工程的主要气源，超达针对高含硫量的天然气介质，先后为普光气田提供了 8 000 多台抗硫高压球阀和高压平板闸阀，荣获中石化普光项目优秀服务供货商。

## 二、坚持技术创新，力做行业标准制定者

企业要在国内外高端市场争得一席之地，不能只做生产型企业，必须坚持技术创新。超达积极参与国家标准的制定，2009 年成为浙江省首批标准创新型企业。负责起草制定了 49 项国家标准和 26 项国家机械行业标准，是中国起草制定国家标准最多的阀门企业，负责起草制定的 JB/T8937-1999《对夹式止回阀》产品标准是我国民营企业起草的第一项阀门标准。

## 三、依靠技术创新，努力打造民族品牌

通过加大高新技术的投入，大大增强了企业的市场竞争力。历经了近 29 年的风雨拼搏，超达公司拥有了雄厚的技术力量，研发、设计和工艺水平均居于全国同行业前列。超达阀门董事长王汉洲说："我们的目标是要发展民族品牌，而健全的自主创新研发体系，也将有助于我们自身品牌的推广。如果阀门产业不能振兴，我国重大技术装备的制造和技术受制于他人，我们这一代阀门人都将不得安逸。为此，我们超达集团的目标也很明确，要创建民族品牌，把超达打造成为国际知名的阀门企业，这是我们的追求。公司必须进一步加强研发力量，不断优化产品设计，持续改进产品质量和服务质量，始终铭记超达作为民族工业的一分子其肩上所应该承担的责任和义务，再接再厉，不断创新，为我国阀门产业的振兴与发展作出应有贡献！"

# 加大科研投入与创新　阀门驱动装置见成果

## ——扬州电力设备修造厂

扬州电力设备修造厂隶属于中国能源建设集团有限公司，始建于 1969 年，占地 10 万余 m²，现有职工 460 人，总资产 2 亿余元，是国家中型企业、国家高新技术企业、江苏省创新型企业、江苏省科技型中小企业、江苏省"两化融合"试点企业、江苏省电力阀门驱动装置工程技术研究中心、江苏省企业技术中心、江苏省企业研究生工作站。主要产品是阀门驱动装置、辅机备品及服务、中低压开关成套设备等。

扬州电力设备修造厂是德国西门子公司许可证产品制造工厂、国内阀门驱动装置行业主导厂。1997 年，通过 ISO9001 质量体系认证；2009 年，取得中华人民共和国民用核安全设备设计/制造许可证、全国工业产品防爆电气生产许可证；2010 年，低压成套开关设备取得了国家强制性产品（CCC）认证；2012 年，通过测量管理体系（3A）认证。

扬州电力设备修造厂是全国阀门标准化技术委员会委员单位，过程控制与测量标准技术委员会 TC124/SC4 和 SC5 委员单位，电站阀门标准化技术委员会委员单位，现场总线 PROFIBUS CPO 委员单位。主持起草了国家标准 GB/T28270-2012《智能型阀门电动装置》、能源行业标准 NB/T 20093-2012《核电厂安全级阀门驱动装置的鉴定》、NB/T 20010.11-2010《压水堆核电厂阀门　第 11 部分：电动装置》和 NB/T 20010.12-2010《压水堆核电厂阀门　第 12 部分：气动装置》，作为主要起草单位参与起草了国家标准 GB/T 24923-2010《普通型阀门电动装置技术条件》和 GB/T 24922-2010《隔爆型阀门电动装置技术条件》。参与起草的国家标准《工业自动化产品安全要求　第 8 部分：电动执行机构的安全要求》近期将颁布实施。

扬州电力设备修造厂注重技术创新，近三年来不断加大研发费用投入，坚持产、学、研合作，增强创新能力。紧紧围绕核电、超（超）临界机组等尖端领域的技术需求，打造企业的核心竞争力。目前该厂已获得发明专利 5 项、实用新型专利 29 项、软件著作权 2 项、外观专利 8 项，申请发明专利 7 项，其中 6 项已进入实审阶段。

2012 年，扬州电力设备修造厂相继获得国家能源局"能源装备中央预算内投资项目〔超（超）临界火电机组及核电站用阀门驱动装置产业化〕"和江苏省科技厅"江苏省科技成果转化专项资金项目〔超（超）临界发电机组配套电动执行机构研发及其产业化〕"两项科技项目。2012 年 9 月，该厂核级气动执行机构样机顺利通过专家鉴定，填补了国内空白。

扬州电力设备修造厂主导产品阀门驱动装置已广泛应用于国内发电企业、石油、石化、冶金、轻工、自来水及污水处理工程，并出口印度、巴基斯坦、孟加拉、马来西亚、印度尼西亚等国；备品、备件已广泛应用于国内发电企业；中低压成套开关设备广泛应用于农网改造、变电站、居民小区、工矿企业等配电工程。

# 大力支持我国能源装备制造业发展

## ——国家开发银行

国家开发银行作为我国中长期投融资领域主力银行，致力于服务国家战略。能源装备是关系国计民生及国家经济发展的重要产业，开发银行历来重视我国能源装备行业的发展，支持了上海电气、东方电气、哈尔滨电气、西电集团、特变电工、天威保变、金风科技、华锐风电等一大批能源装备重点企业及重点项目。

开发银行成立之初，就支持了一批能源装备企业技术改造及产能建设项目，其中，以30亿元贷款支持了一系列三峡配套大型发电、输变电、铸锻件等关键装备生产能力建设，包括东方电气、哈电集团三峡发电设备技改、西电公司高压开关厂、高压电瓷厂高压输变电设备技改、二重集团三峡大型水电铸锻件技改等项目，有力地保障了三峡工程的顺利建设。

"十一五"初期，开发银行以24亿元贷款支持西电集团超高压、特高压交/直流输变电成套设备产业化项目，促进西电集团自主创新能力和竞争力迅速提升，成为国家多个特高压输电线路的主要设备供应商。

近年来，国家出台一系列政策，支持我国新能源装备、海洋工程装备等战略性新兴产业的发展，并鼓励我国企业拓展海外市场。开发银行积极贯彻国家相关产业政策，大力支持新能源装备等产业技术研发、产能建设及"走出去"业务，具体如下：

核电装备方面，开发银行积极贯彻落实国家能源战略，大力支持我国核电建设，先后支持了岭澳一期、秦山二期、秦山三期等多个项目，带动了核电装备制造业的产品销售，为我国核电及核电装备行业的发展作出了重要贡献。开发银行支持的重点企业包括：中国核工业集团、中国广东核电集团、二重集团、台海集团等。

风电装备方面，开发银行积极推进风电装备产业大型化、国际化，培育具有国际竞争力的风电装备制造企业。2012年，开发银行风电行业承诺贷款超过500亿元，支持装机容量约800万kW，超过当年新增风电装机容量的50%，有力地支持了风电制造企业发展，树立了国内风电融资主力行的品牌地位。

海洋石油钻井平台方面，开发银行融资支持中集集团并购全球领先的海洋工程装备制造商——新加坡莱佛士；支持中集集团、振华重工、大连船舶重工集团等企业研发、制造海上钻井平台等海洋工程装备，推动了我国海洋工程装备的发展。

"走出去"方面，2010年以来，开发银行向金风科技、华锐风电、西电集团、特变电工、汉能集团给予买方信贷、卖方信贷、出口保理、租赁保理授信合计72亿美元，助力企业开拓国际市场。

数据篇

### 表1 国内生产总值（本表按当年价格计算）

单位：亿元

| 年份 | 国民总收入 | 国内生产总值 | | | | | | 人均国内生产总值（元） |
|---|---|---|---|---|---|---|---|---|
| | | 总　计 | 第一产业 | 第二产业 | | | 第三产业 | |
| | | | | 总　计 | 其中：工业 | | | |
| 1978 | 3 645.2 | 3 645.2 | 1 027.5 | 1 745.2 | 1 607.0 | | 872.5 | 381 |
| 1979 | 4 062.6 | 4 062.6 | 1 270.2 | 1 913.5 | 1 769.7 | | 878.9 | 419 |
| 1980 | 4 545.6 | 4 545.6 | 1 371.6 | 2 192.0 | 1 996.5 | | 982.0 | 463 |
| 1981 | 4 889.5 | 4 891.6 | 1 559.5 | 2 255.5 | 2 048.4 | | 1 076.6 | 492 |
| 1982 | 5 330.5 | 5 323.4 | 1 777.4 | 2 383.0 | 2 162.3 | | 1 163.0 | 528 |
| 1983 | 5 985.6 | 5 962.7 | 1 978.4 | 2 646.2 | 2 375.6 | | 1 338.1 | 583 |
| 1984 | 7 243.8 | 7 208.1 | 2 316.1 | 3 105.7 | 2 789.0 | | 1 786.3 | 695 |
| 1985 | 9 040.7 | 9 016.0 | 2 564.4 | 3 866.6 | 3 448.7 | | 2 585.0 | 858 |
| 1986 | 10 274.4 | 10 275.2 | 2 788.7 | 4 492.7 | 3 967.0 | | 2 993.8 | 963 |
| 1987 | 12 050.6 | 12 058.6 | 3 233.0 | 5 251.6 | 4 585.8 | | 3 574.0 | 1 112 |
| 1988 | 15 036.8 | 15 042.8 | 3 865.4 | 6 587.2 | 5 777.2 | | 4 590.3 | 1 366 |
| 1989 | 17 000.9 | 16 992.3 | 4 265.9 | 7 278.0 | 6 484.0 | | 5 448.4 | 1 519 |
| 1990 | 18 718.3 | 18 667.8 | 5 062.0 | 7 717.4 | 6 858.0 | | 5 888.4 | 1 644 |
| 1991 | 21 826.2 | 21 781.5 | 5 342.2 | 9 102.2 | 8 087.1 | | 7 337.1 | 1 893 |
| 1992 | 26 937.3 | 36 923.5 | 5 866.6 | 11 699.5 | 10 284.5 | | 9 357.4 | 2 311 |
| 1993 | 35 260.0 | 35 333.9 | 6 963.8 | 16 454.4 | 14 188.0 | | 11 915.7 | 2 998 |
| 1994 | 48 108.5 | 48 197.9 | 9 572.7 | 22 445.4 | 19 480.7 | | 16 179.8 | 4 044 |
| 1995 | 59 810.5 | 60 793.7 | 12 135.8 | 28 679.5 | 24 950.6 | | 19 978.5 | 5 046 |
| 1996 | 70 142.5 | 71 176.6 | 14 015.4 | 33 835.0 | 29 447.6 | | 23 326.2 | 5 846 |
| 1997 | 78 060.9 | 78 973.0 | 14 441.9 | 37 543.0 | 32 921.4 | | 26 988.1 | 6 420 |
| 1998 | 83 024.3 | 84 402.3 | 14 817.6 | 39 004.2 | 34 018.4 | | 30 580.5 | 6 796 |
| 1999 | 88 479.2 | 89 677.1 | 14 770.0 | 41 033.6 | 35 861.5 | | 33 873.4 | 7 159 |
| 2000 | 98 000.5 | 99 214.6 | 14 944.7 | 45 555.9 | 40 033.6 | | 38 714.0 | 7 858 |
| 2001 | 108 068.2 | 109 655.2 | 15 781.3 | 49 512.3 | 43 580.6 | | 44 361.6 | 8 622 |
| 2002 | 119 095.7 | 120 332.7 | 16 537.0 | 53 896.8 | 47 431.3 | | 49 898.9 | 9 398 |
| 2003 | 134 977.0 | 135 822.8 | 17 381.7 | 62 436.3 | 54 945.5 | | 56 004.7 | 10 542 |
| 2004 | 159 453.6 | 159 878.3 | 21 412.7 | 73 904.3 | 65 210.0 | | 64 561.3 | 12 336 |
| 2005 | 183 617.4 | 184 937.4 | 22 420.0 | 87 598.1 | 77 230.8 | | 74 919.3 | 14 185 |
| 2006 | 215 904.4 | 216 314.4 | 24 040.0 | 103 719.5 | 91 310.9 | | 88 554.9 | 16 500 |
| 2007 | 266 422.0 | 265 810.3 | 28 627.0 | 125 831.4 | 110 534.9 | | 111 351.9 | 20 169 |
| 2008 | 316 030.3 | 314 045.4 | 33 702.0 | 149 003.4 | 130 260.2 | | 131 340.0 | 23 708 |
| 2009 | 340 320.0 | 340 902.8 | 35 226.0 | 157 638.8 | 135 239.9 | | 148 038.0 | 25 608 |
| 2010 | 399 759.5 | 401 512.8 | 40 533.6 | 187 383.2 | 160 722.2 | | 173 596.0 | 30 015 |
| 2011 | 472 115.0 | 472 881.6 | 47 486.2 | 220 412.8 | 188 470.2 | | 204 982.5 | 35 181 |

注：①1980年以后国民总收入（原称国民生产总值）与国内生产总值的差额为国外净要素收入；②2011年为初步核实数据。
资料来源：国家统计局。

表 2 我国能源生产总量及构成

| 年　份 | 能源生产总量（万 t 标准煤） | 占能源生产总量的比重（%） | | | |
|---|---|---|---|---|---|
| | | 原　煤 | 原　油 | 天然气 | 水电、核电、风电 |
| 1978 | 62 770 | 70.3 | 23.7 | 2.9 | 3.1 |
| 1980 | 63 735 | 69.4 | 23.8 | 3.0 | 3.8 |
| 1985 | 85 546 | 72.8 | 20.9 | 2.0 | 4.3 |
| 1990 | 103 922 | 74.2 | 19.0 | 2.0 | 4.8 |
| 1991 | 104 844 | 74.1 | 19.2 | 2.0 | 4.7 |
| 1992 | 107 256 | 74.3 | 18.9 | 2.0 | 4.8 |
| 1993 | 111 059 | 74.0 | 18.7 | 2.0 | 5.3 |
| 1994 | 118 729 | 74.6 | 17.6 | 1.9 | 5.9 |
| 1995 | 129 034 | 75.3 | 16.6 | 1.9 | 6.2 |
| 1996 | 133 032 | 75.0 | 16.9 | 2.0 | 6.1 |
| 1997 | 133 460 | 74.3 | 17.2 | 2.1 | 6.5 |
| 1998 | 129 834 | 73.3 | 17.7 | 2.2 | 6.8 |
| 1999 | 131 935 | 73.9 | 17.3 | 2.5 | 6.3 |
| 2000 | 135 048 | 73.2 | 17.2 | 2.7 | 6.9 |
| 2001 | 143 875 | 73.0 | 16.3 | 2.8 | 7.9 |
| 2002 | 150 656 | 73.5 | 15.8 | 2.9 | 7.8 |
| 2003 | 171 906 | 76.2 | 14.1 | 2.7 | 7.0 |
| 2004 | 196 648 | 77.1 | 12.8 | 2.8 | 7.3 |
| 2005 | 216 219 | 77.6 | 12.0 | 3.0 | 7.4 |
| 2006 | 232 167 | 77.8 | 11.3 | 3.4 | 7.5 |
| 2007 | 247 279 | 77.7 | 10.8 | 3.7 | 7.8 |
| 2008 | 260 552 | 76.8 | 10.5 | 4.1 | 8.6 |
| 2009 | 274 619 | 77.3 | 9.9 | 4.1 | 8.7 |
| 2010 | 296 916 | 76.6 | 9.8 | 4.2 | 9.4 |
| 2011 | 317 987 | 77.8 | 9.1 | 4.3 | 8.8 |

注：①电力折算标准煤的系数根据当年平均发电煤耗计算；②2011 年为初步核实数据。
资料来源：国家统计局。

表 3 我国能源消费总量及构成

| 年　份 | 能源消费总量（万 t 标准煤） | 占能源生产总量的比重（%） | | | |
|---|---|---|---|---|---|
| | | 原　煤 | 原　油 | 天然气 | 水电、核电、风电 |
| 1978 | 57 144 | 70.7 | 22.7 | 3.2 | 3.4 |
| 1980 | 60 275 | 72.2 | 20.7 | 3.1 | 4.0 |
| 1985 | 76 682 | 75.8 | 17.1 | 2.2 | 4.9 |
| 1990 | 98 703 | 76.2 | 16.6 | 2.1 | 5.1 |
| 1991 | 103 783 | 76.1 | 17.1 | 2.0 | 4.8 |
| 1992 | 109 170 | 75.7 | 17.5 | 1.9 | 4.9 |
| 1993 | 115 993 | 74.7 | 18.2 | 1.9 | 5.2 |
| 1994 | 122 737 | 75.0 | 17.4 | 1.9 | 5.7 |
| 1995 | 131 176 | 74.6 | 17.5 | 1.8 | 6.1 |
| 1996 | 135 192 | 73.5 | 18.7 | 1.8 | 6.0 |
| 1997 | 135 909 | 71.4 | 20.4 | 1.8 | 6.4 |
| 1998 | 136 184 | 70.9 | 20.8 | 1.8 | 6.5 |
| 1999 | 140 569 | 70.6 | 21.5 | 2.0 | 5.9 |
| 2000 | 145 531 | 69.2 | 22.2 | 2.2 | 6.4 |
| 2001 | 150 406 | 68.3 | 21.8 | 2.4 | 7.5 |
| 2002 | 159 431 | 68.0 | 22.3 | 2.4 | 7.3 |

续表

| 年　份 | 能源消费总量<br>（万 t 标准煤） | 占能源生产总量的比重（%） | | | |
|---|---|---|---|---|---|
| | | 原煤 | 原油 | 天然气 | 水电、核电、风电 |
| 2003 | 183 792 | 69.8 | 21.2 | 2.5 | 6.5 |
| 2004 | 213 456 | 69.5 | 21.3 | 2.5 | 6.7 |
| 2005 | 235 997 | 70.8 | 19.8 | 2.6 | 6.8 |
| 2006 | 258 676 | 71.1 | 19.3 | 2.9 | 6.7 |
| 2007 | 280 508 | 71.1 | 18.8 | 3.3 | 6.8 |
| 2008 | 291 448 | 70.3 | 18.3 | 3.7 | 7.7 |
| 2009 | 306 647 | 70.4 | 17.9 | 3.9 | 7.8 |
| 2010 | 324 939 | 68.0 | 19.0 | 4.4 | 8.6 |
| 2011 | 348 002 | 68.4 | 18.6 | 5.0 | 8.0 |

注：①电力折算标准煤的系数根据当年平均发电煤耗计算；②2011 年为初步核实数据。

资料来源：国家统计局。

### 表 4　我国各地区能源消耗指标（2011 年）

| 地　区 | 万元地区生产总值能耗（等价值） | | 万元工业增加值能耗上升或<br>下降（规模以上，当量值） | 万元地区生产总值电耗<br>上升或下降 |
|---|---|---|---|---|
| | 指标值（吨标准煤/万元） | 上升或下降（±%） | | |
| 北　京 | 0.459 | -6.94 | -18.50 | -6.10 |
| 天　津 | 0.708 | -4.28 | -7.48 | -7.48 |
| 河　北 | 1.300 | -3.69 | -6.68 | -0.36 |
| 山　西 | 1.762 | -3.55 | -5.82 | 0.03 |
| 内蒙古 | 1.405 | -2.51 | -4.39 | 4.38 |
| 辽　宁 | 1.096 | -3.40 | -5.02 | -3.15 |
| 吉　林 | 0.923 | -3.59 | 4.19 | -3.90 |
| 黑龙江 | 1.042 | -3.50 | -5.17 | 4.43 |
| 上　海 | 0.618 | -5.32 | -7.33 | -4.42 |
| 江　苏 | 0.600 | -3.52 | -5.41 | -0.14 |
| 浙　江 | 0.590 | -3.07 | -2.40 | 1.41 |
| 安　徽 | 0.754 | -4.06 | -9.54 | -0.15 |
| 福　建 | 0.644 | -3.29 | -1.16 | 2.73 |
| 江　西 | 0.651 | -3.08 | -6.87 | 2.30 |
| 山　东 | 0.855 | -3.77 | -7.67 | -0.58 |
| 河　南 | 0.895 | -3.57 | -8.60 | 1.27 |
| 湖　北 | 0.912 | -3.79 | -6.88 | 4.20 |
| 湖　南 | 0.894 | -3.68 | -8.61 | -2.10 |
| 广　东 | 0.563 | -3.78 | -5.13 | -1.46 |
| 广　西 | 0.800 | -3.36 | -6.13 | -0.28 |
| 海　南 | 0.692 | 5.23 | 12.53 | 3.94 |
| 重　庆 | 0.953 | -3.81 | -5.31 | -1.63 |
| 四　川 | 0.997 | -4.23 | -7.78 | -1.87 |
| 贵　州 | 1.714 | -3.51 | -8.02 | -1.70 |
| 新　疆 | 1.162 | -3.22 | -9.92 | 5.47 |
| 西　藏 | 0.846 | -3.56 | -5.60 | 0.38 |
| 陕　西 | 1.402 | -2.51 | -1.96 | 2.07 |
| 甘　肃 | 2.081 | 9.44 | 9.62 | 6.24 |
| 青　海 | 2.279 | 4.60 | 14.72 | 18.36 |
| 宁　夏 | 1.631 | 6.96 | 9.28 | 14.69 |

注：地区生产总值和工业增加值按 2010 年价格计算。

资料来源：国家统计局。

表5　2010年我国能源装备大行业生产、销售完成情况

| 行业分类 | 工业总产值（万元） | | 工业销售产值（万元） | | 出口交货值（万元） | | 产销率（%） |
|---|---|---|---|---|---|---|---|
| | 全年累计 | 同比增减（%） | 全年累计 | 同比增减（%） | 全年累计 | 同比增减（%） | |
| 电工电器行业 | 1 438 468 101 | 33.93 | 1 405 936 632 | 34.26 | 144 938 026 | 34.32 | 97.74 |
| 石化通用行业 | 374 227 987 | 30.74 | 365 497 898 | 31.60 | 52 123 470 | 35.96 | 97.67 |
| 重型矿山行业 | 124 948 075 | 29.27 | 120 611 608 | 28.41 | 12 750 030 | 28.31 | 96.53 |
| 仪器仪表行业 | 72 159 193 | 25.68 | 69 740 233 | 25.27 | 5 395 664 | −9.12 | 96.65 |
| 机械基础件行业 | 50 428 198 | 32.18 | 49 181 498 | 32.56 | 9 337 920 | 34.43 | 97.53 |

资料来源：中国机械工业联合会。

表6　2010年我国能源装备主要产品产量完成情况

| 产品名称 | 计量单位 | 全年累计 | 同比增减（%） |
|---|---|---|---|
| **电工电器产品** | | | |
| 发电机组（发电设备） | kW | 122 642 100 | 4.60 |
| 其中：水轮发电机组 | kW | 19 157 600 | −9.70 |
| 汽轮发电机 | kW | 84 720 700 | 1.40 |
| 风力发电机组 | kW | 16 463 800 | 53.80 |
| 工业锅炉 | 蒸发量 t | 336 382 | 28.02 |
| 电站锅炉 | 蒸发量 t | 399 949 | 10.69 |
| 电站用汽轮机 | kW | 100 544 866 | 16.61 |
| 电站水轮机 | kW | 5 310 877 | 51.91 |
| 燃气轮机 | kW | 150 188 | −33.84 |
| 交流电动机 | kW | 232 129 135 | 26.07 |
| 变压器 | kVA | 1 346 301 206 | 3.03 |
| 其中：大型电力变压器 | kVA | 205 552 153 | 2.71 |
| 互感器 | 台 | 17 506 886 | 33.14 |
| 电力电容器 | kvar | 315 360 524 | 27.40 |
| 高压开关板 | 面 | 859 902 | 7.25 |
| 低压开关板 | 面 | 23 269 076 | 72.44 |
| 高压开关设备（11万伏以上） | 台 | 165 215 | 10.44 |
| 电力电缆 | km | 27 054 275 | 26.50 |
| 绝缘制品 | t | 1 608 487 | 18.14 |
| 铅酸蓄电池 | kVA·h | 144 166 775 | 17.34 |
| **石化通用机械产品** | | | |
| 炼油、化工生产专用设备 | t | 1 265 403 | 30.34 |
| 泵 | 台 | 80 962 615 | 15.67 |
| 其中：真空泵 | 台 | 6 341 840 | 34.53 |
| 风机 | 台 | 13 768 826 | 34.13 |
| 其中：鼓风机 | 台 | 213 545 | 24.08 |
| 气体压缩机 | 台 | 159 333 025 | 35.55 |
| 其中：致冷设备用压缩机 | 台 | 139 678 074 | 33.03 |
| 阀门 | t | 5 390 395 | 14.65 |
| 气体分离及液化设备 | 台 | 9 450 | −12.60 |
| 石油化工用加氢反应器 | 台 | 10 | |
| 石油钻井设备 | 台（套） | 387 070 | 89.10 |
| 环境污染防治专用设备 | 台（套） | 275 063 | 8.61 |
| 其中：大气污染防治设备 | 台 | 82 087 | −14.80 |
| 水质污染防治设备 | 台（套） | 27 546 | 13.68 |
| 固体废弃物处理设备 | 台 | 11 358 | −55.69 |
| 噪声与振动控制设备 | 台 | 6 477 | −14.14 |

续表

| 产品名称 | 计量单位 | 全年累计 | 同比增减（%） |
|---|---|---|---|
| **重型矿山机械产品** | | | |
| 矿山专用设备 | t | 4 198 370 | 19.20 |
| 输送机械（输送机和提升机） | t | 1 420 953 | 37.82 |
| **仪器仪表产品** | | | |
| 工业自动化仪表与控制系统 | 台（套） | 22 486 585 | 27.81 |
| 电工仪器仪表 | 台 | 115 426 108 | 18.09 |
| 分析仪器及装置 | 台（套） | 916 319 | −1.79 |
| 环境监测专用仪器仪表 | 台 | 356 003 | −1.78 |
| **通用基础件产品** | | | |
| 液压元件 | 件 | 114 122 429 | 65.03 |
| 气动元件 | 件 | 267 690 607 | 90.74 |

资料来源：中国机械工业联合会。

### 表7　2010年我国能源装备大行业固定资产投资完成情况分析表

| 行业 | 固定资产投资完成额（万元） | | 比重（%） | | 同比增减（%） |
|---|---|---|---|---|---|
| | 全年累计 | 去年同期 | 全年累计 | 去年同期 | |
| 电工电器行业 | 47 266 243 | 35 429 849 | 24.78 | 24.21 | 33.41 |
| 石化通用行业 | 18 264 577 | 15 835 466 | 9.57 | 10.82 | 15.34 |
| 重型矿山行业 | 10 889 865 | 9 061 671 | 5.71 | 6.19 | 20.18 |
| 仪器仪表行业 | 5 562 138 | 3 986 490 | 2.92 | 2.72 | 39.52 |
| 通用基础件行业 | 20 678 782 | 16 534 799 | 10.84 | 11.30 | 25.06 |

注：统计数据为1~11月数据。

资料来源：中国机械工业联合会。

### 表8　2010年我国能源装备大行业主要指标汇总表

| | | 电工电器行业 | 石化通用行业 | 重型矿山行业 | 仪器仪表行业 | 通用基础件行业 |
|---|---|---|---|---|---|---|
| 企业数（个） | | 26 161 | 12 694 | 4 686 | 5 219 | 17 531 |
| 应收账款 | 全年累计（亿元） | 6 227.52 | 2 073.92 | 1 345.14 | 954.48 | 1 599.25 |
| | 同比增减（%） | 24.22 | 22.56 | 24.31 | 23.90 | 28.59 |
| 产成品 | 全年累计（亿元） | 1 581.37 | 608.04 | 356.07 | 220.18 | 527.41 |
| | 同比增减（%） | 9.16 | 9.56 | 6.71 | 6.52 | 6.74 |
| 流动资产合计 | 全年累计（亿元） | 18 559.02 | 6 348.15 | 4 447.40 | 2 901.69 | 5 065.33 |
| | 同比增减（%） | 28.55 | 26.57 | 24.82 | 31.24 | 32.24 |
| 资产总计 | 全年累计（亿元） | 27 326.56 | 9 629.66 | 6 611.65 | 4 335.54 | 8 598.39 |
| | 同比增减（%） | 24.73 | 22.15 | 19.82 | 26.80 | 24.39 |
| 负债总计 | 全年累计（亿元） | 16 057.18 | 5 402.45 | 4 018.47 | 2 238.33 | 4 605.55 |
| | 同比增减（%） | 22.92 | 20.90 | 10.19 | 26.70 | 25.08 |
| 主营业务收入 | 全年累计（亿元） | 31 688.03 | 10 531.21 | 6 158.65 | 4 299.68 | 11 106.23 |
| | 同比增减（%） | 31.09 | 29.68 | 23.16 | 33.39 | 36.36 |
| 成本费用总额 | 全年累计（亿元） | 29 339.43 | 9 637.81 | 5 693.93 | 3 954.49 | 10 197.44 |
| | 同比增减（%） | 30.95 | 28.83 | 22.98 | 33.33 | 35.27 |
| 利润总额 | 全年累计（亿元） | 1 958.33 | 714.58 | 420.54 | 357.03 | 719.58 |
| | 同比增减额（亿元） | 485.51 | 205.55 | 99.40 | 119.81 | 257.07 |
| | 同比增减（%） | 32.96 | 40.38 | 30.95 | 50.50 | 55.58 |
| 税金总额 | 全年累计（亿元） | 808.02 | 323.31 | 198.58 | 130.52 | 346.82 |
| | 同比增减（%） | 26.03 | 19.10 | 26.00 | 27.34 | 28.39 |
| 从业人员平均人数 | 全年累计（万人） | 464.67 | 173.14 | 84.76 | 94.13 | 218.04 |
| | 去年同期（万人） | 414.68 | 157.35 | 78.72 | 82.71 | 197.02 |

注：统计数据为1~11月数据。

资料来源：中国机械工业联合会。

### 表9　2010年我国能源装备大行业主要经济效益指标汇总表

| | | 电工电器行业 | 石化通用行业 | 重型矿山行业 | 仪器仪表行业 | 通用基础件行业 |
|---|---|---|---|---|---|---|
| 亏损面 | 全年累计（%） | 12.88 | 11.83 | 12.27 | 15.88 | 10.03 |
| | 去年同期（%） | 15.16 | 14.30 | 13.25 | 18.20 | 13.63 |
| 亏损额 | 全年累计（亿元） | 80.34 | 28.75 | 24.32 | 13.85 | 27.15 |
| | 去年同期（亿元） | 98.79 | 43.90 | 13.12 | 18.47 | 42.56 |
| 总资产贡献率 | 全年累计（%） | 11.87 | 12.51 | 10.83 | 12.83 | 14.36 |
| | 去年同期（%） | 11.30 | 11.55 | 10.04 | 11.42 | 12.39 |
| 资本保值增值率（%） | | 127.41 | 123.78 | 138.61 | 126.91 | 123.61 |
| 资产负债率 | 全年累计（%） | 58.76 | 56.10 | 60.78 | 51.63 | 53.56 |
| | 去年同期（%） | 59.63 | 56.68 | 66.09 | 51.67 | 53.27 |
| 流动资产周转率① | 全年累计（次） | 1.86 | 1.81 | 1.51 | 1.62 | 2.39 |
| | 去年同期（次） | 1.83 | 1.77 | 1.53 | 1.59 | 2.32 |
| 成本费用利润率 | 全年累计（%） | 6.67 | 7.41 | 7.39 | 9.03 | 7.06 |
| | 去年同期（%） | 6.57 | 6.80 | 6.94 | 8.00 | 6.14 |
| 工业产品销售率 | 全年累计（%） | 97.04 | 96.11 | 96.54 | 97.31 | 97.36 |
| | 去年同期（%） | 96.88 | 96.47 | 96.63 | 96.86 | 97.15 |
| 主营业务收入利润率 | 全年累计（%） | 6.18 | 6.79 | 6.83 | 8.30 | 6.48 |
| | 去年同期（%） | 6.09 | 6.27 | 6.42 | 7.36 | 5.68 |
| 新产品产值率 | 全年累计（%） | 14.99 | 12.59 | 20.39 | 15.65 | 5.96 |
| | 去年同期（%） | 14.65 | 11.67 | 23.75 | 14.47 | 5.41 |
| 出口交货值率 | 全年累计（%） | 14.63 | 10.69 | 7.69 | 19.45 | 9.59 |
| | 去年同期（%） | 13.89 | 10.70 | 10.81 | 18.84 | 9.57 |
| 总资产利润率 | 全年累计（%） | 7.17 | 7.42 | 6.36 | 8.23 | 8.37 |
| | 去年同期（%） | 6.72 | 6.46 | 5.82 | 6.94 | 6.69 |

　　注：①因流动资产平均余额指标取消，故计算流动资产周转率时以流动资产合计指标代替，该指标仅供参考；②统计数据为1~11月数据。

　　资料来源：中国机械工业联合会。

### 表10　2010年我国能源装备有关分行业主要经济指标

| 项　　目 | 企业数（个） | 主营业务收入（万元） | 利润总额（万元） | 亏损企业亏损额（万元） |
|---|---|---|---|---|
| 专用设备制造业 | | | | |
| 采矿、采石设备制造 | 1 794 | 18 687 940 | 1 313 805 | 27 809 |
| 石油钻采专用设备制造 | 849 | 10 090 590 | 654 475 | 40 529 |
| 炼油、化工生产专用设备制造 | 582 | 4 754 050 | 290 333 | 21 914 |
| 电工机械专用设备制造 | 425 | 2 488 549 | 142 971 | 6 291 |
| 环境污染防治专用设备制造 | 1 114 | 8 318 599 | 577 299 | 20 071 |
| 地质勘查专用设备制造 | 41 | 316 677 | 36 192 | 2 |
| 通用设备制造业 | | | | |
| 锅炉及辅助设备制造 | 965 | 11 382 946 | 732 069 | 41 163 |
| 汽轮机及辅机制造 | 105 | 4 682 713 | 357 108 | 14 988 |
| 水轮机及辅机制造 | 68 | 446 966 | 32 305 | 804 |
| 泵及真空设备制造 | 1 732 | 11 905 775 | 778 899 | 19 537 |
| 气体压缩机械制造 | 527 | 8 620 180 | 637 822 | 29 678 |
| 阀门和旋塞的制造 | 2 479 | 14 504 762 | 972 813 | 27 035 |
| 液压和气压动力机械及元件制造 | 1 883 | 14 149 546 | 1 208 462 | 27 928 |
| 电气机械及器材制造业 | | | | |
| 发电机及发电机组制造 | 828 | 20 459 698 | 1 702 251 | 76 114 |
| 变压器、整流器和电感器制造 | 2 188 | 24 592 150 | 1 632 698 | 83 235 |

续表

| 项　目 | 企业数（个） | 主营业务收入（万元） | 利润总额（万元） | 亏损企业亏损额（万元） |
|---|---|---|---|---|
| 电容器及其配套设备制造 | 423 | 2 541 974 | 229 924 | 5 817 |
| 配电开关控制设备制造 | 3 374 | 31 637 012 | 2 442 291 | 78 157 |
| 电力电子元器件制造 | 1 671 | 12 354 779 | 729 121 | 43 508 |
| 其他输配电及控制设备制造 | 1 078 | 9 926 740 | 834 680 | 20 182 |
| 电线电缆制造 | 4 564 | 76 669 593 | 3 256 438 | 118 657 |
| 绝缘制品制造 | 523 | 4 292 100 | 248 628 | 18 867 |
| 电池制造 | 1 614 | 40 040 987 | 2 596 491 | 112 158 |
| 仪器仪表制造业 | | | | |
| 工业自动控制系统装置制造 | 1 295 | 14 669 280 | 1 380 321 | 29 051 |
| 电工仪器仪表制造 | 472 | 1 952 765 | 107 859 | 12 143 |
| 实验分析仪器制造 | 314 | 1 454 711 | 155 980 | 6 003 |
| 供应用仪表及其他通用仪器制造 | 522 | 3 832 024 | 292 476 | 14 357 |
| 环境监测专用仪器仪表制造 | 107 | 824 295 | 71 649 | 1 484 |
| 导航、气象及海洋专用仪器制造 | 90 | 965 984 | 76 453 | 3 372 |
| 地质勘探和地震专用仪器制造 | 69 | 635 003 | 77 325 | 4 635 |
| 核子及核辐射测量仪器制造 | 19 | 85 915 | 7 205 | 270 |
| 电子测量仪器制造 | 212 | 1 571 323 | 178 721 | 17 300 |
| 金属制品业 | | | | |
| 金属压力容器制造 | 588 | 4 881 906 | 248 259 | 18 394 |

注：统计数据为1~11月数据。
资料来源：中国机械工业联合会。

### 表11　2010年我国能源装备主要产品进口情况

| 商品名称 | 计量单位 | 进口 | | | |
|---|---|---|---|---|---|
| | | 全年数量 | 同比增减（%） | 全年金额（万美元） | 同比增减（%） |
| 电工电器产品 | | | | | |
| 低压电器 | | – | – | 1 082 057.59 | 35.77 |
| 电线电缆 | kg | 292 218 525 | 16.16 | 416 995.79 | 27.57 |
| 低压开关零件 | kg | 93 604 732 | 23.96 | 402 104.36 | 35.90 |
| 低压开关板、柜 | 个 | 35 250 346 | 33.89 | 302 920.88 | 33.36 |
| 变压器、互感器 | 个 | 106 066 913 503 | 32.47 | 256 608.10 | 31.01 |
| 内燃发电机组 | 台 | 67 018 | 80.75 | 79 758.93 | -33.58 |
| 绝缘制品 | kg | 20 790 928 | 18.21 | 60 000.63 | 30.56 |
| 高压开关 | 个 | 6 771 404 | -18.12 | 59 996.96 | -24.18 |
| 汽轮机零件 | kg | 15 997 777 | -15.51 | 45 239.88 | 0.04 |
| 变压器零件 | kg | 35 967 456 | 8.56 | 27 428.96 | 18.90 |
| 蓄电池 | 个 | 7 404 419 | 36.65 | 18 977.41 | 108.10 |
| 发电机零件 | kg | 7 569 547 | -43.70 | 14 337.89 | -22.50 |
| 汽轮机 | 个 | 65 | 58.54 | 13 990.81 | 82.30 |
| 发电机 | 台 | 13 041 | 99.77 | 13 928.84 | 7.23 |
| 石化通用机械产品 | | | | | |
| 阀门 | 套 | 243 553 549 | 25.11 | 331 490.57 | 4.94 |
| 泵 | 台 | 56 684 582 | 75.82 | 258 860.50 | 22.49 |
| 气体压缩机 | 台 | 11 667 758 | 36.32 | 179 861.49 | 2.08 |
| 石油化工设备 | | – | – | 103 205.39 | -12.30 |
| 风机 | 台 | 198 085 297 | 23.32 | 85 003.16 | 21.82 |
| 阀门零件 | kg | 19 752 111 | 62.77 | 59 070.74 | 45.97 |

续表

| 商品名称 | 计量单位 | 进口 | | | |
|---|---|---|---|---|---|
| | | 全年数量 | 同比增减（%） | 全年金额（万美元） | 同比增减（%） |
| 泵零件 | kg | 25 329 725 | 62.65 | 57 335.57 | 38.91 |
| 真空泵 | 台 | 759 406 | 44.08 | 29 729.54 | 84.69 |
| 石油钻采设备零件 | kg | 6 939 752 | −7.81 | 25 942.49 | −7.69 |
| 石油钻采设备 | 台 | 240 | −33.88 | 19 769.13 | −22.52 |
| 重型矿山机械产品 | | | | | |
| 矿物筛、洗选、破碎磨粉设备 | 台 | 2 630 | −4.12 | 40 339.74 | −2.37 |
| 矿山采掘设备 | 台 | 791 | −40.17 | 31 778.44 | 17.61 |
| 仪器仪表产品 | | | | | |
| 电力电子元器及静止变流器 | | − | − | 467 424.12 | 38.46 |
| 电子测量仪器 | 台 | 1 057 374 | 23.48 | 372 364.52 | 59.50 |
| 自动调节或控制仪器及装置 | 台 | 57 487 024 | 40.74 | 353 285.09 | 45.51 |
| 分析仪器 | 台 | 1 790 797 | 29.95 | 277 901.85 | 17.72 |
| 液压元件及装置 | 台 | 12 164 370 | 22.39 | 255 539.46 | 49.75 |
| 静止变流器用零件 | kg | 39 136 977 | 28.20 | 120 281.02 | 62.67 |
| 自动调节或控制仪器零件、附件 | kg | 13 793 103 | 45.80 | 115 134.33 | 51.08 |
| 电工、电子测量仪器零件、附件 | kg | 1 733 359 | 76.51 | 61 315.86 | 91.57 |
| 大地测量仪器 | 个 | 337 757 | −18.32 | 45 189.19 | 6.06 |
| 分散型工业过程控制系统 | 台 | 15 546 | 71.59 | 42 669.26 | 31.52 |
| 气动元件及装置 | | − | − | 41 760.36 | 19.23 |
| 液气体其他测量或检验仪器零件 | kg | 2 654 631 | 28.60 | 39 817.90 | 43.93 |
| 流量、液位仪表 | 个 | 2 823 173 | −23.00 | 33 851.09 | 1.13 |
| 压力检测仪表 | 个 | 6 982 996 | 52.15 | 26 393.01 | 26.52 |
| 液气体的其他测量或检验仪器 | 个 | 1 272 963 | 47.73 | 13 382.67 | 5.52 |

注：统计数据为1~11月数据。
资料来源：中国机械工业联合会。

### 表12　2010年我国能源装备主要产品出口情况

| 商品名称 | 计量单位 | 出口 | | | |
|---|---|---|---|---|---|
| | | 全年数量 | 同比增减（%） | 全年金额（万美元） | 同比增减（%） |
| 电工电器产品 | | | | | |
| 电线电缆 | kg | 1 579 006 761 | 24.23 | 1 161 708.48 | 41.89 |
| 低压电器 | | − | − | 759 664.90 | 42.09 |
| 变压器、互感器 | 个 | 46 189 929 305 | 44.27 | 285 659.71 | 35.09 |
| 内燃发电机组 | 台 | 9 543 928 | 23.13 | 251 680.13 | 33.88 |
| 低压开关零件 | kg | 181 310 730 | 35.54 | 235 605.20 | 61.96 |
| 低压开关板、柜 | 个 | 138 528 488 | 68.59 | 233 938.08 | 55.54 |
| 蓄电池 | 个 | 144 196 822 | 37.49 | 160 384.72 | 49.13 |
| 蒸汽锅炉零件 | kg | 428 898 337 | −19.44 | 145 978.55 | −9.68 |
| 汽轮机零件 | kg | 60 621 570 | −12.77 | 93 680.58 | 7.07 |
| 高压开关 | 个 | 40 165 254 | 8.77 | 76 360.30 | 3.18 |
| 发电机 | 台 | 685 044 | −3.34 | 45 083.85 | 39.79 |
| 锅炉辅助设备 | kg | 68 926 218 | −49.51 | 43 134.42 | −10.84 |
| 绝缘制品 | kg | 84 400 371 | 27.86 | 39 080.12 | 45.35 |
| 变压器零件 | kg | 68 387 469 | 26.68 | 35 931.44 | 56.95 |
| 水轮机零件 | kg | 34 177 251 | 2.76 | 34 824.97 | 30.72 |
| 风力发电机组零件 | kg | 143 767 644 | −9.36 | 33 724.48 | −14.86 |

续表

| 商品名称 | 计量单位 | 出　口 | | | |
|---|---|---|---|---|---|
| | | 全年数量 | 同比增减（%） | 全年金额（万美元） | 同比增减（%） |
| 汽轮机 | 个 | 133 | −1.48 | 30 210.40 | 43.64 |
| 发电机零件 | kg | 12 224 924 | 146.63 | 28 458.75 | 223.36 |
| 锅炉辅助设备及零件 | kg | 100 514 179 | 43.94 | 27 704.04 | 45.78 |
| 石化通用机械产品 | | | | | |
| 泵 | 台 | 596 889 654 | 99.77 | 229 022.13 | 34.57 |
| 阀门零件 | kg | 288 415 977 | 22.61 | 144 328.21 | 40.19 |
| 气体压缩机 | 台 | 187 588 881 | 28.18 | 144 033.40 | 37.03 |
| 石油化工设备 | | − | − | 128 960.95 | 14.70 |
| 石油钻采设备零件 | kg | 202 984 011 | 28.15 | 127 501.59 | 14.37 |
| 风机 | 台 | 334 711 536 | 43.14 | 106 304.51 | 40.32 |
| 泵零件 | kg | 162 045 515 | 28.86 | 73 833.41 | 38.40 |
| 石油钻采设备 | 台 | 7 338 | 83.68 | 69 006.18 | 1.73 |
| 重型矿山机械产品 | | | | | |
| 矿物筛、洗选、破碎磨粉设备 | 台 | 39 022 | 49.08 | 67 788.97 | 1.12 |
| 仪器仪表产品 | | | | | |
| 电力电子元器及静止变流器 | | − | − | 594 547.28 | 36.79 |
| 自动调节或控制仪器及装置 | 台 | 103 189 149 | 60.06 | 118 338.93 | 51.08 |
| 静止变流器用零件 | kg | 79 877 031 | 43.80 | 110 866.42 | 50.21 |
| 电子测量仪器 | 台 | 107 490 575 | 47.96 | 95 653.08 | 67.86 |
| 分析仪器 | 台 | 19 266 306 | 25.09 | 62 261.38 | 19.26 |
| 自动调节或控制仪器零件、附件 | kg | 17 349 656 | 35.97 | 46 750.36 | 38.23 |
| 大地测量仪器 | 个 | 30 594 822 | 29.33 | 34 239.76 | 0.19 |
| 液压元件及装置 | 台 | 4 685 910 | 71.23 | 33 012.38 | 35.82 |

注：统计数据为 1~11 月数据。

资料来源：中国机械工业联合会。

### 表 13　2010 年我国能源装备进出口总值汇总表

| 行　业 | 进出口（万美元） | | 进口（万美元） | | 出口（万美元） | | 贸易差额（万美元） |
|---|---|---|---|---|---|---|---|
| | 全年累计 | 同比增减（%） | 全年累计 | 同比增减（%） | 全年累计 | 同比增减（%） | |
| 电工电器行业 | 10 879 837 | 33.21 | 4 452 372 | 27.69 | 6 427 465 | 37.33 | 1 975 093 |
| 石化通用行业 | 6 334 155 | 23.65 | 2 395 656 | 16.17 | 3 938 499 | 28.68 | 1 542 843 |
| 重型矿山行业 | 1 248 563 | −1.15 | 514 299 | 10.97 | 734 264 | −8.18 | 219 965 |
| 仪器仪表行业 | 5 104 625 | 35.90 | 3 085 347 | 34.73 | 2 019 278 | 37.74 | −1 066 069 |
| 机械基础件行业 | 2 684 276 | 39.80 | 1 436 713 | 35.10 | 1 247 563 | 45.63 | −189 151 |

注：统计数据为 1~11 月数据。

资料来源：中国机械工业联合会。

### 表 14　2010 年我国能源装备大行业进出口产品两种不同贸易方式（一般贸易和加工贸易）总值表

| 项　目 | 进出口（万美元） | 进口（万美元） | 出口（万美元） | 贸易差额（万美元） |
|---|---|---|---|---|
| 进出口总值 | 23 130 266.13 | 10 035 370.26 | 13 094 895.87 | 3 059 525.61 |
| 一般贸易 | 13 603 597.28 | 6 412 216.10 | 7 191 381.18 | 779 165.08 |
| 电工电器行业 | 4 649 510.35 | 1 878 583.78 | 2 770 926.57 | 892 342.79 |
| 石化通用行业 | 3 879 475.26 | 1 562 240.68 | 2 317 234.58 | 754 993.90 |
| 重型矿山行业 | 758 260.94 | 355 291.97 | 402 968.97 | 47 677.00 |
| 仪器仪表行业 | 2 323 766.04 | 1 634 569.25 | 689 196.79 | −945 372.46 |
| 机械基础件行业 | 1 992 584.69 | 981 530.42 | 1 011 054.27 | 29 523.85 |

续表

| 项　目 | 进出口（万美元） | 进口（万美元） | 出口（万美元） | 贸易差额（万美元） |
|---|---|---|---|---|
| 加工贸易 | 9 526 668.85 | 3 623 154.16 | 5 903 514.69 | 2 280 360.53 |
| 电工电器行业 | 4 889 705.99 | 1 899 117.35 | 2 990 588.64 | 1 091 471.29 |
| 石化通用行业 | 1 771 139.80 | 422 159.07 | 1 348 980.73 | 926 821.66 |
| 重型矿山行业 | 300 877.55 | 59 737.54 | 241 140.01 | 181 402.47 |
| 仪器仪表行业 | 2 112 710.04 | 947 591.45 | 1 165 118.59 | 217 527.14 |
| 机械基础件行业 | 452 235.47 | 294 548.75 | 157 686.72 | −136 862.03 |

注：统计数据为 1~11 月数据。

资料来源：中国机械工业联合会。

### 表 15　2010 年我国能源装备重点企业经济效益综合指数前 48 家

| 序号 | 企业名称 | 主营产品 | 工业经济效益综合指数 | 总资产贡献率（%） | 资本保值增值率（%） | 资产负债率（%） | 流动资产周转率（次） | 工业成本费用利润率（%） | 从业人员劳动生产率（元/人） | 工业产品销售率（%） |
|---|---|---|---|---|---|---|---|---|---|---|
| 1 | 北京 ABB 高压开关设备有限公司 | 变压器、高中低压开关、电气传动系统和电机 | 854.51 | 41.35 | 95.05 | 43.53 | 1.44 | 34.62 | 980 713.40 | 98.17 |
| 2 | 常熟开关制造有限公司 | 高低压电器元件、电子产品及高低压成套开关设备 | 636.74 | 46.80 | 127.12 | 17.12 | 1.76 | 51.24 | 488 722.90 | 98.82 |
| 3 | 上海电气液压气动有限公司 | 液压设备 | 558.65 | 34.44 | 131.12 | 31.06 | 2.72 | 22.96 | 557 601.10 | 98.76 |
| 4 | 大连重工起重集团有限公司 | 风电核心部件、核电站起重设备 | 545.63 | 12.20 | 138.85 | 69.19 | 1.40 | 10.54 | 706 490.40 | 98.30 |
| 5 | 上海锅炉厂 | 电站锅炉及成套、大型重化工设备、电站环保设备 | 501.49 | 8.03 | 112.15 | 88.94 | 0.72 | 7.19 | 693 824.50 | 99.80 |
| 6 | 潍柴控股集团有限公司 | 柴油发电机组 | 493.67 | 21.61 | 140.29 | 60.52 | 2.37 | 12.05 | 562 311.10 | 96.45 |
| 7 | 杭州汽轮动力集团有限公司 | 汽轮机、燃汽轮机、压缩机辅机成套设备及备品备件 | 415.84 | 13.27 | 123.54 | 49.47 | 0.88 | 19.52 | 440 462.50 | 98.31 |
| 8 | 上海电气电站设备有限公司 | 汽轮发电机、电站辅机 | 400.39 | 7.78 | 130.14 | 77.58 | 0.77 | 9.41 | 503 827.80 | 98.29 |
| 9 | 北京巴布科克威尔科克斯有限公司 | 电站锅炉、烟气脱硝（SCR）设备 | 389.12 | 9.92 | 163.13 | 83.97 | 0.57 | 21.53 | 401 966.00 | 100.00 |
| 10 | 杭州锅炉集团股份有限公司 | 锅炉、压力容器、环保设备 | 375.51 | 12.32 | 121.80 | 66.37 | 1.34 | 13.88 | 404 740.80 | 112.72 |
| 11 | 南京汽轮电机（集团）有限责任公司 | 汽轮机、燃气轮机、发电机、风力发电机、水轮发电机 | 361.34 | 10.28 | 117.21 | 61.86 | 0.66 | 19.35 | 366 923.10 | 97.35 |
| 12 | 哈尔滨空调股份有限公司 | 电站空冷器、石化空冷器 | 359.79 | 6.56 | 94.37 | 66.82 | 0.63 | 13.58 | 422 207.80 | 85.62 |
| 13 | 东方锅炉（集团）股份有限公司 | 火力发电设备、核电站设备、电站辅机、环保设备、化工容器、煤气化设备 | 354.94 | 8.18 | 119.29 | 79.22 | 0.60 | 8.64 | 438 061.10 | 100.00 |
| 14 | 许继集团有限公司 | 电力系统自动化、保护及控制产品 | 348.51 | 9.37 | 51.89 | 80.73 | 1.00 | 8.36 | 434 468.30 | 100.24 |
| 15 | 陕西鼓风机（集团）有限公司 | 压缩机、鼓风机、通风机、汽轮机、智能测控仪表、工业锅炉、压力容器 | 346.13 | 7.35 | 159.90 | 57.11 | 0.45 | 20.02 | 340 904.60 | 91.81 |
| 16 | 哈尔滨电机厂有限责任公司 | 水轮机、水轮发电机、汽轮发电机、风力发电机、电站控制设备、滑动轴承 | 342.71 | 9.25 | 122.09 | 62.66 | 0.48 | 20.02 | 336 276.50 | 102.50 |

续表

| 序号 | 企业名称 | 主营产品 | 工业经济效益综合指数 | 总资产贡献率（%） | 资本保值增值率（%） | 资产负债率（%） | 流动资产周转率（次） | 工业成本费用利润率（%） | 从业人员劳动生产率（元/人） | 工业产品销售率（%） |
|---|---|---|---|---|---|---|---|---|---|---|
| 17 | 哈尔滨锅炉厂有限责任公司 | 50MW·h~1 000MW·h 电站锅炉、锅炉和汽轮机辅机、石化容器、核电设备、工业锅炉 | 340.33 | 6.68 | 121.12 | 87.28 | 0.64 | 4.87 | 444 315.00 | 102.54 |
| 18 | 杭州制氧机集团有限公司 | 空分设备、大型乙烯冷箱、真空贮槽、压缩机、离心式液体泵、环保设备 | 320.78 | 8.81 | 171.81 | 48.56 | 0.91 | 18.41 | 292 902.00 | 99.33 |
| 19 | 东方电气集团东方汽轮机有限公司 | 电站汽轮机 | 312.59 | 1.65 | 111.35 | 94.17 | 0.38 | 5.72 | 419 221.00 | 100.00 |
| 20 | 开封高压阀门有限公司 | 高、中、压阀门 | 311.09 | 31.05 | 220.63 | 27.24 | 2.67 | 35.45 | 63 210.41 | 97.80 |
| 21 | 江苏远东（控股）集团有限公司 | 电线电缆 | 297.35 | 5.01 | 110.83 | 75.41 | 2.18 | 1.43 | 371 807.40 | 100.00 |
| 22 | 上海电气（集团）总公司 | 火力发电机组、核电机组、输配电设备 | 291.92 | 9.92 | 117.08 | 66.80 | 1.12 | 9.22 | 311 250.30 | 98.26 |
| 23 | 浙江中控技术股份有限公司 | 炼化、电力、仪控系统、LNG | 285.00 | 26.75 | 114.12 | 34.73 | 1.41 | 24.85 | 142 760.00 | 100.00 |
| 24 | 正泰集团股份有限公司 | 高低压电器、输配电设备、仪器仪表、光伏电池及组件 | 280.76 | 17.41 | 115.09 | 49.88 | 1.51 | 14.02 | 229 642.70 | 102.71 |
| 25 | 沈阳鼓风机（集团）有限公司 | 鼓风机系列、气压机系列、水泵系列设备 | 278.53 | 6.26 | 94.96 | 81.19 | 0.67 | 7.79 | 335 858.90 | 66.46 |
| 26 | 江苏通润机电集团有限公司 | 高低压成套开关设备 | 276.99 | 18.99 | 102.25 | 39.24 | 2.11 | 9.19 | 242 622.50 | 98.54 |
| 27 | 山东鲁能泰山电缆股份有限公司 | 电线电缆 | 272.93 | 5.29 | 283.36 | 38.03 | 1.40 | 4.39 | 278 250.60 | 104.96 |
| 28 | 湘电集团有限公司 | 风力发电机组及辅机、碟式太阳能发电设备、电气控制设备 | 269.61 | 6.17 | 166.86 | 73.52 | 1.06 | 3.77 | 315 570.70 | 88.16 |
| 29 | 中国第一重型机械集团公司 | 核电、水电、风电成套设备及煤化工设备、石油开采与加工设备、铸锻件 | 269.34 | 4.76 | 354.84 | 46.43 | 0.40 | 12.61 | 232 102.00 | 66.29 |
| 30 | 西安西电变压器有限责任公司 | 变压器、电抗器 | 263.84 | 10.36 | 182.25 | 67.72 | 1.05 | 6.92 | 263 355.50 | 106.50 |
| 31 | 广州白云电器设备股份有限公司 | 中/低压成套开关设备、气体绝缘金属封闭开关设备（GIS）、电力电子产品 | 263.56 | 9.76 | 162.35 | 48.04 | 0.75 | 15.58 | 219 988.80 | 90.02 |
| 32 | 中信重工机械股份有限公司 | 采掘、提升、选煤、破碎设备、环保机械、发电设备 | 261.33 | 6.73 | 130.83 | 81.31 | 1.51 | 5.55 | 291 361.80 | 98.09 |
| 33 | 德力西集团有限公司 | 低压输配电和工业自动化控制电气、自动化仪器仪表、高压电器和成套设备 | 261.19 | 11.41 | 110.94 | 52.50 | 2.16 | 7.41 | 248 585.00 | 96.86 |
| 34 | 东方电气集团东方电机有限公司 | 水轮发电机组、汽轮发电机、核能发电机、风力发电机、电站辅机设备 | 256.74 | 8.93 | 112.59 | 76.12 | 0.47 | 12.24 | 253 211.40 | 100.00 |
| 35 | 中国东方电气集团有限公司 | 火电机组、水轮发电机组、核电机组主设备、重型燃气轮机设备、风电设备、太阳能电站设备、大型电站锅炉烟气脱硫脱硝、大型化工容器 | 256.71 | 4.41 | 108.24 | 83.08 | 0.51 | 7.64 | 299 648.90 | 99.41 |

续表

| 序号 | 企业名称 | 主营产品 | 工业经济效益综合指数 | 总资产贡献率（%） | 资本保值增值率（%） | 资产负债率（%） | 流动资产周转率（次） | 工业成本费用利润率（%） | 从业人员劳动生产率（元/人） | 工业产品销售率（%） |
|---|---|---|---|---|---|---|---|---|---|---|
| 36 | 天津市机电工业控股集团公司 | 输配电设备、发电设备 | 245.11 | 12.78 | 136.09 | 57.05 | 1.74 | 9.75 | 204 215.20 | 98.80 |
| 37 | 北京京城环保产业发展有限责任公司 | 石化、煤气、空气、天然气压缩机 | 224.83 | 15.05 | 112.25 | 46.27 | 1.87 | 8.41 | 175 682.70 | 97.05 |
| 38 | 上海鼓风机厂有限公司 | 离心压缩机系列、离心鼓风机系列、罗茨鼓风机系列、通风机系列 | 224.46 | 6.12 | 111.69 | 80.30 | 0.97 | 3.37 | 260 003.00 | 91.09 |
| 39 | 北方重工集团有限公司 | 系列成套煤矿机械、电站设备 | 221.65 | 3.58 | 129.93 | 84.63 | 0.93 | 1.75 | 270 922.60 | 96.00 |
| 40 | 北京华德液压工业集团有限公司 | 电力液压系统、液压阀 | 221.15 | 14.56 | 108.31 | 43.44 | 1.52 | 6.48 | 190 717.30 | 91.82 |
| 41 | 大连冰山集团有限公司 | 石化专用螺杆制冷压缩机组等 | 221.12 | 8.55 | 103.39 | 57.68 | 1.32 | 5.73 | 216 925.70 | 97.61 |
| 42 | 北京京城机电控股有限责任公司 | 火电发电设备、风力发电机组、输配电开关设备、电线电缆 | 211.16 | 7.83 | 124.17 | 54.59 | 1.05 | 8.94 | 183 614.20 | 93.30 |
| 43 | 西安西电开关电气有限公司 | 高压、超（特）高压开关设备 | 211.04 | 3.98 | 371.15 | 68.57 | 0.61 | 3.52 | 187 612.30 | 86.44 |
| 44 | 烟台冰轮集团有限公司 | 循环流化床锅炉、燃气-蒸汽联合循环发电用余热锅炉等 | 210.17 | 13.59 | 108.39 | 58.91 | 2.20 | 9.43 | 144 359.70 | 100.05 |
| 45 | 上海柴油机股份有限公司 | 柴油发电机组 | 207.57 | 5.81 | 100.32 | 47.00 | 1.75 | 1.07 | 225 920.90 | 96.88 |
| 46 | 太原重型机械集团公司 | 煤矿采、运、选成套装备、煤炭深加工及煤化工成套设备 | 206.19 | 8.80 | 114.59 | 69.38 | 0.91 | 5.63 | 201 479.30 | 95.95 |
| 47 | 中国西电集团公司 | 输配电及控制设备 | 205.89 | 5.56 | 283.35 | 43.02 | 0.64 | 8.67 | 154 481.60 | 96.10 |
| 48 | 哈尔滨电气集团公司 | 发电设备、驱动及控制设备、通用及环保设备 | 205.40 | 5.39 | 111.82 | 77.26 | 0.58 | 5.73 | 218 813.40 | 100.55 |

注：统计数据为1~11月数据。

资料来源：中国机械工业联合会。

### 表16 2011年我国能源装备大行业生产、销售完成情况

| 行 业 | 工业总产值（万元） | | 工业销售产值（万元） | | 出口交货值（万元） | | 产销率（%） |
|---|---|---|---|---|---|---|---|
| | 全年累计 | 同比增减（%） | 全年累计 | 同比增减（%） | 全年累计 | 同比增减（%） | |
| 电工电器行业 | 445 067 437 | 26.98 | 433 153 470 | 26.48 | 59 919 834 | 19.22 | 97.32 |
| 石化通用行业 | 148 405 580 | 28.59 | 143 932 035 | 29.03 | 14 483 245 | 22.05 | 96.99 |
| 重型矿山行业 | 87 204 032 | 26.19 | 84 943 025 | 27.01 | 6 223 069 | 19.07 | 97.41 |
| 仪器仪表行业 | 60 985 540 | 28.98 | 59 133 414 | 28.21 | 11 798 933 | 25.14 | 96.96 |
| 机械基础件行业 | 142 056 417 | 28.79 | 138 885 012 | 29.15 | 13 011 881 | 20.06 | 97.77 |

资料来源：中国机械工业联合会。

### 表17 2011年我国能源装备主要产品产量完成情况

| 产品名称 | 计量单位 | 全年累计 | 同比增减（%） |
|---|---|---|---|
| **电工电器产品** | | | |
| 发电机组（发电设备） | kW | 139 986 700 | 14.10 |
| 其中：水轮发电机组 | kW | 25 986 300 | 35.60 |
| 汽轮发电机组 | kW | 93 881 500 | 10.80 |
| 风力发电机组 | kW | 14 718 900 | −10.60 |
| 工业锅炉 | 蒸发量 t | 413 329 | 28.86 |
| 电站锅炉 | 蒸发量 t | 538 832 | 0.53 |
| 电站用汽轮机 | kW | 104 261 031 | 3.42 |
| 电站水轮机 | kW | 6 000 697 | 22.73 |
| 燃气轮机 | kW | 1 344 300 | 69.61 |
| 交流电动机 | kW | 251 884 116 | 6.19 |
| 变压器 | kVA | 1 429 771 156 | 6.86 |
| 其中：大型电力变压器 | kVA | 231 717 746 | 8.11 |
| 互感器 | 台 | 22 569 556 | 46.80 |
| 电力电容器 | kvar | 332 000 237 | 9.57 |
| 高压开关板 | 面 | 1 180 048 | 17.59 |
| 低压开关板 | 面 | 45 156 014 | 22.75 |
| 高压开关设备（11万伏以上） | 台 | 248 517 | 35.48 |
| 电力电缆 | km | 30 793 656 | 12.74 |
| 绝缘制品 | t | 1 366 812 | 23.64 |
| 铅酸蓄电池 | kVA·h | 142 297 329 | 3.31 |
| **石化通用机械产品** | | | |
| 炼油、化工生产专用设备 | t | 1 723 809 | 28.55 |
| 泵 | 台 | 97 390 023 | 26.96 |
| 其中：真空泵 | 台 | 7 399 623 | 12.60 |
| 风机 | 台 | 10 852 711 | −9.06 |
| 其中：鼓风机 | 台 | 300 075 | 50.77 |
| 气体压缩机 | 台 | 192 506 767 | 12.59 |
| 其中：制冷设备用压缩机 | 台 | 150 557 512 | 4.97 |
| 阀门 | t | 5 958 730 | 14.50 |
| 气体分离及液化设备 | 台 | 27 205 | 4.19 |
| 石油化工用加氢反应器 | 台 | 20 | 0.00 |
| 石油钻井设备 | 台（套） | 1 073 798 | 121.91 |
| 环境污染防治专用设备 | 台（套） | 234 908 | 12.71 |
| 其中：大气污染防治设备 | 台 | 85 999 | 7.57 |
| 水质污染防治设备 | 台（套） | 25 205 | 42.81 |
| 固体废弃物处理设备 | 台 | 11 168 | 5.18 |
| 噪声与振动控制设备 | 台 | 182 | 1 733 |
| **重型矿山机械产品** | | | |
| 矿山专用设备 | t | 4 441 282 | 22.80 |
| 输送机械（输送机和提升机） | t | 1 271 224 | −9.94 |
| **仪器仪表产品** | | | |
| 工业自动化仪表与控制系统 | 台（套） | 21 942 475 | 12.97 |
| 电工仪器仪表 | 台 | 126 937 362 | 16.95 |
| 分析仪器及装置 | 台（套） | 610 209 | 24.87 |
| 环境监测专用仪器仪表 | 台 | 347 821 | 3.66 |
| **通用基础件产品** | | | |
| 液压元件 | 件 | 204 408 980 | 60.41 |
| 气动元件 | 件 | 317 951 753 | 22.80 |

资料来源：中国机械工业联合会。

#### 表18 2011年我国能源装备大行业固定资产投资完成情况分析表

| 行 业 | 固定资产投资完成额（万元） | | 比重（%） | | 同比增减（%） |
|---|---|---|---|---|---|
| | 全年累计 | 去年同期 | 全年累计 | 去年同期 | |
| 电工电器行业 | 72 629 221 | 50 878 809 | 26.08 | 25.12 | 42.75 |
| 石化通用行业 | 26 090 109 | 19 627 252 | 9.37 | 9.69 | 32.93 |
| 重型矿山行业 | 14 628 335 | 10 728 022 | 5.25 | 5.30 | 36.36 |
| 仪器仪表行业 | 9 437 188 | 6 240 893 | 3.39 | 3.08 | 51.22 |
| 通用基础件行业 | 29 475 107 | 23 384 689 | 10.59 | 11.55 | 26.04 |

资料来源：中国机械工业联合会。

#### 表19 2011年我国能源装备大行业主要指标汇总表

| | | 电工电器行业 | 石化通用行业 | 重型矿山行业 | 仪器仪表行业 | 通用基础件行业 |
|---|---|---|---|---|---|---|
| 企业数（个） | | 18 301 | 8 312 | 3 357 | 3 305 | 10 571 |
| 应收账款 | 全年累计（亿元） | 7 496.07 | 2 245.53 | 1 674.06 | 1 028.99 | 1 575.53 |
| | 同比增减（%） | 25.29 | 16.41 | 28.99 | 21.48 | 17.23 |
| 产成品 | 全年累计（亿元） | 1 735.70 | 674.83 | 441.35 | 236.22 | 554.89 |
| | 同比增减（%） | 18.36 | 22.37 | 25.87 | 22.86 | 22.89 |
| 流动资产合计 | 全年累计（亿元） | 21 963.27 | 7 233.14 | 5 288.34 | 3 253.56 | 5 250.95 |
| | 同比增减（%） | 21.16 | 21.62 | 21.87 | 22.34 | 21.40 |
| 资产总计 | 全年累计（亿元） | 33 025.24 | 11 182.90 | 7 846.50 | 4 951.04 | 8 977.59 |
| | 同比增减（%） | 23.62 | 22.89 | 22.84 | 24.12 | 20.05 |
| 负债总计 | 全年累计（亿元） | 19 093.04 | 6 007.65 | 4 804.67 | 2 431.55 | 4 607.56 |
| | 同比增减（%） | 23.14 | 19.37 | 24.34 | 21.79 | 19.95 |
| 主营业务收入 | 全年累计（亿元） | 42 510.03 | 14 228.15 | 8 524.89 | 5 815.76 | 13 635.37 |
| | 同比增减（%） | 26.06 | 28.56 | 27.61 | 26.51 | 28.01 |
| 成本费用总额 | 全年累计（亿元） | 39 352.99 | 13 037.01 | 7 904.55 | 5 295.09 | 12 500.54 |
| | 同比增减（%） | 26.29 | 28.97 | 27.70 | 26.88 | 28.43 |
| 利润总额 | 全年累计（亿元） | 2 647.17 | 1 029.06 | 585.79 | 496.55 | 922.67 |
| | 同比增减额（亿元） | 406.28 | 217.53 | 113.11 | 96.26 | 175.57 |
| | 同比增减（%） | 18.13 | 26.80 | 23.93 | 24.05 | 23.50 |
| 税金总额 | 全年累计（亿元） | 1 163.61 | 444.22 | 274.64 | 198.58 | 424.59 |
| | 同比增减（%） | 24.85 | 21.54 | 24.38 | 33.66 | 23.91 |
| 从业人员平均人数 | 全年累计（万人） | 458.15 | 173.66 | 89.14 | 95.70 | 194.99 |
| | 去年同期（万人） | 421.39 | 154.56 | 78.83 | 86.33 | 178.71 |

资料来源：中国机械工业联合会。

#### 表20 2011年我国能源装备大行业主要经济效益指标汇总表

| | | 电工电器行业 | 石化通用行业 | 重型矿山行业 | 仪器仪表行业 | 通用基础件行业 |
|---|---|---|---|---|---|---|
| 亏损面 | 全年累计（%） | 9.96 | 7.23 | 7.45 | 8.56 | 6.56 |
| | 去年同期（%） | 7.46 | 5.79 | 6.26 | 6.29 | 5.59 |
| 亏损额 | 全年累计（亿元） | 154.33 | 31.78 | 26.39 | 15.87 | 28.34 |
| | 去年同期（亿元） | 69.78 | 23.86 | 23.33 | 7.86 | 19.57 |
| 总资产贡献率 | 全年累计（%） | 12.62 | 14.10 | 11.76 | 14.74 | 16.04 |
| | 去年同期（%） | 12.76 | 13.72 | 11.47 | 14.38 | 15.46 |
| 资本保值增值率（%） | | 124.28 | 127.24 | 120.54 | 126.46 | 120.16 |
| 资产负债率 | 全年累计（%） | 57.81 | 53.72 | 61.23 | 49.11 | 51.32 |
| | 去年同期（%） | 58.04 | 55.30 | 60.49 | 50.05 | 51.37 |
| 流动资产周转率[①] | 全年累计（次） | 1.94 | 1.97 | 1.61 | 1.79 | 2.60 |
| | 去年同期（次） | 1.86 | 1.86 | 1.54 | 1.73 | 2.46 |

续表

| | | 电工电器行业 | 石化通用行业 | 重型矿山行业 | 仪器仪表行业 | 通用基础件行业 |
|---|---|---|---|---|---|---|
| 成本费用利润率 | 全年累计（%） | 6.73 | 7.89 | 7.41 | 9.38 | 7.38 |
| | 去年同期（%） | 7.19 | 8.03 | 7.64 | 9.59 | 7.68 |
| 工业产品销售率 | 全年累计（%） | 97.32 | 96.99 | 97.41 | 96.96 | 97.77 |
| | 去年同期（%） | 97.70 | 96.66 | 96.78 | 97.55 | 97.50 |
| 主营业务收入利润率 | 全年累计（%） | 6.23 | 7.23 | 6.87 | 8.54 | 6.77 |
| | 去年同期（%） | 6.65 | 7.33 | 7.08 | 8.71 | 7.01 |
| 出口交货值率 | 全年累计（%） | 13.83 | 10.06 | 7.33 | 19.95 | 9.37 |
| | 去年同期（%） | 14.68 | 10.64 | 7.81 | 20.44 | 10.08 |
| 总资产利润率 | 全年累计（%） | 8.02 | 9.20 | 7.47 | 10.03 | 10.28 |
| | 去年同期（%） | 8.39 | 8.92 | 7.40 | 10.03 | 9.99 |

注：①因流动资产平均余额指标取消，故计算流动资产周转率时以流动资产合计指标代替，该指标仅供参考。

资料来源：中国机械工业联合会。

### 表21 2011年我国能源装备有关分行业主要经济指标

| 行　业 | 企业数（个） | 主营业务收入（万元） | 利润总额（万元） | 亏损企业亏损额（万元） |
|---|---|---|---|---|
| 专用设备制造业 | | | | |
| 采矿、采石设备制造 | 1 338 | 27 367 376 | 1 903 259 | 56 505 |
| 石油钻采专用设备制造 | 683 | 16 969 433 | 1 116 853 | 50 436 |
| 炼油、化工生产专用设备制造 | 384 | 6 162 639 | 429 053 | 29 403 |
| 电工机械专用设备制造 | 275 | 3 250 013 | 225 144 | 7 670 |
| 环境污染防治专用设备制造 | 779 | 12 732 747 | 888 598 | 21 065 |
| 地质勘查专用设备制造 | 29 | 415 137 | 109 363 | 876 |
| 通用设备制造业 | | | | |
| 锅炉及辅助设备制造 | 656 | 14 472 765 | 1 139 399 | 30 314 |
| 汽轮机及辅机制造 | 82 | 5 971 642 | 430 801 | 22 963 |
| 水轮机及辅机制造 | 34 | 642 414 | 53 134 | 186 |
| 泵及真空设备制造 | 1 116 | 15 306 726 | 1 235 206 | 12 171 |
| 气体压缩机械制造 | 387 | 13 351 543 | 861 126 | 36 776 |
| 阀门和旋塞的制造 | 1 485 | 18 436 782 | 1 376 340 | 24 021 |
| 液压和气压动力机械及元件制造 | 1 206 | 16 496 233 | 1 435 895 | 26 097 |
| 电气机械及器材制造业 | | | | |
| 发电机及发电机组制造 | 704 | 29 006 920 | 1 843 685 | 172 400 |
| 变压器、整流器和电感器制造 | 1 571 | 32 237 744 | 1 845 371 | 192 405 |
| 电容器及其配套设备制造 | 249 | 3 273 206 | 211 909 | 9 088 |
| 配电开关控制设备制造 | 2 192 | 40 002 179 | 3 072 328 | 125 872 |
| 电力电子元器件制造 | 931 | 13 967 777 | 806 773 | 56 029 |
| 其他输配电及控制设备制造 | 705 | 15 194 711 | 1 222 434 | 29 334 |
| 电线电缆制造 | 3 497 | 106 649 740 | 5 278 005 | 197 292 |
| 绝缘制品制造 | 334 | 4 810 785 | 292 971 | 20 859 |
| 电池制造 | 1 326 | 53 619 289 | 3 177 840 | 431 627 |
| 仪器仪表制造业 | | | | |
| 工业自动控制系统装置制造 | 833 | 19 967 294 | 2 028 405 | 19 511 |
| 电工仪器仪表制造 | 281 | 4 350 281 | 251 781 | 20 994 |
| 实验分析仪器制造 | 173 | 1 631 787 | 162 974 | 2 023 |
| 供应用仪表及其他通用仪器制造 | 334 | 4 451 662 | 435 349 | 5 734 |
| 环境监测专用仪器仪表制造 | 66 | 1 077 628 | 98 554 | 202 |

续表

| 行　　业 | 企业数（个） | 主营业务收入（万元） | 利润总额（万元） | 亏损企业亏损额（万元） |
|---|---|---|---|---|
| 导航、气象及海洋专用仪器制造 | 60 | 1 342 508 | 94 547 | 2 786 |
| 地质勘探和地震专用仪器制造 | 46 | 931 523 | 103 691 | 432 |
| 核子及核辐射测量仪器制造 | 15 | 108 593 | 7 034 | 33 |
| 电子测量仪器制造 | 131 | 1 644 467 | 199 088 | 6 918 |
| 金属制品业 | | | | |
| 金属压力容器制造 | 419 | 6 754 526 | 407 799 | 26 289 |

资料来源：中国机械工业联合会。

## 表22　2011年我国能源装备主要产品进口情况

| 商品名称 | 计量单位 | 进口 | | | |
|---|---|---|---|---|---|
| | | 全年数量 | 同比增减（%） | 全年金额（万美元） | 同比增减（%） |
| **电工电器产品** | | | | | |
| 低压电器 | | - | - | 1 331 195.92 | 11.26 |
| 电线电缆 | kg | 319 068 106 | -1.04 | 543 150.98 | 17.05 |
| 低压开关零件 | kg | 94 549 789 | -8.21 | 454 733.69 | 2.14 |
| 低压开关板、柜 | 个 | 45 180 079 | 15.67 | 372 290.50 | 11.07 |
| 变压器、互感器 | 个 | 131 956 760 819 | 12.86 | 297 284.36 | 5.30 |
| 内燃发电机组 | 台 | 83 669 | 3.76 | 115 243.34 | 31.27 |
| 高压开关 | 个 | 8 370 975 | 13.86 | 83 178.55 | 27.80 |
| 绝缘制品 | kg | 24 602 794 | 4.35 | 68 286.19 | 3.03 |
| 汽轮机零件 | kg | 19 490 164 | 11.78 | 59 250.36 | 19.59 |
| 变压器零件 | kg | 27 853 309 | -29.01 | 23 977.71 | -19.45 |
| 发电机 | 台 | 24 478 | 67.52 | 23 285.23 | 50.44 |
| 蓄电池 | 个 | 5 578 281 | -31.92 | 19 995.65 | -1.76 |
| 发电机零件 | kg | 10 354 378 | 20.92 | 17 687.10 | 13.34 |
| 汽轮机 | 个 | 78 | 4.00 | 17 155.62 | 10.22 |
| **石化通用机械产品** | | | | | |
| 阀门 | 套 | 365 670 359 | 36.63 | 435 567.01 | 18.58 |
| 泵 | 台 | 60 010 181 | -3.78 | 340 625.62 | 17.91 |
| 气体压缩机 | 台 | 19 661 855 | 48.61 | 192 519.80 | -1.39 |
| 石油化工设备 | | - | - | 134 717.09 | 16.75 |
| 用于致冷设备的压缩机 | 台 | 13 067 813 | -2.39 | 113 409.26 | 6.30 |
| 风机 | 台 | 218 129 280 | -0.32 | 101 989.85 | 8.24 |
| 阀门零件 | kg | 25 075 880 | 13.86 | 80 401.28 | 22.32 |
| 泵零件 | kg | 34 208 374 | 20.59 | 78 069.62 | 20.88 |
| 真空泵 | 台 | 983 481 | 15.83 | 45 599.92 | 34.07 |
| 石油钻采设备零件 | kg | 8 185 618 | 6.23 | 28 164.07 | -5.33 |
| **重型矿山机械产品** | | | | | |
| 矿物筛、洗选、破碎磨粉设备 | 台 | 3511 | 19.46 | 45 314.70 | 4.76 |
| 矿山采掘设备 | 台 | 870 | -0.11 | 42 842.22 | 25.87 |
| **仪器仪表产品** | | | | | |
| 电力电子元器及静止变流器 | | - | - | 606 283.87 | 17.00 |
| 自动调节或控制仪器及装置 | 台 | 44 943 269 | -26.07 | 469 260.33 | 20.50 |
| 分析仪器 | 台 | 2 984 739 | 49.58 | 399 566.46 | 26.45 |
| 液压元件及装置 | 台 | 16 777 086 | 19.12 | 342 441.76 | 19.83 |
| 分析仪器零件 | kg | 3 039 860 | - | 202 191.25 | - |
| 自动调节或控制仪器零件、附件 | kg | 15 277 361 | -0.52 | 152 827.84 | 19.56 |

续表

| 商品名称 | 计量单位 | 进口 | | | |
|---|---|---|---|---|---|
| | | 全年数量 | 同比增减（%） | 全年金额（万美元） | 同比增减（%） |
| 静止变流器用零件 | kg | 37 428 558 | −12.79 | 139 307.37 | 5.62 |
| 电工、电子测量仪器零件、附件 | kg | 1 803 332 | −3.79 | 74 741.90 | 11.22 |
| 液气体其他测量或检验仪器零件 | kg | 3 446 847 | 17.67 | 57 018.84 | 29.60 |
| 气动元件及装置 | | − | − | 56 949.30 | 22.42 |
| 大地测量仪器 | 个 | 630 933 | 71.33 | 54 347.89 | 3.55 |
| 流量、液位仪表 | 个 | 2 870 968 | −11.16 | 44 322.25 | 17.52 |
| 压力检测仪表 | 个 | 13 792 951 | 74.01 | 39 033.77 | 32.18 |
| 液气体的其他测量或检验仪器 | 个 | 1 586 472 | 18.26 | 18 566.05 | 24.65 |

资料来源：中国机械工业联合会。

### 表 23　2011 年我国能源装备主要产品出口情况

| 商品名称 | 计量单位 | 出口 | | | |
|---|---|---|---|---|---|
| | | 全年数量 | 同比增减（%） | 全年金额（万美元） | 同比增减（%） |
| **电工电器产品** | | | | | |
| 电线电缆 | kg | 1 872 142 107 | 7.90 | 1 548 741.94 | 20.16 |
| 低压电器 | | − | − | 1 002 028.70 | 18.80 |
| 变压器、互感器 | 个 | 45 279 852 626 | −10.00 | 345 332.42 | 8.72 |
| 内燃发电机组 | 台 | 11 397 949 | 11.06 | 336 690.41 | 23.25 |
| 低压开关板、柜 | 个 | 209 545 329 | 35.39 | 326 878.29 | 25.02 |
| 低压开关零件 | kg | 220 806 925 | 10.04 | 294 427.27 | 13.21 |
| 蒸汽锅炉零件 | kg | 581 570 651 | 21.47 | 210 340.39 | 30.41 |
| 蓄电池 | 个 | 134 085 197 | −15.27 | 187 951.89 | 6.51 |
| 汽轮机零件 | kg | 93 450 399 | 42.19 | 134 846.16 | 32.49 |
| 高压开关 | 个 | 57 262 053 | 26.05 | 107 672.92 | 24.94 |
| 锅炉辅助设备 | kg | 96 368 579 | 28.17 | 71 704.59 | 53.33 |
| 发电机 | 台 | 827 135 | 11.77 | 64 465.56 | 30.54 |
| 风力发电机组零件 | kg | 261 445 415 | 65.16 | 62 728.12 | 68.00 |
| 锅炉辅助设备及零件 | kg | 192 387 984 | 63.32 | 53 190.38 | 74.20 |
| 绝缘制品 | kg | 87 792 876 | −4.94 | 44 802.42 | 5.07 |
| 电度表 | 个 | 18 744 184 | 35.93 | 41 594.94 | 57.24 |
| 变压器零件 | kg | 80 793 098 | 8.57 | 40 677.82 | 3.88 |
| **石化通用机械产品** | | | | | |
| 阀门 | 套 | 2 522 221 013 | 3.17 | 521 646.85 | 27.19 |
| 泵 | 台 | 894 129 506 | 36.20 | 327 154.71 | 28.60 |
| 用于致冷设备的压缩机 | 台 | 45 298 007 | 20.26 | 241 397.00 | 26.68 |
| 阀门零件 | kg | 365 552 912 | 14.77 | 217 308.38 | 35.05 |
| 气体压缩机 | 台 | 233 586 115 | 13.99 | 195 768.22 | 23.25 |
| **石油化工设备** | | | | 190 336.78 | 31.39 |
| 石油钻采设备零件 | kg | 277 191 724 | 24.41 | 168 423.31 | 21.11 |
| 风机 | 台 | 360 234 604 | −2.12 | 129 370.91 | 10.57 |
| 泵零件 | kg | 230 003 040 | 28.02 | 120 614.93 | 46.22 |
| 石油钻采设备 | 台 | 15 051 | 87.36 | 115 582.14 | 55.50 |
| **重型矿山机械产品** | | | | | |
| 矿物筛、洗选、破碎磨粉设备 | 台 | 62 143 | 47.29 | 112 602.65 | 50.55 |
| **仪器仪表产品** | | | | | |
| 电力电子元器及静止变流器 | | − | − | 765 398.42 | 15.51 |

续表

| 商品名称 | 计量单位 | 出口 | | | |
|---|---|---|---|---|---|
| | | 全年数量 | 同比增减（%） | 全年金额（万美元） | 同比增减（%） |
| 自动调节或控制仪器及装置 | 台 | 105 828 273 | −5.99 | 153 378.17 | 17.92 |
| 电子测量仪器 | 台 | 161 330 062 | 33.96 | 137 664.23 | 28.88 |
| 静止变流器用零件 | kg | 80 628 054 | −7.83 | 126 784.86 | 3.00 |
| 分析仪器 | 台 | 24 574 636 | 15.60 | 76 289.29 | 11.07 |
| 自动调节或控制仪器零件、附件 | kg | 21 270 503 | 10.08 | 60 182.68 | 15.57 |
| 大地测量仪器 | 个 | 28 187 362 | −16.86 | 51 564.36 | 30.16 |
| 液压元件及装置 | 台 | 7 827 742 | 50.89 | 50 215.95 | 36.70 |
| 分析仪器零件 | kg | 9 040 462 | — | 42 927.63 | — |
| 液气体其他测量或检验仪器零件 | kg | 11 519 868 | 20.30 | 39 092.21 | 33.55 |
| 压力检测仪表 | 个 | 151 475 677 | 16.35 | 38 972.59 | 34.24 |

资料来源：中国机械工业联合会。

### 表 24　2011 年我国能源装备进出口总值汇总表

| 行业 | 进出口（万美元） | | 进口（万美元） | | 出口（万美元） | | 贸易差额（万美元） |
|---|---|---|---|---|---|---|---|
| | 全年累计 | 同比增减（%） | 全年累计 | 同比增减（%） | 全年累计 | 同比增减（%） | |
| 电工电器行业 | 14 096 019 | 17.11 | 5 497 473 | 11.74 | 8 598 546 | 20.81 | 3 101 073 |
| 石化通用行业 | 8 474 534 | 20.36 | 3 047 348 | 14.48 | 5 427 187 | 23.94 | 2 379 839 |
| 重型矿山行业 | 1 611 754 | 17.59 | 692 327 | 22.20 | 919 427 | 14.35 | 227 101 |
| 仪器仪表行业 | 7 041 701 | 23.73 | 4 341 280 | 25.76 | 2 700 420 | 20.61 | −1 640 860 |
| 机械基础件行业 | 3 647 509 | 22.51 | 1 784 031 | 12.24 | 1 863 478 | 34.26 | 79 447 |

资料来源：中国机械工业联合会。

### 表 25　2011 年我国能源装备大行业进出口产品两种不同贸易方式（一般贸易和加工贸易）总值表

| 项目 | 进出口（万美元） | 进口（万美元） | 出口（万美元） | 贸易差额（万美元） |
|---|---|---|---|---|
| 进出口总值 | 30 774 151.75 | 12 980 564.86 | 17 793 586.89 | 4 813 022.03 |
| 一般贸易 | 18 873 307.92 | 8 487 178.68 | 10 386 129.24 | 1 898 950.56 |
| 电工电器行业 | 6 304 894.24 | 2 327 594.46 | 3 977 299.78 | 1 649 705.32 |
| 石化通用行业 | 5 358 652.50 | 2 029 809.79 | 3 328 842.71 | 1 299 032.92 |
| 重型矿山行业 | 1 044 809.50 | 474 120.27 | 570 689.23 | 96 568.96 |
| 仪器仪表行业 | 3 425 142.38 | 2 449 942.55 | 975 199.83 | −1 474 742.72 |
| 机械基础件行业 | 2 739 809.30 | 1 205 711.61 | 1 534 097.69 | 328 386.08 |
| 加工贸易 | 11 900 843.83 | 4 493 386.18 | 7 407 457.65 | 2 914 071.47 |
| 电工电器行业 | 6 057 212.67 | 2 349 633.03 | 3 707 579.64 | 1 357 946.61 |
| 石化通用行业 | 2 265 056.40 | 518 006.43 | 1 747 049.97 | 1 229 043.54 |
| 重型矿山行业 | 333 902.62 | 81 505.95 | 252 396.67 | 170 890.72 |
| 仪器仪表行业 | 2 676 962.52 | 1 186 984.44 | 1 489 978.08 | 302 993.64 |
| 机械基础件行业 | 567 709.62 | 357 256.33 | 210 453.29 | −146 803.04 |

资料来源：中国机械工业联合会。

### 表 26　2011 年我国能源装备重点企业经济效益综合指数前 50 家

| 序号 | 企业名称 | 主营产品 | 工业经济效益综合指数 | 总资产贡献率（%） | 资本保值增值率（%） | 资产负债率（%） | 流动资产周转率（次） | 工业成本费用利润率（%） | 从业人员劳动生产率（元/人） | 工业产品销售率（%） |
|---|---|---|---|---|---|---|---|---|---|---|
| 1 | 上海锅炉厂 | 电站锅炉及成套、大型重化工设备、电站环保设备 | 665.81 | 13.72 | 146.12 | 83.72 | 0.81 | 14.03 | 893 064 | 100.53 |

续表

| 序号 | 企业名称 | 主营产品 | 工业经济效益综合指数 | 总资产贡献率（%） | 资本保值增值率（%） | 资产负债率（%） | 流动资产周转率（次） | 工业成本费用利润率（%） | 从业人员劳动生产率（元/人） | 工业产品销售率（%） |
|---|---|---|---|---|---|---|---|---|---|---|
| 2 | 北京 ABB 高压开关设备有限公司 | 变压器、高中低压开关、电气传动系统和电机 | 610.44 | 27.17 | 69.68 | 55.01 | 1.51 | 19.18 | 721 626 | 101.68 |
| 3 | 哈尔滨锅炉厂有限责任公司 | 50MW·h~1 000MW·h 电站锅炉、锅炉和汽轮机辅机、石化容器、核电设备、工业锅炉 | 568.17 | 14.29 | 82.35 | 80.09 | 0.75 | 11.11 | 761 568 | 100.37 |
| 4 | 常熟开关制造有限公司 | 高低压电器元件、电子产品及高低压成套开关设备 | 536.28 | 34.65 | 122.47 | 46.02 | 1.53 | 38.06 | 447 464 | 98.01 |
| 5 | 浙江中控技术股份有限公司 | 炼化、电力、仪控系统、LNG | 452.37 | 27.59 | 153.10 | 16.78 | 1.13 | 26.61 | 403 444 | 90.84 |
| 6 | 杭州汽轮动力集团有限公司 | 汽轮机、燃汽轮机、压缩机辅机成套设备及备品备件 | 407.78 | 13.07 | 108.10 | 50.45 | 0.83 | 18.38 | 439 326 | 96.47 |
| 7 | 杭州锅炉集团股份有限公司 | 锅炉、压力容器、环保设备 | 405.18 | – | 234.70 | 57.53 | 1.07 | 14.24 | 440 372 | 107.48 |
| 8 | 陕西鼓风机（集团）有限公司 | 压缩机、鼓风机、通风机、汽轮机、智能测控仪表、工业锅炉、压力容器 | 382.51 | 6.75 | 108.96 | 61.50 | 0.45 | 18.73 | 421 144 | 99.44 |
| 9 | 潍柴控股集团有限公司 | 柴油发电机组 | 380.31 | 13.78 | 124.47 | 58.11 | 2.08 | 8.51 | 428 289 | 101.55 |
| 10 | 江苏远东（控股）集团有限公司 | 电线电缆 | 365.09 | 5.18 | 113.70 | 75.69 | 1.88 | 1.26 | 488 658 | 100.00 |
| 11 | 上海电气电站设备有限公司 | 汽轮发电机、电站辅机 | 364.47 | 7.86 | 103.35 | 78.59 | 0.77 | 10.05 | 446 475 | 99.16 |
| 12 | 许继集团有限公司 | 电力系统自动化、保护及控制产品 | 353.56 | 8.66 | 142.41 | 77.74 | 0.85 | 7.98 | 428 021 | 102.12 |
| 13 | 大连重工起重集团有限公司 | 风电核心部件、核电站起重设备 | 333.50 | 9.32 | 107.82 | 74.30 | 0.81 | 11.17 | 380 325 | 98.20 |
| 14 | 广州白云电器设备股份有限公司 | 中/低压成套开关设备、气体绝缘金属封闭开关设备（GIS）、电力电子产品 | 329.79 | 14.89 | 110.81 | 38.28 | 0.91 | 20.69 | 288 114 | 100.11 |
| 15 | 北京巴布科克威尔科克斯有限公司 | 电站锅炉、烟气脱硝（SCR）设备 | 317.12 | 11.85 | 126.81 | 81.89 | 0.62 | 14.01 | 330 172 | 100.00 |
| 16 | 上海电气（集团）总公司 | 火力发电机组、核电机组、输配电设备 | 312.41 | 9.36 | 107.92 | 66.64 | 1.15 | 8.19 | 354 519 | 98.83 |
| 17 | 中信重工机械股份有限公司 | 采掘、提升、选煤、破碎设备、环保机械、发电设备 | 311.90 | 11.51 | 128.94 | 72.52 | 2.23 | 6.55 | 338 127 | 98.20 |
| 18 | 杭州制氧机集团有限公司 | 空分设备、大型乙烯冷箱、真空贮槽、压缩机、离心式液体泵、环保设备 | 307.07 | 7.33 | 127.40 | 46.89 | 1.08 | 11.25 | 325 894 | 101.37 |
| 19 | 沈阳鼓风机（集团）有限公司 | 鼓风机系列、气压机系列、水泵系列设备 | 300.08 | 7.47 | 183.84 | 74.29 | 1.13 | 4.93 | 350 406 | 86.88 |
| 20 | 南京汽轮电机（集团）有限责任公司 | 汽轮机、燃气轮机、发电机、风力发电机、水轮发电机 | 292.62 | 6.06 | 104.55 | 66.07 | 0.62 | 10.66 | 325 724 | 98.76 |
| 21 | 哈尔滨电机厂有限责任公司 | 水轮机、水轮发电机、汽轮发电机、风力发电机、电站控制设备、滑动轴承 | 289.01 | 8.22 | 122.31 | 58.40 | 0.57 | 15.19 | 276 263 | 110.60 |
| 22 | 开封高压阀门有限公司 | 高、中、压阀门 | 282.24 | 29.58 | 132.17 | 18.22 | 1.53 | 33.87 | 67 968 | 97.82 |

续表

| 序号 | 企业名称 | 主营产品 | 工业经济效益综合指数 | 总资产贡献率（%） | 资本保值增值率（%） | 资产负债率（%） | 流动资产周转率（次） | 工业成本费用利润率（%） | 从业人员劳动生产率（元/人） | 工业产品销售率（%） |
|---|---|---|---|---|---|---|---|---|---|---|
| 23 | 上海柴油机股份有限公司 | 柴油发电机组 | 272.09 | 9.68 | 107.68 | 47.25 | 1.44 | 5.20 | 296 217 | 105.34 |
| 24 | 正泰集团股份有限公司 | 高低压电器、输配电设备、仪器仪表、光伏电池及组件 | 271.79 | 14.24 | 80.91 | 59.63 | 1.31 | 13.03 | 242 328 | 99.20 |
| 25 | 哈尔滨空调股份有限公司 | 电站空冷器、石化空冷器 | 270.25 | 3.99 | 96.82 | 59.02 | 0.51 | 1.69 | 354 286 | 86.81 |
| 26 | 上海电气液压气动有限公司 | 液压设备 | 269.84 | 20.30 | 127.69 | 28.93 | 2.08 | 17.10 | 171 690 | 101.65 |
| 27 | 天津百利机电控股集团有限公司 | 输配电设备、发电设备、探矿机械、大重型液压机、风机、泵、环保成套设备 | 265.63 | 13.04 | 145.43 | 52.50 | 2.02 | 9.70 | 230 492 | 100.35 |
| 28 | 德力西集团有限公司 | 低压输配电和工业自动化控制电气、自动化仪器仪表、高压电器和成套设备 | 263.21 | 12.01 | 142.72 | 52.38 | 1.91 | 9.32 | 235 308 | 96.57 |
| 29 | 江苏通润机电集团有限公司 | 高低压成套开关设备 | 255.78 | 17.11 | 100.24 | 43.72 | 2.26 | 6.72 | 227 037 | 96.75 |
| 30 | 北京京城环保产业发展有限责任公司 | 石化、煤气、空气、天然气压缩机 | 255.58 | 18.43 | 114.08 | 43.55 | 1.76 | 10.77 | 201 501 | 102.17 |
| 31 | 湘电集团有限公司 | 风力发电机组及辅机、碟式太阳能发电设备、电气控制设备 | 250.55 | 4.93 | 114.81 | 80.89 | 0.80 | 3.60 | 308 385 | 87.90 |
| 32 | 北方重工集团有限公司 | 系列成套煤矿机械、电站设备 | 250.29 | 3.87 | 151.28 | 81.44 | 0.82 | 1.84 | 312 345 | 96.00 |
| 33 | 中国东方电气集团有限公司 | 火电机组、水轮发电机组、核电机组主设备、重型燃气轮机设备、风电设备、太阳能电站设备、大型电站锅炉烟气脱硫脱硝、大型化工容器 | 245.88 | 4.24 | 117.59 | 79.25 | 0.60 | 7.01 | 280 876 | 99.20 |
| 34 | 哈尔滨电气集团公司 | 发电设备、驱动及控制设备、通用及环保设备 | 240.17 | 6.29 | 113.77 | 74.07 | 0.66 | 5.93 | 268 579 | 101.94 |
| 35 | 山东鲁能泰山电缆股份有限公司 | 电线电缆 | 223.17 | 2.34 | 100.96 | 55.61 | 0.71 | 3.27 | 263 023 | 107.44 |
| 36 | 北京京城机电控股有限责任公司 | 火电发电设备、风力发电机组、输配电开关设备、电线电缆 | 216.79 | 8.89 | 102.10 | 59.75 | 1.01 | 9.83 | 188 885 | 96.40 |
| 37 | 四川宏华石油设备有限公司 | 石油钻采设备 | 213.63 | 7.46 | 119.24 | 64.78 | 0.72 | 12.47 | 178 192 | 82.02 |
| 38 | 太原重型机械集团公司 | 煤矿采、运、选成套装备、煤炭深加工及煤化工成套设备 | 212.09 | 4.04 | 112.16 | 69.26 | 0.72 | 4.18 | 238 655 | 94.78 |
| 39 | 菲达集团有限公司 | 电站除尘、输灰、脱硫系统环保装备、污水处理设备 | 209.23 | 6.14 | 100.73 | 61.38 | 0.80 | 2.31 | 235 201 | 99.99 |
| 40 | 北京华德液压工业集团有限公司 | 电力液压系统、液压阀 | 208.50 | 11.23 | 109.50 | 52.69 | 1.48 | 5.94 | 183 539 | 93.45 |
| 41 | 大连冰山集团有限公司 | 石化专用螺杆制冷压缩机组等 | 205.89 | 9.17 | 100.66 | 63.02 | 1.34 | 4.45 | 199 421 | 98.47 |
| 42 | 烟台冰轮集团有限公司 | 循环流化床锅炉、燃气—蒸汽联合循环发电用余热锅炉等 | 203.25 | 11.18 | 200.93 | 46.91 | 2.03 | – | 181 540 | 99.40 |
| 43 | 上海鼓风机厂有限公司 | 离心压缩机系列、离心鼓风机系列、罗茨鼓风机系列、通风机系列 | 202.82 | 5.27 | 110.79 | 79.69 | 1.03 | 3.01 | 226 634 | 97.87 |

续表

| 序号 | 企业名称 | 主营产品 | 工业经济效益综合指数 | 总资产贡献率（%） | 资本保值增值率（%） | 资产负债率（%） | 流动资产周转率（次） | 工业成本费用利润率（%） | 从业人员劳动生产率（元/人） | 工业产品销售率（%） |
|---|---|---|---|---|---|---|---|---|---|---|
| 44 | 中国第一重型机械集团公司 | 核电、水电、风电成套设备及煤化工设备、石油开采与加工设备、铸锻件 | 199.44 | 2.99 | 102.25 | 51.23 | 0.40 | 6.50 | 212 633 | 80.52 |
| 45 | 杭州前进齿轮箱集团有限公司 | 风电齿轮箱等 | 191.55 | 6.54 | 81.99 | 43.20 | 1.45 | 8.40 | 160 543 | 96.66 |
| 46 | 中国长江动力集团 | 火力发电机组、水力发电机组 | 189.37 | 10.80 | 97.83 | 56.02 | 0.68 | 12.37 | 132 196 | 78.87 |
| 47 | 中国四联仪器仪表集团有限公司 | 电站用仪器仪表 | 188.14 | 9.48 | 120.09 | 58.34 | 1.27 | 6.38 | 152 515 | 98.56 |
| 48 | 太原重型机械集团煤机有限公司 | 煤炭采掘、输送、洗选、液压支架、炼焦、气化设备 | 185.96 | 5.91 | 154.35 | 76.52 | 1.15 | 4.28 | 175 721 | 98.10 |
| 49 | 上海重型机器厂 | 电站设备等 | 185.85 | 1.00 | 100.73 | 69.34 | 0.54 | 0.59 | 233 188 | 92.24 |
| 50 | 哈尔滨汽轮机厂有限责任公司 | 火电汽轮机、核电汽轮机、燃气轮机 | 182.26 | 2.97 | 104.75 | 78.51 | 0.68 | 1.98 | 212 597 | 98.40 |

资料来源：中国机械工业联合会。

注释：

1. 数据篇中五大类产品数据均采用机械工业统计数据，其中各类产品数据能源装备占比为：电工电器行业，发电设备（锅炉、汽轮机、发电机）100%，工业拖动电机50%，输变电设备（变压器、开关、电线电缆等）100%，工业汽轮机60%；石化通用设备行业，风机60%，泵60%，压缩机60%，阀门60%，空分设备70%，化工设备（压力容器、换热器等）90%；煤炭机械行业100%；仪器仪表行业50%；基础零部件行业50%。读者在使用时，可以此作参考。

2. 2011年资料口径与2010年不同，2011年为收入2 000万元及以上，2010年为500万元及以上，请使用时注意。

3. 表中计算"同比增减（%）"时所用基期数据均为报告期同口径数据。

附 录

# 大事记

## （2008 年）

3 月 16 日　泰安深燃液化天然气利用有限公司的 15 万 m³/d 天然气液化设备成套项目顺利投产。该装置由杭州福斯达集团公司总承建，项目一期总投资 8 500 万元，是当时国内最大的自主开发项目，设备全部采用国产化，并一次开车成功。该项目由天然气净化系统、天然气液化系统、氮气循环制冷系统、LNG 和 LPG 储存及装车系统、DCS 数据集中控制系统、ESP 紧急停车系统、主控及监控系统和消防系统等十二个系统组成。共有塔机设备 130 余台、动力设备 69 余台。

该项目还研制成功了具有我国首个自主知识产权的氮膨胀、循环制冷液化天然气设备，填补了国内空白，首次采用并联双温区的膨胀机制冷技术，首次将等压干燥脱水技术应用于天然气液化系统、净化系统，首次在净化系统采用了导热油炉、单炉双温区共用形式，所采用的单级双列活塞式氮气压缩机为国内规模最大。

6 月 11 日　由中核苏阀科技实业股份有限公司为中国石油辽阳石化有限公司乙烯及配套工程装置而自主研发的 DN56″（DN1 400mm）超大口径伞齿轮低温闸阀获得成功，各项性能达到国产化设计要求，改写了阀门行业超大口径低温闸阀的纪录。该阀门总装后整机高达 5m 多，重量超过 16t，适用介质温度为 -40℃~100℃，压力为 150LB/2.5MPa，填补了我国超大口径低温球阀的空白。

中核苏阀科技还被江苏省科学技术厅授予"江苏省特种阀门工程技术研究中心"。

6 月 12 日　江苏超力机械有限公司在西安交通大学的技术支撑下，研制成功世界首台"同步回转空气压缩机"。该项目是利用同步回转理论，发明生产的新一代压缩、制冷设备，在国际范围内实现了动力设备的原创性突破，解决了效率低、制造工艺复杂、生产成本高、使用寿命短的技术难题，将对我国乃至世界压缩机领域产生重大的影响。该产品已拥有 1 项中国发明专利，2 项实用新型专利等。

该产品通过了中国机械联合会科技成果鉴定，产品较往复式压缩机体积减少 50%~60%，重量约减轻 30%。

6 月 16 日　时任中共中央政治局常委、国务院副总理李克强在参加 2008 年节能宣传周活动时强调，面对当前资源环境形势，必须进一步强化全民节能环保意识，坚持开源节流并举、节约优先的方针，以节能为重点，全面推进节能减排工作，全面贯彻《节约能源法》，加快建设资源节约型、环境友好型社会。

7 月 9 日　杭氧压缩机有限公司开发成功了国内首套天然气液化专用压缩机组，所有设备完全采用国产配件。该专用压缩机组配套于泰安深燃液化天然气利用有限公司的日产 15 万 m³ 天然气液化设备项目，结束了我国天然气液化项目中同规格压缩机组一直采用进口压缩机组的历史。

杭氧压缩机有限公司此次为泰安深燃项目配套了两种活塞式压缩机组，一种是氮气循环系统中的增压氮压机，采用了立式二列一级的形式，出口压力为 1.8MPa（G），流量为 19 000Nm³/h（标态），该机组属于国内最大的同类活塞式压缩机组。另一种是用于城市供气的 BOG 天然气压缩机组，采用了立式三列三级的可变工况（适应变流量、含水介质的工况）形式，出口压力为 1.7MPa（G），流量为 650~1 010Nm³/h（标态）。

**8 月 2 日** 由上海维尔泰克螺杆机械有限公司自主研发的国内首台两级压缩空气螺杆主机诞生，并被安装在也是该公司刚刚研发成功的 LGCY18/17 柴油动力移动式空气压缩机上，经过半个月的机组运行测试，结果显示达到了设计要求，各项参数表明：LGCY18/17 螺杆式空压机性能达到世界一流水平，打破了国外产品对我国市场的垄断。螺杆式空压机较之活塞式空压机有着不少技术上的优势，节能效果在 15%以上，将成为我国矿山采掘的主力设备。

**8 月 8 日** 根据《国务院关于部委管理的国家局设置的通知》（国发〔2008〕12 号），国家能源局（副部级）正式对外挂牌，由国家发展和改革委员会管理。

国家能源局主要职责：研究提出能源发展战略的建议，拟订能源发展规划、产业政策并组织实施，起草有关能源法律法规草案和规章，推进能源体制改革，拟订有关改革方案，协调能源发展和改革中的重大问题；负责煤炭、石油、天然气、电力（含核电）、新能源和可再生能源等能源的行业管理，组织制定能源行业标准，监测能源发展情况，衔接能源生产建设和供需平衡，指导协调农村能源发展工作；负责能源行业节能和资源综合利用，组织推进能源重大设备研发，指导能源科技进步、成套设备的引进消化创新，组织协调相关重大示范工程和推广应用新产品、新技术、新设备；按国务院规定权限，审批、核准、审核国家规划内和年度计划规模内能源固定资产投资项目；负责能源预测预警，发布能源信息，参与能源运行调节和应急保障；负责核电管理，拟订核电发展规划、准入条件、技术标准并组织实施，提出核电布局和重大项目审核意见，组织协调和指导核电科研工作，组织核电厂的核事故应急管理工作；拟订国家石油储备规划、政策并实施管理，监测国内外石油市场供求

变化，提出国家石油储备订货、轮换和动用建议并组织实施，按规定权限审批或审核石油储备设施项目，监督管理商业石油储备；牵头开展能源国际合作，与外国能源主管部门和国际能源组织谈判并签订协议，协调境外能源开发利用工作，按规定权限核准或审核能源（煤炭、石油、天然气、电力、天然铀等）境外重大投资项目；参与制定与能源相关的资源、财税、环保及应对气候变化等政策，提出能源价格调整和进出口总量建议。

国家能源局共设综合司、政策法规司、发展规划司、能源节约和科技装备司、电力司、煤炭司、石油天然气司（国家石油储备办公室）、新能源和可再生能源司、国际合作司和直属机关党委（人事司）。

国家能源局局长由国家发改委副主任张国宝担任。

**9 月 2 日** 由锦西化工机械（集团）有限责任公司通过自主研发、设计制造的首台（套）国产百万吨级 PTA/CTA 干燥机正式诞生，标志着我国已能生产过去一直由国外垄断的大型乙烯核心装置——PTA/CTA 干燥机，产能分别为 136t/h 和 138t/h，具有自主知识产权，填补了国内空白，而价格仅是国外同类产品的 1/2。

**10 月 8 日** 由沈阳鼓风机集团股份有限公司研制的中石化天津石化大型乙烯工程配套的裂解气压缩机 H858 高压缸机壳，成功通过了水压高达 6.75MPa 的试验，标志着沈鼓集团已进入世界少数几个先进生产企业的行列，在我国也属首创。

**11 月 18 日** 由浙江良精阀门股份有限公司自主研发成功具有耐磨、抗冲刷、防泄漏的新一代通用阀门产品——多功能切断阀。该阀门采用全新独特内部结构设计（国家专利号：ZL20067582X），彻底解决了传统阀门因硬性颗粒介质对密封面的擦伤或磨损导致阀门密封性能不好而内泄漏的世界性难题，使用寿命为传统产品的三四倍，还具有启闭力矩小，操作轻便，完全可以替代传统楔形闸阀、平板闸阀、蝶阀等各类阀门，适用于石油、化工、天然气、电厂、煤矿、污水处理等领域。

**11 月 26 日**  由中国兵器装备集团公司自主研制的天然气汽车加气站用压缩机通过了模拟气站加气试验，各项指标均达到国内领先水平，其设计制造原理填补了国内空白，比传统压缩机降低能耗达 65% 以上，与同功率的加气站相比 1 年可节电 30 万 kW·h 以上，是国内能耗最低的天然气压缩机。

**11 月 26 日**  上海压缩机有限公司研制成功为中石化南京化学工业集团公司制氢装置配套的 6M100 往复式大型制氢压缩机。该压缩机在设计制造技术上有新的突破，并填补了国内空白。往复活塞式压缩机是煤化工和石油化工装置中最为关键的设备之一，进口 1 台要花数百万美元。近年来，随着我国经济的快速增长，对大型往复式压缩机的需求量也日益增长，对 100t 级以上的大活塞推力压缩机的年需求量将达数百台。

**12 月 13 日**  时任中共中央总书记、国家主席、中央军委主席胡锦涛，在辽宁省委、省政府等领导的陪同下来到沈阳鼓风机集团股份有限公司。在听取了沈阳鼓风机集团股份有限公司董事长、总经理苏永强汇报了公司情况后，胡锦涛总书记等由沈鼓集团董事长、总经理苏永强陪同，前往转子车间生产现场考察，先后在加工成型的三元叶轮、百万吨乙烯机组的转子与核主泵部件前仔细观看。了解到百万吨乙烯"三机"研制达到国际先进水平、实现国产化时，胡锦涛总书记频频点头表示赞许。胡锦涛总书记还与劳动模范和生产骨干亲切交谈，询问学习、工作情况，殷切地勉励大家。

# 大事记

## （2009 年）

**1 月 7 日** 沈阳鼓风机集团有限公司自主研制的我国首台百万吨乙烯装置用裂解气压缩机组试车成功。该大型设备世界上只有美国、意大利等少数发达国家掌握了生产技术，此举填补了国内空白。时任全国人大常委会委员长吴邦国亲发贺信，"这标志着我国大型石化装备的重大突破，意义重大"。

**2 月 24 日** 由杭州制氧机集团有限公司采用自主技术、自主集成的国内首套 6 万等级空分设备，在上海宝山钢铁公司经过近 3 个月运行，顺利通过性能考核，产品质量等指标全面达到或超过设计值，在工艺设计、设备制造等方面均有创新。

**3 月 4 日** 由无锡压缩机股份有限公司研发的国家科技支撑计划"百万吨乙烯装备及相关技术开发"项目——国内首台大型四列迷宫密封工艺压缩机试车成功，并通过了中石化天津分公司用户的出厂验收评定。技术含量高、附加值高的大型迷宫活塞机是往复式压缩机的高端产品，可压缩烯烃类等气体及混合气体，在国际上只有少数厂家掌握其关键技术。

**6 月 26 日** 国家能源局在北京召开了《国家能源局能源科技发展指南》编制工作座谈会。国家能源局组织编制《指南》是为了引导和调动社会科研力量，促进能源领域科技自主创新，围绕低碳和清洁高效的新型能源发展目标，集思广益，群策群力做好指南编写工作。编制工作要保证重点，做好基础研究，做好底层设计，将应用研究和能源产业化相结合，突出应用研究的重要作用。

中国科学院电工研究所、电力规划设计总院、煤炭科学研究总院等能源科研单位的主管领导，清华大学、华北电力大学等高校的院士和专家，以及国家核电技术公司、中国石油天然气集团公司等主要能源企业的科技主管人员共 40 余人参加了座谈会。国家能源局能源节约和科技装备司介绍了《指南》编制工作的准备情况，并对《国家能源局能源科技发展指南编制大纲和编写要求》进行了说明。

**6 月 29 日** 由浙江开山集团上海维尔泰克螺杆机械有限公司研制的 200kW 4 极电机直联 SKK18LF 型螺杆主机经测试，各项性能达到国际一流水准。再从综合电动机等性能的实际检测的输入比功率来看，已经达到国标 GB19153 中节能品的要求。转速低至 1 480r/min，使国内市场上这一功率段的产品品质得到了根本提升。

**7 月 10 日** 中国石油天然气集团公司"十一五"新产品开发重大装备国产化项目——PTA 装置离心机内转子在辽阳石化公司机械厂研制成功。PTA 装置离心机国产化研制成功，标志着我国可以制造全部的 PTA 装置设备，具有重大意义。

**8 月 1 日** 国内首套 6 万等级化工型内压缩流程空分装置——大唐国际 58 000Nm³/h（氧）空分装置一次开车成功。该装置是由杭氧自行研发、自主设计制造，采用了多项国际先进的内压缩空分流程技术，也标志着杭氧股份有限公司已全面掌握了 6 万等级大型空分装置的设计、制造和成套技术，使我国大型空分装置的国产化又跨上一个新台阶。该装置建在内蒙古锡林郭勒盟多伦县，系为大唐国际发电集团公司在多伦兴建的大型煤化工项目——

多伦 46 万 t/a 煤基烯烃项目配套的空分装置。

**8 月 27 日**　沈阳鼓风机集团有限公司为中石化镇海炼化分公司百万吨乙烯装置研制的丙烯制冷压缩机组通过了中石化验收委员会的出厂验收。机组整体技术达到国际先进水平，填补了国内空白。

**8 月 27 日**　浙江宝龙阀门制造有限公司的新产品——双向密封蝶阀荣获国家专利。该产品较国内市场流行的三偏心多层次密封蝶阀和中线蝶阀相比，既保留了原三偏心多层次密封蝶阀的优点，又能实现反向密封压力达到公称压力 1.1 倍的试验要求。经过中海油和太原热力公司的多次验证，完全满足工况使用要求。

**8 月 28 日**　国内首个用于石油、化工、冶金、轻工、纺织、环保等行业的气体管道控制系统——QGES 新型气动快开阀门，在浙江申仪自控阀门有限公司开发成功。QGES 气动快开阀是将阀门的密封机构与控制系统有机的结合为一体，从而保证了灵敏的控制性能，能实现 0.3 秒快速开启与快速关闭。

**8 月 28 日**　经国家有关部门的严格审查、检验，佳力科技公司生产的各类大型输油管线泵产品已获得全国工业生产许可证，并先后在沈阳军区油库管线、西南管线、新疆克—乌管线、石太成品油管线、安徽安合成品油管线、鲁皖二期管线、江西九江—南昌—樟树成品油管线、福建输油管线、舟山国家储备库等国家重点工程中使用，并得到了用户的肯定。佳力科技公司研发的大型输油管线泵实现了六大项创新技术，获得 2 项国家实用新型专利，不仅填补了国内空白，而且达到国际先进水平。其中，2 000kW 大型输油管线泵的技术指标已经处于世界领先水平。

**9 月 25 日**　在国务院新闻办公室，时任国家发改委副主任、国家能源局局长张国宝介绍新中国成立 60 周年能源发展成就，并回答记者提问。

张国宝说，我国能源供给能力由弱变强。一次能源生产总量从 1949 年的 2 334 万 t 标准煤，增长到 2008 年的 26 亿 t 标准煤，增长 110 倍，成为世界上第一大能源生产国。1949 年全国人均生活用电不到 1kW·h，发展到现在人均生活用电 307 kW·h。发现了大庆、胜利、长庆、塔里木等油田，创造了"三老四严"艰苦奋斗的大庆精神，甩掉了贫油和点洋油的历史。海上油气开发从无到有。建设了"西气东输"、"西电东送"等重大能源运输通道。能源自给率始终保持在 90% 以上，保障了国家能源安全。

能源结构逐步优化。从 1952~2008 年，煤炭在能源消费总量中所占比重从 95% 下降到 68.7%，下降了 26.3 个百分点，石油比重上升了 14.6 个百分点，水电、核电、风电和天然气等优质能源比重提高了 11.7 个百分点。全国水电装机达到 1.72 亿 kW，居世界第一位。风电连续 3 年翻番增长，装机容量达到 1 217 万 kW，居世界第四位。太阳能热水器集热面积超过 1.25 亿 m²，产能 4 000 万 m²/a，均居世界第一位。核电已建成运行 11 个反应堆，总装机容量 910 万 kW；核准在建核电机组 24 台，总装机容量 2 540 万 kW，是目前世界上核电在建规模最大的国家。

能源资源节约取得明显成效，我们把节约能源作为一项基本国策。改革开放 30 年来，实现了全国单位 GDP 能耗年均下降 4%。一个科学合理的能源资源利用体系逐步形成，能源可持续发展能力显著增强。

能源科技装备水平大大提升。1949 年我国火电最大机组为 1 万 kW，输电电压等级最高为 220kV，且全部为外国设计制造。1956 年在安徽田家庵建成第 1 座国产 6 000 kW 火电机组，时下 60 万 kW 及百万千瓦时超临界、超超临界机组正在成为火力发电的主力机型，30 万 kW 及以上机组比重达到 65.2%。输变电电压等级在改革开放后达到 500kV，从交流发展到直流，已成为世界上运用 500kV 直流输电最多的国家，并建成投运了晋东南到湖北荆门的 1 000kV 特高压交流试验示范工程，正在建设世界上直流电压等级最高的 ±800kVA 输电线路，发电和输变电设备达到了国际水平，2008 年出口发电设备 1 452 万 kW。国有重点煤矿采煤机械化程度超过 80%。陆地石油钻机、海上石油钻井平台和千万吨级炼油设备实现自主制造。国际竞争力大大提高，基本形成了适应我国能源发展的技术和装备体系。

能源体制机制改革稳步推进。市场机制已在能源资源配置中发挥基础性作用，现代企业制度已经确立。在新能源领域，民营经济发展迅速。政府能源管理部门从过去的煤炭、电力、石油等多个部级机构，精简组建为今天的国家能源局，能源宏观管理体系基本形成。

国际能源合作取得重大成就。我国已经成为世界能源市场不可或缺的重要组成部分，担任了世界能源理事会副主席国（WEC）。与36个国家和地区建立了双边合作机制，与22个国际组织建立了多边合作机制。与全球40多个国家和地区开展了勘探开发、炼油化工和管道项目合作。已建成投产中哈原油管道，正在建设中俄原油管道。今年底将投产中亚天然气管道和西气东输二线西段工程，把中亚天然气送到北京。我国积极参与国际能源合作，增强了世界能源安全供应保障能力。

**10月20日** 由河北海威精工有限责任公司研制开发的单螺杆水润滑无油空气压缩机获得成功。该压缩机具有我国自主知识产权的节能环保科技新产品，用于压缩机润滑的介质是水，完全无油，可产出纯净无油的压缩空气，彻底改变了生产环境，保证了空气的纯净度，广泛应用于石油、化工、冶金、矿山等领域。

**10月21日** 时任国务院总理温家宝在中南海紫光阁会见美国前副总统戈尔、布鲁金斯学会主席桑顿等出席"中美清洁能源务实合作战略论坛"的美方代表。

温家宝说，节约能源、保护环境是中国实现经济社会可持续发展的基本国策，也是应对气候变化的重要手段。近年来，我们在优化能源结构、推动节能减排、开发利用清洁能源和可再生能源方面取得积极成效，并将继续作出不懈努力。

温家宝表示，中美都是能源生产和消费大国，在发展清洁能源和应对气候变化领域有着共同利益，合作前景广阔，具有战略意义。双方要认真落实《中美能源环境十年合作框架》文件，发挥有关对话机制的作用，通过政府、企业、科研学术机构共同努力，扎实推进这项对两国有利、对世界有利的重要工作，造福全人类，造福子孙后代。 中国战略与管理研究会会长郑必坚，国家发展和改革委员会副主任、国家能源局局长张国宝等参加会见。

**11月2日** 国家能源海上风电技术装备研发中心在位于江苏盐城盐都区的华锐风电产业园启动建设，这是国内海上风电装备产业行业的高端项目，也是江苏盐城第一个国家级公共技术平台项目。该项目总投资5.12亿元，重点建设海上风电技术装备研发中心、大型海上及潮间带风电技术装备实验中心、3MW机组试验台、超大型风电机组试验台、移动式风电机组测试分析系统和潮间带风电机组运输装备试验场6个研发平台。

**11月3日** 国务院总理温家宝在人民大会堂向首都科技界发表了题为《让科技引领中国可持续发展》的讲话。温家宝指出，中国的现代化是人类历史上前所未有的大变革。科学技术是推动这场变革的重要动力。

温家宝在报告中指出，要高度重视新能源产业发展，创新发展可再生能源技术、节能减排技术、清洁煤技术及核能技术，大力推进节能环保和资源循环利用，加快构建以低碳排放为特征的工业、建筑、交通体系。要努力走在全球新能源汽车发展的前列，尽快确定新能源汽车的技术路线和市场推进措施，推动中国汽车工业跨越发展。

**11月8日** 华电尚德东台50MW太阳能光伏电站一期10MW项目，在江苏东台沿海经济区开工建设，正式启动江苏省发展大型太阳能光伏电站的序曲。该项目由华电集团和尚德公司合作建设，规划2009年底前竣工并网。

**11月10日** 风力发电设备投资近年一哄而上导致我国产能过剩。我国风电设备制造业鱼龙混杂，风电整机制造企业超过70家，但大多数企业只是简单的组装厂，能够生产兆瓦时级整机的企业只有20家，还要受到进口零部件的制约。经过近几年的快速发展，我国已形成涵盖叶片、齿轮箱、发电机等主要零部件的生产体系，风机零部件基本实现国产化，但风机的控制系统和主轴承仍然依赖进口，成为制约我国风电行业发展的一大"瓶颈"。截至 2008 年底，我国风电总装机容量超过 1 200 万 kW，成为全球第四大风电市场。

**11 月 17 日** 国家能源局发布《分散式接入风电项目开发建设指导意见》，将分散式接入风电项目定位为"位于风电负荷中心附近，不以大规模远距离输送电力为目的，所产生的电力就近接入电网，并在当地消纳的风电项目"。同时，为了突破并网"瓶颈"，国家在"十二五"期间将"建设大基地、融入大电网"的模式改为"集中+分散"的方式，发展低风速风场，并鼓励分散接入电网。

**11 月 18 日** 我国第一台具有自主知识产权的 2MW·h 永磁直驱风力发电机由力德风力发电（江西）有限责任公司研制成功。这是我国自主研发的最大的永磁直驱风力发电机，标志着我国永磁直驱风力发电技术达到世界领先水平。时下，永磁直驱风力发电机装机约占我国风电装机总量的 10%。

**11 月 25 日** 甘肃省酒泉市地势开阔平坦，成为我国重要的风能资源开发地，风能资源总储量 1.5 亿 kW、可发量 4 000 万 kW·h 以上；全年太阳总辐射量 6 300MJ/m²，年平均日照时数 3 000h 以上，是全国理想的光伏并网发电地区。2009 年 4 月 21 日，国家发改委批复了酒泉千万千瓦级风电基地一期 380 万 kW 风电项目，8 月 8 日，全国首座千万千瓦级风电基地一期工程在酒泉开工奠基，8 月 28 日，全国首座 10MW 光伏并网发电示范项目在酒泉市敦煌开工奠基，标志着具有中国特色的"融入大电网、建设大基地"的风电规模发展模式进入全面实施阶段。2009 年底酒泉可完成风电装机 200 万 kW，2010 年规划要达到 516 万 kW，2015 年规划要达到 1 271 万 kW；光伏发电在建 20MW，200MW 光电项目正在报批；750kVA 双回路输变电配套工程规划 2010 年 10 月投入运行。2008 年，我国风电装机达 1 215 万 kW，装机规模世界第四，风电占全国电力装机总量的 1.5%，可减排二氧化碳 1 600 万 t。

**12 月 1 日** 由中核苏阀科技股份有限公司与国家核电上海核工程研究设计院共同开发研制的"核一级比例喷雾阀"样机顺利通过了专家组的鉴定，标志着我国已具备了核一级比例喷雾阀的自主设计、制造、安装、调试的能力。该阀门的研制成功填补了国内空白，打破了国外在核电站关键设备上的技术垄断，推进了我国核电站关键设备国产化的进程。

比例喷雾阀位于压水堆核电站反应堆冷却剂系统，是其压力控制设备之一，比例喷雾阀的开启和关闭受控于稳压器压力控制系统，可使稳压器内压力在一定范围内得到控制。

**12 月 7 日** 我国首台百万千瓦核电主泵在四川德阳东方阿海珐核泵有限责任公司成功产出，并发往广东岭澳二期核电站，标志着我国核电设备主要部件——主泵的国产化取得重要进展，核电设备国产化配套制造能力显著增强。

**12 月 17 日** 国核示范电站有限责任公司在京揭牌。作为国家大型先进压水堆核电站重大专项示范工程——CAP1400 核电站的业主单位，将负责 CAP1400 和后续 CAP1700 核电站的建设管理和建成后的商业运营。该核电站位于山东荣成石岛湾核电站厂址内，根据规划将于 2013 年动工，2017 年底建成运行。

**12 月 28 日** 经过 48 个小时的平稳运行，中国石油管道公司首台大功率国产化泵机组——沈阳输油气分公司铁岭输油站铁秦 5 号输油泵试运成功，具备投用条件。

铁秦 5 号输油泵是中国石油管道公司输油泵机组国产化试验项目，此泵具有大功率、高扬程、大排量的特性。在设备生产厂家丹东恒星泵业、上海电机厂及铁岭输油站的共同配合下，完成了空载试运行，于 12 月 26 日上午，铁秦 5 号泵正式启动，开始带载试运。整个试运过程严格按照操作流程进行操作，各项技术参数、指标全部达到设计要求，效果良好，标志着中国石油管道公司大型首台高效输油泵的国产化试验成功，确保了国家能源安全，降低了建设、运行和维护成本。

**12月29日** 由工业和信息化部、科学技术部、财政部、国务院国有资产监督管理委员会四部门印发了《重大技术装备自主创新指导目录（2009）》（以下简称《目录》）。该《目录》共列出18个领域、240项装备产品。凡列入本《目录》的产品，可优先列入政府有关科技及产品开发计划，优先给予产业化融资支持，享受国家关于鼓励使用首台（套）政策；产品开发成功后，经认定为国家自主创新产品的，优先纳入《政府采购自主创新产品目录》，享受政府采购政策支持。

**12月30日** 2009年，我国多晶硅、硅片、太阳能电池和组件产能分别占据全球总产能的25%、65%、51%和61%，我国业已成为全球光伏产品的主要出口国。

**12月30日** 据中国电力企业联合会统计，截至2009年底，我国核电装机容量为908万kW，仅占全国发电装机总容量的1.04%，有11台机组投入运营，没有新机组建成投产；核电的发电量为700亿kW，同比增长1.13%，仅占全国发电总量的1.95%；核电厂发电设备利用7 914h，同比上升89h。

我国核电进一步加快了立项核准和建设速度，2009年共核准浙江三门2台125万kW、山东海阳2台125万kW·h、广东台山2台175万kW核电机组，总建设规模850万kW。截至2009年底全国核电建设施工规模已达20台、2 180万kW。我国是世界上核电在建规模最大的国家，2009年核电基本建设投资完成金额同比增长74.91%。

我国首批三代核电自主化依托项目2009年全部开工建设，浙江三门核电站是世界首座AP1000核电站，1号机组于2009年4月9日开工建设，2号机组于2009年12月16日提前一个半月开工建设；1号、2号机组计划于2013年和2014年建成发电。山东海阳核电站首期工程于2009年12月28日开工建设。

# 大事记

（2010 年）

1月16日　国内在建规模最大的百万吨级乙烯单套装置——天津石化 100 万 t/a 乙烯装置一次开车成功，并生产出合格产品。至此，中国石化天津百万吨级乙烯及配套项目（简称"大乙烯"项目）全面建成投产。该项目不仅首创了我国百万吨乙烯开车纪录，同时也创造了国内在建同类装置国产化率新高，炼油和乙烯设备国产化率分别达到 91.5% 和 78%，有力地推动了国内装备制造业水平的提升。

我国第 1 套乙烯装置 1962 年诞生于兰州石化，生产能力 5 000t/a，仅为同期美国乙烯产能的 1/400。落后的不仅是产能，当时我国乙烯装备全部依赖进口。即便是 11 年后，在燕山石化落户的第 1 套 30 万 t/a 乙烯装置，不仅全套技术靠引进，而且连工厂的螺丝钉都从国外进口。

2月27日　我国首座也是亚洲首座大型海上风电场——东海大桥海上风电场全部 34 台风机安装取得圆满成功，标志着我国海上风力发电产业稳稳迈出了第一步。东海大桥风电场是我国自行设计、建造的首座大型海上风力发电场，风电场由 34 台国内单机功率最大的离岸型风电机组组成，总装机容量 10.2 万 kW，设计年发电利用小时数 2 624h，年上网电量 2.67 亿 kW，项目总投资 23.65 亿元。项目建成后，与燃煤电厂相比，每年可以节约 8.6 万 t 标准煤，减排二氧化碳 23.74 万 t，节能减排效益显著。

东海大桥风电场位于东海大桥东侧的上海市海域。风电场采用了世界首创的高桩承台基础设计和我国首创的海上风机整体吊装工艺，通过自主研发

的具有精确定位和软着陆功能的缓冲系统，成功解决了恶劣海况条件下风机安装的技术难题。

4月8日　杭氧压缩机有限公司开发成功了国产化最大的天然气液化专用压缩机组。该机组配套于泰安深燃液化天然气利用有限公司的日产 15 万 m³ 天然气液化设备成套项目，该项目为国内首套全部采用国产化设备的天然气液化项目，并已一次顺利开车投产。该机组的成功开发，结束了我国天然气液化项目中同规格压缩机组一直采用进口压缩机组的历史。

4月15日　江南阀门公司自主研发的 5m 超大口径双向金属密封电动真空蝶阀研制成功。这一国产阀门将第一次成功应用于大型国防风洞试验，并且通过了解放军总装备部某基地验收和浙江省省级新产品鉴定，这是我国继美国、俄罗斯之后，世界上第三个拥有此项领先技术的国家，彻底改变了此类产品依赖进口的局面。

5月11日　国家能源局能源节约和科技装备司会同煤炭司在陕西组织召开了"煤矿通风瓦斯（乏风）氧化技术及 6 万 m³/h 煤矿乏风氧化装置应用技术成果鉴定会"。专家鉴定委员会一致认为该项技术构思和产品设计具有重要创新，总体技术达到国际先进水平，为煤矿乏风处理和利用提供了有效的新技术和新装备，对我国实施节能减排工作有重大现实意义，具有广阔应用价值和推广前景。

5月30日　目前世界上支护高度最高的 7.6m 矿井用液压支架支护经晋煤集团试验，达到使用要求。此次成功研发的 7.6m 大采高液压支架，创造

了高度最高、工作阻力最大、护帮高度最高的世界第一。表明我国的煤机装备研发制造能力有了显著提高。

我国煤机市场前景广阔，但总体而言，由于我们的研制水平还相对落后，600万t/a以上的大型综采成套设备大多依赖进口。我国大型煤炭集团的综采成套设备70%以上从德国、美国等国进口，不仅价格高，维护保养也不方便。

**6月3日** 拥有全自主知识产权的无油涡旋压缩机在江西丰城市下线，预计今年将生产无油涡旋压缩机3万台套。这标志着具有世界先进水平的中国第四代新型压缩机正式批量生产。

**6月10日** 由上海凯泉集团成功研发了具有抗振、耐磨、耐高温，寿命长的新一代LC/X系列长轴泵。立式长轴泵是采用浸没式叶轮立式安装的一种泵，具有结构紧凑、操作简单、占地面积小的优点，广泛应用于火电站、矿山、冶金等领域。

**6月22日** 四川日机密封件股份有限公司与中科华核电技术研究院联合研发，具有我国自主知识产权的核电机械密封技术压水堆核电站核二、三泵机械密封样机通过鉴定。该样机的研制成功满足了技术规格书的要求，填补了国内空白，并达到了国外先进水平，对于我国加快核电建设，改善能源结构，节能减排等方面的工作将起到积极的促进作用。

机械密封作为核级泵上与水力模型、轴承并列的三大关键技术之一。

**6月25日** 由北京汇知机电设备有限责任公司自行研制的一种适用于大型工艺流程和工业气体领域的多膜头、高压大排量的大型隔膜压缩机——GDS134-60/160型隔膜压缩机，通过中国机械工业联合会组织的专家鉴定。该产品不仅填补了国内多膜头、大容积流量隔膜压缩机的市场空白，还彻底改变了该类型压缩机长期依赖进口的局面。该机是国内首创的油缸活塞双作用、四膜头对称平衡型隔膜压缩机，采用了级差式油缸活塞等一系列新技术、新结构，其各项性能指标均达到技术任务书和国家有关技术标准的规定。就油缸活塞双作用的工作原理和功率等级而言，已经达到国际先进水平。

**7月1日** 我国自主研发的技术先进、容量最大的风力发电机组——3.6MW大型海上风机，在上海电气集团临港重装备基地成功下线。该大型海上风机风轮直径116m，上海电气集团拥有该风机的全部知识产权和专利，填补了国内海上风机独立研制的空白，主要性能优于或等同于国外相同容量风机，整体水平达到国际先进、国内领先的水平。单台3.6MW海上风机，每年可发电900万kW，节约煤炭约3150t标准煤，并且污染零排放。

**7月19日** 成都成高阀门公司、上海耐莱斯阀门公司、浙江五洲阀门公司分别研制的各10台高压大口径全焊接球阀均顺利通过出厂验收。高压大口径全焊接球阀是天然气长输管道关键设备之一，天然气长输管道要穿越沙漠、沼泽、山地、河流等，地理、地质情况复杂，气候、环境条件恶劣。为确保能源大动脉的安全可靠运行，要求阀门具有更高的可靠性、密封性和强度，使用寿命在30年以上，研制难度很大，在设计、材料、制造等各方面都对研制单位提出了很高的要求。

**8月5日** 由沈阳申元气体压缩机有限责任公司研发的8M80-500/260超大型氮氢气往复活塞式压缩机在该厂组装完成，填补了国内空白。该机组采用八列对称平衡型结构，为国内列数最多、单列80t活塞力、整机最大驱动功率1万kW，单机功率为国内最大。

**8月15日** 由中国电力科学院自主研制的±800kVA/4750kVA特高压直流换流阀通过国家能源局能源节约和科技装备司主持的新产品技术鉴定。标志着我国已全面掌握了直流换流阀研发设计制造的核心技术与工艺，中国电力科学院成为继瑞士ABB、德国西门子之后，全球第三个掌握该技术的企业。

**9月14日** 天华院与翔鹭石化有限公司签订了2套100万t/a PTA回转干燥机成套装置项目，合同金额高达1.588亿元。该套装置创下3项世界之最：规模最大、单线产能最大和制造难度最大。翔鹭石化有限公司规划建设炼油1500万t/a，乙烯200万t/a，拥有世界最大的PTA单线产能。该项目位于福建省漳州市漳浦县古雷半岛，属于翔鹭石化二期扩建工程项目，与腾龙芳烃（漳州）有限公司 80 万 t/a 的 PX（对二甲苯）项目公用工程实行一体化配置，建成后其 PTA 产能将达到 440 万 t/a。蒸汽管回转干燥机作为 PTA 成套装置中的重要组成部分，对制造工艺和技术含量的要求极高。

天华院是我国石化装备的主要研发设计及制造机构之一，在石化装备重大技术研发方面取得了一系列重大研究成果。经过多年的创新、实践和改进，该院已掌握了蒸汽管回转干燥机的工程放大技术，并已取得 3 项蒸汽管回转干燥机的专利。

**10 月 10 日** 国务院出台《国务院关于加快培育和发展战略性新兴产业的决定》。文件明确把高端装备制造列为重点发展的七大战略性新兴产业之一，新兴产业发展离不开装备制造业的快速发展。

**10 月 13 日** 中国核工业集团公司与俄罗斯原子能工业公司签署了关于田湾二期项目合作的相关文件，中核原子能院、原子能公司及俄罗斯核电出口公司签署了有关中国示范快堆项目合作的相关文件。上述文件的签署将对进一步扩大和深化中俄两国核能领域的务实合作、对推动田湾二期和示范快堆建设项目将起到重要的促进作用，也使中俄两国的核能合作迈出了新的步伐。

**10 月 18 日** 由辽宁恒星泵业有限公司联合中石油管道分公司研制的 PT2843-194 型输油泵机组，并在中石油铁岭输油站进行了 8 个月的工业性考核。该泵机组是时下我国输油管道最大功率的机组，额定流量 2 843m³/h，额定扬程 194m，额定转速 2 985r/min，效率 88%，轴功率 1.7MW。经测试、噪音、电机效率、电伴热和相关设施、检测仪表和机泵运行监视器等性能指标均优于同类进口泵机组，填补了国内空白，达到国际先进水平，且价格仅为进口泵机组的 40% 左右。

"HPT2843-194 型大功率管道输油泵机组"于 2010 年 9 月 14 日，通过国家能源局能源节约和科技装备司组织的鉴定。

**11 月 30 日** 中国电子科技集团公司 48 所承担的电子信息产业发展基金《多晶硅铸锭炉开发及产业化》项目及《大口径闭管高温扩散/氧化设备》项目顺利通过验收，标志着我国太阳能光伏产业关键设备国产化实现重大突破。

多晶硅铸锭炉是光伏产业链前端的关键设备。该设备的研制成功，使我国太阳能光伏解决了我国大规模生产多晶硅锭的技术瓶颈，有利于完善我国的光伏产业链，带动光伏产业整体水平的提升。

**12 月 18 日** 我国首台完全自主设计、自制锻件、自主制造的百万千瓦级核电站反应堆压力容器——辽宁红沿河核电厂一期工程 1 号机组核反应堆压力容器，在中国第一重型机械股份公司制造成功、顺利通过竣工验收并发往红沿河核电厂。

反应堆压力容器是核电站最关键的设备，是转化核燃料所释放的能量、为核电站发电提供热能的容器设备，是核电站重要的安全屏障之一，是核电站的心脏，且在核电站寿期内不可更换。因此，它的制造具有质量要求高、技术难度大、制造周期长和工艺复杂等特点。目前，仅有美国、法国、俄罗斯、德国、日本、韩国等少数几个国家能够制造百万千瓦时级核电反应堆压力容器。

**12 月 21 日** 由华能集团公司西安热工院开发研制的具有我国自主知识产权的首台 2 000t/d 干煤粉加压气化炉获得成功，标志着两段式干煤粉加压气化技术在大规模工业化的道路上又迈出了重要的一步。

该装置为华能集团天津 IGCC 示范电站项目配套的关键设备，不仅在技术上处于国际先进水平，而且工程造价比国外同类气化炉低 40% 左右。该 IGCC 示范电站计划于 2011 年投运。电站投运后，将成为我国首座自主开发、设计、制造并建设的 IGCC 示范工程项目，也是我国最环保的燃煤示范电厂，对我国探索清洁煤发电技术，应对气候变化都具有积极深远的示范意义。

**12 月 28 日** 由杭州杭氧股份有限公司自行设计、制造的 6 万等级内压缩空分装置，通过了中国机械联合会组织的技术成果鉴定。产品应用于大唐内蒙古煤化工有限责任公司。6 万等级空分设备具有技术含量高、制造难度大的特点，2008 年之前，国内运行的6万等级空分设备全部依赖进口。国际上能够生产6万~10万等级以上空分装置的也只有德国林德公司、法国液空公司、美国APCI公司等少数几家企业。

**12月30日** 据中国电力企业联合会发布的数据显示，截至2010年底我国发电装机容量达到96 641万kW，同比增长10.07%，5年来年均增长率为13.22%。

截至2010年底，我国火电装机容量达70 967万kW，全国投运的超超临界火电机组达33台，还有11台在建；水电开发步伐加快，装机容量达2 958万kW；核电装机容量为1 082万kW，在建规模达26台2 914万kW；设备利用小时数为4 650h，比2009年增加114h；全年关停小火电机组超过1 100万kW；供电标准煤耗335g/kW，比2009年下降5g/kW。

# 大事记

## （2011 年）

3 月 5 日　由沈阳鼓风机集团股份有限公司研制开发的中石油抚顺分公司百万吨级乙烯装置用乙烯压缩机（H1000）高、低压缸联动机械运转试车成功，各项技术指标参数全都符合设计要求。该装置完全拥有我国自主知识产权，大大推动了我国大型石化装置的国产化进程。

5 月 12 日　沈阳鼓风机集团股份有限公司生产的 20MW 级高速直联变频电驱管线压缩机组（PCL804）的通过性能试验，各项技术指标达到要求。

5 月 28 日　沈阳鼓风机集团股份有限公司核电公司研制的安全壳喷淋泵 HN51 通过最后一项试验——汽蚀试验获得成功。试验结果，完全符合 ISO9906-2005 回转动力泵水力性能验收试验 1 级标准，获得国家核安全局专家和用户代表的一致认可，国产化进程取得了历史性的突破。安全壳喷淋泵的试验验收，包括产品耐久和性能试验、降压启动试验、汽蚀试验和热冲击试验、200h 耐久试验、杂质试验、密封环间隙放大试验等 7 项内容，以及机组的振动和噪声、密封的泄漏等若干的试验项目。

6 月 7 日　由大连深蓝泵业有限公司制造的立式多级低温液氧泵在山东华鲁恒升化工股份有限公司经过近两年的连续运行，机组运行平稳，技术性能达到了预期目标，并通过了由中国机械工业联合会组织的鉴定，该泵填补了国内空白，达到了国际同类产品先进水平。

7 月 4 日　时任总理温家宝由辽宁省委、省人大、省政府等领导的陪同下来到沈阳鼓风机集团股份有限公司会议厅，观看反映铁西老工业区改造振兴的专题片。然后，温家宝总理等领导由沈鼓集团董事长、党委书记苏永强陪同，前往定子车间生产现场考察。在 AP1000 核主泵泵体前以及加工精致的离心压缩机转子和叶轮前，温总理留心观瞧，不时俯身端详。当听苏永强董事长介绍沈鼓集团主导产品的核心技术完全具有自主知识产权、达到世界先进水平时，温总理高兴地连连称赞。从厂区旧貌换新颜到技术装备大提升，从整体实力大跨越到贡献力、影响力与日俱增，沈鼓集团的飞速发展给温总理留下深刻印象。在生产现场，温总理还与工人亲切握手，询问生产情况，并鼓励工人努力工作。

7 月 5 日　由上海电力修造总厂有限公司研制的，拥有自主知识产权，完全国产化的首台 1 000 MW 超超临界火电机组锅炉给水泵通过台架试验，试验数据：入口流量 1 800t/h，出口流量 1 700t/h，入口压力 1.5MPa，出口压力 35MPa，扬程 5 200m，功率 21 276kW，效率 86%，达到世界先进水平。

7 月 5 日　中航黎明锦西化工机械（集团）有限责任公司和中国纺织工业设计院等联合自主研发、设计制造的 2 台国产百万吨级 PTA（精对苯二甲酸）/CTA（粗对苯二甲酸）蒸汽回转干燥机，顺利通过由中国机械工业联合会组织的国产化首台（套）重大装备科技成果专家鉴定。

百万吨级 PTA/CTA 装置是我国"十一五"规划重大技术装备 16 个重点攻关项目之一，其关键设备干燥机的研制成功，对实现大型 PTA/CTA 成套设备国产化具有重要意义。这 2 台百万吨级

PTA/CTA 装置干燥机产能最大分别为 136t/h 和 138t/h，规格分别为直径 4.2m、长 32m 和直径 3.8m、长 27.5m，重量分别达 390t 和 285t，均为国内最大。

**7月7日** 海南液化天然气（LNG）工程项目通过国家发改委主任会议，获国家发改委正式核准。海南 LNG 项目由中海石油气电集团有限责任公司与海南省发展控股有限公司共同投资设立的中海石油海南天然气有限公司负责其建设及运营管理工作。中海石油海南天然气有限公司于 2005 年 12 月 18 日在海南省洋浦经济开发区注册成立，总部设在海口市，合作双方各占公司股股份 65% 和 35%。

**7月13日** 龙源电力与加拿大梅兰克森电力公司在北京签署加拿大风电项目股权收购协议，成功收购了加拿大 100MW 风电项目。近年来，我国风电企业积极开拓海外市场。2011 年 4 月 12 日，华锐风电同希腊 PPC 电力公司签署战略合作协议，双方将在希腊共同开发一个 200~300 MW 的风电场以及 1 个海上风电场，合作总金额最多可达 4.5 亿欧元。同年 6 月 27 日，湘电风能 1 台 5MW 永磁直驱风力发电机组在荷兰北部风场顺利完成吊装，进入试验阶段。同年，金风科技也积极开拓美国、埃塞俄比亚、塞浦路斯和巴基斯坦等多个海外项目，出口总计 200 多台机组，装机容量达 351MW。

**8月5日** 国家能源局发布了《大型风电场并网设计技术规范》等 18 项重要技术标准，于当年 11 月 1 日起实施。

**8月13日** 国家能源局能源节约和科技装备司司长李冶在"2011 第六届中国电工装备创新与发展论坛"上指出，我国能源行业有很大发展空间，面对巨大的市场，企业应积极创新，实现电力装备国产化。根据"十二五"规划，2015 年电力装机容量预计达到 14.7 亿 kW，2020 年可能达到 18.4 亿 kW，2030 年可能达到 24.7 亿 kW。能源行业将为电工设备制造业带来巨大的市场机遇。

**8月15日** 国家发改委为了贯彻落实《国务院关于鼓励和引导民间投资健康发展的若干意见》和《国务院关于加快培育和发展战略性新兴产业的决定》精神，下发了《关于鼓励和引导民营企业发展战略性新兴产业的实施意见》，我国将采取 10 大政策措施鼓励和引导民营企业在节能环保、新一代信息技术、生物、高端装备制造、新能源、新材料、新能源汽车等战略性新兴产业领域形成一批具有国际竞争力的优势企业。

**8月15日** 由中国长江三峡集团公司下属的中国水利电力对外公司投建的老挝南立 1~2 水电站，已实现安全生产运行 1 周年，累计发电 5 亿多 kW。该水电站位于老挝首都万象市西北约 145km 处的南立河上，安装 2 台单机容量 5 万 kW 水轮发电机组，总投资约 1.4 亿美元，于 2007 年 9 月 1 日正式开工，2010 年 8 月 1 日正式进入商业运行。电站兼具防洪、灌溉、养殖和旅游业等功能。

**8月15日** 广东省已确定在"十二五"期间大力推动高端新型电子信息、LED、新能源汽车、生物、高端装备制造、节能环保、新能源、新材料等八大战略性新兴产业发展，安排了 220 亿元专项资金。

**8月16日** 甘肃省酒泉市风电规模化发展取得丰盛成果。从 1996 年至 2004 年，历经 8 年的探索定位，酒泉风电项目建设步入了规模化发展的起步阶段，到 2006 年，风电累计装机容量达到 11 万 kW。"十一五"期间，国家正式批准在酒泉建设全国乃至世界首个大型风电基地，截至目前，酒泉风电装机容量达到 536 万 kW，2011 年 1 至 6 月风电上网电量 35.1 亿 kW，同比增加 266.1%，最大风电量曾占全网发电量的 18.4%，达到欧洲水平。电网、装备制造、电源、第三产业、人民收入、财政税收等随风而起。

**8月17日** 受国家能源局委托，中国机械工业联合会在北京组织召开了由宁波天生密封件有限公司、中国核电工程有限公司、大亚湾核电运营管理公司、泰山第三核电有限公司和核电泰山联营有限公司共同完成的核电站石墨密封件产品的工业性鉴定会。

石墨密封件产品广泛地应用于核电站压力容

器、压力管道连接、调节阀等设备，涵盖核安全1~3级，核电站密封件总体价值上亿元。石墨密封件作为损耗件，每个大修周期均有更换。核电站密封是核电站最关键的技术之一，之前世界上只有美国和法国的3家公司可以生产满足法国EDF要求的密封产品，而满足法国PMUC要求的石墨基材密封原材料只有德国SGL公司可生产，由于石墨密封材料在军事上的广泛用途，欧盟技术委员会至今仍禁止向我国出口，这严重制约了我国核电的发展。

**8月22日**　国家能源太阳能发电研发（实验）中心圆满完成对"金太阳示范工程"资助项目新疆若羌县500kW离网型光伏电站的工程质量验收检测工作。该电站是离网型光伏电站，规划年发电量近80万kW，能解决当地800多户无电农牧民的日常用电问题。

**8月22日**　中国华电集团公司与美国通用电气（GE）公司在上海宣布成立合资公司，共同生产分布式能源的核心设备航改型燃气轮机。合资公司名为"华电通用轻型燃机设备有限公司"，由华电集团和GE公司共同出资1亿美元，前者出资51%为控股方。公司落户上海，规划2013年建成投产，主要从事航改型燃气轮机发电系统的成套生产销售和技术研发。

航改型燃气轮机是分布式能源发电系统的核心设备，由航空发动机改进而成，以天然气为燃料，最大特点是能源综合效率可达80%。相比之下，最先进的"超超临界"百万千瓦时级燃煤发电机的能效仅为45%。分布式能源方式可以就地利用小规模能源发电，无需配备大规模输电设备，且可实现电热冷三联供，综合能源利用率较高，在我国有较好的发展前景。

**8月24日**　国家"十二五"节能减排指标已下发到各省区市，节能减排指标评价考核体系已建立，并纳入政府绩效管理，对于未完成任务的地区将实施问责制。"十二五"节能目标从节能责任、节能潜力、节能能力和节能难度四个方面出发，对每个省区市分配了相应的节能任务。具体指标包括：能源消费总量、能源消费总量增长速度、GDP总量、人均GDP，GDP能耗和工业增加值在GDP中的比重以及工业增加值的能耗、投资总额等。

**8月24日**　中国核工业集团公司、中国广东核电集团、中国核工业建设集团公司等齐聚新疆进行项目签约和考察。中国核工业集团公司与当地签订总金额150亿元的项目，其中包括在伊犁建设大型煤矿和2×100万kW煤电项目，在哈密建设20万kW的风电一期项目。这2个项目的投资金额分别为105亿元和40亿元。集体还将投资5亿~6亿元在伊犁建设铀矿开发前期项目，投产后年产量将达500t。

中国广东核电集团与新疆签下了24.4亿元的风电和光电合同，风电项目在乌鲁木齐周边的达坂城、托克逊等风区以及新疆北部的阿勒泰，年发电量各为1.1亿kW·h；光电项目在哈密、青河县以及喀什地区英吉沙县。

**8月29日**　牡丹江北方工业园首台2MW风电整机和叶片下线，改写了黑龙江省不具备2MW以上风电机组生产能力的历史。

北方工业园项目由牡丹江市与中国兵器装备集团公司共同建设，总投资16亿元。项目自2010年8月开工以来，累计完成固定资产投资7.2亿元，创造了牡丹江工业项目建设史的"北方速度"。其中，北方工业园风电装备项目年产风电整机500台、叶片1 500片。

**9月1日**　中国北车风电有限公司试验站顺利通过中国船级社认证公司（CCS）的风机检测能力认证评估，标志着北车风电试验站具备了与中国船级社认证公司联合作为第三方认证机构为行业内风力发电机组及其部件进行测试认证的资质。

北车风电试验站始建于2009年3月，是中国北车投资3 000多万元打造的兆瓦级风力发电机组测试基地，主要从事1.5MW、2MW及3MW风力发电机组及其部件的质量检测及认证测试工作，主要检测项目包括超速测试、过载测试、低电压穿越试验等。

**9月14日**　沈阳鼓风机集团股份有限公司通过对长输管线压缩机模型级进行优化改进，使压缩性能得到显著提升，达到世界先进水平。沈阳鼓风机集团股份有限公司经过大量的 CFD 分析及实验验证，新开发的三个模型级，叶轮叶片数为 15 个、叶型为直线元素，有利于加工。

**9 月 16 日** 国家发改委、科技部、工信部和国家能源局四部委下发了《关于印发海洋工程装备产业创新发展战略（2011~2020）的通知》，提出未来十年要重点发展主力海洋工程装备、新型海洋工程装备、前瞻性海洋工程装备、关键配套设备和系统，并且支持符合条件的海洋工程装备制造企业上市融资和发行债券。

**9 月 19 日** 我国首个智能电网综合示范工程在中新天津生态城成功投运。该工程区域达 31km²、涵盖 6 大环节 12 个子项目的示范工程是目前国际上覆盖区域最广、功能最齐全的智能电网系统。智能系统的投运不仅使风电、光伏发电等可再生能源利用比率达到 20% 以上，而且电网能实现和有线电视、IP 电话和互联网的相互融合，其遥控、遥测、信息反馈的智能化可涵盖居民生活、公共设施以及工业生产。

中新生态城是中国和新加坡两国政府应对全球气候变化、节约资源能源、建设和谐社会的重大合作项目，于 2008 年 9 月奠基开工，规划 10~15 年全部建成。中新生态城借鉴新加坡等先进国家和地区的成功经验，确定了 22 项控制性指标和 4 项引导性指标，其中绿色建筑达 100%，绿色出行比例不小于 30%，可再生能源使用率不小于 20%。

**9 月 25 日** 由中国电力建设集团所属中国水电集团水电四局有限公司负责安装的目前世界最大单机容量水轮机组——向家坝水电站 1 号水轮机组转轮顺利吊装就位。该转轮直径 9.3m，最大外径 10.52m，高 4.744m，重达 406.484t。转轮为不锈钢铸焊结构。

**10 月 8 日** 中科院广州能源研究所承担的科技部国际科技合作项目"生物质气化合成燃料关键技术及示范项目"通过了专家组验收。标志着我国在突破生物质气化合成燃料关键技术方面取得重大进展。

**10 月 14 日** 由重庆通用工业（集团）有限责任公司为新疆庆华集团 55 亿 m³/a 煤制天然气项目设计配套的国内最大离心式氨压缩机圆满完成生产，各项技术指标经严格测试，完全达到设计标准，顺利通过用户验收。

**10 月 20 日** 随着我国经济的发展，能源消费的增加，石油装备产业经历了石油装备制造业的"春天"。数据显示，"十一五"期间，中国石油石化装备制造业规模以上企业由 1 019 家增长到 2 023 家，工业总产值由 740 亿元增长到 2 490 亿元。

**10 月 20 日** 中国石油装备产业基地国际交流中心奠基仪式在山东省东营市举行。该项目将打造石油装备交易和全球采购中心，推动中国石油装备产业科技创新，发展高端制造业。

该项目占地面积 60hm²（公顷），总投资 30 亿元人民币，采取政府主导、市场化运作模式，计划用 3 年时间把国际交流中心建设成为功能完善、国际一流的石油装备产业现代城市服务综合区。

**10 月 25 日** 中船重工集团公司渤海造船厂集团有限公司承制的三门核电 1 号机组核反应堆主冷却剂管道首批交货。这是为 AP1000 百万千瓦级核电站自主化依托项目首台机组提交的核反应堆主管道设备。该核电技术是我国从美国西屋公司引进的第三代核电技术，也是世界上技术最先进、安全性能最高的压水堆非能动型核电技术。

**10 月 25 日** 由国家发展和改革委员会能源研究所与国际能源署联合国内有关机构实施并发布的《中国风电发展路线图 2050》显示，到 2020 年我国风电装机容量将达到 2 亿 kW，将满足 5% 的电力需求。2030 年和 2050 年将分别达到 4 亿 kW 和 10 亿 kW，分别满足届时 8% 和 17% 的电力需求，二氧化碳减排量将分别达到 6 亿 t 和 15 亿 t。

**10 月 31 日** 国电龙源江苏如东 15 万 kW 海上潮间带示范风电场工程首批 5 万 kW 建成投产，被确认为中国国电装机容量突破 1 亿 kW 的标志机组。近年来，国电集团水电、风电、太阳能等清洁可再生能源装机年均增长达 48%，在中国国电的 1 亿 kW 装机中，清洁可再生能源比重已达到

20.5%。其中，风电装机突破 1 000 万 kW，占全国风电装机容量的 1/4，而且形成了风力开发、设备制造、技术服务等完整的产业链条，旗下龙源电力公司已跻身为全球第三大风电场运营商。水电装机亦突破 1 000 万 kW。同时，太阳能、生物质、地热、潮汐等其他新能源和分布式能源也稳步推进。

**11月1日** 上海电力修造总厂有限公司宣布，被列入上海市高新技术产业化重点项目计划的 100 万 kW 火电机组锅炉给水泵产品已完成了样机试制及性能试验，填补了 100 万 kW 火电机组给水泵国产化设备的空白，其技术参数和性能指标经性能试验检测均已达到世界先进水平。

**11月3日** 由太原矿山机器集团公司研制成功当代世界最大功率 3 000kW 电牵引采煤机。这台具有完全自主知识产权的综采设备，可在井下采 7.2m 煤层、每小时产煤量 4 500t，不仅技术性能达到世界先进水平，而且价格仅为同类进口设备的 2/3。太原矿山机器集团公司是我国最大的采煤机研发与制造企业。自 1951 年成功研制出我国第一台割煤机后，就始终引领我国采煤机技术发展方向。近年来，又率先研制出我国第一台液压牵引采煤机、第一台机载交流变频电牵引采煤机等，有 30 余项填补了国内空白，有 50 多项产品达国际先进水平。

**11月11日** 经过 2 年多的周密技术论证、审批、招投标工作，环境保护部核与辐射安全中心"核安全监管技术支持系统—全范围验证模拟机"项目正式启动。该设备由中广核集团下属的中广核仿真技术有限公司负责开发。这是我国在核能领域的国家核安全监管系统的首个项目。

**11月17日** 国家能源局发布《分散式接入风电项目开发建设指导意见》，将分散式接入风电项目定位为"位于风电负荷中心附近，不以大规模远距离输送电力为目的，所产生的电力就近接入电网，并在当地消纳的风电项目"。同时，为了突破并网瓶颈，国家在"十二五"期间将"建设大基地、融入大电网"的模式改为"集中＋分散"的方式，发展低风速风场，并鼓励分散接入电网。

**11月18日** 由我国力德风力发电（江西）有限责任公司研制的我国第一台具有自主知识产权的 2.0MW 永磁直驱风力发电机面世。这是我国自主研发的最大的永磁直驱风力发电机，标志着我国永磁直驱风力发电技术达到世界领先水平。

**11月20日** 由太重煤机公司完成的《煤炭综采成套装备智能系统开发与示范应用》项目获国家批准。项目总投资 4.4 亿元，其中，国家拨款 1 亿元。该项目，主要由采煤机智能控制系统、液压支架围岩智能耦合电液控制系统、刮板运输机智能控制系统、综采工作面集中控制系统等组成。

**11月21日** 由华锐风电公司主持的国家科技部"863"计划项目——《1.5MW 低风速风力发电机组关键技术开发和整机研制》课题，通过国家科技部专家组评审验收。我国范围内可利用的低风速资源面积约占全国风能资源区的 68%，且均接近电网负荷的受端地区。但我国的风电开发集中在"三北"（西北、东北和华北）、东南沿海等风资源丰富的高风速地区，低风速区的风电开发几乎处于空白。

华锐风电自主研制的 SL1500/82 和 SL1500/89 两种低风速风电机组均完成了课题任务书规定的任务、考核目标和主要技术指标。这两种低风速风电机组切入风速均可达到 2.8m/s 以下，额定风速分别为 10.5m/s、10m/s。具有切入风速低、低风速区发电量大等优点，同时大幅降低了机组的重量及制造成本。

**11月29日** 中科院合肥物质科学研究院举行我国新一代"人造太阳"实验装置（EAST）辅助加热系统工程开工典礼。该系统开工启动标志着 EAST 装置进行重大升级改造，进入二期工程。

EAST 是由我国独立设计制造的世界首个全超导核聚变实验装置，2007 年 3 月通过国家验收，并在近年来取得了一系列处于国际领先地位的实验成果。

**12月3日** 时任中共中央政治局委员、国务院副总理王岐山到沈阳鼓风机集团股份有限公司考察，了解企业转方式、调结构、促发展情况，听取董事长苏永强关于集团发展概况及研制百万吨乙烯机组、大型 PTA、长输管线压缩机等世界级产品，推进重大技术装备国产化的工作汇报。王岐山希望企业，充分发挥主体作用，加快技术创新，培育品牌，以更优质的产品和服务持续拓展国际市场。

**12月4日** 中科院合肥物质科学研究院为国际热核聚变实验堆（ITER）计划我国承担制造任务的首件产品"ITER环向场（TF）超导导体"正式交付客户。这为开发完善核聚变相关技术，为我国今后建立自己的聚变堆奠定了基础。美、法等国在20世纪80年代中期发起ITER计划，旨在建立世界上第一个受控热核聚变实验反应堆，为人类输送巨大的清洁能量。我国是参与这个计划的七方成员之一，承担了ITER装置近10%的采购合同。

**12月6日** 我国天然气长输管道的关键设备——国内首套20MW级电驱压缩机组，在沈阳鼓风机集团股份有限公司通过了有关专家组验收，正式用于我国"西气东输"工程建设。这一关键设备实现国产化，是我国大型离心压缩机设计制造技术的重大突破，填补了国内空白，打破同类产品10多年来的国外垄断，标志着我国在该领域进入世界先进行列。全国政协常委、原国家发改委副主任、国家能源局局长张国宝，以及辽宁省委、省政府有关领导等，共同见证了压缩机组发运出厂这一振奋人心的历史时刻。

**12月8日** 随着我国首台长输管道20MW级电驱压缩机组成套设备在沈阳鼓风机集团顺利出厂并通过鉴定，加上此前成功研制的30MW级燃驱压缩机组和高压大口径全焊接球阀，我国天然气长输管道三大关键设备全部实现国产化，主要技术指标均达到国际先进水平。长期以来，我国在天然气长输管道建设中所用的大功率燃驱压缩机组、电驱压缩机组和大口径阀门等关键设备主要依靠进口。不仅购置和维修费用高，而且国外供货周期长，一旦供货和零配件跟不上，工程建设和安全运行就得不到保障，甚至危及国民经济安全和社会稳定。

**12月19日** 我国南北向的重要能源输送通道、世界上首个正式商业投运的特高压线路晋东南—南阳—荆门特高压交流线的扩建工程正式投运。该线路是世界上电压等级最高、技术水平最高的输变电工程，输电能力超过500万kW，创造了世界单回交流输电容量的最高纪录。

**12月20日** 上海鼓风机厂有限公司承担设计制造的国家科技重大专项研发课题——高温气冷堆核电站用大型氦回路HTL氦气压缩机，顺利通过了清华大学核研院的出厂验收。该机组的特点是"三高"：高速，1.7万r/min；高压，7MPa；高温，250℃。

高温气冷堆是世界上第四代大型核电站技术，具有高安全性，在机组失稳、失水、控制棒失控的情况下，也不会出现日本福岛核电泄漏情况，是里程碑式的堆型，国际上正推荐选用这种核电新堆型。我国主要技术研发牵头单位是清华大学核能技术设计研究院及中核能源公司，许多技术研发课题具有自主创新性，已走在世界前列。

**12月25日** 我国国家风光储输示范工程在河北省张北县建成投产。这是我国首个，也是时下世界上规模最大的，集风力发电、太阳能光伏发电、储能和智能输电"四位一体"的新能源综合利用工程，有望破解我国大规模发展新能源过程中面临的发电上网难题。

该示范工程让风光互补，再加上储能电池的调剂、智能电网的协调，可以解决新能源发电随机性和波动性的问题，实现像常规燃煤发电一样的稳定可控，将使风机发电利用率提高5%~10%。工程由国家电网公司自主设计建设，华北电网公司工程承建。一期工程投资33亿元，已建成配套10万kW风电、4万kW光伏发电和2万kW储能。

**12月26日** 科技部在北京组织召开了"十一五"国家科技支撑计划"百万吨级乙烯装备及相关技术开发"重点项目验收会。

项目围绕百万吨乙烯装备国产化开展研制工作，成功开发了裂解气压缩机组，制冷压缩机组、冷箱和大型四列迷宫密封压缩机等关键装备，在压缩机结构设计、机组性能分析、关键部件设计制造、冷箱传热计算、翅片开发和钎焊等方面取得了多项具有自主知识产权的核心技术。项目所开发的部分技术已实现工业应用，取得较为显著的经济及社会效益。

**12 月 29 日**　中国广东核电集团国产化进程取得进展，从大亚湾核电站的不足 1%，到岭澳核电站一期达到 30%，再到岭澳核电站二期全面实现"自主设计、自主制造、自主建设、自主运行"，到 2011 年 12 月，大亚湾核电基地安全运营 17 年来，设备国产化率不断提升，拥有自主知识产权的百万千瓦级核电技术 ACPR1000 规划于 2013 年底全面完成研发工作，2015 年前具备实施首堆建设条件。

大亚湾核电站是我国最大的核电基地，总装机 611 万 kW，于 1994 年投入运营的大亚湾核电站是我国首个大型商用核电站。

**12 月 29 日**　由中集来福士"MASTER DRILLER 号"自升式钻井平台正式交付华彬国际投资（集团）有限公司。该钻井平台将服务于墨西哥湾海域。标志着我国已经具备自升式钻井平台批量交付能力。该自升式钻井平台工作水深 90m，能适应全球许多水域；钻井深度可达 9 144m，工作状态下的甲板可变载荷 4 080t，桩腿长度 125m，额定工作人数 110 人。

**12 月 30 日**　中国一重承制的福清 2 号核反应堆压力容器水压试验成功，实现了年产 5 台核反应堆压力容器的目标，创造了国内核反应堆压力容器制造的最高纪录，标志着中国一重自主化、专业化、批量化制造核电装备取得重大突破，在核电装备国产化道路上迈出了坚实的步伐。中国一重已形成年产 5 台（套）百万千瓦级核岛一回路主设备、10 套核岛一回路设备及 5 套常规岛设备所需大型铸锻件的能力，国内 80%以上的国产核电铸锻件均为中国一重制造。

在核电常规岛汽轮机低压整锻转子和发电机转子锻件研制中，中国一重已掌握 600t 钢锭制造技术、第三代核电常规岛整锻低压转子、发电机转子锻件锻造技术，第三代核电常规岛整锻低压转子已完成研制，各项力学性能指标均符合技术要求。第三代核电常规岛整锻发电机转子锻件性能均满足设计技术要求，并顺利通过首件产品鉴定，已发用户。

**12 月 30 日**　2011 年我国风电发电量 706 亿 kW·h，年均增速 96%，我国已取代美国成为世界第一风电大国。蒙东、蒙西、甘肃、冀北 4 个地区风电并网装机已经超过 500 万 kW，而国际上风电并网装机超过 500 万 kW 的国家只有 9 个。国家电网成为全球接入风电规模最大、增长速度最快的电网。2011 年，我国风电与太阳能发电占总装机容量的 4.5%，据测算，2015 年与 2020 年我国风电与太阳能发电占总装机容量将分别达 8.4%与 13.3%左右，发电量合计折合标煤分别约为 0.7 亿 t 与 1.3 亿 t，2015 年可减排二氧化碳 1.8 亿 t、二氧化硫 32 万 t、氮氧化物 33 万 t，2020 年可以减排二氧化碳 3.7 亿 t、二氧化硫 39 万 t、氮氧化物 41 万 t。如果我国 2020 年单位 GDP 二氧化碳排放比 2005 年降低 40%~45%，新能源对减排目标的贡献可达 5.2%~4.6%。按照国家风电发展规划，2015 年我国风电规模将达 1 亿 kW、2020 年将达 2 亿 kW，80%以上集中在"三北"地区。

# 大事记

## （2012 年）

**1 月 2 日**　新疆天山南北 4 个 2 万 kW 大型光伏并网电站建成投产，并实现并网发电，新疆大型光伏并网电站规模已突破 10 万 kW。每年可向电网输送超过 1.38 亿 kW·h 的电量，这对加快新疆优势资源转化，促进节能减排，满足地方用电需求等具有重要意义。新疆太阳能资源丰富，年日照时数达 3 500h，位居全国第二位，仅次于西藏。

**1 月 5 日**　英利集团自主研发的"熊猫"N 型单晶硅高效太阳能电池技术，获得"2010 年度国家能源科学技术进步奖"二等奖，标志着我国在新型光伏电池研究领域处于世界领先水平。该电池比常规 P 型硅材料太阳电池具有更高的光电转换效率，平均光电转换效率高达 18.9%，填补了国内 N 型电池技术研究领域的多项空白。

**1 月 20 日**　国家能源局能源节约和科技装备司坚持科学发展观，按照构筑"稳定经济清洁安全"能源供应体系的要求，开拓创新，扎实工作，积极构建"重大技术研究、重大技术装备、重大示范工程、技术创新平台建设"四位一体能源科技创新体系，在推动能源行业科技进步、重大能源装备国产化、燃料产业结构优化调整、能源节约和资源综合利用等方面开展了大量卓有成效的工作。2011 年完成了以下工作：

（1）开展重点规划政策及重大战略研究：①编制国家能源科技"十二五"规划；②编制炼油及煤炭深加工产业发展规划及相关政策研究；③组织编制《核电技术装备专项规划》和《燃气轮机产业中长期发展规划》（讨论稿）。

（2）推进科技研发和科技创新能力建设：①启动并开展能源关键技术研发工作；②进一步开展能源行业自主创新研发平台建设；③探索建立科技管理支撑机构；④开展并完善能源行业科技成果奖励工作。

（3）构建并逐步完善能源行业标准化管理体系。

（4）着力做好能源行业节能减排和资源综合利用工作。

（5）依托重点能源工程，推进能源装备国产化。

（6）加强能源技术装备领域中央预算内投资工作。

（7）加强能源装备行业管理。

（8）扩大能源科技国际合作。

**1 月 29 日**　国内规模最大的电动汽车充换电站——北京高安屯电站通过专家组验收，进入试运营阶段。高安屯充换电站集国内所有充换电模式于一站，集成使用了 10 余种自主研发的充换电设备，年累计换电服务能力可达 14.6 万次，居国内之首。该站共设置 4 条换电流水线、1 条配送线，安装充电机 1 044 台，充电机容量 10 080kW，可同时服务 8 辆电动车，整车每次换电时间 4~6min。预计每天能满足 400 辆纯电动环卫车的充换电需求，可服务北京市现有电动环卫车所有车型。该站同时具备电动大巴车的换装条件，可满足周边乘用车电池更换，提供配送需求。该站主体建筑屋顶安装的 1 280 块太阳能电池组件利用微网控制系统将光伏发电接入系统，日平均发电量超过 1 200kW·h，年均发电量 26.72 万 kW·h，每年可少排放二氧化碳

400t 以上。

**1 月 30 日**　落户宁夏的世界装机规模最大的智能光伏电站——天景山 30MW 光伏电站已向宁夏电网平稳送电 500 万 kW·h。位于腾格里沙漠附近的中卫市属太阳能辐射一类区，是我国光热资源最丰富的地区之一。这座年产值达 6 000 多万元的智能光伏电站，是由中冶集团子公司中国恩菲工程技术有限公司在宁夏中卫天景山投资 6 亿元自主设计并建成，于 2011 年 12 月 22 日成功并网发电。该工程按 25 年使用寿命计算，可累计增加发电量 2.7 亿 kW·h，累计减排二氧化碳当量 130 万 t。

**2 月 3 日**　我国首条特高压输电工程"1 000kV 晋东南—南阳—荆门特高压交流试验示范工程"已安全运行 3 年。通过这一工程，化石能源严重匮乏的湖北接受了大量来自煤炭大省山西的电力电量，极大缓解了湖北电力供应紧张的局面。该工程"于 2006 年开工建设，2009 年 1 月正式投运，标志着我国在远距离、大容量、低损耗特高压输电核心技术和设备国产化上取得重大突破。这条世界最高等级的输电线路起于山西长治，止于湖北荆门，全长 645km，打通了华北向华中的输电通道，实现了"煤从空中走"和能源资源的跨区域优化配置。

**2 月 6 日**　以我国知名光伏企业英利集团生产工艺为基础的多晶硅太阳能光伏组件加工贸易单耗标准，通过海关总署审定，正式成为国家标准。这标志着我国多晶硅太阳能光伏组件加工贸易领域有了统一准入门槛。

**2 月 8 日**　由中国能源建设集团有限公司安装施工的全球首台 AP1000 核电机组——浙江三门核电站一期工程首台汽水分离再热器顺利吊装就位。汽水分离再热器是核电站汽轮机专用的关键设备，业内俗称该设备为"核电之肾"，用以降低蒸汽湿度、提高蒸汽温度、减少低压缸内蒸汽的水分，以免损害汽轮机的叶片并提高汽轮机的内效率。

三门核电 1 号机组共配备 2 个汽水分离再热器，平行布置在汽轮机两侧，单个汽水分离再热器重达 290t、总长 30.7m、直径超过 4m。该项目一期工程为 2 台 125 万 kW 核电机组，这是我国首个核电自主化依托的项目，其中 1 号机组为全球首台 AP1000 核电机组，该技术也是目前国际上最先进的第三代压水堆核电技术。

**2 月 14 日**　2011 年度国家科学技术奖励大会在北京举行，同期公布了 2011 年度国家科学技术奖获奖人员和项目。在 374 个获奖项目中，与能源相关项目共计 37 个，占获奖项目总数的将近一成。

主要获奖奖项是：由教育部推荐的"煤矿井下运输系统安全保障关键技术与装备"项目、由山东省推荐的"玉米芯废渣制备纤维素乙醇技术与应用"项目获 2011 年度国家技术发明奖二等奖；由国土资源部推荐的"青藏高原地质理论创新与找矿重大突破"项目获 2011 年度国家科学技术进步奖特等奖；由中国石油天然气集团公司推荐的"特殊环境下复杂类型油气田规模高效开发关键技术"、由中国远洋运输集团总公司研制的超深水圆筒形海洋钻探储油平台"希望 1 号"等 4 个项目获 2011 年度国家科学技术进步奖一等奖；由国有资产监督管理委员会推荐的"中国西电输变电重大成套装备科技创新工程建设"等 30 个项目获 2011 年度国家科学技术进步奖二等奖。

由中国远洋运输集团总公司下属的中远船务工程集团公司建造的世界上首座超深水圆筒形海洋钻探储油平台"希望 1 号"，获得 2011 年度国家科技进步一等奖，填补了国际空白。该平台主船体采用抗巨大风浪能力的圆筒形整体结构设计，平台直径达 85m，在 12 级台风下，倾斜度不超过 2 度；实现了钻井和储油一体化，甲板可变载荷 15 000t，拥有 15 万桶原油的存储能力；采用 GPS、雷达双冗余定位设计，实现了不用锚系而保持自动浮式的准确动态定位与复位，实时定位误差为厘米，稳性达到抗 70m/s 台风的安全水平；可在 3 000m 水深海域实施钻井深度达 12 000m 钻井作业。该平台是当今世界海洋石油半潜式钻探平台中技术水平最高、作业能力最强的高端领先产品。标志着我国深海钻探成套装备设计制造水平实现重大突破，将推动我国海工高端制造业发展，助力国家深海能源开发。

这些获奖科技项目涉及煤炭与油气资源勘探开采，煤炭清洁高效利用、石油化工、电网技术，电气设备、水电、生物质能、节能减排等多个领域，将有力支撑和推动我国能源产业健康、高效发展，对增强我国能源保障能力也具有积极意义。

**2月16日** 世界最大屋顶光伏发电项目——广西玉柴机器集团厂区连片并网发电项目在玉林开工，这对开发利用新能源、推广节能发电具有重要意义。该项目装机容量3万kW，总投资近4亿元，并网发电后每年可发电超过3 800万kW·h，相当于节约标煤1.38万t。

**2月16日** 我国东北地区首座大型抽水蓄能电站——蒲石河抽水蓄能电站首台机组正式投入运行。该电站位于辽宁省丹东市宽甸满族自治县境内，设计安装4台30万kW机组，总装机容量120万kW，2006年8月开工建设，总投资45亿元。电站监控系统首次采用国产智能可编程控制器，打破了国外同类产品的垄断。

**2月20日** 由我国多家制造企业和科研单位共同研制的同步回转油气混输泵等系列新型产品，在长庆油田公司开展了长时间的应用实验，在长庆油田设置了33个井场实验点，共33台同步回转油气混输泵均连续稳定运行，油气全部回收混输，彻底解决了油田开采中的"放空燃烧"问题，实现了油田的绿色开采，且取得了较好的经济效益，项目通过了我国有关部门组织的鉴定。该同步回转油气混输泵，具有自主知识产权，填补了国内空白，具有适应性强、运行稳定等特点，在油气混输技术领域达到国际先进水平。产品具有泵和压缩机的双重功能，在长庆油田圆满的解决了含气率高达97%的油气混输难题，实现了油田伴生气的回收利用和零排放，对于实现油田的油气全密闭集输以及延长集输半径具有十分重要的意义。

**2月21日** 国内最大的滩涂光伏电站——中节能东台太阳能光伏电站建成并网，项目初期建设规模60MW，占用滩涂面积140hm²，总投资约10亿元，建成后，可实现年发电7 200万kW·h，节约标准煤3万t，减少二氧化碳排放约10万t。

**2月22日** 我国研制成功全范围模拟机。全范围模拟机是核电站工程建设关键设备。按照国际惯例和核电站建设标准，每座新建核电站至少应配备1台全范围模拟机，用于开展操纵员培训与执照考试，为操纵员、管理员提高运行管理技术水平提供安全可靠的工具。核电站全范围模拟机融合了反应堆工程、热能动力、电气、仪控、计算机、数字计算等诸多领域的高新技术，开发难度很大，世界上只有欧美发达国家少数几家仿真公司具有研发与供货能力。

**2月22日** 国家能源局在北京组织召开了中石油泰安LNG装备国产化依托工程第二次工作会议。中国机械工业联合会、中国石油天然气集团公司、昆仑能源有限公司、山东省有关部门、泰安市政府以及有关装备制造企业共60余人参会。

LNG产业前景广阔，LNG技术装备国产化对保障能源安全、调整能源结构、推进节能减排都有重要意义。自2011年4月以来，国家能源局依托山东泰安年产60万t LNG项目，组织国内骨干装备制造企业，启动了LNG关键技术装备的国产化研制工作，并依托该工程的EPC总承包商中石油寰球工程公司成立了国家能源LNG技术研发中心。这项工作是贯彻落实《能源科技"十二五"规划》的具体举措，是构建重大技术研究、重大技术装备、重大示范工程和研发实验平台"四位一体"的国家能源科技创新体系的标志性工程。

**2月27日** 工信部公布《工业节能"十二五"规划》以下简称《规划》，正式提出到2015年，规模以上工业增加值能耗比2010年下降21%左右，实现节能量6.7亿t标准煤。《规划》针对钢铁、有色金属、石化、化工、建材、机械、轻工、纺织、电子信息等9大重点行业及20种主要产品能耗下降提出具体指标要求，同时拟定9大节能重点工程，预计9大重点节能工程投资需求总额达5 900亿元。《规划》还提出后续将跟进的包括财税、技术、监管和标准准入等一系列保障措施。

该9大重点工程中，工业窑炉锅炉、电机系统和高/低温余热余压利用三大领域分享了其中逾1/3

的份额，有望成为工业节能领域价值投资的主题。

**3 月 2 日**　我国西部柴达木盆地已建成并安全并网大规模光伏电站总装机容量达到 1 000 余 MW，成为目前世界上太阳能光伏装机容量最集中的地区。青海省已经实现并网发电的光伏电站有 44 个，其中 42 个集中在柴达木盆地。与相同发电量火电相比，每年节约标煤 50 万 t，减少烟尘 6 900 t、二氧化硫 5 700 t、二氧化碳 154 万 t 的排放量。

**3 月 12 日**　为加快地热能利用技术推广转化，推动新能源开发利用，2011 年 4 月~2012 年 3 月，科技部会同重庆市科委共同组织开展了全国范围地热能利用技术及应用情况的调研工作，编制完成了《中国地热能利用技术及应用》。该手册共分五大部分：第一部分简要介绍了我国地热能利用的基本情况；第二部分为我国地热能技术发展现状；第三部分重点介绍我国地热能利用的国际合作情况；第四部分为我国推进地热能利用的政策保障措施；第五部分为对地热技术未来的展望等。

**3 月 16 日**　由湖南湘电长沙水泵厂与上海核工程研究设计院联合，自主成功研发了国内首台用于 AP1000 工程的余热排出泵（核Ⅲ级泵）。通过了有关专家组鉴定，标志着我国 AP1000 关键核电泵国产化取得新的进展。该泵结构设计合理，自主研发的水力模型具有高汽蚀性能，各项参数满足设计任务书和有关技术规范要求，技术水平达到国际先进水平。

**3 月 22 日**　国家能源局能源节约和科技装备司在沈阳组织举行了天然气长输管道关键设备国产化成果汇报会暨合同签署仪式，会后，首套国产 20MW 级高速直连变频电驱压缩机组在沈阳鼓风机集团股份有限公司正式启运出厂，发往"西气东输"二线工程现场，这标志着我国天然气长输管道关键设备国产化取得重大突破。

大型压缩机组被誉为天然气管道的"心脏"，是保障"西气东输"二线工程等能源大动脉安全可靠运行的关键。长期以来，大型压缩机组市场被国外公司垄断，进口价格昂贵，维护、维修成本很高。为打破依赖进口局面，降低工程建设成本，确

保经济安全，并推动装备制造业转型升级，国家发展改革委、国家能源局等部门决定依托"西气东输"二线工程，加快推进大型球阀、电驱压缩机组和燃驱压缩机组三大天然气长输管道关键设备国产化。2009 年 4 月，国家能源局会同中国机械工业联合会、中国石油天然气集团公司和国内骨干装备制造企业，组织制订了国产化实施方案，参加研制的单位有：中国石油西气东输管道公司、沈阳鼓风机集团有限公司、中船重工七〇三所、上海电气集团上海电机厂有限公司等单位。国产化研制工作顺利推进。该机组电机额定转速达 4 800 rpm、采用 25MVA 级高压变频器驱动，达到了国际先进水平。

**3 月 27 日**　科学技术部发布《电动汽车科技发展"十二五"专项规划》（国科发计〔2012〕195 号）、《洁净煤技术科技发展"十二五"专项规划》（国科发计〔2012〕196 号）、《风力发电科技发展"十二五"专项规划》（国科发计〔2012〕197 号）、《太阳能发电科技发展"十二五"专项规划》（国科发计〔2012〕198 号）。

**4 月 24 日**　山东泰安 60 万 t/a 液化天然气（LNG）装备国产化依托工程正式开工建设，这是我国单线生产规模最大的 LNG 项目。

提高天然气消费比重是调整我国能源结构、推动节能减排的重要途径之一。LNG 是实现天然气运输、储存的重要手段。我国将建设一批大型 LNG 装置和 LNG 接收站，形成天然气进口战略通道。实现大型 LNG 装备国产化，是确保天然气进口战略顺利实施和增强国家能源安全的重要保障，也是推动我国装备制造业转型升级的迫切需要。国家能源局决定依托山东泰安 LNG 项目，加快推进大型 LNG 技术装备自主化和有关装备的国产化进程，并成立了专项工作小组，制订了国产化实施方案，成立了国家能源 LNG 研发中心，组织沈鼓集团股份有限公司、上海电气集团、上海电机厂有限公司和四川空分设备（集团）有限责任公司等骨干装备制造企业参与研制工作。

**4 月 24 日**　科技部、发展改革委、工业和信息化部、环境保护部、住房城乡建设部、商业部、中

国科学院等发布《废物资源化科技工程"十二五"专项规划》。

**4月25日** 由东方电气（广州）重型机器有限公司生产的国内首台AP1000非能动余热排出热交换器正式发运，该设备用于山东海阳项目1号机组。AP1000非能动余热排出热交换器是三代核电先进非能动安全系统的重要设备，是东方电气完成的首台AP1000核岛主设备，也是国内制造的首台AP1000余热排出热交换器，标志着AP1000核岛主设备制造实现了新的突破。

**4月28日** 财政部、科技部、国家能源局根据各地上报的《2012年"金太阳"示范项目实施方案》和专家评审结果，确定2012年"金太阳"示范工程总规模为1 709MW，并公布了2012年"金太阳"示范项目目录。要求项目单位要抓紧做好各项前期准备工作，及时提交财政补助资金申请文件。

**5月7日** 科技部发布《智能电网重大科技产业化工程"十二五"专项规划》。

**5月9日** 我国首座自主设计、建造的第六代深水半潜式钻井平台"海洋石油981"的钻头在南海荔湾6-1区域约1 500m深的水下探入地层，标志着我国海洋石油工业的"深水战略"由此迈出了实质性的一步。大型深水装备是"流动的国土"，是大力推进海洋石油工业跨越发展的"战略利器"。"海洋石油981"在我国南海海域正式开钻，开启了中国海油正式挺进深水的新征程，拓展了我国石油工业发展的新空间，必将为保障我国能源安全、推进海洋强国战略和维护我国领海主权做出新贡献。此次开钻的预探井为荔湾6-1-1井，位于北纬19°51′31″，东经115°56′36″，距离我国香港东南约320km。井位水深1 486m，预计完钻井深将达2 335m。

"海洋石油981"深水钻井平台长114m，宽89m，高117m，最大钻井深度1万m，最大作业水深3 000m，配备了国际最先进的第三代动力定位系统，代表了当今世界海洋石油钻井平台技术的最高水平。"海洋石油981"由中国海洋石油总公司全额投资建造，拥有该船型的自主知识产权。该船是世界上首次按照南海恶劣海况设计的，能抵御200年一遇的台风，将主要用于南海深水油田的勘探钻井、生产钻井、完井和修井作业。我国南海油气资源极为丰富，整个南海盆地群石油地质资源量约在230亿~300亿t，天然气总地质资源量约为16万亿m³，占我国油气总资源量的1/3。

**5月9日** 由兰州大成科技股份有限公司、兰州交通大学、国家绿色镀膜技术与装备工程技术研究中心产学研创新联盟承担，历经3年时间研发的200kW槽式+线性菲涅尔式聚光太阳能光热发电试验系统，在位于兰州新区的兰州大成太阳能光热产业基地顺利并网发电，并网发电量超过200kW·h。同时两组各150m长槽式集热单元和两组各96m长线性菲涅尔式集热单元也实现集热产蒸汽。

**5月11日** 龙源西藏羊八井20 MW光伏电站正式投产发电，此举标志着西藏新能源产业发展迈上新台阶。该太阳能光伏电站总投资4.5亿元，首年上网发电量为3 778万kW·h。项目的开发、建设充分利用了羊八井清洁、丰富的太阳能资源，每年可提供清洁绿色能源超过3 700万kW·h，可节约标煤1.2万t，减排二氧化碳3.26万t。

**5月15日** 由中国海洋石油总公司研发制造的我国首艘深水铺管起重船"海洋石油201"竣工。这标志着我国又一具有世界先进水平的重大深水装备投用。"海洋石油201"承担着深水油气田海上生产设施建设的重任，能够从事固定式、浮式和水下油气生产设施安装以及海底管道铺设等全方位海上施工作业。该船设计、建造和施工等关键技术被列入"十一五"期间国家科技重大专项和"863"项目，是高科技发展规划的重点项目，在国际同类工程船舶中处于领先地位，拥有9项"世界首次"的先进技术，首次采用折叠式钢架后背绳艉固定设计的4 000t主起重机，大幅度提高了模式转换的作业效率，是世界上设计工况要求最高的重载轻型海洋起重机。

"海洋石油201"船长204.65m、型宽39.2m、型深14m，独特的双层甲板面积超过两个标准足球场面积；安装深水托管架后船长约280m，主起重机作业时从船底到主起重机顶高度达 136.77m，定员达 380 人，是中国海洋石油大型装备和设施中定员最多的；续航能力达 12 000 海里，自持力达 60d；船舶自重达 34 832t，排水量达 59 101t，甲板可变载荷达 9 000t。

**5 月 18 日**　能源技术装备是能源安全生产的保障。为完善能源技术装备质量管理体系，建设质量管理公共技术服务平台，国家能源局发出《国家能源局关于进一步加强能源技术装备质量管理工作的通知》。通知要求重点开展以下几方面工作：一是完善能源技术装备质量管理体系；二是强化企业质量主体责任；三是加强质量安全监管。完善生产许可、强制性产品认证、特种设备安全监察等监管制度；四是加快国家能源技术装备行业标准体系建设。形成统一、完善、符合我国国情的能源技术装备标准体系，提高标准的先进性，充分发挥标准的引导作用。同时，国家能源局出台《国家能源技术装备评定中心管理办法（试行）》，依托现有行业、国家质量认定体系及国家能源研发中心（重点实验室）平台，按照统筹规划、合理布局、择优选用、重点支持的原则，组织建立一批"国家能源技术装备评定中心"，实现与现有质量管理体系的有机结合，做到以企业为主体、强化监管、切实提高质量管理水平。并将适时发布"国家能源技术装备指导目录"，对列入指导目录的能源技术装备，国家核准的能源重大工程建设优先选用。

**5 月 22 日**　由立源新能源公司研发有机体系电容型锂离子电池，通过有关部门的鉴定，该有机体系电容型锂离子电池具有功率密度高、能量密度大、寿命长、充电时间短、温度特性好等性能，明显优于铅酸电池、镍镉电池、镍氢电池和普通锂离子电池，循环寿命和低温性能达到同类产品的国际先进、国内领先水平，是综合性能优、性价比高的环保储能电池，作为普通锂离子电池的升级换代产品，将为我国电动汽车的推广使用带来新突破。

**5 月 22 日**　由北京时代金能电气科技有限公司研发的可直接应用于高压电动机的系列高压大容量交流直接变频器，在北京通过了专家鉴定。专家认为，该产品新颖的工作原理及电路结构为世界首创，解决了当前常规高压变频器的诸多缺点，是通用高压变频器技术领域的一个重大突破。电动机在电能总消耗中占据一半以上，其中 3kV 以上的交流电动机用电量占总电动机用电量的 70%。

**5 月 23 日**　由中国石油集团钻井工程技术研究院自主研发的 120mmDRMTS-I 型远距离穿针装备，突破了国内煤层气钻井技术的瓶颈，使我国低渗煤层气的大规模低成本开采成为可能。煤层气又称煤层甲烷，俗称瓦斯，是一种非常规天然气资源。据统计，我国埋深 2 000m 以浅煤层气地质资源量约 36.81 万亿 $m^3$，与陆上常规天然气资源总量相当。使深埋于地下的煤层气资源得以利用，对于满足我国不断增长的能源需求、改善煤矿安全生产，改善大气环境都具有重要意义。

**5 月 24 日**　由合肥工业大学教授邢献军等人与安徽丰原生物新能源公司联合研发的"生物质高温超焓燃烧发电锅炉技术"在安徽合肥通过了由安徽省科技厅组织的专家鉴定。该项目针对生物质能源利用中的储运、燃烧等难题提出解决方案，有望化解因焚烧秸秆带来的"烟雾迷城"现象。将农作物秸秆等生物质转化为可再生的清洁能源，对于缓解能源危机、减轻环境污染具有重要意义。

根据项目技术指标测算，建设 1 座 2×15MW 的生物质发电厂，每年将消耗 25 万 t 秸秆，给农民带来收益 5 000 万元（按 200 元/t 秸秆），发电 2.4 亿 kW·h，减排二氧化碳约 22 万 t。

**5 月 25 日**　由峰峰集团研发的"薄煤综采远程自动化开采"设备，在采高只有 130cm 的薛村矿 94 702 工作面成功运用，并打破了极薄煤层原煤单产 117 280.8t 的新纪录，一举填补了国内乃至全世界薄煤无人值守远程自动化开采的空白。该采煤设备安装在不到 1m 高的极薄煤层中，采煤人员在距离采煤工作面 260m 以外的自动化操作室远距离操作，设备自如的移溜、割煤、顶溜，整个工序一气呵成。

**5 月 28 日**　由北京时代金能电气科技有限公司研发的 THV 系列高压大容量交流直接变频器，通过了由中国机械工业联合会和中国电工技术学会共同主持的鉴定，与会专家一致认为，该产品功能齐全，技术先进，可靠性高，安装维护费用低，可在诸多领域推广应用。该"THV系列高压大容量交流直接变频器"的工作原理及电路结构为世界首创，解决了当前常规高压变频器的诸多缺点，是通用高压变频器技术领域的一个重大突破。目前市场上的高压大容量变频器均采用交—直—交电路结构，这种交—直—交技术的解决方案，其整流滤波转换环节较多，电路复杂，效率及可靠性较低，特别是直流环节上的核心元器件IGBT、IGCT严重依赖进口，核心技术被国外公司完全垄断。该产品独辟蹊径，采用交—交电路结构，省去了直流环节，因此无需IGBT、IGCT搭桥输出，完全解决了依赖进口核心技术的被动局面，综合节能率达到29%～53.1%。

**6月12日** 我国首座330kV等级智能变电站——新盛变电站在陕西西安正式投入运行，标志着我国依靠自主创新成功地在智能电网科研、设计、设备制造、施工、运行维护技术上取得了新突破。该智能变电站位于陕西省西安市西南部户县工业园区，由国家电网陕西省电力公司于2011年3月开工建设。变电站全部采用国产设备，共建设两台36万kVA主变压器，330kV、110kV电气设备均采用GIS设备，电流电压互感器均采用GIS电子式互感器。

**6月28日** 国务院发布《节能与新能源汽车产业发展规划（2012-2020年）》（国发〔2012〕22号）。

**7月4日** 三峡工程最后1台70万kW巨型机组正式交付投产，这标志着世界装机容量最大水电站三峡电站经过10多年的安装、调试开始全面发挥效益，总装机容量达到2 250万kW，截至2012年7月4日三峡电站发电量累计达到5 648亿kW·h，相当于减少燃烧近2亿t标准煤，减排二氧化碳4亿t、二氧化硫500多万t。

**7月24日** 中石油广东石化分公司与沈阳鼓风机集团公司在广东揭阳签订了中国石油广东石化2 000万t/a重质原油加工工程压缩机采购暨课题攻关协议。该项目投资估算达586亿元人民币，加工原料为委内瑞拉Mercy-16原油，主要产品将全部达到欧IV和欧V标准。Mercy-16原油具有高硫、高酸、高氮、高比重等特点，是世界上最难加工的原油之一。

**7月27日** 国内单体规模最大的液化天然气（LNG）项目在宁夏回族自治区银川市经济技术开发区二区正式投产，储罐容积达5万$m^3$。该项目是我国陆上生产技术和生产设备最先进以及单体规模最大的LNG工厂。该项目于2009年12月正式开工建设。厂区由相同规格的两条工艺生产列所需的公用工程站组成，原料气主要来自陕甘宁气田、涩北气田、"西气东输"管线三个部分。拥有国内最先进的装车工位，可供16辆卡车同时装车，日装车量达到110台次。工厂还采用先进的控制系统，如自动控制系统、紧急停车装置、火气检测报警系统、过程分析系统等。

**7月28日** 大唐能源化工有限责任公司克什克腾旗40亿$m^3/a$煤制天然气一期甲烷化装置一次试车成功，产出合格天然气，甲烷含量达到94.99%。这标志着我国首个大型劣质褐煤制天然气示范工程实现了全流程贯通。项目完全建成后，将年产天然气40亿$m^3$，副产焦油50.9万t、石脑油10.1万t、粗酚5.8万t、硫磺11.4万t、硫铵19.2万t。与煤制甲醇、二甲醚相比，省去了合成气压缩、甲醇合成、甲醇精馏、二甲醚合成以及产品储存、装车运输等环节，与煤制合成油相比，省去的装置更多，因此，投资省、消耗低，对富煤缺水的西部地区发展煤化工产业意义重大。

**8月1日** 我国正式启动±1 100kV直流输电技术研究。据估算，±1 100kV输电工程经济输电距离可达到4 000km左右，每千公里最大损耗仅约1.75%，为±800kV输电工程的50%。此输电技术可将我国西北煤电和可再生能源、西南水电大规模高效输送到华中甚至华东地区，促进大型能源基地的集约化开发，实现能源资源在全国范围内的优化配置，并将有助于与周边国家开展电力国际合作。

近年来，葛洲坝—上海、贵州—广州、天生

桥—广州等±500kV 直流工程及灵宝背靠背等工程建设，尤其是向家坝—上海和云南—广东±800kV特高压直流输电示范工程的成功投运，标志着我国率先实现了±800kV 直流输电工程的稳定、可靠运行。

±1 100千伏特高压直流输电技术和设备制造技术代表了世界直流输电的最高水平，汇集了绝缘、电磁、机械等诸多领域的尖端技术。我国自主研发±1 100kV 直流输电关键技术和核心设备对实现我国输变电行业的产业优化升级具有重要意义。为此，国家能源局投入中央预算内资金 1.25 亿元，支持该项目的实施。

**9 月 25 日** 中国石油天然气集团公司研发的我国第一艘自升式海上钻井平台 CP-300 正式交付使用。CP-300 自升式海上钻井平台适用于浅海海上石油勘探开发，可在全球无限航区施工作业，最大作业水深 91.44m，最大钻井作业深度 9 000m，一次就位可钻井 30 口，设计定员 105 人。该平台是我国第一个自主完成基本设计、详细设计、生产设计和工艺技术研究的桁架腿自升式钻井平台，突破了国外对自升式钻井平台核心技术的封锁，国产化率达 90%以上。

**9 月 30 日** 我国三大石油装备项目——宝钢石油专用管、宝鸡石油钢管和江苏金石高压井口项目，在新疆克拉玛依石化工业园建成投产。三大项目投产后，新疆石油装备业呈"三足鼎立"之势，年产石油专用管材、高压井口设备 40 万 t，将成为推动新疆新型工业化的"加速器"。三大项目中的宝钢股份有限公司石油专用管项目一期工程建成后，年设计产能总量达到 10 万~12 万 t。宝鸡钢管公司是我国第一个大口径螺旋埋弧焊管生产企业，此次落户克拉玛依，投资 3.4 亿元，建设新疆石油钢管生产线。金石钻采设备项目，由国家高新技术企业江苏金石机械集团投资 3.2 亿元建设，致力于石油井口设备的产品研究开发、新技术和新工艺的运用，集中生产井口采油（气）树、系列平板阀等主要产品。

**10 月 31 日** 国家"863"计划重大项目——中国实验快堆工程通过科技部组织的专家验收。中国实验快堆的建成标志着我国核能发展"压水堆—快堆—聚变堆"三步走发展战略中的第二步取得了重大突破，也标志着我国在四代核电技术研发方面进入国际先进行列，成为世界上少数拥有快堆技术的几个国家之一。该实验快堆热设计功率 65MW，电功率 20MW，是世界上为数不多的大功率、具备发电功能的实验快堆，其主要系统设置和参数选择与大型快堆电站相同。

**11 月 3 日** 受国家能源局委托，中国机械工业联合会在上海组织召开了"上海电力修造总厂有限公司研制的 1 000 MW 超超临界火电机组 FK6A40型锅炉给水泵鉴定会"。国家能源局能源节约和科技装备司黄鹂副司长出席了鉴定会，鉴定会由中国机械工业联合会特别顾问、中国通用机械工业协会名誉会长隋永滨主持。鉴定委员会通过了该产品的鉴定。鉴定认为：该产品为国产首台套具有完全自主知识产权的 1 000MW 超超临界火电机组锅炉给水泵，具有许多项技术创新，如高效水力模型开发、结构设计、新材料研制等，其综合性能达国际同类产品先进水平。

**11 月 4 日** 随着 168h 满负荷试运行的完成，中国首座智能化生态电厂在山东莱州正式投产发电。华电莱州发电有限公司首台投产机组装机容量 100 万 kW，一期工程 2 台机组年发电量 110 亿 kW·h。该项目的投产将有效填补我国东部沿海电力缺口。每年可节约标准煤 60 万 t，减少二氧化碳排放 150 多万 t；试运行期间各项经济指标均达到或超过了国内百万机组先进水平。

**11 月 5 日** 我国自主制造的世界最大水轮机组——单机容量 80 万 kW 的向家坝水电站 7 号机组正式投入商业运营，标志着我国第三大水电站向家坝水电站开始投产发电。向家坝水电站位于四川省和云南省交界处，地处水能丰富的金沙江末端，是我国"西电东送"骨干电源点，2006 年 11 月 26日正式开工建设。向家坝水电站安装有 8 台 80 万 kW 水轮机组，单机容量均为世界最大，完全实现国产化。

**11 月 7 日** 我国首套由沈阳鼓风机集团股份有

限公司研发并总成套的 20MW 电驱压缩机组在"西气东输"二线高陵分输压气站一次试产成功。至此，我国天然气长输管道三大关键设备（长输管道天然气离心压缩机、大功率高速变频防爆电机、大口径高压管道球阀）全部实现国产化，这是我国民族工业在高端机电制造领域的一个重大突破。

大型长输管道电驱压缩机组是天然气长输管道工程的"心脏"。此前，全世界只有美国、英国、德国的大型企业能够设计制造和总成。长期以来，我国大型天然气管道压缩机组被国外公司垄断，进口价格昂贵，维护维修成本高。我国首套 20MW 国产研制的电驱压缩机组的投产成功，标志着我国长输管道关键设备全部国产化进入工业性应用阶段，将打破这类高端装备长期依赖进口的被动局面。

**11 月 23 日** 全国规模最大的海上风电场——龙源江苏如东 150MW 海上（潮间带）示范风电场全部投产发电，总装机容量可达到 182MW，年上网电量约 3.75 亿 kW·h。

**12 月 18 日** 由沈阳鼓风机集团股份有限公司研发的首台国产化 6M80 压缩机组顺利通过 4h 机械无负荷运转测试，产品运转平稳，没有任何异常。

6M80 压缩机组应用于内蒙古庆华集团 50 000 Nm³/h 焦炉气净化、转化、PSA 制氢项目。6M80 试车成功，标志着沈阳鼓风机集团股份有限公司树立

起高端化、重量级往复式压缩机新样板，满足了用户对机组设备大型化的需求。

**12 月 25 日** 受国家能源局委托，中国机械工业联合会在北京组织召开了"湖南耐普泵业有限公司（耐普泵业）研制的 LNG 接收站立式长轴海水泵鉴定会"。鉴定会由中国机械工业联合会特别顾问、中国通用机械工业协会名誉会长隋永滨主持。鉴定产品为 1600LK4.58 -30（流量 16500m³/h，扬程 30m）和 1200LK2.22 -30（流量 8000m³/h，扬程 30m）两种产品，是湖南耐普泵业有限公司根据中石油唐山新建 LNG 项目需求研制的，属国内首台（套）产品。

鉴定委员会认为：该产品为国产首台（套）具有完全自主知识产权的大型 LNG 接收站立式长轴海水泵，具有许多项技术创新，如结构设计、双相不锈钢选择和加工、变频技术应用等，其综合性能达国际同类产品先进水平。

**12 月 28 日** 由山东长志泵业有限公司研制的 HPRT80-960 液力透平通过专家鉴定。该产品属小流量、高扬程，流量 80m³/h，水头 960m，设计最高温度 360℃。鉴定委员会认为：该产品具有许多项技术创新，如高效水力模型开发、结构设计、轴承和密封等，其综合性能达国内外同类产品先进水平。

# 国家能源科技"十二五"规划（2011-2015）

（国家能源局　2011 年 12 月 5 日发布　国能科技〔2011〕395 号）

（节选）

## 一、前言

能源工业是国民经济的基础产业，也是技术密集型产业。

按照能源生产与供应产业链中技术的相近和相关性，《规划》划分了 4 个重点技术领域：勘探与开采技术、加工与转化技术、发电与输配电技术和新能源技术，并将"提效优先"的原则贯穿至各重点技术领域的规划与实施之中。

根据能源发展和结构调整的需要，《规划》明确了 2011~2015 年能源科技的发展目标，在上述 4 个重点技术领域中确定了 19 个能源应用技术和工程示范重大专项，制订了实现发展目标的技术路线图，并针对重大专项中需要突破的关键技术，规划了 37 项重大技术研究、24 项重大技术装备、34 项重大示范工程和 36 个技术创新平台。此外，《规划》还提出了建立"四位一体"国家能源科技创新体系的构想及具体保障措施。

## 二、我国能源科技发展形势

在煤炭开采和开发方面，4~6m 厚煤层年产 600 万 t 综采技术与装备和特厚煤层年产 800 万 t 综放开采技术与装备已实现国产化并成熟应用。煤矿瓦斯治理、灾害防治取得突破，2010 年百万吨死亡率下降到0.749。煤层气规模化开发取得突破，120MW 瓦斯发电厂已投产发电。400 万 t/a 选煤厂洗选设备已基本实现国产化，重介质选煤等技术得到广泛应用。

在油气加工与输运方面，研制成功 14.7 万 m³ LNG 运输船，解决了我国进口 LNG 运输瓶颈问题。

在火力发电方面，600℃超超临界机组数居世界首位，机组发电效率超过 45%。具有自主知识产权的 1 000MW 级直接空冷机组已投入运行；300MW 级亚临界参数循环流化床锅炉（CFB）已大批量投入商业运行，600MW 级超临界 CFB 正在开发建设中。

在水力发电方面，已建成世界最大规模的三峡水电站、世界最高的龙滩碾压混凝土重力坝和水布垭面板堆石坝，正在建设世界最高的锦屏一级混凝土拱坝和双江口心墙堆石坝。

在输配电方面，1 000kVA 交流试验示范工程和±800kVA 直流示范工程均已成功投运。

在核能发电方面，已具备自主设计建造300MW、600MW 级和二代改进型 1 000MW 级压水堆核电站的能力，正在开展三代核电自主化依托工程建设。自主研发了 10MW 高温气冷实验堆，正在建设 200MW 高温气冷堆示范工程。

在风力发电方面，风电机组主要采用变桨、变速技术，并结合国情开发了低温、抗风沙、抗盐雾等技术。3MW 海上双馈式风电机组已小批量应用，6MW 机组已经下线。

在太阳能发电方面，已掌握 10MW 级并网光伏发电系统设计集成技术，研制成功 500kW 级光伏并网逆变器、光伏自动跟踪装置、数据采集与进程监控系统等关键设备。太阳能热发电技术在塔式、槽式热发电和太阳能低温循环发电等方面取得了重要成果。

在生物质能应用方面，生物质直燃发电和气化发电都已初步实现了产业化，单厂最大规模分别达到 25MW/a 和 5MW/a；以木薯等非粮作物为原料的燃料乙醇技术正在起步应用，已建成 20 万 t/a 燃料乙醇的示范工厂；生物柴油技术已进入产业示范阶段；大中型治气工程工艺技术已日趋成熟。生物质的直接、间接液化生产液体燃料技术准备进行工业示范。

未来十年，我们应抓住能源体系转型和能源科技创新的最佳发展机遇期，准确把握能源科技的发展方向，明确目标，加大在能源科技方面的投入，通过自主创新实现跨越式发展。

## 三、指导思想和发展目标

### 1. 2015 年能源科技发展目标

勘探与开采技术领域。完善复杂地质油气资源、煤炭及煤层气资源综合勘探技术，岩性地层油气藏目的层识别厚度小于 10m，碳酸盐岩储层地震预测精度小于 25m，煤层气产量达到 210 亿 m³。形成页岩气等非常规天然气勘探开发核心技术体系及配套装备。

加工与转化技术领域。研制用于油气储运的 X100 和 X120 高强度管线钢，实现燃压机组、大型球阀、大型天然气液化处理装置国产化。

发电与输配电技术领域。突破 700℃超超临界机组、400MW IGCC 机组关键技术，实现重型燃气轮机和微小型燃气轮机的国产化，掌握火电机组大容量 $CO_2$ 捕集技术。掌握 1 000MW 级混流式水电机组设计和制造关键技术，实现 400MW 级抽水蓄能机组和 70MW 级灯泡贯流式水电机组的国产化。

新能源技术领域。掌握 6~10MW 风电机组整机及关键部件的设计制造技术。

### 2. 2020 年能源科技发展目标

勘探与开采技术领域。煤机装备和自动化水平

大幅度提高，海洋深水勘探开发配套技术实现工业化应用。

加工与转化技术领域。实现天然气管输干线与支线燃压机组的产业化。

发电与输配电技术领域。掌握 700℃超超临界发电机组的设计和制造技术，实现 F 级重型燃气轮机的商业化制造和分布式供能微小型燃气轮机的产业化。完成 1 000MW 级混流式水电机组技术集成并在工程中应用。

新能源技术领域。实现 300MW 超临界太阳能热发电机组的商业应用；实现先进生物燃料技术产业化及高值化综合利用。

## 四、重点任务

### 1. 勘探与开采技术领域

在勘探与开采技术领域中，规划了 10 项重大技术研究、6 项重大技术装备、7 项重大示范工程和 6 个技术创新平台。

Z01）煤炭高效自动化采掘成套装备

起止时间：2011~2016 年

Z02）大型露天煤矿装备

起止时间：2011~2015 年

Z03）大型高可靠性煤炭分选成套装备

起止时间：2011~2016 年

Z04）石油物探、测井装备

起止时间：2011~2015 年

Z05）石油钻井装备

起止时间：2011~2016 年

Z06）海洋（含滩海）石油装备与工具

起止时间：2011~2017 年

### 2. 加工与转化技术领域

（1）大型煤气化装置

起止时间：2011~2015 年

（2）通用关键设备

起止时间：2011~2015 年

（3）大型合成装置

起止时间：2011~2015 年

（4）高效煤粉工业锅炉岛技术体系及关键装备

起止时间：2011~2015 年

### 3. 石油高效与清洁转化

研究劣质原油的预处理、重油高效轻质化、轻油清洁化、石油加工过程能量利用高效化、炼油产品功能强化、炼油过程清洁化技术。

Z08）液力透平装置

起止时间：2011~2015 年

Z09）大型天然气液化处理与储运装置

（1）大型天然气液化处理装置

起止时间：2011~2015 年

（2）大型液化天然气储运装备

起止时间：2011~2015 年

Z10）长输天然气管道与场站关键设备

起止时间：2011~2017 年

P12）大型透平/压缩机组研发平台

目标：掌握大型透平压缩机组设计与装备制造的关键技术，建立具有世界先进水平的大型透平压缩机组研发试验基地，实现大型透平压缩机重大装备的国产化。

建设与研发内容：大型 LNG 装置用离心压缩机组研制；大型长输管线压缩机组研制；100 万 t/a 精对苯二甲酸（PTA）装置用压缩机组研制；6 万 Nm³/h 及以上空分装置用压缩机研制；百万吨级以上乙烯装置用"三机"研制。

### 4. 发电与输配电技术领域

我国电力稳定供给主要依靠火力发电、水力发电。电网支撑了电力安全输送、电力电量平衡和用户的可靠使用。先进的发电和输配电技术是保证我国电力工业健康、可持续发展的重要基础。

在发电与输配电技术领域中，确定高效、节能、环保的火力发电技术，先进、生态友好的水力发电技术，大容量、进距离输电技术，间歇式电源并网及储能技术和智能化电网技术等 5 个能源应用技术和工程示范重大专项，其中，规划 7 项重大技术研究、7 项重大技术装备、10 项重大示范工程和 13 个技术创新平台。

Z11）超超临界发电技术装备

起止时间：2011~2018 年

Z15）高性能输变电关键设备

起止时间：2011~2015 年

Z16）大容量快速储能装置

（1）10MW 级大规模超临界空气储能装置

起止时间：2011~2015 年

（3）MW 级超级电容器储能装置

起止时间：2011~2017 年

Z17）智能化输变电设备

起止时间：2011~2020 年

### 5. 新能源技术领域

Z18）压水堆核电关键设备

起止时间：2011~2019 年

Z19）示范快堆核电关键设备

起止时间：2011~2020 年

Z20）乏燃料后处理关键设备

起止时间：2011~2020 年

Z22）太阳能电池及产业链生产设备

起止时间：2011~2015 年

Z23）太阳光伏发电系统关键设备

起止时间：2011~2016 年

Z24）非粮生物质原料专用机械及加工转化成套技术装备

（1）非粮生物质原料专用机械设备

起止时间：2011~2016 年

（2）非粮燃料乙醇加工转化成套技术装备

起止时间：2011~2016 年

# 高端装备制造业"十二五"发展规划

（工业和信息化部　2012年5月7日发布）

（节选）

高端装备制造业是以高新技术为引领，处于价值链高端和产业链核心环节，决定着整个产业链综合竞争力的战略性新兴产业，是现代产业体系的脊梁，是推动工业转型升级的引擎。大力培育和发展高端装备制造业，是提升我国产业核心竞争力的必然要求，是抢占未来经济和科技发展制高点的战略选择，对于加快转变经济发展方式、实现由制造业大国向强国转变具有重要战略意义。

根据《国民经济和社会发展第十二个五年规划纲要》、《国务院关于加快培育和发展战略性新兴产业的决定》、《战略性新兴产业发展"十二五"规划》和《工业转型升级"十二五"规划》，编制本规划。规划期为2011~2015年。

## 一、发展现状与面临形势

高端装备主要包括传统产业转型升级和战略性新兴产业发展所需的高技术高附加值装备。按照《国务院关于加快培育和发展战略性新兴产业的决定》明确的重点领域和方向，现阶段高端装备制造业发展的重点方向主要包括航空装备、卫星及应用、轨道交通装备、海洋工程装备、智能制造装备。

经过改革开放30多年的快速发展，我国装备制造业取得了令人瞩目的成就，形成了门类齐全、具有相当规模和技术水平的产业体系，2009年、2010年连续2年产业经济总量位居世界第一，为高端装备制造业的发展奠定了坚实基础。

近10年来，我国高端装备制造业已形成一定的产业规模。2010年，高端装备制造业实现约1.6万亿元销售收入，占装备制造业销售收入的8%左右。整体技术水平持续提升，围绕国民经济各行业的迫切要求，开发出了一大批具有知识产权的高端装备，如百万千瓦时级超超临界火电发电机组、百万千瓦级先进压水堆核电站成套设备、1 000kVA特高压交流输变电设备、±800kVA直流输变电成套设备、百万吨乙烯装置所需的关键装备、超重型数控卧式镗车床、精密高速加工中心、2 000t履带起重机、ARJ21新型支线飞机、"和谐号"动车组、3 000m深水半潜式钻井平台等，气象卫星率先实现业务化运行，已初步形成了高端装备制造产业格局。

但是与世界先进水平相比，我国高端装备制造业仍存在较大差距。主要表现在：创新能力薄弱，核心技术和核心关键部件受制于人；基础配套能力发展滞后，装备主机面临"空壳化"；产品可靠性低，产业链高端缺位；产业规模小，市场满足率低；产业体系不健全，相关基础设施、服务体系建设明显滞后等。

当前，世界经济竞争格局正在发生深刻变革和调整。加速培育和发展高端装备制造业，既是构建国际竞争新优势，掌握发展主动权的迫切需要，也是转变经济发展方式，推进产业结构升级的内在要求。

未来5~10年，我国高端装备制造业将迎来发展的重要战略机遇期。"十二五"期间，必须科学判断和准确把握发展趋势，充分利用各种有利条件，抓住全球经济分工调整的重要战略机遇期，加大高端装备制造业的培育力度，加快推动"中国制造"向"中国创造"转变。

# 二、指导思想与发展目标

## 1. 指导思想

以邓小平理论和"三个代表"重要思想为指导，深入贯彻落实科学发展观，紧紧围绕工业转型升级和战略性新兴产业发展的重大需求，把大力培育和发展高端装备制造业作为加快转变经济发展方式的一项重要任务，立足国情，依托产业基础，按照市场主导、创新驱动、重点突破、引领发展的要求，发挥企业主体作用，推进产、学、研、用结合，加大政策扶持力度，营造良好发展环境，着力提升技术创新能力，着力推进信息化与工业化深度融合，着力推动军民融合，努力把高端装备制造业培育成为具有国际竞争力的国民经济支柱产业，为建设装备制造业强国奠定坚实的基础。

## 2. 基本原则

坚持发展高端装备制造业与改造提升传统产业相结合。立足装备制造业现有技术积累、制造能力和产业组织基础进行布局，促进高端装备制造业相对集中发展，加快形成新的经济增长点。同时积极促进传统产业的高技术化，实现产业价值链从低端向高端跃升。

坚持技术创新与开放合作相结合。加快突破制约发展的关键技术、核心技术和系统集成技术，加强基础设施建设，大幅度提升技术创新能力。同时积极参与国际合作，充分利用全球创新资源，提高我国高端装备发展的起点。

坚持整体推进与重点跨越相结合。坚持市场推动和政策引导相结合。

## 3. 发展目标

到 2015 年，我国高端装备制造业发展的主要目标是：

——产业规模跃上新台阶。高端装备制造业销售收入超过 6 万亿元，在装备制造业中的占比提高

到 15%，工业增加值率达到 28%，国际市场份额大幅度增加。

——创新能力大幅提升。初步形成产、学、研、用相结合的高端装备技术创新体系，骨干企业研发经费投入占销售收入比例超过 5%，形成一批具有知识产权的高端装备产品和知名品牌，培养一批具有国际视野的科技领军人才。

——基础配套能力显著增强。高端装备所需的关键配套系统与设备、关键零部件与基础件制造能力显著提高，其性能和质量达到国际先进水平，智能技术及核心装置得到普遍推广应用，高端装备重点产业智能化率超过 30%。

——产业组织结构进一步优化。形成一批具有国际影响力的企业集团和一大批具有竞争优势的"专、精、特、新"专业化生产企业，建成若干创新能力强、特色鲜明的高端装备制造集聚区，产业集中度明显提升。

力争通过 10 年的努力，形成完整的高端装备制造产业体系，基本掌握高端装备制造业的关键核心技术，产业竞争力进入世界先进行列。到 2020 年，高端装备制造产业销售收入在装备制造业中的占比提高到 25%，工业增加值率较"十二五"末提高 2 个百分点，将高端装备制造业培育成为国民经济的支柱产业。

# 三、发展重点和方向

培育发展高端装备制造业是关系国家综合实力、技术水平和工业基础的一项长期的重点任务。"十二五"期间，航空装备、卫星及应用、轨道交通装备、海洋工程装备和智能制造装备的重点任务是：

## 1. 海洋工程装备

面向国内外海洋资源开发的重大需求，以提高国际竞争力为核心，重点突破 3 000m 深水装备的关键技术，大力发展以海洋油气为代表的海洋矿产资源开发装备，全面推进以海洋风能工程装备为代表的海洋可再生能源装备、以海水淡化和综合利用

装备为代表的海洋化学资源开发装备的产业化，积极培育海洋波浪能、潮汐能、海流（潮流）能、天然气水合物、海底金属矿产开发装备相关产业，加快提升产业规模和技术水平，完善产业链，实现我国海洋工程装备制造业快速健康发展。

——海洋矿产资源开发装备。以海洋油气资源开发装备为重点，大力发展半潜式钻井/生产平台、钻井船、自升式钻井平台、浮式生产储卸装置、物探船、起重铺管船、海洋钻采设备及其关键系统和设备、水下生产系统及水下立管等装备；积极开展天然气水合物、海底金属矿产资源开发装备的前期研究和技术储备，为培育相关产业奠定基础。

——海洋可再生能源和化学资源开发装备。以海洋风能工程装备为重点，大力发展海上及潮间带风机安装平台（船）、海上风机运营维护船、海上及潮间带风力发电装备等，全面推进海洋可再生能源的产业化；以海水淡化和综合利用装备为重点，促进海洋化学资源开发装备的产业化；积极开展海洋波浪能、潮汐能、海流能、温差能、海水提锂、海水提铀等开发装备的前期研究和技术储备。

——其他海洋资源开发装备。以海上浮式石油储备基地、海上后勤补给基地等装备为重点，加快关键设计、建造技术的研究和攻关；积极开展海上机场、海上卫星发射场等装备的前期研究，为工程研制奠定技术基础。

## 2. 智能制造装备

围绕先进制造、轻工纺织、能源、环保与资源综合利用等国民经济重点领域发展的迫切需要，坚持制造与服务并重，重点突破关键智能技术、核心智能测控装置与部件，开发智能基础制造装备和重大智能制造成套装备，大力推进示范应用，催生新的产业，提高制造过程的数字化、柔性化及系统集成水平，加快推进信息化综合集成和协同应用，促进"两化"融合条件下的产业发展模式创新。

——关键智能基础共性技术。围绕感知、决策和执行等智能功能的实现，重点突破新型传感技术、模块化与嵌入式控制系统设计技术、先进控制与优化技术、系统协同技术、故障诊断与健康维护

技术、高可靠实时通信网络技术、功能安全技术、特种工艺与精密制造技术、识别技术等九大类共性、基础关键智能技术，加强对共性智能技术、算法、软件架构、软件平台、软件系统、嵌入式系统、大型复杂装备系统仿真软件的研发，为实现制造装备和制造过程的智能化提供技术支撑。

——核心智能测控装置与部件。重点开发新型传感器及系统、智能控制系统、智能仪表、精密仪器、工业机器人与专用机器人、精密传动装置、伺服控制机构和液气密元件及系统等八大类典型的智能测控装置和部件并实现产业化。

——重大智能制造集成装备。重点开发石油石化智能成套设备、冶金智能成套设备、智能化成形和加工成套设备、自动化物流成套设备、建材制造成套设备、智能化食品制造生产线、智能化纺织成套装备、智能化印刷装备等八大类标志性的重大智能制造成套装备。

——重点应用示范推广领域。根据我国智能制造技术和智能测控装置的发展水平，立足制造业，在"十二五"期间重点选择在电力、节能环保、农业、资源开采、国防科技工业、基础设施建设等6个国民经济重点领域推广应用，分步骤、分层次开展应用示范，形成通用性、标准化的应用平台，加快推进技术、产业与应用的协同发展。

# 四、重大工程与区域发展重点

## 1. 重大工程

以推进高端装备规模化发展为目标，针对国民经济建设和战略性新兴产业发展的需要，组织实施重大产业创新发展工程，突破一批核心关键技术，开发一批高端装备产品并产业化，实现产业创新能力的整体提升。

### （1）深海工程装备发展工程

围绕海洋资源勘探、开采、储存运输和服务等四大核心环节，以突破600~3 000m深水资源开发装备关键技术为目标，重点突破深海浮式结构物水动力性能、结构设计和强度分析等关键共性技术，

加快发展深海高性能物探船、浮式生产储油卸油装置、半潜式平台、水下生产系统、环境探测、观测与监测等装备及其关键配套设备和系统，建设液化天然气浮式生产储卸装置等新型装备总装制造平台，完善设计建造标准体系。到2015年，我国深海资源勘探开发装备、关键设备和系统的配套能力大幅度提升。

（2）智能制造装备创新发展工程

围绕智能制造过程中的感知、决策、执行三个关键环节，突破新型传感、高精度运动控制、故障诊断与健康维护等关键技术，大力推进智能仪表、自动控制系统、工业机器人、关键执行和传动零部件的开发和产业化，开展基于机器人的自动化成形与加工装备生产线、自动化仓储与分拣系统以及数字化车间等一批典型标志性重大智能制造成套装备，推进智能制造技术、智能测控装备和智能基础制造装备在石油化工、煤炭开采、发电、环保、纺织、冶金、建材、机械加工、食品加工等典型制造领域中的示范应用。到2015年，智能制造装备技术创新体系初步建成，具有知识产权的智能测控装置及关键执行和传动零部件研制能力显著增强。

**2. 区域发展重点**

按照国家区域发展总体战略和全国主体功能区规划要求，立足装备制造业现有基础，充分考虑区域比较优势，促进高端装备制造业相对集中发展，形成区域发展新格局。

（1）引导区域高端制造业相对集中发展

紧密依靠本区域装备制造业现有的制造能力和产业组织，坚持突出重点和特色的战略取向，积极推进环渤海、长三角、珠三角优势区域率先发展，培育一批具有知识产权和知名品牌的世界级企业；促进中西部特色化发展，建设高端装备制造特色产业链；加快东北老工业基地振兴，以信息化、智能化、集成化为突破口，建成具有国际先进水平的高端装备制造研发基地。

（2）加强高端装备制造业示范基地建设

本着"布局合理、特色鲜明、集约高效、生态环保"的原则，引导区域高端装备制造业协调发展。

（3）产业区域发展重点

依托航空装备、卫星及应用、轨道交通装备、海洋工程装备、智能制造装备等现有产业基础，建设优势特色产业链，促进形成设计、制造、集成、关键系统及部件配套、维护检修、技术服务等能力。

# 五、政策措施

**1. 加大金融财税政策支持力度**

继续实施现行高端装备及基础件财税支持政策。鼓励开展引进消化吸收再创新，对研制生产国家鼓励发展的高端重大技术装备，落实有关关键零部件、原材料进口税收优惠政策。积极研究完善针对高端装备制造业公共服务体系和重大创新工程的相关进口税收政策等。

**2. 大力实施技术改造**

鼓励支持企业加大技术改造，加强产业基础能力建设，大力发展高端装备所需关键基础件，如精密轴承、高精度齿轮传动装置，工程机械用高压柱塞泵/电动机、密封件等基础零部件。大力提高加工设备水平，推广先进工艺技术，推进制造过程信息处理、生产控制、资源管理、质量检测、环保处理等典型环节的流程化再造，实现产品设计、制造、测试等环节的自动化，提高产品稳定性和生产效率，提升制造过程的绿色化和智能化水平。

**3. 着力加强技术创新**

健全产业创新体系，支持产业技术平台和技术创新服务平台建设，不断提高技术创新水平，增强为全行业服务的能力。支持促进技术成果工程化，为提升高端装备发产业化能力提供强有力支撑。

**4. 优化产业组织结构**

以促进高端装备制造规模化、集约化发展为目标，建立集"产、学、研、用"为一体的高端装备产业联盟，实现重大技术突破和科技成果产业化。大力推动优势企业实施品牌强企、国际化发展战略，加快培育形成一批拥有知识产权的知名品牌、主业突出、带动明显、具有国际竞争力的跨国大企业集团。鼓励规模经济效益显著的基础零部件、工艺辅具和适宜专业化发展的配套产品制造企业开展专业化协作配套，形成一大批具有竞争优势的"专、精、特、新"中小企业。

### 5. 突出质量品牌建设

实施质量品牌提升工程，鼓励企业建立专利联盟，联合构筑专利共享平台，拥有关键技术和前沿技术的知识产权。建立完善高端装备及其技术、关键系统、零部件的研发、试验验证及知识产权保护体系。鼓励和支持企业在质量、安全、环保等方向采用国际标准和国外先进标准，强化高端装备可靠性技术研究与应用，提升装备产品质量和安全性、可靠性、实用性。鼓励企业提升品牌层次，扩大品牌影响，支持自有品牌在境外的商标注册和专利申请，促进自有品牌跨国经营与国际化发展。

### 6. 加大市场培育力度

充分发挥市场的基础性作用，加大机制体制创新力度，着力规范市场秩序，营造良好市场环境。对于重点领域工程项目的所需装备，组织使用单位、制造企业联合制订装备联合攻关方案，并加快实施。完善招投标制度，加强对招投标工作的指导和监管。加快建立健全有利于高端装备制造业发展的行业标准和重点产业技术标准体系，组织实施智能制造示范工程，以应用拉动产业发展。

### 7. 加强人才队伍建设

加快实施《装备制造人才队伍建设中长期规划（2011~2020年）》，充分发挥企业、科研院所、高校、职业院校和其他培训机构的平台作用，创新人才培养模式，提高人才培养质量。完善人才评价体系，健全激励与分配机制，营造良好的人才发展环境。

### 8. 提升对外合作水平

充分利用各种渠道和平台，积极探索合作新模式，融入全球产业链。

## 六、规划组织实施

工业和信息化部会同发展改革委、财政部负责

本规划的推动实施。建立跨区域、跨行业、跨部门分工协作、共同推进的工作机制，加强对规划实施的统一领导、精心组织，制定规划实施细则，确保各项任务和措施落到实处。建立规划实施动态评估机制，做好高端装备制造业运行监测，及时做好产业发展形势的分析和信息发布工作，引导产业健康发展。

各地工业和信息化主管部门要按照职责分工，抓紧制定与本规划纲要相衔接的实施方案，落实相关配套政策。相关行业协会及中介组织要充分发挥桥梁和纽带作用，积极参与相关工作，协同推动本规划纲要的贯彻落实。

# 智能制造装备产业"十二五"发展规划

智能制造装备是具有感知、决策、执行功能的各类制造装备的统称。作为高端装备制造业的重点发展方向和信息化与工业化深度融合的重要体现，大力培育和发展智能制造装备产业对于加快制造业转型升级，提升生产效率、技术水平和产品质量，降低能源资源消耗，实现制造过程的智能化和绿色化发展具有重要意义。

为贯彻落实《国务院关于加快培育和发展战略性新兴产业的决定》、《战略性新兴产业发展规划》及《"十二五"工业转型升级规划》，推进我国智能制造装备产业的发展，依据《高端装备制造业发展规划纲要》，重点围绕智能基础共性技术、智能测控装置与部件、重大智能制造成套装备等智能制造装备产业核心环节，制定《智能制造装备产业"十二五"发展规划》，规划期为2011~2015年。

## 一、发展现状与面临形势

随着信息技术与先进制造技术的高速发展，我国智能制造装备的发展深度和广度日益提升，以新型传感器、智能控制系统、工业机器人、自动化成

套生产线为代表的智能制造装备产业体系初步形成，一批具有知识产权的重大智能制造装备实现突破，2010 年工业自动化控制系统和仪器仪表、数控机床、工业机器人及其系统等部分智能制造装备产业领域销售收入超过 3 000 亿元。但是，作为一个正在培育和成长的新兴产业，我国智能制造装备产业仍存在突出问题，主要表现在：技术创新能力薄弱，新型传感、先进控制等核心技术受制于人；产业规模小，产业组织结构小、散、弱，缺乏具有国际竞争力的骨干企业；产业基础薄弱，高档和特种传感器、智能仪器仪表、自动控制系统、高档数控系统、机器人市场份额不到 5%。

当今，工业发达国家始终致力于以技术创新引领产业升级，更加注重资源节约、环境友好、可持续发展，智能化、绿色化已成为制造业必然发展趋势，智能制造装备的发展将成为世界各国竞争的焦点。"十二五"期间，国民经济重点产业的转型升级、战略性新兴产业的培育壮大和能源资源环境的约束，对智能制造装备产业提出了更高的要求，并提供了巨大的市场空间。未来 5~10 年，我国智能制造装备产业将迎来发展的重要战略机遇期。

## 二、指导思想和基本原则

### 1. 指导思想

深入贯彻落实科学发展观，坚持走新型工业化道路，推动信息化与工业化深度融合，面向国民经济重点产业的转型升级和战略性新兴产业培育发展的需求，以实现制造过程的智能化和绿色化为目标，以突破关键智能基础共性技术为支撑，以推进智能测控装置与部件的研发和产业化为核心，以提升重大智能制造装备集成创新能力为重点，促进示范应用推广，调整优化产业组织结构，增强产业国际竞争力。

### 2. 基本原则

#### （1）坚持市场导向与政府推动相结合

遵循市场经济规律，充分发挥市场需求的导向作用和市场优化配置资源的基础性作用，突出企业发展智能制造装备的主体地位。积极发挥各级政府部门在规划制定、组织协调、政策引导、市场环境改善中的重要作用。

#### （2）坚持重点突破与整体推进相结合

选择基础条件好、应用面广、带动作用强的智能测控装置和智能制造成套装备，加大支持力度，重点予以突破，形成一批具有国际先进水平的产品和知名品牌，辐射和带动产业的整体发展。

#### （3）坚持研究开发与示范应用相结合

围绕重点领域制造过程的智能化需求，加强关键智能技术、核心智能测控装置、成套智能制造装备的研究开发，大力推进智能测控装置和智能制造成套装备的示范应用推广。

#### （4）坚持装备制造与服务增值相结合

大力推进智能制造装备企业在工程承包、维修改造、备品备件供应、设备租赁、再制造等方面开展增值服务，促进智能制造装备企业由加工制造型向生产服务型转变。

## 三、发展目标

总体目标：经过 10 年的努力，形成完整的智能制造装备产业体系，总体技术水平迈入国际先进行列，部分产品取得原始创新突破，基本满足国民经济重点领域和国防建设的需求。

到 2015 年：

——产业规模快速增长。产业销售收入超过 10 000 亿元，年均增长率超过 25%，工业增加值率达到 35%。智能制造装备满足国民经济重点领域需求。

——重点领域取得突破。传感器、自动控制系统、工业机器人、伺服和执行部件为代表的智能装置实现突破并达到国际先进水平，重大成套装备及生产线系统集成水平大幅度提升。

——组织结构优化升级。培育若干具有国际竞争力的大型企业集团，打造一批"专、精、特、新"的专业化企业，建设一批特色鲜明、优势突出的产业集聚区。

——创新能力显著提升。基本建成完善的产、学、研、用相结合的产业创新体系，骨干企业研究开发经费占销售收入的比重超过5%。培养一大批知识复合型、具有国际视野的领军人才。

到2020年：

——将我国智能制造装备产业培育成为具有国际竞争力的先导产业。建立完善的智能制造装备产业体系，产业销售收入超过30 000亿元，实现装备的智能化及制造过程的自动化，使产业生产效率、产品技术水平和质量得到显著提高，能源、资源消耗和污染物的排放明显降低。

# 四、主要任务

为实现"十二五"时期的总体目标，围绕智能制造装备的发展方向，重点抓好以下主要任务。

## 1. 实施创新发展工程

以提升智能制造装备产业创新能力和产业规模化发展为目标，通过技术引领支撑，依托优势企业，统筹技术开发、工程化、标准制定、市场应用等环节，实施智能制造装备创新发展工程，强化产业创新能力建设，突破关键智能技术，推进智能测控装置和部件的研发和产业化，实现重大智能成套装备的集成创新，推进关键智能技术、核心智能测控装置与部件、重大智能制造成套装备在典型制造领域中的示范应用，加快产业化进程。

## 2. 调整产业组织结构

培育具有国际竞争力的企业集团。通过重组、改制、兼并及相应的政策引导，积极推进智能制造装备企业的兼并重组，逐步形成具有核心技术及设备成套、工程总承包、投融资能力的企业集团，培育一批具有国际竞争力的智能制造装备企业。

鼓励企业专业化发展。对规模经济效益显著的仪器仪表、液压/气动/密封件及系统、齿轮传动、伺服装置企业予以支持，提高专业化程度和产品技术水平，发展成为"专、精、特、新"专业化、社会化配套企业。

## 3. 突出品牌质量建设

提升产品质量。贯彻落实"工业产品品牌和质量振兴战略"，加强质量基础能力建设，推进标准、计量、检测检验、质量控制技术、质量工程技术等在企业质量控制与质量管理以及质量监管体系环节中的应用，着力提升产品的安全性、可靠性、实用性。

加快品牌培育。实施"智能制造装备品牌建设工程"，根据区域发展优势，制订并实施品牌培育行动计划；引导企业针对国内外细分市场，促进品牌产品系列化发展；支持品牌产品在境外的商标注册和专利申请，促进品牌产品跨国经营与国际化发展。

## 4. 推动产业技术进步

完善技术创新体系。依托科研院所、高等院校和检测机构等现有资源，推动行业检测试验公共服务平台建设。鼓励组建企业主导、科研院所和高等院校参与的产业技术创新联盟。

加强企业技术改造。鼓励企业加大技术改造力度，完善科研试验设施建设，提高加工设备水平，推广先进工艺技术，提高制造过程的自动化水平，实现产品设计、制造、测试等环节的自动化，提高产品稳定性和生产效率，选择有条件的地区和企业开展数字化车间示范建设工程。

建立和完善标准体系。建立健全智能制造装备产业的标准体系，补充和修订国家标准、行业标准和企业标准，促进新技术、新工艺、新设备、新材料的推广应用，使我国智能制造装备产品的质量、安全、节能、环保等逐步达到国际先进水平。

提高制造过程信息化水平。加快推进制造过程信息处理、生产控制、资源管理、质量检测、环保处理等典型环节的流程优化再造，提高安全和综合效益、降低能耗、减少污染物排放，大幅度提高制造过程信息化水平。加快推进信息化综合集成和协同应用，促进两化融合条件下的企业发展模式创新。

## 5. 优化产业空间布局

促进区域协调发展。充分发挥各区域智能制造装备产业和科技基础优势，强化区域优势产业，促进协调发展，按照优势突出、特色鲜明，在重点区域培育一批智能制造装备产业集群。

推动产业集聚发展。积极推动以产业链为纽带、资源要素集聚的产业集群建设，完善产业链协作配套体系。加强对集聚区的规划引导，提升信息网络、污染集中处理、公共服务平台等基础设施水平，促进产业集聚区规范有序发展。

## 五、重点发展方向

### 1. 关键智能基础共性技术

围绕感知、决策和执行等智能功能的实现，针对测控装置、部件和重大智能制造成套装备的开发和应用，突破新型传感原理和工艺、高精度运动控制、高可靠智能控制、工业通信网络安全、健康维护诊断等一批共性、基础关键智能技术，为实现制造装备和制造过程的智能化提供技术支撑。

### 2. 核心智能测控装置与部件

围绕重大智能制造成套装备研发以及智能制造技术的推广应用，开发机器人、感知系统、智能仪表等典型的智能测控装置和部件并实现产业化。在充分利用现有技术和产品的基础上，进一步实现智能化、网络化，形成对智能制造装备产业发展的有力支撑。

### 3. 重大智能制造成套装备

突出制造业所需装备，针对石油化工、冶金、建材、机械加工、食品加工、纺织、造纸印刷等制造业生产过程数字化、柔性化、智能化的需要，发挥产、学、研、用相结合的创新机制，依托有明确需求的用户，组织"产、学、研、用"共同参与的创新团队，推动软硬件在数控/工业控制装备中的应用与推广，通过集成创新，开发一批标志性的重大智能制造成套装备，保障产业转型升级。并结合国家重大工程建设，推进示范应用，加快产业化。

### 4. 重点应用示范领域

根据我国智能制造技术和智能测控装置的发展水平，立足制造业，在"十二五"期间重点选择在电力、节能环保、农业、资源开采、国防军工等国民经济重点领域推广应用，分步骤、分层次开展应用示范，形成通用性、标准化、知识产权的应用平台，加快推进产业、技术与应用协同发展。

## 六、政策保障措施

### 1. 加大资金支持力度

加快实施《高档数控机床与基础制造装备》科技重大专项，加强对高档数控系统、伺服驱动装置、机床自诊断技术等技术与装置研发投入力度，提高主机的智能化水平，推进系统集成和成套，开发一批智能化成形和加工成套设备。重点支持智能技术、智能测控装置与部件、重大智能制造成套装备的研发、产业化和应用推广。引导地方、企业和社会资本加大对智能制造装备产业的研发和产业化资金投入。

### 2. 建立依托工程发展机制

建立完善依托工程发展智能制造装备机制，优先鼓励由用户企业和制造企业组成的产业联盟参与工程招投标，共同开发重大智能制造成套装备，鼓励金融机构开展多种形式的首台（套）保险业务。积极落实首台（套）政策，支持智能制造装备应用推广。

### 3. 加强国际合作与交流

多层次、多渠道、多方式推进国际合作与交流，鼓励和境外企业及科研机构开展多种形式的研究合作，鼓励企业积极参与技术标准、政策法规的国际交流和协调，完善出口信贷、保险政策，支持智能制造技术、装备及工程服务出口。

### 4. 推进人才队伍建设

积极营造良好环境，培养一批具有国际领先水平的专家和学术带头人，培养和锻炼一批优秀的从事智能技术和装备研发和创新的团队，培养和造就大量面向高层次需求的实战型工程技术人才。建立科研机构、高校创新人才向企业流动的机制，建立企校联合培养人才的新机制，促进创新型、应用型、复合型和技能型人才的培养。

## 5. 完善产业发展体系

组织编制智能制造装备产业分类目录，建立运行监测、信息发布与分析评价体系，及时制定促进行业发展的相关政策和技术标准，加强金融、贸易、土地、环保、安全生产等政策与智能制造装备产业政策的有效衔接。充分发挥行业协会、中介组织在行业管理中的积极作用。

# 七、规划组织实施

工业和信息化部牵头负责《规划》实施，建立各部门分工协作、共同推进的工作机制，建立规划实施动态评估机制。地方工业主管部门及相关企业结合本地区和本企业实际情况，制订与本规划相衔接的实施方案。相关行业协会及中介组织要发挥桥梁和纽带作用，及时反映规划实施过程中出现的新情况、新问题，提出政策建议。

# "十二五"国家战略性新兴产业发展规划

（国务院　2012 年 7 月 9 日发布　国发〔2012〕28 号）

（节选）

战略性新兴产业是以重大技术突破和重大发展需求为基础，对经济社会全局和长远发展具有重大引领带动作用，知识技术密集、物质资源消耗少、成长潜力大、综合效益好的产业。

## 一、重点发展方向和主要任务

### 1. 节能环保产业

强化政策和标准的驱动作用，充分运用现代技术成果，突破能源高效与梯次利用、污染物防治与安全处置、资源回收与循环利用等关键核心技术，大力发展高效节能、先进环保和资源循环利用的新装备和产品；完善约束和激励机制，创新服务模式，优化能源管理、大力推行清洁生产和低碳技术、鼓励绿色消费，加快形成支柱产业，提高资源利用率，促进资源节约型和环境友好型社会建设。

发展高效节能锅炉窑炉、电机及拖动设备、余热余压利用、高效储能、节能监测和能源计量等节能新技术和装备；鼓励开发和推广应用高效节能电器、高效照明等产品；加快发展节能交通工具；积极开发和推广用能系统优化技术，促进能源的梯次利用和高效利用；大力推行合同能源管理新业态。

### 2. 高端装备制造产业

面向我国产业转型升级和战略性新兴产业发展的迫切需求，统筹经济建设和国防建设需要，把高端装备制造业培育成为国民经济的支柱产业，促进制造业向智能化、精密化、绿色化发展。

面向海洋资源特别是海洋油气资源开发的重大需求，大力发展海洋油气开发装备，重点突破海洋深水勘探装备、钻井装备、生产装备、作业和辅助船舶的设计制造核心技术，全面提升自主研发设计、专业化制造、工程总包及设备配套能力，积极推动海洋风能利用工程建设装备、海水淡化和综合利用等装备产业化。促进产业体系化和规模化，增强国际竞争力。

**专栏 14　海洋工程装备产业发展线路**

| 时间节点 | 2015 年 | 2020 年 |
|---|---|---|
| 发展目标 | 初步实现深水海洋工程装备的自主设计建造和关键设备配套能力，基本形成自主的深水资源开发装备体系，提高国内市场占有率，产品具有国际竞争力 | 全面具备深水海洋工程装备的自主设计建造和关键设备配套能力，形成海洋工程装备产业完整的科研开发、总装制造、设备供应、技术服务产业体系，进一步提高国内市场占有率，提高产品国际竞争力 |
| 重大行动 | ● 关键技术开发与产业化：实施海洋工程装备产业创新发展工程，基本掌握主要海洋油气开发装备自主设计建造技术，提高关键设备和系统配套能力。突破海洋风能利用工程建设装备、海洋观测监测仪器设备及系统、水面支持系统、水下作业与保障装备的关键技术。积极开展深海工作站、海上大型浮式结构物等海洋可再生能源利用、海底金属矿产资源开发装备等前瞻性技术的研发<br>● 创新能力建设：在海洋深水勘探装备、钻井装备、生产装备、作业和辅助船舶的设计制造领域建设具有世界先进水平的工程中心、工程实验室、重点实验室；建设深海技术装备公共试验、检测平台，加强海洋工程装备企业技术中心能力建设，加大相关标准、规范研究制定力度，建立健全我国海洋工程装备的标准体系 | |
| 重大政策 | ● 研究制定深海资源勘探专项鼓励政策 | |

（1）智能制造装备产业

重点发展具有感知、决策、执行等功能的智能专用装备，突破新型传感器与智能仪器仪表、自动控制系统、工业机器人等感知、控制装置及其伺服、执行、传动零部件等核心关键技术，提高成套系统集成能力，推进制造、使用过程的自动化、智能化和绿色化，支撑先进制造、国防、交通、能源、农业、环保与资源综合利用等国民经济重点领域发展和升级。

**专栏 15　智能制造装备产业发展路线**

| 时间节点 | 2015 年 | 2020 年 |
| --- | --- | --- |
| 发展目标 | 传感器、自动控制系统、工业机器人、伺服执行部件为代表的智能装置实现突破并达到国际先进水平，重大成套装备及大型成套生产线系统集成水平大幅度提升。提高国内市场占有率。重点领域制造过程智能化水平显著提高 | 建立健全具备系统感知和集成协调能力的智能制造装备产业体系，国内市场占有率达到 50%，形成一批具有国际竞争力的产业集聚区和企业集团，整体水平进入国际先进行列 |
| 重大行动 | ● 关键技术开发：加快实施高档数控机床与基础制造装备科技重大专项。加强新型传感、高精度运动控制、优化控制、系统集成等关键技术研究及公共服务平台建设；提高新型传感器、智能化仪表、精密测试仪器、自动控制系统、高性能液压件、工业机器人等典型智能装置的自主创新能力<br>● 产业化与应用示范：实施智能制造装备创新发展工程，推进智能仪器仪表、自动控制系统、传感器、工业机器人、中高档数控系统与功能部件、关键基础零部件产业化。提高重大成套智能装备集成创新水平，实现智能技术、智能测控装置和高性能基础零部件在石化、冶金、资源开采、汽车、电力、机械加工、环保与资源综合利用等重点领域的推广应用 | |
| 重大政策 | ● 在重大技术装备首台（套）示范应用中，支持智能制造装备首台（套）研发创新及产业化，探索首台（套）装备保险机制 | |

## 3. 新能源产业

加快发展技术成熟、市场竞争力强的核电、风电、太阳能光伏和热利用、页岩气、生物质发电、地热和地温能、沼气等新能源，积极推进技术基本成熟、开发潜力大的新型太阳能光伏和热发电、生物质气化、生物燃料、海洋能等可再生能源技术的产业化，实施新能源集成利用示范重大工程。到 2015 年，新能源占能源消费总量的比例提高到 4.5%，减少二氧化碳年排放量 4 亿 t 以上。

（1）核电技术产业

加强核电安全、核燃料后处理和废物处置等技术研究，在确保安全的前提下，开展二代在运核电安全运行技术及延寿技术开发，加快第三代核电技术的消化吸收和再创新，统筹开展第三代核电站建设。实施大型先进压水堆及高温气冷堆核电站科技重大专项，建设示范工程。研发快中子堆等第四代核反应堆和小型堆技术，适时启动示范工程。发展核电装备制造和核燃料产业链。到 2015 年，掌握先进核电技术，提高成套装备制造能力，实现核电发展自主化；核电运行装机达到 4 000 万 kW，包括三代在内的核电装备制造能力稳定在 1 000 万 kW 以上。到 2020 年，形成具有国际竞争力的百万千瓦级核电先进技术开发、设计、装备制造能力。

**专栏 16　风能产业发展路线**

| 时间节点 | 2015 年 | 2020 年 |
| --- | --- | --- |
| 发展目标 | 累计并网风电装机超过 1 亿 kW，年发电量达到 1 900 亿 kW·h。基本建立完善的风电产业链，掌握先进风电机组整体设计能力，形成海上风电设备制造、工程施工能力 | 累计并网风电装机 2 亿 kW 以上，年发电量超过 3 800 亿 kW·h。海上风电装备实现大规模商业化应用。风电装备具备国际竞争力，技术创新能力达到国际先进水平 |
| 重大行动 | ● 风能资源评价：开展风资源观测评价，建立风能资源评价模型、标准、检测、认证体系和数据库<br>● 关键技术开发与产业化：建立风电技术研发机构，突破风电整机设计以及轴承、变流器和控制系统制造技术与装备瓶颈。开发与我国气候和地理特点相适应的风电技术和装备，3~5MW 大型整机、新型风电机组及其关键零部件实现产业化，满足陆地、海上风电场建设需要<br>● 风电并网：建立风电场功率预测预报体系，显著提高风电集中开发区域电网运行消纳风电的比例；建成风电大型基地配套外输通道，解决风电远距离输送的消纳问题 | |
| 重大政策 | ● 实施可再生能源发电配额制，建成适应风电发展的电网运行及管理体系<br>● 加快建设适应新能源发展的智能电网及运行体系 | |

（2）风能产业

加强风电装备研发，增强大型风电机组整机和控制系统设计能力，提高发电机、齿轮箱、叶片以及轴承、变流器等关键零部件开发能力，在风电运行控制、大规模并网、储能技术方面取得重大突破。建设东北、西北、华北北部和沿海地区的八大千万千瓦级风电基地。在内陆山地、河谷、湖泊等风能资源相对丰富的地区，发挥距离电力负荷中心近、电网接入条件好的优势，因地制宜开发中小型风电项目，积极推动海上风电项目建设。

（3）太阳能产业

以提高太阳能电池转化效率、器件使用寿命和降低光伏发电系统成本为目标，大力发展太阳能光伏电池的生产制造新工艺和新装备；积极推动多元化太阳能光伏光热发电技术新设备、新材料的产业化及其商业化发电示范；建立大型并网光伏发电站，推进建筑一体化光伏发电应用，建立具有国际先进水平的太阳能发电产业体系。大规模推广应用高效、多功能太阳能热水器，推动太阳能在供暖、制冷和中高温工业领域的应用。建立促进光伏发电分布式应用的市场环境，推进以太阳能应用为主、综合利用各种可再生能源的新能源城市建设。

**专栏 17　太阳能产业发展路线**

| 时间节点 | 2015 年 | 2020 年 |
|---|---|---|
| 发展目标 | 太阳能发电装机容量达到 2 100 万 KW 以上，光伏发电系统在用户侧实现平价上网。太阳能热利用安装面积达到 4 亿 m²。掌握太阳能发电、热利用关键技术，太阳能利用设备及其新材料的研发制造能力大幅提高。开展太阳能热发电试验示范 | 太阳能发电装机容量达到 5 000 万 KW 以上，光伏发电系统在发电侧实现平价上网。太阳能热利用安装面积达到 8 亿 m²；太阳能光伏装备研发和制造技术达到世界先进水平，太阳能热发电实现产业化和规模化发展 |
| 重大行动 | ● 关键技术开发与产业化：重点开发太阳能利用装备生产新工艺和新设备、提高太阳能光伏电池转换效率、降低电池组件成本关键技术；发展以太阳能光伏发电为主的分布式能源系统；开发太阳能光伏发电新材料、新一代太阳能电池、太阳能热发电和储热技术，太阳能热多元化利用技术、制冷和工业应用技术，风光储互补技术等；开发储能技术和装备<br>● 市场培育：建设大型光伏电站，组织实施金太阳工程，开展微电网供用电示范，建设太阳能示范城市。开展太阳能热发电工程示范。适时大规模推广太阳能光伏光热发电及太阳能在供暖、制冷和中高温工业领域的应用。加强适应光伏发电发展的电网及运行体系建设 | |
| 重大政策 | ● 制定普及太阳能光热利用的法规、标准等<br>● 建立适应太阳能光伏分布式发电的电网运行和管理机制，完善光伏上网电价形成机制 | |

（4）生物质能产业

统筹生物质能源发展，有序发展生物质直燃发电，积极推进生物质气化及发电、生物质成型燃料、沼气等分布式生物质能应用。加强下一代生物燃料技术开发，推进纤维素制乙醇、微藻生物柴油产业化。开展重点地区生物质资源详查评价，鼓励利用边际性土地和近海海洋种植能源作物和能源植物。

**专栏 18　生物质能产业发展路线**

| 时间节点 | 2015 年 | 2020 年 |
|---|---|---|
| 发展目标 | 生物质能发电装机达到 1 300 万 kW。生物燃气年利用量达到 300 亿 m²。固体成型生物质燃料年利用量到 1 000 万 t。生物液体燃料年利用量达到 500 万 t。突破下一代生物液体燃料技术，纤维素制乙醇技术取得重大进展 | 生物质能发电装机达到 3 000 万 kW。生物燃气年利用量达到 500 亿 m²。固体成型燃料年利用量到 2 000 万 t。生物液体燃料年利用量达到 1 200 万 t。实现新一代生物液体燃料的商业化推广 |
| 重大行动 | ● 关键技术开发与产业化：推进大型自动化秸秆收集机械、以有机废弃物为原料的小型可移动沼气提纯罐装设备研发与推广；支持高效生物质成型燃料加工设备和生物质气化设备研发及产业化；完成兆瓦级低热值燃气内燃发电机组和兆瓦级沼气发电机组的产业化；建成 10 万 t 级甜高粱乙醇示范工程；加强生物能源植物原料的育种与产业化；实现低成本纤维素酶、微藻生物柴油技术突破<br>● 市场应用：实施绿色能源示范县建设，推动生物质能源规模化、专业化、市场化开发建设，促进生物质能加快应用 | |
| 重大政策 | ● 制定完善生物质能利用技术标准和工程规范，健全检测认证体系<br>● 完善生物燃料、能源化利用农林废弃物的激励政策及市场流通机制 | |

### 4. 新能源汽车产业

以纯电驱动为新能源汽车发展和汽车工业转型的主要战略取向，当前重点推进纯电动汽车和插电式混合动力汽车产业化，推进新能源汽车及零部件研究试验基地建设，研究开发新能源汽车专用平台，构建产业技术创新联盟，推进相关基础设施建设。重点突破高性能动力电池、电机、电控等关键零部件和材料核心技术，大幅度提高动力电池和电机安全性与可靠性，降低成本；加强电制动等电动功能部件的研发，提高车身结构和材料轻量化技术水平；推进燃料电池汽车的研究开发和示范应用；初步形成较为完善的产业化体系。建立完整的新能源汽车政策框架体系，强化财税、技术、管理、金融政策的引导和支持力度，促进新能源汽车产业快速发展。

专栏 20　新能源汽车产业发展路线

| 时间节点 | 2015 年 | 2020 年 |
| --- | --- | --- |
| 发展目标 | 新能源汽车动力电池、电机和电控技术取得重大进展，动力电池模块比能量达到 150W·h/kg 以上，电驱动系统功率密度达到 2.5kW/kg 以上。纯电动汽车和插电式混合动力汽车累计产销量力争达到 50 万辆。初步形成与市场规模相适应的充电设施体系和新能源汽车商业运行模式 | 形成新能源汽车动力电池、电机和电控技术创新发展能力，动力电池模块比能量达到 300W·h/kg 以上。纯电动汽车和插电式混合动力汽车累计产销量超过 500 万辆。充电设施网络满足城际间和区域内纯电动汽车运行需要，实现规模化商业运营。整体达到国际先进水平 |
| 重大行动 | ● 创新能力建设：推进新能源汽车及零部件研究试验基地建设，建立全行业共享的测试平台、数据库和专利数据库等<br>● 关键技术研发：实施新能源汽车重大创新工程，突破产业化过程中的车身材料及结构轻量化等共性技术和工艺技术，研发新能源汽车全新底盘、动力总成、汽车电子等产品，加大力度联合研制动力电池及其关键材料，以及生产、控制与检测装备等，构建全行业共享的共性技术平台。建立健全新能源汽车、充电技术及设施标准体系<br>● 产业化推广：稳步推进公共服务领域新能源汽车示范，开展私人购买新能源汽车补贴试点，加强综合评价，积极推进充电基础设施建设，探索新能源汽车整车租赁、电池租赁以及充换电服务等多种商业模式，形成完善的市场推广体系 | |
| 重大政策 | ● 完善财税激励政策，鼓励新能源汽车消费和使用<br>● 建立动力电池回收和梯级利用管理制度 | |

# 石化和化学工业"十二五"发展规划

## （工业和信息化部　2011 年 12 月 13 日发布）

### （节选）

## 一、发展现状

### 1. 取得的成绩

#### （1）综合实力明显增强

据初步统计，截至 2010 年底，我国石化和化学工业规模以上企业约 3.5 万家，全部从业人员约 608 万人，资产总计约 5.25 万亿元。2010 年，全行业实现工业总产值 7.64 万亿元（现行价格），"十一五"年均增长 22.3%（见表 1）。

**表 1　我国石化和化学工业主要经济指标**

| 序号 | 项　　目 | 2005 年 | 2010 年 | 年均增长（%） |
|---|---|---|---|---|
| 1 | 工业总产值（亿元） | 27 961 | 76 351 | 22.3 |
| 2 | 利润总额（亿元） | 806 | 4 793 | 42.8 |
| 3 | 固定资产投资（亿元） | 2 734 | 8 959 | 26.8 |
| 4 | 进出口额（亿美元） | 1 489 | 3 171 | 16.3 |

目前我国已成为世界石化化工生产和消费大国。成品油、乙烯、合成树脂、无机原料、化肥、农药等重要大宗产品产量位居世界前列，基本满足国民经济和社会发展需要（见表 2）。

#### （2）产业结构调整加快

产业规模效应进一步显现。2010 年千万吨级炼厂已达 20 个，占国内总能力的 49.6%；形成 6 个百万吨级乙烯生产企业，现有蒸汽裂解制乙烯装置平均规模达 54 万 t/a。产业集中度不断提高，形成 24 个百万吨级大型化肥生产企业，大中型化肥企业产量占总产量的 70% 以上，聚氯乙烯、纯碱、染料、轮胎行业前十大企业产量分别占总产量的

**表 2　主要产品产量**

单位：万 t

| 序号 | 产品名称 | 2005 年 | 2010 年 | 年均增长（%） |
|---|---|---|---|---|
| 1 | 成品油（含汽煤柴油） | 17 477 | 25 277 | 7.7 |
| 2 | 乙烯 | 756 | 1 419 | 13.4 |
| 3 | 合成树脂 | 2 141 | 4 361 | 15.3 |
| 4 | 合成纤维单体 | 741 | 1 374 | 13.1 |
| 5 | 合成橡胶 | 181 | 310 | 11.4 |
| 6 | 化肥（折纯） | 5 178 | 6 620 | 5.0 |
| 7 | 农药（折 100%） | 115 | 234 | 15.3 |
| 8 | 硫酸（折 100%） | 4 545 | 7 060 | 9.2 |
| 9 | 纯碱（折 100%） | 1 421 | 2 029 | 7.4 |
| 10 | 烧碱（折 100%） | 1 240 | 2 087 | 11.0 |

52%、60%、80%、70%。

#### （3）基地化格局基本形成

沿海地区依托市场和国内外资源，外向型经济发展迅速，建设了一批以高端产品为特色的化工产业园区。

#### （4）技术装备取得突破

"十一五"期间，我国石化和化学工业重大技术装备研制和创新水平进一步提高，部分达到世界先进水平。千万吨级炼油加氢反应器、循环氢压缩机等关键设备，百万吨乙烯"三机"（裂解气、乙烯、丙烯压缩机）立足国内制造；大型乙烯裂解炉、乙烯冷箱、聚乙烯、聚丙烯成套设备、化肥关键技术与装置、大型空气分离装置已基本实现自主化；千万吨炼油、百万吨乙烯、30 万 t 合成氨等形成了成套工程化技术。

（5）节能减排初见成效

2010年化学工业单位工业增加值能耗比2005年累计降35.8%，年均降低8.5%。"十一五"期间化学工业污染物减排扎实推进，成果显著（见表3）。

表3　2005~2010年化学工业减排情况

单位：亿t

| SO₂排放量 | 烟尘排放量 | 粉尘排放量 | 废水排放总量 | 固废排放总量 |
|---|---|---|---|---|
| 2005年 | 116.8 | 53.6 | 17.5 | 339 052 |
| 2010年 | 104.0 | 43.6 | 14.1 | 309 006 |
| 2010/2005下降（%） | 11.0 | 18.7 | 19.4 | 8.9 |

注：以上为化学原料及化学制品制造业数据。

## 二、发展环境

### 1. 面临形势

"十二五"是全面建设小康社会的关键时期，也是加快转变经济发展方式的攻坚时期，经济全球化深入发展，国内外经济形势将继续发生深刻变化，我国石化和化学工业发展既面临有利的机遇，也面临诸多严峻挑战。

### 2. 需求分析

预计"十二五"时期大宗石化化工产品的需求增长低于同期GDP的增长，高端石化化工产品增长率略高于GDP的增长速度。

## 三、指导思想、基本原则及发展目标

### 1. 指导思想

以加快转变石化和化学工业发展方式为主线，加快产业转型升级，优化产业布局，提高资源能源综合利用效率，实现石化和化学工业集约发展、清洁发展、低碳发展、安全发展和可持续发展。

### 2. 发展目标

（1）总量目标

到2015年，石化和化学工业总产值增长到14万亿元左右。

（2）结构调整目标

组织结构：到2015年，全国炼厂平均规模超过600万t/a，石油路线乙烯装置平均规模达到70万t/a以上。

原料结构：烯烃原料多元化率达到20%，采用先进煤气化技术的氮肥产能比例提高到30%，低阶煤和低品位矿产资源的利用率进一步提高。

产品结构：石化化工产品质量全面提升，烯烃国内保障能力保持合理水平，烯烃下游产品品种进一步丰富；氟硅材料、工程塑料、特种合成橡胶、聚氨酯及中间体、高性能纤维、功能高分子材料及复合材料、新型专用化学品等高端产品国内保障能力进一步提高。

（3）技术创新目标

到2015年，行业科技投入达销售收入的1%以上。突破一批关键、共性技术和重大装备，产业核心竞争力得到大幅提升。一批处于国际先进水平的新产品实现产业化。建立和完善一批企业技术中心。

（4）节能减排目标

全面完成国家"十二五"节能减排目标，全行业单位工业增加值用水量降低30%、能源消耗降低20%、二氧化碳排放降低17%，化学需氧量（COD）、二氧化硫、氨氮、氮氧化物等主要污染物排放总量分别减少8%、8%、10%、10%。

## 四、重点任务

### 1. 加快产业结构调整升级

（1）石化

推动大型石化企业强强联合，开展战略合作，优化产业布局和上下游资源配置。

（2）煤化工

突破现有煤化工企业的生产经营格局，鼓励石化化工企业与煤炭、电力等企业联合，形成若干个以大型企业为主体的"煤电化热一体化"产业集群和大型煤化工生产基地。

### 2. 优化产业布局

煤制烯烃是石油制烯烃的重要补充，要在对现有国家示范工程进行技术经济评价的基础上进一步深入总结研究和优化提升，与石油制烯烃项目实现差别化布局。

### 3. 调整产品结构

2015 年主要产品生产能力目标：

（1）石化

全国一次原油加工能力达到 6 亿 t/a 左右。乙烯生产能力达到 2 700 万 t/a 左右。对二甲苯总产能达到 1 200 万 t/a 以上。

（2）其他新材料

风力发电叶片专用环氧树脂、磷酸铁锂、钴酸锂及六氟磷酸锂等先进储能材料。环保型水处理剂。

# 天然气发展"十二五"规划

（国家发展和改革委员会　2012 年 10 月 22 日发布

发改能源〔2012〕3383 号）

（节选）

## 前　言

天然气是一种优质、高效、清洁的低碳能源。加快天然气产业发展，提高天然气在一次能源消费中的比重，对我国调整能源结构、提高人民生活水平、促进节能减排、应对气候变化具有重要的战略意义。

## 第一章　规划背景

### 第一节　发展基础

#### 1. 我国天然气发展现状

我国常规天然气地质资源量为 52 万亿 $m^3$，最终可采资源量约 32 万亿 $m^3$。截至 2010 年底，累计探明地质储量 9.13 万亿 $m^3$，剩余技术可采储量 3.78 万亿 $m^3$，探明程度为 17.5%。总体上分析，我国天然气资源丰富，发展潜力较大。2010 年我国天然气产量为 948 亿 $m^3$，储采比约为 40。我国还有丰富的煤层气资源。埋深 2 000m 以浅煤层气地质资源量约 36.8 万亿 $m^3$、可采资源量约 10.8 万亿 $m^3$。截至 2010 年底，煤层气探明地质储量 2 734 亿 $m^3$。2010 年煤层气（煤矿瓦斯）产量 90 亿 $m^3$，其中地面开采煤层气 15 亿 $m^3$。据初步预测，页岩气可采资源量为 25 万亿 $m^3$。

目前，已钻井 62 口，24 口获天然气流，初步证实我国页岩气具有较好的开发前景。

2000 年我国天然气产量为 272 亿 $m^3$，2010 年达到 948 亿 $m^3$，年均增长 13.3%。

截至 2010 年底，天然气主干管道长度达 4 万 km，地下储气库工作气量达到 18 亿 $m^3$，建成 3 座液化天然气（LNG）接收站，总接收能力达到 1 230 万 t/a。

我国从 2006 年开始进口天然气，当年进口 0.9 亿 $m^3$，2010 年进口量达到 170 亿 $m^3$，对外依存度达到 15.8%。2000 年我国天然气消费量为 245 亿 $m^3$，2010 年达到 1 075 亿 $m^3$，年均增长 15.9%。我国研制成功 3 000m 深水半潜式钻井平台等重大装备；3000 型大型压裂车、可钻式桥塞等页岩气关键装备研制有所突破。实现了 X70、X80 钢级管材国产化；大型 LNG 运输船国产化工作顺利推进，已经实现批量生产；20MW 级电驱、30MW 级燃气轮机驱动离心式压缩机组总成满负荷试验成功。

#### 2. 主要矛盾和问题

随着天然气产业快速发展，产业链发展不协调逐步显现，供应增加与设施不足的矛盾、管道快速发展与储气能力滞后的矛盾、市场开发与配套能力落后的矛盾日益突出。

天然气价格亟待理顺。法规体系尚不健全。

## 第二章　指导思想和目标

加强国内开发与稳步引进相结合。整体布局与区域协调相结合。体制改革与加强管理相结合。

资源储量。"十二五"期间，新增常规天然气探明地质储量 3.5 万亿 m³（技术可采储量约 1.9 万亿 m³）；新增煤层气探明地质储量 1 万亿 m³。

国内产量。2015 年国产天然气供应能力达到 1 760 亿 m³ 左右。其中，常规天然气约 1 385 亿 m³；煤制天然气达到 150 亿~180 亿 m³；煤层气地面开发生产约 160 亿 m³。

页岩气发展目标。到 2015 年，探明页岩气地质储量 6 000 亿 m³，可采储量 2 000 亿 m³，页岩气产量 65 亿 m³。基本完成全国页岩气资源潜力调查与评价，攻克页岩气勘探开发关键技术。

进口预期量。根据已签署的合同，到 2015 年，我国年进口天然气量约 935 亿 m³。

基础设施能力。"十二五"期间，新建天然气管道（含支线）4.4 万 km，新增干线管输能力约 1 500 亿 m³/a；新增储气库工作气量约 220 亿 m³，约占 2015 年天然气消费总量的 9%；城市应急和调峰储气能力达到 15 亿 m³。

# 第三章　重点任务

## 第五节　加强科技创新和提高装备自主化水平

### 1. 重大装备工程

研究制定《页岩气主要装备自主化专项规划》。依托页岩气开发示范区项目，实现高效钻头、可钻式桥塞及分段压裂封隔器、3000 型压裂车等关键装备的本地化制造，研究同步压裂和微地震裂缝监测等技术装备；开展新型压裂液、压裂液处理和再利用、储层伤害机理及保护、分段压裂、长井段射孔和体积改造等技术装备研制，掌握适用于我国页岩气开发的核心装备技术体系。

依托重大项目建设，加快突破管道建设关键技术和关键设备，如燃气轮机压缩机等，大力提高自主化水平。管材实现 100% 国产化。国内大型阀门和压缩机等关键设备技术接近世界先进水平，并在工程上应用。

依托重大工程继续做好 LNG 装备自主化工作，加大科技研发投入，引进消化吸收相结合，重点突破大型 LNG 液化工艺等关键技术，抓紧海水气化器、海水消防泵等设备国产化工作，整体降低接收站建设成本。继续支持"国船国造、国货国运"，推动 LNG 造船和运输业发展。

# 海洋工程装备制造业中长期发展规划

（发改委、工信部、科技部、国资委、国家海洋局 2012年2月发布）

（节选）

海洋工程装备是人类开发、利用和保护海洋活动中使用的各类装备的总称，是海洋经济发展的前提和基础，处于海洋产业价值链的核心环节。海洋工程装备制造业是战略性新兴产业的重要组成部分，也是高端装备制造业的重要方向，具有知识技术密集、物资资源消耗少、成长潜力大、综合效益好等特点，是发展海洋经济的先导性产业。

## 一、发展目标

经过十年的努力，使我国海洋工程装备制造业的产业规模、创新能力和综合竞争力大幅提升，形成较为完备的产业体系，产业集群形成规模，国际竞争力显著提高，推动我国成为世界上主要的海洋工程装备制造大国和强国。

### 1. 技术水平和创新能力显著提升

全面掌握深海油气开发装备的自主设计建造技术，装备安全可靠性全面提高，并在部分优势领域形成若干世界知名品牌产品；突破海上风能工程装备、海水淡化和综合利用装备的关键技术，具备自主设计制造能力；海洋可再生能源、天然气水合物开发装备及部分海底矿产资源开发装备的产业化技术实现突破。

### 2. 关键系统和设备的制造能力明显增强

2015年，海洋油气开发装备关键系统和设备的配套率达到30%以上，2020年达到50%以上；在海洋钻井系统、动力定位系统、深海锚泊系统、大功率海洋平台电站、大型海洋平台吊机、自升式平

台升降系统、水下生产系统等领域形成若干品牌产品；具备深海铺管系统、深海立管系统等关键系统的供应能力；海洋观测/监测设备、海洋综合观测平台、水下运载器、水下作业装备、深海通用基础件等实现自主设计制造。

## 二、提高关键系统和设备配套能力

### 1. 打造重点产品的专业化制造基地

依托造船行业和石油石化装备行业的骨干配套企业，结合已有基础，新建和扩建一批优势产品生产能力。围绕三大产业集聚区，在沿江、沿海地区打造专业系统和设备的研发制造基地。在陆上石油装备已有能力的基础上，积极发展海上石油装备，重点支持中西部地区的石油装备骨干企业，走专业化发展道路。

## 三、构筑海工装备现代制造体系

### 1. 积极发展海工装备制造现代服务业

以完善海洋工程装备产业体系、推动产业协调发展为宗旨，积极发展研发实验（试验）服务、工程设计服务、安装调试服务、技术交易、知识产权和科技成果转化等知识密集型服务业，重点在三大海洋工程装备制造业集聚区内，培育一批专业化的高技术服务企业。同时，大力发展信息咨询服务、投资咨询服务、信贷融资服务、保险和担保服务、各类法律服务等，为产业快速发展提供全方位的服

务支撑。

## 2. 提升海洋工程装备制造信息化水平

充分发挥信息化技术对提升产业水平的推动作用，深化信息技术在企业生产经营各环节的应用。

## 3. 建设安全、环保、高效的海工装备制造体系

结合海洋工程装备产业的特点，高度重视装备、设备的质量和安全可靠性，加强设计制造的过程控制，推动建立全员、全方位、全生命周期的质量管理体系，努力营造"安全质量第一"的企业文化。围绕设计建造重点环节，积极开展节能降耗研究，强化节能降耗基础管理，推广应用低能耗、低物耗、高效自动化装备，努力构建环保、高效的先进制造体系。

# 煤炭工业发展"十二五"规划

## （国家发展和改革委员会　2012 年 3 月发布）

### （节选）

## 前　言

　　煤炭是我国的主体能源，在一次能源结构中占 70% 左右。在未来相当长时期内，煤炭作为主体能源的地位不会改变。煤炭工业发展"十二五"规划，根据《国民经济和社会发展第十二个五年规划纲要》和《能源发展"十二五"规划》编制，在总结分析发展现状、存在问题和面临形势的基础上，提出了"十二五"时期煤炭工业发展的指导思想、基本原则、发展目标、主要任务和政策措施，是指导煤炭工业健康发展的纲领性文件。

## 一、规划基础和背景

### 1. 发展基础

　　"十一五"时期，煤炭工业全面贯彻落实《国务院关于促进煤炭工业健康发展的若干意见》和《煤炭产业政策》等政策措施，发展方式转变和结构调整取得重要进展，整体水平显著提高。

　　（1）资源保障程度提高

　　截至 2010 年底，全国煤炭保有查明资源储量 13 412 亿 t，比 2005 年增加约 3 000 亿 t，其中西部地区占全国增量的 90% 以上，为煤炭开发战略西移奠定了基础。

　　（2）生产技术水平大幅提升

　　2010 年，全国煤炭产量为 32.4 亿 t，比 2005 年增加 8.9 亿 t；装备现代化、管理信息化、年产 120 万 t 及以上的大型煤矿有 661 处，产量达到 18.8 亿 t，占全国的 58%；建成安全高效煤矿达到 359 处，产量达到 10.2 亿 t；千万 t 级煤矿 40 处，产量达到 5.6 亿 t；采煤机械化程度 65% 左右。原煤入选能力 17.5 亿 t/a，入选原煤 16.5 亿 t。

　　（3）大型煤炭基地建设稳步推进

　　2010 年，14 个大型煤炭基地产量 28 亿 t，占全国的 87%；10 个基地煤炭产量超过亿 t，其中神东 5.6 亿 t，晋北和蒙东超过 3 亿 t，云贵、晋东和河南超过 2 亿 t。

　　（4）大型煤炭企业集团快速发展

　　相继组建了一批区域性大型煤炭企业集团，2010 年，千万 t 级以上企业 47 家，产量占全国的 63%。其中，亿 t 级特大型企业 5 家，产量占全国的 25%，比 2005 年增加 4 家、产量比重提高 19 个百分点；5 000 万 t 级大型企业 10 家，产量占全国的 19%，比 2005 年增加 7 家、产量比重提高 11 个百分点。

　　（5）淘汰落后产能成效显著

　　小煤矿数量和产量大幅度减少。全国累计关闭小煤矿 9 616 处，淘汰落后产能 5.4 亿 t。2010 年，年产能 30 万 t 以下的小煤矿减少到 1 万处以内，产量比重由 2005 年的 45% 下降到 22%。

　　（6）安全生产形势持续好转

　　2010 年，煤矿事故死亡 2 433 人，比 2005 年下降 59%，百万 t 死亡率由 2.81 下降到 0.749。其中，煤矿瓦斯事故死亡 623 人，比 2005 年下降 71%。

（7）科技创新能力进一步增强

年产 600 万 t 综采成套技术装备实现国产化，煤层气（煤矿瓦斯）抽采利用技术取得突破，煤制油、煤制烯烃等现代煤化工示范项目建成投产。

（8）资源综合利用取得新进展

2010 年，全国煤层气（煤矿瓦斯）抽采量 90 亿 $m^3$，利用量 35 亿 $m^3$；洗矸、煤泥和中煤综合利用发电装机容量 2 600 万 kW，利用低热值资源 1.3 亿 t，相当于回收 4 200 万 t 标准煤，少占压土地 300 $hm^2$（公顷）；矿井水利用率 59%；土地复垦率 40%。

（9）改革开放不断深化

到 2010 年底，在境内外上市企业 35 家，直接融资 1 690 亿元。煤炭企业投资境外煤矿迈出实质性步伐。2010 年净进口煤炭 1.46 亿 t。

（10）职工生产生活条件改善

2010 年，规模以上煤矿企业职工年均收入 4.2 万元，比 2005 年增加 1.9 万元；矿区生态修复和环境治理成效明显，职工住房条件和生活环境得到改善。

从国际看，世界煤炭需求总量增加，发达经济体煤炭需求平稳，新兴经济体煤炭需求增长。2010 年世界煤炭产量 53.3 亿 t 标准煤，比 2005 年增加 9.5 亿 t 标准煤，其中我国占增量的 74.7%；2010 年世界煤炭消费量 50.8 亿 t 标准煤，比 2005 年增加 7.8 亿 t 标准煤，其中我国占增量的 91%。

## 二、指导方针和目标

以邓小平理论和"三个代表"重要思想为指导，深入贯彻落实科学发展观，促进煤炭工业可持续发展。

到 2015 年，煤炭生产：生产能力 41 亿 t/a。其中：大型煤矿 26 亿 t/a，占总能力的 63%；年产能 30 万 t 及以上中小型煤矿 9 亿 t/a，占总能力的 22%；年产能 30 万 t 以下小煤矿控制在 6 亿 t/a 以内，占总能力的 15%。煤炭产量控制在 39 亿 t 左右。原煤入选率 65% 以上。煤矿建设："十一五"

结转建设规模 3.6 亿 t/a，"十二五"新开工建设规模 7.4 亿 t/a，建成投产规模 7.5 亿 t/a，结转"十三五"建设规模 3.5 亿 t/a。企业发展：形成 10 个亿 t 级、10 个 5 000 万 t 级大型煤炭企业，煤炭产量占全国的 60% 以上。技术进步：全国煤矿采煤机械化程度达到 75% 以上。其中：大型煤矿达到 95% 以上；30 万 t 及以上中小型煤矿达到 70% 以上；30 万 t 以下小煤矿达到 55% 以上。千万吨级矿井（露天）达到 60 处，生产能力 8 亿 t/a。安全高效煤矿达到 800 处，产量 25 亿 t。安全生产：煤矿安全生产形势显著好转，重特大事故大幅度下降，职业危害防治明显改善，职业培训落实到位。煤矿事故死亡人数、重特大事故起数比 2010 年分别下降 12.5% 和 15% 以上，百万 t 死亡率下降 28% 以上。综合利用：新增煤层气探明储量 10 000 亿 $m^3$。煤层气（煤矿瓦斯）产量 300 亿 $m^3$。其中：地面开发 160 亿 $m^3$，基本得到利用；井下抽采 140 亿 $m^3$，利用率达到 60% 以上。煤层气（煤矿瓦斯）发电装机容量超过 285 万 kW。低热值煤炭资源综合利用发电装机容量达到 7 600 万 kW。煤矸石综合利用率 75%，矿井水利用率 75%。生态环境保护：土地复垦率超过 60%；煤田火区治理任务基本完成；主要污染物达标排放。资源节约：节约能源 9 500 万 t 标准煤。其中：煤矸石发电节约 8 500 万 t 标准煤；煤矸石和粉煤灰制建材节约 1 000 万 t 标准煤。职工生活：职工工作环境和居住条件进一步改善，收入与劳动生产效率和企业效益协调增长，并向采掘一线职工倾斜。

## 三、生产开发布局

"十一五"结转煤矿建设规模 3.6 亿 t/a。其中，东部（含东北）建设规模 0.2 亿 t/a，占全国的 5.6%；中部建设规模 1.1 亿 t/a，占全国的 30.6%；西部建设规模 2.3 亿 t/a，占全国的 63.8%。

2015 年煤炭产量 39 亿 t，主要增加发电用煤，合理安排优质炼焦煤生产。

## 四、重点任务

通过兼并重组，全国煤矿企业数量控制在 4 000 家以内，平均规模提高到 100 万 t/a 以上。

以大型煤炭企业为开发主体，加快陕北、黄陇、神东、蒙东、宁东、新疆煤炭基地建设，稳步推进晋北、晋中、晋东、云贵煤炭基地建设。

以建设大型现代化煤矿、加强现有大中型煤矿技术改造和淘汰落后产能为重点，全面提升煤矿生产技术水平。

# 煤层气（煤矿瓦斯）开发利用"十二五"规划

（国家发展和改革委员会、国家能源局　2011 年 11 月 26 日发布

发改能源〔2011〕3041 号）

（节选）

# 前　言

煤层气（煤矿瓦斯）是优质清洁能源。我国埋深 2 000m 以浅煤层气地质资源量约 36.81 万亿 m³，居世界第三位。国家高度重视煤层气开发利用和煤矿瓦斯防治工作，"十一五"期间煤层气开发初步实现商业化、规模化，煤矿瓦斯防治工作取得显著成效。

# 第一章　发展现状

## 一、"十一五"期间的主要成就

"十一五"期间，国家制定了一系列政策措施，强力推进煤层气（煤矿瓦斯）开发利用，煤层气地面开发实现历史性突破，煤矿瓦斯抽采利用规模逐年快速增长，煤矿瓦斯防治能力明显提高，奠定了进一步加快发展的基础。

### 1. 煤层气实现规模化开发利用

"十一五"期间，煤层气开发从零起步，施工煤层气井 5 400 余口，形成产能 31 亿 m³。2010 年，煤层气产量 15 亿 m³，商品量 12 亿 m³。新增煤层气探明地质储量 1 980 亿 m³，是"十五"时期的 2.6 倍。

### 2. 煤矿瓦斯抽采利用取得重大进展

2010 年，煤矿瓦斯抽采量 75 亿 m³、利用量 23

亿 m³，分别比 2005 年增长 226%、283%。山西、贵州、安徽等省瓦斯抽采量超过 5 亿 m³，晋城、阳泉、淮南等 10 个煤矿企业瓦斯抽采量超过 1 亿 m³。

### 3. 煤矿瓦斯防治形势稳步好转

2010 年与 2005 年相比，煤矿瓦斯事故起数、死亡人数分别下降 65%、71.3%，10 人以上瓦斯事故、死亡人数分别下降 73.1%、83.5%。

### 4. 煤层气开发利用技术水平进一步提高

实施大型油气田及煤层气开发国家科技重大专项，攻克了多分支水平井钻完井等 6 项重大核心技术和井下水平定向钻孔钻进等 47 项专有技术。

### 5. 煤层气开发利用政策框架初步形成

国有重点煤矿企业累计提取煤炭生产安全费用 1 500 亿元。企业开发利用煤层气（煤矿瓦斯），中央财政每 m³ 补贴 0.2 元，2007 年以来累计补贴 7.2 亿元。新增 3 家企业煤层气对外合作专营权。

### 6. 煤层气开发利用节能减排效益开始显现

"十一五"期间，累计利用煤层气（煤矿瓦斯）95 亿 m³，相当于节约标准煤 1 150 万 t，减排二氧化碳 14 250 万 t。

### 7. 煤矿瓦斯防治组织领导体系逐步完善

成立了 12 个部门和单位组成的煤矿瓦斯防治部际协调领导小组，26 个产煤省（区、市）相应成立领导小组。每年召开全国煤矿瓦斯防治现场会或电视电话会议，推广先进经验，提升防治理念，安排部署工作。

## 二、存在的主要问题

国家用于煤层气基础勘探资金少，规定的最低勘探投入标准低，探矿权人投资积极性不高，社会资金参与煤层气勘探存在障碍，融资渠道不畅，勘查程度低。目前，煤层气探明地质储量 2 734 亿 m³，仅为预测资源总量的 0.74%，难以满足大规模产能建设需要。抽采条件复杂，利用率低，关键技术有待突破，扶持政策需要进一步落实和完善，协调开发机制尚不健全。

# 第二章　发展环境

受资源赋存条件制约，石油天然气供需矛盾突出，对外依存度逐年攀升。煤层气（煤矿瓦斯）开发利用可有效增加国内能源供应，具有广阔的发展前景。

大力推进煤层气（煤矿瓦斯）开发利用，有利于优化能源结构，提高能源利用效率。

以人为本、关爱生命、构建和谐社会，要求加快安全高效煤矿建设，不断提高煤矿安全生产水平，煤矿瓦斯防治任务更加艰巨。

"十二五"时期，国家确定单位国内生产总值能源消耗降低 16%，对节能提出了更高要求。煤层气（煤矿瓦斯）是优质化石能源，有利于分布式能源系统推广应用，提高能源利用效率。

"十二五"时期，国家确定单位国内生产总值二氧化碳排放量降低 17%，对控制温室气体排放提出了更高要求。煤层气（煤矿瓦斯）的温室效应是二氧化碳的 21 倍，每利用 1 亿 m³ 相当于减排二氧化碳 150 万 t。加快煤层气（煤矿瓦斯）开发，不断提高利用率，可大幅度降低温室气体排放，保护生态环境。

# 第三章　指导思想、基本原则和发展目标

以邓小平理论和"三个代表"重要思想为指导，深入贯彻落实科学发展观，加快转变煤层气产业发展方式，坚持市场引导，强化政策扶持，加大科技攻关，统筹规划，合理开发，加快煤层气产业发展，加大煤矿瓦斯抽采利用力度，推进采煤采气一体化，保障煤矿安全生产，增加清洁能源供应，促进节能减排，保护生态环境。

2015 年，煤矿瓦斯事故起数和死亡人数比 2010 年下降 40% 以上；煤层气（煤矿瓦斯）产量达到 300 亿 m³，其中地面开发 160 亿 m³，基本全部利用，煤矿瓦斯抽采 140 亿 m³，利用率达到 60% 以上；瓦斯发电装机容量超过 285 万 kW，民用超过 320 万户。"十二五"期间，新增煤层气探明地质储量 1 万亿 m³，建成沁水盆地、鄂尔多斯盆地东缘两大煤层气产业化基地。

# 第四章　规划布局和主要任务

## 一、煤层气勘探

力争在新疆等西北地区低阶煤煤层气勘探取得突破，探索滇东黔西高应力区煤层气资源勘探的有效途径。到 2015 年，新增煤层气探明地质储量 1 万亿 m³。

## 二、煤层气（煤矿瓦斯）开发

### 1. 地面开发

开展安徽、河南、四川、贵州、甘肃、新疆等省区煤层气开发试验，力争取得突破。到 2015 年，煤层气产量达到 160 亿 m³。

（1）沁水盆地煤层气产业化基地建设

沁水盆地位于山西省东南部，含煤面积 2.4

万 km²，埋深 2 000m 以浅煤层气资源量 3.7 万亿 m³，探明地质储量 1 834 亿 m³，已建成产能 25 亿 m³/a，一体化产业基地。到 2015 年形成产能 130 亿 m³/a，产量 104 亿 m³。

（2）鄂尔多斯盆地东缘煤层气产业化基地建设

鄂尔多斯盆地东缘地跨山西、陕西、内蒙古三省区，含煤面积 2.5 万 km²，埋深 1 500m 以浅煤层气资源量 4.7 万亿 m³，探明地质储量 818 亿 m³，已建成产能 6 亿 m³。到 2015 年，形成产能 57 亿 m³/a，产量 50 亿 m³。

（3）其他地区煤层气开发

到 2015 年，形成产能 9 亿 m³/a，产量 6 亿 m³。

**2. 井下抽采**

2015 年，煤矿瓦斯抽采量达到 140 亿 m³。

（1）重点矿区规模化抽采

在山西、辽宁、安徽、河南、重庆、四川、贵州等省市 33 个煤矿企业、8 个产煤市（区），开展煤矿瓦斯规模化抽采利用重点矿区建设。到 2015 年，建成 36 个年抽采量超过 1 亿 m³ 的煤矿瓦斯抽采利用规模化矿区，工程总投资 562 亿元。

（2）煤矿瓦斯治理示范矿井建设

建成黑龙江峻德矿、安徽潘一矿等瓦斯治理示范矿井，发挥区域示范引导作用。

## 三、煤层气（煤矿瓦斯）输送与利用

在沁水盆地、鄂尔多斯盆地东缘及豫北地区建设 13 条输气管道，总长度 2 054km，设计输气能力 120 亿 m³/a。

到 2015 年，瓦斯利用量 84 亿 m³，利用率 60%以上；民用超过 320 万户，发电装机容量超过 285 万 kW。

## 四、煤层气（煤矿瓦斯）科技攻关

开展构造煤煤层气勘探、低阶煤测试、空气雾化钻进、煤层气模块化专用钻机、多分支水平井钻完井、水平井随钻测量与地质导向、连续油管成套装备、清洁压裂液、氮气泡沫压裂、水平井压裂、高效低耗排采、低压集输等地面开发技术与重大装备研发。开展低浓度瓦斯和风排瓦斯安全高效利用等关键技术及装备，示范区域性井上下联合抽采技术，推广低浓度瓦斯安全输送技术及装备。

## 第五章 环境影响评价

煤层气（煤矿瓦斯）排放严格执行《煤层气（煤矿瓦斯）排放标准（暂行）》（GB21522-2008）。采取先进的咨询管理、工程技术等措施，合理规划、合理利用、合理施工，尽量减少对当地生态环境的影响。

实现煤层气（煤矿瓦斯）开发利用"十二五"规划目标，将累计利用煤层气（煤矿瓦斯）658 亿 m³，相当于节约标准煤 7 962 万 t，减排二氧化碳约 9.9 亿 t。

# 智能电网重大科技产业化工程"十二五"专项规划

科学技术部　2012 年 3 月 27 日发布　国科发计〔2012〕232 号）

（节选）

智能电网是实施新的能源战略和优化能源资源配置的重要平台，涵盖发电、输电、变电、配电、用电和调度各环节，广泛利用先进的信息和材料等技术，实现清洁能源的大规模接入与利用，提高能源利用效率，确保安全、可靠、优质的电力供应。实施智能电网重大科技产业化工程，对于调整我国能源结构、节能减排、应对气候变化具有重大意义。

## 一、发展思路和原则

"十二五"电网科技研发的重点方向选择必须按照"反映国家需求，体现国家目标，凝练重点方向，立足自主创新，实现整体突破"的原则，以建设智能、高效、可靠的电网为基本出发点，以实现智能应用为重要内容，针对新能源及可再生能源发电接入、输变电、配用电等各个环节，充分发挥信息通信技术的优势和潜能，通过大电网智能调度与控制技术实现对电网的协调控制，不断提升电网的输配能力和综合社会经济效益。同时，还要紧跟世界技术发展前沿，针对世界各国电网科技制高点的关键领域，开展电网前沿技术研究，为我国未来电网实现长期可持续的又好又快发展提供技术积累和储备。

智能电网专项规划的总体思路是：结合我国国情、满足国家需求、依靠自主创新、以企业为主体、加强产学研合作、攻克关键技术、形成标准体系、完成示范工程、实施推广应用，加快智能电网产业链和具有国际竞争力企业的形成，取得国际技

术优势地位，推动国际标准化工作，促进清洁能源发展，为国家在应对全球气候变化等国际事务中赢得更大主动权和影响力。

## 二、发展目标

总体目标是突破大规模间歇式新能源电源并网与储能、智能配用电、大电网智能调度与控制、智能装备等智能电网核心关键技术，形成具有自主知识产权的智能电网技术体系和标准体系，建立较为完善的智能电网产业链，基本建成以信息化、自动化、互动化为特征的智能电网，推动我国电网从传统电网向高效、经济、清洁、互动的现代电网的升级和跨越。示范工程和产业培育方面，建成 20~30 项智能电网技术专项示范工程和 3~5 项智能电网综合示范工程，建设 5~10 个智能电网示范城市和 50 个智能电网示范园区。

## 三、重点任务

### 1. 大规模间歇式新能源并网技术

风电机组/光伏组件随风速或辐照强度的出力特性、出力波动特性与概率分布；风电场、光伏电站集群出力的时空分布和出力特性；风电场、光伏电站集群控制系统；大型风电基地或大型光伏发电基地的集群控制平台系统示范工程。

### 2. 支撑电动汽车发展的电网技术

电动汽车电池更换站运行特性，更换站作为分

布式储能单元接入电网的关键技术和控制策略；电池梯次利用的筛选原则、成组方法和系统方案；更换站多用途变流装置；更换站与储能站一体化监控系统；更换站与储能站一体化示范工程。

### 3. 大规模储能系统

基于锂电池储能装置的大容量化技术，包括电池成组动态均衡、电池组模块化、基于电池组模块的储能规模放大、电池系统管理监控及保护等技术；电池储能系统规模化集成技术，包括大功率储能装置及储能规模化集成设计方法、大容量储能系统的监控及保护技术、储能系统冗余及扩容方法、储能电站监控平台等。

### 4. 智能配用电技术

智能配电网自愈控制框架、模型、模式和技术支撑体系；含分布式电源/微网/储能装置的配电网系统分析、仿真与试验技术；考虑安全性、可靠性、经济性和电能质量的智能配电网评估指标体系；含分布式电源/微网/储能装置的配电网在线风险评估及安全预警方法、故障定位、网络重构、灾害预案和黑启动技术；智能配电单元统一支撑平台技术；智能配电网自愈控制保护设备和自愈控制系统；智能配电网自愈控制示范工程。

### 5. 大电网智能运行与控制

### 6. 智能输变电技术与装备

传感器接口及植入技术，电子式互感器（EVT/ECT）的集成设计技术，智能开关设备的技术标准体系及智能化实施方案；具备测量、控制、监测、计量、保护等功能的智能组件技术及其与智能开关设备的有机集成技术；适用于气体介质的压力与微水、高抗振性能的位移、红外定位温度、声学、局部放电信号等传感器及接口技术，各类传感器的可靠性设计技术和检验标准；开关设备运行、控制和可靠性等状态的智能评测和预报技术，智能开关设备与调控系统的信息互动技术，开关设备的程序化和选相合闸控制技术等。

### 7. 电网信息与通信技术

智能配用电信息及通信体系与建模方法；智能配用电系统海量信息处理技术；智能配用电信息集成架构及互操作技术；复杂配用电系统统一数据采集技术；智能配用电业务信息集成与交互技术；智能配用电信息安全技术；智能配用电高性能通信网技术等。

### 8. 柔性输变电技术与装备

静止同步串联补偿器、统一潮流控制器的关键技术，包括主电路拓扑、仿真分析技术、关键组件的设计制造技术、控制保护技术、试验测试技术，开发工业装置并示范应用；利用柔性交流输电设备的潮流控制和灵活调度技术。

高性能、低成本、安装运维方便的高压大容量新型固态短路限流器，包括新型固态限流装置分析建模与仿真技术、固态限流器主电路设计技术、固态限流器的控制与保护策略，工程化的高压大容量新型固态限流装置研制。

# 风力发电科技发展"十二五"专项规划

(科学技术部　2012年3月27日发布国科发计〔2012〕197号)

(节选)

## 一、概况

"十一五"期间，我国风电产业的发展引人瞩目，已成为新能源的领跑者，并具有一定国际影响力。

### 1. 风电设备产业化情况

在"十一五"科技计划的引领下，国内科研机构、企业通过消化吸收引进技术、委托设计、与国外联合设计和自主研发等方式，掌握了1.5MW~3.0MW风电机组的产业化技术。目前，国产1.5~2.0MW风电机组是国内市场的主流机型，并有少量出口；2.5MW和3.0MW风电机组已有小批量应用；3.6MW、5.0MW风电机组已有样机；6.0MW等更大容量的风电机组正在研制。国内叶片、齿轮箱、发电机等部件的制造能力已接近国际先进水平，满足主流机型的配套需求，并开始出口；轴承、变流器和控制系统的研发也取得重大进步，开始供应国内市场。

### 2. 风电场建设及资源开发情况

截至2010年底，我国具备大型风电场建设能力的开发商超过20家，已建成风电场共800多个，风电总装机容量（除台湾省未统计外）4 470万kW，超过美国，居世界第一位。

"十一五"期间，我国已启动海上风电开发，首个海上项目上海东海大桥风电场安装34台国产3.0MW风电机组，并于2010年6月全部实现并网发电。

## 二、形势与需求

### 1. 当前形势

通过国家多年的持续支持，我国在风电科技领域取得了长足进步，但与国际先进水平相比，还存在较大差距。

(1) 先进风电装备自主设计和创新能力有待加强。

(2) 风资源等基础数据不完善，风电场设计、并网及运行等关键技术需要提升。

(3) 风电行业公共测试体系刚刚起步，风电标准、检测和认证体系有待进一步完善。

(4) 风电基础理论研究尚待深入，缺乏自主创新；风电学科建设、人才培养亟待加强。

(5) 中小型风电机组研发和风电非并网接入技术需要进一步提高。

(6) 风电直接工业应用技术研究需要扩展。

### 2. 战略需求

在未来5年，我国风力发电科技要逐步实现从量到质的转变，完善和发展风力发电科技的实力，实现从风电大国向风电强国的转变。

根据我国发布的《国民经济和社会发展第十二个五年规划纲要》，在"十二五"期间，我国规划风电新增装机7 000万kW以上。从我国能源规划、碳减排目标及产业发展需求来看，我国风力发电科技的战略需求主要体现在：

（1）特大型风电场建设的需要

特大型风电场建设是我国风电开发的需求重点，国外无法提供直接的经验。"十二五"期间，国家规划建设6个陆上和2个海上及沿海风电基地，迫切需要在特大型风电场风资源评估、风电场设计、并网消纳与智能化运营管理和大容量、高可靠性、高效率、低成本的风电机组等方面进行科技开发和创新，为我国特大型风电场建设提供技术保障。

（2）大规模海上风电开发的需要

我国海上风电已经起步，"十二五"期间潮间带和近海风电将进入快速发展、规模化开发阶段，因此，需要开展海上风电机组研制及产业化关键技术研究，加强工程施工与并网接入等海上（潮间带）风电场开发系列关键技术研究，为大规模海上风电开发提供技术支撑。

## 四、重点方向

围绕风电的全产业链，结合国家能源发展战略，研究开发类重点方向涉及公共试验测试系统及测试、适合我国环境特点和地形条件的风电机组整机和关键零部件设计及制造、风电场开发及运营、海上风电场建设施工等主要领域，全面提升我国风电设备的自主设计能力和风电场的设计、施工及运行管理水平。

大容量风电机组整机关键技术的主要方向包括：整机设计、制造、检测、认证和运行等技术；独立变桨、新型传动系统、先进控制系统等技术。

风电机组零部件关键技术的主要方向包括：零部件设计、制造、检测、认证和运行等技术；零部件抗疲劳、在线监测与故障诊断等技术。

## 五、重点任务

### 1. 风电机组整机关键技术研究开发

研究10MW级风电机组总体设计技术，包括长寿命（超过20年）及高可靠性设计方案、简单轻量化的新型传动技术、抗灾害性大风的气动和结构设计技术、抗盐雾和防腐蚀材料工艺设计及机械制造工艺设计技术等。

3~5MW级永磁直驱风电机组产业化技术研究，包括总体设计、永磁电机的设计制造，机组设计优化、可靠性设计技术、系统控制技术以及装配工艺等。

7MW级风电机组研制及产业化技术研究，包括总体设计技术、载荷确定技术、强度和刚度校核技术、整体动力稳定性计算技术、先进控制技术、机组设计优化技术、可靠性设计技术、整体装配工艺流程与阶段质量控制技术和分体组装技术等。

### 2. 零部件关键技术研究开发

研究大容量风电机组齿轮箱载荷谱分析技术，研究复杂载荷下齿轮箱的结构完整性及优化设计技术，研究齿轮箱轮齿传动齿向修正和齿形修形设计技术，研究齿轮箱箱体设计及密封技术，研究齿轮箱齿轮材料低温处理技术，研究齿轮箱轻量化设计技术，研究大容量风电机组齿轮箱产业化技术等。

研究超长叶片气动外形、结构、材料与控制一体化的设计技术，研究叶片气动控制、柔性结构设计技术，研究叶片整体装配工艺流程和结构铺层优化设计技术，研究分段式叶片设计及制造技术，研究碳纤维等先进材料在叶片结构设计中的应用技术，研究风电机组叶片性能仿真分析技术，研究超长叶片产业化技术等。

研究大容量风力发电机先进、高效的冷却技术，研究发电机结构及工艺设计技术，研究发电机电磁方案选择优化技术，研究发电机防腐设计技术，研究大容量风力发电机轻量化设计技术等。

研究大容量风电机组变流器和变桨系统等的模块化设计技术，研究变流器全数字化矢量控制、电磁兼容和中高压变流等技术，研究变桨距与变速控制技术，研究电网失电及系统内外各种故障下安全顺桨技术等；研究轴承、偏航系统等其他零部件设计技术。

# 太阳能发电发展"十二五"规划

（国家能源局　2012 年 7 月 7 日发布　国能新能〔2012〕194 号）

（节选）

太阳能资源丰富，分布广泛，开发利用前景广阔。太阳能发电作为太阳能利用的重要方式，已经得到世界各国的普遍关注。

近 10 年来，全球太阳能光伏电池年产量增长约 6 倍，年均增长 50%以上。2010 年，全球太阳能光伏电池年产量 1 600 万 kW，其中我国年产量 1 000 万 kW。并网光伏电站和与建筑结合的分布式并网光伏发电系统是光伏发电的主要利用方式。到 2010 年，全球光伏发电总装机容量超过 4 000 万 kW，主要应用市场在德国、西班牙、日本、意大利，其中德国 2010 年新增装机容量 700 万 kW。

2010 年，我国大陆地区光伏电池产量达 1 000 万 kW，占全球市场份额 50%以上，其中 5 家企业光伏电池产量居全球前 10 位。我国光伏电池技术和质量位居世界前列，已掌握千吨级多晶硅规模化生产技术，硅材料生产副产品综合利用水平明显提高，先进企业能耗指标接近国际先进水平。国内可生产 50%的光伏电池生产设备，包括单晶炉、多晶硅铸锭炉、开方机、多线切割机等。光伏电池组件价格已从 2005 年的每瓦 40 元下降到 2010 年的每瓦 7~8 元，太阳能发电的上网电价从 2009 年以前的每千瓦时 4 元下降到 2010 年的每千瓦时 1 元左右。

到 2010 年底，全国累计光伏电池安装量总计 86 万 kW，其中大型并网光伏电站共计 45 万 kW，与建筑结合安装的光伏发电系统共计 26 万 kW。产业服务体系日渐完善。大型太阳能电站和分布式光伏发电系统的应用，推进了太阳能发电产业服务体系的建立和完善。

主要生产设备依赖进口，缺乏核心竞争力，许多企业生产规模小、技术水平不高，低劣产品扰乱市场和无序竞争现象时有发生，产业亟待整合和转型升级，行业管理需要加强。

具体发展指标是：

到 2015 年底，太阳能发电装机容量达到 2 100 万 kW 以上，年发电量达到 250 亿 kW·h。重点在中东部地区建设与建筑结合的分布式光伏发电系统，建成分布式光伏发电总装机容量 1 000 万 kW。在青海、新疆、甘肃、内蒙古等太阳能资源和未利用土地资源丰富地区，以增加当地电力供应为目的，建成并网光伏电站总装机容量 1 000 万 kW。

在"十二五"发展的基础上，继续推进太阳能发电产业规模化发展，到 2020 年太阳能发电总装机容量达到 5 000 万 kW，使我国太阳能发电产业达到国际先进水平。

**专栏 1  太阳能发电建设布局（万 kW）**

| 发电类别 | 2010 年 | 2015 年 | | 2020 年 |
| --- | --- | --- | --- | --- |
| | | 建设规模 | 重点地区 | 建设规模 |
| 1. 太阳能电站 | 45 | 1 000 | 在青海、甘肃、新疆、内蒙古、西藏、宁夏、陕西、云南，以及华北、东北的部分适宜地区建设一批并网光伏电站。结合大型水电、风电基地建设，按风光互补、水光互补方式建设一批光伏电站 | 2 300 |
| 光伏电站 | 0 | 100 | 在太阳能日照条件好、可利用土地面积广、具备水资源条件的地区，开展光热发电项目的示范 | 2 000 |
| 光热电站 | 0 | 100 | 在太阳能日照条件好、可利用土地面积广、具备水资源条件的地区，开展光热发电项目的示范 | 300 |
| 2. 分布式光伏发电系统 | 41 | 1 000 | 在中东部地区城镇工业园区、经济开发区、大型公共设施等建筑屋顶相对集中的区域，建设并网光伏发电系统。在西藏、青海、甘肃、陕西、新疆、云南、四川等偏远地区及海岛，采用独立光伏电站或户用光伏系统，解决电网无法覆盖地区的无电人口用电问题。扩大城市照明、交通信号等领域光伏系统应用 | 2 700 |
| 合计 | 86 | 2 100 | | 5 000 |

# 生物质能发展"十二五"规划

（国家能源局　2012 年 7 月 24 日发布　国能新能〔2012〕216 号）
（节选）

生物质能是重要的可再生能源，具有资源来源广泛、利用方式多样化、能源产品多元化、综合效益显著的特点。

## 一、规划基础和背景

### 1. 发展基础

目前，世界上技术较为成熟、实现规模化开发利用的生物质能利用方式主要包括生物质发电、生物液体燃料、沼气和生物质成型燃料等。

生物质发电。欧美国家主要利用农林剩余物、养殖场剩余物生产沼气，以及利用城市生活垃圾发电。到 2010 年底，全球生物质发电装机容量超过 6 000 万 kW。2010 年全球生物液体燃料使用量约 8 000 万 t，其中，燃料乙醇 6 800 多万 t，乙醇汽油在巴西、美国已大规模使用，生物柴油在欧洲实现了较大规模的利用。

我国生物质能资源广泛，主要有农作物秸秆及农产品加工剩余物、林木采伐及森林抚育剩余物、木材加工剩余物、畜禽养殖剩余物、城市生活垃圾和生活污水、工业有机废弃物和高浓度有机废水等。

我国可作为能源利用的生物质资源总量每年约 4.6 亿 t 标准煤，目前已利用量约 2 200 万 t 标准煤，还有约 4.4 亿 t 可作为能源利用。

2010 年，生物质能利用量（不含直接燃烧薪柴等传统利用方式）约 2 400 万 t 标准煤。

生物质发电。到 2010 年底，我国生物质发电装机容量 550 万 kW，其中农林生物质发电 190 万 kW，垃圾发电 170 万 kW，蔗渣发电 170 万 kW，沼气等其他生物质发电 20 万 kW。生物质发电已形成一定规模，年发电量超过 200 亿 kW，相应年消耗农林剩余物约 1 000 万 t，总计增加农民年收入约 30 亿元。

生物液体燃料。到 2010 年底，以陈化粮和木薯为原料的燃料乙醇年产量超过 180 万 t，以废弃动植物油脂为原料的生物柴油年产量约 50 万 t。

**专栏 1　我国生物质能源利用潜力**

| 资源来源 | 可利用资源量 | | 已利用资源量 | | 剩余可利用资源量 | |
|---|---|---|---|---|---|---|
| | 实物量（万 t） | 折合标煤量（万 t） | 实物量（万 t） | 折合标煤量（万 t） | 实物量（万 t） | 折合标煤量（万 t） |
| 农作物秸秆 | 34 000 | 17 000 | 800 | 400 | 33 200 | 16 600 |
| 农产品加工剩余物 | 6 000 | 3 000 | 200 | 100 | 5 800 | 2 900 |
| 林业木质剩余物 | 35 000 | 20 000 | 300 | 170 | 34 700 | 19 830 |
| 畜禽粪便 | 84 000 | 2 800 | 30 000 | 1 000 | 54 000 | 1 800 |
| 城市生活垃圾 | 7 500 | 1 200 | 2 800 | 500 | 4 700 | 700 |
| 有机废水 | 435 000 | 1 600 | 2 700 | 10 | 432 300 | 1 590 |
| 有机废渣 | 95 000 | 400 | 4 800 | 20 | 90 200 | 380 |
| 合　计 | － | 46 000 | － | 2 200 | － | 43 800 |

注：加上生产燃料乙醇的陈化粮等，已利用资源量为 2 400 万 t 标准煤。

2010年底，农村户用沼气保有量超过4 000万户，年产沼气约130亿m³。建成畜禽养殖场沼气工程5万多处，年产沼气约10亿m³。农村沼气技术不断成熟，产业体系逐步健全，许多地方建立了物业化管理沼气服务体系。生物质气化集中供气技术和工艺不断改进，目前已建成使用的生物质集中供气项目约1 000个。

2010年，生物质成型燃料产量约300万t，主要用于农村居民和城镇供热锅炉燃料及生物质木炭原料。

**专栏2  我国各类生物质能利用规模**

| 利用方式 | 利用规模 | | 年产能量 | | 年折标煤 |
|---|---|---|---|---|---|
| | 数 量 | 单 位 | 数 量 | 单 位 | 万 t |
| 生物质发电 | 550 | 万kW·h | 330 | 亿kW·h | 1 020 |
| 户用沼气 | 4 000 | 万户 | 130 | 亿m³ | 930 |
| 大型沼气工程 | 50 000 | 处 | 10 | 亿m³ | 70 |
| 生物质成型燃料 | 300 | 万t | – | – | 150 |
| 生物燃料乙醇 | 180 | 万t | – | – | 160 |
| 生物柴油 | 50 | 万t | – | – | 70 |
| 总 计 | – | – | – | – | 2 400 |

## 二、指导方针和目标

高举中国特色社会主义伟大旗帜，以邓小平理论和"三个代表"重要思想为指导，深入贯彻落实科学发展观，将生物质能作为促进能源结构调整和可持续发展的重要途径。

在"十二五"时期，生物质能发展目标是：到2015年，生物质能产业形成较大规模，在电力、供热、农村生活用能领域初步实现商业化和规模化利用，在交通领域扩大替代石油燃料的规模。

**专栏3  "十二五"时期生物质能发展主要指标**

| 领 域 | 利用规模 | | 年产能量 | | 年折标煤 |
|---|---|---|---|---|---|
| | 数 量 | 单 位 | 数 量 | 单 位 | 万 t |
| 1. 生物质发电 | 1 300 | 万kW·h | 780 | 亿kW·h | 2 430 |
| 农林生物质发电 | 800 | 万kW·h | 480 | 亿kW·h | 1 500 |
| 沼气发电 | 200 | 万kW·h | 120 | 亿kW·h | 370 |
| 垃圾发电 | 300 | 万kW·h | 180 | 亿kW·h | 560 |
| 2. 生物质供气 | – | – | 220 | 亿m³ | 1 750 |
| 沼气用户 | 5 000 | 万户 | 190 | 亿m³ | 1 500 |
| 大型农业剩余物燃气 | 6 000 | 处 | 25 | 亿m³ | 200 |
| 工业有机废水和污水处理厂污泥等沼气 | 1 000 | 处 | 5 | 亿m³ | 50 |
| 3. 生物质成型燃料 | 1 000 | 万t | – | – | 500 |
| 4. 生物液体燃料 | – | – | – | – | 500 |
| 生物燃料乙醇 | 400 | 万t | – | – | 350 |
| 生物柴油和航空燃料 | 100 | 万t | – | – | 150 |
| 总 计 | – | – | – | – | 5 180 |

到2015年，生物质能年利用量超过5 000万t标准煤。其中，生物质发电装机容量1 300万kW、年发电量约780亿kW·h，生物质年供气220亿m³，生物质成型燃料1 000万t，生物液体燃料500万t，建成一批生物质能综合利用新技术产业化示范项目。

## 三、重点任务

到 2015 年，农林生物质发电装机容量将达到 800 万 kW。

大力推动垃圾发电关键设备和清洁燃烧技术进步。到 2015 年，城市生活垃圾发电装机容量将达到 300 万 kW。

到 2015 年，沼气发电装机容量将达到 200 万 kW。

到 2015 年，生物质发电总装机容量将达到 1 300 万 kW，年发电量 780 亿 kW，年替代化石能源 2 430 万 t 标准煤。

到 2015 年，生物燃料乙醇年产量达到 400 万 t，生物柴油和航空生物燃料年产量 100 万 t。年替代化石能源 500 万 t 标准煤。

积极推进生物质燃气集中供气。"十二五"期末，生物质燃气集中供气达到 30 亿 m³/a，折合250 万 t 标准煤。

到 2015 年，农村沼气用户 5 000 万户，年产沼气 190 亿 m³，折合 1 500 万 t 标准煤。

到 2015 年，生物质成型燃料年利用量达到 1 000 万 t，相应替代化石能源 500 万 t 标准煤。

### 1. 推进先进生物质能综合利用产业化示范

建设一批梯级综合利用生物质能示范项目和若干个示范区，使生物质资源利用获得更好的综合效益。

到 2015 年底，形成若干以农林剩余物（纤维素）为原料的生物燃料多联产产业化示范区。

到 2015 年底，建成若干微藻生物燃料多联产循环经济产业化示范项目。

到 2015 年底，形成若干以农林剩余物为原料的生物质热化学转化制备液体燃料及多联产循环经济产业示范区。

到 2015 年底，形成若干混合原料大型沼气多用途综合利用循环经济生态园。

### 2. 组织生物质能推广利用重点工程

到 2015 年，年供热消耗生物质燃料 10 万 t 以上的城市达到 50 个，平均每个城市生物质供热总供热面积达到 100 万 m² 以上，相应每个城市平均每年替代化石能源 5 万 t 标准煤。全国生物质供热总供热面积达到 5 000 万 m²，相应年替代化石能源 250 万 t 标准煤。

到 2015 年，农村生活燃料清洁化工程惠及 1 000 个乡镇、100 万户农户，年替代化石能源 100 万 t 标准煤。

到 2015 年，建成木质能源林基地 520 万 hm²，甜高粱原料基地 3.33 万 hm²，木薯等薯类作物基地 53.3 万 hm²，油料能源林基地 200 万 hm²，其他非粮原料（能源草等）基地 2 万 m²。种植能源作物和能源林满足年产 100 万 t 生物柴油的原料需求，年替代化石能源 140 万 t 标准煤。

### 3. 加强生物质能技术装备和产业体系建设

在生物质燃气方面，开发生物质燃气高效制备及综合利用技术，重点突破高浓度、混合燃料的湿发酵、干发酵技术，以及燃气净化和高热值化转化技术，研发大功率生物质燃气发电机组；在生物液体燃料方面，重点突破木质纤维素生产乙醇等石油替代燃料、以多种原料生产生物柴油和航空生物燃料的关键技术，掌握清洁高效生产技术；在能源作物及能源林种植方面，重点突破良种选育及定向培育技术，培育多个新型生物质能源作物和能源林新品种。

在生物质能装备方面，重点研制非粮原料收储运和初加工、非粮燃料乙醇和微藻生物燃料加工转化、生物质热化学转化制备液体燃料及热、电、化工多联产农业剩余物制备生物质燃气及综合利用等成套装备，攻克生物质成型燃料高效、抗结渣燃烧技术，提高成型机易损件使用寿命到 500h 以上。

## 五、投资估算和环境社会影响分析

到"十二五"期末，生物质能产业将新增投资 1 400 亿元。对于生物质发电项目，继续给予优惠电价支持。

发展生物质能,可有效替代化石能源、有利于节能减排和合理控制能源消费总量。预计 2015 年,农林剩余物年利用量达到 7 500 万 t,年利用各类能源作物 2 500 万 t,年处理畜禽粪便 5.6 亿 t、城市生活垃圾 6 400 万 t、城镇污水处理厂污泥 1 500 万 t、废弃油脂 90 万 t,合计年替代化石能源 5 000 万 t 标准煤,相应年减排二氧化碳 9 500 万 t、二氧化硫 65 万 t。

# 节能减排"十二五"规划

（国务院 2012年8月6日发布 国发〔2012〕40号）

（节选）

为确保实现"十二五"节能减排约束性目标，缓解资源环境约束，应对全球气候变化，促进经济发展方式转变，建设资源节约型、环境友好型社会，增强可持续发展能力，根据《中华人民共和国国民经济和社会发展第十二个五年规划纲要》，制定本规划。

## 一、现状与形势

### 1. "十一五"节能减排取得显著成效

"十一五"期间，我国以能源消费年均6.6%的增速支撑了国民经济年均11.2%的增长，能源消费弹性系数由"十五"时期的1.04下降到0.59，节约能源6.3亿吨标准煤。

"十一五"期间，我国单位国内生产总值能耗由"十五"后三年上升9.8%转为下降19.1%；二氧化硫和化学需氧量排放总量分别由"十五"后三年上升32.3%、3.5%转为下降14.29%、12.45%。

2010年与2005年相比，电力行业300MW以上火电机组占火电装机容量比重由50%上升到73%，钢铁行业1 000m³以上大型高炉产能比重由48%上升到61%，建材行业新型干法水泥熟料产量比重由39%上升到81%。

2010年与2005年相比，钢铁行业干熄焦技术普及率由不足30%提高到80%以上，水泥行业低温余热回收发电技术普及率由开始起步提高到55%，烧碱行业离子膜法烧碱技术普及率由29%提高到84%。

"十一五"时期，通过实施节能减排重点工程，形成节能能力3.4亿t标准煤；新增城镇污水日处理能力6 500万t，城市污水处理率达到77%；燃煤电厂投产运行脱硫机组容量达5.78亿kW，占全部火电机组容量的82.6%。

2010年与2005年相比，火电供电煤耗由370g标准煤/kW·h降到333g标准煤/kW·h，下降10.0%；吨钢综合能耗由688kg标准煤降到605kg标准煤，下降12.1%；水泥综合能耗下降28.6%；乙烯综合能耗下降11.3%；合成氨综合能耗下降14.3%。

2010年与2005年相比，环保重点城市二氧化硫年均浓度下降26.3%，地表水国控断面劣五类水质比例由27.4%下降到20.8%，七大水系国控断面好于三类水质比例由41%上升到59.9%。

"十一五"期间，我国通过节能降耗减少二氧化碳排放14.6亿t，得到国际社会的广泛赞誉，展示了我国为负责任大国的良好形象。

## 二、指导思想、基本原则和主要目标

### 1. 总体目标

到2015年，全国万元国内生产总值能耗下降到0.869t标准煤（按2005年价格计算），比2010年的1.034t标准煤下降16%（比2005年的1.276t标准煤下降32%）。"十二五"期间，实现节约能源6.7亿t标准煤。

2015年，全国化学需氧量和二氧化硫排放总量分别控制在2 347.6万t、2 086.4万t，比2010年的2 551.7万t、2 267.8万t各减少8%，分别新增削减能力601万t、654万t；全国氨氮和氮氧化物排放总量分别控制在238万t、2 046.2万t，比2010年的264.4万t、2 273.6万t各减少10%，分别新增削减能力69万t、794万t。

共机构等重点领域能耗增幅得到有效控制，主要产品（工作量）单位能耗指标达到先进节能标准的比例大幅提高，部分行业和大中型企业节能指标达到世界先进水平（见表1）。风机、水泵、空压机、变压器等新增主要耗能设备能效指标达到国内或国际先进水平，空调、电冰箱、洗衣机等国产家用电器和一些类型的电动机能效指标达到国际领先水平。工业重点行业、农业主要污染物排放总量大幅降低（见表2）。

**2. 具体目标**

到2015年，单位工业增加值（规模以上）能耗比2010年下降21%左右，建筑、交通运输、公

表1　"十二五"时期主要节能指标

| 指　　标 | 单　　位 | 2010年 | 2015年 | 变化幅度/变化率 |
|---|---|---|---|---|
| 工业 | | | | |
| 单位工业增加值（规模以上）能耗 | % | | | ［-21%左右］ |
| 火电供电煤耗 | 克标准煤/千瓦时 | 333 | 325 | -8 |
| 火电厂厂用电率 | % | 6.33 | 6.2 | -0.13 |
| 电网综合线损率 | % | 6.53 | 6.3 | -0.23 |
| 吨钢综合能耗 | 千克标准煤 | 605 | 580 | -25 |
| 铝锭综合交流电耗 | 千瓦时/吨 | 14 013 | 13 300 | -713 |
| 铜冶炼综合能耗 | 千克标准煤/t | 350 | 300 | -50 |
| 原油加工综合能耗 | 千克标准煤/t | 99 | 86 | -13 |
| 乙烯综合能耗 | 千克标准煤/t | 886 | 857 | -29 |
| 合成氨综合能耗 | 千克标准煤/t | 1 402 | 1 350 | -52 |
| 烧碱（离子膜）综合能耗 | 千克标准煤/t | 351 | 330 | -21 |
| 水泥熟料综合能耗 | 千克标准煤/t | 115 | 112 | -3 |
| 平板玻璃综合能耗 | 千克标准煤/重量箱 | 17 | 15 | -2 |
| 纸及纸板综合能耗 | 千克标准煤/t | 680 | 530 | -150 |
| 纸浆综合能耗 | 千克标准煤/t | 450 | 370 | -80 |
| 日用陶瓷综合能耗 | 千克标准煤/t | 1 190 | 1 110 | -80 |
| 建筑 | | | | |
| 北方采暖地区既有居住建筑改造面积 | 亿平方米 | 1.8 | 5.8 | 4 |
| 城镇新建绿色建筑标准执行率 | % | 1 | 15 | 14 |
| 交通运输 | | | | |
| 铁路单位运输工作量综合能耗 | 吨标准煤/百万换算吨公里 | 5.01 | 4.76 | ［-5%］ |
| 营运车辆单位运输周转量能耗 | 千克标准煤/百吨公里 | 7.9 | 7.5 | ［-5%］ |
| 营运船舶单位运输周转量能耗 | 千克标准煤/千吨公里 | 6.99 | 6.29 | ［-10%］ |
| 民航业单位运输周转量能耗 | 千克标准煤/吨公里 | 0.450 | 0.428 | ［-5%］ |
| 公共机构 | | | | |
| 公共机构单位建筑面积能耗 | 千克标准煤/平方米 | 23.9 | 21 | ［-12%］ |
| 公共机构人均能耗 | 千克标准煤/人 | 447.4 | 380 | ［15%］ |
| 终端用能设备能效 | | | | |
| 燃煤工业锅炉（运行） | % | 65 | 70~75 | 5~10 |
| 三相异步电动机（设计） | % | 90 | 92~94 | 2~4 |
| 容积式空气压缩机输入比功率 | 千瓦/（立方米·分⁻¹） | 10.7 | 8.5~9.3 | -1.4~2.2 |

| 指　标 | 单　位 | 2010 年 | 2015 年 | 变化幅度/变化率 |
|---|---|---|---|---|
| 电力变压器损耗 | 千瓦 | 空载：43<br>负载：170 | 空载：30~33<br>负载：151~153 | −10~13<br>−17~19 |
| 汽车（乘用车）平均油耗 | 升/百公里 | 8 | 6.9 | −1.1 |
| 房间空调器（能效比） | − | 3.3 | 3.5~4.5 | 0.2~1.2 |
| 电冰箱（能效指数） | % | 49 | 40~46 | −3~9 |
| 家用燃气热水器（热效率） | % | 87~90 | 93~97 | 3~10 |

注：［　　］内为变化率。

### 表 2　"十二五"时期主要减排指标

| 指标 | 单位 | 2010 年 | 2015 年 | 变化幅度/变化率 |
|---|---|---|---|---|
| 工业 | | | | |
| 工业化学需氧量排放量 | 万吨 | 355 | 319 | [−10%] |
| 工业二氧化硫排放量 | 万吨 | 2 073 | 1 866 | [−10%] |
| 工业氨氮排放量 | 万吨 | 28.5 | 24.2 | [−15%] |
| 工业氮氧化物排放量 | 万吨 | 1 637 | 1 391 | [−15%] |
| 火电行业二氧化硫排放量 | 万吨 | 956 | 800 | [−16%] |
| 火电行业氮氧化物排放量 | 万吨 | 1 055 | 750 | [−29%] |
| 钢铁行业二氧化硫排放量 | 万吨 | 248 | 180 | [−27%] |
| 水泥行业氮氧化物排放量 | 万吨 | 170 | 150 | [−12%] |
| 造纸行业化学需氧量排放量 | 万吨 | 72 | 64.8 | [−10%] |
| 造纸行业氨氮排放量 | 万吨 | 2.14 | 1.93 | [−10%] |
| 纺织印染行业化学需氧量排放量 | 万吨 | 29.9 | 26.9 | [−10%] |
| 纺织印染行业氨氮排放量 | 万吨 | 1.99 | 1.75 | [−12%] |
| 农业 | | | | |
| 农业化学需氧量排放量 | 万吨 | 1 204 | 1 108 | [−8%] |
| 农业氨氮排放量 | 万吨 | 82.9 | 74.6 | [−10%] |
| 城市 | | | | |
| 城市污水处理率 | % | 77 | 85 | 8 |

注：［　　］内为变化率。

# 《中国能源报》2009~2012 年能源装备重大新闻报道
## （提要）

## 2009 年

《李冶：能源装备制造业到了由"大"变"强"期》，2009 年 7 月 6 日，第 C5 版，记者：丁曼丽。

李冶认为，经过近年来实施大规模的技术改造，能源装备制造业已经站在了新的历史起点上，到了由"大"变"强"的关键阶段。他说："当前能源结构调整和能源行业的建设高潮为能源装备制造业提供了难得的历史机遇，只要我们抓住机遇，扎实做好重大能源装备的技术升级，就一定能够保证我国能源产业在新一轮国际竞争中占有一席之地。"

《国内海缆企业无缘海南联网工程?》，2009 年 7 月 27 日，第 C7 版，记者：张子瑞，实习生：孔祥宇。

近年来，生产 110kV 电压极的交联聚乙烯绝缘海底电缆面临的几个关键难题相继被攻克：尽可能长的制造单长；合理有效、可靠的软接头；连续无接头的光单元。对于大长度系统（如数十千米），还要采取相应的降低金属护层内感应电压过大的技术措施。到目前为止，国内海底电缆制造企业具备了相应的能力，开始向更高级别电压的海底电缆迈进。

《世界最大采煤机太原下线》，2009 年 10 月 12 日，第 C7 版，记者：张子瑞，通讯员：白跃新。

中国煤炭工业协会会长王显政表示，太重煤机·太矿顺应中国煤炭工业现代化发展趋势，以国家科技支撑计划年产千万吨级综采成套装备为契机，完成了年产千万吨级矿井综采成套装备和关键技术的研发、生产和制造，为我国煤机装备再添奇葩。

《首台国产管道全自动焊设备成功应用》，2009 年 10 月 26 日，第 C7 版，记者：张子瑞，通讯员：何志丹、尹欣欣。

中国石油天然气管道局华北石油工程建设有限公司（简称华油工建）总工程师、国产全自动焊应用课题攻关小组负责人王鲁军兴奋地说："这台由中国石油天然气管道科学研究院历时 3 年研制的中国第一台国产全自动焊接设备，经过华油工建公司历时一年半的现场推广应用，从能力到表现上已完全能和目前焊接界号称 NO.1 的美国 CRC 公司产品相媲美。"

《输变电装备：一批前沿技术领跑世界》，2009 年 11 月 16 日，第 1 版，记者：张子瑞。

原机械工业部重大技术装备司司长周鹤良告诉《中国能源报》记者，高压变压器、10kV 真空开关等产品，现在已经出口到美国等发达国家，取代了 GE、西屋等大公司的产品。我国自主研发的大功率 6 英寸晶闸管芯片，打破了国外技术垄断，在世界范围内都尚属首次。周鹤良表示，我国输变电设备业用 10 年时间走过了发达国家至少 30 年才走完的历程。

# 2010 年

《风电叶片市场或生变局》，2010 年 1 月 18 日，第 24 版，记者：张子瑞。

国金证券的分析师告诉记者，在风电的主要零部件当中，叶片的门槛相对较低，由于过去几年供需偏紧、盈利较好，导致诸多企业进入叶片生产领域，除了整机厂自建的叶片厂之外，新进入的企业如雨后春笋，根据不完全统计，至少有 40 家以上。随着供需紧张形势的缓解，叶片行业将经历从纷乱到寡头、从短缺到均衡、从暴利到薄利的过程，市场将形成数个年产 1 000 套以上规模的寡头。

《天津"大乙烯"项目国产化率创新高》，2010 年 1 月 25 日，第 24 版，记者：张子瑞，通讯员：柴润金。

据记者了解，中国石化天津百万吨乙烯及配套项目是目前在建同类装置中国产化率最高的项目，炼油和乙烯设备国产化率分别达到 91.5% 和 78%，有力地推动了国内装备制造业水平的提升。除部分装置引进国外专利使用权和技术工艺包外，炼油基本上采用国内技术，乙烯大部分采用国内或合作开发技术，自主创新能力得到进一步提高。

《融资租赁助力装备企业走向世界》，2010 年 5 月 10 日，第 24 版，记者：张子瑞。

我国正逐步成为世界范围内重要的设备供应商和投资大国，在此过程中，中国制造业特别是设备制造商必将走向海外，走向海外就需要各种有效的金融服务。业内人士认为，除了银行，融资租赁等设备金融业将发挥不可替代的重要作用。

《高压大口径全焊接球阀通过验收》，2010 年 7 月 26 日，第 24 版，记者：张子瑞。

据国家能源局相关人士介绍，目前，我国天然气长输管道建设中，通径 40 英寸以上的高压全焊接球阀主要依赖进口，不仅产品价格昂贵，而且售后服务困难。此次三家单位（成都成高阀门有限公司、上海耐莱斯·詹姆斯伯雷阀门有限公司、五洲阀门有限公司）研制的产品同时通过鉴定暨验收，将大大加快天然气长输管道高压大口径全焊接球阀的国产化进程。

《国产特高压核心装备有望产业化》，2010 年 8 月 23 日，第 24 版，记者：张子瑞。

在国家能源局能源节约和科技装备司主持召开的新产品技术鉴定会上，由中国电力科学研究院（以下简称"中国电科院"）自主研制的 ±800kV/4 750A 特高压直流换流阀通过技术鉴定。这意味着我国已全面掌握了直流换流阀研发设计制造的核心技术与工艺，实现了真正意义上的直流换流阀设备国产化，也标志着中国电科院成为继瑞士 ABB、德国西门子之后，全球第三个掌握和拥有特高压直流换流阀设计制造和试验技术的企业。

《大型锻焊容器制造周期刷新纪录》，2010 年 9 月 6 日，第 24 版，记者：张子瑞。

《中国能源报》记者从中国一重获悉，由中国一重承制的中石油四川彭州石化项目 6 台大型锻焊结构石化容器已如期完工，8 月 31 日从中国一重大连基地装船发往用户。该项目从投料到完工发运，整个周期仅为 11 个月，刷新了国际重型锻焊结构压力容器制造界单件产品制造周期最短的纪录。

《国产柔性直流输电换流阀将量产》，2010 年 11 月 15 日，第 24 版，记者：张子瑞。

10 月 27 日，中国电科院自主研制的具有完全自主知识产权的 20MW、±30kV 柔性直流输电换流阀顺利完成端间直流耐压试验、最大持续运行负荷试验及阀基控制器的 49 电平无源逆变试验等最后数项关键试验项目，至此，该阀已顺利完成了 IEC 62501 等标准所规定的全部 20 余项型式试验项目。其中，阀基控制设备作为柔性直流输电控制系统的中间环节和核心装备，也顺利通过 EN 50082-2、IEC 50082-2 和 GBT17478 等标准规定的全部 19 项型式试验项目。这标志着中国电科院已成为继瑞士 ABB 公司之后，世界上第二家完全掌握新一代柔性直流输电核心技术的企业。

**《X80 管线钢国产化经验可供借鉴》，2010 年 12 月 13 日，第 24 版，记者：张子瑞。**

业内人士介绍，"西气东输"二线管道建设中一项值得自豪的技术创新是中国石油首次在世界管道建设领域大规模采用 100% 中国制造的管径为 1 219mm 的 X80 钢管新产品。中国工程院院士、机械工程材料和石油管工程专家李鹤林评价说，我国的管道业在 20 世纪八九十年代滞后发达国家 40 年的情况下，短短一二十年时间里迅速发展，特别是以"西气东输"二线为标志，实现了从追赶到引领的跨越。

# 2011 年

**《国产高压隔膜泵实现量产》，2011 年 1 月 3 日，第 24 版，记者：张子瑞。**

历时 16 个月建设，2010 年 12 月 28 日，中色股份控股的中国有色（沈阳）泵业有限公司正式竣工投产，其为中国五矿集团安徽矿业公司生产的首台 SGMB350/4 隔膜泵同时启运。这标志着国产高压隔膜泵实现量产。

**《我石油物探计算软件实现中国造》，2011 年 2 月 14 日，第 23 版，记者：张子瑞。**

在科技部和国家自然科学基金相关项目的支持下，中科院地质与地球物理研究所和北京吉星吉达科技有限公司联合研制成功"油气勘探 GPU（图形处理器）/CPU（中央处理器）协同并行计算系统"——"吉星"。业内认为，这不仅填补了国内石油地球物理行业高性能计算领域的空白，而且实现了我国石油物探高性能计算软件"中国造"。

**《石化装备需提高成套和集成能力》，2011 年 4 月 25 日，第 23 版，记者：张子瑞。**

中国通用机械工业协会副秘书长钱家祥表示，目前，我国石化装备行业有两大制约因素。一是由于长期侧重于单机制造，工程成套和集成能力差；二是产业集中度低。全国几万家石化装备企业，但真正有实力的不多。

**《3 000m 深水铺管起重船即将试航》，2011 年 5 月 30 日，第 23 版，记者：张子瑞。**

5 月 24 日，由中国海洋石油总公司与中国熔盛重工集团控股有限公司共同打造的世界第一艘 3 000m 级深水铺管起重船"海洋石油 201"在江苏如皋举行国家科技重大专项汇报会暨命名仪式，标志着这一世界级深水铺管起重船的建造将由码头舾装、调试阶段进入最后的试航交船阶段。

**《超导研究酝酿电力设备新突破》，2011 年 6 月 13 日，第 23 版，记者：张子瑞。**

实际上，超导技术的应用不仅仅局限于储能系统。超导电缆、超导限流器等相关装备都已获得一定程度发展。总体而言，超导电力设备能最大限度地减少损耗，达到电能高效利用。

**《专用装备缺乏掣肘海上风电发展》，2011 年 7 月 4 日，第 23 版，记者：张子瑞。**

东海大桥海上风电项目业主公司上海东海风力发电有限公司相关负责人表示，由于起步晚，我国在海上风电机组安装方面还缺乏相关研究，目前还没有建成适合海上风机安装的专用船只设备，只能借助于一些改造船只。因此，实用、安全的运输和安装是所有海上风电建设中需要解决的技术难题。

**《千万吨级综采设备领先世界水平》，2011 年 8 月 22 日，第 23 版，记者：张子瑞。**

成果鉴定组专家认为，该项目的试验成功，标志着我国煤矿综采成套装备已达到国际先进水平，结束了千万吨综采成套设备国内无法生产的历史，有助于我国成套综采设备逐步替代进口，也意味着山西省具备了大采高综采成套设备的制造能力，对加快发展我国煤炭开采的机械化、信息化、智能化水平具有重要的现实意义。

《齿轮设备企业看好风电前景》，2011 年 10 月 24 日，第 23 版，记者：张子瑞。

国内风电设备制造业由于受到诸多因素影响，全行业正呈现疲软态势。这种态势也逐步蔓延至风电零部件制造业，风电齿轮箱就是一个代表。不过，从日前举行的北京国际风能大会暨展览会来看，齿轮箱企业普遍认为，风电业务未来在其整体业务中的重要性将有增无减，目前的市场低迷只是暂时性的。

《非晶合金变压器推广或提速》，2011 年 11 月 21 日，第 23 版，记者：张子瑞。

据了解，我国从 1998 年开始批量生产非晶合金变压器，目前至少有几万台非晶合金变压器挂网运行，容量自 5~1 600kVA，产品形式包括箱式变电站和配变。随着对节能减排的重视与日俱增，非晶合金变压器近年来的使用量已经开始呈现快速上升趋势。

《首座自升式海上钻井平台下水》，2011 年 11 月 28 日，第 23 版，记者：张子瑞。

日前，由辽宁陆海石油装备研究院有限公司与辽河石油装备制造总公司共同设计，辽河石油装备制造总公司建造的 CP-300 自升式钻井平台在辽宁盘锦辽滨沿海经济区海工基地举行下水仪式，该平台从生产设计到工艺技术研究均由我国自主完成，共突破 200 多个技术难题，是国内第一个具有自主知识产权的自升式钻井平台。

# 2012 年

《国产海缆中标欧洲大型能源项目》，2012 年 2 月 20 日，第 6 版，记者：张子瑞。

不久前，意大利一个 3 000 多万美元的海缆项目被来自中国的企业中天科技集团拿下。国产海缆企业能在竞争激烈的欧洲市场中标如此大的能源项目尚属首次。

《核电设备订单量尚不能满足产能——专访中国第一重型机械股份公司副总裁王宝忠》，2012 年 4 月 23 日，第 6 版，记者：张子瑞。

中国第一重型机械股份公司副总裁王宝忠表示，在当前我国后续核电新项目中，部分核电锻件选择了国外采购。作为国内核电装备制造企业，希望国家能在国外进口政策、研发投入、堆型设计上给予相应支持，为我国装备制造业发展提供有利的竞争环境。

《煤化工收紧尚未影响装备市场》，2012 年 5 月 7 日，第 6 版，记者：张子瑞。

《煤炭深加工示范项目规划》（以下简称《规划》）虽然透露出煤化工收紧的信号，但这一影响在将来而不在当下。今年一季度煤化工装备市场还是有较大增长。同时，该《规划》也再次点明了煤化工装备未来的发展方向。

《西电联姻 GE 谁是最终赢家》，2012 年 5 月 21 日，第 6 版，记者：张子瑞。

日前，西电集团宣布，与 GE 能源建立全球战略联盟。西电集团希望借力 GE 进一步挺进国际市场，并通过成立合资公司来弥补自身在输变电二次设备领域的短板，而对于 GE 来说，与西电结盟，意味着占全球输配电业务 1/4 的中国市场似乎变得唾手可得。在国内不少输变电设备商看来，GE 的出现，有可能会打破以往二次设备的市场竞争格局。

《产业链不成熟制约海工装备发展——访中集来福士总裁于亚》，2012 年 7 月 16 日，第 6 版，记者：张子瑞。

中集来福士总裁于亚认为，我国海洋工程和国际的差距还体现在产业链的完善程度上。产业链既包括设计、监理、研发、设备，又包括金融、保险、法律等方面。在他看来，产业链的发育程度对海洋工程产业影响巨大。"如果没有产业链的培育和成熟，支撑海洋工程这样一个系统工程稳定在高水平上是不现实的"。

**《涡轮高温叶片研发成功》，2012年9月24日，第24版，记者：张子瑞。**

燃气轮机是现代制造业的"动力之源"，其中的涡轮高温叶片则是燃气轮机的核心部件之一。日前，上海市科委重大专项课题"高温合金叶片制造技术研究"在上海大学通过专家验收，这也标志着该领域的国产技术已接近国际最高水平。

**《迎接党的十八大特别报道·装备篇》，2012年11月5日，第4、5版，中国能源报编辑部策划。**

近十年来，正是在一大批以"西气东输"为代表的重大能源工程的带动下，我国的能源装备业实现了历史性跨越。中国装备，不仅装备了中国，也正在加快走向世界。

**《长输管道关键设备国产化树经验样板》，2012年12月17日，第1版，记者：张子瑞。**

11月15日，首套国产20MW级电驱压缩机组在"西气东输"二线高陵增压站顺利完成72小时连续运行，验证了成套压缩机机组连续运转的可靠性，标志着天然气长输管道关键设备国产化研制工作取得了重大胜利。

**图书在版编目（CIP）数据**

中国能源装备年鉴（2012）/《中国能源装备年鉴》编委会编. —北京：经济管理出版社，2012.12
ISBN 978-7-5096-1915-5

Ⅰ.①中… Ⅱ.①中… Ⅲ.①能源—装备—制造工业—经济发展—中国—2012—年鉴 Ⅳ.①F426.4-54

中国版本图书馆 CIP 数据核字（2012）第 085936 号

组稿编辑：陈　力
责任编辑：曹　靖
责任印制：杨国强

出版发行：经济管理出版社
　　　　　（北京市海淀区北蜂窝 8 号中雅大厦 A 座 11 层　100038）
网　　址：www.E-mp.com.cn
电　　话：（010）51915602
印　　刷：北京画中画印刷有限公司
经　　销：新华书店
开　　本：720mm×1000mm/16
印　　张：43.5
字　　数：1217 千字
版　　次：2013 年 8 月第 1 版　2013 年 8 月第 1 次印刷
书　　号：ISBN 978-7-5096-1915-5
定　　价：880.00 元

# 菲达集团有限公司

菲达集团有限公司是全国环保机械行业的国家重大技术装备国产化基地、全国大气污染治理行业领先企业。集团拥有总资产 45 亿元，员工 3400 人；2002 年荣获全国五一劳动奖状，同年菲达环保成功上市；设有高级别的企业技术中心、国博士后科研工作站、燃煤污染物减排国家工程实验室除尘分实验室、院士专家工作站，是目前国内同时具备 60 万千瓦及以上大型燃煤电站除尘、输灰、脱硫、脱硝系统环保装备和城镇污水处理厂设备及工艺建设运营大成套能力的先进企业。主导产品电除尘器在燃煤电站的市场占有率 100 万千瓦机组达 65%，是全球领先的燃煤电站除尘设备供应商。

菲达集团有限公司始终以"保护环境、造福人类"为宗旨，与时俱进，开拓创新，制定符合菲达集团有限公司自身实际情况的科学发展战略，立足环保装备行业，以大气污染和水污染治理为主业，实现技术多元化、大成套、一条龙服务、工程总承包，成功地沿着国际大公司的战略方向迈进。

**企业宗旨：**
保护环境、造福人类

**企业精神：**
忠诚、团结、勤奋、创新、报国

**企业目标：**
立足国内最佳，争创世界一流

**发展战略：**
立足环保机械行业，实现纵横向产品多元化
技术多元化，大成套，一条龙服务

**企业理念：**
搞社会主义，按劳分配，兼顾公平，不养懒汉；
搞市场经济，效率优先，充分激励，不失公平；
建和谐菲达，崇尚仁爱，员工保障，品质生活。

**员工理念：**
心怀感恩，忠诚、敬业、发展。
为国家干，遵章纳税作贡献；
为企业干，有一个稳定、发展的大家庭；
为自己干，丰衣足食，奔小康，迈小富。

**工作作风：**
团结、紧张、严肃、活泼

**文化愿景：**
建设一个
德智体全面发展的长久企业！
可持续发展的菲达；
和谐发展的菲达；
菲达和菲达人共同发展的菲达！
让每一位忠诚、勤奋、敬业的菲达人拥有"金饭碗"！
让手捧"金饭碗"的菲达人创造明天的钻石价值！

大连融科储能技术发展有限公司
DALIAN RONGKE POWER CO.,LTD.
地址：大连市高新技术园区信达街22号
电话(Tel)．+86 411 8479 6788
传真(Fax)．+86 411 8479 6783
www.rongkepower.com

# 绿色能源　装备世界
# 北京京城新能源有限公司

北京京城新能源有限公司（以下简称"京城新能源"）由北京京城机电控股有限责任公司、北京北重汽轮电机有限责任公司和北京重型电机厂共同出资组建，于2010年8月成立。京城新能源是京城控股旗下的专业从事大型风力发电机组及关键部件设计、制造和风力发电场投资、建设、运营的新能源企业。

京城新能源拥有一流的产品设计和制造技术，完备的生产设施和整机满功率并网试验条件，并在风资源丰富地区建立了风电整机、关键部件生产基地。通过技术引进和自主创新，现已形成1.5兆瓦、2兆瓦、3兆瓦、5兆瓦风电机组产品系列，其中包括3兆瓦海陆两用风电机组和5兆瓦海上风电机组。目前，京城新能源已有数百台风电机组并网发电且投入商业运营，具有良好的市场业绩。京城新能源拥有3兆瓦、2兆瓦和1.5兆瓦空冷型及水空冷型双馈异步风力发电机和2兆瓦至5兆瓦高速同步发电机自主知识产权技术。具有50多年设计、制造大中型电动机（包括增安防爆电机）和多年风力发电机制造的丰富经验。

京城新能源秉承"精于术理、诚以信合"的核心价值观，以"清洁高效、制造精良"为使命，凭借50多年的电力装备制造经验、先进的技术优势、强大的资本实力及多样化的投融资方案，建立起"产融结合、双轮驱动"的全新商业模式。伴随着企业规模的不断扩大，京城新能源必将成为国内风电装备制造行业最具竞争实力的新能源企业之一。

青海格尔木小灶火风电机组设备合同签约仪式

公司办公楼

风电机组装配车间

3兆瓦海陆两用型全功率风电机组装配中

地址：北京市石景山区吴家村路57号
邮编：100040
电话（传真）：010-51792570
网址：www.jcnewenergy.com

# 大同煤矿集团

# 机电装备制造有限公司

同煤参展的装备

大同煤矿集团机电装备制造有限公司（以下简称"公司"）2008年1月工商登记，2009年10月正式挂牌成立。注册资本19566万元。公司设有党群工作部、财务部、生产经营部、销售部、人力资源部、综合办公室和研发中心。

公司在改造提升现有企业的同时，积极引进战略合作伙伴，加快推进与国内外各大优势装备企业的强强联合。截至目前，公司已形成了综采装备制造产业区、煤矿机械再制造产业区、大同市高新技术产业区三大工业园区，拥有中央机厂、力泰公司、同力公司、同吉公司、菲利普斯公司、中北公司、同比公司、同中电气公司、科工安仪公司、天晟电气公司、泰宝密封公司、机电装备科大皮带公司、机电装备开诚电气公司、机电装备芬雷洗选技术设备有限公司14家下属企业。

公司一角

公司产品涵盖采掘类、支护类、运输类、电器类等多个方面，主要有采煤机、掘进机、刮板输送机、液压支架、防爆变压器、变频器、煤矿洗选设备、各种电机、皮带硫化设备、组合开关、监测监控仪器、高端橡塑密封件、各类液压阀等，产品种类齐全。公司同时具备锻、铸、铆、焊、机、钳、热处理等加工能力，其中煤机制修在全国煤矿设备修造业享有较高的知名度。

公司紧紧围绕实现装备"大型化、高端化、自动化"的发展战略目标，在"十二五"期间，规划总投资20亿元，预计到2015年销售收入达60亿元，实现利润6亿元。

掘进机电控系统

非晶合金配电变压器

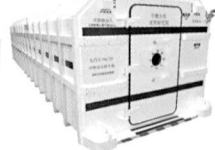

移动救生舱

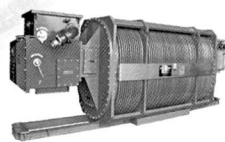

移动变电站

矿用井下机器人

香蕉筛

**大同煤矿集团机电装备制造有限公司**

联系人：武振忠（部长）　13935243383　0352-7825276
　　　　张　巍（副部长）18635261654　0352-7825358

# 重庆江北机械有限责任公司

董事长、总经理：张剑鸣

虹吸刮刀卸料离心机

活塞推料离心机

卧式螺旋推料沉降离心机

连续加压过滤机

重庆江北机械有限责任公司（以下简称"江北机械"）始建于1941年，是重庆机电控股（集团）公司旗下重庆机电股份有限公司的全资子公司。公司自1965年起专业生产制造分离机械产品，是我国最大的离心机专业制造企业、中国通用机械行业协会副会长单位、中国分离机械行业协会理事长单位、中国分离机械行业三大"测试基地"之一，企业通过了中国质量认证中心质量、环境、职业健康安全管理体系认证以及国家机械行业安全质量标准化达标认证，已发展成为集研发、制造、经营、进出口、服务一体化的大型分离机械及其系统的制造商、集成商和服务商。

公司秉承"专、精、特、新"的产品开发理念，产品技术处于国内领先地位，主导产品达到国际先进水平，先后开发了上百种规格的分离机械、制药机械、环保成套设备新产品，拥有50余件专利技术，并荣获国家重大装备成果二等奖、中国通用机械工业科技进步二等奖、中国分离机械行业特殊贡献奖。产品广泛服务于石油、石化、冶金、矿山、能源、有色、制药、食品、化工、环保等行业，并远销欧美及东南亚市场，市场占有率处于同行业领先地位。

## 重庆江北机械有限责任公司

地址：重庆市北碚水土镇解放路50号　邮编400714
Address: No.,50 Jiefang Road Shuitu town BeiBei, Chongqing
Postcode: 400714
电话/Tell: 023-68230493　传真/Fax: 023-68230242
网址/http: www.jiangbeimach.com
企业邮箱/E-maill: jiangji@jiangbeimach.com